Beiträge zur Geschichte des Parlamentarismus
und der politischen Parteien

Herausgegeben von der
Kommission für Geschichte des Parlamentarismus
und der politischen Parteien

Band 122

Droste Verlag Düsseldorf

Helge Matthiesen

Greifswald in Vorpommern

Konservatives Milieu im Kaiserreich,
in Demokratie und Diktatur
1900–1990

Droste Verlag Düsseldorf

Die Kommission für Geschichte des Parlamentarismus
und der politischen Parteien e. V., Bonn, wird institutionell gefördert
durch das Ministerium für Schule und Weiterbildung,
Wissenschaft und Forschung des Landes
Nordrhein-Westfalen.

Vorwort

Ein einfacher junger Mensch reiste im Frühjahr 1995 von Hamburg, seiner Heimatstadt, nach Greifswald im Vorpommerschen. Er fuhr für vier Tage und blieb fünf Jahre. Auf meinem Zauberberg als möblierter Herr im Dachzimmer, in der ›Platte‹ von Schönwalde II oder im wenig später baupolizeilich geräumten Abbruchhaus an der Wiesenstraße lernte ich bemerkenswerte Dinge über den ostdeutschen Alltag, die Vorpommern im allgemeinen und die Greifswalder im besonderen. Das Ergebnis der Bemühungen hieß: Konservatives Milieu in Demokratie und Diktatur. Eine Fallstudie am Beispiel der Region Greifswald in Vorpommern 1900 bis 1990. Es weicht unwesentlich von dem vorliegenden Buch ab. Mit dieser Arbeit promovierte ich im Juli 1998 an der Sozialwissenschaftlichen Fakultät der Universität Göttingen. Dieses Bildungserlebnis, zumal mit einer Arbeit nicht eben schlanken Formats, bedurfte vielfältiger Unterstützung, deren jeweilige Bedeutung kaum gegeneinander abzuwiegen ist. Ohne Geld läuft nichts, daher zunächst ein Dank an die Finanziers. Die Arbeit entstand im Rahmen eines von der Volkswagen-Stiftung geförderten Projekts zum Thema ›Erosion und Kontinuität sozialmoralischer Milieus in Demokratie und Diktatur‹. Es war am Seminar für Politikwissenschaft der Universität Göttingen beheimatet. Die Kommission für Geschichte des Parlamentarismus und der politischen Parteien nahm die Arbeit in ihre Schriftenreihe auf. Prof. Dr. Gerhard A. Ritter und Prof. Dr. Hans Günter Hockerts gaben wichtige Hinweise. Dr. Martin Schumacher betreute die Drucklegung.

Die Entstehung der Arbeit haben Prof. Dr. Peter Lösche und Dr. habil. Franz Walter als kritische Doktorväter begleitet, meine Herren Settembrini und Naphta, wenn man so will. Hervorzuheben ist das Engagement der Kollegen am Seminar für Politikwissenschaft. Birgit Behrends gab sich nie mit zweitbesten Lösungen zufrieden, Jürgen Ackermann betreute die Hotline zwischen Hamburg und Göttingen, Kay Müller leistete umsichtige Hilfe bei redaktionellen Fragen, Michael Dorsch brachte den Kopierer zum Glühen. Aus dem Freundeskreis waren es vor allem Dr. Friedemann Neuhaus, Irmfried Garbe, Dr. Damian van Melis und Jan Motte, deren kundiges Interesse die Arbeit voranbrachte. Andere Freunde öffneten ihre Türen auch noch nach Mitternacht, richteten Gästezimmer her oder besorgten Schlafplätze bei Freunden von Freunden. Außerdem baten sie zum Fußball, zu Kaffee oder ein paar schnellen Bierchen, um auf diese Weise unauffällig die monomane Fixierung auf den Schreibtisch ein wenig zu lockern. Besonderer Dank gebührt Erika Störmer aus Bremervörde, meiner Erdkundelehrerin aus längst vergangenen Schultagen. Sie korrigierte die Druckfahnen.

Lob verdient die Betreuung in den Bibliotheken und Archiven. Die Damen und Herren in Greifswald, Schwerin, Berlin, Hamburg, Göttingen und Bonn machten bisweilen möglich, was anfangs ausgeschlossen schien. Die

CDU in Greifswald half stets pragmatisch und unkonventionell. Viele Menschen schenkten mir Vertrauen und stellten ohne Zögern Dokumente zur Verfügung, gaben Interviews, knüpften Kontakte.

Besonders wichtig ist und war meine Familie. Dr. Astrid Schloen, die das fragwürdige Privileg hatte, sämtliche Bildungseskapaden mit zu durchleben, und dabei nicht die Geduld verlor. Meine Schwiegereltern Thea und Georg Schloen sowie mein Schwager Uwe Schloen. Und natürlich meine Eltern, Elisabeth und Peter Matthiesen, in deren Haus sich ruhig arbeiten ließ, mein Bruder Benno und seine Frau Ester mit Laura und Fin, meine Schwester Heike und ihr Mann Harry mit Lasse und Nele und meine Schwester Karola. Kurz: Die vier Schloene und elf Matthiesens, in deren nachgerade italienischen Familienverhältnissen ich mich jederzeit aufgehoben weiß. Auch nach der Rückkehr in die Ebene. Ihnen ist dieses Buch gewidmet.

Korbach, am 9. November 1999   *Helge Matthiesen*

INHALT

Die ganze DDR war per Direktübertragung des Fernsehens dabei, als Erich Honecker am 11. Juni 1989 gegen 8.30 Uhr in Greifswald eintraf, um eines der wenigen Male in seinem Leben an einem Gottesdienst teilzunehmen.[1] Er kam zur Wiedereröffnung des renovierten Domes Sankt Nikolai nach Greifswald.[2] Die Planer der SED-Bezirksleitung hatten nichts dem Zufall überlassen. Das ließ nach den Regeln realsozialistischer Festgestaltung eine Reihe peinlicher Auftritte erwarten.[3] Wenige Tage vor dem Ereignis wurden entlang des Weges, den der Staatsratsvorsitzende fahren und gehen sollte, Häuser neu gestrichen, sofern der Putz noch Farbe tragen konnte. Städtische Arbeiter kaschierten Ruinen mit Bauzäunen und Schildern, die eine baldige Renovierung ankündigten; was nicht zu verdecken war, brachen sie kurzerhand ab.[4] Der völlig desolate Zustand der Greifswalder Altstadt sollte dem Potentaten nicht auffallen, siegte doch nach offizieller Lesart der Sozialismus unerschütterlich weiter.

Tausende säumten schaulustig die Straßen und winkten, als Honecker ankam. Ein junges Mädchen aus den Reihen der FDJ überreichte ihm an der Rathaustreppe Blumen und bat um baldige Aufnahme in die SED, die der Staatsratsvorsitzende jovial versprach. Vom Turm des nahen Domes bliesen Trompeten, die Glocken läuteten, und Honecker schritt die wenigen hundert Meter zur Kirche, wo Bischof Horst Gienke ihn am Portal empfing. Die Ehrengäste warteten schon in ihren Bänken. Honecker nahm in der ersten Reihe vor dem schleswig-holsteinischen Ministerpräsidenten Björn Engholm, dem ehemaligen Bundespräsidenten Karl Carstens und Krupp-Chef Berthold Beitz Platz. Gienke hielt die Festpredigt über die Seligpreisungen aus der Bergpredigt.[5] Dabei sparte er säuberlich jede Kritik an den Verhältnissen im Lande aus, das sich an der Grenze zum Aufruhr bewegte.[6]

Das war durchaus eine Begegnung von ›Thron und Altar‹, wie eine Tageszeitung spöttelte.[7] Bischof und Staatsratsvorsitzender, Staat und Kirche waren eng und unauflösbar miteinander verbunden. Den beiden Protagonisten ging es in Greifswald darum, diese Verbindung jeweils für sich zu nutzen.

---

[1] Frankfurter Allgemeine Zeitung, 12.6.1999.
[2] N. Buske, 20 Jahre Arbeitsgemeinschaft, 1995, S. 54f.
[3] VpLA. Bezirksleitung Rostock, IV/E/2.14/618; Feinplanung des Besuchs vom 8.6.1989.
[4] VpLA. Kreisleitung Greifswald, IV/E/4/02/197; Protokollauszug von der Informations- und Fragestunde der Tagung der Stadtverordnetenversammlung vom 14.9.1989. Anfrage des Abgeordneten H. C.
[5] Matthäusevangelium, Kapitel 5, Vers 3–10.
[6] VpLA. Bezirksleitung Rostock, IV/E/2.14/618; Text der Predigt. Ob sie mit der SED abgesprochen war, wurde aus der Akte nicht deutlich.
[7] Die Welt, 21.7.1989.

Gienke wollte den festgefahrenen Dialog zwischen SED und Kirche wieder in Gang bringen[8]; Honecker hoffte, mit seiner demonstrativen Geste die staatstreuen Christen in der DDR zu stärken, zu denen Gienke prominent gehörte.[9] Er wollte die Unruhe in der DDR-Gesellschaft dämpfen, die sich besonders in der Kirche bemerkbar machte.[10] Der Besuch löste jedoch in der Stadt eben die politische Lawine aus, die beide eigentlich hatten verhindern wollen.[11] Sie fegte Gienke und Honecker aus dem Amt.

Honecker wird kaum bewußt gewesen sein, daß er mit diesem Kirchgang eine Tradition aufnahm, die seit der Mitte der dreißiger Jahre verschüttet war. Ein Mächtiger der Politik machte der Kirche seine Aufwartung, weil diese Kirche offenbar mehr verkörperte als die Organisation der Gläubigen. Das Verhältnis war für die evangelischen Christen theologisch begründet und historisch gewachsen. ›Thron‹ und ›Altar‹ gehörten wie von selbst zusammen. Der preußische König war gleichzeitig oberster Bischof seiner Landeskirche gewesen, der Greifswalder Magistrat hatte das Patronat über die drei Stadtkirchen innegehabt, und ein Gottesdienst gehörte selbstverständlich zum Prozedere der Politik. Seit den dreißiger Jahren hatten sich diese Zusammenhänge aufgelöst, so schien es zumindest.

Offensichtlich ging es jedoch um Politik, als Honecker den Dom betrat; denn damit erkannte er öffentlich an, daß es auch in der DDR-Gesellschaft eine religiös bestimmte vorpolitische Sphäre gab, die nunmehr massiv in die Verantwortung drängte. Sie war mit der Kirche verbunden, dort zum Teil sogar fest organisiert, und sie war in der Lage, Kräfte zu sammeln und zu mobilisieren, die selbst eine gut organisierte Staatsmacht in Verlegenheit brachte. Diesen offensichtlichen Zusammenhang zwischen Glaubensüberzeugungen und Politik hatte die SED bis dahin nicht anerkennen wollen.

Was war das für eine Politik, die von den neuen politischen Kräften der Opposition vertreten wurde, von jenen Gruppen und Zirkeln, die sich im Umfeld der Kirche gesammelt hatten? Pommern galt, historisch betrachtet, als eine Hochburg konservativer Kräfte. Diese politische Richtung war stets eng mit dem Protestantismus und der Kirche verbunden gewesen.[12] Als 1990 freie Wahlen stattfanden, stimmte ein wesentlicher Teil der Gesellschaft für die CDU. Vordergründig stellte sich ein ähnlicher Zusammen-

---

[8] Gienkes Rechtfertigung für seinen Schritt in: Greifswalder Informationsdienst, hg. von der Pressestelle der Evangelischen Kirche Greifswald, Nr. 3/1989 vom 2.10.1989.

[9] Zu den kirchenpolitischen Hintergründen D. POLLACK, Organisationsgesellschaft, 1994, S. 368 f.

[10] Honeckers Absichten wurden erst mit dem Briefwechsel zwischen ihm und Gienke nach dem Treffen deutlich. Neues Deutschland, 19.7.1989.

[11] R. GLÖCKNER, 1994, S. 7 f. Ferner VpLA. Bezirksleitung-Rostock, IV/E/2.14/633, Berichte und Dokumente der 6. Tagung der VIII. Synode vom 2. bis 5.11.1989 in Züssow. Dort eskalierte der Unmut gegen Gienke und seine Kirchenpolitik. Der Bischof fiel einem Mißtrauensvotum zum Opfer und trat weniger später zurück.

[12] Als ein Beispiel für viele: H. J. PUHLE, Agrarische Interessenpolitik, 1975, S. 218. Zum Thema Christentum und Konservatismus, O. STILLICH, 1908 S. 30 f.

hang erneut ein. Die Christdemokraten blieben bei jeder der folgenden Wahlen stärkste Partei in der Stadt und erreichten Stimmenanteile von 35 bis 50 Prozent.[13] Das konnte kaum auf die Gruppen zurückgeführt werden, mußte jedoch mit dem christlichen Aspekt zu tun haben, denn für ihn stand die CDU. Sie verkörperte christliche und konservative Politik. Diese politische Linie hatte sie in der Region bereits 1945 vertreten. Damit hatte sie eine Tradition aufgenommen, die vorher die Konservative Partei und die Deutschnationalen besetzt hatten. Wie nie zuvor übernahmen nach dem Umsturz 1990 Christen und vor allem auch Pfarrer politische Verantwortung.[14] Es zeigte sich, daß die Greifswalder in der Lage waren, ein Parteiensystem zu entwickeln und zu tragen, das sehr deutlich an die regionale Tradition anknüpfte, obwohl diese seit rund 60 Jahren verschüttet war. Offenbar gab es in der Gesellschaft Strukturen, die ein ›Überwintern‹ solcher Traditionen über zwei Diktaturen hinweg ermöglicht hatten.

Damit sind drei politologische Themen und eine regionalhistorische Frage angeschnitten. Erstens geht es um die Kontinuität politischer Haltungen und Parteiorientierungen und die Bedingungen dafür in der Gesellschaft. Hier schließt sich zweitens die Frage an, wie sich Parteibasis und Partei wechselseitig beeinflußten, wie Parteien sich in der Gesellschaft verankern? Drittens ist die Frage nach der Bedeutung protestantischer religiöser Überzeugungen in und für die Politik aufgeworfen. Welche Rolle spielt die Religion bei der Ausprägung solcher Kontinuität. Schließlich geht es viertens um die Frage, welche Faktoren gerade in Vorpommern dazu beitrugen, daß diese Tradition wirksam war.

Ein Instrumentarium zur Untersuchung dieser Fragen und gleichzeitig eine Erweiterung der Problemstellung liefert M. Rainer Lepsius. Die auffällige Stabilität des deutschen Parteiensystems und des Wahlverhaltens seit der zweiten Hälfte des 19. Jahrhunderts führt Lepsius auf regional verankerte sozialmoralische Milieus zurück.[15] Er meint damit Gesellschaftsgruppen, die als Wähler- und Mitgliederpotential fest an eine Partei gebunden sind. Nach seiner Vorstellung sind diese Milieus Ausdruck einer »politisierten Sozialstruktur«, sie reflektieren »konstitutive soziale Konflikte« innerhalb einer Gesellschaft.[16] Diese Konflikte sind es, die den Parteien und ihrem Wähleranhang Dauer verleihen und das Volk politisch teilen.

---

[13] Die Wahlergebnisse in: Ostsee Zeitung/Greifswalder Zeitung 24./25.3.1990, 12.5.1990, 16.10.1990, 4.12.1990, Wahlbekanntmachung der Hansestadt Greifswald vom 16.6.1994, Zusammenstellung des Kreiswahlausschuß vom 24.10.1994. Die Zahlen stellte die Stadt Greifswald zur Verfügung.

[14] Seit 1990 saß das CDU-Mitglied, der Pfarrer Reinhard Glöckner auf dem Stuhl des Greifswalder Oberbürgermeisters, der Geographiedozent, Stadtrat und aktive Katholik, Alfred Gomolka, war CDU-Ministerpräsident des Landes, Pfarrer Norbert Buske saß im Landtag, wie auch der Theologieprofessor Hans Jürgen Zobel, der zum ersten Rektor der Universität nach 1989 wurde.

[15] M. R. Lepsius, Parteiensystem, 1966, S. 371–393.

[16] Ebd., S. 376.

Lepsius' Überlegung fußt auf der von Seymour M. Lipset und Stein Rokkan formulierten Sozialstrukturtheorie.[17] Sie geht davon aus, daß »politische Frontstellungen« und ihre Parteien ein »Reflex auf dauerhafte, sozialstrukturell verankerte Gruppengegensätze« sind. Sie beziehen sich auf sogenannte »Cleavages« oder »gesellschaftliche Hauptspannungslinien«.[18] Lipset und Rokkan stellen für die Konstituierungsphase von nationalstaatlichen Parteiensystemen in der Mitte des 19. Jahrhunderts idealtypisch vier Grundkonflikte fest: Interessenkonflikte (z. B. Kapital und Arbeit), weltanschauliche und kulturelle Gegensätze (z. B. Kirche und Staat), nationale Konflikte, (z. B. gouvernementale und antigouvernementale Gruppen) und Konflikte zwischen lokalen Autonomievorstellungen und dem Herrschaftsanspruch der Zentralgewalt, zwischen Zentrum und Peripherie. Diese Konflikte sorgen für Trennlinien in der Gesellschaft und können bestimmten Parteikonstellationen zugeordnet werden. Der Stadt-Land-Gegensatz spiegelt sich beispielsweise im Antagonismus konservativ und liberal, der von Kapital und Arbeit in den sozialistischen und den nichtsozialistischen Parteien.

Mit dem Aufstieg des allgemeinen Wahlrechts sei dann ein Einfrieren, ein »freezing of the major party alternatives«[19] zu beobachten gewesen. Selbst die gesellschaftlichen Konflikte der 1960er Jahre hätten in ihrer Grundstruktur denen der zwanziger Jahre geglichen. Die Parteialternativen und Parteien seien mithin älter als die meisten ihrer Wähler. Die Autoren werfen die naheliegende Frage nach den Gründen auf: »How could they (die Parteien, hms.) keep such large bodies of citizens identifying with them over such long periods of time, and how could they renew their core clientels from generation to generation?«[20]

Lepsius versucht, für das 19. und frühe 20. Jahrhundert eine Antwort zu geben. Er nimmt an, daß das deutsche Parteiensystem Ausdruck von Konflikten war, die bereits vor Gründung des Kaiserreichs, vor einer durchgreifenden und umfassenden Politisierung der Gesellschaft bestanden haben. Die Einwohnerschaft des Landes war bereits entlang solcher Konfliktlinien strukturiert und organisiert, als die Parteien begannen, zu Vertretern bestimmter Gruppen in solchen Auseinandersetzungen zu werden. Die Parteien organisierten ihre Basis im vorpolitischen Raum. Sie waren mit »vorpolitischen sozialen Ordnungsgebilden, sozialen Schichten und Religionsgemeinschaften« verbunden.[21] Diesen Zusammenhang bezeichnet er als »sozialmoralisches Milieu«. Die vier von Lepsius benannten, das der Konservativen, der Liberalen, der Katholiken und der Sozialisten, konstituierten sich durch das Zusammentreffen mehrerer Faktoren. Lepsius zählt dazu:

---

[17] S. M. Lipset/S. Rokkan, 1967, S. 1–64.
[18] A. Engel, Regionale politische Traditionen, 1991, S. 90.
[19] S. M. Lipset/S. Rokkan, 1967, S. 50.
[20] Ebd., S. 51.
[21] M. R. Lepsius, Parteiensystem, 1966, S. 377.

»Religion, regionale Tradition, wirtschaftliche Lage, kulturelle Orientierung« und die »schichtspezifische Zusammensetzung« der Eliten.[22]

Eine Partei übernahm als politische Elite, als ›Agent‹ die Vertretung des Milieus und seiner Interessen auf den unterschiedlichen politischen Ebenen. Sie setzte sich gleichsam an die Spitze der Konflikte, um dauerhafte Unterstützung und Anhängerschaft zu gewinnen, und nutzte dabei die bereits vorhandenen Organisationen und Loyalitäten. Das hatte Rückwirkungen auf die Parteien, denn sie entwickelten sich selbst bisweilen schwach und blieben deswegen auf Dauer zur »Mobilisierung der Wähler von komplexen örtlichen und regionalen Sozialgebilden« abhängig.[23] Die Kontinuität von Parteien ist somit an die Milieus gebunden, mit ihnen verwoben.

Ein Milieu hat eine sehr konkrete lebensweltliche Ausformung, denn es bindet Individuen in ein Wertesystem, in Mentalitäten, Interessen und Glaubensüberzeugungen, Machtstrukturen und Organisationen ein. Milieus sind Vergesellschaftungen und Vergemeinschaftungen von Familien[24], Freundeskreisen, Nachbarschaften, Gemeinden oder Vereinen, sind faßbare Zusammenhänge. Politisches Verhalten ist demzufolge nicht primär individuelles Verhalten, sondern durch die Zugehörigkeit zu einer Gruppe bestimmt, die selbstverständlich auch eine soziale Kontrolle ausübt.

Was bedeutet das für die Konservativen? Lepsius sieht hinter dieser Partei das soziale Geflecht der ländlichen Lebenswelt in den ostelbischen Gutsdörfern. Die Führung hat der preußische Großgrundbesitz, gestützt auf seine staatlichen Machtpositionen. Hinzu kommen städtische, bürgerliche Gruppen, die über die gemeinsame Religion und eine ausgeprägte gouvernementale Haltung mit der ländlichen Lebenswelt lose verbunden waren. Identität und dauerhaften Zusammenhalt gewinnen Milieus durch »Abgrenzung«. Michael Vester meint, sie seien als »Interaktionszusammenhänge« zu verstehen, »die sich in einer Dialektik von Kohäsion und Abgrenzung konstituieren.«[25] Milieus festigten sich durch ein Gegenüber, wodurch leichter zwischen ›wir‹ und ›die‹ unterschieden werden könne.

Die Frage nach Zusammenhalt, Struktur und Dauer des konservativen Milieus führt demnach zu vier Untersuchungsfeldern: Dem Individuum und seinen Gründen, sich zu diesem Milieu zu rechnen; der inneren Struktur, der konkreten organisierten Ausprägung des Milieus. Hinzu kommt die verbindende Gesinnung, Weltanschauung oder Sozialmoral. Drittens geht es um Abgrenzung nach außen, um die Gegner und Feindbilder. Das vierte Thema ist die Partei, ihre Bindungen an ihre Basis.

---

[22] Ebd, S. 383.

[23] Ebd., S. 381. Auf die Bedeutung der lokalen und damit konkreten Ebene weisen auch S. M. LIPSET/S. ROKKAN, 1967, S. 53 hin. Sie fordern weitere vergleichende Forschung.

[24] Mit Bezug auf Max Weber: F. TÖNNIES, 1931, S. 821 f. Der Übergang zwischen dem affektuell-emotional belegten Gemeinschaftsbegriff und dem rational und interessenbestimmten Gesellschaftsbegriff ist fließend und hier irrelevant.

[25] M. VESTER u. a., Soziale Milieus, 1993, S. 76.

Der wesentliche zweite Teil des Theorems von Lepsius weist auf die integrierende Ideologie, Gesinnung oder Weltanschauung hin, den Konservatismus. Ihm kommt gemäß dem Konzept eine zentrale strukturierende Funktion zu, über die konservative Gesinnung ist die Basis an die Partei geknüpft und grenzt sich von den anderen Gesinnungsgemeinschaften ab.

Die Frage, was Konservatismus definiert, ist indes grundsätzlich umstritten. Konservatismus gilt nämlich als konstellationsabhängig, wie das Milieu im übrigen auch. Drei Punkte sind hervorzuheben. Zunächst fehlt es an einer geschlossenen konservativen Theorie. Diese Situation wird von den Konservativen selbst bisweilen zu einer Art Theoriefeindschaft überhöht.[26] Es gibt kein zentrales Buch und keinen Philosophen, der das alleingültige Konzept des Konservatismus entworfen hätte, das immer nur neu ausgelegt werden müßte. Folglich fehlt es dem Konservatismus an Dauer, an einer überzeitlichen Orientierung, an abstrakten Begriffen. Er ist zum zweiten nicht der Ausdruck des Interesses einer klar umrissenen gesellschaftlichen Gruppe, Schicht oder Klasse. Drittens ist eine konservative Utopie nur schwer vorstellbar, geht es doch primär um das Bewahren von Werten oder Institutionen, die bedroht erscheinen. Huntington spricht zusammenfassend und zutreffend von einer »positionalen Ideologie«.[27] Es ist daher problematisch, eine allgemeingültige und materielle Bestimmung zu präsentieren, die einen Zeitraum von 90 Jahren gleichmäßig abdeckt.[28]

Huntington bietet eine Definition. Sie berücksichtigt die Zeitabhängigkeit und Situationsgebundenheit konservativer Strömungen: »Konservatismus ist […] ein Ideensystem, das zur Rechtfertigung jeder bestehenden sozialen Ordnung dient, unabhängig davon, wo und wann sie besteht, gegen jeden fundamentalen Angriff auf deren Wesen oder Existenz, aus welcher Richtung er auch immer kommt.«[29] Die Gegner der Konservativen, so Huntington weiter, sind daher nicht bestimmte andere politische Strömungen wie Liberale oder Sozialisten, sondern »Radikale« jeder Couleur, deren umstürzlerische Grundhaltung der immer gleichen Psychologie folge.[30]

Diese Definition ist zu lose, um die konkrete deutsche politische Strömung einzufangen. Es besteht immerhin Einigkeit, daß der Konservatismus mehr ist als eine Denkhaltung, ein Stil oder einfacher Traditionalismus, mehr auch als der allgemeine menschliche Wunsch, am Bekannten und Althergebrach-

---

[26] So der Hinweis von T. SCHILLER, Konservatismus, 1991, S. 318. Ferner J. B. MÜLLER, 1995. Er bemängelt, daß die analytische Präzision des Begriffs deutlich zu wünschen übrig lasse, weil man sich dem Phänomen oft mit der Absicht nähere, seinen angeblich fortschrittsfeindlichen Charakter zu entlarven.

[27] S. HUNTINGTON, 1984, S. 103.

[28] Für die Zeit nach 1945 hat man überdies bestritten, daß dieser Begriff überhaupt noch einen sinnvollen Bezug zur Politik hat, weil sich keine relevante Partei mehr dieser Bezeichnung bediente. R. VIERHAUS, 1981. Ferner M. GREIFFENHAGEN, Konservatismus, 1987, S. 236.

[29] S. HUNTINGTON, 1984, S. 90.

[30] Ebd., S. 95.

ten festzuhalten.[31] Er ist eine Ideologie, die die politische Landschaft strukturiert, die Parteien bildet. Nach Karl Mannheim bedeutet Konservatismus »eine historisch und soziologisch erfaßbare Kontinuität, die in einer bestimmten soziologischen und historischen Situation entstanden ist und im unmittelbaren Konnex mit dem historisch Lebendigen sich entwickelt.«[32]

Auffällig ist die Kontinuität einiger Grundelemente konservativer Weltanschauung.[33] Huntington nennt zentrale Punkte: Der Mensch ist wesentlich ein religiöses Wesen. Eine legitime soziale Ordnung bedarf der göttlichen Bestätigung. Der Mensch ist ein Wesen des Naturtriebes und insofern fehlbar, gleichzeitig ist er vernunftbegabt. Die Gesellschaft ist das organische Produkt historischen Wachstums. Tradition legitimiert Ordnung. Wahrheit besteht nicht in universellen Lehrsätzen, sondern in konkreter Erfahrung. Die Gemeinschaft steht über dem Einzelnen, die Rechte der Menschen leiten sich aus seinen Pflichten her. Die Menschen sind ungleich. Die soziale Ordnung schließt eine Vielzahl von Klassen, Rangordnungen und Gruppen ein. Hierarchie und Führung sind die Merkmale jeder Gesellschaft. Die Vermutung spricht immer zugunsten der bestehenden Regierungsweise und gegen unerprobte Verfahren.

Für den besonderen deutschen Fall und für den protestantischen Konservatismus lassen sich einige dieser Punkte weiter zuspitzen. Greiffenhagen hebt die Werte hervor, auf die sich der Konservatismus in Deutschland gerne berief und zu deren Verteidigung er aufforderte. Darunter sind die Begriffe Religion, Autorität, Königtum, Tradition, Sitte, Brauch, Familie, Boden, Adel, Heimat, Volk, Werden, Wachsen, Natur, Geschichte, Sein, Dauer, Organismus, Leben oder Ewigkeit. Hinzuzufügen sind in jedem Fall Nation und Reich.[34] Der Bezug des deutschen Konservatismus auf den Staat ist im Vergleich mit amerikanischen Verhältnissen besonders deutlich. Er galt den Konservativen als unumstößliche Grundlage menschlicher Existenz. An den Staat sind Forderungen nach Herrschaft geknüpft. Sie wiederum gewährleistete Ordnung und Autorität und war unmittelbar an das Königtum gebunden. Herrschaft gründete sich auf Vertrauen in den legitimen Charakter der Ordnung. Staat und Herrschaft gründeten sich somit unmittelbar auf die Religion. Der »soziale Kosmos« verknüpfte sich »unmittelbar mit dem Weltkosmos.«[35] Die Religion war Grundlage aller Autorität.

Die Versatzstücke konservativer Politik-, Gesellschafts- und Religionsvorstellungen hatten jeweils zeitabhängig unterschiedliches Gewicht. Das wird sehr deutlich am Konservatismus der Weimarer Republik, der einerseits der klassischen Definition folgte und sich als bewahrende Gegenbewe-

---

[31] Die Unterscheidung stammt von Karl Mannheim, der auch auf die unbedingte Notwendigkeit hinweist, die jeweilige Konstellation in bezug auf die soziale Basis zu beachten; vgl. K. Mannheim, Das konservative Denken, 1984, S. 26–30.

[32] Ebd., S. 29.

[33] S. Huntington, 1984, S. 91.

[34] M. Greiffenhagen, Dilemma des Konservatismus, 1984, S. 158.

[35] Ebd., S. 168.

gung zum Ansturm sozialistischer und liberaler Umstürzler verstand. Er
hielt sich eng an Religion, Geschichte und Tradition. Andererseits überwand
der Konservatismus seine Utopieunfähigkeit und entwickelte in Verbindung
mit nationalistischen Strömungen Vorstellungen von der guten, kommenden konservativen Gesellschaft und Ordnung, von der Volksgemeinschaft,
die einfache Traditionsbezüge weit hinter sich ließ.

Der Kernbestand der Ideologie wird von zwei Strömungen flankiert und
gefestigt, die nicht unmittelbar und allein etwas mit konservativem politischen Denken zu tun haben, nämlich der Religion und dem Nationalismus.
Sie beide verleihen dem eher schadhaften konservativen Gedankengebäude
zwei festigende Stützen. Die evangelische Religion liefert den Bezug zu einem übermenschlichen Sinn, der durch politische Tagesfragen nicht angreifbar ist. Er bindet die Politik an den Glauben und verankert sie somit besonders fest. Er vermittelt der Politik die Bindung an die Transzendenz. Die
Religion geht im Konservatismus nicht auf, aber sie gibt ihm eine Perspektive, berührt die Fragen des Jenseits und gibt ganz konkret Antwort, wie im
Diesseits richtig gelebt werden kann. Hier floß die wichtigste Quelle der
konservativen Sozialmoral. Die Bindung an den Nationalismus, vor allem
in seiner utopischen, revolutionären Übersteigerung gab dem Konservatismus ein konkretes, erreichbares politisches Ziel, nämlich die Volksgemeinschaft im nationalen Machtstaat. Ausgerüstet mit diesen beiden Leitlinien,
war ein Mangel an Utopie oder Theorie kein Nachteil mehr. In beiden Feldern waren die Konservativen jedoch nicht allein federführend. Religiös
waren auch Sozialisten oder Liberale; nationalistisch in unterschiedlichen
Graden handelte und dachte vor 1945 nahezu die gesamte deutsche Gesellschaft. Nur in der Überschneidung der drei Bereiche konservativer Gesinnung, religiöser Orientierung und nationalistischer Haltung ergibt sich ein
einigermaßen klares Kriterium. Sie soll die Trennlinie zu anderen Gesinnungsgemeinschaften markieren.

Die Zuordnung von Politikern, Parteianhängern oder Wählern zum konservativen Milieu kann letztlich nur aus ihrem konkreten politischen Verhalten erschlossen werden. Wie das soziale Substrat der Konservativen aber
beschaffen und strukturiert war, welche Rolle die einzelnen Komponenten,
vor allem auch die Ideologie, der Wandel ihrer Inhalte und Bedeutung jeweils spielte, ist Gegenstand dieser Untersuchung.

Die deutsche Forschung zum Thema Konservatismus und Konservative
ist stark vorurteilsbeladen.[36] Sie bietet kaum Ansätze, das konservative Milieu zu untersuchen. Helga Grebing beispielsweise kommt zu weitreichenden Ergebnissen, die wohl nur aus dem theoretischen Kontext heraus nachvollziehbar sind. Sie verkündet: »Die Deutung des Konservatismus als
Ideologie der Oberklasse wird heute in den Sozialwissenschaften kaum
noch bestritten.«[37] Man muß kein Konservativer sein, um zu sehen, daß hier

---

[36] Eine rühmliche Ausnahme neuerdings A. Schildt, Konservatismus, 1998.
[37] M. Greiffenhagen, Konservatismus, 1987, S. 233.

ein hohes Maß an Abstraktion von der Wirklichkeit vorliegt. Grob normative Ansätze, die den Konservatismus per Definition in die Ecke »Abwehrbewegung gegen Emanzipationsbewegung« stellen[38], die seine Funktion allein in der »Erhaltung ökonomischer, sozialer und politischer Macht und Herrschaftspositionen« sehen[39], folgen den gleichen Denkmustern. Sie achten wenig auf den tatsächlichen Gehalt konservativen politischen Denkens in Verbindung mit sozialen Trägergruppen, sondern heben zunächst auf vermeintlich objektive Interessenlagen ab. Das weitverbreitete Analysekonzept Hans Gerd Schumanns, das er 1974 erstmals vorstellte, faßt diesen selbsternannt ›kritischen‹ Ansatz am prägnantesten zusammen.[40] Folgt man seiner Vorgabe, kommt logisch dabei heraus, daß die Adressaten der Ideologie als manipulierte Opfer einer kleinen konservativen Oberschicht erscheinen. Eine solche Feststellung kann am Ende einer Untersuchung konservativer Milieustrukturen stehen. Als Ausgangspunkt ist sie gänzlich ungeeignet.

Damit ist der hier angestrebte Perspektivwechsel angedeutet. Die lose Definition dessen, was Inhalt konservativer Ideologie ist, dient dazu, eine soziale Gruppe näher zu identifizieren. Wie bestimmen die konservativen Werte die Politik? Wann gewinnen sie und wann verlieren sie ihre Bedeutung? Wie stark ist konservative Politik von der Ideologie abhängig? Es geht darum, die Begriffswelt sozialhistorisch zu füllen.

Der von Lepsius entwickelte Rahmen ist sehr ungleichgewichtig gefüllt worden. Während es umfangreiche Forschungen zu sozialistischen und katholischen Milieus gibt, fehlen bisher Studien zu konservativen Milieus weitgehend. Mehr als begründete Vermutungen gibt es über das konservative Milieu nicht. Es ist letztlich noch fraglich, ob es ein konservatives Milieu, das sich gleichwertig neben das katholische oder sozialistische stellen ließe, überhaupt gegeben hat.

Hans Jürgen Puhles Anmerkung von 1978, daß den vorpolitischen Organisationen der Konservativen, dem konservativen Milieu, zu wenig Aufmerksamkeit geschenkt worden sei, trifft noch immer zu.[41] Da bisher ideen- und organisationsgeschichtliche Arbeiten im Vordergrund standen, fehlt es an Studien, die sich des Gesamtzusammenhanges annehmen, die nach einem

---

[38] K. FRITZSCHE, Konservatismus, 1977, S. 67. Dies ist seine einleitende Minimaldefinition, obwohl er im Laufe des Textes immer wieder deutlich macht, wie wenig diese Definition hilft.

[39] H. GREBING, Konservatismus, 1984, S. 290. Bei ihr ist damit der Kampfschriftcharakter sehr deutlich.

[40] Schumann unterscheidet zunächst nach Funktionen des Konservatismus und den situationsbezogenen Interessen hinter dieser politischen Strömung, dann unterscheidet er zwischen Trägern und Adressaten der Ideologie. Vgl. H. G. SCHUMANN, Konservativismus, 1984, S. 17 f.

[41] Vgl. H.-J. PUHLE, Conservatism, 1978, S. 692. Als Desiderat auch für die zwanziger Jahre bekräftigt von J. FLEMMING, Konservatismus als ›nationalrevolutionäre Bewegung‹, 1983, S. 299.

Milieu fragen, in dem Wähler, Anhänger und Mitglieder der konservativen Parteien beheimatet waren. Ergänzend lassen sich daher die Bemerkungen von Larry E. Jones und James Retallack heranziehen, die noch 1993 ein Defizit in der Erforschung der Sozialgeschichte der Deutschnationalen und des Verhältnisses von Konservativen zur NS-Bewegung konstatierten.[42] Auch Paul und Mallmann fordern, die Untersuchung der Widerstands- und Resistenzpotentiale des konservativen Milieus in Angriff zu nehmen, das ihnen in »Ausprägung und Umriß erheblich unschärfer« als andere Milieus erscheint. Für die Erforschung seien geeignete Regionen auszuwählen.[43]

Das Defizit betrifft nicht nur die Konservativen, sondern den ganzen protestantischen und bürgerlichen Teile der Gesellschaft. Es ist ein deutlicher Mangel an sozialhistorischen Arbeiten festzustellen, die Kirche und Religion als normale Bestandteile der weltlichen Geschichte auffassen und in die Bearbeitung integrieren.[44] Insgesamt gesehen besteht ein Kontrast zwischen der Bedeutung der konservativen Parteien und Gesellschaftsteile in der deutschen Geschichte und dem Gewicht, das ihnen wissenschaftlich beigemessen worden ist.

Daher sollen hier konservativ geprägte Strukturen der Gesellschaft in möglichster Komplexität und im historischen Längsschnitt in den Blick genommen werden. Es soll geklärt werden, ob es ein konservatives Milieu in Vorpommern gegeben hat, wie es strukturiert und organisiert war.

Die gesellschaftlichen Verhältnisse von 1990 unterschieden sich zweifellos von denen des Jahres 1900. Der theoretische Ansatz wäre überfordert, würde er einfach bis in die Gegenwart ausgedehnt. Milieu ist überdies ein qualitativer Begriff, denn nicht jede politische Sozialstruktur ist ein Milieu. Es bedarf einer gewissen Dichte und Verbindlichkeit, um diesen Begriff zu verwenden. Sozialmoral, Organisationsgewohnheiten, Partei oder Gegner sind Konstituanten von Milieu, die sich im Verlauf der historischen Entwicklung wandelten. Sozialmoralische Milieus dürfen daher nicht statisch verstanden werden. Sie sind historisch, prozeßabhängige Konstellationen.[45] Sie sind nicht »durch dingliche Individualmerkmale, sondern nur durch ihre Beziehungsdynamik« zu begreifen.[46] Milieu ist daher mit Rückgriff auf E. P. Thompsons Beschreibung der Klassen als ein »Happening«, ein »Geschehen« zu betrachten.[47] Milieu ist der Zusammenhang der angeführten Fakto-

---

[42] Der neueste und für die Phase bis 1945 geltende Forschungsüberblick. L. E. Jones/J. N. Retallack, 1993, S. 1–30, hier besonders S. 29 f.

[43] K. M. Mallmann/G. Paul, Milieus und Widerstand, 1995, S. 18, ferner S. 23.

[44] Auch dies ein schon älterer aber immer noch zutreffender Hinweis; R. v. Thadden, 1983. H.-J. Puhle, Agrarische Interessenpolitik, 1975, S. 86 f., ordnet Religion unter Ideologie ein, was theoretisch richtig sein mag, die Realität und Qualität von Glaubensüberzeugungen auch für den Bund der Landwirte jedoch verkennt.

[45] Darauf weist Doris Kaufmann besonders im Zusammenhang mit dem katholischen Milieu hin, D. Kaufmann, 1984, S. 12.

[46] M. Vester u. a., Soziale Milieus, 1993, S. 103.

[47] Einleitung zu E. P. Thompson, 1965, S. 8–13. So auch bei M. Vester u. a., Soziale Milieus, 1993, S. 103.

ren, ihr relativ geschlossenes Auftreten in einem abgrenzbaren Gesellschaftsteil in einem bestimmten Zeitraum. Je mehr Faktoren sich im Kontext einer sozialen Gruppe identifizieren lassen, um so dichter das Milieu; je
weniger Faktoren, um so stärker die Erosionserscheinungen.[48] Klaus Tenfelde spricht von »transitorischen Milieubildungen«, von denen es eine ganze Reihe gebe und die für die moderne Gesellschaft kennzeichnend geworden seien. Milieubildung hat für ihn mit drei Faktoren zu tun. Milieus sind
für ihn erstens Ausdruck historischer Übergangsphasen. Sie spiegeln zweitens einen starken Orientierungsbedarf von Gesellschaftsteilen wider. Drittens schließlich bilden und festigen sie sich in Situationen der Ausgrenzung.[49]

Der Milieubegriff wird in historischer Perspektive als heuristisches Mittel
und als Maßstab eingesetzt, um nach Kontinuitäten zu fragen, nach jeweils
bestehenden, wirksamen Resten von konservativer Sozialmoral, Organisation oder vergangener Konflikte. Das ermöglicht, die Frage nach der Bedeutung historischer Brüche gleichsam aus der »Froschperspektive« der gesellschaftlichen Basis einer politischen Strömung neu aufzuwerfen. Da Lepsius'
Theorem bisher auf diese Weise noch nicht eingesetzt worden ist, steht es
immer mit auf dem Prüfstand. Es muß sich erweisen, ob es generell in der
Lage ist, Probleme im Verhältnis von Gesellschaft, Parteien und Politik zu
beschreiben und zu erklären. Diese Näherungsweise ist erfolgversprechend.
Sogar wenn man sich eng an das ursprüngliche Theorem hält, kann die von
Lepsius eingeführte historische Beschränkung auf die Zeit bis 1933 als widerlegt gelten.[50] Die Milieus zerfielen nicht schon gegen Ende der Weimarer
Republik. Im Gegenteil, sie waren Basis resistenten Verhaltens im Nationalsozialismus, und sie zeigten nach 1945 eine erstaunliche Regenerationsfähig-
keit. Trotz aller Erschütterungen durch die ›Volksgemeinschaft‹ der Nationalsozialisten, den Krieg und die nachfolgenden Flüchtlingsströme büßten
traditionelle Milieus nur wenig von ihrer politikprägenden Kraft ein.[51]
Doch wann endet die Wirksamkeit der sozialmoralischen Milieus, wann
hörten sie auf, sich selbst zu reproduzieren, wann zerfiel ihr organisierter
Zusammenhalt?[52]

---

[48] Der Milieuansatz von Lepsius ist wegen seiner Starrheit kritisiert worden. Das Milieu-
konzept werde »der Dynamik der Entwicklung der starken Wandlungsprozesse schon
während des Kaiserreichs« nicht gerecht. Es berücksichtige den Wandel zu wenig. G. A.
Ritter, Deutsche Parteien 1830–1914, 1985, S. 50.

[49] Der Begriff findet sich bei K. Tenfelde, Historische Milieus, 1996, S. 258, das für das
19. Jahrhundert entwickelte Schema, S. 250f. Es ist durchaus auf das 20. Jahrhundert
übertragbar.

[50] Mit seiner apodiktischen Aussage, besonders die konservativen und liberalen Milieus
seien schon seit den 1890er Jahren schleichend, ab 1928 dann rapide zerfallen, hat Lepsius
seinen Ansatz von vornherein eingeschränkt. Kritik dazu, vgl. K.-H. Nassmacher, Liberale Subkultur, 1979, S. 67f., A. Mintzel, Volkspartei, 1984, S. 244ff.

[51] F. Walter, Milieus und Parteien, 1995.

[52] K. Rohe, Wählertraditionen, 1992, S. 16.

Am vorliegenden Fall Greifswald ist deutlich, daß in der Abfolge von 90 Jahren mindestens drei verschiedene Parteien das konservative Gesellschaftsspektrum vertraten. Es wäre demnach ein gravierender Mangel des theoretischen Rahmens, wenn er Parteiwechsel des Milieus nicht erklären könnte. Es ist ferner denkbar, daß Milieus sich evolutionär wandelten und neuen Strukturen Platz machten, die weiterhin eine politisierte Sozialstruktur bildeten, jedoch kein Milieus mehr waren. Lepsius selbst sagt über solche Zusammenhänge wenig. Er hält die Verbindung von Milieu und Partei offenbar für zwingend: Zerfällt der Wähleranhang der Partei, muß folglich vorher das Milieu zerfallen sein.

Dieser Gedanke widerspricht den empirischen Befunden der Milieuforschung. Karl Rohe und Karl Heinz Naßmacher haben Modifizierungen des Konzepts vorgenommen, um seine Defizite forschungspraktisch und durch theoretische Erweiterungen aufzufangen. Rohe sieht die Partei als politische Elite, die eine feste, aber kündbare Koalition mit einem Milieu eingeht. Milieu und Partei existieren unabhängig voneinander, sie haben eine lockere Verbindung, die der »ständigen Pflege und symbolischen Erneuerung bedarf.«[53] Das Milieu kann sich auch eine neue Elite, eine neue Partei suchen, sofern es mit der alten nicht mehr zufrieden ist. Naßmacher nennt das einen Repräsentanzwechsel.[54] Ob sich dann die politische Haltung des Milieus wandelte oder es gravierende Veränderungen in der Partei gab, bedürfe der Untersuchung. Rohe verlangt, Milieus »ohne Zuhilfenahme von Wahldaten zu bestimmen.«[55] Milieuanalyse ist für ihn die Rekonstruktion einer »gleichen oder ähnlichen Lebensweise«.[56] Erst wenn das geschehen sei, könne man nach der Verbindung zu einer Partei zu fragen. Milieus haben für Rohe letztlich das entscheidende Gewicht und eine höhere Eigenbedeutung, als Lepsius ihnen beimißt.[57]

So richtig der Einwand von Rohe ist, entzieht er dennoch dem Konzept von Lepsius den Boden, weil es nur noch Milieus mit einer Lebensweise, jedoch keine überörtlichen Gesinnungsgemeinschaften mehr gibt. Da sich sozialmoralische Milieus jedoch schon per Definition durch eine hohe Verbindlichkeit von gemeinsamen Grundwerten und Anschauungen auszeichnen, wird der Hinweis Rohes hier forschungspraktisch verstanden. Die Parteiausrichtung eines Gesellschaftsteiles muß Ausgangspunkt bleiben, freilich nur als ›Sonde‹, um nach Milieus zu suchen. Der Zugang zum Thema erfolgt deswegen über die Wahlergebnisse. Es wird dann jedoch von der Gesellschaft ausgehend argumentiert. Der Begriff des konservativen Milieus bleibt

---

[53] Ebd., S. 25.

[54] K.-H. Nassmacher, Liberale Subkultur, 1979, S. 75.

[55] K. Rohe, Wahlanalyse, 1982, S. 350.

[56] K. Rohe, Wählertraditionen, 1992, S. 20.

[57] M. Vester u. a., Soziale Milieus, 1993, schlägt in die gleiche Kerbe. Er billigt Milieus »als lebensweltlichen Zusammenhängen« grundsätzlich ein »Eigenleben und eine Eigenlogik« zu. Diese Milieus könnten nicht als Verkörperung oder Widerspiegelung großer Ideen oder von ökonomischen Interessenlagen gesehen werden. Ebd., S. 73.

als Arbeitsbezeichnung bestehen. Konkret muß jedoch untersucht werden, welche Struktur sich hinter diesem Begriff jeweils verbirgt. Durch die analytische Trennung von Milieu, Gesinnung und Partei ist die Möglichkeit eröffnet, jede Gesellschaft nach Milieustrukturen und ihren Parteibindungen zu befragen.

Rohe zielt auf eine Erweiterung des theoretischen Rahmens in zwei Richtungen. Der Repräsentanzwechsel wird sich in einer gewissen Bandbreite benachbarter oder verwandter Parteien abspielen.[58] Er ordnet sie einem »politischen Lager« zu, das, wie auch die Milieus, durch das Cleavage-Konzept umrissen wird. Doch während in einem Milieu die positiven Gemeinsamkeiten letztlich die Festigkeit und Verbindlichkeit bestimmen[59], strukturiert sich das »politische Lager« vor allem durch die Abgrenzung gegen andere. Es ist ein »weniger integriertes kulturelles Gebilde als das Milieu«.[60] Den inneren Aufbau eines Lagers gilt es zu klären. Es kann eine Art »Dachverband« verschiedener Sub- oder Teilmilieus sein[61], es ist vielleicht jedoch nur eine sehr lose Verbindung unterschiedlichster Strömungen gegen einen gemeinsamen Gegner. In diesem Begriff deutet sich eine qualitative Abstufung an, eine politische Sozialstruktur minderer Dichte. Möglicherweise ist es das Zerfallsprodukt eines Milieus oder ein Vorläufer.

Die verbindende Sozialmoral eines Milieus ist unter Umständen zählebiger als jede Parteipräferenz. Rohe münzt seinen Lagerbegriff auf das »nationale Lager«, das sich in der Weimarer Republik und darüber hinaus aus Liberalen und Konservativen zusammensetzte. Diese Weltanschauungen hinterließen nach Einschätzung von Karl Rohe trotz ihrer Verdrängung durch den Nationalismus tiefe Spuren im politischen Bewußtsein der Bevölkerung. Solche unverbundenen Reste faßt er unter dem Begriff der Mentalität zusammen.[62] Mentalität wird hier verstanden als allgemeine, kaum bewußte mentale Disposition, als konstitutives Element bestehender Denk- und Verhaltensmuster. Analog zum Lagerbegriff sind Mentalitäten von einer geringeren Verbindlichkeit der Gesinnung gekennzeichnet.[63] Weitere Begriffe stehen vorläufig noch nicht zur Verfügung. Sie sollen im Zuge der Untersuchung entwickelt werden.

Wie läßt sich ein konservatives Milieu sinnvoll untersuchen? Meist wird auf sogenannte Hochburgen von Parteien zurückgegriffen.[64] Die Existenz einer Wählerhochburg sagt jedoch wenig über die Gründe dieses Wahl-

---

[58] Hinweis auch von H. KÜHR/K. SIMON, Lokalpartei, 1982, S. 23.

[59] K. ROHE, Wählertraditionen, 1992, S. 21 f.

[60] Ebd., S. 22.

[61] K. Tenfelde spricht von diesen Teilmilieus, K. TENFELDE, Historische Milieus, 1996 S. 248. Begriff des Dachverbandes, gemünzt auf die Nachkriegs-CDU bei K.-H. NASSMACHER, Liberale Subkultur, 1979, S. 97.

[62] K. ROHE, Wählertraditionen, 1992, S. 16.

[63] V. SELLIN, Mentalitäten in der Sozialgeschichte, 1987, S. 106.

[64] Diesen Weg hat vor allem die historische Wahlforschung beschritten, vgl. z. B. J. W. FALTER/H. BÖMERMANN, Entwicklung der Weimarer Parteien, 1989, S. 96.

ergebnisses aus, läßt nichts von der Qualität der dahinterstehenden gesellschaftlichen Strukturen erkennen. Hochburgen sind nur eine mögliche Variante der Milieuausprägung.[65] Der Rückgriff auf die Wählerhochburgen ist eine Hilfskonstruktion, ein Suchinstrument. Erst eine qualitative Studie macht ein Milieu tatsächlich sichtbar. Hier ergänzen sich sozialstatistische Verfahren mit den hermeneutischen dieser Arbeit, denn die »quantitative, flächendeckende Form der historischen Wahlforschung« kann »den Rahmen setzen« für qualitative »Regional- und Lokalstudien«.[66] Diesen Weg hat die Milieuforschung mit guten Ergebnissen beschritten, hier wird daher angeknüpft.[67]

Alf Mintzel machte 1984 als die drei wichtigsten methodischen Ansätze der Milieuforschung die Wahlsoziologie, die Elitenforschung und die Organisationssoziologie aus.[68] In den vergangenen Jahren ist ein vierter Weg hinzugekommen, der wesentlich zum Erkenntnisgewinn beigetragen hat. Mit sozialgeschichtlichen Ansätzen ist es gelungen, auf übergeordnete Ebenen zielende Näherungsweisen, die Mintzel im Auge hat, mit der konkreten lebensweltliche Sphäre in Verbindung zu setzen. Karl Rohe hat schon 1982 unterstrichen, daß »qualitative und sozialhistorische Methoden« in aller Regel vorzuziehen seien.[69] Der Klassiker der ökologischen Wahlforschung, Rudolf Heberle, formuliert sein im Prinzip gleich gelagertes Vorgehen, die »soziographische Methode«, als: »Die Berücksichtigung möglichst aller für das Verständnis des betrachteten Phänomens in Frage kommenden Tatsachen des sozialen Lebens.«[70]

Milieu beschreibt etwas Konkretes. Es kann daher am konkreten Beispiel untersucht werden, an der Gesellschaft selbst. Lokalstudien, Fallstudien haben daher zweifellos große Aussagekraft. Sie bleiben nah an der lebensweltlichen Realität und fangen das Zusammenspiel zwischen Einwohnern, Wählern, Mitgliedern und Parteien gut ein. Am Beispiel lassen sich Mechanismen von Gesinnung, Organisationsbindung und sozialer Kontrolle nachvollziehen. Aus dieser Richtung sind in den vergangenen Jahren die wichtigsten Beiträge zur Milieuforschung gekommen.[71]

---

[65] Minderheitenmilieus sind bisweilen weit stabiler als Milieus einer Mehrheit, vgl. A. MINTZEL, CSU, 1978, passim.

[66] J.-W. FALTER/H. BÖMERMANN, Entwicklung der Weimarer Parteien, 1989, S. 92.

[67] F. WALTER u. a., SPD in Sachsen und Thüringen, 1993.

[68] Hinweis bei A. MINTZEL, Volkspartei, 1984, S. 246.

[69] K. ROHE, Wahlanalysen, 1982, S. 350, bekräftigt von H. KÜHR, Katholisches und evangelisches Milieu, 1985, S. 259.

[70] Vgl. R. HEBERLE, Landbevölkerung, 1963, S. 12.

[71] Vor allem ist auf die Arbeiten von C. RAUH-KÜHNE, Katholisches Milieu, 1991, zu Ettlingen, G. PAUL und K. M. MALLMANN, 1993, 1994, 1995 zum Saarland, F. WALTER u. a., SPD in Sachsen und Thüringen, 1993, zu Freital, Schmölln und Nordhausen hinzuweisen. Demnächst die Dissertationen von B. Behrends zum liberalen Milieu in Nordhausen und H. Tammena zu Luckenwalde. Ferner H. MATTHIESEN, Bürgertum und Nationalsozialismus, 1994, zu Gotha.

Fallstudien am lokalen Objekt haben Ergebnisse, die nicht immer zu allgemeinen Aussagen führen. Alle Bewertungen übergreifenderer Natur in dieser Arbeit sind unter diesem Vorbehalt getroffen. Letztlich läßt sich dieser Nachteil durch eine theoriegeleitete, Zusammenhänge reflektierende Vorgehensweise und durch eine vergleichende Perspektive beheben. Da es in dieser Studie darum geht, einen Anfang in der Erforschung konservativer Milieustrukturen zu machen, genügt es, wenn Aussagen über die Basis der konservativen Partei in ihrer ostelbischen Hochburg Pommern am Ende stehen. Einen höheren Anspruch erhebt die Arbeit nicht.[72]

Die gesellschaftliche Basis der konservativen Parteien ist Ausgangspunkt aller Untersuchungen. Sie wird über ihre Eliten identifiziert und mit Hilfe von Wahldaten, der Sozialstatistik und vielfältiger anderer Quellen näher bestimmt. Im Mittelpunkt stehen die organisatorische und kommunikative Vernetzung, die gemeinsame Gesinnung oder Weltanschauung und die soziale Zusammensetzung von Basis und Eliten.

Die Gesellschaft soll in ihrer Wechselwirkung mit der konservativen Partei und den politischen Systemen auf Kontinuität und Wandel untersucht werden. Ein hohes Maß an Übereinstimmung und kommunikativer Verdichtung zwischen verschiedenen sozialen Gruppen, und eine Orientierung an konservativen Werten und Gedanken konstituiert das konservative Milieu. Die verschiedenen Faktoren und Strukturen, mit denen dieser Begriff gefüllt werden kann, gilt es jeweils im historischen Prozeß zu identifizieren. Ein Schwerpunkt wird die Frage nach der Rolle und der Bedeutung von Religion und Kirche für konservative Gesellschaftsteile sein.

Da es sich bei dem Konzept der sozialmoralischen Milieus um ein umstrittenes Theorem handelt, steht es mit auf dem Prüfstand. Eine Theorie ist nur dann hilfreich, wenn sie Realität abbildet und strukturiert. Ob das Theorem vom konservativen Milieu dies leistet, soll hier untersucht werden.

Auf dieser Grundlage ergibt sich ein Bild von Kontinuität und Wandel der Verankerung konservativer politischer Parteien in der Gesellschaft. Die Studie liefert Hinweise für die Beantwortung der Frage nach den Gründen für die Beständigkeit der konservativen Hochburg Pommern.

Die Möglichkeiten einer vergleichenden Perspektive sollen bei der Interpretation genutzt werden, ohne daß ein lupenreiner politikwissenschaftlicher Vergleich angestrebt wird.[73] Ansätze dafür liefern die gut erforschten sozialistischen und katholischen Milieus. Sie sollen beispielsweise als Maß für die Milieudichte herangezogen werden. Gleiches gilt für Ergebnisse der Mittelstands- und Bürgertumsforschung.[74] Eine zweite Vergleichsebene er-

---

[72] Auch Mallmann und Paul wählen diesen Weg über einen komparativen Ansatz. Sie weisen erfolgreich nach, daß mikroanalytischer Zugang und makroanalytischer Anspruch sich auf diese Weise keineswegs ausschließen. K. M. MALLMANN/G. PAUL, Milieus und Widerstand, 1995, S. 17.

[73] H. NASSMACHER, 1991, T. SKOCPOL/M. SOMERS, 1980.

[74] Hier bedient sich die Untersuchung eines vierteiligen Rasters, das in der Bürgertumsforschung erprobt worden ist. 1. Wirtschafts- und Besitzbürger (Unternehmer, Fabrikan-

öffnet der Blick auf unterschiedliche politische Systeme. Aus dieser Perspektive lassen sich die Auswirkungen von Diktatur und Demokratie auf Gesellschaftsteile näher bestimmen.

Die Untersuchung birgt drei Probleme. Sie ergeben sich aus der Themenwahl und den besonderen Bedingungen zweier Diktaturen: Im Mittelpunkt der Studie steht die Frage nach der Kontinuität politischer Haltungen und Strukturen. Kontinuität hat zwangsläufig kein Anfang und kein Ende. Anfangs- und Endpunkt der Studie sind deswegen nicht als scharfe zäsursetzende Einschnitte zu verstehen. Es wird, soweit nötig, darüber hinaus untersucht und argumentiert. Ferner sind nicht alle Jahrzehnte gleichmäßig erfaßt. Im Kern geht es um die Schlußphase der Weimarer Republik ab 1928, die NS-Herrschaft, die Sowjetische Besatzung und die frühe DDR bis 1958. Die übrigen Phasen sind überblicksartig zusammengefaßt. Der Zeitraum wurde in dieser Spanne gewählt, um die entscheidenden Zäsuren des »kurzen 20. Jahrhunderts«[75], des Jahrhunderts der Extreme, mit ihren gesellschaftlichen Folgen für die Konservativen zu untersuchen. Meist interessiert sich die Politikwissenschaft für den Wandel stärker als für die Kontinuität.[76] Es ist aber ein Anliegen dieser Arbeit, die Dauer von Verhältnissen über die historischen Zäsuren hinweg in den Vordergrund zu rücken.

Beim Marsch durch 90 Jahre Zeit geht es nur beiläufig darum, die Bedeutung der jeweiligen konservativen politischen Basisstruktur für bestimmte Entwicklungen in der Geschichte zu erläutern. Wichtige Diskussionen wie beispielsweise die um den Anteil der Konservativen am Aufstieg der NSDAP, um Resistenzpotentiale im Nationalsozialismus oder Verwurzelung von widerständigem Verhalten unter der SED werden nur gestreift. Eine Verknüpfung mit solchen übergeordneten Fragestellungen erfolgt in dieser Arbeit immer zu Beginn eines wesentlichen Zeitabschnitts. Dort findet sich ein kurzer zusammenfassender Bericht über die aktuellen Forschungskontroversen, die mit dem Thema zu tun haben und zu denen die Studie beitragen möchte.

In den Diktaturen wurde nicht gewählt, und es wurden keine zuverlässigen Sozialstatistiken erhoben. Es ist daher für bestimmte Abschnitte der Untersuchung unmöglich, politische Sozialstruktur anders als über die Analyse von Parteimitgliedschaften oder das Schicksal einzelner Personen und Familien zu identifizieren. Politische Zusammenhänge reduzierten sich auf

---

ten, Kapitalbesitzer), 2. Bildungsbürger (Professoren, höhere Verwaltungsbeamte, Gymnasiallehrer, Pastoren, Ärzte oder Anwälte, 3. alter Mittelstand, (selbständige Hausbesitzer, Kaufleute und Handwerker) 4. neuer Mittelstand (Angestellte und kleine Beamte. Die regionale Landbevölkerung unterteilt sich nach dem Besitz in Großgrundbesitzer, mittlere Landwirte, Kleinbesitzer und Landarbeiter. Hinzu kamen der ländliche alte Mittelstand, landwirtschaftliche Angestellte und als Sondergruppen Lehrer und Pastoren. J. Kocka, Bürgertum und bürgerliche Gesellschaft, 1988.

[75] E. Hobsbawm, 1997.

[76] Die methodischen Bemerkungen von P. Exner, 1997, S. 9f.

Personennetzwerke. Das bisweilen vielleicht überflüssig erscheinende Nennen von Namen bekommt hier seinen Sinn.

Der Gang der Darstellung orientiert sich nicht an der Theorie oder an abstrakten Kriterienrastern. Sie sind Bestandteil der Analyse, sie werden jedoch nicht zum Gliederungsprinzip erhoben. In der Definition der Begriffe Milieu und Konservativ wurde herausgestellt, daß es sich um zwei Phänomene handelt, die von bestimmten Konstellationen abhängig sind. Sie ergeben sich jedoch nur aus konkreten historischen Situationen. Daher wurde hier der Weg über die Verbindung der historischen mit der strukturellen Darstellung gewählt. Die Analyse ist in die historische Erzählung eingebettet. Die Theorie wird den Ereignissen nicht übergestülpt, sie wird gleichsam aus ihnen heraus entwickelt. Das ist eine Voraussetzung dafür, den Konservatismus von einer Überlast an theoretischer Erörterung zu befreien. Nur das ermöglicht es, den starken Wandel und die tiefen Zerklüftungen der untersuchten Gesellschaftsteile angemessen zu beschreiben.

Die Region Greifswald in Vorpommern bietet gute Voraussetzungen, die Entwicklung der Basis konservativer Parteien über einige Jahrzehnte hin zu verfolgen. Mit Region ist die Stadt Greifswald mit dem sie umgebenden alten preußischen Landkreis Greifswald gemeint. In Einzelfällen werden auch Beispiele aus den ähnlich strukturierten, benachbarten Kreisen Franzburg-Barth und Grimmen herangezogen. Die Wahlergebnisse in Stadt und Kreis Greifswald deuten eine Kontinuität konservativer Orientierung der Einwohner an. Für die Auswahl war ferner von Bedeutung, daß die DNVP sich bei den Wahlen 1930 bis 1933 gegenüber der NSDAP hier relativ gut behaupten konnte, mithin von annäherungsweise stabilen Verhältnissen der Konservativen auch in Krisenzeiten ausgegangen werden konnte. Diese Festigkeit diente als wichtiger Indikator für ein möglicherweise vorhandenes Milieu.

Pommern gehörte zu den preußischen Kernländern. Die Provinz war von großagrarischer Landwirtschaft geprägt. Die Stadt Greifswald und ihr Umland waren zu fast 100 Prozent protestantisch. Die Stadt war eine kleine Landstadt, die stark von staatlichen Einrichtungen und mittelständischem Handel und Handwerk geprägt war. Mit der Universität besitzt Greifswald eine Einrichtung, welche die Stadt nicht mehr typisch für die Region erscheinen läßt. Das wäre ein Argument gegen die Allgemeingültigkeit von Ergebnissen. Da jedoch gerade die Hochschule und ihre Professoren einen Rückhalt der konservativen Partei bildeten, bot sich ein zusätzlicher Aspekt für das Thema.

Milieustudien arten leicht in eine »Histoire totale« aus. Es sind daher gewisse thematische Grenzziehungen nötig. Die Basis der Konservativen unterteilte sich, wie Lepsius richtig anmerkt, in einen ländlichen und einen städtischen Zweig. Land und Stadt bildeten im Raum Greifswald einen engen Zusammenhang, in der ersten Hälfte des Untersuchungszeitraumes mehr noch als in der zweiten. Der Schwerpunkt der Studie liegt eindeutig auf den städtischen Verhältnissen. Es war aber sinnvoll, die Entwicklung auf dem Lande mit einzubeziehen, soweit sie die Stadt beeinflußte. Der Aspekt möglicher konservativer Traditionen in der Demokratischen Bauernpartei Deutschlands (DBPD) seit 1948 blieb jedoch ausgespart. Diese Blockpartei war fast ausschließlich auf dem Land aktiv, eine Verbindung zur Stadt war wenig ausgeprägt. Außerdem stand sie unter starken kommunistischen Vorzeichen, und sie organisierte zunächst vor allem Flüchtlinge. Kontinuität war bei ihr nur wenig zu erkennen.[77] Sie blieb daher auch mit Blick auf die notwendige Beschränkung der Untersuchung ausgeklammert.

Ein wichtiger Aspekt für die Auswahl Greifswalds war die gute Quellenbasis. Einen geschlossenen, klar umrissenen Quellenkörper gibt es für diese Untersuchung nicht. Es lassen sich einige Schwerpunkte nennen: Für den Abschnitt bis 1933 konnten Zeitungen als Quellen herangezogen werden, bis 1950 waren die Akten der Stadt Greifswald im Stadtarchiv (StA) sehr ergiebig. Hinzu kamen Akten aus den Beständen der Bezirksregierungen Stralsund und Stettin im Vorpommerschen Landesarchiv Greifswald (VpLA) sowie vor allem Personalakten des Universitätsarchivs (UA). Die Zeit des Nationalsozialismus ließ sich nur mit Mühe erhellen, weil die NS-Machthaber die Tage vor dem Einmarsch der Roten Armee zu umfangreichen Aktenverbrennungen nutzten. Durch die Zerstörung der Provinzhauptstadt Stettin wurde viel Material vernichtet und verstreut. Einen gewissen Ausgleich bot das Bundesarchiv Berlin mit den Akten des Berlin-Document-Center (BA, ehem. BDC), der Archiv-Außenstelle Dahlwitz-Hoppegarten sowie die Amts- und Landgerichtsbestände des Vorpommerschen Landesarchivs. Unverzichtbar waren die Sammlungen der Universitätsbibliothek (UB) in Greifswald.

Für die Zeit ab 1945 war nicht der Mangel, sondern die Fülle der Quellen ein Problem. Sie erzwangen die Konzentration auf wesentliche Bestände. Zeitliche und finanzielle Vorgaben setzten Grenzen. Das Landesarchiv stellte umfangreiche schriftliche Hinterlassenschaften der SED zur Verfügung. Das Mecklenburgische Landeshauptarchiv in Schwerin (MLHA) verwahrt Material aus der Frühphase der DDR und der sowjetischen Besatzung. Das Archiv für Christlich-Demokratische-Politik der Adenauer Stiftung (ACDP) öffnete die Akten der Greifswalder und der Mecklenburger CDU. Die CDU in Greifswald gewährte Einblick in ihre Dokumente. Außerdem fanden sich in der Stiftung Archiv der Parteien und Massenorganisationen der DDR im Bundesarchiv Berlin (SAPMO) wichtige Akten besonders der NDPD. Nicht zu vergessen sind die zahllosen Gespräche und Interviews, die zur Erhellung unklarer Zusammenhänge erheblich beigetragen haben.

---

[77] W. JÄGER, 1997, H. REICHELT, 1997 sowie Demokratische Bauernpartei Deutschlands (Hrsg.), 1988. Noch 1995, fünf Jahre nach der Fusion mit der CDU, sagte ein Christdemokrat über die ehemaligen Mitglieder der Bauernpartei, sie seien anders, stärker kommunistisch geprägt und wichen stark von der christdemokratischen Tradition ab. Interview mit L. K.

Auch das Material aus Privatbesitz, das bereitwillig zur Verfügung gestellt wurde, trug wesentlich zur Arbeit bei.

Drei Aktenbestände blieben nach gründlichen Erwägungen ausgespart. Unfreiwillig geschah dies bei den Akten der Pommerschen Kirche in Greifswald nach 1945. Sie waren trotz intensiver Bemühungen nicht zugänglich. Das in den SED-Akten gesammelte kirchliche Schriftgut bot Ausgleich. Da schon die Beobachtungsberichte der SED, die Akten der CDU und der NDPD einen sehr dichten Einblick in die Arbeit der »befreundeten« Parteien und die Haltung ihrer Mitglieder boten, wurde darauf verzichtet, die geheimdienstliche Unterwanderung der bürgerlichen Blockparteien und der Kirche aus den Quellen der Gauck-Behörde aufzuhellen. Die vereinzelt in den Akten eingestreuten Berichte der Staatssicherheit und die ohnehin nachweisbaren Informanten der SED änderten nichts an den grundsätzlichen Aussagen über die Konservativen als Gruppe, um die es hier primär ging.[78] Die SED als die Verzahnungsstellen der drei DDR-Machtsäulen Partei, Staat und Staatssicherheit hatte ihre Akten mit genügend Material aller möglichen Provenienzen gefüllt.[79] Die organisatorischen Hürden in der Übergangsphase nach dem Stasi-Unterlagengesetz legten diesen Entschluß zusätzlich nahe. Daß hier möglicherweise noch interessante Erkenntnisse zu einzelnen Personen und Hintergründen von Entwicklungen schlummern, darf mit Sicherheit angenommen werden. Nicht berücksichtigt wurden die Akten aus staatlicher Provenienz, der Stadt Greifswald ab 1955, der Kreise Greifswald, Wolgast, Grimmen, Anklam und Demmin, die alle Teile des 1952 zerschlagenen Kreises Greifswald umfaßten. Da Entscheidungen in der Regel bei der SED-Kreis- oder Bezirksleitung fielen, waren auch diese Akten verzichtbar.

---

[78] H. von Zastrow (Hrsg.), 1996, außerdem J. Gauck, 1991.
[79] D. Pollack, Organisationsgesellschaft, 1994, S. 283.

Abbildung 3

»Gedachte« Landschaft
Caspar David Friedrich, »Wiesen bei Greifswald«, um 1821

Greifswalder Konservative im Kaiserreich

Abbildung 4

Max Fleischmann, Bürgermeister, dann Oberbürgermeister von 1917 bis 1935

Erstes Kapitel

Idyll im Umbruch? Forschungsstand und Fragen

In Greifswald schien um 1900 die Zeit stillzustehen. »Gras wuchs üppig zwischen den Pflastersteinen in stillen Straßen, ab und zu sah man ein ländliches Fuhrwerk müde vor einem Kaufladen warten. Kein Tempo, kein Hasten. Alles kannte sich, jeder sprach über jeden.«[1] Zugereisten Dozenten, die aus größeren Städten stammten, kam der Ort vor wie ein überschaubares Idyll; vielleicht ein wenig eng, aber weitab von jeder Aufbruchstimmung und Veränderung. Der Kontrast konnte für sie stärker kaum sein. Überall in Deutschland, am Rhein, in Berlin oder Breslau war die Gesellschaft seit der zweiten Hälfte des 19. Jahrhunderts in Unruhe. Die Städte wuchsen so rasant wie die Industrie. Selbst dort, wo kein Schlot rauchte, waren die traditionellen wirschaftlichen, politischen und kulturellen Verhältnisse in Bewegung. Die Arbeiterschaft entstand als ganz neue Bevölkerungsgruppe. Längst bestehende Berufsgruppen wie Handwerker oder Kaufleute gerieten in die Minderheit. Das spürten sie besonders, als die Arbeiter sich organisierten, gewerkschaftlich und in einer eigenen Partei.

Was sollten die Männer in den Maschinenfabriken und Stahlhütten jedoch anderes tun, wenn sich niemand ihrer Existenzprobleme annahm? Selbsthilfe war nötig, Interessenvertretung. Das mußte auch die Landbevölkerung sehr bald lernen. Die Landwirtschaft fiel in der Bedeutung zurück und kämpfte gegen immer neue Krisen. Es genügte nicht mehr, auf eine bessere Ernte im kommenden Jahr zu hoffen. Machtvoll war man erst dann, wenn man sich zusammenschloß, wenn man Massen hinter sich brachte, um Druck auszuüben und Mehrheiten zu gewinnen.

Selbstverständliche Gewißheiten gerieten in Bewegung. Die evangelische Kirche klagte über das schwindende Interesse ihrer Glieder und sah, daß immer weniger Menschen sich nach ihren Regeln richteten. Christliche Vereine sollten diesem Trend entgegenwirken und die Menschen wieder eng an den Glauben binden. Doch statt Choräle zu singen und für die Mission Deckchen zu häkeln, nahm das Interesse an neuen Freizeitbeschäftigungen ohne religiösen Anstrich rapide zu: Man turnte, man sang, man wanderte und machte Theater oder Weltpolitik. Dafür gründeten die Greifswalder immer neue Vereine.

Die Menschen waren verunsichert, denn die gewohnte Welt geriet aus den Fugen. Die Pfarrer und die Landwirte redeten von einer großen Krise, die Gewerkschaften vom großen Kladderadatsch, der demnächst komme.

---

[1] Walter Stoeckel im Jahr 1907, zitiert nach R. Schmekel, 1991, S. 189.

Gleichzeitig organisierte sich die Gesellschaft neu. Bestehende Gruppen schlossen sich gegen oder für die Veränderungen fest zusammen, es formierten sich sozialmoralische Milieus. Parteien vertraten die Interessen dieser Gruppen.

Der Eindruck von Stillstand, den Greifswald vermittelte, trog. Auch das ländliche Vorpommern steckte um 1900 in einem tiefgreifenden Wandlungsprozeß. Zwischen 1880 und 1914 veränderte sich das Vorfeld der konservativen Partei in der Region. Wie spielten Kirche, Landwirtschaft und Politik dabei zusammen? Welche Schichten und Gruppen trugen die konservative Partei? Wer waren ihre Konkurrenten, wer ihre Gegner? Welche Ideen und welche Konflikte bestimmten das alltägliche politische Verhalten? Verdichteten sich die gerade gegründeten Vereine und Verbände zu einem Milieu? Anders als die meisten Auswärtigen und Einheimischen dachten, war Greifswald kein friedvolles Idyll der Rückständigkeit. Das Neue kam nicht so dramatisch daher wie zum Beispiel in Berlin. Die Folgen waren gleichwohl umstürzend.

Die Forschung zu den landwirtschaftlichen und nationalistischen Verbänden, die in den 1890er Jahren im Vorfeld der konservativen Partei gegründet wurden, hat zu einer Diskussion geführt, die mit den Jahren vor 1918 nur am Rande zu tun hat.[2] Besonders von seiten deutscher Sozialhistoriker ist die These vertreten worden, daß die Möglichkeit zur Etablierung einer konservativen Volkspartei vertan worden sei. Eine manipulativ eingesetzte, völkisch-nationalistische und antisemitische, rein auf die ökonomischen Interessen der Großlandwirtschaft abgestimmte Politik habe traditionelle Werte und Vorstellungen der Konservativen verdrängt. Das sei im wesentlichen auf den Einfluß des Bundes der Landwirte (BdL) zurückzuführen, der seit seiner Gründung 1893 die Konservativen, vor allem die Deutschkonservative Partei, ins Schlepptau genommen habe.[3] Damit sei der verhängnisvolle Prozeß einer Einschmelzung der Konservativen in ein großes nationales Lager eingeleitet worden, was dem völkischen und antisemitischen Nationalismus den Weg in breite Gesellschaftsteile geebnet habe. Die Folge sei die NS-Massenbewegung Anfang der dreißiger Jahre gewesen. Besonders den ›alten Eliten‹ aus Großgrundbesitz und Adel wird bei diesem großen Bogen von den 1890er Jahren in das Dritte Reich Verantwortung für den Aufstieg des Nationalsozialismus zugeschrieben. Der unzeitgemäßen Kontinuität ihrer Macht sei wesentlich der ›Sonderweg‹ der deutschen Geschichte zu verdanken.[4]

---

[2] Die neueste Übersicht zu bisher vorliegenden Arbeiten und den daraus entstandenen Kontroversen über die Konservativen bis 1945: L. E. JONES/J. N. RETALLACK, 1993, S. 1–30.

[3] Besonders in den Arbeiten von H.-J. Puhle; H.-J. PUHLE, Conservatism, 1978. Ausführlicher ders., Agrarische Interessenpolitik, 1975, S. 274–289.

[4] Vgl. H. GREBING, Sonderweg, 1986, S. 22. H. A. WINKLER, Weimar, 1993, S. 607.

Dem ist von britischen und amerikanischen Historikern widersprochen worden.[5] Sie argumentieren, daß man selbstverständlich die Entwicklung des Kaiserreichs berücksichtigen müsse, wenn man den Aufstieg der NS-Bewegung verstehen wolle, dennoch liege der Schlüssel zum Verständnis dieses Phänomens primär in den Krisen der zwanziger Jahre, dem Bürgerkrieg, der Inflation und der Weltwirtschaftskrise.[6] Während die deutschen Historiker das Manipulative und Populistische in der Propaganda des Bundes der Landwirte hervorheben und den völkischen Nationalismus letztlich als von außen in die Bevölkerung hineingetragen bewerten, sehen die Kritiker eine Entwicklung in der Gesellschaft selbst. Sie konstatieren schon im Kaiserreich eine Krise der traditionellen konservativen Honoratiorenherrschaft und einen Aufstieg nationalistischer Verbände mit einer neuen Form von Organisationen, Massenmobilisierung und anderen Eliten.[7] Die Kritiker weisen auch auf die Unterschiede zwischen traditioneller konservativer Weltanschauung und dem Nationalsozialismus hin, womit sie die Brüche in der Entwicklung stärker betonen. Daß es Alternativen zur Entwicklung in den Nationalsozialismus gab, die nicht wirksam wurden, geht in der Sonderwegsthese offenkundig zu leicht unter. Sie machen den Nationalsozialismus einseitig zu einer Strömung aus konservativer Wurzel.

Diese Argumentation wurde in erster Linie von Wissenschaftlern geführt, die sich im Schwerpunkt mit dem Kaiserreich beschäftigt haben, zum Nationalsozialismus an sich also wenig zu sagen hätten.[8] Ihre Wertungen bauen auf einer unpassenden Grundlage, denn Forschung fand bisher im Schwerpunkt zur konservativen Ideologie und Propaganda, zu Parteien und Verbänden statt, also auf einer eher übergeordneten Ebene. Von hier wird dann jedoch auf die Prozesse in der Gesellschaft rückgeschlossen. Das ist fragwürdig, denn die konservativen Eliten stehen offensichtlich ohne gesellschaftlichen Hintergrund da, der für den Aufstieg des NS aber besonders bedeutsam war. Auch die konservativen Eliten mußten sich einen Anhang sichern, sie mußten sich auf dem neuen politischen Massenmarkt behaupten. Daß diese Problematik die Politik einer Partei erheblich beeinflußt, ist für andere Parteien hinreichend belegt. Doch wie funktionierte dieser Mechanismus bei den Konservativen? Darüber weiß man nur wenig; es fehlen mit-

---

[5] Vgl. L. E. JONES/J. N. RETALLACK, 1993, S. 1 und 11 ff. Sie nennen diese Richtung »overly deterministic«.

[6] Protagonist dieser Sichtweise ist vor allem Geoff Eley. G. ELEY, Konservative und radikale Nationalisten, 1991, S. 209–247. Er widerspricht vor allem der These von den ›alten Eliten‹; seiner Meinung nach sank ihr Einfluß bereits seit den 1870er Jahren, ebd., S. 222. Auch eine frühe starke Anziehungskraft des völkischen Nationalismus vermag er nicht zu erkennen; vgl. ebd., S. 218.

[7] Zusammengefaßt bei D. STEGMANN, Konservatismus, 1984, S. 415. Stegmann bringt auch gleich die Retourkutsche zum Angriff auf die ›neue Orthodoxie‹ der Bielefelder Sozialhistoriker durch Eley, Blackbourn und Evans.

[8] L. E. JONES/J. N. RETALLACK, 1993, S. 18 f.

hin entscheidende Informationen, um gesicherte Interpretationen vor-
zunehmen.[9]

Es geht in der oben umrissenen Diskussion letztlich um die Frage, woher
die Anhänger des Nationalsozialismus kamen, wie der völkische National-
lismus zur Massenbewegung werden konnte und welche Rolle dabei die
Konservativen spielten. Welchen Einfluß hatten konservative Denkweisen
und Mentalitäten, welchen eher nationalistische Strömungen? Welche
Schichten und Gruppen trugen den Konservatismus, und welche Verschiebungen hin zum Nationalsozialismus lassen sich dabei beobachten? Da im
Mittelpunkt der bisherigen Argumentation meist die traditionellen konservativen Eliten standen, wobei der ostelbische Adel als Prototyp gilt, muß
sich die Frage nach Struktur, Verwurzelung und Verhalten konservativer
Eliten überhaupt anschließen.

Einige weitere Probleme sollen erörtert werden. Die bisherige Forschung
vermittelt von den konservativen Parteien, wozu im Kaiserreich Freikonservative und Deutschkonservative gerechnet werden, ein Bild tendenzieller
Stagnation.[10] Die Parteien seien nur durch das Festhalten an den wahlrecht-
lichen Privilegien in Preußen und anderen Vorrechten in Staat und Verwaltung an der Macht gehalten worden.[11] Der Übergang von der Honora-
tioren- zur Massenpolitik habe sie bedroht, weil sie einseitig in der
ostelbischen Lebenswelt verwurzelt waren. Das Gewicht dieser Regionen
habe im Reich kontinuierlich abgenommen. Die Parteien standen vor zunehmenden Schwierigkeiten, sich zu behaupten.

---

[9] Sehr instruktiv ist in diesem Zusammenhang der kurze Aufsatz von S. BARANOWSKI,
   Continuity and Contingency, 1987. Sie weist auf die Verknüpfung und Verwurzelung
   der ländlichen Eliten hin und betont, es sei unmöglich, sie losgelöst von diesem Hintergrund zu sehen, was den Vorwurf der Manipulation schon entkräfte. Sie verweist besonders auch auf die Verbindung zwischen agrarischen Interessen, Landleben und protestantischer Kirche.
[10] Vor allem G. A. RITTER, Deutsche Parteien 1830–1914, 1985, S. 76–84.
[11] H. BOOMS, 1954, S. 37 ff.

Zweites Kapitel

Strukturen der Region: Greifswald und das Umland

Die Stadt Greifswald war im Gegensatz zu ihrem Umland vor 1914 keine konservative Hochburg. Grob gesagt, orientierte sich die Stadt im Schwerpunkt liberal mit einem schwankenden, aber im Kern festen konservativen Anteil. Das Umland wählte ganz überwiegend konservativ. Der feststehende Begriff von der konservativen Hochburg, der »Preußischen Vendé« Pommern, ist daher zu differenzieren.[1] Der regional bestimmende politische Gegensatz war seit der Mitte des 19. Jahrhunderts der von Konservativen und Liberalen. Er war in den meisten Orten Deutschlands durch den Konflikt der beiden bürgerlichen Parteirichtungen mit der Sozialdemokratie abgelöst worden. In Vorpommern traten jedoch bis 1914 Konservative und Liberale bei jeder Wahl gegeneinander an. Ihre politischen Konflikte bestimmten nach wie vor das politische Leben. Das verdeutlicht eine gewisse Zurückgebliebenheit.

Die Ursachen dafür lagen in der ausgebliebenen Industrialisierung, die Pommern mit der Ausnahme von Stettin nicht entscheidend verändert hatte. Ein wesentliches Merkmal der regionalen Gesellschaft war daher ihre geringe soziale Differenziertheit. Greifswald war im Vergleich mit anderen Regionen des Reiches in seiner ökonomischen Entwicklung etwa in der zweiten Hälfte des 19. Jahrhunderts stehengeblieben. Die Einwohnerzahl stagnierte zwischen 1864 und 1874 bei rund 17 400. Erst seit Mitte der 1870er Jahre wuchs die Stadt. Zwischen 1895 und 1905 verharrte sie auf dem Niveau von rund 23 000 Einwohnern. Bis Kriegsausbruch steigerte sich dieser Wert nur noch auf rund 25 000.[2]

Der Eisenbahnbau, andernorts der Beginn einer stürmischen Entwicklung, blieb in der Region ohne Folgen. Der Aufschwung nach dem Anschluß an die Fernbahn Hamburg-Stettin 1863 war bescheiden. Zwar richtete die Staatsbahn ein Ausbesserungswerk in der Stadt ein, das um 1900 etwa 400 Arbeiter beschäftigte und größter industrieller Arbeitgeber der Stadt war. Fabriken wollten sich jedoch trotz vorhandener Ansätze im Schiffs- und Maschinenbau einfach nicht entwickeln. Sämtliche Betriebe beschäftigten selten jeweils mehr als 50 Arbeiter.[3] Es fehlte in der Stadtbevöl-

---

[1] Begriff bei W. GÖRLITZ, Widerstand in Pommern, 1961, S. 66.
[2] F. REICHE, 1925, Tabelle S. 87. Vgl. H. HECKMANN (Hrsg.), 1991, S. 113. Stagnation war in der Region die Regel. Während die Einwohnerzahl von Stettin zwischen 1800 und 1900 im Verhältnis von 10 zu 1 wuchs, erreichte Greifswald nur den Wert von 4 zu 1.
[3] H. SCHRÖDER, Zur politischen Geschichte, 1956, S. 122.

kerung die sonst überall entstehende Arbeiterschaft. Um 1900 verdienten
nur etwa 1000 Greifswalder als Arbeiter ihr Geld.

Greifswald hatte deswegen auch kein nennenswertes Wirtschaftsbürgertum. Stattdessen hatte der alte Mittelstand die größte ökonomische Potenz
in der Stadt, die vom regionalen Handel mit dem Umland, zu einem geringen Teil auch vom Fernhandel lebte. Als Bevölkerungsgruppe und als Arbeitgeber waren die rund 140 kleinen Händler bedeutender als die wenigen
Großkaufleute. Den produzierenden Wirtschaftssektor machten die rund
600 Handwerksbetriebe der Stadt aus, die jedoch selten mehr als den Meister und einige Gesellen beschäftigten und ernährten.[4] Baubranche und
Holzverarbeitung waren besonders entwickelt. Insgesamt lebten rund 1500
Einwohner als selbständige Handwerker oder Händler.[5] Einen wesentlichen
Teil des lokalen Gewerbes beherrschten Betriebe des Nahrungs- und Ge-
nußmittelsektors, die Produkte der regionalen Landwirtschaft verarbeite-
ten. Selbst die Besitzer der größeren Gewerbebetriebe blieben in das Netzwerk des alten Mittelstandes eingebunden. Der alte Mittelstand bildete die
größte homogene Gruppe innerhalb der Stadtbevölkerung. Milieuhaft verdichtete Strukturen lassen sich am ehesten bei ihnen vermuten.

Das zweite Standbein der lokalen Wirtschaft waren Dienstleistungsein-
richtungen, die sich in der Stadt konzentrierten. Die vielen staatlichen Stellen
gaben Greifswald das Profil einer Beamtenstadt. Die Schulen und die Gerichte wirkten weit über die Stadtgrenzen hinaus.[6] Arbeitgeber von Bedeutung waren die Verwaltungen der Stadt und des Kreises. Wichtig waren außerdem Post, Bahn, kommunale Banken und das Militär, das in Greifswald
höchstes Ansehen genoß. Ein Bataillon des Preußischen Infantrieregiments
42, kurz die ›42er‹ genannt, mit 600 bis 800 Soldaten lag in der Stadt.[7] Private
Dienstleistungsbetriebe waren dagegen eher selten; einige kleine Banken und
landwirtschaftliche Versicherungen zählten dazu. Freie Berufe hatten ein gewisses Gewicht. Um die Gerichte siedelten sich Anwälte und Notare an.
Ärzte und Privatkliniken lebten im Umfeld der Universitätskliniken.

Impulse erhielt Greifswald nur von der Universität, dem wohl am stärksten prägenden Faktor für Gesellschaft und Wirtschaft der Stadt. Die Hochschule war 1456 gegründet worden und hatte bis in das 19. Jahrhundert keine besondere Bedeutung erlangt. Sie war die Universität der Provinz, mehr
nicht. Seit der Reichsgründung begann ihr Aufschwung im Zuge staatlicher
Ausbaumaßnahmen. 1871 hatte die Hochschule nur 439 Studenten[8], die von
rund 40 Professoren unterrichtet wurden.[9] Die hohen Investitionen des
preußischen Staates in den folgenden Jahren flossen vor allem in die Klini-

---

[4] Ebd., S. 123
[5] H. D. SCHRÖDER, Stadtparlament, 1962, S. 119.
[6] Aufstellung bei D. LUCHT, 1996, Tabelle 4, S. 187. Zum Sprengel gehörten elf Amts-
    gerichte und die Kammer für Handelssachen in Stralsund.
[7] W. HUBATSCH, Verwaltungsgeschichte, 1975, S. 89 f.
[8] H. U. WEHLER, Gesellschaftsgeschichte, 1995, S. 422.
[9] H. D. SCHRÖDER, Stadtparlament, 1962, S. 114.

ken, die seit der Mitte des 19. Jahrhunderts und dann besonders kurz vor und nach der Jahrhundertwende entstanden.[10] Zwischen 1900 und 1914 stiegen die Studentenzahlen kräftig auf rund 1400 an, entsprechend stockte die preußische Regierung das Lehrpersonal auf.[11] Die neuen Einrichtungen brauchten viele zusätzliche Pfleger, Kuriere, Heizer und Hausmeister. In diese Tätigkeiten wechselten viele Angehörige der vorher landwirtschaftlich orientierten Unterschicht der Stadt. Greifswald wuchs nicht besonders stark, die innere Struktur der Stadt schichte sich jedoch um. Aus bäuerlich verwurzelten Gruppen wurden kleine Angestellte und Beamte.

Die Universität prägte auch das kulturelle Leben, die studentischen Verbindungen drückten »Greifswald voll und ganz ihren Stempel« auf.[12] Vor allem aber kamen beständig neue und gutausgebildete Wissenschaftler in die Stadt, die einen ganz anderen Horizont kannten, als man ihn in der kleinstädtischen Beschaulichkeit Greifswalds üblicherweise zu erkennen vermochte. Ihre Stellung in der städtischen Gesellschaft war herausragend. Ein Professor galt etwas. Eine ganze Reihe von Dozenten siedelte sich auf Dauer an. Sie bildeten den Kernbestandteil einer lokalen Oberschicht, oft »wirkliche Originale, starke selbständige Persönlichkeiten, zu denen vor allem auch solche gehörten, [...] die [...] ›sitzen geblieben‹ waren. [...] Die Universität war dort alles.«[13]

Die Universität in einer kleinen, ländlichen und abgelegenen Stadt brachte als kulturelle Eigenheit eine große Nähe der Professorenschaft untereinander, aber auch von Stadt und Universität mit sich. Die hausbesitzenden Mittelständler lebten von der Studentenkundschaft, an die sie Zimmer vermieteten oder Brot und Bier verkauften. Es war unmöglich, einander aus dem Weg zu gehen, und jeder wußte genau von dem, was der andere tat oder ließ. In dieser engen und bisweilen stickigen Atmosphäre gediehen Klatsch und Gerüchte besonders gut. Soziale Kontrolle auch in politischen Dingen war eine Folge der Überschaubarkeit.[14]

An sich waren das gute Bedingungen für ein sozialmoralisches Milieu. Die soziale Teilung der Gesellschaft hob die Enge jedoch in wichtigen Bereichen wieder auf, die unterschiedlichen Gruppen der Stadt achteten bei ihren Kontakten auf Abstand. Die räumliche Nähe führte nicht dazu, daß Akademiker, Beamte und alter Mittelstand Verbindungen pflegten. Sie lebten in der gleichen Kleinstadt, jedoch in weitgehend unabhängigen Verkehrskreisen, die sich nach dem sozialen Status unterteilten.

Die Oberschicht und damit die im Kaiserreich für die Politik relevante Gruppe rekrutierte sich aus den Spitzen der Verwaltung und des Militärs,

[10] W. Rothmaler (Hrsg.), 1956, passim.
[11] M. Dittmann, Frequenz und Struktur, 1991, S. 277. Weitere Zahlen und Vergleich mit anderen Universitäten, H. U. Wehler, Gesellschaftsgeschichte, 1995, S. 1211. H. G. Leder, 1990, S. 41 f. und 44.
[12] L. Wichmann, Erinnerungen, S. 5, StA. Manuskriptsammlung.
[13] August Bier in einem Brief von 1926, zitiert nach R. Schmekel, 1991, S. 208.
[14] C. Thaer, Rechenschaft, o. S., in: Material R. Thaer.

der Lehrerschaft, aus den Reihen der Juristen, aus der gehobenen Handwer-
ker- und Kaufmannschaft und aus dem kleinen Unternehmertum. Sie hatten
eine akademische Ausbildung, mindestens jedoch das Abitur. Man dachte in
Laufbahn- und Hierarchiekategorien. Den Typus des tüchtigen Aufsteigers
gab es in Greifswald nicht.

Das Gros der Bevölkerung gehörte den mittleren Schichten an, der Beam-
tenstatus und die Selbständigkeit, oft auf niedrigem Niveau, waren die häufigsten Erwerbsformen. Greifswald war eine Universitäts-, Militär-, Beam-
ten- und Handwerkerstadt.[15] Einem breiten Kleinbürgertum stand eine
einflußreiche bildungsbürgerliche Gruppe gegenüber. Die lokale Gesellschaft veränderte sich im späten 19. und frühen 20. Jahrhundert wenig, es
gab nur geringen Zuzug, schon gar nicht aus anderen Regionen. Das traditionelle lokale Selbstverständnis wurde nur am Rande durch eine neue In-
dustriearbeiterschicht berührt. Der Aufschwung der Gründerjahre ging an
Greifswald vorüber. Mehr als ein regionales Zentrum war Greifswald daher
nach der Jahrhundertwende nicht mehr. Eine Landstadt, die zufällig eine
Universität hatte.

Auf dem Lande ließen sich dagegen deutlich die Strukturen eines Milieus
unter Führung konservativer Politiker ausmachen. Es ragte in das ländliche
Zentrum Greifswald hinein, denn die Stadt war stark von ihrem Umland
und der Landwirtschaft abhängig. In den ländlichen Besitz- und Wirt-
schaftsverhältnissen der Region lagen die Ursachen für die Stagnation in
Vorpommern. Die Landwirtschaft befand sich seit den 1880er Jahren in
einem Strukturwandel, der zu immer neuen Krisen führte. Diese Krisen
schweißten die ländliche Lebenswelt eng zusammen und gaben der traditionellen Lebensgemeinschaft auf den Dörfern eine modern organisierte Form,
eine Milieustruktur. Vom Land aus eroberten die Konservativen die vorpommerschen Städte.

Die Landkreise Greifswald und Grimmen bildeten die nähere Region um
die Stadt. Sie waren extrem dünn besiedelt.[16] 1905 lebten hier nur rund 40
Einwohner pro Quadratkilometer.[17] Das war in ganz Deutschland einer der
niedrigsten Werte überhaupt.[18] 84,5 Prozent der Anbaufläche im Kreis
gehörten zu Großbetrieben, die mehr als 100 Hektar bewirtschafteten. Damit lag der Kreis an der Spitze im Deutschen Reich.[19] Stadt und Land waren
unmittelbar voneinander abhängig, denn größte Landbesitzer waren die
Stadt Greifswald und die Universität. Die Hochschule besaß 1911 rund
11 500 Hektar, welche in 41 Betrieben zu durchschnittlich 277 Hektar ver-
pachtet waren.[20] Die Stadt Greifswald verfügte über rund 2600 Hektar,

---

[15] H. Heyden, 1957, S. 215.
[16] H. Schmidt/G. Blohm, 1978, S. 29.
[17] W. Hubatsch, Verwaltungsgeschichte, 1975, S. 92f.
[18] Im Reichsdurchschnitt lag dieser Wert fast zur gleichen Zeit schon dreimal so hoch.
D. Petzina u. a. (Hrsg.), Sozialgeschichtliches Arbeitsbuch, 1978, S. 22.
[19] F. Reiche, 1925, S. 74.
[20] H. Schröder, Zur politischen Geschichte, 1956, S. 123.

ebenfalls in Großbetriebe aufgeteilt. Gut ein Viertel der landwirtschaftlichen Nutzfläche waren langfristige Pachtungen, die an landwirtschaftlich gebildete meist bürgerliche Pächterfamilien vergeben wurden.[21] Davon gab es einen festen Stamm, der schon seit Generationen in der Region ansässig war.[22]

Die größten Besitze hatten die Familien des pommerschen Adels.[23] Er galt als besonders bodenständig. Oft verfügten die Familien über mehrere Güter, die von verschiedenen Zweigen bewirtschaftet wurden.[24] Die Bismarck-Bohlen, von Buggenhagen, von Behr, von Kameke, von Plötz, von Voss-Wolffradt, von Schwerin oder von Lefort gehörten zu den regional führenden Familien. Sie waren untereinander vielfältig verwandt und verschwägert. Der Landadel bildete nicht nur eine Besitzeroberschicht, sondern auch einen Familienverband mit sehr ausgefeilten kulturellen und sozialen Regeln und Verhaltensweisen. Der Landadel war überdies die durch Herkommen und Tradition legitimierte Herrscherschicht. Durch Geburt gehörten sie zur politischen Führung.

Die ländliche Gesellschaft in Vorpommern war von tiefen Gegensätzen geprägt. Einerseits gliederte sie sich in kleine und überschaubare, dörfliche Arbeits- und Lebensgemeinschaften. Andererseits war sie von einer starren Schichtung beherrscht, die sich am Besitz orientierte. Eine relativ dünne Oberschicht stand einer schmalen Mittelschicht und einer sehr breiten und vielfältig gegliederten Unterschicht von besitzlosen Saisonarbeitern, Tagelöhnern, Deputatarbeitern, Arbeitern mit Pachtland, Melkern, Kutschern oder Kleinbesitzern gegenüber. Oft vermittelte eine Gruppe landwirtschaftlicher Angestellter, Inspektoren, Verwalter, Forst- oder Jagdaufseher zwischen den Herren und ihren Gutsbewohnern.[25]

Daß diese Gesellschaft dennoch eng zusammenhielt und ein Milieu bildete, war Folge der traditionellen Abhängigkeits- und Verpflichtungsverhältnisse, die das Leben bestimmten, an sozialmoralische Werte gebunden waren und sich in einer konservativen politischen Haltung der Oberschicht bündelten. Alle Dorfbewohner lebten auf die eine oder andere Weise mit und von der Landwirtschaft. Der Rhythmus von Aussaat und Ernte, von Melken und Füttern bestimmte den Tag und das Jahr. Wenn es der Landwirtschaft schlecht ging, litten alle. Verstärkend trat in Pommern hinzu, daß die meisten in einem Dorf für nur einen Landbesitzer arbeiteten, seine Pächter oder Nachbarn waren. Das ganze Leben war damit auf eine Figur ausgerichtet. Die Güter waren Lebens- und Wirtschaftsgemeinschaften. Wer

---

[21] Zum Phänomen der Verpachtung I. BUCHSTEINER, Besitzkontinuität, 1994, S. 133.

[22] H. SCHMIDT/G. BLOHM, 1978, S. 31. Familie Weissenborn in Ludwigsburg z.B. seit 1810.

[23] Dieser Befund galt für Pommern allgemein. I. BUCHSTEINER, Besitzkontinuität, 1994, S. 130. Angaben zu den einzelnen Adelssitzen bei H. NEUSCHÄFFER, 1993, S. 30f., 54f., 68f., 88f., 126f., 216f., 220f.

[24] K. HESS, Wirtschaftliche Lage, 1994, S. 169.

[25] W. PYTA, Dorfgemeinschaft, 1996, S. 58–78, zum Gutsherren S. 94–106.

ausscherte, stellte sich gegen das Dorf, gegen den Gutsherren oder gegen beide. Die Pächter oder Besitzer der großen Höfe waren die unbestrittenen Leitfiguren in der dörflichen Sozialordnung.

Das war nicht nur Folge der Besitzverhältnisse, sondern war tief in der Tradition des Landes verwurzelt. Die Landbesitzer waren die einzigen nennenswerten Arbeitgeber; Alternativen in den Städten der Region gab es nicht. Das preußische Gesinderecht gab der Gutsherrschaft weitreichende Möglichkeiten, in Leben und Freizügigkeit der Bediensteten einzugreifen. Versammlungen, Organisation, Streik, ja selbst die Verabredung zur Arbeitsniederlegung waren verboten. Landarbeitervereine durften nur lokal auftreten.[26] Gutsbezirke bildeten bis 1927 eigenständige Kommunal- und Polizeidistrikte. Die Bewohner unterstanden der Verwaltung durch die Gutsherrschaft, Kommunalvertretungen waren nicht vorgesehen.[27]

Die einseitige Abhängigkeit hatte eine Kehrseite. Denn der Herr war auf sein Gesinde angewiesen, und er hatte soziale Pflichten gegenüber seinen Leuten, die sich aus seiner herausgehobenen Stellung ergaben.[28] Wenn der Arbeiter zur Treue angehalten war, dann mußte sein Gutsherr ihm Fürsorge gewähren, im Alter, bei Krankheit oder auch bei Mißernten. Die Familien der Herren und der Arbeiter lebten oft seit Generationen zusammen. Die spezialisierten Gutswirtschaften konnten ohne fachkundiges und überwiegend in Naturalien entlohntes Personal nicht funktionieren.[29] Wenn der lokale Gutsherr von seinen Leuten anerkannt sein wollte, aber auch von seinen Gutsnachbarn, dann hatte er sich diesen Pflichten zu stellen. Darin war seine herausgehobene Stellung in der Dorfgemeinschaft begründet.

Rund 97 Prozent der Einwohner auf den Dörfern gehörten der evangelischen Kirche an. Hier rückten ›Thron und Altar‹ eng zusammen, denn der Gutsinhaber hatte die Aufsicht über die kirchlichen Verhältnisse seines Dorfes, er war Patronatsherr. Das Dorf war demnach nicht nur Arbeits-, Versorgungs- und Lebensgemeinschaft, es war auch eine religiöse Gemeinschaft unter der Führung des Gutsherren. Das System der Patronate war im Greifswalder Umland flächendeckend entwickelt.[30] Die Landbesitzer bestimmten, wer ihren Leuten das Wort Gottes verkündigte. Der Pfarrer lenkte, wie über die sozialen, moralischen, kulturellen und religiösen Fragen gesprochen wurde.[31] Die Kirche wiederum besaß bis 1918 die Schulaufsicht. Der Lehrer, eine weitere wichtige Figur des dörflichen kulturellen und politischen Lebens, war damit in die ländliche Herrschaftshierarchie eingebunden und von ihr abhängig.

---

[26] Zusammengefaßt bei E. D. Kohler, 1976, S. 256.
[27] I. von Hoyningen-Huene, 1992, S. 53f.
[28] W. Görlitz, Die Junker, 1956, S. 236f.
[29] H. Schmidt/G. Blohm, 1978, S. 33.
[30] Magistrat und Universität übten in ihren Dörfern die Patronatsrechte aus, indem Beamte als Vertreter bestimmt wurden.
[31] I. von Hoyningen-Huene, 1992, S. 330ff.

Die bestehende weltliche Ordnung des Dorfes war ohne das überwölbende religiöse Gefüge nicht vorstellbar. Die Religion band alle Gruppen in eine Gesamtheit ein und verpflichtete sie sozial. Vor Gott waren alle Menschen gleich, und in der christlichen Pflicht des Grundherrn zur Nächstenliebe für seine Leute war die gesamte patriarchalische Sozialpflege eingebettet. Die ländliche Lebenswelt, die Dorfgemeinschaft war damit auch religiös auf den Gutsherrn bezogen. Die Verbindung von ›Thron und Altar‹ war ständig jedermann sichtbar.

Diese gewachsenen sozialen Bindungen lockerten sich indes. Das Land befand sich in einem schleichenden Strukturwandel. Seit der Mitte des 19. Jahrhunderts setzte eine Abwanderung der Landarbeiter in die Industrieregionen ein.[32] Man sprach von Landflucht. Arbeit auf dem Gut wurde unattraktiv. Damit stand für die Güter die Forderung nach geregelten Sozial- und Wirtschaftsbeziehungen mit einer festen Entlohnung im Raum. Das stellte die traditionelle ländliche Sozialordnung in Frage. Die Arbeitsverfassung war auf Versorgung und nicht auf Entlohnung ausgerichtet. Bargeld war knapp, Getreide und Kartoffeln gab es dagegen reichlich. Die Großgrundbesitzer konnten kaum flexibel auf die schnellen Veränderungen reagieren, weil sie in die komplexen Sozialstrukturen ihrer Höfe verwoben blieben. Die starke Beharrungskraft von großen Gütern kollidierte mit der sich beschleunigenden wirtschaftlichen und sozialen Entwicklung.[33]

Die Landwirtschaft sah sich von der Industrie und vom technischen Fortschritt bedroht.[34] Billiges Getreide aus Amerika machte den Gütern zu schaffen, nachdem es kein Problem mehr war, große Mengen Korn zu lagern, zu transportieren und auf dem Weltmarkt zu handeln. Noch nicht einmal die großen Güter schafften es aus eigener Kraft, in der Konkurrenz zu bestehen. Die Menschen in den Dörfern und Gutswirtschaften sahen sich an ihrem landwirtschaftlichen Lebensnerv bedroht. Die Veränderungen ließen sich nicht mehr im Rahmen der traditionellen Sozialordnung auffangen. Darum schritten die Landwirte zur Selbsthilfe. Sie organisierten und vernetzten sich über Dorf- und Regionengrenzen hinweg. Seit Anfang der 1890er Jahre entstanden in Vorpommern landwirtschaftliche Ein- und Verkaufsgenossenschaften. Ihre Mitglieder stammten aus allen Besitzerschichten, wenngleich die Großlandwirte führend blieben.[35] Die ländliche Lebenswelt formierte sich jetzt ökonomisch, sie rückte eng um landwirtschaftliche

---

[32] H. Schmidt/G. Blohm, 1978, S. 22 ff.

[33] I. Buchsteiner, Besitzkontinuität, 1994, S. 149. Sie führt das allerdings auf den Unterschied zwischen Adel und Bürgertum zurück, was m. E. zu deterministisch von den Sozialgruppen her gedacht ist.

[34] K. Hess, Wirtschaftliche Lage, 1994, passim. Sein Hinweis, man dürfe nicht ohne weiteres von einer ökonomischen Krise sprechen, ist sicherlich richtig. Er unterschätzt jedoch die subjektive Krisenerfahrung, die Umstellungsschwierigkeiten einer zutiefst immobilen Gesellschaftsordnung.

[35] I. Buchsteiner, Großgrundbesitz in Pommern, 1993, S. 244–274. Hier besonders S. 252 ff. und 261 ff. Ferner W. Görlitz, Die Junker, 1956, S. 285. H. Booms, 1954, S. 37.

Interessen und um die traditionelle Führungsschicht zusammen. An der
Spitze der neuen Zusammenschlüsse stand seit 1893 der Bund der Landwirte. Er faßte verbandspolitisch zusammen, was traditionell eng miteinander
verknüpft war. Das sorgte auch für einen Abschluß der Lebenswelt gegen
die politischen Entwicklungen, die aus den Ballungsgebieten kamen.[36]

Die vorpommersche Gesellschaft auf dem Land wuchs zu einem sozialmoralischen Milieu zusammen. Es war jedoch von tiefen wirtschaftlichen
Gegensätzen geprägt, die durch die gemeinsamen Interessen in der Landwirtschaft, die ökonomische Macht der Gutsbesitzer, die rechtlichen Privilegien ihrer Herrschaft, die Tradition und die Religion zusammengehalten
wurden.

Für die Landbevölkerung war Greifswald weit mehr als der Ort, an dem
sonnabends der Markt stattfand und wo die Gerichte tagten. Die neuen Genossenschaften hatten hier ihren Sitz, die Molkerei und der Getreidehandel.
Die besten Kunden der Banken waren die immer kredithungrigen Landwirte. Bei diesen engen Verflechtungen ist es nicht verwunderlich, daß die
Großlandwirte in der Stadt eine wichtige Rolle spielten. Wer von Adel war,
der hatte hohes Ansehen.[37] Greifswald war der bevorzugte Altersruhesitz
für alle Gutsherren. Eine ganze Reihe von Adelsfamilien unterhielten ein
Haus in der Stadt.[38] Die Familien des Landes schickten ihre Söhne und
Töchter zur Ausbildung nach Greifswald. Unverheiratete adelige »Fräu-
leins« lebten dort und gaben Tanz- und Benimmunterricht.[39]

Ländliche und städtische Gesellschaft überschnitten sich auch im Militär.
Offiziere wie Unteroffiziere in der Kaserne rekrutierten sich vielfach vom
Lande.[40] Ihnen stand nach Ableistung ihrer Dienstpflicht eine mittlere Be-
amtenposition offen.[41] Der Landadel befahl nicht nur in den Kasernen, sondern auch in den Amtsstuben, wo er auf Sekretäre stieß, die aus den Kreisen

---

Er nennt die Einstellung, daß die »sozial führenden Kreise« auch die »politisch maßgeb-
lichen« sein sollten, eine ländliche Selbstverständlichkeit.

[36] Hinweise bei S. Baranowski, Continuity and Contingency, 1987, S. 301.

[37] Brigitte Remertz-Stumpff berichtete, ihren Vater habe man 1929 als Demokraten abgelehnt. Es sei dann aber in der Stadt das Gerücht entstanden, er sei adelig verheiratet, weil
die Familie seiner Frau aus ›Gräfen‹hainichen kam. Der Hörfehler wurde zur Tatsache,
und Remertz war akzeptiert und angesehen.

[38] An der Bahnhofstraße besaß Rittmeister von Schulz direkt neben Familie von Behr-Bandelin das größte Haus am Platze; auch am Fischmarkt, mitten im alten Zentrum, gab es
solche Adelshäuser. R. Biederstedt, Untersuchungen zur Besiedlungsgeschichte, 1991,
S. 71. Altstadtinitiative Greifswald (Hrsg.), 1995, S. 34 f. Ferner W. Görlitz, Die Junker,
1956, S. 304.

[39] Julie von Wolffradt oder die Lehrerin Margarete Briest entstammten solchen ländlichen
Familien. Briests lebten in Boltenhagen, von Wolffradts in Lüssow. UA. Album der Ehrensenatoren, Franz Briest. I. von Hoyningen-Huene, 1992, S. 80 ff.

[40] W. Görlitz, Die Junker, 1956, S. 298.

[41] Ebd., S. 287.

der Gutsarbeiter stammten.[42] Die Offiziere des Regiments ›42‹ hatten Zutritt zur gehobenen städtischen Gesellschaft, heirateten Bürgertöchter und ließen sich später als Pensionäre im kulturell durchaus anregenden Städtchen nieder. Bei den winterlichen Festen in den Sälen der Gutshäuser, vor allem aber bei der Jagd, die zu den Privilegien der Landeigentümer gehörte und die ein leidenschaftlich ausgeübter Sport der gesamten gehobenen Schicht war, kamen hohe Beamte, Professoren, Offiziere und Großgrundbesitzer zusammen.

Die ländliche Lebenswelt durchdrang die Greifswalder Gesellschaft, die mit dem Land in einer Art Symbiose lebte. Um so mehr verwundert das unterschiedliche Wahlverhalten in Stadt und Land. Denn eine scharfe Milieugrenze zeichnete sich zwischen den liberalen Bürgern und den konservativen Agrariern nicht ab.

1. Kirche und Religion als Milieustifter?

Stadt und Land, alle Bevölkerungsschichten, von den Arbeitern bis zu den Professoren, waren über eine gemeinsame Konfession und Kirche miteinander verbunden.[1] Vorpommern galt in Pfarrerskreisen zwar als Schreckbild mangelhafter Kirchlichkeit[2], dennoch war die Bedeutung von Kirche, Religion und Glaube vor 1914 stark spürbar. Man ging nicht in die Kirche, war aber dennoch religiös. Greifswald war eine nahezu rein evangelische Stadt. 1905 waren 95,7 Prozent der Bevölkerung protestantische Christen, nur 3,8 Prozent gehörten der katholischen Kirche an, rund 0,5 Prozent waren jüdischen Glaubens.[3] Die Zahlen waren annähernd stabil. Der katholische Anteil wuchs durch eine leichte Zuwanderung aus den polnischen Gebieten Preußens.[4]

Die Kirchenprovinz Pommern gehörte zur unierten preußischen Staatskirche, Vorpommern war traditionell lutherisch geprägt. Oberster Bischof war der König von Preußen. Mit der lutherischen Ausrichtung ging ein enges Verhältnis zur politischen Führung einher; der religiöse Lutheraner schuldete ihr gemäß zeitgenössischer Auslegung der Lehre weitreichenden Gehorsam. Die Kirche war rechtlich und theologisch eng an den preußischen Staat und sein Königshaus gebunden.

---

[42] Sowohl der Polizeichef als auch ein führender Verwaltungsbeamter der Universität in den zwanziger Jahren waren auf diese Weise zu ihren Posten gekommen.
[1] Allgemein, J. C. KAISER, Die Formierung des protestantischen Milieus, 1996. Ferner D. VON REEKEN, Protestantisches Milieu, 1996.
[2] H. HEYDEN, 1957, S. 203.
[3] W. HUBATSCH, Verwaltungsgeschichte, 1975, S. 92 f.
[4] Seit 1840 wurde auch in Greifswald katholisch gepredigt. 1869 baute sich die Gemeinde eine eigene Kirche. H. HEYDEN, 1957, S. 201 u. 220.

Greifswald gliederte sich seit Ende des 19. Jahrhunderts in drei Kirchengemeinden: Sankt Marien und Sankt Nikolai waren die größeren, sie umfaßten jeweils etwa 12 000 Seelen, Sankt Jacobi kam nur auf rund 3000 Gemeindeglieder.[5] In der Stadt waren 1911 insgesamt sieben Pfarrer tätig.[6] Die Stadt bildete den Kreis einer Superintendentur, diese wiederum war dem Generalsuperintendenten für Vorpommern in Stettin unterstellt. Dort hatte auch die Kirchenverwaltung und geistliche Aufsicht, das Konsistorium für die Provinz, seinen Sitz.[7] Die theologische Fakultät der Universität bildete den Pfarrernachwuchs heran. Der evangelische Glaube war für die gesamte Universität prägend. Greifswald galt als protestantische Hochschule; es gab hier weder das Lehrfach katholische Theologie, noch spielten Katholiken eine Rolle, weder im Lehrkörper noch in der Studentenschaft.[8]

Pfarrer, Superintendenten und Universitätstheologen waren wichtige Leitfiguren der Gesellschaft. Obwohl sie ihr Amt nicht politisch verstanden, nahmen sie eine führende Rolle für ihre Mitmenschen ein. Sie gab Orientierung. Ihr Wort hatte in allen moralischen Fragen Gewicht. Die Kirche definierte zu einem wesentlichen Anteil die Sozialmoral der protestantischen Greifswalder Gesellschaft.

Der Glaube und damit Fragen der Kirche waren eine allgemeine und öffentliche Angelegenheit. Die Stadtgesellschaft verstand sich traditionell nicht nur als politische, sondern auch als religiöse Gemeinschaft. Daß der Bürgermeister zur Kirche ging, war eine Selbstverständlichkeit.[9] Weltliche und religiöse Dinge waren nicht getrennt.[10] Der Magistrat der Stadt hatte religiöse Aufgaben an sich gezogen, die im Patronatsrecht über alle drei Stadtkirchen zusammenliefen. Es räumte der Stadtobrigkeit Mitsprache bei der Besetzung der Pfarrstellen ein und verpflichtete zur finanziellen Unterstützung, zum Beispiel beim Kirchenbau.

Seit der Mitte der 1870er Jahre begann sich der gewachsene Zusammenhang zu lösen. Kirchengemeinde und politische Gemeinde fielen auseinander.[11] Das ging mit einer vorsichtigen Demokratisierung der Kirche einher. Ferner spiegelte es die zunehmende Distanz zur Kirche in der Bevölkerung wider. Viele Einwohner hielten jetzt Abstand zur Kirche.[12] Vor allem die ärmeren Schichten machten sich rar. Die Vorstandsposten in den neuen christlichen Vereinen bekamen Menschen aus der städtischen Ober- und Mittelschicht. Das deutet auf eine Verengung der Gruppe aktiver

---

[5] Notiz in: UB-Sammelband, Kirchen, Bd. 2.
[6] D. LUCHT, 1996, Tabelle S. 188.
[7] StA. Rep. 5, Nr. 9301. Regelung der kirchlichen Verhältnisse in Greifswald.
[8] Von den 150 Männern, die zwischen 1900 und 1914 das Amt eines Professors bekleideten, waren 128 evangelisch. M. DITTMANN, Universität Greifswald, 1993, S. 46.
[9] StA. Rep. 5, Nr. 29, 30 u. 31. Akten zu den Kirchenvertretern der Stadt.
[10] T. NIPPERDEY, Deutsche Geschichte 1866–1918, 1990, S. 493.
[11] Ebd. S. 480–486. Ferner H. U. WEHLER, Gesellschaftsgeschichte, 1995, S. 1173 f.
[12] T. NIPPERDEY, Deutsche Geschichte 1866–1918, 1990, S. 506 f.

Christen hin.[13] Gleichwohl blieb die zentrale Stellung der Pfarrer als gesellschaftliche Leitfiguren und moralische Instanz auch über den engen Rahmen der Gemeinden hinweg bestehen. Die Säkularisierung empfanden die Pfarrer als Bedrohung für die Kirche und den auf der Grundlage der Religion stehenden Staat. Sie unterschieden nicht zwischen Religiösen und Nichtreligiösen, Volk und Kirchenvolk waren für sie identisch und sollten es auch bleiben. In dieser Vorstellung lag eine deutliche Hürde für jeden milieuhaften Abschluß.

Theologische Meinungsverschiedenheiten innerhalb der Kirche gehörten seit jeher zum Protestantismus. Die Zwistigkeiten vermengten sich mit politischen Richtungspositionen. Die Pluralisierung theologischer Standpunkte Ende des 19. Jahrhunderts bewegte sich zwischen den beiden Polen einer orthodox-lutherischen, konservativen Position und einer aufgeklärteren, historisch-kritischen, liberalen Haltung.[14] Die Konservativen beharrten im Kern ihres Religionsverständnisses auf der traditionellen Sicht von der Bibel als dem nicht in Frage zu stellenden Wort Gottes. Sie spielten in der lutherischen Kirche Vorpommerns in der Kirchenleitung und der Pfarrerschaft auf dem Land eine wichtige Rolle.[15] Der Magistrat der Stadt Greifswald nutzte sein Patronatsrecht hingegen, um liberale Pfarrer zu berufen.[16] In den Städten Pommerns, die sich gern fortschrittlich vom Land abheben wollten, hatte die Mehrheit des Bürgertums etwas gegen allzu fromme Pietisten und gegen dogmatische Konservative.[17] Man hielt etwas auf eine moderne Haltung, auch in der Theologie.[18] Diese Linie hielt der Magistrat an der Jacobi-Kirche bis 1918 durch.[19] Der dort amtierende Pfarrer Immanuel Heyn engagierte sich für die Fortschrittliche Volkspartei und gehörte ihrer Reichstagsfraktion an.[20] Die theologischen Strömungen von Liberalen und Konservativen grundierten offenbar auch politische Trennlinien.

Konservative und liberale Theologen fanden jedoch nicht nur zusammen, wenn es um die Volkskirche ging, sondern auch wenn sie unter dem Banner der gemeinsamen Religion gegen echte oder vermeintliche Gegner stritten. Integrierend wirkten vor allem nationalistische Themen und Fragen. Überdies mobilisierten Gegner die Menschen leichter für die Kirche als die schwierigen theologischen Grabenkämpfe. Der Aufschwung der nationali-

---

[13] Reinold von Thadden spricht von einer ›Milieuverengung‹. Man rechnete mit nur noch maximal fünf Prozent der Kirchenangehörigen, die sich für die Kirche mobilisieren ließen. J. JACKE, 1976, S. 29 u. 311 f. Sowie J. FLEMMING, Unter der Bürde der Tradition, 1986, S. 245.

[14] T. NIPPERDEY, Deutsche Geschichte 1866–1918, 1990, S. 468 ff., zu den Konservativen, S. 474 f.

[15] H. HEYDEN, 1957, S. 212 ff.

[16] W. SCHNEEMELCHER, 1987.

[17] H. HEYDEN, 1957, S. 203.

[18] Ebd., S. 204.

[19] Ebd., S. 216. Er nennt den Pfarrer und Professor Dr. Hanne.

[20] Seit der Jahrhundertwende bis 1918 war Immanuel Heyn (1859–1918) Pfarrer, der von 1912 bis 1918 den Wahlkreis Stralsund-Rügen in Berlin im Reichstag vertrat.

stischen Strömung äußerte sich in Greifswald zunächst in einer kirchlichen
Vereinsgründung. 1844 entstand ein ›Gustav-Adolf-Verein‹, der sich die
Unterstützung von protestantischen Christen in der Diaspora zur Aufgabe
machte. Das hatte eine antikatholische Stoßrichtung, wandte sich gegen die
Polen und gegen Österreich. Sämtliche Honoratioren der Stadt gehörten
ihm an.[21]

Schon in diesem Verein war der Zusammenhang von Antikatholizismus
und Nationalismus mit einer völkischen Komponente sichtbar. Die starke
Betonung des Preußentums fiel auf, eine aggressive außenpolitische Stoßrichtung kam hinzu. Nationalismus und Religion gehörten von Beginn an
zusammen. Diese Tendenzen gewannen im Laufe der Zeit immer mehr an
Boden. In den frühen 1890er Jahren entstand die Ortsgruppe des ›Evangelischen Bundes‹. Er vertrat ebenfalls das Ziel der Abwehr ›ultramontaner Bestrebungen‹ und wandte sich gegen das angebliche Vordringen des Katholizismus in der Öffentlichkeit.[22] Die evangelische Oberschicht der Stadt
fühlte sich als Deutsche und als Protestanten von den Katholiken latent
bedroht, obwohl dazu kein greifbarer Anlaß bestand. Auch im kirchlich
geprägten Vorpommern griff die evangelische Bevölkerung zu nationalistischen Themen, um das eigene Selbstwertgefühl zu steigern und die Menschen zu mobilisieren. Traditionelle Feindbilder und moderne politische
Lehren verquickten sich im Nationalprotestantismus unauflöslich miteinander.

Die Kirche steuerte dem zurückgehenden Interesse ihrer Glieder am
herkömmlichen Gemeindeleben auch noch auf andere Weise entgegen. Seit
den 1890er Jahren baute sie ihr Angebot aus und ging zur organisatorischen
Vernetzung und Verfestigung ihres Vorfeldes über. Die Kirche gründete
Kreise und Vereine, um ihre Stellung in der Gesellschaft zu behaupten. Von
einer Milieubildung konnte indes nicht die Rede sein, denn die Amtskirche
tat dies mit Blick auf ihren volkskirchlichen Anspruch. Sie wollte sich von
dem Ziel, die gesamte evangelische Christenheit zu vertreten, nicht lösen,
daher blieben die Strukturen betont offen, sie legten sich politisch nicht auf
eine der beiden bürgerlichen Hauptrichtungen fest.

Es entstanden die Missionsvereine, Posaunenchöre und Handarbeitskrei-
se. Die Bibelkreise fanden Unterstützung, und auch die Gemeinschafts-
bewegung faßte in Greifswald Fuß. Die Gemeinden gründeten ›Evangelische Arbeitervereine‹, den ›Christlichen Verein junger Männer‹, ›Vereine
für junge Mädchen an Sankt Marien‹ und ›an Sankt Jacobi‹ sowie ›Frauenhilfen‹.[23] Herausragend waren die Einrichtungen der Diakonie, deren
größte Einrichtung, die Odebrecht-Stiftung vor der Stadt, sich um Kranke,

---

[21] H. HEYDEN, 1957, S. 202, UB-Sammelband, Kirchen, Bd. 2.
[22] H. HEYDEN, Kirchengeschichte, S. 221. T. NIPPERDEY, Deutsche Geschichte 1866–1918,
   1990, S. 489 f. Ferner H. U. WEHLER, Gesellschaftsgeschichte, 1995, S. 1176.
[23] Ebd., S. 223 ff. Ferner UB-Sammelmappe, Kirchen, Bd. 2. Dort sind mehrere Frauen-
   und Mädchenvereine mit missionarischer oder karitativer Zielsetzung erwähnt.

Behinderte und Waisen kümmerte. Auf den Dörfern verrichteten Diakonissen aus Stettin den Dienst als Gemeindeschwester. Diese Formen tätiger Nächstenliebe band die Gesellschaft eng an die Kirche. Anders als in den Städten lockerte sich die Verbindung der Kirche zu den unteren Schichten hier nicht so sehr. Die konservativen, eher christlich-paternalistisch inspirierten Formen der Fürsorge standen in der Region am Anfang des werdenden Sozialstaates. All diese Vereine und Einrichtungen waren nicht politisch ausgerichtet, sondern um Glauben und Diakonie zentriert. Sie verkörperten so etwas wie ein neues Normalchristentum, das offenbar zur einheitlichen Gemeinschaftserfahrung im Glauben nur noch bedingt fähig war. Daß sich die Kirche dabei grundsätzlich in einer defensiven Position sah, wird an der Metaphorik deutlich. Jede neue Anstalt sei eine »Trutzburg [...] gegen den gerade damals stark hervortretenden Kirchenhaß und die Christentumsfeindschaft« gewesen.[24] Das traf zwar die Greifswalder Realität keineswegs, denn dort hatte die Kirche ganz deutlich eine führende Position, bestimmte aber gleichwohl das Denken.

Das Bedrohungs- und Ausgrenzungsgefühl der evangelischen Christen und ihre Tendenz, sich in einer eigenen, abgeschlossenen, dem Glauben verpflichteten Vereinswelt zu vernetzen und abzusondern, erinnert an Milieubildungstendenzen. Die Fixierung auf einen Glauben und seine Moral, die Existenz einer eigenen Elite unterstreichen das noch. Die Maßnahmen der Kirche gegen die Säkularisierung lassen sich jedoch nicht auf diese Weise einordnen. Allenfalls ist hier eine latente Milieubildung zu erkennen. Dem milieuhaften Abschluß standen die Verwobenheit in den Staat und der Anspruch, Volkskirche zu sein und zu bleiben, im Wege. Gleichwohl steckte in der eigenen Vereins- und Glaubenswelt die Möglichkeit des Rückzuges und Abschlusses, sofern es einen Anlaß dazu gab.[25]

Wo sich die Kirche und ihr Vorfeld politisch anbinden könnte, war nicht zu erkennen, denn hier ging es um religiöse Fragen. Evangelische Religion und politisch-ideologische Ausrichtung gingen nirgendwo ineinander auf. Die Religion gewann zwar eine politische Komponente. Glaubensüberzeugungen mischten sich mit politischen Vorstellungen. Aber all das erlangte keine Eindeutigkeit und ließ sich weder Konservativen noch Liberalen einseitig zuordnen. Die Kirche selbst legte viel Wert auf eine unpolitische Haltung. Sie betonte ihre Distanz zur Parteipolitik. Konservative und liberale Positionen, politische wie theologische, vertrugen sich mit nationalprotestantischen Strömungen, deren Bedeutung seit den 1890er Jahren zunahm und die viele Gegensätze überbrückten.

---

[24] H. HEYDEN, 1957, S. 219.
[25] J. C. KAISER, Formierung des protestantischen Milieus, 1996, S. 283 ff.

2. Vereine und Verbände

Nicht nur im kirchlichen Bereich, auch außerhalb der Gemeinden genügten seit dem Ende des 19. Jahrhunderts die herkömmlichen Strukturen der Gesellschaft offenbar nicht mehr, um Interessen zu vertreten und das soziale Leben zu organisieren. Vereinsgründungen setzten verstärkt in den 1890er Jahren ein.

Zunächst gab es einen eher traditionellen, ständisch vorgeprägten Bereich aus Handwerksinnungen und Kaufleuten. Hier hatte der alte, der selbständige Mittelstand seine Domäne. Dann gab es jenen Bereich, in welchem die Akademiker und die sozial gehobenen Schichten der Stadt unter sich blieben. Daneben existierte ein allgemeines Vereinswesen, das grundsätzlich für alle offen war. Die ländliche Lebenswelt mit ihren Vereinen und Verbänden in der Stadt und die städtischen Vereine überschnitten sich nur wenig. Keine Verbindungen gab es ferner zwischen Mittelstand und Oberschicht auf der einen und der Arbeiterschaft auf der anderen Seite. Sie schuf sich seit der Jahrhundertwende in Gewerkschaften, Arbeitervereinen und ab 1901 in der SPD ihre ganz eigene politische Vereinswelt. Wo waren die bürgerlichen Vereine politisch anzusiedeln?

Vereine gab es schon lange. Die Innungen der Handwerker blickten auf jahrhundertelange Traditionen zurück.[1] Auch die Kaufmanns-Kompanie war alt, es gab sie seit 1747. Sie waren als Standesorganisationen anzusehen. Die Bürgerschützen existierten nachweislich seit 1634.[2] Die Loge ›Karl zu den drei Greifen‹ wurde 1762 aufgerichtet. Bürgerschützen, Kaufmanns-Kompanie und Innungen organisierten den städtischen alten Mittelstand. Die Loge ragte vor allem in die gehobenen Beamtenschichten der Schulen, Universität, Gerichte und Verwaltungen hinein und hatte Mitglieder aus Großgrundbesitzerkreisen. Sie organisierte die städtische Oberschicht.

An dieser Zweiteilung nach sozialen Gesichtspunkten änderte sich auch mit den Neugründungen wenig. Turn- und Gesangsvereine traten deutlich hervor. 1860 bildete sich der ›Turnverein‹, der auf Anhieb 292 Mitglieder hatte und schon bald auf 600 anwuchs.[3] Diese frühen modernen Vereine waren stark bildungsbürgerlich geprägt.[4] Sport- und Freizeitvereine begannen seit den 1880er Jahren rapide zu wachsen. Neugründungen folgten. 1892 entstand der ›Kaufmännische Ruderclub Hilda‹, 1896 der ›Radfahrverein Germania‹, 1908 der ›Akademische Tennis-Turnier-Club‹ und der ›Akademische Seglerverein‹ sowie der ›Wanderklub‹, 1912 der ›Sportverein

---

[1] A. Siegel, 1931.
[2] O. Wobbe, Festschrift Bürgerschützen, 1934.
[3] Magistrat (Hrsg.), 1927, S. 35. Greifswalder Turnerbund (Hrsg.), 1935.
[4] Es ist auffällig, daß sowohl bei den Turnern als auch bei den Sängern jeweils zwei Vereine fast gleichzeitig in der kleinen Stadt entstanden. Das deutet auf eine Trennlinie innerhalb der Gesellschaft hin. Sie ließ sich mit den vorliegenden Quellen nicht genauer identifizieren.

Greif‹ und kurz vor dem Krieg der ›Verein für Bewegungsspiele‹.[5] Sie alle teilten sich in einen eher akademischen und einen eher mittelständischen Teil. Es gab auch einen neuen Oberschichtverein, der ohne das freimaurerische Zeremoniell auskam und sich im ›Club Erholung‹ traf. Politisch ließen sich die Vereine nicht zuordnen. Sie einte eine patriotische Gesinnung. Nach liberal oder konservativ unterschieden sie offenbar nicht. Die soziale Schichtung hatte keine politische Entsprechung.

Das neue Vereinswesen und die mittelständischen Kompanien der alteingesessenen Kaufleute und Handwerker verklammerten sich seit 1873 durch den ›Greifswalder Kriegerverein‹. Auch er gehörte zur zunehmenden vaterländischen Strömung. Er war ein Veteranenverein mit sozialen Aufgaben.[6] Kameradschaftspflege, Liebe und Treue zum Vaterland, die Hilfe für Veteranen und Hinterbliebene und die Ausgestaltung von Begräbnisfeierlichkeiten waren seine Aufgaben. Er unterstand staatlicher Aufsicht und sah sich selbst als Reserve der aktiven Streitkräfte.[7] Bis 1918 kamen sieben weitere Militärvereine hinzu, die jeweils die Tradition einer bestimmten Waffengattung oder eines Regiments pflegten.[8] Darunter waren besonders die beiden Greifswalder Einheiten wichtig, die ›Ehemaligen Jäger und Schützen‹ und die ›Ehemaligen 42er‹. In diesen Vereinen mischten sich erstmals die sozialen Gruppen. Den Vorsitz hatte meist ein ehemaliger Offizier, also ein Mitglied der Oberschicht.[9]

Ende des 19. Jahrhunderts formierte sich eine Vielfalt neuer materieller Interessen, die von den herkömmlichen Standesorganisationen Greifswalds nicht mehr aufgefangen wurden. 1894 gründete sich der Haus- und Grundbesitzerverein, wenig später der Mieterverein.[10] 1900 entstand der Deutschnationale Handlungsgehilfenverband.[11] In den selbständigen Mittelschichten formierte sich vor 1914 der ›Verein Greifswalder Gastwirte‹ mit rund 80 Mitgliedern und der ›Verein der Kohlenhändler‹. Sie lagen quer zu den alten Standesverbindungen. Ein selbständiger Kaufmann konnte Mieter sein; ein junger Gastwirt war in seiner Jugend vielleicht bei den Handlungsgehilfen organisiert, obwohl er aus einer selbständigen Handwerkerfamilie stammte. Neue und alte Interessenvertretungen konkurrierten sehr bald in der Kommunalpolitik.

---

[5] Der VfB war 1913, noch als Teil des Turnerbundes, Fußballmeister des deutschen Turnfestes. Magistrat (Hrsg.), 1927, S. 32 ff., 39 ff. u. 44 ff.

[6] Aufstellung in, StA. Rep.6, Nr. 239, Kriegervereine und deren Fahnen 1873–1933.

[7] R. Maschke, 1935, S. 20 f.

[8] ›Verein ehemaliger Jäger und Schützen‹ von 1883, ›Marineverein‹ von 1890, ›Verein ehemaliger Artilleristen‹ von 1905, ›Gardeverein‹ 1906, ›Verein der ehemaligen Kameraden des Grenadier Regiments König Friedrich Wilhelm IV.‹ von 1910, ›Verein der ehemaligen 42er‹ von 1910 und der ›Kavallerieverein‹ von 1911.

[9] R. Maschke, 1935, S. 42.

[10] Verlag J. Abel (Hrsg.), Greifswalder Adreßbuch, 1929, S. 207 u. 1925, S. 192.

[11] Mit 1912 50 Mitgliedern. StA. Rep. 58, M 3, Protokollbuch Deutschnationaler Handlungsgehilfenverband 1911–1934.

Beim bildungsbürgerlichen Zuschnitt eines großen Teiles der Gesellschaft standen Kunst und Musik im Vordergrund der kulturellen Interessen. Ein Konzert-, ein Kunst- und ein Theaterverein bereicherten das oft langweilige gesellschaftliche Leben.[12] Es gab eine ›Numismatische Gesellschaft‹, den ›Naturwissenschaftlichen Verein‹, den ›Rügisch-Pommerschen Geschichtsverein‹ und die ›Pommersche Geographische Gesellschaft‹.[13] Die Kulturvereine umfaßten primär gehobene akademisch gebildete Schichten und die interessierten Männer und Frauen aus dem Mittelstand; gemeinsam besetzte man die Vorstandsämter. Eine gesellige Überbrückung der sozialen Unterschiede gab es nur in diesen Vereinen.

In den Bürgervereinen schufen sich die Stadtbewohner kommunale politische Interessenvertretungen jenseits parteilicher Anbindung. An der Spitze stand der ›Greifswalder Gemeinnützige Verein‹ (gegründet 1892). Sein Zweck war die »werktätige Förderung von Wohlfahrts- und Wirtschaftseinrichtungen zum Besten der Stadt Greifswald und ihrer Bewohner.«[14] Er war eine Interessenvertretung der Einwohner beim Magistrat. Geführt wurde er von honorigen Bürgern, interessierten Professoren oder Mittelständlern.

Die ausschließlich politischen Vereine entstanden zumeist im Umfeld der Universität. Exemplarisch ist die Bildung des Alldeutschen Verbandes in Greifswald 1899 unter Vorsitz des Professors Credner.[15] Eine eindeutige ideologische Richtung hatten diese Vereine nicht. Sie waren national.

Die Vereinsgründungen waren nicht wie bei Sozialisten, Katholiken oder mit Abstrichen auf dem Land in Vorpommern ein Indiz für milieuhafte Verdichtung in der bürgerlichen Bevölkerung. Im Vereinsleben Greifswalds zeichneten sich zwei, mit einigen Vorbehalten drei politisch relevante Großstrukturen ab. In der Stadt gab es die beiden sozialen Gruppen des alten Mittelstandes und des Bildungsbürgertums. Ihnen wuchs langsam der neue Mittelstand aus Angestellten und kleinen Beamten zu. Sie organisierten sich gemeinsam in Vereinen, hielten in einigen Bereichen aber auch Abstand. Zu diesen gemeinsamen Strukturen zählte auch das kirchliche Vereinswesen. Es war über die Gruppengrenzen gespannt. Mittelstand und Bildungsbürgertum trennten unterschiedliche materielle und kulturelle Vorlieben, nicht aber die Politik. Das Vereinswesen zeichnete sich durch seine patriotische, seine betont staatstreue Grundhaltung aus. Eine Tendenz, sich nach außen gegen andere abzuschließen, sich liberal oder konservativ anzubinden, war nicht zu erkennen. Die Vereine waren sozial bisweilen exklusiv. Sie waren aber prinzipiell offen, ganz gleich ob jemand sich liberal oder konservativ bekannte. Sie gründeten sich nicht auf irgendeine Sonderkultur und waren nirgends milieuhaft nach außen abgeschlossen.

---

[12] Verlag J. Abel (Hrsg.), Greifswalder Adreßbuch, 1934, S. 199.
[13] StA. Rep. 5, Nr. 9837, Geographische Gesellschaft.
[14] Zitat und die folgenden Sätze in: VpLA. Rep. 77, Amtsgericht Greifswald, Nr. 5087, Satzung des Gemeinnützigen Vereins von 1904.
[15] Aufruf in: UB-Sammelmappe, Nationale Verbände/Jugendpflege.

Relevante Grenzen zog die Verwurzelung in der ländlichen oder der städtischen Lebenswelt. Denn obwohl ländliches und städtisches Vereinswesen politische Gemeinsamkeiten in der patriotischen Grundorientierung aufwiesen, behielt das ländliche Vereinswesen, das Land in der Stadt, seine politische Relevanz. Die ländlichen Milieustrukturen bildeten den Kern der Konservativen in Greifswald.

3. Die konservative Partei und ihre Basis

Wie fügte sich die konservative Partei in dieses soziale Netzwerk ein? Eine erste konservative Partei in Greifswald gründete sich am 1. März 1894 unter der Führung des Landrates Graf Behr-Behrenhoff und des städtischen Polizeidirektors und Universitätsrichters Dr. Konrad Gesterding.[1] Sie nannte sich ›Freie Konservative Vereinigung‹ und sollte Konservative aller Richtungen sammeln. Sie war mehr ein Komitee als eine Partei, ein offener und unverbindlicher Zusammenschluß. Feste Jahresbeiträge wurden nicht erhoben. Die Gründer ließen sich auch nicht in das Vereinsregister eintragen.

Das geschah erst 1912/1913 mit dem ›Konservativen Verein für den Kreis Greifswald‹. In den Vorstand wählten die Konservativen den im Ruhestand lebenden Großagrarier Albert Ruge und Prof. Fritz Curschmann.[2] Hinzu kam Ruges Berufskollege Johannes von Nathusius.[3] Die Partei war eine Honoratiorenpartei. Die Ausrichtung auf eine der konservativen Spielarten war jedem Mitglied weiterhin selbst überlassen. Die beiden Grafen von Behr-Behrenhoff, Vater und Sohn, die den Posten des Landrates nacheinander bis 1918 bekleideten[4], rechneten sich den Freikonservativen zu. Die Partei blieb außerhalb der Wahlzeiten ohne Initiative, wenngleich unverkennbar der Weg zu mehr Verbindlichkeit beschritten wurde. Die Konser-

---

[1] Geboren 1848 in Greifswald, Jurist, Vater Arzt, verheiratet mit der Tochter des Bürgermeisters Teßmann, Regierungsrat, Dr. med. h. c. und Dr. jur. h. c., seit 1897 Mitglied des Preußischen Herrenhauses auf Lebenszeit.

[2] Historiker und Geograph, 1874–1946, seit 1905 in Greifswald.

[3] VpLA. Rep. 77, Amtsgericht Greifswald, Nr. 4775, Vereinsregister.

[4] Von 1881 bis 1894 war Carl von Behr-Behrenhoff (1835–1906) und von 1894 bis 1918 sein Sohn Karl-Felix (1865–1933) Landrat. Ihnen gehörte der Fideikommiß Behrenhoff und die Erbherrschaft Dargezin. Beide waren Abgeordnete. Der Vater saß im Reichstag und im Preußischen Abgeordnetenhaus, der Sohn im Herrenhaus und im Provinziallandtag. Karl-Felix war studierter Jurist und nebenbei Direktor der Greifswalder Mobiliar-, Brand- und Hagelversicherung. Er gehörte dem Provinzialausschuß an. Biographische Angaben nach T. KÜHNE, Handbuch, 1994, sowie VpLA. Rep. 65c, Nr. 677 u. 678, Personalakte Landrat von Behr. Kühne und alle anderen biographischen Nachschlagewerke vermischen die Daten von Vater und Sohn. Ihnen fällt nicht auf, daß es gewisse Probleme gibt, wenn als Lebensende 1906, als Datum für das Ausscheiden aus dem Landratsamt 1918 angegeben wird.

vativen erhoben seit 1912 Beiträge und bauten eine kleine Organisation auf.[5] Zur Mobilisierung der Wähler waren sie gleichwohl auf ihr politisches Vorfeld angewiesen.

Mit Blick auf die Verankerung in der Gesellschaft zeichnete sich eine Zweiteilung von Großagrariern und bildungsbürgerlichen Beamten ab. Sieht man einmal von Curschmann ab, dann war der Vorstand der Konservativen 1912 identisch mit dem Vorstand des ›Landwirtschaftlichen Vereins für den Kreis Greifswald‹.[6] Das unterstreicht die Verwobenheit mit der Landwirtschaft und der ländlichen Lebenswelt auch in der Stadt. Dort waren die Beamten in den Verwaltungen, allen voran die der Kreisverwaltung, wichtige Stützen der Partei. Die konservative Partei hatten kaum Anlaß, den Status einer Honoratiorenpartei abzulegen, weil sie staatliche Mittel einsetzen konnte, um Wähler zu mobilisieren. Die Verwobenheit der Großagrarier in der ländlichen Lebenswelt sorgte für eine bequeme breite Unterfütterung in den Gemeinschaften der Gutsdörfer.

Erreichten die Konservativen eine gewisse Homogenität durch die Bindung ihrer ländlichen Klientel an die Landwirtschaft, fiel ihr städtisches Potential nach sozialer Verankerung und politischer Mentalität in viele Gruppen auseinander. Die Namen Curschmann und Gesterding verweisen auf die Universität, deren Bedeutung für die Partei ebenfalls hoch zu veranschlagen war. Professoren waren in Greifswald die politischen Leitfiguren schlechthin. Greifswald galt als konservative Universität[7], was sowohl für den Lehrkörper als auch für die Verwaltung zutraf.[8] Neben Curschmann traten beispielsweise der von 1913 bis 1928 amtierende Kurator Bosse hervor, der von 1903 bis 1908 die Konservativen im Preußischen Abgeordnetenhaus vertreten hatte.[9] Wichtig war der stellvertretende Leiter der Universitätsbibliothek Johannes Luther (1861–1953).[10] Die Bindung an Preußen

---

[5] Die Satzungen in: UB-Sammelmappe, Politische Vereine.

[6] Teilnehmerliste einer Sitzung von 1918/19 in: StA. Rep. 6 Ia St, Nr. 1.

[7] »Die konservativen Professoren [waren] stets tonangebend gewesen, [...] politisches Engagement in liberaler Richtung [wurde] kaum geduldet.« M. DITTMANN, Universität Greifswald, 1993, S. 92. Dittmann übertreibt ein wenig, denn es gab eine Vielzahl politisch aktiver liberaler Professoren.

[8] Der Jurist Prof. Ernst Stampe (geb. 1856) galt als sehr einflußreich. Er wohnte seit 1893 in Greifswald und diente dem Haus Hohenzollern als Prinzenerzieher. Vor 1914 war er Rektor. Zur Reichstagswahl 1907 unterzeichneten 17 der etwa 60 Greifswalder Professoren einen Wahlaufruf der Konservativen, darunter der Archäologe Erich Pernice (geb. 1864), der aus Greifswald stammte, der Leiter der Medizinischen Klinik, Friedrich Mosler (geb. 1835), der schon seit 1864 in der Stadt war, die Geographen Fritz Curschmann und Rudolf Credner, der Jurist Georg Frommhold (geb. 1860, seit 1892 in Greifswald) und der Theologe Johannes Haußleiter (geb. 1851, seit 1893 in Greifswald). M. DITTMANN, Universität Greifswald, 1993, S. 75.

[9] Christoph Bosse, geb. 1865 in Roßla in Sachsen, hochdekorierter Reserveoffizier, Geheimer Regierungsrat, bis 1913 Verwaltungsdirektor der Königlichen Museen in Berlin, dann Wechsel nach Greifswald, wo sein Bruder Theologieprofessor war. Bis 1928 Kurator, dann Ruhestand in Göttingen. Sohn des Kultusministers.

[10] UA. Personalakte Johannes Luther, Nr. 990.

und sein Königshaus spielte eine herausragende Rolle für die politische Mentalität dieser Männer. Besonders bei Prof. Ernst Stampe, einem ehemaligen Erzieher von Hohenzollern-Prinzen, ist das deutlich.[11] Die Partei konnte sich damit auf die Strukturen und Traditionen der Ordinarienuniversität stützen, die in der kleinen weltabgeschiedenen Stadt eine herausgehobene Stellung einnahm. Auffällig ist die Staats- und Kirchennähe der meisten Konservativen an der Universität, zieht man in Betracht, daß sie zunächst Beamte und dann vielfach Vertreter der Staatswissenschaftlichen und der Theologischen Fakultät waren.

Doch nicht nur gehobene bildungsbürgerliche Männer gehörten zur konservativen Partei. Eine Militärkarriere war Kennzeichen jener, die schon vor dem Weltkrieg aus den mittleren und unteren Beamtenschichten zur Partei stießen. Steuersekretär Karl Stolp oder Seminarlehrer Karl Beykuffer stehen für diese Tendenz.[12] Den Konservativen war ganz offensichtlich ein Durchbruch in die mittelständischen Sozialgruppen gelungen. Exklusiv vertraten sie den neuen Mittelstand jedoch nicht. Gleiches galt für den selbständigen Mittelstand. Mit Tischlerobermeister Robert Lewerenz, Drogist Wilhelm Levien oder den Kaufleuten Albrecht und Stein hatten die Konservativen prominente Standesvertreter als Mitglieder.[13] Die meisten Kaufleute und Handwerker hielten sich aber eher zu den Liberalen.

In der Einwohnerschaft der Stadt ließen sich klare Trennlinien zwischen den Liberalen und den Konservativen vor 1914 nicht ziehen. Selbst im Vereinswesen ergaben sich keine Konturen. Gesterding war von 1884 bis 1890 Vorsitzender des Turnerbundes; sein Nachfolger war von 1907 bis 1922 der mittelständisch-nationalliberale Kaufmann-Altermann Ernst Bärwolff.[14] Karl Stolp von den Konservativen leitete den Marineverein; in vergleichbarer Vorstandsposition bei den ›Ehemaligen Jägern und Schützen‹ arbeitete der nationalliberale Malermeister Robert Maschke. Die politische Haltung des Vorsitzenden war für die Vereinsmitglieder offenbar zweitrangig. Die Mitglieder der Parteien gehörten den gleichen Vereinen an. Besonders beim ›Vaterländischen Frauenverein‹[15], dem ›Gemeinnützigen Verein‹ oder dem ›Club Erholung‹ weist das Mitgliederprofil auf die enge Verzahnung liberaler und konservativer Bürger hin. Bürgerliche Ehrbarkeit und nationale Gesinnung waren für die Greifswalder offenbar wichtiger als politische Einstellungen.

---

[11] Interview mit H. F. Curschmann.

[12] Er stammte aus Celle, lebte von 1864–1928, seit 1905 in Greifswald.

[13] Namen aus H. D. SCHRÖDER, Stadtparlament, 1962, S. 122. Liste von 1918/19 in: StA. Rep. 6 Ia St, Nr. 1. Außerdem: StA. Rep. 5, Nr. 8735, Personalakte Beykuffer.

[14] Greifswalder Turnerbund (Hrsg.), 1935, S. 1.

[15] VpLA. Rep. 77, Amtsgericht Greifswald, Nr. 4775. Der Tendenz nach ein konservativer Verein, denn dort waren Frau Landrat Ester von Behr, Geheimrat Dr. Gesterding und Frau Clara, Frau Geheimrat Mosler und Julie von Wolffradt aktiv, jedoch auch Justizrat Paul Ollmann aus einer nationalliberalen Familie oder die Gattin des liberalen Bürgermeisters Hugo Helfritz.

Die entscheidenden Impulse für eine Modernisierung der Greifswalder Konservativen, die sich unmittelbar vor dem Weltkrieg abzeichnete, kamen aus der städtischen Bevölkerung. Motoren waren der Rechtsanwalt Dr. Ernst Tramm und der Seminarlehrer Karl Beykuffer. Ihr Projekt war der Ankauf einer Zeitung für die Partei, denn das liberale Greifswalder Tageblatt hatte nahezu ein Monopol in der Stadt.[16] Tramm und Beykuffer organisierten unter den wohlhabenden Anhängern der Konservativen eine Art Aktiengesellschaft für den Ankauf des Verlages Julius Abel, in dem die Greifswalder Zeitung erschien.[17] Die Geldgeber waren überwiegend Hofpächter und Landadelige der Umgebung sowie einige vermögende Beamte und Professoren.[18] Damit war die Aufgabenverteilung in der konservativen Partei umrissen, die auch nach 1918 Gültigkeit behielt: Die Landbesitzer sicherten den Wähleranhang und gaben das Geld, die bürgerlichen Konservativen organisierten die Politik. Offenbar verschob sich schon vor 1914 das Schwergewicht der Aktivitäten weg von den traditionellen konservativen Eliten aus dem Großgrundbesitz hin zu den städtischen Gruppen.

Das zeigt sich auch in der Gründungsgeschichte der Alldeutschen in Greifswald, die 1899 von Professor Rudolf Credner (1850–1908), einem Konservativen, initiiert wurde.[19] 1891 hatten die beiden Grafen Felix von Behr-Bandelin und Karl-Felix von Behr-Behrenhoff zwar schon zum Gründungsvorstand in Berlin gehört. In der Region hatte das jedoch keinen Nachhall. Die großagrarischen Eliten gaben regional kaum noch Impulse, die über die dörfliche Welt hinweg wirkten.[20] Erst als sich in der Stadt Interessenten fanden, kam es zur Gründung.

Der Ausbau der Parteistrukturen, wie er sich im Zeitungsprojekt, der Erhebung von Beiträgen oder der Beschäftigung eines ersten Parteigeschäftsführers spiegelte[21], spricht deutlich für das Ziel Tramms und Beykuffers, mehr Verbindlichkeit herzustellen, eine schlagkräftigere Organisation zu schaffen, Kräfte zu bündeln. Das war offenbar nötig, weil die unverbindliche Honoratiorenstruktur nicht mehr genügte, alle Gruppen und Stände in der Partei in die Politik einzubinden. In der Stadt waren die Konservativen keine Milieupartei. Konsens war keine Selbstverständlichkeit. Sie mußten daher einer Zersplitterung mit Mitteln der Organisation begegnen. Wenn kleine Beamte, Angestellte oder Lehrer zur Partei stießen, dann waren sie willkommen, weil die Konservativen die regionale Wahl nur gewinnen

---

[16] StA. Rep. 5, Nr. 8735, Personalakte Beykuffer. Mehrere Schreiben Beykuffers.

[17] Das gelang erst 1919 endgültig, die Vorbereitungen begannen jedoch schon in der Vorkriegszeit.

[18] Verlag J. Abel (Hrsg.), Geschäftsbericht, 1924.

[19] Rudolf Credner war Prof. für Geographie. Er stammte aus Gotha und war ein Bruder des bekannten Leipziger Geologen Hermann Credner sowie Vater des Geographen Wilhelm Credner. Seit 1881 in Greifswald. Gründer der ›Geographischen Gesellschaft für Vorpommern‹.

[20] M. Peters, 1991, S. 22.

[21] J. N. Retallack, 1988, S. 237.

konnten, wenn sie Anhang in der Stadt sammelten. Wollte man die neuen
Gruppen nicht verprellen, in den Vereinen vielleicht sogar weitere Anhänger
finden, dann mußten ihre Interessen mit denen der traditionellen konservativen Eliten abgeglichen werden. Das war nur in einer verbindlich organisierten Partei möglich.

Ihre relativ gute Position in Greifswald vor 1914 verdankte die konservative Partei wesentlich jenen Teilen der großagrarisch ländlichen Lebenswelt, die in die Stadt hineinragten. Daneben stützte sie sich auf einen Teil der
bürgerlichen Bildungsschichten an der Universität und der mittleren Beamtenschaft. Die bei Wahlen sichtbare Trennlinie von Stadt und Land war folglich keine absolute.

4. Abgrenzungen: Wahlen und Koalitionen vor 1914

Es gab drei politische Ebenen, auf denen die Parteien bei Wahlen um die
Macht konkurrierten. Sie unterschieden sich nach Wahlrecht, Wahlverhalten
und Wahlkultur voneinander.[1] Während der Reichstag nach dem allgemeinen und freien Männerstimmrecht gewählt wurde, war das Preußische Abgeordnetenhaus dem Dreiklassenwahlrecht unterworfen, für das Bürgerschaftliche Kollegium galt seit 1874 ebenfalls ein Dreiklassenwahlrecht, das
immerhin 50 Prozent der Reichstagswähler auch kommunal das Wahlrecht
einräumte. Eine freie und gleiche Parteienkonkurrenz gab es nur auf der
Reichsebene.

Greifswald gehörte zum Reichstagswahlkreis Stralsund-Grimmen, der
bis 1914 immer zwischen Liberalen und Konservativen umstritten war. Mit
zwei kurzen Unterbrechungen hatten von 1866 bis 1883 die Liberalen die
Oberhand. Von 1883 bis 1901 vertrat ein Konservativer die Region, seitdem
blieb der Wahlkreis in der Hand der Liberalen. Abgeordneter war seit 1901
der linksliberale Georg Gothein (1857–1940)[2], ein prominenter Reichstags-
politiker aus Schlesien. Bis 1883 waren die Liberalen mit heimischen Kandidaten angetreten, seitdem dominierten die Auswärtigen.

Bei den Konservativen blieb der regionale Bezug der Kandidaten immer
gewahrt. Bis 1901 kandidierten und siegten Angehörige des regionalen
Landadels für die Partei. Die Familien von Behr und von Bismarck-Bohlen
taten sich besonders hervor. Soweit sie in den Reichstag gelangten, gehörten
sie der Fraktion der Deutschen Reichspartei, den Freikonservativen an. Von
1903 bis 1907 war Dr. Max Rewoldt (geb. 1855) aus Berlin, ein ehemaliger

---

[1] T. KÜHNE, Wahlrecht, 1993.
[2] Georg Gothein, Dr. jur. u. Volkswirt, Bergbauexperte, Handelskammersyndikus in Breslau, Mitglied der Freisinnigen Vereinigung, dann Fortschrittliche Volkspartei, seit Mai
1901 Abgeordneter des Wahlkreises Stralsund-Grimmen bis 1918, dann DDP-Mit-
gründer. Im Reichstag bis Mai 1924.

Greifswalder Rechtsanwalt, Gegenkandidat Gotheins.[3] Der Kandidat der Konservativen zur Wahl 1912 kam ebenfalls aus der Region. Dr. Paul Langemak (1867 – nach 1945) entstammte einer Stralsunder Rechtsanwaltsfamilie. Sein Vater war Ehrendoktor der Universität. Er selbst hatte in Greifswald studiert.[4]

Gewählt wurden zunächst Parteirichtungen und keine Parteien. Es gab gesamtliberale und gesamtkonservative Kandidaten.[5] Die liberalen Parteien, 1898 gab es die Nationalliberalen, die Freisinnige Vereinigung und die Freisinnige Volkspartei in der Stadt, einigten sich auf einen Kompromiß. Gleiches galt für die Konservativen, bei denen Freikonservative und Deutschkonservative vertreten waren. Letztere hatten in der Partei das Übergewicht, stellten jedoch keinen Reichstagsabgeordneten.

Tabelle 1:   Reichstagswahlen in Greifswald 1871–1912*

Wahl und Datum	Wahl-berech.	Wähler/ Wahlbet.	SPD	Linkslib.	Nationallib.	Konserva.
Nordd. Reichst.	2827				2333	494
1866					*82,5 %*	*17,5 %*
Reichstag	1822				1523	299
3.3.1871					*83,5 %*	*16,4 %*
Reichstag	2077			Von Vahl	Duncker	
10.1.1874				1339	654	77
				64,5 %	*31,5 %*	*3,7 %*
Reichstag	1374				1339	35
10.1.1877	ca. 39 %				*97,5 %*	*2,5 %*
Reichstag	2277				1768	509
30.7.1878	ca. 70 %				*77,6 %*	*22,4 %*
Reichstag	2474				2089	385
28.10.1881					*84,4 %*	*15,6 %*
RT-Nachwahl						
6.6.1882						
RT-Nachwahl						
20.10.1883						
Reichstag						
27.10.1884						
Reichstag	2690	4			1405	1281
21.2.1887		*0,1 %*			*52,2 %*	*47,6 %*

* Greifswalder Tageblatt, 23. u. 31.5.1901. Greifswalder Tageblatt, 18.6.1903. Greifswalder Tageblatt, 27.1. u. 6.2.1907. Greifswalder Tageblatt, 21.1.1919.

---

[3] T. Kühne, Handbuch, 1994, S. 77.

[4] UA. Album der Ehrensenatoren, Dr. Paul Langemak. Diese Kandidatenauswahl deutete ebenfalls auf den bereits umrissenen Strukturwandel der Konservativen schon vor dem Weltkrieg hin. Die ländliche Oberschicht trat zugunsten der städtisch-bürgerlichen Konservativen zurück.

[5] Der liberale Kandidat, Rechtsanwalt von Vahl, beispielsweise wechselte die Partei. Er ging vom Fortschritt zu den Nationalliberalen. Nur einmal vor der Jahrhundertwende, 1874, traten zwei Liberale gegeneinander an. Greifswalder Tageblatt vom Januar 1874.

Wahl und Datum	Wahl-berech.	Wähler/Wahlbet.	SPD	Linkslib.	Nationallib.	Konserva.
Reichstag		2272	200		1256	816
20.2.1890			*8,8%*		*55,3%*	*35,9%*
Reichstag	3956	2708	680		1328	700
15.6.1893		68,5%	17,2%		33,6%	17,7%
			25,1%		*49,1%*	*25,8%*
Reichstag	3938	2903	696		1724	483
16.6.1898		73,7%	17,7%		43,8%	12,3%
			23,9%		*59,4%*	*16,6%*
Reichstag	4224	3269	298	2319		652
Nachwahl		77,4%	7,1%	54,9%		15,4%
21.5.1901			*9,1%*	*70,9%*		*19,9%*
Stichwahl	4224	3577		2954		623
29.5.1901		84,6%		69,9%		14,7%
				82,6%		*17,4%*
Reichstag	4565	3834	278	2689		867
16.6.1903		83,9%	6,1%	58,9%		18,9%
			7,3%	*70,2%*		*22,6%*
Stichwahl	4565	3916	–	2951		965
25.6.1903		85,8%		64,6%		21,2%
				75,4%		*24,6%*
Reichstag	4651	4093	599	2227	560	707
25.1.1907		88,0%	12,9%	47,9%	12,1%	15,2%
			14,6%	*54,4%*	*13,7%*	*17,2%*
Stichwahl	4651	4260		3107		1153
5.2.1907		91,6%		66,8%		24,8%
				72,9%		*27,1%*
Reichstag	4993	4505	952	2309	419	825
12.1.1912		90,2%	19,1%	46,3%	8,4%	16,5%
			21,1%	*51,3%*	*9,3%*	*18,3%*

Kursiv: gibt den Prozentwert der abgegebenen Stimmen an.
Recte: gibt den Prozentwert der Wahlberechtigten an.

Die Sozialdemokraten betraten erst spät die politische Bühne. Bis 1890 sammelte die SPD nur wenige Stimmen, erst danach erreichte sie eine wahrnehmbare Größe. Aus ihrer grundsätzlichen Marginalität kam die Partei zwar nie heraus. Das lokale Politikspektrum war damit jedoch dreipolig, was für die Stichwahlen Bedeutung hatte. 1901, 1903 und 1907 zog Gothein nämlich erst nach einem zweiten Wahlgang in den Reichstag ein. Die Bedeutung der Parteien nahm nach der Jahrhundertwende mit dem Aufstieg der SPD zu. Sie grenzten sich schärfer voneinander ab. 1907 traten die Nationalliberalen erstmals mit einem eigenen Kandidaten gegen die Linksliberalen an. Hand in Hand mit dieser Entwicklung nahm die allgemeine Politisierung zu, denn die Wahlbeteiligung stieg beständig, bei den Stichwahlen war sie jedes Mal höher als im ersten Wahlgang.

An den Wahlergebnissen der Parteien wird die Kontinuität der Konservativen in der Stadt seit den 1890er Jahren deutlich. Sie mobilisierten zwischen 483 und 1153 Männer. Der Durchschnitt lag bei 780 Wählern. Eine

gewisse Stagnation war unverkennbar. Das beste Ergebnis brachte die Stich-
abstimmung nach der sogenannten ›Hottentottenwahl‹ 1907. Seit der Jahrhundertwende stiegen die Werte leicht an, hielten jedoch mit den Zuwäch-
sen des gegnerischen Lagers aus Liberalen und Sozialdemokraten nicht mit.
Die Konservativen profitierten nicht vom Zuwachs an Wahlberechtigten.
Gewinne machten in erster Linie die Sozialdemokraten. Obwohl die Konservativen in Greifswald selbst regelmäßig gegen das ›linke‹ Lager verloren,
hatten sie Chancen, das Mandat zu erringen, weil sie ihre verläßliche Basis
auf dem Lande hatten. Gewonnen wurde die Wahl aber in der Stadt. Das
zeigte sich von 1887 bis 1898. Ein Sieg war harte Arbeit, denn die Konservativen wurden vom größeren Teil der städtischen Wähler beharrlich abgelehnt. Die Bemühungen um Organisation der Partei und bessere Öffent-
lichkeitsarbeit waren offenbar der Versuch, aus der Stagnation herauszukommen.

Die Veränderungen im lokalen Parteiensystem gingen jedoch eher zu Lasten der Liberalen. Auf deren linker Seite bröckelte die Wählerschaft zu den
Sozialdemokraten, auf der Rechten machten sich die Nationalliberalen
selbständig. Erst bei den Stichwahlen schnellten die Werte wieder in die
Höhe und erreichten Zahlen von 73 bis 83 Prozent der Wahlberechtigten.
Offenbar entschlossen sich die sozialdemokratischen Wähler und ein gerin-
gerer Teil der Nationalliberalen im Zweifelsfalle für den liberalen Haupt-
kandidaten Gothein. Daß ein Linksliberaler den Wahlkreis vertrat, verdankte er also einer Koalition der Nichtkonservativen.

Die dominierenden Linksliberalen setzten daher gezwungenermaßen auf
möglichst große politische Offenheit nach allen Seiten. Nur so konnten sie
die notwendige breite Koalition zimmern, um ihren Kandidaten durchzusetzen. Die Konservativen hingegen bleiben weitgehend auf sich selbst
angewiesen, sie hatten nur geringe Möglichkeiten zum Kompromiß und zu
Bündnissen. Bei den Stichwahlen erweiterte sich ihr Potential nur um einige
nationalliberale Wähler, die nichts mit den Sozialdemokraten zu tun haben
wollten. Die Konservativen standen primär vor dem Problem, den eigenen
Anhang möglichst lückenlos zu mobilisieren.

Die Gegnerschaft der beiden Parteilager, die sich bei den Stichwahlen
abzeichnete, stand in einem auffälligen Widerspruch zur Struktur des städtischen Soziallebens, in dem Konservative und Liberale durchaus eine gemeinsame Ebene hatten. Prägend für die Wahlentscheidung war offenkundig ein Gegensatz zwischen Stadt und Land, der aber in der alltäglichen
sozialen Praxis der Stadt Greifswald vor 1914 keine beherrschende Rolle
spielte.

Der Gegensatz von Konservativen und Liberalen war in erster Linie kein
weltanschaulicher, sondern eher ein politisch-taktischer. Er hatte seine Ursache in der Erfahrung, die die städtische Bevölkerung über Jahrzehnte hin
bei den Wahlen zum Preußischen Abgeordnetenhaus machte. Die Stadt erlebte, daß sie von den ländlichen Wählern unter der Führung der konservativen Eliten rücksichtslos majorisiert wurde. Das Preußische Abgeord-

netenhaus war für die Region mindestens so wichtig wie der Reichstag. Die Entscheidungen der zweiten Kammer des preußischen Parlaments hatten in der föderalen, auf Preußen gestützten Reichsverfassung großes Gewicht. Der Stadt-Land-Gegensatz in der Politik war 1914 zwar bereits eher altmodisch und vielerorts von anderen sozialen Konflikten überlagert. Er gehörte an sich in die Mitte des 19. Jahrhunderts. Daß er in Vorpommern seine unzeitgemäße Relevanz behauptete, lag am Wahlsystem für das Abgeordnetenhaus, das diesen Konflikt konservierte. Eine regionale Perspektive bestimmte das Wahlverhalten, nicht die große Politik.

Das preußische Dreiklassenwahlrecht folgte einer grundsätzlich anderen Politikvorstellung als das Reichstagswahlrecht.[6] Die Bestimmungen orientierten sich an konservativen Ideen. Hier ging es darum, in einem stufenweise vollzogenen Wahlakt den besten Vertreter der Region zu ermitteln. Es ging darum, einen Konsens herzustellen, und nicht, in einer Konkurrenz den größten Anhang zu mobilisieren.[7] Konsens war indes Fiktion, weil es Einheitlichkeit in den regionalen Interessen nicht gab. Die Abstimmung war zweistufig. Zunächst wählten die wahlberechtigten Steuerzahler in ihren Klassen Wahlmänner. Die eigentliche Wahl des Abgeordneten fand in Form einer öffentlichen Wahlmännerversammlung statt. Greifswald gehörte zum Wahlkreis ›Stralsund 2‹, der zwei Abgeordnete nach Berlin schickte. Liberale und Konservative hätten sich diese Mandate teilen können, wie es andernorts üblich war.[8]

In Vorpommern gab es aber auf beiden Seiten keine Kompromißbereitschaft. Zwischen 1872 und 1879 waren die Liberalen zu einer Absprache nicht bereit gewesen und hatten beide Mandate, die sie 1872 den Konservativen abgenommen hatten, für sich beansprucht. Dann gelang es den Konservativen, den Spieß umzudrehen. Am Ende drängten sie die Liberalen ganz aus dem Wahlverfahren. Weil liberales Engagement aussichtslos war, resignierten die Liberalen 1898 und traten in der Folge nur noch sporadisch zur Wahl an. Fast 20 Jahre erfolglosen Bemühens hatten sie zermürbt. 1908 gab es einen letzten vergeblichen Versuch.[9]

In den 1870er Jahren profitierten die Liberalen zunächst von der Politisierung der Städte und der leichteren Mobilisierung ihrer Wähler und Wahlmänner. Wer auf dem Lande zum Wahlmann bestimmt war, scheute oft den weiten Weg, war nicht abkömmlich oder letztlich politisch nicht interessiert genug.[10] Diese Hemmnisse beseitigte die konservativ bestimmte staatliche Verwaltung mit massivem Einsatz. Das Wahlverfahren öffnete bürokratischen Manipulationsmöglichkeiten Tür und Tor.[11] Die Landräte sorgten

---

6 Allgemein zum Wahlrecht und Wahlverfahren T. KÜHNE, Handbuch, 1994, S. 14–29 und T. KÜHNE, Dreiklassenwahlrecht, 1994, S. 26 ff.
7 T. KÜHNE, Handbuch, 1994, S. 22.
8 Ebd., S. 267.
9 Ebd., S. 268 f.
10 T. KÜHNE, Dreiklassenwahlrecht, 1994, S. 50–95, bes. S. 58 ff.
11 Ebd., S. 58.

dafür, daß die Wahlbezirke, in denen die Wahlmänner gewählt wurden, nach Zuschnitt und Anzahl den Konservativen die Mehrheit sicherten.[12] Auf mögliche Gegner übte Verwaltung und ländliche Oberschicht mit wirtschaftlichen und politischen Mitteln Druck aus. Den Landräten gelang es, auf dem Lande ein konservatives Meinungsklima zu etablieren. Es ließ Abweichungen nicht mehr zu, denn das Wahlverfahren erforderte ein öffentliches Bekenntnis. Die Politisierung der Landbevölkerung seit den 1890er Jahren koppelte sich auf diese Weise an die konservativen Eliten.[13] Die ohnehin eng verknüpfte ländliche Lebensgemeinschaft der Dörfer formte sich zu einem politisch mobilisierbaren Milieu, das sich unter dem Banner konservativer Grundüberzeugungen sammelte. Träger und Propagandisten dieser Überzeugung waren freilich ganz überwiegend die Eliten, nicht so sehr die wenig gebildeten Landbewohner.

Seit den 1890er Jahren verselbständigte sich die konservative Parteibewegung von der Bürokratie und dem regionalen Großgrundbesitz. Bis 1893 war in der Regel einer der Vertreter im Abgeordnetenhaus der Landrat von Behr-Behrenhoff gewesen. Seitdem saßen andere adelige Gutsbesitzer und von 1898 bis 1918 der Anwalt Max Rewoldt im Landtag. Auch hier deutete sich die Aufgaben- und Machtverschiebung innerhalb der konservativen Parteirichtung an.[14]

Der Kontrast zwischen Reichstagswahl und Wahl zum Abgeordnetenhaus war schroff. Während die städtischen Liberalen seit 1901 ihre Kandidaten nach dem gleichen Stimmrecht durchsetzten, traten sie parallel zur Landtagswahl gar nicht mehr an, weil sie keine Aussicht auf Erfolg hatten. Das sprach jeder demokratischen Vorstellung von Wahlgerechtigkeit Hohn. Die Tendenz zur Polarisierung zwischen Stadt und Land hatte hier ihre wesentliche Ursache.[15] Das Verhalten der Konservativen isolierte sie politisch. Die ausgeprägte Unfähigkeit zum Wahlbündnis in der Stadt hatte hier ihre Ursache. Die konservativen Großgrundbesitzer majorisierten durch ihren Einfluß auf die staatliche Verwaltung und die Landbevölkerung die Stadt Greifswald. Als kreisangehörige Stadt blieb sie bis 1913 auch kommunalpolitisch unter der Oberherrschaft des konservativen Landrates. Auf diese Weise festigten sich die Gegensätze zwischen Stadt und Land, städtischer und ländlicher Lebenswelt, Liberal und Konservativ, bis in die ersten Jahrzehnte des zwanzigsten Jahrhunderts hinein.

Für die Kommunalpolitik galten andere Regeln als auf Landes- oder Reichsebene. Sie war für die Politiker der Region von erheblicher Bedeutung, denn wer sich hier seine Sporen verdiente, empfahl sich für Aufgaben

---

[12] Ebd., S. 95.

[13] Ebd., S. 96. Er spricht von einer Katalysatorfunktion der staatlichen Verwaltungen. Zur Abschließung des Milieus, T. KÜHNE, Handbuch, 1994, S. 26.

[14] Fritz von Hennigs, Gut Techlin, Kreis Grimmen; Friedrich von Lösewitz, Gut Lentschow bei Lassan, Dr. jur. Werhner von Quistorp, Gut Krenzow, Kreis Greifswald. T. KÜHNE, Handbuch, 1994, S. 269.

[15] Ebd., S. 27.

in Landtag oder Reichstag.[16] Hier war die Verbindung von Gesellschaft und politischer Elite am engsten geknüpft. Wer in der Kommunalpolitik vorankommen wollte, mußte bekannt und vor allem angesehen sein. Es gab drei Möglichkeiten, in den Kreis der Honoratioren zu gelangen. Ausschlaggebend war an erster Stelle der Beruf oder der Stand, dem man angehörte, und das Ansehen, welches man sich hier erwarb. Als Verwaltungsbeamter, Pfarrer oder Professor gehörte man schon qua Amt zu dieser Gruppe. Aber auch eine erfolgreiche wirtschaftliche Betätigung als Kaufmann, Handwerker oder Gewerbetreibender konnte in die lokale Elite führen.

Während die Beamten zu einer auswechselbaren Funktionselite gehörten, war für Handwerker und Kaufleute der Aspekt Familie, Verwandtschaft und lokale Bindung von Bedeutung. Er bildete den zweiten bedeutenden Faktor. Wer mit seiner Familie seit Generationen ansässig war, ein eingeführtes Geschäft besaß, viele Verwandte in der Stadt hatte und die meisten Stadtbewohner schon seit der Schulzeit kannte, mußte sich über seine Stellung in der lokalen Gesellschaft keine Gedanken machen. Sofern er sich für Politik interessierte, hatte er gute Aussichten, gewählt zu werden.

Drittes Qualifikationsmerkmal war das nachgewiesene Engagement für die Gemeinschaft. Das konnte in der Kirche geschehen, allgemein für die Wohltätigkeit, für den jeweiligen Stand oder im Verein. Eine Parteikarriere gehörte in den bürgerlichen Kreisen nicht zu den üblichen Wegen der politischen Nachwuchsrekrutierung und des Aufstiegs. Die Kommunalpolitiker schlossen sich einer Partei an, sobald sie in Amt und Würden waren, aber in aller Regel nicht vorher.

Das 1873 eingeführte Wahlrecht für das Stadtparlament umriß die Minimalanforderungen an einen Kandidaten. Es gab ein einheitliches Bürgerrecht, das für das aktive und passive Wahlrecht qualifizierte. Bürger war, wer in Greifswald wohnte, Preuße war, über 24 Jahre zählte, wirtschaftlich unabhängig lebte und seine Steuern bezahlte. Ferner mußte er ein Haus in der Stadt haben, als Gewerbetreibender mindestens zwei Gehilfen beschäftigen oder wenigstens 250 Taler versteuern.[17] Dieser Katalog verdeutlicht die sozialen Werte, die allgemeine Grundlage der Politik waren.

Gewählt wurde in allgemeiner, geheimer und direkter Männerwahl. Rund 51 Prozent der für den Reichstag Wahlberechtigten durften auch für das Kommunalparlament abstimmen. 1906 wählten 17,32 Prozent der bei Reichstagswahlen wahlberechtigten Männer die zwölf neuen Kommunalvertreter, was einer Wahlbeteiligung von etwa 34 Prozent unter den Inhabern des Bürgerrechts entsprach. Obwohl dieses Wahlrecht offener war als in vielen anderen deutschen Regionen, war Kommunalpolitik wenig attraktiv.

---

[16] Typisch ist die Karriere von Prof. Edmund Stengel (1845–1935), der seit 1896 in Greifswald lehrte. 1898 ließ er sich als Liberaler in das Bürgerschaftliche Kollegium wählen, 1899 in den Kreistag, von 1907 bis 1912 gehörte er als Abgeordneter des Wahlkreises Stralsund für die Freisinnige Volkspartei dem Reichstag an.

[17] H. D. SCHRÖDER, Stadtparlament, 1962, S. 116.

Die Möglichkeiten des Bürgerschaftlichen Kollegiums waren beschränkt. Die konstitutionelle Stadtverfassung ging von einem Interessengegensatz zwischen Obrigkeit und Volksvertretung aus und beließ den Machtschwerpunkt bei der Exekutive, dem Magistrat. Diese Grundstruktur blieb bis 1933 erhalten.[18] Der Bürgermeister benötigte keine festen Mehrheiten. Er war ein Verwaltungsbeamter und kein Politiker.[19] Der Magistrat ergänzte sich durch Kooptation, die neuen Mitglieder bedurften der Bestätigung durch die Provinzialregierung in Stettin. Ein Bürgermeister rückte aus den Reihen der Magistratsmitglieder nach. Fleischmann beispielsweise hatte sich bereits seit 1911 seine Sporen im Greifswalder Magistrat verdient, als er 1917 zum Bürgermeister bestimmt wurde. Die Provinzialregierung in Stettin bestätigte ihn und setzte ihn auf Lebenszeit ein. Der Magistrat hörte bei Sachentscheidungen das gewählte Kollegium an und bestimmte dann weitgehend unabhängig. Gleichwohl suchten beide Seiten den Konsens, die beste Lösung für die Stadt und das allgemeine Wohl. Da die traditionellen Gegensätze von Handwerkern und Kaufleuten oder Mietern und Hausbesitzern dominierend waren, blieb für Parteien wenig Raum. Die Stadtverfassung folgte einer konsensorientierten Vorstellung von Politik. Das Bürgerschaftliche Kollegium sollte der ganzen lokalen Gesellschaft Stimme verleihen, Gegensätze sollten sich im Wettbewerb um die beste Lösung ausgleichen.[20] Das überhöhte die Stadtführung zur moralischen Richtschnur. »Sonderinteressen«, wie man pathetisch sagte, sollten keine Rolle spielen, das Wohl aller, nicht das von Parteien oder Berufsgruppen stand im Vordergrund, oder in den Worten des Bürgermeisters: »Die Politik gehört nicht aufs Rathaus!«[21] Das Bürgerschaftliche Kollegium wählte sich einen Vorsitzenden. Er bekleidete das höchste und ehrenvollste Wahlamt, das in Greifswald vergeben wurde. Es war repräsentativ angelegt, über den Parteien.

Das kommunale Wahlrecht lud die Parteien jedoch ein, in das Verfahren einzugreifen, denn die Kandidatenaufstellung für das Bürgerschaftliche Kollegium war im Stadtrezeß nicht geregelt. Konservative und Liberale konkurrierten mit den traditionellen Organisationen, die bestrebt waren, ihre Kandidaten ins Rennen zu schicken. Traditionell gehörten die Loyalitäten in der Kommunalpolitik den Innungen der Handwerker, den sogenannten Gewerken, und der Kaufmannschaft. Immer die Hälfte der 36 Stadtverordneten mußten überdies Hausbesitzer sein. Wenn jemand über den Mitgliedsausweis einer Partei verfügte, war unklar, ob die Bürger ihn wählten, weil er Tischlerinnungsmeister und Hausbesitzer war oder weil er als Konservativer auftrat. Die Parteizugehörigkeit war von nachrangiger Bedeutung. Erst seit den 1890er Jahren faßten die Parteien in der Kom-

---

[18] Ebd., S. 117.
[19] Ebd., S. 115.
[20] Ebd., S. 122 f.
[21] Oberbürgermeister Fleischmann am 29.5.1918 bei der Einführung neuer Kollegiumsmitglieder, zitiert nach H. D. SCHRÖDER, Stadtparlament, 1962, S. 123.

munalpolitik Fuß, allerdings nur als Anhängsel oder Kitt der Vereine und Verbände.

Um den Erfolg von Kandidaten abzusichern, verbündeten sich die Verbände. Die Parteien hängten sich an diese Zusammenschlüsse, ohne selbst in Erscheinung zu treten; auch die Mobilisierung der Wähler betrieben sie kommunal mehr über Vereins- und Berufsloyalitäten, weniger über parteipolitische Präferenzen.[22] Die Vereinskoalitionen verwiesen auf die jeweiligen Bindung der Parteien in der Gesellschaft. Zur Wahl 1918 taten sich der Landwirtschaftliche Verein, die Konservative Vereinigung, die Kaufmanns-Kompanie und ein Teil der Beamtenschaft zusammen, um vier konservative und zwei kaufmännische Kandidaten zu präsentieren. Beamtenverein, Bürgerverein, Haus- und Grundbesitzer, Kommunalverein, Kommunalbeamtenverein, Eisenbahn-Handwerker, Arbeiterverein, die vereinigten Innungen und erstmals und wohl als Kriegsfolge die Freien Gewerkschaften stellten eine gemeinsame Liste dagegen. Dieses liberale Bündnis war im Vergleich mit dem konservativen sozial und politisch heterogener. Kaufmann Carl Millahn, ein Nationalliberaler, und Tischlerobermeister Lewerenz, ein Konservativer, waren auf beiden Listen vertreten.

Doppelte Loyalitäten waren möglich und nützlich. Sie bildeten keinen Streitpunkt zwischen Liberalen und Konservativen. Der Gegensatz liberal und konservativ bestimmte die kommunale Politik nicht. Für das Bürgerschaftliche Kollegium war die Personenwahl entscheidend, das politische Bekenntnis blieb zweitrangig. Der Politisierungsgrad war gering. Die hohe Wahlbeteiligung bei der Reichstagswahl oder der Dauerkonflikt zwischen Liberalen und Konservativen bei den Wahlen zum Reichstag und Abgeordnetenhaus sind keine Indizien für eine starke parteipolitische Orientierung in der Stadtbevölkerung. Die Parteien begannen 1914 gerade erst, im Stadtparlament Einfluß zu nehmen, das wegen seiner geringen Möglichkeiten nur eine unbedeutende Plattform für parteipolitische Auseinandersetzungen bot. Die beiden bürgerlichen Parteien mußten sich auf Verbände stützen, um überhaupt wahrgenommen zu werden. Hinter diesen lockeren Verbindungen verbargen sich keinesfalls feste, weltanschaulich gebundene Milieus.

5. Politische Grenzen am Vorabend des Weltkrieges

Es gab vor 1918 in Greifswald kein exklusiv konservatives Netzwerk, kein konservatives Milieu. Obwohl sich rund um die Landwirtschaft, ihre Interessenvertretungen und Vereine wie bei den Milieus der Sozialisten und der Katholiken Tendenzen konservativer Organisationsverdichtung zeigten, ginge es sicherlich zu weit, von einem städtischen konservativen Milieu zu sprechen. Liberale und Konservative gehörten zu den gleichen Vereinen und

---

[22] Ebd., S. 118.

Verbänden, sie pflegten die gleichen kulturellen Vorlieben, sie kandidierten auf den gleichen kommunalpolitischen Listen. Das konservative Element in der Stadt fügte sich in die Greifswalder Sozialstruktur ein. Die beiden Parteirichtungen trafen sich in einer gemeinsamen patriotischen Grundhaltung und einer gewissen Distanz zur SPD und ihrer Klientel, die in Greifswald begann, eigene Vereine aufzubauen.

Die liberal und konservativ geprägte Bevölkerungsmehrheit der Stadt huldigte einer einheitlichen politischen Kultur.[1] Sie äußerte sich in Vereinsfeiern, Festen und im Alltag. Sie bildete die Grundlage der Politik. Verankert war sie in preußisch-lutherischen Werten und Mentalitäten, in einem ausgeprägten Lokalismus und Regionalismus. Eine seßhafte und bodenständige Lebensweise der Menschen bildete die Voraussetzung. Die Einwohner blieben traditionellen Bindungen und dem Glauben verhaftet. Die Menschen orientierten sich an der Kirche, am Adel und am preußischen Staat mit seinem Herrscherhaus, seiner Armee und an den historisch überhöhten Werten von Frömmigkeit, Bescheidenheit, Fleiß und Strebsamkeit, von Treue und Loyalität gegenüber der Obrigkeit. All das galt in abgewandelter Form und unterschiedlicher Dosierung für die Anhänger beider Parteien, die sich wohl in ihrer politischen Ausrichtung, weniger aber in ihrer Mentalität oder in ihrer mittelständischen Basis unterschieden.

Innerhalb dieser Lagerstruktur gab es drei Bereiche, in denen sich Verdichtungsformen entwickelten. Nur eine von ihnen war ausdrücklich mit den Konservativen verbunden. Der alte Mittelstand entwickelte milieuhafte Tendenzen. Seine traditionelle Stellung in der Stadt unterfütterten Tischler und Krämer mit interessenpolitisch ausgerichteten Vereinen. Handwerker und Kaufleuten waren durch eine gemeinsame Lebensweise abgegrenzt und wahrten ihren vitalen, traditionellen Gruppenzusammenhalt, freilich ohne sich gesellschaftlich abzusondern. Die zweite milieuhafte Gruppe fand sich im kirchlichen Vereinswesen, das zwar auf volkskirchliche Offenheit Wert legte, in dem jedoch deutlich eine defensive Grundhaltung, ein latentes Bedrohungsgefühl zu erkennen war. Da hier Glauben einen verbindenden Gehalt gab, ist durchaus von einer latenten Milieustruktur zu sprechen.[2] Auf dem Land hatten sich die Dorfgemeinschaften unter der Führung ihrer angestammten Eliten zu einem konservativen Milieu fortentwickelt.

Die politischen Verhältnisse in Vorpommern waren nicht statisch. Auch das unterstreicht die wenig gefestigten Loyalitäten. Schon vor 1914 deutete sich eine Expansion der Konservativen an, über ihre angestammten Wählerschichten auf den Dörfern hinaus. In der Stadt wuchsen sie langsam aus ihrer agrarischen Ecke in breitere Schichten der Bevölkerung hinein. Der Ausweitung von Mitgliedergruppen entsprach das Bemühen der konservativen Partei, Organisationsstrukturen zu straffen und auszubauen, mithin den Status einer Honoratiorenpartei abzustreifen, Massenpartei zu werden. Den

---

[1] K. ROHE, Wählertraditionen, 1992, S. 141.
[2] J. C. KAISER, Formierung des protestantischen Milieus, 1996, S. 284.

Erfolg dieser Bemühungen erntete nach 1918 die Deutschnationale Volkspartei.

Der Erste Weltkrieg brachte eine bis dahin unvorstellbare Politisierung
der gesamten Bevölkerung. Er bildet eine Zäsur für die Konservativen. Bestimmend war das patriotische Denken, das sich in starken nationalistischen
Tönen manifestierte. Es überlagerte jede feinere Unterscheidung nach liberal oder konservativ. Lokale Mentalitäten und Politikstile fegte der radikale
Nationalismus beiseite. Die ohnehin konfliktarmen politischen Verhältnisse
in der Stadt beruhigten sich nach dem August 1914 völlig. Sämtliche Vereine
brachen auseinander und stellten ihre Arbeit ein.[3]

Die erste Phase des Krieges erlebten die Konservativen in Stadt und Land
als eine völlig unerwartete begeisterte Mobilisierung der Menschen für ihre
politischen Überzeugungen. Die Gesellschaft sammelte sich hinter Kaiser
und Heer, die Erinnerung an siegreiche Schlachten der preußischen Armee
beherrschten die Diskussion und das Denken, die Kirchen füllten sich, und
die christlichen Wohltätigkeitsvereine bekamen kriegswichtige Aufgaben.
Die ländliche Oberschicht zog als Militärführung in den Krieg. Die Abge-
schiedenheit und Bodenständigkeit der ländlichen Lebenswelt endete.

Die Mobilisierung griff tief in die Gesellschaft ein. Der besonders vom
Bildungsbürgertum begeistert aufgenommene Krieg hatte zunächst nur in-
direkte Folgen für die Stadt. Da es keine Industrie gab, schränkten die Umstellungen der Wirtschaft nur Handwerk und Handel ein. Auf dem Land
fehlten Pferde und Arbeitskräfte, die Ernte stand unmittelbar bevor. In der
allgemeinen Begeisterung waren die Greifswalder aber bereit, Widrigkeiten
hinzunehmen und sie beispielsweise durch freiwillige Landarbeit zu lösen.[4]
Die Universität stand im August am Beginn der Semesterferien[5], nach dem
Ende der Ferien ging der Lehrbetrieb weiter.[6] Greifswald wurde Lazarettstadt. Die Schulen waren in die ideelle und materielle Mobilisierung einbezogen. Siegesmeldungen verkündete der Rektor in der Aula; ansonsten
sammelten die Schüler Rohstoffe und Geld. Das Turnen stellten die Lehrer
auf Wehrturnen um, die älteren Schüler traten in die Jugendkompanie ein.
Die ohnehin militärbegeisterte Gesellschaft militarisierte sich vollends bis in
ihre Verästelungen hinein.[7]

Die Kirche profitierte wohl am meisten vom Kriegsausbruch.[8] Nachdem
sich die Gottesdienste in den ersten Kriegswochen füllten, hofften die Pfarrer, die Säkularisierungstendenzen endlich stoppen zu können. Ihre Zuver-

---

[3] C. Thaer, Rechenschaft, in: Material R. Thaer. Er beschreibt das für die Nationalliberalen.

[4] F. Oeckel (Hrsg.), 1936, S. 21.

[5] O. Heinemann/W. Zimmermann, 1942, S. 178 f.

[6] H. Titze, 1987, S. 250, C. Thaer, Rechenschaft, o. S., in: Material R. Thaer.

[7] F. Oeckel, 1936, S. 21 f.

[8] K. Meier, Evangelische Kirche, 1994. Die Pommersche Kirche war weit entfernt vom relativen Pluralismus, den Meier beschrieb.

sicht wuchs, denn die Kriegsbetstunden blieben auf Dauer gut besucht.[9] Sie
sahen eine Chance, Volkskirche zu bleiben.[10] Die Kirche versagte sich auch
der konkreten Arbeit nicht, sammelte Sachspenden, organisierte Kriegsanleihen und mobilisierte Wohltätigkeit und Krankenpflege. Neben der
staatlichen Verwaltung fühlte sich niemand für die Stimmung an der Heimatfront so verantwortlich wie die Kirche.

Die Vermischung protestantischer Tradition und Theologie mit den nationalistischen Kriegszielen zeigte sich in den Feiern zum 400. Jahrestag der
Reformation, die 1917 begannen. Getreu der konservativen und vor allem
nationalistischen Einstellung der pommerschen Kirche, setzten viele Pfarrer
Nation, Kirche, Staat und Volk bedenkenlos in eins. Am 31. Oktober 1917
lautete das Vortragsthema des »Volksabends« in der Stadthalle: »Luther der
deutsche Volksmann«. Gesungen wurde »Gustav-Adolfs Feldliedlein«:
»Verzage nicht, du Häuflein klein, obschon die Feinde Willens sein, dich
gänzlich zu verstören.« Der Schlußtext lautet: »Gott ist mit uns und wir
mit Gott, den Sieg woll'n wir erlangen.« Der Krieg und die nationalistische
Begeisterung erhielten damit eine religiöse Weihe, eine göttliche Rechtfertigung und Überhöhung. Das Wort »Volk« trat auffällig an die Stelle, wo
sonst Kirche, Nation oder Staat gestanden hatte.[11] Die evangelische Kirche
besann sich auf ihr kämpferisches Erbe aus der Reformation und den nachfolgenden Glaubenskriegen.

Die Mobilisierung der Heimatfront war nicht nur Anliegen der Kirche,
auch das Vereinswesen gruppierte sich neu, um den Anforderungen einer
Gesellschaft im Krieg gerecht zu werden. Besonders die nationalistischen
Vereine wurden aktiv. Das Soldatische und Patriotische waren ihnen immer
wichtige Anliegen gewesen. Jetzt konnten die Mitglieder zeigen, daß sie
nicht nur Phrasen gedroschen hatten. Gut die Hälfte der 400 Mitglieder des
Turnerbundes beispielsweise war eingezogen. Die übrigen bildeten eine Sa-
nitätskolonne, die Kranke in der Stadt transportierte.[12] Die Frauen des Kriegervereins strickten warme Unterkleidung und organisierten einen Brief-
und Paketdienst.[13] Die Bürgerschützen sammelten fleißig für die diversen
Kriegsspenden.

Für die Dauer eines kurzen Krieges mochte die politische Stillegung und
nationalistische Mobilisierung der gesamten Gesellschaft genügen. Je länger
der Krieg dauerte, desto deutlicher wurde aber, daß die traditionellen Wirt-
schafts-, Verwaltungs- und Machtverhältnisse der regionalen Gesellschaft
mit den Anstrengungen hoffnungslos überfordert waren. Die Verschlechterung der allgemeinen Lage sorgte für eine Neustrukturierung der politischen Fronten, die sich seit 1917 belebten, jedoch vorläufig noch an den

---

[9] W. KLÄN, Evangelische Kirche, 1995, S. 12–21.
[10] Titel von I. GARBE, vor allem, Der Krieg auf Greifswalds Kanzeln, 1995.
[11] Programmblatt für die 400-Jahrfeier, in: UB-Sammelmappe, Kirchen, Bd. 2.
[12] Magistrat (Hrsg.), 1927, S. 36 f.
[13] R. MASCHKE, 1935, S. 44 f.

vor dem Krieg ausgehobenen Gräben orientiert blieben.[14] Zwei Fragen vermengten sich. Wie sollte die Arbeiterschaft nach dem Krieg politisch entlohnt werden? Und unter welchen Bedingungen durfte an ein Kriegsende gedacht werden? Polarisierte die erste Frage entlang der Streitlinie um das Dreiklassenwahlrecht, ergab sich durch die zweite Frage eine neue Konstellation. Auch Liberale ließen sich von der nationalistischen Maximalforderung eines ›Siegfriedens‹ einnehmen. Die regionalen Konservativen stellten sich hinter die Kritik an der Friedensresolution des Reichstages, die sie als ›Flaumacherei‹ verurteilten, und versuchten, eine breite innenpolitische Basis für ihre radikalen nationalistischen Forderungen zu schaffen.[15] Das führte 1917 zur Gründung einer Ortsgruppe der Vaterlandspartei[16], die sich im wesentlichen auf Professoren stützen konnte und sich vehement für den Durchhaltewillen und für Kriegsanleihen engagierte. Allen voran engagierten sich die Professoren Johannes Luther, Wilhelm Kähler und Eduard von der Goltz, durch die Bank nach 1918 prominente Deutschnationale.

Die Linksliberalen, die nichts vom ›Siegfrieden‹ hielten, konterten mit einem kommunalpolitischen Tabubruch. Sie beherrschten die Greifswalder Kommunalpolitik und setzten dort bei der Nachwahl zum Bürgerschaftlichen Kollegium im Mai 1918 den Segelmacher Julius Schröder von der SPD als Abgeordneten durch. Damit demonstrierten sie gegen das Dreiklassenwahlrecht.[17] In Greifswald waren die Liberalen selbstbewußt genug, die SPD ins Schlepptau zu nehmen und den Konservativen mit einem Bündnis nach links zu drohen. Was aber sollte auf der Landesebene geschehen? Dort hätte eine Auflösung des alten Wahlrechts auch für sie unabsehbare Folgen gehabt. Der Konflikt löste sich bis zum Ende des Krieges nicht mehr auf.

Trotz der immer weiter gewachsenen Kriegsunlust der Greifswalder war das Kriegsende eine Überraschung. Die sozial wenig differenzierte und konfliktarme Gesellschaft blieb ruhig. Die Arbeiterbewegung war so marginal, daß sich noch nicht einmal unabhängige Sozialdemokraten gefunden hatten. Im Verlauf des Jahres 1918 hatte es keine Streiks gegeben. Niemand rechnete mit Unruhen.[18] Das revolutionäre Ende des Kaiserreichs war in den Augen der Greifswalder nicht voraussehbar, eine Berliner Erfindung, eine Folge sinnloser politischer Verhetzung durch die politische Linke, denn Greifswald hatte durchgehalten. Die Ursachen waren für die Pommern in ihrer äußerlich so festgefügten Welt nicht nachvollziehbar. Die Stadt war schockiert und hatte Angst vor der Revolution. Man fürchtete Hungerunruhen und Plünderungen auf dem Land.

---

[14] C. Thaer, Rechenschaft, o. S., in: Material R. Thaer.
[15] Dies wird u. a. am Verhalten der Kirchenführung deutlich. W. KLÄN, Evangelische Kirche, 1995, S. 20.
[16] H. HAGENLÜCKE, 1997.
[17] H. D. SCHRÖDER, Stadtparlament, 1962, S. 121 ff.
[18] K. SCHREINER (Hrsg.), 1958, S. 26 f.

Die Anhänger der konservativen Parteirichtung erlebten das Kriegsende als großes Unglück, als unvorhergesehenen Verlust ihrer Mitte. Der Staat, das Reich, sein Kaisertum, mehr noch der König von Preußen waren zentrale Bezugspunkte konservativer Mentalität und politischer Legitimitätsvorstellung. Die preußischen Beamten und die ländliche Oberschicht hingen nicht nur sentimental an der Monarchie, sondern faßten den König als Person auf, der sie persönliche Treue schuldeten. Das wurde durch die kirchliche Stellung des Königs nur noch unterstrichen. An den Hohenzollern hing die bestehende konservative Weltordnung bis in die Dörfer hinein: Welche Treue schuldeten die Leute auf den Dörfern jetzt noch ihrem Herrn? Was würde aus den Gütern mit ihrer feudalen Besitzstruktur werden? Wie sollte sich künftig das Verhältnis von Staat und Kirche gestalten? Wie ging es mit dem offenbar zerfallenden Militär und der staatlichen Verwaltung weiter? Auch in der Stadt war das soziale Leben von zahllosen Traditionen bestimmt, die durch die Revolution in Frage gestellt wurden. Welchen Platz konnten Handel und Handwerk jetzt noch einnehmen, die sich als historisch legitimiertes Element der Stadtgesellschaft sahen? Welche Rechte würden die Arbeiter fordern? Welchen Respekt schuldete man einer Obrigkeit, die nicht mehr vom König eingesetzt war?

Den Konservativen war die tragende Säule der Ordnung eingestürzt. Mit dem Kriegsende begann ein tiefgreifender politische Umbau, der Auswirkungen bis an das Ende der fünfziger Jahre und noch darüber hinaus hatte.

Zweiter Teil

Konservativ und national:
Die Weimarer Republik

Prof. Dr. Wilhelm Kähler, DNVP-Kreisvorsitzender, 1932/33 preußischer Kultusminister

Drittes Kapitel

Bemerkungen zum Forschungsstand 1918–1933

Die flächendeckende konservative Übermacht in Pommern entstand erst seit dem Kriegsende 1918.[1] Die linksliberalen Bastionen in den Städten der Region gingen in sehr kurzer Zeit vorübergehend zur DVP und dann zur DNVP über. Die Konservativen weiteten zwischen 1918 und 1924 ihre Basis in den städtischen Bereich hinein aus. Auf dem Lande war 1919 zunächst ein eruptiver Aufschwung der SPD und ein dramatischer Niedergang der Konservativen zu verzeichnen.[2] Erst bei den folgenden Wahlen gelang es der angestammten ländlichen Milieupartei, Wähler zurückzugewinnen, freilich ohne jemals die vorherige unangefochtene Hegemonie zurückzugewinnen. Die Gesellschaft in der Region war offenbar nur scheinbar festgefügt. Die raschen Wandlungen deuten auf erhebliche Brüche, zurückgestaute Entwicklungen hin, die mit dem Kriegsende 1918 wirksam wurden.

Außerdem zeigen die Wandlungen, wie rapide das Fundament der Republik in der vorpommerschen Provinz erodierte. Warum wandten sich die Menschen in der Region Vorpommern so schnell Parteien zu, die der Republik ablehnend gegenüberstanden? Die Frage nach den Gründen dieser raschen und in Bereichen unvorhersehbaren Wechsel der politischen Loyalität ist bisher nur allgemein beantwortete. Da die Weimarer Republik in erster Linie unter dem Aspekt der ›guten‹ demokratischen Traditionen untersucht worden ist, geriet dieser entscheidende Faktor ihrer von Beginn an mangelhaften Stabilität selten in den Blick.[3]

Es gibt eine ganze Reihe von Erklärungen für die Entwicklung in protestantischen Städten. Jürgen W. Falter hebt die Enttäuschung über die Bedingungen des Versailler Vertrages, die Gebietsabtretungen, Reparationen und die moralische Verurteilung Deutschlands hervor; er betont außenpolitische Argumente. Ferner habe es sich auch um eine Reaktion auf die revolutionären Unruhen in Sachsen und Thüringen gehandelt, so Falter.[4] Heinrich August Winkler bezieht die Entwicklung stärker auf das Verhältnis der bürgerlichen Wähler zur Sozialdemokratie. Demnach habe bei der Wahl 1919 die DDP gewonnen, weil das Bürgertum hoffte, auf diese Weise Anschluß an die allgemein erwartete Vorherrschaft der SPD zu halten. Die

---

[1] K. ROHE, Wählertraditionen, 1992, S. 139. Daß die Pommern konservativ sind, ist mit Blick auf den Stadt-Land-Unterschied zu differenzieren.
[2] G. A. RITTER, Kontinuität und Umformung, 1970, S. 367.
[3] W. PYTA, Dorfgemeinschaft, 1996.
[4] J. W. FALTER, Hitlers Wähler, 1991, S. 26.

Bürger wählten taktisch, um die gemäßigten Kräfte der Arbeiterbewegung
zu stärken. Man habe sich damit auch gegen drohende Enteignung schützen
wollen. Die politischen Unruhen im März 1920 und die große Steuerreform
hätten sich für die DDP dann negativ ausgewirkt.[5] Peter Fritzsche schließlich nennt als zentrale Ursache die Haltung der DDP zur SPD. Der bürgerliche Mittelstand habe den Linksliberalen nicht verziehen, daß sie nach den
Unruhen, die von der extremen Linken geschürt worden seien, nach den
Gegenmaßnahmen der bürgerlichen Einwohnerwehren und Freikorps, den
Sozialdemokraten weiterhin Unterstützung versprochen hätten.[6] Alle gemeinsam betonen folglich das Problem der Konfrontationen zwischen Sozialisten und Nichtsozialisten in den ersten Monaten und Jahren der Republik.
   Eine wichtige Rolle beim politischen Umschwung nach rechts spielte
ganz offenbar der städtische selbständige Mittelstand. Heinrich August
Winkler betont die opportunistische Haltung dieser Sozialgruppe, die sich
seiner Ansicht nach bei Wahlen immer dort einfand, wo am meisten Schutz
und Privilegien versprochen wurden.[7] Sei es ihm zunächst darum gegangen,
die sozialistischen Experimente zu begrenzen, besser noch, sie zu verhindern, habe sich schließlich ein spezifisch mittelständisches Unbehagen an
politischen Parteien und am neuen republikanischen System überhaupt
durchgesetzt. Das habe der DVP und DNVP genützt.[8] Ebenso wie von
M. Rainer Lepsius wird der Rechtsschwenk des Mittelstandes aus einer
›vormodernen‹, ›antiliberalen‹ Mentalität – im Jargon der sechziger Jahre –
aus ›Fortschrittsfeindlichkeit‹ erklärt. Ein ökonomisch zum Aussterben ver-
urteilter Stand in einer Mittelstellung zwischen den übermächtigen Gewerkschaften und dem nicht minder machtvollen Großunternehmertum habe sich aggressiv gegen sein Schicksal gewehrt und sei daher anfällig für den
nationalistischen Appell zunächst der DNVP und dann der NSDAP gewesen.[9] Seine Stellung in der Republik habe nicht mit dem eigenen Geltungsanspruch als staatstragender, ›gesunder‹ Schicht übereingestimmt. Winkler
geht gar so weit, den Mittelstand in dieser Position als »politisch isoliert« zu
beschreiben.[10]

---

[5] H. A. WINKLER, Weimar, 1993, S. 139.

[6] P. FRITZSCHE, Rehearsals, 1990, S. 70.

[7] Das hört sich dramatisch an, ist aber im Prinzip nichts, was den Mittelstand von anderen
   Sozialgruppen abhebt. Er verhält sich so, wie man es nach der Lehre des rationalen Wäh-
   lens erwarten würde.

[8] H. A. WINKLER, Marx und Monopole, 1991, S. 38–51. Ders., Mittelstand, 1972, S. 65–83
   u. 121–149.

[9] M. R. LEPSIUS, Extremer Nationalismus, 1966, S. 54–62.

[10] H. A. WINKLER, Marx und Monopole, 1991, S. 40. Vgl. jetzt die Zusammenfassung dieses
   Ansatzes bei R. UNTERSTELL, Mittelstand, 1989, S. 70–105. Unterstell präsentiert auch
   noch psychologisierende Erklärungsmuster, die sich weit von nachweisbaren Fakten entfernen.

Heinz Gerhard Haupt geht in seiner Forschungsübersicht hingegen konkreten Verhältnissen nach und versucht, Gründe für die Unzufriedenheit des Mittelstandes mit den etablierten Parteien und mit der Republik zu finden.[11] Seine nur sehr knappen Hinweise machen deutlich, daß der Vorwurf reaktionärer Gesinnung aus vormoderner Mentalität als Erklärung nicht genügt. Der Mittelstand sah sich von einer ganzen Anzahl gravierender ökonomischer Probleme herausgefordert. Wichtig ist zudem seine Kritik am Topos der ›Isolierung‹, den er mit der Komplexität mittelständischer Lebens- und Sozialformen auf der lokalen Ebene konfrontiert. Auch nach den Ergebnissen von Rudy Koshar lag hier das entscheidende politische Aktionsfeld des Mittelstandes.[12] Politisch dürfe nicht außer acht bleiben, daß die Abwendung vor allem der liberalen Parteien von der Mittelstandspolitik zu wenig berücksichtigt werde, meint Haupt.[13]

In die gleiche Kerbe schlägt Friedrich Lenger, der ebenfalls die konkreten Belastungen für den Mittelstand in der Weimarer Republik herausstreicht.[14] Diese Hinweise belegen die von Winkler stark reduzierte Komplexität der Zusammenhänge, und sie verdeutlichen, daß die Prozesse im mittelständischen Bürgertum aus konkreten politischen Ereignissen und Strukturen erklärbar sind. Die Verbindung zwischen dem selbständigen Mittelstand und politischen Parteien ist offenbar noch zu wenig beleuchtet. Dieser Frage gilt es daher weiter nachzugehen.

Wie aber lagen die Verhältnisse auf dem Land in Pommern?[15] Hier sind sich die Autoren über die Entwicklung zwischen 1918 und 1924 weitgehend einig. Der Erste Weltkrieg erschütterte das gesamte Sozialgefüge und ließ lange unterdrückte Mißstimmungen offen ausbrechen. Sie ergaben sich aus der langsamen Auflösung und Auszehrung der patriarchalischen Sozialverhältnisse.[16] Die 1918 stark politisierten Landarbeiter organisierten sich beim Landarbeiterverband und wählten SPD. Die Niederlage ihrer bisherigen konservativen Leitfiguren ließ einen umstürzenden Wandel erfolgversprechend erscheinen. Die trotz des Wahlerfolgs weiterbestehende Organisationsschwäche der SPD auf dem Land und eine geschickte und rücksichtslose Machtpolitik der konservativen Landbesitzer in Pommern zerstörten diesen Ansatz und stellten alte Abhängigkeits- und Loyalitätsverhältnisse wieder her.[17] Bis zur Wahl 1920 war dieser Prozeß weitgehend abgeschlossen. Das kurzfristige, gewaltsame Aufbrechen der Dorfgemeinschaft verdient hohe

---

[11] H. G. HAUPT, Mittelstand und Kleinbürgertum, 1986, S. 217–238.

[12] R. KOSHAR, Cult of Associations, 1990, S. 37.

[13] H. G. HAUPT, Mittelstand und Kleinbürgertum, 1986, S. 233. Ferner H. G. HAUPT/ C. NIERMANN, Between Solidarity, 1990, S. 55–69.

[14] F. LENGER, 1989, S. 173–198.

[15] Für die erste Stufe vgl. vor allem J. FLEMMING, Landwirtschaftliche Interessen, 1978. Die weniger theoretisch befrachtete Forschung repräsentiert vor allem M. SCHUMACHER, Land und Politik, 1978. Ferner W. PYTA, Dorfgemeinschaft, 1996.

[16] W. PYTA, Dorfgemeinschaft, 1996, S. 73 ff., S. 95 f.

[17] B. KÖLLING, 1996.

Aufmerksamkeit, weil es einen Bruch in der ansonsten durch äußere Stabilität und Gleichförmigkeit gekennzeichneten dörflichen Lebenswelt darstellte. Aufmerksamkeit verdienen ferner die Rückwirkungen auf die Stadt und ihre Gesellschaft.

Es geht daher im folgenden Kapitel über die Jahre 1918 bis 1924 um die Frage nach den Gründen für den Aufstieg der DNVP zur beherrschenden Partei nicht nur auf dem Land, sondern auch in der Stadt. Warum verloren die Liberalen ihre angestammte Hochburg? Wie wurde ganz Pommern zur selbst 1932 nicht vollständig einnehmbaren Festung der DNVP? Welche Gründe lassen sich im politischen und vorpolitischen Sozialgefüge der Stadt und unter ihren Eliten erkennen? Welche Folgen hatten der Bruch der ländlichen Sozialverfassung und der kurze, aber heftige Bürgerkrieg in Pommern? Im Mittelpunkt steht dabei die Entwicklung in den lokalen politischen Lagern und ihren milieuhaften Netzwerken. Wie reagierten die Menschen, die Vereine, Verbände und Kirchengemeinden auf die neue Situation, und welche politischen Folgen hatte das für die Konservativen?

Die guten Jahre der Republik von 1924 bis 1929 waren der Zeitraum, in dem sich entscheidende Voraussetzungen für den Aufstieg der NSDAP zur Massenbewegung entwickelten.[18] Der Siegeszug der NSDAP wird auf die Inflation und ihre unbewältigten Folgen zurückgeführt.[19] Die mittleren Jahre der Republik waren indes für die DNVP in Greifswald gute Jahre. Sie erreichte ohne Frage den Höhepunkt ihrer Entwicklung. Die starke Verankerung in der regionalen politischen Kultur, in Festen, Feiern und Ritualen tritt dabei besonders hervor. Diese Kultur soll näher in den Blick genommen werden, weil sich hier neben der Handlungsebene in Parlamenten und Vereinen die eigentliche Wirkung des Milieus, sein alltäglicher politischer Ausdruck, besonders deutlich zeigte. Lassen sich in der öffentlich inszenierten politischen Kultur des konservativ-nationalen Milieus Hinweise auf Neuorientierungen, auf Schnittstellen mit den Zielen und Angeboten der NSDAP finden? Daß der konservativen Parteirichtung die Fundamente wegbrachen, nahm man erst sehr spät wahr.[20]

Es hat sich gezeigt, daß Parteien mit einer Milieubindung weit besser dem Zerfall widerstanden als solche ohne.[21] Die DNVP als Partei, die sich auf ein konservativ-nationales Milieu mit zwei besonders verdichteten Kernen im

---

[18] Vor allem L. E. Jones, Dying Middle, 1972.

[19] D. J. K. Peukert, Weimarer Republik, 1987, S. 204; H. Matthiesen, Bürgertum und Nationalsozialismus, 1994, S. 213 ff.; P. Fritzsche, Rehearsals, 1990, S. 94. Ferner T. Childers, Middle Classes, 1991, S. 324 f. Einen guten Überblick zu Forschungslücken bietet E. Kolb, Weimarer Republik, 1988, sowie ergänzend ders., Literaturbericht, 1992 u. 1994. Den aktuellen Forschungsstand und seine Tendenzen faßt zusammen, G. D. Feldman, 30. Januar 1933, 1992.

[20] Die hohe gesellschafts- und milieustrukturierende Bedeutung wird deutlich bei J. Bergmann, ›Das Land steht rechts!‹, 1990, K. Reimus, 1990.

[21] F. Walter, Sachsen, 1991, u. ders., Thüringen, 1992; ferner C. Rauh-Kühne, Katholisches Milieu, 1991.

Bereich der Kirche und des alten Mittelstandes stützen konnte, ist in dieser Hinsicht noch nicht untersucht worden.

Die wahlsoziologische Forschung hat zwei Punkte herausgearbeitet., die eine nähere Betrachtung verdienen. Jürgen W. Falter weist nach, daß die Wähler der NSDAP vorher zumeist andere Parteien des nationalen Lagers gewählt haben.[22] Es bestehe ein besonders enger soziologischer Zusammenhang zwischen der Wählerschaft Hindenburgs im Jahr 1925[23], der Beteiligung am Volksbegehren gegen den Youngplan 1929 und der Wahl der NSDAP und Hitlers 1932.[24] Was machte die NSDAP zu einer Alternative für ehemalige DNVP-Wähler?[25]

Die starke nationalistische Mobilisierung der nichtsozialistischen Bevölkerung in Vereinen und Verbänden während der mittleren Jahren der Republik steht im Kontrast zum gleichzeitigen Verfall der Parteien.[26] Dieser Gegensatz von Gemeinschaftsorientierung und Zerfall der Parteien bedarf der Klärung. Wie verlief dieser Prozeß in einem konservativ geprägten Landstrich?

Die DNVP vollzog seit 1928 einen radikalen Kurswechsel. Sie gab die Politik einer zurückhaltenden Kooperation mit der Republik zugunsten einer radikalen Linie gegen das ›System‹ auf. Peukert erklärt diese Wendung der Deutschnationalen als Erscheinung des Zeitgeistes. Verbreitet ist ferner die Interpretation einer Panik in der Parteiführung nach den Verlusten bei der Reichstagswahl 1928, einer Art nationalistischer Flucht nach vorn.[27] Im fünften Kapitel soll geklärt werden, was sich tatsächlich an der Basis der DNVP abspielte.

Die ›totale Krise‹, die Deutschland seit 1927 in Teilen und 1930 dann vollständig erfaßte, spitzte Entwicklungen mit einem langen Vorlauf so zu, daß am Ende die NSDAP die Macht übernahm. Die letzten Jahre der Weimarer Republik bilden gleichsam die Zielgerade des vermeintlichen deutschen Sonderweges. Sie sind Thema des sechsten Kapitels. Die zentrale Frage hat Lepsius selbst aufgeworfen. Seiner Meinung nach zerfallen die sozialmoralischen Milieus am Ende der Weimarer Republik. Die Desintegration der Wähler ist für ihn Voraussetzung für den Aufstieg der NSDAP.[28] Damit fügen sich seine Überlegungen in die These vom Sonderweg ein.

---

[22] J. W. Falter, Hitlers Wähler, 1991, S. 110 ff.

[23] Dazu auch P. Fritzsche, Presidential Victory, 1990.

[24] J. W. Falter, Hitlers Wähler, 1991, S. 125.

[25] Vor allem die bereits erwähnten Arbeiten von J. W. Falter, besonders auch M. Kater, Generationskonflikt als Entwicklungsfaktor, 1985; ders., The Nazi Party, 1988. Vor allem auch W. Wette, 1989.

[26] R. Koshar, Social Life, 1986, S. 276 f.

[27] D. J. K. Peukert, Weimarer Republik, 1987, S. 217 u. 228. Ferner F. Hiller von Gaertringen, Die Deutschnationale Volkspartei, 1960, S. 541–621. W. Ruge, Deutschnationale Volkspartei, 1984.

[28] M. R. Lepsius, Parteiensystem, 1966, S. 390 ff.

Die Wahlforscher verneinen die These von der Auflösung der Milieus und vermuten einen Repräsentanzwechsel in den deutschnationalen Wählerhochburgen. Besonders dort gab es einen rapiden Wechsel von der DNVP zur NSDAP.[29] In abgeschiedenen, traditionell auf die politische Führung durch Gutsbesitzer, Pfarrer und Lehrer zugeschnittenen Dörfern unter 2000 Einwohnern hatte die NSDAP Erfolg, indem sie den dörflichen Multiplikatoren Angebote machte und einen agrarpolitischen Apparat aufbaute. Sie schuf sich quasi ihr Milieu. Nach Karl Rohe waren die Parteien zu wenig präsent, die Bevölkerung sei nur wenig politisiert und eingebunden gewesen.[30] Rohe konkretisiert damit Peukerts These von der fehlenden nationalen Interessenvertretung solcher Milieus.[31] Für eine klein- und mittelstädtische Lebenswelt im konservativen Bereich und für einen Stadt-Land-Zusammenhang steht eine Untersuchung dieser Thematik noch aus.[32]

Beachtung verdient die Frage nach dem Verhältnis von Provinz und Zentrum, denn Peukert deutet ähnlich wie Pyta den Durchbruch der NSDAP als den Übergang der Provinz weg von Lokalismus und regionalem Honoratiorentum hin zur nationalen Interessenvertretung und neuen politischen Sammlungsbewegung. Es gab im konservativ-nationalen Milieu bereits vitale Strukturen, die Raum für nationale Interessenvertretung boten. Warum gelang es der NSDAP, die DNVP und ihr Vereinsnetzwerk an die Seite zu drängen, warum genügte die etablierte Form der Interessenvertretung nicht mehr? Warum war gerade die NSDAP eine Alternative, und wie gelang es ihr konkret, in die Gesellschaft und ihr bestehendes Vereinsnetzwerk vorzudringen?

Dazu gibt es unterschiedliche Auffassungen. Während Fritzsche, Koshar und Matthiesen die ungebrochene Mobilisierung in nationalen Vereinen und Verbänden über alle Krisenphänomene hinweg betonen, stellt Heilbronner fest, daß der Niedergang des Vereinswesens, das langsame Ausbluten bürgerlicher Kultur, der NSDAP die Menschen zugetrieben habe.[33] Die übrigen Autoren verdeutlichen hingegen, daß kein Widerspruch zwischen etabliertem Vereinswesen und NSDAP bestand. Koshar und Heilbronner nähern sich dem Thema, indem sie einen Gegensatz zwischen bürgerlicher Autonomie und damit dem Vereinsleben und der NSDAP hervorheben. Diese Forschungskontroverse unterstreicht die Notwendigkeit, der Frage

---

[29] J. W. FALTER/H. BÖMERMANN, Entwicklung der Weimarer Parteien, 1989, S. 113–115. Sie sprechen von der NSDAP als der »Nachfolgepartei der DNVP«. W. PYTA, Dorfgemeinschaft, 1996, geht in seiner Studie über dörfliche Milieus im evangelischen Deutschland ebenfalls von einem Repräsentanzwechsel aus.

[30] K. ROHE, Wählertraditionen, 1992, S. 152.

[31] Die Thesen sind an Idealtypen gewonnen und bedürfen daher einer Prüfung am konkreten Objekt. W. PYTA, Ländlich-evangelisches Milieu, 1996, S. 199–212. Ausführlich, W. PYTA, Dorfgemeinschaft, 1996.

[32] Die breiten Forschungslücken im Feld bürgerlicher Parteien und Wähler beklagte Kolb schon in der 1988 erschienenen zweiten Auflage seines Buches zur Weimarer Republik, vgl. E. KOLB, Weimarer Republik, 1988, S. 167–171.

[33] O. HEILBRONNER, 1993, S. 178–201.

nach der Milieuverwurzelung der NSDAP und ihrer Mitglieder in der Zeit zwischen 1930 und 1933 nachzugehen.

Besonders Peukerts Thesen, aber auch die Überlegungen Karl-Heinz Naßmachers, ob der Übergang zur NSDAP nicht als Repräsentanzwechsel begriffen werden müsse, als Machtübernahme einer neuen Elite im ansonsten weitgehend stabilen Milieu, lenken den Blick auf das Verhalten der etablierten Führungsschichten der DNVP. Hans Mommsen verdeutlicht, daß Eliten eine Schlüsselrolle bei der nationalsozialistischen Durchdringung lokaler mittelständischer und bürgerlicher Strukturen zukam.[34] Wie verhielt sich die DNVP-Elite, gab es Parteiwechsler, gab es in der lokalen Führungsschicht Männer oder Frauen, die quasi als ›Milieuöffner‹ fungierten?

Die Umorientierung der DNVP zu einer nationalistischen Protestpartei schadete der Partei als Milieuvertretung.[35] Das wirft die Frage auf, wo die Ursachen für die Verluste der DNVP lagen, im Milieu oder bei der Partei und ihrer Politik? Zerfiel das Milieu, oder löste sich die DNVP durch ihr Verhalten von der Basis ab, die eigentlich immer noch die gleiche Politik wünschte wie vor 1929? Bewahrheitet sich die These Karl Rohes, daß die NSDAP sehr viel mehr in einer normalen Kontinuität zu den bis dahin bestimmenden Parteien gesehen wurde und nicht als etwas völlig Neues?[36]

All diese Fragen weisen auf den Übergang zwischen DNVP und NSDAP hin, den Aufstieg einer neuen Elite und die Verdrängung einer alten. Wie bei den Liberalen ist ein Legitimationsverlust der DNVP-Eliten zu verzeichnen. Dennoch muß ein zweiter Aspekt in den Vordergrund gerückt werden, der leicht unterschlagen wird, auf den jedoch Karl Rohe und auch Jürgen W. Falter sehr deutlich hinweisen.[37] Die DNVP war eine der wenigen etablierten Parteien, die sich in der Krise einigermaßen halten konnte.[38] Das steht im Widerspruch zur apodiktischen Feststellung, von den Konservativen führe eine gerade Linie zur NSDAP.

In Pommern waren die Werte sogar noch deutlich besser als im Reich. Karl Rohe geht dieser Besonderheit nicht weiter nach und begnügt sich mit dem Hinweis auf ein ›traditionalistisches Resistenzpotential‹ in Pommern. Hier lagen die konservativen Traditionszonen jedoch bekanntlich primär auf dem Lande. Genau dort brachen die Konservativen aber bei den Wahlen immer stärker ein, so daß die Partei in ihrer Basis immer städtischer wurde. In den Städten konnte jedoch von konservativer Tradition nur eingeschränkt die Rede sein. Hier ergibt sich offenbar ein Widerspruch, der durch eine genaue Analyse der Stadt-Land-Verhältnisse, vor allem der Situation in der städtischen Lebenswelt geklärt werden muß.

---

[34] H. MOMMSEN, Verschränkung, 1991, besonders S. 49.
[35] Für die an Winkelzügen reiche Entwicklung um die Kandidatur Hindenburgs 1932, z. B. V. R. BERGHAHN, Stahlhelm, 1966, S. 208 ff. Zur Harzburger Front H. A. WINKLER, Weimar, 1993, S. 431 f.
[36] K. ROHE, Wählertraditionen, 1992, S. 161.
[37] Ebd., S. 145–147 u. J. W. FALTER, Hitlers Wähler, 1991, S. 114.
[38] Zahlen bei E. KOLB, Weimarer Republik, 1988, S. 258 f.

Vom nationalen Lager zum Milieu 1918–1924

1. Neubeginn und Politisierung des Lagergegensatzes

Die gesellschaftlichen Konflikte der ersten Nachkriegsmonate sollten die politische Landschaft der Region für rund 40 Jahre nachhaltig prägen, denn sie setzten soziale und politische Konflikte in Gang. Es entstand eine Dialektik von Ausgrenzung, Abgrenzung und Kampf, die die Gesellschaft stark polarisierte. Ausgangspunkt war die geringe Parteipolitisierung der regionalen Gesellschaft vor dem Krieg. Ausgangspunkt war ferner, daß die Grenzen zwischen den politischen Gruppierungen in der Einwohnerschaft eher undeutlich gezogen waren und sich verschiedene Strömungen und Interessenlagen überschnitten. Allein der Gegensatz von Sozialisten und Nationalen ergab eine klare Linie.

Obwohl es kein abgeschlossenes, homogenes und auf eine Partei bezogenes Milieu gab, paßte sich das nationale Lager an die neue Situation an, indem es Verhaltensmuster der Sozialisten und Katholiken aus dem Kaiserreich aufnahm. Das Lager gewann rasch scharfe Konturen, es organisierte sich, und es schloß sich schließlich als konservativ-nationales Milieu ab. Eine nachholende Milieubildung setzte ein, die sich auf die bestehenden milieuhaft verfestigten Gruppen der Einwohner stützen konnte, dann jedoch noch sehr viel weiter in die Gesellschaft ausgriff. In einem ersten Schritt grenzten sich die beiden großen Lager scharf voneinander ab. Der Konflikt zwischen den nationalen Kräften und der Arbeiterbewegung steigerte sich dramatisch.

Die Abgrenzung entwickelte sich aus der Revolution, mit der in der Region eine kurze Phase heftiger politischer Auseinandersetzungen zwischen den Unterschichten auf der einen und den Ober- und Mittelschichten auf der anderen Seite begann. Dieser soziale Konflikt eskalierte zu einem Streit um grundsätzliche Fragen politischer Ordnung und lud sich überdies noch mit außenpolitischen Frontstellungen auf. Das ergriff die Gesellschaft in Stadt und Land in erheblich weiterem Umfang als vor 1914. Die Politisierung nahm erheblich zu. Bereits durch den Krieg war das gemeinsame nationale Vereinswesen von Liberalen und Konservativen bedeutsamer geworden, war der Gegensatz der beiden Richtungen zurückgetreten. Mit den gesellschaftlichen Konfrontationen wuchs daraus ein Faktor heran, der das parteipolitische Verhalten bestimmte. Aus dem eher losen Zusammenhang, der zwei gegeneinander antretende Parteien trug, wurde ein deutlich abgegrenztes politisches Lager mit unverkennbar milieuhaften Zügen.

a) Die Revolution in Greifswald

Die Ereignisse der Revolution in Greifswald boten wenig Anlaß, eine scharfe politische Konfrontation zu erwarten. Der Umsturz spielte sich in Form eines Putsches ab, den der Polizeidirektor des Magistrats, Ulrich Burmann, und der Bataillonskommandeur Teuchert inszenierten.[1] Beide traten offenbar mit dem Ziel an, die Bewegung zu kanalisieren und eine gewalttätige Radikalisierung zu verhindern.[2] Momente persönlichen Ehrgeizes traten hinzu. Burmann wechselte Anfang November 1918 plötzlich zur SPD und okkupierte am 10. November den Vorsitz im Arbeiter- und Soldatenrat, der die gesetzgebende Gewalt in Stadt und Land übernahm. Teuchert wurde sein Stellvertreter. Das Fußvolk des Rates stellte die lokale SPD. Die Stadtverwaltung erweiterte den Magistrat und das Bürgerschaftliche Kollegium um Mitglieder des Arbeiter- und Soldatenrates. Flankierend etablierte der seit 1917 als Bürgermeister amtierende Max Fleischmann einen ›Volksausschuß‹[3], der neben dem Bürgerschaftlichen Kollegium die Funktion eines Parlaments übernahm. Ihm gehörten 30 Mitglieder der verschiedenen städtischen Berufsgruppen an. Vordergründig war der Ausschuß eine politikfreie Zone, seine Aufgaben war die Lösung sozialer und wirtschaftlicher Probleme.[4] Schon damit war der Arbeiter- und Soldatenrat von Beginn an durch die bestehenden Machtzentren eingerahmt und neutralisiert.

Die einzige revolutionäre Tat dieser Tage war die Amtsenthebung des kaiserlichen Landrates Karl-Felix von Behr-Behrenhoff am 11. November. Er war der führende Mann der lokalen Konservativen und gehörte zur Spitze der konservativen Fraktion im Preußischen Herrenhaus, die besonders vehement gegen eine Reform des Dreiklassenwahlrechts und für die Kriegsverlängerung gekämpft hatte.[5] Burmann ließ sich durch den Arbeiter- und Soldatenrat zu seinem Nachfolger wählen. Den Abschluß der revolutionären Tage begingen die Arbeiterschaft, die Soldaten der Garnison und auch eine ganze Reihe von Handwerkern am 11. November mit einem Demonstrationszug durch die Stadt, der mit einer Kundgebung auf dem Markt endete. Hier sprach neben Burmann auch Fleischmann. Es schien sich ein Brückenschlag zwischen den alten Machthabern und der Revolutionsbewegung anzubahnen.

Nachdem sich die Unsicherheit der ersten Tage gelegt hatte, besannen sich die bürgerlichen Politiker und Vereinsvorsitzenden aber auf ihre unan-

---

[1] J. Copius, Novemberrevolution, 1958/1959, S. 11–16, hier S. 11. Allgemeiner D. von Nerée, 1991, S. 204–211.

[2] So jedenfalls die Einschätzung von C. Thaer, Rechenschaft, o.S., in: Material R. Thaer. Das läßt sich auch aus Burmanns ganzem Verhalten während der Revolution ersehen.

[3] StA. Rep. 6 Ia PB, Nr. 226, Personalakte Max Fleischmann. Geb. 1877 in Spaniershammer, Thüringen. Gest. 1935 in Greifswald. Jurist, Burschenschaftler, seit 1911 in Greifswald, kam aus Gera in die Stadt.

[4] H. D. Schröder, Stadtparlament, 1963, S. 67 ff.

[5] T. Kühne, Dreiklassenwahlrecht, 1994, S. 559 ff.

getastete Macht. Sie griffen in die Politik ein, indem sie im Dezember einen Bürgerrat konstituierten, der beim Arbeiter- und Soldatenrat Gleichberechtigung einforderte. Damit war die alte politische Frontstellung von Arbeitern und Bürgern in gewandelter Form wieder hergestellt.[6] Mit der Wahl zur Nationalversammlung am 15. Januar 1919 war der Elan der Revolutionäre schon weitgehend gebrochen. Spätestens die Kommunalwahl am 2. März 1919 beendete die Phase der Revolution. Der Zugang zur Macht war wieder geregelt und geordnet, zuungunsten der Revolutionäre. Die selbstbewußte Auffang- und Abfangtaktik Fleischmanns war aufgegangen. Die lokale Arbeiterbewegung war zu schwach, sich der Umarmung zu entziehen. Zusammengenommen ergab sich nach der Revolution ein Bild weitgehender Kontinuität auf allen Ebenen: Die Organisationen des nichtsozialistischen Teiles der städtischen Gesellschaft funktionierten und waren handlungsfähig, die staatliche Macht war im Kern unangetastet und mit Ausnahme des Landratsamtes in der Hand der bisherigen Inhaber; alle direkten Angriffe auf Besitz und Status der Bürger waren zurückgeschlagen.

Ausgestanden war die Sache aber nicht, denn damit konnten die Arbeiter nicht zufrieden sein. Weil in den Räten und Kollegien für sie nichts mehr zu bestellen war, verlagerte sich die Auseinandersetzung nun in die Öffentlichkeit und in den symbolischen Bereich, wo sich der Streit radikalisierte.

b) Die neuen Parteien und ihre Basis

Die Revolution oder der Umsturz, wie die Nichtsozialisten sagten, polarisierte die Greifswalder Gesellschaft in Gegner und Befürworter. Eine mittlere Position gab es wohl, sie hatte jedoch Probleme, sich im allgemeinen politischen Kampfgetümmel vernehmbar zu machen. Nach einer kurzen Phase der Lähmung breitete sich im nichtsozialistischen Teil eine grundsätzlich ablehnende Haltung der anscheinend mutwilligen Zerstörung von Ordnung und Staat aus. Mit Blick auf die engere Umgebung der Stadt konnte man der Ansicht sein, die Revolution sei ein unglücklicher Betriebsunfall, dessen Auswüchse und Folgen sofort eingedämmt werden müßten und könnten. Es setzte ein antirevolutionärer Reflex ein. Je länger die Unruhe in der Region dauerte, desto stärker prägte sich diese Haltung aus und desto wirksamer wurde sie parteipolitisch. Jene Organisationen, denen es gelang, diesen Reflex zu organisieren, sich als Aktionsausschüsse an die Spitze dieser Bewegung zu setzen, konnten auf starke Unterstützung rechnen.

Die Bekämpfung der Unordnung mobilisierte und politisierte die nichtsozialistischen Kräfte. Es bedurfte keines gewaltsamen Vorgehens der Sozialisten, um eine Gegenbewegung hervorzurufen.[7] Die Tatsache des Umsturzes durch die Arbeiter an sich genügte bereits. Der antirevolutionäre Reflex richtete sich auch gegen die utopischen Ziele der Sozialisten, gegen ihre Ge-

---

[6] M. SCHUMACHER, Land und Politik, 1978, S. 216–235.
[7] Im Unterschied etwa zu Gotha, H. MATTHIESEN, Zwei Radikalisierungen, 1995.

sellschaftsexperimente. Die Grundhaltung der Abwehr war durch und durch konservativ und griff weit über die Grenzen der bisher konservativ wählenden Bevölkerung hinaus. Diese Abwehrhaltung sollte in den kommenden Jahren die Gegebenheiten der politischen Landschaft bestimmen. Die Stichworte Bewahrung und Erhaltung wurden zum Kennzeichen der Vorgänge und dann zu Leitbegriffen einer neuen politischen Elite, die sich in der Revolution bildete und nach vorne drängten.

Parallel zu den bürgerlichen Räten organisierten sich die Parteien in Greifswald neu. Den Anfang machte am 10. Dezember 1918 die konservative DNVP. Am 19. Dezember traten die linksliberale DDP und am 21. Dezember die rechtsliberale DVP ins Leben. Am 12. Januar 1919 kam das Zentrum hinzu, die Partei der katholischen Minderheit.[8] Damit war, abgesehen vom vorher nicht präsenten Zentrum, das alte lokale Parteiensystem unter neuen Namen wiederhergestellt. Obwohl die Kontinuität der Richtungen gewahrt blieb, deuteten schon die Umbenennungen auf einen Wandel hin.

Es war kein Zufall, daß sich die Konservativen als erste bürgerliche Partei in der DNVP neu organisierten, denn trotz ihres schwachen Abschneidens bei Wahlen verfügten sie doch über die besten Verbindungen in der regionalen Gesellschaft. Ihre Gesinnung ließ ihnen keinen Raum für Zweifel über den Charakter der Revolution und die daraus zu ziehenden Schlußfolgerungen. Hier kamen jene Männer und Frauen zusammen, denen am 9. November 1918 außerordentlich bewußt war, daß es jetzt darauf ankam, vom Althergebrachten möglichst viel zu bewahren. Was dazugehören konnte, war zwar vorläufig noch schemenhaft, aber die Monarchie, Religion und Kirche, Preußen, das Reich und das Privateigentum gehörten in jedem Fall dazu. Die DNVP zeigte deswegen ein hohes Maß an Kontinuität zu den Vorkriegskonservativen. Sie übernahm Mitglieder und Infrastruktur der alten Partei.[9] Die meisten Politiker waren vor und im Krieg bereits aktiv gewesen.[10]

Die grundsätzliche Situation hatte sich indes 1918 verändert. Die Konservativen mußten sich im freien politischen Wettbewerb behaupten, sie brauchten eine Massenbasis und Rückhalt in der Gesellschaft. Es kam daher bei aller Kontinuität zu erheblichen Umschichtungen. Die wesentlichste betraf die Erweiterung und Festigung der Basis, die sich wie von selbst aus dem Umsturz ergab. Ablesbar war sie an neuen Mitgliedern und an der Führung. Einer der beiden starken Männer der Partei war nach wie vor Dr. Tramm; neu an der Spitze war aber der Nationalökonom Prof. Wilhelm

---

[8] H. D. Schröder, Stadtparlament, 1963, S. 69.
[9] W. Liebe, 1956, S. 9. Die Professoren Luther und Curschmann gehörten erneut zur Partei, die Ackerbürger Crawack, Prüss und Wulff traten auf. Drogist Wilhelm Levien, Buchhändler von Wentzky und Zimmermeister Wilhelm Luhde aus dem Mittelstand trugen bekannte konservative Namen. Steuersekretär Stolp oder Lehrer Beykuffer aus dem nichtselbständigen Mittelstand ebenfalls.
[10] Liste bei M. Dittmann, Universität Greifswald, 1993, S. 80. Ferner H. D. Schröder, Stadtparlament, 1963, S. 72; Liste in: StA. Rep. 6 Ia St, Nr. 18.

Kähler (1871–1934). Er war Neuling in der Politik und verkörperte eine frische Elite in der Partei.[11] Vor 1914 war er nur politisch interessiert gewesen. Der Krieg, vor allem aber sein Ausgang und die Revolution motivierten ihn, parteipolitisch bei der DNVP aktiv zu werden. Gleiches galt für eine ganze Reihe weiterer Professoren[12], darunter zahlreiche Theologen wie Eduard Freiherr von der Goltz, Kurt Deißner, Victor Schultze, Johannes Kunze, Otto Proksch oder Johannes Haußleiter.[13] Hinzu kamen einige Naturwissenschaftler wie die Mediziner Friedrich Pels-Leusden, der Mathematiker Theodor Vahlen oder der Physiker Hermann Stark.

Vahlen brachte die Gründe dieser Mobilisierung auf eine einfache Formel: »Die Revolte [...] bewirkte Sammlung der Nationalen in der DNVP.«[14] Vahlens Beobachtung, daß es sich um eine Sammlung aus vorher unterschiedlichen Gruppen handelte, war zutreffend. Die DNVP bildete sich nicht nur aus ehemaligen Konservativen. Auffällig war das starke Gewicht der Theologen, der Religiösen und der aktiven Christen aus dem Umfeld der Kirchengemeinden. Kähler als Leitfigur beispielsweise stammte aus einer sehr bekannten Theologenfamilie.[15] Gab es vor 1914 eine Affinität zwischen den evangelischen Christen und der konservativen Partei, so trat jetzt offenbar eine regelrechte Parteipolitisierung der aktiven Kirchenanhänger ein. Dieses über den Glauben gebundene, stark auf die Pfarrer fixierte christlich-kirchliche Teilsegment in der städtischen Gesellschaft verband sich mit der DNVP.

Wie eng dieser Zusammenhang zwischen Kirchengemeinden und neuer konservativer Partei war, wird am Beispiel der Jacobi-Gemeinde deutlich. Um die rechtlich unklare Situation zu überstehen und um sich für die ungewisse Zukunft abzusichern, hatte die Gemeinde, wie auch Sankt Nikolai und Sankt Marien, einen Gemeindeverein gegründet.[16] Offenbar begannen die Pfarrer in der Revolution, den latenten Milieuzusammenhang zu einem

---

[11] W. Kähler war erst seit 1914 in Greifswald tätig und hatte den Krieg überwiegend an der Front verbracht. Vgl. zu Kählers Biographie: E. OBERNDÖRFER (Hrsg.), Noch 100 Tage, 1993, S. 20–33.

[12] H. SCHRÖDER, Politische Geschichte, 1956, S. 126 ff. Ferner M. DITTMANN, Universität Greifswald, 1993, S. 80. Auch Dittmann weist auf die Politisierung durch den Krieg und die Nachkriegszeit hin, ebd. S. 82.

[13] Hinzuweisen ist auf den Theologen Dunkmann, der sich dezidiert für eine christliche Volkspartei aussprach und sich deswegen mit dem Zentrum verbündete. Er gehörte dem Vorstand des ›Bundes christlicher Demokraten – Evangelischer Zweigverein der Zentrumspartei‹ an. Er war mit dieser Idee wohl noch etwas früh dran. Sie wurde erst 1945 wieder aufgegriffen. Vgl. K. NOWAK, Weimarer Republik, 1981, S. 27.

[14] Theodor Vahlen, in: UA. Album der Ehrensenatoren.

[15] UB-Sammelmappe, Kirchen, Bd. 2, o.S. Johannes Luther war Bibliothekar und ein bedeutender Lutherforscher. Aus der Gemeindearbeit von Sankt Jacobi kam Julie von Wolffradt zur DNVP, aus der christlichen Wohlfahrt Emma Medem und Margarete Briest. Zimmermeister Luhde gehörte zur Gemeindevertretung von Sankt Jacobi. Vgl. UA. Personalakte Johannes Luther, Nr. 990.

[16] K. NOWAK, Weimarer Republik, 1981, S. 18 ff. Die Kirche sah es als ihre Aufgabe, in der Stunde der Not, die Christen in einem Verein zu sammeln, um die Kirche von innen her zu stärken.

abgeschlossenen zu verwandeln. Die Vereine waren sehr groß, bei Sankt Nikolai erreichte er in knapp sechs Wochen rund 1200 Mitglieder, gut zehn Prozent der Gemeinde. Die rasche Mobilisierung unterstreicht, wie dringlich die Probleme empfunden wurden. Mit dieser Zahl dürfte die Kerngruppe der aktiven Kirchenmitglieder umrissen sein. Der Vorstand bei Sankt Jacobi war auf das engste mit der neuen DNVP verbunden. Der Vorsitzende, Zimmermeister Luhde, gehörte der Partei an. Neben ihm präsidierten die Frau des Theologieprofessors Deißner, der ebenfalls DNVP-Mitglied war. Den kirchlichen Frauenverein leitete Julie von Wolffradt, die lange Zeit auch die DNVP-Frauengruppe anführte. Die Kasse des Gemeindevereins verwaltete das Freifräulein von Forstner, deren Bruder später DNVP-Vorsitzender wurde.[17]

Ein milieuhaft verdichteter, bis dahin eher unpolitischer Gesellschaftsteil im nationalen Lager verband sich mit der Partei. Diese Politisierung reichte von den Theologieprofessoren bis in die Gemeindekreise hinein. Nach sozialen Kriterien betrachtet, bestand diese Gruppe aus heterogenen Bevölkerungsteilen, die jedoch im wesentlichen den Berufsgruppen des Mittelstandes zuzurechnen waren.[18] Es waren aber auch Frauen aus den gehobenen bildungsbürgerlichen Gruppen, die eine Verbindung zu den angesehenen Familien der Stadt herstellten. Es befanden sich auch städtische Familienangehörige aus großagrarischen Kreisen darunter.

Für die Politisierung des christlich-kirchlichen Milieus gab es sehr konkrete Gründe, denn die Kirche war von der Revolution besonders betroffen.[19] Der Zusammenhang zwischen Monarchie, Staat und Kirche war in Stadt und Land deutlich sichtbar. Mit der Flucht Kaiser Wilhelms, des obersten Bischofs, stürzte die Kirche in eine bedrohliche Krise. Der weltanschauliche Gegner, Träger und Förderer der Säkularisierung, die antireligiöse und kirchenfeindliche Sozialdemokratie übernahm die Macht. Mit der Trennung von ›Thron und Altar‹ stand nicht nur die Kirchenfinanzierung zur Disposition. Die Hoffnung des Krieges, die alte Volkskirche neu errichten zu können, schlug in tiefe Angst vor der Zukunft um. Die Kirche sah sich mit der Gefahr konfrontiert, den Einfluß in der Gesellschaft ganz einzubüßen, denn mit dem Ende der Schulaufsicht durch die Pfarrer und mit der angedrohten Beseitigung des Religionsunterrichts würde der kirchlichen Sozialisation die Grundlage entzogen. Die Religion verlor ihre staatslegitimierende, ordnungsstiftende Aufgabe. Die Kirche mußte die öffentliche Sozialmoral nunmehr ohne staatlichen Schutz verbindlich definieren und durchsetzen. Die evangelischen Christen fühlten sich herausgefordert. Ihr Ziel war es,

---

17 UB-Sammelband, Kirchen, Bd. 2. Dort befindet sich eine Aufstellung der Gemeindeaktivitäten von 1919.

18 J. JACKE, 1976, S. 311 ff. Er bescheinigt diesen Gruppen eine hohe Abgeschlossenheit gegenüber z. B. Arbeiterschichten oder den gehobenen Bildungsbürgerschichten, was ihren Milieucharakter unterstreiche.

19 Dazu auch W. LIEBE, 1956, S. 7.

den Glauben, der für sie der Dreh- und Angelpunkt jeder Ordnung war, mit
möglichst ungeschmälerter Bedeutung in die neue Zeit zu überführen. Eine
Neudefinition der eigenen Position in Staat und Gesellschaft war notwendig.
Sie begann unter äußerst ungünstigen Rahmenbedingungen.[20]

Die Pfarrer waren die unangefochtenen Führungspersonen ihrer Gemeinden. Über ihre politische Grundhaltung gab es keinen Zweifel. Sie waren in
der DNVP aber nicht vertreten, denn sie mußten nach außen hin auf Neutralität achten. Gemäß dem protestantischen Gesellschaftsverständnis und
ihrer Amtsauffassung trennten sie die politische Haltung von der Religion.
Die Kirche stand über den Parteien und beharrte auf ihrem eigenen Recht.
Ihre Interessen vertrat sie selbständig. Sie blieb ein eigenständiger Aktionsausschuß ihres Anhanges. Ihre wichtigsten Leitfiguren hatten daher wenig
unmittelbaren Einfluß in der Partei und mußten sich auf ihren Zugang über
politisch aktive Laien verlassen. Hier blieb eine konservative Elite außerhalb
der Partei.[21]

In der Führung der DNVP nahmen nach dem Krieg Offiziere die zen-
tralen Positionen ein. Vahlen war wie Kähler oder Drogist Wilhelm Levien
Frontoffizier gewesen.[22] Schützengrabenerfahrung, Kriegsverwundung und
Orden waren Zeichen persönlichen Mutes und führungsbereiter Tatkraft.
Pels-Leusden als Offizierarzt trug beide Eisernen Kreuze. Luther und von
der Goltz waren für ihre Verdienste an der Heimatfront dekoriert worden.
Kriegsverdienst stützte die Legitimation der neuen konservativen politi-
schen Elite.[23] Ein neuer Typ von Honoratioren war entstanden: der Front-
offizier. Die deutschnationale Partei war folglich mindestens genauso stark
Ergebnis des Krieges und der Mobilisierung an der Heimatfront, wie sie in
Kontinuität zur alten konservativen Partei stand.

Die DNVP wurde trotz gewachsener Mitgliederzahlen keine Massenpartei. Genaue Werte sind nicht bekannt. Es ist jedoch kaum mit mehr als
den rund 500 Mitgliedern der späten Weimarer Republik zu rechnen, was
durchaus beachtlich war. Politik blieb jedoch Angelegenheit der regionalen
Oberschicht. Sie wurde nicht von der Partei und ihren Gremien gemacht.
Akademiker und Großagrarier gaben den Ton an. Die DNVP blieb Honoratiorenpartei mit einer ausgeprägten Distanz zwischen der breiten Bevöl-

---

[20] K. Nowak, Weimarer Republik, 1981, sieht in der letztlich ungelösten Frage nach der
    Position in Staat und Gesellschaft einen Grund für die spätere Affinität der Kirche zum
    Nationalsozialismus, S. 14 u. S. 244 ff.
[21] Wenngleich in enger Verbindung mit der Partei, K. Nowak, Weimarer Republik, 1981,
    S. 27 ff. Zum Gebot der Überparteilichkeit, ebd. S. 88.
[22] StA. Rep. 6 PB, Nr. 288, Ratsherr Wilhelm Levien. Seit 1902 Inhaber der Friedrichschen
    Drogerie. Vor 1914 Mitglied der Konservativen, 1914–1918 Fronteinsatz, Inhaber beider
    Eiserner Kreuze. Von Dezember 1920 bis Mai 1935 ehrenamtlicher Stadtrat der DNVP.
[23] UA. Personalakten von der Goltz, Nr. 378; Luther, Nr. 990; Pels-Leusden, Nr. 553; Vah-
    len, Nr. 270. Ferner E. Oberndörfer (Hrsg.), Noch 100 Tage, 1993, S. 24, W. Liebe,
    1956, S. 13.

kerung und sich selbst. Tätigkeit an lokal herausgehobener Stelle und Bindungen zu Vereinen und Verbänden des nationalen Lagers waren unter den Honoratioren in der DNVP weit verbreitet. Kähler, Stolp und Levien waren aktiv im Kriegervereinswesen[24], Vahlen leitete schon vor dem Krieg den ›Akademischen Segelverein‹. Dort war auch Tramm aktiv[25]; Emil Crawack gehörte in den Vorstand des ›Ackerbauvereins‹[26]; wie Pyl, Pernice oder Luhde war er Angehöriger einer altansässigen Familie mit weitverzweigter Verwandtschaft. Levien und der Inhaber der Universitätsbuchhandlung, von Wentzky, waren stadtbekannte Geschäftsleute, Luther leitete die Universitätsbibliothek, Pels-Leusden die große Chirurgische Klinik. Die DNVP unternahm zunächst nur wenig, diesen Zustand zu ändern. Die Mobilisierung von Mitgliedern und Wählern überließ sie im Schwerpunkt anderen Organisationen.

Es gab Ansätze, Mitgliedergruppen direkt anzusprechen. Das kam über Versuche jedoch nicht hinaus. Im Vordergrund stand anfangs der Aufbau eines festen Apparates, weniger die Einführung von Gruppen und regelmäßigen Versammlungen der Mitglieder. Entgegen den Positionen, die sie vertrat, war die DNVP in ihrer Organisationsweise alles andere als eine rückwärtsgewandte Partei. Sie baute in kürzester Frist eine funktionstüchtige Infrastruktur auf und war dabei weit aktiver als DVP oder DDP. Die neuen Parteiführer waren organisationserfahrene, dynamische Frontoffiziere. Im Januar 1919 gelang der Ankauf der Greifswalder Zeitung, mit der die Basis für eine beherrschende Stellung in der öffentlichen Meinung gelegt war.[27] Die Partei verfügte über ein eigenes Büro und einen Geschäftsführer.[28] Wilhelm Kähler verfaßte sogar eine Anleitung zur Wahlkampfführung, die gemäß seiner Prägung im Krieg den Kampfbegriff in den Mittelpunkt rückte.[29] Die Partei veranstaltete regionale Parteitage, um die lokalen Interessen zu bündeln und zu integrieren.[30] Die allgemeine Parteiorganisation wurde durch eine Frauen- und eine Studentengruppe ergänzt.[31] Politik machten jedoch die Honoratioren allein.

Die Dynamik der deutschnationalen Partei 1918/19 war ein wenig vorgetäuscht. Die Agilität hatte zu einem guten Teil mit ihrem Rückhalt bei den Studenten zu tun, die wie ihre Professoren durch den Umsturz stark politi-

---

[24] Levien war Major a. D. und gehörte dem ›Verein ehemaliger 42er‹ an, er war später sogar ihr Vorsitzender.

[25] VpLA. Rep. 77, Amtsgericht Greifswald, Nr. 5070.

[26] VpLA. Rep. 77, Amtsgericht Greifswald, Nr. 4775, Vereinsregister.

[27] StA. Rep. 5, Nr. 8735, Personalakte Karl Beykuffer. Er nennt als Datum den 16. 1. 1919.

[28] Liebe betont organisatorische Schwierigkeiten, die sich so in Greifswald nicht beobachten ließen. W. LIEBE, 1956, S. 30 ff.

[29] E. OBERNDÖRFER (Hrsg.), Noch 100 Tage, 1993, S. 25. Kähler war in vielfältiger Weise als Organisator tätig, so auch bei den Studenten, für die er eine DNVP-Gruppe ins Leben rief; ebd. S. 27.

[30] DNVP-Greifswald (Hrsg.), 1920.

[31] UB-Sammelmappe, Politische Vereine. Aktivitäten der DNVP-Studenten u. a. mit dem späteren NS-Kulturfunktionär Hans Severus Ziegler.

siert worden waren. Es war leicht, sie zu mobilisieren.[32] Die meisten Studenten waren ehemalige Offiziere oder Soldaten. Ihr politisch aktiver Teil
war für die antisozialistische und außenpolitische Botschaft der Deutschnationalen besonders empfänglich. Der soldatische Grundton der Partei
sprach sie an. Die Offiziere hatten dort das Sagen, sie waren das Gehorchen
gewohnt. Die in Greifswald traditionell organisationsstarken Verbindungen
und Burschenschaften waren schon immer monarchistisch, soldatisch, vor
allem aber national gesonnen. Sie wehrten sich mit besonderem Nachdruck
gegen jeden Einbruch demokratischer oder gar sozialistischer Gedanken in
ihre Lebenswelt.

Auffällig gering war die politische Präsenz der Großagrarier in der Partei.
Das lag nur zum Teil an der Kreisreform von 1913, bei der Greifswald die
Kreisfreiheit erlangt hatte und damit aus dem unmittelbaren Einflußbereich
des Landkreises ausgeschieden war. Sie verlagerten ihre Aktivität nunmehr
auf den Kreistag. Damit gab es in der regionalen Politik keine direkten
Berührungspunkte mehr, keine Majorisierung der Stadt durch das Land.
Das entspannte eine alte Streitlinie; den Liberalen war eine wesentliche
Möglichkeit der Abgrenzung und lokalen Identitätsstiftung genommen.
Der wesentliche Grund für das Fehlen der Landwirte lag in der Tatsache,
daß die Agrarier sich mit dem Landbund eine eigene Aktionsbasis schufen,
die neben der DNVP und mit ihr existierte. Durch einige personelle Über-
schneidungen in der DNVP, besonders aber über die persönlichen Kontakte
der weiter eng miteinander verbundenen Führungsschichten von Partei und
Landbund blieb der Zusammenhang gewahrt. Institutionalisiert war diese
Verbindung in der Aktiengesellschaft der Greifswalder Zeitung.

Die DNVP hatte eine Mission. Sie betrieb daher mit allen Mitteln eine
Sammlungspolitik gegen die auf Veränderung drängenden Kräfte und bemühte sich, dafür die Gesellschaft zu mobilisieren, was ihr durchaus gelang.
Sammlung hieß aber nicht unmittelbare Gewinnung der größeren Zahl, sondern Integration möglichst vieler Vertreter politisch ansprechbarer Organisationen und Vereine, einflußreicher Mitbürger. Das zeigte das Beispiel
Bürgerrat, der von der DNVP initiiert und angeführt wurde. Schon der Verzicht auf den Begriff ›konservativ‹ im Parteinamen und das Ausweichen auf
›deutschnational‹ und ›Volkspartei‹ deutete die Stoßrichtung über die Grenzen der alten Konservativen hinaus an. Die Erweiterungstendenzen der
DNVP, wie sie sich schon vor 1914 bei den Konservativen abgezeichnet
hatten, dominierten. Der Rückzug der ländlichen Elite und damit des alten
Konservatismus hatte hier einen weiteren Grund. Agrarpolitik war in der
expandierenden Partei nur noch ein Aspekt unter mehreren. Die Politisierung breiterer städtischer Schichten erweiterte die Basis, vervielfältigte jedoch die Interessen in der Partei und drängte damit die Agrarier an den

---

[32] Die Universität erlebte in diesen Jahren einen Boom, denn die Studentenzahlen steiger-
ten sich um 70 Prozent auf 2200 und erreichten im Sommersemester 1919 ihren historischen Höchststand vor 1945. H. TITZE, 1995, S. 250.

Rand. Die militärische, nationalistische Legitimation der neuen Konservativen überwog schon bald die traditionelle der Agrarier, die auf einer ohnehin angeschlagenen Stellung im ländlichen Milieu fußte. Die ländlichen Kreise mißtrauten überdies der neumodischen Entwicklung zur Volkspartei. Der ›Konservative Verein Greifswald‹ wurde daher auch nicht aufgelöst, sondern existierte funktionslos im Hintergrund der DNVP weiter. Seine agrarisch orientierten Protagonisten hoben sich diese leere Hülle möglicherweise für einen Konflikt mit den städtischen Parteiangehörigen auf.[33]

In der unmittelbaren Nachkriegszeit überschnitten sich offenbar zwei Entwicklungen. Zum einen war die DNVP bemüht, Mitgliederpartei zu werden und die eigene Organisation auszubauen. Dabei hatte sie nur eingeschränkt Erfolg. Zum anderen suchte sie die Verbindung zu bestehenden oder sich entwickelnden Gruppen und Organisationen, um Kern einer breiten Sammlung zu werden. Diese Strategie setzte sich durch. Ihr größter Erfolg war das Ausgreifen in den engeren christlich-kirchlichen Bereich hinein. Hier politisierte sich ein außerhalb der Politik gebundenes Milieu und knüpfte sich an die DNVP. Die Partei konnte auf gleichem Wege im mittelständischen Segment ihre Präsenz ausbauen. Insgesamt gesehen setzte sich ein Trend fort, der schon vor 1914 begonnen hatte. Die Verflechtung der Partei mit dem vorpolitischen Bereich nahm nach 1918 erkennbar zu. Den Charakter einer Honoratiorenpartei legte die DNVP dabei nicht ab, die traditionellen Anforderungen an konservative Honoratioren dehnten sich aber aus. Offiziere wurden zu bevorzugten Parteiführern.[34]

DVP und DNVP waren sich sehr ähnlich. Auch die Rechtsliberalen waren von Anfang an gegen die Revolution und gegen Veränderungen. Gleichwohl gelang es der DVP nicht ähnlich gut wie der DNVP, sich an die Spitze der antirevolutionären Bewegung zu setzen. Die DVP ging in Greifswald aus dem Nationalliberalen Verein hervor. Die Kontinuität dieser Partei war nicht so deutlich wie die der Konservativen. Ihr ehemaliger Vorsitzender, der Anwalt Hermann Ollmann, war im Krieg ums Leben gekommen. Die Partei blieb bis 1917 weitgehend inaktiv. Die Gründung 1918 war mit erheblichen Irritationen verbunden[35], denn ein Teil des Nationalliberalen Vereins schloß sich der DDP an, ein anderer ging zur DNVP. Nur wenige Männer blieben für einen eigenständigen Neuanfang übrig. Offenbar waren es in

---

[33] G. A. Ritter, Kontinuität und Umformung, 1970, S. 358 u. S. 370. Einerseits verweist er auf das hohe Maß der Kontinuität in den Parteien, andererseits verdeutlicht er die neue Entwicklung des Ausgreifens der Konservativen in den städtischen Mittelstand, ohne beide Dinge miteinander in Verbindung zu setzen. Ritter überschätzt in seinem Gesamturteil die Kontinuität bei den Konservativen; ebd. S. 374. Liebe betont hingegen den Bruch. Die DNVP sei eine neue Sammelbewegung gewesen mit breiterem Sozialprofil als die Deutschkonservativen auch in den angestammten ostelbischen Hochburgen. W. Liebe, 1956, S. 15 f.

[34] Insofern ist dem einleitend erwähnten Befund zuzustimmen, die großagrarischen Eliten seien bei den Konservativen schon vor 1914 nicht mehr unangefochten gewesen.

[35] C. Thaer, Rechenschaft, o. S., in: Material R. Thaer.

DVP

Greifswald besonders die Rechtsliberalen, die in der raschen politischen Polarisierung zwischen die Mühlsteine gerieten.

Bei der DVP entwickelte sich der Mathematikprofessor Clemens Thaer (1883–1974) in sehr kurzer Zeit nur deshalb zum führenden Mann[36], weil er die Initiative ergriff. Ansonsten prädestinierte ihn wenig. Seine politische Prägung hatte er in Jena, der liberalen Zeiss-Stadt, erhalten. In Greifswald lebte er seit 1913; er war Mitglied der Partei geblieben, bis zur Revolution aber nicht aktiv gewesen. Seine Motive beschrieb Thaer folgendermaßen: »Mir kam es darauf an, zunächst diejenigen, die am alten Staat gehangen hatten, davon zu überzeugen, daß Wertvolles doch noch gerettet werden könne.«[37] Thaer bekannte sich daher öffentlich zur Monarchie und zum kaiserlichen Deutschland. Er wäre zur DNVP gegangen, berichtete er, wenn sich die Nationalliberalen mit den Linksliberalen zusammengeschlossen hätten.

An Thaer lassen sich die Unterschiede zwischen Nationalliberalen und Konservativen deutlich machen. Er war kein besonders engagierter Christ, auch die kommunalpolitischen Greifswalder Verhältnisse interessierten ihn nur beiläufig. Außer einem Kriegerverein gehörte er keiner weiteren Organisation in der Stadt an.[38] Seine Bindung an die städtische Lebenswelt war gering. Im Krieg war er nur kurze Zeit gewesen; Offizier war er auch nicht. Daß Preußen ein politisches Thema war, worüber es bei der DNVP keinen Zweifel gab, kam ihm nicht in den Sinn.[39] Neben Thaer traten einige Ärzte und Lehrer auf, auch meist Zugewanderte ohne Kontakte in der Einwohnerschaft.[40] Malermeister Robert Maschke, der im Vorstand des ›Vereins ehemaliger Jäger und Schützen‹ saß und auch der Gemeindevertretung von Sankt Jacobi angehörte, war einer der wenigen mit solchen Verbindungen. Ein anderer war Carl Millahn (1875–nach 1947). Er entstammte einer alten Greifswalder Familie und war aktiv im Vorstand der Kaufmanns-Kompanie. Die DVP war nicht so stark von ehemaligen Offizieren bestimmt und umfaßte nur wenig Menschen aus Führungspositionen in Vereinen und Verbänden. Ihre Bindung an die städtische Lebenswelt war weitaus geringer als die der DNVP.

Die ideologische und politisch-kulturelle Affinität zu den Konservativen war jedoch sehr deutlich. Die Parteien kooperierten. Aus ihrer mittleren Position im lokalen Parteiensystem rutschte die DVP 1919 eindeutig auf die rechte Seite. Das machte der Partei Probleme, denn die Abgrenzung zur DNVP fiel schwer. Sie stützte sich auf die gleichen Sozialgruppen. Sie

---

[36] Zu Thaer J. Buhrow, 1997. Seit 1913 lehrte er in Greifswald; den Krieg hatte er nur am Rande mitgemacht, er besaß kein Offizierspatent. Politisch war er durch den liberalen Geist in Jena stark geprägt. Dort war er zum überzeugten Nationalliberalen geworden.

[37] C. Thaer, Rechenschaft, o. S., in: Material R. Thaer.

[38] Interview mit Rudolf Thaer.

[39] Ebd.

[40] Namen bei C. Thaer, Rechenschaft, o. S., in: Material R. Thaer: Geheimrat Bleibtreu, Dr. Zimmermann, Studienreferendar Meinshausen (Parteisekretär). H. D. Schröder, Stadtparlament, 1963, S. 72.

hatte ihre Basis in der Stadt dort, wo auch die DNVP aktiv war, was vor allem an ihrer personellen Verbindung zur Kirche ablesbar ist. Die Motivationslage der Parteimitglieder war ähnlich. Allerdings fehlte der DVP die weltanschauliche Geschlossenheit und der Fundamentalismus der DNVP. Sie war kompromißfähiger. Der Unterschied zwischen beiden Parteien lag vorwiegend im Weltanschaulichen. Ein weiterer Punkt, der in der zweiten Hälfte der zwanziger Jahre Bedeutung erlangen sollte, war die Außenpolitik.[41]

Die Linksliberalen unterschieden sich 1918 von den beiden anderen bürgerlichen Parteien in ihrer grundsätzlichen politischen Haltung und in der Motivation ihrer Mitglieder. Ihnen ging es primär um die Gestaltung der demokratischen Zukunft, um Veränderung und nicht um das Bewahren, wenngleich auch sie Schadensbegrenzung für notwendig hielten. Sie waren von den innenpolitischen Folgen der Revolution nicht begeistert, begriffen sie jedoch als Chance für notwendige Reformen. Wie ihre konservativen Opponenten knüpften sie an ihre Vorläuferparteien aus der Vorkriegszeit an. Professor Stengel übernahm die ehrenamtliche Führung, die Professoren Ludwig Bergsträsser (1883–1960), der hier seine politische Karriere begann, der Kunsthistoriker Max Semrau und der Jurist Fritz Klingmüller beteiligten sich führend.[42] Der Mittelstand war durch den alten Schlosserobermeister Hugo Plötz und den Kaufmann Karl Düsing repräsentiert.[43] Kleine Beamte und vor allem Lehrer gehörten zur Partei wie der Bürodirektor des Rathauses, Ernst Saß, oder der Turnlehrer Reinhold Ziemer. Das Sozialprofil ähnelte dem der beiden anderen Parteien. Es gab Leute wie Plötz oder Düsing, die in der lokalen Lebenswelt stark verwurzelt waren.[44]

Besonders tief reichten die Verbindungen jedoch schon 1918/19 nicht mehr, denn viele der Parteigründer waren alt. Ihre politischen Vorstellungen orientierten sich an Vernunft, Ausgleich und politischer Toleranz. Gerade diese Werte hatten jedoch im Krieg schweren Schaden erlitten, denn die nationalistische Emotion war in den Vordergrund getreten. Weite Teile der Gesellschaft hatte sich angewöhnt, in Maximalforderungen zu denken. Am Bündnis mit der SPD gab es in der lokalen DDP keinen Zweifel. Die Verbindung zu den Sozialdemokraten, die vor 1918 beständig im Windschatten der Linksliberalen segelten, war bestehen geblieben. Daher fiel es den Linksliberalen nicht schwer, mit der Kooperation fortzufahren. Doch die Sympathien zwischen so unterschiedlichen sozialen Gruppierungen wie altem Mittelstand, Professoren oder Arbeitern waren von vornherein ambivalent, denn auf Friedenssehnsucht, die in der Revolution die Gruppen zuein-

---

[41] K. Nowak, Weimarer Republik, 1981,S. 29. Er weist auf die Nähe von DNVP und DVP hin; die DVP war auch in Kirchenkreisen akzeptabel.

[42] Semrau, 1859–1928, seit 1907 in Greifswald. Klingmüller, geb. 1871, seit 1916 bis 1934 in Greifswald. Zu den Vorgängen H. Schröder, Politische Geschichte, 1956, S. 130.

[43] StA. Rep.6 Ia St, Nr. 7, Ernennung von Stadtältesten.

[44] Er gehörte zum Theaterverein, er saß seit 1918 im Vorstand des ›Gemeinnützigen Vereins‹, er war Obermeister und dann Ehrenobermeister der Schmiede- und Schlosserinnung. VpLA. Rep. 77, Amtsgericht Greifswald, Nr. 5087.

ander geführt hatte, ließ sich keine dauerhafte Politik gründen. Mit Kriegsende war der Grund für das Bündnis entfallen. Auch die Linksliberalen
dachten national und trafen sich hier mit DNVP oder DVP. Zudem gab es
kein gemeinsames Vereinswesen, keine verbindende Basisstruktur für
Linksliberale und Sozialdemokraten. Das Bündnis zwischen den beiden
Parteien erwies sich daher sehr schnell als brüchig. Die Basis der Linksliberalen vollzog es nicht nach. Das hatte vorwiegend mit dem konfliktbelade-
nen Verhältnis von altem Mittelstand und SPD zu tun.

Der Mittelstand war im Krieg sehr in wirtschaftliche Bedrängnis geraten.
In diesen Schichten gab es daher durchaus Sympathien für den Umsturz, der
auf Besserung der Lage hoffen ließ. Für die Stärke der Linksliberalen war
entscheidend, wie sich diese Bevölkerungsgruppe politisch verhielt. Wenn
Innungen oder Beamtenvereine die Wähler nicht mobilisierten, hatten die
Liberalen große Probleme. Die Männer des selbständigen Mittelstandes waren in erster Linie Besitzer und Arbeitgeber. 1918 geisterte das Gespenst der
Enteignung herum und wurde mit der SPD in Verbindung gebracht. Da die
Mittelständler von ihrem Besitz lebten, waren sie hier besonders empfind-
lich. Die Kaufleute und Bäcker waren auch auf die erweiterten Rechte für
Arbeitnehmer nicht vorbereitet. Den Vorstellungen mittelständischen Patri-
archentums, die in der Stadt noch vorherrschten, entsprachen Neuerungen
wie Achtstundentag, Streikrecht und Gewerkschaften wenig. Solche Bedrohungen festigten die traditionelle Mentalität, die sich aus der gleichen Lebensweise und sozialen Lage ohnehin ergab, trieb jedoch einen Keil zwischen DDP und Wählerschaft.

Im Laufe des Jahres 1919 setzte deswegen eine organisatorische Neustrukturierung und Verdichtung im Bereich des alten Mittelstandes ein, die
man als Gegenbewegung verstehen muß.[45] An der Spitze einer ganzen Reihe
von Gründungen stand der ›Verband der Arbeitgeber in Handel, Gewerbe
und Industrie‹. Im Vorstand agierten Konservative und Nationalliberale,
aber kein Linksliberaler.[46] Die Männer dieses Verbandes gehörten den Parteien an, blieben jedoch in erster Linie den Interessen des lokalen Mittelstandes verpflichtet.

---

[45] 1920 entstand der ›Verein der Kolonialwaren- und Feinkostkaufleute‹. Der ›Verein
Greifswalder Gastwirte‹ ließ sich im August 1922 ins Vereinsregister eintragen, um
rechtsfähig zu sein. Hermann Schmöckel, Besitzer des Hotels ›Zur Traube‹, DNVP-Mitglied und Vereinswirt fast aller nationalen Clubs und Bünde, war Vorsitzender. Um- und
Neugruppierungen gab es auch im unselbständigen Mittelstand. Im Januar 1919 fusio-
nierte der Deutschnationale Handlungsgehilfenverband mit anderen Verbänden. Eine
ähnliche Entwicklung gab es in der Beamtenschaft, wo sich ebenfalls mehrere Vereine
zusammenschlossen. Vgl. VpLA. Rep. 77, Amtsgericht Greifswald, Nr. 5078, Vereins-
akte mit Satzung zum DNHV. VpLA. Rep. 77, Amtsgericht Greifswald, Nr. 4777, Vereinsregister. StA. Rep. 58, M 3, Protokollbuch des Deutschnationalen Handlungsgehil-
fenverbandes Greifswald 1911–1934. Protokoll von Januar 1919.
[46] VpLA. Rep. 77, Amtsgericht Greifswald, Nr. 4775, Vereinsregister. Der Vorstand bestand aus Sägewerksbesitzer Robert Druckrey, W. Levien (beide DNVP) und C. Millahn
(DVP) sowie Kaufmann Gustav Adolf Wulff (parteilos).

Der milieuhafte mittelständische Teil der Gesellschaft verdichtete sich, band sich jedoch immer noch nicht fest an eine bestimmte Partei. Die neue Interessenvertretung bewirkte die Einbindung der Mitglieder in eine kollegiale Disziplin, vor allem in wirtschaftlichen Fragen. Sobald es um politische Themen ging, wurde es schwierig, denn die Mitglieder hatten verschiedene Einstellungen. Die Vereine und Verbände des Mittelstandes konnten daher keine politischen Tendenzbetriebe sein. Stattdessen überbrückten sie Parteigegensätze. Der Mittelstand wurden nicht in eine politisch eindeutige Gruppierung umgeschmolzen. Vielmehr erhielt sich neben der jeweiligen Parteiloyalität eine besondere mittelständische Ausrichtung. Sie hatte in der besonderen Lebensweise und in den sozialen und kulturellen Unterschieden der Stadtgesellschaft ihre Grundlage. Der Mittelstand besaß eine eigene Elite, die nur lose mit Parteien verknüpft war. Die Loyalität der Bäcker oder Tischler galt dem Vertreter des Standes und erst dann einer Partei.

Doch auch hier war die Verschiebung in Richtung der Konservativen bereits angelegt. Im Neuaufbau des mittelständischen Vereinswesens drückte sich eine Abwehrhaltung aus. Die eigenen Reihen mußten geschlossen werden, um Forderungen der sozialistischen Arbeiterbewegung und ihrer Gewerkschaften zurückweisen zu können. Hier bahnte sich mithin ein Konflikt zwischen der DDP und ihrer mittelständischen Klientel an, denn die Haltung von Abwehr und Bewahrung entsprach im Grundsatz viel stärker dem Politikansatz der Deutschnationalen.

Zusammenfassend läßt sich sagen, daß sich zum einen die Lager in der Gesellschaft schärfer ausprägten, daß sich aber innerhalb des nationalen Lagers vor allem die beiden milieuhaften Strukturen der Kirche und des alten Mittelstandes festigten und organisierten. Während sich das kirchliche Kernmilieu parteipolitisierte, blieb der alte Mittelstand bei seiner relativen Bindungslosigkeit, bewegte sich gleichwohl deutlich auf die DNVP zu.

c) Die Wahlen im Winter 1919

Wie setzten sich diese Parteiverhältnisse bei den ersten Wahlen um? Es zeigte sich, daß die SPD bei den drei Abstimmungen am 19. Januar (Nationalversammlung), am 26. Januar (Preußische Nationalversammlung) und am 2. März (Kommunalwahl) im Vergleich mit Vorkriegswahlen beträchtlich zulegte. Vor 1914 hatten offenbar viele Sozialdemokraten linksliberal gewählt, weil mit einem eigenen Kandidaten keine Aussicht auf Erfolg bestand. Rechnet man die Ergebnisse von DDP und SPD zusammen, dann ergibt sich für 1912 und 1919 ein sehr ähnliches Bild der Polarisierung: Eine breite linksliberal-sozialdemokratische stand einer schwächeren konservativen Strömung gegenüber, die durch den Kriegsausgang geschwächt war.[47]

---

[47] W. Liebe, 1956, S. 8. Die Bevölkerung sah in den Konservativen die Partei der Kriegsverlängerer und machte sie für die Erscheinungen des Zusammenbruchs mitverantwortlich.

Dazwischen vermittelte eine rechtsliberale Partei, die offenbar deswegen zulegen konnte, weil sie einerseits liberal und andererseits den Konservativen in der grundsätzlichen Ausrichtung ähnelte. Gleichzeitig war sie nicht so sehr mit der Hypothek der Kriegspolitik belastet. Von der Reichs- zur Preußenwahl ergaben sich wenig Veränderungen, auffällig allein waren die relativ hohen Verluste der DDP. DNVP und DVP hielten sich mit geringen Verlusten, die vermutlich mit der gesunkenen Wahlbeteiligung zu tun hatten. Beiden Parteien gelang es jedoch, einen lokalen Kandidaten in die Preußische Nationalversammlung zu entsenden. Wilhelm Kähler saß dort für die DNVP, Clemens Thaer vertrat die DVP.

Die Kommunalwahlen im März brachten ein erstaunlich verändertes Resultat und belegten die Verschiebungen im politischen Verhalten seit der Revolution. Offenbar zeigte sich auf der untersten politischen Ebene zuerst, daß eine Verschiebung hin zu den Konservativen begonnen hatte. Bei einer wiederum deutlich niedrigeren Wahlbeteiligung legten die Konservativen erheblich zu, DVP und die alte Kommunalpartei DDP dagegen verloren prozentual und vor allem auch real. Die DDP büßte zwischen Januar und März rund die Hälfte ihrer Wähler ein. Das war nicht unbedingt zu erwarten gewesen, weil die DDP sich genauso verhielt wie bei allen Kommunalwahlen vorher. Sie hatte sich mit den mittelständischen Vereinen verbündet und einen nicht sofort als Parteiliste erkennbaren Vorschlag eingereicht.[48] DNVP und DVP hingegen setzten auf die starke Politisierung der Bevölkerung und verzichteten auf Bündnisse. Offenbar brach der Widerspruch zwischen der Demokratischen Partei und den sie tragenden Bevölkerungsgruppen auf, die entweder gar nicht mehr zur Wahl gingen oder gleich für DVP und DNVP stimmten. Das machte die Konservativen überraschend zur stärksten bürgerlichen Kommunalpartei. Die Sozialdemokraten wurden mit 14 Abgeordneten stärkste Fraktion. Konservative (neun), DVP (sechs) und DDP (sieben) verfügten über eine bürgerliche Mehrheit. Die Zweipoligkeit von liberal und konservativ bildete sich im Stadtparlament erneut ab. Gleichwohl veränderte der Einzug der SPD in die Kommunalpolitik die beschaulichen Verhältnisse des Bürgerschaftlichen Kollegiums. Die bürgerlichen Parteien waren jetzt genötigt, ihre Arbeit für die Kommune als Parteien zu versehen. Sie mußten sich stärker politisieren. Das tat die DNVP von Beginn an.

Die Wähler verübelten den Konservativen auf den übergeordneten politischen Ebenen offenbar noch Anfang 1919 ihre starre Haltung gegen Reformen im Krieg. Unterhalb der Landespolitik bahnte sich jedoch schon früh ein Wandel an. Die solide Verankerung dieser Partei in den vorpolitischen Vereinen, Verbänden und Zirkeln der Stadt begann sich positiv auszuwirken. Über solche Verbindungen verfügte die DVP nicht und die DDP nur noch eingeschränkt. Die Demokraten waren kommunal mehr ein Sammelverband sozial höchst unterschiedlicher Bevölkerungsgruppen, die jedoch

---

[48] H. D. SCHRÖDER, Stadtparlament, 1963, S. 71 ff.

nicht über eine liberale Gesinnung oder ein Vereinsnetzwerk integriert waren, sondern als Angehörige von Berufsgruppen über ihre jeweiligen Honoratioren zur Partei kamen. Das DNVP-Konzept von Sammlung, Abgrenzung und Beharren auf Gesinnungshaltungen, auf religiöse Bindungen und Bewahrung des Althergebrachten gegen die Revolution war offenbar überzeugender als eine Kooperation mit der SPD und die aktive Gestaltung von Veränderungen. Dafür stand die DDP.[49] Die politische Stimmungslage war gegen Veränderung und gegen die Revolution und ihre Träger. Es mußte der DNVP folglich nützen, wenn sie selbst oder ihr ländliches Gegenüber, der Pommersche Landbund, die Polarisierung weiter betrieben.

2. Vom Lagergegensatz zum Bürgerkrieg

a) Eskalation des Konflikts auf dem Land

Ausgerechnet das Land, dessen Milieustrukturen so fest und dessen Lebensrhythmus so ausgeglichen schienen, wurde zum Schauplatz von Bürgerkriegskämpfen. Das Problem der zerfallenden patriarchalischen Arbeitsverhältnisse war ungelöst. Die tiefen sozialen Gegensätze brachen offen auf, als die Macht der Gutsherren angeschlagen erschien, die bis dahin unangefochten die politische Führung innegehabt hatten. Als Offiziere, als unsoziale Arbeitgeber und als Unterdrücker der demokratischen Rechte ihrer Leute standen sie jetzt am Pranger. Das hatte nachhaltigen Einfluß auf die politische Entwicklung der Region. Die Dörfer rund um Greifswald waren im November 1918 ruhig geblieben. Die Revolution kam hier per Dekret aus Berlin. Mit dem Sturz der Monarchie fielen die Ausnahmegesetze für das Gesinde und die Gutsbewohner. Das hatte fatale Folgen, denn die Revolutionäre muteten dem Land zu, aus einer traditionellen und zweifellos ungerechten Arbeits- und Sozialverfassung unmittelbar in modernere Verhältnisse umzusteigen, ohne daß dafür auf einer der beiden Seiten irgendwelche Vorbereitungen getroffen werden konnten. Die Erweiterung des Wahlrechts, gegen das sich die konservativen Eliten so lange gewehrt hatten, rundete diesen tiefen Einschnitt ab. Nicht mehr der Inhaber des größten Besitzes sollte die politische Führung haben, die Mehrheit bestimmte über die Machtverteilung. Das stellte die ländliche Ordnung und konservative Politikvorstellungen auf den Kopf. Die herkömmlichen milieugebundenen Loyalitäten mußten plötzlich mit Interessen konkurrieren, die auf dem Lande stark polarisiert und durch das alte Sozialgefüge der Abhängigkeiten wirksam zurückgedämmt waren. Den Landarbeitern, die aus ihrem Kriegseinsatz zurückkehrten, ging es um mehr als den Achtstun-

---

[49] Die Wahlergebnisse, in: Greifswalder Tageblatt, 21. 1. 1919, 28. 1. 1919 und 4. 3. 1919.

Tabelle 2: Wahlen in der Stadt Greifswald 1919-1925[1]

Wahl	Datum	Berecht.[2]	Wahlbet.	KPD	USPD	SPD	DDP
Nationalvers.	19.1.1919	15 443	13 495	–	33	5687	3579
			87,4%		0,2%	36,8%	23,2%
					0,3%	42,2%	26,5%
Preußische	26.1.1919	15 443	12 789	–	22	5584	3023
Nationalvers.			82,8%		0,2%	36,2%	19,5%
					0,2%	43,7%	23,6%
Kommunalwahl	2.3.1919	ca.	9230	–	–	3687	1793
		15 450	59,8%			23,9%	11,6%
						39,9%	19,4%
Reichstag	6.6.1920	16 844	15 074	1036	2170	857	818
			89,5%	6,2%	12,9%	5,1%	4,9%
				6,8%	14,4%	5,7%	5,4%
Preußischer Landtag	20.2.1921	–	14 629	1370	469	1406	775
				9,4%	3,2%	9,6%	5,3%
Kommunalwahl	4.5.1924	15 932	13 341	1901	–	1192	308
			83,7%	11,9%		7,5%	1,9%
				14,2%		8,9%	2,3%
Reichstag[3]	4.5.1924	–	14 024	2034	–	1543	398
				14,5%		11,0%	2,8%
Preußischer Landtag	7.12.1924	–	14 308	1342	–	2309	588
				9,4%		16,1%	4,1%
Reichstag	7.12.1924	–	14 558	1346	–	2344	583
				9,3%		16,1%	4,0%
Reichspräsident	29.3.1925	–	13 537	825	–	2833	504
				6,1%		20,9%	3,7%
Reichspräsident	26.4.1925	–	14 658	762	–	3594[4]	
				5,2%		24,5%	

[1] *Kursiv:* Prozentzahlen beziehen sich auf die abgegebenen Stimmen. Recte: Prozentzahlen beziehen sich auf die Stimmberechtigten. Vgl. Greifswalder Tageblatt, 21.1.1919; 28.1.1919; 4.3.1919; 22.2.1919; 8.6.1920; StA. Rep. 6 Ia St, Nr. 8; Greifswalder Zeitung, 6.5.1924; 9.12.1924; 31.3.1925; 28.4.1925.
[2] Auf eine durchgehende Berechnung der Werte nach Stimmenzahl und Zahl der Wahlberechtigten mußte verzichtet werden, da die Zahlen nicht in jedem Fall vorlagen. Ob die Studenten bei jeder Wahl stimmberechtigt waren, blieb bis 1933 umstritten, die Angaben schwanken daher stark oder fehlen ganz.
[3] Die unterschiedlichen Zahlen für die Stimmberechtigten ergeben sich, weil die Studenten in Greifswald für die Kommunalwahl nicht stimmberechtigt waren. Das macht einen Unterschied von ca. 1000 Stimmen aus, die bei Reichstagswahlen zusätzlich einzubeziehen sind.
[4] Ergebnis Marx.

dentag, Tarifverträge und politische Mitsprache.[1] Sie wollten Land. Das Siedlungsversprechen hatte die Hoffnung auf einen Aufstieg in der Besit-

---

[1] J. FLEMMING, Landwirtschaftliche Interessen, 1978, S. 80–95, hier S. 91.

Zent.	DVP	WP	DNVP	NSDAP	Zerspl.	Datum	Wahl
251	2307	–	1720	–	–	19.1.1919	Nationalvers.
1,6%	*14,9%*		*11,2%*				
1,8%	*17,1%*		*12,8%*				
227	2211	–	1642	–	–	26.1.1919	Preußische
1,5%	*14,3%*		*10,7%*				Nationalvers.
1,8%	*17,3%*		*12,9%*				
–	1613	–	2126	–	–	2.3.1919	Kommunalwahl
	10,5%		*13,8%*				
	17,4%		*23,1%*				
173	5904	–	4002	–	114	6.6.1920	Reichstag
1,0%	*35,1%*		*23,8%*		*0,7%*		
1,2%	*39,2%*		*26,6%*		*0,8%*		
135	3991	120	6311	–	–	20.2.1921	Preußischer Landtag
0,9%	*27,3%*	*0,8%*	*42,9%*				
–	612	3448	4438	429	958	4.5.1924	Kommunalwahl
	3,8%	*21,6%*	*27,9%*	*2,7%*	*6,0%*		
	4,6%	*25,8%*	*33,3%*	*3,2%*	*6,8%*		
182	1875	114	6452	1187	127	4.5.1924	Reichstag
1,3%	*13,4%*	*0,8%*	*46,0%*	*8,5%*	*0,9%*		
190	2027	88	6423	1321	20	7.12.1924	Preußischer Landtag
1,3%	*14,2%*	*0,6%*	*44,9%*	*9,2%*	*0,1%*		
190	2058	94	6491	1394	58	7.12.1924	Reichstag
1,3%	*14,2%*	*0,7%*	*44,6%*	*9,6%*	*0,4%*		
226			8727[5]	493	5	29.3.1925	Reichspräsident
1,7%			*64,5%*	*3,6%*			
			10302[6]	–	–	26.4.1925	Reichspräsident
			70,3%				

[5] Ergebnis Jarres.
[6] Ergebnis Hindenburg.

zergesellschaft des Dorfes geweckt.[2] Der Wunsch nach einem eigenen Acker erschien erfüllbar. All das setzte eine kaum vorhersehbare Dynamik frei.

Die SPD und die Gewerkschaften faßten plötzlich auf dem Lande Fuß und nahmen den Agrariern ihre angestammte Wählerbasis ab. Der freigewerkschaftliche ›Deutsche Landarbeiterverband‹ (DLV) wuchs in Pommern explosionsartig. Er hatte vor dem Krieg fast keine Rolle gespielt, jetzt konnte er in wenigen Wochen rund 35 Prozent der Landarbeiter organisieren[3], in Vorpommern schnellte die Zahl sogar auf 73 Prozent hoch. Die Wahlen im Winter 1919 brachten der SPD Wahlergebnisse, die in Pommern bis dahin für unerreichbar gehalten worden waren.

---

[2] Der Bauernrat als Pendant zum städtischen Arbeiter- und Soldatenrat diskutierte ernsthaft die Forderung nach Landverteilung. H. Schröder, Politische Geschichte, 1956, S. 129; J. Copius, Novemberrevolution, 1958/1959, S. 14.

[3] E. D. Kohler, 1976, S. 264f., J. Flemming, Landwirtschaftliche Interessen, 1978, S. 163.

Die ländliche Oberschicht war nicht bereit, das Feld kampflos zu räumen. Sie rüstete sich rasch zum Gegenzug. Aus den Resten des Reichslandbundes wurde im Spätwinter und Frühjahr 1919 der Pommersche Landbund gegründet.[4] Ehemalige Offiziere aus den Familien der Großgrundbesitzer nahmen die Herausforderung an. Typisch für diese neue Elite war Werner Ruge-Ranzin, dessen Vater Albert seit 1912 im Vorstand des ›Greifswalder Konservativen Vereins‹ gesessen hatte. Bis 1914 bewirtschaftete Ruge das Familiengut, dann wurde er bis Kriegsende Soldat. Die Revolution politisierte ihn.[5] Im April 1919 wählten ihn seine Standesgenossen zum Kreisvorsitzenden des Landbundes. Bezirkschef in Vorpommern war der ehemalige Hauptmann und Gutsbesitzer Baron Friedrich Wilhelm von Lefort auf Papendorf bei Lassan.[6] Beide spielten während der gesamten Weimarer Republik eine wichtige Rolle im konservativen Gefüge der Region. Hinter dem Landbund stand die Idee, die ländliche Sozialordnung, die gerade eingebrochen war, durch eine Organisation wiederaufzurichten.[7] Durch den Zusammenschluß aller ländlichen Interessengruppen von den Landarbeitern bis zu den Großgrundbesitzern in einem Verband sollte das Konsensprinzip der idealisierten Dorfgemeinschaft in die Politik umgesetzt werden. Dieser Verband wollte die strittigen Fragen intern lösen, ohne Beteiligung der landwirtschaftsfremden und ›städtischen‹ Sozialdemokraten. Er sollte starke Interessenvertretung der gesamten Landwirtschaft, der gesamten ländlichen Lebenswelt sein. Der ›marxistischen‹ Ideologie vom Klassenkampf wurde ein politisches Eigengebräu gegenübergestellt, das an die alltägliche Erfahrung der Landbevölkerung anknüpfte und deutlich Vorstellungen einer Volksgemeinschaft formulierte. Die Landbesitzer versuchten das Milieu in ihrem Sinne und unter ihrer Führung wieder zu integrieren. Materielle Zugeständnisse und massiver Druck sollten die Unterschichten zum politischen Wohlverhalten zurückführen.[8]

Der Wille, wieder Herr im eigenen Haus zu sein, und wirtschaftliche Interessen der agrarischen Oberschicht gingen 1919 und 1920 eine brisante Mischung mit aggressiver nationalistischer Machtpolitik ein. Den Landbesitzern war sehr schnell klar geworden, daß die Provokation der Revolution zwar heftig, die tatsächliche Macht der Landarbeiter aber schwächlich war. Der DLV war trotz der großen Zahlen zahnlos, weil er über keine

---

[4] S. Merkenich, 1998, S. 57 ff.

[5] 1879 in Kirchdorf bei Greifswald geboren, machte er Abitur in Greifswald, um dann eine landwirtschaftliche Lehre mit anschließendem Studium zu absolvieren. Traditionsgemäß war er Reserveoffizier. Mit seiner Verheiratung 1905 übernahm er die väterliche Pachtung Ranzin. Vgl. UA. Album der Ehrensenatoren, Werner Ruge, Eintrag von 1924.

[6] 1866 geboren, Kriegsteilnehmer und Hauptmann a. D. Vgl. Ahnennachweis in VpLA. Rep. 76, Landgericht Greifswald, Nr. 915, Personalakte Referendar von Lefort. G. Heinrich, 1990, S. 222–227.

[7] S. Merkenich, 1998, S. 111 ff.

[8] J. Flemming, Landwirtschaftliche Interessen, 1978, S. 175 ff. M. Schumacher, Land und Politik, 1978, S. 85 ff.

Tradition und keine erfahrenen Funktionäre verfügte. Auch die für Arbeits-
kämpfe notwendige Disziplin bei den Mitgliedern fehlte. Die ländliche
Oberschicht hingegen hielt auch 1918/19 ohne Einschränkungen zusammen
und war handlungsfähig. Die traditionellen Verflechtungen mit der Verwaltung und vor allem mit dem Militär waren immer noch eng.

Die offene Machtprobe zwischen Landbesitzern und DLV-Landarbeitern
begann im Juli 1919 im vorpommerschen Kreis Franzburg-Barth, unweit
von Greifswald. Der Landbund provozierte unmittelbar vor der ersten Frie-
densernte im hungernden Deutschland einen wilden Landarbeiterstreik. Die
Folge war ein Solidaritätsstreik der Arbeiter in Stettin, was wiederum einen
Gegenstreik des Bürgertums in der Provinzhauptstadt hervorrief. Schließlich griff das Militär auf Seiten des Landbundes ein.[9] Dieser Machtkampf
um die ländliche Sozialordnung verschärfte sich durch die militärischen
und nationalen Ambitionen des Landbundes. Das Heer, dem die Landbundführer als Offiziere angehört hatten, stand seit der Verkündung der
Friedensbedingungen am 7. Mai 1919 zur Auflösung an. In der nahen Provinz Posen und in Westpreußen kam es gleichzeitig zu bewaffneten Konflikten mit polnischen Verbänden. Vaterland und Heimatprovinz schienen
in Gefahr. In großen Mengen ließen die Landbesitzer daher Gewehre und
Munition in die Kreise Greifswald und Grimmen schaffen, wo sie auf den
Gutshöfen, ja selbst auf Dachböden bei Privatleuten eingelagert wurden.[10]
Ein Bürgerkrieg lag in der Luft. Mit massiven Drohungen gelang es der
preußischen Regierung schließlich nach zwei Monaten, den Landbund
zum Nachgeben zu bewegen. Das steigerte den Haß der Landbundführer
auf die Demokraten und Sozialdemokraten in Berlin, die gegen die großagrarischen Interessen Partei ergriffen. Die Auseinandersetzung war nur
vertagt.

Seit dem Spätherbst 1919 kehrten Freikorps aus dem Baltikum zurück, für
die im Frühjahr in Greifswald unter den Studenten geworben worden war.
Statt sie aufzulösen, quartierte sie der Landbund auf den Gutshöfen in der
Greifswalder Umgebung ein. Die Frage der Grenzziehung im Osten war
noch offen, der Landbund dachte an Krieg und behielt diese Truppen deswegen unter Waffen. Damit bauten sich die Agrarier eine Art Privatarmee
von rund 4000 Mann auf, die auch gegen innenpolitische Gegner in Marsch
gesetzt werden konnte. Die Truppe war auch als Ersatz für streikende Landarbeiter auf den Feldern einsetzbar. Parallel dazu heizten die Landbundführer den Konflikt wieder an, indem sie DLV-organisierte Arbeiter
als Rädelsführer entließen, ›Schwarze Listen‹ einführten und unwillige Ar-

---

[9] E. D. KOHLER, 1976, S. 273 ff., ferner H. SCHRÖDER, Politische Geschichte, 1956, S. 136f.
und M. SCHUMACHER, Land und Politik, 1978, S. 298.

[10] E. D. KOHLER, 1976, S. 278; H. SCHRÖDER, Politische Geschichte, 1956, S. 136. Solche
Waffenverstecke gerieten oft in Vergessenheit und tauchten dann überraschend später
wieder auf; VpLA. Rep. 65c, Nr. 930, Waffenfunde in Greifswald. M. SCHUMACHER,
Land und Politik, 1978, S. 298.

beiter aussperrten.[11] Da die Frühjahrsbestellung unmittelbar bevorstand und der Pommersche Landbund sich weigerte, mit dem DLV um Löhne zu verhandeln, kam es seit Anfang März 1920 wiederholt zu Streiks in der Region. Die Stimmung auf dem Land war äußerst angespannt.

b) Die nachrevolutionären Konflikte in der Stadt

In der Stadt fehlten die klaren Frontstellungen und die scharfen Konfliktlinien. Zündstoff sammelte sich gleichwohl reichlich. Die politischen Auseinandersetzungen eskalierten entlang der Trennlinie von Sozialisten und Nichtsozialisten und vertieften den Graben zwischen den Arbeitern und den anderen Gruppen. Schon mit dem Wahlkampf seit Januar 1919 setzte politische Gewalt zwischen rechts und links ein.[12] Auch sie war bis dahin unbekannt gewesen. Die wenig politisierten Greifswalder gewannen den Eindruck, daß Demokratie und Republik etwas mit völlig ungebremster politischer Interessenvertretung und mit Kampf zu tun hatten. Zahlreiche Veranstaltungen endeten in Tumult und Schlägerei.[13] Opfer der Störungen durch Sozialdemokraten war häufig die DNVP, weil sie am deutlichsten für die alte Ordnung sprach und sich klar als Opponent der sozialistischen Arbeiterschaft herausstellte. Einen ersten Höhepunkt erreichten die Ausschreitungen am 4. und am 7. Januar 1919, als DNVP Versammlungen mit wüsten Prügeleien endeten.[14] Auf der DNVP-Seite traten meist Studenten als Schläger auf. Die konfliktungeübten Bürger hielten sich zurück und überließen ihren Kindern die Gewalt als Mittel der Politik.[15] Schläger wie Geschlagene waren gleich alt, sie waren alle um 1900 geboren. Das war jener Jahrgang, der später bei den Nationalsozialisten eine große Rolle spielen sollte. Die Stimmung zwischen den Lagern war äußerst gereizt. Das Aufziehen einer roten Fahne auf dem Klinikum führte im Januar zu einem Ärztestreik, was nach Ethos des Berufsstandes und Tradition bis dahin völlig undenkbar gewesen war.

Simple Lohnverhandlungen wurden plötzlich zu politischen Nagelproben. Die Erfahrung der neuen Macht von Angestellten und Arbeitern war etwas Unerhörtes für die kleinen Greifswalder Betriebe mit ihren wenigen

---

[11] E. D. KOHLER, 1976, S. 281. Ferner der selbst für DDR-Verhältnisse sehr tiradenhafte Text von J. COPIUS, Revolutionärer Kampf, 1955/1956, S. 193 ff.

[12] Z. B. die SPD am 17.11.1918, die Kirche am 5.12.1918 mit von der Goltz. Am 1.12.1918 die Nationalliberalen mit C. Thaer. Alle diese Versammlungen wurden sehr gut besucht, waren zum Teil überlaufen.

[13] C. Thaer, Rechenschaft, o. S., in: Material R. Thaer.

[14] VpLA. Rep. 76, Landgericht Greifswald, Nr. 2399. Prozeß gegen drei der beteiligten Matrosen, die dann 1921 äußerst hart bestraft wurden.

[15] So war unter den ›Opfern‹ der Schlägerei am 4. Januar der Sohn des Schulrektors am Gymnasium, Günther Ehrental. Dazu auch H. SCHRÖDER, Politische Geschichte, 1956, S. 131. Wie Schröder zu der Einsicht kommt, die SPD und die Demokraten hätten sich in Beschwichtigung bemüht, ist unverständlich. Einzelne taten das, insgesamt standen die Zeichen aber auch bei den Arbeitern auf Konfrontation.

Beschäftigten. Am 4. Juni 1919 kam es zu einem Streik der kaufmännischen Angestellten um Lohnforderungen. Offenbar überrascht von der Entschlossenheit der Angestellten, kamen die Arbeitgeber den Forderungen schon am 6. Juni nach, um das »alte, gute Verhältnis zwischen Prinzipal und Angestellten« wieder einkehren zu lassen.[16] Die Greifswalder Geschäftsbesitzer orientierten sich üblicherweise an gesellschaftlichen Ordnungsvorstellungen von Konsens und überlieferter Autorität. Solche Aktionen, so geringfügig sie waren, wirkten daher stark nach.

Zwar stand die verbale Radikalität der Greifswalder Arbeiter und Angestellten in keinem Verhältnis zu ihren realen Möglichkeiten; auch fehlte ihr ein wirklich nennenswerter extremer Flügel, dennoch wirkte die lokale SPD provozierend auf die immer kämpferischer gestimmten deutschnationalen Politiker. Ihnen fiel es leicht, den Bürgern klarzumachen, daß die ›Roten‹ eine Gefahr für das Gemeinwesen seien. Die Verschiebung der politischen Mehrheitsverhältnisse im Lager hatte eindeutig mit diesen Konflikten zu tun.

Die Verknüpfung des innenpolitischen Konflikts mit dem außenpolitischen trat mit dem 7. Mai 1919 ein, als die Alliierten ihre Friedensbedingungen bekanntgaben. Die nationalistische Mobilisierung des Krieges lebte sofort wieder auf. Die Parteien DDP, DVP und DNVP riefen zu einer Protestversammlung auf. In der Gefahr, so der Gedanke der Initiatoren, sollte sich die gesamte Gesellschaft um das Vaterland scharren. Die Arbeiter taten das aber nicht im gleichen Maße wie die nationalen Kreise. Am 20. Juni 1919 kam es während einer nationalistischen Großdemonstration zu einem Tumult auf dem Markt. Organisiert vom Magistrat, fand dort eine Kundgebung gegen die Bedingungen des Versailler Vertrages statt. Dem Musikmeister Zingel von der städtischen Kapelle hatte man eigens eingeschärft, keine Choräle und keine patriotischen Lieder anzustimmen, um die Sozialdemokraten nicht zu reizen. Solche Kampfgesänge gehörten ansonsten fest zur Liturgie derartiger Veranstaltungen. Vor der Bühne hatten sich Arbeiter aufgebaut, die eine Rede des Universitätsrektors Pels-Leusden durch Zwischenrufe störten.[17] In den Augen der nationalistischen Bürger war das Verhalten der Arbeiter Verrat. Das Vaterland war in Gefahr, und die Arbeiter wollten ihm nicht zur Hilfe kommen. Nunmehr herrschte im nationalen Lager endgültig die Einschätzung vor, die Sozialdemokraten seien eine Gefahr nicht nur für Religion und sozialen Frieden, sondern für eines der höchsten Güter, die man sich vorstellen konnte, das Reich und seine Integrität.

Auch in der Stadt Greifswald entstanden im Laufe der Lagerauseinandersetzungen unkontrollierte, bewaffnete Bürgerkriegstruppen. Seit Anfang April 1919 lief in der Stadt die Werbung für die Freikorps, die Baltikum-

---

[16] H. Maur, Beiträge zur Geschichte, 1963, S. 91–94, Zitat S. 93.
[17] H. Maur, Konterrevolutionäre Umtriebe, 1957/1958, S. 62 ff.

truppen und die Grenzschutzabteilungen.[18] Möglicherweise erfaßte sie
mehr als die Hälfte der rund 1800 Studenten, die mit Parolen vom Schutz
der pommerschen Heimat und Bolschewistenabwehr angesprochen wurden[19]; von den Professoren tat sich besonders der Botaniker Erich Leick
(1882–1956) als Werbeoffizier hervor, später ein führender Völkischer und
Nationalsozialist.[20] In der Stadt formierten sich seit dem 26. Juni eine Einwohnerwehr und ein Zeitfreiwilligenverband, die sich bei den Studenten
und Oberschülern großer Beliebtheit erfreuten.

In Stadt und Land stauten sich im Winter 1919/20 eine ganze Reihe un-
gelöster Konflikte. Das nationale und das sozialistische Lager standen in
Konfrontation gegeneinander. Auf dem Land hatte sich der soziale Gegensatz zwischen Ober- und Unterschichten politisiert und das dörfliche Milieu aufgesprengt. In der Stadt stand sich die Bevölkerung entlang der alten
Lagergrenze gegenüber. Gewalt lag in der Luft. Zusätzliche Schärfe erhielten diese Auseinandersetzungen durch die Verquickung mit außenpolitischen Themen, wie sie die Provinz wegen der Gebietsabtretungen unmittelbar berührten. Die Lösung dieser Gegensätze im Sinne einer Rückkehr zu
den traditionellen Verhältnissen war das Ziel der konservativen Eliten. Damit sollte der Ausgangspunkt für die Sicherung des Reiches gewonnen werden. All das schien den immer stärker werdenden Konservativen nur durch
eine Ablösung der ihrer Meinung nach illegitimen Regierung möglich. Der
Landbund mit seiner Reservearmee und seinen Waffenverstecken war an
den Putschvorbereitungen Wolfgang Kapps unmittelbar beteiligt. Die Konflikte ließen den letzten Versuch der konservativen Oberschicht, die Revolution und ihre Folgen ungeschehen zu machen und zum Vorkriegszustand
zurückzukehren, in offene Gewalt eskalieren.

c) Der Kapp-Putsch und seine Folgen

Der Putsch am 13. März 1920 löste die Konfrontation dann aus. Die Greifswalder Garnison stellte sich hinter Kapp, der Militärbefehlshaber übernahm
die vollziehende Gewalt, die übrigen Behörden und Verwaltungen in
Greifswald warteten ab. Wie die meisten Bürger der Stadt sahen sie den
Putsch nicht ohne Sympathie. Das Gewerkschaftskartell hingegen beraumte
mit Putschbeginn die Wahl eines neuen Arbeiterrates an und verkündete
großmäulig die bevorstehende Errichtung der Rätediktatur. Zum Streik waren die Gewerkschaften indes nicht in der Lage. Daraufhin mobilisierte sich
die Zeitfreiwilligenwehr, ebenso die Einwohnerwehr; insgesamt standen
rund 1700 Männer unter Waffen[21], der Zulauf hielt an, denn an den Schulen

---

[18] Ebd., S. 61.
[19] H. Schröder, Politische Geschichte, 1956, S. 137.
[20] StA. Rep. 6 PB, Nr. 287, Erich Leick. G. von Pistohlkors u. a.,1994, S. 471 ff. Ferner
    H. Boockmann, 1992, S. 395 ff.
[21] J. Copius, Revolutionärer Kampf, 1955/1956, S. 195.

und in der Universität wurde weiter geworben.[22] Ihre Streifen patrouillierten durch die Straßen und bewachten wichtige Gebäude. Es war für die Reichswehr eine leichte Übung, Arbeiterversammlung zu unterbinden und weitere Aktivitäten der Arbeiter zu unterdrücken. Das fand den Beifall vieler Bürger, die sich einem Demonstrationszug der Reichswehr durch die Stadt anschlossen. Der Putsch weckte bei den Kaisertreuen und Nationalen die Hoffnung, man könne noch einmal von vorn beginnen, die lokale DNVP stellte sich daher ausdrücklich hinter die Putschregierung.

Erst als das Greifswalder Tageblatt am 17. März das Ende der Regierung Kapp meldete, begannen die Unruhen in der Stadt, denn jetzt hatten die Arbeiter wieder Oberwasser. An der militärischen Situation hatte sich aber nichts geändert. Dennoch nahmen die Arbeiter die Konfrontation auf. Tramm, einer der Protagonisten des Putsches, mußte sich auf dem Land verstecken, weil man ihm Gewalt androhte. Ab dem 18. wurde gestreikt. Am 20. März entgleiste die Situation. In einigen Dörfern begannen Arbeitertrupps, die Waffenverstecke in den Gutshöfen auszuheben. Ein Landgendarm, der plündernden Männern entgegentrat, wurde erschossen. Marodierende Haufen zogen über die Dörfer, zerschnitten Telefonleitungen, verhängten Ausgehverbote für die Landbesitzer, zwangen unbeliebte Bauern zur demütigenden Feldarbeit und legten Gutsbesitzern demonstrativ die Schlinge um den Hals. Ein bewaffneter Überfall auf den Hof des Grafen Behr-Behrenhoff mißlang. Bei Brünzow kam es zu einem Feuergefecht zwischen Zeitfreiwilligen und Streikenden. Es endete mit einigen Toten und Verletzten.[23] Nach einer Schießerei um das Wasserwerk in Diedrichshagen, das Greifswald mit Wasser versorgte und von der Reichswehr gesichert worden war, kam es zu Gefangenenmißhandlungen. In der Stadt gerieten am 20. März Studenten und Arbeiter auf dem Markt aneinander, es kam zu einer Schießerei, die fünf Arbeitern das Leben kostete. Dieser Einbruch offener Gewalt kühlte die Gemüter ab. Beide Seiten signalisierten Verhandlungsbereitschaft. Am 26. März konnte der Streik beendet werden. Die Entwaffnung der Bevölkerung und die Auflösung der Baltikum-Freikorps schlossen sich an.

Die Begleiterscheinungen und der Ausgang des Putsches polarisierte die Bevölkerung in einem irreversiblen Grad. Wäre der Putsch mit dem 18. März beendet worden, dann hätte das den Konservativen vermutlich geschadet. So überdeckten die Kämpfe und der Streik alles, was sich vorher zugetragen hatte. Zwar hatte der konservative Teil der Bevölkerung nichts gegen die Wiederaufrichtung der Monarchie, einen autoritär geführten starken Staat hielt man für erstrebenswert. Daß Landbund und Reichswehr gemeinsam mit der DNVP-Spitze in die Aktion verwickelt waren, hieß jedoch noch lange nicht, daß der Putsch von allen Konservativen beifällig aufgenommen worden wäre, schließlich sahen sie die Illegalität, den Rechts-

[22] F. Oeckel (Hrsg.), 1936, S. 22.
[23] J. Copius, Revolutionärer Kampf, 1955/1956, S. 202.

bruch und seine Folgen.[24] Die Vorfälle seit dem 17. März rechtfertigten jedoch das Verhalten der Konservativen.[25] Daß die Behörden der Republik
nach dem Putsch gegen die Spitze der lokalen DNVP vorgingen, stieß auf
Unverständnis. Universitätsrektor Pels-Leusden beispielsweise saß einige
Tage in Haft, sein Haus wurde von der Kriminalpolizei durchsucht.[26] Das
wurde als Rachsucht und parteiische Instrumentalisierung des Staates gegen
Männer ausgelegt, die für Ordnung eingetreten waren. Die Unruhen bestätigten die immer wieder von der DNVP vorgebrachte These, die Linke sei
eine Gefahr, man müsse alle Kräfte gegen sie sammeln.

Bei der folgenden Reichstagswahl zog jedoch die DVP am meisten Nut-
zen aus dieser Polarisierung. Sie nahm alle Wähler auf, die sich als liberal
einstuften, jedoch nunmehr Distanz zur DDP halten wollten, die mit 5,4
Prozent der Stimmen gegenüber der Januarwahl 1919 einen Verlust von 21
Prozentpunkten hinnehmen mußte. Ihr nahmen die Wähler die Parteinahme
für die SPD und die Republik übel, die nicht in der Lage zu sein schien, die
Interessen der Greifswalder Kaufleute und Professoren zu schützen. Das
Stigma des Verrats deutscher Interessen haftete ihnen an. Entscheidend war
die Frage nach der Stellung gegenüber der Sozialdemokratie. Die DVP
wuchs um rund 22 Prozentpunkte auf 39,2 Prozent an. Nutznießer war
auch die DNVP, die sich gegenüber dem Januar 1919 um rund 14 Prozentpunkte verbessern konnte und bei 26,6 Prozent landete. DVP und DNVP
verfügten jetzt über fast zwei Drittel der abgegebenen Stimmen bei einer
Wahlbeteiligung von fast 90 Prozent. Die Zuwächse besonders der Konservativen können nicht nur mit Wanderungsgewinnen erklärt werden. Der
Kapp-Putsch und seine Folgen politisierte die Bevölkerung weiter.

3. Zwischenbilanz: Die Abgrenzung der Lager

Die Revolution und die Ereignisse der ersten 17 Nachkriegsmonate führten
zur Ausbildung einer scharfen Trennlinie in der regionalen Gesellschaft: Die
nationalen Kräfte, zu denen der größere Teil der Vorkriegsliberalen und
-konservativen zählte, grenzten sich scharf von jenen Kräften ab, die Veränderung auf ihre Fahnen schrieben. Diese Differenzierung baute auf die Verhältnisse der Zeit vor 1914 auf, war in Teilen jedoch etwas Neues.

Nicht der Krieg, die Revolution von 1918 war der Ausgangspunkt jener
Konfrontationen, die für einige Jahrzehnte die politische Landschaft beherrschen sollten. Der Umsturz kam wie eine Katastrophe über die unvorberei-
tete regionale Gesellschaft, die nur wenige Konflikte kannte. Sie hielt sich

---

[24] So vor allem in der Kirchenleitung, W. KLÄN, Evangelische Kirche, 1995, S. 31 f.
[25] Erklärung des Rektors Pels-Leusden, abgedruckt bei H. SCHRÖDER, Politische Geschichte, 1956, S. 139.
[26] Schreiben Pels-Leusdens vom 19. 4. 1933, in: UA. Personalakte Pels-Leusden, Nr. 553.

selbst für harmonisch und verfügte daher über wenig Übung, um Auseinandersetzungen friedlich zu führen.

Die Stellung des nationalen Lagers gegenüber dem Staat und seinem politischen System drehte sich. Hier lag die wohl wichtigste, ja die entscheidende Veränderung dieser wenigen Monate. Aus der Mitte, aus der Position des Verteidigers und Bewahrers geriet das Lager in eine Oppositionsstellung. Die Konservativen lehnten die Veränderungen ab, sie wollten das Kaiserreich behalten und hingen an der Macht des alten Deutschland. Die Politik der SPD und ihrer Anhänger hielt man mindestens für gefährlich. Man meinte, das Reich sei seinen Zerstörern in die Hände gefallen. Ein antirevolutionärer Reflex beherrschte die Stimmung. Die Stichworte von Abwehr und Bewahrung wurden zu Leitbegriffen der Politik, vor allem im alten Mittelstand und in den kirchlichen Kreisen. Das nationale Lager gruppierte sich in dieser Situation rasch neu. Besonders die beiden milieuhaft verdichteten Bereiche der Kirche und der Selbständigen bauten ihr Vereins- und Verbandswesen aus, um den neuen Entwicklungen begegnen zu können.

Die Konservativen der Vorkriegszeit gingen mit Kriegsende in einer breiter angelegten Partei auf. Die Revolution hatte neues Führungspersonal mobilisiert. Die alte Elite war zum Teil abgetreten. In Krieg und Revolution politisierte Gruppen ehemaliger Offiziere ersetzten sie. Sie folgten nicht nur den herkömmlichen konservativen Politikvorstellungen, vertraten nicht nur ländliche Interessen. Sie waren städtisch und bildungsbürgerlich verwurzelt. Sie wollten Deutschland retten und zu neuer Macht führen.[1] Das war für sie nur auf der Grundlage der alten Macht denkbar. Keine Partei verfocht 1919 und 1920 diese Gedanken so vehement wie die DNVP. Das machte die Deutschnationalen zu der Partei aller Revolutionsgegner, zur Partei der Bewahrer.

Den Konservativen der DNVP gelang es deswegen, sich an die Spitze der sich ausbreitenden antirevolutionären Bewegung zu setzen. Zwei Entwicklungen dieser Monate sorgten dafür, daß die Deutschnationalen sich bis 1933 in Greifswald gut behaupten konnten. Erstens: Ihre Basis erweiterte sich in den kirchlichen Raum hinein.[2] Die Partei erhielt damit eine weltanschaulich-religiöse Klammer, die all ihren anderen bürgerlichen Konkurrenten fehlte. Damit hatte sie ein milieuhaft verdichtetes Gesellschaftspotential für sich gewonnen. Der DNVP gelang es zweitens, in den selbständigen Mittelstand einzubrechen. Die konservative Partei formulierte und vertrat die Wünsche und Hoffnungen der verunsicherten Besitzer und Arbeitgeber weit besser als die Liberalen.[3] Mittelstand und Deutschnationale waren ge-

---

[1] Der Aspekt der Außenpolitik muß offenbar so stark betont werden, wie J. W. FALTER, Hitlers Wähler, 1991, S. 26 es tut.

[2] Die Verbindung von DNVP- und Kircheneliten, von der K. NOWAK, Weimarer Republik, 1981, immer wieder spricht, hatte einen konkreten Bezug zur Entwicklung in der Gesellschaft.

[3] Fritzsche und Winkler ist daher zuzustimmen, auch in Pommern wurde die DDP Opfer ihrer Bindung an SPD und Arbeiterschaft, die durch Radikalität den auf Vernunft und

meinsam auf Abwehr und Verteidigung eingestellt. Das war ein pragmatisches Bündnis, kein weltanschauliches wie im Fall der Kirche. Die Lebensweise selbständiger Kaufleute und Handwerker wog in dieser Gruppe schwerer als alles andere. Der alte Mittelstand verband sich daher nur unvollkommen und über Honoratioren mit der DNVP. Bei der Eroberung des alten Mittelstandes mag geholfen haben, daß die traditionell wirksame Stadt-Land-Trennlinie in der Region Greifswald schrittweise an Bedeutung verlor, weil die Angriffe auf Besitz und Status ländliche wie städtische Eigentümer betrafen, Konservative wie Liberale.

Der Mittelstand war mitnichten politisch isoliert. Ohne ihn ging in der Kommunalpolitik nichts, er war integrierter Bestandteil der lokalen Politik und Gesellschaft. ›Vormodern‹ war das nicht, denn er war organisations- und politikfreudig. Er war nur nicht an liberaldemokratischen Standards orientiert und vertrat sich lieber selbst, als sich durch Parteien führen zu lassen.[4]

Am stärksten und nachhaltigsten wirkte die Revolution auf dem Land.[5] Das politische Verhalten der Landarbeiter demonstrierte den Großgrundbesitzern deutlich das Ende ihrer unangefochtenen Stellung im ländlichen Milieu. Den heftigen und plötzlichen politischen Bruch faßten die Agrarier als Generalangriff auf. Entsprechend hart beantworteten sie ihn. Der Versuch der ländlichen Unterschichten, über die sozialdemokratischen Verbände aus der bedrückenden ländlichen Gemeinschaftsordnung auszubrechen, mißlang. Eine eigenständige Organisation und Führung der Landarbeiter und Kleinbesitzer gegen die Großagrarier konnte sich nicht etablieren. Die Machtverhältnisse in den Lebens- und Arbeitsgemeinschaften der Gutsdörfer waren noch nicht zu überwinden. Sobald die Landbesitzer signalisierten, daß Forderungen der Arbeiter mit weniger Risiko zu erfüllen waren, daß die Dorfgemeinschaft nicht aufgekündigt werden mußte, brach der DLV zusammen.[6] Die Landarbeiterschaft schwenkte auf die Linie des Verbandes ein, der sich an den Lebensverhältnissen des Landes, den alltäglichen Erfahrungen der Menschen orientierte.

Die Machtverhältnisse waren damit wiederhergestellt, die traditionelle Autorität der ländlichen Oberschicht aber nicht. Das Vertrauen in die Stabilität und die Selbstverständlichkeit der alten ländlichen Lebensgemeinschaft war dahin. Der Oberschicht war klar, daß sich diese Vorgänge wieder-

---

Ausgleich setzenden Kurs der Demokraten desavouierten. P. FRITZSCHE, Rehearsals, 1990, S. 70. Ferner H. A. WINKLER, Weimar, 1993, S. 139.

[4] H. A. WINKLER, Marx und Monopole, 1991, S. 40. Seine These ist somit zurückzuweisen.

[5] Es waren nicht die fernen Kämpfe in Sachsen und an der Ruhr, die für die Hinwendung zur DNVP sorgten. In Pommern hatte man den Bürgerkrieg quasi vor der Haustür. P. FRITZSCHE, Rehearsals, 1990, S. 70. Gleiches gilt für die außenpolitischen Aspekte. Es war nicht nur Versailles, wie J. W. FALTER, Hitlers Wähler, 1991, S. 26, meint. Pommern hatte durch die neue Grenzziehung zu Polen unmittelbar mit den Auswirkungen des Versailler Vertrages zu tun.

[6] Die einleitend skizzierten Ergebnisse der Forschung zur Entwicklung auf dem Land ließen sich weitgehend bestätigen.

holen konnten. Die Unterschichten hatten gelernt, daß die Verhältnisse nicht unabänderlich festlagen. Das konservative Milieu auf dem Land war angeschlagen, während es sich in der Stadt neu zu formieren begann.

Das Ergebnis der Revolution trat nicht zwangsläufig ein. Es gab Phasen, in denen ein Brückenschlag möglich war. Zwischen November 1918 und Mai 1919 schien ein Kompromiß zwischen den Anhängern der alten Ordnungen und den Veränderern denkbar. Die Haltung der Sozialdemokraten zu den Friedensbedingungen verstanden die Deutschnationalen indes als Aufkündigung der nationalen Solidarität. Das unaufhörliche Liebäugeln der Arbeiterschaft mit dem Klassenkampf sorgte für die Vertiefung dieses Grabens.[7] Der Grenzkonflikt gegen Polen verschärfte die Lage weiter. Erst seit Mai 1919 schloß sich das nationale Lager gegen die demokratischen und sozialdemokratischen Kräfte ab und radikalisierte sich in Teilen bis zur Putschbereitschaft. Die Fronten waren so verhärtet, daß der Streit mit Waffengewalt ausgetragen wurde und man Tote in Kauf nahm. Mit der Niederlage der Konservativen im Kapp-Putsch endete die Revolutionsphase in Pommern. Die Konservativen akzeptierten widerstrebend die bestehenden Verhältnisse. Die Vorwürfe gegen die neue Ordnung blieben: Die Republik sei nicht in der Lage, geordnete Verhältnisse zu gewährleisten, die Grenzen zu schützen und das Reich zu bewahren, sie begünstige einseitig die Arbeiterschaft. Die nationale Bevölkerung verschloß ganz fest die Augen vor der Verantwortung des Landbundes und der DNVP.

4. Nachholende Milieubildung, Abgrenzung und Ausgrenzung

a) Die Formierung einer nationalen Gegengesellschaft

Zwei Wahlen begrenzen die Phase nach den Unruhen im März 1920 und der Ausbildung einer scharfen Lagergrenze. Sie markieren einen deutlichen Wandel in der regionalen Gesellschaft. Am Anfang stand die noch unter dem Eindruck des Kapp-Putsches stehende Abstimmung um den Reichstag im Juni 1920. Hier siegte die DVP. Den Schluß bildet die Wahl Hindenburgs zum Reichspräsidenten am 26. April 1925. Zusammen mit der Reichstagswahl im Dezember 1924, die das beste absolute Stimmergebnis für die DNVP überhaupt in Greifswald brachte, markiert sie einen triumphalen Sieg der Konservativen. Sie hatte sich offenbar im nationalen Lager zur beherrschenden Partei entwickelt. Die nationalen Parteien DVP, DNVP und die neuen Völkischen vereinigten im Februar 1921 71, im Mai 1924 66,9 beziehungsweise 68,7 Prozent, im Dezember 1924 68,9 respektive 69,1 Pro-

---

[7] Die DDP ging somit tatsächlich unter, weil sie mit den revolutionären Forderungen in Verbindung stand. Die Weigerung, den Versailler Vertrag mitzutragen, nützte ihr nichts, da der als Klassenkampf interpretierte Bürgerkrieg in Greifswald unübersehbar war.

zent, im März 1925 68,1 und im April 70,3 Prozent der abgegebenen Stimmen. Die DNVP konnte gleichzeitig bis 1924 ihren Stimmenanteil auf fast 45 Prozent steigern und die übrigen Parteien des Lagers damit an den Rand drängen. Ihre Expansion ging auf Kosten der liberalen Parteien, wobei die Linksliberalen in Greifswald weitgehend von der Bildfläche verschwanden. War das nur eine Erweiterung der Basis im Wählerlager, oder wurde aus dem Lager nunmehr ein Milieu?

Dieser Schluß liegt nahe, denn die organisatorische Verdichtung und Vernetzung im sozialen Vorfeld der Partei lief unter den Stichworten einer nationalistischen Gemeinschaftsideologie. Das Vereinsnetzwerk sammelte sich mit dem Ziel, eine starke Gemeinschaft werden zu wollen, die in der Lage sein würde, Deutschland zu alter Macht zurückzuführen. Stärke war nötig, um die inneren Gegner und dann die äußeren Gegner zu schlagen. Die Gemeinschaft war positiv vom Nationalismus getragen und grenzte sich negativ vom Sozialismus und Liberalismus ab. Sie sollte ausdrücklich die Grenzen der Vereine und Verbände überschreiten, sollte alle nationalen Kräfte sammeln und bündeln. Militärische Denkmuster, die aus dem Krieg und den innenpolitischen Konflikten stammten, beherrschten das Verhalten.

Der Erfolg dieser gesellschaftlichen Sammlungsbewegung bildete die Grundlage für den Wahlerfolg der DNVP. Sie brachte gute Voraussetzungen mit, die politische Vertretung eines so ausdrücklich gegen die Republik eintretenden Bevölkerungsteiles zu übernehmen. Die Niederlage im Putsch machte die Konservativen nämlich nicht geneigter, die neuen Machtverhältnisse zu akzeptieren; sie beharrten auf ihrer Position, mit dem neuen Staatswesen und den neuen Machthabern nichts zu tun haben zu wollen. Die Deutschnationalen verweigerten sich und richteten sich in ihrer eigenen Welt ein. Diese grundsätzliche Position läßt sich als eine freiwillig gewählte negative Integration in Staat und Gesellschaft der Weimarer Republik beschreiben.[1]

Der Selbstabgrenzung, die eindeutig am wichtigsten unter den Entwicklungsfaktoren war, entsprach eine Ausgrenzung durch die republikanischen Kräfte. Sie mißtrauten den Konservativen, die sie für potentielle Umstürzler hielten, und behandelten sie dementsprechend. Jede politische Versammlung, jede Personalentscheidung, jede Wahl wurde zu einer Machtfrage von erheblicher politischer Bedeutung, zu einem Gefecht im Kampf der beiden großen Weltanschauungslager. Damit war eine Dialektik von Ab- und Ausgrenzung in Gang gesetzt, die kaum zu stoppen war. Ferner war ein scharfer Konflikt vorprogrammiert, denn die Konservativen waren im Reich und in Preußen in der Opposition, verfügten aber in Pommern über eine erhebliche Macht in der Beamtenschaft von Verwaltungen und Behörden, vor allem aber in der Landwirtschaft. Wie verband sich die Partei konkret mit den vorpolitischen Strukturen? Wurde die DNVP jetzt zur Milieupartei?

---

[1] Dieser Begriff stammt von D. GROH, 1973, S. 36ff.

Das nationale Lager in Pommern reagierte auf die neue Situation so, wie es die Sozialisten über Jahrzehnte hin vorgemacht hatten und wie es offenbar den Erfahrungen einer autoritär geprägten Gesellschaft entsprach, die Widersprüche nicht zuließ. Sie trugen den Konflikt nicht in einem politischen Wettbewerb aus, sondern kapselten sich ab. Sie organisierten sich und schufen sich Ersatz für die verlorenen Positionen in Staat und Öffentlichkeit. Ferner vernetzten sie ihre Vereine, Verbände und verbliebenen staatlichen Machtpositionen so wirksam, daß sie am Ende auch gegen die Republik Politik machen konnten.

Vereine boten traditionell Handlungsfreiräume auch für die Politik. Ihre Zahl nahm unmittelbar nach dem Krieg zu, ihre kulturellen Aktivitäten und Freizeitangebote fächerten sich auf. Neue Bevölkerungsgruppen wurden angesprochen und mobilisiert. Ziele und Mitgliederschaft dieser neuen Vereine und ihre politische Praxis verdeutlichen den Impuls, aus dem heraus sie gegründet wurden, und zeigten Defizite der bestehenden Vereinswelt. Personelle Überschneidungen und Kontakte wiesen auf die Vernetzung und die Anbindung an Parteien hin. Ganz offensichtlich bauten sich die Konservativen hier eine neue Basisorganisation auf.

Bedeutsamste Neuordnung im konservativen Sektor war die Gründung des Landbundes. An seiner geballten ökonomischen Macht kam in der agrarischen Region niemand vorbei, auch seine Gegner nicht. Bei einer repräsentativen Sitzung im März 1923 traten der Rektor der Universität und der Landrat als Redner auf. DVP und DNVP waren mit Abgesandten anwesend, ferner ein Vertreter der vereinigten Wehrverbände aus Stadt und Kreis.[2] Das Jagdwesen strukturierte sich ebenfalls um. 1922 schlossen sich die drei Kreisjagdvereine Stralsund, Greifswald und Grimmen zum ›Jagdverein für Vorpommern und Rügen‹ zusammen. Hier überschnitten sich die Bereiche Stadt und Land bei der Pflege der gemeinsamen Leidenschaft. DNVP-Mitglied Pels-Leusden vertrat führend den Kreis Greifswald. Im Vorstand arbeiteten ferner die Rechtsanwälte Hoge, Drewitz, beide im Umfeld der Partei anzusiedeln, sowie der Landadelige Vicco von Voss-Wolffradt. Vertreten war aber auch der gehobene Greifswalder Mittelstand, personifiziert im Bauunternehmer Adolf Schumann.[3]

Das Mitgliederprofil dieser Vereine entsprach dem traditionellen Schema des konservativen Milieus mit seinen Ausläufern in die städtische Gesellschaft. Ländliche Oberschicht, ein paar Bauern, städtischer Mittelstand und das akademische Bürgertum. Die Querverbindungen verwiesen mitten

---

[2] Vorsitzender war Ruge-Ranzin, sein Stellvertreter kam aus der Schicht der mittleren Bauern. Die Rechtsvertretung des Landbundes erledigte Rechtsanwalt Dr. Tramm. Bei den Männern, die die Satzung unterzeichneten, war auch Walther von Corswand-Kuntzow (1886–1942), ehemaliger Kolonialfarmer und jetzt wieder auf seinem Gut in Kuntzow bei Greifswald tätig. Vgl. das Gründungsprotokoll, in: VpLA. Rep. 77, Amtsgericht Greifswald, Nr. 5106.

[3] VpLA. Rep. 77, Amtsgericht Greifswald, Nr. 5128. Ferner VpLA. Rep. 77, Amtsgericht Greifswald, Nr. 4776, Vereinsregister.

in die nationale Lagerstruktur. Gleichwohl stach die soziale Exklusivität hervor, denn es handelte sich ausnahmslos um wohlhabende und gebildete Männer. Sie bildeten den inneren Kreis der Konservativen. Die herkömmliche Basis der Konservativen war keineswegs verschwunden, sie paßte sich den neuen Gegebenheiten an.

Impulse kamen aus der Stadt. Sport und Turnen waren eigentlich frei von Parteipolitik, rückten jetzt jedoch eng mit der konservativen Elite und ihren nationalistischen Zielen zusammen. Der Sport erlebte nach 1918 einen Aufschwung und wurde zu einer populären Säule des konservativ-nationalen Vereinswesens. Die Expansion wurde selbst durch die Inflation 1923 nur behindert, aber nicht unterbrochen. Schon seit der Vorkriegszeit gab es Spannungen innerhalb der Turnvereine, die das Turnen betrieben, den moderneren Sport mit seinem Leistungsgedanken, seinen Spielen wie Handball, Fußball oder den Disziplinen der Leichtathletik und des Schwimmens aber ablehnten. 1912 war daher der Sportverein ›Greif‹ gegründet worden. 1924 trennte sich der ›Verein für Bewegungsspiele‹ (VfB) vom ›Turnerbund‹ ab, weil die Turner nach 1918 unter der Devise »Zurück zu Jahn«[4] eine Reideologisierung des Turnens durchmachten. Die politischen und militärischen Aspekte rückten wieder in den Vordergrund. Das machte Turnen keineswegs unpopulär, im Gegenteil. Während der VfB und ›Greif‹ 1926 zum ›Greifswalder Sportclub‹ fusionierten und rund 200 Mitglieder sammelten, blieb der ›Turnerbund‹ attraktiver. Vor allem Jugendliche strömten ihm zu. Die Jugendarbeit weitete sich erheblich aus. 1924 hatte der Verein rund 500 Mitglieder. Die Betonung des Nationalen nützte offenbar.

Die Sport- und Turnvereine orientierten sich überwiegend an Zielen von Gemeinschaftsbildung und Wehrertüchtigung und ordneten sich damit in den nationalistischen Grundkonsens ein. Pflege der »deutschen Art«[5], des »reinen deutschen Geistes«[6], Stählung der Jugend und Erziehung im vaterländischen Sinn. Die gleichen Anliegen lenkten die Gründung des ›Gymnasialturnvereins‹, der am 19. Juni 1920 seine Arbeit aufnahm.[7] Beim ›Akademischen Sportclub‹ von 1921 kam hinzu, die standesbewußten Akademiker zur Gemeinschaft mit allen Schichten des Volkes und zur verbindenden Arbeit zu führen, aber aus dem sportlichen Wettbewerb die Fähigkeit zu erlernen, in der Gesellschaft zu führen »[…] mit dem Ziel, das Beste für das Vaterland zu erreichen.«[8]

Der Wegfall der Militärdienstpflicht nach dem Versailler Vertrag war der Hintergrund dieser Militarisierung.[9] Darin hatte auch die Reideologisierung bei den Turnern ihren Grund. Die Vereine wollten einen Ersatz schaffen, um

---

[4] Greifswalder Turnerbund (Hrsg.), 1935, S. 17f., hier S. 17.
[5] Satzung vom 26.6.1924 in: VpLA. Rep. 77, Amtsgericht Greifswald, Nr. 5063.
[6] Magistrat (Hrsg.), 1927, S. 52f., hier S. 53.
[7] Ebd., S. 43f., hier S. 44.
[8] Ebd., S. 22–29, hier S. 22.
[9] Ebd., S. 32ff. Der neue SC Greifswald machte es sich beispielsweise zur Aufgabe: »Die Jugend zu erziehen und zu stählen zum Wohle unseres geliebten Vaterlandes.« S. 34.

die Wehrkraft der Jugend zu erhalten und ihnen militärische Zucht und Ordnung beizubringen. Die Vereinsverantwortlichen glaubten, damit eine vaterländische Pflicht zu erfüllen, die von der Regierung nicht ernsthaft wahrgenommen wurde.

Besonders Jugendliche und junge Erwachsene interessierten sich für den Sport. In den neuen Vereinen und Sparten drängten verstärkt soziale Gruppen in die aktive Arbeit, die vor 1914 eher selten in leitenden Vereinspositionen anzutreffen gewesen waren.[10] Die nationalistische Gemeinschaftsorientierung stach besonders hervor. Unter Schlagworten von Kameradschaft, Einordnung und Führung spielte und turnte man. Unauffällig verschmolzen Freizeitaktivität und Politik. Die gemeinsame ideologische Basis wurde von den Vereinsaktiven der zwanziger Jahre nur bedingt als politisch angesehen. Die Satzungen der Vereine verboten ausdrücklich die Behandlung politischer oder religiöser Fragen. Unter Politik verstanden sie folglich Parteigegensätze. Die DNVP verfügte über keine herausgehobene Position unter den Mitgliedern oder Vorständen.

Die Generation der Jugendlichen, die um die Jahrhundertwende herum geboren worden waren, engagierte sich nach der Revolution in nationalistischen Bünden und Bewegungen, die sich eine Neuorientierung und Sammlung zur Überwindung der Krise auf die Fahne geschrieben hatten. Typisch ist in dieser Hinsicht ein Aufruf der »vaterländischen Jugend Greifswalds« an die »ganze deutsche vaterländische Jugend«: »Vaterlandsliebe, Nationalstolz, Treue, Ehrgefühl, Gehorsam, Opferbereitschaft, Schaffenswille, all das, was unser Vaterland einst groß gemacht hat, jetzt will man es uns nehmen. […] Nichts von Politik oder Parteien wollen wir wissen, nur deutsch, ganz deutsch wollen wir sein und bleiben.«[11] Ohne Ansehen der sozialen Klassenherkunft wolle man die Jugend in der Gemeinschaft des Volkes sammeln. Die Bünde hatten besonders aus der bildungsbürgerlichen Jugend des Gymnasiums Zulauf.[12] Von einer tatsächlich klassenübergreifenden Volksgemeinschaft konnte jedenfalls keine Rede sein. Hier waren Kinder prominenter Deutschnationaler vertreten, wie die Tochter von Pels-Leusden. Direkten Einfluß besaß die Partei in diesen Bünden jedoch nicht.

Auch die Erwachsenen orientierten sich in ihren Vereinsvorlieben jetzt bevorzugt nationalistisch und gemeinschaftsorientiert. Hier war das Kriegs-

---

[10] Der SV Preußen von 1924 war eine Gründung unter der Leitung zweier Versicherungsangestellter. Seine Führungsmannschaft blieb bis zur erzwungenen Fusion mit dem Turnerbund 1937 ausgesprochen stark von Angestellten und Handwerkern geprägt.

[11] Zitat aus einem Aufruf o. D., ca. 1919, in: UB-Sammelmappe, Nationale Verbände, Jugendpflege.

[12] Im ›Mücke-Bund‹, der aus diesem Aufruf entstand, waren die heranwachsenden Söhne und Töchter der führenden Konservativen vertreten, so unter anderen Theodora Pels-Leusden. Werbeflugblatt mit Namenliste des ›Mücke-Bundes‹, der unter der Führung des ›Seekriegshelden‹ Helmut von Mücke stand. Er war ein prominenter völkischer Verbandsstratege der Weimarer Republik und später Nationalsozialist; in: UB-Sammelmappe, Nationale Verbände, Jugendpflege.

erlebnis der organisatorische Ansatzpunkt eines expandierenden Zweiges im Vereinswesen. Es gab drei Varianten von Vereinen, die auf dieser Erfahrung aufbauten. Zunächst bestanden die traditionellen Kriegervereine weiter, die Kameradschaft und Erinnerung pflegten. Ferner gab es Vereine zur Lösung sozialer Kriegsfolgen wie den ›Reichsbund der Kriegsopfer und Hinterbliebenen, Kyffhäuser‹ und die ›Kriegsgräberfürsorge‹. Die dritte Richtung bildeten die neuen Wehrvereine, die sich anschickten, das vermeintlich gemeinschaftsstiftende und schichtenübergreifende Kriegserlebnis für die Politik fruchtbar zu machen. Ihr Aufstieg war besonders wichtig bei der Ausbildung konservativ-nationaler Strukturen, denn es entwickelte sich damit ein weiterer zentraler Aktionsausschuß neben den übrigen.

1913 gab es acht traditionelle Kriegervereine in der Stadt, 1921 waren es bereits elf. Die bestehenden Vereine wuchsen an.[13] Der größte Verein mit rund 600 Mitgliedern war der ›Kriegerverein‹, eine Art Dachverband, doch mit eigenem Vereinsleben.[14] Die übrigen Vereine der einzelnen Waffengattungen oder Einheiten kamen insgesamt auf rund 600 bis 700 Mann; zwischen dem Kriegerverein und den Spezialvereinen gab es zahlreiche Doppelmitgliedschaften. Die Ehemaligen kooperierten eng, jährlich übernahm ein anderer Verein die Führung der ›Vereinigten Wehrvereine‹, um gemeinsame Feste zu organisieren sowie bei Feiern und Versammlungen anderer Vereine des Netzwerkes und im Nachbarort zu repräsentieren.[15] Diese Aufgabe wurde so ernstgenommen, daß sie reihum erfüllt werden mußte. Die Kriegervereine beschränkten sich in ihrer Tätigkeit jedoch auf die Pflege der Erinnerung und der verbindenden vaterländischen Gesinnung in Form von Geselligkeit und Feiern. Die Vereine zeichneten sich durch ein hohes Maß an Aktivität und Verbindlichkeit aus.[16]

Diese Vereine waren personell und organisatorisch eng mit den ›Kyffhäusern‹ und der ›Kriegsgräberfürsorge‹ verflochten. Die gemeinsamen materiellen Interessen als ehemalige Soldaten oder Versehrte knüpften die Kontakte somit noch etwas enger. Die Sorge um die Pflege der Kameradengräber in Feindesland war eine wichtige Angelegenheit. Die zurückhaltende Sozi-

---

[13] Hinweis u. a. bei R. MASCHKE, 1935, S. 62.

[14] StA. Rep. 6 P, Nr. 221. Die Liste der Zahlen stammt aus dem Sommer 1927. 130 bis 140 Mitglieder hatten die ›Ehemaligen 42er‹, die ›Grenadiere‹ und der ›Artillerieverein‹. 80 bis 90 Ehemalige zählten der ›Marineverein‹, der ›Gardeverein‹ und der ›Kavallerieverein‹. Die ›Jäger und Schützen‹ und die ›Ehemaligen 49er‹ hatten zwischen 50 und 60 Mitglieder, die frisch gegründeten ›Maschinengewehr-Schützen‹ und die ›Ehemaligen 34er‹ kamen nur auf knapp 30. Die Mitgliederzahlen dürften sich aber seit der Nachkriegszeit nur noch wenig verändert haben, es ist sogar tendenziell von höheren Zahlen auszugehen.

[15] R. MASCHKE, 1935, S. 66.

[16] Jeden Monat einmal war Versammlung, jedes Jahr einmal Jahreshauptversammlung. Die ›Ehemaligen Jäger und Schützen‹ feierten überdies Kaisergeburtstag am 27. Januar, den 10. März als Stiftungsfest, als Geburtstag der Königin Luise und als den Tag, an dem Friedrich Wilhelm IV. 1813 das Eiserne Kreuz stiftete. Ferner folgte im Dezember die Champigny-Feier, eingedenk des heldenhaften Kampfes der Jäger und Schützen an jenem Ort im Jahr 1870 gegen Frankreich. R. MASCHKE, 1935, S. 47f.

alpolitik des Staates gegenüber den Kriegsopfern mobilisierte die ehemaligen Soldaten. Ihre Solidarität untereinander wurde als praktizierte Kameradschaft verstanden.

Über dieses Vereinswesen bildete sich eine Honoratiorenschicht aus, die eng mit der lokalen Politik verzahnt war. Die Tendenz, daß auch Männer mit weniger Ansehen und Wohlstand auf Vorstandsposten gelangen konnten, setzte sich nach 1918 verstärkt fort, obgleich das wichtigste innere Organisationsprinzip der militärische Rang war.[17] Die Querverbindungen zu den nationalen Parteien, zur Elite des Mittelstandes und später zum Stahlhelm waren vielfältig und erneut nicht eindeutig auf die DNVP zugeschnitten. Bei den ›Ehemaligen Artilleristen‹ machten die Anwälte Dr. Erich Hoge und Dr. Ernst Jarmer (1886-angeblich 1945) mit. Hoge war Vorsitzender und Rechtsvertreter des ›Kyffhäuserbundes‹. Später war er bei den Völkischen. Jarmer war Stahlhelmer und seit 1924 bei der NSDAP. Beim ›Artillerieverein‹ wirkte Major a. D. Ferdinand Hartmann im Vorstand, der einer der Gründer des Stahlhelm war. Schriftführer war der Stadtsekretär Norkus von der DNVP, später übernahm Landgerichtsrat Dr. Karl Hagemann (1881–1960), Richter am Amtsgericht, den Vorsitz; auch er ein Deutschnationaler. Wilhelm Levien führte die ›Ehemaligen 42er‹, gleichzeitig war er Kassenführer des ›Kreiskriegerverbandes‹ und in vielen Funktionen für die DNVP tätig. Verbindungen zur Führungsgruppe des Mittelstandes gab es über Männer wie den Schuhhändler Max Dietrich oder den Kaufmann Otto Peters. Es gab ferner Überschneidungen mit der ländlichen konservativen Oberschicht. Beim ›Kavallerieverein‹ war Freiherr von Voss Wolffradt aktiv. Major a. D. von der Lühe stand dem ›Gardeverein‹ vor. Graf Felix von Behr-Bandelin (1866–1931), der als Rentier im Behrschen Palais an der Bahnhofstraße lebte, war so etwas wie die Zentralfigur des Kriegervereinswesens. Er fehlte auf keiner Feierlichkeit, steckte viel Geld in die Vereine und übernahm zahlreiche Ämter und Aufgaben.[18]

Das Kriegervereinswesen expandierte stark und nahm an gesellschaftlicher Bedeutung zu. Wichtig war das Erlebnis der Feste, Feiern und Gedenktage. Hinzu kamen die sozialen Interessen, wie sie sich aus den Kriegsfolgen ergaben. Es überbrückte gesellschaftliche Trennlinien und war Träger einer lokalen Elite. Die Vereine waren stark zur DNVP hin orientiert. Sie war jedoch nicht die einzige denkbare Partei für die ehemaligen Soldaten. Die

---

[17] Einige Beispiele von Leitfiguren, die auch in weiteren Zusammenhängen eine wichtige Rolle in der Stadt spielten. Im Vorstand des ›Kriegervereins‹ saß der Verwaltungsbeamte der Universität, Karl Wiedemann (1874-nach 1944). Max Dietrich (1888-nach 1958), Schuhhändler und während des Krieges Sergeant, erledigte seit 1923 die Geschäftsführung der ›Ehemaligen Jäger und Schützen‹. Kaufmann Otto Peters aus dem Schuhhagen stand an der Spitze der ›Ehemaligen Grenadiere‹. Karl Stolp blieb ununterbrochen Chef des mitgliederstarken und vor allem in der Jugendarbeit aktiven ›Marinevereins‹.

[18] Vgl. StA. Rep. 6 P, Nr. 221, Liste der Vereine von 1927. Ferner Angaben aus der Greifswalder Zeitung, passim, sowie R. Maschke, 1935, S. 66. Ferner UB-Sammelmappe, Krieger- und Militärvereine, Bd. 2.

Kriegervereine bewegten sich politisch im Spektrum zwischen DVP und Völkischen. Landbund und DNVP hielten sich noch in der Mitte dieser Bandbreite.

Die Bürgerschützen bewahrten sich im Wachstum der Nachkriegsjahre ihr mittelständisches Profil als wichtigster Traditionsverein für Gastwirte, Händler und Handwerker. Die Kompanie erweiterte sich kaum in andere soziale Schichten. Zwar traten Anwälte wie Erich Hoge oder Paul Andrich von der DNVP bei. Die bildungsbürgerliche Oberschicht, vor allem die Professorenschaft gehörte jedoch nur am Rande dazu. Der Schützenverein geriet ideologisch stark in das Schlepptau der Krieger- und Wehrvereine.[19] Da die jüngeren Mitglieder in aller Regel im Weltkrieg gedient hatten, waren die Querverbindungen mit den Kriegervereinen ohnehin äußerst eng. Die Mentalität der Kriegsteilnehmer prägte den an sich wenig martialischen Trink- und Geselligkeitsverein. Die von ihm verkörperte und gepflegte lokale Tradition wurde auf diese Weise nationalistisch aufgeladen, was die nationalistische Orientierung stärkte.

Der Verein verstand sich als unpolitisch, denn er war am Gemeinwohl der Stadt orientiert und somit politisch nicht festzulegen. Das wird an der Repräsentation deutlich. Oberbürgermeister Fleischmann und Bürgermeister Richard Schmidt nahmen wichtige Funktionen wahr, denn der Magistrat mußte der lokalen Sitte entsprechend zwei ›Inspektoren‹ stellen, die im Festritual des jährlichen Schützenfestes, dem wichtigsten lokalen Fest, einen zentralen Platz einnahmen. Die Führungsmannschaft des Vereins war eng mit den Innungsmeistern und Altermännern der Kaufleute verwoben. Verbindungen zu Parteien liefen allein über Doppelmitgliedschaften.

Die traditionelle Pflege von soldatischem Brauchtum in den bestehenden Vereinen genügte den Veteranen des Weltkrieges nicht mehr. Da sie sich nicht mit dem Ergebnis des Krieges abfinden mochten und der Meinung waren, daß ein Wiederaufstieg des Reiches nur aus dem Geist des Frontheeres möglich sei, gewann die Idee der politischen Sammlung dieses zerstobenen Machtfaktors an Bedeutung. Die zersplitterten und kompliziert verfaßten Kriegervereine boten keinen Ansatzpunkt. Mit ihnen war es unmöglich, als Reservearmee und als innenpolitischer Macht- und Ordnungsfaktor aufzutreten. Kriegervereine waren zu unpolitisch, als daß sie dem Bedürfnis nach Handeln hätten Genüge tun können. Die Expansion des Vereinswesens wurde kritisch betrachtet, denn jede neue Traditionskompanie erschwerte die Bündelung der Kräfte. Geselligkeit und gemeinschaftlicher Alkoholkonsum standen im Vordergrund der Aktivitäten dieser Vereine; die Kriegervereine und die Schützen taugten nicht zum Kampfverband, genügten nicht für die Politik. Gleichzeitig waren die Befürworter von Sammlung und Bündelung grundsätzlich skeptisch, daß eine Partei die richtige Antwort sein würde. Aus der Erfahrung wußten sie, daß ihre Klientel parteipolitisch nicht festgelegt war. Da es um die Bildung einer breiten

---

[19] O. WOBBE, Festschrift Bürgerschützen, 1934, S. 35.

nationalen Gemeinschaft ging, die Zersplitterung überwinden wollte, mußte ein überparteilicher Aktionsausschuß gefunden werden, eine Repräsentanz jenseits der Parteien. Dieser Gedanke gewann im nationalen Lager rasch große Popularität und veränderte die politische Landschaft auf Dauer.

Schon bald nach Kriegsende bildeten sich erste politische Soldatenbünde.[20] Die Vereine traten mit übergreifendem Anspruch und nationalen Politikzielen auf, sie beschränkten sich nicht auf die Stadt und einzelne Truppenteile. Neben dem ›Deutschen-Offizier-Bund‹ hatte seit 1920 vor allem der ›Verband nationalgesinnter Soldaten‹ unter allen militärischen Rangstufen Erfolg. Seinen Gründungsaufruf unterzeichneten von Behr-Bandelin, Werner Ruge-Ranzin, Ernst Bärwolff, Altermann der Kaufmannschaft und Vorsitzender des Turnerbundes, sowie Emil Crawack.[21] Die Unterzeichner verweisen auf Zielgruppen und Unterstützer: Der Anspruch war volksgemeinschaftlich, klassenübergreifend, Stadt und Land verbindend. Vor allem auch der Mittelstand sollte sich angesprochen fühlen. Die Beteiligung prominenter Honoratioren aus dem Landbund gab dem Verein Rückhalt und unterstrich das Gewicht, das die lokale Führungsschicht einer solchen Organisation beilegte. Bis auf Bärwolff waren alle an Landbund oder DNVP gebunden, was jedoch nicht betont wurde. Im September 1921 zählte der Bund in Greifswald rund 225 Mitglieder aller »Volks- und Gesellschaftsklassen«. Als Redner trat der ehemalige U-Bootkommandant, Korvettenkapitän Freiherr von Forstner, auf, der einer Familie der Greifswalder Oberschicht entstammte und zu einem der wichtigsten Funktionäre im konservativ-nationalen Netzwerk der Stadt werden sollte.[22] Er war DNVP-Geschäftsführer in Hessen und durch die Tatsache, daß die Alliierten ihn auf die Kriegsverbrecherliste gesetzt hatten, zum lokalen Helden geworden. Er war der Betreiber des Hochverratsprozesses gegen den Reichspräsidenten Friedrich Ebert.

Doch die starke Organisation aller Frontsoldaten im nationalen Lager wollte nicht gelingen, wie die immer neuen Gründungen belegen. Ständig gab es neue Angebote und patriotische Konzepte, auf welche Weise die Situation gemeistert werden sollte, welche politische Richtung das nationale Lager einschlagen müßte. Nahezu jede neue Gründung fand Anhänger auch in Greifswald.

Erst der Stahlhelm, Bund der Frontsoldaten, der im September 1921 in Greifswald eine Ortsgruppe unter der Leitung des Majors Hartmann gründete und seit Ende 1923 zum zentralen nationalistischen Wehrverband

---

[20] Auch hier gab es wieder Veteranenzusammenschlüsse, wie die rund 50 Mann starke Truppe der Baltikumkämpfer Sie werden 1926 noch als besonders radikaler Teil des Stahlhelm erwähnt. Bericht der Landeskriminalpolizei 20.3.1926, in: VpLA. Rep. 65c, Nr. 997.

[21] Flugblatt von 1920, in: UB-Sammelmappe, Krieger- und Militärvereine, Bd. 2.

[22] Bericht des Bürgermeisters Schmidt an den Regierungspräsidenten in Stralsund vom 27.9.1921; in: VpLA. Rep. 65c, Nr. 954.

in Greifswald heranwuchs[23], änderte die Situation.[24] Er war vor seinem Aufschwung unter Angestellten und den kleinen Leuten in Greifswald erfolgreich, weniger in den gehobenen Schichten der Stadt.[25] Bis zum Oktober 1923 kam er auf nur rund 30 Mitglieder »aus allen Bevölkerungsschichten.« Politisch trat er nicht hervor. Zeitweilig war er verboten.[26] Dann begann Ende 1923 ein Aufstieg, der den Wehrverband in kurzer Zeit auf rund 350 bis 400 Mitglieder anwachsen ließ. Dem Stahlhelm gelang überraschend die Flurbereinigung im nationalen Lager, an der bis dahin alle gescheitert waren. Er wurde zum gewünschten starken politischen, aber nicht parteigebundenen Aktionsausschuß aller soldatisch vorgeprägten nationalen Männer.

Die Gründe für den Erfolg sind mehrschichtig. Zunächst war die Entwicklung sicherlich den Zeitumständen zuzuschreiben, denn die Besetzung des Ruhrgebiets Anfang des Jahres 1923 entfesselte eine nationalistische Empörung in der Gesellschaft, die weit über die Grenzen des nationalen Lagers hinausreichte. Die Vereine veranstalteten ›Rhein- und Ruhrabende‹ und protestierten vehement gegen die Maßnahme der Franzosen. Die Ergebnislosigkeit des Protestes steigerte die Frustration und das Bedürfnis, politisch für deutsche Interessen aktiv zu werden. Ein militärischer Verband konnte Ventil für solche Unzufriedenheiten sein. Gleichzeitig nahm die Schärfe der inneren Konflikte wieder zu, weil die Inflation die Lebensverhältnisse rapide verschlechterte und die KPD politische Unruhe verbreitete. Zwar war die Zahl der Kommunisten in der Region »gering«, überdies wurden sie »scharf beobachtet«[27], um Lebensmittelunruhen zu verhindern.[28] Gleichwohl registrierten die nationalen Gruppen die neu erwachte Aktivität der Landarbeiterführer aus dem Kapp-Putsch, die jetzt zum Teil bei der KPD auftraten. Das berührte den empfindlichsten politischen Nerv des ohnehin politisch höchst erregten nationalen Lagers. Wieder ging es gegen den inneren und den äußeren Feind. Die Krise 1923 führte zusammen, was sich zwischen 1920 und 1923 im nationalen Lager an Organisationsansätzen entwickelt und verdichtet hatte. Der innen- und außenpolitische Druck auf die konservativ-nationalen Bevölkerungskreise sorgte für die weitere Verfestigung des Lagers, das nunmehr endgültig Formen eines Milieus annahm.

---

[23] Kein Umstürzler aber ein Verfechter der konservativen und monarchischen Richtung. Einschätzung des DVP-Landrates Kogge in einem Schreiben an den Regierungspräsidenten vom 16. 10. 1923, in: VpLA. Rep. 65c, Nr. 954.

[24] VpLA. Rep. 65c, Nr. 932. Aussage des Mitgründers und ersten Schriftführers Max Töpper vom 11. 12. 1928.

[25] Neben pensionierten Offizieren ließen sich ein Buchdrucker und einige Angestellte feststellen.

[26] Bericht des Magistrats an den Regierungspräsidenten vom 22. 10. 1923, in: VpLA. Rep. 65c, Nr. 954.

[27] Polizeidirektion des Magistrats an den Regierungspräsidenten, 21. 9. 1923; in: VpLA. Rep. 65c, Nr. 913.

[28] K. Schreiner (Hrsg.), 1958, S. 93 ff. VpLA. Rep. 65c, Nr. 913, passim.

Die Führung beim Stahlhelm übernahmen Männer, die meist auch in der DNVP aktiv waren oder zu ihrem Umfeld gehörten. Im Stahlhelm sahen die Honoratioren die passende Organisation, deren Ausbau eine Stärkung der eigenen Position gegen die Feinde erwarten ließ.[29] Für ihn sprach sein militärischer und vaterländischer Charakter, sein Anspruch, ein solidarischer Kampfverband zu sein. Er wollte politische Gegensätze überbrücken und Gemeinschaft stiften. Er war hinreichend radikal, ohne zu sehr auf eine Gegnerschaft zum Staat festgelegt zu sein, was die zahlreichen Beamten unter den Greifswalder Anhängern in Schwierigkeiten gebracht hätte. Er war daneben betont christlich-protestantisch.[30]

Der militärische Aspekt rückte bei der Gründung in den Vordergrund, denn die Reichswehr leistete offenbar aktive Geburtshilfe. Nur so war der überraschende Ausbau zu erklären. Anerkannte Institutionen und prominente Figuren des Greifswalder nationalen Lagers nahmen sich im Herbst 1923 des Stahlhelms an. Am 20. Oktober 1923 fand eine öffentliche Werbeveranstaltung statt, die unter der Leitung des rührigen Theologieprofessors Walther Glawe stand, der seit August 1921 Kirchengeschichte an der Universität lehrte. Er zog rund 120 Besucher an. Auch die Spitzen der Gesellschaft erschienen, wie der Rektor der Universität, Theodor Vahlen, Landrat Kogge von der DVP und Bürgermeister Richard Schmidt, ein parteiloser Konservativer. Vertreter des Landbund und der Kriegervereine saßen mit am Vorstandstisch. Glawe legte das Programm und die Ziele dar: Nur eine Politik der Macht könne Deutschland wieder aufwärts führen, »der nationale Zusammenschluß zu diesem Zweck sei notwendig. Die Frontsoldaten erwarten von der Regierung, daß sie die Ehre der Nation vertrete und stellen sich zu diesem Zweck hinter die Regierung.« Das war Drohung und Hilfsangebot zugleich, daher betonte er, an Umsturz sei nicht gedacht.[31] Auch die innenpolitische Lage spielte eine Rolle. Rückblickend stellte der Rechtsanwalt Jarmer fest: »Die Organisation ist gegründet worden, um im Notfalle bei Unruhen die Polizei und Reichswehr auf Aufforderung zu unterstützen und gegebenenfalls die Ruhe und Ordnung wiederherzustellen.«[32] Hier sollte mithin eine Art nationalistischer Bürgerwehr entstehen, ein innenpolitisches Instrument der Reichswehr.

Dieser neue tragende Verband im nationalen Netzwerk baute eine Jugendarbeit auf. Ein wehrsportlich orientiertes Pfadfindercorps wandelte

---

[29] Die Literatur zum Stahlhelm ist veraltet und dürftig, es fehlt vor allem eine moderne sozialgeschichtliche Studie über diesen größten Wehrverband der Weimarer Republik. V. R. Berghahn, Stahlhelm, 1966; P. Fritzsche, Rehaersals, 1990, vor allem S. 178–189.

[30] V. R. Berghahn, Stahlhelm, S. 26–54. Ferner H. Hildebrandt/W. Kettner (Hrsg.), 1931.

[31] Bericht des Landrates an den Regierungspräsidenten, 27.10.1923, in: VpLA. Rep. 65c, Nr. 954.

[32] So umriß knapp zweieinhalb Jahre später der Zahnarzt Harry Schröder die Aufgaben. Vernehmungsprotokoll vom 22.3.1926, in: VpLA. Rep. 65c, Nr. 997.

sich in den Jungstahlhelm mit 1924 rund 30 Mitgliedern.[33] Er bemühte sich,
»den alten Fahrtengeist des Wandervogels durch Führertum und Gefolgschaft, durch Auslese und völkische Verantwortung zu erneuern.«[34] Seine
Leitung hatte stets ein aktiver Berufssoldat. Er war somit Bestandteil einer
verdeckten Wehrausbildung. Die wenigen aktenkundigen Mitglieder waren
meist Angestellte wie der langjährige Vorsitzende Kurt Behnke (geb. 1905),
der bei einer Bank arbeitete. Für die Altersstufe der 13- bis 17jährigen gab es
den ›Scharnhorstbund‹ des Stahlhelm. Er hatte im Sommer 1926 rund 30
Mitglieder.[35] Um auch ungediente und ältere Männer gewinnen zu können,
die sich an der großen Aufgabe beteiligen wollten, wurde ein ›Stahlhelm-
landsturm‹ aufgebaut. Er mobilisierte etwa 30 Mann. Eine eigene Kapelle
machte Marschmusik. Als Frauenabteilung trat der ›Bund Königin Luise‹
auf[36], der »hauptsächlich die Ehefrauen und sonstigen weiblichen Verwandten der Stahlhelmer organisieren will.«[37] Hier betätigten sich auch Krieger-
witwen politisch. Damit konnten sie ihrem persönlichen Verlust nachträglich einen Sinn geben und politisch weiterkämpfen, ohne mit dem Geruch
der Parteipolitik in Berührung zu kommen.[38]

Der Stahlhelm erweiterte, festigte und vereinheitlichte die Organisation
der Basis im nationalen Lager, das immer mehr den Charakter eines Milieus
annahm. Die Mitglieder kamen aus den Reihen der Kriegervereine, von den
nationalen Wehrbünden und von den Bürgerschützen, vom selbständigen
Mittelstand, aus der Ärzte- und Anwaltschaft sowie vom Lande, aber auch
aus Kreisen der Angestellten und kleineren Beamten.[39] Er umfaßte tatsächlich Männer aus allen Schichten der Bevölkerung und verwirklichte somit
das Ideal der Frontsoldatengemeinschaft. Es entstand folglich eine neue po-

---

[33] Vernehmungsprotokoll des cand. phil. Georg Hintze, 25.3.1926, in: VpLA. Rep. 65c,
Nr. 954.
[34] F. OECKEL (Hrsg.), 1936, S. 31.
[35] Bericht des Magistrats an die Bezirksregierung vom 1.6.1926, in: VpLA. Rep. 65c,
Nr. 999.
[36] Meldungen des Magistrats an das Regierungspräsidium von 1924 und Anfang 1925, in:
VpLA. Rep. 65c, Nr. 959.
[37] Bericht des Landrates des Kreises Franzburg-Barth vom 6.9.1929, in: VpLA. Rep. 65c,
Nr. 1009. Bericht des Greifswalder Landrates Kogge vom 1.11.1928, in: VpLA.
Rep. 65c, Nr. 1001.
[38] So der mündliche Hinweis von Heinrich F. Curschmann.
[39] Dr. Jarmer, Dr. Frantz, Karl Wiedemann, Major Hartmann von den Kriegervereinen.
Von den nationalen Soldaten Major Hans Raettig, Kapitän Freiherr von Forstner, Major
Hans Koch, von Behr-Bandelin und Anwalt Dr. Freytag, Sozius von Dr. Jarmer und
Magistratsmitglied. Von der Technischen Nothilfe kamen Major Robert Kray und Wal-
ter Schlesiger, beide als Angestellte tätig. Von der Universität waren es Vahlen, Glawe
und Kähler, vom Landbund Ruge-Ranzin und Geschäftsführer Dr. Lange, aus dem alten
Mittelstand der Töpfermeister Puchert, Schneidermeister Ludwig Gladrow, der auch im
Schützenverein aktiv war, sowie Kaufmann August Rohrbach und Kaufmann Bolz; aus
der Ärzteschaft die Zahnärzte Dr. Harry Schröder, Dr. Schievelbein und Kreisarzt Dr.
Peiper. Die Angaben in: VpLA. Rep. 65c, Nr. 954.

litische Vertretung neben den Parteien. In der pommerschen Provinz verdichtete sich eine nationale Gegengesellschaft.

Dem Anspruch nach stand der Stahlhelm als parteiübergreifender politischer Verband gleichberechtigt neben der DNVP, wenn es darum ging, politische Interessen des milieuhaft gefestigten Lagers zu vertreten. Zur Kirche und zum Landbund trat eine weitere Organisation, die das politische Vorfeld der DNVP für sich beanspruchte und vorgab, über den Parteien zu stehen. Für die Deutschnationale Partei war es entscheidend, ob es gelang, diese Konkurrenz bei sich einzubinden, zur parteipolitischen Vertretung des Stahlhelm zu werden. Die andere Möglichkeit war, daß der Frontsoldatenbund die DNVP als eine politische Vertretung von mehreren behandelte und seine Mitglieder nicht für diese Partei mobilisierte. Die personelle Verflechtung von DNVP und Stahlhelm war äußerst eng. Die Ausgangsbedingungen für die Konservativen waren daher gut, denn der Stahlhelm trat nicht zur Wahl an und beschränkte seine Tätigkeit auf den vorpolitischen Raum. Solange es keine parteipolitisch motivierten Konflikte im nationalen Bevölkerungsteil gab, war der Stahlhelm eine zusätzliche Stütze für die DNVP. Gleichwohl blieb die Tatsache zweier getrennter und nur über personelle Querverbindungen verknüpfter Organisationen, die nach unterschiedlichen Kriterien funktionierten und nach verschiedenen politischen Prinzipien gebunden waren. Auch wenn es vorläufig nicht den Anschein hatte, die Bindung der Partei in ihre Basis war auch aus diesem Grunde problembehaftet.

Während die Konservativen bei allen Entwicklungen in der Gesellschaft präsent und beteiligt waren, kamen aus dem liberalen Gesellschaftsspektrum nur noch schwache Impulse. Die Linksliberalen traten nirgends mehr in Erscheinung. Der Niedergang ihrer Partei bei Wahlen hing auffällig mit dem Verlust ihres gesellschaftlichen Vorfeldes zusammen. In der Tradition der liberalen Kultur- und Bildungsvereine gelang dem DDP-Politiker Professor Max Semrau im März 1922 ein letzter größerer Erfolg. Der alte Kunstverein wurde als ›Verein für Kunst und Literatur‹ neu belebt. Innerhalb weniger Wochen verzeichnete er 300 Beitritte.[40] Das Bildungsbürgertum wollte in der Zeit der Krise offenbar auf kulturelle Zurüstung nicht verzichten. Insofern war auch hier eine nationalistische Grundströmung wirksam. Der Verein war offen für zeitgenössische und moderne Kulturtendenzen und ermöglichte Kunstausstellungen, die Bilder von Dix, Nolde, Pechstein oder Grosz zeigten. Er förderte avantgardistisches Theater oder zeigte moderne Architektur von Fritz Höger. Aber auch völkische Dichter kamen zu Wort wie Friedrich Wilhelm Blunck. Der Verein überbrückte gesellschaftliche Gräben kulturell. Linksliberale gehörten ihm ebenso wie Konservative an, der alte Mittelstand war genauso gelistet wie die Professorenschaft. Nur die Sozialdemokraten fehlten, wie üblich.

---

[40] StA. Rep. 58, C 12, Protokollbuch.

Allerdings ging es seit der Gründung mit den Mitgliederzahlen beständig bergab. Das hatte nicht nur mit der Inflation zu tun, sondern auch mit der Tatsache, daß diese Art Verein unmodern geworden war. Kulturelle Erhebung und Pflege der Nationalkultur, die von einem Vorstand organisiert und abgewickelt wurden, genügten den Mitgliedern offenbar nicht mehr. Er bot keine Möglichkeit für eigene Aktivitäten, kein Mitmachen, kein begeisterndes Erlebnis. Es waren jedoch genau solche Vereine, die nach dem Krieg bedeutend wurden. Auch der ›Museumsverein‹, er wurde 1929 unter Adolf Kreutzfeld (DDP) gegründet, blieb als letztem Projekt aus liberalem Geist diesen kulturellen Bemühungen ohne Breitenwirkung verhaftet.

Der Sturz der Liberalen ging ins Bodenlose. 1921 mußte sogar die einstmals größte Tageszeitung der Stadt, das Greifswalder Tageblatt, eingestellt werden. Es hatte seine Leser verloren. Ein vergleichsweise seltener Vorgang, der den Stimmungswandel in der Stadt unterstreicht. Der Weg für die allein zurückbleibende Greifswalder Zeitung zum lokalen Monopolblatt war damit frei. Die Deutschnationalen bestimmten fortan, was in Greifswald öffentlich gesagt werden konnte und was nicht. Allein das Bündnis mit der SPD ließ der DDP noch eine Überlebenschance. Die bürgerlichen Linksliberalen waren zum Juniorpartner der Sozialdemokraten geworden, die der Partei ein wenig Platz in der Stralsunder Volkszeitung einräumten, die mit einer Greifswalder Lokalausgabe erschien.

Der Linksliberalismus bewegte niemanden mehr; die Liberalen begriffen den tiefen politisch-kulturellen Wandel in der regionalen Gesellschaft nicht und hatten ihm wohl auch nichts entgegenzusetzen. Sie verwechselten Volkspädagogik mit Volkstümlichkeit. Ihr ehrenwertes Ziel, einen Ausgleich in der Gesellschaft und Gemeinwohl für die ganze Stadt zu stiften, mußte an der Polarisierung und der viel weiterreichenden Gemeinschaftsidee scheitern, die ihre konservativen Gegner so virtuos propagierten. Sie hatten vor 1914 kein Milieu in der Stadtbevölkerung ausgebildet, sie waren auf ihre Querverbindungen in die unterschiedlichen Bereiche des nationalen Lagers angewiesen geblieben. Hier beerbte sie die DNVP. Die Kontakte waren schon bis 1918 schwach geworden. Im neuen Vereinswesen faßte die Partei gar nicht mehr Fuß. Dort verfolgte man Ziele, die mit den Grundideen der Liberalen nicht zu vereinbaren waren. Die neuen Eliten hielten nichts vom Liberalismus.

b) Ausgrenzungserfahrungen in der Republik

Die lokalen konservativ-nationalen Eliten mußten die Erfahrung machen, daß das, was sie für politisch geboten und richtig hielten, von den Stellen der Republik als staatsgefährdend und reaktionär angesehen wurde. Ihr patriotisches Engagement stieß überall auf Widerspruch. Das nahmen sie übel, denn bis 1918 war jede Form von aktivem Patriotismus von Staats wegen gutgeheißen worden. Die Republik tat einiges, das Feindbild der Konservativ-Nationalen zu befestigen. Die Ausgrenzung zeigte sich in Kleinigkeiten, die aber in der polarisierten Gesellschaft hohe Bedeutung hatten, weil sie das Ressentiment gegen die neuen Verhältnisse, gegen die Machthaber von SPD und DDP bestätigten und damit das Bündnis zwischen dem konservativ-nationalen Milieu und der DNVP festigten, die gegen Benachteiligungen ihrer Klientel gerne lauten Protest erhob.

Das polizeiliche Vorgehen gegen die politischen Vereine wog vermutlich am schwersten. Wenige Tage, bevor am 20. Oktober 1923 der Stahlhelm seine Werbeveranstaltung durchführte, ließ die Regierung in Stralsund die Wohnungen der Vorstandsmitglieder Hartmann und Glawe durchsuchen.[41] Bei anderen Organisationen, wie dem Landbund, dem ›Verein gegen die Vergewaltigung Deutschlands‹ oder den Abteilungen der DNVP, später auch beim Stahlhelm, beschränkte man sich auf Beobachtung.[42] Glawe sah sich selbst als honorigen Bürger. Auch vor Ort galt er als Mensch von patriotischem Idealismus und untadeligem Ruf, als Mitglied der lokalen Führungsschicht. Er war überdies Beamter und fühlte sich durch solche Polizeiaktionen ungerechtfertigt kriminalisiert.[43] Seine Mitbürger verstanden gar nicht, was der Staat gegen Glawe hatte.

Solche Vorkommnisse lasteten die Konservativ-Nationalen in Greifswald der Personalpolitik in den staatlichen Behörden an. Sie erfolge nach Parteibuch. Die zentralen und herausgehobenen Stellen der Verwaltung in der Provinz vom Landrat aufwärts wurden nach 1918 vorwiegend mit Liberalen besetzt. Vor 1918 waren die Konservativen Träger der staatlichen Verwaltung gewesen. Jetzt verdunkelten sich berufliche Perspektiven. Die Beamten fühlten sich in ihren Positionen bedroht. Der DNVP-Politiker Johannes Luther berichtete, als 1919 anläßlich eines Empfanges der SPD-Kultusminister Konrad Haenisch, ein gebürtiger Greifswalder, in der Stadt war und Oberbürgermeister Fleischmann Luther unter Hinweis auf seine Funktionen in der DNVP vorgestellt habe, sei ihm äußerst unbehaglich gewesen, weil er Nachteile befürchtete.[44] Der Staat, an dessen überparteiliche Ordnungsgewalt die Konservativen geglaubt hatten, war in die Hände von Parteipolitikern gefallen. Aus der Staatsnähe der Konservativen war Staatsferne geworden.

Der Streit zwischen den Vereinen des nationalen Netzwerkes und den Behörden entzündete sich immer wieder an Fragen der Tradition. Was die alten Kriegervereine und der Schützenverein mit Liebe pflegten und als Fundament des eigenen Daseins verehrten, war eng und unauflöslich mit dem Kaiserreich verbunden. Das hielten die Machthaber im neuen Staat für reaktionär. Sie bemühten sich, die Traditionspflege zu unterbinden. Mit

---

[41] Schreiben des Magistrats an den Regierungspräsidenten vom 22.10.1923, in: VpLA. Rep. 65c, Nr. 954.

[42] VpLA. Rep. 65c, Nr. 914. Beschluß des Oberpräsidenten vom 2.6.1924.

[43] Schreiben Landrat an den Regierungspräsidenten, 27.10.1923, in: VpLA. Rep. 65c, Nr. 954.

[44] Schreiben Graul an Fleischmann vom 7.3.1933, Kommentar Luther dazu vom 19.3.1933, Luther an Fleischmann, in: StA. Rep. 6 PB, Nr. 128.

Bockigkeit hielten die Vereine aber an ihrem Herkommen fest, und weil sie tief in der lokalen Gesellschaft verwurzelt waren, zog nahezu die ganze Stadt mit. Die Republik machte sich auf diese Weise unnötig Feinde. Die Vereine hatten die in Greifswald für unpolitisch gehaltene lokale Tradition im Rücken, was dem Widerstand Dauer und Breitenwirkung verschaffte.

Es war deutlich, daß die Liberalen und Sozialdemokraten kein Gespür hatten, was politische Relevanz besaß. Für sie war bisweilen alles Alte reaktionär und politisch gefährlich. Der Konflikt wurde nicht auf der parlamentarischen Ebene geführt, sondern von den Republikanern mit den Mitteln der Verwaltung betrieben. Die Nationalen bevorzugten das Forum der Versammlungen und Aktionen. Die vom Staat angeordnete Entfernung der Kaiserbilder und -büsten aus dem Gymnasium führte Anfang September 1919 zu einem Schülerstreik.[45] Die Bürgerschützen sahen sich am 9. Oktober 1922 mit der Absicht der Bezirksregierung in Stralsund konfrontiert, die historisch verbrieften Zahlungen an den Schützenkönig abzuschaffen. Der Vorstand erhob Einspruch. Im Sommer 1923 ordnete Innenminister Carl Severing an, die Zahlungen seien nur noch in Papiermark zu leisten, was erneut für Empörung sorgte. 1923 durfte der Schützenumzug nicht stattfinden, weil die preußische Regierung ihn aus Angst vor Unruhen untersagte. Dem Magistrat war bis 1924 verboten, Ratsherren als Inspektoren für das Schützenfest abzuordnen.[46] Das waren schwere und unbedachte Eingriffe in die lokale Tradition. Einzige Aufgabe der Ratsherren war es, Tischreden zu halten, im Umzug mitzumarschieren und anschließend zu trinken. Sie sollten das gute Verhältnis von Einwohnern und Obrigkeit durch ihre Anwesenheit bekräftigen. Das war für die Demokratie und ihre Verteidigung völlig irrelevant. Mit solchen unklugen Maßnahmen politisierten die Stellen der Republik Themen, die mit den Konflikten im Land nichts zu tun hatten.

Während lokal das konservativ-nationale Milieu gesellschaftlich immer stärker den Ton angab und den nichtsozialistischen Teil der lokalen Gesellschaft weitgehend beherrschte, sahen die Verantwortlichen in Berlin und ihre Vorposten in der staatlichen Verwaltung Pommerns die Milieuorganisationen als potentielle Staatsfeinde. Die Wahrnehmung dessen, was als Realität zu gelten hatte, was politisch angemessen und richtig war, unterschied sich fundamental. Der Impuls, gegen das nationale Milieu vorzugehen, kam ausschließlich von übergeordneten Stellen, nie aus der Stadt selbst, wo fast die gesamte bürgerliche Oberschicht hinter der DNVP, dem Stahlhelm und dem Landbund stand. Das verstärkte eine Abschottungstendenz des provinziellen Greifswald, der pommerschen Provinz gegenüber der republikanischen Außenwelt im fernen Berlin.

Diese regionale Komponente war wichtig. Das ausgebaute Vereinswesen im Vorfeld der DNVP war seit etwa 1920 in der Lage, eigene Politikvorstel-

---

[45] F. Oeckel (Hrsg.), 1936, S. 22.
[46] Dieses ›Sündenregister‹ mit empörtem Unterton bei O. Wobbe, Festschrift Bürgerschützen, 1934, S. 26.

lungen außerhalb der üblichen staatlichen Kanäle und gegen die offizielle republikanische Politik durchzusetzen. Die Eliten von Landbund, Stahlhelm und DNVP wirkten zusammen, um in der Region selbst zu gestalten. Die Gegenwelt wurde handlungsfähig und fand aus der Abwehrhaltung heraus.

Symptomatisch war in dieser Hinsicht die Reaktion auf den Tod der Kaiserin Auguste Victoria am 11. April 1921. Die Stadt trug Trauer, Frauen kleideten sich in Schwarz, die alten Fahnen wehten mit Flor. Staatliche Gedenkfeiern waren jedoch nicht möglich, also machten die Vereine den Trauergottesdienst am 16. April im Dom zu einer allgemeinen Gedenkdemonstration.[47] Jährliche Hauptfeier der Universität war nach 1918 der Reichsgründungstag am 18. Januar, an dem sich die Vereine beim festlichen Einzug und bei der Rede in der Aula mit Fahnen und in Uniform beteiligten. Zum 50. Jahrestag der Reichsgründung im Januar 1921 taten die Vereine so, als hätte es keinen Krieg und keine Revolution gegeben, als bestehe das Kaiserreich noch. Ein großer Festumzug zog am 23. Januar 1921 durch die beflaggten und geschmückten Straßen der Stadt. Die Schützen stellten vier Festwagen, denen »folgte die übrige Kompanie, geführt von den mit den Amtsketten geschmückten Alterleuten und der Fahnen-Sektion.«[48] Solchem demonstrativen Aufmarsch der lokalen Tradition gegen den neuen Staat hatte dieser kein alternatives Angebot entgegenzusetzen.

Die konkreten politischen Möglichkeiten, die in diesem Netzwerk steckten, machte Walther Glawe deutlich. Er war ein rühriger und nimmermüder Organisator. 1880 als Sohn eines Glasermeisters in Berlin geboren, hatte er Theologie studiert und war von 1904 bis 1908 als Erzieher des ältesten Enkels von Reichskanzler Bismarck tätig gewesen. Dabei lernte er seine spätere Frau kennen, ebenfalls Nachfahrin des vergötterten Reichsgründers.[49] Das war im kaiserlichen Deutschland und im konservativen Greifswald der jungen Republik der Freifahrtschein für eine glänzende akademische Karriere. Adel, und zumal so prominenter, hatte ein hohes Renommee. Eine militärische Ausbildung erhielt Glawe nie. Das hinderte ihn nicht, nach 1918 schneidig wie ein Hauptmann aufzutreten und seine Vorlesungen zu Lehrstunden in »deutschnationaler Kirchengeschichte« zu machen.[50]

Glawe pflegte einen aufwendigen und großspurigen Lebensstil. Als passionierter Jäger und ausgerüstet mit dem nötigen familiären Hintergrund, bekam er schnell Kontakt zu den ländlichen Oberschichten. Das führte zu einer wichtigen Querverbindung, denn Glawe verfügte als Emporkömmling über einen wachen Sinn für soziale Probleme, deren Bewältigung er mit christlicher Grundüberzeugung anging. Es war sein Anliegen, die Not der

---

[47] Interview Heinrich F. Curschmann und Liederzettel in: UB-Sammelmappe, Kirchen, Bd. 2. Dort steht, es handele sich um die »heimgegangene Kaiserin«.
[48] O. Wobbe, Festschrift Bürgerschützen, 1934, S. 25.
[49] UA. Personalakte Glawe, Nr. 323.
[50] Greifswalder Volkszeitung, 22.2.1925.

Studenten, die Greifswald 1919 förmlich überschwemmten, zu beheben. Gleichzeitig kämpfte der Landbund gegen den Landarbeiterverband, dessen einziges Machtmittel der Streik war. Schon 1920 begann der Landbund deswegen, Studenten als Arbeitskräfte für Streikzeiten anzuwerben. Dafür bot er Lebensmittel an. Zunächst bezogen die Männer um Ruge-Ranzin nur die Korporationen ein und lieferten Naturalien an die Verbindungshäuser. Glawe erweiterte und systematisierte das Verfahren. Er sorgte dafür, daß alle Studenten berücksichtigt wurden und der Kreis der Lieferanten sich vergrößerte. Das war die Geburtsstunde des Vereins ›Studentenhilfe‹, Vorläufer des Studentenwerkes, den bei der Gründung 1921 Wilhelm Kähler von der DNVP als Rektor der Universität leitete. Aus diesem politisch durch und durch reaktionären Projekt entstand in der Folge ein moderner Mensabetrieb.[51] Der Senat der Universität erhob Ruge-Ranzin aus Dankbarkeit 1924 sogar zum Ehrensenator.[52]

Vor dem Hintergrund der galoppierenden Inflation war die Mensa und ihr auf Sachleistung gestütztes System eine wichtige soziale Hilfe für die Studenten. Gleichzeitig war die erfolgreiche Querverbindung einer der letzten Sargnägel für den Landarbeiterverband. Glawe hatte geschickt die Möglichkeiten des Milieus genutzt, indem er die Potentiale und Ziele nationaler Verbände und Vereine vor Ort verknüpfte. Entscheidend war die Bündelung durch die konservativ-nationalen Eliten, die ihrer Basis damit Unabhängigkeit und Handlungsfähigkeit jenseits des ungeliebten republikanischen Staates demonstrieren konnten.

c) Zwischenbilanz: Konservative Hegemonie 1924

Nach gut sechs Jahren Nachkriegsentwicklung fiel die Bilanz für die DNVP sehr günstig aus. In dem Maße, wie sich das nationale Lager milieuhaft verdichtete, stieg die DNVP in Greifswald bei Wahlen zur beherrschenden Partei auf. Sie war im Vereinswesen, im Landbund, in den Krieger- und Militärvereinen, im Stahlhelm und in den mittelständischen Traditionsvereinen sowie der Kirche verankert. Die Religiosität ihrer Anhänger wurde zur zusätzlichen Klammer der politischen Richtung. Das Netz weltanschaulicher Überzeugungen, organisatorischer Zusammenschlüsse und personeller Querverbindungen war eng, vielfältig und dicht geknüpft. Aus dem nationalen Lager war ein konservativ-nationales Milieu geworden. Die konservative Kerngruppe der Deutschnationalen gab in diesem Milieu den Ton an. Sie prägte mit ihrer christlich-protestantischen, monarchistischen, preußischen, regionalistischen und auf Erzielung des gesellschaftlichem Konsens ruhenden Vorstellung den Konsolidierungsprozeß des nationalen Lagers. 1924 war daher nicht ohne Grund das beste Jahr der DNVP in Greifswald.

---

[51] Glawe löste im Dezember 1923 Kähler im Vereinsvorsitz ab. VpLA. Rep. 77, Amtsgericht Greifswald, Nr. 4776, Vereinsregister.
[52] UA. Album der Ehrensenatoren, Werner Ruge-Ranzin.

Die konservativ-nationalen Eliten der DNVP waren die einzigen, die den politisch mobilisierenden Impuls von Krieg, Revolution und Krise aufnahmen, wie er sich im Vereinswesen so deutlich zeigte. Ganz offensichtlich verfolgte diese nationale Massenbewegung jedoch keine liberaldemokratischen Ziele. Sie war ausdrücklich antidemokratisch. Sie wollte allenfalls eine Masse sein, die klar umrissene Forderungen unterstützte, welche eine Elite vertrat. Die Bewegung förderte bis dahin unterrepräsentierte Bevölkerungsgruppen in die Politik und gab ihnen eine Stimme. Die nationale Massenbewegung verbreiterte die Basis der DNVP. Ganz offenbar fand ein Politisierungsprozeß statt, der unter dem Eindruck der Krise in der Region eine Tendenz des Kaiserreiches fortsetzte: Die Beteiligung des Volkes an der Politik unter antiliberalen, antisozialistischen und nationalistischen Vorzeichen, immer tiefer in die unteren Schichten der Gesellschaft hinein.

Doch so glanzvoll war die Lage der Partei nicht. Die DNVP sammelte zwar die meisten neuen Vereine ein und band sie über die Eliten an sich, ihr fehlte jedoch eine Vorstellung, was denn mit dieser Macht anzufangen sei. Sie wußte genau, wogegen sie antrat und was sie wieder abschaffen wollte, hatte jedoch keine Idee von der politischen Zukunft, davon, wie ein konservatives nationalistisches Gemeinwesen verfaßt sein sollte. Solange ihr niemand diese Frage stellte, war das kein Problem; zur Mobilisierung der Massen genügten die Momente negativer Integration.

Schwierigkeiten gab es auch bei der Bindung von Partei und Milieu. Die DNVP schaffte es trotz ihres Aufstieges bis 1924 nicht, die alleinige politische Vertretung des konservativ-nationalen Milieus zu werden. Die Verbindung zwischen Partei und Milieu war zwar ausgeprägt und stark, sie war jedoch nicht exklusiv. Es standen andere Loyalitäten wie beispielsweise die mittelständischen einer solchen alleinigen Vertretung im Wege. Der Stahlhelm beanspruchte trotz aller personellen Überschneidungen Eigenständigkeit, ebenso wie der Landbund. Die Kirche hielt sich politisch zurück, machte aber ihre Interessen ebenfalls selbständig deutlich. Auch das mußte kein Problem sein, solange diese Organisationen der DNVP die politische Vertretung ihrer Interessen in Parlamenten und in der Öffentlichkeit weitgehend überließen.

5. Sollbruchstellen der Gegengesellschaft

Das Milieu und seine Partei waren weniger fest miteinander verbunden, als es den Anschein hatte. Die Schwierigkeiten ergaben sich zum einen aus der Heterogenität der Sozialstruktur an der konservativ-nationalen Basis. Ökonomische Interessengegensätze bedrohten von vornherein die Einheit des Milieus. Zum anderen lagen in der gemeinsamen Weltanschauung Probleme versteckt. Hier war es die Frage nach den politischen Schlüssen, die man aus der nationalistischen Fundamentalopposition ziehen wollte. Welches Maß

war beim Kampf um die Vormacht der nationalen Kräfte richtig? Wie radikal konnte und durfte eine Partei auftreten? Beide Themenkreise gewannen
parallel zum Aufstieg der DNVP im Jahr 1923 stark an Bedeutung. Die
politischen und ökonomischen Krisen förderten einerseits Sammlung und
Verdichtung des Milieus, legten andererseits jedoch auch Bruchlinien frei.
Die wirtschaftlichen Interessen und die politische Ausrichtung nach der
Weltanschauung konnten sogar miteinander in Konflikt geraten. Die Milieubildung führte deswegen nicht zu einer Beruhigung der Basis, es kam
nicht zu einer dauerhaften Verbindung von konservativ-nationalem Milieu
und DNVP. Der Prozeß der Milieubildung blieb unabgeschlossen. Milieu
und Partei blieben nebeneinander stehen.

a) Schwachstelle soziale Heterogenität

Schon die verschiedenen Vereinsgründungen zeigten, wie vielfältig die Sozialstruktur des Milieus angelegt war. Die Sozialstatistik der Stadt verdeutlicht die wesentlichen Konfliktlinien. Wie schon vor 1914 dominierten auch
noch Mitte der zwanziger Jahre der alte und der neue Mittelstand und das
Bildungsbürgertum die Stadt. Sie bildeten die soziale Basis des konservativ-
nationalen Milieus in der Stadt.[1]

Tabelle 3:   Beschäftigte nach Stellung im Beruf 1925 in der Stadt Greifswald

Berufsgruppen			Zugehörige	
Selbständige	1799	12,4 %	4468	16,7 %
Heimarbeiter	39	0,3 %	66	0,3 %
Angest./Beamte	3240	22,3 %	6129	23 %
Arbeiter	4195	28,8 %	9046	33,9 %
Mithelfende	364	2,5 %	372	1,4 %
Hausangestellte	955	6,6 %	1038	3,9 %
Erwerbstätige	10553	72,5 %	21116	79,1 %
Ohne Beruf	4000	27,5 %	5579	20,9 %
Erwerbspers.	14553	100 %	26695 = Einwohner	100 %

Während die Zahl der Selbständigen sich, verglichen mit der Reichsebene,
auf einem leicht unterdurchschnittlichen Niveau bewegte, lag die Zahl der
Angestellten und Beamten rund fünf Prozentpunkte über dem Reichsschnitt, die Zahl der Arbeiter aber rund 22 Prozentpunkte darunter. Leicht
überdurchschnittlich war die Zahl der Hausangestellten. Sehr hoch lag der
Wert der berufslosen Erwerbstätigen. Diese Zahl spiegelt die Studentenschaft, die Rentner und Pensionäre[2], die sich gerne in Greifswald niederlie-

---

[1]   Sämtliche folgenden Angaben nach den Ergebnissen der Volkszählung 1925. Statistisches
     Reichsamt (Hrsg.), Statistik des Deutschen Reiches, Bd. 403, 1929, und ebd., Bd. 415,
     1929, S. 159f.
[2]   Stralsund mit rund 40000 Einwohnern hatte nur 4600 Berufslose.

ßen. Die relativ geringe Zahl der Selbständigen gegenüber vielen Angestellten und Beamten verweist auf den großen Arbeitgeber Universität. Die vielen Hausgehilfen deutet auf einen Lebensstil hin, den sich die vermögenderen Bürgerschichten, allen voran die Professoren leisteten. In der Stadt schälte sich somit die Universität mit ihrer Professorenschaft als besonders bedeutsam für das Milieu heraus.

Tabelle 4: Beschäftigte nach Wirtschaftssektoren[1] in der Stadt Greifswald 1925

Wirtschaftssektor	Selbständige	Angest./Beamte	Arbeiter	Mithelfende	Gesamt
I Land u.	80 11,2%	45 6,3%	488 68,5%	99 13,9%	712 100%
Forst	4,4%	1,1%	11,6%	27,2%	6,7%
II Industrie u.	811 24,0%	296 8,8%	2176 64,4%	96 2,9%	3379 100%
Handwerk	45,1%	6,9%	51,9%	26,4%	31,8%
III Dienst-	757 11,6%	3929 60,3%	1531 23,5%	169 2,6%	6512 100%
leistung	42,1%	92,1%	36,5%	46,4%	61,4%
Handel u.	*624 21,2%*	*1186 40,3%*	*971 33,0%*	*160 5,4%*	*2941 100%*
Verkehr	*34,7%*	*27,8%*	*23,1%*	*43,9%*	*27,7%*
Öff. Dienst/	*151 9,8%*	*1298 84,1%*	*90 5,8%*	*3 0,2%*	*1542 100%*
Freie Berufe	*8,4%*	*30,4%*	*2,2%*	*0,8%*	*14,6%*
Gesundheit/	*129 16.5%*	*385 49,3%*	*261 33,4%*	*6 0,8%*	*781 100%*
Wohlfahrt	*7,2%*	*9,1%*	*6,2%*	*1,6%*	*7,4%*
Häusliche	*4 0,3%*	*1078 86,4%*	*209 16.8%*		*1248 100%*
Dienste	*0,2%*	*25,3%*	*4,9%*		*11,8%*
Gesamt	1799	4267	4195	364	10600
	100%	100%	100%	100%	100%

[1] Aufgrund von Rundungen gehen die Zahlenreihen nicht immer glatt auf.

Das große Gewicht des Dienstleistungssektors fällt besonders ins Auge. Im Reichsdurchschnitt lag die Zahl der Erwerbspersonen dort bei nur 27,4 Prozent, der Wert für Handwerk und Industrie jedoch bei 42,1. Das unterstreicht die Funktion der Stadt als regionales Zentrum, denn Handel und Verkehr lagen im Reich nur bei 16,4 Prozent, der öffentliche Dienst und die freien Berufe bei 8,3. In Greifswald waren rund 21 Prozent aller Beschäftigten im Sektor der staatlichen Dienste tätig, rund 40 Prozent aller Angestellten fanden dort ihre Arbeit. Herausragend war der Bereich Krankenhauswesen, was erneut die Universität in den Vordergrund rückt.

Der alte Mittelstand als bedeutende Gruppe war vor allem in Handel und Handwerk beheimatet. Etwa 80 Prozent der Selbständigen waren dort tätig. Ein Hinweis auf die vorherrschenden Kleinbetriebe ist die hohe Zahl der Selbständigen in Relation zu den abhängig Beschäftigten. Bei den Angestellten dominierten mit 92 Prozent die Dienstleistungsbranchen, wobei die freie Wirtschaft gegenüber dem öffentlichen Dienst auch deutlich weniger Arbeitsplätze bot. Die Arbeiter waren nur zur Hälfte in Handwerk und Industrie tätig, über ein Drittel hingegen arbeitete in Dienstleistungsbetrieben. Noch deutlicher wird das Bild, wenn die Zahl der Beschäftigten mit den einzelnen Berufsgruppen in Verbindung gesetzt wird:

Tabelle 5:   Beschäftigte nach Berufsgruppen 1925 (Auswahl)

Branche	Beschäftigte	Zugehörige
Handelswesen	1646	3070
Verkehrswesen	839	2599
Bau- und Nebengewerbe	801	2126
Landwirtschaft/Gärtnerei	704	1200
Nahrungs- und Genußmittel	663	1290
Bekleidungsgewerbe	628	1067
Gast- und Schankgewerbe	367	634
Holzindustrie	304	672
Maschinenbau	203	419
Metallherstellung	187	341
Druck und Papier	140	284
Steine u. Erden	133	368
Elektro., Feinmech., Optik	123	245
Gas-, Wasser-, Elektrovers.	103	313
Versicherung	89	214
Leder und Linoleum	43	83
Textilindustrie	28	50
Chemieindustrie	11	25

Die einzelnen Betriebe waren klein. Die Statistik erfaßte 1622 gewerbliche Niederlassungen, 814 in Industrie und Handwerk und 713 in Handel und Verkehr. Bei den Handwerksbetrieben entfielen auf jede Einheit 4,4 Beschäftigte, in Handel und Verkehr waren es 3,9. Die Großbetriebe der Stadt waren 1925 staatliche Einrichtungen: die Post mit 155, die Bahn mit 287 Beschäftigten und die Universität, deren genaue Arbeitnehmerzahl unbekannt ist.

Diese Verhältnisse waren altertümlich und modern zugleich; alt waren sie wegen der starken Stellung der Kleinbetriebe in Handel und Handwerk, wo Meister und Geselle eng zusammenarbeiteten; modern dagegen mutet der hohe Angestellten- und Beamtenanteil, die Stärke des Dienstleistungssektors an, wo die Universität allein zehn Prozent der Stadtbevölkerung unmittelbar ernährte.[3] Für die Milieus bedeutete dies, daß ein sozialistisches Milieu es in der Stadt schwer hatte, weil es keine größeren Betriebe gab, die ein freigewerkschaftlich unterlegtes Parteien- und Vereinsnetzwerk getragen hätten. Die Arbeiterparteien schafften es deshalb nie, überhaupt alle Arbeiterfamilien der Stadt für sich zu gewinnen. Die soziale Basis des Gegners des konservativ-nationalen Milieus war demzufolge von vornherein schwach. Das sorgte für das ausgeprägte Selbstbewußtsein der DNVP und war Grundlage ihrer Stärke. Sie verkörperte die dominante regionale politische Kultur.

Das konservativ-nationale Milieu integrierte sehr verschiedene wirtschaftliche Interessen, Menschen mit einem sehr unterschiedlichen sozioökonomischen Hintergrund. Zwischen einem deutschnationalen Professor

---

[3] M. RAUTENBERG, Die Angehörigen, 1992, S. 47.

und einem Handwerker, zwischen einem Rechtsanwalt und einem kleinen Beamten lagen Welten im Verdienst und im Habitus. Es bedurfte also zwingend einer starken weltanschaulichen Klammer, wenn man diese Gegensätze überbrücken wollte. Die einzelnen Gruppen des Milieus unterschieden sich in ihrem politischen Einfluß ganz erheblich. Während die Akademiker und mittelständischen Selbständigen über Einfluß in der Politik verfügten, war die Masse vor allem der kleinen Leute, der Angestellten, Beamten und Arbeiter, dort eher unterrepräsentiert. Sie aber machten das Wahlvolk aus. Das war neben dem ohnehin prekären Bündnis zwischen Mittelstand und Konservativen eine weitere wirtschaftliche Spannungslinie im Milieu, die wirksam werden konnte, wenn die weltanschauliche Verklammerung nicht stark genug war. Genau dieses Problem ergab sich jedoch aus der Inflation.

Der alte Mittelstand hatte sich nur unvollkommen mit der DNVP verknüpft. Die Überschneidung vor allem von DVP und DNVP im alten Mittelstand läßt sich am Wahlergebnis nachweisen. Für die drei Listen DVP, DNVP und ›Unpolitische‹ votierten bei der Kommunalwahl im Dezember 1924 8498 Wähler. Bei der parallel stattfindenden Reichstagswahl erreichten Wirtschaftspartei, DVP und DNVP zusammen 8441 Stimmen; 1875 für die DVP (kommunal: 612), 114 für die Wirtschaftspartei (kommunal: 3448) und 6452 für die DNVP (kommunal 4438). Die Wähler des selbständigen Mittelstands teilten sich auf der höheren politischen Ebene unter den Parteien auf, wahrten aber lokal ihre Besonderheit. Interessant ist jedoch das Auseinanderfallen der politischen Loyalität, was die erst teilweise erfolgte Durchdringung der lokalen Ebene mit nationalen politischen Orientierungsmustern unterstreicht. Zwar gab es an der konservativ-nationalen Grundausrichtung keinen Zweifel, denn der alte Mittelstand integrierte sich in die neuen Gemeinschaftsvereine. Der alte Mittelstand blieb aber gleichzeitig eine Sondergruppe. Die Inflation, von der er sich besonders betroffen fühlte, ließ die Gegensätze erkennbar werden und verdeutlicht das ungebrochen eigenständige politische Bewußtsein.

Die Inflation traf den alten Mittelstand nicht nur wirtschaftlich, sondern auch in seinen Wertvorstellungen und seiner Lebensweise. Besitz war Grundlage des Familieneinkommens. Er gehörte somit der Familie und mußte vererbt werden, er war in der Generationenfolge nur geliehen, denn die Familie lebte durch ihn. Den Besitz zu verlieren war mehr als eine wirtschaftliche Katastrophe, es war eine Schande, der Beleg für persönliche Unfähigkeit und das Ende der Familientradition. Den »verschämten Armen« aus dem Mittelstand, die so etwas für sich nie für möglich gehalten hatten und in deren Mentalität Armut als Verlust bürgerlicher Ehrbarkeit galt, blieb nur der Weg zum ›Roten Kreuz‹.[4]

Der ›Zahlenwahnsinn‹ politisierte den Mittelstand entlang ökonomischer Forderungen. Das hatte es vorher auch schon gegeben. Jetzt wurden diese Interessen aber kleinlicher definiert, egoistischer vertreten und von weit

---

[4] Greifswalder Zeitung, 18.1.1928, Bericht ›60 Jahre Vaterländischer Frauenverein‹.

mehr Personen aktiv getragen. Der Blick für das Allgemeinwohl versprach kein Überleben im Daseinskampf, als dessen Aktionsfeld die Politik immer stärker begriffen wurde. Das geschah vor dem Hintergrund einer ohnehin militarisierten Gesellschaft, die gewohnt war, in Kampf- und Kriegskategorien zu denken.

Bei der Kommunalwahl am 4. Mai 1924 wurde die Politisierung des gesamten Mittelstandes deutlich. Es zeichnete sich eine Ende des Siegeszuges der DNVP ab, denn sie büßte offenbar an Vertrauen ein. Das zeigte sich zuerst in der Kommunalwahl. Die Weltanschauung war nicht mehr so wichtig, wenn es um die Existenz ging. Es traten neun Listen an, so viele wie nie vorher und nie nachher.[5] 136 Kandidaten bewarben sich um Stimmen aus dem nationalen Lager, rund 50 mehr als bei der Wahl 1919. KPD, SPD, DDP, DVP und DNVP sowie die Völkischen stellten Parteilisten auf, daneben gab es zusätzlich noch drei mittelständische Wahlvorschläge mit jeweils individuellem Profil. Die ›Unpolitische wirtschaftliche Vereinigung‹ setzte sich vor allem aus Männern des gehobenen alten Mittelstandes und einigen Beamten der Gerichte zusammen, die meisten wohnten in der Innenstadt. Auf der ›Beamtenliste‹ traten kleinere und mittlere Beamte der Eisenbahn, der Justiz, der Polizei und der Post an. Bei den ›Vereinigten wirtschaftlichen Verbänden‹ waren kleine Beamte besonders der Stadtverwaltung stark vertreten. Einige Kandidaten arbeiteten bei der Eisenbahn. Der alte Mittelstand war hier nur am Rande und mit weniger einflußreichen Personen dabei.

Hinter den Listen standen die Wirtschaftsverbände und Vereine. Die traditionelle Standesunterteilung der Stadt zeichnete sich ab. Bei den ›Unpolitischen‹ waren eindeutig die Handwerkerinnungen, die Kaufmanns-Kompanie, die Schützen und der Haus- und Grundbesitzerverein auszumachen. Bei den ›Beamten‹ hatten sich der ›Lehrerverein‹, der ›Beamtenbund‹ und die ›Mittleren Reichspost- und Telegraphenbeamten‹ zusammengeschlossen, bei den ›Wirtschaftlichen Verbänden‹ die ›Kommunalbeamten‹ und die ›Ehemaligen Kriegsgefangenen‹. Bei den Parteien hingegen war die Einbindung von Interessenvereinen offenbar weitgehend mißlungen. Nur DNVP und DVP verfügten über Querverbindungen. Die Konservativen erfreuten sich der Unterstützung der Gastwirte, einiger Innungen und traditionsgemäß der Landwirte. Bei der DVP stand der ›Kommunalbeamtenverein‹ hinter der Liste.[6] DDP, DVP und DNVP traten mithin als überwiegend parteipolitische Listen auf, was sie auch betonten. Die politischen Bindungen der freien Wählerlisten waren indes aufschlußreich. Bei den ›Unpolitischen‹ fanden DNVP und DVP zusammen.[7] Die gesellschaftliche Verflech-

---

[5] Die Wahlvorschläge und die Listen ihrer Unterstützer, die bei Nachrückkandidaten ein Mitspracherecht hatten, liegen in: StA. Rep. 6 Ia St, Nr. 8.

[6] Das ist in der Regel ablesbar an der Kandidatur des jeweiligen Vereinsvorsitzenden oder von Vorstandsmitgliedern auf der Liste. Verlag J. Abel (Hrsg.), Adreßbuch, 1925, Vereinsliste. Ferner Greifswalder Zeitung, April 1924, passim.

[7] Der Spitzenkandidat Pyl hatte seit 1919 für die Konservativen im Stadtparlament gesessen, Carl Millahn für die DVP.

tung dieser Liste weist eindeutig zu den Konservativ-Nationalen, denn die Kriegervereine, der Stahlhelm, die ›Elsässer‹, die ›Schlesier‹ und die Bürgerschützen waren auf der Liste stark präsent. Bei den Kandidaten hatte sich die Loyalität zum selbständigen Mittelstand gegenüber der politischen Ausrichtung durchgesetzt.

Die direkte Kandidatur von Interessenverbänden entsprach den Gewohnheiten der Stadtpolitik von vor 1914. Insofern war die Entwicklung eine Normalisierung, und die Wahl 1919 blieb die eigentliche Ausnahme. Die Parteien verhielten sich ebenfalls nicht anders als vor dem Krieg und bemühten sich, Parteivertreter über Interessenlisten durchzusetzen, die Verbände umgekehrt verteilten ihre Leute auf die weltanschaulich in Frage kommenden Zusammenschlüsse, um eine möglichst gute Ausgangsposition zu erlangen. Das Verbands- und Parteiensystem ergänzte sich, weil beide Seiten sich bemühten, die jeweils andere für die eigenen Interessen einzuspannen.

Gleichwohl war es nunmehr unübersehbar, daß sich das konservativ-nationale Milieu nicht zwangsläufig bei der DNVP sammelte, daß eine Zersplitterung der politischen Interessenvertretung möglich war – und auch eintrat. An den Listen ist ferner ablesbar, daß die nationalistische Mobilisierung der Gesellschaft und die Inflation neue soziale Schichten in die Politik führten. Der neue Mittelstand stieg erstmals auf breiter Front ein, und der alte Mittelstand erweiterte sein Potential. Es ist auffällig, daß besonders viele kleine Leute, Angestellte, Beamte, Lehrer, Kaufleute und Handwerker, in der Kommunalpolitik aktiv wurden, so viele wie nie zuvor. Sie fühlten sich von ihren Honoratioren offenbar nicht mehr vertreten. Die in den Vereinen sichtbare Kultur des Mitmachens, des sich Beteiligens setzte sich damit jetzt auch in der Kommunalpolitik durch.

Die Politisierung der ökonomischen Interessen war ganz offenbar ein Sprengsatz für das Milieu und seine Bindung an die DNVP. Die soziale Heterogenität war ein schwerwiegendes Problem. Hier lag eine Bruchstelle zwischen dem konservativ-nationalen Milieu und der DNVP. An dieser Stelle brach der Prozeß der Milieubildung ab, weil ältere, berufsständische Loyalitäten im Wege standen. Sie wurden durch die Inflation neu belebt. Deswegen blieb die Einbindung der mittelständischen Schichten in das Vorfeld der DNVP prekär.

b) Problem Weltanschauung: ›Franzosenmontag‹ und frühe NSDAP

Gegensteuern konnte die DNVP nur, indem sie die wichtigste bindende Komponente des Milieus, die Weltanschauung, in den Vordergrund rückte. Nur eine einheitliche Gesinnung konnte die auseinanderstrebenden Interessen bündeln. Mit Themen des Nationalismus und des Konservatismus war indes nicht so einfach umzugehen, denn sie galten als tendenziell staatsgefährdend. Die Gegner der DNVP an den Schaltstellen des Staates mit seiner Polizei durften nicht allzusehr gereizt werden. Ein zu radikales Auf-

treten gefährdete die DNVP selbst, die gewichtige Interessen zu vertreten
hatte, und es untergrub die Stellung der Partei im eigenen Milieu, weil die
DNVP nicht die Partei mit der radikalsten nationalen Ausrichtung war. Trat
sie mit Fragen der Weltanschauung zu offensiv auf, dann förderte sie unter
Umständen ihre rechte Konkurrenz.

Diese Einsicht stand indes am Ende einer längeren Entwicklung. Zunächst setzten die DNVP und die konservativ-nationalen Eliten sehr stark
auf eine Festigung ihrer Basis durch die bewußte Betonung und Verschärfung weltanschaulicher Konflikte. Seit 1923 war ihnen jedes Maß verlorengegangen. Je weiter sie ihre lokale Hegemonie ausbauten, je stärker sie sich
fühlten, desto offensiver und maßloser wurden die nationale Weltanschauung, ihre regionale Basis und der Ort verteidigt, bis hin zum offenen Aufruhr im Spätsommer 1924. Die Ereignisse am 4. August 1924, dem sogenannten ›Franzosenmontag‹, bildeten den Höhepunkt und Abschluß dieser
Entwicklung. Der Tag wurde zur Legende der Konfrontation zwischen
konservativ-nationalem Milieu der Stadt und der sozialdemokratisch-repu-
blikanischen Staatsmacht. Er hatte eine stark integrierende Wirkung auf die
nationalen Kreise und blieb dauernder historischer Bezugspunkt. In ihm
verdeutlichte sich das grundsätzliche Verständnis des Milieus von Politik,
politischer Kultur und Auseinandersetzung.

Auslöser war eine Provokation der schwachen republikanischen Kräfte in
der Stadt. Ende Juli 1924 kündigte das Gewerkschaftskartell an, am 4. August werde der bekannte französische Pazifist Henri Barbusse in der Stadthalle einen Vortrag halten.[8] Barbusse war eine dreifache Herausforderung
für die Nationalisten: Ein Franzose, ein Pazifist und ein Mann der Arbeiterbewegung. DVP und DNVP empörten sich daraufhin gemeinsam: »Eine
einmütige Gesinnung und ein fester Wille beseelt uns, wenn wir verlangen
und mit allen gesetzlichen Mitteln durchsetzen werden, daß der Franzose
Henri Barbusse den Toren Greifswalds fernbleibt.« Die konservativ-nationalen Vereine schlossen sich mit einem eigenen Aufruf an. »Wir dulden es
einfach nicht, daß in unserer Stadt, der Feste einer starken verantwortlichen
nationalen Gesinnung, der Frieden gestört wird durch einen Franzosen […].
Wir erwarten, daß die Behörden ihre Pflicht tun und in dem demokratischen
Staate, in dem wir leben, die Forderungen der Mehrheit berücksichtigen.«[9]
Dem »Versammlungswillen der Arbeiterschaft« stand der »Verbotswillen
eines großen Teiles der Bürgerschaft« gegenüber. Sogar Senat und Rektorat
der Universität forderten ein Verbot der Veranstaltung. Das massive Auftreten der Nationalisten müsse als Versuch zur Einschüchterung der repu-

---

[8] Zitate sowie das Folgende im Bericht des Regierungspräsidenten an den preußischen
  Innenminister, 10.8.1924, in: VpLA. Rep. 65c, Nr. 86.
[9] Hinter diesen Aufruf stellten sich die ›Hochschulring deutscher Art‹, die ›Bürgerschützen‹, die ›Deutsche Kolonialgesellschaft‹, die ›Handwerkervereinigung‹, der ›Kreiskrie-
  gerverband‹, der ›Ortsausschuß für Leibesübungen‹, der ›Ostbund‹, die ›Rheinländerver-
  einigung‹, die ›Schlesier‹ und die ›Ehemaligen Kriegsgefangenen‹, der Landbund und die
  ›Vereinigten Wehrvereine‹.

blikanischen Behörden gewertet werden, konstatierte dagegen das Regierungspräsidium in Stralsund. Die DNVP trat auffällig nicht als alleinige Sprecherin des Milieus auf.

Die Stadtverwaltung gab dem Druck nach und untersagte die Versammlung.[10] Am 2. August hob Regierungspräsident Hausmann, er war DDP-Mitglied, das Verbot wieder auf. Der Protest entwickelte sich jetzt zu einer Prestigesache des nationalen Greifswalds gegen die Republik und ihre Unterstützer. Hausmann ordnete den Schutz der Versammlung mit einem erheblichen Polizeiaufgebot an. Am Abend der Veranstaltung demonstrierten einige tausend Männer, Frauen und Jugendliche aus den konservativ-nationalen Kreisen der Stadt vor der Stadthalle.[11] Politik war keine Sache des Argumentierens und der Ansprache im Saale mehr. Eine ungeordnete, wütende Menschenmenge ballte sich auf dem Platz. In der Halle kam es zu einer Prügelei. Vor dem Gebäude eskalierte die Situation, als die Menge sich anschickte, in den Saal vorzudringen. Während die Polizei vorging, sangen die Demonstranten die ›Wacht am Rhein‹. Dann kamen die Besucher aus der Halle, und die Situation entgleiste. Während Tausende ›Deutschland, Deutschland über alles‹ sangen und Steine auf die Besucher und die Polizei warfen, stürmten die Beamten der Polizei los und lösten den Tumult mit Gewalt auf.[12]

Die Namensnennungen im Zusammenhang mit der Versammlung belegen, daß viele ganz normale konservativ-nationale Männer vor die Stadthalle gezogen waren. Den Kern der Schlägertrupps stellten allerdings der Jurastudent Wilhelm Karpenstein (1903–1968) und einige seiner Kommilitonen dar, die seit 1923 eine NSDAP-Gruppe bildeten. Beteiligt war der Greifswalder Bürgersohn und Student Werner Hübschmann (geb. 1900), dessen Vater Hermann Hübschmann pensionierter Oberstaatsanwalt und DVP-Mitglied war. Vor der Stadthalle verhaftete die Polizei den Studenten Georg Hintze (geb. 1893), der den Jungstahlhelm leitete. Auch Max Töpper, zu diesem Zeitpunkt Sekretär bei der Stadtverwaltung und Schriftführer des Stahlhelm, fiel der Polizei vor der Halle unangenehm auf.[13] Die radikalsten Elemente stammten offenbar aus durchaus angesehenen Bürgerfamilien und waren über den Stahlhelm fest in das konservativ-nationale Vereinsnetzwerk integriert. Der Aufruhr wurde nicht von Außenseitern angezettelt. Das zeigte sich auch nach den Vorfällen, denn das konservativ-nationale

---

[10] Darstellung des Verlaufs in der Beschwerdeschrift gegen Prof. Vahlen vom 26.8.1924, in: UA. Personalakte Vahlen, Nr. 270. Ferner die einseitige Version in: K. SCHREINER (Hrsg.), 1958, S. 96–100.

[11] Berichte der Stadt und der Polizei an den Regierungspräsidenten, in: VpLA. Rep. 65c, Nr. 973.

[12] Weitere Unterlagen zu den Vorfällen, in: VpLA. Rep. 76, Landgericht Greifswald, Nr. 2252, vor allem der Bericht des Oberstaatsanwalts an das preußische Justizministerium vom 4.2.1925.

[13] Bericht des Greifswalder Oberstaatsanwaltes an den preußischen Justizminister vom 25.9.1924, in: VpLA. Rep. 77, Landgericht Greifswald, Nr. 2252.

Milieu solidarisierte sich mit den Opfern des Polizeieinsatzes. Die DNVP unter der Führung des Strafverteidigers Paul Andrich erhob am 8. August im Bürgerschaftlichen Kollegium heftige Vorwürfe gegen den Magistrat und die Regierung in Stralsund. Andrich deckte und rechtfertigte ausdrücklich das radikale politische Verhalten der Männer um Karpenstein und Töpper. Das konservativ-nationale Milieu verteidigte geschlossen seine Hochburg Greifswald. Es stärkte sich im Gemeinschaftserlebnis der Großdemonstration und in der Erfahrung, von der Republik sogar durch Einsatz der Polizei ausgegrenzt zu werden.

Dennoch war eine politische Bruchlinie im Milieu ganz offensichtlich. Es gab ein Radikalismusproblem. Die Honoratiorenpolitiker der DNVP sahen sich genötigt, Partei für die NSDAP zu ergreifen, von der man durch den Hitlerputsch 1923 wohl gehört hatte. Die Verschärfung des Konflikts mit dem politischen Gegner und mit den Behörden rund um den ›Franzosenmontag‹ war eine Folge des Auftretens der jungen Hitleranhänger[14], die radikalere Elemente des Stahlhelm mit sich zogen. Eine neue Partei trat an und beeinflußte die Haltung der etablierten Kräfte in der DNVP.

Die Völkischen, unter dem Namen NSDAP durften sie nach dem 9. November 1923 offiziell nicht auftreten, sammelten sich seit dem Herbst 1923 in Greifswald.[15] Der Aktivposten der Partei war eine Gruppe von Studenten um den späteren Gauleiter von Pommern, den Hessen Wilhelm Karpenstein.[16] In Greifswald hielt er sich seit 1921 oder 1922 als Jurastudent auf, zunächst ohne politisch hervorzutreten. Karpenstein hatte Ausstrahlung, war ein guter Redner und zog sogar einfache Greifswalder Einwohner an, indem er Versammlungen der Kommunisten und Arbeiter aufsuchte, um dort für seine nationalen und sozialistischen Vorstellungen zu werben. Das beeindruckte den jungen Tischlergesellen Walter Kropka (1900–1945), der nach 1930 einer der Wegbereiter der NSDAP werden sollte.[17]

Die NSDAP mit ihrem Versprechen, eine Synthese von Sozialismus und Nationalismus zu erreichen, stieß auf breiten Widerhall im gesamten konservativ-nationalen Milieu, bis in die Kreise seiner Elite. Die NSDAP verbarg sich konspirativ in anderen völkischen Parteien oder Bünden.[18] Trotz

---

[14] Berichte der Stadt, in: VpLA. Rep. 65c, Nr. 913.

[15] U. Schröder, Zur Entwicklung, 1993, S. 197. Er nennt als Termin den Herbst 1922. Das ist aber aller Wahrscheinlichkeit nach falsch. In den Beobachtungsberichten, die der Magistrat verfaßte und die gewöhnlich auf guten Informationen beruhten, findet sich kein Hinweis vor dem März 1924. Der beste Kronzeuge ist Vahlen selbst. Vahlens Text in: UA. Album der Ehrensenatoren.

[16] Er war Sohn eines Bahnbeamten, in Darmstadt aufgewachsen und von 1918 bis 1921 in der völkischen Jugend aktiv. Seit 1921 rechnete er sich zur NSDAP, obwohl sein offizieller Beitritt erst am 31. August 1925 erfolgte. Zu Karpenstein VpLA. Rep. 76, Landgericht Greifswald, Nr. 1320, BA. ehem. BDC, Wilhelm Karpenstein, PK, OPG-NA; M. Schumacher (Hrsg.), M.d.R., 1994, S. 245.

[17] Schreiben Kropka an das Gaugericht vom 12.7.1936, in: BA. ehem. BDC, Walter Kropka, OPG.

[18] U. Schröder, Zur Entwicklung, S. 198.

ihres Verbotes war sie aktiv und sammelte Anhänger. Zu ihr stießen Männer vom Landbund, wie Walther von Corswand-Kuntzow. Theodor Vahlen, immerhin Rektor der Universität und damit eine zentrale Figur des konservativ-nationalen Milieus, schloß sich an und ließ sich angeblich im April 1924 zum ersten Gauleiter erheben. Neben den Anwälten Hoge und Jarmer waren die Professoren Erich Leick und Hermann Schwarz prominente Mitglieder der Völkischen. Am 1. März 1924 meldete der Magistrat, als Vorsitzender trete der Assistenzarzt Roland Schatz auf, als Redner der Stadtverwaltungsbeamte Fritz Ristau. Insgesamt ergab sich ein eigenartiges soziales Profil der NSDAP und der Völkischen. Spitzen der Gesellschaft arbeiteten mit Arbeitern und Angestellten sowie eher unterprivilegierten Angehörigen des neuen Mittelstandes zusammen. Auch in der ländlichen Lebenswelt fanden die Gedanken Widerhall. Der alte Mittelstand fehlte noch völlig in der Partei, auch aus dem Umfeld der Kirche tauchte niemand bei der NSDAP auf.[19]

Eine Identität von NSDAP und Völkischen wurde stets bestritten, sie war aber in Teilen evident.[20] Zwar pflegten die Anhänger der gemäßigten und der nationalsozialistischen völkischen Richtung sich scharf und kleinlich voneinander abzugrenzen, der Unterschied war aber mehr eine Geschmacksfrage. Die NSDAP war jugendlicher und radikaler, sie folgte Hitler, während die Völkischen gemäßigter auftraten, tendenziell ältere, beruflich etablierte Mitglieder besaßen und sich hinter Ludendorff stellten. Die Übergänge waren fließend. Die starke Verbindung der Völkischen auch zur DNVP wird an ihrer regionalen Führungsfigur deutlich. Es handelte sich um den in Stralsund lebenden pensionierten kaiserlichen Vizeadmiral Hugo Langemak (1869–1937), der ein Bruder des führenden Konservativen Paul Langemak war, der 1912 für den Reichstag kandidiert hatte.

Die nationalistische Welle im Gefolge der Krisen des Jahres 1923 spülte die Völkischen nach oben. Sie hatten seit dem Frühjahr 1923 in Greifswald großen Erfolg. Die Versammlungen waren mit bis zu 300 Teilnehmern oft überfüllt. Plakate mit Hakenkreuzen und antisemitischen Parolen lockten das Publikum. Auch hier ging es um den Kampf gegen die äußeren und inneren Feinde der Nation. Revanchistische Töne zur Außenpolitik waren

---

[19] Leick, Ristau und Hoge verband ein starkes berufliches und ehrenamtliches Engagement für die Verbesserung der Situation von Unterprivilegierten, sei es materiell oder ideell. Leick engagierte sich für die Volkshochschule, Ristau arbeitete auf dem Sozialamt der Stadt und war Pfleger für Arme, Hoge kümmerte sich um die Kriegsopfer. Sie bemühten sich offenbar, den Kampf gegen soziale Mißstände auf diesem Wege mit ihrer nationalen Gesinnung in Einklang zu bringen. Die Professoren waren ausnahmslos Naturwissenschaftler. Leick nahm dabei, völkisch-nationalistisch gewendet, eine liberale Tradition der Bildungsvereine auf. Das verwundert nicht, denn sein Vater – möglicherweise auch er selbst – war vor 1918 Mitglied der Linksliberalen. UA. Personalakte Leick, Nr. 238. Ferner H. MATTHIESEN, Die Schuld, 1996.

[20] Die internen Querelen zwischen den Generationen und die sozialen Konflikte in der als ›Großdeutsche Volksgemeinschaft‹ firmierenden völkischen Richtung sind nachzulesen bei U. SCHRÖDER, Zur Entwicklung, 1993, S. 201 ff.

selbstverständlich. Angriffe gegen den demokratischen Staat und sein System sowie gegen die Arbeiterparteien rundeten das Profil ab, das sich soweit nicht von den üblichen deutschnationalen Positionen unterschied. Abweichungen gab es allein in der Radikalität, mit der die Forderungen vorgebracht wurden, und in der dahinter zu vermutenden Handlungsbereitschaft.

Die Völkischen griffen die DNVP an einem besonders empfindlichen Punkt an, nämlich in der Frage der grundsätzlichen Daseinsberechtigung von Parteien im konservativ-nationalen Milieu. »Bemerkenswert war, daß während der Aussprache [...] an den bestehenden und gewesenen Parteien kein gutes Haar gelassen wurde.«[21] Das war ein Angriff auch auf die DNVP als Partei, die in dieser Frage lieber indifferent blieb, das Parteiwesen nur für schädlich hielt, insofern es um die anderen Parteien ging. Sie ließ lieber Unklarheit, um sich eine breite Basis zu sichern und keine Gruppe zu verprellen. Zwar lehnten sie die Republik und ihren Parlamentarismus ab, gleichzeitig hatte sie jedoch Interessen beispielsweise der Landwirtschaft zu vertreten. Deswegen konnte sie nicht in Fundamentalopposition gehen.

Hier preschten die Völkischen vor. Sie mußten keine Rücksichten auf ein Parteienvorfeld nehmen. Neu war ferner die betont offensive Haltung der NSDAP gegen die Juden, die für die ökonomischen und politischen Krisen verantwortlich gemacht wurden. Antisemitismus war auch der DNVP nicht fremd, besonders in Wahlkämpfen rührte sie gerne solche Themen auf. Allerdings blieb die Partei dabei meist im Rahmen traditioneller, eher christlich-protestantischer Vorstellungen.

Besonders zündend war die offensive Vertretung einer nationalen Idee des Sozialismus, die Karpenstein und Corswand gerne in den Vordergrund rückten und die ihnen als prägnante und neue Metapher für die bereits übliche Gemeinschaftsorientierung diente. Denn Sozialismus verstanden sie zweifellos nicht im Sinne von KPD oder SPD. Nationalsozialismus hörte sich jedoch nach einer großen Synthese zweier unversöhnlicher Antagonismen an. Sie sprengten damit den gesellschaftlichen Rahmen, wie ihn die Polarisierung der Revolutionsphase bewirkt hatte. Die reinrassige Volksgemeinschaft sei die Lösung für die scharfen innergesellschaftlichen Konflikte Deutschlands. »Es dürfe keine Kluft zwischen Bürger und Arbeiter geben.« Das deckte sich durchaus mit den gesellschaftspolitischen Strategien von Landbund und DNVP zur friedlichen Integration der Arbeiter in eine große Gemeinschaft, war jedoch deutlich radikaler, denn offenbar sollte die hierarchische Gliederung der Gesellschaft angetastet werden, die Landbund und DNVP verteidigten.

Die DNVP begriff schnell, daß ihr hier eine radikale Parteibewegung Konkurrenz machte, indem sie mit gleichen, nur verschärften und zugespitzten Sammlungsparolen warb und gleichzeitig versprach, die Distanz zur Arbeiterbewegung zu überwinden. Gefährlich war der Angriff vor al-

---

[21] Angaben aus Bericht des Magistrats vom 1.3.1924, in: VpLA. Rep. 65c, Nr. 913.

lem deshalb, weil er auch aus den eigenen Reihen kam und von prominenten Personen vorgetragen wurde wie Vahlen, Jarmer oder Leick. Die Konservativen grenzten sich daher öffentlich ab, allerdings nicht zu scharf, denn die gerade gewonnene Einheitlichkeit und Verflechtung im nationalen Lager wollten sie nicht gefährden. Sie waren es außerdem gewohnt, mit verschiedenen Organisationen und Parteien in der Führung des Milieus zu kooperieren. Die DNVP schickte deswegen Diskussionsredner zu den völkischen Versammlungen. Man stritt sich öffentlich, aber wenig engagiert.[22] All das blieb im Rahmen der üblichen Wahlkampfaktivitäten. Intern aber wie zum Beispiel im Stahlhelm hielten gemäßigte und radikale Nationalisten zusammen.[23] Ein gewisses Maß an parteipolitischer Differenz war auszuhalten. Wenn Völkische allerdings die Solidarität brachen, wie einer ihrer Führer in Pommern, der Gutsbesitzer von Bodungen, indem er prominenten Landbundmitgliedern wie von Behr-Behrenhoff »jüdische Versippung« vorwarf, dann traf ihn der Bannstrahl. Man verhängte den Boykott und zog ihn vor das Ehrengericht der Adelsgenossenschaft.[24]

Kommunal konnten die Völkischen und Nationalsozialisten der DNVP noch nicht das Wasser reichen. Ihnen fehlte eine Tiefenstruktur im konservativ-nationalen Lager, sie waren zunächst nur eine neue Partei, eine von vielen. Aber eine besonders ansprechende, die auf der Woge des Nationalismus seit 1923 Erfolge feierte. 8,5 Prozent oder 1187 Wähler votierten im Mai 1924 für den radikalen Reichstagskandidaten Vahlen. Das lag über dem Reichsschnitt von 6,5 und dem Ergebnis in Pommern von 7,3 Prozent. Bei der Wahl im Dezember zog Vahlen rund 1390 Stimmen oder 9,6 Prozent auf sich und steigerte damit seinen Erfolg noch, entgegen dem deutlich fallenden Trend im Reich, wo die Völkischen nur noch drei Prozent erreichten (Pommern 4,2 Prozent). Zur Reichspräsidentenwahl am 29. März 1925 bewog Ludendorff nur rund 500 Wählern oder 3,6 Prozent, für ihn zu stimmen. Am 4. Mai 1925 stimmten 3,2 Prozent der Wähler für die Bürgerschaftsliste des ›Völkischen Blockes‹. In dieser Größenordnung verharrte das völkisch-nationalsozialistische Wählerpotential seitdem.

Die Gründe für den Niedergang der Völkischen waren zu einem guten Teil hausgemacht und hatten mit der aufgeputschten Radikalität zu tun, die der ›Franzosenmontag‹ noch gesteigert hatte. Die nationalistische Hysterie in der Stadt war noch nicht abgeklungen, als am 11. August der Verfassungstag anstand, den alle Nationalisten als Symbol des Staates von Weimar aufrichtig verabscheuten. Vahlen war als Beamter und amtierender Prorektor der Universität verpflichtet, diesem Tag seine Referenz zu erweisen. Er nutzte seine Verfügungsgewalt über die Schlüssel der Hochschule jedoch

---

[22] Magistratsbericht vom 1.3.1924, in: VpLA. Rep. 65c, Nr. 913.

[23] Dr. Jarmer war im Frühjahr 1926 Kameradschaftsführer der Gruppe ›Süd‹ im Stahlhelm, auch Landwirt Roloff-Helmshagen taucht als potentieller Gründer einer Stahlhelmortsgruppe in den Akten auf. VpLA. Rep. 65c, Nr. 997.

[24] U. SCHRÖDER, Zur Entwicklung, 1993, S. 201.

zu einem demonstrativen Coup, indem er die schwarz-rot-goldene Reichsfahne auf dem Hauptgebäude der Universität eigenhändig einholte und
wegschloß.[25] Das war eine grobe Beleidigung der Republik und stand unter
Strafe. Zunächst schützte ihn seine Immunität als Reichstagsabgeordneter.
Als er jedoch im Dezember nicht wiedergewählt wurde, entließ sein sozialdemokratischer Dienstherr Vahlen fristlos. Die Rachsucht der preußischen
Regierung ging so weit, daß man ihm auch den Anspruch auf ein Ruhegehalt
entzog.[26]
        Der spektakuläre Fall kühlte den Übermut der radikalen Nationalisten
erkennbar ab. Die Partei zerfiel. Eine ganze Reihe ihrer Mitglieder stand
im Dienst des Staates. Sie mußten sich künftig zurückhalten. Interne Probleme zwischen der mehr völkisch-nationalistischen und der eher nationalsozialistischen Richtung beschleunigten den Abstieg der frühen NSDAP.
Die Bewegung verlief sich und sank auf das Niveau eines Biervereins ab.[27]
Die demonstrative Härte des Staates gegen den Prorektor war flankiert von
Kompromißbereitschaft gegenüber den gemäßigten angeklagten Nationalisten des ›Franzosenmontags‹. »Im Interesse der Ruhe der Bevölkerung«, sei
ein »Riesenbeleidigungsprozeß« zu vermeiden, er bringe nur eine neue Er-
regungswelle über Vorpommern, gab der Regierungspräsident dem zuständigen Minister am 21. Januar 1925 zu bedenken.[28]
        So verlief die Affäre schließlich im Sande. Das lag durchaus im Interesse
der DNVP, die aus der Angelegenheit die Erfahrung mitnahm, wie die hemmungslose Radikalisierung des Nationalismus ihr auch schaden konnte. Je
radikaler die NSDAP auftrat, desto inkonsequenter und wenig handlungs-
bereit erschien die DNVP. Diese Einsicht war Grundlage für die Mäßigung
in der politischen Auseinandersetzung, die nach 1924 eintrat und die ein
Moratorium des Konfliktes zwischen dem konservativ-nationalen Milieu
und der Republik brachte. Beide Seiten gaben nach und eröffneten damit
den Weg für eine oberflächlich ruhige und stabile Entwicklung in der Mittelphase der Weimarer Republik.
        Die NSDAP mußte das Milieu nicht erobern oder für sich gewinnen. Sie
war schon bei ihrer Entstehung in Vorpommern integrierter Bestandteil und
wuchs aus dem Milieu heraus. Wichtige Eliten ließen sich für die Sache des
radikalen völkischen Nationalismus gewinnen. Daß eine solche Parteineu-
bildung auf der Basis des radikalen Nationalismus erfolgreich war, zeigt, wie
wenig fest das Verhältnis von DNVP und konservativ-nationalem Milieu
trotz der wachsenden Wählerzahlen und der zunehmenden Integration

---

[25] Darstellung der Ereignisse in der Beschwerdeschrift der Demokraten an den Kultus-
     minister, 26.8.1924, in: UA. Personalakte Vahlen, Nr. 270.
[26] UA. Personalakte Vahlen, Nr. 270, passim.
[27] U. Schröder, Zur Entwicklung, 1993, S. 210. So die Einschätzung Vahlens.
[28] Die Empfehlung kam vom Greifswalder Oberstaatsanwalt Wandesleben, selbst DVP-
     Mann und Nationaler, wie sein pensionierter Berufskollege Hübschmann, dessen Sohn
     betroffen war. VpLA. Rep. 76, Landgericht Greifswald, Nr. 2252; ferner VpLA.
     Rep. 65c, Nr. 973.

geknüpft war. Eine erfolgversprechendere Partei oder ein attraktiver Spitzenkandidat konnten einen Parteiwechsel herbeiführen.

Die Argumentationen und die Aktion gegen den ›Franzosenmontag‹ schälen die Vielschichtigkeit von Motiven und das Verständnis von politischer Legitimation und Autorität seitens der Konservativ-Nationalen heraus. Der ›Franzosenmontag‹ belegt, wie sich konservativ-nationale Positionen mit Heimatstolz und Bürgersinn gegen die Republik verbanden, die mit dem fernen Berlin, der ungeliebten Metropole, assoziiert wurde. Die Politiker des konservativ-nationalen Milieus stellten ihre Forderungen mit Bezug auf das Recht der Mehrheit am Ort. Auch nach ihrem Verständnis legitimierte folglich die größere Zahl politisches Handeln. Liberaldemokratisch war das aber nicht gemeint, denn ihr fehlte die Einsicht in die Notwendigkeit eines politischen Wettbewerbs. Sie lehnte freie Meinungsäußerung ab.[29] Das Recht der Mehrheit war totalitär gedacht.

6. Zwischenbilanz: Die Konservativen werden Milieupartei

Der Jubel in Greifswald war groß, als nach der ersten Abstimmung zur Reichspräsidentenwahl Anfang April 1925 bekannt wurde, daß Hindenburg als gemeinsamer Kandidat der rechten Parteien antreten würde. Der Held von Tannenberg, der standhafte kaiserliche Feldherr kehrte in die Politik zurück. Auch die Kirche, die schon seit 1915 am Kult um den Feldmarschall teilnahm, gab ihren Segen.[1] Das konservativ-nationale Milieu hatte einen Kandidaten gefunden, mit dem es sich über Parteirivalitäten hinweg identifizierte. Die ersehnte Führerfigur, die Gemeinschaft stiftete, war endlich gekommen. Rund 67 Prozent der Greifswalder Wahlberechtigten gaben ihm ihre Stimmen. Diese Zahl markiert die Stärke des konservativ-nationalen Milieus in der Stadt. Theoretisch war es möglich, über einen engeren Kernbereich des Milieus hinaus die konservativ-nationalen Kräfte unter einem Ziel zu bündeln. Bei der Wahl Hindenburgs gelang dies das erste Mal.

Vergleicht man den Prozeß der Abschließung und Verdichtung des nationalen Wählerlagers zum Milieu unter konservativer Führung, dann fallen deutlich die Parallelen zum katholischen und sozialistischen Milieu Ende des 19. Jahrhunderts auf. Auch hier organisierten und verdichteten sich eher lose gebundene Bevölkerungsgruppen zum Milieu, weil sie sich vom Staat, von anderen Teilen der Gesellschaft sowohl weltanschaulich und religiös als auch konkret lebensweltlich unter Druck gesetzt und ausgegrenzt fühlten. Auch hier setzte sich eine vorhandene politische Partei, eine Elite an die

---

[29] Besonders deutlich ist dieses Argumentationsmuster bei der Rede Vahlens auf einer Protestversammlung am 12.8.1924, Beschwerdeschrift vom 26.8.1924, in: UA. Personalakte Vahlen, Nr. 270.
[1] W. KLÄN, Evangelische Kirche, 1995, S. 17.

Spitze dieser Gesellschaftsteile und wurde zum Agenten der Interessen des Milieus. Die Abgrenzung nach außen korrespondierte mit einer auf Handlungsautonomie zielenden Organisation von Interessen und Bedürfnissen im Milieuinneren. Das ließ sich bei der Ausformung des konservativ-nationalen Milieus, der nachholenden Milieubildung nach 1920 genauso auch beobachten.

Die DNVP vermochte indes zu keinem Zeitpunkt eine ähnliche Stellung zu gewinnen wie Zentrum oder SPD. Ihre Erfolge 1924 und vor allem der Höhepunkt milieuinterner Einigkeit 1925 bei der Wahl Hindenburgs dürfen über Defizite des entstehenden Milieus nicht hinwegtäuschen. Die Wahlergebnisse der DNVP hatten sich beständig gebessert, sie stieß aber an Grenzen, die ihr die soziale Heterogenität und die mangelnde Parteitreue des Milieus setzten. Es war zwar unverkennbar, daß die Verdichtung des antisozialistischen Wählerlagers, die nachholende Milieubildung und die Abschottung einer konservativ-nationalen Gegengesellschaft in ihrer Hochburg Greifswald in erster Linie den Deutschnationalen nützte. Es war ebenso deutlich, daß es den Konservativen in der Region gelungen war, bei diesem Ausbau die Führung zu übernehmen. Offenbar behielt aber trotz der milieuhaften Verdichtung die politische Tradition Gültigkeit, wonach die Bindung an eine Partei andere politische Optionen nicht ausschloß. Die DNVP wurde nicht zur alleinigen Repräsentantin des Milieus. So war die Situation der Konservativen zum Zeitpunkt ihres größten Erfolges 1924/25 paradox. Sie hatte ein Milieu im Rücken und war deren wichtigste Partei. Das Milieu selbst wollte aber eigentlich keine Partei als Repräsentanz, sondern war immer wieder auf der Suche nach einer besseren Vertretung in Bünden, Verbänden oder Bewegungen.

Die stärkste weltanschauliche Klammer des Milieus war der nationale Gemeinschaftsgedanke, der sich in der Formel von der nationalen Volksgemeinschaft verdichtete. Die DNVP und ihr Milieu entsprachen diesem Ideal nur sehr bedingt. Die Partei war nicht nur mit dem Geruch behaftet, trotz behaupteter Fundamentalopposition eben doch eine normale Partei zu sein, sie war überdies eine Oberschichtpartei, keine breite Volksvertretung. Sie war gleichzeitig keine besonders starke Repräsentantin des Milieus. Sie schaffte die starke und feste Bündelung nicht, die gemäß der nationalen Gemeinschaftsorientierung an und für sich gewünscht war. Die DNVP war zu wenig die Partei einer Volksgemeinschaft. War auch die äußere Geschlossenheit von Milieu und Partei bisweilen groß, so waren die inneren Bruchlinien doch unübersehbar. Das Organisationsleben zerfiel in Unterbestandteile bei der Kirche, im Mittelstand oder der ländlichen Welt. Die konkurrierenden Aktionsausschüsse mußten mühsam koordiniert werden. Die Heterogenität zwang die DNVP, die gemeinschaftsorientierte Weltanschauung in den Vordergrund zu rücken. Dabei wurde nur um so deutlicher, daß sie selbst diesem Ideal kaum entsprach.

Der Nationalismus stieg unverkennbar zur wesentlichen Klammer auf und wuchs sich unter dem Eindruck der fortgesetzten Krisen zur Utopie der nationalen Volksgemeinschaft aus. Damit eröffnete sich im Milieu neben der Religion eine diesseitige politische Perspektive, die dem verbreiteten Bedürfnis nach Hoffnung auf Überwindung der liberalen Demokratie entsprach. Der Konservatismus wuchs in eine neue Qualität hinein, er legte seine Utopieunfähigkeit ab und hatte damit großen Erfolg. Schließlich war die Religion auch keine Angelegenheit, die Protestanten ohne weiteres unmittelbar mit Politik in Verbindung setzten.

Nun war die DNVP nicht die einzige nationalistische Partei, und es bleibt die Frage, warum ausgerechnet sie seit 1920 in der Region Pommern diesen Erfolg hatte und die Führung übernehmen konnte. Ein ganzes Bündel von Faktoren ist zu berücksichtigen. Am wichtigsten dürfte jedoch die Rolle der Landwirtschaft in der Region sein. Ihr ökonomisches Gewicht und die ungebrochene Bedeutung ihrer Eliten, die wohl die bedeutendsten Träger konservativer Gesinnung und Weltanschauung waren, sorgten für den politischen Erdrutsch in der Stadt. Die konservativen Eliten verkörperten in der Krise eine starke regionale politische Tradition. Das versprach Halt und Orientierung. Die städtische Bevölkerung hielt sich nach 1918 für gezwungen, sich politisch neu zu positionieren. Vor allem die harte und entschlossene Haltung der ländlichen Eliten in der Auseinandersetzung mit den Landarbeitern ließ die DNVP die Spitzenposition im Sammlungsprozeß gewinnen. Da ländliche und städtische konservative Eliten eng miteinander verbunden waren, sich über die Bindung an Preußen, die Religion, an das Militär und an gemeinsame Werte festigten, strahlte die Entwicklung auch in die Stadt aus und ließ den überlebten Stadt-Land-Konflikt aus der Politik einfach verschwinden.

Der zweite wesentliche Punkt für den Aufstieg der DNVP dürfte im regionalen Gewicht der Kirche zu suchen sein, deren politische Orientierung an der DNVP und an konservativen Grundsätzen der Entwicklung weitere Schubkraft gaben. Diese beiden überdies noch eng miteinander verklammerten Verhältnisse machten die Konservativen herausragend stark. Sie gaben die regional so überzeugende Botschaft aus, daß alles so bleiben müsse, wie es war, damit es wieder besser werden könne. Die Konservativen und nicht die Liberalen wurzelten tief in der bodenständigen regionalen Mentalität und Identität. Und sie sträubte sich gegen jede Veränderung. Daher übernahm die DNVP die Interessenvertretung der Region gegenüber den als bedrohlich empfundenen Entwicklungen im Reich. Der Aufstieg der DNVP war deutlich Ausdruck eines politischen Regionalismus.[2]

Die Eroberung des alten Mittelstandes durch die Partei war dritter wesentlicher Punkt für den Erfolg der DNVP. Das politische Verhalten des alten Mittelstandes orientierte sich nur zu einem geringen Teil an der übergeordneten politischen Ebene. Er war aber weder politisch isoliert noch

---

[2] Region ist ein Aspekt, der in den älteren, modernisierungstheoretischen Erklärungsmustern regelmäßig zu kurz kommt. Es gab das einheitliche Staatsvolk nicht. Die Regionen sind nicht über einen Leisten zu schlagen.

orientierte er sich einseitig nach materiellen Gesichtspunkten und politisch opportunistisch.[3] Die Spannbreite seiner Wahlentscheidung bewegte sich im Rahmen der nationalen Parteien. Er war allerdings weit stärker an den lokalen und regionalen politischen Gegebenheiten interessiert. Er bildete ein lokales Submilieu, das sich in der Krise erst orientieren mußte, weil er bis dahin die politische Interessenvertretung auf höherer Ebene an Parteien delegiert hatte, ohne sich besonders für deren Politik zu interessieren. Der Mittelstand verteidigte nunmehr aggressiv seine Existenz und seine Lebenswelt, die untrennbar mit Besitzmentalität, lokalen und familiären Traditionen und dem Kaiserreich verbunden war.[4] All das sprach die DNVP weit besser an als die DDP. Gleichwohl blieb es bei einer Verknüpfung von altem Mittelstand und Partei über Honoratioren. Handwerker und Kaufleute wurden nicht insgesamt als Mitglieder für die Partei erschlossen.

Aufs Ganze gesehen, liegt der Schluß nahe, daß die Menschen in der Region weit weniger von Parteipolitik geprägt waren, als es den Anschein hatte. Daß ausgerechnet der Krieg und das Kriegsende diese rasche und umstürzende Entwicklung in Gang brachten, deutet auf einen geringen Grad der Parteipolitisierung vor 1914 hin. Die Zahlen hoher Wahlbeteiligung täuschen insofern einen Zustand fester Bindung nur vor. Tatsächlich sorgte erst das Kriegsende für eine tiefgreifende Politisierung in der Stadt und in der Region. Sie wurde von der DNVP aufgenommen. Die zweite, rasch folgende Welle der Inflation lief in Teilen bereits an der DNVP vorbei. Die Gesellschaft war mit den traditionellen Formeln der DNVP nicht mehr zu bannen. Religion, nationale Weltanschauung und Rückwärtsgewandtheit halfen wenig gegen die existentiellen Bedrohungen.[5] Der Prozeß der zunehmenden Milieuintegration wurde daher abgebremst und brach schließlich ganz ab.

Die DNVP war im Kern die alte konservative Partei; sie erneuerte und erweiterte sich jedoch durch erfahrene Offiziere, die gewöhnt waren, Führung zu übernehmen. Auf diese Weise wuchs die Partei stark und schubartig in die stadtbürgerlichen Schichten hinein. Mit den strukturellen Verwerfungen ihres sich bildenden Milieus war die Partei indes schnell überfordert; außerdem verpaßte sie die Chance, die nachholende Milieubildung mit einer durchgreifenden Organisierung zu koppeln. Die Macht der DNVP ruhte 1924 auf den Säulen Landbund, Stahlhelm und nationalistische Vereine, Kirche und Universität, nicht auf der Partei.[6] Diese Säulen stützten

---

[3] In Abgrenzung zu den Thesen von H. A. Winkler, die in der Einleitung dieses Kapitels wiedergegeben sind.
[4] Das ist eine sehr normale politische Verhaltensweise, keineswegs rückwärtsgewandt. M. R. Lepsius, Extremer Nationalismus, 1966, S. 54–62.
[5] Der eingangs aufgeworfenen These, die Parteien hätten sich zu wenig um die konkreten Nöte des Mittelstands gekümmert, ist zuzustimmen. Unterstützung jenseits weltanschaulicher Parolen bekamen die Bäcker und Fleischer von der DNVP nicht.
[6] Der eigentliche Schlüssel zu den Konservativen sind deswegen nicht allein die Parteien, sondern mindestens ebenso diese Bünde und Verbände. Stellt man sie gleichberechtigt

die DNVP nicht als komplette Organisationen, sondern immer vermittelt über wenige Führungspersonen. Die starke Rolle einzelner Honoratioren in der DNVP blieb daher unverkennbar. Sie brachten ihre gesellschaftliche Position in die Parteiarbeit ein, waren indes nie überwiegend der Partei verpflichtet. Die DNVP blieb Honoratiorenpartei. Sie schaffte den Schritt zur Massenpartei nicht, die breitere Schichten unmittelbar integriert hätte. Ihr Vorfeld erreichte zudem keinen direkten Einfluß in der Partei. Die Partei ließ sich das Problem der Bindung einer Massenbasis vom Stahlhelm, von den Vereinen und vom Landbund abnehmen und begab sich damit in Abhängigkeiten.

Es sind im konservativ-nationalen Milieu personenzentrierte Honoratiorenstrukturen erkennbar, vor allem in seinem ländlichen Segment. In der Stadt nahm das Gewicht der Organisationen zu[7], jedoch nicht soweit, daß es die Macht der Honoratioren gefährdet hätte. Unverkennbar blieb die DNVP damit eine Angelegenheit verschiedener Oberschichten. Ihre Anhängerschaft war indes weit heterogener und vor allem auch in wirtschaftlich oder nach Prestige weit tiefer anzusiedelnden Schichten beheimatet.

Faßt man diese Befunde zusammen, dann kann man von einer gefährdeten Integration des Milieus sprechen. Personennetzwerk und Kommunikationszusammenhänge waren eng geknüpft und auf utopische politische Ziele ausgerichtet, sie waren in Teilen religiös verklammert. Partei und Milieu waren jedoch nur lose aneinander gebunden. Die DNVP teilte sich die Vertretung des Milieus mit einer gemäßigteren Partei, der DVP, und wenigstens einer radikaleren Partei, den Völkischen und Nationalsozialisten. Im Lager der nationalen Parteien verkörperte die DNVP daher nicht nur die Mehrheit, sondern vor allem die Mitte. Trat sie zu gemäßigt auf, verlor sie nach rechts. War sie zu radikal, kollidierte sie mit der republikanischen Staatsmacht oder förderte die Sache ihrer noch radikaleren Konkurrenz.

Dieses Dilemma der DNVP mit ihrem konservativ-nationalen Milieu war Grundlage der ruhigen Jahre der Weimarer Republik. Es gab eine Art unausgesprochenen Kompromiß. Die staatlichen Stellen agierten vorsichtig mit der Partei und räumten ihr Meinungsführerschaft auf der lokalen Ebene in ihrer Hochburg Greifswald ein. Man provozierte die Nationalisten nicht mehr unnötig, verzichtete darauf, die staatliche Macht tatsächlich auszuüben, die Maßstäbe der Republik bis in die pommersche Provinz auszudehnen. Dafür unterließ die DNVP Zuspitzungen wie beim ›Franzosenmontag‹ und kooperierte bisweilen über die Milieugrenzen hinweg. Aufgehoben waren die grundsätzlichen Konflikte damit nicht.

---

neben die Partei, verlieren Thesen von ›vormoderner Parteienfeindschaft‹ oder ›politischer Bindungsscheu‹ deutlich an Gewicht.

[7] Die Konservativen einfach den personenzentrierten Milieus zuzuordnen, wie Naßmacher vorschlägt, ist nicht angebracht, K. H. NASSMACHER, Liberale Subkultur, 1979, S. 75.

Defensive Hegemonie und neue Krise 1924–1930

1. Der Verfall der Basis

Die Parteien des nationalen Lagers, DVP, Wirtschaftspartei, DNVP und NSDAP, die für die Bevölkerungsgruppen des konservativ-nationalen Milieus wählbar waren, bröckelten nach der Wahl des Reichspräsidenten leicht ab. Zogen sie 1925 insgesamt noch 66,5 Prozent der Stimmen auf sich, waren es bei der Landtags- und Reichstagswahl 1928 nur noch rund 60 Prozent. Bei den Provinziallandtagswahlen sank dieser Wert für das Provinzparlament noch einmal auf etwa 57 Prozent, während gleichzeitig die Kommunalparteien des nationalen Segments 67 Prozent der Wähler für sich mobilisierten. Zur Reichstagswahl 1930 stiegen die Werte wieder auf 60 Prozent an. Die Integrationsschwäche der nationalen Parteien war offenbar überwunden. Lagerintern kam es jedoch zu tiefgreifenden Verschiebungen zuungunsten von DNVP und DVP.

Erreichte die DNVP zur Provinziallandtagswahl 1925 ihr prozentual bestes Ergebnis mit 51,8 Prozent der Stimmen, so fiel sie bis zum September 1930 auf 23,6 Prozent zurück und verlor im Vergleich zu ihrem besten Ergebnis rund 3000 Stimmen. Noch bei der Provinziallandtagswahl im Herbst 1929 hatte es mit rund 5000 Stimmen und 40 Prozent für die Konservativen gar nicht so schlecht ausgesehen. Ähnlich erging es der DVP, die von den 13 bis 14 Prozent, die sie Mitte der zwanziger Jahre erreichen konnte, im September 1930 nur noch vier Prozent übrig hatte. Sie verlor von ihren 2000 Wählern gut zwei Drittel. Auffällig ist in Greifswald, daß diese Verluste nicht der Wirtschaftspartei zugute kamen, deren bestes Ergebnis lag 1928 bei nur vier, 1929 bei 5,7 Prozent. Lediglich kommunal und mit der Zugkraft prominenter Greifswalder Mittelständler verstärkt, zog diese Partei mehr Wähler an. Auch die übrigen Splitterparteien kamen nicht voran. Das unterschied die Region von vielen anderen Gebieten Deutschlands. Es gab keine ›Zwischenwirte‹ beim Wechsel der Parteiloyalität. Offenbar tauchten Wähler nationaler Parteien kurzfristig in das Lager der Nichtwähler ab, oder sie gingen gleich zur NSDAP, die 1928 in Greifswald schon rund 3,5 Prozent erreichte, gegenüber einem Reichsdurchschnitt von 2,6 Prozent. Schon bei den Wahlen im November 1929 schaffte die NSDAP den Durchbruch, indem sie kommunal 7,1 Prozent der Stimmen und auf der Provinzebene am gleichen Tag 9,5 Prozent gewann. Nur zehn Monate später schlug die NSDAP die DNVP in ihrer eigenen Hochburg. Mit rund 4500 Stimmen, das entsprach 30,2 Prozent, hatte sie einen Erdrutschsieg errungen. Sie brachte den nationalen Parteien den wachsenden Anteil. Offenbar begann sie, zur neuen Repräsentantin des konservativ-nationalen Milieus zu werden.

Offensichtlich war die Wählerschaft der nationalen Parteien schon vor dem Beginn der Weltwirtschaftskrise 1929 in Bewegung und wanderte nach rechts. Das bestätigt die eingangs erwähnten Forschungsergebnisse. Die deutschnationale Hegemonie im konservativ-nationalen Milieu zerbrach in einer Phase, in der die DNVP unangefochten das lokale Terrain beherrschte.

Die Situation der Parteien außerhalb des konservativ-nationalen Bereichs war Mitte der zwanziger Jahre niederschmetternd. Weder die Republikaner in DDP und SPD noch DVP oder NSDAP erweckten den Eindruck, als könnten sie jemals die DNVP beerben. Die Republikaner mobilisierten nach einer Schwächeperiode 1923 und 1924 nur noch zwischen 20 und 25 Prozent der Wählerstimmen. Die Kommunisten hatten ihre Hochphase in der Inflationskrise rasch überschritten und zogen bis 1928 nur rund neun Prozent der Wähler an. Die DDP war nach ihrem Niedergang ohne Unterbau zurückgeblieben. Die Partei hatte noch rund 100 Mitglieder in der Stadt, die sich vornehmlich aus den alten Männern und Frauen der Vorkriegsliberalen, Beamten und Lehrern sowie als Rückgrat aus den Spitzenbeamten einiger Behörden zusammensetzten. Die Demokraten profitierten von der Patronagepolitik der republikanischen Regierung. Oberpräsident, Regierungspräsident, fast alle Landräte, die Leiter von Arbeitsamt und Finanzamt waren dank ihres Parteibuches auf ihre Stellen gekommen.[1] Sie bildeten die Vorposten demokratisch-sozialdemokratischer Demokratisierungspolitik. Konservative und Liberale hatten somit ihre Vorkriegspositionen getauscht.

Dieser Umstand bot der DNVP beständigen Anlaß zur Polemik. Wichtige Figuren der Demokraten waren die Professoren Fritz Klingmüller und Konrat Ziegler, die in ihrem Kollegenkreis weitgehend isoliert waren. Über das Reichsbanner, das rund 350 Mitglieder hatte, war die DDP an die SPD gebunden. Die Führung des Reichsbanners war zeitweilig paritätisch aus beiden Parteien besetzt.

Die SPD war die stärkste gegnerische Partei. Dank ihrer festen Basis in der Stadt und ihrem wohlorganisierten politischen Vorfeld bewahrte sie sich – und in ihrem Schlepptau auch der DDP – gewisse politische Möglichkeiten. Sie verfügte über eigene Publikationen und kam auf rund 300 Mitglieder, die sich aus Beschäftigten mit einer festen Anstellung und einem gesicherten Einkommen zusammensetzten. Diese Fach- und Staatsarbeiterpartei erlitt 1926 einen starken Rückschlag, als die Reichsbahnwerkstatt endgültig schloß und viele Arbeiter nach Eberswalde zogen. Das nahm der Gewerkschaft und den Arbeiterparteien den Rückhalt im einzigen Großbetrieb, den die Stadt besaß, und verschob die Machtposition weiter zu-

---

[1] Als Beispiel für eine Polemik gegen diese Tatsache, Greifswalder Zeitung, 17. 1. 1928.

Tabelle 6: Wahlen[1] in der Stadt Greifswald 1925–1930[2]

Wahl	Datum	Wahlber.	Wähler/ Wahlbet.	KPD	SPD	DDP
Provinziallandtag	29.11.1925	–	9522	917	1816	455
				9,6%	*19,1%*	*4,8%*
Preußischer Landtag	20.05.1928	17928	14759	1376	3330	846
			82,3%	*7,6%*	*18,6%*	*4,7%*
				9,3%	*22,6%*	*5,7%*
Reichstag	20.05.1928	17928	14968	1384	3378	874
			83,4%	*7,7%*	*18,8%*	*4,8%*
				9,3%	*22,7%*	*5,8%*
Kommunalwahl	17.11.1929	–	12352	1279	2739	mit DVP
				10,4%	*22,2%*	
Provinziallandtag	17.11.1929		12291	1321	2827	430
				10,7%	*23,0%*	*3,5%*
Reichstag	14.9.1930	ca. 16999	14789	1575 *10,6%*	3136 *21,2%*	572 *3,9%*

[1] Siehe auch Fußnoten Tabelle Wahlen 1919–1925; Greifswalder Zeitung vom 1.12.1925;
22.5.1928; 18.11.1929; 15.9.1930.
[2] *Kursive* Prozentzahlen beziehen sich auf die abgegebenen Stimmen.
Recte Prozentzahlen beziehen sich auf die Stimmberechtigten.

gunsten der DNVP.[2] KPD und SPD waren über die Gewerkschaft und die
sozialistischen Vereine aneinander gebunden. Der Radfahrerverein ›Solidarität‹ mit rund 85 Mitgliedern und der ›Internationale Bund der Kriegs-
beschädigten‹ mit 250 Mitgliedern waren wie die Arbeitersamariter oder
der Arbeitersportverein ›Fichte‹ solche gemeinsamen Basisorganisationen.
Man traf sich im Gewerkschaftshaus an der Stralsunder Straße.

Die KPD verkörperte so etwas wie die arme und häßliche Schwester der
SPD, denn die rund 80 Mitglieder der Kommunisten stammten ganz offensichtlich aus den eher unteren Arbeiterschichten. Als Kampforganisation
gab es seit 1925 den Rotfrontkämpferbund, der auf etwa 60 Mitglieder kam.[3]
Schlagkräftig waren die Greifswalder Kommunisten nur, wenn sie aus Stettin und Stralsund Verstärkung heranbrachten. Alles in allem war die Konkurrenz der Deutschnationalen schwach und ohne breiten Rückhalt, die
radikale Partei im Lager der Gegner war unbedeutend. Die übermächtige
Stellung der Konservativ-Nationalen drängte die drei Strömungen eng um
die ›Mittelpartei‹ SPD zusammen.

Die DVP gehörte zu jenen Parteien, die im Freund-Feind-Schema der
Konservativen als noch akzeptabel galten. Der Dissens zwischen den beiden

---

[2] K. SCHREINER (Hrsg.), 1958, S. 107. Die dort genannten Zahlen – sowohl die Menge der
entlassenen Arbeiter als auch die Zahl der Arbeitslosen in der Folge – sind bei weitem zu
hoch angegeben.
[3] Meldung der Stadt an das Regierungspräsidium vom Sommer 1927, in: StA. Rep. 6 P,
Nr. 221.

Zent.	DVP	WP	DNVP	NSDAP	Zerspl.	Datum	Wahl
–	1270	133	4931	–	–	29.11.1925	Provinziallandtag
	13,3%	*1,4%*	*51,8%*				
275	1819	594	5770	530	219	20.05.1928	Preußischer Landtag
1,5%	*10,1%*	*3,3%*	*32,2%*	*2,9%*	*1,2%*		
1,9%	*12,3%*	*4,0%*	*39,1%*	*3,6%*	*1,5%*		
277	1859	581	5828	558	228	20.05.1928	Reichstag
1,5%	*10,4%*	*3,2%*	*32,5%*	*3,1%*	*1,3%*		
1,8%	*12,5%*	*3,7%*	*38,9%*	*3,7%*	*1,5%*		
–	1155	1895	4418	866	–	17.11.1929	Kommunalwahl
	9,3%	*15,4%*	*35,8%*	*7,1%*			
160	477	711	4923	1173	269	17.11.1929	Provinziallandtag
1,3%	*3,9%*	*5,7%*	*40,0%*	*9,5%*	*2,2%*		
180	589	335	3488	4467	447	14.9.1930	Reichstag
1,2%	*4,0%*	*2,7%*	*23,6%*	*30,2%*	*3,0%*		

Parteien betraf vornehmlich die Außenpolitik. Rund 150 Mitglieder zählte die Partei in Greifswald. Sie stand nach dem Rückzug Thaers unter der Leitung des Arztes Dr. Zimmermann, später dann des Staatsanwaltes Wandesleben, der 1931 wiederum durch Thaer abgelöst wurde. Die Partei verfügte über keine geschlossene Unterstützergruppe in der Bevölkerung, hatte jedoch noch gewissen Rückhalt in der Kaufmanns-Kompanie, bei Beamten der Kreis- und Stadtverwaltung, bei den Gerichten und in den Schulen. Prominentes Mitglied war der Landrat Kogge. Oberbürgermeister Fleischmann sympathisierte mit der Partei. Mitglieder wie der Buchdrucker Emil Panzig oder der Anwalt Dr. Rudolf Ollmann, Sohn des 1914 bei Tannenberg gefallenen Chefs der Nationalliberalen, Hermann Ollmann, hatten weitreichende familiäre Bindungen in der lokalen Gesellschaft, blieben aber eine Ausnahme.[4] Die Mitglieder der Partei entstammten den gleichen gehobene Sozialschichten der Stadt, aus denen sich auch die DNVP rekrutierte, hatte jedoch im lokalen Vereinsnetzwerk keine Basis. Im Unterschied zur DNVP hatte die DVP auch keine besonderen Bindungen an die Region, sie verzichtete auf die Betonung einer preußischen Identität, die für die DNVP stets hohe Bedeutung hatte. Auch die Religion, auf die sich die DNVP gerne berief, war für die DVP trotz bestehender Verbindungen zur Kirche kein Thema. Die Deutsche Volkspartei war eine sehr nüchterne Partei, die den Emotionen in der Politik wenig Raum gab.

Rechts von der DNVP agierten die Völkischen, als deren stärkste Organisation sich erst langsam die NSDAP herausschälte. Mitte der zwanziger Jahre waren die Völkischen in einem bemerkenswert schlechten Zustand. Der NSDAP-Gauleiter Theodor Vahlen mußte nach seinem Desaster vom

---

[4] Ollmann jun. war Vorsitzender des ›Vereins ehemaliger 49er‹, aktiver Tennisspieler und als Abkömmling einer bekannten Familie tief in der lokalen Gesellschaft verwurzelt.

Herbst 1924 noch einmal ganz von vorn mit dem Parteiaufbau beginnen.
Die lokale völkische Partei wurde 1926 aufgelöst, um einer Neugründung
als NSDAP Platz zu machen.[5] Bei den Auseinandersetzungen in diesem
Zusammenhang, die sich vor dem Hintergrund von Grundsatzkonflikten
zwischen deutschnational-völkischen Kräften mit den Anhängern Hitlers
abspielten, verlor die NSDAP den eher bürgerlichen Anhang, der bei den
Völkischen noch vorhanden gewesen war.[6] So war der Kyffhäuserchef Dr.
Hoge 1924 Propagandaredner der NSDAP geworden und hatte 1924 auf
Platz zwei der völkischen Kommunalliste kandidiert. Als er im März
1929 in das Bürgerschaftliche Kollegium nachrückte, war weder bei ihm
noch bei seinem Vorgänger Ristau von einer NSDAP-Mitgliedschaft die
Rede.[7]

Die NSDAP war nach diesen Veränderungen eine kleinbürgerliche Truppe um den Tischlermeister Walter Kropka und den Corpsdiener Gustav
Rothe. Treffpunkt und überregionale Parteizentrale war der Gemischt-
warenladen von Lotte Grünwald an der Langefuhrstraße schräg gegenüber
der Anatomie. Neben dem Verkauf von Suppenwürfeln widmete sie sich der
Gaukassenführung. Mit ihren Eltern und dem Bruder Walter bildeten sie
eine Greifswalder Gründerfamilie.[8] Der Musikalienhändler Fritz Luers
(geb. 1898)[9], der Laborant Anton Schiele, der immer wieder stellungslose
Arbeiter Albert Wiskow oder der Landarbeiter Erich Ebeling (geb. 1904)
rundeten das Profil einer Partei aus den unteren sozialen Schichten mit deutlichem Arbeiteranteil ab. Die Partei verfügte über keine nennenswerten Bindungen an das konservativ-nationale Vereinswesen. Es handelte sich fast
ausnahmslos um Existenzen am Rande der lokalen Gesellschaft. Allein Walter Grünwald ragte als Kaufmann und Mitglied der Bürgerschützen etwas
hervor.

Vahlens unrühmliches Ende als Professor belastete die Partei sehr stark.[10]
Er war nach seinem Coup mit der Fahne entlassen worden und in Schulden

---

[5] U. SCHRÖDER, Zur Entwicklung, 1993, S. 210ff.

[6] Als Beispiel die Auseinandersetzungen bei einer Rede von Graefes, Greifswalder Zeitung, 29.4.1928.

[7] StA. Rep. 6 Ia St, Nr. 8.

[8] StA. Rep. 6 Ia, Nr. 50. Im Nachruf zum Tode von Anna Grünwald, der Mutter von Lotte
und Walter, wird das hervorgehoben. Sie erhielt von der Partei einen Ehrensold von 75
Reichsmark im Monat, ebenso die Ehepaare Conrad im Schuhhagen und Sepke, Stralsunder Straße. Auch bei ihnen dürfte es sich um frühe NSDAP-Mitglieder gehandelt
haben.

[9] StA. Rep. 6 PB, Nr. 294, Personalakte Fritz Luers. Er war schon 1921 in die NSDAP
eingetreten, PG-Nr. 2540, gehörte von 1923 bis 1925 zum Völkisch-Sozialistischen
Block, dann ab 1925 zur NSDAP mit der PG-Nr. 8192.

[10] Der Magistrat beurteilte die Partei am 25.5.1927 folgendermaßen: »Die hiesige, z.Zt.
etwa 60 Mitglieder starke, Ortsgruppe war in früheren Jahren sehr rührig und unruhig.
In letzter Zeit ist die hiesige Ortsgruppe stark zurückgegangen, da der Ausgang des
Falles des Prof. Vahlen in Eldena stark ernüchternd gewirkt hat. [...] Solange die
Führung einer Ortsgruppe in den Händen derartiger Elemente (Corpsdiener Rothe,

geraten. Im Sommer 1927 resignierte er als Gauleiter und gelobte gegenüber der preußischen Regierung politisches Wohlverhalten, um wieder zu Einkommen zu gelangen. Hitler berief daher den Gutsbesitzer Walther von Corswand aus Kuntzow zu seinem Nachfolger. Er verlegte den Sitz der Gauleitung auf sein Gut bei Gützkow. Als Gründungsmitglied des Landbundes und Anteilseigner der Greifswalder Zeitung gehörte er zur ländlichen Oberschicht, in deren Reihen er aber ein Sonderling blieb. Goebbels charakterisierte ihn als »schwierig«, »ermüdend«, »schrullenhaft« und »doof«.[11]

Auf seinem Gut in Kuntzow unterhielt Corswand eine kleine Privatarmee von etwa 20 SA-Männern, die in der Landwirtschaft arbeiteten und die aktivste und diziplinierteste Gliederung der NSDAP in Vorpommern bildeten.[12] Im Frühjahr 1927 fiel die Partei den Behörden mehrmals unangenehm auf, weil sie gezielt die Konfrontation mit Kommunisten, Sozialdemokraten und der Polizei suchte. Dabei entpuppte sich Corswands Trupp als trainierte Straßenkampfabteilung. Für ein Verbot, das der Oberpräsident daraufhin forderte, reichte es aber nicht, weil Landrat und Magistrat einmütig der Meinung waren, dafür gebe es bei der geringen Bedeutung der Partei keine Handhabe.[13]

Während die NSDAP an Anziehungskraft verlor[14], blieb Jarmer als einziger bekannter und honoriger Bürger Mitglied in der Partei Hitlers.[15] Er war eine von allen konservativ-nationalen Honoratioren anerkannte wichtige Persönlichkeit der Stadt mit vielfältigen Ämtern und Verbindungen. Als Rechtsanwalt und Notar, der besonders die Pächter von großen Höfen betreute, als ehemaliger Offizier und Führer einer Stahlhelmgruppe, als Vorsitzender des ›Verbandes selbständiger Berufe‹, als Vorsitzender des ›Gemeinnützigen Vereins‹ und Mitglied zahlreicher anderer Vereine[16], als Sozius von Dr. Freytag, einem der wichtigen Männer im lokalen Stahlhelm, im Magistrat und in der DNVP, gehörte er zu den angesehensten Bürgern der Stadt. Das brachte der NSDAP Rückendeckung und Renommee, obwohl

---

hms.) liegt […], ist keine Gewähr für die Beachtung der bestehenden Gesetze gegeben.« Zitat aus Bericht des Magistrats an den Regierungspräsidenten, 25.5.1927, in: VpLA. Rep. 65c, Nr. 974.

[11] Zitiert nach U. Schröder, Zur Entwicklung, 1993, S. 213.

[12] Bericht des Landrates an den Regierungspräsidenten, 23.5.1927, in: VpLA. Rep. 65c, Nr. 974.

[13] Schriftwechsel und die Berichte in: VpLA. Rep. 65c, Nr. 974. Der Oberpräsident beugte sich dem Votum der unteren Behörden.

[14] Sehr plastisch als NS-Legende von Aufopferung, Volksgemeinschaft und Gemütlichkeit geschildert von H. Lohmann, 1933.

[15] Erklärung Jarmers o.D., in: BA. ehem. BDC, Ernst Jarmer, PK. Jarmer hatte die PG-Nr. 12729.

[16] VpLA. Rep. 77, Amtsgericht Greifswald, Nr. 5087, ›Gemeinnütziger Verein‹; dem ›Verein der selbständigen Berufe‹ stand Jarmer bis ca. 1929 vor, Verlag J. Abel (Hrsg.), Greifswalder Adreßbuch, 1925, S. 192. Ferner Vereinsregister, VpLA. Rep. 77, Amtsgericht Greifswald, Nr. 4777.

Jarmer sich nicht in die Politik einschaltete und zur Ortsgruppe wenig Kontakt unterhielt. Bis 1932 blieb er ein Einzelfall.

Die Konkurrenz der DNVP war insgesamt sehr schwach, nicht nur bei Wahlen. Die anderen Parteien waren entweder erklärte Gegner des Milieus oder sie waren unbedeutend wie die NSDAP. Trotz grundsätzlicher Wählbarkeit stellten sie keine wirkliche Alternative dar. Die Dominanz der DNVP in der Hochburg Greifswald war allein mit den Möglichkeiten dieser konkurrierenden Parteien kaum zu brechen.

2. Die Parteistrukturen der DNVP

Die DNVP war unangefochten die stärkste Partei unter jenen politischen Gruppierungen, die für die Menschen des konservativ-nationalen Milieus wählbar waren, und sie war insgesamt die in Greifswald und der Region führende Partei. Ganz offenbar entwickelten sich Partei und Milieu jedoch schon wieder auseinander, kaum daß sich das gesellschaftliche Substrat zum Milieu verdichtete. Die Partei war reich an Widersprüchen und ungelösten Problemen, die sich aus dem Systemwechsel 1918 ergaben, den die Partei nur halb und unzureichend nachvollzogen hatte.

Zunächst beeindruckte ihre Stärke in Greifswald. Die DNVP hatte Mitte der zwanziger Jahre rund 450 Mitglieder und war damit in Greifswald die stärkste bürgerliche Partei überhaupt. Auf 100 Wähler kamen etwa 2,7 Mitglieder, auf 100 Einwohner etwa 1,9.[1] Dieser Wert war für eine bürgerliche Partei, der allgemein Organisationsschwäche nachsagt wird, erstaunlich hoch. Die Partei zerfiel in einen ländlichen Teil, der mit dem Landbund weitgehend identisch war, und einen städtischen Teil, der eigentlichen Parteiorganisation. Verbindendes Element und Herzstück der Deutschnationalen war jedoch ein Wirtschaftsunternehmen: der Verlag der Greifswalder Zeitung.

Die Bedeutung der Mitgliedschaft für die Partei war gering. In der Organisation fielen keine Entscheidungen, hier herrschte ein wenig aktives Parteileben. Diskussionen kamen nicht vor. Nur vor Wahlen geriet die DNVP in Bewegung. Der Zusammenhalt war nur in einigen Zweigorganisationen etwas stärker ausgeprägt. Die Parteiorganisation in der Stadt band ihre Mitglieder über verschiedene Gruppen. Für die Männer gab es den allgemeinen Deutschnationalen Volksverein; daneben arbeiteten die DNVP-Frauengruppe, die ›Bismarckjugend‹ jeweils für Jungen und Mädchen, die DNVP-Studentengruppe und eine Arbeitersektion. Über die Stärke der Unterabteilungen ist wenig bekannt, die ›Bismarckjugend‹ hatte bis zu 70 Mit-

---

[1] Zum Vergleich: In Sachsen, der Hochburg des sozialdemokratischen Milieus, kam die SPD zur gleichen Zeit auf einen Wert von 2,8. F. Walter u.a., SPD in Sachsen und Thüringen, 1993, S. 55.

glieder, die Arbeiterabteilung zwischen 35 und 40. Einige dieser Parteigruppen waren auch zwischen den Wahlen aktiv. Bei der allgemeinen Partei, bei den Frauen und den Studenten standen Vorträge und politische Gespräche im Vordergrund, wobei Kontroversen nicht erkennbar waren. Die Mitglieder kamen in die Versammlungen, ließen sich ihre politischen Meinungen bestätigen, beteiligten sich jedoch wenig an den Aussprachen.

Das ehrenamtliche Element in der Partei war nur schwach entwickelt. Jede Parteiunterabteilung hatte ihren Vorstand. Den Vorsitz der Frauenabteilung hatte zu Beginn der zwanziger Jahre Julie von Wolffradt, ihr folgte Margarete Briest, die im November 1931 von Ilse Herrfahrdt abgelöst wurde. Sie war bis zum Schluß im Sommer 1933 Vorsitzende.[2] Die beiden erstgenannten Frauen stammten aus der kirchlichen Frauenarbeit und aus Großgrundbesitzerfamilien. Von den deutschnationalen Frauen gab es enge Verbindungen zum Stahlhelm, zu den karitativen und christlichen Vereinen, zu den Kirchen und zum Hausfrauenbund.[3] Die Studentenarbeit förderten Curschmann, von Behr-Bandelin, Dr. Heinrich Herrfahrdt und der Redaktionschef der Greifswalder Zeitung, Dr. Eichelbaum.[4] In der Hochschulpolitik ging die Gruppe in den gemeinsamen Wahllisten der Burschenschaften und Korporationen auf. Besondere Wirksamkeit erlangte die DNVP daher nicht. Die Arbeit der Gruppe war starken Schwankungen unterworfen, die sich aus dem häufigen Wechsel der Mitglieder ergaben. Die Gruppen der ›Bismarckjugend‹ wurden stets von erwachsenen Parteimitgliedern geleitet, Jugendliche waren in der Führung nicht präsent. Die wenigen Hinweise auf Mitglieder deuten an, daß die Parteijugend sich im wesentlichen aus Studenten und aus Kindern der in Stahlhelm und DNVP organisierten Familien zusammensetzte. Die deutschnationalen Arbeiter standen unter der Leitung des Lagerverwalters und Kassierers der Stadtwerke, Walter Schlesiger, und des Schmiedes Ernst Köppen.[5] Die Gruppe war eng mit der

---

[2] Sie war 1926 mit ihrem Mann nach Greifswald gekommen, der als ambitionierter Jurist und Wissenschaftler Privatdozent an der Universität und Richter am Landgericht wurde. Mit seinen Arbeiten zu berufsständischen und politischen Fragen gehörte er zu den Vordenkern der ›Konservativen Revolution‹, in deren Kreisen er in Berlin verkehrt hatte. Zu Heinrich und Ilse Herrfahrdt, VpLA. Rep. 76, Landgericht Greifswald, Nr. 788. Herrfahrdt geb. 1890 in Genthin, Vater Offizier, von 1908 bis 1911 aktiver Soldat, dann Studium, 1914 bis 1919 Kriegsdienst, zuletzt als Hauptmann und Bataillonskommandeur, dreimal verwundet, beide Eiserne Kreuze. Seine Frau Ilse, geb. Fischer, verw. Friedemann geb. 1889 in Bad Elster, Kriegerwitwe. Herrfahrdt folgte im Oktober 1933 einem Ruf nach Marburg. A. Mohler, 1994, S. 430.
[3] Es ist bekannt, daß die DNVP besonders von Frauen gewählt wurde. Daher handelt es sich um ein wichtiges Themengebiet dieser Studie. Leider war die Quellenlage äußerst ungünstig, wohl auch, weil die staatlichen Stellen dieses Milieusegment nicht sonderlich ernstnahmen und daher keine Beobachtungen vorliegen. J. W. Falter, Hitlers Wähler, 1991, S. 141. Ferner R. Scheck, 1997.
[4] Greifswalder Zeitung, 16.5.1928.
[5] Anmeldungen von Veranstaltungen der deutschnationalen Arbeiter von 1931, in: VpLA. Rep. 65c, Nr. 940.

Technischen Nothilfe und den wirtschaftsfriedlichen ›gelben‹ ›Vaterländischen Arbeiter- und Werkvereinen‹ verbunden.[6] Gesondert davon gab es den Landarbeiterflügel des Landbundes, den der Greifswalder Bezirksleiter der Arbeitnehmergruppe und Arbeitersekretär Ewald Hitz in der DNVP vertrat, für die er von 1928 bis 1933 im Preußischen Landtag saß.

Große Bedeutung hatte die Geschäftsstelle mit dem Geschäftsführer, meist einem ehemaligen Offizier. Zunächst hatte Korvettenkapitän a. D. Freiherr von Forstner kurze Zeit dieses Amt, bevor er nach Hessen ging, um dort Landesgeschäftsführer zu werden. Ihm folgte in den frühen zwanziger Jahren bis zum Frühjahr 1931 Major a. D. Hans Koch; sein Nachfolger wurde bis 1933 Julius Buck. Die Geschäftsführer trugen die Parteiarbeit auf den Dörfern, indem sie dort Versammlungen einberiefen und als Redner auftraten. Sie leiteten die Jugendarbeit; bei Major Koch beteiligte sich auch seine Frau, sie betreute die Mädchengruppe der ›Bismarckjugend‹.

Gegenüber den frühen zwanziger Jahren war die Partei erheblich ausgebaut und spezialisiert. Das war nicht mehr die Komiteepartei, wie sie 1919 noch deutlich in der DNVP zu erkennen gewesen war. Sie war in Teilen zu einer Mitgliederpartei geworden, sie hatte vor allem ein Angebot für den Parteinachwuchs geschaffen. Gleichwohl war die Bedeutung dieser Mitgliederpartei gering. Politik machte diese Partei nicht. Ihre Funktion war Werbung und Mobilisierung meist vor Wahlen sowie die politische Nachwuchsarbeit. Die Partei hatte die Funktion einer permanent besetzten Zuschauertribüne für die Aktionen der eigentlich aktiven Honoratioren. Die Partei war somit eine Mischung aus alter Honoratiorenpartei und einer Mitgliederpartei, die sich nur halb entwickelt hatte.

Die zentrale Einheit der Partei war die Greifswalder Zeitung. Die Geschäftsstelle der DNVP residierte im Gebäude der Zeitung, die als Parteiblatt und Lokalzeitung mit Monopol im nichtsozialistischen Greifswald das ökonomische und damit auch organisatorische Rückgrat der Partei bildete. Major Koch wurde als Redakteur beschäftigt und war vom Verlag für die Parteiarbeit teilweise freigestellt; er erhielt sein Geld von der GZ.

Die Zeitung war ein äußerst potentes Wirtschaftsunternehmen; sie hatte Mitte der zwanziger Jahre eine Auflage von rund 10000 Stück, Anfang der dreißiger lag sie bei rund 12000. 1924 beschäftigte sie um 100 Mitarbeiter. Ihr gehörten mehrere Gebäude in der Innenstadt.[7] Publizistisch beherrschte sie die Stimmung in der Stadt und war wesentlicher Rückhalt für das konservativ-nationale Milieu und seine Partei. Die Lokalredaktion betreute Otto Wobbe (1868–1945), der aus einer altansässigen Familie stammte,

---

[6] Schlesiger, geb. 1888, war Sohn eines Greifswalder Schusters, hatte bei Rechtsanwalt Tramm den Büroberuf gelernt und wollte eigentlich danach als Farmer in die Kolonien gehen. Diesen Lebensplan ließ der Krieg scheitern. Er blieb daher in Greifswald und betätigte sich seit 1919 bei Kriegervereinen, beim Stahlhelm und in der DNVP. Lebenslauf vom 3. 11. 1947 in: BA.-Dahlwitz, Walter Schlesiger, Zentralarchiv, ZE 43 873.

[7] Verlag J. Abel (Hrsg.), Geschäftsbericht, 1924 und 1928.

DNVP-Mitglied war und sich als Dichter und Heimatforscher einen Namen gemacht hatte.[8]

Der Zeitungsverlag war eine GmbH, deren Anteile Mitgliedern des Landbundes und der DNVP gehörten. 1930 waren die 12 500 Anteile in der Hand von 110 Personen.[9] Unter den Eigentümern aus den Kreisen des Landbundes war der lokale Großgrundbesitz aus den Kreisen Greifswald, Grimmen und Demmin stark vertreten.[10] Bei den städtischen Mitgliedern der DNVP war es offenbar notwendig, einen Anteil zu erwerben, wenn man in der Politik mitreden wollte. So waren Kähler, Pels-Leusden, Tramm oder Rechtsanwalt Graul unter den Anteilseignern. Die Besitzerversammlung wählte in jedem Jahr zehn bis 13 Geschäftsführer aus ihrer Mitte, die als eine Art Aufsichtsrat fungierten. Dieses Gremium wiederum bestimmte einen Vorsitzenden und einen aktiven kaufmännischen Verlagsgeschäftsführer. Hier lagen die wohl wichtigsten Positionen im Netzwerk der Partei.[11]

Die Geschäftsführergruppe war neben und mit dem eng verflochtenen Vorstand der Partei die zentrale Handlungs- und Entscheidungsinstanz der DNVP in der Region Greifswald. Der Verlagsleiter, der Redaktionsleiter und der Lokalchef gehörten informell zum DNVP-Vorstand. In den Besprechungen der Zeitung, in den Redaktionsstuben und Büros wurden wesentliche Leitlinien lokaler Politik gezogen. Aus der GZ kam schließlich das Geld für die politische Arbeit, hier befaßte man sich den ganzen Tag mit politischen Fragen und hatte entsprechend Zeit, Drähte zu ziehen und Entscheidungen vorzubereiten. Im Geschäftsführergremium des Verlages hatte indes der Grundbesitz in der Regel ein zahlenmäßiges Übergewicht. Das Blatt war ferner über die Vera-Verlagsgesellschaft, die als ›Beraterin‹ auftrat, mit dem Hugenberg-Konzern verbunden.

Als Verbindungsleute der lokalen Partei und ihres Milieus zu übergeordneten politischen Ebenen, zum Land und zum Reich fungierten vor allem die lokalen Landtagsabgeordneten, die nach Thaers Abgang aus der Politik bis zum Aufstieg der NSDAP in Greifswald allein aus den Reihen der Konservativen kamen. Auch in der Außendarstellung war Greifswald somit von der DNVP dominiert. Bei der Besetzung der Positionen zeichnete sich die übliche Zweiteilung in Stadt und Land ab. Von 1919 bis 1928 saß Wilhelm Kähler im Preußischen Landtag. Als Landbundabgeordneter der DNVP für

[8] O. Wobbe, Erinnerungen, 1919. Wobbes Memoiren beleuchten die Geisteshaltung der von Krieg und Umsturz zutiefst getroffenen Greifswalder Bürger besonders deutlich. Das Buch ist außerdem ein guter Spiegel der Gesellschaft der Vorkriegszeit.

[9] Gutachten von 1946 o. 1948 o. D., in: ACDP. III-036-041.

[10] Unter anderen Bismarck-Bohlen auf Carlsburg, Schwerin-Ziethen, Becker-Eldena, Wallis-Stillow, Briest-Boltenhagen, von Corswand-Kuntzow oder von Lefort-Papendorf.

[11] Von der Übernahme der Zeitung als Parteiblatt bis zu seinem Tod im Mai 1928 leitete Karl Beykuffer die Geschäfte. Seine Nachfolger kamen nicht mehr aus Greifswald, sondern wurden außerhalb angeworben. Von 1929 bis 1936 leitete der Pfarrerssohn Max Liedtke (1894–1955) Verlag und Redaktion. Er kam aus Berlin nach Greifswald. Die Kirche, 23.10.1994, Ostsee-Zeitung, 18.10.1994.

die großagrarischen Interessen trat von 1924 bis 1932 Hansjoachim von Rohr aus dem nahen Demmin (1888–1971) für die Region auf. Er war Vorsitzender des Pommerschen Landbundes und prominenter Agrarpolitiker.[12] Die zweite Garnitur der Partei verkörperten die Vertreter der DNVP in den Gremien der Provinz. Hier war bis 1928 vor allem Friedrich Pels-Leusden tätig.[13] Daneben wirkte der alte Landrat Graf Behr-Behrenhoff und Paul Langemak aus Stralsund. Die Ebene der Provinz war somit das Aktionsfeld der alten konservativen Eliten aus der Vorkriegszeit.

Die DNVP hatte einen Kreisvorsitzenden, der immer aus der Stadt kam. Von 1919 bis zu seinem Tod im Mai 1927 bekleidete Tramm diesen Posten. Gleichzeitig war er Vorsitzender der GZ-Geschäftsführerversammlung. Ab März 1928 wurde der Stahlhelmaktivist Freiherr von Forstner sein Nachfolger, was eine Gewichtsverschiebung innerhalb des konservativ-nationalen Netzwerkes verdeutlichte.[14] Nicht die Partei dominierte den Stahlhelm, sondern umgekehrt, der Stahlhelm bekam langsam die Partei in den Griff. 1929 oder 1930 folgte indes Kähler von Forstner nach, der offenbar Interessenkollisionen seiner Ämter befürchtete.[15] Schon im Jahr darauf löste der seit 1928 in Greifswald wohnende neue Rektor des Gymnasiums, Prof. Dr. h. c. Karl Friedrich Schmidt (1873–1951), Kähler ab.[16] Er blieb bis zum Ende 1933 auf diesem Posten.[17]

Die Wahl nahm der Vorstand oder Kreisausschuß vor, der über 20 Personen umfaßte. Kampfabstimmungen oder Personalkontroversen gab es nicht; wahrscheinlich ergänzte sich der Vorstand in einem Akklamationsverfahren, wobei die Vorschläge der führenden Figuren ausschlaggebend waren. Offenbar gehörten die Vorstände der DNVP-Abteilungen zu dieser Runde, ferner die leitenden Herren der Greifswalder Zeitung und die führenden Kommunalpolitiker. Neben exponierten Figuren wie die Magistratsmitglieder Levien oder Graul, der Sprecher der Fraktion in der Bürger-

---

[12] Seit 1924 war dort für kurze Zeit bis zu seinem Konkurs der Tischlerobermeister Robert Lewerenz Abgeordneter. Er sollte Gallionsfigur des neugewonnenen Mittelstandes sein. Seit Mitte der zwanziger Jahre bis 1933 gehörte der Dorfschullehrer Karl Hans Kickhöffel (geb. 1889) aus Jeeser im Kreis Grimmen nahe Greifswald dem Parlament an. Er war führend im Deutschen Imkerbund tätig. Zeitweilig saß er im Präsidium des Landtages. Von 1928 bis 1933 war der Landbund-Arbeitersekretär Ewald Hitz aus Greifswald ebenfalls Mandatsträger. Seine politische Arbeit in der Region blieb undeutlich.

[13] Rechtfertigungsschreiben Pels-Leusdens vom 19.4.1933, in: UA. Personalakte Pels-Leusden, Nr. 553.

[14] Forstner rühmte sich, Erfinder und Betreiber der Hochverratsvorwürfe gewesen zu sein, die Friedrich Ebert vor den Gerichten in politische Schwierigkeiten brachten. G. G. VON FORSTNER, November-Spuk, 1938, S. 229–235.

[15] Greifswalder Zeitung, 2.3.1928. Von Forstner wurde vom Kreisausschuß der Partei gewählt. E. OBERNDÖRFER (Hrsg.), Noch 100 Tage, 1993, S. 31, nennt gleichzeitig Wilhelm Kähler als Ersten Kreisvorsitzenden, der bis Mai 1928 im Landtag saß, dann jedoch der Landespolitik den Rücken kehrte und den Schwerpunkt seiner Arbeit wieder nach Greifswald verlegte. Formal bekleidete er diesen Posten offenbar nicht.

[16] H. F. CURSCHMANN, 1997.

[17] K. F. W. Schmidt, Lebenserinnerungen.

schaft, Paul Andrich, Verlagsleiter Max Liedtke oder Vorstandsmitglied Friedrich Curschmann, saßen dort auch einige graue Eminenzen wie der Gymnasiallehrer Dr. Hermann Fraude (1882–1952) oder der Zahnarzt Schievelbein.[18] Dieser Vorstand tagte unregelmäßig und nur bei Bedarf. Den Gang der Politik bestimmte er ganz eindeutig nicht. Formelle Abstimmungen über Politik oder über Projekte kamen nicht vor. Das Tagesgeschäft erledigten die führenden Männer unter sich; die Politik bestimmten die führungsgewohnten Offizierspolitiker der Partei, die ihren unabhängigen Honoratiorenstatus trotz ihrer Einbindung in die Organisation behielten.

Ganz offensichtlich war die Parteiorganisation nicht die wesentliche Ressource politischer Macht. Informelle Zirkel hatten vermutlich eine größere Bedeutung als die nach Satzung zuständigen Ebenen der Partei. Einer dieser Zirkel war der Stammtisch in der Domburg, einer Gastwirtschaft gegenüber der Kirche Sankt Nikolai.[19] Hier verkehrten vom Stahlhelm Professor Glawe, Hauptmann Jacoby und Major Hartmann, von Forstner und Schievelbein, von der DNVP Professor Luther und Levien, von den Kriegervereinen Pastor Strahl, Rechtsanwalt Hoge von den Völkischen. Hinzu kamen parteilose Gesinnungsfreunde aus der städtischen Oberschicht, wie der Anwalt Drewitz, die Zahnärzte Peters und Schröder, Ratsapotheker Nitzelnadel oder die Richter Medem und Perlberg. Mit ihnen saßen eine ganze Reihe von Großgrundbesitzern am Tisch. Hinzu kam der örtliche Garnisonschef Major Nichterlein mit einigen Offizieren seines Stabes. Hier kamen die Spitzen des lokalen konservativ-nationalen Milieus zusammen. Sie alle zeichnete eine gehobene soziale Stellung aus. Viele waren in Partei, Verband oder Verein tätig.

Was führte diese Männer an solchen Treffpunkten zusammen? Viele von ihnen waren Jäger und gingen gemeinsam auf den Besitzen der Landwirte ihrem Hobby nach. Auch der Jagdverein für Vorpommern und Rügen bildete letztlich einen solchen informellen Zirkel. Hier waren Hoge, von Voss-Wolffradt, Pels-Leusden, Drewitz und der Bauunternehmer Adolf Schumann aktiv, später ein wichtiger Mittelstandspolitiker.[20] Auf den Jagdgesellschaften in den abgelegenen Hütten wurde kräftig politisiert. Geselligkeit mit der Aussicht auf informelle Gespräche bot auch die Reichswehr. Rechtsanwalt Jarmer berichtete: »Ich gehe gelegentlich zu den im Kasino stattfindenden Herrenabenden, bei denen alle Herren der Stadt, soweit sie sich in führender Stellung befinden, eingeladen sind und in der Hauptsache der Landgerichtspräsident, der Landrat, der Oberbürgermeister und Universitätsprofessoren teilnehmen.«[21] Wer hier dabei war, der hatte in der

---

[18] Namensnennungen in der Greifswalder Zeitung, passim. Ferner Darstellungen der Entscheidungsmechanismen in der Partei von Frühjahr 1933, in: StA. Rep. 6 PB, Nr. 128.

[19] Von Forstner war ein begnadeter Gelegenheitsdichter: Günter Georg Freiherr von Forstner, Stammtisch-Betrachtungen zum 70. Geburtstag des Herrn Präsidenten, Domburg, 22. August 1926, in: UB-Sammelmappe, Gesellige Vereine, Bd. 2.

[20] VpLA. Rep. 77, Amtsgericht Greifswald, Nr. 5128.

[21] Vernehmungsprotokoll Ernst Jarmer vom 23.3.1926, in: VpLA. Rep. 65c, Nr. 997.

Stadt wirklich etwas zu sagen und genoß hohes Ansehen. Bei solchen Zusammenkünften, vor oder nach dem offiziellen Teil, beim Bier und auf der Jagd sprachen die Honoratioren über politische Fragen. An allen diesen Zirkeln waren keine Demokraten beteiligt. Stadt und Land verdichteten sich auch gesellig konservativ-national zu einem Milieu.

Bei allen Strukturen der Konservativen in der Region Greifswald fällt die Zweiteilung auf: In der Stadt gab es eine Parteiorganisation der DNVP, die ganz offensichtlich Mitte der zwanziger Jahre wichtiger Aktionsausschuß des konservativ-nationalen Milieus war. Auf dem Land aber übernahm die ländliche Milieuorganisation des Landbundes alle Aufgaben der Interessenvertretung und Politik, von der Tarifpolitik bis hin zur eigenständigen Repräsentanz.[22] Auf dem Land gab es keine Partei, dort gab es das dörfliche konservative Milieu unter der Führung des Großgrundbesitzers. Eine zusätzliche Partei war nicht notwendig, weil der Landbund offenbar genügte und sich über seine Führungsschicht an die DNVP koppelte. In den Gremien der Partei tauchten die Agrarier daher selten auf. In den informellen Zirkeln und bei der Greifswalder Zeitung aber machten sie ihren Einfluß massiv geltend. Die politische Spitze des konservativ-nationalen Milieus war daher eigentlich eine Doppelspitze. Der städtische DNVP-Vorsitzende stand neben den Landbundchefs Ruge-Ranzin und Rohr-Demmin, die offiziell in keinem Parteigremium saßen. DNVP-Politik war nur in enger Abstimmung dieser beiden Zweige möglich, auch deshalb waren die informellen Zirkel so wichtig.

Die tatsächliche Macht der Politiker beruhte stark auf ihrer gesellschaftlichen Stellung, ihrer Verwobenheit in Vereinen und Verbänden und wenig auf Posten und Positionen in der Partei. Nach dem unerwarteten Tod von Rechtsanwalt Tramm, der wie die Spinne im Netz alle Fäden in der Hand gehalten hatte, verteilten sich die Machtzentren etwas stärker. Freiherr von Forstner schöpfte sein Renommee aus seinem U-Boot-Heldentum und hatte seine Hausmacht im Stahlhelm; als eine Art militaristischer ›Maitre de Plaisir‹ rückte er bis an die Spitze der Partei vor. Politisch hatte er aber nur wenig zu sagen und kaum Einfluß. Paul Andrich dagegen gehörte nur zum Parteivorstand, bezog seinen erheblichen Einfluß in der Stadt aber aus seiner Beredsamkeit und seiner Stellung als Fraktionssprecher der Bürgerschaftsfraktion. Max Liedtke war in der Partei und im Vereinswesen unbedeutend, nahm aber über die GZ wesentlichen Anteil an den politischen Entscheidungen in der Stadt. Die machtvolle Zentralfigur der Greifswalder DNVP war nach dem Tod von Tramm sicherlich Wilhelm Kähler, der das Greifswalder Terrain in aller Regel jedoch weitgehend den Lokalpolitikern überließ.

Auffällig waren bei dieser Führungsspitze drei weitere Punkte. Erstens fiel die hohe Kontinuität der Vorkriegskonservativen und der in der Revo-

---

[22] Dazu ein Beispiel aus Frankfurt/Oder, R. Müller, 1992, zur Gestaltung der Beziehung zwischen DNVP und Landbund. Hier sahen die Verhältnisse ähnlich aus.

lution politisierten Männer in den entscheidenden Positionen auf. Es rückte bis 1930 kaum jemand nach. Zweitens war der langsame Aufstieg der Männer aus dem Wehrvereinswesen in die Politik bemerkenswert; offenbar entwickelte sich dieser Weg politischer Nachwuchsrekrutierung zum wesentlichen Karrierepfad im konservativ-nationalen Milieu. Es stiegen aber keine neuen Gruppen auf, sondern die politisierten Offiziere des Weltkrieges in den Wehrvereinen orientierten sich nur stärker in Richtung Politik. Drittens fällt der fast völlige Ausfall von politischem Nachwuchs in der Parteiarbeit auf. Hier kam nur Walter Graul (1900–1973) voran, der seit 1927 als Rechtsanwalt in Greifswald selbständig tätig war und seit 1920 der DNVP angehörte. Seit Mai 1931 gehörte er dem Magistrat und den Führungsgremien der DNVP an. Er sollte für die Konservativen nach 1945 eine wichtige Rolle spielen. Ansonsten fehlten die jungen Männer trotz der intensiven Nachwuchsarbeit. Kein aktiver Politiker der DNVP war nach 1900 geboren. Diese Altersgruppe der meist nicht mehr aktiv am Krieg beteiligten Männer fehlte in der Partei. Offenbar waren geschlossene Kungelrunden am Stammtisch oder belanglose Parteiversammlungen eher unattraktiv für junge Männer. Sie wurden in den Zirkeln der Oberschicht nicht als gleichwertig akzeptiert, weil es ihnen an Lebensalter und an Stellung in der Gesellschaft fehlte.

Als politische Repräsentantin des konservativ-nationalen Milieus zeigte die DNVP mithin deutliche Anzeichen von Stagnation und mangelnder Entwicklungsdynamik. Zwar hatte sie Merkmale einer Mitgliederpartei angenommen, sie funktionierte aber nach den Gesetzmäßigkeiten einer Honoratiorenpartei und war daher weit stärker vom politischen Vorfeld abhängig, als man mit Blick auf die hohen Mitgliederzahlen vermuten könnte. Stahlhelm und Landbund als die beiden wesentlichen Stützen der Partei waren unzuverlässige Grundlage für eine Partei, denn beide verstanden sich ja als überparteilich und nicht parteipolitisch gebunden. Insofern versickerte unbemerkt die Bindekraft der konservativen Partei entgegen ihrer äußeren Stärke und ihrem machtvollen Auftreten.

3. Politischer Alltag und seine Kultur

Der Eindruck von Stärke ergab sich aus dem lange Zeit widerspruchsfreien Zusammenwirken der Milieurepräsentanten, ihrer Organisationen und der Partei auf allen Ebenen der Politik. Dieses Bild ergab sich aus der festen Verankerung der DNVP und ihrer weltanschaulichen Orientierung in der alltäglichen Praxis politischen Lebens, aus den ritualisierten Feiern und Festen, die die gesamte nichtsozialistische Bevölkerung mobilisierten und fest in das Milieu einbanden. Der nationale Kult und die ihn tragenden Vereine beherrschten das tägliche politische Leben der Stadt. Der Kult war getragen von den bereits geschilderten Beschwörungen nationaler Gemeinschaft und überdeckte daher ganz von allein die Widersprüche, die sich gleichwohl auch hier deutlich abzeichneten. Denn obwohl es diesen eindrucksvoll gestalteten und mitreißenden Kult um das Vaterland und die Gemeinschaft der Deutschen unter der Mitwirkung und Führung der DNVP gab, setzte sich die NSDAP am Ende durch. Das wirft die Frage nach den Bruchstellen innerhalb des Milieus und nach den Schnittstellen von Weltanschauung und Ordnungsvorstellung des konservativ-nationalen Milieus mit denen der NSDAP auf.

Schon die Zahl der Mitglieder im nationalen Partei-, Vereins- und Verbandswesen beeindruckte. Die Angaben vom Sommer 1927 geben ein recht präzises Bild. Demnach verfügte die DNVP über 400, ihre ›Bismarckjugend‹ über 70 Mitglieder, die DVP lag bei 150, die Nationalsozialisten bei 60. Der Stahlhelm hatte 350 Mitglieder, sein Jungstahlhelm 60, der Jungdeutsche Orden nur 40. Die Regimentsvereine der Krieger waren rund 840 Mann stark, der Kriegerverein hatte 440 Mitglieder.

Doch nicht nur das politische Organisationswesen war relevant, denn auch die übrigen Vereine waren politisch aktiv oder zumindest mobilisierbar. Im November 1925 gab der Landrat des Kreises Greifswald die folgende Einschätzung: »Ich bemerke auch noch, daß zahlreiche andere Vereine, wie Kriegervereine, Reitervereine, Schützenvereine vorübergehend politischen Charakter annehmen können, wenn Personen in führende Stellung kommen, die politische Agitation betreiben. [...] Es kommt auch vor, daß Vereine im allgemeinen unpolitisch sind, zu einer Frage, z. B. Reichspräsidentenwahl aber, wenn von irgend einer Spitzenorganisation an sie herangetreten wird, politisch Stellung nehmen.«[1] Das gesamte Vereinsnetzwerk war demzufolge politisch zu aktivieren, wenn Eliten die Vereine entsprechend führten. Daß dabei nur die nationalistische politische Richtung in Frage kam, war offensichtlich, denn über sie bestand in den Vereinen Einigkeit.[2]

Abgrenzung nach außen und Integration nach innen blieben die wesentlichen Kennzeichen des konservativ-nationalen Milieus in Greifswald auch nach 1924. Das drückt sich in der politischen Kultur sehr deutlich aus. Die lokale Gegengesellschaft grenzte sich nach der Niederlage in der Straßenschlacht am Franzosenmontag und nach dem Waffenstillstand mit der Republik jedoch auf einer symbolischen Ebene von ihren Gegnern ab. Eine allzu aggressive Betonung weltanschaulich begründeter radikaler Forderungen war gefährlich für die eher gemäßigte DNVP, weil das die Gegensätze hervorgekehrt hätte. Daher verlegte sie sich auf eine andere, weniger konfrontative Methode, ihre Inhalte und Ziele zu pflegen und zu betonen. Die

---

[1] Schreiben des Landrats an den Regierungspräsidenten vom 23.11.1925, in: VpLA. Rep. 65c, Nr. 960.
[2] StA. Rep. 6 P, Nr. 221. Es ist deutlich, daß die Stadt Greifswald nur sehr zurückhaltend an den Regierungspräsidenten berichtete, was damit zu tun haben mag, daß der Polizeidirektor Schmidt selbst aktiv in diesem Netzwerk war, u. a. bei den Bürgerschützen. Die Stadtverwaltung schirmte überdies die Gegenwelt ab, um Ärger in der Stadt zu vermeiden.

Auseinandersetzung wurde permanent mit Ritualen und Metaphern geführt, die sofort als Demonstrationen erkannt wurden, weil sich das konservativ-nationale Milieu damit unzweideutig identifizierte. Es handelte sich nicht nur um Kampfmittel, sondern diese Ausdrucksformen der konservativ-nationalen politischen Kultur selbst integrierten das Milieu. In dieser politischen Kultur drückte sich die gemeinsame Gesinnung aus, die der Gegenwelt die notwendige ideologische Klammer gab. Die politische Kultur war damit das eigentliche Band des Milieus und verdient einen genaueren Blick, weil sie den Alltag durchdrang, sich mit Freizeitaktivitäten verband, lokale Tradition vereinnahmte, kurz, in der ganzen Lebenswelt präsent war und deshalb das politische Denken und Handeln stark beeinflußte. In den Liedern, Ritualen und Feiern drückte sich der konservativ-nationale Konsens aus, jeder konnte durch Teilnahme an dieser politisch-kulturellen Praxis Gemeinschaft erleben und sich politische Gewißheit verschaffen.[3]

Gleichzeitig sagt die Praxis dieses nationalen Kultes etwas über die organisatorische Struktur des Milieus aus, seine Eliten und ihre internen Verknüpfungen. Es war dieser Zusammenhang von Organisation und politisch-kultureller Praxis, über den die Sozialisation der Jugend in das Milieu hinein erfolgte, der dem Milieu Halt und Festigkeit gab. Was aber machten diese Vereine konkret, wie sah die Vereinsroutine aus, was mobilisierte die Jugendlichen für den Jungstahlhelm, die Frauen für den Luisenbund, und wodurch wurde das Netzwerk zusammengehalten?

a) Vereinsroutinen: Feiern, Schießen und Heldenkult

Die Vereine und Gruppen trafen sich regelmäßig. Die aktiveren kamen einmal in der Woche an einem festgelegten Abend im Vereinslokal zusammen. Die weniger aktiven versammelten sich nur einmal im Monat. Einmal im Jahr war Hauptversammlung. Bei den Schützen kamen von rund 120 Mitgliedern etwa 30 zu den monatlichen Kompanieversammlungen, rund 70 bis 80 aber zur Hauptversammlung.[4] Die etwa 200 deutschnationalen Handlungsgehilfen, 70 Prozent aller organisierten kaufmännischen Angestellten der Stadt, mobilisierten 35 bis 40 Mitglieder in jedem Monat.[5] Solche Versammlungen hatten eine Tagesordnung, die festen gemeinschaftsstiftenden Regeln folgte. Das gab der Besprechung prosaischer Vereinsangelegenheiten den übergeordneten Rahmen.

Die Mädchen und Frauen in Stahlhelm oder ›Bismarckjugend‹ handarbeiteten bei ihren wöchentlichen Treffen, bastelten, sangen, wanderten, übten Volkstänze und hörten gemeinsam Geschichten.[6] Man brachte ihnen karita-

---

[3] G. L. MOSSE, 1993.
[4] StA. Rep. 58, L 8, Berichte der Bürgerschützen.
[5] Jahresbericht 1928, in: StA. Rep. 58, M 3, Protokollbuch des DNHV.
[6] Greifswalder Zeitung, 10.1.1928, ›Bismarckjugend‹ der DNVP, die Mädchen handarbeiteten, die Jungen turnten.

tive Gedanken nahe, vor allem die Kranken- und Verletztenpflege.[7] Darin unterschieden sie sich nicht von den anderen Frauenorganisationen wie den Hausfrauen unter der Leitung von Frieda Dankert, die sich allerdings nur monatlich trafen, sich fachliche Vorträge anhörten, kulturell und national erbauliche, aber auch christliche und soziale, alles ein wenig politisch, gemütlich gemeinsam bei Kaffee und Kuchen.[8] Letztlich war dies auch eine Vorbereitung auf den möglichen Dienst an der Heimatfront.

Die politischen Jugendorganisationen des Stahlhelm und die ›Bismarckjugend‹ boten vordergründig sportliche Aktivitäten an.[9] Zum geselligen Programm gehörten Feiern, Ausflüge und Freizeitlager. Der Jungstahlhelmführer Hintze erläuterte 1926 die Aktivitäten seines Vereins: »Ich halte mit den Jungmannen regelmäßig in der Woche einmal einen Appell ab, auf dem geschäftliche Angelegenheiten des Jungstahlhelm besprochen werden, an die sich größtenteils eine Turnstunde anschließt. [...] Größtenteils gebe ich dann den Dienst für die nächste Woche bekannt, der sich auf kleine Ausmärsche, Üben der Spielleute und Kirchgänge erstreckt.«[10] Auch die Kriegervereine hatten eigene Jugendabteilungen, wie der Marineverein mit bis zu 120 Mitgliedern, die sich im Segeln und ›Kutterpullen‹ übten.[11]

Die Begriffe Dienst und Appell in Gemeinschaft mit Turnen und Marschmusik lassen sich unschwer unter militärischen Gesichtspunkten zusammenfassen; so sahen Jungstahlhelm, ›Scharnhorstbund‹ oder Marinejugend ihre Aufgabe in der Wehrertüchtigung und in der Vermittlung einer vormilitärischen Ausbildung.[12] Gemäß der Sozialmoral des Milieus war es natürlich eine wichtige und verdienstvolle Aufgabe, der Jugend den Wehrgedanken nahezubringen. Die Jugendlichen selbst genossen dabei das Abenteuer der konspirativen Kriegsspiele. Das bewegte sich rechtlich in einer Grauzone und überschritt bisweilen geltende Gesetze. Im November 1925 erwischten die Behörden beispielsweise die ›Bismarckjugend‹ der Stadt Wolgast bei einer illegalen Geländeübung, weil ein Teilnehmer angeschossen worden war.[13]

Der Kern-Stahlhelm hatte Mitte der zwanziger Jahre viel von seiner anfänglich martialischen Haltung verloren; er war jedoch eine Art politischer Reservistenverband geblieben, der sich nach militärischem Vorbild in vier Untergliederungen, Süd, West, Nord und Ost, unterteilte. Sie entsprachen Hundertschaften oder Kompanien und trafen sich einmal im Monat. Der

---

[7] W. R. KRABBE, Gescheiterte Zukunft, 1995; ders., Bismarckjugend; ders. (Hrsg.), Politische Jugend, 1993; I. GÖTZ VON OLENHUSEN, 1993, S. 180.

[8] Greifswalder Zeitung, passim.

[9] Bericht des Magistrats, 1.6.1926, in: VpLA. Rep. 65c, Nr. 999.

[10] Vernehmungsprotokoll des cand. phil. Georg Hintze vom 25.3.1926, in: VpLA. Rep. 65c, Nr. 997.

[11] Greifswalder Zeitung, 9.5.1928.

[12] I. GÖTZ VON OLENHUSEN, 1993, S. 158 f.

[13] Schreiben der ›Republikanischen Beschwerdestelle‹ in Berlin an die Bezirksregierung vom 16.11.1925 und die folgende Untersuchung, in: VpLA. Rep. 65c, Nr. 960.

Stahlhelm war nicht mehr besonders dynamisch, seine Mitglieder waren gesetzte kaum noch jugendliche Herren, die ihr Heldentum am Biertisch und verbal demonstrierten. Nur noch unregelmäßig machten sie Geländeübungen bisweilen bei Nacht, in deren Verlauf sie auch mit Leuchtgeschossen hantierten; angeblich trainierte man das Ausheben von Schützengräben und unterhielt für solche Übungen Kontakte zur örtlichen Reichswehr.[14] Die Beteiligung an derartigen Kriegsspielen hatte nachgelassen.[15] Seit 1928 beobachteten die Behörden jedoch eine beginnende Renaissance des Wehrsports beim Stahlhelm.[16]

Der Stahlhelm verstand sich als bürgerlicher Selbstschutz, schon ein vages Gerücht von bevorstehenden kommunistischen Putschvorbereitungen genügte, daß ein Alarmplan ausgearbeitet und verteilt wurde, auf welche Weise der Stahlhelm heimlich im Garten der Villa des Zahnarztes Schröder an der Fleischerstraße zusammenkommen könnte, um von dort gegen die Kommunisten loszuschlagen.[17] Auch das war selbstverständlich nicht erlaubt, nach Einschätzung der Konservativ-Nationalen aber durchaus geboten. Die Illegalität solcher Maßnahmen führten sie auf die ihrer Meinung nach linkslastige, parteiische Politik der Weimarer Republik zurück, was die Verbindlichkeit von Gesetzen für sie in Frage stellte.

Die ambivalente Haltung des Stahlhelm gegenüber Recht und Gesetz der Republik bekam vor dem Hintergrund der Wehrertüchtigung natürlich eine besondere Note, denn jedermann war klar, daß sie ohne Waffenübung und ohne Schießen eine nutzlose Angelegenheit war. Wenn man peinliche Vorfälle, wie jenen in Wolgast, vermeiden wollte, dann ging das nur unter dem Deckmantel von Sport oder Jagd. Deshalb sahen sich sogar die Bürgerschützen genötigt, von ihrem behäbigen Traditionalismus abzurücken und den Schießsport der Jugend zu fördern, indem sie ihren Schießstand in Greifswald zur Verfügung stellten.[18]

In Neuenkirchen, einem Dorf vor der Stadt, gab es ebenfalls einen Schießstand. Er gehörte dem Pommerschen Jagdverein, ihn nutzten jedoch auch die ›Bismarckjugend‹, der Jungdeutsche Orden, die Kriegervereine und der Stahlhelm.[19] Als Schießleiter und Waffenmeister war der pensionierte Offizier Hans Jacoby (geb. 1877) tätig. Jacoby bekam keine Pension, hatte aber eine Reihe bemerkenswerter Geldgeber. Zunächst bezog er von seinem Jagdverein ein Gehalt und bekam Geld für seine Arbeit als Jagdaufseher bei verschiedenen Großgrundbesitzern. Dann zahlte der Landbund an ihn, weil er Leiter der Technischen Nothilfe war, die der Landbund als Streik-

---

[14] Das wurde vom Stahlhelm zwar offiziell und mit Nachdruck bestritten, war jedoch völlig eindeutig Teil der Vereinsaktivitäten. Vgl. VpLA. Rep. 65c, Nr. 997. Untersuchungen gegen den Stahlhelm 1926.

[15] Bericht der Landeskriminalpolizei vom 20.3.1926, in: VpLA. Rep. 65c, Nr. 997.

[16] VpLA. Rep. 65c, Nr. 1001, verschiedene Berichte von Ende 1928.

[17] Der Befehl ist abgedruckt bei K. SCHREINER (Hrsg.), 1958, S. 105 f.

[18] Jahresbericht 1932, in: StA. Rep. 58, L 8.

[19] Vernehmungsprotokoll Max Töpper, 14.12.1928, in: VpLA. Rep. 65c, Nr. 932.

brecherorganisation für alle Fälle unterstützte. Bis Mitte 1927 war Jacoby darüber hinaus »Vertrauensmann der Reichswehr« im Kreis Greifswald, mithin wohl so etwas wie der Koordinator zwischen den illegalen Ersatztruppenteilen des Stahlhelm, der ›Bismarckjugend‹ und den Streitkräften.[20] In diesem Schießstand in Neuenkirchen liefen die Drähte zusammen: Die ökonomischen Interessen des Landbundes, die politischen und militärischen der Reichswehr und der Wehrverbände, die Jagd, der Schießsport und die Gesellikeit. Denn ein Ausflug in die Neuenkirchner Tannen gehörte zu den beliebten Aktivitäten der Kriegervereine, die sich dort mit Vorliebe fern von Weib und Kind betranken. Die Strukturen des konservativ-nationalen Milieus zeigten sich in Konzentration.

Besondere Brisanz bekam dieses enge Verhältnis zu allem Militärischen durch den illegalen Umgang mit Waffen und Munition. Als sich der Greifswalder Stahlhelm im Februar 1926 durch einen vermeintlichen Putsch der Kommunisten herausgefordert fühlte, war eine ganze Reihe seiner Mitglieder in der Lage, sich sofort zu bewaffnen.[21] Schon im Dezember 1926 stellten die Behörden ein gut sortiertes Waffenlager bei Major a. D. Hans Raettig (geb. 1882, bis 1935 in Greifswald) fest, auch er ein führender Stahlhelmer. Im November und Dezember 1928 ermittelte die Polizei gegen Max Töpper, der in einem Lagerraum in der Universitätsbibliothek eine Kiste mit Waffen und Munition versteckt hatte.[22]

Stets war die Reichswehr beteiligt oder stand erkennbar im Hintergrund. Sie forcierte und nutzte den Hang zum Militärischen und zum Kriegsspiel für ihre Zwecke, sie zog dem konservativ-nationalen Milieu damit eine weitere Stütze ein. Die somit staatlich unterstützte Illegalität band die Stahlhelmer und ihr Umfeld nur um so fester aneinander. Das Milieu verdichtete sich daher entlang der heimlichen Wehraktivitäten. Die Fähigkeit, einander zu decken, das Offensichtliche abzustreiten, dabei den Idealismus für die vaterländische Sache herauszustellen und sich als harmloser Turn- oder Traditionsverein darzustellen, war bei allen Beteiligten stark ausgeprägt und stärkte den Korpsgeist. Gegen die Behörden der Republik hielt man zusammen.[23]

Die militärische Vereinheitlichung drückte sich auch in der Uniformierung aus, die für das konservativ-nationale Milieu von großer Bedeutung war. Die Turner hatten einen Turnanzug, die Kriegervereine achteten darauf, im schwarzen Anzug und mit Mütze zu erscheinen. Die Studentenverbindungen hatten Traditionsuniformen, die Schulen ihre Schülermützen. Am ausgeprägtesten huldigte der Stahlhelm diesem Bedürfnis. Seine Mitglieder

---

[20] Vernehmungsprotokoll Hans Jacoby, 11. 12. 1928, sowie Bericht der Landeskriminalpolizei vom 12. 12. 1928, in: VpLA. Rep. 65c, Nr. 932.

[21] Untersuchungsunterlagen, in: VpLA. Rep. 65c, Nr. 997.

[22] VpLA. Rep. 65c, Nr. 930 zum Fall Raettig und Nr. 932 zum Fall Töpper.

[23] Die Hinweise auf die Waffenverstecke kamen entweder aus anonymer Quelle oder vom politischen Gegner.

waren gehalten, bei allen Aktivitäten in der Öffentlichkeit die ›Stahlhelm-kluft‹ anzulegen: Eine feldgraue Windjacke und kurze Kniebundhosen. Der Stahlhelm mahnte seine Mitglieder in den Ortsgruppen, auf absolute Einheitlichkeit zu achten, denn: »Der Stahlhelmanzug trägt zur Verschmelzung aller Standesunterschiede erheblich bei.«[24] Die Kokarde des Stahlhelm war natürlich schwarz-weiß-rot. Das Uniform- und Flaggenwesen war ausgefeilt wie für einen richtigen Truppenverband und regelte selbst Kleinigkeiten.

Auch die Bürgerschützen empfanden das Uniformproblem als so drängend, daß sie dafür Ende 1927 eigens eine Kommission einsetzten und eine außerordentliche Jahreshauptversammlung einberiefen, um die alten bürgerlichen ›Bratenröcke‹, die mit Schärpe und Zylinder getragen wurden, durch eine zeitgemäße Uniform mit dunkelgrüner Jacke zu ersetzen.[25]

Egalisierung in der Kleidung und Uniformierung gab es auch bei den anderen Organisationen. Die ›Bismarckjugend‹ hatte das Hakenkreuz als Symbol und die Farben Schwarz-Weiß-Rot; ihre Uniform bevorzugte das preußische Blau.[26] Der Luisenbund trug ein blaues Dienstkleid[27], eine weiße Bluse und dazu eine blaue Kornblume, die Lieblingsblüte der Königin und Sinnbild für ihre schöne Schlichtheit, von der die Freundinnen der Königin ausgingen.

Hauptziel aller Vorschriften war es, Einheitlichkeit zu erreichen, als ein Sinnbild von Stärke, die aus der Gleichheit kam. Die Rangunterschiede der Führer und Unterführer beim Stahlhelm wurden daher mit eher unauffälligen Farbkennzeichen verdeutlicht. Vorherrschen sollte der Eindruck von Gleichheit. Als Farben bevorzugte man das Grau der Weltkriegsuniform, das Blau als Symbol für Preußen und die alten Fahnenfarben Schwarz, Weiß und Rot.

Wenn man Gemeinschaft über alle Grenzen von Generation, Geschlecht oder sozialer Schicht erlebbar machen wollte, dann mußten Teilgruppen zusammengeführt werden. Das geschah bei den nationalen Festen und Gedenktagen, von denen es neben den vereins- und gruppeneigenen auch übergeordnete gab. Zum engeren Kreis dieser oft repräsentativen Feiern gehörten zunächst die Stiftungsfeste der einzelnen Vereine. Der Luisenbund beging den Geburts- und Sterbetag seiner Namenspatronin, den 10. März und den 19. Juli. Ebenso verfuhr die ›Bismarckjugend‹ mit dem 1. April und dem 30. Juli. Die Kriegervereine hatten ihre Schlachtengedenktage, und sie machten feierliche Versammlungen zu Hindenburgs Geburtstag. Zu solchen kleinen Feiern lud man die befreundeten Vereine ein. Der Luisenbund unterhielt auf diese Weise enge Beziehungen zum Jungstahlhelm

---

[24] H. HILDEBRANDT/W. KETTNER, 1931, S. 264, für die Kleidungsvorschriften, ebd., S. 164 ff.
[25] O. WOBBE, Festschrift Bürgerschützen, 1934, S. 27.
[26] Greifswalder Zeitung, 22.7.1932.
[27] Greifswalder Zeitung, 23.2.1932.

und zur ›Bismarckjugend‹, zum Stahlhelm ohnehin.[28] Der Jungstahlhelm pflegte Austausch mit der ›Bismarckjugend‹. Seine Kapelle trat bei allen Veranstaltungen der Milieuvereine auf. Er begrüßte aber auch regelmäßig die NSDAP auf seinen Festen.

Die Besuchsdiplomatie beschränkte sich nicht nur auf die offiziellen nationalen Feiern, sondern fand auch bei geselligen Ereignissen statt: Das Sommerfest des Stahlhelm war ein wichtiges gesellschaftliches Ereignis, der Ball des Jungstahlhelm, der Rektorball der Universität, der Maskenball der deutschnationalen Angestellten mit 650 bis 800 Teilnehmern oder der Ball des Verkehrsvereins.[29]

Das Schützenfest in jedem Jahr war zweifellos der Höhepunkt des Jahres, dessen Königsfrühstück und -ball die zentralen Ereignisse des wichtigsten traditionellen Festes bildeten, »ein Ereignis, von dem Greifswald eine Woche vorher und zwei Wochen nachher spricht.«[30] Die Ansprachen aller Ehrengäste aus den Verwaltungen, von Reichswehr, Universität und aus den Milieuvereinen betonten alle das »gute Einvernehmen«, den »Sinn für das Allgemeinwohl«, die Liebe zur Heimatstadt und zum Vaterland.[31]

Die Präsens der Ehrengäste verdeutlichte immer die Verbundenheit der jeweiligen Organisationen. Es hatte hohen Signalwert, wenn die Ehepaare Fleischmann und Schmidt vom Magistrat, der Rektor der Universität Braun, der Bataillonskommandeur Krüger und der Geschäftsführer der DNVP Major Hans Koch mit ihren Damen einen offiziellen Tanzreigen eröffneten.[32] Es zeigte die Querverbindungen, wenn der Universitätsrektor dem Kriegerverein zu seinem Stiftungsfest die Aufwartung machte und dem Schützenverein einen Wanderpokal stiftete[33] oder wenn Rechtsanwalt Freytag, der einer der Führer des Stahlhelm war und für die DNVP im Magistrat saß, als Inspektor beim Schützenumzug mitmarschierte.

Die regionale Tradition und Kultur wurde mit nationalistischen und politischen Elementen aufgeladen, wie sich auch in plattdeutschen Wahlaufrufen der DNVP zeigte.[34] Das war jedoch keine Einbahnstraße, sondern funktionierte auch in umgekehrter Richtung. Nationalistisches politisches Hauptfest des lokalen konservativ-nationalen Milieus war in jedem Jahr die Reichsgründungsfeier am 18. Januar. Es gab immer zwei Veranstaltun-

---

28 Greifswalder Zeitung, 9.9.1930, Bericht vom Jungstahlhelmball.
29 Ball des Verkehrsvereins, Greifswalder Zeitung, 9.11.1929.
30 Greifswalder Zeitung, 8.7.1930.
31 Der DNVP-Mann und Lokalredakteur Otto Wobbe schrieb am 8.7.1930 voller Überschwang in der Greifswalder Zeitung: »An dem Tag, an dem Greifswald ohne seine Bürgerschützen-Kompanie […] sein wird, wird die Stunde geschlagen haben, in der wir uns nach einem anderen Wohnplatz umsehen müssen.« Die Prophetie dieses humorig gemeinten Satzes mit Blick auf die Ereignisse nach 1945 dürfte ihm nicht klar gewesen sein.
32 Greifswalder Zeitung, 9.7.1930.
33 O. WOBBE, Festschrift Bürgerschützen, 1934, S. 29; ferner Bericht Stiftungsfest des Kriegervereins, Greifswalder Zeitung, 2.12.1929.
34 Greifswalder Zeitung, 20.5.1928.

gen, die akademische der Universität und die allgemeine des Stahlhelm. Die Universität entfaltete zum 18. Januar immer alle Pracht und den Pomp ihrer Geschichte mit Fahnen, Talaren, Uniformen und Orden. Im Mittelpunkt der Feier stand in der Regel eine Rede des Rektors, die in erhabenen Worten durch ein Thema seiner jeweiligen Disziplin die Botschaft verkündete, daß man am Reich festhalten werde. Die Universität fand diese intellektuell meist arg dürftigen Vorträge so bedeutsam, daß sie in einer eigenen Schriftenreihe veröffentlicht wurden. Beim Stahlhelm ging es dagegen volkstümlicher zu, Professor Glawe ließ pathetische Kampfpredigten über das Publikum niederdonnern, die Vereine waren mit Abordnungen und Fahnen dabei. Märsche brausten durch den Saal, und der nach Hunderten zählende Chor sang ›Deutschland, Deutschland über alles‹.[35]

Es gab noch eine weitere wichtige Feier, die den Rahmen der bisher geschilderten deutlich überschritt, indem sie sich aus dem nostalgischen und christlichen Kontext löste. Das war die Sonnenwendfeier, die eine deutlich völkische Färbung hatte. »Die studentischen Verbindungen trafen sich an der Bismarcksäule. Auf der Pfanne der Säule wurde ein Feuer entfacht. Als dann zogen die Studenten in einem langen Fackelzug zum Marktplatz. Es wurde noch eine kurze Rede gehalten und anschließend das Lied ›Gaudeamus Igitur‹ gesungen, während die Studenten ihre brennenden Fackeln in die Mitte des Marktplatzes schleuderten. Auch dies war ein Fest der gesamten Greifswalder Bevölkerung.«[36] Was hier als pittoreskes Schauspiel mit ein wenig Feuerzauber beschrieben wird, war eine politische Demonstration ersten Ranges. Sie war jedoch so normal, daß der Aufmarsch als Volksfest erlebt wurde.

Auffällig ist die ständige Wiederkehr der immer gleichen Ausstattungen. Zentral war die Fahne. Das hatte sich schon in der Revolution 1918/19 und bei der Aktion des Prorektors Vahlen gezeigt. Die Fahne des konservativ-nationalen Milieus trug selbstverständlich nicht die Farben der Republik, sondern die des kaiserlichen Deutschland. Wer die Fahne der Republik zeigte, zu Festtagen diesen Fahnenschmuck heraushängte, der gehörte nicht mehr dazu.[37] Der ganze Ehrgeiz des konservativ-nationalen Milieus wurde mobilisiert, um bei Stahlhelmaufmärschen die Stadt in ein Fahnenmeer in kaiserlichen Farben zu verwandeln.[38]

Um die Fahne wurde ein Kult getrieben. Jede neue Stahlhelmabteilung, jeder neue Verein mußte als Grundausstattung eine Fahne haben, so wie jeder neue Truppenteil auch. Sie diente als ein Symbol für die Gemeinschaft, der das Individuum bedingungslose Unterordnung schuldete, war mobiles

---

[35] Berichte in der Greifswalder Zeitung, 20.1.1928. Ferner Programmzettel der Stahlhelm-Reichsgründungsfeier 1931, in: UB-Sammelmappe, Nationale Vereine, Jugendpflege, Bd. 2.

[36] L. Wichmann, Erinnerungen, S. 26, in: StA. Manuskriptsammlung.

[37] Frau Dr. Stock z.B. schrieb 1925 eine offizielle Beschwerde an den Magistrat, weil dort das Gerücht verbreitet worden sei, sie flagge für die Republik. StA. Rep. 6 PB, Nr. 100.

[38] Greifswalder Zeitung. 19.2.1925, Aufruf zu einer Stahlhelmtagung.

Wegzeichen in der politischen Schlacht. Diese Fahne wurde dann durch eine feierliche Bannerweihe in einem Gottesdienst vom örtlichen Pfarrer geweiht. Major Koch sagte auf einer Bannerweihe der ›Bismarckjugend‹ laut Zeitungsbericht: »Alle, die sich unter dem Zeichen des alten kaiserlichen Glanzes sammelten, seien Kämpfer für die Weltanschauung, die sich in den ruhmreichen Fahnen des alten Heeres und der Marine verkörpere.«[39] Selbst banalen Tischwimpeln wurde eine Weihe zuteil.[40]

Die Fahne und die Farben symbolisierten eine Weltanschauung, und sie standen für die Geschichte, die Tradition. Bedeutendes Element des Reichsgründungstages war eine feierliche Initiation des Jungstahlhelms. Er wurde auf die Fahne verpflichtet und mußte einen Eid auf das Tuch leisten.[41]

Der große Flaggenstreit der Weimarer Republik war weit mehr als eine kleinliche Auseinandersetzung um die Staatssymbolik. Er war Ausdruck eines grundsätzlichen und tiefen gesellschaftlichen Dissenses und bot daher immer wieder Anlaß zu heftigen Auseinandersetzungen. Im Juni 1931 ließ die Stralsunder Polizei die schwarz-weiß-rote Fahne der deutschnationalen Angestellten einholen, die vor dem Theater zum Gautag des Verbandes aufgezogen worden war. »Als der Kollege Thiel diesen Zwischenfall bekanntgab, erhob sich eine große Unruhe und der Theatersaal erhallte von Pfui-Rufen unserer Kollegen. Am Schluß der Tagung bildete sich trotz des strömenden Regens ein Zug, und wir demonstrierten unter Vorantragen unserer Flagge.«[42] Die Fahne und ihre Farben versinnbildlichte offenbar am besten und am stärksten die Einheit des konservativ-nationalen Milieus in Abgrenzung zur Republik.

Ein wesentliches Argument der konservativ-nationalen Männer und Frauen für das Festhalten an den alten Farben war stets der Hinweis, daß die Kriegstoten ihr Leben für diese Fahne geopfert hätten. Die Pflege ihres Andenkens, das als Heldengedenken verstanden wurde, war zentrales Anliegen des gesamten Milieus. Das blieb abstrakt, denn das angebliche Vermächtnis der Toten diente als Legitimation für alle möglichen politischen Forderungen. Diese Abstraktion konnte aber in die konkrete Aufforderung umschlagen, eine nationalistische Partei zu wählen.[43] Das vermeintliche Vermächtnis war ebenfalls ganz konkret, wenn es um die Erinnerungskultur ging. Höhepunkt war in jedem Jahr der Volkstrauertag im Februar. Ihn be-

---

[39] Greifswalder Zeitung, 9.5.1928.

[40] Greifswalder Zeitung, 29.4.1928. Der Tischwimpel gehörte der Ortsgruppe des ›Reichsbundes vaterländischer Arbeiter- und Wehrvereine‹.

[41] Greifswalder Zeitung, 20.1.1928 und 22.1.1928, dort auch das folgende Zitat.

[42] Bericht vom Gautag in Stralsund, in: StA. Rep. 58, M 3, Protokollbuch des DNHV.

[43] Max Dietrich, Vorsitzender der ›Ehemaligen Jäger und Schützen‹, forderte seine Vereinskameraden zur Wahl auf, indem er sagte: »Ferner sprach der Vorsitzende den Wunsch aus, daß jeder Kamerad am 20. Mai seine Pflicht tue und unserer gefallenen Helden gedenken möge; denn wir sind ihre Schuldner.« Greifswalder Zeitung, 11.5.1928.

gingen die Kriegervereine, der Stahlhelm sowie die Kyffhäuser mit gemeinsamen Kirchgängen und Kranzniederlegungen.

Hier fingen aber die Probleme an, denn wo sollte der Kranz niedergelegt werden, wenn es das große, gemeinsame Kriegerdenkmal in der Stadt nicht gab? Statt der machtvollen Gemeinschaftsanlage, die alle wünschten, zersplitterten sich die Initiativen. Das Gymnasium ehrte seine Toten in der Schule, die evangelischen Gemeinden auf großen Tafeln im Eingangsbereich der Kirchen, die Burschenschaften in den Gärten ihrer Häuser. Jeder hatte seine Tafel mit seinen Toten. Vor der alten Kaserne stand der riesige Findling der ›Ehemaligen 42er‹. Der Kriegerverein hängte Tafeln mit den Namen seiner Toten in die Stadthalle.[44] Die Studenten stellten ihr Denkmal auf den Wall.[45] Der öffentliche Raum war beherrscht von Kriegsgedenksteinen.

Die Aufmärsche der Vereine dienten immer auch der Machtdemonstration und der Bestätigung der Stärke der konservativ-nationalen Gegenkultur. Das gelang aber nicht, wenn es keinen gemeinsamen Zielpunkt für eine Kranzniederlegung gab. Die ›Vereinigten Wehrvereine‹ gründeten schon kurz nach dem Krieg einen Fonds mit einem Denkmalausschuß, der sich sehr stark engagierte. Die Inflation 1923 vernichtete aber die Rücklagen.[46] Beim zweiten Versuch engagierten sich besonders Graf Behr-Bandelin und Freiherr von Forstner. Doch auch diese Initiative versandete in der Weltwirtschaftskrise.[47]

So waren die Kriegstoten zwar allgegenwärtig, es gelang den Greifswaldern jedoch nicht, ihre Kräfte erfolgreich zu bündeln. Das Fehlen eines zentralen Gedenkplatzes wurde als ein gravierender Mangel empfunden, weil es dem Prinzip von Sammlung und Gemeinschaftsstiftung zuwiderlief. Gerade dort, wo die Toten die Lebenden besonders eindrucksvoll unterstützen konnten, scheiterte das Milieu an den widrigen finanziellen Umständen. So bot der Totenkult zwar ein einigendes Band für das Milieu. Erlebbar konnte diese Gemeinschaft der Überlebenden jedoch nicht werden.

Helden gehörten gleichfalls zum Kanon konservativ-nationaler Feier- und Festkultur. Keine Versammlung verging ohne ein ›Hoch‹ auf Hindenburg. Zu den lebenden Heroen der Vergangenheit gehörte in Pommern der Generalfeldmarschall August von Mackensen (1849–1945)[48], der in Stettin

---

[44] Programmzettel für den 28.2.1926, in: UB-Sammelmappe, Politische Vereine. Den Vorspruch dichtete der jüdische Historiker Prof. Ernst Bernheim.

[45] StA. Rep. 7.15, Nr. 106. Beim Abriß der Denkmäler 1946 wurden sie genau erfaßt und beschrieben. Der Stein der Studenten wurde 1996 renoviert an der ursprünglichen Stelle aufgestellt. Dabei ließ man jedoch den ersten Teil des Widmungsspruchs einfach weg. Er lautet: »Vergeßt den Geist von 1914 nicht – Hindenburg – den deutschen Heerführern im Weltkrieg.«

[46] R. Maschke, 1935, S. 69.

[47] Das waren die gängigen Wege, um zu Geld zu kommen. Es steckte sehr viel Enthusiasmus und freiwillige Arbeit in solchen Denkmalfonds.

[48] Greifswalder Zeitung, 5.12.1929, ferner UA. Album der Ehrensenatoren mit handschriftlichem Eintrag Mackensens vom 10.10.1925. Er war Ehrensenator zahlreicher weiterer Universitäten. T. Schwarzmüller, 1995.

lebte und seit 1925 auf Betreiben des DNVP-Mitgliedes Prof. von der Goltz
Ehrensenator der Universität war. Er war die unbestrittene Leitfigur des
pommerschen Kriegervereinswesens und des Stahlhelm, dessen Ehrenmitglied er – wie Hindenburg auch – war. Wenn der greise, aber sehr dynamische
Herr in seiner Husarenuniform mit Marschallstab zur Reichsgründungsfeier
in den Saal schritt, dann war das eine deutliche Demonstration. Wenn er die
Stahlhelmtreffen der Region aufsuchte, dann fiel ein wenig vom Glanz der
alten Zeit auf die als vergleichsweise trostlos empfundene Gegenwart.

Hindenburgs Bild hing neben dem von Mackensens in der Redaktion der
Greifswalder Zeitung[49], sogar in Jugendzimmern war der Präsident auf diese Weise anwesend.[50] Typisch ist ein Bericht von der Weihnachtsfeier der
Marinejugend 1927. Als im Rahmen eines Diavortrages ein Bild Hindenburgs gezeigt wurde, »erhoben sich alle Anwesenden von ihren Plätzen.«[51]
Dann sang man gemeinsam das Deutschlandlied, womit die Veranstaltung
ihr Ende hatte. Höhepunkt und Schluß war Hindenburg.

Bei den toten Heroen der deutschen Geschichte standen die Freiheits-
kriege und die Reichsgründung als bevorzugte Phasen eindeutig im Vordergrund. Die ›Bismarckjugend‹ nannte ihre ›Marken‹, so die Bezeichnung
der Ortsgruppen, nach Nettelbeck, Gneisenau oder Scharnhorst. Den Bezug zur Region stellten ›Marken‹ wie ›Herzog von Pommern‹ oder ›Bogis-
law XIV.‹ her.[52] Gern bemühte man Friedrich den Großen. Bismarck war
natürlich unumgänglich. Als einzige Frau konnte sich die Königin Luise in
dieser Reihe behaupten. Die Funktionen dieser Figuren waren vielfältig. Sie
sollten historisches Vorbild sein und damit Identifikation mit der preußisch-
deutschen Geschichte stiften, und sie sollten zugleich demonstrieren, daß es
an solchen Männern und Frauen in der Weimarer Republik fehlte.

Neu hingegen war der Bezug auf den Weltkrieg und den Widerstand gegen die Besatzung der Franzosen, denn immer wieder stellten die Vereine
Verbindungen zu Schlageter, Walter Flex, Gorch Fock oder Graf Luckner
her, die ebenfalls als Namenspatrone vorkamen. Auch der ›Frontsoldat‹ war
ein Fixpunkt nationaler Heldenverehrung, wenn auch nicht personen-
gebunden. Auffällig blieb, daß die neuen toten Helden keine Heerführer
mehr waren, sondern meist einfache Soldaten, Männer aus dem Volk, die
ein Heldentum verkörperten, dem jeder nachfolgen konnte. Das war eine
deutliche Öffnung nach unten, zu den einfachen Schichten der Bevölkerung,
eine Demokratisierung der Heldenverehrung auf nationalistischer Grundlage.

Vor allem die Jugend des konservativ-nationalen Milieus sollte sich an
solchen Vorbildern orientieren. Wie konnte das besser verdeutlicht werden

---

[49] Greifswalder Zeitung, 10. 5. 1928. Daneben waren noch Wilhelm II., Roon und Bismarck
   mit Bildern präsent.
[50] Interview Heinrich F. Curschmann.
[51] Greifswalder Zeitung, 3. 1. 1928.
[52] U. a. Greifswalder Zeitung, 13. 1. 1928 und 3. 12. 1929.

als in Rollenspielen. In politischen Einaktern und ›lebenden Bildern‹, die sehr populär waren, flossen die Elemente und Symbole der politischen Kultur zusammen. Bei der Reichsgründungsfeier des Stahlhelm 1928 spielte der Jungstahlhelm das Stück: »Friedrich der Große und wir.« Über das Ende berichtete die Zeitung: »Im Schlußbild steht der Alte Fritz zwischen seinen Grenadieren mit der Preußenfahne und dem Weltkriegskämpfer mit der schwarzweißroten Reichsfahne. Besinnung auf uns selbst und unsere eigene Kraft. Kampf gegen alles Undeutsche in uns, dann werden wir ihm auf dem rechten Weg folgen.«[53] Die Geschichte Preußens manifestierte sich in nachgestellten Gemälden, wie »Königin Luise und ihre Söhne«; die Laienspieler des Jungstahlhelm beschäftigten sich mit »Schlageters Tod«, einem »ernsten vaterländischen Schaustück.«[54]

Doch die Teilnehmer an vaterländischen Weihestunden sollten nicht nur zusehen und sich passiv unterhalten, Ziel der Veranstaltungen war es, jeden einzelnen emotional zu erreichen, ihn in ein großes Gemeinschaftserlebnis einzubinden. Das beflügelte schon den Aufschwung der Vereine, die eine Beteiligungsmöglichkeit boten. Vor allem Musik und Gesang waren dafür die besten Mittel.

Marschmusik war deshalb wichtiger Bestandteil jeder Veranstaltung. Der Stahlhelm unterhielt aus diesem Grund einen eigenen Musikzug, was von den Teilnehmern hohe finanzielle Opfer verlangte. Doch der Effekt, den die Musik hatte, gab den Stahlhelmern recht: »Schneidend scharf bricht der Parademarsch der langen Kerls in die plötzliche Stille. Füße und Herzen zukken im Takt.«[55] Bei einer Saalveranstaltung war diese Musik schon sehr wirkungsvoll. Noch eindrücklicher war sie aber bei Märschen im Freien, wenn die Menschen sich tatsächlich im Gleichschritt zur Musik bewegen konnten.

Gemeinsames Singen war fester Bestandteil nahezu jeder Vereinsveranstaltung mit politischem Hintergrund. Die Handlungsgehilfen sangen stets zu Beginn und zum Abschluß ihrer Versammlungen ein Lied: »Auf ihr Brüder, laßt uns walten«, den Verbandsmarsch »Auf deutsche Brüder, auf zum Streite«, »Brüder, seht das Zeichen« oder »Strömt herbei, ihr Standesbrüder«. Die Angestellten achteten darauf, daß bei jeder Versammlung ein Mann an Klavier oder Akkordeon verfügbar war. Inhaltlich mischte sich in den Texten der Sammlungs- und der Kampfgedanke mit nationalistischen Tönen.

Weit mehr patriotische Andacht, politischer Ernst und nationalistische Weihe lag in den Liedern des Stahlhelm. Der Text seiner Verbandshymne spiegelt sein Selbstverständnis und seine Ideologie deutlich wider. »Wir fragen nicht nach Würde, Rang und Titel, Geld und Gut; uns gilt der Staatsrock wie der Maurerkittel, wir seh'n dem Mann ins Herz und in den Mut. [...] Wir halten hoch die alten heil'gen Farben, Schwarz, Weiß und Rot, des stol-

---

[53] *Greifswalder Zeitung*, 22. 1. 1928.
[54] *Greifswalder Zeitung*, 3. 12. 1929.
[55] *Greifswalder Zeitung*, 20. 1. 1928.

zen Reichs Parnier, für das Millionen unserer Besten starben, ein teures Erbe sei's uns für und für. [...] Wie einst der gleiche graue Rock uns schmückte, der gleiche Eid, das gleiche Los uns band, wie unser Nachbar wußte, was uns drückte und er bei uns auch Trost und Hilfe fand, so bleiben wir im Frieden auch weiter ungeschieden. [...] Und das ist unser heilig fester Glaube, daß dieser Geist noch Wunder wirkt und schafft, und unser Vaterland aus tiefem Staube, empor einst führt zu alter Macht und Kraft.«[56] Das war in Kleinformat das komplette politische Programm des Stahlhelm und des konservativ-nationalen Milieus: Sammlung ohne Ansehen der gesellschaftlichen Stellung, Zusammenschluß für den Wiederaufstieg des Reiches, das nebulös mit dem kaiserlichen Deutschland zusammenhing.

In den Liedern mußte auch die Distanz zwischen der Republik und diesem Deutschland betont werden. Das zeigte sich eindrucksvoll beim Absingen des Deutschlandliedes. Es wurde häufig um eine vierte Strophe ergänzt: »Deutschland, Deutschland über alles, und im Unglück nun erst recht, erst im Unglück kann sich zeigen, ob die Liebe stark und echt [...]«.[57] Dieser schwere Eingriff in einen so zentralen Text machte deutlich, daß man im Milieu Distanz zum gegenwärtigen Zustand der Nation hielt. Auch die Republikaner sangen ja ›unglücklicherweise‹ diese Hymne; von ihnen mußten sich die Konservativ-Nationalen unterscheiden.

Das konservativ-nationale Milieu hatte noch eine weitere Hymne, die sich großer Beliebtheit erfreute, das »Preußenlied«: »Ich bin ein Preuße, kennt ihr meine Farben? Die Fahne schwebt mir weiß und schwarz voran; daß für die Freiheit meine Väter starben, das deuten, merkt es, meine Farben an,« und als Schlußrefrain: »Sei's trüber Tag, sei's heitrer Sonnenschein, ich bin ein Preuße, will ein Preuße sein.« Das Lied beschwor die Treue zum König, die preußischen Tugenden, von unerschütterlichem Aufopferungswillen trotz harter Anfechtungen: »Mag Fels und Eiche splittern, ich werde nicht erzittern!« Dafür versprach es historische Größe und Gemeinschaft: »Fest sei der Bund! Ja, schlaget mutig ein.« Die DNVP konnte es sich erlauben, dieses Lied von 900 Parteianhängern auf ihren Versammlungen singen zu lassen.[58] Textkenntnis konnte offenbar vorausgesetzt werden. Solche Gesänge belegen den unverkennbar preußischen Einschlag des regionalen Nationalismus.

Bei all diesen Liedern korrespondierte die Funktion im Rahmen einer Versammlung mit dem Inhalt der Texte: Es ging um die Gemeinschaft, die zum kriegerischen, zu allem entschlossenen Kampfverband werden sollte für Deutschland. Man wollte den Mut nicht sinken lassen, das eigene Leben

---

[56] Programmheft des Stahlhelm-Gautages am 16. und 17.7.1927 in Greifswald, in: UB-Sammelmappe, Vereine, Jugendpflege, Bd. 2.
[57] Liederzettel in: UB-Sammelmappe, Politische Vereine. Von dieser vierten Strophe existierten sinngleich eine ganze Reihe Versionen.
[58] Greifswalder Zeitung, 20.5.1928. So z.B. auf einer internen Wahlversammlung in der Stadthalle am 18.5.1928.

einsetzen, damit die niedergedrückte Situation des Vaterlandes gemeistert werden könne. Die sozialen Unterschiede sollten dabei nicht zählen, sondern nur der deutsche Mensch an sich. Man wollte an Deutschland festhalten, ohne allzu deutlich zu sagen, wie dieses Land denn aussehen sollte. Klar war nur, daß es nicht das Deutschland der Republik war. Den Wiederaufstieg versprachen die Texte aus der Vergangenheit, nicht aus der Gegenwart, die eine Phase harter Prüfung für die Echtheit nationalistischer Gefühle war.

b) Kommunalpolitik

Setzt man die Aktivitäten der DNVP in der Kommunalpolitik in Kontrast zum geschilderten politischen Leben in den Vereinen und in der Öffentlichkeit, dann fällt die offensichtlich geringe Bedeutung auf, die das politische Handeln für die DNVP hatte. Ferner ist der Überhang an herkömmlicher obrigkeitlicher Orientierung der Partei zu erkennen. Kommunalpolitik wurde nicht als Feld für parteipolitische Aktivität gesehen, sondern war bestimmt von dem Ziel, Sachfragen zu lösen und das Gemeinwohl der Stadt dabei im Auge zu behalten, aller Einwohner, auch der nicht zum Milieu gehörenden. Dafür sorgte auch der Magistrat, dessen starke Stellung in der Stadtverfassung unangefochten geblieben war und der sich genau dieser Rolle verpflichtet fühlte.

Die Dominanz der DNVP und ihrer Positionen weit über den engen Kreis der Partei hinaus machte die Kommunalpolitik zu einem ruhigen Terrain, auf dem erstaunliche Kompromisse über die ansonsten dramatisch gesteigerte Grenze zu den Republikanern hinweg möglich waren. Die beiden bürgerlichen Listen der DNVP und der ›Unpolitischen‹ hatten zusammen mit den übrigen Kleinlisten seit 1924 eine Mehrheit von 28 zu acht gegenüber KPD und SPD. Die Mittelständler der politisch überwiegend deutschnationalen ›Unpolitischen Liste‹ und die DNVP bestimmten die Politik. Den Vorstand des Bürgerschaftlichen Kollegiums, das Büro, teilten sich die beide Gruppen. Bei den jährlich stattfindenden Bürowahlen enthielten sich die Arbeiterparteien und signalisierten damit, daß sie an einem Konsens grundsätzlich interessiert waren.

Da das wesentliche Entscheidungsgremium der Magistrat blieb, war es für alle Parteien wichtig, dort vertreten zu sein. Obwohl theoretisch die Möglichkeit bestand, den Konflikt zu suchen, teilten die Parteien und Listen die zehn Sitze entsprechend ihrer Stärke in der Bürgerschaft auf. So hatten auch SPD und KPD dort von 1924 bis 1929 je einen Sitz, die DNVP vier, die ›Unpolitischen‹ drei und die DVP einen Vertreter.[59] Die Parteien entsandten hierher gerne Fachleute, weniger die profilierten Politiker.[60] Auch im Magi-

---

[59] Zusammensetzung des Magistrats, in: StA. Rep. 6 Ia St, Nr. 26.
[60] So gehörte Dr. Freytag seit 1924 dem Gremium an, weil er die Stadt juristisch bei den Landverpachtungen vertrat. Die beiden großen bürgerlichen Listen schickten daneben immer einen Bauern, einen Kaufmann und einen Handwerker. Für die DNVP saß seit

strat gab es immer eine deutliche bürgerliche Mehrheit unter deutschnationalen Vorzeichen. Die Stadtregierung war nicht auf Auseinandersetzung ausgerichtet, sondern auf Konsens. Fleischmann sah das Gremium weiterhin als konstitutionell verfaßt und über den Parteien stehend an.

Die Bühne für öffentlichen Streit war das Bürgerschaftliche Kollegium; dort kamen Konflikte jedoch oft gar nicht mehr an, weil sie im Magistrat bereits geklärt worden waren. Sofern im Kollegium offen abgestimmt wurde, gab es wechselnde Mehrheiten unter Einschluß der SPD, wobei die DNVP sich meist nur auf einen Teil der ›Unpolitischen‹ verlassen konnte. Auch die Deutschnationalen stimmten nicht in jedem Fall einheitlich, sondern hatten unterschiedliche Interessen zu integrieren, die sich nicht immer unter einen Hut bringen ließen. Allein die KPD verharrte in totaler Opposition. Die Parteien und Gruppen von SPD bis zu den Völkischen verzichteten auf eine Konfrontation. Die bürgerliche Mehrheit war sogar regelmäßig bereit, den Arbeitersamaritern einen Zuschuß aus der städtischen Kasse zu zahlen, oder stellte ihnen den Sitzungssaal des Rathauses für Veranstaltungen zur Verfügung.[61]

DNVP und SPD als die beiden wichtigsten politischen Parteien des Bürgerschaftlichen Kollegiums arbeiteten bisweilen im Interesse des Friedens in der Stadt sogar zusammen. Das wurde bei Personalentscheidungen deutlich, die dem verbalen Radikalismus der Konservativen zum Teil erheblich widersprachen. So betonte DNVP-Fraktionschef Andrich zwar »die Pflicht, dafür zu sorgen, daß Leute unserer Gesinnung hier Anstellung finden.«[62] Als 1931 die Stelle des Schulleiters im Oberlyceum vakant wurde, votierte ein Gremium, bestehend aus DNVP-Chef Schmidt, Pastor Koehler und dem Sozialdemokraten Karl Warnke, für den parteilosen Stahlhelmmann Richard David (1890–ca. 1947).[63] Mitbewerber Ernst Jenssen (DVP) aus Greifswald schilderte später den Fall folgendermaßen: »Die Stadt wurde regiert von den beiden Parteien der Deutschnationalen und der Sozialdemokraten; beide […] nahmen aber auch oft Rücksicht aufeinander […].« David habe das Kunststück fertiggebracht, »den Deutschnationalen von einem Deutschnationalen seines Wohnortes, den Sozialdemokraten von einem Sozialdemokraten […] dringend empfohlen zu werden.«[64] Durch diese von

---

1924 Tischlerobermeister Robert Lewerenz (bis zum Rücktritt im Mai 1928) und Wilhelm Levien, für die ›Unpolitischen‹ Malermeister Adolf Weylandt und seit 1926 der Kaufmann Gustav Adolf Wulff im Magistrat. 1929 wechselte die DNVP ihre Mannschaft zur Hälfte aus und entsandte Major Koch und den Regierungsbaurat Henschke neben Freytag und Levien. Für die ›Unpolitischen‹ und den ›Mittelstand‹ traten der Bauer Emil Crawack und Zimmermeister Wilhelm Luhde neu an, beides ehemalige Deutschnationale.

[61] StA. Rep. 3, Nr. 151, Jg. 1929, Protokoll vom 24. 1. 1929.
[62] Greifswalder Zeitung, 9. 11. 1929.
[63] Protokolle und Aufzeichnungen zu den Bewerbungen, in: StA. Rep. 5, Nr. 10624, Personalakte Richard Daven (David).
[64] E. Jenssen, Lebenserinnerungen, S. 55 f., in: Material H. H. Jenssen.

Rücksichtnahmen, Gemeinwohlorientierung und Unterordnung gegenüber dem Magistrat geprägten Konstellation konnte im Oktober 1927 Dr. Siegfried Remertz (1891–1945) den Dienst als Ratsherr und Stadtsyndicus antreten. Er gehörte seit 1919 der DDP an, die bei den Deutschnationalen in der öffentlichen Diskussion normalerweise keine Gnade fand.[65] Der Konsensgedanke bestimmte letztlich auch das Verhältnis zwischen dem amtierenden Magistrat und der Bürgerschaft. Mit 29 Stimmen bei fünf Enthaltungen und ohne Gegenstimme wurde am 21. März 1929 Oberbürgermeister Fleischmann für weitere zwölf Jahre gewählt. Nicht einmal die Kommunisten konnten sich dem Harmoniegebot entziehen, sie enthielten sich der Stimme.[66]

Die konkrete Politik in Gremien und Parlamenten hatte in der Partei ganz offensichtlich einen geringen Stellenwert. Geringer in jedem Fall als die alltägliche nationalistische Mobilisierung der Bevölkerung. Kommunalpolitik war für die DNVP unbequem, denn hier stand sie in der Verantwortung; einfache und klare Linien waren nicht zu ziehen, sie mußte Interessen vertreten, Erfolg haben und Kompromisse finden, weil ihr die absolute Mehrheit fehlte. Das hatte Rückwirkungen auf ihr politisches Verhalten, denn Fundamentalopposition und aktive politische Mitwirkung widersprachen sich. Schroffe und eigensinnige Politik war nicht denkbar. Die DNVP konnte sich deswegen und wegen ihres grundsätzlichen Verständnisses von Politik nicht einkapseln. Sie war jedoch offensichtlich nicht demokratisch, sondern bevorzugte obrigkeitliche und autoritäre Muster. Der Konsens, nach dem sie immer wieder über die Parteigrenzen hinweg strebte, war der Versuch, den demokratischen Mechanismus von Interessenkonflikt und Abstimmungen schon im Vorfeld überflüssig zu machen. Um dieses System am Leben zu erhalten, mußte sie konsequenterweise die SPD einbeziehen. Abgestützt wurde dies durch die Gemeinwohlorientierung, die Interessen der gesamten Stadt in den Mittelpunkt rückte. Das kommunalpolitische Verhalten der DNVP bewegte sich jedoch ganz offensichtlich im Widerspruch zu der ansonsten postulierten kompromißlosen Gegnerschaft zu SPD und DDP. Die DNVP war eine Partei und hielt sich an die jahrzehntealten Spielregeln der Kommunalpolitik, die Mehrheitsfindung und Ausgleich von Positionen vorsah. Dadurch paßte sie sich lokal dem demokratischen System an, auch wenn sie sich bemühte, so zu tun, als nutze sie das System auf ihre Weise.

c) Zwischenbilanz: Politische Ordnungsvorstellungen

Die politische Kultur des konservativ-nationalen Milieus verdeutlicht die Schwierigkeit, die politische Hegemonie, die es in der zweiten Hälfte der zwanziger Jahre in Pommern gewonnen hatte, zukunftsorientiert und sinn-

---

[65] StA. Rep. 6 PB, Nr. 335, Personalakte Remertz.
[66] Protokoll der Sitzung vom 21. 3. 1929, in: StA. Rep. 3, Nr. 151, Jg. 1929.

voll mit Inhalt zu füllen, ihr ein konkretes Ziel zu geben. Denn über den Topos von Abwehr und Bewahrung kam die politische Elite des Milieus, die hier gefordert war, offenbar nur wenig hinaus. Sie wußte nur genau, was sie nicht wollte. Es fehlte ihr aber eine konkrete Vorstellung darüber, wie ein konservativ-nationales staatliches Gemeinwesen politisch organisiert und geführt werden könnte.

Auch am Ende des Jahrzehnts bildeten der Monarchismus und die Idee vom obrigkeitlich geführten starken Staat unausgesprochen einen wesentlichen Rückhalt des Milieus. Wenn die Kronprinzessin Cäcilie von Preußen die Familie des Grafen Behr-Behrenhoff besuchte, dann sangen Kinderchöre, und die Schützen standen gemeinsam mit dem Stahlhelm Spalier.[67] Jeder noch so unbedeutende Jahrestag der Hohenzollern zog ein Fest nach sich. Damen aus den konservativen Organisationen wie Emma Medem dichteten Oden zum Geburtstag des »Einsamen Dulders von Doorn«.[68]

Die Konservativ-Nationalen lebten kaum in der Gegenwart der zwanziger Jahre. Selbst wenn sie von der Zukunft sprachen, meinten sie in der Regel die Vergangenheit, denn sie blieb der Maßstab für jeden Entwurf, für jedes Handeln. Ängstlich bemühten sie sich, in ihrem Einflußbereich alles so erscheinen zu lassen, als habe es keine Niederlage gegeben. Sie achteten darauf, die Fiktion von Wehrfähigkeit und Kriegsdienst aufrecht zu halten, sie bewahrten die Farben und die Fahnen, sie beschworen die Kontinuität der Geschichte und der Männer, die diese Geschichte gemacht hatten. Die Kirche behielt ihren sinnstiftenden Platz entgegen jeder Säkularisierungstendenz. Parteien waren notwendiges Übel und hatten in der Politik gegenüber dem Gemeinwohlinteresse zurückzutreten. Die Zukunft konnte nach dieser Fiktion nur die Wiederherstellung des alten Zustands sein.

Doch die Gesellschaft hatte sich verändert; an sich für jedermann erkennbar war ein Zurück in die alte hierarchische Klassengesellschaft des Obrigkeitsstaates nicht mehr vorstellbar. Zu viele Gruppen und Schichten der Bevölkerung waren seit 1914 neu politisiert und mobilisiert worden. Sie waren den Konservativen auch durchaus willkommen gewesen, denn sie brauchten Wähler. Aber diese nationalistische Massengesellschaft sprengte den Gedanken von Adelsherrschaft und Monarchie. Die traditionellen Bezugspunkte paßten nicht mehr zum neuen mobilisierten Milieu, obwohl das alte System durch den ständigen Bezug auf die Vergangenheit als natürliche Alternative zur gehaßten Republik erscheinen mußte. Hier gab es offenbar Widersprüche. Ein neuer Gedanke war notwendig, der diesem dynamischen, neuen Milieu mit seiner politischen Kultur einen Rahmen und ein Ziel gab. Welche konkreten Antworten auf das Problem der politischen Ordnung gab es? Wie sahen diese Vorstellungen aus?

---

[67] Greifswalder Zeitung, 20.8.1930.
[68] So begingen Hartmann, von Forstner, Raettig, Baumgardt und der ganze Rest der pensionierten Greifswalder Offiziere den 50. Jahrestag des Eintritts von Wilhelm II. in die Armee. Greifswalder Zeitung, 10.2.1927 u. 27.1.1927.

Die Konservativen waren zwar Monarchisten, sie klebten aber nicht bedingungslos am Kaiserreich und seiner Regierungsform. In der politischen Fest- und Alltagskultur zeigte sich in den Umrissen recht scharf etwas Neues. Der Kern ihrer Zielvorstellungen wird in einem Satz Dr. Paul Langemaks deutlich: »Ich habe des Deutschen Reiches Macht und Ansehen, wie es aus dem Kriege 1870/71 hervorging, miterlebt und mitgenossen. Ich habe den Weltkrieg draußen und daheim mitgemacht. Ich habe die Staatsumwälzung miterlebt und seitdem die Jahre der deutschen Erniedrigung und Demütigung. [...] Wie glücklich wäre ich, wenn ich vor dem Abschluß meines Lebens noch Zeuge eines wirklichen Wiederaufstiegs meines geliebten deutschen Vaterlandes sein könnte.«[69] Langemak sehnte sich nicht so sehr nach der Monarchie; er wollte nur eine Renaissance deutscher Macht. Sie war aber nur durch eine Revanche gegen Frankreich zu haben. Das bedeutete Krieg, und der war ohne die Massen nicht zu führen. Sie mußten daher für die nationale Sache geeinigt und gewonnen werden. Hier lag ein politisches Hauptproblem der elitären Konservativen. Ganz gleich ob sie ihrer eigenen revanchistischen Logik folgten oder sich den Sachzwängen der parlamentarischen Demokratie auslieferten, immer wieder kamen sie auf das Problem der Massenbasis zurück. In Stralsund formulierten die ›Vereinigten Vaterländischen Verbände‹, die innere Gesundung des deutschen Volkes sei durch eine »deutscher Art gemäßen Volksvertretung« und die »Ablehnung des Klassenkampfes« zu bewirken.[70] Was aber sollte an die Stelle dieser Phänomene einer modernen Massengesellschaft gestellt werden? Was ersetzte Demokratie oder sozialistische Heilshoffnungen? Was war ›deutscher Art‹ gemäß?

Die Anwort auf dieses Problem der Konservativen mit den Massen war das Konzept der nationalen Volksgemeinschaft. Dieser Begriff löste ältere Wendungen, wie »nationale Einheitsfront« und »konservative Sammlung« im Verlauf der zweiten Hälfte der zwanziger Jahre ab, nachdem ihr Aufstieg von einer vagen und bei allen politischen Richtungen verbreiteten Formel zu einer veritablen politischen Utopie bereits nach Kriegsende begonnen hatte. Nationale Volksgemeinschaft war mehr als Front oder Sammlung, sie band nicht mehr nur einfach zusammen, sondern verschmolz die gesellschaftlichen Gegensätze. Ferner war sie tendenziell expansiv, bot sie doch eine Formel, unter der sich das gesamte Volk über die Polarisierungsgrenze hinweg wieder einigen könnte, zurück auf den Stand vom August 1914. Sie war also eine Antwort des konservativ-nationalen Milieus auf die schroffe Frontstellung der Nachkriegszeit.[71]

---

[69] Paul Langemak, in: UA. Album der Ehrensenatoren, handschriftliche Eintragung vom 5.10.1928.

[70] Richtlinien der ›Vereinigten Vaterländischen Verbände‹ Stralsunds, o.D., ca. 1925, in: VpLA. Rep. 65c, Nr. 960.

[71] Besonders deutlich in den Ausführungen zum Treffen des ›Kirchlich sozialen Bundes‹ in Greifswald, Greifswalder Zeitung, 18.1.1928.

In der preußischen Kernregion Greifswald dauerte es aber geraume Zeit, deutlich länger als beispielsweise in Thüringen, bis die Monarchie so weit verblaßt war, daß ein solches Konzept sich in der Bevölkerung verbreitete und die politischen Handlungen bestimmte. Den Durchbruch erzielte die Idee in Pommern erst 1923 mit der Ruhr- und Inflationskrise und dem Aufstieg des Stahlhelms. Er vertrat am nachdrücklichsten solche Gedanken, wie bereits in seinem Lied deutlich wurde. Die Greifswalder Zeitung war geneigt, den existierenden Stahlhelm für den Vorboten kommender nationaler Gemeinschaft zu halten. »Arbeiter aus Stadt und Land beweisen, daß es dem Stahlhelm gelungen ist, aus seinen Reihen die unser Volk zerreißenden Gegensätze auszuschalten. [...] In der nationalen Gesinnung hatten sich Stadt und Land, Kopf- und Handarbeiter, Arbeitnehmer und Arbeitgeber wie Beamte zusammengefunden.« Man halte einen Geist lebendig, der »in dem anderen zuerst den deutschen Bruder« sehe.[72] Dieses Versprechen gleicher Geltung für alle, sofern sie nur Deutsche waren, bei realer sozialer Ungleichheit war offenbar attraktiv und füllte die Lücke, die der langsame Abschied von der Monarchie öffnete. Der Stahlhelm warb seit 1923 erfolgreich besonders mit diesem Gedanken. Volksgemeinschaft war symbolisch gemeint, die Gleichheit ideell. Die politische Kultur, der Gemeinschaftskult war daher von herausragender Bedeutung, denn nur in ihm versinnbildlichte sich die Volksgemeinschaft und wurde erfahrbare Realität.

Die DNVP reihte sich hier ein und nahm diese Gesellschaftsvorstellung auf. Gleichzeitig sprach sie öffentlich immer seltener über die vergangene Staatsform, der sie sich auch weiterhin verbunden fühlte. Über ihre Jahreshauptversammlung im März 1928 hieß es: »Der zweite Teil des Abends war einem geselligen Beisammensein gewidmet. Im Sinne wahrer Volksgemeinschaft fanden sich hier Menschen aller Schichten geeint durch die Liebe zum Vaterland menschlich zusammen.«[73] Daß gerade die DNVP am allerwenigsten dem Ideal entsprach, ging völlig unter. Der Gedankengang war indes bezeichnend: Immer und überall, wo nationale Menschen zusammenkamen, herrschte der Geist der Volksgemeinschaft; ob es dabei um Politik ging oder um Biertrinken, war gleichgültig. Die Idee der Volksgemeinschaft politisierte damit das Leben, bis in die privaten Winkel hinein. Und auch die ›Bismarckjugend‹ hielt das für Politik. Der Wiederaufstieg sei möglich, »indem wir politisch werden und den Gedanken der Volksgemeinschaft in uns wachsen lassen.«[74]

Entscheidend war der Gedanke von einer großen harmonischen Gemeinschaft, die man Volk nannte. Volk ließ sich zwanglos religiös, biologisch, nationalistisch oder kulturell definieren.[75] Klassenkampf und Demokratie

[72] Greifswalder Zeitung, 22.1.1928.
[73] Greifswalder Zeitung, 28.3.1928.
[74] Bericht vom 7. Stiftungsfest der Greifswalder ›Bismarckjugend‹, Greifswalder Zeitung, 13.3.1928.
[75] A. THIMME, 1969, S. 105f.

lösten sich darin jedoch auf, der Einzelne sollte in dieser Gemeinschaft aufgehen, seine egoistischen Interessen für das Ganze zurückstellen, damit die Gemeinschaft wieder machtvoll gegen die äußeren Feinde auftreten konnte. Nur auf diese Weise waren die politisch-kulturellen Aktivitäten zu verstehen, die Tausende Greifswalder in ihren Bann schlugen und Woche für Woche mobilisierten.

Das konservativ-nationale Milieu probte in seiner Gegenwelt bereits diese Volksgemeinschaft. Besonders deutlich tat dies der Stahlhelm, aber auch in den Verbandsstrukturen des Landbundes oder der DNVP sowie den wirtschaftsfriedlichen Arbeitervereinen war der Gedanke präsent. Die Tarifpolitik des Landbundes war nicht nur einfach reaktionär, sie beruhte auf einem ideologischen Konzept, das dank des starken Einsatzes der ländlichen Eliten erwiesenermaßen als Grundlage konkreter Politik taugte. Der Anspruch nationalistischer Volksgemeinschaftsideologie reichte mithin weiter als nur bis zur Abwehr der sozialpolitischen Forderungen des Landarbeiterverbandes. Konsensfindung sollte vor Konfliktaustrag gehen. Hier traf sich die nationalistische Utopie wieder mit grundsätzlichen konservativen Politikvorstellungen.

Volksgemeinschaft funktionierte indes nur so lange, wie der einzelne bereit war, sich mit symbolischer Aufwertung zufriedenzugeben, weil er erwarten durfte, daß seine materiellen Wünsche Gehör und Befriedigung fänden. Konkrete soziale Forderungen interessierten die Konservativ-Nationalen aber nur am Rande. Gleichmacherei lehnten sie gänzlich ab, sie wollten eine Gesellschaft, in der jeder an seinem Platz blieb und bleiben konnte, in der jeder aber dort auch geachtet war. Jeder andere Gedanke hätte die elitäre Struktur der politischen Führungsschicht in Frage gestellt, hätte der sozialen Heterogenität des Milieus ein gefährliches Gewicht gegeben. Die Volksgemeinschaft war nicht sozialutopisch, sie wollte die Gesellschaft nicht wirklich verändern. Dafür steckte in ihr eine politische Utopie, denn sie verließ sich allein auf die Überzeugungskraft nationalistischer Ideen, die gegen den äußeren Feind, die Demokratie und den Marxismus gestellt wurden. Der Umstand des Deutschseins mußte daher entsprechend überhöht und unterstrichen werden. Dieser Gemeinschaftsgedanke war folglich von vornherein offen für extreme und zuweilen weit auseinanderliegende Definitionen.

Politisch konnte sich die zur Volksgemeinschaft geläuterte Gesellschaft mit vielen Systemen vertragen, nur mit der parlamentarischen Demokratie eben nicht, weil diese den gesellschaftlichen Konflikt als konstitutives Element benötigte. Positiv gewendet lief daher alles auf eine personelle und autoritäre Führung hinaus. Ein Kaiser war denkbar; aber das Heil einer starken politischen Führungsbegabung mochte man nach den ernüchternden Erfahrungen mit den Hohenzollern nicht von einer einzelnen Familie erwarten. Der Krieg hatte Führung überdies demokratisiert, der Führer durfte daher auch aus dem Volk kommen. »Große nationale Führer« waren »gottgesandte Männer«, und der Luisenbund sah seine Aufgabe darin, im

Volk die »seelische Bereitschaft schaffen helfen, echt völkische Führer zu
tragen, damit sie den Kampf für die ewigen Ziele unseres Volkslebens aufnehmen können.«[76] Sehr viel weiter reichten die Vorstellungen nicht, die
Utopie von der Überwindung des Klassenkampfes und dem Wiederaufstieg
des Reiches war letztlich so hoch angesiedelt, daß man ihre Erfüllung nur
von einem eher unwirklichen, eben gottgesandten Führer erwartete.

Nimmt man die Leitungsstrukturen von Stahlhelm oder DNVP als Hinweise, wie solche Vorstellungen begriffen wurden, dann waren dies zwar
straff und eher autoritär geführte Organisationen mit nur wenigen demokratischen Rechten der Basis. Die Leiter blieben aber immer in Gruppen
und Führungshierarchien eingebunden, sie konnten sich über ihre Basis
nicht einfach hinwegsetzen, sie mußten den Konsens suchen. Der Führer
war daher auch in der politischen Realität ein Idealbild. Die Basis selbst
orientierte sich in freiwilliger Unterordnung, in Gehorsam; Mitbestim-
mungsrechte waren daher nicht gewünscht. Letztlich lösten aber weder
Stahlhelm noch DNVP in Greifswald den Widerspruch zwischen emotio-
naler Bindung an die Monarchie und Volksgemeinschaftsidee wirklich auf.
Beide blieben nebeneinander stehen mit wachsendem Einfluß der Volksgemeinschaftsidee.

Auffällig bleibt, wie eng politische Kultur und Ordnungsvorstellungen
zusammenhingen. Die ausgeformte und praktizierte politische Kultur des
Nationalismus war nicht nur Ausdruck von Haltungen, Werten und Gefühlen, sie sorgte für die direkte Verbindung zwischen der Politik und den
Menschen, sie war ein Vehikel, über die sich die Menschen des konservativ-
nationalen Milieus in die Politik einbrachten. Ihre Bedeutung ist daher
kaum zu unterschätzen. Die populäre utopische Formel von der Volksgemeinschaft war dabei nicht Fernziel und Ideologie, sie war konkrete Politik, gelebte Realität, indem die Gegengesellschaft sich an ihr orientierte
und sie in die Tat umzusetzen versuchte, symbolisch wie konkret. Das hielt
das Milieu zusammen und harmonisierte die Gegensätze. Erst diese Utopie,
so lückenhaft sie blieb, machte das Milieu zur Gegengesellschaft. Hier wurde versucht, eine nationalistische Antwort auf die Herausforderung der modernen Massengesellschft zu formulieren, vor allem aber zu praktizieren.
Dieses Großexperiment lief in der regionalen Nische einer parlamentarischen Demokratie, die eigentlich ganz andere gesellschaftliche Grundlagen
benötigte, um funktionieren zu können. Die Volksgemeinschaft sah sich
überdies in Konkurrenz zu sozialistischen Vorstellungen von einer Gesell-
schaftsreform und Gemeinschaftsbildung. Es war mithin kein Wunder,
wenn die Gegensätze hart aufeinander prallten, zumal der Absolutheitsanspruch bei Nationalisten und Sozialisten sich wenig unterschied. Hier
baute sich ein langfristiger Konflikt auf, der erst in den vierziger und fünfziger Jahren endgültig ausgetragen werden sollte.

---

[76] Anneliese von Wedel, Landesführerin des Luisenbundes, auf einer Veranstaltung in
Greifswald, Greifswalder Zeitung, 20. 8. 1930.

4. Submilieus: Kirche, Mittelstand und Volksgemeinschaft

Die evangelische Kirche sah sich selbst und auch den Glauben nicht als eine politische Angelegenheit an, ein offenes Parteibekenntnis war ihr nach Selbstverständnis, Theologie und Tradition fremd.[1] Gleichwohl war ihr nach 1918 bewußt, daß sie ständig Position beziehen mußte, denn die komfortable Stellung quasi als Mündel der Staatsmacht war mit dem Kaiserreich zerstört worden. Ihre Interessen mußte sie wie alle anderen auch in den Verwaltungen und Parlamenten vertreten. Sie wollte ihren Status als Volkskirche über den Bruch hinweg sichern, weshalb sie ihre Anhängerbasis unter den neuen Bedingungen einer religiös prinzipiell freien Gesellschaft festigen und erweitern mußte. Wie das konservativ-nationale Milieu waren daher auch die Kirche und ihre Gläubigen auf der Suche nach Orientierung und neuen Leitbildern.[2] Von der Republik glaubten sie nämlich nicht, daß sie ein Umfeld biete, in dem das auf Dauer möglich sein würde.

De facto war die Kirche äußerst komfortabel aus der staatsrechtlichen Verbindung von Thron und Altar herausgekommen. Die städtischen Patronatsrechte und -pflichten galten in Greifswald weiter[3], die Verhältnisse blieben weitgehend konfliktfrei, wobei die Stadtregierung darauf achtete, daß die Pastoren keine Kritik am Magistrat äußerten.[4] Andersherum wahrte die Kirche ihre Autonomie gegenüber der Stadt.[5]

Die Verbindlichkeit der Kirchenzugehörigkeit in der gesamten Stadtbevölkerung war kaum angetastet. Mitte 1933, 13 Jahre nach dem Beginn der neuen Verhältnisse, gehörten 93,8 Prozent der Greifswalder Bevölkerung der evangelischen Landeskirche an, rund vier Prozent waren katholisch, nur 1,3 Prozent bezeichneten sich als bekenntnislos. Die Zahlen für den Landkreis waren nahezu identisch, nur die Zahl der Bekenntnislosen lag mit 0,7 Prozent noch unter dem Stadtwert. Die Werbung für den Kirchenaustritt hatte in Greifswald fast gar nicht verfangen.[6] Auch der kirchliche Ritus war unangefochten. In den rein evangelischen Ehen Pommerns wurden 1926 97,3 Prozent aller Kinder getauft, 1927 waren es 96,1 Prozent.

---

[1] Bezugspunkt war der Staat. Deutlich auch am Buchtitel von J. R. WRIGHT, ›Above Parties‹, 1974. Ferner K. NOWAK, Weimarer Republik, 1981, S. 88.

[2] K. NOWAK, Weimarer Republik, 1981, S. 14, merkt an, daß es der offiziellen Kirche zwischen 1918 und 1932 nicht gelungen sei, das mit der Revolution aufgebrochene Problem der Weltverantwortung theologisch und praktisch zu lösen. Aussagen der Kirche seien dem traditionellen Denkschemata von Nation, Volk, Staat und Wirtschaft verhaftet geblieben. Das Wunschbild vom christlichen Staat habe dominiert.

[3] StA. Rep. 5, Nr. 10606 u. 10607. Dazu auch K. NOWAK, Weimarer Republik, 1981, S. 23.

[4] StA. Rep. 6 Ia St, Nr. 24. Schriftwechsel Magistrat und Superintendent von 1930 über eine Predigt des Pastors Koch, die als kritisch gegen den Magistrat gewertet worden war.

[5] Leserbrief Greifswalder Zeitung, 25.8.1928. Schreiben von Scheven, 26.10.1928 und Abmahnschreiben der Stadt in: StA. Rep. 6 PB, Nr. 236.

[6] Daten aus der Volkszählung 1933, in: Preußisches Staatsministerium (Hrsg.), Handbuch, 130 (1934), S. 260.

Zwischen 1926 und 1928 ließen sich rund 90 Prozent aller evangelischen Paare kirchlich trauen[7], etwa 90 Prozent der Toten erhielten eine evangelische Beerdigung. 32,8 Prozent der Kirchenmitglieder gingen im Verlauf des Jahres 1928 zum Abendmahl, in ganz Pommern traten in diesem Jahr nur rund 2300 Menschen aus der Kirche aus. Das vermittelt ein Bild ungebrochener Volksfrömmigkeit selbst über die Krisen hinweg.[8]

Die Kirche war in ihren Bemühungen um die Menschen also durchaus erfolgreich. Das war eine Folge ihrer Anstrengungen, die eigenen Strukturen zu stärken und Anschluß an die gesellschaftliche Entwicklung zu halten. In Greifswald wurde 1925 ein Studentenpfarrer eingestellt, um die Verluste bei den Bildungsschichten zu verkleinern; ein Stadtmissionar sollte in der übrigen Bevölkerung wirken. Mission war eines der Lieblingsprojekte, die der seit 1923 in Stettin amtierende Generalsuperintendent Walther Kähler vorantrieb, er war der Bruder des Greifswalder DNVP-Landespolitikers Wilhelm Kähler. Das Vereinswesen wurde noch einmal ausgebaut. 1925 entstand der ›Jungmädchenbund von Sankt Marien‹, der Pendants in den anderen Gemeinden hatte.[9] Der CVJM, der ›Jugendbund für entschiedenes Christentum‹, die Frauenhilfen und die ›Landeskirchliche Gemeinschaft‹ traten ebenfalls neu oder verstärkt auf und zeigten das Bemühen der Kirche, nicht nur karitativ zu wirken, sondern Religion intensiver erlebbar zu machen und junge Menschen zu gewinnen.[10] Während die Kirche bei den Frauen und Mädchen offenbar Erfolge hatte, stagnierte die Arbeit mit den Männern und Jungen, weil die Konkurrenz der nationalen Jugendvereine so stark war.[11]

Um die eigene Position zu sichern, suchte die Kirche Anlehnung bei sympathisierenden gesellschaftlichen Gruppen. In den Organisationen des konservativ-nationalen Milieus fand sie Anknüpfungspunkte. Stahlhelm, DNVP und Kriegervereine bekannten sich nachdrücklich zur evangelischen Kirche, genauso wie die Gegner des Milieus sich dezidiert gegen sie äußerten. Gottesdienstbesuche in Uniform zeigten diese Verbindung.[12] Besonders der Stahlhelm eröffnete seine Veranstaltungen gerne mit einem Feldgottesdienst. Solche Kontakte gab es zu allen republikanischen Parteien und Organisationen, inklusive der DVP, nicht.

Doch die Kirche gab sich mit eher defensiven Maßnahmen nicht zufrieden. Zu plötzlich und zu groß war der Wandel durch den Sturz aus der Mitte staatlicher Macht. Sie verwand es nicht, die Stellung als herrschaftslegitimierende Instanz verloren zu haben, nicht mehr direkt für die gute Ordnung des Staates zuständig zu sein, die Definitionsmacht über die Sozialmoral

---

[7] Preußisches Statistisches Landesamt (Hrsg.), Statistisches Jahrbuch, 26 (1930), S. 217.
[8] StA. Rep. 5.22, Nr. 9446.
[9] Greifswalder Zeitung, 11.10.1928. Er hatte ca. 40 Mitglieder.
[10] Verlag J. Abel (Hrsg.), Greifswalder Adreßbuch 1929, Vereinsregister. Kirche und Schule, Greifswalder Zeitung, 19.10.1929.
[11] W. KLÄN, Evangelische Kirche, 1995, S. 69.
[12] Z.B. der Pastor Walcker bei der DNVP, Greifswalder Zeitung, 6.1.1928.

teilen und sich in der Gesellschaft allein behaupten zu müssen, wie ein normaler Verein. Sie sah sich mit einem neuen Staat konfrontiert, der auch die Interessen von Kirchenfeinden und Religionsgegnern respektierte und schützte. Die Kirche fühlte sich in ihrem Bestand bedroht, sie hielt auch den Staat für gefährdet, weil er nicht mehr christlich war.

Die evangelische Kirche entstammte einer Aufstandsbewegung und hatte eine Kampftradition, die in den zwanziger Jahren erneut beschworen und wiederbelebt wurde. Der Kampf der Kirche um Einfluß in der Gesellschaft war nicht abstrakt, akademisch oder nur weltanschaulich, er kannte konkrete Gegner, und er spaltete die Gesellschaft bis in die untersten Ebenen hinein, wo sich Politik und Religion miteinander verknüpften. Die Pfarrer und mit ihnen die Kirche standen eindeutig auf der Seite der konservativ-nationalen Kräfte. Im milieuhaft verdichteten Lager zeichnete sich ein fester, religiös gebundener christlich-konservativer Kern ab. Das deutete sich auch in der politischen Kultur an. Ihr beliebtester Schlachtgesang war »Ein feste Burg ist unser Gott«, auch weil der Text politisch so doppeldeutig war und auf die depressive, aber kämpferische Grundstimmung des konservativ-nationalen Milieus paßte. Das Lied endete zudem mit dem schönen Vers: »Das Reich muß uns doch bleiben.« Gern wählte man auch »Wach auf, wach auf, du deutsches Land, du hast so lang geschlafen.«

Das Feld intensivster Auseinandersetzung und Polarisierung in den zwanziger Jahren bildete die Schulpolitik, wo die Kirche sich besonders bedroht fühlte, ging es doch um die Sozialisation ihres Nachwuchses, also die Verewigung des Glaubens, was ein wichtiges Anliegen war.[13] Die sozialistische Arbeiterschaft mit ihren Freidenkern und Atheisten, für die Kirche nur die »Gottlosenbewegung«, stellte die Forderung nach einer bekenntnisfreien Schule und betrieb aggressiv Werbung für den Kirchenaustritt.[14] Ihre politische Vertretung, die Sozialdemokraten, wurden damit automatisch zum Hauptgegner. Jede schulpolitische Maßnahme der Regierungen war von extremen Empfindlichkeiten begleitet. Die Entscheidung um das schließlich gescheiterte Schulgesetz stilisierten die Pfarrer über Monate hin zur Frage um Himmel oder Hölle. Mit Pathos wurde jede Elternratswahl als Endkampf zwischen Gottlosigkeit und Christentum um das Seelenheil der Schulkinder beschworen. Die massive Kampfhilfe der Greifswalder Kirche für die christlichen Elternverbände ermöglichte meist ungefährdete Siege für die christlichen Listen.[15] Jede antichristliche Beeinflussung der Greifswalder Schüler sollte verhindert werden.

Besonders heftig ging die pommersche Kirche aber gegen die Katholiken vor, die in Pommern immer eng mit der polnischen Bevölkerung identi-

---

[13] Zum Verhältnis Kirche SPD und den Streit über die Schulpolitik, K. NOWAK, Weimarer Republik, 1981, S. 81 ff. und S. 88 ff.

[14] Kirche und Schule, Greifswalder Zeitung, 20. 9. 1930. Sehr deutlich faßt auch H. HEYDEN, 1957, S. 228 ff. die Feindbilder der Kirche zusammen.

[15] Ergebnisse in: Greifswalder Zeitung, 27. 6. 1932.

fiziert wurden. Als im Herbst 1929 Pläne bekannt wurden, daß bei der Aufteilung der Güter Kreutzmannshagen und Willershusen zwischen Greifswald und Grimmen auch katholische Siedler berücksichtigt werden sollten, brach ein Sturm der Entrüstung in den kirchlichen Kreisen los. Die Homogenität von Gemeinden und der Provinz sei in Gefahr, es werde ein Keil in die rein evangelische Bevölkerung getrieben, Rom missioniere aggressiv in Pommern, die Gegenreformation marschiere. Wer sein Gut verkaufe, der solle festlegen, daß es nur an evangelische Siedler weiterveräußert werden dürfe.[16] Die Beschwörung eines katholischen ›Rollbacks‹ 400 Jahre nach der Reformation war natürlich weit entfernt von den tatsächlichen Problemen der Kirche und verdeutlicht, wie weit sie sich in ihrem Bedrohungsgefühl von der Realität entfernt hatte.[17] Die Siedlungsgenossenschaft hatte einen Nerv getroffen, denn die Kampftradition der evangelischen Kirche war höchst lebendig und richtete sich traditionell gegen die Katholiken. Die Kirche begann eine Stellvertreterauseinandersetzung, denn die Verbindung des katholischen Zentrums mit der SPD war ihr ein Dorn im Auge; ferner mobilisierte und integrierte nichts ein Milieu besser als ein altbekannter Gegner, der wie in diesem Fall noch nicht einmal real vorhanden sein mußte.

Das Wiederaufleben der Kampftradition wurde durch die 400-Jahrfeiern der Reformation gefördert, deren Ereignisse seit 1917 in rascher Folge gedacht wurde. 1924 beging man 400 Jahre deutsches Gesangbuch, 1926 400 Jahre deutscher Gottesdienst und 1930 die 400. Wiederkehr der Überreichung des Augsburgischen Bekenntnisses. Dazu gab es in jedem Jahr ein Gustav-Adolf-Festkonzert oder eine Abendmusik zu Ehren des Schwedenkönigs, der im Dreißigjährigen Krieg in Pommern gelandet war und die Protestanten vor der katholischen Übermacht gerettet hatte.[18] Dieser Jubiläumsreigen sorgte für eine Art Reideologisierung der Kirche und der evangelischen Christen. Es verbreitete sich Kampfstimmung, denn wieder standen sich Protestanten und Katholiken in zwei verschiedenen Lagern gegenüber. Die Kirche nutzte das Gerücht von den katholischen Siedlern, um damit ihr Kirchenvolk zu sammeln und zu mobilisieren.

Mit der neuen Katholikenfeindschaft rückte der Gründervater und ›Führer‹ der Protestanten, Martin Luther, erneut in den Vordergrund. In diesen Komplex der Reformations- und Lutherrenaissance gehört die Diskussion um die sogenannte ›Judenfrage‹, die im konservativ-nationalen Milieu so offen nur von der Kirche geführt wurde. Die Greifswalder Zeitung beließ es in der Regel bei Seitenhieben auf den »jüdischen Marxismus«, das »jüdische Finanzkapital« oder die »liberale Judenpresse«. Die Pfarrer waren

---

[16] Kundgebung der Kreissynode Greifswald-Land, Greifswalder Zeitung, 18.11.1929.

[17] Zum Verhältnis gegenüber Zentrum und Katholiken, K. Nowak, Weimarer Republik, 1981, S. 93 ff.

[18] Sogar ein ›katholisches‹ Ereignis wie der 800. Jahrestag des Beginns der Christianisierung Pommerns 1924 stand unter dem Vorzeichen, zu wahrer Blüte sei der Glauben erst mit der Reformation gelangt. Vgl. Programmzettel und Ankündigungen in: UB-Sammelmappe, Kirchen, Bd. 2.

da etwas unverkrampfter. Es sei unmöglich vor Gott zu verantworten, daß ein Christ einen Juden wähle. Die »Lösung der Rassenfrage« gehöre zu den dringlichsten Problemen für das Luthertum der Gegenwart.[19] Das Gerücht, die evangelische Pfarrerschaft sei in starkem Maße jüdischer Abstammung, wurde vehement zurückgewiesen, die evangelische Kirche sei nicht »verjudet«.[20] Juden waren gemäß dieser Vorstellung keine richtigen Deutschen, weil sie keine Christen waren. Der Maßstab war aber nicht die Rasse, sondern die Taufe.

Religiös begründet, ergab sich damit die gleiche Gruppe von Feinden, denen sich das konservativ-nationale Milieu aus politischen Gründen gegenüber sah: Sozialisten, Liberale und katholisches Zentrum waren die tragenden Parteien der Weimarer Republik. Hinzu kamen die Polen, die stellvertretend für den Kampf gegen die ausländischen Mächte standen. Religiöse und politische Frontstellungen gingen damit eine unentwirrbare Gemengelage ein und festigten sich gegenseitig. Diese politisierten christlichen Glaubensüberzeugungen verfocht die Kirche mit protestantischer Intransigenz und Inbrunst, die oft nur nach Freund und Feind unterschied. Auch das entsprach der Situation in der Politik.

Die Greifswalder Pastoren hielten sich parteipolitisch zurück, vertraten aber ganz eindeutig den national-protestantischen Kurs. Das gesamte Gemeindeleben blieb auf sie zugeschnitten, sie führten und lenkten die Arbeit der aktiven Christen. Ihr Kurs wurde in der regelmäßigen GZ-Beilage »Kirche und Schule« deutlich, den immer ein Pfarrer redigierte. Sie versorgte die christliche Bevölkerung mit Andachten und handfesten politischen Wegweisungen. Christliche Leser wurden damit an die DNVP-Zeitung und an die Partei gebunden. Das Weltbild dieser Beilage bediente auf religiöse Weise den milieuintegrierenden Topos vom Niedergang in der Gegenwart, dem eine lichte Zukunft und ein Wiederaufstieg in der Volksgemeinschaft folgen werde.[21]

Die Politisierung des christlichen Teilmilieus hatte im Verlauf der zwanziger Jahre zwar etwas nachgelassen, dennoch war die Bindung der aktiven Gemeindemitglieder an die DNVP und mit geringeren Anteilen an die DVP eindeutig geblieben. Die Kirchenführung und die Parteiführung der Deutschnationalen waren eng miteinander verbunden. Das wird schon am Brüderpaar Wilhelm und Walther Kähler deutlich, der eine höchster Kirchenrepräsentant in Vorpommern, der andere wichtigster DNVP-Politiker.[22] In Lubmin leitete der Kantor Reinert die Wahlversammlungen der

---

19 Kirche und Schule, Greifswalder Zeitung, 13. 5. 1928 und 20. 5. 1928.
20 Kirche und Schule, Greifswalder Zeitung, 6. 5. 1928.
21 K. Nowak, Weimarer Republik, 1981, S. 101 ff. Dort auch zu Traub und Mumm, Verwandte und politische Weggefährten von W. Kähler.
22 Von der Goltz und Wilhelm Kähler gehörten dem Kirchenvorstand Sankt Marien, der Provinzialsynode und der Preußischen Synode an, Deißner saß im Kirchenvorstand von Sankt Nikolai; Frau von der Goltz und Frau von Wolffradt leiteten die Frauenarbeit in Sankt Marien und Sankt Jacobi.

DNVP.[23] Die Mark ›Hindenburg‹ der ›Bismarckjugend‹ in Behrenhoff stand unter Führung des Pastors Wellmann.[24] Der pensionierte Pfarrer Strahl (1869–1932), von dem berichtet wurde, er habe 1920 beim Kapp-Putsch selbst die Waffe in die Hand genommen und gegen die Kommunisten gekämpft, leitete bis zu seinem Tod die Greifswalder Kriegsgräberfürsorge und war stellvertretender Vorsitzender im Kriegerverein. Seine ganze Arbeitskraft als Rentner widmete er der »vaterländischen Bewegung.«[25]

Auch diese personellen Verflechtungen sorgten dafür, daß die Probleme der Kirche immer im engen Kontext mit den politischen Entwicklungen der Deutschnationalen standen. Bei der Frage nach der nationalen Volksgemeinschaft, die das Milieu politisch bewegte, ordneten sich die Pfarrer ein und versuchten, ihre Vorstellungen und Zukunftshoffnungen in die Diskussion einzubringen.[26] Der ›Kirchlich soziale Bund‹ stellte sich im Januar 1928 bei einer Tagung in Greifswald die Frage: »Wie werden wir wieder ein Volk?« Man diskutierte über die Idee der auf Abstammung gegründeten religiösen Volksgemeinschaft als Gegenentwurf zum klassenlosen sozialistischen Gemeinschaftsmodell der Arbeiterbewegung.[27] Der Pfarrer in Potthagen predigte bei einer Fahnenweihe, der Wiederaufstieg Deutschlands sei erst zu erwarten, »wenn wir alle wahres Deutschtum mit echtem Christentum verbunden haben.«[28] Diese Vorstellungen reichten bis in die höchste Theologenschicht, die Greifswald zu bieten hatte, denn Professor von der Goltz sah ebenfalls die Volksgemeinschaft ohne Religion von »Fäulnis« und »Zersetzung« bedroht. Nur aus einer religiös bestimmten, wehrhaften und damit gesunden Volksgemeinschaft sei der Wiederaufstieg Deutschlands zu erreichen.[29] Die Kirche wollte einen Platz in dieser Volksgemeinschaft finden, von der sie hoffte, sie werde der Religion und dem Glauben ihren zentralen Platz zurückgeben.

All solche Ideen blieben nun nicht nur abstrakte Gedankenspiele, sondern ragten unmittelbar in die Politik hinein. Pfarrer Koch setzte diese Gedanken in Wahlprüfsteine um. »Denke daran, daß du mit deinem Stimmzettel die Möglichkeit hast, dafür zu sorgen, daß das Volksleben immer mehr mit dem Geist des Evangeliums durchdrungen wird. [...] Sie [die Kirche, hms.] will nicht den Klassenkampf, sondern die Klassenversöhnung aus dem Geist der christlichen Nächstenliebe [...]. Es gibt einem doch wirklich zu denken, daß sich Millionen deutscher Evangelischer und Katholiken im Reichstage von Dissidenten und Juden vertreten lassen. [...] Es muß dahin kommen, daß ein

---

[23] Greifswalder Zeitung, 10. 5. 1928.
[24] Greifswalder Zeitung, 14. 12. 1929.
[25] Bericht von der Beerdigung Pastor Strahls, in: Greifswalder Zeitung, 20. 2. 1932.
[26] Bericht des Stettiner Polizeipräsidenten über die Führertagung des Stahlhelm Pommern am 7. u. 8. 11. 1931 in Stettin, in: VpLA. Rep. 65c, Nr. 1001.
[27] Greifswalder Zeitung, 18. 1. 1928.
[28] Greifswalder Zeitung, 20. 5. 1928.
[29] E. v. d. GOLTZ, 1927.

evangelischer Mensch einem Dissidenten nicht mehr seine Stimme gibt.«[30] Wenn nach diesen deutlichen Winken dann noch der Wahlakt in die unmittelbare Verantwortung vor Gott gestellt wurde, war jedem deutlich, daß auch der Herrgott ein Deutschnationaler war und die christliche Volksgemeinschaft wollte, ohne Marxisten, Juden, Liberale – und die Katholiken nur dort, wo sie schon immer wohnten.

Die Rückzüge, Abgrenzungen und aggressiven Attacken förderten zwar die innere Festigung des Kirchenanhanges und damit des Kernsegments im konservativ-nationalen Milieus, waren jedoch alles andere als Übungen in christlicher Duldsamkeit und Demut. Die Vorstellung, in einem Kampf zu stehen, und die permanente Stilisierung dieser Auseinandersetzung als letztes und entscheidendes Gefecht untergrub offenbar die Integrität der Kirche, weil sie letztlich jedes Maß verlor. Die Attacken gegen politisch Andersdenkende widersprachen christlichen Grundsätzen von Toleranz und Friedfertigkeit und zerstörten die Glaubwürdigkeit der Kirche außerhalb des engen Kreises ihrer Anhänger. Sie wollte überparteilich sein, war es de facto aber nicht, womit sie sich auf ihr Milieu selbst beschränkte. Die politischen und religiösen Feind-, Kampf- und Kriegsvorstellungen im Milieu befruchteten sich gegenseitig und schaukelten sich hoch. Besondere Brisanz bekam die Mischung von Nationalismus und Protestantismus durch die religiöse Rechtfertigung und Absicherung der rein politischen Ziele. Die politischen Vorstellungen des konservativ-nationalen Milieus wurde durch die Religion legitimiert, das machte sie quasi unangreifbar und festigte die nationalistische Weltanschauung, die damit in jeder Hinsicht völlig geschlossen war. Der Kirche war damit ein Zugang zu einem Platz in einer pluralistischen Gesellschaft versperrt. Das entsprang zu einem guten Teil dem eigenen Wollen der Kirche, ihren strukturellen und ideologischen Beschränkungen, war jedoch auch eine Folge der Angriffe gegen sie. Für die Kirche und die Gläubigen stand der Glaube selbst zur Debatte, die religiöse Qualität aller Ordnung und des alltäglichen Lebens. Das gab allen sachlichen oder grundsätzlichen Auseinandersetzungen den Charakter des Kampfes um letzte Dinge und erklärt die lutherische Vehemenz der Sprache und die Bedingungslosigkeit der Forderungen, die Alternativen nicht möglich erscheinen ließen.

Die Kirche und die in ihr tätigen Menschen waren kein Korrektiv für politische Überspitzungen, im Gegenteil, sie sorgten noch für Verschärfung. Dennoch wäre das Bild unvollständig, wenn nicht auf die vielfach unpolitische Frömmigkeit und Gläubigkeit der evangelischen Christen hingewiesen würde, die den einfachen religiösen Gefühlen Ausdruck verleihen und den Geboten von Gottes- und Nächstenliebe folgen wollten. Hier herrschte viel Traditionalismus: Krankenpflege, Wöchnerinnenhilfe, Spendensammlungen, Missionshandarbeiten, Nähstuben, Basare und Armenhilfe machten weiterhin einen großen Teil der Arbeit und des Engagements aus. Die Dia-

---

konie mit ihrem flächendeckenden Netz der Gemeindeschwestern bildete einen wesentlichen Bestandteil alltäglicher kirchlicher Arbeit, der die Menschen fest an die Kirche band, weil sie Gutes tat und nützlich war. Ganz traditionell traf man sich zu Andachten und Bibelstunden, die auf dem Land häufig in den Häusern der Adeligen stattfanden.[31] Gottesdienste, Kinder- und Jugendkreise, Betstunden, Singen und in Greifswald ausnehmend viel Kirchenmusik füllten das christliche Kalenderjahr der Stadt. Die Christen hielten sich gemäß überkommener Sitte an die Moral- und Rechtsgebote. Das änderte nichts an der Milieuzuordnung, wenngleich diese Normalfrömmigkeit Distanz zum lauttönenden Pastorennationalismus wahrte und nicht in ihm aufging. Die protestantischen Gläubigen trennten Kirche und Glaube voneinander. Man konnte auch als Liberaler oder Sozialdemokrat zur Kirche gehen, weil man als evangelischer Christ in unmittelbarer Beziehung zum Glauben lebte und den Pfarrer und seine Kirche nicht unbedingt beachten mußte. Anders als bei den Katholiken war Christentum individuell aufgefaßt und taugte somit nicht im gleichen Maße zur Milieubildung. Abweichende Stimmen wurden in der pommerschen Kirche jedoch nicht laut. Das Kirchenvolk delegierte letztlich die politische Vertretung ihrer Interessen an den Klerus weiter, der das ja schon immer gemacht hatte. Die Pfarrer waren Mittelpunkt der um Personen zentrierten Kirche. Von der Basis des Kirchenvolkes kamen nur schwache Impulse, die einseitige Bindung an die eine politische Richtung aufzukündigen. Das blieb einer späteren Phase vorbehalten, nachdem die Symbiose von Kirche und Nationalismus, die Hoffnung auf einen neuen, nationalistischen und religiösen Staat der Volksgemeinschaft desaströs gescheitert war.

Die nichtsozialistische Greifswalder Gesellschaft war in zwei Teile gespalten, die unabhängige Verkehrskreise bildeten. Die lokale Gesellschaft fiel trotz gleicher Weltanschauung, politischer Kultur und gemeinsamer Religion entlang der Grenze einer unterschiedlichen Lebensweise, entlang einer sozialen Trennlinie auseinander. Der alte Mittelstand blieb als Großgruppe unterscheidbar. Das hatte eine bedeutsame politische Folge, denn Mittelständler gehörten nur in Ausnahmefällen zu den Stammtischen und Honoratiorenzusammenkünften der deutschnationalen Oberschicht. Dort hatten Akademiker eindeutig die Oberhand.[32] Entgegen seiner großen Zahl in Greifswald war der alte Mittelstand in der DNVP nicht sonderlich einflußreich vertreten. Der alte Mittelstand hatte eine eigene Elite, die auf den unteren politischen Ebenen der Stadt auch selbständig auftrat.

Besonders deutlich ist die Tendenz der Spaltung in akademisches Bildungsbürgertum und alten Mittelstand im Segelvereinswesen. Seit 1908 gab es den Akademischen Seglerverein, der immer unter der Leitung von Studenten und Professoren stand. Unter den Studenten waren die Greifswalder Bürgerkinder besonders engagiert. Daneben traten Professoren auf

---

[31] Kirche und Schule, Greifswalder Zeitung, 15.1.1928.
[32] Mündliche Hinweise von H. F. Curschmann, R. Thaer, A. B. Freytag.

wie Theodor Vahlen oder der Physiker Otto Reinkober, ein aktives Stahl-helmmitglied. Als dritte Mitgliedergruppe ließ sich in diesem Verein der gehobene, akademisch gebildete Mittelstand identifizieren: Rechtsanwalt Freytag, Kaufmann Garmann oder Buchhändler Walter Klein.[33] Der ›nur‹ in Bürger- oder Mittelschule ausgebildete alte Mittelstand fühlte sich in diesen akademischen Kreisen, bei den ›besseren Leuten‹ nicht wohl und gründete daher 1926 einen eigenen Segelverein, den Greifswalder Yacht-club. Als Begründung gab der Verein an: »Die breite Masse der Greifswal-der Bürgerschaft hatte wenig Fühlung mit dem Akademischen Seglerverein und stand als unerfahrener und wohl oft mißgünstiger Kritiker abseits.«[34] Unter dem Vorsitz von Kaufmann Ernst Libner und dem Gastwirt Kurt Subklew, Bürgerschütze und Vereinswirt des Stahlhelm, kamen rund 50 überwiegend mittelständische, jedenfalls primär nichtakademische Greifs-walder zusammen.

Das konservativ-nationale Mittelstandssegment hatte drei organisatori-sche Säulen: Die Handwerkerinnungen, die Kaufmanns-Kompanie und die Bürgerschützen-Kompanie. Ihnen und nicht einer Partei gehörte die Loya-lität der Mittelständler, ganz gleich ob sie sich eher der bei den Kaufleuten immer noch recht starken DVP oder der DNVP zurechneten, die bei den Handwerkern beliebter war. Einige wählten nach 1924 auch die Wirtschafts-partei, die jedoch in der Stadt insgesamt nicht recht von der Stelle kam, was die Dominanz der Deutschnationalen unterstreicht, die Interessenparteien nicht ohne weiteres hochkommen ließ.

1929 gab es 16 Innungen in der Stadt. Eine ganze Reihe ihrer Obermeister und Vorstandsmitglieder waren auch in der Lokalpolitik aktiv. Aus der Bäk-kerinnung waren das Obermeister Richard Woldt und der Ehrenobermei-ster Franz Neumann, von den Fleischern Obermeister Albert Rathke, dann der Glasermeister Otto Prahn, der Malermeister Karl Zilm, die Schmiede Paul Bredner und Otto Mehlberg und vor allem die Maurer- und Zimmer-meister. Die wirtschaftlich starken Baugewerbe der Stadt stellten mit Lewe-renz, Otto Eggebrecht, Wilhelm Luhde und Adolf Schumann gleich mehre-re Führungspersönlichkeiten. Eggebrecht und Luhde gehörten auch der DNVP an, orientierten sich politisch aber immer an den Interessen ihres Berufsstandes.

Die Kaufmanns-Kompanie stand unter der Führung von Ernst Bärwolff und Carl Millahn, später kam der Spediteur Hubert Haß hinzu. Aus den Reihen dieses Traditionsvereins, der in die Rolle eines lokalen Arbeitgeber-verbandes hineingewachsen war, waren der Fischhändler Bernhard Was-mann, die Kaufleute Emil Schad, Franz Stöckicht, Gustav Adolf Wulff, Ernst Libner und der Zigarrenhändler Georg Klitzkowsky politisch aktiv. Auch hier dominierte die konservativ-nationale Haltung. Parteipolitisch

---

[33] Vereinsregister, VpLA. Rep. 77, Amtsgericht Greifswald, Nr. 4775. Ferner Magistrat (Hrsg.), 1927, S. 17 f.
[34] Ebd., S. 29 f. Ferner VpLA. Rep. 77, Amtsgericht Greifswald, Nr. 4775, Vereinsregister.

war die DVP etwas stärker vertreten, einige liebäugelten auch mit der DNVP, ohne daß sich dies in Mitgliedschaften niedergeschlagen hätte. Der Schützenverein war der wichtigste Geselligkeitsverein des gesamten mittelständischen Segments. Alterleute waren bis 1933 der Malermeister Adolf Weylandt und der Schuhhändler Friedrich Dethloff. Schuhhändler Max Dietrich und Bernhard Wasmann gehörten zum Vorstand; er und Ernst Libner waren gelegentlich Schützenkönig; die Hoteliers und Gastwirte Schmöckel, Flottrong und Karl Penz, ebenfalls kommunalpolitisch aktiv, waren engagierte Vereinsmitglieder. Wilhelm Luhde, Franz Stöckicht junior, Schlachter Albert Rathke, Rudolf Krethlow von den Lebensmittelhändlern oder Sägewerksbesitzer Robert Druckrey nahmen am Schützenwesen teil. Die Obermeister der Tischler und Bäcker, Lewerenz und Woldt, marschierten ebenfalls mit.

Einige dieser Männer gehörten auch der DNVP an. Insgesamt war ihr politischer Orientierungsrahmen aber in erster Linie wiederum lokal und mittelständisch bestimmt. Der alte Mittelstand blieb ein identifizierbares Teilsegment des konservativ-nationalen Milieus, das nur oberflächlich an die DNVP gebunden war. Die gemeinsame Lebensweise von familienabhängigen Kleinunternehmern, Ladeninhabern und Hausbesitzern war ganz offenbar gruppenkonstituierend, erst dann kam die konservativ-nationale Weltanschauung und Politik, erst an dritter Stelle folgte eine Parteiloyalität. Das ermöglichte im täglichen Umgang politische Toleranzen beispielsweise zwischen DVP und DNVP, weil die gemeinsame Lebensweise und ähnliche Interessenlagen politische Gegensätze milderten. Es zeichnete sich eine Milieustruktur ab, sie war jedoch nicht eindeutig politisch definiert. Ganz offensichtlich überlagerte lokale Gemeinsamkeit, deren Harmonie und Einheit mit Pathos immer wieder gefordert und beschworen wurde, politische Meinungsverschiedenheiten. Sie wurden im Rahmen des konservativ-nationalen Spektrums toleriert.

Die Handwerker und Kaufleute gehörten zwar auch zu den auf nationale und außenpolitische Themen orientierten Wehrvereinen, ihr Aktionsfeld war aber auf die Stadt ausgerichtet. Die Kommunalpolitik war ihre Domäne, wie die starke Präsenz dieser Bevölkerungsgruppe auf den rein lokalen, nach Interessengesichtspunkten zusammengestellten Wahlvorschlägen bei den Kommunalwahlen verdeutlicht. Darüber hinaus entwickelten sie kaum politische Ambitionen. Die Verflechtungen dieser Männer nach unten in die Vereine hinein waren vielfältig und eng, nach oben aber in die Partei und die Wehrverbände gering und bedeutungslos. Männer wie Tischlerobermeister Lewerenz als Landtagsabgeordneter der DNVP blieben die Ausnahme.

Insgesamt bleibt der Befund, daß eine konservativ-nationale Politisierung nicht zwangsläufig zur DNVP führen mußte, sondern auch andere Formen politischer Betätigung hervorbrachte. Die DNVP als Partei war auch Ende der zwanziger Jahre eindeutig eine Angelegenheit der akademischen Kreise und des gehobenen Mittelstandes. Die meisten einfachen Mittelständler fühlten sich von dieser Gesellschaft nicht angezogen und machten lieber über ihre Vereine und Verbände Kommunalpolitik. Umgekehrt fiel es den gehobenen Schichten nur unter dem Gesichtspunkt von Kundenpflege und Feierfreude ein, in den Bürgerschützenverein einzutreten, wie einigen Anwälten. Die bedeutenden Gewerbetreibenden, die Professoren, Ärzte und gehobenen Beamten fehlten dort jedoch ohne Ausnahme. Eine Vernetzung ergab sich nur über die symbolisch bedeutsame Teilnahme am Schützenfest. Die Teilung der Gesellschaft war politisch relevant. Das macht der Vergleich der Wahlergebnisse in den Stadtvierteln deutlich. Die Sozialstruktur hatte eine geographische Komponente, es gab örtliche Verdichtungen der Sozialgruppen. Das gehobene und mittlere Bildungsbürgertum, Beamte, Lehrer und Professoren, konzentrierte sich besonders im Osten der Stadt rund um das Theater und entlang von Anklamer und Wolgaster Straße. In diese Richtung expandierte die Stadt seit etwa 1926 auf das Sankt Georgsfeld. Die Innenstadt dagegen war eine soziale Mischzone, die ihr besonderes Profil durch den selbständigen, oft hausbesitzenden Mittelstand erhielt.

Im Osten der Stadt waren 1912 die Konservativen und die Linksliberalen stark[35]; an dieser Grundkonstellation änderte sich 1919 nichts, wenngleich die Nationalliberalen 1919 dort eine größere Rolle als vor dem Krieg spielten. Bis 1921 hatte die DNVP hier ihre besten Ergebnisse. Seit den frühen zwanziger Jahren verschoben sich die konservativen Hochburgen jedoch in die Innenstadt hinein, die ursprünglich eher linksliberal gewählt hatte. Der alte Mittelstand wandte sich von der DDP ab und wechselte zur DNVP und zur DVP. Die nordwestliche Innenstadt um die Bismarckstraße (Bachstraße) und die südöstliche mit einem villenbestandenen Rand Am Graben (Goethestraße) sowie das Gebiet um den Markt ragten 1924 besonders hervor. Hier konzentrierten sich die besseren Mittelständler mit eigenen Geschäften. Hindenburg hatte hier 1925 die meisten Anhänger.

Bei den Wahlen 1928 begannen sich diese Werte erneut zu verschieben. Jetzt führte das Ostviertel mit Spitzenwerten für die Deutschnationalen. In der Innenstadt hingegen ließ der Enthusiasmus für die DNVP deutlich nach. Bis zur Reichstagswahl 1930 sank die Partei dort auf ein Niveau zurück, das sie zuletzt vor 1921 erreicht hatte. Statt dessen kamen die Nationalsozialisten in der Altstadt voran. Sie hatten im September 1930 dort ihre besten Ergebnisse. Angemerkt sei noch, daß sie auch im Ostviertel überdurchschnittlich gut abschnitten, ohne jedoch die DNVP von der Führungsposition zu verdrängen.

So war die nichtsozialistische Greifswalder Gesellschaft weltanschaulich weitgehend geeint, organisatorisch erfaßt und eingebunden. Unter der Oberfläche blieb jedoch eine deutliche soziale Trennlinie zwischen oben und unten, zwischen Akademikern und Nichtakademikern, denn auch im Alltag und in der Freizeit blieben die selbständigen Mittelständler weit-

---

[35] Die Zuordnung der einzelnen Gebiete zu Wahlbezirken und deren Zuschnitt änderten sich von Wahl zu Wahl. Tendenzielle Aussagen sind dennoch möglich. Quellenangaben bei den Tabellen.

gehend unter sich. Das war ein Sachverhalt, der einem geschlossenen und einheitlichen Milieu im Wege stand und der politisch sehr bedeutsam war, denn während die Weltanschauung offenbar gut geeignet war, Universitätsangehörige und Beamte zu binden, genügte sie bei den Mittelständlern nicht. Die lebensweltlichen Trennlinien setzten sich in der Politik fort.

5. DNVP auf dem Weg zur Fundamentalopposition

Zwischen 1924 und 1928 hatte die DNVP keinen Anlaß, an ihrer Stärke zu zweifeln. Sie gewann die wenigen Wahlen, sie beherrschte die Öffentlichkeit, ihre hegemoniale Stellung im Milieu erschien unangefochten. Gleichwohl befand sie sich 1928, als sie sich anschickte, ihre Position in einen Wahlsieg umzumünzen, in einer widerspruchsreichen Situation. Obwohl sie so stark erschien, war sie Honoratiorenpartei geblieben und hatte das Problem einer festen Verankerung im Milieu nicht gelöst. Sie hatte die Zeit nicht genutzt, ihr heterogenes Milieu fest an die Partei zu binden. Ihre Weltanschauung und ihre politischen Ordnungsvorstellungen bewegten sich in deutlichem Gegensatz zum eigenen Handeln. Sie konnte nicht gleichzeitig Interessen vertreten und Fundamentalopposition betreiben. Es zeichneten sich zwei Möglichkeiten künftiger Entwicklung ab. Die erste war durchaus real, mit Blick auf die herausragende Bedeutung der Weltanschauung jedoch wenig wahrscheinlich: Sie konnte den Weg zur Normalisierung beschreiten und sich künftig darauf beschränken, Interessenvertretung der sie tragenden Sozialgruppen und ihres Milieus in der Republik zu sein. Dann mußte sie sich zu einer breit angelegten und partizipativ verfaßten Partei weiterentwickeln. Die andere Möglichkeit bestand in der Betonung der weltanschaulichen Qualität und der Fundamentalopposition. Diese Variante war bequem, erfolgversprechend und naheliegend, weil damit seit 1918 das Milieu gesammelt und die Wahlen gewonnen worden waren. Die Wahlen seit Mai 1928 brachten die Entwicklung erneut in Bewegung, denn im Wahlkampf zeigten sich offen die Differenzen zwischen der auf Konflikt zielenden Rhetorik und der politischen Praxis. Außerdem zeigte sich, daß die DNVP diesen Spagat nur noch schwer aushielt, weil sich die Interessenlagen im Milieu rasch und dramatisch verschoben. Die Wahlniederlage führte daher zur Entscheidung über den künftigen Weg der Partei.

a) Die Mobilisierung des Milieus: Wahlkampf und Wahlkultur

Im Wahlkampf kam es für die DNVP darauf an, das konservativ-nationale Milieu möglichst geschlossen für sich zu mobilisieren. Es mußten Wege gefunden werden, mit den Gegnern umzugehen und sich von den Konkurrenten im eigenen Parteienlager abzugrenzen. Obwohl die DNVP den Wahlkampf aus einer Position der Stärke heraus begann, enthüllte er rasch die Defizite der Verbindung von Partei und Milieu. Das Milieu ließ sich leicht über eine Forcierung des Konflikts mit dem Gegner mobilisieren, der bisweilen in Gewalt endete. Diese Möglichkeit war indes versperrt, denn für den ersten Wahlkampf nach drei Jahren im Mai 1928 um den Preußischen Landtag und den Reichstag, die gleichzeitig gewählt wurden, verpflichtete die Stadtverwaltung die lokalen Parteiführer, Gewalt zu vermeiden und den jeweiligen politischen Gegnern auf den eigenen Versammlungen Rederecht einzuräumen.[1] Das entsprach der traditionellen Wahlkultur. Als wichtigste Kontrahenten standen sich bei dieser Vereinbarung SPD und DNVP gegenüber. Das Hauptproblem waren jedoch die radikalen Flügelparteien.

Der Wahlkampf wurde am 1. Mai 1928 von der DNVP mit einer großen Versammlung in beiden Sälen der Stadthalle eröffnet, bei der Spitzenkandidat Hans Schlange-Schöningen[2], bekannter Agrarpolitiker und DNVP-Provinzvorsitzender, auftrat. 1400 bis 1500 Menschen drängten sich in den Sälen, denn dies war die wichtigste Veranstaltung der wichtigsten Partei am Ort. SPD und KPD kamen mit einigen hundert Männern von ihrer Maifeier und waren dementsprechend angetrunken und kämpferisch gestimmt. Schon der Anfang der Versammlung war geprägt von dauernden Störungsversuchen. Schlange-Schöningen spulte jedoch sein Programm ab, beschwor den Verzweiflungskampf, den das Deutschtum in Pommern gegen die Polen kämpfe, meinte, die Nation führe ihren Endkampf um Leben und Sterben, sei vom Ausland bedroht und von der SPD ohnehin, denn die sei »wirtschaftszersetzend, sittlich zersetzend und staatszersetzend.«[3] Der Appell an die konservativen Grundwerte verfing. Seine Rede entsprach der üblichen Selbststilisierung der Deutschnationalen als nationaler Opposition, als einzigem Rettungsanker Deutschlands. Die zeitweise Regierungsbeteiligung in der Republik und die blamable Haltung in der Frage des Dawesplans bagatellisierte Schlange-Schöningen als rein taktische Manöver, die nichts an den weltanschaulichen Gegensätzen und Grundsätzen änderten.

Die DNVP ließ anschließend einen rhetorischen Schaukampf zu. Das geschah nicht uneigennützig, denn ein spektakulärer Verlauf hob die Versammlung von allen übrigen ab. DVP, Völkische, NSDAP, SPD und KPD stellten Diskussionsredner, deren Ansprachen die Stimmung im Saal anheizten, bis die Auseinandersetzung ihren rituellen Höhepunkt erreichte, das ›Kampfsingen‹: »Während die Roten die Internationale anstimmten, klang, von den Nationalen gesungen, machtvoll das Deutschlandlied über die sehr erregte Versammlung hin, bis es zwischen Kommunisten und Nationalsozialisten zu einer Schlägerei kam, so daß die Polizei einschreiten mußte.«[4]

---

1 Greifswalder Zeitung, 5.5.1928.
2 G. J. TRITTEL, 1987.
3 Greifswalder Zeitung, 3.5.1928, dort sowie Greifswalder Zeitung, 5.5.1928 die Berichte zu der Kundgebung.
4 Greifswalder Zeitung, 3.5.1928.

Der Einsatz der Symbole und Rituale emotionalisierte die Politik bis zum
Gewaltausbruch. Statt mit Waffen auf offenem Feld wie bis 1920, trugen die
Parteien ihren Bürgerkrieg mit Liedern, Drohungen und Fäusten im Saale
aus, vor allem zu Wahlzeiten.

Solche Vorkommnisse prägten den Wahlkampf[5], obwohl sie auf die großen Wahlkampfveranstaltungen beschränkt blieben. Der gelungene Wahl-
auftakt der DNVP unterstreicht die beherrschende Stellung der Konservativen in Greifswald. Denn auch für alle anderen Parteien war dies die
wichtigste Versammlung. Wer hier in der Diskussion Punkte machte, über
den sprach die Stadt in den folgenden Tagen. Ansonsten war die Auseinandersetzung erkennbar ritualisiert. Die kleineren Versammlungen, die sich
an bestimmte Zielgruppen wie Beamte, Handwerker, Bauern oder evangelische Christen richteten, sahen meist nur einen Gegenredner der SPD und
der unverdrossen kämpfenden KPD, selten jemanden von der DVP, überraschend häufig für die Zeitgenossen aber Vertreter von der NSDAP. Ab einem meist verabredeten Punkt der Versammlung versuchten SPD und KPD
zu stören. Meist endeten die Sitzungen daher in den Kampfgesängen der
beiden Milieus.[6] Die Botschaft dieses Rituals war eine deutliche Abgrenzung vom Gegner. Die DNVP brauchte die Sozialisten, um das eigene Milieu zu integrieren. Umgekehrt war es genauso. Erschien kein Gegenredner,
dann fehlte den Versammlungen ein wesentliches Element, denn die Polemik lief ins Leere. Daher wartete man aufeinander.[7]

Die politische Auseinandersetzung der DNVP war zweigleisig. Erstes
Ziel war die Integration des Milieus und seine Sammlung bei der DNVP.
Das erreichte die Partei mit den Schaukämpfen und dem Dramatisieren der
Wahl zum »Entscheidungskampf zwischen der Sozialdemokratie und den
Deutschnationalen.«[8] Die DDP gehörte mit in die Schublade der Gegner.
Sie zog als »Vorfrucht der Sozialdemokratie« besondere Häme und Bösar-
tigkeiten auf sich.[9] Die Konservativen verhielten sich taktisch sehr ge-
schickt. Während sie verbal auf die Demokraten einschlug, ignorierte die
DNVP ganz einfach die Versammlungen der DDP, die deswegen auch keine
Diskussion zustande brachte.[10] Das war schlimmer als jede Schlägerei.

Das zweite Gleis des DNVP-Wahlkampfes bildete die Auseinandersetzung mit den Parteien nationaler Orientierung. Die DNVP bemühte sich,
die DVP in das Lager der Feinde hinein zu definieren. Als antisozial-
demokratische Partei war sie aber ein potentieller Bündnispartner.[11] Ganz
anders lagen die Probleme mit den Parteien zur Rechten der DNVP, den

---

[5] Vorfall wenig später in Wolgast, wo der DNVP-Vorstandstisch von Kommunisten angegriffen wurde, als von Rohr-Demmin sprach. Greifswalder Zeitung, 12.5.1928.
[6] Berichte zu Versammlungen, Greifswalder Zeitung, 1. u. 2.5.1928.
[7] Greifswalder Zeitung, 6.5.1928.
[8] Greifswalder Zeitung, 1.5.1928.
[9] Greifswalder Zeitung, 9.5.1928.
[10] Greifswalder Zeitung, 2.5.1928.
[11] Z.B. Greifswalder Zeitung, 10.5.1928.

Deutschvölkischen und der NSDAP, die kaum in den Verdacht geraten konnten, zu eng mit der Republik zu kooperieren, die sich wie die Konservativen in erster Linie als Weltanschauungsparteien sahen und die eine nationale Volksgemeinschaft anstrebten. Diese Parteien mußten von der Abgrenzungs- und Polarisierungsstrategie profitieren, wie sie die DNVP gegenüber den republikanischen und sozialistischen Parteien betrieb. Die Ziele waren ähnlich, nur der Weg dorthin erschien umstritten.

Vor dem Wahlkampf war es üblich, daß von Forstner, Major Koch und andere DNVP-Politiker zu NSDAP-Versammlungen gingen, wo sie sich offenbar durchaus wohlwollend verhielten.[12] Die NSDAP aber suchte im Mai 1928 überraschend den Konflikt mit der DNVP. Schon im Vorfeld kam es zu Auseinandersetzungen. Im Januar störte von Corswands SA-Truppe eine DNVP-Versammlung in Jarmen. Die Greifswalder Zeitung berichtete von »hysterischem Geschrei und Gekreische [...], schwersten Beleidigungen, [...] Zwischenrufen und Drohungen mit geballten Fäusten, [...] Hitlerrufen und -gesängen.« Gewalttätigkeiten seien nur knapp vermieden worden, das ganze sei ein »systematisch vorbereiteter Versuch zur Sprengung der Versammlung« gewesen.[13] Auch nach der Rede Schlange-Schöningens am 1. Mai war von Corswand aufgestanden und hatte seine wie gewöhnlich wirre Predigt über das wahrhaft Nationale und das Sozialistische gehalten. Damit hatte er immerhin die Saalschlacht ausgelöst, denn die Kommunisten schnappten mit berechenbarer Sicherheit nach dem Hölzchen, das die NSDAP ihnen hinhielt.

Für die DNVP war indes die neue antielitäre Stoßrichtung der NSDAP gegen die konservativ-nationalen Parteiführer in ihren herausgehobenen gesellschaftlichen Positionen unangenehmer als das weltanschauliche Gerede. Corswand griff Glawe und Major Koch öffentlich als ›Bonzen‹ an. Das war der Grund für die pompös begründete Trennung zwischen DNVP und NSDAP, die der ständig pathetisch beschworenen Einheit der nationalen Bewegung widersprach.[14] Die DNVP registrierte die Gefahr dieses Angriffs der NSDAP nicht. Um Wählerverluste zu vermeiden, bemühte sich die DNVP wie gewöhnlich, eine weltanschauliche Grenze zu definieren, die sich de facto so leicht nicht finden ließ. Deshalb zog sie sich am Sozialismus der NSDAP hoch und bemühte sich, die Hitlerpartei in die gleiche sozialistische Ecke wie KPD und SPD zu stellen.[15]

Ganz anders klangen dagegen die Signale der DNVP gegenüber den Deutschvölkischen, der gemäßigteren Variante auf der extremen Rechten. Nach einer Versammlung hob der GZ-Kommentator hervor: Die »Ausführungen zeigten so recht, wie mancherlei Gemeinsames die Deutschvölkischen mit den Deutschnationalen haben.« Sie würden sich in die »natio-

---

[12] Offener Brief von Forstners an von Corswand, Greifswalder Zeitung, 12.5.1928.
[13] Greifswalder Zeitung, 20.5.1928.
[14] Offener Brief von Forstners an von Corswand, Greifswalder Zeitung, 12.5.1928.
[15] Greifswalder Zeitung, 5.5.1928.

nale Einheitsfront gegen die Sozialdemokratie« hervorragend einfügen.[16]
Dieses unverhohlene Werben um die Antisemiten, das von antijüdischen
Seitenhieben auf die Berliner Presse oder das ›Finanzkapital‹ in der GZ flankiert wurde[17], stieß jedoch merkwürdigerweise auf wenig Gegenliebe. Um
die sogenannte Judenfrage gab es immer wieder öffentliche Auseinandersetzungen.[18] Hier gab es entscheidende Differenzen zwischen den beiden Parteien, denn die Christlich-Konservativen wollten den rassischen Antisemitismus offenbar nicht so einfach akzeptieren.

   Auch bei der Mobilisierung des eigenen Anhangs verfolgte die DNVP
eine Doppelstrategie, indem sie in erster Linie versuchte, die Wähler als Teil
des weltanschaulich gebundenen Milieus anzusprechen. Es wurde an die
Mitglieder der Wehrvereine, der Kriegervereine, die gläubigen Christen
oder die Monarchisten appelliert. Zu einem guten Teil schalteten sich die
entsprechenden Vorfeldorganisationen sogar selbst in den Wahlkampf ein,
meist jedoch ohne eine genaue Wahlempfehlung zu geben. Die Prüfsteine
wurden aber so definiert, daß nur die DNVP als wählbare Partei übrig
blieb.[19] Die Partei versuchte die Motivation zu heben, indem die Wahl zum
alles entscheidenden letzten Gefecht erhoben wurde. Die Werbung wurde
nicht auf konkrete Sachaussagen aufgebaut, sondern ausschließlich weltanschaulich zugespitzt. Den Christen machte man den Endkampfgedanken
plausibel, indem die SPD als religionsfeindlich dargestellt wurde, den Wehrvereinen verdeutlichte man die Gegensätze mit Hinweise auf den Versailler
Vertrag, die Kriegervereine köderte man mit Ehre und Vaterland. Diese einzelnen Appelle gipfelten in einem Aufruf zur Geschlossenheit des Milieus,
in der Beschwörung der politischen Kultur der Greifswalder Gegenwelt:
»Greifswald bleibt sich selber treu: Es wählt geschlossen deutschnational.«[20]

   Erst in zweiter Linie zielte die Wahlkampfstrategie auf die Wähler als
ökonomisch orientierte Angehörige eines Berufs, als Hausbesitzer oder Beamte mit ihren spezifischen Gruppeninteressen. Doch selbst dabei hatten
die weltanschaulichen Themen und Trennlinien eindeutig den Vorrang. Die
DNVP orientierte sich offenbar an der Tatsache, daß parteipolitische Interessenvertretung im Milieu nicht unbedingt beliebt war und Gruppenforderungen gegen den amorphen nationalen Gemeinschaftsgedanken verstießen.

   Daß der Landbund, der mit Hitz, Schlange-Schöningen und Rohr-Demmin gleich mehrere Kandidaten stellte, zur Wahl der DNVP aufrief, war
eine Selbstverständlichkeit.[21] Die ländliche Milieuorganisation legte sich

---

[16] Greifswalder Zeitung, 29.4.1928.
[17] Z.B. Greifswalder Zeitung, 12.5.1928. Hier ist der Pazifismus ›jüdisch‹.
[18] Greifswalder Zeitung, 13.5.1928.
[19] Z.B. Greifswalder Zeitung, 17.5.1928, Artikel: »Unsere Kriegervereine und die Wahlen«. Demnach standen am 20. Mai Ehre, Vaterland und Reichswehr zur Wahl. Zu den
   Kriegervereinen, Greifswalder Zeitung, 11.5.1928. ›Evangelischer Bund‹ zur Wahl,
   Greifswalder Zeitung, 1.5.1928.
[20] Greifswalder Zeitung, 20.5.1928.
[21] Greifswalder Zeitung, 29.4.1928.

für die DNVP stark ins Zeug und machte Wahlversammlungen für die Partei. Es ging dabei meist um ökonomische Themen, denn die Bauern standen wirtschaftlich mit dem Rücken zur Wand. Das Fazit solcher Versammlungen war jedoch immer ganz klar weltanschaulich geprägt: »Landwirtschaft und nationaler Freiheitskampf«, so der Titel einer Versammlungsreihe im Januar 1928, ließen sich nur über diese ideologische Verbindung verknüpfen.[22] Wenn die DNVP sich an die Beamten wandte, dann stellte sie scheinheilig heraus, daß ein Bekenntnis für die DNVP und den Stahlhelm nicht von der verfassungsmäßig garantierten Meinungsfreiheit gedeckt werde.[23] Mietern und Hausbesitzern versprach die Partei, man werde die Gegensätze zwischen beiden Interessengruppen abbauen und zu diesem Zweck die »sozialistischen Wohnungsämter« abschaffen.[24]

Alle ökonomischen Themen, gleich welcher Art, spitzte die DNVP auf die weltanschaulichen Gegensätze zu. Sie vermied damit eigene konkrete Aussagen. Die Interessenunterschiede im sozial so heterogenen Milieu kleisterte sie mit Versatzstücken ihrer politischen Glaubenssätze zu. Dabei war deutlich, die Partei selbst hatte das erkannt, daß genau hier Probleme lagen. Die Inflation geisterte als traumatische Erfahrung durch die politische Landschaft, und auch der DNVP war es nicht gelungen, Gerechtigkeit für die Opfer herzustellen. Statt dessen versuchte sie, die Angst vor der Geldentwertung in ihre Weltanschauung einzufügen, indem behauptet wurde: »Roter Wahlsieg bedeutet Inflation!«[25] Weil aber viele Kleinparteien antraten, deren Anliegen sich primär auf die Folgen der Inflation bezogen, geißelte die DNVP gleichzeitig die Zersplitterung unter den meist national orientierten Parteien. Sie seien ein Angriff auf das nationale Gemeinschaftsprojekt.[26] Besonders fürchtete sie sich vor der Wirtschaftspartei, die einige Greifswalder Handwerksmeister gewonnen hatte und Versammlungen in der Stadt abhielt. Ihre Aktivitäten wurden von der GZ einfach totgeschwiegen und hatten damit für die Milieuöffentlichkeit nicht stattgefunden. Inhaltlich hatte die DNVP indes den Forderungen unzufriedener Mittelständler aber nur den Appell entgegenzusetzen, die Einheit der politischen Vertretung des konservativ-nationalen Milieus zu wahren.

Die DNVP verstand sich als Weltanschauungspartei und schaffte es, jedes Thema auf die Punkte Revision von Versailles, Revision der Kriegsschuldlüge, Eintreten für christliche Werte und Kampf gegen Demokraten und Sozialisten für die große nationale Gemeinschaftsidee zuzuspitzen. Dieser Gedanke blieb jedoch in der Werbung auffällig blaß. Die Vorstellung von der Volksgemeinschaft war zwar unterschwellig immer präsent, offensiv wurde die DNVP damit nicht, und konkrete Umsetzungsvorstellungen ent-

---

[22] Greifswalder Zeitung, 10. 1. 1928.
[23] Greifswalder Zeitung, 4. 5. 1928.
[24] Greifswalder Zeitung, 6. 5. 1928.
[25] Greifswalder Zeitung, 4. 5. 1928.
[26] Greifswalder Zeitung, 11. 5. 1928.

wickelte sie schon gar nicht. Der ständige Rückzug auf die diffuse konservativ-nationale Gedankenwelt, wann immer konkrete politische Perspektiven gefragt waren, überdeckte das Problem der DNVP: Sie war eine ganz
normale Partei geworden, die Interessen zu bedienen hatte, von der Antworten auf Sachfragen verlangt wurden. Obwohl sie nationalistische Opposition sein wollte, Widerstand gegen das System und Überwindung der Par-
teienherrschaft predigte, hatte sie ihren Platz in der Republik eingenommen.
Sie regierte mit, wenn nicht auf der Reichsebene, dann doch vor Ort, in
Verwaltungen und Behörden.

In Greifswald war die Verflechtung der DNVP in der Gesellschaft ausgebaut genug, die Widersprüche und Versäumnisse der Partei hatten nur
wenig Auswirkungen bei den Wahlen im Mai 1928. Das Milieu ließ sich
von der Partei noch einmal mobilisieren; die DNVP konnte ihre Position
annähernd halten; mit ihren fast 40 Prozent der Stimmen und der gegenüber
Dezember 1924 nur um 700 gefallenen Wählerzahl war sie vergleichsweise
gut davongekommen. Die Wirtschaftspartei hatte mit rund 580 Stimmen
und 3,7 Prozent einen Achtungserfolg errungen. Als Sieger durfte sich auch
die NSDAP fühlen, die in der Stadt mit 3,6 Prozent besser als im Reich (2,6
Prozent) abschnitt und die bürgerlichen Völkischen damit endgültig aus
dem Feld schlug.

Gleichwohl war die Wahl für die DNVP ein Desaster, denn nur dort, wo
es feste Milieus gab, hatten die Konservativen sich behaupten können. Auch
in Greifswald gab es Krisenzeichen. Die SPD und die DDP waren nämlich
die eigentlichen Gewinner der Wahl; gegenüber 1924 gewannen die Sozialdemokraten rund 30 Prozent hinzu, die DDP über 50 Prozent, wenngleich
sich an den Stärkeverhältnissen der Lager von etwa 30 zu 70 Prozent nichts
änderte. Die Greifswalder Zeitung war besonders entsetzt über das Ergebnis
in jenen Regionen, wo die Zersplitterung der Rechten zugenommen hatte
und es offenbar keine festen Wählergruppen mehr hinter der DNVP gab.[27]
Der DNVP rutschte die Basis weg, die mit der unentschiedenen Partei unzufrieden war. Die Bruchlinien waren auch in Greifswald deutlich. Die un-
gelöste Einbeziehung der heterogenen Interessen, die sie vertreten mußte,
und die Perspektivlosigkeit einer Weltanschauungspartei, die offensichtlich
nicht zur Umsetzung ihrer utopischen Gemeinschaftsidee in der Lage war,
zeichneten sich als Problemfelder ab.

b) Richtungsentscheidungen: Radikalisierung und Parteireform

Die Wahlniederlage hatte gravierende Folgen, denn Graf Westarp als Vertreter des traditionellen kaiserzeitlichen Konservatismus an der Spitze der
DNVP wurde am 20. Oktober 1928 durch Alfred Hugenberg ersetzt, der
für einen kompromißlosen Oppositionskurs gegen die Republik stand. Fast
gleichzeitig löste Walter Lambach, Geschäftsführer des Deutschnationalen

---

[27] Greifswalder Zeitung, 22. 5. 1928.

Handungsgehilfenverbandes, die Diskussion über die politische Perspektive der Partei aus. Sie lehne die Republik ab und halte unausgesprochen am Ziel der Monarchie fest, was den jüngeren Menschen immer irrealer vorkomme. Lambach hatte offenbar das Dilemma der Deutschnationalen erkannt. Er zog daraus einen Schluß, der aus Greifswalder Perspektive kaum nachvollziehbar war. Er wollte eine Öffnung der Partei für Republikaner erreichen. Seinem Gegner Hugenberg schwebte jedoch ein autoritär geführter Staat vor, dessen Regierung sich populistisch auf die Zustimmung der nationalen Bewegung stützen sollte. Eine partizipativ verfaßte Partei mußte dabei nur hinderlich sein. Letztlich lief der Richtungsstreit um die Frage, in welche Richtung das Dilemma aufzulösen war, wie man die Partei an die Wählermassen binden konnte, ohne allzuviele Kompromisse mit der Demokratie machen zu müssen.

Dieser Richtungsstreit in der Partei überschattete das gesamte Jahr 1929. Die Konservativen der Stadt waren mit Hugenbergs Festhalten an der Monarchie, so konnte man sein Vorgehen gegen Lambach und andere auch interpretieren, durchaus einverstanden. Zwar verzichtete die Partei in ihrer Lokalzeitung weitgehend auf monarchistische Töne, und die noch 1920 gültigen vier Leitgedanken Monarchie[28], Deutschtum, Christentum und soziale Versöhnung waren abgemagert auf die Formel »national, sozial und vor allem christlich«.[29] Die Idee von der Wiederkunft eines preußischen Herrschers war jedoch weiterhin populär. Parteispaltungen waren überdies ein Verstoß gegen die Gemeinschaftsideologie und das Treuegebot. Die lokale Parteiführung gab deswegen klar den Kurs Hugenbergs als Leitlinie vor, obwohl es in der Stadt und in der pommerschen DNVP zu Auseinandersetzungen der Richtungen kam. Auf dem Höhepunkt traten im Vorfeld der Kommunalwahl 1929 Fraktionschef Paul Andrich und Oberpostsekretär Ernst Kammradt aus der DNVP und dem Kommunalparlament aus.[30] Andrich machte seine Entscheidung wenig später rückgängig. Im Januar 1930 erschütterte der Austritt des DNVP-Provinzvorsitzenden Hans Schlange-Schöningen die DNVP, die ihren Vorsitzenden und Spitzenkandidaten noch anderthalb Jahre zuvor begeistert gefeiert hatte. Das Milieu war in Greifswald aber so geschlossen, daß hier niemand aus der konservativ-nationalen Partei auszuscheren wagte.

Das Problembewußtsein der DNVP in Greifswald war soweit gewachsen, daß sie entgegen der Entwicklung an der Parteispitze, die auf eine stärkere weltanschauliche Ausrichtung deutete, eine Reform an der Basis begann. Die DNVP hatte lokal genügend Kraft und Rückhalt, den Ursachen einer sich auflockernden Wählerbindung zu Leibe zu rücken. Dabei setzte sie sich erstaunlich leicht über scheinbar festgefügte Restriktionen in Welt-

---

[28] DNVP Greifswald (Hrsg.), 1920.
[29] Greifswalder Zeitung, 9. 11. 1929 u. passim.
[30] Rücktrittsschreiben, in: StA. Rep. 6 Ia St, Nr. 8. Ferner StA. Rep. 3, Nr. 151, Jg. 1929, Sitzungsprotokolle des Bürgerschaftlichen Kollegiums.

anschauung und Mentalität hinweg. Die Reform zeigte überraschenderweise, daß die auf der zentralen Ebenen autoritäre und nunmehr eher erstarrende DNVP lokal sehr gut begriffen hatte, wie eine effiziente Partei in einer Demokratie funktionierte und wie man sich auf dem Wählermarkt behaupten konnte. Sie ging daran, die Defizite der Honoratiorenpartei zu beseitigen und die DNVP zu einer Mitgliederpartei zu machen. Die Reform zielte auf die Kommunalwahlen, die im Herbst 1929 auf dem Programm standen und gleichzeitig mit den Wahlen zum Provinziallandtag ablaufen sollten. In Stettin hatte die DNVP seit 1925 über 37 der 75 Sitze verfügt.

Die Konservativen teilten ihre Partei in Greifswald in vier Unterabteilungen auf. Sie wollten damit einen engeren Kontakt zwischen der Partei und den Mitgliedern herstellen.[31] Jeweils rund 100 Mitglieder gehörten zu jedem Bezirk. Die einzelnen Parteiabteilungen wurden dann von den jeweiligen Bezirksvorsitzenden turnusmäßig zu Versammlungen eingeladen. Dabei behandelte man allgemeine und kommunalpolitische Themen. In ›Mitte‹ sprach Andrich über Kommunalpolitik, und in ›Ost‹, wo das Baugebiet der Stadt lag, referierte der Architekt Benno Dankert über Baufragen. Auch nach den Wahlen lud die Partei zu DNVP-Versammlungen mit kommunalpolitischen Sprechstunden ein, um den Bürgern »Gelegenheit zu geben, mit ihren Stadtverordneten in nähere Fühlung zu kommen«.[32] Erstmals in der Geschichte der Stadt formulierte eine nichtsozialistische Partei ein kommunalpolitisches Programm.[33]

Daß die DNVP gerade die kommunale Ebene als Aktionsfeld für eine Modernisierung der Partei entdeckte, hatte mehrere Gründe. Einerseits waren die Deutschnationalen auf keiner Ebene der Politik so stark und so nah am Wähler wie auf der untersten Stufe in ihrer Hochburg Greifswald. Einer Intensivierung der Parteiarbeit stand demnach wenig im Wege. Anders betrachtet war aber die Integrationsschwäche der Partei gegenüber bestimmten Bevölkerungsgruppen wie dem selbständigen Mittelstand in der Kommunalpolitik besonders deutlich. Das schwächte auch das Wählerpotential für die Reichstagswahlen. Die Konservativen schlugen also zwei Fliegen mit einer Klappe, wenn sie ihre Arbeit reformierten. Sie glichen aus, was in Parteispitze und Reichstagsfraktion durch den Richtungsstreit an Problemen entstand, und sie intensivierten die lokale Loyalität zur DNVP, sie stärkten die Verbindung von Milieu und Partei. Hier eröffnete sich eine ganz neue Perspektive. Zwar wurde die DNVP damit noch nicht zu einer demokratischen Partei, sie nahm aber Züge einer stärkeren Mitgliederbeteiligung an. Das konnte durchaus in einer demokratisch konservativen Partei münden. Diese Entwicklungsmöglichkeit, die sich in der Hochburg Greifswald abzeichnete, wurde dann jedoch nicht mehr wirksam. Die Wende der DNVP-

---

[31] Greifswalder Zeitung, 5. u. 6.11.1929.
[32] Greifswalder Zeitung, 5.12.1929.
[33] Greifswalder Zeitung, 7.11.1929.

Spitze zu einer kompromißlosen Oppositionspolitik wurde nämlich schließlich auch in der lokalen Gliederung der Partei umgesetzt.

c) Kommunalwahl 1929 – der Niedergang beginnt

Das Ziel der Parteireform war unter anderem die bessere Einbindung des selbständigen Mittelstandes, der in Greifswald in erheblicher Unruhe war, weil sich seine wirtschaftliche Lage seit 1926 stetig verschlechtert hatte. In diesem Jahr schloß das Reichsbahnwerk, und die Studentenzahlen sanken deutlich. Warnsignal war die spektakuläre Pleite von Tischlerobermeister Lewerenz, immerhin kurzzeitig Landtagsabgeordneter der DNVP, Magistratsmitglied und Inhaber eines seit etwa 1860 in der Stadt bestehenden Betriebes. Im Mai 1928 zog ihn die DNVP aus allen Ämtern zurück.[34] Im Februar 1929 mußte der Möbelfabrikant und Innenarchitekt Carl Prabel, Bürgerschaftsabgeordneter der DNVP, wirtschaftlich und damit auch politisch die Segel streichen. Bereits im Mai 1928, als die turnusmäßige Besetzung der Fachausschüsse anstand, zerbrach die Fraktion der ›Unpolitischen wirtschaftlichen Vereinigung‹. Fischhändler Wasmann, Kaufmann Libner und Architekt August Bastel traten aus und gründeten eine ›Freie wirtschaftliche Vereinigung‹, die eng mit der DNVP kooperierte.[35] In der ›Unpolitischen Vereinigung‹ herrschte zwischen Handwerkern und Kaufleuten Unfrieden, denn die Kaufleute mit Bärwolff, Druckrey und Millahn taten zum Teil so, als ginge es nur um ihre Interessen. Sie fühlten sich allein ihren Berufskollegen verpflichtet und nahmen daher kaum Rücksicht beispielsweise auf Handwerker.

Unter den alten Mittelständlern entlang der Langen Straße in Greifswald fand das Programm der Wirtschaftspartei zunehmend Gehör.[36] Besonders Handwerker schlossen sich der Mittelstandspartei an. Prominent waren Maurermeister Eggebrecht, der von der DNVP kam, und Fleischerobermeister Albert Rathke. Damit schien sich eine überregional orientierte parteipolitische Anbindung des alten Mittelstandes in einer eigenen reichsweiten Partei anzudeuten, die mit einer Heraustrennung aus dem Vorfeld der DNVP einherging. Das Teilsegment des Milieus begann, sich parteipolitisch abzunabeln.

Die DNVP war in ihrem Mittelstandsflügel von dieser Entwicklung unmittelbar betroffen. »In Anbetracht der außerordentlich schlechten Lage von Handel und Gewerbe in Greifswald« bemühte sich die DNVP[37], Abhilfe zu schaffen und der Stadt einen Sparkurs aufzunötigen, damit die Gewer-

---

[34] Aktenvermerk o.D., in: StA. Rep. 6 PB, Nr. 210. Die DNVP habe Lewerenz »sofort aufgefordert, sein Amt niederzulegen.«
[35] Protokoll der Sitzung des Bürgerschaftlichen Kollegiums, 18.5.1928, in: StA. Rep. 3, Nr. 151, Jg. 1928.
[36] Greifswalder Zeitung, 4.11.1929.
[37] Begründung eines Antrages der DNVP, aus Protokoll des Bürgerschaftlichen Kollegiums, Sitzung 11.9.1928, in: StA. Rep. 3, Nr. 151, Jg. 1928.

besteuer gesenkt werden konnte. Auch auf anderen Wegen versuchte die
DNVP, die Mittelständler bei Laune zu halten. Anfang November 1929 veranstaltete der von Major Koch geleitete Verkehrsverein eine Licht- und
Werbewoche. Die Stadt wurde abends hell beleuchtet, die Kirchen ange-
strahlt, ein Schaufensterwettbewerb ausgeschrieben, sogar ein Werbefilm
wurde gedreht.[38] Doch die Sympathisanten der Wirtschaftspartei waren
nicht bereit, sich mit solchen Trostpflästerchen ruhig stellen zu lassen, sie
machten einfach nicht mit und löschten demonstrativ das Licht in ihren
Auslagen. Die Bindung des selbständigen Mittelstandes an das konservativ-
nationale Milieu und an die DNVP war durch die ökonomischen Probleme
deutlich gestört.

Im Vorfeld der Wahlen versuchte die DNVP, alle bürgerlichen Gruppierungen unter der eigenen Führung auf einer Liste zu sammeln und gegen den
›Marxismus‹ in eine Front zu bringen. So verhielt sie sich, wenn die auseinanderstrebenden Tendenzen stärker wurden als ihre Integrationskraft. Das
mißlang, weil vor allem die DVP sich der DNVP nicht unterordnen wollte,
die ihrerseits keine Veranlassung sah, der notleidenden liberalen Partei irgendwelche Unterstützung zukommen zu lassen.[39] Die Differenzen setzten
sich fort, denn als die Parteien darangingen, sich ihren Rückhalt in der mittelständischen Vereinswelt zu sammeln, brach die bis dahin mitregierende ›Unpolitische Liste‹ vollends auseinander. Die Kaufmanns-Kompanie, das Orts-
kartell des Beamtenbundes, der Haus- und Grundbesitzerverein und der
Mieterverein waren federführend, als die ›Kommunale Arbeitsgemeinschaft‹
unter Beteiligung der beiden liberalen Parteien neu gegründet wurde.[40] Ihr
Spitzenkandidat Carl Millahn gehörte der DVP an. Bekannt war er aber als
Altermann der Kaufleute. August Bendt auf Platz zwei saß im Vorstand des
Beamtenbundes, war aber ebenso Mitglied der DDP und des Reichsbanners.
Buchdruckermeister Emil Panzig auf Platz drei war DVP-Mitglied und Ab-
gesandter der Hausbesitzer. Mittelschullehrer Max Waechter auf Platz sechs
gehörte der DVP an und ging für die Mieter ins Rennen; Ollmann auf Rang
acht war Vermieter und ebenfalls in der DVP. Die prominenten Politiker der
Liberalen standen durchweg erst auf den aussichtslosen Plätzen, um die Liste
vom Geruch der Parteipolitik und des Liberalismus frei zu halten. Sie gaben
aber ein deutliches Signal, wo der Wahlvorschlag einzuordnen war.[41] Dennoch waren auch wieder einige Kandidaten auf der Liste, die der DNVP
zuzurechnen waren oder ihr nahe standen.

Das zweite Spaltprodukt der ›Unabhängigen‹ war die ›Wirtschaftliche
Mittelstandsvereinigung‹, die die meisten Handwerkerinnungen, einige mit

---

[38] Greifswalder Zeitung, 11.11.1929.
[39] Kähler schob die Schuld den »Machtgelüsten einer an sich unbeachtlichen demokratischen Gruppe« zu; auf der Wahlkundgebung am 12.11.1929 klang die andere Position
an. Greifswalder Zeitung, 13.11.1929 u. 7.11.1929.
[40] Greifswalder Zeitung, 5.11.1929.
[41] Wahllisten, Greifswalder Zeitung, 5.11.1929.

der Kaufmanns-Kompanie unzufriedene Kaufleute, den Gastwirteverein und führende Mitglieder des landwirtschaftlichen Vereinswesens zusammenbrachte. Auch die Bauern konnten offenbar nicht mehr ohne weiteres bei der DNVP einsortiert werden. Spitzenkandidat war der Maurer Otto Eggebrecht. Jeder zweite Platz der Liste war von einem Handwerksmeister besetzt. Dazwischen verteilten sich die Vertreter der übrigen Berufsgruppen. Parteipolitisch war die Liste bei der Wirtschaftspartei anzusiedeln; es gab eine ganze Reihe ehemaliger Deutschnationaler unter den Kandidaten. Wie stark die ökonomischen Interessen gegenüber den politischen in den Vordergrund gerückt waren, zeigte die Kandidatur des pensionierten Gastwirtes Max Penz auf Platz 28. Er war ursprünglich SPD-Abgeordneter gewesen.

Es waren die beiden konstitutiven Elemente Verteidigung mittelständischer Wirtschaftsinteressen und nationale Gesinnung, die diese Liste zusammenführten. Die Greifswalder Zeitung sprach deswegen nur von den »deutschnationalen Handwerksmeistern« und behandelte die Konkurrenz äußerst pfleglich.[42] Die DNVP mußte zwar schlucken, daß sie ihre Klientel unter den Handwerkern nur noch über diese Sonderliste binden konnte, ihr war aber eine Wahlverbindung mit dieser Liste gelungen. Die Zeitung sprach daher vom »Rechtsblock« aus DNVP und Mittelstand. Auch die NSDAP gehörte zur Wahlgemeinschaft, denn sie war mit den Handwerkern angetreten und erweiterte die Listenverbindung nach rechts.[43] Durch diesen Schachzug war es der DNVP gelungen, die auseinanderstrebenden Interessen erneut bei sich zu bündeln und dem Milieu einen relativ einheitlichen Wahlvorschlag zu machen. Daß auf diese Weise der ehemalige Deutschnationale und als Querulant geltende Emil Crawack, der nun bei der NSDAP war, über die Mittelstandsliste einen Sitz im Magistrat erhielt, nahmen die Konservativen in Kauf. Die NSDAP wurde im Wahlkampf von der Greifswalder Zeitung geschont, sie durfte sogar große Anzeigen schalten.

Die DNVP als stärkste Kommunalpartei versuchte ihre bedrohte Position mit einem konkreten kommunalpolitischen Programm zu verbessern und betonte gleichzeitig ihre weltanschauliche Position und politische Sendung auch in der Kommunalpolitik. Das Programm folgte der Leitlinie einer sozialen und christlichen Verpflichtung jeder Politik bei gleichzeitiger Berücksichtigung privatwirtschaftlicher Interessen. Die christliche Grundlage des Erziehungswesens wünschte die DNVP in der Stadt zu erhalten und zu fördern. Die Rahmenbedingungen für die Universität genossen hohe Aufmerksamkeit. Ungewöhnlich war die Forderung, es solle mit Industrieansiedlung begonnen werden. Dem Mittelstand sollte durch Steuersenkungen und Werbung für die Stadt geholfen werden. Die DNVP wollte Greifswald zur Kur- und Badestadt ausbauen. Das Theater aber, Sorgenkind des städtischen Etats, wünschte sie, unter Wahrung und Verstärkung kon-

---

[42] Greifswalder Zeitung, 18. 11. 1929.
[43] Greifswalder Zeitung, 20. 12. 1929, Bericht von den Magistratswahlen.

servativ-nationalen Einflusses auf die Gestaltung des Spielplans, bestehen zu lassen.[44]

Das war im wirtschaftlichen Teil vernünftig und maßvoll und in Hinblick auf Gewerbe- und Industrieförderung alles andere als konservativ, holte man doch mit Industrieansiedlungen den Erzfeind Arbeiterschaft in die Stadt. Kulturpolitisch allerdings schlug die Verschärfung der weltanschaulichen Auseinandersetzung durch. Andrich betonte, daß die Wachsamkeit gegenüber den Gefahren der weltlichen Schule nicht nachlassen dürfe, daß weltliche Lehrer und Freidenker im örtlichen Schuldienst nichts zu suchen hätten. Neu entdeckt hatte die DNVP jetzt das Kampffeld Theater, weil es zwei Theaterskandale gegeben hatte. Zum Eklat kam es um die ›Dreigroschenoper‹ des »Juden Bert Brecht«.[45] Sie ging zunächst ohne Einschränkungen über die Bühne, dann setzte der Magistrat nach Protesten Andrichs aber Änderungen und Entschärfungen durch, was das liberale Berliner Tageblatt treffend als Zensur herausstrich. Andrich forderte, »daß der Spielplan das Theater als deutsches Theater kennzeichnet.«[46] Die linksgerichtete Besucherorganisation ›Volksbühne‹ müsse durch ein konservativ-nationales Gegenstück neutralisiert werden, um den linken, ›zersetzenden‹ Einfluß auf die Spielplangestaltung auszuschalten.

Damit wich die DNVP wieder einmal tatsächlichen Schwierigkeiten aus und eröffnete eine politische Offensive auf einem Themenfeld, das nicht mit den inzwischen immer unübersichtlicheren ökonomischen Problemen belastet war. Das kommunalpolitische Programm wurde mit weltanschaulichen Integrationsformeln aufgemöbelt. Andrich betonte unmißverständlich und immer wieder, auch die Kommunalpolitik habe eine weltanschauliche Dimension. Die starke Einheit und Gemeinschaft, wie sie die DNVP auf diesem Gebiet darstelle, biete die Möglichkeit für internen sachorientierten Disput.[47] Im provokativen Widerspruch zu herkömmlichen Auffassungen von Kommunalpolitik und ihrer eigenen jahrzehntelangen Praxis unterstrich die DNVP ihren Standpunkt: Selbstverständlich gehöre die Politik auch in das Rathaus![48]

Die DNVP hatte mit der doppelten Stoßrichtung einer verbesserter Bürger- und Mitgliedereinbindung und Forcierung der weltanschaulichen Gegensätze durchaus Erfolg. Von den 32 Sitzen des Bürgerschaftlichen Kollegiums eroberte sie zwölf; es gelang ihr, den Stimmenanteil gegenüber 1924 prozentual noch etwas zu steigern und die absolute Zahl der Wähler in etwa zu halten. Die weltanschaulich polarisierenden Attacken auf die liberale ›Kommunale Arbeitsgemeinschaft‹ verfingen. Sie erreichte nur zwei Sitze, die Mittelstandsliste hingegen sechs und die NSDAP zwei bei einem ge-

---

[44] Greifswalder Zeitung, 7.11.1929.
[45] P. Andrich vor den DNVP-Frauen, Greifswalder Zeitung, 9.11.1929.
[46] Greifswalder Zeitung, 9.11.1929.
[47] Greifswalder Zeitung, 9.11.1929.
[48] Greifswalder Zeitung, 13.11.1929.

genüber der vorherigen Kommunalwahl auf 7,1 Prozent mehr als verdoppelten Stimmenanteil. Gewinner der Wahl war jedoch vor allem die SPD, die ihre Mandate von drei auf sieben vermehrte und rund 150 Prozent mehr Wähler für sich gewann. Die KPD fiel von fünf auf drei Mandate zurück.

Die kommunalpolitische Gemengelage verdeutlichte, daß die Interessen der mittelständischen Vereine und Verbände zwar in den Vordergrund gerückt wurden, daß sich dahinter aber ganz eindeutig weiterhin die parteipolitische und ideologische Teilung abzeichnete. Die DVP hatte sich für dieses Mal auf die Seite der Republikaner geschlagen, die Wirtschaftspartei hingegen auf die der DNVP und der NSDAP. Welcher Wirtschaftsverband sich welcher Partei anschloß, wurde jedoch zunehmend von kurzfristigen Opportunitätsvorstellungen geleitet, immer weniger von langfristigen Überlegungen oder festen weltanschaulichen Bindungen. Die politische Landschaft war in Bewegung geraten. Die DNVP bemühte sich indes unverdrossen, das gesamte konservativ-nationale Milieu anzusprechen und zu halten.

Das Ergebnis der Wahlen in Greifswald gab der DNVP recht. Sie reagierte mit ihrer Doppelstrategie angemessen. Die Betonung der Weltanschauung verfing. Sie begab sich damit aber in Gefahr, denn auf diesem Gebiet agierte die weit radikalere NSDAP, ohne auf irgendwelche gesellschaftliche Verflechtungen oder eine christliche Sozialmoral Rücksicht nehmen zu müssen. Sie hielt sich im Windschatten der DNVP, indem sie sich der konservativnationalen Front anschloß, und sie profitierte ganz offensichtlich vom Bedeutungsrückgang der Sachpolitik, wo sie nichts zu bieten hatte.

Die beginnende Erosion der gemäßigten konservativ-nationalen Milieupartei zeichnete sich bei dieser Wahl im Herbst 1929 bereits deutlich im Anschwellen der NS-Wählerschaft ab, ohne daß die DNVP ihren Rückhalt im Milieu und ihre Macht schon verloren hatte. Die Integrationsschwierigkeiten der DNVP waren aber unübersehbar. Als Krisenherd ließ sich der städtische alte Mittelstand identifizieren, dem die weltanschaulichen Parolen nicht mehr genügten. Offenbar wuchs dort die Unzufriedenheit mit den etablierten Parteien. Ihre Politiker predigten Opposition und gehörten dennoch zu den machthabenden und politiktragenden Gruppen, die sich aus den wohlhabenden Kreisen rekrutierten. Dazu gehörten die Mittelständler offenbar nicht mehr.

6. Politik auf dem Lande und Krise der Landwirtschaft

Nach den schweren politischen Krisen der frühen zwanziger Jahre hatten sich auf dem Lande die beharrenden Kräfte durchgesetzt. Es war dem Großgrundbesitz gelungen, die ländliche Lebenswelt, die Milieus der Gutsdörfer hinter sich zu bringen, die Lebensform des Dorfes wieder zur Grundlage ihrer politischen Macht werden zu lassen. Zwar war die ländliche Lebenswelt nicht unverändert geblieben. Nach wie vor wählten zahlreiche Landarbeiter SPD und KPD.[1] Insgesamt gesehen hatte sich aber der Landbund und mit ihm die Großagrarier durchgesetzt. Der Bund war der Versuch, die auseinanderstrebende ländliche Lebenswelt mit einer festen Organisation neu zu integrieren. Der Bericht des Landrates aus dem Kreis Franzburg-Barth unterstrich die Stärken des Bundes: »Die selbständigen Landwirte – Groß-, Mittel- und Kleinbesitz gehören ihm fast restlos an. Weiter gehören ihm auch eine Anzahl Arbeitnehmer an. Der Landbund arbeitet in hervorragend geschickter Weise. Durch seine Wirtschaftsberatungsstellen, insbesondere durch seine Steuerberatung, hat er es verstanden, sich dem Landwirte unersetzlich zu machen. Die parteipolitischen Ziele, die der Landbund verfolgt, sind klar und eindeutig reaktionär gerichtet. Die Führer des Landbundes sind gleichzeitig führende Männer im Stahlhelm.«[2]

Das neue Wehrverbandswesen ergänzte somit die Landbundorganisation. Im Kreis Greifswald hatten in den 13 bis 1930 gegründeten ländlichen Ortsgruppen des Stahlhelm ebenfalls in aller Regel Vertreter des Großbesitzes die Führung. Meist waren es Verwalter oder Pächter, seltener die Großbesitzer selbst.[3] »Die Mitglieder rekrutieren sich aus allen Volkskreisen, Beamte, staatliche Domänenpächter, auch Landarbeiter gehören […] der Organisation an.«[4] Adelige spielten im Stahlhelm des Kreises keine herausgehobene Rolle. Das Dorf hatte die neue Organisation integriert und damit Anschluß an die nationale Politik und ihr Verbandswesen gefunden. Gleichzeitig war der Frontsoldatenbund auf dem Land wie bereits der Landbund selbst eine Antwort auf die letztlich ungelösten sozialen Spannungen der frühen zwanziger Jahre. Im Gedanken der Volksgemeinschaft aller Frontsoldaten konnten die gesellschaftlichen Konflikte aufgefangen und beruhigt werden.

Im Landbund waren Adel und Großgrundbesitz nach wie vor in großer Zahl und an prominenter Stelle tätig. Er bildete mit seinen Ausläufern in die Landwirtschaftskammern, die Behörden der Provinz und die politischen Spitzengremien in Pommern die letzten Domänen der kaiserzeitlichen Eliten. Das starke ökonomische Gewicht der Landwirtschaft in der Provinz festigte ihre Stellung. Hier lag nach wie vor die wichtigste Machtressource der regionalen DNVP. Der Landbund war bemüht, nicht den Eindruck zu erwecken, ein Interessenverband allein des Großgrundbesitzes zu sein. Sogar im extrem großagrarischen Vorpommern waren immer Bauern und Landarbeiter in wichtigen Positionen zu finden. Auch das war eine Folge

---

[1] Im 1925 gewählten Kreistag hatte die DNVP neun, die DVP einen, die Wirtschaftspartei zwei, die DDP einen, die SPD acht und die KPD zwei von insgesamt 23 Sitzen. Bei der Wahl 1929 veränderte sich daran nichts. Vgl. Preußisches Staatsministerium (Hrsg.), Handbuch 136 (1930), S. 93.

[2] Bericht des Landrates im Kreis Franzburg-Barth an den Regierungspräsidenten, 6.9.1929, in: VpLA. Rep. 65c, Nr. 1009.

[3] Aufstellung vom 13.7.1930, in: VpLA. Rep. 65c, Nr. 978.

[4] Bericht des Landrates im Kreis Franzburg-Barth an den Regierungspräsidenten, 6.9.1929, in: VpLA. Rep. 65c, Nr. 1009.

der offenbar traumatischen Erfahrungen von 1919 und 1920. Ganz durfte die ländliche Oberschicht ihr Fußvolk nicht mehr ignorieren.[5]

Jeder Versuch, die Verhältnisse in der Provinz zu verändern, mußte bei der Lebensform des großagrarischen Dorfes beginnen. Die republikanischen Bezirks- und Provinzialregierungen unterstützten daher Vereine und Verbände, die geeignet waren, die Phalanx aus Landbund und Stahlhelm, die durch die Kirche noch ergänzt wurde, aufzubrechen. Ein Ansatzpunkt war die Siedlungspolitik auf zerteilten Gütern. Die Kolonisten waren »zum größten Teil republikanisch eingestellt«, gingen aber »ausnahmslos zum Landbund über, weil dieser über die bessere Wirtschaftsberatung« verfügte.[6] Die Wahlen fielen daher stets zugunsten der Reaktionäre aus, klagte ein Landrat.

Die Unterstützung des liberalen ›Bauernbundes‹ durch die staatlichen Stellen war ein zaghafter Versuch, das konservative ländliche Sozialgefüge durch eine Gegenmacht aufzubrechen. Der ›Bauernbund‹ versuchte, nicht die ökonomisch abhängigen Landarbeiter gegen den Großgrundbesitz zu organisieren, sondern die kleinen und mittleren Besitzer. Doch der Landbund und die übrigen Milieuorganisationen wehrten solche Versuche aggressiv und mit allen Mitteln ab. Sofern diese Konkurrenz zum Landbund in einem Dorf auftrat, wie im Januar 1928 in Mesekenhagen, schritten Landbund, Stahlhelm und auch die DNVP ein und mobilisierten propagandistisch sämtliche Ressentiments, die ein pommersches Dorf gegen liberale Demokraten aufzubieten hatte. Genügten solche verbalen Attacken nicht, dann war mit wirtschaftlichem Boykott der Abweichler, sozialer Ächtung oder Ausschluß aus der Dorfgemeinschaft das gewünschte Ergebnis zu erzielen. Schon die Androhung solcher Maßnahmen schloß in aller Regel schnell die Reihen gegen die Bemühungen der Republikaner.[7]

Der Arm der Republik reichte in der pommerschen Provinz nicht besonders weit. Die Macht lag beim Landbund, und der war eindeutig gegen die Republik eingestellt. Die Verwaltung der Provinz bemerkte nicht die Gefahr, die in der sicherlich zutreffenden Einschätzung der politischen Haltung des Landbundes lag. Demnach war Pommern nämlich eine überwiegend von Staatsfeinden bewohnte Provinz, die aus welchen Gründen auch immer den Konflikt mit der Republik nicht offen austrugen.

Den Stellen der Republik gelang es nicht, die Macht des Landbundes zu brechen und in das ländliche konservative Milieu einzudringen. Sprengstoff entwickelte sich seit 1923 im Milieu selbst. Es zerbrach schließlich an seinen inneren Gegensätzen. Dem Großgrundbesitz gelang es am Ende nicht mehr, die Lebenswelt der Dörfer hinter sich zu sammeln. Grund waren die auseinanderstrebenden ökonomischen Interessen, die sich durch die krisenhafte

---

5 J. Bergmann/K. Megerle, 1989, S. 232.
6 Bericht des Landrates im Kreis Franzburg-Barth an den Regierungspräsidenten, 6.9.1929, in: VpLA. Rep. 65c, Nr. 1009.
7 Greifswalder Zeitung, 20.1.1928.

Entwicklung ergaben. Der ökonomische Niedergang begann mit der Inflation 1923, die einerseits die Höfe entschuldete, andererseits aber das notwendige Betriebskapital aufzehrte, mit dem Düngemittel, Saatgut oder Zuchtvieh angekauft werden mußten. Im Januar 1924 kam es daraufhin in ganz Pommern und auch in Greifswald zu Protesten.[8] 1925 und 1926 flakkerten solche Aktionen in Frühjahr und Herbst immer wieder auf. Vorpommern war Schauplatz großer Demonstrationszüge der Landwirte, die Kredite aufnehmen mußten, um arbeiten zu können und ihren bisweilen etwas überzogenen Lebensstil beizubehalten. Gleichzeitig sahen sie sich von der Steuerpolitik der ungeliebten Republik betroffen, die als ungerecht und überhöht empfunden wurde. Als es gelang, die Höfe mit Krediten wieder handlungsfähig zu machen, und sich die Einkommenssituation besserte, trat 1926 überall eine Beruhigung ein.

Im Herbst 1927 brach die notdürftig stabilisierte Situation mit einer Mißernte jedoch schlagartig zusammen. Die Besserung entpuppte sich als vorübergehend. Das Umschlagen von Hoffnung in erneute Depression entfesselte einen vehementen Protest der Landbevölkerung gegen den republikanischen Staat und seine Steuern. Schon im Winter 1927/28 nahmen in der Region die Zwangsversteigerungen von Höfen zu. Die ebenfalls nur mit dünner Kapitaldecke agierenden Verpächter und die Genossenschaften setzten rasch Mahn- und Pfändungsverfahren in Gang.[9]

Die heftige Protestwelle erschütterte den Landbund. Die Ideologie von den gemeinsamen Interessen des Landes stieß an ihre Grenzen, denn nicht alle Gruppen waren gleichermaßen von der Krise betroffen. Der Landbund geriet in Schwierigkeiten, weil er einerseits die Interessen der Landwirtschaft bei staatlichen Stellen vertreten mußte und deswegen auf Kooperation mit den Verwaltungen angewiesen war, sogar selbst Stellen in Parlamenten, Kammern und Ausschüssen besetzte, der andererseits aber auch den Unmut gegen den Staat zu artikulieren hatte. Einerseits fiel ihm der Protest nicht schwer, sahen sich die Landbundführer doch selbst als Opfer der Krise und ihre Organisation als Teil der nationalen Opposition. Das brachte den Bund aber andererseits in Nöte, denn er konnte leicht zwischen den beiden Notwendigkeiten Kooperation und Protest zerrieben werden.

In der Region Greifswald hatte der Einbruch der Krise besonders weitreichende Folgen.[10] Die meisten Betriebe der Umgebung waren Pachtbetriebe, die der Stadt oder der Universität gehörten. Ihre Inhaber hatten nach der Inflation erhebliche Probleme, Geld flüssig zu machen, denn sie konnten ihr Land nicht einfach beleihen. Überdies waren die Pachten am Jahresende in Geld fällig. Die Höfe benötigten daher ständig Rücklagen an Betriebskapital. Die Mißernte 1927 ließ den Pächterstand schnell zusam-

---

[8] J. BERGMANN/K. MEGERLE, 1989, S. 210ff.
[9] Greifswalder Zeitung, 9.1.1928.
[10] J. COPIUS, Auswirkungen, 1966, S. 30. Er berechnet die Pachtflächen in Vorpommern auf 45 Prozent der Nutzfläche.

menbrechen.[11] Die Pächter versuchten, die Stadt auf gerichtlichem Wege zum Entgegenkommen und zu Pachtminderungen zu zwingen. Bis September 1928 hatte die Stadt bereits rund eine halbe Million Reichsmark Ausfälle erlitten.[12] Diese Entwicklung ging weiter und untergrub die Finanzkraft der Stadt und die der Universität.

Die Landbundführung fing die bedrohliche Situation geschickt auf. Am 4. März 1928 organisierte sie eine Großdemonstration in Greifswald.[13] Der Bund verzichtete auf schwarz-weiß-rote Beflaggung, um auch Behördenvertretern die Teilnahme zu ermöglichen, und lud Finanzamt, Magistrat, Universität, den Greifswalder Handel sowie Handwerk und Gewerbe zur Kundgebung ein. Stahlhelm und DNVP sekundierten ihrer Schwesterorganisation. Da die Macht der Landwirtschaft in der Provinz groß war, kamen die Vertreter der ansonsten auf Distanz bedachten Gruppen auch. Damit saßen alle in einem Boot, die staatlichen Stellen konnten dem Landbund keine übertriebene Radikalität vorwerfen, und die Landbevölkerung durfte das Gefühl haben, ihre Sorgen seien in guten Händen. Die Redner, getreu der Volksgemeinschaftsideologie ein Arbeiter, ein Bauer und ein Großgrundbesitzer, wiesen die Schuld an der Misere der Linken zu. Sie verhindere Hilfen und wolle die Not des Landes nicht wahrnehmen, weil sie vom Land nichts verstehe. Diese Linke in Form einiger hundert Kommunisten taten in ihrem trotteligen Sendungsbewußtsein dem Landbund auch noch den Gefallen, die Schlußkundgebung auf dem Greifswalder Markt mit Pfeifen und Johlen zu stören. Als am Schluß das Deutschlandlied gesungen wurde, stimmten die Kommunisten die Internationale an.[14] Die Abgrenzungsmechanismen funktionierten, alles war in bester Ordnung. Die Bauern fuhren mit dem Gefühl nach Hause, es dem Gegner des Milieus so richtig gezeigt zu haben.

Der Niedergang der Landwirtschaft setzte eine wirtschaftliche Kettenreaktion in Gang, an deren Ende auch die Stadt betroffen war. Daher ließen sich die Greifswalder Mittelständler und Behördenvertreter vom Landbund mobilisieren. Der letzte Rest des patriarchalischen Systems der Sozialfürsorge auf dem Land brach zusammen. Einige Großgrundbesitzer entledigten sich ihrer Pflichten und damit der Kosten durch Entlassungen, die oft mit Wohnungskündigungen verbunden waren. Die Legitimation der ländlichen Oberschicht in den Dörfern zerfiel auch aus diesem Grund. Die obdachlosen Arbeiter zogen nach Greifswald. Nach der Ernte 1929 sah sich der Magistrat genötigt, auf die Zuzugssperre hinzuweisen.[15] Die Landarbeiter soll-

---

[11] J. Bergmann/K. Megerle, 1989, S. 221.

[12] Protokoll der Sitzung des Bürgerschaftlichen Kollegiums vom 7. 9. 1928, in: StA. Rep. 3, Nr. 151, Jg. 1928.

[13] Bericht zur Demonstration, in: Greifswalder Zeitung, 6. 3. 1928.

[14] Die Greifswalder Polizei glänzte wie häufiger durch ihre übereifrige und mißglückte Abschirmung. Beschwerde des Landbundgeschäftsführers Lange vom 7. 3. 1928, in: StA. Rep. 6 PB, Nr. 100.

[15] Amtliche Bekanntmachungen, Greifswalder Zeitung, 8. 11. 1929.

ten sofort aufs Land zurückkehren, die Vermieter keine wilde Zuwanderung mehr ermöglichen.

Das Einsickern der Landarbeiter sorgte auf dem angespannten städtischen Wohnungsmarkt für Unruhe. An der Loitzer Landstraße ließ der Magistrat schließlich Baracken als Obdachlosenunterkünfte aufschlagen. Schon Mitte Oktober 1929 befürchtete die Stadtverwaltung ein weiteres starkes Anwachsen der Arbeitslosenzahlen.[16] Die Stadt stand finanziell mit dem Rücken zur Wand, denn rund 25 Prozent der Wohnbevölkerung lebten schon in irgendeiner Weise aus der Kasse des Wohlfahrtsamtes.[17]

Die indirekten Folgen für die Stadt waren ebenso gravierend. Die Handwerker bekamen zunächst kein Geld, dann keine Aufträge mehr, die Landwirte kauften nicht mehr in Greifswald ein. Nach der Schließung der Eisenbahnwerkstatt war dies der zweite Schlag für die Stadt. Der selbständige Mittelstand wurde langsam ausgezehrt. Die Furcht vor der Pleite und dem damit verbundenen gesellschaftlichen Abstieg nahm zu. Bis zum Herbst 1929 hatten sich die Probleme schon derartig aufgestaut, daß mit einer Lösung in den Bahnen des konservativ-nationalen Milieus kaum noch zu rechnen war. Dann hätte sich sofort etwas an der desolaten Situation der Wirtschaft ändern müssen. Mit dem ›Schwarzen Freitag‹ Ende Oktober mußten solche Hoffnungen jedoch begraben werden.

Die Landwirte schritten zur Selbsthilfe und übertraten bewußt den rechtlichen Rahmen. Die staatlichen Finanzämter hatten sich mit Steuerverweigerungen herumzuschlagen, die zu einem weitverbreiteten politischen und wirtschaftlichen Kampfmittel wurden.[18] Bei Pfändungen oder Zwangsversteigerungen drohte dem ersten Bieter soziale Ächtung und Prügel; Schläge für Beamte oder Schiebungen mit Vieh, um es vor dem Gerichtsvollzieher zu retten, waren an der Tagesordnung.[19] Eine breite Welle zivilen Ungehorsams lief durch das Land und steigerte die Verbissenheit, mit der die ländliche Gesellschaft gegen die staatlichen Instanzen der Republik, die solche Vergehen zu ahnden hatte, zusammenhielt.

Tatsächlich betraf die Krise die einzelnen ländlichen Bevölkerungsgruppen sehr unterschiedlich. War bei den Großagrariern die materielle Substanz so groß, daß sie die Probleme an ihre Arbeiter und Angestellten weitergeben konnten, indem sie den Betrieb einschränkten und Leute entließen, sahen sich die mittleren und kleinen Landwirte existentiell bedroht und mit der Tatsache konfrontiert, selbst durch permanente Selbstausbeutung und Einspannung der ganzen Familie kaum den Lebensunterhalt erwirtschaften zu können. Das politisierte besonders die ländlichen Mittelschichten und

---

[16] Greifswalder Zeitung, 18.10.1929.
[17] Hinweis von Oberbürgermeister Fleischmann, in: Greifswalder Zeitung, 13.12.1929.
[18] J. COPIUS, Auswirkungen, 1966, S. 32.
[19] Eine Klage gegen H., Lodmannshagen, der am DNVP-Stammtisch in der ›Domburg‹ verkehrte. Er hatte sein Vieh verkauft, um es vor einer Pfändung zu retten. VpLA. Rep. 76, Landgericht Greifswald, Nr. 2550. Ferner J. BERGMANN/K. MEGERLE, 1989, S. 224 ff.

brachte sie in Front gegen den Staat, aber auch gegen ihr Führungspersonal im Landbund. Die Legitimität der Sozialordnung wurde untergraben, denn der Neid gegen jene, denen es noch relativ besser ging, griff um sich. Das war nach wie vor die ländliche Oberschicht, die auch die politische Elite im Landbund stellte. In den Besitzerschichten der ländlichen Lebenswelt brachen Gegensätze auf. Das war gefährlich für die bestehenden politischen Verhältnisse, denn der Landbundgedanke bestand ja gerade darin, Interessengegensätze zu negieren und damit zu neutralisieren. Sobald sich die aufbrechenden Interessen mit anderen nationalen Parteien verbanden, neue politische Eliten suchten, war der Milieuzusammenhang des Dorfes aufgelöst. Die DNVP stand am Rande des Zusammenbruchs.

Der Landbund hatte Schwierigkeiten mit seinem Anhang, der sich nicht mehr mit der Formel von der Volksgemeinschaft beruhigen ließ. Erstens war die Krise offenbar schwerer als die vorhergehenden[20], zweitens traute die Landbevölkerung dem Landbund nur noch bedingt zu, etwas ändern zu können, und drittens formierte sich jetzt eine Alternative, die revolutionärer und radikaler auftrat und nicht in die bisherige staatliche Politik involviert war. Sie gründete sich auf dem Gedanken der Selbsthilfe selbständiger Bauern ohne Beteiligung irgendwelcher Verbände oder Parteien. Der Gedanke der Landvolkbewegung, wie sie in Schleswig-Holstein aufgekommen war, griff um sich.

Wiederum erwies sich der Landbund als geschickt im Umgang mit der Herausforderung. Gemeinsam mit der DNVP schickte sich die landwirtschaftliche Organisation an, die Bewegung für sich zu vereinnahmen, indem sie die Übereinstimmungen in der Gegnerschaft zur Republik hervorhoben. Im Sommer und Herbst 1929, als die Unruhe in Schleswig-Holstein bereits ihren Zenit überschritten hatte und das Protestpotential sich dort langsam bei der NSDAP sammelte, ermöglichte der Landbund Vertretern der Landvolkbewegung Auftritte in Pommern. Der Staat wurde von ihnen nur noch als der »Verwaltungsapparat« bezeichnet, das republikanische System sei »unmoralisch« und »unsittlich«.[21] Die Redner ernteten stürmischen Applaus für ihre republikfeindlichen Aussagen. Konkreter wurden sie am 17. September in Stettin, wo die DNVP die Eintrittskarten verkaufte und Landbundvorsitzender von Oertzen am Präsidiumstisch saß. Indirekt forderten die holsteinischen Bauern die pommerschen Landwirte auf, ihnen nachzueifern, das hieß, die Steuern nicht zu zahlen, Gerichtsvollzieher zu behindern und in Massen zu demonstrieren. Sofern sie Themen wie Nationalismus, Rasse oder Kapital streiften, waren sie den radikalen Positionen der NSDAP nahe. Einem Besucher fiel das auf: »Ein Teilnehmer der Versammlung stellte nun die Frage, wie sich die Landvolkbewegung zur natio-

---

[20] Der Bestand VpLA. Rep. 76, Landgericht Greifswald, enthält eine große Menge von Akten, die sich mit Pfändungen, Zwangsversteigerungen und Steuerdelikten beschäftigen.
[21] Polizeibericht von der Landvolkversammlung am 19.9.1929 in Pyritz, in: VpLA. Rep. 65c, Nr. 1009.

nalsozialistischen Partei stelle. Darauf wurde ihm die Antwort gegeben, daß die Bewegung sich auf keine Partei festlege, aber jede Partei anerkenne, die etwas Revolutionäres in sich trage.«[22] Das entsprach im Kern der herkömmlichen Einstellung im Milieu zum Thema Parteien und war doch neu, denn die bisherige Parteibindung des Landbundes wurde damit fragwürdig. Es wurde nicht mehr als selbstverständlich hingenommen, daß die DNVP das Land politisch vertrat.

Revolutionär waren Landbund und DNVP nämlich mitnichten. Als Partei aus etablierten und wohlhabenden Schichten versammelte sie Menschen, die ein Interesse am Erhalt des status quo hatten. Auffällig verkoppelte sich jetzt die traditionelle konservativ-nationalistische Protesthaltung des Landes gegen die Republik von Weimar mit dem ökonomischen Protest. Sie radikalisierten sich wechselseitig und lösten sich aus den institutionalisierten Bahnen und von den vorhandenen Organisationen. Wenig später war die Sympathiewelle für die Landvolkbewegung abgeebbt.[23] Die Landwirte wechselten lieber gleich und ohne Zwischenstation zur NSDAP.

7. Gegenstrategien: Die DNVP auf der Flucht nach vorn

Die Krise der Landwirtschaft bedrohte die DNVP im traditionellen Kernsegment ihres Milieus. Die gesamte Politik der Partei nach dem Winter 1927/28 richtete sich auf das Ziel, den Zerfall zu verhindern. Die Radikalisierung 1924 war von der Partei gestoppt worden, weil die Konservativen sich vor der Konkurrenz auf dem rechten Flügel in acht nehmen mußten. Als 1928 die Krise in Sicht kam, besann sich die DNVP jedoch auf die integrative Kraft radikaler nationalistischer Forderungen, die sich erfahrungsgemäß am leichtesten um die Außenpolitik und das Reizthema Versailles gruppieren ließen. Das Ergebnis der Reichstagswahl 1928 legte den Schluß nahe, daß es nützlich sein könnte, sich selbst an die Spitze einer solchen nationalistischen Kampagne zu bringen. Die Konkurrenz NSDAP hatte diese Wahl kläglich verloren, die Völkischen waren fast verschwunden, sie stellten also keine Gefahr mehr dar. Die Stagnation und politische Sterilität der konservativen Verweigerungshaltung konnte überwunden werden, indem Maximalforderungen auf dem Gebiet der Außenpolitik zum Vehikel genommen wurden, den Eindruck von Tatkraft zu wecken. Durch die Polarisierung sollte das Milieu erneut geschlossen werden, ohne daß konkret gesagt werden mußte, wie sich Deutschland im Innern weiterentwickeln müßte.

---

[22] Polizeibericht von der Landvolkversammlung am 17.9.1929 in Stettin; in: VpLA. Rep. 65c, Nr. 1009.

[23] Berichte der Landräte an den Regierungspräsidenten aus dem November 1929, in: VpLA. Rep. 65c, Nr. 1009.

Nachdem Hugenberg sich etabliert hatte und der gemäßigte Flügel der DNVP verstummt war, kündigten DNVP und Stahlhelm das Stillhalteabkommen mit der Republik einseitig auf und eröffneten die weltanschauliche Offensive mit dem »Volksbegehren gegen die Versklavung des deutschen Volkes«[1], kurz und polemisch »Freiheitsgesetz« genannt. Es richtete sich gegen den Youngplan. Im Kern enthielt das Gesetz die altbekannten Aufforderungen an die Reichsregierung, die im Versailler Vertrag anerkannte Bestimmung über die Kriegsschuld Deutschlands für unwirksam zu erklären, auf die Räumung der besetzten Gebiete hinzuwirken und keine neuen Lasten und Verpflichtungen zu übernehmen, die auf dem Kriegsschuldbekenntnis beruhten. Neu war allerdings, daß die politisch Verantwortlichen mit Strafe belegt werden sollten, sofern sie sich nicht an diese Vorgaben hielten. Stahlhelm, DNVP und NSDAP, die sich im »Reichsausschuß für das deutsche Volksbegehren« zusammengeschlossen hatten und den Kern der ›Nationalen Opposition‹ darstellten, brachen Mitte Juli 1929 die Kampagne für dieses ›Gesetz‹ vom Zaun.[2] Sie erfüllte wesentlich den Zweck, das Milieu hinter DNVP, Landbund und Stahlhelm zu reintegrieren und die bedrohten Repräsentanzverhältnisse im Milieu wieder zu festigen. Darum ging es vielleicht mehr als um den Sturz der Republik.

Erster Schritt des Verfahrens war das Volksbegehren, das erfolgreich war, wenn sich zehn Prozent der Wahlberechtigten in Listen eingetragen hatten. Mitte Oktober 1929 begann die Propagandaoffensive für die Einzeichnung, die in den Kommunalverwaltungen möglich war. Neu war der zielgerichtete Einsatz des gesamten Milieus und aller seiner Organisationen für ein konkretes politisches Ziel. Es zeigte sich, daß das Milieu in Greifswald geschlossen genug war, eine solche Kampagne zum Erfolg zu tragen. Die politischen Parteien und Verbände mobilisierten ihren Anhang. Die DNVP bildete Arbeitsausschüsse, die sich um verschiedene Zielgruppen kümmerten. Die Frauen wies die Partei auf eine drohende Inflation und auf eine voraussehbare Verarmung ihrer Kinder und Enkel hin. Den Antisemiten warf sie den Köder hin, nicht nur ›der Jud‹ habe in Deutschland etwas zu begehren, sondern auch die nationalistischen Kreise, die ja die Mehrheit stellten; den kirchennahen Kreisen machte die Partei verklausuliert deutlich, daß es Christenpflicht sei, sich einzuzeichnen.[3] Die Milieuvereine bearbeiteten ihre Mitglieder direkt. Die Vorstände sprachen sich in den Versammlungen für eine Beteiligung aus. Am 16. Oktober 1929 hielt der Stahlhelm einen Generalappell in Greifswald ab, um die Frontsoldaten einzuschwören. Der ›Deutsche Ostbund‹ schaltete Anzeigen für das Begehren, die ›Freie Studentenschaft‹ schloß sich dem Appell an. Sogar die Bürgerschützen reihten sich

---

[1] H. HILDEBRANDT/W. KETTNER, 1931, auf den Seiten 59 f. ist der Entwurf vom 12. 9. 1929 abgedruckt.

[2] H. A. WINKLER, Weimar, 1993, S. 354 f.

[3] Greifswalder Zeitung, 24. 10. 1929 u. 16. 10. 1929.

ein, und Altermann Dethloff rief seine Schützenbrüder auf, ins Rathaus zu gehen.[4]

Doch die Front zeigte Lücken, vor allem bei den rund 300 Mitgliedern des Kyffhäuserverbandes unter der Leitung des völkischen Bürgerschaftsabgeordneten Dr. Hoge. Als sich am 18. Oktober Hindenburg, Ehrenmitglied bei Stahlhelm und Kyffhäuser, öffentlich gegen die Strafandrohung in dem Gesetzentwurf wandte, reagierte die zentrale Leitung der ehemaligen Soldaten in Berlin mit einer Neutralitätserklärung. Hindenburg war für sie eine unantastbare Figur. Hoge fürchtete daraufhin ein Zerbrechen seines Verbandes, denn schon bald forderten die ›Ehemaligen MG-Schützen‹ eine Revision der Neutralitätserklärung und drohten mit korporativem Austritt.[5] Ganz offensichtlich barg die Mobilisierung des Milieus die Gefahr, daß untergründige Gegensätze aufbrachen und Loyalitäten in Konflikt gerieten. Hugenberg hatte die Geschlossenheit seiner ›Nationalen Opposition‹ offenbar überschätzt.

Auf den Dörfern zogen die Stahlhelmer mit Musik in abendlichen Fakkelmärschen durch die Straßen. Die Dorfvereine von den Reitern bis zu den Männerchören und Turnern schlossen sich den Komitees für das Volksbegehren an.[6] Die Gutsbesitzer aber mochten sich nicht auf die mobilisierende Wirkung von Fackelmärschen und Appellen verlassen und halfen daher in der aus Vorkriegswahlen gewohnten Weise der Eintragungsbereitschaft auf die Sprünge. Der Landrat berichtete: »Andererseits ist festgestellt worden, daß der Gutspächter Scheibe in Züssow seinem Kutscher erklärt hat, daß, wer nicht zum Einzeichnen in die Eintragungsliste ginge, am 10. November fliegen würde. Der Gutspächter Scheibe hat dann alle Leute mit Fuhrwerken zum Gemeindevorsteher in Züssow zur Eintragung schaffen lassen, und zwar während der Arbeitszeit.«[7] Ein Polizeibericht belegte, daß dieses Verfahren üblich war. Oftmals beaufsichtigte der Gutsherr die Einzeichnung oder unterschrieb als letzter, um die Namen kontrollieren zu können, die vor ihm in der Liste auftauchten.[8]

Die Autorität des Gutsherren allein genügte demnach nicht mehr, um die Landbevölkerung zu mobilisieren. Es mußte ökonomischer Druck hinzukommen. Nach Abschluß der Volksabstimmung analysierte der Landrat Kogge: »Wohl aber ist deutlich zu ersehen, daß in den nur aus Großgrundbesitz gebildeten Gemeinden bei der Eintragung [...] eine starke Beeinflussung der Landarbeiter stattgefunden haben muß, die Stimmzahl ist auf den großen Gütern auffallend zurückgegangen, und es ist auffallend, wieviele

---

[4] Greifswalder Zeitung, 19. 10. 1929.
[5] Greifswalder Zeitung, 19. 10. 1929 u. 12. 11. 1929.
[6] Greifswalder Zeitung, 16. u. 17. 10. 1929.
[7] Bericht des Regierungspräsidenten vom 16. 11. 1929, in: VpLA. Rep. 65c, Nr. 82.
[8] Bericht der Polizei über Vorkommnisse bei der Abwicklung des Volksbegehrens im Kreis Greifswald, in: VpLA. Rep. 65c, Nr. 82.

Nein-Stimmen und ungültige Stimmen abgegeben sind.«[9] Kogge unterstrich, daß besonders in Behrenhoff, Bandelin (von Behr) sowie Pulow und Karlsburg (von Bismarck-Bohlen) dieser Einfluß wirksam gewesen sein müsse.[10]

Erstmals griff das neue politische Vereinswesen der Dörfer aktiv in die Politik ein. Die Dorfgemeinschaft funktionierte politisch nicht mehr von alleine, sie bedurfte der Organisation; traditionelle Autorität und neues Organisationswesen traten nebeneinander. Offenbar näherte sich die ländliche Lebenswelt langsam städtischen Verhältnissen an.

Die NSDAP war trotz eines Beschlusses vom Februar 1927, eine Mitgliedschaft im Stahlhelm sei für einen Nationalsozialisten undenkbar, den Prügeleien vom Sommer 1927 sowie den unschönen Szenen im Wahlkampf 1928 plötzlich ein geachteter Partner der Konservativen. Hugenberg wollte den Erfolg und glaubte wohl auch, es werde in einem Kraftakt gelingen, die DNVP ein für allemal an die Spitze des Milieus zu hieven. Animositäten oder taktische Bedenken mußten dabei zurückstehen. Gegensätze der Parteien wurden dem untergeordnet. Am 17. Oktober 1929 trat Wilhelm Frick in der Stadthalle auf, und der Jungstahlhelm marschierte dazu geschlossen in den Saal. Am folgenden Tag berichtete die ansonsten gegenüber der NSDAP eher zugeknöpfte Greifswalder Zeitung groß und positiv auf der ersten Seite über die Rede des Vorzeige-Nationalsozialisten.[11] Das verdeutlicht den Durchbruch, den die DNVP der NSDAP mit dem Volksbegehren ermöglichte. Bis zu diesem Zeitpunkt verfügte die NSDAP in Pommern über keine Zeitung. Das Wohlwollen der GZ und der DNVP, die bei der parallel stattfindenden Kommunal- und Provinziallandtagswahl mit der NSDAP paktierte, half den Nationalsozialisten ganz offensichtlich, die Blockade der bürgerlichen Medienöffentlichkeit gegen die politischen Schmuddelkinder des nationalen Lagers zu durchbrechen.

Die Bilanz der Mobilisierungskampagne am 29. Oktober 1929 zeigte die Stärke des Milieus, aber auch die Gefahren des radikalen Kurses sehr deutlich. In Greifswald hatten sich nur 5935 Wähler in die Listen eingetragen, etwa 33 Prozent der Stimmberechtigten, deutlich weniger als NSDAP und DNVP sonst an Wählern hatten.[12] Offenbar wirkten sich Bedenken wie die der Kyffhäuser letztlich doch aus. Durfte man Kanzler, Minister, ja Hindenburg selbst mit Strafe bedrohen, wenn sie politisch tätig wurden? Der Stahlhelm selbst hatte hier einen Rückzieher machen müssen und nahm in einer Neufassung des Gesetzentwurfs Hindenburg ausdrücklich aus.

---

[9] Bericht Landrat Kogge an das preußische Innenministerium vom 23.12.1929, in: VpLA. Rep. 65c, Nr. 83.
[10] Schreiben Landrat an den Regierungspräsidenten vom 16.1.1930, in: VpLA. Rep. 65c, Nr. 83.
[11] G. NELIBA, 1992.
[12] Greifswalder Zeitung, 23.12.1929.

Sehr viel deutlicher spiegelt sich in dieser Zahl der hohe Anteil von Beamten und Staatsbediensteten am konservativ-nationalen Milieu. Sie hatten einen Eid auf die Verfassung geleistet und waren nach ihrem Dienstrecht zu politischer Zurückhaltung verpflichtet. Das Eintreten für das Volksbegehren war damit nicht vereinbar. Dennoch machten viele aus ihrer Meinung keinen Hehl. Daher kam es rasch zu einer harten Auseinandersetzung des konservativ-nationalen Milieus mit den Staatsbehörden, die ihre Loyalitätsforderung ohne Rücksicht auf die Folgen gegen die Befürworter des Begehrens durchsetzten. Das heizte die antirepublikanische Stimmung in der Bevölkerung an, denn es gelang der ›Nationalen Opposition‹, den Eindruck zu erwecken, die Republik verstoße gegen ihre eigenen demokratischen Prinzipien. Das harte Vorgehen der republikanischen Stellen zerstörte den letzten Rest an Gemeinsamkeiten zwischen Deutschnationalen und Republikanern. Nach dem Volksbegehren war deswegen die Spaltung der regionalen Gesellschaft tiefer als jemals zuvor.

Die Crux lag in der Tatsache, daß ein öffentliches Bekenntnis für das Begehren nötig war. Anhänger der ›Nationalen Opposition‹ mußten sich exponieren und boten daher Angriffsmöglichkeiten. Zunächst sah es so aus, als würde es bei den üblichen wechselseitigen Einschüchterungsversuchen bleiben. Die Volkszeitung kündigte an, man werde sich die Unterzeichner für spätere Fälle merken.[13] Dann jedoch postierte sich ein sozialdemokratischer Kommunalpolitiker vor dem Eintragungslokal in Greifswald und drohte, er werde alle Beamten, die sich einschrieben, persönlich anzeigen.[14] Die SPD veröffentlichte Namen von Befürwortern in ihrer Presse. So etwas konnte in der sich langsam anheizenden politischen Stimmung einem Kaufmann den Boykott der Kundschaft oder eingeworfene Fensterscheiben bringen.[15] Da die SPD vor Ort schwach und die DDP kaum mehr vorhanden war, blieben solche Versuche, die Kampagne zu bremsen, jedoch letztlich ohne Erfolg.

Deswegen verfiel die staatliche Verwaltung auf den Gedanken, die Ämter selbst für Gegenmaßnahmen in Anspruch zu nehmen. Damit stellten die republikanischen Beamten nun ihrerseits die Pflicht zur Neutralität zurück und lieferten dem nationalistischen Gegner immer neue Munition für die Kampagne. Ferner handelten sich die republikanischen Kräfte ein deutliches Signal ein, wie wenig sie in der Provinz Pommern tatsächlich auszurichten vermochten.

Mitte Oktober gab das Oberpräsidium in Stettin einen Aufruf für den Youngplan und gegen das Volksbegehren heraus. Er wurde an alle Amtsvorsteher mit der Anweisung verteilt, das Papier in den Rathäusern und Gemeindebüros auszuhängen. Oberbürgermeister Fleischmann wies dieses Ansinnen zurück. Er sei zur Überparteilichkeit verpflichtet. Landrat Kogge hingegen ordnete für seine Gemeindevorsteher an, das Blatt zu zeigen, und

---

[13] Greifswalder Zeitung, 18.10.1929.
[14] Greifswalder Zeitung, 21.10.1929.
[15] Beispiele in: VpLA. Rep. 65c, Nr. 82.

zog sich damit den bleibenden Haß der konservativ-nationalen Kreise zu.[16] Einige Gemeindevorsteher in den Dörfern widersetzten sich der Anordnung.[17] In Greifswald zog ein Rollkommando los und riß das Plakat von den Litfaßsäulen. Dort hatte der Oberpräsident seinen Aufruf kleben lassen müssen, weil die Stadtverwaltung ihn nicht unterstützte. Den Behörden wurde deutlich, wie kurz die Reichweite republikanischer Macht selbst in den Verwaltungen war, wenn sich die regionale Gegenwelt zusammenschloß.

Die republikanischen Verwaltungen leiteten daraufhin drakonische Maßnahmen ein: Wer auch nur entfernt Nutznießer des Staates oder ihm irgendwie verpflichtet war – sämtliche Beamten, Pensionäre, Pfarrer, Domänenpächter, Notare oder Magistratsmitglieder gehörten dazu – und sich dennoch eingeschrieben hatte, sollte in Listen erfaßt und gemeldet werden. Der Greifswalder Magistrat gehorchte, wies aber auf die praktischen Folgen hin, die das für eine Lokalbehörde bei einer »politisch so stark differenzierte[n] Bevölkerung« haben müsse.[18] Fleischmann wußte genau, daß er ständig mit den Feinden der Republik zu tun hatte, daß er somit seine eigene Stellung unmöglich machte, wenn er Partei ergriff. Die Greifswalder Zeitung kennzeichnete die Listenerfassung als Maßnahme eines »demokratischen Polizeistaates«.[19] Den Lokalzeitungen, die sich positiv zum Volksbegehren äußerten, sollten sofort alle öffentlichen Bekanntmachungen entzogen werden. Das traf die Greifswalder Zeitung nicht mehr, sie hatte schon zwei Jahre zuvor diesen Auftrag verloren und druckte die wichtigsten Bekanntmachungen einfach nach. Selbst das wollte die Bezirksregierung Stralsund jetzt unterbinden. Ein ›kalter‹ Bürgerkrieg war ausgebrochen.

Nachdem das Begehren mit 10,02 Prozent der Stimmberechtigten knapp Erfolg gehabt hatte und nunmehr ein Volksentscheid zu erwarten war, gingen Stettin und Stralsund in die Offensive. Eine gelenkte Mobilisierung der Befürworter des Friedensplanes durch die staatliche Verwaltung war nicht unproblematisch, denn immerhin ging es um eine scharf polarisierte Streitfrage in einer Region, in der die republikanischen Kräfte notorisch schwach waren. Mindestens Zurückhaltung schien klug zu sein. Solche Überlegungen stellten die Behördenleiter jedoch nicht mehr an. Ihnen ging es um das Prinzip. Die Aktion hatte schließlich den Effekt, daß alle nur lau republikanischen, aber wenigstens loyalen Beamten zu einer Entscheidung gezwungen wurden. Das sorgte für eine an sich unnötige Polarisierung auch im Beamtenapparat mit Rückwirkungen weit in die Gesellschaft hinein.

---

[16] Schreiben Landrat Kogge an den Regierungspräsidenten, 30. 10. 1929, in: VpLA. Rep. 65c, Nr. 83.

[17] VpLA. Rep. 65c, Nr. 82. Schreiben Oberbürgermeister Fleischmann an den Regierungspräsidenten vom 23. 10. 1923. Greifswalder Zeitung, 29. 10. 1929.

[18] Schreiben des Magistrats an den Regierungspräsidenten, 28. 10. 1929, in: VpLA. Rep. 65c, Nr. 83.

[19] Greifswalder Zeitung, 29. 10. 1929.

Anfang November setzte das Regierungspräsidium über die Landrats-
ämter und die Magistrate eine Unterschriftensammlung für die Annahme
des Youngplans in Gang. Sie sollte die Befürworter der Republik mobilisieren und gleichzeitig die Spreu vom Weizen trennen, denn wer sich nicht
einschrieb, war verdächtig.[20] Deutlich wurde ferner, auf welcher Seite die
evangelische Kirche stand, denn bei den Vorüberlegungen, wen man um
eine Zeichnung bitten sollte, kam der Stralsunder Regierungspräsident zu
dem nüchternen Ergebnis: »Man [ist] an die protestantischen Geistlichen
überhaupt nicht herangetreten, da deren staatsgegnerische Einstellung von
vornherein bekannt war.«[21] In Greifswald war die Unterzeichnerliste ein
getreues Abbild der Spitze von DDP, DVP und Zentrum in der Stadt. Für
die Außenwirkung dieser Aktion in Pommern war nicht unerheblich, daß
vor allem prominente Behörden- und Schulleiter sowie viele Beamte aus
der Provinzialregierung unterzeichneten, was mehr oder minder amtlich
machte, wie stark die Patronage von SPD, DDP und DVP den Behörden-
apparat inzwischen durchdrungen hatte. Der Vorwurf der Parteibuchwirt-
schaft, den die konservativ-nationalen Gegner der Republik ständig führten, bekam einen eindrucksvollen Beleg, den die Republik ihnen frei Haus
lieferte.

Als den Behördenleitern aufging, wie schwach ihre eigene Position selbst
in den Dienststellen des Staates trotz der Patronage war, endete jede weise
Zurückhaltung. Baurat Henschke, DNVP-Magistratsmitglied und Mitarbeiter im staatlichen Hochbauamt in Greifswald, verweigerte die Unterschrift. Landrat Kogge meldete der vorgesetzten Behörde in Stralsund diesen Vorfall, nachdem zur Weiterleitung solcher Fälle ermuntert worden war.
Kogge berichtete über Henschke, er nehme auch nie an den Verfassungs-
feiern teil.[22] Daraufhin fertigte das Regierungspräsidium einen Vermerk für
die Personalakte. Der Fall des Baurates galt als »besonders charakteristisch«,
blieb jedoch keine Einzelerscheinung.

Besonders die unteren Beamten sahen sich zwischen Loyalität gegenüber
dem Dienstherren, Opportunismus und tatsächlicher Gesinnung hin- und
hergerissen. Der Landrat berichtete: »Das bei den Beamten des Kreisaus-
schusses und der Kreissparkasse in Umlauf gesetzte Exemplar des Aufrufs
ist ohne Unterschrift an mich zurückgekommen. Die Beamten der Kreissparkasse hatten zunächst unterschrieben, aber dann das Bedenken, daß bei
der Zusammensetzung der Kundschaft der Kreissparkasse, die zum größten
Teil den Kreisen angehört, die für das Volksbegehren eingetreten sind, eine
geschäftliche Schädigung der Kreissparkasse sich ergeben könnte, insbesondere eine Abwanderung zur Stadtsparkasse, deren Leiter den Aufruf des

---

[20] Aufruf und Liste, in: VpLA. Rep. 65c, Nr. 82.
[21] Schreiben von Regierungspräsident Stralsund an Oberpräsident Stettin, 21.11.1929, in:
VpLA. Rep. 65c, Nr. 83.
[22] Schreiben Landrat Kogge an den Regierungspräsidenten vom 19.11.1929, in: VpLA.
Rep.65c, Nr. 83.

Herrn Oberpräsidenten nicht unterzeichnet hat.«[23] Die Stadt unter Fleischmann stellte sich erneut auf den Standpunkt strikter Neutralität und wahrte
sich auf diese Weise Handlungsspielraum auch gegenüber den Befürwortern
des Volksbegehrens.

Die endgültige Volksabstimmung über die Gesetzesvorlage fand am
22. Dezember 1929 statt und brachte im Vorfeld noch einmal eine Mobilisierung des konservativ-nationalen Milieus bis in die untersten Vereinsgrup-
pen hinein. Doch in Greifswald hob sich die Beteiligungsrate nur unwesentlich, denn nur wer zur Abstimmung ging, war als Gegner der Republik
erkennbar. Weil die KPD ihre Anhänger auch zur Teilnahme aufgefordert
hatte, stimmten rund 36,6 Prozent der Greifswalder (6579) für das Gesetz
und gegen die Republik. Es gelang zwar die Polarisierung, nicht aber die
vollständige Mobilmachung der Wähler des konservativ-nationalen Milieus.

Das Gesetz fand nicht die nötige Mehrheit, doch das war ohnehin zweitrangig geworden. Bedeutsam dagegen wegen ihrer Tragweite für den Untergang der Republik waren besonders drei Punkte: Erstens die von den Konservativ-Nationalen mutwillig herbeigeführte Zerstörung des mühsam
aufgebauten und durchgehaltenen Stillhalteabkommens zwischen den Republikanern und den Nationalisten. Damit waren die Reste gemeinschafts-
stiftender Strukturen bis an die Basis der Gesellschaft hinunter zerstört. Die
Polarisierung zerrieb die vermittelnden Instanzen. Zweitens die Erkenntnis,
daß mit der Mobilisierung des konservativ-nationalen Milieus für ein politisches Ziel aktiv Politik gemacht werden konnte. Der auf einen Punkt
gerichtete Einsatz politisch-kultureller Elemente und Aktionen, die Mobilisierung des Vereinsnetzwerkes, die Aktivierung seiner Loyalitäten, sozialen Kontrollmechanismen, letztlich die Umprägung einer locker gefügten
Gegenwelt in einen einheitlichen Kampfverband unter Führung von DNVP
und Stahlhelm waren bis dahin ohne Beispiel. Das war eine Qualitätsveränderung des Verhältnisses von Milieu und Partei. Damit war ein Vorbild geschaffen, an das die NSDAP mit erweiterter Zielstellung und radikaleren
Methoden bruchlos anknüpfte. Drittens aber zerstörten die Kampagne und
besonders die Gegenkampagne die Autorität des republikanischen Staates.
Die traditionelle Staatsnähe der Konservativen hatte bis dahin auch noch der
Republik genützt. Konservative glaubten an die sachorientiert regelnde
Macht von Verwaltungen, Behörden und Gerichten. Deswegen waren sie
loyale Beamte geblieben, solange man sie politisch in Ruhe ließ. Jetzt aber
erlitt der Glaube an die Legitimität von Regierung und Verwaltung einen
irreparablen Schaden, weil die herausgeforderte Republik den Konfrontationskurs der DNVP aufnahm. Dabei beging sie schwere Fehler, die wohl vor
allem in der Überschätzung der eigenen Stärke begründet waren. Der Staat
und sein Apparat standen für die Konservativen nunmehr eindeutig jenseits
der eigenen Linien: Man mußte sich entscheiden. Das Volksbegehren und

---

[23] Schreiben Landrat Kogge an den Regierungspräsidenten, 23.11.1929, in: VpLA.
Rep. 65c, Nr. 83.

der Volksentscheid sind deswegen ein Meilenstein für den Untergang der Republik. Ein Zurück zur Kooperation gab es von nun an nicht mehr.

8. Der Aufstieg der NSDAP beginnt

Die national-konservativen Kräfte rechneten bei ihrer weltanschaulichen Flucht nach vorn nicht mit der NSDAP, weil sie im Sommer 1929, als diese Strategie entwickelt wurde, noch nicht ansatzweise zu solchen Kampagnen in der Lage war. Es gab zwei organisatorische Zentren im Kreis, eines war Greifswald mit etwa 90 Mitgliedern unter der Leitung Kropkas und einer rund 25 Mann starken SA unter Führung des Zahnmedizinstudenten Rudolf Heuckenkamp, dessen Vater ein angesehener Professor für Romanistik in Greifswald war. Das zweite bestand in Kuntzow mit einer Gruppe von rund 60 Mitgliedern und 20 SA-Männern, die von einem Arbeiter, einem Kaufmann und dem Chauffeur Corswands geleitet wurden. Das waren alles wenig respektable Männer. Zwar hatte die Landvolkbewegung auch in Pommern gezeigt, wie die Gedankenwelt der NSDAP sich aus der ländlichen Gesellschaft heraus freisetzte, wenn die Einbindung in die konservativ-nationale Politik wegfiel. Dennoch war die Partei eher schwach geblieben, denn Landbund, Stahlhelm und DNVP hatten das Heft noch in der Hand. Die Kooperation, die sich seit dem Juni 1929 abzeichnete, war daher auf beiden Seiten von ganz unterschiedlichen und sich widersprechenden, taktischen Motiven geleitet. Das preußische Innenministerium analysierte: »Während es dem Stahlhelm offenbar darauf ankommt, die Basis für das von ihm geplante Volksbegehren [...] zur Schaffung eines einheitlichen sogenannten nationalen Blocks zu verbreitern, dürfte der Einigungstaktik der Nationalsozialisten eher die Absicht zugrunde liegen, durch Zurückstellung der Gegensätze möglichst viele Anhänger des Stahlhelm für die national-sozialistischen Ziele und Pläne zu gewinnen.«[1]

Dieses Kalkül der NSDAP ging zwar nur zum Teil auf, der unerwartete Nebeneffekt der Teilnahme an der Kampagne war jedoch die Öffnung der deutschnationalen Medien in Pommern, die Teilhabe an der starken organisatorischen Infrastruktur der DNVP und der Prestigegewinn. Die NSDAP erreichte plötzlich die etablierte konservativ-nationale Öffentlichkeit. Der unerwartete Erfolg bei den Kommunal- und Provinziallandtagswahlen im November 1929 unterstrich die Bedeutung dieser Milieuöffnung durch die konservativ-nationalen Eliten, die zu einem Zeitpunkt stattfand, als die Unzufriedenheit mit den etablierten Kräften stark gewachsen war.

In der Folge der Youngplan-Kampagne im Winter 1929/30 setzte der Aufstieg der NSDAP ein, der es gelang, jene zu sammeln, die sich von den bestehenden Organisationen und ihren Protagonisten keine Besserung der

---

[1] Bericht des preußischen Innenministeriums, 6.6.1929, in: VpLA. Rep. 65c, Nr. 976.

politischen und wirtschaftlichen Verhältnisse mehr erwarteten. Der Landrat bewertete im Februar 1930 die überraschende Offensive: »Es finden fast jeden Tag Versammlungen statt. [...] In der Lassaner Gegend ist ein Teil der bisherigen Stahlhelmangehörigen aus diesem Verbande ausgetreten und hat sich den Nationalsozialisten angeschlossen.[2] Von absolut vertrauenswürdigen Arbeitgebern [...] ist mir berichtet worden, daß die Landarbeiter in großen Scharen zu den nationalsozialistischen Versammlungen in Greifswald, Gützkow und Züssow laufen.« Handschriftlich fügte der Landrat an: »Auch aus den Kreisen der ländlichen Besitzer hat die Nat.Soz.Partei starken Zulauf. [...] Es vollzieht sich offenbar der Zerfall der Deut.nationalen Partei.«[3] Nach zwei Jahren Krise war der politische Kredit der DNVP und ihrer Landbundfreunde erschöpft. Besonders die kleinen und mittleren Besitzer und die Pächter sahen sich nach Alternativen um, die nur eine Partei aus dem nationalen Lager sein konnte, die politisch unverbraucht erschien. Im Juli und August 1930 meldete Landrat Kogge fast wöchentlich die Neugründung oft starker NSDAP-Ortsgruppen, die sich meist auch gleich eine SA-Abteilung zulegten. Bis Juli wuchs die Partei auf sieben Ortsgruppen im Kreis. Bis zum Herbst waren es neun mit 420 Mitgliedern, die SA kam auf rund 170 Männer.[4]

Diese Erosion im ländlichen Kernbereich des konservativ-nationalen Milieus ließ sich auch an der Entwicklung in Greifswald selbst ablesen, wo sich die beiden Vorstände des Ackerbauvereins, Emil Crawack und sein Schwager, Kurt Griefahn, Viehhändler und Kleinbauer, 1929 und 1930 der NSDAP anschlossen. Crawack war alter Konservativer und Gründungsmitglied der DNVP. Dieser Seitenwechsel hatte Hintergründe.

Die NSDAP ergriff die Initiative in der Agrarpolitik und engagierte sich auf dem Land betont aggressiv. Sie nahm dabei neue Aktionsformen auf, die die Landvolkbewegung in Schleswig-Holstein populär gemacht hatte. Karpenstein, nach einem Aufenthalt in Hessen gerade wieder in die Provinz zurückgekehrt, störte am 17. März 1930 mit einem SA-Trupp die Zwangsversteigerung des Gutes Grabitz auf Rügen.[5] Der Bieter des Ein- und Verkaufsvereins erhielt Prügel, als er ein erstes Gebot abgab.[6] Aufschlußreich war die Wahl des Opfers, denn die landwirtschaftlichen Genossenschaften waren eng mit dem Landbund und den alten Eliten verflochten.

Bei der NSDAP sammelten sich Männer jeden Alters, wobei die wirtschaftlich aktiven Jahrgänge klar dominierten. Bei der SA traten hingegen

---

[2] Der Rittergutsbesitzer und Stahlhelmführer Schönfeld-Hohensee wechselte im Winter 1929/30 mit seiner Gruppe die Partei und ging zur NSDAP.

[3] Schreiben Kogge an den Regierungspräsidenten, 10.2.1930, in: VpLA. Rep. 65c, Nr. 974.

[4] Unter den Ortsgruppen waren: Züssow, Klein Bünzow, Lassan, Wusterhusen, Wolgast und Wieck/Eldena.

[5] J. BERGMANN/K. MEGERLE, 1989, S. 232.

[6] Bericht des Polizeipräsidenten Stettin, 9.5.1930, in: VpLA. Rep. 65c, Nr. 977. Von solchen Aktionen berichtet auch H. LOHMANN, 1933, passim. Lohmann läßt sich seit Mitte 1930 in der Region nachweisen.

die Altersstufen zwischen 20 und 40 und die Söhne ländlicher Familien hervor, oft ohne daß der Vater selbst in der NSDAP war. Die meisten SA-Mitglieder waren ledig.[7] Die NSDAP war in dieser Phase eindeutig eine Partei der ländlichen Mittelschichten und der Arbeiterschaft. Ihre Basis unter den Großbesitzern war schwach, unter den Großpächtern war sie vergleichsweise erfolgreicher.

Das Ansehen der Partei- und SA-Leitungen in der Öffentlichkeit der Dörfer war zu einem guten Teil unglaublich schlecht. Sie wurden als Phantasten, Wichtigtuer, Pleitiers, brutale Gewalttäter, rücksichtslose Geschäftemacher, Alkoholiker, notorische Arbeitslose und moralisch fragwürdige Existenzen, die oft sehr jung, aber im bürgerlichen Leben schon gescheitert waren, bezeichnet.[8] Den staatlichen Stellen, gewohnt in der Politik mit respektablen Männern umzugehen, fiel es schwer, die dennoch erfolgreiche Partei ernstzunehmen.

Aus all dem läßt sich der Schluß ziehen, daß auf dem Land ganz eindeutig die Krise der Landwirtschaft die jahrzehntealten politischen Verknüpfungen zwischen Milieu und Partei in Verfall brachte. Hatten die Revolution 1918 und der Stahlhelm den unteren und mittleren Schichten auf dem Land die Einsicht vermittelt, daß auch sie sich politisch einsetzen konnten und durften, solange sie die Sozialordnung des Dorfes nicht sprengten und die Führung durch die alten Eliten akzeptierten, so war die NSDAP etwas Neues. Zwar wollte auch sie die auf die Landwirtschaft zentrierte Sozialordnung nicht abschaffen. Aber sie versprach, sie gerechter und solidarischer, eben volksgemeinschaftlicher zu machen. Die Ordnung der NSDAP war nicht auf den Großgrundbesitzer bezogen. Gleichzeitig war die Partei dynamischer, jünger und kämpferischer als alle Konkurrenten. Sie setzte sich über die traditionellen dörflichen Vereinsstrukturen, den Stahlhelm und den Landbund hinweg, welche die überkommene Verhältnisse der Dörfer nur widerspiegelten.

Dem hatten die Großagrarier wenig entgegenzusetzen. Die Autorität der konservativen Eliten schwand mit dem Niedergang ihrer ökonomischen Leistungsfähigkeit und mit ihrer eigenen Hilflosigkeit dahin. Sie blieben ihrer politischen Überzeugung jedoch meist treu. Nicht nur mental, auch sozial trennte sie viel von den Nationalsozialisten, denn sie hatten meist einen so großen Besitz, daß sie sich wohl stark einschränken mußten, die Existenz jedoch wahren konnten. Die NSDAP, das waren ihre Leute und Bediensteten, ihre kleinen Nachbarn. Aus jenen unteren und mittleren ländlichen Schichten, die von der Krise hart betroffen waren oder die in Furcht vor ihren Folgen lebten, wuchs die neue Partei, die die Enttäuschten und Verzweifelten einsammelte und ihnen ein neues Ziel gab, das sich von den

---

[7] Namentliche Aufstellung von SA- und NSDAP-Mitgliedern vom November 1930, in: VpLA. Rep. 65c, Nr. 978.

[8] Verschiedene Meldungen des Landrats an die Regierung vom Sommer 1929, in: VpLA. Rep. 65c, Nr. 978.

herkömmlichen inhaltlich wenig unterschied. Doch schon die Radikalität in der Methode und der davon ausgehende Eindruck von Frische, Dynamik und unverbrauchter Jugendlichkeit überzeugten. Die NSDAP sprengte das ländliche Milieu auf. Ausgangspunkte und Zentren der Agitation waren die Städte. Seit dem Herbst 1929 befand sich die Partei auch in Greifswald erkennbar im Aufwind und machte monatlich Versammlungen.[9] Der Magistrat ging davon aus, daß sich die Mitgliederzahlen bis zum Sommer 1930 von anfänglich 90 auf 400 bis 500 gesteigert hatten.[10] Die SA umfaßte im Februar 1930 rund 60 Mitglieder, vor allem Studenten.

In Greifswald standen der NSDAP bei der Werbung drei bekannte Persönlichkeiten zur Verfügung: Jarmer, von Corswand und Karpenstein. Die beiden erstgenannten saßen seit November 1929 dank der Wahlhilfe der DNVP im Provinziallandtag. Jarmer bildete einen Brückenkopf in das gehobene Bildungsbürgertum, zur lokalen Elite der Stadt und wie von Corswand auch zur ländlichen Oberschicht, denn er war der Anwalt vieler Pächter. Nur an der Universität unter den Professoren fehlte ein ›Kopf‹. Karpenstein war nach bestandenem Assessorexamen, gerade 26 Jahre alt, im Sommer 1929 nach Greifswald zurückgekehrt.[11] Im Dezember übernahm er eine Anwaltskanzlei. Als feststand, daß Karpenstein in Pommern bleiben würde, machte ihn die Partei Ende 1929 zum Bezirksleiter in Neuvorpommern, ein Posten, der unmittelbar dem Gauleiter Corswand unterstellt war.[12]

In der Stadt bewegte sich die NSDAP in zwei Richtungen vorwärts. Für die eine stand der agile und schlaue Hesse Karpenstein. Er war in der Lage, die Studenten anzusprechen und mitzureißen. Für die zweite Richtung stand Walter Kropka, Ortsgruppen- und Kreisleiter für Stadt und Land. Er war 30 Jahre alt, gebürtiger Pommer, sprach Plattdeutsch, war vehementer Abstinenzler, Hausbesitzer, Familienvater, als angestellter Tischlermeister tätig und der richtige Mann für die Kommunalpolitik und das Kleinbürgertum der Stadt.

Schwerpunkt der Entwicklung und entscheidener Faktor für die Dynamik war aber der Erfolg der NSDAP unter den Studenten.[13] Der National-

---

[9] Bericht Greifswalder Magistrat an den Regierungspräsidenten vom 28.2.1930, in: VpLA. Rep. 65c, Nr. 978.

[10] Listen in: StA. Rep. 6 P, Nr. 221; ferner verschiedene Meldungen in: VpLA. Rep. 65c, Nr. 974.

[11] Die Verbindung nach Greifswald lief über Jarmer. Karpenstein machte Vertretungen für den DVP-Mann Löding und für DNVP-Mitglied Freytag. Das Politische trennte die Eliten offenbar nicht. VpLA. Rep. 76, Landgericht Greifswald, Nr. 1320. Von Juli 1925 bis April 1929 hatte sich Karpenstein in Frankfurt und Umgebung aufgehalten, um dort seine Assessorenpflichten abzuleisten. Während dieser Zeit war er in seiner Heimatstadt Darmstadt Leiter einer Ortsgruppe, hatte jedoch Konflikte mit seinem Gauleiter. BA. ehem. BDC, Wilhelm Karpenstein, OPG-NA.

[12] Aktenvermerk vom Sommer 1930, in: VpLA. Rep. 65c, Nr. 978.

[13] Greifswalder Zeitung, 13.5.1928.

sozialistische Studentenbund existierte schon seit 1927 in Greifswald.[14] Landrat Kogge analysierte: »Die Nationalsozialistische Bewegung hat in den Jahren 1928 und 1929 zunächst die Finkenschaft ergriffen und ist im letzten Jahre dann weitgehend in die Korporationen eingedrungen [...]. Trotzdem fast alle Korporationen geschlossen dem Hochschulring angehören, zeigte sich bei den Wahlen, daß tatsächlich wohl der überwiegende Teil auch der Korporationsstudenten den Nationalsozialisten zuzurechnen ist.«[15] Die deutschnationale Grundstimmung unter den Studenten kippte um. Die Generation der zwischen 1905 und 1910 geborenen Studenten, die in den unruhigen Zeiten nach 1918 aufgewachsen waren, fühlte sich angesichts der Krise und ihrer düsteren Zukunftsaussichten offenbar stark von den radikalen und gewaltsamen Lösungsvorstellungen der NSDAP angesprochen. Der Einbruch in die Korporationen war ein Alarmsignal für die Deutschnationalen, denn dort waren sie unangefochten gewesen. Jetzt wandte sich der Nachwuchs als erstes von der DNVP ab.

Daß Greifswald die erste Universität Deutschlands mit NS-Mehrheit in der Studentenkammer wurde, hing eng mit dem Engagement Karpensteins zusammen, der nur wenig älter war als seine Zielgruppe. Der junge Anwalt war Vorsitzender des NS-Studentenbundes und zog die jungen Männer an, die sich von der aggressiven, aktivistischen, aber betont antielitären, oft alkoholschwangeren Männerkumpanei der SA stärker angezogen fühlten als von den Ritualen der hierarchischen, elitären und teuren Korporationen. Karpenstein, Heuckenkamp und der dritte hervortretende Student, der Mediziner Heinz Lohmann, betonten stets, wie sehr sie sich von dem Gehabe der Korporationen abgestoßen fühlten. Die Korporationen seien gegen die Volksgemeinschaft gerichtet.[16]

Die NSDAP bot Betätigungsmöglichkeiten über den Rand der Universität hinaus, indem sie Studenten als Agitatoren einsetzte. Schon vor den Reichstagswahlen 1928 hatte die NSDAP mit jungen Rednern operiert, war damit jedoch wenig vorangekommen, weil deren aggressives Auftreten im krassen Gegensatz zu körperlicher Erscheinung und Lebenserfahrung stand.[17] Die konservative Konkurrenz konnte sie daher leicht als ›grüne Jungs‹ lächerlich machen. Jetzt hatte sich das Blatt gewendet, denn gerade

---

[14] 1928 war der NSDStB erstmals zur Wahl der studentischen Kammer angetreten und hatten zwei von 15 Sitzen erobert. Die im ›Hochschulring Deutscher Art‹ zusammengeschlossenen Korporationen und die freien ›Finkenschaften‹ verloren je einen Sitz; der Hochschulring dominierte jedoch mit elf. 1929 nahm der NS-Studentenbund der ›Finkenschaft‹ einen weiteren Sitz ab. 1930 dann erreichte er 53 Prozent der Stimmen und acht der 15 Sitze, der Hochschulring reduzierte sich auf sechs, die ›Finkenschaften‹ auf einen Sitz. Bericht Landrat Kogge an den Regierungspräsidenten, 8.7.1930, in: VpLA. Rep. 65c, Nr. 974.

[15] Ebd., in: VpLA. Rep. 65c, Nr. 974.

[16] Bericht des Landratsamtes zu Karpenstein, verfaßt von einem Studienkollegen, vom 11.4.1930, in: VpLA. Rep. 65c, Nr. 977. Ferner H. Lohmann, 1933, seine Schilderung des ersten Studientages in Greifswald, S. 22.

[17] Greifswalder Zeitung, 16.5.1928.

die jugendliche Frische und Dynamik der Redner kamen hervorragend an. Daß Studenten sich mit einfachen Arbeitern und Kaufleuten abgaben und die Volksgemeinschaft nicht nur predigten, sondern in SA und Partei praktizierten, ohne Herablassung zu signalisieren, sicherte ihnen Sympathie. Wenig später kopierte die DNVP diese Maßnahme. Jetzt wurden auch bei ihr die jungen Mitglieder nicht mehr nur betreut und geführt, sondern durften selbst etwas tun.

Die zweite Expansionsrichtung ließ sich an der Kommunalpolitik der NSDAP ablesen. Hier trat fast ausschließlich Kropka in Erscheinung. Kropkas zweiköpfige NSDAP-Fraktion im Bürgerschaftlichen Kollegium schloß sich der Mittelstandsliste unter Otto Eggebrecht an, um Kommissionssitze in den Deputationen des Stadtparlamentes besetzen zu können.[18] Niemand nahm Anstoß an dieser taktischen Zusammenarbeit, die auch von der DNVP mitgetragen wurde. Bei der Vorstandswahl am 12. Dezember 1929 setzten DNVP und Mittelstandsliste ihre Leute mit den Stimmen der NSDAP durch.[19] Am 8. März 1930 startete Kropka einen eigenen Antrag. Das sollte in Zukunft das wesentliche Mittel seiner Kommunalpolitik werden. Einer der Punkte war die Forderung, den Freibankverkauf im Schlachthof so zu organisieren, daß nicht nur Eingeweihte davon profitierten. Entscheidend für die Außenwirkung war der Populismus der NSDAP, die jenen Stimme verlieh, die meinten, zu kurz gekommen zu sein, Nachteile zu haben, weil andere bessere Beziehungen besaßen, die von Mißgunst gegen Reiche oder Wohlhabendere getrieben waren und die Schuld für die eigenen Probleme im Ausland, bei den Juden oder den Kommunisten suchten. Kropka griff jeden Umstand auf, der ihm irgendwie durch Hörensagen zu Ohren kam, ganz gleich, ob er den Tatsachen entsprach oder – wie meistens – eben nicht. Daß sich damit häufig persönliche Angelegenheiten verknüpften, war nicht immer einfach zu durchschauen. Mit dieser Strategie scheuchte er die anderen Parteien jedoch auf, die bis dahin nur selten Anträge gestellt hatten. Sie gerieten in Zugzwang und mußten Aktivität beweisen. Gleichzeitig trugen sie aber Verantwortung, was populistischen Eskapaden den Weg verstellte.

Im wirtschaftlich immer tiefer sinkenden alten Mittelstand fanden die Forderungen Kropkas Beifall. Er beantragte unter anderem höhere Steuern für Auslandsfilme, höhere Getränkesteuern für Auslandsweine, Wertzuwachssteuern für Inflationsgewinne, Wohnungsluxussteuern, gleiche Besteuerung für Konsumverein und ländliche Ein- und Verkaufsgenossenschaften, Warenhaus- und Filialsteuern, Streichung kommunaler Repräsentationsgelder und fünffache Schlachthofgebühr für Schächten.[20] Die

---

18 Schreiben Eggebrecht, 3.7.1936, in: BA. ehem. BDC, Walter Kropka, OPG.
19 Protokolle, in: StA. Rep. 3, Nr. 181, Jg. 1929.
20 Bedenkt man die eher begrenzte intellektuelle Kapazität Kropkas und seiner Parteigenossen, dann muß man annehmen, daß dieser Vorlage ein Katalog zugrunde lag, der nicht in Greifswald aufgestellt worden war. StA. Rep. 3, Nr. 181, Jg. 1930.

NSDAP griff damit die diffuse Mißstimmung des Mittelstandes gegen ›die da oben‹ auf und politisierte den Neid. Bei solchen Anträgen bekam Kropka oft die Unterstützung von DNVP oder Mittelstand. Anders war es nur, wenn er rein parteipolitisch argumentierte und beispielsweise versuchte, die Bürgerschaft für eine Stellungnahme gegen das SA-Uniformverbot zu gewinnen.[21]

Kropka agierte wie ein politisch extremer Vertreter der Wirtschaftspartei. Den Deutschnationalen und den Mittelstandslisten fehlte jede Möglichkeit und wohl auch der Wille, sich gegen diese Strategie der NSDAP abzugrenzen. Karpenstein hatte 1923 und 1924 bevorzugt unter den kommunistischen Arbeitern geworben, weil es der NSDAP damals um die Überwindung des Bürgerkriegs in der Volksgemeinschaft ging.[22] Jetzt zielten die konkreten Bemühungen der NSDAP nur noch auf das konservativ-nationale Milieu, das sie erobern wollte.

9. Die Strategie der DNVP scheitert: Wahlkampf 1930

a) Die DNVP nach dem Volksbegehren

Während die NSDAP ihre Aktivitäten nach dem Herbst 1929 noch steigerte, ging der DNVP nach der nur halbwegs geglückten Offensive im Volksbegehren die Luft aus. Ohne Zukunftsvorstellungen rutschte die Partei in die Krisenphase hinein. Offenbar gelang es ihr nicht, die Mobilisierung des politischen Vorfeldes dauerhaft in Bewegung zu halten. Es fehlte ganz offenbar eine Idee, wie es langfristig weitergehen sollte. Gleichzeitig mußte der Verfall der Partei aufgehalten werden. Ferner war das Verhältnis zur NSDAP zu klären, die rasant vom Juniorpartner zum Konkurrenten aufstieg.

Viele Probleme der DNVP waren hausgemacht und beruhten auf der Tatsache, daß Hugenbergs Politik in der Partei weite Kreise zog. Der Provinzvorsitzende Hans Schlange-Schöningen trat zur Jahreswende 1929/30 aus der Partei aus, was besonders auf dem Land negativ vermerkt wurde. Im Januar 1930 entstanden die Volkskonservativen als Konkurrenz, die Landvolkpartei wurde gegründet, der sich Schlange-Schöningen bald anschloß, und der Christlich-Soziale Volksdienst trat im Kernbereich konservativer Sozialpolitik gegen die DNVP an. Im Juli 1930 trennten sich Westarp und Dryander endgültig von den Deutschnationalen. Sie standen politisch und verwandtschaftlich Wilhelm Kähler sehr nahe, der jedoch den Deutsch-

---

[21] Protokoll Sitzung des Bürgerschaftlichen Kollegiums vom 19.6.1930, in: StA. Rep. 3, Nr. 181, Jg. 1930.

[22] Bericht zu Karpenstein von einem Studienkollegen vom 11.4.1930, in: VpLA. Rep. 65c, Nr. 977.

nationalen die Treue hielt. Vordergründig gelang es den Greifswalder Konservativen, ihre Partei zusammenzuhalten. Offenbar kündigten viele Mitglieder und Anhänger jedoch innerlich und trauten der zerstrittenen Partei kaum mehr zu, die Krise zu bewältigen. »Die Partei ist im Rückgang begriffen«, konstatierte auch die Stadtverwaltung im Juli 1930.[1] Trugen schon diese Tatsachen zur resignativen Stimmung bei, kamen ökonomische Probleme hinzu. Die Greifswalder Zeitung geriet in die roten Zahlen.[2] Von der Parteispitze her flossen offenbar auch keine Gelder mehr. Die DNVP mußte sich auf Spendenaufrufe verlegen, die in der wirtschaftlich gebeutelten Region kaum Aussicht auf Erfolg hatten, zumal besonders ihre sonst zahlungskräftige landwirtschaftliche Klientel weitgehend ausfiel.[3]

Große Schwierigkeiten bereitete der Partei der Aufstieg der NSDAP. Ihr wirksamstes Mobilisierungsmittel, der Appell an die konservativ-nationale Weltanschauung und an die Ressentiments gegen Sozialisten oder Republikaner, stand gegen die NSDAP nicht zur Verfügung. Die NSDAP kam ebenfalls aus dem nationalen Parteienlager. Wenn die DNVP verbal auf die Demokraten einschlug, dann warf das jedesmal die Frage auf, ob die NSDAP nicht eigentlich die bessere Partei gegen das System sei. Problematisch wurde nunmehr das Fehlen eines eindeutig an die DNVP gebundenen Vorfeldes. Der Landbund war nominell überparteilich, und auch der Stahlhelm grenzte sich gerne von den Parteien ab. Sobald eine zweite starke Partei im konservativ-nationalen Milieu entstand, mußten die Loyalitäten zwangsläufig in Konflikt geraten. Das Milieuvorfeld war bedroht. Die Auseinandersetzung mußte auf der gemeinsamen Grundlage, aber bei ungeklärten taktischen Positionen geführt werden. Doch was unterschied die NSDAP von der DNVP, nachdem kurz zuvor mit Riesenaufwand die Gemeinsamkeiten herausgearbeitet worden waren? Wie konnten mit eher feinen Unterschieden Wähler mobilisiert werden?

Schon im Sommer 1930 ging der Frontsoldatenbund vorsichtig auf Distanz zur NSDAP. Der Stahlhelmführer von Pommern, von Wedel-Fürstensee, lud die NSDAP zum Landesverbandstag nach Stettin ein. Corswand sagte demonstrativ ab, gab aber an, man werde sich nicht direkt bekämpfen, vielleicht sogar punktuell kooperieren. Ähnliche Töne kamen aus den Reihen der Stahlhelmstudenten. Vieles vereinige Stahlhelm und NSDAP: »Außenpolitik, Wehrpolitik, Widerstand gegen das System, kulturelle und soziale Forderungen; einig sei man im Geist und Wollen; wirtschafts- und finanzpolitische Auffassungen, Taktik und mancher Weg trenne die beiden.« Man lobte die hervorragende Agitation und Propaganda, unterstrich aber die sozialen Unterschiede zur NSDAP, die aus »wurzellosen Literaten« und »politischen Wandervögeln« bestehe. Der Stahlhelm-Kreisführer Freiherr von Forstner warb »im vaterländischen Interesse [für]

---

[1] Bericht des Greifswalder Magistrats vom 13.7.1930, in: VpLA. Rep. 65c, Nr. 978.
[2] Bericht W. Graul o.D. und vom 22.5.1946, in: ACDP. III-036-041.
[3] Greifswalder Zeitung, August 1930, passim.

ein tatkräftiges Zusammengehen beider Organisationen«, denn »nicht das Trennende solle maßgebend sein, sondern beide Gruppen mögen sich in ihre Eigenart vertiefen und dann das Einigende suchen.«[4] Die grundsätzlichen Unterschiede waren dem Stahlhelm und der DNVP offenbar deutlich. Hier trat eine Partei an, die mit der Monarchie, der Tradition und den christlichen Wurzeln nichts mehr zu tun haben wollte, die Bürgerlichkeit, Hierarchien und Eliten verachtete. Andererseits gab es Ziele, die gemeinsam leichter erreicht werden konnten, wobei keine Gruppe sich unterordnen wollte. Das Verhältnis blieb also bei Stahlhelm und DNVP von taktischen Erwägungen bestimmt. Letztlich strebten die etablierten Kräfte eine Lösung im Rahmen der bisherigen Verhältnisse an. Die noch unfertige NSDAP sollte das konservativ-nationale Milieu verstärken. Ganz so wie Stahlhelm oder die neuen Wehrvereine sollte sie in das Netzwerk integriert werden. An der Machtverteilung sollte sich möglichst nichts ändern. Die DNVP betrieb Sammlungspolitik, denn es war durchaus im Rahmen ihrer politischen Erfahrungen, daß mehrere Repräsentanten für das Milieu in Frage kamen.

In fataler Überschätzung der eigenen Stärke schonte die DNVP im Wahlkampf 1930 die NSDAP. Die Blockidee des Volksbegehrens wirkte nach, der Gemeinschaftsgedanke aller nationalen Kräfte hielt. Dafür war die DNVP im Wahlkampf mit sich selbst und der Bewältigung ihrer eigenen Vergangenheit beschäftigt. Kähler grenzte sich von Schlange-Schöningen ab, der jetzt für die Landvolkpartei kandidierte.[5] Die Volkskonservativen gerieten immer wieder ins Visier der Greifswalder Zeitung, die regelrecht schäumte, als Graf Westarp am 22. August vor geladenen Prominenten für seine Konservative Volkspartei werben durfte. Doch der Wahlkampf blieb schwunglos, weil sich nur noch wenige für die DNVP interessierten. Die zentrale Wahlkundgebung mit von Bismarck-Labes fand nur in einem Saal der Stadthalle statt. Die SPD und die Liberalen kamen gar nicht erst, um mit ihrem alten Gegner zu streiten. Hier war nicht mehr die wichtigste politische Kraft der Stadt am Werk. Ihre Veranstaltung bot keine Bühne mehr für Schaukämpfe vor der versammelten Öffentlichkeit. Die Wahlkampfmaschinerie der Milieuvereine, der Kirche und des Landbundes lief wie gewohnt, doch Begeisterung wollte sich nicht einstellen.[6]

Die NSDAP hingegen beherrschte die Öffentlichkeit. Der Auftritt Hermann Görings war zweifellos der Höhepunkt des Wahlkampfes.[7] Die zentrale Wahlveranstaltung machte jetzt die NSDAP, nicht die DNVP. Im Vordergrund stand die Agitation gegen das System. Attacken gegen ›Juden und

---

[4] Greifswalder Zeitung, 30.7.1930.
[5] Greifswalder Zeitung, 5.8.1930.
[6] Greifswalder Zeitung, 9.9.1930.
[7] Er trat am 6.9.1930 in der Stadthalle auf, die wegen Überfüllung geschlossen werden mußte. Greifswalder Zeitung, 8.9.1930. Die Zeitung berichtete äußerst sachlich und knapp, aber wohl nur, weil man dieses spektakuläre Ereignis nicht übergehen konnte.

Marxisten‹ fanden Gehör, denn die Menschen suchten nach Schuldigen an ihrer Misere und nach Auswegen. Für die NSDAP gehörten zum System und seinen Eliten jedoch auch die Deutschnationalen. Die antielitäre Stoßrichtung beschränkte sich nicht auf die Eliten der Republik. Karpenstein machte die DNVP für die Wirtschaftskrise und die Arbeitslosigkeit mitverantwortlich. Das formulierte er meist neutral. Ausdrücklich wies er jedoch auf die Professoren hin, die der Meinung seien, die Studenten sollten lieber in die Hörsäle als in die Versammlungen gehen. »Dies wäre aber die Auffassung eines Geschlechts, das in Deutschland verspielt und abgewirtschaftet habe.« Das Protokoll vermerkte »lang anhaltender Beifall.«[8] Daß die Professoren fast durch die Bank konservativ waren, war jedem Greifswalder bekannt. Solche Botschaften waren in Greifswald, wo die Professoren noch etwas galten, einfach eine Ungeheuerlichkeit.

Der Versuch, einen Keil zwischen Partei und Wähleranhang zu treiben, indem der DNVP Verantwortung an der Krise zugeschoben wurde, war begleitet von positiven Werbestrategien, die das Vorfeld der DNVP zersetzten. Dem Stahlhelm wurde immer wieder vorgehalten, er wolle doch auch die nationale Volksgemeinschaft, da sei es doch nicht einzusehen, warum er sich einem gemeinsamen Vorgehen mit der NSDAP verweigere.[9] Berührungspunkte gab es besonders im traditionellen Nationalismus, wie ihn die Kriegervereine pflegten. General Karl Litzmann, 82 Jahre alter Veteran des Ersten Weltkriegs, sprach am 16. Juli 1930 in Greifswald: Freiherr vom Stein, Gneisenau, Arndt, Blücher, Körner oder Bismarck seien eigentlich alles Vertreter des Nationalsozialismus. »Der NSDAP-Geist wäre kurz zusammengefaßt […] der deutsche Geist.«[10] Auch an einer anderen wichtigen Stelle kam die NSDAP dem Milieu entgegen, denn auf Ausfälle gegen die Kirche, die Pfarrer und gegen die Religion verzichtete die NSDAP in Pommern.[11]

Die NSDAP signalisierte dem Milieu, daß sich mit ihr wenig ändern werde. Ziel bleibe die nationale Volksgemeinschaft, der Entwurf der Gegenwelt werde nicht angetastet. Aber, es sei eine neue Partei mit neuem Schwung nötig, um die alte abgewirtschaftete Elite abzulösen. Die NSDAP versuchte, das Milieu von der DNVP zu trennen. DNVP oder Stahlhelm konnten dieser Strategie kaum etwas entgegensetzen, denn durch die Hugenbergsche Strategie blieben sie auf eine weltanschauliche Auseinandersetzung verwiesen, in der sie sich von der NSDAP nicht abgrenzen konnten.

---

8   Polizeibericht von einer NSDAP-Versammlung in der Stadthalle, 16.7.1930, in: VpLA. Rep. 65c, Nr. 977.

9   Polizeibericht von einer NSDAP-Versammlung mit Karpenstein in Grimmen, 23.5.1930, in: VpLA. Rep. 65c, Nr. 977.

10 Polizeibericht von einer NSDAP-Versammlung am 16.7.1930, in: VpLA. Rep. 65c, Nr. 977.

11 Bericht des Polizeipräsidenten in Stettin, 20.8.1930, in: VpLA. Rep. 65c, Nr. 974.

b) Gewalt als Mittel der Politik

Während die NSDAP gegenüber ihren bürgerlichen Gegnern die Ebene verbaler Auseinandersetzung nie verließ, kam es gegenüber den Parteien der Linken immer öfter zur Gewalt. Den Konflikt zwischen Links und Rechts, den bis dahin DNVP und SPD in ritualisierter und im großen und ganzen zivilisierter Form ausgetragen hatten, übernahmen NSDAP und KPD. Seit Juni 1930 eskalierte die Auseinandersetzung. Am 2. Juni verhinderte die Polizei einen Zusammenstoß in Wusterhusen, wo die KPD mit 40 zusammengezogenen Genossen versuchte, eine NSDAP-Versammlung zu sprengen.[12] Ende Juni geriet die NSDAP mit der Polizei aneinander, die versuchte, einen Zusammenstoß von Reichsbanner und SA am Bahnhof zu verhindern. Kropka wurde von Reichsbannermitgliedern angespuckt.[13] Nur ein Wochenende später während des Schützenfestes, das die KPD mit einem Aufmarsch glaubte kontern zu müssen, geriet ein Stahlhelm-Mann am Hafen mit den abrückenden Kommunisten aneinander. Es entwickelte sich eine Massenschlägerei, an der sich auch Nationalsozialisten beteiligten.[14]

Im Wahlkampf dann steigerte sich der Konflikt zum unerklärten Bürgerkrieg. Ihn provozierte die NSDAP, indem sie das tat, was sonst SPD und KPD gegenüber der DNVP auch machten. Karpenstein ging am 4. September 1930 in die von rund 1100 Menschen besuchte Versammlung der SPD in der Stadthalle. Es kam zur Saalschlacht, die sich auf der Straße fortsetzte.[15] Diese Szenen wiederholten sich wenige Tage später nach der Göring-Versammlung.[16] Bis zum Wahltag am 14. September blieben die Nächte unruhig. Während der Abstimmung selbst rückte die NSDAP vor das Gewerkschaftshaus, die KPD vor die ›Festsäle Vaterland‹, wo die NSDAP sich versammelt hatte. Beide Male mußte Polizei eingreifen, um Zusammenstöße zu verhindern.[17]

Dieser gezielte Einsatz von Gewalt war neu. Die NSDAP beschritt hier einen Weg, der für den Stahlhelm und die DNVP nicht in Frage kam, weil sie traditionellen politischen Verhaltensweisen verpflichtet waren. Gewalt war in der verfahrenen Situation der herkömmlichen Politik in den Parlamenten die einzig verbliebene Möglichkeit, wenn man Dynamik, Handlungsfähigkeit und Tatkraft beweisen wollte. Erklärtes Ziel der NSDAP war es, die Republik durch die nationale Volksgemeinschaft abzulösen, für die das Proletariat gewonnen werden sollte. Um zu zeigen, daß die Partei nicht nur redete, wie die DNVP, sondern handelte, waren solche Attacken auf den Gegner nicht nur nützlich, um ihn einzuschüchtern, sie hatten auch eine

---

[12] Polizeibericht, in: VpLA. Rep. 65c, Nr. 977.
[13] Anzeige gegen Mesech durch die SA vom 26.6.1930, in: StA. Rep. 6 PB, Nr. 27.
[14] Beschwerde über das Verhalten der Polizei vom 29.6.1930, in: StA. Rep. 6 PB, Nr. 80.
[15] Polizeibericht, in: VpLA. Rep. 65c, Nr. 983.
[16] Greifswalder Zeitung, 5. u . 8.9.1930.
[17] Greifswalder Zeitung, 15.9.1930.

hohe Werbewirkung. Daß man die Arbeiter kaum mit Schlägereien würde gewinnen können, übersah man geflissentlich, denn die NSDAP war auch hier der Meinung, die Arbeiterparteien seien das Problem und gehörten niedergerungen, nicht aber die Arbeiter selbst. Ganz nebenbei empfahl sich die SA den gewaltungewohnten Bürgern als Hilfe gegen eine Gefahr von links, die sie selbst heraufbeschwor.

Während Karpenstein vor 1924 noch in die SPD-Versammlungen gegangen war, um Arbeiter zu überzeugen, ging es ihm jetzt um all jene, die die sozialistische Arbeiterbewegung für das Haupthindernis bei der Lösung der Krise hielten, nämlich um das konservativ-nationale Milieu. Die Konfliktstrategie der NSDAP mobilisierte den Abgrenzungsreflex des Milieus, dem die DNVP willig folgte. Die Deutschnationalen verloren jede Differenzierungsbereitschaft, womit sie der Gewaltstrategie der NSDAP ins Netz gingen. Nach der Schlägerei in der SPD-Versammlung berichtete die GZ wiederholt von Reichsbannerleuten, die Nationalsozialisten durch die Straßen getrieben hätten. Ratsherr Schmidt sprach daraufhin den Chefredakteur des Parteiblattes an, ihm sei doch bekannt, es habe sich um die KPD, nicht um das Reichsbanner gehandelt: »Herr Wörner stellte darauf an mich die mir etwas unverständliche Frage: ›Ja, ist denn das ein Unterschied?‹«[18]

c) September 1930: Wahlausgang und Reaktionen

Als am 14. September 1930 die Wahllokale schlossen, war schon vor der Auszählung klar, daß sich Grundlegendes verändern würde. Die GZ berichtete, es habe großer Betrieb auf den Straßen geherrscht und die Bevölkerung habe in ungewöhnlich großer Zahl den Eingang der Wahlergebnisse in der Zeitungs-Geschäftsstelle verfolgt. Man rechnete offenbar mit einem Umschwung.[19] Die einlaufenden Zahlen waren ein Schock für die Deutschnationalen. Sie verloren gegenüber der Reichstagswahl 1928 rund 15 Prozentpunkte und etwa 2400 Stimmen in Greifswald. Die NSDAP dagegen legte um etwa 4000 Stimmen oder 27 Prozentpunkte zu, sie war mit 30,2 gegenüber 23,6 Prozent der DNVP zur stärksten Partei am Ort geworden. Karpenstein und von Corswand rückten in den Reichstag ein. In der ohnehin nur noch unbedeutenden liberalen Mitte büßte die DVP die Hälfte ihrer Wähler ein. Die SPD konnte sich halten, die KPD legte leicht zu und kam auf 10,5 Prozent. Die DNVP hatte einen falschen Wahlkampf geführt, denn die konservativen Absplitterungen, die sie in den Mittelpunkt gerückt hatte, erreichten nur wenige Stimmen. Die Konjunktur der kleinen Gruppen im nationalen Parteienlager neigte sich ihrem Ende zu. Die Polarisierung durch die Gewaltstrategie von KPD und NSDAP hatte einen sehr deutlichen Effekt auf das Wahlergebnis, denn nirgendwo in Pommern wuchsen NSDAP und KPD so stark wie in Greifswald.

---

[18] Aktennotiz Bürgermeister Schmidt, 10.9.1930, in: StA. Rep. 6 PB, Nr. 27.
[19] Greifswalder Zeitung. 15.9.1930.

Die Wahlanalyse der DNVP-Zeitung beschäftigte sich vor allem mit dem Siegeszug der NSDAP, den sie der Attraktivität besonders unter den Jung-, Protest- und ehemaligen Nichtwählern zuschrieb.[20] Die Bewertung enthüllte jedoch zwei fundamentale Fehleinschätzungen der Konservativen. Einmal konstatierte die GZ positiv, daß »unzweifelhaft eine Verstärkung des zum Volksbegehren zusammengebrachten Freiheitsblockes« erreicht worden sei, wobei sie ausblendete, daß sich die Veränderung der Stärkeverhältnisse natürlich auch auf die Politik in diesem Block auswirken mußte. Mit der entschuldigenden Erklärung, die Wähler der NSDAP handelten aus Protest, nicht als überzeugte Parteianhänger der Nationalsozialisten, bagatellisierte sie ihr Desaster. Der zweite Irrtum betraf die Vorstellung, die NSDAP trete an, um das nationale Lager durch Gewinn der sozialistischen Arbeiter zu verstärken. Etwas ratlos arbeitete die GZ heraus, daß es der NSDAP weder in der Stadt noch im Kreis gelungen sei, in die Reihen der Arbeiterparteien nennenswert einzubrechen. Ganz offensichtlich waren die Deutschnationalen unfähig zu erkennen, daß sie selbst als Opfer der NSDAP ausgesucht waren und nicht die Arbeiterparteien. Es ging um die politische Vertretung des konservativ-nationalen Milieus, wo man das Angebot einer unverbrauchten und frischen radikalen Kraft weit mehr schätzte als die müden Attacken der zerstrittenen und gespaltenen Konservativen auf die Republik.

10. Zwischenbilanz: Die Milieubildung bricht ab

Die Phase von 1924 bis 1929, von der Krise in die Krise, war der Höhepunkt der Entwicklung des konservativ-nationalen Milieus. Gleichzeitig brach gegen Ende dieser Phase die Ausprägung zu einem DNVP-Milieu ab. Die DNVP wurde nicht zur einzigen Partei des Milieus, zur Repräsentantin in allen politischen Fragen.

Insgesamt muß man zu dem Urteil kommen, daß sich in der Mitte der zwanziger Jahre das konservativ-nationale Milieu zunächst weiter verdichtete, organisatorisch tiefer staffelte, personell enger vernetzte, weltanschaulich weiter festigte. Gleichzeitig wahrte es die zu Beginn der Weimarer Republik gezogenen Außengrenzen, die mit Nachdruck verteidigt wurden und deren symbolische Bekräftigung durch die DNVP stets funktionierte. Im Bereich der Weltanschauung orientierte sich das Milieu langsam weg von

---

[20] »Die Zunahme der Nationalsozialisten erklärt sich auch daraus, daß alle Kreise der Bevölkerung, seien es Angestellte, Beamte, Gewerbetreibende oder Bauern, mit dem herrschenden System unzufrieden sind, ohne wohl selbst zum allergrößten Teil Nationalsozialisten zu sein, diese Obstruktionspartei unterstützen, um durch Betonung des radikalen Flügels eine Änderung der Verhältnisse auf staatlichem und wirtschaftlichem Gebiet herbeizuführen. [...] Das Bürgertum hat es satt, durch Duldung der Mitte zu Steigbügelhaltern der Linken zu werden.« Greifswalder Zeitung, 15.9.1930.

konservativen, christlichen, preußisch-pommerschen und monarchistischen Strömungen und öffnete sich weiter für die Utopie der nationalen Volksgemeinschaft, für völkische und nationalistische Ideen. Diese Vorstellungswelt prägte die öffentlich inszenierte politische Kultur, die eine hochgradige rituelle Praxis aufwies, stark integrierend wirkte und die Gemeinschaft des Milieus immer wieder neu beschwor. Das politische Vorfeld in Vereinen und Verbänden expandierte und mobilisierte immer breitere Schichten der Bevölkerung. Die Verknüpfung zwischen diesem Vorfeld und der DNVP war eng und vielgestaltig.

In der sozialstrukturellen Verankerung hatten sich keine Veränderungen ergeben. Bindungen durch eine gemeinsame soziale Lage waren für das Milieu nach wie vor zweitrangig, korporative über Kirche, Universität oder Landwirtschaft hingegen weit bedeutsamer. Insofern spiegeln auch die ökonomischen Interessen, die von der DNVP vertreten wurden, die Heterogenität ihrer Klientel wieder, die immer noch an die Herkunft der DNVP als einer Sammelpartei erinnerte. Landwirtschaftliches und Mittelständisches sowie Beamtenfragen standen im Vordergrund. Nur bei den ideellen Interessen erreichten das Milieu und seine Partei einigermaßen Geschlossenheit. Partei und Milieu fielen jedoch sozial auffällig auseinander. Die Partei rekrutierte sich weniger aus den unteren Schichten, welche die Masse der Anhänger in den Milieuvereinen ausmachten, sondern entsprachen mehr dem Typus einer bürgerlichen Honoratiorenpartei. Die Politiker gehörten meist zu höheren sozialen Schichten.

Die Verfestigung und Ausformung des konservativ-nationalen Milieus wurde nur möglich durch das Stillhalteabkommen zwischen den konservativ-nationalen und den republikanischen Eliten. Es trat aber keine durchgreifende Beruhigung der grundsätzlichen Konflikte in der Gesellschaft ein. Die äußerliche Ruhe kontrastierte auffällig mit der massiven und verbal aggressiven Mobilisierung des Milieus. Die nachholende Milieubildung erreichte einen Höhepunkt; das Milieu war gefestigt und politisch einsetzbar, ›kampagnefähig‹; die Aktionen zum Youngplan belegen das.

Gleichzeitig kam die DNVP dieser Entwicklung nicht nach. Sie versäumte die Gelegenheit, das politische Vorfeld stärker einzubeziehen, weniger Honoratiorenpartei und mehr Aktionsausschuß zu sein. Die Chance dazu hatte sie nach 1924 zweifellos, als sie zeitweise unangefochten das Milieu vertrat. Partei und Milieu entwickelten sich dann jedoch aneinander vorbei.

Die Heterogenität des Vorfeldes und die mangelhafte unmittelbare Verbindung zwischen Partei und Milieu wurden seit 1927 langsam zu einem Problem, das das Milieu von innen her aufsprengte. Sobald die Interessen der unterschiedlichen Sozialgruppen nicht mehr in einer Partei oder in den einheitlichen Organisationen zu integrieren waren, wurde die Bindung des nur lose an die DNVP gebundenen alten Mittelstandes beispielsweise schon brüchig. Der Landbund konnte die internen Spannungen kaum mehr auffangen und stand wie der Stahlhelm vor dem Problem, welche parteipolitische Vertretung er künftig bevorzugen sollte, wenn die DNVP zunehmend unbeliebt wurde. Überdies war es im konservativ-nationalen Milieu kein Problem, eine neue Partei in Anspruch zu nehmen, wenn die alte versagte. Das entsprach dem herkömmlichen politischen Verhalten.

Trotz aller Vernetzung von Milieu und DNVP erreichte die NSDAP immer leichter ihr Ziel, einen Keil zwischen Milieu und Parteielite zu treiben, die Entfremdung voranzutreiben und sich selbst an die Stelle der DNVP zu setzen. Die DNVP war eine Sammelpartei gewesen. Das sollte sich jetzt im einsetzenden Verfallsprozeß noch einmal deutlich zeigen. Entweder waren Teile der alten nationalistischen Führungskräfte bereit, mit ihren Organisationen zur neuen Partei zu wechseln, oder die alten Führer resignierten, weil ihre Mitglieder ihnen nicht mehr folgen wollten. Die Polemik der NSDAP gegen die verbrauchten alten Kräfte, gegen die Etablierten erwies sich deswegen als sehr wirkungsvoll. Die NSDAP mußte nur noch einsammeln, was durch die Krise aus der DNVP herausfiel.

Der Durchbruch der NSDAP in Pommern seit dem Spätherbst 1929 war jedoch noch nicht die Abwendung des konservativ-nationalen Milieus von der DNVP und die Hinwendung zur Partei Hitlers. Bis zum Herbst 1930 liefen vielmehr der Verfall der Parteiloyalität und der Aufstieg der NSDAP parallel nebeneinander her. Die Stärke der NSDAP beruhte noch nicht auf einem Umschwung des kompletten Milieus. Vielmehr kann von einer schleichenden Erosion gesprochen werden, die in Teilen des Milieus um sich griff und die einen partiellen Repräsentanzwechsel einleitete. Das bestätigt die These vom Niedergang der traditionellen und etablierten bürgerlichen Parteien schon vor Beginn der eigentlichen Weltwirtschaftskrise. Ausschlaggebend für das konservativ-nationale Milieu war die regionale Wirtschaftskrise des Landes. Die Empfindlichkeit war sicherlich aus der Erfahrung der Inflation erwachsen. Weil diese massive Vernichtung von Vertrauen in Wirtschaft und Politik nachwirkte, weil es auch der DNVP nicht wirklich gelungen war, den Glauben an die Handlungsfähigkeit der Politik nach 1923 wiederzubeleben, schlug die Krise schon nach kurzer Zeit stark auf das Wahlverhalten durch.

Doch es führte im konservativ-nationalen Milieu kein gerader Weg von der Inflation zum beginnenden Aufstieg der NSDAP. Im Unterschied zu den liberal geprägten Gegenden, wo nach 1923 Splitterparteien aufstiegen[1], gab es das ungebrochene Bestreben der DNVP, im Milieu präsent und aktiv zu sein, politische Führung zu übernehmen und zu bewahren. Die Mittelphase der Weimarer Republik sah deswegen in Greifswald nicht die Integrationsschwäche der Milieupartei, die Politik in den Ebenen von Kommune oder Provinz unmöglich machten. Gleichwohl war der Konstruktionsfehler der konservativ-nationalen Milieurepräsentanz unübersehbar. Die DNVP war in Sachen außerparlamentarischer Mobilisierung und symbolischer Politik weit aktiver und erfolgreicher als in den Parlamenten und bei der Interessenvertretung. Wesentlich für die weithin unangefochtene Stellung der

---

[1] H. Matthiesen, Bürgertum und Nationalsozialismus, 1994.

DNVP in der Region war daher die Stärke der traditionellen Milieusäulen, der Landwirtschaft und der Kirche. Sie bewahrten Honoratiorenstrukturen und korporative Denkweisen, verknüpften Politik mit Glauben und sorgten damit für eine feste Einbettung konservativ-nationaler Mentalitäten und Handlungsmuster. Das war durch die noch vergleichsweise milden Interessendivergenzen im Milieu nicht aufzubrechen. Der feste Kern strahlte auf jenen Teil des Milieus aus, der nicht weniger korporativ handelte und funktionierte, gleichwohl nicht so eng an das konservativ-nationale Milieu gebunden war, den städtischen alten Mittelstand. Weil Kirche, Landwirtschaft und Universität so stark waren, konnte es sich der Mittelstand nicht erlauben, offen aus der Phalanx auszuscheren. Die Konflikte und die Unzufriedenheiten brodelten unter der Oberfläche, sie wurden nur zurückgestaut. Als dann die Säule ›Landwirtschaft‹ einknickte, brachen die politischen Dämme. Der Mittelstand war erst kurze Zeit gewonnen worden. Auch in den Städten Pommerns war die Verbindungslinie von den Liberalen zur NSDAP sehr viel stärker als von den Konservativen zur Partei Hitlers. Dabei ist hervorzuheben, daß Liberalismus als Ideologie für den Mittelstand genauso unerheblich war wie der Konservatismus. Seine Lebensweise konstituierte das politische Gruppenverhalten.

Die DNVP reagierte auf die Krisensymptome. Sie begann sich zu öffnen und Ansätze partizipativer Strukturen auszubilden, um ihr Terrain zu verteidigen. Diese Wandlungsfähigkeit überraschte und hat ihre Position in Greifswald gestärkt. Die Abkehr von ihrem obrigkeitlichen, autoritären Politikstil kam spät. Sie verdeutlicht jedoch die grundsätzlichen Möglichkeiten, die eine Partei mit Milieubindung hatte, die sich – wenn es um den Erfolg ging – um wenig kümmerte. Die DNVP war eben nicht nur strukturell in ihrem Vorfeld und in der Partei selbst eine Organisation im Übergang, sie war es auch in ihren Methoden. Daß sie sich nicht früh genug umorientierte, wurde ihr jedoch seit 1929 zum Verhängnis. Ihr Honoratiorencharakter, so aufgeweicht er war, wurde der Ansatzpunkt für die Demontage. Der NSDAP gelang es, den Protest großer Teile der Bevölkerung gegen die etablierten Kräfte auch der DNVP zu mobilisieren. Die Deutschnationalen versagten ganz offenbar vor den Zukunftsfragen, die sich seit 1929 immer dringlicher stellten. Ihr traute man einen Wandel nicht mehr zu. Die Selbstzufriedenheit, die fehlende Dynamik der rein rhetorischen Verweigerungshaltung, der Mangel an Einfluß- und Mitsprachemöglichkeiten in der Partei wirkten sich aus. Die DNVP war eher auf Kungelrunden und Befehl und Gehorsam aufgebaut. Diese Verhältnisse hatten sich in den Jahren der Koexistenz mit der Republik verfestigt, weil die Konservativen regional stark und mächtig waren und daher keinen Anlaß für Veränderungen sahen. Als sich immer stärker abzeichnete, daß die regionale Hegemonialpartei nicht in der Lage sein würde, die Krise mit ihren Mitteln aufzufangen und zu lösen, waren die Tage der DNVP als Milieupartei gezählt.

Tabelle 7:   Kommunalwahlen in Greifswald in der Weimarer Republik[1]

Wahl	Datum	Wahlber.	Wähler	KPD	SPD	DDP	DVP
Kommunalwahl	2.3.1919	ca.	9230	–	3687	1793	1613
		15450	59,8%		39,9%	19,4%	17,4%
Sitze (36)				–	14	7	6
Kommunalwahl	4.5.1924	15932	13341	1901	1192	308	612
			83,7%	14,2%	8,9%	2,3%	4,6%
Sitze (36):				5	3	0	1
Kommunalwahl	17.11.1929	–	12352	1279	2739		1155[2]
				10,4%	22,2%		9,3 %
Sitze (32)				3	7		2
Kommunalwahl	12.3.1933	–	13136	1048	1919	–	–
				7,9%	14,6%		
Sitze (32)				2	5	–	–

[1] Prozentangaben beziehen sich auf die abgegebenen Stimmen. Quellen: Greifswalder Tageblatt, 4.3.1919. StA. Rep 6 Ia St, Nr. 8. Greifswalder Zeitung, 18.11.1929. Greifswalder Zeitung 13.3.1933.
[2] Kommunale Arbeitsgemeinschaft.

Die mangelnde Weiterentwicklung der DNVP, ihr Versagen vor dem Problem, eine Massenbasis zu integrieren, zeigte sich noch an einer weiteren Stelle, nämlich im offensichtlichen Mißerfolg der politischen Jugendarbeit. Die Kinder der Konservativen wurden dort militärisch geschult, nationalistisch indoktriniert und gegen die politischen Feinde scharf gemacht. Auch die Universität bildete ihre Studenten in diesem Sinne heran. Der Partei nützte das indes wenig, denn die junge Generation gelangte nicht in die DNVP. Sie rekrutierte ihren Nachwuchs weiter auf traditionellen Wegen über den Aufstieg in der lokalen Gesellschaft. So gab bis 1930 in der Partei sowie im Stahlhelm und Landbund jene Generation den Ton an, die 1918 politisiert worden war. Es war folglich kein Wunder, daß die agile und egalitäre, von jungen Menschen geführte und auf Partizipation ausgerichtete NSDAP mit ihrer SA bei den Jugendlichen und jungen Erwachsenen des konservativ-nationalen Milieus zunehmend Beachtung fand. Diese Umorientierung der Jungen dürfte tief in die Familien des Milieus hineingewirkt haben, das auf seine Einheit und Geschlossenheit so viel Wert legte. Sie schwächte aber auch die Universität, die eine wichtige Machtressource des lokalen Milieus war. Ihre Professorenschaft war konservativ, die Studenten traten zunehmend nationalsozialistisch auf. Das schwächte den Status der Professoren, denn sie sprachen jetzt nicht mehr für die ganze akademische Korporation, wie sie es bis dahin gewohnt gewesen waren. Überdies griff die NSDAP sie aggressiv an.

Daß sich statistisch ein enger Zusammenhang zwischen der Wahl Hindenburgs und den Abstimmungen über das Youngplangesetz nachweisen ließ, ist somit kein Wunder, denn bei beiden Abstimmungen waren die gleichen Kräfte, Organisationen und Milieustrukturen engagiert. Aufgrund

Unpol.	Beamtenliste	WirtVer.	DNVP	NSDAP	Datum	Wahl
–	–	–	2126	–	2.3.1919	Kommunalwahl
			23,1%			
–	–	–	9	–		Sitze (36)
3448	429	484	4438	429 Völk.	4.5.1924	Kommunalwahl
25,8%	3,2%	3,6%	33,3%	3,2%		
10	1	1	14	1		Sitze (36)
		1895³	4418	866	17.11.1929	Kommunalwahl
		15,4%	35,8%	7,1%		
		6	12	2		Sitze (32)
		1382⁴	2706	6081	12.3.1933	Kommunalwahl
		10,5%	20,6%	46,3%		
		3	7	15		Sitze (32)

³ Mittelstandsliste.
⁴ Mittelstandsliste.

ihrer starken Stellung konnten DNVP und Stahlhelm ihre Anhänger zu jeder Kampagne mobilisieren, wenn sie denn die politisch-kulturellen Vorstellungen des Milieus bediente. Ganz offenbar bahnten DNVP und Stahlhelm damit in ihrem Milieu den Weg für eine neue Methode und Mobilisierungsform: eine stärkere Verknüpfung von Milieustruktur und einer Partei. Diese mußte dann von der NSDAP nur aufgenommen und perfektioniert werden.

Die radikale Strategie der Parteiführung hatte jedoch ganz offenbar auch Grenzen, denn für die Region Greifswald ist eher der geringe Mobilisierungsgrad für das Youngplanreferendum bemerkenswert, vergleicht man ihn mit den Wahldaten des Milieus. Diese Bruchstelle rief offensichtlich die radikale Politik Hugenbergs hervor. Die Flucht nach vorn 1929 war ein nachvollziehbarer Schritt, um die Stagnation und Perspektivlosigkeit der DNVP zu überwinden. Die Überbetonung der nationalistischen Weltanschauung entsprach durchaus der Tradition der DNVP, ignorierte aber alle anderen unterhalb dieser Oberfläche weiter wirksamen und bisweilen viel tiefer verwurzelten Loyalitäten und Bindungen. Die DNVP in Vorpommern verstand sich mindestens genauso stark als Regionalpartei wie als nationale Partei. Die pommersche DNVP war unterhalb der Reichsebene nach Mentalität, Struktur und politischem Vorfeld den konservativen Regionalparteien wie den welfischen Deutschhannoveranern näher als den national orientierten Parteien DVP oder DDP. Dieser Lokalismus, diese parochiale politische Orientierung innerhalb der DNVP stieß 1929 an Grenzen. Er wurde von den übergeordneten politischen Leitlinien der Berliner Zentrale plattgewalzt. Die Radikalisierung der DNVP seit 1928 wurde eindeutig von außen in die Region hineingetragen. Sie war keine zwingende Folge der politischen Entwicklung in den Jahren zuvor und somit keine Notwendigkeit. Daß diese Entscheidung so fiel, obwohl sie die Hochburgen der Partei gefährdete, zeigt, wie wenig Rückkoppelungen es zwischen den unterschiedlichen Ebenen der DNVP gab. Der weltanschauliche Rigorismus der Parteiführung schaltete die Möglichkeiten der Parteibasis aus, die sich in den bestehenden Verhältnissen einzurichten begann und auf der lokalen Politikebene aus der fruchtlosen Opposition ausscherte, um zu einer normalen Partei zu werden. Die begonnene Reform der Greifswalder DNVP blieb folgenlos und ging in den überlokalen Themen unter, die jetzt alles zu beherrschen begannen. Doch auch das entsprach der Mentalität der DNVP-Basis, die sich mindestens genauso stark national orientierte und von einer konservativ-nationalen Weltanschauung und Sendung getrieben sah. Genau hier lag ein Problem für die gesamte DNVP, die offenbar einen Dachverband regional ganz unterschiedlich gebundener Parteigliederungen darstellte.

Bei der frühen NSDAP in Pommern fällt auf, daß sie in vielen Bereichen beanspruchte, die konsequentere DNVP, der attraktivere Stahlhelm, der aggressivere Landbund zu sein. Sie tastete die nationale Gemeinschaftsorientierung nicht an. Sie wandte sich nicht gegen das Milieu, sondern versprach nur, ›es‹ besser zu machen als die bisher führende Partei und die übrigen Aktionsausschüsse. Besonders die Utopie der nationalen Volksgemeinschaft und die politische Kultur der NSDAP sorgten für Wiedererkennungseffekte. Die Schnittstellen in der Weltanschauung und die rituellen Anknüpfungspunkte zwischen Milieu und Partei waren eklatant.

Konservativ-nationales Milieu und totale Krise

1. Wirtschaftlicher Niedergang, Protest und Politik

a) Die Krise und der alte Mittelstand

Die gesamte gesellschaftliche Entwicklung der Jahre nach 1930 stand unter den Vorzeichen der großen Wirtschaftskrise. Sie wirkte zerstörerisch auf das ein, was sich an Verbindungen und Loyalitäten zwischen dem konservativ-nationalen Milieu und der DNVP bis 1929 entwickelt hatte. Gleichzeitig schuf sie jedoch ganz neue Bedingungen, indem sich unter dem Eindruck der Krise weitere Teile der Bevölkerung politisierten und die in Auflösung begriffenen Strukturen sich neu unter dem Dach der NSDAP zusammenfügten. Nach der Revolution und der Inflation war diese Krise das dritte Ereignis, welches den Politisierungsgrad der Bevölkerung verstärkte, eine dritte Politisierungswelle unter antidemokratischen Vorzeichen.

Die zunehmende Zahlungsunfähigkeit der landwirtschaftlichen Kunden des Greifswalder Mittelstandes seit 1928 brachte Handwerk und Handel der Stadt in ernste Schwierigkeiten. Sehr schnell fiel die Auslastung der Handwerksbetriebe auf nur noch 50 Prozent. Die Arbeitslosigkeit nahm spürbar zu, erreichte aber vorläufig noch keinen Massencharakter. Im Januar 1929 lag sie bei 13,2 Prozent. Sie stieg dann jedoch bis 1932 auf rund 40 bis 45 Prozent an.[1] Den Höhepunkt der Arbeitslosigkeit überschritt die Region wie das ganze Reich im Februar 1932. Im Juni 1933, also mitten in der sommerlichen Bauperiode und der landwirtschaftlichen Saison, lag sie immer noch bei rund 18 bis 20 Prozent. Die Erwerbslosigkeit bewegte sich über dem Durchschnitt des Reiches.

Die Krise des Landes brachte die Bevölkerung der Region in Bewegung, denn wer seine Arbeit auf einem der agrarischen Großbetriebe verlor, der mußte häufig auch seine Wohnung räumen. Zum Herbst registrierte die Stadtverwaltung den Zuzug von immer mehr entlassenen Landarbeitern nach Greifswald. Von 1928 bis zum Spätsommer 1933 wanderten auf diesem Wege 94 Familien nach Greifswald ein, die keine Genehmigung hatten und den ohnehin angespannten Wohnungsmarkt belasteten. Es habe eine »gewisse Beunruhigung unter den hiesigen zahlreichen Wohnungssuchenden« gegeben, berichtete die Stadt im Sommer 1931 dem Landarbeiterver-

---

[1] M. Rautenberg, Die Angehörigen, 1990, Anlage 7, Berechnung.

band, den sie aufforderte, etwas gegen die Landflucht zu unternehmen.[2]
Die Stadtverwaltung kämpfte auch gegen die zunehmende Obdachlosig-
keit. 1931 mußten monatlich im Schnitt 300 bis 500 Personen untergebracht
werden, im April 1932 stieg die Zahl auf fast 800. Das seien »abnorme Verhältnisse«.[3] Der Magistrat verfügte schon seit 1930 über einige Baracken an
der Loitzer Landstraße, die freundlich ›Notwohnungen‹ genannt wurden.
Dort konzentrierte die Stadtregierung die Obdachlosen. Das hatte sehr bald
weitreichende politische Folgen. Neben den städtischen Armen- und Unterschichten, die stark der KPD zuneigten, strömten dort offenbar Leute
vom Land ein. Die weit weniger ritualisierte politische Kultur des Landes
neigte sehr viel leichter zur Gewalt als die meist nur verbalradikale der
eingesessenen Greifswalder. Beide Strömungen verbanden und vermischten
sich an diesem Ort unter den gelangweilten und beschäftigungslosen Männern.

Die Bauern, Handwerksmeister und Ladeninhaber blieben, entließen aber
ihr Personal. Die von Kleinbetrieben geprägte mittelständische Wirtschafts-
struktur schönte daher sogar noch das Bild der Arbeitslosigkeit. Daß der
selbständige Mittelstand seine Probleme auf Kosten seiner Gesellen und Angestellten zu lösen versuchte, hatte erhebliche politische Folgen. Die Gegengesellschaft konnte nur funktionieren, wenn der Arbeitsfrieden hielt, wie er
1919 und 1920 zwischen nationalen Arbeitgebern und Arbeitnehmern in der
Stadt geschlossen worden war. Das setzte Kompromißbereitschaft und Entgegenkommen vor allem bei den Arbeitgebern voraus, die den volksgemeinschaftlich verbundenen friedlichen Verbänden die Legitimation verschaffen
mußten. Das vermochten sie immer weniger. Die Handlungsgehilfen sahen
sich im Mai 1931 mit dem Angebot der Kaufmanns-Kompanie konfrontiert,
den Lohn auf das Niveau von 1924 zu drücken. Gleichzeitig stiegen die Zahlen der Entlassenen und der Arbeitsgerichtsprozesse deutlich an.[4] Die Gegenwehr des DNHV blieb daher matt; er konnte das enge Verhältnis zur
Kaufmanns-Kompanie nicht aufkündigen und verzichtete daher auf einen
Konflikt. Der Ärger unter den Mitgliedern über die Verschlechterung der
Tarife, »antisozialistische Politik«, »reaktionäre Kreise« und die Tatsache,
daß die Probleme auf die »Schultern der Arbeitnehmer abgewälzt werden«,
wuchs.[5] Die Angestellten verübelten ihren Chefs das unsolidarische Verhalten. Gleichzeitig konnten sie sich aber aus weltanschaulichen Gründen keinesfalls in das Lager des ›sozialistischen‹ Gewerkschaftsbundes der Angestellten schlagen, der in nahezu jeder Verbandssitzung als Feind, als
Negativbeispiel für verfehlte Angestelltenpolitik und organisatorische

---

[2] Schreiben des Magistrats vom 19.6.1931, sowie Aktennotizen, in: StA. Rep. 6 WA,
Nr. 27.
[3] Bericht des Magistrats vom 25.5.1932, in: StA. Rep. 6 PB, Nr. 27.
[4] Protokoll 4.2.1932, 7.5.1931 u. 5.3.1931, in: StA. Rep. 58, M 3, Protokollbuch DNHV.
[5] Protokoll 1.9.1932, 18.1.1932 u. 2.3.1933; in: StA. Rep. 58, M 3, Protokollbuch DNHV.

Schwäche herhalten mußte, denn der DNHV hielt sich auf seine ›antiproletarische‹ Arbeit viel zugute.

Die Bäckergesellenbrüderschaft zog Konsequenzen aus dem ähnlich gelagerten Verhalten der Innungsmeister. Am 12. Januar 1931 sah sich die Brüderschaft mit dem Vorstoß der Bäckermeister konfrontiert, den Lohn um 25 Prozent zu kürzen. Im März weigerte sich die Brüderschaft, an der Quartalssitzung der Innung teilzunehmen. Die Meister hätten immer weniger Interesse, und das Geld sei knapp, begründeten sie ihre Entscheidung. Am 5. August 1931 schließlich traten die Bäckergesellen aus dem ›gelben‹ Arbeitnehmerverband aus, der Vorrat an Gemeinsamkeit mit den Arbeitgebern war verbraucht.[6] Damit war die Vorstellung von der einvernehmlichen Lösbarkeit sozialer Probleme gescheitert.

Seit Mitte 1930 kam es in immer neuen Schritten zu Einschränkungen bei der Bezahlung im öffentlichen Dienst, der das zweite ökonomische Standbein der Stadt bildete. Stadtbaumeister Gustav Bastel zum Beispiel mußte sich nach durchschnittlich 726 Mark Monatsgehalt im Jahr 1929 fünf Jahre später, 1934, mit 425 Mark begnügen.[7] Bei Bahn, Post, Gerichten, Finanz oder Arbeitsamt, vor allem aber in der Universität zeigte sich das gleiche Bild. Vom Staat kamen auch keine Aufträge mehr. Zwar erholten sich die Studentenzahlen der Universität wieder, sie stiegen auf über 2000 an.[8] Doch das half letztlich nur wenig gegen die Übermacht der Probleme, denn die Zahlungsfähigkeit der Studierenden war naturgemäß eingeschränkt.

Der alte Mittelstand hatte keinen Gegenüber, keinen Arbeitgeber, dem er die Schuld an der Misere zuschieben konnte. Er war daher auf das Feld der Politik‹ verwiesen, wollte er seiner Situation und Existenzfurcht entgegenwirken. Der Niedergang griff so tief in alle Berufsgruppen des selbständigen Mittelstandes ein, daß sich 1930 erstmals eine Gesamtorganisation in der Stadt zusammenfand, die selbst 1919 und 1923 nicht erreicht worden war. Alle Innungen, Vereine, Verbände und Interessengemeinschaften schlossen sich zusammen; allein die Kaufmanns-Kompanie fehlte. Im Februar 1931 ließ sich die ›Gewerbevereinigung Greifswald‹ in das Vereinsregister eintragen. Seine Vorstandsliste belegt, daß dieser neue Zentralverband wesentlich einer Initiative der Handwerksinnungen entsprang, die offenbar die Krise als erste spürten.[9] Während alle Obermeister vertreten waren, fehlten zunächst sämtliche nichthandwerklichen Gruppen des alten Mittelstandes. 1931 stießen dann auch sie zur Vereinigung.

Im Vorstand saß der Bauunternehmer Adolf Schumann, der über seine Jagdleidenschaft eng mit den DNVP- und Stahlhelmführern verbunden war. Der ehemalige Deutschnationale Otto Eggebrecht stellte als Ehrenvorsit-

---

[6] Protokolle der Bäckergesellenbrüderschaft vom 12. 1. 1931, 4. 3. 1931 u. 5. 3. 1931; in: StA. Rep. 54, A 20.

[7] Gehaltsabrechnungen, in: StA. Rep. 6 Ia PB, Nr. 201, Personalakte Gustav Bastel.

[8] H. TITZE, 1995, S. 250.

[9] Vereinsregister, in: VpLA. Rep. 77, Amtsgericht Greifswald, Nr. 4777.

zender die Verbindung zur Wirtschaftspartei her.[10] Auch Vorstandsmitglied
Karl Zilm hatte 1924 noch für die DNVP kandidiert.[11] Die Gewerbevereinigung war ein klassischer Lobbyverein. Jeder wirtschaftlich Selbständige
konnte Mitglied werden. »Der Verband überwacht die Tätigkeit der einzelnen Parteien und der gewählten Vertreter in den Volksvertretungen [...], um
danach ihr Verhalten einzurichten. [...] Es muß das Bestreben des Verbandes
sein, befähigte Mitglieder zu Vertretern in öffentlichen Körperschaften heranzubilden, um bei Wahlen [...] geeignete Vertreter vorschlagen zu
können.«[12] Das war in weiten Teilen nicht neu. Anders war jetzt nur die
Tatsache der großen Gesamtorganisation, um aus der Abhängigkeit der Parteien herauszukommen, sowohl was die unmittelbare Interessenvertretung
als auch die Rekrutierung des politischen Nachwuchses anging. Ungelöst
war jedoch das traditionelle politische Dilemma des Mittelstandes, denn
die Vereinigung war mehr als ein herkömmlicher Interessenverein, wollte
aber weniger sein als eine Partei, vor allem als die Wirtschaftspartei, die
andernorts mit ähnlichen Prämissen arbeitete. Der eigene Status und die
Grenze zu den Parteien blieb ungeklärt, denn eine politische Festlegung
mußte offenbar weiterhin vermieden werden, weil DNVP, DVP und neuerdings auch die NSDAP ihren Einfluß wahrten. So wurde die Gewohnheit,
sich immer dort parteipolitisch anzuschließen, wo der Mittelstand am meisten durchsetzen konnte, noch einmal neu und effektiv organisiert. Mit dieser Gewerbevereinigung kam der Greifswalder Mittelstand nicht aus seiner
lokalen Ecke heraus. Er fand keinen Anschluß an die nationale Politik. Der
Ansatz zur Gründung einer eigenen Mittelstandspartei in Greifswald scheiterte an der starken Position der Deutschnationalen in der Stadt. Gleichzeitig war damit jedoch die Integration des alten Mittelstandes in das Vorfeld
der DNVP aufgehoben.

Wie heikel und allein aus der Not geboren dieses Bündnis traditionell eher
gegensätzlicher Gruppen wie der Kaufleute und der Handwerker war, zeigte die mühsam austarierte Struktur und Führung der Gewerbevereinigung.
Alle Innungen und Vereine blieben selbständig und wahrten ihre individuellen Rechte.[13] Von Anfang 1932 bis Anfang 1933 wuchs der Verein von 271
auf 324 Mitglieder an. Er besaß ein eigenes Mitteilungsblatt, weil die GZ als
Parteizeitung bei aller Mittelstandsfreundlichkeit der DNVP offenbar nicht
geneigt war, der Konkurrenz die Spalten zu öffnen. Der Verband hatte eine
Geschäftsstelle und bot seine Unterstützung bei Arbeitsgerichtsprozessen
an.

Schon die Konstruktion des »führenden Greifswalder Zentralverbandes«
war wenig geeignet, tatsächlich mehr politischen Einfluß zu gewinnen.
Dafür gelang es der Vereinigung, in relativ kurzer Zeit mit Öffentlichkeits-

---

[10] Schriftverkehr des Gastwirtevereins, in: StA. Rep. 58, B 10.
[11] Stellungnahmen, in: StA. Rep. 6 Ia V, Nr. 31.
[12] Satzung vom 9. 2. 1932, in: VpLA. Rep. 77, Amtsgericht Greifswald, Nr. 5108.
[13] Mitteilungen der Gewerbe-Vereinigung Greifswald 3 (1933) Nr. 1.

arbeit die politische Atmosphäre in der Stadt und vor allem das Verhältnis zwischen dem selbständigen Mittelstand und den übrigen Eliten nachhaltig zu vergiften. Die grundsätzliche Forderung nach Unterstützung von und Solidarität mit Handel und Handwerk war in der Gesamtbevölkerung nicht umstritten. Die ›Kauft-am-Ort-Kampagne‹ gegen auswärtige Konkurrenz blieb im Rahmen. Prekär wurde die Situation, als der Mittelstandsverband begann, allen anderen Gruppen zu unterstellen, keine Solidarität zu üben. Zielscheibe war besonders die Stadtverwaltung: Man warf ihr vor, Schwarzarbeit zu dulden, zu hohe Verwaltungsgebühren zu erheben, Anträge zu langsam zu bearbeiten und zu hohe Lokalsteuern einzufordern.[14] Doch griffige Parolen wie »Keinen Pfennig den Feinden des Einzelhandels!« oder Notkundgebungen mit Schimpfreden und Drohungen stillten nicht den Tatendurst. Außerdem bewirkten sie nichts.

Hatte es noch eine gewisse Tradition, die Obrigkeit der Stadtverwaltung für die Misere verantwortlich zu machen, war die Kündigung der Gemeinsamkeit mit anderen Gruppen in der Stadt bedeutender. Im Sommer 1932 wandte sich der Gastwirteverein an das Finanzamt und denunzierte die Mensaleitung, dort fänden ständig illegale Tanzveranstaltungen statt.[15] Als nach der Reichsgründungsfeier im Januar 1933 der Rektor traditionsgemäß alle wesentlichen Persönlichkeiten der Stadt zu einem Herrenessen bat, verweigerte die Gewerbevereinigung die Teilnahme, weil die Veranstaltung in der Mensa stattfand: »Die Gewerbevereinigung mußte es ablehnen, der Einladung Folge zu leisten, da durch die Abhaltung des Herrenessens im Studentenhaus das einheimische Gastwirtsgewerbe in dieser schweren Notzeit unberechtigt geschädigt wird.«[16] Die deutschnationalen Professoren wie Kähler, Glawe oder Rektor Deißner werden das als Ohrfeige verstanden haben, denn der Vorwurf traf durchaus zu. Üblicherweise hatte man sich im ›Preußenhof‹ zum Essen getroffen und war diesmal aus Kostengründen in die Mensa ausgewichen. Der Boykott des Herrenessens macht deutlich, wie sich der alte Mittelstand jetzt tatsächlich selbst isolierte und die Verbindungen zu den anderen wichtigen Gruppen der Stadt und zum konservativnationalen Milieu aufkündigte, weil nur noch gruppenegoistische Ziele politisch vertretbar waren.

Neid und Mißgunst griffen um sich und richteten sich gegen jene, denen es vermeintlich besser ging. Sie waren Schuld an der Misere. Nicht weil sie tüchtiger waren, ging es ihnen besser, sondern weil sie sich unberechtigt Vorteile verschafften, weil sie aus der Solidarität des Berufsstandes und der Volksgemeinschaft ausbrachen, so die Neidargumentation. Eine Frau schrieb anonym an die Stadt: »Seit einiger Zeit [...] wird mein Mann von Beamten des Magistrats beeinflußt, der Loge beizutreten. [...] Mein Mann hat genug von den Kostenanschlägen erlebt, wenn immer die Logenbrüder

---

[14] Beschwerdekatalog des Mittelstandes, in: Greifswalder Zeitung, 26.1.1933.
[15] Schriftwechsel dazu, in: StA. Rep. 58, B 9.
[16] Mitteilungen der Gewerbe-Vereinigung Greifswald 3 (1933) Nr. 1.

vorgezogen wurden.«[17] Der Protest gegen die Etablierten fand noch einen
weiteren Ansatzpunkt: die Doppelverdiener im öffentlichen Dienst. Vage
Hinweise genügten, um Untersuchungen in Gang zu setzen.[18] Selbst ein
hochintegrer Beamter wie der Oberbürgermeister Fleischmann sah sich
mit der öffentlichen Anfrage konfrontiert, ob es stimme, daß er für seinen
Dienst im Aufsichtsrat der Stadtsparkasse eine Entlohnung erhalte.[19]

Der Zusammenhalt des Milieus löste sich entlang der wirtschaftlichen
Interessengegensätze, entlang unterschiedlicher sozialer Lagen auf. Der
Konsens als das etablierte konservative Politikprinzip der lokalen Gegen-
gesellschaft stieß an seine Grenzen. Die soziale Heterogenität entwickelte
sich zum Sprengsatz, denn die ökonomischen Konflikte wurden zu einem
Problem, das mit Gemeinschaftsrhetorik nicht mehr zu lösen war. Die Un-
terprivilegierten, zum Teil komplette Bevölkerungsgruppen, sahen sich ans
Ende der gesellschaftlichen Verteilungshierarchie gestellt. Sie richteten ihren
Zorn gegen die Etablierten. Die wirtschaftlich und damit oft auch politisch
Führenden standen unter Unfähigkeits- und Mißbrauchsverdacht. Das Eli-
tennetzwerk zerbröselte, trotz aller Einigkeit im Nationalismus.

Zerfallen war damit auch die Anbindung des alten Mittelstandes an die
DNVP, denn die Partei gehörte nunmehr eher zu den Gegnern der Mittelständler, weil sie die Forderungen nicht mit der gewünschten Bedingungslosigkeit aufnahm und vertrat. Die DNVP wurde vom alten Mittelstand als
Gegner eingeordnet, weil sie die saturierten Logenbrüder, die staatlich ali-
mentierten Professoren organisierte, die nicht die gleichen Sorgen hatten
wie die konkursbedrohten Kleinunternehmer. Vertreter des Mittelstandes
in der DNVP wie Eggebrecht oder Schumann wandten sich auch deshalb
von der konservativen Partei ab, um wenigstens politische Vertreter ihrer
Sozialgruppe bleiben zu können. Der alte Mittelstand war politisch jetzt
gar nicht mehr angebunden und suchte nach einer neuen Vertretung seiner
Interessen.

Die NSDAP hingegen agierte als radikale Wirtschaftspartei. Das war besonders Tischlermeister Kropka zu danken, der sich für diese Fragen interessierte. Er stand im ständigen engen Kontakt mit Eggebrecht, denn die
lokale Handwerkerschaft kannte sich untereinander durch die gemeinsame
Arbeit in Werkstätten und auf Baustellen. Kropkas Anträge an das Bürgerschaftliche Kollegium formulierten deutlicher als die aller anderen Parteien
die Forderungen des alten Mittelstandes, luden diese Dinge jedoch antise-
mitisch, antisozialistisch und antirepublikanisch auf.[20] Ausdrücklich wurde
gefordert, die Mensa solle keine Veranstaltungen abhalten, die Gastwirte

---

[17] Anonymes Schreiben vom 20.1.1933, in: StA. Rep. 6 PB, Nr. 100.
[18] Anonyme Denunziation vom 13.6.1931 gegen einen Angestellten der Stadtwerke, in:
StA. Rep. 6 PB, Nr. 104.
[19] Protokoll der Sitzung des Bürgerschaftlichen Kollegiums vom 24.9.1931, in: StA. Rep. 3,
Nr. 151, Jg. 1931.
[20] Besonders im Jahr 1931 war die NSDAP hier außerordentlich aktiv. StA. Rep. 3, Nr. 151,
Jg. 1931.

schädigten; die Gehälter der Beamten und Angestellten bei der Stadt müßten offengelegt werden, städtischen Beamten sei Nebenverdienst zu verbieten.[21] Die DNVP stellte dazu den Antrag, die Besprechung von Kropkas Eingabe zu vertagen, mußte sich aber der mittelständischen Mehrheit im Bürgerschaftlichen Kollegium beugen, die geschlossen mit der NSDAP stimmte.[22] Kropkas Taktik hatte durchschlagenden Erfolg und machte die NSDAP in Greifswald zur wichtigsten politischen Alternative für den frustrierten alten Mittelstand. Das zeigte sich in voller Konsequenz nach dem 30. Januar 1933, als der Mittelstand zur Kommunalwahl 1933 eine gemeinsame Liste mit der NSDAP aufstellte.

b) Auswirkungen auf Vereine, Verbände, Partei und Eliten

Der wirtschaftliche Niedergang mußte Auswirkungen auf das soziale Leben der Stadt haben, denn die Bürger schränkten sich als erstes im Freizeitbereich ein. Eine ganze Reihe von konservativ-nationalen Milieuvereinen registrierte sinkende Mitgliederzahlen. Der ›Kreiskriegerverein‹ hatte 1931 noch 2973 Angehörige, 1932 sank die Zahl auf 2654.[23] Die Bürgerschützen meldeten allein 1931 von etwa 120 Mitgliedern sieben Austritte, die der Krise anzulasten waren.[24] Der DNHV verzeichnete am Anfang der Krise noch steigende Mitgliederzahlen. 1930 hatte er 220 und 1931 232 Mitglieder; erst 1932 kam der Einbruch mit 202, die sich bis Januar 1933 auf 188 Mitglieder reduzierten.[25] Der ›Turnerbund von 1860‹ dagegen konnte trotz »Wirtschaftsnot« von Anfang 1932 bis Anfang 1933 eine Zunahme um 19 Mitglieder auf 469 vermelden.[26]

Die Vereine hatten große Schwierigkeiten, sich den veränderten wirtschaftlichen Bedingungen anzupassen, die sehr bald die herkömmlichen Vorstellungen bürgerlicher Ehrbarkeit ad absurdum führten. Die Vereine finanzierten sich vor allem über Mitgliederbeiträge. Da diese Gelder aber nur mit immer größerer Mühe aufgebracht werden konnten, sanken die Mitgliederzahlen. Da aber die Größe genauso wichtig für die Bedeutung eines Vereins war wie das gesellschaftliche Ansehen seiner Mitglieder, mußte der Vorstand darauf achten, daß diese Zahl hoch blieb. Im März 1931 schlossen die Bürgerschützen den Kameraden Schätzchen noch aus dem Verein aus, weil er in »Vermögensverfall« geraten war. Emil Crawack hingegen dispensierten sie im Dezember von der Beitragszahlung.[27] Zunächst

---

[21] Protokoll der Sitzung des Bürgerschaftlichen Kollegiums am 18.4.1932 u. 26.5.1932; in: StA. Rep. 3, Nr. 151, Jg. 1932.
[22] Protokoll der Sitzung des Bürgerschaftlichen Kollegiums am 16.6.1932, in: StA. Rep. 3, Nr. 151, Jg. 1932.
[23] Greifswalder Zeitung, 10.5.1932.
[24] Jahresbericht der Bürgerschützen für 1931, in: StA. Rep. 58, L 8.
[25] Protokolle der Jahreshauptversammlungen, in: StA. Rep. 58, M 3.
[26] Greifswalder Zeitung, 7.3.1933.
[27] Protokolle der Kompanieversammlungen 14.12.1931 u. 25.3.1931, in: StA. Rep. 58, L 7.

wollte der Verein offenbar die alte Sitte wahren, dann mußte er jedoch einsehen, daß er sich damit selbst zu zerstören drohte.

Die finanziellen Beschränkungen wirkten sich auf die Aktivitäten der Vereine aus, die jetzt darauf achten mußten, niemanden auszugrenzen. Die Feier des 60. Gründungsjubiläums des Gastwirtevereins im August 1932 fand eine Würdigung in einer »sehr ernsten Feier«, wie die GZ betonte.[28] Auch die ›Bürgerressource‹, die im September auf ihr 100jähriges Bestehen zurückblickte, feierte nur im kleinen Rahmen.[29] Selbst die Universität verzichtete auf eine große Feier zum 475jährigen Bestehen im Jahr 1931.[30] Die Handlungsgehilfen mußten feststellen, daß ihr Maskenball von sonst rund 800 Besuchern 1931 auf nur noch 620 zurückfiel, worauf das Fest in Bruch der Tradition 1932 und 1933 gar nicht mehr stattfand.[31] Ähnlich erging es den Bürgerschützen. Der Königsball, der immer Anfang November gefeiert wurde, fiel 1931 aus, weil der Vorstand erwartete, daß die Behördenvertreter nicht erscheinen würden, mithin der repräsentative und konsensstiftende Zweck der Veranstaltung gar nicht erfüllt werden könne.[32]

Der ›Kunst- und Literaturverein‹ mußte die wohl tiefgreifendsten Krisenerfahrungen machen. Schon 1930 unterließ der Verein eine ganze Reihe von Vorhaben, weil er finanzielle Defizite befürchtete, für die sonst die Stadt aufgekommen war. Im Juli 1931 kam außer dem Vorstand kein einziges Mitglied mehr zur Hauptversammlung. 1932 wiederholte sich das.[33] Immer wieder mußte der Verein feststellen, daß gutgemeinte Projekte am geringen Interesse des Publikums scheiterten, das nicht mehr bereit war, Geld für Kultur aufzuwenden. Rapide gingen seine Mitgliederzahlen in den Keller. 1929 zählte er 202, 1930 198, 1931 189, 1932 169 und 1933 140 Mitglieder.[34] Verluste hatten auch die beiden Logen, deren Attraktivität beständig abnahm. Sie zogen als undurchschaubare ›Kungelrunden‹ den Neid auf sich, Außenstehende hielten sie für eine »schmutzige Gesellschaft.«[35]

Die Entwicklung in den Vereinen zeigt, daß es vor allem die verbindenden Strukturen in der lokalen Gesellschaft waren, die in der Krise verfielen und nicht mehr funktionierten. Gelang es Traditionsvereinen wie Schützen, Turnern oder Kriegern noch, sich wenigstens zu halten, so war doch der Einbruch bei den eher gemeinnützigen, weniger auf Aktivität zielenden Vereinen am stärksten. Kulturelle Aktivitäten waren nicht mehr möglich, die Logen scheiterten am Neid und übernahmen Sündenbockfunktionen, gemeinschaftsstiftende Feste fanden einfach nicht mehr statt. Eine tiefe De-

---

[28] Greifswalder Zeitung, 17.8.1932.
[29] Greifswalder Zeitung, 5.9.1932.
[30] Frühere Jubiläumsfeiern der Universität; in: W. Rothmaler (Hrsg.), Bd. 3, 1956, S. 11–14.
[31] Protokolle der Jahreshauptversammlungen, in: StA. Rep. 58, M 3.
[32] Protokoll der Kompanieversammlung am 12.10.1931, in: StA. Rep. 58, L 7.
[33] Protokolle, in: StA. Rep. 58, C 12.
[34] Protokolle der Jahreshauptversammlungen, in: StA. Rep. 58, C 12.
[35] Anonymes Schreiben vom 20.1.1933, in: StA. Rep. 6 PB, Nr. 100.

pression bemächtigte sich der ganzen Gesellschaft, die keine Ventile mehr fand. Konflikte und Druck ließen sich nicht mehr in harmlose Feiern kanalisieren. Stattdessen richteten die Menschen ihr Engagement auf die Lösung der Probleme und traten verstärkt dort bei, wo sie sich Unterstützung versprachen, eben bei Interessenverbänden und politischen Gruppen. Hervorzuheben ist ferner die Tatsache, daß gemäß bürgerlichen Vorstellungen von Ehrbarkeit und Ansehen das ökonomische Scheitern auch das soziale Aus bedeuten konnte.

Verfallserscheinungen zeigten sich auch bei der lokalen DNVP und in ihrem politischem Um- und Vorfeld. Der Magistrat beobachtete einen unverkennbaren Abwärtstrend. 1929 hatte die DNVP noch rund 400 Mitglieder, die ›Bismarckjugend‹ 70, der Stahlhelm 350 und der Jungstahlhelm etwa 60 Mitglieder. Bis 1931 hatte der Stahlhelm sich auf 250 Mitglieder reduziert, seine Jugendabteilung verfügte 1931 noch über 40 Mitglieder, 1932 löste sie sich auf, wie im Jahr zuvor bereits der Jungdeutsche Orden. Auch die Teilnehmerzahlen der ›Bismarckjugend‹ gingen auf 50 zurück, die Deutschnationalen Studenten verschwanden stillschweigend aus der Statistik, etwa 20 junge Männer kamen hier 1932 noch zusammen. Die Stahlhelm-Studenten existierten allerdings weiter.[36] Während sich die Kernorganisationen nur reduzierten, brachen offenbar die Jugendarbeit und das organisatorische Umfeld ein.

Die Schrumpfung machte Umstrukturierungen notwendig. Die Geschäftsstelle der DNVP mußte ihr Büro bei der GZ räumen und zog in einen Tabakladen um. Ob das am Geldmangel oder an Konflikten zwischen DNVP und Landbund lag, die ja die Zeitung als gemeinsame Unternehmung betrieben, ist nicht klar. 1932 war der noch 1930 bestehende demonstrative Schulterschluß offenkundig vorüber, der Pommersche Landbund verschwand seit 1931 aus dem Blatt.[37] Das Bündnis zwischen DNVP und Landbund war nicht mehr unangefochten, weil die Agrarorganisation immer stärker auch Nationalsozialisten vertreten mußte, wenngleich die Führung fest in der Hand von Konservativen blieb, die aber wie von Rohr-Demmin aus der DNVP austraten, um weiterhin Repräsentant ihrer ländlichen Interessen bleiben zu können. Die Zeitung verblieb im Einflußbereich der DNVP. Die Partei war gezwungen, Publikationen wie die ›Pommersche Volksstimme‹ für die DNVP-Arbeiter einzustellen.[38] Offenbar verfiel der Arbeiterbereich der Partei.

Der Niedergang betraf auch den Stahlhelm, der in einer besonderen Situation war, weil er eigentlich politisch unabhängig auftrat, andererseits vor

---

[36] Halbjährliche Meldungen des Magistrats an das Regierungspräsidium, in: StA. Rep. 6 P, Nr. 221. Die Zahlen wirken bezüglich der Stärkeangaben der KPD manipuliert, sie sind weit überhöht.

[37] J. BERGMANN/K. MEGERLE, 1989, S. 262 f. u. Greifswalder Zeitung, Sommer 1932.

[38] Bericht des Landeskriminalpolizeibezirks Stettin, 23.7.1931; in: VpLA. Rep. 65c, Nr. 982.

allem aber in der Führung mit der DNVP unentwirrbar verflochten blieb. Dennoch war deutlich, daß dieses Elitenbündnis seit etwa 1931 nicht mehr hervorgehoben wurde, sondern der Stahlhelm eher Distanz wahrte, um seine nationalsozialistischen Anhänger nicht zu verprellen. Von Forstner trat jetzt nur noch als Stahlhelmführer auf und legte den Posten des Vorsitzenden bei der DNVP nieder.

Seit 1928 registrierte die republikanische Polizei immer wieder, daß der Stahlhelm mit scharfen Waffen übte. Die Stahlhelmjugend trainierte das Fechten mit Knüppeln.[39] Diese Hinwendung zur Gewaltbereitschaft mit der Option auf Bürgerkrieg begann noch unabhängig von der NSDAP. Bald mußte der Stahlhelm sich jedoch der Konkurrenz des neuen Wehrverbandes SA stellen. Das radikalere und militantere Auftreten war in einer zweiten Phase eine Konzession, um nicht noch mehr Mitglieder zu verlieren. Der Aufstieg der SA verstärkte mithin die Entwicklung im Stahlhelm. Allerdings ging der Stahlhelm bei den gewalttätigen Auseinandersetzungen nie so weit wie die SA, denn im unruhigen Jahr 1931 wurden von Januar bis September im Bezirk Stralsund keine Stahlhelmer überfallen. Am Ende des Jahres war nur ein Stahlhelmmitglied bei Schlägereien verletzt worden.[40] Offenbar sorgte die Verwurzelung des Stahlhelm in den politischen und gesellschaftlichen Strukturen der Etablierten und Älteren für ein gewisses Maßhalten. Gleichwohl veränderte sich der politische Stil und näherte sich der NSDAP und ihrer SA an, was Rückwirkungen auf die politische Kultur der Konservativ-Nationalen hatte.

Genauso schwer wie der Niedergang der Organisationen wog die Lähmung der politischen Eliten, die selbst in den Strudel der Wirtschaftskrise gerieten. Das war kein Randphänomen. Bei den Professoren war es besonders ein aufwendiger Lebensstil, der jetzt zu kostspielig wurde. Von der Goltz hatte sich in seinem Rektoratsjahr ein repräsentatives Haus gekauft und sich dabei finanziell übernommen.[41] Nach versuchten Notverkäufen von Bibliothek und Münzsammlung gelang es dem gesundheitlich inzwischen sehr angeschlagenen Theologen erst im April 1933, das Gebäude zu veräußern. Ähnliche Sorgen plagten seinen Kollegen Deißner, der seit 1931 Rektor war und nicht aus den roten Zahlen kam.[42] Theologe und Stahlhelmer Glawe geriet nach seiner Scheidung von der Bismarckenkelin im Jahr 1929 in Kalamitäten. Mit der Scheidung beruhigte sich Glawes politisches Engagement erkennbar; die Auftritte als ›Bismarckenkel‹ gehörten der Vergangenheit an.[43]

---

[39] Verschiedene Berichte, in: VpLA. Rep. 65c, Nr. 1001.
[40] Nachweis über politische Gewalttätigkeiten im Bezirk im zweiten Halbjahr 1931 vom 12.1.1932; in: VpLA. Rep. 65c, Nr. 983.
[41] Schreiben Kurator Sommer an preußisches Kultusministerium 31.7.1930; in: UA. Personalakte von der Goltz, Nr. 328.
[42] Mehrere Schreiben, in: UA. Personalakte Deißner, Nr. 1764.
[43] Schreiben Glawe an Kurator, 2.1.1929, in: UA. Personalakte Glawe, Nr. 323.

War es bei den Professoren der Abschied von einem Lebensstil, der nicht mehr bezahlbar war, griffen bei den selbständigen Mittelständlern der DNVP die ökonomischen Fakten noch viel härter zu. Schlachtermeister Alfred Kultzscher, der 1924 für die DNVP kandidiert hatte, bemühte sich vergeblich, von der Stadt als Vermieterin seines Ladens Zahlungsaufschub zu erhalten.[44] Ernst Libner, der 1929 auf der Liste der Mittelständler stand, die mit der DNVP kooperierten, rutschte seit 1929 in den wirtschaftlichen Abstieg. Das zwang ihn, seine diversen Vorstandsposten in Vereinen nieder-zulegen, seinen Laden zu schließen und seine Wohnung zu räumen. Pfän-dungen, Prozesse und kleine Skandale waren die Folge.[45] Bei Stahlhelm-führer Major Hans Raettig, der mit Krediten des Magistrats und aus der Schatulle Graf Behr-Bandelins 1928 ein Busunternehmen gegründet hatte, scheiterte Mitte 1932 eine Pfändung.[46] Meist bedeutete der wirtschaftliche Abstieg auch das politische Ende. Anders als noch vor 1930 waren solche Situationen so häufig geworden, daß sie nicht mehr unbedingt den völligen Rückzug aus dem öffentlichen Leben nach sich zogen; dennoch lähmte die Not das politische Engagement der DNVP, die nun kaum mehr als Partei tüchtiger und tatkräftiger Männer angesehen werden konnte.

Besonders heftig trafen die etablierten politischen Kräfte der Stadt die kommunalpolitischen Skandale, die den Niedergang begleiteten und das oh-nehin angeschlagene Vertrauen in sie weiter lädierten. Den Auftakt machte die ›Affäre Wulff‹ im Sommer 1930. Der Eisenwarenhändler Gustav Adolf Wulff, der zeitweilig mit der DNVP kooperiert hatte, mußte am 29. Juli 1930 aus dem Magistrat zurücktreten, in den ihn die Mittelstandslisten de-legiert hatten. Der Vorwurf lautete, daß er einer Baugemeinschaft, zu der er selbst gehörte, einen günstigen öffentlichen Kredit verschafft hatte. Zwar bestritt Wulff bis zum Schluß die Vorwürfe, moralisch aber war er »gerich-tet«.[47] Solche Vorfälle bestätigten nur die ohnehin vorhandene Meinung in der Bevölkerung, in der Kommunalpolitik werde gemauschelt und zum ei-genen Vorteil regiert.

Benno Dankert von der DNVP geriet 1932 in den Strudel eines Skandals, den er auch noch selbst anzettelte. Er hatte während des bescheidenen Bau-booms Mitte der zwanziger Jahre mit Immobiliengeschäften recht gut ver-dient und sich am Hohenzollernplatz eine herrschaftliche Villa gekauft. Im April 1932 ging er in Konkurs.[48] Familie Dankert war höchst engagiert im konservativ-nationalen Netzwerk der Stadt. Nach und nach legte die Fami-

---

[44] Schreiben der Stadt, 4.9.1933; in: StA. Rep. 6 PB, Nr. 27.

[45] Vorfälle bei einer Pfändung gegen Libner am 21.6.1931, in: StA. Rep. 6 PB, Nr. 80.

[46] Bericht des Magistrats vom 22.6.1932, in: StA. Rep. 6 PB, Nr. 80.

[47] Berichte und der Schriftwechsel, in: StA. Rep. 6 Ia PB, Nr. 390.

[48] »Mich hat die Sache so erschüttert«, berichtete er, »daß ich monatelang nicht aus dem Hause herausgekommen bin.« Schreiben Dankert an Fleischmann, Februar 1933, in: StA. Rep. 6 PB, Nr. 140.

lie alle ihre Ämter nieder.[49] War schon das für die DNVP Verlust genug, so wurde der Konkurs durch das Verhalten der Familie vollends zum Skandal, denn sie betrieb die nachträgliche Entmündigung Dankerts. In der Stadt sah man den vermeintlichen psychischen Defekt jedoch als bewußt inszeniert an, um sich der Verantwortung zu entziehen. Da der Magistrat als Zeuge geladen wurde, bekam die Sache große Aufmerksamkeit.[50]

Die Zahl der lokalen Repräsentanten der DNVP schmolz dahin, denn immer weniger von ihnen erwiesen sich als präsentabel und waren in der Lage, öffentlich Verantwortung zu übernehmen. Skandale wie der von Wulff und Dankert erschütterten die Glaubwürdigkeit der etablierten Eliten und schädigten auch den Ruf der DNVP, die für die Kommunalpolitiker einzustehen hatte. Am Ende blieb nur ein kleiner Rest einsatzfähiger und -bereiter Politiker übrig. Sie kamen jetzt mehr noch als zuvor aus den gehobenen sozialen Schichten ihrer jeweiligen Berufsgruppe, waren meist langjährig in der Partei und häufig schon älter an Lebensjahren; die Beamten traten sehr viel stärker hervor.[51] Insgesamt präsentierte sich die alte DNVP stark ausgedünnt. Alle Übriggebliebenen kamen auch in der Krise einigermaßen zurecht, was ihnen nicht nur positiv angerechnet wurde. Die Partei war jetzt sehr viel stärker als noch Mitte der zwanziger Jahre eine Honoratiorenpartei gehobener Bürgerlichkeit, denn der organisatorische Unterbau war angeschlagen, zum Teil weggebrochen und mußte sich den Vorgaben der NSDAP anpassen. Männer wie der 1931 zum Ehrenbürger ernannte Johannes Luther, Paul Andrich oder der Rektor des Gymnasiums Schmidt repräsentierten die Partei allein.

c) Zerstörung der Loyalitäten durch Hugenberg

Das konservativ-nationale Milieu hatte sich hinter der DNVP gesammelt, weil die Partei die Wünsche, Pläne und Ressentiments in Konsistenz glaubwürdig vertreten hatte. Ihr oppositionelles Verhalten war gleichzeitig berechenbar gewesen, hatte niemanden überfordert und Wünsche nach Sicherheit und Stabilität erfüllt. Der Wunsch nach Abgrenzung gegen die Republik, nach Nostalgie und neuer nationaler Macht war verbal bedient worden. Ihr politisches Verhalten in der Republik war der Pragmatismus einer Partei, die erhebliche Interessen zu vertreten hatte. Funktionieren konnte diese unvereinbare Mischung nur, solange aus den nationalistischen Maximalforderungen keine konkrete Politik gemacht werden mußte. Hugen-

---

[49] Frieda Dankert am 17.11.1932 Rücktritt aus der Wohnungskommission des Bürgerschaftlichen Kollegiums und aus dem Vorstand der Mädchengewerbeschule. Benno Dankert am 28.4.1932 aus dem Bürgerschaftlichen Kollegium. Vgl. StA. Rep. 3, Nr. 151, Jg. 1932. Sohn Rüdiger trat im September 1932 aus dem Vorstand des ›Akademischen Seglervereins‹ zurück, VpLA. Rep. 77, Amtsgericht Greifswald, Nr. 5070.

[50] Fleischmann teilte Dankert ganz offen mit, daß man ihm allgemein nicht glaube; Schriftwechsel vom Februar 1933, in: StA. Rep. 6 PB, Nr. 140.

[51] Kandidatenliste zur Kommunalwahl 1933, in Greifswalder Zeitung, 9.3.1933.

bergs Radikalismus überforderte deswegen das heterogene Greifswalder Milieu, seine taktischen Wenden zerstörten die Loyalitäten und brachten die im Milieu virulenten Mechanismen in Gang, bei Dissonanzen mit der Partei nach einer neuen Repräsentation Ausschau zu halten. Die Young-plan-Kampagne hatte das schon gezeigt, sie war jedoch erst der Beginn immer neuer Kapriolen. Zwischen latenter Verantwortungsbereitschaft, radikaler Gegnerschaft und immer wieder neu wechselnden Bündnis- und Abgrenzungsstrategien nach rechts wurde das Vertrauenskapital der DNVP im Milieu weitgehend verbraucht.

Weil die DNVP jetzt jede politische Mitarbeit im Staatswesen verweigerte, war sie auf die außerparlamentarische Ebene der Politik angewiesen. Offenbar mit dem Ziel, aus der Stagnation des Jahres 1930 herauszukommen, den Mobilisierungserfolg von 1929 zu wiederholen und den Zulauf zur NSDAP zu stoppen, zettelte der Stahlhelm im Februar 1931 das Volksbegehren für die Auflösung des Preußischen Landtages an.[52] ›Rotpreußen‹ war stets einer der beliebtesten integrierenden Gegner des konservativ-nationalen Milieus gewesen. Eine Aktion gegen die Landesregierung versprach einfachen Erfolg. DNVP, DVP und NSDAP unterstützten das Begehren, für das wiederum das ganze Milieunetzwerk mobilisiert wurde. Wieder gab es die üblichen Boykottdrohungen gegen Kaufleute, Entlassungsdrohungen gegen Angestellte und Arbeiter sowie Versuche des Stahlhelm, die Eintragungslisten in die Hand zu bekommen.[53] Im Gegensatz zu 1929 hielt sich die Staatsmacht diesmal zurück. Vom 8. bis zum 21. April 1931 trugen sich in Greifswald 6671 Wähler in die Listen ein, 34,6 Prozent der Stimmberechtigten, etwa ein Drittel mehr als im preußischen Durchschnitt. Das waren kaum mehr als 1929, jedoch wiederum deutlich weniger als die drei beteiligten Parteien üblicherweise bei Wahlen mobilisieren konnten.[54]

Am 9. August 1931 fand der Volksentscheid statt, den aus taktischen Erwägungen auch die KPD unterstützte. In der Stadt Greifswald stimmten 9527 Wähler mit Ja, das waren rund 49 Prozent der Stimmberechtigten. Zieht man die rund zwölf Prozent KPD-Stimmen ab, die darin verborgen sein dürften, dann waren es erneut nur wenig mehr nationale Proteststimmen als 1929.[55] Die Mobilisierungstaktik und die Bündnisstrategie einer ›Nationalen Opposition‹ halfen offenbar nicht weiter, das Ergebnis war enttäuschend.

Das Bündnis mit der NSDAP, mit welchem Ziel auch immer, war unter den Deutschnationalen in Pommern nicht beliebt. Zu deutlich stand den Konservativen der Wahlkampf 1930 noch vor Augen, als die NSDAP gegen die ›Reaktion‹ gefochten hatte. Die ›Harzburger Front‹ im Oktober 1931 überschritt dann jedoch deutlich die Grenze rein taktischer Zusammen-

---

[52] H. A. WINKLER, Weimar, 1993, S. 422ff.
[53] Bericht Landrat Kogge vom 21.5.1931, in: VpLA. Rep. 65c, Nr. 1012.
[54] Bericht des Landrates von Grimmen, 1.6.1931, in: VpLA. Rep. 65c, Nr. 1012.
[55] Ergebnismeldungen und Berichte, in: VpLA. Rep. 65c, Nr. 85.

arbeit.[56] Ein förmliches Bündnis war lokal indes gar nicht möglich, dafür war das Verhältnis viel zu gespannt. Im Sommer 1931 murrte die konservative Basis; die Kriminalpolizei berichtete: »Die DNVP [hat] bei internen Besprechungen [...] wiederholt gegen die NSDAP Stellung genommen, weil diese einen großen Teil ihrer neuen Mitglieder aus der DNVP herausgeholt hat. Der NSDAP wird zum Vorwurf gemacht, daß sie als nationale Bewegung nicht ehrlich handele. [...] In einem geheimen Rundschreiben [...] ist u. a. gesagt worden, daß die Nazis das Begehren lediglich egoistisch ausgewertet haben, daß der Größenwahn der Nazis noch gestiegen [...] ist. [...] Der [...] Braune-Haus-Betrieb in München und der neue Mercedes-Benz des großen Adolf Hitler [...] erinnern eben zu sehr an jene Zeiten, in denen solche Leute als Parvenüs bezeichnet wurden.«[57] Ganz deutlich sagte die DNVP hier, daß die NSDAP für sie ein Phänomen von Unterschichten und Emporkömmlingen sei, eben nach Rang, Würde und auch kulturell den DNVP-Eliten nicht ebenbürtig. Man setzte sich mit ihnen nicht gerne an einen Tisch. Weil man aber der Parteiführung in Berlin die Gefolgschaft nicht aufkündigen mochte, schwieg die pommersche Partei in der Öffentlichkeit; die Greifswalder DNVP sparte dieses Thema in der GZ einfach aus und ignorierte die NSDAP; nur wenn es gerade opportun erschien, durfte der unerwünschte Partner auch etwas publizieren.

Im Spätwinter 1932 stand die Wahl des Reichspräsidenten auf dem Programm. Sie geriet der DNVP zum völligen Desaster. Hindenburg war trotz der Notverordnungspolitik unangefochtene konservativ-nationale Integrationsfigur. Am 15. Februar 1932 kündigte die GZ an, Hindenburg werde erneut kandidieren; schon am 16. Februar titelte sie »Hindenburg im Banne des Systems« und »Unser Kampf gilt dem System.«[58] Damit ging sie deutlich auf Distanz zu ihrem Helden. Da Hugenberg die Kandidatur Hitlers nicht unterstützen wollte, dem er in der ›Harzburger Front‹ eigentlich verbunden war, gleichzeitig aber schon gegen Hindenburg Position bezogen hatte, blieb nur das Ausweichen auf einen dritten Kandidaten. Am 22. Februar stellten DNVP und Stahlhelm gemeinsam den Stahlhelmführer Theodor Duesterberg auf, der weder besonders bekannt noch politisch irgendwie hervorgetreten war.[59]

Es war außerordentlich mißlich für Stahlhelm und DNVP, daß Hindenburg Ehrenmitglied des Stahlhelm war, die eingeschlagene Taktik mithin zu einem tiefen Loyalitätskonflikt im konservativ-nationalen Milieu führen mußte. Treue war einer der Begriffe, welche die Soldatenverbände ständig im Munde führten und die zu den obersten Werten des Milieus zählten, die

---

[56] H. A. WINKLER, Weimar, 1993, S. 431 f.
[57] Bericht des Landeskriminalpolizeibezirks Stettin, 23.7.1931; in: VpLA. Rep. 65c, Nr. 982.
[58] Greifswalder Zeitung, 15. u. 16.2.1932.
[59] Zu den Hintergründen, V. R. BERGHAHN, Stahlhelm, 1966, S. 208 ff.. H. A. WINKLER, Weimar, 1993, S. 444 ff.

›Pommerntreue‹ kam als Facette lokaler Mentalität hinzu. Der Streit, wem man nun mehr Treue schulde, der Partei oder dem Idol und Ehrenmitglied, beschäftigte das Milieu auch noch nach der Wahl und sorgte für starke Unruhe.[60] Die Kyffhäuser, auch hier war Hindenburg Ehrenmitglied, hatten sich am 14. Februar für den amtierenden Präsidenten ausgesprochen und standen damit unglücklich neben den verhaßten Sozialdemokraten. Über Doppelmitgliedschaften war dieser Verband vor Ort aber teilidentisch mit dem Stahlhelm und den Kriegervereinen. Welche Wahlempfehlung war jetzt gültig?[61] Die Wahlaufrufe aller Milieuorganisationen klangen merkwürdig widersprüchlich; der Reichslandbund votierte für Duesterberg, der Provinziallandbund aber auch für Hindenburg.[62] Andere schwiegen vernehmbar. Eindeutig für Duesterberg sprachen nur die DNVP und der Stahlhelm, die gleichwohl Hindenburg nicht direkt angreifen mochten und ein wenig zu oft betonten, man handele auf Anweisung des ›Führers‹ Hugenberg. Das Milieu als Mobilisierungsfaktor fiel jedenfalls aus.

Mehr Eindeutigkeit gab es bei der NSDAP, die mit den inzwischen gewohnten Gewaltaktionen und Großkundgebungen die Aufmerksamkeit auf sich und Hitler zog, der sich nicht im taktischen Klein-Klein verheddert hatte.

Das Ergebnis des ersten Wahlganges in Greifswald zeigte die politische Verwirrung. Thälmann (2517, 14,8 Prozent) hatte deutlich Stimmen auch von Sozialdemokraten gewonnen, Hindenburg (5258, 30,9 Prozent) hatte sich trotz der Stimmungsmache der DNVP über die Grenzen von SPD und Demokraten hinweg durchsetzen können. Duesterbergs Ergebnis (3648, 21,4 Prozent) enthüllte die Schwäche der DNVP und des Stahlhelm, die ihre Position offenbar überschätzt hatten und ihren Kandidaten nicht gegen Hindenburg, vor allem aber nicht gegen Hitler durchsetzen konnten (5547, 32,6 Prozent), der deutliche Stimmengewinne gegenüber dem NSDAP-Ergebnis 1930 verbuchte. Die Wahlbeteiligung lag über 88 Prozent. Um das Desaster der eigenen Taktik komplett zu machen, trat die DNVP im zweiten Wahlgang gar nicht mehr an. Die Partei empfahl Wahlenthaltung.[63] Die Beteiligung am 10. April, als nur noch Thälmann, Hindenburg und Hitler zur Auswahl standen, sank um 2000 Stimmen auf rund 78 Prozent. Thälmann verlor (1610, 10,8 Prozent); aber Hindenburg (6035, 40,3 Prozent) unterlag in Greifswald Hitler (7316, 48,9 Prozent), der das beste prozentuale und das zweitbeste absolute Wahlergebnis für die NSDAP vor dem 30. Januar 1933 erreichte.

Mit dem Wahlkampf war es der DNVP gelungen, zwei integrale Faktoren ihres Erfolges und ihrer Milieuverankerung in der Region gegeneinander in Stellung zu bringen. Die Partei- und Organisationsloyalität einerseits und

---

[60] So besonders bei den Kyffhäusern, Greifswalder Zeitung, 19.4.1932.
[61] Greifswalder Zeitung, 23.2.1932.
[62] Greifswalder Zeitung, 14.3.1932, 6.4.1932.
[63] Greifswalder Zeitung, 9.4.1932.

die Anhänglichkeit an die Integrationsfigur Hindenburg andererseits. Damit verspielte die DNVP-Führung die Bereitschaft des konservativ-nationalen Milieus, sich für die ›Nationale Opposition‹ mobilisieren zu lassen und dafür der DNVP zu folgen. Der auf populistische Zustimmung abzielende Kurs der Deutschnationalen für eine autoritäre nationalistische Führung war damit im eigenen Milieu in Greifswald bereits frühzeitig gescheitert. Wenn noch nicht einmal der gläubig verehrte Hindenburg seine Funktion als Fixstern konservativ-nationaler Orientierung behalten durfte, was sollte dann noch gültig bleiben? Damit sprengte die DNVP selbst die Bindungen an ihr Milieu von Kriegervereinen, Stahlhelm, Kyffhäusern oder Bürgerschützen auf, indem sie eine zentrale und stark mit Gefühlen belegte Kandidatenentscheidung zunächst falsch und dann gar nicht mehr traf. Viele Menschen aus dem Milieu fanden sich in der Politik der DNVP nicht mehr wieder. Mit der Abkehr von Hindenburg hatte die Partei sich von den Erfolgen der mittleren zwanziger Jahre verabschiedet. Denn an der Mentalität der konservativ-nationalen Bevölkerung änderte sich wenig: Hindenburg blieb ihr Held.[64]

Die Vossische Zeitung fegte nach dem ersten Wahlgang den Scherbenhaufen akkurat zusammen: »Selbst im deutschnationalen Kernland Pommern ist die Partei vor die Existenzfrage gestellt. [...] Auch seine [Hugenbergs, hms.] Taktik ist der ländlichen Denkweise wenig angepaßt. [...] Ein Einstehen für Hindenburg hätte man als Ausdruck für die oft zitierte ›Pommerntreue‹ wohl verstanden und befolgt. [...] Der Stahlhelm, der sich, wenn es schon einmal ›gegen das System‹ ging, lieber an Hitler als an den Zufallskandidaten halten wollte, war nur mit aller erdenklichen Mühe bei der Stange zu halten.« Die Zeitung war jedoch nicht unoptimistisch, was die Zukunft der DNVP betraf, sie empfahl ein Zurück zur Stillhaltepolitik der Jahre 1924 bis 1929: »Ein Wiederaufbau [...] ist möglich, der Parteiapparat blieb ziemlich intakt. Aber er ist nicht denkbar gegen den Staat. Für alle staatsfeindlichen Bedürfnisse wird auch weiterhin die Hitlerpartei völlig ausreichen.«[65]

Hugenberg wollte jedoch weiter die Fesseln einer politischen Massengesellschaft abstreifen und war daher nicht bereit, Rücksichten auf die Basis seiner Partei zu nehmen. Daß er dazu gezwungen war, wenn er legal an die Macht kommen wollte und daher Wahlen gewinnen mußte, berührte seine Politik nicht wirklich. Sofort richtete die Partei den Blick nach vorn auf die Wahlen zum Preußischen Landtag am 20. Mai 1932. Doch wieder eröffneten die Konservativen nicht die Auseinandersetzung mit der NSDAP um das eigene Milieu, sondern sie taktierten weiter.

Inzwischen konnten sie sich gar nicht mehr auf den Stahlhelm verlassen, der eine kryptische Wahlempfehlung für DNVP und NSDAP abgab.[66] Ver-

---

[64] Greifswalder Zeitung, 9.9.1932 u. 27.6.1932.
[65] Vossische Zeitung, 16.3.1932.
[66] Greifswalder Zeitung, 13.4.1932.

mutlich war der Selbsterhaltungstrieb des Frontsoldatenbundes inzwischen stärker als die Liebe zur bisher befreundeten Partei. Die Stahlhelmführung rechnete damit, daß ihre Mitglieder Hitler wählten. Da auch der Landbund nicht mehr zu den Unterstützern der DNVP zählte, blieb die Partei auf sich gestellt und mußte den DNVP-Arbeitervertreter Schlesiger und den Redakteur Geiger über die Dörfer schicken[67], um für die Partei zu trommeln. Es gab für die DNVP keine Vorfeldorganisationen mehr, auf die sie bauen konnte. Die Aktionsausschüsse des konservativ-nationalen Milieus machten sich selbständig, um nicht vom Parteiengegensatz in den eigenen Reihen zerstört zu werden. Der Konstruktionsfehler in der Milieurepräsentanz wirkte sich in der Krise nachteilig für die DNVP aus. Neben der Landwirtschaft waren damit besonders jene Segmente des Milieus weggefallen, die über den nationalistischen Appell an die DNVP gebunden worden waren.

Die DNVP steuerte gegen, indem sie Stil und Auftreten der NSDAP zu kopieren versuchte; Hugenberg selbst sprang nach dem Präsidentenwahldebakel in die Bresche. Am 14. April 1932 trat er in Stralsund auf. Die Greifswalder Zeitung versuchte, ihn zum gottgesandten Retter und Erlöser zu stilisieren: Redakteur Geiger sprach ihm »rücksichtslose Entschlossenheit« und »nahezu seherische Gabe« zu.[68] Unter dem Spruchband »Mit Hugenberg zum Sieg« und den obligatorischen schwarz-weiß-roten Fahnen erschien Hugenberg effektvoll von Fanfaren angekündigt. Hurra-Rufe und Jubel schlugen ihm inszeniert entgegen, die Menge sang das Preußenlied. Dann sprach Hugenberg. Das war der Versuch, die in der Bevölkerung bestehende Hoffnung auf einen alle Probleme lösenden Führer auf den Parteichef zu lenken, dem es stark an Charisma gebrach. Auch die Inszenierung orientierte sich an den Verfeinerungen und Zuspitzungen, die die NSDAP am politischen Kult der Nationalisten vorgenommen hatte. Hugenbergs Einsatz zeigte, daß die Mobilisierung der Provinz Pommern für die DNVP kein Selbstläufer mehr war. Hugenbergs Politik hatte aufgezehrt, was an der Basis in Greifswald bis 1929 gewachsen war.

Das Ergebnis bestätigte der DNVP, daß sie sich in Greifswald noch auf einen Kern von rund 3500 Wählern verlassen konnte. Sie erhielt 3558 Stimmen oder 21,6 Prozent der Stimmen. Eine leichte Besserung gegenüber der Wahl vom September 1930. Die NSDAP aber legte noch einmal zu und kam auf 6747 Stimmen oder 40,9 Prozent, weniger als Hitler einen Monat zuvor gewählt hatten, aber mehr als 1930.

Erfolg hatte die vorsichtige öffentliche Abgrenzung von der NSDAP kurz vor der Wahl nicht mehr. Auch im folgenden Wahlkampf im Juli 1932 füllte die DNVP nur noch die kleinen Säle der Stadt und selbst das nur mit Mühe. Als Diskussionsredner ließ sich höchstens ein NSDAP-Mann sehen, der aber auch meist im Sinne einer Fortsetzung des sichtbar faulen Bündnisses agitierte, der DNVP mithin gar keinen Raum für Abgrenzung und Pro-

---

[67] Greifswalder Zeitung, 14.4.1932.
[68] Greifswalder Zeitung, 16.4.1932.

Tabelle 8:   Wahlen[1] in der Stadt Greifswald 1930–1933

Wahl	Datum	Wahlber.	Wähler/ Wahlbet.	KPD	SPD	DDP
Reichstag	14.9.1930	ca. 16 999	14 789	1575	3136	572
				10,6%	21,2%	3,9%
Reichspräsident	13.3.1932	–	17 019	2517	–	–
				14,8%		
Reichspräsident	10.4.1932	–	14 967	1610	–	–
				10,8%		
Preußischer Landtag	20.5.1932	–	16 507	1785	3071	418
				10,8%	18,6%	2,5%
Reichstag	31.7.1932	–	16 467	2339	2859	154
				14,2%	17,4%	0,9%
Reichstag	6.11.1932	–	16 254	2457	2619	177
				15,1%	16,1%	1,1%
Reichstag	5.3.1933	–	17 203	2041	2538	–
				11,9%	14,8%	
Preußischer Landtag	5.3.1933	–	16 970	2016	2537	–
				11,9%	14,9%	
Provinziallandtag	12.3.1933	–	13 606	1106	2079	–
				8,1%	15,3%	
Kommunalwahl	12.3.1933	–	13 136	1048	1919	–
				7,9%	14,6%	

[1] Siehe auch Anmerkungen in den Fußnoten Tabellen Wahlen 1919–1925 und 1925–1930.
Greifswalder Zeitung vom 13.3.1932; 11.4.1932; 25.4.1932; 1.8.1932; 7.11.1932;
6.3.1933; 13.3.1933.

filierung ließ. Selbst prominente Namen zogen nur noch wenig Publikum
an.[69] War der Elan der lokalen Partei nach dem Debakel mit Duesterberg
noch groß gewesen, um die Scharte wieder auszuwetzen, blieb der Einsatz
im Juli 1932 gering. Die wenigen Aktiven der Partei waren ausgelaugt, die
lokale Prominenz hielt sich auffällig zurück. Geschäftsführer Buck und einige Studenten bestritten den Wahlkampf[70]; die NSDAP beherrschte mit
ihren Aufmärschen und Versammlungen alles. Am Wahltag, dem 31. Juli,
mißlang es den Konservativen sogar, einen Schlepperdienst einzurichten,
viele Parteimitglieder waren einfach in den Urlaub gefahren.[71] Das paßte
schlecht zur Rhetorik vom letzten Gefecht für den Aufstieg Deutschlands,
das die Partei zu schlagen vorgab.

Das Wahlergebnis markierte dann den absoluten Tiefpunkt der Entwicklung. Nur noch 2838 Greifswalder wählten konservativ, das entsprach 17,2
Prozent der Stimmen. Die NSDAP erreichte ihr bestes Ergebnis unter freien

---

[69] Greifswalder Zeitung, 19.7.1932, Bericht von der Freytag-Loringhoven-Versammlung
im kleinen Rubenow-Saal der Stadthalle.
[70] Greifswalder Zeitung, 28.7.1932.
[71] Greifswalder Zeitung, 30.7.1932.

Zent.	DVP	WP	DNVP	NSDAP	Zerspl.	Datum	Wahl
180	589	335	3488	4467	447	14.9.1930	Reichstag
1,2%	*4,0%*	*2,7%*	*23,6%*	*30,2%*	*3,0%*		
–	5258	–	3648[2]	5547	49	13.3.1932	Reichspräsident
	30,9%		*21,4%*	*32,6%*	*0,3%*		
–	6035[3]	–	–	7316	–	10.4.1932	Reichspräsident
	40,3%			*48,9%*			
265	287	83	3558	6747	293	20.5.1932	Preußischer Landtag
1,6%	*1,7%*	*0,5%*	*21,6%*	*40,9%*	*1,8%*		
296	199	17	2838	7642	123	31.7.1932	Reichstag
1,8%	*1,2%*	*0,1%*	*17,2%*	*46,4%*	*0,7%*		
310	334	12	4616	5604	125	6.11.1932	Reichstag
1,9%	*2,0%*	*0,1%*	*28,4%*	*34,5%*	*0,8%*		
264	202	–	3702	8393	63	5.3.1933	Reichstag
1,5%	*1,2%*		*21,5%*	*48,8%*	*0,3%*		
279	198	–	3644	8225	71	5.3.1933	Preußischer Landtag
1,6%	*1,2%*		*21,5%*	*48,5%*	*0,4%*		
150	–	–	3057	7082	132	12.3.1933	Provinziallandtag
1,1%			*22,5%*	*52,1%*	*1,0%*		
–	–	1382	2706	6081	–	12.3.1933	Kommunalwahl
		10,5%	*20,6%*	*46,3%*			

[2] Ergebnis Duesterberg.
[3] Ergebnis Hindenburg.

Wahlbedingungen. Mit 7642 Stimmen und 46,4 Prozent kam sie nah an die absolute Mehrheit heran. Die DNVP war in Greifswald fast genau dort wieder angekommen, wo die Konservativen 1912 gewesen waren.

2. Krisenreaktionen: Die Kommunalpolitik der DNVP

Daß die Talsohle erst im Juli und nicht schon im März und April erreicht wurde, hatte nicht nur mit der Überforderung von Partei und Wählerbasis durch taktische Wendungen Hugenbergs auf der Reichsebene zu tun, sondern auch damit, daß es der DNVP lokal nicht gelang, überzeugende Antworten zu finden. Sie baute kein Gegengewicht zur überlokalen Politik auf. Auch das hatte jedoch wiederum mit der Vorgabe des Hugenbergschen ›Alles oder Nichts‹ zu tun, denn die Politik der ›Nationalen Opposition‹ trieb die DNVP hier rasch in eine isolierte Position. Lokalpolitik war nur durch Kompromisse möglich, denn die DNVP verfügte nicht über die absolute Mehrheit. Ihr rabiater Kurs verprellte sehr schnell alle anderen Gruppen und zerstörte das Vertrauen des Magistrats, das nötig war, um in Greifswald überhaupt Politik machen zu können. Die DNVP schwächte damit die bestehenden politischen Strukturen und untergrub die Position der etablierten Eliten, zu denen sie selbst gehörte. Das erleichterte der NSDAP die Eroberung der Region sehr.

Patronage war schon immer ein wichtiges Mittel der DNVP-Lokalpolitik gewesen, um die eigene Position auszubauen. Andrich betonte schon 1929, man habe die Möglichkeit und »damit die Pflicht, dafür zu sorgen, daß Leute unserer Gesinnung hier Anstellung finden.«[1] Damit bezog er sich auf den Schuldienst. Auch Pels-Leusden hob hervor, er habe an der Universität stets so gewirkt, daß »national denkende Männer auf die Vorschlagsliste zum Ordinariat kamen.«[2] Entgegen diesen markigen Worten waren aber im Interesse eines friedfertigen Zusammenlebens immer wieder Männer auf Posten gelangt, die nicht dem Ideal deutschnationaler Personalpolitik entsprachen, wie der Demokrat Remertz für den Magistrat. Damit war jedoch seit 1930 Schluß. Rektor Alfred Schülke (geb. 1883), der 1931 an die Arndt-Mädchenvolksschule berufen wurde, war Weltkriegsveteran, aktiver Christ sowie Turner und hatte sich seit 1919 als Redner auf Veranstaltungen im nationalen Sinne betätigt.[3] Sein 1931 für die Volksschule III gewählter Kollege Albert Höft (geb. 1889) hatte einen ähnlich makellosen nationalen Lebenslauf.[4] Turnhallenwart Ernst Köppen am Gymnasium verdankte diesen Posten der Tatsache, daß er die DNVP-Arbeiterorganisation leitete und seine Frau bei DNVP-Chef Schmidt den Haushalt führte.

Politische Prämissen galten auch für die Stadtrandsiedlung, die von der Stadt seit Juli 1932 in Angriff genommen wurde. Auf kleinen Grundstücken mit einfachen Häusern sollten die sozialen Probleme gelöst werden. Erwerbslose, Kurzarbeiter, Kinderreiche und Kriegsbeschädigte sollten in den Genuß der ersten 30 Stellen kommen; für die DNVP stand der Aspekt ›Frontkämpfer‹ eindeutig im Vordergrund, unter diesem Begriff war das Projekt in der Stadt bekannt.[5] Die NSDAP, die dieses Projekt bis 1939 auf rund 220 Stellen erweiterte, mußte die Kriterien nur ein wenig schärfer fassen, um dort eine Siedlung nach ihren politischen Vorstellungen entstehen zu lassen. Derart hemmungslose Bevorzugung der eigenen Klientel erboste die benachteiligten Sozialdemokraten und Kommunisten und sorgten für Zündstoff in der Stadt.

Gab es in der Personalpolitik oder bei der Siedlung noch gewisse Handlungsspielräume, stand die übrige Politik nur noch unter der Prämisse des Einschränkens und Sparens. Das betraf besonders die Kulturpolitik. Im Mittelpunkt stand dabei das Theater. Krise und politische Auseinandersetzung gingen eine immer engere Verzahnung ein, denn die DNVP bemühte

---

[1] Greifswalder Zeitung, 9.11.1929.
[2] Schreiben Pels-Leusden, 19.4.1933, in: UA. Personalakte Pels-Leusden, Nr. 553.
[3] Bewerbungsunterlagen und Berufungspapiere, in: StA. Rep. 5, Nr. 10753.
[4] Bewerbungen, in: StA. Rep. 5, Nr. 10638.
[5] F. MAAHS, 1964. Ferner M. BÖRNER, 1982.

sich, auch in der Kulturpolitik ihre Positionen zum allein gültigen Maßstab zu erheben. Dabei nahmen die Bindungen an die NSDAP zu, Vorstellungen von totalitärer nationalistischer Herrschaft wurde die Bahn gebrochen. Davon profitierte die DNVP wenig, denn die eingeschlagene Taktik überforderte die eigene Basis und spaltete sie von der Partei ab. Nutznießerin war die NSDAP.

War das Theater in der Vorkriegszeit das bedeutendste Projekt des gesamten Stadtbürgertums gewesen, das mit vielen Opfern und großem Einsatz bis 1915 verwirklicht werden konnte, so war es 1930 zu einem Kostenfaktor geworden, der kaum noch zu tragen war. Intendant Emanuel ›Papa‹ Voß, wie man ihn in der Stadt nannte, war DDP-Mitglied und zeichnete für das Programm persönlich verantwortlich. 1924, als die nationalistische Erregung in der Stadt ihrem ersten Höhepunkt zustrebte, hatte man festgelegt, Tendenzstücke zu vermeiden.[6] Das waren Sicherheitsmaßnahmen der Obrigkeit und gehörte zu den Bemühungen, den politischen Streit in der Stadt möglichst klein zu halten. Im Herbst 1928 hatte Voß die ›Dreigroschenoper‹ aufführen lassen und war damit prompt bei den Stadtoberen, vor allem aber bei der DNVP aufgelaufen. Von da an ging der Spielplan nicht mehr anstandslos durch die Sitzungen der Deputation. Andrich begann eine kulturpolitische Offensive und versuchte, Einfluß auf die Spielplangestaltung zu nehmen, indem er ihm genehme ›nationale‹ Regisseure und Stücke ins Gespräch brachte.[7]

1930 rauschte das Theater in die finanzielle Krise. Andrich sah nach der Septemberwahl die Gelegenheit gekommen, seine offensive Kulturpolitik voranzubringen, die liberale und moderne Kunst zu unterbinden und auf diesem relativ freien politischen Feld, Bündnisse mit der NSDAP zu knüpfen. »Es muß im besten Sinne des Wortes ein echtes deutsches Kulturtheater werden«, forderte Andrich. Der neue Greifswalder Reichstagsabgeordnete Karpenstein könne vielleicht in Berlin Geld beschaffen. »Karpenstein wird sich sicher aber zur Verfügung stellen, wenn die Gewähr gegeben ist, daß wirklich künftig alle undeutschen Stücke von unseren Bühnen fernbleiben. [...] Die Auffassung des übergroßen Teiles unseres Publikums darf nicht unberücksichtigt bleiben.«[8] Andrich war es dann auch, der die Beschwerden der NSDAP über einen kleinen Hitlerwitz in einer Operette an Fleischmann weitergab und ankündigte, die DNVP werde selbstverständlich auf die Seite der NSDAP treten und das Beschwerdeanliegen unterstützen.[9] Die DNVP hatte das Kampffeld Kultur entdeckt, ihr neuer Absolutheitsanspruch griff nunmehr auch in gesellschaftliche Bereiche aus, für die sie sich vorher nur wenig interessiert hatte. Das unterstreicht die fortschreitende Fragmentierung der Gesellschaft und die wachsende Konfrontation. Of-

---

6 Protokoll der Sitzung der Theaterdeputation 1.7.1924, in: StA. Rep. 5, Nr. 9881.
7 Protokoll Theaterdeputation, 18.9.1929, in: StA. Rep. 5, Nr. 9881.
8 Schreiben Andrich an Voß, 17.9.1930, in: StA. Rep. 5, Nr. 9812.
9 Schreiben Andrich an Fleischmann, 14.3.1931, in: StA. Rep. 5, Nr. 9881.

fenbar witterte der Fraktionschef der DNVP in der Kulturpolitik eine Möglichkeit, gestaltend Politik zu machen, waren doch alle anderen Bereiche durch die Finanzkrise erstarrt. Das Theater widerstand der weitgehend deutschnational beherrschten Öffentlichkeit und war daher ein Bresche in der Mauer um die Gegenwelt, eine Einbruchstelle liberalen Denkens. Hier konnte die DNVP auch gefahrlos die NSDAP mit ins Boot nehmen, die auf einer ähnlichen kulturpolitischen Linie lag und moderne Kultur ebenfalls nicht mehr dulden wollte.

Die Lage des Theaters war äußerst prekär, und es konnte nur gehalten werden, wenn es gelang, die Besucherzahlen zu steigern. Die Idee, alle Kräfte der Stadt zu mobilisieren, um eine Besucherorganisation ins Leben zu rufen, fand daher Beifall. Fleischmann rief interessierte und wichtige Männer der Stadt zusammen, die den Spielplan mitgestalten sollten: Schmidt von der DNVP, Kirchenhistoriker Prof. Beyer[10], Literaturwissenschaftler Prof. Magon, Schulrat Hoffmann von der DDP, Maurermeister Eggebrecht vom Mittelstand, Altermann Millahn von der Kaufmanns-Kompanie und andere. Bis zum Mai 1931 war es gelungen, diesen Kreis noch um August Bendt vom Beamtenbund, Verlagsdirektor Liedtke von der Greifswalder Zeitung und Buchhändler Klein vom Kulturverein zu erweitern.[11] Damit unternahm der Magistrat den Versuch, eine neue gesamtbürgerliche Struktur zu schaffen, um das Theater zu erhalten und den diktatorischen Anspruch von NSDAP und DNVP abzuwehren. Zunächst funktionierte der Beirat auch. Er monierte verschiedene organisatorische Dinge und wünschte sich mehr Schauspiel, vermied aber politische Aussagen. Die NSDAP war nicht direkt vertreten, die DNVP hielt sich zurück.

In der Wintersaison 1931/32, die ein Weiterspielen nur noch von Monat zu Monat erlaubte, gab es erneut Meinungsverschiedenheiten zwischen Voß und der Stadt wegen mangelhafter Einnahmen. Die DNVP war frustriert, weil sie im Theaterbereich politisch nicht Fuß fassen konnte. Sie hatte sich von Fleischmann einbinden lassen, und Voß ließ sich nicht in seine Spielplangestaltung hineinreden. Die DNVP stellte daraufhin in den Etatberatungen 1932 aus Kostengründen das gesamte Theater zur Disposition. Andrich und vor allem Verlagsdirektor Liedtke standen für diese Politik.[12] Weil das Theater der einzige Punkt war, in dem sich das Bürgerschaftliche Kollegium und Stadtverwaltung noch bereit gefunden hatten, mehr Geld auszugeben, als sie eigentlich mußten, rückte die Kulturpolitik plötzlich in den Mittelpunkt der Aufmerksamkeit. Am Theateretat hing der gesamte Haushalt 1932, der bis Juli des Jahres nicht verabschiedet war.

---

[10] Später Hitlers Kirchenminister; eine Dissertation zu Beyer wird von Irmfried Garbe erstellt.
[11] Aktenvorgang, in: StA. Rep. 5, Nr. 9794.
[12] Protokoll der Sitzung des Bürgerschaftlichen Kollegiums am 17.3.1932, Sparvorschläge der DNVP, in: StA. Rep. 3, Nr. 151, Jg. 1932.

Schon Anfang Juli hatte sich der Theaterbeirat endlich dazu durchgerungen, die geplante Besucherorganisation zu gründen, die »maßgebende Greifswalder Persönlichkeiten« unterstützten.[13] Alle Behördenleiter, viele Schulrektoren, der Universitätsrektor, der Standortälteste, prominente Richter, alle fanden sich zusammen. Politisch deckte die Liste ein Spektrum von der NSDAP bis zur SPD ab. Unter den Persönlichkeiten fehlten indes alle prominenten DNVP-Politiker, einige waren in anderer Funktion auf die Liste gelangt.

Am 12. Juli 1932 wurde über den Etat des Theaters abgestimmt, erstmals namentlich. Nachdem sich vorher NSDAP und DNVP stets einig gewesen waren, votierte die NSDAP überraschend für das Theater – gemeinsam mit SPD, ›Kommunaler Arbeitsgemeinschaft‹ und Teilen der Mittelstandsliste. Die DNVP hielt dagegen und blieb mit dieser Haltung isoliert.[14] Am 20. Juli stand der Gesamtetat der Stadt zur Debatte. Hier rächten sich nunmehr die Konservativen, indem sie sich teilten und zum überwiegenden Teil gemeinsam mit SPD und KPD gegen den Plan stimmten und den Haushalt damit scheitern ließen. Fleischmann war außer sich, schimpfte und sprach von ›Landesverrat‹, denn jetzt drohte die Zwangsverwaltung durch die sozialdemokratische Landesregierung.[15]

Die GZ stellte fest, damit habe das Bürgerschaftliche Kollegium alle Mitwirkungsmöglichkeiten freiwillig preisgegeben, trage aber auch keine Verantwortung mehr für den Etat. Es war der kommunalpolitische Offenbarungseid der DNVP. Damit isolierte sie sich in der Kommunalpolitik aber auch in jenen Teilen der bürgerlichen Eliten, die bereit waren, weltanschauliche Gegensätze im Interesse des kommunalen Gemeinwohls zurückzustellen. Die sehr viel wendigere NSDAP hatte schneller begriffen, daß man nicht gegen den erklärten Mehrheitswillen der Bevölkerung agieren konnte. Die Mehrheit wollte das Theater und auch ›Papa Voß‹ behalten. Die NSDAP stellte ihre Forderungen nach nationaler Spielplangestaltung daher zurück. Das konstituierende Prinzip des Interessenausgleichs in der Kommunalpolitik scheiterte 1932 an der DNVP, nicht an der NSDAP.

Die DNVP war gleichwohl immer noch die stärkste Partei im Bürgerschaftlichen Kollegium, es war daher für Fleischmann nicht ratsam, sie in dieser Isolation zu belassen. Die Stadt oktroyierte Voß wohl auch deswegen am 8. August einen neuen Vertrag und neue Dienstanweisungen, die den Intendanten praktisch entmachteten und dem Magistrat alle Rechte über Personal und Spielplan gaben. Inhaltlich setzten sich damit DNVP und NSDAP doch noch durch, allerdings unter Vorbehalt des Magistrats: »Der Spielplan soll den berechtigten politischen und nationalen Ansprüchen

---

[13] Greifswalder Zeitung, 6.7.1932.
[14] Protokoll der Sitzung des Bürgerschaftlichen Kollegiums am 12.7.1932; in: StA. Rep. 3, Nr. 151, Jg. 1932.
[15] Hinweis von Graul während der Magistratssitzung vom 7.3.1933, in: StA. Rep. 6 PB, Nr. 128.

Rechnung tragen. Die christliche Weltanschauung darf nicht verletzt werden.« Das sittliche Empfinden Andersdenkender dürfe auch in Operetten nicht angetastet werden.[16] In der dazugehörigen Dienstanweisung legte die Stadt fest, daß nur deutsche Schauspieler verpflichtet werden dürften. Nach 1933 mußte dank dieser von der DNVP gewünschten Vereinbarung das Wort ›deutsch‹ nur noch durch ›arisch‹ ersetzt werden.

Die Wahlniederlage der DNVP im Juli 1932 hatte auch mit dieser kommunalpolitischen Fehlleistung zu tun, die den Abstand zwischen der Gesellschaft und der Partei vergrößerte und die Zersplitterung und Isolierung der etablierten Eliten untereinander verstärkte. Konsensanstrengungen hatten nur noch dann Erfolg, wenn die Stadtverwaltung sich darum bemühte, die Parteien selbst waren dazu nicht mehr in der Lage. Die DNVP politisierte jedes Thema und lud es weltanschaulich auf. Dabei war sie von einem ideologischen Sendungsbewußtsein getrieben, das keinen Raum für Kompromisse ließ. Auf diese Weise isolierte sie sich zunehmend. Die Flexibilität der NSDAP war ihr völlig fremd und wurde von ihr als Opportunismus verachtet. Die gemeinsame totalitäre Tendenz von DNVP und NSDAP war deutlich. Die unbestreitbaren Erfolge, die diese Politik schon vor 1933 hatte, ließ den Übergang in die Diktatur in Vorpommern fließend erscheinen.

Die autoritären Vorstellungen von politischer Führung, die von der DNVP bevorzugt wurden, um die Krise zu bewältigen, ließen der Greifswalder DNVP aus dem Blick geraten, daß ihre Macht von Kompromissen mit den Vertretern der staatlichen Stellen und anderen politischen Richtungen außerhalb der NSDAP abhängig gewesen war. Nach dem ›Preußenschlag‹ am 20. Juli 1932 nahm der selbstzerstörerische Autismus der DNVP zu. Sie war noch weniger bereit, Koalitionen in den Reihen der etablierten Eliten zu schmieden, was indes notwendiger wurde, um der NSDAP entgegenzutreten. Je weniger die Deutschnationalen sich zu helfen wußten, desto rücksichtsloser gingen sie vor. Dabei entfernten sie sich von ihrem traditionellen politischen Konzept der Obrigkeitsherrschaft. Die Kommunalpolitik politisierte sich durch die Interessenpolitik des Mittelstandes und die zunehmende Aktivität der NSDAP. Die Bemühungen der DNVP, mit dieser Entwicklung Schritt zu halten, erwiesen jedoch die Unbrauchbarkeit ihrer politischen Vorstellungen, die einem merkwürdig unreflektierten Absolutheitsanspruch folgten. Überdies zeigte sich, daß die DNVP durch die fehlende Erfahrung in der politischen Anleitung des Magistrats über keinerlei politisches Fingerspitzengefühl verfügte und jedes vernünftige Maß verlor. Genau jene Obrigkeit, deren Macht sie immer gegen die Ansprüche der Sozialdemokraten verteidigt hatte, nahm die Partei jetzt besonders beherzt aufs Korn und zerstörte sich damit eine weitere wichtige Machtposition in der Stadt.

---

[16] Protokoll der Theaterdeputation, 8.8.1932, in: StA. Rep. 5, Nr. 9881.

Die Abteilungen Bau, Friedhof und Soziales im Magistrat betreute seit 1921 der Ratsherr Robert Wölfel (1881-nach 1947). Er war ein eher unpolitischer Mann und auf zwölf Jahre gewählt. Wölfel rechnete sich selbst der DVP zu, ohne Parteimitglied zu sein.[17] Ende März 1933 lief seine Wahlperiode aus. Unter normalen Umständen wäre die Wiederwahl eine reine Formsache gewesen, denn er war ein fähiger Beamter. Daß sie unterblieb, verdankte Wölfel der DNVP. In Wölfels Zuständigkeitsbereich fielen der Stadtfriedhof und die Stadtgärtnerei. Sie standen unter der Leitung von Heinrich Grapentin, der DDP- und Reichsbanner-Mitglied war und durch permanente Agitation der Greifswalder Zeitung in dem Ruf stand, sozialdemokratische Arbeiter zu bevorzugen und den Mittelstand durch Pflanzenverkäufe aus den Gewächshäusern der Stadt zu schädigen.[18] Außerdem gehörte das in der ganzen Bevölkerung unbeliebte Wohnungsamt zu Wölfels Referat. Dort arbeitete Rudolf Fritz, geboren 1902, seit 1923 in Greifswald, Dissident, Pazifist und örtlicher SAP-Vorsitzender. Die Greifswalder Zeitung hatte häufig seine Entlassung gefordert. Es stand der Vorwurf im Raum, er verwalte sein Amt parteipolitisch; mehrfach war er mit Kropka aneinandergeraten und einmal nachts von SA-Leuten verprügelt worden.[19]

Als das Ende der Amtszeit nahte, leitete Fleischmann die Wiederwahl umsichtig ein. Doch Andrich als Führer der DNVP-Fraktion blockte ab.[20] Er verwies auf die unterschiedlichen politischen Auffassungen zwischen Magistrat, Wölfel und der DNVP-Fraktion. Eine einfache Wiederwahl, so der Schluß, kam nicht in Frage: »Außerdem ist mir auch der Gedanke, hier mit der SPD, zu der meine Fraktion politisch doch in schärfster Kampfstellung steht, bei der Ratsherrenwahl gemeinsam ein Wahlbündnis zu haben, unsympathisch. Die Geister scheiden sich. Alle Zeichen stehen auf Sturm. Auch im Stadtparlament muß für uns eine klare Linie gezogen werden.«[21] Die Wiederwahl Wölfels unterblieb daher, seine Stelle wurde eingespart. Am 24. März 1933 verabschiedete der Magistrat ihn in den Ruhestand.

Der politische Schaden, den diese Attacke im kommunalen Konsenssystem anrichtete, war erheblich. Eine Kooperation der gemäßigten Kräfte unter Einschluß der DNVP war damit vollends unmöglich. Die DNVP hatte sich politisch so weit isoliert, daß jetzt sogar der stets geduldige und entgegenkommende Oberbürgermeister auf Konfrontationskurs ging. Im Kommunalwahlkampf im Februar 1933 brach der Konflikt unter den etablierten Eliten offen aus. Walter Schlesiger sagte auf einer Wahlversammlung: »Vieles in der Stadtverwaltung – Friedhofsverwaltung, Bauamt, Wohnungsamt, ist nicht so, wie es sein könnte und sollte.« Er monierte die

---

17 StA. Rep. 6 PB, Nr. 389. Personalakte Robert Wölfel.
18 Aktenvorgang, in: StA. Rep. 6 PB, Nr. 236.
19 Vorgang zur Entlassung von Fritz, in: StA. Rep. 6 PB, Nr. 232 u. 233.
20 Schriftwechsel Andrich mit Fleischmann vom 16.12.1932 bis März 1933, in: StA. Rep. 6 Ia St, Nr. 18.
21 Andrich an Fleischmann, 16.12.1932, in: StA. Rep. 6 Ia St, Nr. 18.

»Selbstherrlichkeit des Magistrats«, der »sehr wohl eine Kontrolle gebrauchen könne.«[22] Fleischmann stellte fest, daß Schlesiger die Referate Wölfels
angesprochen hatte, und vermutete eine Verschwörung. Schlesiger war
städtischer Angestellter und somit zur Loyalität verpflichtet. Der Oberbürgermeister lud ihn vor und forderte ihn auf, innerhalb von drei Tagen
die Sache in der Öffentlichkeit zurückzunehmen[23], ansonsten werde er offiziell gegen ihn vorgehen.

Der DNVP-Vorsitzende Schmidt schaltete sich ein, und Fleischmann versprach, die Sache gegen eine öffentliche Rücknahme der Vorwürfe auf sich
beruhen zu lassen. Doch jetzt ging GZ-Verlagsleiter Max Liedtke in die
Offensive. Er hegte eine persönliche Abneigung gegen Fleischmann. Die
»bisherige links eingestellte Kommunalverwaltung« wolle den verdienten
nationalen Arbeiter- und Stahlhelmführer entlassen, das sei seine schwere
Herausforderung, ein Versuch, mit kleinlichen Druckmitteln den nationalen
Wiederaufbau zu stoppen. Der DNVP-Vorstand habe einstimmig beschlos-
sen, gegen Fleischmann ein Disziplinarverfahren einzuleiten. »Die nationale
Front wird dem demokratischen Oberbürgermeister mit aller Deutlichkeit
vor Augen zu führen wissen, daß jetzt nicht nur in Reich und Staat, daß auch
in den Gemeinden endgültig Schluß gemacht wird mit allen Überbleibseln
des vergangenen November-Systems.«[24] Die DNVP trat an, den Oberbürgermeister zu stürzen – nicht die NSDAP, der damit ein Vorwand für
eine Gleichschaltungsmaßnahme geliefert wurde.

Sofort solidarisierte sich die gesamte städtische Oberschicht mit Fleischmann. Rektor Deißner von der Universität, Superintendent von Scheven,
alle übrigen bürgerlichen Parteien, ja sogar die NSDAP stellte sich hinter
den Oberbürgermeister. Wieder hatte sich die DNVP in ihrem radikalen
Kurs, der die Polarisierungsmuster nachahmte, die sonst die NSDAP bevorzugte, völlig verkalkuliert und damit die Handlungsfähigkeit der etablierten
Eliten gegen die NSDAP geschwächt. Die DNVP boykottierte sogar demonstrativ die Eröffnungssitzung des neuen Bürgerschaftlichen Kollegiums
am 30. März 1933.

Hin- und hergerissen zwischen Parteitreue und der Loyalität innerhalb
der bis dahin die Geschicke der Stadt bestimmenden Eliten, teilte sich die
DNVP.[25] Es stellte sich nämlich heraus, daß nur eine kleine Gruppe um
Liedtke hinter den Angriffen stand und die Gemäßigten um Schmidt, Graul
und Andrich überspielten, die jedoch den Schein von Geschlossenheit wahren mußten. Fleischmann hatte zwar nicht nur Freunde in der DNVP, insgesamt aber konnte er sich auf die Unterstützung langjähriger Kommunalpolitiker wie Luther, Pels-Leusden und am Ende auch Schlesiger selbst
verlassen. Der Oberbürgermeister in seiner Wut richtete heftige Angriffe

---

[22] Greifswalder Zeitung, 22.3.1933.
[23] Protokoll der Vorladung Schlesigers, in: StA. Rep. 6 PB, Nr. 128.
[24] Greifswalder Zeitung, 2.3.1933.
[25] Der gesamte Streitvorgang, in: StA. Rep. 6 PB, Nr. 128.

gegen die DNVP und die Geschäftsführung der Zeitung, wo der ehemalige Landbund-Bezirksvorsitzende Baron von Lefort den Vorsitz führte. Damit waren alle tragenden politischen Strukturen der DNVP in die Auseinandersetzung einbezogen.

Die Beilegung des mit wechselseitigen Beleidigungen, Vorwürfen und Verleumdungen einhergehenden Konfliktes war erst nach der Einschaltung der Bezirksregierung in Stettin und eines lokalen ›Ehrenrates der Burschenschaften‹ möglich. Diese Initiativen ergaben jedoch nur noch die Rücknahme der Vorwürfe. Eine Zusammenarbeit, die notwendig gewesen wäre, um gegen die NSDAP bestehen zu können, war unmöglich geworden. Auch die DNVP zerfiel jetzt in ihrem verbliebenen Kernbereich, denn Schlesiger trat im Gefolge der Affäre, bei der er sich von Liedtke mißbraucht fühlte, aus der Partei aus und schloß sich der NSDAP an. Wenig später folgte die offizielle Auflösung der Deutschnationalen. Die NSDAP nutzte die Gelegenheit erstaunlicherweise nicht, um über Fleischmann herzufallen, deswegen konnte er sich im Amt halten. Sie schaute quasi zu, wie der letzte Rest des bürgerlichen kommunalpolitischen Konsenses von den Konservativen demontiert wurde, so gründlich, wie es die NSDAP selbst niemals vermocht hätte. Wie schon beim Haushalt 1932 zog sich die DNVP aus der Verantwortung zurück, die sie nicht mehr tragen konnte und wollte. Die deutschnationalen Eliten hatten auch an ihrer untersten Basis, in der Kommunalpolitik, völlig abgewirtschaftet.

3. Die NSDAP auf dem Weg zur Macht

Die NSDAP war offenbar für die Menschen und Gruppen, die aus dem konservativ-nationalen Milieu herausfielen, eine Alternative. Noch bei der Wahl 1930 hatte sie eine Art Ventilfunktion für den Protest gehabt. Jetzt war die Partei ein veritabler Hoffnungsträger. In dem Maße, wie die DNVP und ihr Milieu zerfielen, stieg die NSDAP auf. Offenbar gelang es der neuen Partei, die einzelnen Elemente des Milieus, die sich voneinander lösten, abgrenzten und sich bemühten, eigene, gruppenspezifische Interessen durchzusetzen und Lösungen für die Krise zu suchen, unter ihrem Dach neu zu sammeln. Wie stellte sich dieser Prozeß aus dem Blickwinkel der NSDAP dar? Auf welche Gruppen konnte sie sich stützen, welche Angebote machte sie, welche Strategien verfolgte sie? Was machte die NSDAP attraktiv?

Die Behörden stellten fest, »daß die Partei den größten Wert darauf legt, in alle Kreise der Bevölkerung einzudringen.«[1] Das war im Vergleich mit den anderen Parteien ungewöhnlich und brachte ihr Erfolg. Ihr Einfluß in der »gesamten Rechtsbewegung« nahm beständig zu. »Alle Kreise der

---

[1] Bericht des Landeskriminalpolizeibezirks Stettin, 23.7.1931, in: VpLA. Rep. 65c, Nr. 982.

Bevölkerung« hieß aber nicht alle Milieus, denn im Vordergrund stand eindeutig das konservativ-nationale Netzwerk.

Die NSDAP war zunächst eine Partei am Rande der Gesellschaft. Sie verfügte nur über wenige Bindungen in die Mitte und zu den Eliten des konservativ-nationalen Milieus. Gleichwohl kamen ihre frühen Mitglieder aus diesem Gesellschaftsteil und hatten hier ihre Wurzeln. Die NSDAP verdankte ihren Aufstieg der Tatsache, daß sie gerade nicht mit den etablierten Leitfiguren und Strukturen in Verbindung stand, sondern sich aus der zweiten und dritten Reihe der städtischen Gesellschaft rekrutierte, aus Jugendlichen und Heranwachsenden, aus Gruppen, die noch wenig in das lokale Vereinsnetzwerk eingebunden waren.

Katastertechniker Rudolf Martens, gebürtiger Greifswalder (geb. 1903), gehörte seit 1925 dem Turnerbund als einfaches Mitglied an.[2] Er trat bereits im Juni 1928 der NSDAP bei und machte dort später eine kleine Karriere. Wie Kropka oder Ebeling repräsentierte er die kleinbürgerliche Ur-NSDAP. Eine zweite Gruppe Mitglieder, die 1930 und 1931 in die Partei kam, gehörte zu den aktivsten Parteigenossen überhaupt. Sie verfügten aber über wenig Bindungen in der Gesellschaft und schienen auf ein mitreißendes Betätigungsangebot nur gewartet zu haben. Vor allem der SA-Führer Arwed Theuermann ist aus dieser Riege zu nennen. Er stammte aus dem Baltikum und war 1920 von dort geflohen, studierte Maschinenbau in Hannover und kam 1927 nach Greifswald, als seine Frau das Hutgeschäft ihres Vaters übernahm.[3] Offenbar unterbeschäftigt und von Alkoholproblemen geplagt, schloß er sich im März 1930 der NSDAP an. Auch Walter Bendt, geboren 1912 in Eldena und kurz »Putsch-Bendt« genannt, seit 1929 in der NSDAP, gehörte in diese Gruppe. Er war nach dem Besuch der Landwirtschaftsschule und einer kaufmännischen Lehre arbeitslos und entwickelte sich rasch zu einem der übelsten Schläger der SA.[4] Bis 1931 bewegte sich die Partei noch im Randbereich der Greifswalder Gesellschaft. Die Männer auf höheren Positionen und mit besserem sozialen Ansehen hielten sich zurück. Die Nationalsozialisten waren als Arbeiter, Angestellte oder unbedeutende Selbständige tätig. Andere waren arbeitslos oder lebten am Rande der ökonomischen Existenzfähigkeit, waren weder beruflich noch privat einer organisierten Gruppe zugehörig und nirgendwo integriert.

Das galt jedoch nicht für den Bereich des Landes und die Landwirtschaft innerhalb des Milieus. Hier traten auch führende Männer schon früh zur NSDAP über. Seit 1930 gehörte der Tierarzt Dr. Karl Vorbrodt (geb. 1898) der Partei an. Er war seit 1929 Vorsitzender des ›Gardevereins‹.[5] Er stammte aus einer Hofpächterfamilie in Levenhagen und leitete in der Partei den ›Kampfbund für Deutsche Kultur‹. Ihn muß man dem ländlichen Milieuteil

---

[2] Programmzettel von 1925, in: UB-Sammelmappe, Sportvereine.
[3] Lebenslauf vom 26.8.1936, in: BA. ehem. BDC, Arwed Theuermann, SSO.
[4] R. Thevoz u. a.,1974, Bd. 1, S. 281; Bd. 2, Nr. 70.
[5] Aktenvermerk, in: VpLA. Rep. 65c, Nr. 963.

zurechnen, der in die Stadt hineinragte und der sich seit 1929 in der Folge der Krise der NSDAP zuwandte.[6] In diese Gruppe gehörten auch der bereits häufiger genannte Emil Crawack, sein Schwager Kurt Griefahn (geb. 1898) und der Ackerbürger Otto Lehmann (geb. 1889), die von Ende 1929 bis Anfang 1930 beitraten.

Das weitere Vordringen in die städtische Gesellschaft wurde durch eine zweite Beitrittswelle deutlich, die etwa Ende 1931 begann und 1932 ihren Höhepunkt erreichte. Offenbar war es nunmehr unproblematisch, sich politisch offen gegen die DNVP zu stellen. Ein Beispiel ist der Studienrat Dr. Ferdinand Nagel (geb. 1886)[7], der nach der Aufhebung des Mitgliedschaftsverbotes für Beamte im Herbst 1932 der NSDAP beitrat. Er war stellvertretender Vorsitzender des ›Evangelischen Bundes‹, womit deutlich wurde, daß die NSDAP auch im religiösen Kernbestandteil des konservativ-nationalen Milieus Fuß gefaßt hatte. Der Diplomvolkswirt Dr. Wilhelm Haase (geb. 1903) schloß sich ebenfalls zu dieser Zeit der Partei an. Er arbeitete im Vorstand der Landwirtschaftlichen Versicherung.[8] Nach Monaten verdeckter Sympathie füllte auch Dr. Hermann Brüske (geb. 1883), Lektor für Slawistik an der Universität, das Beitrittsformular aus. Er hatte eine durch Krieg und Inflation gescheiterte Wissenschaftlerkarriere hinter sich. Ende 1931 wechselte er offen von der DVP zur NSDAP.[9] Bei diesen meist schon älteren und eher etablierteren Männern ist auffällig, daß niemand wirklich zur ersten Garde der Greifswalder Gesellschaft gehörte. Es war die zweite Reihe, Männer die »nicht weiterkamen«.[10] Private Netzwerke spielten eine große Rolle, denn Brüske gehörte mit Theuermann, dem ehrgeizigen Volksschullehrer Hube und dem nicht minder vorwärtsstrebenden stellvertretenden Schlachthofleiter Lansing zu einem Freundeskreis, dessen Mitglieder die individuellen Aufstiegswünsche gegenseitig zu befördern trachteten.[11]

Der alte Mittelstand fehlte weitgehend in der Partei, obwohl sie sich betont mittelstandsfreundlich gab. Vor 1933 wirkte sich diese Politik nur wenig aus. Der Mittelstand wählte NSDAP, trat der Partei aber nicht bei. Auch in dieser Bevölkerungsschicht wiederholte sich die Entwicklung, daß die Partei anfangs eher die Unterprivilegierten anzog. Dann aber änderte sich das Bild, und seit 1932 konnte die Partei stärker in den Kernbereich der Gesellschaftsgruppe vorstoßen. Milchhändler Walter Rahn und Kaufmann Gustav Pagallies gehörten zu den frühen Mitgliedern, sie waren kleine Selbständige. Op-

---

6 Geboren 1898 in Levenhagen bei Greifswald als Sohn eines Hofpächters, sein Bruder übernahm den Betrieb. Er studierte und machte sich in Greifswald selbständig. Kurz darauf (März 1930) schloß er sich schon der NSDAP an. BA. ehem. BDC, Karl Vorbrodt, NS-Mitgliederkartei.

7 BA. ehem. BDC, Ferdinand Nagel, NS-Mitgliederkartei.

8 BA. ehem. BDC, Wilhelm Haase, NS-Mitgliederkartei.

9 BA. ehem. BDC, Hermann Brüske, NS-Mitgliederkartei; UA. Personalakte Hermann Brüske, Nr. 23, passim.

10 Interview mit H. F. Curschmann.

11 Protokoll einer Vernehmung Lansings vom 26.7.1933, in: StA. Rep. 6 PB, Nr. 27.

tikermeister Werner Krause, Bäckermeister Arthur Brandenburg und Fleischermeister Albert Rathke, die 1932 in die Partei gingen[12], waren hingegen schon angesehene Geschäftsleute und, wie Rathke, Obermeister, Mittelstandspolitiker und Mitglied der Wirtschaftspartei gewesen. Kurz vor der Machtübernahme trat auch Karl Penz bei, 1894 geboren, aufstrebender Gastwirt und eine der jüngeren Führungsfiguren an der Schnittstelle von mittelständischem Gesellschaftssegment und konservativ-nationalem Milieu. Er war Stahlhelmer, arbeitete aktiv im Kriegerverein, im Vorstand des SC-Greifswald sowie bei Gastwirten und Bürgerschützen mit.

Etwa seit der Jahreswende 1931/32, vielleicht auch erst im Gefolge der für die DNVP verpfuschten Reichspräsidentenwahl, gelang der NSDAP offensichtlich der Durchbruch in der Gruppe der Etablierten aller Schichten. Es gelang ihr, Leitfiguren der vorpolitischen Organisationen zu sich herüberzuziehen, in die ›besseren‹ Kreise der Gesellschaft vorzudringen. Die meisten neuen Mitglieder waren politisch aber weitgehend unbeschriebene Blätter. Übertritte aus anderen Parteien waren eher selten. Vor 1933 gab es einzelne Wechsel von der DVP, der DNVP und der Wirtschaftspartei zur NSDAP. Das unterstreicht den Charakter der NSDAP als neuer Sammlungspartei.

Angesehene Bürger wie Jarmer oder Brüske waren für die Partei unschätzbar wichtig, weil sie durch die Autorität ihrer Person den Zugang zu Gremien und Zirkeln eröffneten, die der NSDAP sonst verschlossen blieben. Daß Brüske 1932 zu den Persönlichkeiten zählte, die das Theater retten sollten, hatte mit dieser Mittlerstellung zu tun: Er war gesellschaftlich für die etablierten Eliten akzeptabel, obwohl er Mitglied der NSDAP war. Brüske diente der NSDAP auch als unverdächtige Deckadresse und Verwahrer belastenden Materials.[13] Auch Jarmer nützte der Partei. Der DDP-Regierungspräsident schrieb am 12. Juni 1931 an den preußischen Innenminister: »Aus eigener Anschauung kann festgestellt werden, daß das Zusammenarbeiten mit Rechtsanwalt Dr. Jarmer sich sogar in angenehmer Weise vollzieht. Ich trage aus dieser Tatsache heraus doch gewisse taktische Bedenken, ohne besonderen speziellen Anlaß gegen die Genannten [Beamte in der NSDAP, hms.] vorzugehen.«[14]

Damit gab eine Stelle der Republik selbst das Signal für die gesellschaftliche Akzeptanz der NSDAP. Man mußte nicht mehr in jedem Fall mit Benachteiligung oder einem Karriereknick rechnen, wenn man sich offen der Partei anschloß. Eher war das Gegenteil der Fall. Was für Brüske in der Stadtpolitik galt oder für Jarmer im Bezirk, war auch im Mikrokosmos des

---

[12] Informationen aus den Sitzungen der Entnazifizierungskommission, StA. Rep. 6 Ia, Nr. 120. Wegen der politischen Hintergründe des Verfahrens sind solche Angaben mit Vorsicht zu genießen.

[13] Stellungnahme Theuermanns zu einem Vorgang von 1931/32, vom 27.2.1934, in: StA. Rep. 6 Ia GH, Nr. 19.

[14] Schreiben des Regierungspräsidenten an den preußischen Innenminister, 12.6.1931, in: VpLA. Rep. 65c, Nr. 964.

alten Mittelstandes oder im konservativ-nationalen Vereinsleben von Bedeutung: Die NSDAP war ein Faktor geworden, mit dem man rechnen mußte, also rechnete man mit ihm und grenzte die Anhänger Hitlers nicht länger aus. Über die Radikalität, die Gewalt und das brutale Auftreten besonders der SA schauten die etablierten Eliten dabei geflissentlich hinweg. Es traf ja nicht sie persönlich, sondern die anderen, mit denen sie schon immer nichts zu tun haben wollten.

NSDAP, SA, SS, HJ und NS-Frauenschaft erlebten einen Mitgliederzulauf. Ursache dafür war der weitgehende Zerfall der bestehenden politischen Verbindungen zwischen den vorpolitischen Strukturen der Gesellschaft und den Parteien. Hinzu kam die Lähmung und Aufspaltung der Eliten und die parallel dazu erfolgende Politisierung der Gesellschaft durch die Krise. Im Januar 1931 schätzte die Stadtverwaltung, daß es etwa 450 NSDAP-Mitglieder in Greifswald gab; im Juli 1931 lag die Zahl bei 650. Damit war die DNVP klar überrundet. Die SA, so mutmaßte die Stadt weiter, bestand aus etwa 300 Männern. Im Landkreis rechnete man Ende 1930 mit etwa 500 bis 600 Parteigenossen und einer SA von circa 200 Mann.[15] Knapp vier Monate später wußte der Landrat von 540 Mitgliedern und einer SA von rund 260 Mann, hinzu kam eine elfköpfige SS-Gruppe.[16] Doppelmitgliedschaften waren sehr wahrscheinlich. Das Wachstum des Jahres 1930 kam Anfang 1931 offenbar zu einem gewissen Abschluß und veränderte nicht mehr die absoluten Mitgliederzahlen, wohl aber die Zusammensetzung der NSDAP, denn die Fluktuation in der Partei war vor 1933 äußerst stark.[17]

Der Zulauf machte Umorganisationen und personelle Neubesetzungen notwendig. Die Partei begann, sich ihr politisches Vorfeld mit Berufs-, Jugend- und Frauenorganisationen selbst zu schaffen. Bis Ende 1930 gab es nur die NSDAP und die SA in der Region. Noch vor der Jahreswende entstand ein Vorläufer der NS-Frauenschaft, der Irma Crawack (geb. 1900) vorstand. Sie war seit 1929 mit Emil Crawack verheiratet.[18] Seit November betrieb die Partei die Bildung der SS aus der SA. Sie wurde als Leibwache Corswands in Kuntzow bei der Gauleitung angesiedelt; einen weiteren Trupp gab es in Jarmen. Im Dezember 1930 arbeiteten in Kuntzow im Büro der Gauleitung bereits vier Angestellte.[19]

Seit März 1931 erfolgte eine umfassende Neuorganisation der Partei. Von Corswand wurde durch den weit intelligenteren und geistig beweglichen Karpenstein ersetzt, der Parteibezirk Vorpommern aufgelöst und die SA umstrukturiert, weil sie offenbar am stärksten expandierte.[20] Greifswald

---

[15] Meldungen des Magistrats, in: StA. Rep. 6 P, Nr. 221 u. Nachweis des Landrats über die Gliederung der NSDAP im Kreis, 6.11.1930, in: VpLA. Rep. 65c, Nr. 978.

[16] Meldung des Landrats Kogge vom 13.3.1931, in: VpLA. Rep. 65c, Nr. 983.

[17] R. Bessel, Violence and Propaganda, 1986, S. 21 ff.

[18] Personalangaben, in: BA. ehem. BDC, Emil Crawack, RS.

[19] Berichte des Landrats vom 6.11.1930 u. 12.12.1930, sowie Polizeipräsident Stettin vom 31.12.1930, in: VpLA. Rep. 65c, Nr. 978.

[20] Bericht des Magistrats vom 19.4.1931, in: VpLA. Rep. 65c, Nr. 978.

wurde bis Ende 1931 Standort der ›SA-Standarte 42 – Schill‹, der ›SA-Bann 11‹ mit vier ›Stürmen‹ war ebenfalls in Greifswald beheimatet. Standartenführer wurde Theuermann. Die Nummer der Standarte bezog sich auf das Greifswalder Traditionsregiment ›42‹ und war ein bewußt ausgelegter Köder für die traditionsbewußten Nationalisten, der durch den Namen ›Schill‹ zusätzlich unterstrichen wurde.[21] Bis Februar 1932 schätzte die Polizei die Stärke der SA-Standarte auf rund 1050 Mann. Die SS verfügte gleichzeitig in Greifswald über einen Bann mit zwölf Mitgliedern.[22]

Die Dynamik der Organisationsexpansion blieb ungebrochen. Fast bewundernd registrierten die Behörden, daß die Partei einen eigenen Sanitätsdienst habe, daß die SA-Standarten über Musikkapellen verfügten, daß es berittene und motorisierte Verbände gab. Mitte 1931 ging die NSDAP daran, in Pommern eigene Fachverbände für die Post, die Forstbeamten, die Juristen und die Arbeiter aufzubauen.[23] Mitte 1932 war die Parteiorganisation so gewachsen, daß Kreis und Stadt Greifswald geteilt wurden und jeweils eigene Kreisleitungen erhielten. Kropka wurde durch den Dorfschullehrer Hube entmachtet.

Besonderen Erfolg hatte die Partei in Greifswald mit der Hitlerjugend. Sie wurde im Dezember 1931 gegründet und hatte bis Januar 1932 bereits 65 Mitglieder.[24] Geführt wurde sie von einem Studenten. Anders als bei der Stahlhelm- oder ›Bismarckjugend‹ führte hier ein nur wenig Älterer die Jugendlichen. Das wirkte offenbar sehr anziehend. Der antisozialistische Charakter wurde von der HJ besonders betont. Polemisch wandte sich die Hitlerjugend auch gegen die bürgerliche Bündische Jugend oder die ›Deutsche Freischar‹. Die HJ stellte sich als aktive Verkörperung des Ideals der Volksgemeinschaft dar, denn immer wieder betonte der Verband, sie organisiere alle Teile der Gesellschaft, vom Lehrling bis zum Oberschüler. Eine bildungsbürgerliche Schlagseite war aber unverkennbar, denn das Publikationsorgan der Greifswalder HJ war gespickt mit Goethezitaten. Die Hitlerjugend war bemüht, die Bedenken von Eltern und Lehrern zu zerstreuen und sich als normaler, idealistischer und nationaler Jugendbund darzustellen. Schon im März 1932 wartete sie mit einem eigenen ›Heim‹ an der Brüggstraße auf.

Faßt man die Aktivitäten der NSDAP in ihrem Organisationsausbau zusammen, dann ist das Bemühen deutlich, eine Struktur zu schaffen, die dem Vereinswesen des konservativ-nationalen Milieus entsprach und doch darüber hinausging: Die Partei stand im Zentrum, die SA entstand analog zum Stahlhelm, die Berufsverbände gegenüber Innungen, nationalen Arbeitern

---

[21] Bericht des Landrats vom 8. 12. 1931, in: VpLA. Rep. 65c, Nr. 978.
[22] Bericht des Polizeipräsidiums Stettin, 6. 2. 1932, in: VpLA. Rep. 65c, Nr. 983.
[23] Bericht des Landeskriminalpolizeibezirks Stettin, 23. 7. 1931, in: VpLA. Rep. 65c, Nr. 982.
[24] ›Der Greifswalder Hitlerjunge‹, vier Hefte, erschienen 1931 bis Frühjahr 1932, in: UB-Sammelmappe, Nationale Vereine, Jugendpflege.

und Angestellten oder Gewerbevereinen, die Parteijugend gegen ›Bismarck-jugend‹ und Jungstahlhelm, die Frauenschaft gegen den Hausfrauenverein und die kirchlichen Frauenkreise. Es gab jedoch einen ganz wesentlichen Unterschied zum konservativ-nationalen Milieu, denn alle Organisationen waren dezidiert auf die Partei bezogen, was sie in der bisherigen Struktur des Milieus gerade nicht gewesen waren. Die neue Struktur versprach also Bündelung der Kräfte und Einheitlichkeit der Führung, Einigkeit und Stärke gegenüber Zersplitterung, Zerfall und Streit, wie ihn das Milieu vorexerzierte und wie es die Konservativ-Nationalen eigentlich ablehnten. Die NSDAP orientierte sich an Forderungen und Begriffen, die DNVP oder Stahlhelm stets im Munde geführt hatten. Die neue Struktur versprach gewissermaßen eine bessere Organisation für die gleichen gesellschaftlichen Bedürfnisse, die gleichen ideellen und materiellen Interessen.

Es war deswegen nicht die Taktik der NSDAP, in die bestehenden Strukturen einzudringen, sondern sie machte eigene Angebote, um die vorhandenen, zerfallenden Netzwerke in die eigenen Organisationen einzufügen, freilich zu den Bedingungen der NSDAP. Sie baute sich ihr eigenes Milieu auf. Wohl auch deshalb, weil sie selbst nicht genügend im etablierten Milieu verankert war, aber ein konkurrierendes Angebot offerieren mußte, wenn sie eine Alternative zu den durchaus intakten Einzelteilen des konservativ-nationalen Milieus sein wollte.

Daß die Menschen aus dem konservativ-nationalen Milieu die Botschaft der NSDAP, sie werde die Forderungen, Wünsche und Träume besser umsetzen, als es die bisherigen Eliten vermocht hatten, als Kontinuitätsversprechen verstehen konnten, hatte mit der Utopie von der nationalen Volksgemeinschaft zu tun, die das Milieu so stark faszinierte. Diese Idee war mit Ausbruch der Krise 1929 erneut zum Fluchtpunkt nationalistischer Erlösungshoffnung geworden. Nationale Volksgemeinschaft war das leuchtende Ziel, wenn jetzt überall die Forderung aufkam, das ›System‹ wegen erwiesener Erfolglosigkeit endlich zu beseitigen. Das war eine Forderung, die sowohl die NSDAP-Anhänger als auch die konservativen Revolutionäre auf Seiten der Deutschnationalen unterschrieben. Wie dieser Begriff zu füllen war, blieb freilich umstritten. Doch das war eine akademische Diskussion, denn für den politischen Kampf um die Unterstützung der Massen war entscheidend, daß die DNVP eine alte und verbrauchte Partei war, die NSDAP hingegen eine junge und dynamische, daß beide aber nach der wahren, der nationalen Volksgemeinschaft strebten. Der Streit um Interessen, der den Zusammenhang des Milieus und seiner Eliten aufsprengte, war begleitet von der Hoffnung auf das Ende dieses Streites, auf Verständnis für die eigenen Forderungen, die man mit Nachdruck von einer starken Partei vertreten sehen wollte, auf ausgleichende Gerechtigkeit, ohne daß sich Grundlegendes in den Besitzverhältnissen oder der Gesellschaftsverfassung ändern sollte.[25] Diese Widersprüche waren nur in einer Utopie aufzulösen.

---

[25] H. MATTHIESEN, Nationalismus, 1997. Dort auch die Literaturnachweise.

Die NSDAP versprach all das, aber sie mußte auch in ihrem politischen Auftreten verdeutlichen, daß sie die erfolgversprechendere Variante der Volksgemeinschaft verkörperte. Da diese Idee sehr stark in und mit dem öffentlich inszenierten nationalistischen Kult lebte, war es von entscheidender Bedeutung, was die NSDAP auf diesem Gebiet unternahm. Sie mußte den Stahlhelm und die DNVP beerben, und sie mußte besser sein, aktiver, dynamischer, präsenter, radikaler.

Schon in ihrer inneren Organisation waren NSDAP und SA daher egalitärer strukturiert als die bisherigen Organisationen. In den Ohren der nationalistisch vorgeprägten Menschen klangen die Prinzipien der NSDAP attraktiv, ihre Ziele idealistisch. Die SA war kein Mittelding mehr, keine politische Veteranenorganisation, sondern nur noch Kampfverband, eine Parteiarmee. Es gab in der SA keine Rangstufen, die sich an ehemaligen militärischen Dienstgraden, an Würde oder Sozialprestige in der Gesellschaft orientierten – anders als beim Stahlhelm. Führerschaft gründete sich nicht auf wohlerworbene Rechte, soziale Stellung oder Reichtum. Jeder war gleich wichtig, es galt eine Gruppensolidarität nach außen, kombiniert mit einer freiwilligen Unterordnung nach innen. Es gab ›Werte‹, wie Kampf, Härte gegen sich, Gehorsam, Einsatzbereitschaft und Fanatismus für die gemeinsame Sache. Diese Vorstellungen wirkten in der ›Kampfzeit‹ der NSDAP noch sehr überzeugend, als DNVP-Mitglieder und Mittelstandspolitiker an den Wertvorstellungen der lokalen bürgerlichen Gesellschaft reihenweise scheiterten. Die NSDAP erklärte sich frei von den Zwängen solcher Konventionen. Die NSDAP sah in der Idee der nationalen Volksgemeinschaft nicht das Vehikel, die bestehenden Verhältnisse zu bewahren und zu stabilisieren, wie es DNVP und Landbund 1919 und 1920 getan hatten. Sie wollte diese Verhältnisse überwinden und die alten Eliten ablösen. Daß an der NSDAP nur noch der bedingungslose Einsatz für das Vaterland wahrgenommen wurde und nicht mehr die Gewalt, die Menschenverachtung und die ständige Mißachtung moralischer Grundregeln, war durchaus ein Ergebnis konservativ-nationaler politischer Prägung.

NSDAP und SA waren DNVP und Stahlhelm sehr ähnlich: Aufmärsche in Uniform und Kolonnenordnung mit Marschmusik hinter der Fahne durch die Stadt. Die eigene Kapelle war deswegen höchst wichtig. Militärisches Zeremoniell, Versammlungen mit prominenten Rednern, nationales Pathos, Anti-Versailles-Bekenntnisse, Tiraden gegen das abgewirtschaftete ›System‹, gegen Juden und Kommunisten, Demokraten und Sozialisten – und gegen die DNVP, die Reaktionäre, die »Kalkchebirge, iber die wir hinwechsteichen werden«, wie Theuermann sich im schönsten breiten Baltendeutsch auszudrücken pflegte.[26] Neu war auch, daß die Fahnenweihen ohne Pfarrer vonstatten gingen. Ansonsten unterschied sich das Ritual wenig vom Bekannten, war in Randbereichen schärfer und radikaler, folgte aber wiedererkennbar dem Muster der alten nationalen Verbände.

---

[26] Zitat übermittelt von H. F. Curschmann.

Neu und überraschend waren Intensität und Ausdauer, mit der die NSDAP ihre Aktivitäten betrieb. Nach der Wahl im September 1930 rissen die Veranstaltungen nicht ab, wie es sonst nach Wahlen üblich war. Rund 600 Personen fanden sich immer wieder ein, wenn die NSDAP zu Saalveranstaltungen einlud.[27] Der Bezirkstag in Greifswald mit 1500 Teilnehmern im April 1931 war ein erster Höhepunkt unter den Freiluftveranstaltungen, die dann im Sommer in dichter Folge überall in Pommern als ›Deutsche Tage‹ abgehalten wurden.[28] Greifswald sah im Juli ein NS-Bezirkssportfest mit mehreren hundert Aktiven. Wenn irgendwo in der Region eine NSDAP-Versammlung stattfand, dann kamen die Parteigenossen und SA-Männer aus allen Dörfern dorthin. Die Partei befand sich in einer ständigen Mobilisierung. Der Wahlkampf wurde zur Dauereinrichtung erhoben, alle Bereiche des Lebens wurden politisiert. Weder DNVP, Stahlhelm noch der Landbund, und die anderen bürgerlichen Parteien schon gar nicht, konnten 1931 ansatzweise mit so vielen Veranstaltungen aufwarten. Sie bedeuteten immer auch ein Gemeinschaftserlebnis für die Teilnehmer, stärkten den Korpsgeist und stifteten damit eine feste Gemeinschaft als Konkurrenz zu dem, was der Stahlhelm aus der Kriegsvergangenheit bezog.[29] Der Eindruck nach außen hin war deutlich: Die NSDAP tat etwas, DNVP und Stahlhelm verkrochen sich. Sie waren kaum mehr öffentlich präsent. Ihr Image als alte und eingeschlafene Organisationen verstärkte sich noch.

Besonderen Stellenwert im Bereich der öffentlich inszenierten Dynamik und des Aktionismus' hatte die Auseinandersetzung der NSDAP mit der KPD und dem Reichsbanner. Der Konflikt mit den Sozialisten war für das konservativ-nationale Milieu konstitutiv; seine Steigerung an den Rand des Bürgerkrieges versprach Erfolg selbst noch dann, als diese Strategie außer Kontrolle geriet. Sie mündete in einen dreifachen Mord, der Reichskanzler von Papen zum Schlag gegen das sozialdemokratisch geführte Preußen am 20. Juli 1932 ermunterte.[30] Schauplatz des ›Greifswalder Blutsonntags‹ am 17. Juli 1932 waren die Notunterkünfte an der Loitzer Landstraße.

Wer an der Eskalation der Gewalt zwischen KPD und NSDAP die größere Verantwortung trug, läßt sich nicht ausmachen. Es muß in Pommern nicht unbedingt die NSDAP gewesen sein, die ausufernde Gewalt in den Streit trug. Beide Seiten taten nichts, um brutale Auseinandersetzungen zu verhindern. Nach den nächtlichen Unruhen rund um die Wahl 1930 war es bis zum Sommer 1931 weitgehend ruhig in der Region. Im zweiten Halbjahr 1931 gab es dann die ersten Toten. NSDAP, KPD und Reichsbanner hatten je ein Mitglied zu beklagen. Die NSDAP verzeichnete daneben noch 59 Verletzte, das Reichsbanner acht, der Stahlhelm einen und die KPD

---

[27] Mehrere Berichte der Polizei, in: VpLA. Rep. 65c, Nr. 983.

[28] Anmeldungen, in: VpLA. Rep. 65c, Nr. 940.

[29] Anmeldungen für Fahrten in geschlossener Gruppe, in: VpLA. Rep. 65c, Nr. 940 u. 941.

[30] H. A. WINKLER, Weimar, 1993, S. 490ff. Er erwähnt lediglich den fast zeitgleich ablaufenden ›Altonaer Blutsonntag‹.

drei.[31] Als Täter gegen die NSDAP ermittelte die Polizei 40 Kommunisten und 13 Sozialdemokraten. Eindeutig trugen die beiden extremen Parteien den Bürgerkrieg; der Stahlhelm hingegen geriet selten ins Visier.[32] Offene Straßenschlachten waren die Ausnahme; kennzeichnend war eine Art Bandenkrieg, den beide Seiten planmäßig betrieben. Im November 1931 wurde Walter Bendt Opfer eines KPD-Rollkommandos. Schwer verletzt, mit gebrochenem Schädel kam er ins Krankenhaus.[33] Am 7. und 8. März 1932 ging die KPD gemeinsam mit dem Reichsbanner auf die NSDAP los. Mit Knüppeln und Messern fochten die Männer, fünf wurden verletzt. Die NSDAP hatte versucht, die Redaktion der Volkszeitung an der Bismarckstraße zu stürmen.[34] 30 Verletzte zählte die NSDAP im ersten Vierteljahr 1932 in Vorpommern, drei das Reichsbanner und elf die KPD.[35]

Das Versammlungsverbot führte zu einem ruhigen zweiten Quartal 1932. Als es im Juni aufgehoben wurde, brach die aufgestaute Wut los. Es standen Wahlen vor der Tür. Am 15. Juli hatte es am Karlsplatz eine erste politisch motivierte Schlägerei gegeben.[36] Für den 17. Juli setzte die NSDAP einen der üblichen SA-Standartenaufmärsche in Greifswald an. Einige hundert SA-Männer wurden aus dem Umland herangefahren. Umzüge mit Musik, eine Kundgebung und ein gemeinsames Mittagessen in den Lokalen der NSDAP standen auf dem Programm. Das übliche Spiel der wechselseitigen Drohungen ging voraus. Die Polizei traf die gewohnten Sicherungsmaßnahmen, indem sie beide Parteien auf Zurückhaltung verpflichtete, der KPD das Zugeständnis abrang, sich den Straßen fernzuhalten und die NSDAP auf allen Wegen mit Polizei einrahmte. Doch diesmal ging das Konzept nicht auf, denn beide Seiten hatten offenbar Vorkehrungen getroffen, an diesem Tag loszuschlagen, oder rechneten mit Angriffen.[37] Das war nach den Morden nicht mehr festzustellen.

Schon morgens beim Anrücken kam es an den als Kommunistenquartier bekannten Baracken zu Wortgefechten. Der Standartenaufmarsch auf dem Markt verlief aber ruhig. Am Nachmittag gegen 15 Uhr warfen einige Anhänger der Linken Steine auf einen NS-Posten. Mit Flaschen, Steinen und Knüppeln ging man aufeinander los. Es gab mehrere Verletzte, erste Schüsse

---

[31] Nachweis über politische Gewalt im Bezirk vom 12.1.1932, in: VpLA. Rep. 65c, Nr. 983.

[32] Polizeibericht, 25.10.1931, in: VpLA. Rep. 65c, Nr. 1001.

[33] H. LOHMANN, 1933, passim. Er schildert diesen Kleinkrieg sehr anschaulich, unter anderem auch den Vorfall mit Bendt.

[34] K. SCHREINER (Hrsg.), 1958, S. 125f.

[35] Bericht des Regierungspräsidiums, in: VpLA. Rep. 65c, Nr. 983. Daß die Zahlen der KPD so niedrig lagen, deutet darauf hin, daß sie ihre Opfer lieber selbst versorgte, um juristische Folgen zu vermeiden. Daher wurden sie offenbar der Polizei nicht bekannt.

[36] Greifswalder Zeitung, 16.7.1932.

[37] K. SCHREINER (Hrsg.), 1958, S. 127ff. Die Arbeiter hatten einen Wach- und Patrouillendienst eingerichtet und das Gewerkschaftshaus zur Festung ausgebaut. Angeblich, so wußte man später, habe es dort auch ein Lazarett gegeben. Greifswalder Zeitung, 18.7.1932.

fielen. Die Polizei griff ein und trennte die Parteien. Beim Abmarsch der auswärtigen NS-Verbände war am Barackenlager der Weg verstellt. Die Bewohner der Notunterkünfte warteten mit Steinen und Knüppeln auf die SA. Eilig holte die NSDAP aus der Geschäftsstelle der Partei in der Innenstadt Verstärkung heran und nicht, wie verabredet, die Polizei. Als die SA eintraf und die Straßenschlacht begann, fielen Schüsse aus den Baracken. Drei SA-Männer wurden tödlich getroffen. 27 Schwerverletzte zählte später die Polizei.[38]

Greifswald war entsetzt. »Bis in die Mitternachtsstunden hinein stehen auf dem Marktplatz, in den Straßen, am Rathaus, überall aufgeregte Menschen, die die Tat lebhaft besprechen.«[39] Der Empörung und dem Solidarisierungseffekt in der Bevölkerung mit der NSDAP wollte und konnte sich die DNVP nicht entziehen. Denn selbstverständlich war man in den Kreisen der Konservativ-Nationalen der Meinung, die Linken seien schuld. Dieses Denkmuster war bei allen Vorbehalten gegen die NSDAP und ihre Vorgehensweise unerschütterlich fest verankert. Am 18. Juli 1932 änderte das Bürgerschaftliche Kollegium die Tagesordnung und diskutierte die Vorfälle. Fleischmann machte deutlich, beide Seiten hätten Gewalt bewußt in Kauf genommen. Offen sei nur, wer angefangen habe.[40] Die DNVP schloß sich der Kritik der NSDAP an der Polizei an, sparte hingegen die NSDAP von jeder Kritik aus. Die deutschnationale Fraktion beantragte, der Magistrat möge in Berlin die Verhängung des Belagerungszustandes erwirken. Das wurde einstimmig angenommen. Die GZ brachte Leserbriefe, die die Kommunisten als »zuchtlose Heiden und Gotteslästerer« beschimpften.[41]

Besonders heikel war die Trauerfeier am 21. Juli, denn eines der Opfer war der Student Bruno Reinhard. Damit war die Universität gefordert. Rektor Deißner hielt die Ansprache: Man sei »erschüttert über die Zerreißung der Volksgemeinschaft.« Reinhard »fiel in treuer Pflichterfüllung für seine Überzeugung von des Vaterlandes Größe, Macht und Freiheit. [...] Uns alle möchte derselbe Geist der Selbsthingabe und der Opferbereitschaft für das Vaterland erfüllen.«[42] Am offenen Grab bei gesenkten Fahnen spielte man dann das Lied »Ich hatt' einen Kameraden.« Deißner bemühte die übliche Argumentation der Konservativen, wenn es um politischen Radikalismus aus nationalistischen Motiven ging. Man hielt das für einen etwas überschießenden Idealismus und sparte die moralische Frage aus, ob man Kommunisten gewaltsam für das Vaterland angreifen durfte? Ferner sahen die Konservativen die nationale Bewegung schon immer als in der Defensive stehend an. Sie befand sich in Abwehr gegen eine Bedrohung von außen. Rechtfertigte die Verteidigung des Vaterlands nicht vieles, ja letztlich alles? Die Volksgemeinschaft, das war man selbst, und die Zerreißer, Bedroher

---

[38] Greifswalder Zeitung, 18.7.1932, 28.7.1930 u. 30.7.1930.
[39] Greifswalder Zeitung, 18.7.1932.
[40] Greifswalder Zeitung, 19.7.1932.
[41] Ebd.
[42] Greifswalder Zeitung, 22.7.1932.

und Zerstörer, das waren eben die anderen, die Kommunisten. Die Konservativen glaubten offenbar, es sei klug, die Frage der Moral auszusparen, um die nationale Volksgemeinschaft nicht zu gefährden. Der nach 1918 eingeübte Abschließungsreflex gegen die Linke funktionierte auch 1932 noch – unter Einschluß der NSDAP.

Die Trauerweihestunde der NSDAP am Abend des 21. Juli in der Stadthalle mit Fahneneinmarsch, Wagnermusik und einer Ansprache, die ebenfalls den Opfergedanken in den Mittelpunkt rückte, die Idee, hier seien drei Märtyrer für die gesamte Volksgemeinschaft gestorben, mündete ebenfalls in das Lied »Ich hatt' einen Kameraden«. So schloß sich der Kreis. Die Wähler aus dem gesellschaftlich zerfallenden und politisch desorientierten konservativ-nationalen Milieu mußten schon genau hinsehen, wenn sie die Unterschiede zwischen der DNVP und der NSDAP erkennen wollten. Letztlich, so der Eindruck, war die Differenz in der Situation des Juli 1932 eine Frage des politischen Temperaments und Geschmacks, keine Grundsatzfrage. Auch aus dieser Warte läßt sich der Tiefpunkt der DNVP bei der Juliwahl 1932 erklären.

4. Trennlinien: Radikalisierung und Distanz zur NSDAP

Die DNVP und ihr Vorfeld hatten politisch, kulturell und ideologisch inzwischen ihre Unterscheidbarkeit von der NSDAP weitgehend verloren. Der totalitäre Anspruch der deutschnationalen Politik war deutlich. Die moralische Indifferenz der DNVP war weit fortgeschritten, weil in der Krise offenbar jedes Maß verloren ging, das sie in ihren Überzeugungen und im Umgang mit ihren Gegnern doch besessen hatte. Ihr Taktieren und ihre Anpassung an jene Partei, die ihr wie die modernere und erfolgreichere Version des eigenen Wollens erscheinen mußte, verwischte die Gegensätze. Doch es blieben eindeutig organisatorische Refugien, Positionen und Gruppenverbindungen bestehen, die nach dem Juli 1932 zugunsten der DNVP wirksam wurden, die sich klar von der alles einschmelzenden NSDAP abhoben.

Auffälligerweise trugen besonders jene Elemente des konservativ-nationalen Milieus den Wiederaufstieg der DNVP bei der Novemberwahl 1932, die besonders traditionell verfaßt waren, die besonders enge und geschlossene korporative Bindungen besaßen, in denen die Honoratiorenstruktur in Geltung blieb und in denen die sozialen Unterschiede zwischen NSDAP und DNVP am deutlichsten hervortraten. Und der Rückhalt blieb dort bestehen, wo neben der allgemeinen nationalistischen Weltanschauung etwas anderes, Tiefergehendes als haltgebender Orientierungsrahmen wirksam blieb. Besonders dort, wo dieser Rahmen sich religiös ausprägte, wo also das Milieu im Glauben verankert war und den Bereich politischer Überzeugungen überschritt, behielt die DNVP eine Basis.

a) Die Kirche geht auf Distanz

Bei der pommerschen Kirche ließ sich nach 1930 eine Entwicklung beobachten, die zunächst analog zu den allgemeinen gesellschaftlichen Verhältnissen verlief, sich dann jedoch signifikant unterschied. Die zunächst einsetzende »Politisierung des kirchlichen Lebens« war Folge der seit 1918 vorhandenen Unzufriedenheiten[1], die von der DNVP und ihrem Youngplanbegehren politisch aktiviert wurden. Die Kirche in Pommern stellte es ihren Pfarrern 1929 frei, sich gegen die Republik zu bekennen und in die Listen einzuzeichnen, was diese auch in beachtlicher Anzahl taten. Nach dem Scheitern des Schulgesetzes und der erneuten Regierungsbildung durch die ›Gottlosenpartei‹ SPD warf auch die Kirche alle Hemmungen über Bord und äußerte sich politisch immer eindeutiger.

Die Reformationsjubiläen und die politische Radikalisierung griffen bruchlos ineinander. Zum 400. Jahrestag des Augsburgischen Bekenntnisses 1930 bat der ›Evangelische Bund‹ unter dem Theologen Prof. Beyer noch zu einer ›Gedenkfeier‹ – der Begriff unterstreicht den traditionellen Rahmen – in die Stadthalle. 400 Jahre nach der Knüpfung des Bundes von Schmalkalden, am 12. Juli 1931, sangen die Christen wieder »Ein feste Burg ist unser Gott [...] Das Reich muß uns doch bleiben.« Und der Festgottesdienst war durchsetzt von der üblichen Kampf- und Verteidigungsrhetorik der pommerschen Kirche. Zum 300. Todestag Gustav Adolfs von Schweden am 13. November 1932 veranstalteten der ›Gustav-Adolf-Verein‹ und der ›Evangelische Bund‹ eine ›Kundgebung‹ in der Stadthalle.[2] Schon dieser Begriff verriet eine Qualitätsveränderung. Im Zuge der Feiern brachte die Kirche eine Bronzeplatte neben einem Portal des Domes Sankt Nikolai an, der späteren Gustav-Adolf-Tür, durch die 1989 Honecker schritt. Historische, regionale und politische Elemente verknüpften sich wiederum zu einem Bündel aus politischer Identifikation und christlichem Glauben.

Wie solche Veranstaltungen ganz konkret parteipolitisch zu verstehen waren, machte der ›Evangelische Bund‹ in einem Flugblatt von April 1931 deutlich. »Das internationale Freidenkertum in Gefolgschaft des russischen Bolschewismus schreckt vor nichts zurück, um mit seinen herausfordernden Gottlosenkundgebungen das religiöse Empfinden zu verletzen und die christliche Religion verächtlich zu machen. [...] Neben dieser Front [...] erwächst unserm deutschen und evangelischen Leben ein anderer Feind in dem römischen Ultramontanismus, der auf allen Gebieten der Bildung und Verwaltung heute die Vorherrschaft erstrebt und gerade unsere Provinz Pommern als das wichtigste Missionsgebiet der ganzen katholischen Christenheit ansieht. Eine neue Gegenreformation ist am Werk!« Der ›Evangelische Bund‹ schlug sich selbst als organisatorisches Bollwerk gegen die Be-

---

[1] W. Klän, Evangelische Kirche, 1995, S. 100–180, hier S. 100. K. Nowak, Weimarer Republik, 1981, spricht von »akuter Politisierung«, S. 210–215.
[2] Programmzettel, in: UB-Sammelmappe, Kirchen, Musik, Sekten, Bd. 2.

drohungen vor und warb um Mitglieder: »Eine politische Partei wie das Zentrum können wir aus wohlerwogenen Gründen nicht bilden. Aber wir müssen uns zusammenschließen, zu einer großen Organisation [...] zur Wahrung deutscher und protestantischer Interessen.«[3] Diese radikale Absage an jede politische oder ökumenische Gemeinschaft mit Republikanern und Katholiken unterzeichneten neben anderen Julie von Wolffradt und Prof. von der Goltz von der DNVP sowie die Pastoren Koehler und Prost von Sankt Marien. Der DNVP traute die örtliche Kirche offenbar nicht mehr zu, die Interessen der christlichen Kreise in Pommern adäquat in der Politik zu vertreten. Wie sonst wäre sie auf diese Idee verfallen?

Eine Kirche, die solche Töne anschlug, war nicht in der Lage, politisch mäßigend zu wirken. Dies war ihr Versuch, die nach dem Niedergang der Republik 1930 offene politische Situation für die Erfüllung bisher unerreichter Ziele zu nutzen, ohne große Rücksichtnahmen auf bisherige Bindungen. Derartige Polemiken erschienen angebracht, um im immer lauter werdenden Chor auseinanderstrebender Gruppen und Interessen überhaupt noch wahrgenommen zu werden. Die Auflösung des Verbindenden, die Zuspitzung eigener Forderungen, das Schüren gesellschaftlicher und politischer Konflikte für egoistische Absichten wurde von der Kirche noch verstärkt.[4] Die religiöse Klammer des konservativ-nationalen Milieus erwies sich deswegen zunächst auch nicht als ein Hemmnis für den Aufstieg des Nationalsozialismus. Im Gegenteil, das Endzeitgetöne der Kirche ließ die Frage nach einer neuen politischen Vertretung laut werden, denn dieses Verhalten schloß den Hinweis mit ein, daß die DNVP in der Republik zu wenig für die Kirche ausgerichtet hatte.[5] Die Frage nach dem Verhältnis zur NSDAP, dem neuen parteipolitischen Hoffnungsträger des konservativ-nationalen Milieus, stellte sich somit auch für die Gemeinden, ihre Pastoren und die Kirchenleitungen.

Stadtsuperintendent von Scheven hatte stets deutlich gemacht, daß er bei aller nationalistischen Begeisterung für völkische Gedanken keine Sympathie hegte.[6] Schon im April 1932 hatte er anläßlich der Visitation in der Mariengemeinde hervorgehoben, die Verbindung von Evangelium und Volkstum berge neben der begrüßenswerten Bejahung nationalen Wollens und Lebens auch eine Gefahr, nämlich den »Irrtum der Vergötzung der Rasse«.[7] Am 1. Mai 1932 beschäftigte sich auch die Beilage ›Kirche und Schule‹ in der GZ mit dem Problem der Vereinbarkeit von christlichem Bewußtsein und Nationalsozialismus. Unbehagen bereitete den Pfarrern, daß

---

[3] Flugblatt ›Evangelischer Bund‹, April 1931, in: UB-Sammelmappe, Kirchen, Musik, Sekten, Bd. 2.

[4] K. Nowak, Weimarer Republik, 1981, S. 15 u. S. 215–292.

[5] Zu den Spannungen zwischen DNVP und Kirche sowie ihren Gliedern, K. Nowak, Weimarer Republik, 1981, S. 144. Dort werden verschiedene Initiativen zu christlichen Parteigründungen vorgestellt.

[6] K. Nowak, Weimarer Republik, 1981, S. 244 ff.

[7] Greifswalder Zeitung, 20. 4. 1932.

eine fast rein evangelische Wählerpartei entstanden war, die unter der Führung von Katholiken stand, wobei auf Goebbels und Hitler hingewiesen wurde. Man bejahe das Ziel der NSDAP, Deutschland die Freiheit wiederzugewinnen, und begrüße, daß die Zersplitterung im Innern überwunden werde.»Aber die Freiheit evangelischen Kirchentums lassen wir in keinem Falle antasten [...]. Das Wort der ewigen Wahrheit klingt in alle politischen Wandlungen hinein. Es richtet sich aber nicht nach ihnen und läßt sich von ihnen nichts vorschreiben [...].«[8] Damit war die Grenze gezogen: Der Glaube verlangte Vorrang vor der Politik. Mit dieser Forderung stand die Kirche nicht alleine da. Fleischmann sagte im April 1932 anläßlich einer Schuleinweihung:»Unsere ganze deutsche Kultur beruht nicht auf dem Volkstum allein, sondern sie ist von den Anfängen an verknüpft mit dem religiösen Gedanken.«[9]

Im September 1932 wurden die Listen zur Kirchenwahl aufgestellt, die im November stattfinden sollte. Gewählt wurden der Gemeindekirchenrat und die Gemeindevertretung. Bis dahin war es den Pfarrern immer gelungen, Einheitslisten zustande zu bringen, also Differenzen im Vorfeld einzuebnen, weswegen auch die religiösen Sozialisten in Greifswald weiter zur Kirche hielten. Jetzt gab aber die NSDAP Weisung, Wahlvorschläge der Deutschen Christen anzumelden.

Das Wahlrecht der Kirche war nicht übermäßig demokratisch. Es war an die Konfirmation, ein Mindestalter von 24 Jahren, Beiträge zu den Kirchenlasten und eine per Antrag vorgenommene Eintragung in die Wählerverzeichnisse geknüpft. Mit der Registrierung erklärte der potentielle Wähler, »das Wahlrecht im Sinn und Geist der evangelischen Kirche und ihrem Wohl ausüben zu wollen.«[10] Die Definitionsmacht darüber hatte die Kirchenleitung. Sie und die Pfarrer saßen demnach stets am längeren Hebel. Dennoch drohte der Kirche eine innere Polarisierung. Ironischerweise trat Rektor Schülke, den die DNVP auf seinen Schulleitersessel befördert hatte, für die Deutschen Christen an.[11]

Die Herausforderung verfehlte ihre Wirkung nicht. Erstmals äußerte sich die Pfarrerschaft der Stadt unzweideutig politisch und gegen die NSDAP. Vor dem ›Bund religiöser Sozialisten‹ und den Deutschen Christen sei gleichermaßen zu warnen. Es drohe unmittelbarer politischer Einfluß auf die Predigt, die kirchlichen Gruppen und die Pastoren.»Volkstum und Rasse in Ehren! Aber wehe, wenn sie zu Götzen werden, wehe wenn sie nicht am Glauben an den lebendigen Gott und seinem Christus orientiert sind, vielmehr eine Religion des Blutes auf den Krücken einiger christlicher Ideen werden.«[12] Über die Gewalt und die Methoden der NSDAP sprach die Kir-

---

[8] Greifswalder Zeitung, 1.5.1932.
[9] Greifswalder Zeitung, 11.4.1932.
[10] Greifswalder Zeitung, 11.11.1932.
[11] Greifswalder Zeitung, 10.11.1932.
[12] Greifswalder Zeitung, Kirche und Schule, 24.9.1932.

che nicht, obwohl sie kaum als christlich gelten konnten. Ihr ging es nur um die Frage des richtigen Glaubens. Wählbar seien daher nur die »alten kirchlichen Gruppen.« Der Stahlhelm sekundierte. Major Raettig gab seinem »Bedauern Ausdruck, daß von verschiedenen Seiten die Angelegenheit in das politische Fahrwasser gezogen werde«.[13]

Die Kirche in Greifswald schien wie paralysiert, da sie selbst in die Mühlen der Politik geraten war. Vor dem Wahltag am 13. November 1932 fanden sich die Gemeinden nicht einmal bereit, die konkurrierenden Listen vollständig in der Zeitung zu veröffentlichen. Es gab keine Stellungnahmen mehr, nur noch anonyme Leserbriefe, die halboffiziell den Standpunkt von Schevens und seiner Pfarrer deutlich machten.[14] Sie wiederholten die Vorwürfe und wiesen, ganz entgegen der deutschnationalen politischen Tradition der Kirche, auf ein mangelhaftes Verständnis des evangelischen Christentums hin, wenn man, wie die Deutschen Christen es forderten, Glaubensbrüdern aus politischen Gründen die Mitarbeit in der Gemeinde verbieten wolle. Unter dem Druck der NSDAP rang sich die Kirche damit erstmals dazu durch, wenigstens im eigenen Machtbereich christlich begründet politischen Pluralismus zuzulassen, ja einzufordern.

Zwei Drittel der aufgelisteten Kirchenmitglieder beteiligten sich an der Wahl, in Sankt Jacobi und Sankt Nicolai kam die NS-Liste auf über ein Drittel der Sitze. In Sankt Marien, zu der die guten bürgerlichen Quartiere der Stadt gehörten, erreichte sie nur ein Viertel.[15] Zwar war das Tischtuch zwischen der Kirche und der NSDAP damit nicht zerschnitten, in jedem Fall war jedoch eine Trennlinie gezogen worden. Man wußte jetzt bei der NSDAP, wie weit die Kirche politisch mitziehen würde. Der Kirche war klar geworden, daß der gemeinschaftsstiftende Nationalismus auch zu einer Falle werden konnte. Die ersehnte nationale Volksgemeinschaft bot keine Perspektive für die Volkskirche.

b) Universität und bessere Wohnbezirke der Stadt

Die Universität mit ihrer deutschnationalen Professorenschaft war eine besonders geschlossene konservative Gesellschaft. Bis 1931 hatte es die Hochschule geschafft, die inneren Spannungen aufzufangen, die sich aus dem Gegensatz zu den mehrheitlich immer stärker zur NSDAP tendierenden Studenten ergaben. Das radikale Gebaren einiger NS-Studenten ertrug die Universität nicht ohne Wohlwollen, sah man die jungen Männer doch als Kämpfer für die gute nationale Sache. Allenfalls räumte man ein, daß sie in ihrem jugendlichen Überschwang bisweilen etwas weit gingen.

Innerhalb der Studentenschaft gab es zwei Großgruppen. Die NSDAP grenzte sich von den elitären Korporationen ab, die sich eher dem Stahlhelm

---

[13] Greifswalder Zeitung, 24.9.1932.
[14] Greifswalder Zeitung, 12.11.1932 u. 7.11.1932.
[15] Ergebnisse, in: Greifswalder Zeitung, 14.11.1932.

zurechneten. Die Korporationen wiederum machten zwar gemeinsam Veranstaltungen zu nationalistischen Themen mit der NS-Studentenschaft, es gab Doppelmitgliedschaften mit der HJ, dennoch beharrten sie auf ihrer Autonomie. Im Juni 1931 berichtete die Regierung Stralsund, beim Einzug der NS-Fahne in die mit Studenten besetzte Stadthalle hätte etwa ein Viertel der Anwesenden die Hand zum »Faschistengruß« erhoben. »Von den Corporationsstudenten habe ich niemanden die Hand erheben sehen.«[16] Im August 1932 brach der Gegensatz auf, als die NSDAP die Corpsstudenten in der HJ aufforderte, sich zwischen einer der beiden Organisationen zu entscheiden, das Gros aber in den Corps blieb.[17] Rektor Deißner ging den Schwierigkeiten aus dem Weg, indem er einfach alle Gruppen, einschließlich der NSDAP, in die Aktivitäten der Universität einbezog. So durften die Stahlhelm- und auch die NS-Studenten schon vor dem 30. Januar 1933 in Uniform mit Fahnenabordnungen an offiziellen Feiern teilnehmen. Das war ein Einzelfall in Deutschland, sicherte aber den Frieden an der Hochschule, den man im kleinen Greifswald über alles schätzte.[18]

Die wenigen demokratischen Professoren und Dozenten waren bekannt und politisch isoliert. Sie gehörten aber gleichwohl der Korporation Hochschule an, waren in den Ämterturnus integriert, genossen kollegiale Mitsprache und Schutz nach außen. Als die Republik Schwäche zeigte, kündigten die konservativen Professoren diese Duldung. Die Demokraten sahen sie als Abgesandte der überlegenen Staatsmacht. Auch hier ging die Zerstörung des inneren Konsenses der etablierten Eliten dem Eindringen der NSDAP voraus. Dieser Konflikt schwächte jedoch die Konservativen an der Universität nicht. Im Gegenteil, die ›Opferung‹ einiger weniger Kollegen ebnete dem Kompromiß mit der aufstrebenden NSDAP den Weg.

Der Konflikt entzündete sich an einer Bagatelle. Ein Theologiestudent und Stahlhelmmitglied hatte sich im Herbst 1930 geweigert, an einer Veranstaltung des ohnehin schwach entwickelten ›Republikanischen Studentenbundes‹ teilzunehmen. Für ihn gebe es mit Menschen[19], die seine Heimat Ostpreußen vernichten wollten und die für ausländisches Geld sein Vaterland verrieten, keine Gemeinschaft. Die DDP-Professoren Ziegler und Klingmüller, die auf der Veranstaltung referieren sollten, fühlten sich beleidigt und strengten eine Klage gegen den Studenten an. Wenig später schloß DVP-Landrat Kogge sich der Klage an, er war Schirmherr der republikanischen Studenten. Ziegler und Klingmüller traten überdies noch aus der Kirche aus. Ob die drei Republikaner sich erhofften, durch einen zweiten

---

[16] Bericht der Regierung in Stralsund, 26.6.1931, in: VpLA. Rep. 65c, Nr. 986.

[17] R. Thevoz u. a., 1974, Bd. 2, Nr. 1.

[18] Mehrere Äußerungen Deißners, in: UA. Personalakte Kurt Deißner, Nr. 1764.

[19] Kurze Schilderung und weitere Literaturhinweise zu den wesentlichen Ereignissen bei W. Klän, Evangelische Kirche, 1995, S. 127ff. Die Generalattacke auf M. Rautenberg mag inhaltlich berechtigt sein; sie ist jedoch etwas unangemessen, wenn man wenige Seiten später lesen muß, wie Klän selbst die Ereignisse des sogenannten ›Blutsonntags‹ eindrucksvoll verkennt. Vgl. ebd. S. 130.

›Fall Vahlen‹ die politische Unruhe eindämmen zu können, muß offen bleiben, darf aber vermutet werden.

Doch die Machtverhältnisse hatten sich gewandelt, und das Opfer war schlecht gewählt. Alle Gremien der Universität bemühten sich, wie immer in solchen Fällen, die Sache tiefzustapeln, um sie als interne Meinungsverschiedenheit beilegen zu können. Doch die drei Männer beharrten auf Öffentlichkeit und einer Klage vor dem ordentlichen Gericht. Am 29. Juni 1931 verurteilte es den Studenten zu einem Monat Haft auf Bewährung und einer Geldstrafe von 20 Mark. Das löste einen Proteststurm unter den Studenten aus. Sie warfen den Klageführern zutreffend vor, die traditionellen Spielregeln der Hochschule gebrochen zu haben und es nicht bei einer disziplinarischen Bestrafung durch den Senat belassen zu haben. Auch auf die Möglichkeit des Duells wurde verwiesen. Am 2. Juli kam es zu einer Demonstration mit rund 500 Teilnehmern vor der Hochschule. Der Redner der Stahlhelm-Hochschulgruppe formulierte, was die unbedachte Schneidigkeit der drei Dozenten in der angespannten politischen Situation bewirkt hatte: »Den Menschen aber, die hierfür verantwortlich sind, kündigen wir für alle Zeit jede akademische, gesellschaftliche und menschliche Gemeinschaft.«[20]

Vordergründig ging es nicht um Politik, sondern angeblich um die Tradition der internen Konfliktlösung in der Hochschule. Das behaupteten auch die Professoren der konservativen Mehrheit und die Universitätsleitung. Tatsächlich hatten sich aber mit dem Streit die Geister zwischen Republikanern und Antirepublikanern geschieden. Denn als Bewahrer akademischer Tradition standen die konservativen Professoren nunmehr alleine da, ohne die Republikaner, die sich durch ihre Starrsinnigkeit selbst aus der Gemeinschaft der Hochschule befördert hatten. Die demonstrierenden Studenten aber, die auf der Straße und mit Gewalt artikulierten, was ihre konservativen Professoren dachten, wurden von der NSDAP und den Stahlhelmstudenten, die wenige Tage zuvor noch den gemeinsamen Anti-Versailles-Fackelmarsch abgehalten hatten, geführt und angetrieben. Verteidiger des beklagten Studenten war Karpenstein, der auch nach seiner Niederlage vor Gericht nicht müde wurde, in politischen Versammlungen Reden gegen Ziegler und Klingmüller zu halten.[21]

Nach diesen Vorfällen gab es für die DNVP-Professoren keinen Grund mehr, mit Demokraten und ›Volksparteilern‹ Gemeinsamkeiten zu pflegen. Man hatte einen Anlaß, die ungeliebte Gemeinschaft mit den Republikanern an der Hochschule aufzugeben. Statt dessen war die Tür geöffnet für einen Ausgleich mit der NSDAP, die über die Studentenschaft in die Universität drängte. Durch den geschickten Rückzug der Professoren – vor allem den des Rektors Deißner – auf Traditionen und den unpolitischen Komment gelang es, die Universität aus dem politischen Streit herauszuhalten und die

---

[20] Bericht des Regierungspräsidenten, 27.7.1931, in: VpLA. Rep. 65c, Nr. 986.
[21] Anordnung des Oberpräsidenten vom 24.7.1931, in: VpLA. Rep. 65c, Nr. 977.

Macht der konservativen Professoren ungeschmälert zu bewahren. Unter der Professorenschaft faßte der Nationalsozialismus nämlich nicht Fuß. Es gab Sympathisanten wie den Biologen Erich Leick oder den Theologen Beyer, der sich für die Deutschen Christen engagierte. Der unbedeutende Lektor Brüske blieb vor 1933 der einzige Parteigenosse an der Hochschule.

Sofern national eingestellte Einwohner der Stadt sich den Parolen der NSDAP verweigerten, hatte das mit zwei weiteren Punkten zu tun. Auf das Villenviertel im Osten der Stadt, das seit Mitte der zwanziger Jahre wuchs und zum bevorzugten Wohngebiet der mittleren und gehobenen Beamten, der Wissenschaftler und Lehrer wurde, ist bereits hingewiesen worden. Hier lebten die Etablierten, die Eliten der DNVP, hier hatte die NSDAP nur mäßigen Erfolg. Dieser Bereich im Schwerpunkt entlang der Wolgaster Straße bildete den Wahlbezirk 1. Hier erreichte die DNVP seit 1929 und bis 1933, bezogen auf die abgegebenen Stimmen, stets die besten Ergebnisse in Greifswald. Der Stadtteil gehörte zur Marien-Gemeinde, wo die NS-Liste bei der Kirchenwahl im Herbst am wenigsten Stimmen gewann. Bei den Wahlen zwischen September 1930 und März 1933 erreichten die beiden konkurrierenden nationalistischen Parteien die folgenden Ergebnisse:

Tabelle 9: Wahlen[1] im Wahlbezirk 1 und in der Stadt 1930–1933

Wahl	DNVP im Wahlbez. 1	NSDAP im Wahlbez. 1	DNVP in der Stadt	NSDAP in der Stadt
Reichstag Sept. 1930	31 %	30 %	23,6 %	30,2 %
Reichspräs. 1. Durchg.	24,1 %	33,2 %	21,4 %	32,6 %
Preußen April 1932	25,4 %	41,5 %	21,6 %	40,9 %
Reichstag Juli 1932	21,4 %	34,9 %	17,2 %	51,2 %
Reichstag Nov. 1932	30,9 %	34,9 %	21,5 %	34,5 %
Reichstag März 1933	30,9 %	47,5 %	21,5 %	48,8 %

[1] Eigene Berechnungen auf der Basis der Wahlergebnisse, Greifswalder Zeitung, jeweils am Tage nach der Wahl.

Selbst die Katastrophenwahl im Juli 1932 überstand die DNVP hier zumindest achtbar. Im März 1933 schien sie sich geradezu konsolidiert zu haben. Die Zahlen verdeutlichen aber, daß sich auch diese Bevölkerungsschichten der NSDAP öffneten. Im Juli 1932 gelang es der NSDAP, besonders in den guten und besseren bürgerlichen Kreisen größere Erfolge zu erzielen als im Stadtdurchschnitt, was ihr vor und nach Juli 1932 nicht möglich war. Die NSDAP war zwar im Wohngebiet präsent und wohl auch akzeptiert, die

DNVP verlor jedoch ihren Einfluß in den Nachbarschaften nicht völlig, und sie war regenerationsfähig.

Unter den Trennlinien, die sich zwischen der DNVP-Anhängerschaft und der NSDAP ziehen lassen, war die soziale sehr deutlich: Die ökonomisch Gesicherteren, sozial Gehobenen, im Greifswalder Fall eben besonders Beamte der Verwaltungen, Schulen und der Universität, hielten an der konservativen Partei fest. Die übrigen entwickelten die Tendenz zur politischen Neuorientierung. Damit glichen die Verhältnisse in der Stadt dem Zustand auf dem Land, wo das Gros der ländlichen Oberschicht Landbund und DNVP zähneknirschend weiter unterstützten, die mittleren und unteren Schichten aber zur NSDAP gingen. Daß sich im Wahlbezirk 1 der Stadt Greifswald die DNVP relativ besser halten konnte, hatte mit der Verknüpfung mehrerer wirksamer Faktoren zu tun. Die Präsenz von Universitätsmitarbeitern, Kirchenanhängern und gehobener sozialer Schichten in Konzentration sorgten für eine starke DNVP.

In diesen gehobenen Kreisen der Stadt war man bei aller politischen Einseitigkeit intelligent genug, die NSDAP-Politik zu durchschauen. Die Phrasen, der Krawall und die Gewalt waren im Einzelfall anziehend für das konservative Bildungsbürgertum; sobald ein gewisses Maß überschritten wurde wie beim ›Blutsonntag‹, konnte hinter einer vordergründigen Solidarität schnell die moralische Ablehnung und Verurteilung wachsen. Das waren bei aller Affinität in den Zielen und im politischen Kult nicht die politischen Methoden, die man selbst bevorzugte. Denn zu den Werten, wie sie die Konservativen immer vertreten hatten, gehörte auch das Prinzip der Rechtsstaatlichkeit. Man war auch gegen offene Gewalt, für die Einhaltung christlicher Moralregeln und für Respekt vor der Ordnung. Der Juli 1932 war auch in dieser Hinsicht ein Wendepunkt.

c) ›Preußenschlag‹

Zu den strukturellen Bedingungen kam eine tagespolitische Komponente hinzu, denn am 20. Juli 1932 setzte Reichskanzler von Papen die Regierung ›Rot-Preußens‹ kurzerhand ab und brachte damit die Deutschnationalen in die Position, endlich selbst und ohne lästige demokratische Fesseln autoritäre Politik betreiben zu können. Neben dem reinen Machtgewinn war vor allem der Zuwachs an Prestige und an Selbstbewußtsein für die DNVP von erheblicher Bedeutung. Zusehends erholte sie sich. Die Versammlungen der Partei zogen plötzlich wieder Menschen an. Die kleinen Säle, in die sie inzwischen umgezogen war, genügten nicht mehr. »Man hat uns doch immer wieder erzählt, daß die Deutschnationale Volkspartei endgültig am Boden liege; nicht nur im Reiche, sondern ganz besonders bei uns in Greifswald«, frohlockte die GZ mit Blick auf den Wandel.[22] Auch der Stahlhelm

---

[22] Greifswalder Zeitung, 10.9.1932.

konnte endlich einmal mit positiven Meldungen aufwarten, 25 neue Mitglieder hatte er bis Mitte 1932 bereits gewonnen.[23]

Es gab Anzeichen, daß die Taktiererei gegenüber der NSDAP jetzt klareren moralischen Leitlinien folgen würde. Das Todesurteil für die SA-Männer, die im oberschlesischen Potempa einen Mann erschlagen hatten, wirkte wie ein Signal.[24] Verstärkend wirkte sich aus, daß die Monate Oktober und November ganz im Zeichen des Prozesses um den ›Greifswalder Blutsonntag‹ standen. Zwar endete er mit harten Strafen für die beteiligten Kommunisten; niemand konnte jedoch von der Schuldlosigkeit der NSDAP überzeugt werden. Es herrschte politisches Tauwetter im konservativ-nationalen Bürgertum. Man schaute nicht mehr gebannt auf die NSDAP, sondern wagte es, Stellung zu beziehen, die herkömmlichen politischen Wertvorstellungen wieder zu vertreten, weil sie offenbar in der Praxis doch brauchbar waren.

Ende Oktober 1932 wurde Wilhelm Kähler zum Reichskommissar im preußischen Ministerium für Wissenschaft, Kultur und Volksbildung berufen.[25] Unmittelbar nach ihrer demütigenden Niederlage war die Greifswalder DNVP damit auf dem Höhepunkt ihres Einflusses angelangt. »Sein Name bedeutet [...] Programm. Ist er doch ein ausgesprochener Vertreter des evangelischen und des nationalen Gedankens«, betonte die Greifswalder Zeitung.[26] Wilhelm Kähler hatte, so darf vermutet werden, 1928 die Segel gestrichen, weil er selbst keine Hoffnungen mehr in die DNVP gesetzt hatte.[27] Jetzt avancierte er zum Hoffnungsträger für die verbliebenen Anhänger seiner Partei, vor allem aus den christlichen Bevölkerungsteilen. Superintendent von Scheven brachte ihn zum Bahnhof, als er nach Berlin abreiste, um sein Amt anzutreten.

Kählers Wirken war zwar in erster Linie reaktiv, weil ihm kaum Gelegenheit blieb, eigene konservative Vorstellungen umzusetzen. Im wesentlichen beschäftigten ihn die Säuberungen des Beamtenapparates von unliebsamen Sozialdemokraten. Seiner Initiative war der ›Zuchterlaß‹ zu verdanken, der die Prügelstrafe in der Schule als wirksames Mittel der Erziehung hervorhob und den Lehrern mehr Autorität einräumte.[28] Weil er auch gegenüber der NSDAP keine Konzessionen machte, sondern prinzipienfest konservative Politik betrieb, zog er sich bald den massiven Unmut der Nazis zu. Es kam sogar zu Demonstrationen gegen ihn. Die Greifswalder DNVP stand hinter

---

[23] Greifswalder Zeitung, 24.9.1932.
[24] Clemens Thaer, der die Leitung der DVP wieder übernommen hatte, um Brünings Politik zu unterstützen, wagte es, der NSDAP in einem von der Greifswalder Zeitung veröffentlichten Leserbrief deutlich zu sagen, daß das Recht für alle gelte, auch für die NSDAP und auch für Mörder, die aus nationalen politischen Motiven handelten. Greifswalder Zeitung, 25.8.1932, sowie in Material R. Thaer.
[25] Grundsätzlich hierzu, E. OBERNDÖRFER, Noch 100 Tage, 1993.
[26] Greifswalder Zeitung, 31.10.1932.
[27] E. OBERNDÖRFER, Noch 100 Tage, 1993, S. 37.
[28] Ebd., S. 39f.

dieser Politik, die ihre Vorstellung von Wohlanständigkeit, Zucht und Ordnung bediente. Man war stolz auf den Minister, der sich immer wieder mit seinem Bruder Walther, dem Generalsuperintendent in Stettin, und dem Juristen Langen beriet.

Dieses neue Selbstbewußtsein ließ die Gegensätze zwischen DNVP und NSDAP im Herbstwahlkampf 1932 offen ausbrechen. Jetzt hielt sich die DNVP nicht mehr zurück. Auch die NSDAP hatte das harte Vorgehen der nunmehr für den Staatsschutz in Preußen verantwortlichen Deutschnationalen als Angriffssignal verstanden. Der Stettiner Kreisleiter kündigte auf einer geheimen Führerbesprechung laut Bericht an: »Den Herren von der DNVP werde man in Pommern den Kampf sehr schwer machen, daß es Herrn von Rohr Angst und Bange werden solle.«[29] Ziel der NSDAP war indes eine kalkulierte Konfrontation, denn sie sah in der DNVP weiter einen Bündnispartner.

Die NSDAP schickte Debattenredner unter SA- und SS-Begleitung diesmal auch gezielt in Veranstaltungen der DNVP, die ihre Versammlungen durch ›Jungnationale‹ in Parteiuniform schützen ließ. Schon die ersten DNVP-Treffen in Greifswald wurden planmäßig gestört. Die Polizei berichtete von Kampfgesängen. Das Horst-Wessel-Lied erklang gegen das Deutschlandlied.[30] Die DNVP war diesmal so geschickt, die NSDAP-Versammlungen einfach zu boykottieren. Trotz Aufforderung stellte sie keine Debattenredner, was dem Wahlkampf der Nazis viel von seiner Schauwirkung nahm.[31] Höhnisch meldete die GZ, die Versammlungen der NSDAP litten unter starkem Besucherschwund. Selbstverständlich hatte die Hitler-Partei keinen Zugang zur Lokalzeitung mehr. Sogar die großen Kundgebungen mit Hitler in Pasewalk und Anklam am 25. Oktober mit insgesamt rund 7000 Zuschauern konnten das Blatt nicht für die NSDAP wenden. Karpenstein begriff offenbar, daß sich die Gewalt gegen die DNVP kontraproduktiv auswirkte. Er ordnete Zurückhaltung an, nachdem der Stettiner Kreisleiter in Stolp eine Flasche auf Ewald von Kleist-Schmenzin geworfen hatte. Der Adelige hatte gesagt[32], die Irrenhäuser reichten nicht aus, um der NSDAP Herr zu werden.[33]

Der Wandlungsprozeß der DNVP hin zu einer weitgehend christlich-nationalistischen Partei, wie er sich durch den Wegfall vieler vor allem nationalistisch orientierter Gruppen ergeben hatte, zeigte sich auch im Spitzenkandidaten Reinold von Thadden-Trieglaff, der am 3. November 1932 in Greifswald sprach. Von Thadden bediente zwar auch die nationalistischen Gefühle seiner Zuhörer, im wesentlichen richtete sich sein Vortrag jedoch an

---

[29] Polizeibericht, 20.9.1932, in: VpLA. Rep. 79, Nr. 572. Die Führung der NSDAP in Pommern war Ende der Weimarer Republik offenbar mit Spitzeln durchsetzt.
[30] Polizeibericht, 1.10.1932, in: VpLA. Rep. 79, Nr. 572.
[31] Greifswalder Zeitung, 22.10.1932.
[32] Polizeibericht, 22.10.1932, in: VpLA. Rep. 79, Nr. 572.
[33] Pommersche Zeitung, 21.10.1932.

eine christliche Bevölkerung und war in jeder Hinsicht maßvoll. Ganz offenbar entwickelte sich nach fünf Jahren Dauerkrise aus der alten DNVP eine neue Partei auf christlicher Grundlage, auf der Basis des religiös gebundenen Teiles des alten konservativ-nationalen Milieus.

Als die Wahl am 6. November 1932 vorüber war, hatte die NSDAP einen deutlichen Rückschlag in der Stadt erlitten. Gegenüber der Juliwahl verlor sie rund 2000 Stimmen oder zwölf Prozentpunkte und mobilisierte nur noch 5604 Wähler. Die DNVP legte 1800 Stimmen zu und kam auf 4616 Wähler, was ein Plus von elf Prozentpunkten bedeutete.[34] Offenbar waren die Nazis zu schlagen. Die DNVP erholte sich, die Basis der Partei sammelte sich neu, wenngleich unter veränderten Prämissen. Nach fünf Jahren zeigte sich ein Silberstreif am Horizont. Die Zukunft schien einer christlich-protestantischen konservativen Partei zu gehören. Hier, so hatte sich im Ansturm der NSDAP erwiesen, lag die eigentliche Stärke, der Milieukern der DNVP. Hier entwickelte sich auch ein demokratisches Potential.

Das Wahljahr 1932 war damit zu Ende. Die DNVP schien sich langsam auf einem niedrigen Niveau zu konsolidieren. Es deuteten sich für die Zukunft einige Wege an. Für das kommende Jahr standen Kommunal- und Provinziallandtagswahlen an, womit feststand, daß die NSDAP auch in Stadt und Kreis mehr Einfluß gewinnen würde. Das war jedoch nur der Vollzug schon bestehender Verhältnisse, denn Kropka, Brüske, Jarmer oder Karpenstein sprachen ja bereits an vielen Stellen informell mit. Im Interesse des lokalen Friedens war die NSDAP integriert worden, ohne daß die etablierten Eliten ihre Position hätten räumen müssen.

Der Wandel der gesamten politischen Rahmenbedingungen kam von außen durch die Ernennung Hitlers zum Reichskanzler. Als am Abend des 30. Januar 1933 die SA singend und mit Fackeln durch die dunkle und naßkalte Stadt marschierte, mögen die meisten Einwohner geahnt haben, daß künftig nur noch wenig der NSDAP den Weg verstellen würde. In Greifswald hatten bis dahin, wenngleich notdürftig, die Dämme gegen den totalen Anspruch der NSDAP gehalten. Gleichwohl war der Übergang in die Diktatur fließend, denn auch die DNVP hatte sich um die Ausschaltung der Demokratie bemüht und folgte autoritären Mustern.

5. Zwischenbilanz: Der Untergang der Republik und die Basis der DNVP

Weder der Begriff des Repräsentanzwechsels noch ein Hinweis auf die Milieuerosion beschreiben die Situation der Deutschnationalen und ihres gesellschaftlichen Vorfeldes wirklich treffend. Der Niedergang der Republik und der Zerfall der staatlichen Autorität raubte dem Milieu seinen Gegenpol, von dem es sich abgrenzen konnte. Die Wirtschaftskrise löste die inne-

---

[34] *Greifswalder Zeitung*, 7.11.1932.

ren Bindungskräfte des lokalen DNVP-Gesellschaftsteiles auf. Der Zerfall
entlang unterschiedlicher Interessen, ihre radikale Zuspitzung und die damit
zunehmende Isolierung der Eliten sprechen für einen Verfall des Milieus
und das Auseinanderbrechen der DNVP als Partei dieses Milieus. Die politische Situation war offen. Alle Gruppen wollten sie nutzen. Die ansonsten
in der DNVP gebündelten Interessen waren nicht mehr in eine Partei zu
integrieren. Das politische Vorfeld war in seiner Funktion gestört. Es wahrte
den Zusammenhang mit der DNVP nicht mehr, weil die Partei bis zum Juli
1932 keineswegs mehr den Eindruck vermittelte, unter ihrem Dach seien
überhaupt noch irgendwelche Ziele zu erreichen. Der Prozeß der nachholenden Milieubildung brach somit unabgeschlossen ab. Die inneren
Widersprüche wurden unüberwindbar und waren mit einer Weltanschauung nicht mehr aufzufangen. Die gerade zusammengeführten Einzelteile
fielen wieder auseinander, gruppierten sich dann aber zum Teil neu bei der
NSDAP. Ihr Erfolg in Greifswald hatte damit zu tun, daß sie nur über wenige Bindungen in die etablierten Schichten und Verbindungen verfügte, daß
sie glaubwürdig auch organisatorisch den Neuanfang verkörperte. Wie Peukert zu Recht festgestellt hat, gab es einen rapiden Autoritätsverfall bei den
etablierten Honoratioren.[1]

Einzelne Nationalsozialisten waren zwar in das lokale gesellschaftliche
Netzwerk des konservativ-nationalen Milieus integriert gewesen, sie hatten
aber nur in Ausnahmefällen zu dessen Führungspersonal gehört. Am Beispiel Greifswald zeigt sich, daß die NSDAP kaum als Fremdkörper in der
Gesellschaft wahrgenommen werden konnte. Es ist deswegen hervorzuheben, daß nicht der Verfall des bürgerlichen Vereinslebens die NSDAP stark
machte, sondern allein der Niedergang seiner politischen Funktionstüchtigkeit. Die bestehenden Kanäle waren verstopft. Ein Ausgleich in der Gesellschaft ließ sich nicht mehr herstellen. Die herkömmlichen Ideen und Wert-
maßstäbe erwiesen sich als nicht krisenfest. Die etablierten Eliten fühlten
sich schwach und verantwortlich. Sie waren angreifbar, denn sie hatten versagt.

Als besonders gravierend bei diesen Zerfallserscheinungen dürfte sich erwiesen haben, daß die Brüche quer durch die Familien gingen. Die Jugendlichen und jungen Erwachsenen des Milieus erwiesen sich als besonders aufgeschlossen für die NSDAP. Die aufwendige politische Jugendarbeit der
DNVP war ein kompletter Mißerfolg. Die DNVP und ihre Anhänger bildeten den Nachwuchs für die NSDAP heran. Dieses Resultat gehört in den
Bereich der Krisenerfahrung, die das gesamte Gebäude deutschnationaler
Lebens- und Politikvorstellungen erfaßte und bis in die Familien hinein
erschütterte.

Die radikale Krisenlösungsstrategie der NSDAP stieß seit Juli 1932 zunehmend auf Skepsis. Das war besonders in jenen Teilen des konservativ-
nationalen Milieus zu beobachten, die über starke traditionelle politische

---

[1] D. J. K. PEUKERT, Weimarer Republik, 1987, S. 228 f.

Strukturen und Wertbezüge verfügten. Es handelte sich um in sich abgeschlossene Gruppen, die den alten Eliten Macht sicherten, in denen Honoratioren unangefochten blieben. Hier ist auf die Universität, die Kirche und mit gewissen Abstrichen auch auf den alten Mittelstand hinzuweisen, in dem Honoratioren auch weiterhin mehr zu sagen hatten als Parteivertreter. In Organisationen wie dem Stahlhelm oder den Kriegervereinen hielt man ebenfalls wenig von der NSDAP. Eine intakte vorpolitische Wertstruktur und mit Autorität ausgestattete Honoratioren sicherten offenbar ganze Gesellschaftsteile vor dem Eindringen der NSDAP. Folglich fand sich dort, wo die Gesellschaft am wenigsten im Sinne moderner Parteiorganisation durchpolitisiert war, das vitalste Potential gegen die NSDAP. Eine nur politisch an die DNVP gebundene Basis wäre vermutlich sehr viel schneller von der NSDAP erobert worden als die primär religiös, berufsständisch oder korporativ orientierten Milieuangehörigen. Diese offensichtlich milieukonstituierenden Faktoren unter traditionalistische Restphänomene abzubuchen, wertet wichtige Elemente der politischen Kultur unnötig ab. Besonders die religiöse Bindung sollte sich als weiterhin sehr bedeutsam erweisen.

Ob die Zerfallserscheinungen des Milieus soweit gingen, daß man es als aufgelöst betrachten muß, ist nicht eindeutig zu beantworten. Denn bei aller Differenzierung zwischen DNVP und NSDAP ist doch nicht zu verkennen, daß beide Parteien für sehr ähnliche Ziele standen. Sie hielten an der Vision der nationalen Volksgemeinschaft fest, propagierten nur unterschiedliche Wege dorthin. Beide strebten eine antidemokratische, mindestens autoritäre Lösung der Staatskrise an. Die NSDAP hatte gegenüber der DNVP den Vorteil, jünger, dynamischer und nicht mit einem bereits gescheiterten Versuch, dieses Problem in der Republik zu lösen, belastet zu sein. Der Nationalismus, der für das Milieu die zentrale integrierende ideologische Klammer gewesen war, behielt auch über den Niedergang der DNVP hinaus seine Bedeutung. Die Übergänge waren so fließend, daß von einem Repräsentanzwechsel in Teilen des alten Milieus ausgegangen werden kann. Besonders im alten Mittelstand lassen sich dafür Indizien finden, aber auch im allgemeinen Vereinswesen.

Für diesen Begriff spricht das Verhalten der DNVP, die mit ihrer wechselhaften Politik die Wähler verwirrte und ihnen die politische Orientierung nahm. Sie überforderte ihre Anhänger und stieß viele ab, die dann zur NSDAP gingen, weil sie sich dort klarere Antworten und eindeutigere Positionen zu drängenden Fragen erhofften. Die Deutschnationalen isolierten sich und verloren den Kontakt zur Basis, weil sie sich allein an Hugenberg orientierten und zu wenig auf ihre eigentliche Stärke achteten, ihre Verankerung im Regionalismus. Die NSDAP konnte somit als die verläßlichere Partei der nationalen Volksgemeinschaft erscheinen, als Garant einer Lösung der Krise im Sinne der Ziele des konservativ-nationalen Milieus.

Die Stärke der NSDAP erklärt sich letztlich daraus, daß es ihr gelang, gleich mehrere Gruppen anzusprechen. Sie gewann einige geschlossene Teile des zerfallenden Milieus für sich; sie überzeugte nicht mehr politisch gebundene, desintegrierte Menschen und zog zusätzlich jene an, die in der Krise neu politisiert wurden. Milieuzerfall und Repräsentanzwechsel hielten sich mithin die Waage. Im Verfall des Milieus blieben jedoch die Milieukerne der Kirche, der ländlichen Oberschicht und des gehobenen konservativen Bildungsbürgertums mit ihrem jeweiligen Umfeld bei der DNVP zurück. Die Kirche bildete den stärksten Pfeiler dieses Zusammenhangs.

Das Führungspersonal von NSDAP und DNVP nahm jederzeit die sozialen, mentalen und politisch-kulturellen Unterschiede zwischen den Parteien wahr. Die weltanschaulichen Gemeinsamkeiten betonten NSDAP und DNVP hingegen stets sehr stark. Gleichwohl entwickelte sich eine Trennlinie zwischen der Anhängerschaft beider Parteien. Sie differenzierte sich zwischen nationalen und christlich-nationalen Kräften, was auch einen sozialen Unterschied in ›oben‹ und ›unten‹ beinhaltete. Statt sozialer Trennlinien zwischen den beiden Parteien wie vor 1929 standen seitdem religiöse und weltanschauliche im Vordergrund. Die Konsolidierung der DNVP ist von daher nicht als ein ›Überhang an Tradition‹ zu erklären, denn aus der Tradition entwickelte sich in dieser Phase etwas grundsätzlich Neues, das schon auf die Zeit nach 1945 hindeutete. Die DNVP konsolidierte sich auf einem niedrigeren Niveau als zuvor, auf der Grundlage einer enger gesteckten Basis, eines christlich-konservativen Milieus, das sich aus den konservativ-nationalen Strukturen herausschälte. Christliche Wertvorstellungen waren in Konflikt mit dem völkischen Nationalismus geraten. Das hatte politische Folgen.

Die Gesellschaft begann, sich politisch umzustrukturieren. Eine neue politische Trennlinie zwischen Völkisch-Nationalen und Christlich-Nationalen prägte sich aus. Diese Entwicklung ging von den religiösen und kirchengebundenen Kreisen aus, die bestimmte Kernpositionen christlicher Sozialmoral nicht zugunsten der großen politischen Sammlung aufgeben wollten.

Mit der weitgehenden Entmachtung der DNVP war auch ihre Anbindung an die traditionellen Gesellschaftsstrukturen der Region erledigt. Das Projekt einer regionalen Gegengesellschaft, der Machtsicherung auf der Grundlage der Provinz gegen eine Zentralinstanz endete mit dem Niedergang republikanischer Autorität seit 1930. Lokalismus und Regionalismus als politikstrukturierende Orientierungspunkte verschwanden. Es ging jetzt darum, das Modell der Gegengesellschaft zum alleine gültigen Maßstab von Politik und Gesellschaft zu erheben.

Siebtes Kapitel

Weder konservativ noch Milieu?

Ausgangspunkt dieses ersten Abschnitts war die Frage nach dem Zusammenhang zwischen der Wähler- und Anhängerschaft konservativer Parteien und dem Aufstieg der NSDAP. Läßt man die Entwicklung der Basis konservativer Parteien in der Region Greifswald Revue passieren, dann fällt vor allem der starke Wandel zwischen Kaiserreich und Republik ins Auge. Lepsius hingegen betont die Kontinuität, indem er auf Wahlergebnisse verweist. Unterhalb dieser Zahlenoberfläche, so wird am Beispiel Greifswald deutlich, vollzog sich eine tiefgreifende Veränderung.[1] Am Anfang stand ein städtischer Gesinnungszusammenhang ohne Züge eines geschlossenen Milieus. Daneben gab es die ländliche, großagrarische Lebenswelt, die einem Milieu entsprach. Das Jahr 1918 veränderte die Situation grundlegend. Das Aufbrechen der ländlichen Milieustrukturen, ihre mühsame, von Gewalt begleitete und daher stets prekäre Stabilisierung wirkten stark auf die konservative Partei zurück. In der Stadt entwickelte sich etwas Neues. Die Revolution politisierte hier weite Teile der Gesellschaft besonders aus den gehobenen sozialen Schichten und der noch dem Kaiserreich verpflichteten Oberschicht, die sich nunmehr verstärkt in der konservativen Partei im neuen Gewand der DNVP sammelte. Das Einströmen einer neuen bürgerlich und militärisch geprägten Elite in die Partei, die Parteipolitisierung des religiösen, kirchlich gebundenen Gesellschaftssegmentes ließen die Konservativen stark verändert und der Vorkriegspartei nur noch verwandt aus der Krise hervortreten.

Der Revolutionskonflikt führte zu einer ersten Politisierungswelle. Es war vor 1918 für die Konservativen kein Problem gewesen, sich ohne Massenbasis zu behaupten. Der Staat und die Machtverhältnisse des Kaiserreichs sicherten Bestand und Privilegien. Die Demokratie warf die Frage einer gesellschaftlichen Verankerung jedoch unabweisbar auf. Die DNVP löste sie auf eine sehr militärische Weise und mit einer nationalistischen Weltanschauung. So wurde die Veränderungen aufgenommen und mit den alten Gesellschaftsstrukturen neu verknüpft.

Die Revolution 1918 führte zu einer gesellschaftlichen und politischen Polarisierung zwischen links und rechts, die bis 1933 – und darüber hinaus – die Entwicklung der politischen Landschaft bestimmen sollte. Grundlage dessen war die kaiserzeitliche Lagerstruktur, die im nationalen Lager zwar durch einen Gegensatz zwischen Liberalen und Konservativen geprägt war. Diese Frontstellung wurde jedoch in einer gemeinsamen Sozialstruktur aus

---

[1] M. R. Lepsius, Parteiensystem, 1966, S. 377 ff.

Vereinen und Verbänden aufgefangen. Polarisierung zwischen den Lagern war gesellschaftliche Grundkonstante, Ausgangspunkt jeder Politik in der Weimarer Republik. Der Wandel der Konservativen von der staatstragenden zur systemoppositionellen Partei darf ebenfalls nicht unterschätzt werden. Dieser Positionswechsel markiert den generellen Wandel der konservativen Gesellschaftsteile. Er war Voraussetzung für den Prozeß der nachholenden Milieubildung, der 1918 mit großem Tempo einsetzte.[2] Die DNVP und ihre Anhängerschaft waren negativ in die Republik von Weimar integriert. Die Besonderheit der Region Greifswald war es, daß dieser Prozeß von vornherein unter der Führung von konservativen Eliten stand. Es gilt zu beachten, daß auch die Republikaner und Demokraten der Republik Kinder eines Obrigkeitsstaates waren, der Abweichungen von einer Linie allenfalls duldete. Eine Dialektik von Ab- und Ausgrenzung setzte die Milieubildungsprozesse in Gang.

Die Ausbildung einer eigenen national-konservativen Gegengesellschaft, die Bildung eines eigenen Milieus aus Vereinen und Verbänden, Personennetzwerken und Selbsthilfeeinrichtungen entsprach der Logik und Erfahrung der deutschen Gesellschaft aus der Zeit vor 1918. Katholiken und Arbeiterbewegung hatten vorexerziert, was die Konservativen in Stadt und Land jetzt nachholten. Mit dem Ende aller monarchistischen Hoffnungen im Kapp-Putsch 1920 begann der Ausbau des Lagers zum Milieu, die organisatorische, ideologische und politisch-kulturelle Verfestigung und Abschottung gegen die Feinde des Milieus, die mit der Republik, ihren Parteien und ihrem politischen System, der sozialistischen Arbeiterbewegung und dem Ausland identifiziert wurden. Die harten Auseinandersetzungen mit der Arbeiterbewegung bis hin zum offenen Bürgerkrieg sowie die außenpolitischen Krisenerfahrungen mobilisierten immer weitere nationalistisch denkende Männer und Frauen für die DNVP und ihr politisches Vorfeld. Neue Vereine mit überregionalem, nationalem Politikanspruch entstanden. Alte Organisationen formten sich in diese Richtung um. Die traditionelle Honoratiorenstruktur der Politik ergänzte sich durch einen modernen organisationsförmigen, von Offiziersfunktionären geleiteten Unterbau. Das war eine schnelle und schlagartige Anpassung an die Demokratie – unter antidemokratischen Vorzeichen.

Greifswald und sein Umland wurden zum Schauplatz einer nachholenden Milieubildung, zum Experimentierfeld einer Gegengesellschaft, die unabhängige Handlungsfähigkeit beanspruchte und den Weg zur nationalen Volksgemeinschaft beschreiten wollte. Doch anders als bei Katholiken und Sozialisten blieben Partei und Milieu nebeneinander stehen. Das sich ausbildende Milieu orientierte sich nicht ausschließlich an einer Partei, die Par-

---

[2] Tenfeldes Kriterienraster trifft vollständig auf die Konservativ-Nationalen zu. Sie befanden sich in einer Phase des Übergangs, sie suchten Orientierung sowohl politisch als auch religiös und weltanschaulich, und sie fühlten sich von der Republik ausgegrenzt. K. Tenfelde, Milieus, S. 250 ff.

tei war nur eines von mehreren Aktionszentren und politischen Kristallisationspunkten. Die Kirche, der Landbund, der Stahlhelm und auch die DVP beanspruchten eine eigene politische Geltung. Dennoch gelang es der DNVP zeitweise, in dieser Entwicklung die Führung zu übernehmen und das konservativ-nationale Milieu weitgehend hinter sich zu sammeln. Gleichwohl blieben die Loyalitäten der negativ in die Republik integrierten Bevölkerung gespalten. Ökonomische, religiöse oder korporative Interessen überlagerten zuweilen die politische Orientierung, Verbandsloyalitäten konkurrierten mit der Parteibindung. Andere Parteiorientierungen im nationalen Kontext wurden vom Milieu toleriert. Das neue Milieu war daher nicht eindeutig auf die eine Partei ausgerichtet. Die DNVP bildete anfangs das Sammelbecken sehr unterschiedlicher, aber in den Vorstellungen der Gegengesellschaft zusammenstrebender gesellschaftlicher Gruppen. Sie war auf dem Weg zur Milieupartei des konservativ-nationalen Milieus. Es genügt in jedem Fall nicht, hinter der DNVP nur ein politisches Lager, einen losen Zusammenhang, einen wenig integrierten gesellschaftlichen Verbund zu vermuten. Die positiven Ziele wie die Utopie von der Volksgemeinschaft deuteten auf etwas anderes hin. Hinzu kommen der stark bindende außenpolitische Revisionismus, die religiöse Klammer und die hohe organisatorische Verdichtung sowie die Ab- und Ausgrenzung gegenüber der Republik und ihren Parteien. All das weist auf eine Milieubildung hin. Als Folge dieses besonders in Pommern ablaufenden Prozesses gelang es den republikanischen Kräften nach 1918 zu keinem Zeitpunkt, in der Provinz unangefochten ein Machtmonopol durchzusetzen.

Doch die zweite große Krise der Nachkriegszeit, die Inflation und die gleichzeitige Ruhrbesetzung mit ihrer extremen Aufwallung nationalistischer Gefühle, brachte diese Verhältnisse schon wieder ins Wanken, ehe sie recht Festigkeit gewannen. Die Gesellschaft erlebte eine zweite Politisierungswelle, die unter nationalistischen und ökonomischen Vorzeichen stand. Wieder strömten neue Bevölkerungsgruppen in die Politik, orientierten sich bereits politisierte Schichten an neuen extremeren Angeboten. Die etablierten Parteien, darunter auch die DNVP, wurden der Krise offenbar nicht mehr Herr. Neue Parteien konnten von dieser Hilflosigkeit profitieren. Als wichtigste Oppositionspartei gelang es der DNVP nur mit Mühe, die Proteststörmungen wieder einzufangen. Es waren zwei Bruchstellen im konservativ-nationalen Milieu entstanden. Der nationale Extremismus machte eine Rückkehr zu gemäßigten, autoritären oder monarchistischen, Vorstellungen schwierig. Die Zerstörung der ökonomischen Sicherheit untergrub das Vertrauen in jede Form herkömmlicher politischer Führung und höhlte das wirtschaftliche Harmoniekonzept der Gegengesellschaft aus, denn es gab offenbar Interessen, die sich in die nationale Volksgemeinschaft nicht integrieren ließen.

Weil sich jedoch die neuen Organisationen des Milieus gut behaupteten und traditionelle Strukturen wie die ländliche Lebenswelt mit dem Landbund oder die Kirche eher gestärkt aus dem Jahr 1923 hervorgingen, bewahr-

te die DNVP ihre Führungsposition. Die Tendenz zur weiteren Durchdringung und Integration von Gesellschaftsgruppen besonders des alten
Mittelstands war jedoch gestoppt. Die Partei versäumte es, sich von einer
Honoratiorenpartei zu einer wirklichen Mitgliederpartei zu wandeln, die
verschiedene Gesellschaftsgruppen einbezog. Die DNVP mußte sich den
gewandelten Verhältnissen anpassen und eine extreme Konfrontation mit
ihren Gegnern vermeiden. Der Verzicht auf äußerste Opposition, ja die Mitwirkung in der Republik, die sich dann als Linien der DNVP-Politik durchsetzten, entsprach durchaus den Interessen der Parteimitglieder, die häufig
beim Staat tätig waren und deswegen ihren Frieden mit der Weimarer Republik machen mußten. Die Verweigerungshaltung war obsolet, weil die Anhänger der DNVP den Einsatz der Partei bei der Bewältigung der Inflations-
folgen forderten. Negative Integration und regionale Gegengesellschaft hatten ganz offenbar Grenzen. Wenn die DNVP sich konsolidieren wollte, dann
mußte sie die Unzufriedenen wieder fest an sich binden. Die Mischung von
verbaler nationalistischer Opposition meist in außenpolitischen Fragen, Beschwörung der Volksgemeinschaft und ein stillschweigendes Mitwirken in
der Innenpolitik und in den Amtsstuben der Republik beruhigten die Situation und sorgten für Stabilität. Die Bruchlinien verschwanden wieder, ohne
sich zu schließen, das konservativ-nationale Milieu erlebte eine Blütephase.

Die DNVP konnte sich seit 1924 auf ein Milieu stützen, das hinsichtlich
seiner Vernetzung, seiner Dichte und seiner Schlagkraft einen Höhepunkt in
der Entwicklung erreicht hatte. Im außerparlamentarischen Feld lagen die
wesentlichen Bereiche aktiver, symbolischer Politik. Primär hier agierte die
Gegengesellschaft und fing die latenten ökonomischen Spannungen auf,
grenzte sich von Linken und Demokraten ab, integrierte politische Extre-
misten und schuf sich eine Situation der Stärke, aus der heraus sie sogar
einen Weg fand, mit den Gegnern aus den Reihen der Republikaner zu kooperieren. Die DNVP hatte große Freiheiten, fühlte sich stark und trat
selbstbewußt auf.

Ihr konservativer Pragmatismus überdeckte jedoch nur notdürftig die
Ziellosigkeit und Integrationsschwäche der Partei, die sich auf ein republik-
feindliches, negativ integriertes Milieu stützte, das sie fortwährend auf nationale Opposition und Volksgemeinschaft einschwor. Die DNVP liebäu-
gelte immer noch mit der Monarchie und mischte dennoch munter in der
Republik mit. Milieu und Partei standen eigentümlich unverbunden nebeneinander. Es gab erhebliche Widersprüche zwischen beiden. Die Partei wußte recht genau, was sie nicht wollte, vermied jedoch allzu konkrete Überlegungen, wie denn die Republik positiv zu überwinden und durch etwas
Neues zu ersetzen sei, wie man tatsächlich zum alleinigen Aktionsausschuß
des Milieus werden könne. Das eröffnete auch Möglichkeiten, denn damit
war ein Prozeß allmählicher Heranführung des konservativ-nationalen Milieus an Demokratie und Republik denkbar, auch unter der Führung einer
sich wandelnden DNVP. Gleichzeitig profitierte die DNVP von der Schwäche ihrer Konkurrenzparteien auf der Rechten.

Aus der Annäherung an die Republik wurde jedoch nichts. Das war eine Folge der bewußten politischen Entscheidung an der DNVP-Spitze. Das Jahr 1929 mit dem erfolgreichen Versuch, das organisationsstarke Milieu für die Politik zu mobilisieren, markierte bereits den Wendepunkt. Denn eine dritte Wirtschaftskrise brachte den Kernbestandteil des konservativ-nationalen Milieus, die Landwirtschaft und damit das ländliche Sozialgefüge und seine herkömmliche politische Vertretung zum Einsturz. Seit 1927 folgte eine dritte Politisierungswelle, die zunächst die kleinen Landbesitzer und seit 1930 in der Stadt die unteren Schichten und die Heranwachsenden in die Politik führte. Diese Welle fegte die krisengeschwächten DNVP-Eliten beiseite. Diesen Gruppen sagte die DNVP nichts mehr. Die neu politisierten Bevölkerungsteile verbanden sich mit der NSDAP. Als Partei der Etablierten geriet die DNVP in die Kritik. Wie die Mittelparteien galt sie als verbrauchte Kraft.

Das Resignieren und Auseinanderfallen der etablierten Eliten war die Voraussetzung für den Aufstieg der NSDAP, die als Anti-Eliten-Bewegung Erfolg hatte. Die NSDAP war neu und anders als die DNVP. Sie bot aber genügend Anknüpfungspunkte an das, was das konservativ-nationale Milieu bis dahin zusammengehalten hatte. Losgelöst von allen traditionellen Bindungen und Rücksichtnahmen gelang es der NSDAP jetzt weit besser, die Konservativ-Nationalen mit ihren Mentalitäten und Netzwerken zu sammeln und für sich zu mobilisieren. Sie versprach gewissermaßen, die bessere Partei des Milieus zu sein, die Konservativ-Nationalen noch einmal neu unter nationalsozialistischen Vorzeichen fest, stark und dauerhaft zusammenzufügen. Besonders die Tatsache, daß die integrierende und in der Krise besonders wichtige Utopie von der nationalen Volksgemeinschaft auch ein Projekt der NSDAP war, nahm die von Krisenfurcht und -folgen geängstigten Menschen für die Partei ein. Attraktiv war überdies die Tatsache, daß die NSDAP antrat, die Ideen und Vorstellungen der Gegengesellschaft zu allgemeinen Prinzipien der Politik zu erheben, sie aus dem Winkel der Provinz Pommern herauszuheben: Alles konnte so bleiben wie es war, und doch würde alles anders werden.

Die Mobilisierung für die NSDAP hatte indes Grenzen besonders dort, wo die DNVP in stark wertgebundenen vorpolitischen Organisationen mit traditionellen Honoratioren verwurzelt war. Das konservativ-nationale Milieu war ohne das integrative, überwölbende nationalistische Gedankengebäude nur eine Sammlung vornehmlich solcher traditioneller Vereine, Verbände, Gemeinschaften und Gruppen, die um einige modernere Organisationen ergänzt waren. Mit dem Auseinanderbrechen des Milieus konnten solche älteren, inzwischen zurückgedrängten Orientierungsrahmen wieder verstärkt wirksam werden.

Das Milieu, das die DNVP getragen hatte, war deswegen letztlich beides: Nährboden und Grundlage der NSDAP, gleichzeitig Ausgangspunkt für Distanz und Abgrenzung. Das Milieu war in seinen traditionalistischen Strukturen besonders widerstandsfähig gegen die Herausforderung der

NSDAP. Es war vor allem in der Kirche in der Lage, aus eigener Kraft den Wandel zur Demokratie zu beginnen. Die Tendenz zum Wandel kam mithin nicht aus den modernen Strukturen, sondern aus den besonders ›rückständigen‹, wenig demokratisierten.

Folgt man den Interpretationslinien der Sonderwegsdebatte, dann müßten besonders bei der konservativen Partei in reinster Ausprägung all jene Elemente und Prozesse zu beobachten sein, die für die Mutationen in der deutschen Gesellschaft von der obrigkeitlich gefaßten Klassen- und Schichtengesellschaft zur faschistischen Massenbewegung typisch sein sollen. Es läßt sich jedoch keine gerade Linie von den Konservativen zur NSDAP ziehen. Ein Blick in das Kaiserreich und auf die Agitation der landwirtschaftlichen Verbände ist sicherlich notwendig. Die Verbindungslinie zwischen den kaiserzeitlichen Konservativen und der DNVP ist ebenfalls deutlich nachweisbar, sowohl was die Basis als auch was die Partei selbst angeht. Vorherrschend ist jedoch der Eindruck einer Zäsur im Jahr 1918. Primär jene Gruppen, die in diesem Jahr neu in die Politik kamen, bestimmten die Entwicklung bis 1933, nicht die Eliten des Jahres 1914. Besonders das Aufbrechen der ländlichen Basis bei gleichzeitiger Eroberung der Stadt durch die DNVP im Jahr 1918 widersprechen einer Kontinuitätsthese. In der Stadt herrschten bis dahin eindeutig liberale politische Traditionen vor. Es ist zwar die Anmerkung berechtigt, die Konservativen hätten mit ihrer Agitation nationalistischen, antisemitischen und antidemokratischen Haltungen Vorschub geleistet. Die Gesellschaftsteile, von denen dann die Rede ist, waren jedoch jeweils andere. Die Konservativen der Vorkriegszeit und die der Jahre nach 1918 sind nicht identisch.

Mit Blick auf die Verankerung in Stadt und Land verdient die veränderte Konstellation von 1918 im ostelbischen Vorpommern weitere Aufmerksamkeit. Die Stadtbevölkerung und ihre Interessen dominierten in der Partei, nicht das Land. Die mythenbehafteten ›alten Eliten‹ aus Adel und Großgrundbesitz waren 1933 regional in der DNVP kaum mehr feststellbar. Einfluß besaßen sie nur noch mittelbar über den Landbund, der jedoch weitgehend unabhängig agierte und die Verbindung zur DNVP schon zu einem guten Teil verloren hatte. Das Manko des Landbundes mag hier eher die zu geringe Bindung an die DNVP gewesen sein, die der NSDAP die Möglichkeit eröffnete, diesen Verband zu erobern. Der Landbund war mithin zu wenig politisch festgelegt; so bot er parteipolitisch eine offene Flanke. Von den ›alten Eliten‹ läßt sich eher sagen, daß sie den Siegeszug der NSDAP an der Basis der Gesellschaft aufhielten. Auf dem Land wurde eine alte Elite durch eine neue, durchaus auf Veränderung der sozialen Verhältnisse zielende Bewegung verdrängt. Damit war das alte ländlich-konservative Milieu seiner Geschlossenheit endgültig beraubt und in seiner herkömmlichen Form aufgelöst. Dörfliche Gesellschaft und politische Vertretung gingen nicht mehr ineinander auf.

Mit der DNVP trat keine Partei rückständiger Reaktionäre an. Es war nicht die kaiserzeitliche konservative Partei, die in den zwanziger Jahren in

Vorpommern agierte. Die DNVP war eine überwiegend bürgerliche Partei mit einem starken landwirtschaftlichen Flügel auf der Höhe ihrer Zeit. Sie wußte sich in den neuen politischen Verhältnissen auf ihre Weise gut zu bewegen. Ihre Mittel und Methoden waren durchaus der Zeit angemessen. Hier wurde nicht allein honoratiorenhaft repräsentiert, sondern organisiert, mit eigenen Medien agitiert und Politik gemacht. Dabei fühlte sich die Partei traditionellen Werten des Kaiserreichs verpflichtet, besaß aber genügend Pragmatismus und taktische Beweglichkeit, solche Positionen im Zweifelsfalle über Bord zu werfen. Es greift daher zu kurz, die DNVP nur nach ihren programmatischen Äußerungen oder nach ideologischen Gesichtspunkten zu beurteilen. Denn es war sicherlich auch diese Flexibilität und Anpassungsfähigkeit, die den Konservativen das Überleben nach 1930 erleichterte. Fortschrittlichkeit und Demokratie gingen hier jedoch eindeutig nicht Hand in Hand.

Ein abstrakter Modernisierungsbegriff, der politische Organisation und Funktionärstum (Organisationszentriertheit) für einen grundsätzlichen demokratiefördernden Fortschritt, Honoratiorenstrukturen (Personenzentriertheit) aber für überlebt hält, kann am Beispiel der DNVP und ihrer vorpommerschen Basis widerlegt werden. Die DNVP und ihre vorpolitischen Vereine und Verbände unterscheiden sich in Stadt und Land nicht sehr wesentlich von dem, was nachher die NSDAP aufbaute. Schon in der Republik wurde das Land in nationale politische Prozesse einbezogen, organisiert und erfaßt. Die NSDAP unterschied sich von der DNVP nur insofern, als sie versprach, ›es‹ besser zu machen. Während die DNVP es bei einer Sammlung unabhängiger Verbände beließ, bündelte die NSDAP alle Aktivitäten unter dem Etikett der Partei. In einer Krisensituation der etablierten Eliten konnte sie mit einer unverbrauchten neuen Elite aufwarten, die zudem nach ihrer Herkunft und Stellung in der Gesellschaft auch weit weniger abgehoben von der Basis war als die Oberschicht-Elite der DNVP. Die Deutschnationalen hatten allenfalls in einigen Bereichen eine Öffnung nach unten geschafft. Die DNVP hatte 1924 vielleicht zu früh aufgehört, sich tiefer und besser in der Gesellschaft zu verankern, Organisationen auf- und auszubauen. Wesentlich war die Zentralisierung der Bezüge von politischen Organisationsstrukturen auf die Partei. Genau das gelang der NSDAP weit besser als ihren deutschnationalen Konkurrenten. Vorfeld und politische Vertretung wurden in einer Bewegung weitgehend bruchlos aufeinander bezogen und nicht nur über Personalunionen miteinander vernetzt.

Der vermeintliche deutsche Sonderweg führt also nur über Umwege vom Kaiserreich in den Nationalsozialismus. Es gab gesellschaftliche Verwerfungen aus der Kaiserzeit, die aber erst mit der Revolution 1918 und der damit eintretenden politischen Polarisierung zum Problem wurden. Die entscheidenden Entwicklungen der politischen Landschaft sind Folge der Krisen in der Republik. Die Strukturen der Konservativen selbst waren 1933 anders als noch 1913. Die Probleme und Herausforderungen, vor denen sie standen, waren es ebenfalls. Der Wandel ist weit bedeutender für die Entwicklung hin zum Nationalsozialismus als die Kontinuität. Erst die Krisen schufen die Massenpolitisierung, auf die die NSDAP aufbauen konnte, nachdem die DNVP es nur bedingt geschafft hatte, sie zu ihrer Grundlage zu machen. Zwangsläufigkeit ist in dieser Entwicklung nicht zu erkennen, im Gegenteil, es gab deutliche Wendepunkte und Alternativen, die nicht wahrgenommen wurden.

Lepsius' Skizze zur Entwicklung des konservativen sozialmoralischen Milieus bedarf deswegen einiger Korrekturen. Zuzustimmen ist ihm, wenn er sagt, die Konservativen seien stets von der Mobilisierung vorpolitischer Strukturen abhängig geblieben. Er hat dabei jedoch zu einseitig nur das Land vor Augen und läßt das Problem städtischer Verhältnisse weitgehend außen vor. Sein Theorem betont die Kontinuitäten zu stark. Schon Eigenschaften wie ›protestantisch‹, ›agrarisch‹, ›an traditionelle paternalistische Leitbilder gebunden‹ können kaum für die DNVP des Jahres 1930 und die Konservativen 1913 gleichzeitig ins Feld geführt werden.[3] Es gibt auch nicht die lineare Entwicklung politischer Desintegration von den 1890er Jahren in die frühen 1930er Jahre. Die Konservativen der Weimarer Republik erwiesen sich als fähig, Desintegration zu stoppen und umzukehren, neue organisatorische Elemente aufzunehmen. »Vorindustrielle Grundorientierung« und »quasiständische Wertvorstellungen« spielten zwar eine Rolle[4], beherrschten die Entwicklung jedoch keineswegs. Die Konservativen waren Pragmatiker und daher neuen Entwicklungen gegenüber durchaus aufgeschlossen. So waren sie in der Lage, den Trend zur Organisierung aufzunehmen und umzusetzen. Auch ihre Idee einer Industrieansiedlung für Greifswald von 1929 paßt nicht in das graue Bild einer rückständigen Partei.

Der Hinweis auf »regionale Abgeschlossenheit« des politischen Bezugsrahmens trifft ebenfalls nicht den Kern der Sache, denn selbstverständlich war die konservative Bevölkerung in die Fragen und Themen der Nationalstaatsebene integriert.[5] Weil die DNVP daneben die preußisch-pommersche Regionalpartei war, gewann sie zusätzlichen Halt.

Die NSDAP brachte die Politisierung der konservativ-nationalen Bevölkerung zu einem gewissen Abschluß und fügte sich damit in einen längerfristigen Prozeß ein. Die Partei Hitlers war aber nicht erfolgreich, weil die Bevölkerung zu wenig politisiert war, zuwenig auf die großen Themen des Landes bezogen.[6] Sie war erfolgreich, weil die DNVP und ihr Vorfeld hier auf ganz bestimmte Weise vorgearbeitet hatten.

Lepsius' Theorem beruht auf dem Grundgedanken, daß es nebeneinander stehende Bevölkerungsgruppen in harter wechselseitiger Ablehnung gegeben hat. Dieses Bild ist aber letztlich nur für die Jahre von 1918 bis 1923 und von 1928 bis 1933 tatsächlich gültig. In der gesellschaftlichen Entwicklung

---

[3] Ebd., S. 252.
[4] Begriffe bei M. R. LEPSIUS, Parteiensystem, 1966, S. 387.
[5] Ebd., S. 381.
[6] So der Tenor bei W. PYTA, Dorfgemeinschaft, 1996.

erwiesen sich die Konservativen und ihr Milieu meist als flexibel – flexibler, als die Theorie vermuten läßt. Die Parteien waren in den friedlichen Phasen der Demokratie weit kompromißfähiger und kooperativer über Milieugrenzen hinweg, als sie es nach der Theorie hätten sein dürfen. Man muß folglich das Außenbild, die Propaganda und die tatsächlichen Verhältnisse in der Einwohnerschaft von Stadt und Land voneinander trennen. Kommunalpolitik war nur möglich, wenn man sich einigte und das Gemeinwohl der Stadt in den Mittelpunkt rückte. Schon von daher verbat sich eine zu starke Konfrontation, denn man mußte jeden Tag in Greifswald weiter miteinander leben. Die Theorie ist insofern zu stark auf das Vorfeld der Machtübernahme durch die NSDAP ausgerichtet, auf die Erscheinungsformen und Konflikte, die die Krise nach 1930 und das Auftreten der NSDAP erst hervorbrachten. Diese Konfrontation war zu einem guten Teil zentral angeleitet, sie wurde beispielsweise von Hugenberg gemacht und zerstörte lokale Mechanismen zur Konfliktregelung. Die Konfrontation ergab sich nicht von selbst aus den Milieustrukturen.

Wenn Lepsius sagt, die Konservativen seien bis Ende der dreißiger Jahre auf einen harten kleinen Gesinnungskern geschrumpft[7], dann betont das die Rolle der Ideologie. Das Bild des sozialmoralischen Milieus ist primär an der Arbeiterbewegung der Kaiserzeit und am politischen Katholizismus geeicht. Einmal liegt dem Milieu ein ideologisches Lehrgebäude zugrunde, im zweiten Fall ein Glaube. Bei den Konservativen stoßen einfache Zuordnungen dieser Art deutlich an Grenzen. Zwar war die ›bewahrende‹, eher auf das Verhindern von Veränderungen gerichtete Politik als Grundtendenz der Konservativen stets sehr deutlich. Politische Bezüge auf ein konservatives Ideologiegebäude ließen sich aber in nicht einem Fall nachweisen; Vorstellungen vom organischen Staatswesen, vom Reich, von legitimer Ordnung oder Tradition spielten als konsistentes Weltbild unter dem Begriff ›Konservativ‹ keine Rolle in der Politik. Sie bildeten jedoch das Fundament für das Handeln. Vorherrschend ist dagegen der Eindruck von politischem Pragmatismus auf der Grundlage einer allgemeinen konservativen Disposition. Lepsius' Annahme ist mithin wenigstens etwas undeutlich. Um strenggenommen konservative Gesinnung ging es nicht. Er betont die Ideologie viel zu sehr.

Zwei andere Punkte waren demgegenüber von großer Bedeutung, denn die DNVP benötigte eine starke Weltanschauung, um die soziale Heterogenität ihres Anhangs zu überbrücken. Sie fand sich in der Überhöhung des Nationalismus und in seinem Ausbau zur Utopie. Zweiter wesentlicher Punkt war die religiöse Orientierung eines größeren Segments im konservativ-nationalen Milieu. Er erwies sich – obwohl in voller Breite auch erst seit 1918 parteipolitisiert und ohne ausdrückliche Bindung an die DNVP – als der eigentliche Milieukern, der selbst dem Ansturm der NSDAP weitgehend widerstand. Die Religion bot den Konservativen zwar einen gewis-

---

[7] Ebd.

sen Ersatz als überwölbender, zusammenfügender quasi-ideologischer Bezugspunkt. Der Protestantismus war jedoch zu keinem Zeitpunkt so parteipolitisch festgelegt wie der Katholizismus. Die Religion war nicht parteibezogen, sondern trennte beide Ebenen.

Dem Doppelbegriff des konservativen Milieus fehlt somit die Konsistenz. Die Sozialstrukturen an der Basis der konservativen Parteien waren nicht über den gesamten Untersuchungszeitraum hin als Milieus zu qualifizieren. Sofern sie Milieus waren, konnten sie nur eingeschränkt als konservativ klassifiziert werden, denn sie waren viel eher ländlich-großagrarisch, gouvernemental und bürgerlich-national, mittelständisch-national oder auch protestantisch-national. Nie sahen sie sich selbst allein als konservativ. Letztlich muß man der Kritik an Lepsius Modell zustimmen. Seine Analyse bleibt eine Skizze, ist nicht wirklich zutreffend. Die Entwicklungen sind gebrochener, weit komplexer, als daß man sie auf die einfache Formel vom konservativen Milieu bringen könnte. Die Rolle der integrierenden Weltanschauung ist überschätzt.

Damit wird der von Lepsius zu eng vorgegebene Analyserahmen aufgehoben. Sein heuristischer Wert aber bleibt erkennbar. Denn die Studie zeigt deutlich, daß seine Methode ihre Bedeutung behält. Es ist gewinnbringend, über die Beschäftigung mit vorpolitischen gesellschaftlichen Strukturen zur Bestimmung der gesellschaftlichen Grundlage von Parteien vorzustoßen und gegebenenfalls ein Milieu zu identifizieren. Allzu dogmatisch darf sein Erklärungsansatz nicht verstanden werden, als »Sonde«, wie Rohe es formuliert, ist und bliebt sie ein brauchbares Analyseinstrument.

Am Ende kann man sich fragen, welche Chance denn die Republik mit diesem konservativ-nationalen Milieu hatte, das so vehement gegen Demokratie und Liberalität eingestellt war, in seinem selbstbewußten Eigensinn jedoch auch der NSDAP erkennbar Grenzen setzte? Für Pommern scheint zu gelten, daß vor der NSDAP schon der DNVP die Mobilisierung der regional vorherrschenden politischen Kultur gelang. Damit waren die Liberalen bereits ausgeschaltet. Die Grenze der NS-Mobilisierung hatte mit genau dieser politischen Kultur zu tun, die offenbar zählebig war. Die protestantische Sozialmoral setzte Linien, die nicht einfach überschritten werden konnten. Die feste Verankerung der alten Eliten in Kirche, Landleben und Universität, in Tradition und Religion machte die Konservativen schwerer angreifbar als beispielsweise die Liberalen oder die Interessenparteien. Dieses Netzwerk in kurzer Zeit auf die Republik umzupolen, erscheint als kaum realisierbares Unterfangen. Die Republik hätte mehr Zeit benötigt, sich langsam dieser alten, gewachsenen Gesellschaftsteile zu bemächtigen. Mit Druck, wie es die republikanischen Behörden versuchten, war offenkundig nichts zu bewegen. Nur langfristige Strategien versprachen Erfolg. In der politisch weitgehend offenen Situation der Monate von November bis Mai 1919 gelang es dem Landbund und der DNVP in Vorpommern, den antirevolutionären Reflex des nationalen Lagers zu organisieren und damit Dauer zu verleihen. Diese Verfestigung wäre vielleicht aufzuheben gewesen, wenn es der Republik gelungen wäre, das alte Staatsbewußtsein zu reaktivieren und damit die Abgrenzung zu durchbrechen. Das Umkippen des Lagers von staatstragend zu staatsfeindlich nach 1918 wäre vermutlich reparabel gewesen, die Abwanderung der Konservativen in die regionale Nische einer Gegengesellschaft und Gegenkultur hätte nicht das letzte Wort sein müssen. Unter günstigeren ökonomischen Verhältnissen wäre eine Auflösung der Frontstellungen denkbar gewesen, sogar noch nach der Inflation 1923 und dem nationalen Massenrausch des gleichen Jahres. Mit der neuen Krise 1927 und den Ereignissen des Herbstes 1929 um das Youngplanbegehren war die Chance vertan.

Prof. Dr. D. Walther Glawe, Stahlhelm-Gauführer
Dr. Friedrich Rickels, Oberbürgermeister von 1935 bis 1945

Dritter Teil

Die Konservativ-Nationalen und die Herrschaft der NSDAP

Die Parlamentäre der Stadt Greifswald nach den Verhandlungen mit der Roten Armee in Anklam bei der Rückfahrt am frühen Morgen des 30. April 1945 bei Moeckow-Berg: Prof. Dr. Gerhardt Katsch (Mitte links), Prof. Dr. Carl Engel, Rektor der Universität.

Achtes Kapitel

Forschungsüberblick und Fragestellungen 1933–1945

Im Mittelpunkt des folgenden Abschnitts über den Nationalsozialismus sollen im wesentlichen drei Fragen stehen: Erstens die Frage nach dem Widerstands-, dem Resistenzpotential gegenüber dem umfassenden Herrschafts-, Integrations- und Erfassungsanspruch der NSDAP, zweitens die Frage nach den Anknüpfungspunkten dieses Anspruchs im nationalen Lager, und drittens soll nach den politischen Auswirkungen, den Folgen der NSDAP-Herrschaft im nationalen Lager gefragt werden. Aus welchen Mentalitäten oder Traditionen des nationalen Lagers bildeten sich neue politische Strukturen, die nach 1945 wirksam wurden? Dabei geht es um die Demokratiefähigkeit der Konservativ-Nationalen, die allgemein als gering eingeschätzt wird. Es geht aber auch um jene Mentalitäten und Verhaltensweisen, die bei der Etablierung einer neuen Diktatur halfen.

Die bisherige Forschung zum Thema Konservative und Nationalsozialismus zeichnet ein widersprüchliches Bild der politischen Verhaltensweisen. Einerseits ist deutlich, daß sich die konservative und die nationalsozialistische Richtung im nationalen Lager quasi ergänzten, denn die konservativen etablierten Eliten trugen zum Machtantritt Hitlers bei.[1] Sie unterstützten die neue Regierung, die ohne ihre Hilfe das Problem der Beseitigung von Republik und Demokratie gar nicht so schnell hätte lösen können.[2] Andererseits gab es von Beginn an Konservative, die vernehmlich gegen Hitler und seine Partei auftraten. Es war besonders die Kirche, die bald nicht nur auf Distanz, sondern auf Konfrontationskurs ging[3]; es waren die konservativen Eliten, die Ende Juni 1934 in das Fadenkreuz von SS-Verbänden gerieten, weil sie sich nicht einfach fügten, und es waren besonders auch Konservative, die sich später im Weltkrieg zum aktiven Widerstand gegen Hitler entschlossen.[4] Das Spektrum der Verhaltensweisen von Konservativen gegenüber der NSDAP ist offensichtlich äußerst breit.

Wie ist diese Spannbreite zu fassen? Simple Unterscheidungen nach Guten und Bösen, nach Kollaborateuren und Widerständlern helfen nicht weiter.[5]

---

[1] H. MOMMSEN, Verschränkung, 1991, S. 39–66.
[2] Prägend nach wie vor für diese Sicht F. FISCHER, 1985. Im gleichen Sinne M. BROSZAT/ K. SCHWABE (Hrsg.), 1989.
[3] G. VAN NORDEN, Barmer Theologische Erklärung, 1994, bes. S. 172 f.
[4] Ein Überblick bei H. MOMMSEN, Bürgerlicher (nationalkonservativer) Widerstand, 1994.
[5] M. Broszat hat in diesem Zusammenhang den Begriff der ›Resistenz‹ geprägt und damit die Widerstandsforschung um den Aspekt des wirksamen volkstümlichen Eigensinns

Alf Lüdtke beschreibt individuelle Anpassungs- und Aneignungsstrategien gegenüber Maßnahmen und Politik der herrschenden NSDAP, die sich bisweilen in milieugebundenen Werthaltungen oder Mentalitäten fassen lassen, im wesentlichen jedoch am eigenen Vorteil orientiert sind und eine breite Spanne auch politisch höchst widersprüchlicher Verhaltensweisen zulassen.[6] An diese Sichtweise vom Individuum her soll hier angeknüpft werden. Entlang welcher Grenzen und Trennlinien läßt sich dann noch ein Gruppenverhalten identifizieren, das mit Prägungen und Mentalitäten des konservativ-nationalen Lagers zu tun hat?

Diese Frage ist vor dem Hintergrund des Anspruchs der NSDAP relevant, eine wahrhafte und wehrhafte nationale Volksgemeinschaft zu errichten, in der alle Lebensäußerungen der Gesellschaft von alltäglichen Handlungen bis hin zur Weltanschauung des einzelnen Bewohners allein auf die Partei und ihre Ziele hin orientiert sein sollten. Die Herrschaft der Partei sollte zu einer wie ein NS-Milieu geformten Gesamtgesellschaft führen, zur großen nationalsozialistischen Gemeinschaft. Die NSDAP mußte daher versuchen, die »Integrationsmechanismen« der bestehenden Milieus auszuhebeln und zu besetzen[7], die Milieus zu zerschlagen, sie in ihren Bestandteilen gleichzuschalten, quasi auf sich selbst umzupolen. Es ist jedoch zu beachten, wo und in welcher Weise die NSDAP den bestehenden konservativ-nationalen Mentalitäten und Strukturen entgegenkommen, wie und wo sie sich anpassen mußte, um ihre Herrschaft auszuüben.

Es soll hier nicht darum gehen, Herrschaft und ihre Auswirkung im Sinne der Totalitarismustheorie an einem einheitlichen Idealtyp zu messen.[8] Der hier gewählte Ansatz geht vielmehr davon aus, daß es eine totale Herrschaft nicht gibt, sondern lediglich verschiedene Formen von ideologisch angeleiteter, terrorgestützter politischer Diktatur.[9] Die Herrschaftsform wird vielfältig gebrochen und stößt in einer Gesellschaft auf Bedingungen, die mit der politischen Tradition, der Kontinuität zu vorherigen Verhältnissen zu

---

erweitert. Das hat ihm den Vorwurf eingetragen, das Maß an Zustimmung zu Hitler in der Bevölkerung bagatellisiert, eine widerständige Haltung gegenüber dem Nationalsozialismus hingegen zu sehr betont zu haben. Andere Begriffe wie jener von der »loyalen Widerwilligkeit« sind daher in die Diskussion eingebracht worden, führen jedoch auch kaum weiter, weil sie dem gleichen grundlegenden Gedankengang einer eindeutigen Zuordbarkeit politischer Verhaltensweisen verhaftet bleiben. M. BROSZAT, Resistenz und Widerstand, 1981. Ferner K. M. MALLMANN/G. PAUL, Resistenz oder loyale Widerwilligkeit? 1993.

[6] A. LÜDTKE, Praxis von Herrschaft, 1995, S. 226–245.

[7] Dieser Begriff bei C. RAUH-KÜHNE, Katholisches Milieu, 1991, S. 340.

[8] Gewisse Nachklänge der Diskussion um die Frage, ob Hitler ein starker oder ein schwacher Diktator gewesen sei, gab es in den achtziger Jahren. Neuere Darstellungen arbeiten z. B. mit volkswirtschaftlich inspirierten Kybernetikmodellen, um den Facettenreichtum zu bannen. L. HERBST, 1996.

[9] Damit ist der heuristische Wert des Ansatzes nicht in Frage gestellt, solange er nicht dazu dient gleichzusetzen, sondern zu vergleichen. Zusammenfassend B. SEIDEL/S. JENKNER (Hrsg.), 1968.

tun haben. Dieses Spannungsverhältnis von Anspruch und Wirklichkeit soll auch später die Untersuchung der SED-Herrschaft anleiten.

Die Forschung zur NS-Diktatur ist ganz offensichtlich mit moralischen Postulaten behaftet. Sie haben Berechtigung. Gleichwohl bringen sie die Gefahr mit sich, daß allein Gesinnung reproduziert wird. Martin Broszat hat daher eine konsequente Historisierung des Dritten Reiches gefordert, eine richtig verstandene »neue Sachlichkeit«[10], die »für ein angemessenes Verständnis des Dritten Reiches das Nebeneinander von monströsen Verbrechen und beklemmender Normalität zu akzeptieren und auszuhalten« habe.[11] Zwischen der historischen Einzelforschung und dem geschichtlichen Gesamtbild der NS-Zeit könne sich eine tiefe Kluft auftun. Erst eine kritische Historisierung ermögliche aber Verstehen und Erklärung über eine simple Verurteilung hinaus. Seine Forderung zielt auch auf die Einordnung der Phase in ein Vorher und Nachher. Damit kann vermieden werden, alle interpretatorischen Fluchtlinien der Entwicklung auf den Nationalsozialismus zulaufen oder von ihm wegführen zu lassen. Das mag politisch nicht korrekt sein, ist jedoch Grundvoraussetzung für eine Studie, die sich mit Kontinuitäten beschäftigt.[12]

Die politische Gesellschaftsgeschichte hat sich solcher Fragen mit Blick auf das konservativ-nationale Lager erst wenig angenommen.[13] Seine Bevölkerungsgruppen gelten als Hauptträger der NSDAP und wurden in der Forschung eher vernachlässigt. Sie standen nicht im Verdacht, Widerstands- oder Demokratisierungspotentiale zu bergen. Schwerpunkte der bisherigen wissenschaftlichen Bearbeitung des Themas lagen auf vier Themenkomplexen: den alten konservativen Eliten und ihrem politischen Verhalten, den theologischen und chronologischen Entwicklungen des Kirchenkampfes, der Entwicklung im alten Mittelstand. Außerdem liegen mittlerweile viele Untersuchungen von Klein- und Mittelstädten vor.[14] Systematische Milieustudien, die sich eines komplexen Gesellschaftszusammenhanges annähmen, fehlen jedoch.[15]

---

[10] M. BROSZAT, Plädoyer, 1988, S. 166.

[11] C. KLESSMANN/M. SABROW, Zeitgeschichte, 1996, S. 12.

[12] Die bereits angeführte Studie von L. HERBST, 1996, zeigt recht anschaulich, daß eine politisch korrekte Wissenschaft, die über ein abstraktes Theoriemodell den Völkermord an den Juden und die Kriegspolitik in den Mittelpunkt der Erklärung rückt, wenig zum Verständnis der politischen Sozialgeschichte dieser Zeit beitragen kann.

[13] Über andere Milieus ist man inzwischen recht gut informiert, K. M. MALLMANN/G. PAUL, Milieus und Widerstand, 1995.

[14] Forschungsübersichten von: J. NOAKES, 1996, S. 237–251. A. WIRSCHING, Nationalsozialismus in der Region, 1996, S. 25–46. A. VON SALDERN, Sozialmilieus, 1993, S. 20–51. Zur Mittelstandsforschung, A. VON SALDERN, Mittelstand, 1979; H. A. WINKLER, Marx und Monopole, 1991, S. 52–98 und die Kontroverse der beiden: A. VON SALDERN, Alter Mittelstand, 1986, S. 235–243 und H. A. WINKLER, Neuer Mythos, 1986, S. 548–557.

[15] Eine Ausnahme bildet D. VON REEKEN, Ostfriesland, 1991. D. VON REEKEN, Emden und Aurich 1928–1948, 1993, S. 53–66. Das in dieser Hinsicht führende Bayernprojekt verzichtete wegen der starken Zersplitterung und der damit einhergehenden Quellenpro-

Die in jeder Hinsicht große Heterogenität des Lagers und seiner milieuhaft verdichteten Teile stellen ein Problem dar, denn die einzelnen Strukturelemente entwickelten sich unter den neuen Rahmenbedingungen weiter auseinander, bündelten sich an anderer Stelle jedoch neu. Mit Blick auf die bisher herausgearbeiteten Ergebnisse sollen deswegen einige Aspekte herausgegriffen werden. Jeremy Noakes umreißt zentrale Problemfelder, die sich aus Studien über Klein- und Mittelstädte ergaben.[16] Zunächst ist das Vorgehen der NSDAP bei der Machtübernahme und darüber hinaus das Verhältnis etablierter lokaler Eliten und Honoratioren zur NSDAP und die Entwicklung dieser Relation von großer Bedeutung. Wahrten sie Distanz, oder schlossen sie sich der Partei und ihrer Politik an? Ist der Hinweis Broszats zutreffend, die Bedeutung der alten Eliten habe kontinuierlich bis 1945 abgenommen?[17]

Zur Frage des Verhältnisses von altem Mittelstand und NSDAP hat sich eine akademische Kontroverse entwickelt. Während Winkler ökonomisch argumentierend betont, wie »entbehrlich«, benachteiligt und somit unzufrieden und enttäuscht dieser Stand im Laufe der Entwicklung von 1933 bis 1945 geworden sei, weil das aufrüstende Regime auf diesen Wirtschaftszweig quasi verzichten konnte, hebt Adelheid von Saldern das hohe Maß an Übereinstimmung zwischen altem Mittelstand und NS-Herrschaft hervor. Nur Teile seien mißgestimmt gewesen; ansonsten hätten sich die symbolische Aufwertung und die guten Möglichkeiten für leistungsfähige Betriebe durchaus positiv auf die allgemeine Stimmungslage ausgewirkt und erheblich zur Festigung des Regimes beigetragen. Beide beachten indes nicht – Winkler noch weniger als von Saldern –, daß der alte Mittelstand sein Hauptaktionsfeld auf der lokalen Ebene hatte. Mithin war es von erheblicher Bedeutung, wie sich seine lokale Integration oder Desintegration in die nationalsozialistischen Herrschaftsverhältnisse vollzog. Dieses Spannungsverhältnis von lokaler Lebenswelt und übergeordneter Politik gilt es weiter zu beobachten.

Zu den Hauptkonfliktfeldern zwischen NSDAP und konservativ-nationalen Kräften gehörte der sogenannte Kirchenkampf in den evangelischen Kirchen Deutschlands. Bedenkt man die große Bedeutung der Religion für die Bindung der Konservativen-Nationalen in der Gesellschaft, dann verwundert es, daß die politischen Implikationen und Auswirkungen dieser wichtigen Auseinandersetzung bisher kaum beachtet worden sind.[18]

Die Hervorhebung einzelner Elemente der konservativ-nationalen Gesellschaftsstruktur macht deutlich, daß im Milieu sehr heterogene weltanschauliche und soziale Bindungen miteinander verflochten waren. Ihr

---

blematik weitgehend auf das Thema mittelständisch protestantischer Milieus. M. Broszat, Resistenz und Widerstand, 1981, S. 696.

[16] J. Noakes, 1996, passim.
[17] M. Broszat, Zweite Weltkrieg, 1989, S. 33.
[18] K. L. Sommer, 1993, S. 148–165.

Zerfall hebt die Frage nach der Bedeutung des Gesamtzusammenhanges nicht auf. Ob das nationale Lager und die milieuhaften Strukturen in ihrer angeschlagenen Form aber in ihrer Gesamtheit überhaupt noch eine Barriere für den Machtanspruch der NSDAP bildeten, ob hier eine Grundlage für so etwas wie Resistenz zu finden war, ob sich Vernetzungen in der einen oder anderen Verknüpfung identifizieren lassen, die Rückhalt oder Träger von Beharrungskräften sein konnten, bleibt ein wichtiges Thema. Die von Dietmar von Reeken am Beispiel der Städte Aurich und Emden aufgestellte These, der Nationalsozialismus sei in den weitgehend intakten bürgerlich-protestantischen Milieus letztlich ein Oberflächenphänomen geblieben, gilt es zu überprüfen.[19] Sie deutet in die gleiche Richtung wie der Hinweis von Jürgen W. Falter, zwischen 1933 und 1949 habe sich trotz der Umwälzungen an der politischen Sozialstruktur nichts Entscheidendes verändert.[20]

---

[19] D. VON REEKEN, Emden und Aurich, 1993, S. 57 u. 61.
[20] J. W. FALTER, Kontinuität, 1981.

Neuntes Kapitel

Sozialstruktureller Wandel: Von der Krise zur Scheinblüte

Drei Tendenzen sind prägend für die ökonomische und die sozialstrukturelle Entwicklung Greifswalds von 1925 über die krisengeprägten Daten für 1933 bis hin zu den Zahlen der Volkszählung von 1939.[1] Insgesamt ist die hohe Stabilität der Erwerbs- und Sozialstruktur auffällig. Die Bedeutung der einzelnen Wirtschaftssektoren verschob sich nur wenig, die Kleinbetriebe aus Handel, Handwerk und Gewerbe blieben bedeutsam; die Verwaltungen, die öffentlichen Betriebe und die Universität behielten ihre dominierende Stellung. Dann aber folgte die Stadt – auf der Basis ihrer lokalen Struktur – dem allgemeinen langfristigen Trend einer Bedeutungsverschiebung weg von der Landwirtschaft und vom produzierenden Sektor hin zum Dienstleistungssektor, der in Greifswald ohnehin stark angelegt war. Schließlich verdeutlichen die Zahlen, daß Greifswalds ökonomischer Aufstieg nach 1933 und das Anwachsen der Beschäftigten und der Bevölkerung wesentlich der Expansion des staatlichen Sektors zu verdanken war. In der Statistik spiegelt sich die Aufrüstungspolitik, der Ausbau des NS-Apparats, der neuen Verwaltungen und vor allem des Militärs.[2]

Die Krise in der zweiten Hälfte der zwanziger Jahre brachte die Strukturen nur wenig in Bewegung. Die Stadt wuchs um rund 3000 Einwohner, die Zahl der Arbeitsplätze nahm hingegen nicht zu. Die Daten der Volkszählung 1933 verdeutlichen insofern die Krisenerscheinungen. Bis 1939 kam es dann durch die staatliche Strukturpolitik zu erheblichen Umschichtungen. Bereinigt man die Statistik des Bevölkerungswachstums um die beiden Orte Wieck und Eldena, die von der Stadt eingemeindet wurden, und um das Militär, dann ist das Bevölkerungswachstum nur gering. Es sind nur 2300 Einwohner mehr als 1933. Hervorzuheben ist jedoch die enorm hohe Zahl der Soldaten und Arbeitsdienstler. Letztlich muß davon ausgegangen werden, daß rund 5000 Menschen im staatlichen Sektor neu beschäftigt wurden. Auf diese Weise veränderte sich das soziale Substrat der Stadt, nachhaltiger als beispielsweise auf der Reichsebene.[3] Mit Blick

---

[1] U. Schröder, Zur Entwicklung der pommerschen Wirtschaft, 1992, S. 82–94. Sowie mit allen Einschränkungen, H. Gaede, Pommern, 1940.

[2] Die Daten dieses Kapitels sind errechnet aus: StA. Rep. 6 VI b, Nr. 51, Volks-, Berufs- und Betriebszählung vom 17. Mai 1939 und aus Statistisches Reichsamt (Hrsg.), Bd. 454, 1936.

[3] Zahlen für das Reich in: D. Petzina u. a.,„Sozialgeschichtliches Arbeitsbuch, 1978, S. 55.

auf 1939 ist die deutliche Abnahme bei den Selbständigen und die ebenso deutliche Zunahme bei den Beamten, Angestellten und Arbeitern erkennbar. Während die alte gesellschaftliche Spitze der Selbständigen, die ja das Gros des politischen Personals der zwanziger Jahre ausgemacht hatten, langsam abschmolz, wuchs die nichtselbständige Mitte, also jener Bereich, aus dem sich vor 1933 die NSDAP rekrutiert hatte und ihren Massenanhang gewann.

Tabelle 10: Erwerbstätige nach Stellung im Beruf 1933

Berufsgruppen			Zugehörige	
Selbständige	1803	10,6 %	4049	13,7 %
Mithelfende	468	2,7 %	474	1,6 %
Beamte[1]	1153	6,8 %	2593	8,8 %
Angestellte	1995	11,8 %	2960	10,0 %
(arbeitslose Angst.)	392	2,3 %	615	1,3 %
Arbeiter	3120	18,4 %	5986	20,3 %
(arbeistlose Arbeiter)	1575	9,3 %	3908	13,3 %
Hausangest.	766	4,5 %	787	2,7 %
(arbeitslose Hausang.)	89	0,5 %	98	0,3 %
Erwerbstätige	11361	67 %	21470	72,8 %
Berufslose Selbst.	5597	33 %	8018	27,2 %
	16958	100 %	29488 =	100 %
			Einwohner	

[1] 3540 Beamte und Angestellte, entspricht 20,9 % der Beschäftigten. 2056 Arbeitslose, entspricht 12,1 %. 76,6 % davon sind Arbeiter. Die haben 4621 Zugehörige, entspricht 15,6 % der Stadtbevölkerung.

Tabelle 11: Beschäftigte nach Stellung im Beruf 1939

Berufsgruppe	Beschäftigte		Zugehörige	
Selbständige	1576	8,2 %	3172	9,4 %
Mithelfende	533	2,8 %	555	1,6 %
Beamte	2416	12,5 %	4681	13,9 %
Angestellte	3235	16,7 %	5149	15,3 %
Arbeiter	6992	36,1 %	13856	41,2 %
Erwerbstätige	14752	76,1 %	27413	81,4 %
berufslose Selbständ.	4629	23,9 %	6256	18,6 %
Erwerbspersonen	19381 (85,1 %)[1]	100 %	33669 (90,9 %)[1]	100 %
Soldaten/RAD	3384	(14,9 %)[1]	3384	(9,1 %)[1]
			37104 =	
			Einwohn., RAD u. Soldaten	

[1] Prozentwerte beziehen sich auf die Summe der Daten für Erwerbspersonen und Soldaten. Die Stadt ist um die Dörfer Wieck mit Ladebow und Eldena erweitert. Wieck hatte 1037 Einwohner, Eldena 921.

Die Expansion des staatlichen Sektors war die Folge der Aufrüstung, die Greifswald wie wenige andere Städte beeinflußte. In nur vier Jahren entstanden seit 1935 drei neue Kasernen, eine Polizeikaserne, ein Offizierskasino,

Tabelle 12: Beschäftigte nach Wirtschaftssektoren 1933

Wirtschaftssektor	Selbständige	Angestellte	Beamte	Arbeiter
I Land/ Forst	80 16,4% / 4,4%	11 2,2% / 0,4%	3 0,6% / 0,3%	294 60,3% / 9,4%
II Industrie u. Handw.	791 29,9% / 43,9%	227 8,6% / 8,2%	18 0,7% / 1,6%	1501 56,7% / 48,1%
III Dienst-leistungen	932 15,1% / 51,7%	2523 40,9% / 91,3%	1132 18,3% / 98,2%	1325 21,5% / 42,5%
Handel.	*639 24,4% / 35,4%*	*879 33,6% / 31,8%*	*192 7,3% / 16,6%*	*652 24,9% / 20,9%*
Verkehr				
Öff. u. Priv. Dienste	*293 10,5% / 16,2%*	*864 31,1% / 31,3%*	*940 33,9% / 81,5%*	*666 24,0% / 21,4%*
Häusl. Dienste	–	*780 99,1% / 28,3%*	–	*7 0,9% / 0,2%*
Gesamt	1803 19,3% / 100%	2761 29,6% / 100%	1153 12,4% / 100%	3120 33,5% / 100%

Tabelle 13: Beschäftige nach Wirtschaftssektoren 1939

Wirtschaftssektor	Selbständige	Angestellte	Beamte	Arbeiter
I Land/ Forst	119 17,1% / 7,5%	30 4,3% / 0,7%	4 0,6% / 0,2%	429 61,7% / 6,2%
II Industrie/ Handwerk	665 15,7% / 42,2%	382 9,1% / 8,9%	19 0,5% / 0,8%	3035 71,6% / 43,4%
III Dienst-leistungen	792 8,1% / 50,3%	3847 39,2% / 90,0%	2393 24,4% / 99,1%	2504 25,5% / 35,8%
Handel	*604 18,7% / 38,3%*	*1162 35,9% / 27,2%*	*189 5,9% / 7,8%*	*1009 31,3% / 14,5%*
Verkehr				
Öff. u. Priv. Dienste	*188 3,4% / 11,9%*	*1647 29,7% / 38,5%*	*2204 39,7% / 91,2%*	*1495 26,9% / 21,4%*
Häusl. Dienste		*1038 100% / 24,3%*		
Gesamt	1576 10,7% / 100%	4273 28,0% / 100%	2416 16,4% / 100%	6992 47,4% / 100%

ein Flugplatz und ein Luftwaffenlazarett.[4] Man sprach von Greifswald als dem »zweiten Potsdam«.[5] Die Expansion betraf auch neue Verwaltungs-dienststellen, wie eine Wehrverwaltung, die Ämter der Kreis- und Stadtpar-teileitung, des Reichsnährstandes, der SA, der SS oder der Deutschen Ar-beitsfront, der HJ, des BDM oder der NSV.[6] Die Expansion dieser

---

[4] Das Lazarett gleicht im Luftbild einem Flieger, dessen Mittelachse auf die Bismarcksäule und das Jahnstadion bezogen ist, sich mithin baulich bewußt an die konservativ-nationa-le Tradition anschloß.

[5] Greifswalder Zeitung, 12. u. 13.9.1942.

[6] Kreisleitung der NSDAP (Hrsg.), Heimatjahrbuch, 1938, S. 106 ff. Dort sind alle Dienst-stellen im Detail aufgeführt.

Mithelfende		Gesamt		Erwerbslos[1]		Wirtschaftssektor	
99	20,3 %	487	100 %	304	43,4 %	I	Land/
21,2 %		5,2 %		14,7 %			Forst
108	4,1 %	2645	100 %	1064	28,7 %	II	Industrie
23,1 %		28,4 %		51,8 %			u. Handw.
261	4,2 %	6173	100 %	688	10,0 %	III	Dienst-
55,8 %		66,3 %		33,5 %			leistungen
248	*9,5 %*	*2610*	*100 %*	*422*	*13,9 %*		*Handel.*
52,9 %		*28.1 %*		*20,5 %*			*Verkehr*
13	*0,5 %*	*2776*	*100 %*	*168*	*5,7 %*		*Öff. u. Priv.*
2,8 %		*29,8 %*		*8,2 %*			*Dienste*
–		*787*	*100 %*	*98*	*11,1 %*		*Häusl.*
		8,5 %		*4,8 %*			*Dienste*
468	5,0 %	9305	100 %	2056	18,1 %		Gesamt
100 %		100 %		100 %			

[1] Prozentwerte in der Horizontalen dieser Spalte beziehen sich auf die Summe der Werte von Arbeitslosen und Beschäftigten im jeweiligen Wirtschaftssektor.

Mithelfende		Gesamt		Wirtschaftssektor	
113	16,3 %	695	100 %	I	Land/
21,2 %		4,7 %			Forst
139	3,3 %	4240	100 %	II	Industrie/
26,1 %		28,7 %			Handwerk
281	2,9 %	9817	100 %	III	Dienst-
52,7 %		66,5 %			leistungen
264	*8,2 %*	*3228*	*100 %*		*Handel*
49,5 %		*21,9 %*			*Verkehr*
17	*0,3 %*	*5551*	*100 %*		*Öff. u. Priv.*
3,2 %		*37,6 %*			*Dienste*
		1038	*100 %*		*Häusl.*
		7,1 %			*Dienste*
533	3,6 %	14752	100 %		Gesamt
100 %		100 %			

gesellschaftlichen Bereiche verschob die Gewichte innerhalb der Stadt. Die Bedeutung von Universität und Landwirtschaft nahm ab, die von Partei und Militär zu. In welchen Bereichen die Krise besonders heftig zuschlug und auf welchem Weg die NSDAP die Lösung suchte, wird an den Tabellen noch deutlicher.

Die Zahlen zeigen, daß in der Region besonders die Landwirtschaft und das Handwerk sowie der Handel von der Krise betroffen waren und daß die Folgen bei den Arbeitern und Angestellten des primären und des sekundären Wirtschaftssektors durchschlugen. Das prozentuale Verhältnis von Selbständigen und abhängig Beschäftigten in allen Branchen verschlechterte sich deutlich zuungunsten der letzteren. Letztlich war es die Stärke des staatlichen Wirtschaftssektors, namentlich der Universität, was Greifswald in der Krise etwas Halt bot. Die Gewichte verschoben sich schon vor 1933 leicht aber erkennbar in diese Richtung. Auch für die Arbeiter wurden Tätigkeiten im staatlich gestützten Wirtschaftssektor immer wichtiger.

Besonders der alte Mittelstand war nach 1933 einem kontinuierlichen Schrumpfungsprozeß unterworfen. Handel und Handwerk waren davon gleichermaßen betroffen. Die Zahl der abhängig Beschäftigten wuchs dagegen absolut und relativ deutlich an. Eine unverkennbare Expansion gab es bei Angestellten, Arbeitern und Beamten in den öffentlichen Dienstleistungsberufen, während sich die Beschäftigungssituation in Landwirtschaft und Gewerbe zwar erholte, jedoch insgesamt gegenüber 1925 nur unwesentlich verbesserte. Es fand ein Ausbau im öffentlichen Wirtschaftssektor statt, jenseits dessen veränderten sich die Strukturen nur wenig.

Tabelle 14: Wirtschaftsgruppen nach Beschäftigten 1933 (Auswahl)

Branche	Beschäftigte	Prozent der Beschäftigten
Handelsgewerbe	1698	18,3
Verwalt./Armee/Kirche/Bildung	1624	17,5
Baugewerbe	1153	12,4
Gesundheitswesen/Sozialwesen	1116	11,9
Nahrungs-/Genußmittel	856	9,2
Landwirtschaft/Gärtnerei	776	8,3
Bekleidungsgewerbe	497	5,4
Gastwirtschaften	486	5,2
Reichspost/Reichsbahn	334	3,5
Bank//Versicherung	286	3,1
Gesamt	9305	100

Tabelle 15: Wirtschaftsgruppen nach Beschäftigten 1939 (Auswahl)

Branche	Beschäftigte	Betriebe	Prozent der Beschäftigten	Beschäftigte pro Betrieb
Einzelhandel	1352	337	9,2	4,0
Baugewerbe	1197	128	8,1	9,6
Wohlfahrt/Gesundheit	1115	131	7,6	8,5
Nahrungs-/Genußmit.	757	124	5,2	6,1
Führung/Verw./Partei	756	45	5,1	16,8
Nachrichten/Verkehr	662	87	4,5	7,6
Gaststätten	473	109	3,2	4,3
Kultur/Bildung/Unterr.	405	86	2,8	4,7
Großhandel/Export	337	55	2,2	6,1
Maschinen/Stahlbau	321	34	2,2	9,4
Bekleidungsgewerbe	313	209	2,1	1,5
Holzgewerbe	298	81	2,0	3,7
Gesamt	14752	3381	100	4,4

Die Aufschlüsselung nach Branchen hebt das hohe Maß der Kontinuität hervor. Die Zahl der Beschäftigten pro Betrieb hatte sich mit 4,4 gegenüber

1925 nicht verändert, auch die Zahlen für die traditionell bedeutsamen Branchen von Handel, Gaststätten, Bau oder Nahrungs- und Genußmittel waren insgesamt auf einem ähnlichen absoluten Niveau geblieben. Hier zeichnete sich ab, daß in den Branchen des alten Mittelstandes, die nur am Rande von der Nachfrageausweitung des Staates erfaßt wurden, wie das Schneidergewerbe, die Zahl der Beschäftigten deutlich zurückging. Der Bau sowie Stahl- und Maschinenbau konnten sich halten und sogar expandieren. Wohlfahrt und Gesundheitswesen blieben ebenfalls in etwa gleich. Das galt auch für Bildung und Schule. Daneben hatte sich aber der hier nicht aufgeführte Sektor Militär mit fast 3400 Beschäftigten und der neu aufgenommene Bereich Führung, Verwaltung und Partei mit rund 760 Mitarbeitern ausgeweitet. Hier lag auch die Zahl der Beschäftigten pro Betriebseinheit deutlich über dem Schnitt.

Faßt man die Ergebnisse zusammen, dann ist zweierlei deutlich. In der Weltwirtschaftskrise waren die Landwirtschaft und der Mittelstand die politisch besonders unruhigen Elemente der Gesellschaft gewesen. Aus diesen Wirtschaftssektoren wiederum waren es die existenzbedrohten unteren und mittleren Schichten, die nach neuer politischer Orientierung entweder bei der NSDAP oder auch bei den Kommunisten gesucht hatten. Insofern spiegelt die Wirtschaftsstatistik auch die politische Entwicklung wider.

Entscheidend für die Entwicklung der dreißiger Jahre waren die Gewichtsverschiebungen, die sich zum Nachteil der traditionellen Trägerschichten der Konservativ-Nationalen entwickelten. Die Bedeutung der Selbständigen in Landwirtschaft und altem Mittelstand nahm durch die Aufrüstungspolitik ab. Die Universität fiel gegenüber den neuen staatlichen Dienststellen zurück. Sie war nur noch ein wesentlicher Arbeitgeber neben anderen. Das traf die beiden konservativen Elitegruppen der Hochschullehrer und der Großagrarier. Die von der NSDAP herbeigeführten Veränderungen in den ökonomischen Strukturen führten viele Menschen aus den patriarchalischen Arbeitsstrukturen heraus und integrierten sie in unpersönliche Unterstellungsverhältnisse. Der unmittelbare Einfluß der Arbeitgeber lockerte sich, der alte Mittelstand schrumpfte insgesamt. Das waren zunächst auch allgemeine Entwicklungstrends. Für Greifswald gilt, daß der Nationalsozialismus mit seiner Politik die traditionelle Wirtschafts- und Abhängigkeitsstruktur in der Region aufbrach. Die alten Verhältnisse existierten weiter, sie standen jedoch neben den neuen. Die NSDAP etablierte eine breite und wachsende Schicht von Staats- und Parteiangestellten. Die ökonomische Struktur, die den Boden für das konservativ-nationale Milieu bereitet hatte, war damit in Auflösung übergegangen. Ganz gleich, wie die NSDAP sich gegenüber den konservativ-nationalen Kräften verhalten hätte, die alte Grundlage konservativer Macht war angegriffen. Die wiederhergestellte Vollbeschäftigung in Pommern nützte ausschließlich der NSDAP, die sich mit dem auf Pump finanzierten Aufrüstungsprogramm die Loyalität der Bevölkerung über alle traditionellen Trennlinien der Gesellschaft hinweg erkaufte.

Alte und neue Elite in der Auseinandersetzung um das nationale Lager

1. Der Wandel 1933 und das Ende der DNVP

Das Ende der konservativ-nationalen Milieubildung bedeutete nicht das Ende des nationalen Lagers. Das Milieu in Greifswald fiel gleichsam in seinen vorherigen Zustand zurück. Der Zusammenhang des Lagers blieb gewahrt, doch die starke innere Kohärenz fehlte. Die politischen Streitpunkte wandelten sich. Im Lager setzten sich nicht mehr konservative und liberale bürgerliche Honoratioren auseinander, stritten nicht mehr Mittelständler mit Weltanschauungsparteien. Die Trennlinie im Lager verlief nun zwischen einer radikalen und einer gemäßigten nationalistischen Richtung. Offen ausgetragen wurde dieser Streit jedoch nicht mehr. Das Lager wurde insgesamt sogar aufgewertet, denn die nationalen Kreise der Stadt wurden zur gesellschaftlichen Grundlage der nationalsozialistischen Machtausübung. Die NSDAP zog die Nationalen heran, ganz gleich, wie die Menschen politisch eingestellt waren. Mit dem 30. Januar 1933 änderte sich daher an der politischen Grundkonstellation in Greifswald wenig. Rund 70 Prozent rechneten sich dem nationalen Lager zu, rund 30 Prozent grenzten sich davon ab. Neu war die Situation, daß eine Partei sich daran machte, ihre Vorstellung von der wahren nationalen Volksgemeinschaft mit diktatorischen Mitteln durchzusetzen und andere Formen der Gemeinschaftsbildung entweder zu integrieren oder zu unterdrücken.

Die Machtübernahme der NSDAP war für die konservativ-nationalen Kräfte ein grundlegender Konstellationswandel. 1918 waren sie aus der Gesellschaft der Republik ausgestiegen und hatten sich dem neuen politischen System verweigert, weil es ihre Anforderungen an einen nationalen Machtstaat nicht erfüllte. 1933 bestand zumindest die Aussicht, daß die politischen Vorstellungen der Konservativ-Nationalen wieder zu allgemeinen Zielen des Staates werden würden. Es bestand die Möglichkeit, die Situation der selbstgewählten Isolation, der negativen Integration hinter sich zu lassen. Insofern war die bis dahin gültige Dialektik von Ab- und Ausgrenzung überwunden. Die 1933 gegründete Ordnung Deutschlands war den Konservativ-Nationalen in jedem Fall näher als die Republik. Doch so recht zufrieden wurden sie mit der neuen Situation nicht, denn die Ziele der NSDAP waren eindeutig nicht die der DNVP. Es gab eine ganze Reihe von Vorbehalten, deren Gründe und Reichweite auszuloten sind.

Die Prinzipien der nationalen Volksgemeinschaft sollten zu den Grundregeln der Gesellschaft, die integrierende Idee der Greifswalder Gegengesellschaft zu allgemeinen Ideen werden. Die Ausgestaltung dieses Projekts war indes weiter umstritten. Die Konservativ-Nationalen mußten bald lernen, daß die NSDAP viel weiterreichende Vorstellungen von der Volksgemeinschaft hatte als sie selbst, daß sie viel radikaler mit dem Vergangenen brechen wollte als die Deutschnationalen, daß sie sich über die gültigen religiös und traditionell unterlegten sozialmoralischen Standards der Konservativen einfach hinwegsetzten. Ferner war die Machtfrage nicht geklärt, denn die konservativ-nationalen Eliten wollten ihren Geltungsanspruch nicht einfach aufgeben. Insgesamt ergab sich ein neuer Differenzierungsprozeß zwischen Gegnern und Anhängern der neuen Ordnung, eine neue Dialektik von Ab- und Ausgrenzung auf neuer Grundlage setzte ein. Vermutlich hat es selten eine kompliziertere Situation für die Konservativen der Stadt gegeben als nach dem 30. Januar 1933. Die konservativen Gegner der NSDAP mußten erst einmal definieren, was das Konservative vom Nationalen unterschied, mit dem es inzwischen fest verwachsen war, worin also der Unterschied zum Nationalsozialismus lag. Diese Differenzen ahnten viele anfangs mehr, als daß sie sie kannten.

In den ersten Monaten nach dem 30. Januar 1933 ging es um die Vorherrschaft beim Aufbau des nationalen Machtstaates und der Volksgemeinschaft. Die Konkurrenz der NSDAP mit der DNVP wurde auf eine neue Grundlage gestellt. Den Männern der DNVP war in jedem Fall nicht recht wohl, als die NSDAP die Ernennung Hitlers zum Reichskanzler mit einem Fackelmarsch durch die Stadt feierte. Die Stimmung bei den Anhängern Hitlers war euphorisch. Endlich waren sie an die Hebel der Macht gelangt. Die DNVP blieb dem Bündnis mit der ungeliebten Konkurrenz schon mangels Alternativen verpflichtet. Sie interpretierte daher den Machtwechsel als den Beginn einer nationalen Erneuerung, die Formel von der ›nationalen Erhebung‹ stiftete einen Konsens mit der NSDAP, der realiter nicht vorhanden war. Wie die Differenz zwischen ›national‹ und ›nationalsozialistisch‹ zu überbrücken war, blieb unklar. Die Inszenierung des ›Tages von Potsdam‹ schien einen Brückenschlag anzuzeigen und nährte die Illusionen der Konservativ-Nationalen. Eine Welle der nationalistischen Begeisterung überspülte viele Bedenken, denn plötzlich erschien es möglich, allgemeine Forderungen des nationalen Lagers zu verwirklichen, die in der Republik nicht hatten realisiert werden können. Die Rückkehr von Dynamik in die politische Entwicklung, die Wiedereinführung der alten Farben und Fahnen, das rigorose Vorgehen gegen Kommunisten und Sozialisten sowie die Verheißung der Volksgemeinschaft bedienten Mentalitäten und Wünsche des gesamten Lagers, obwohl die Aktionen, abgesehen von der Verfolgung der Gegner, nur symbolischen Charakter trugen. Doch im nationalen Lager war man gewohnt, schon das für Politik zu halten. Hitlers Machtantritt erweckte den Eindruck, als sei ein Knoten geplatzt, als könne endlich mit der Erneuerung der Gesellschaft, ihrem Umbau zu einer nationalen Gemeinschaft begonnen werden.

Kurz nach dem 30. Januar wurden Neuwahlen für alle politischen Ebenen angesetzt. Offenbar wollte auch Hitler nicht auf eine demokratische Legitimation verzichten. Jedermann wußte, nur die NSDAP konnte Siegerin der Wahl sein; fraglich war nur die Höhe des Ergebnisses. Das sorgte vor der Kommunalwahl für Unruhe bei den Mittelstandsgruppen und bei der DNVP. Die Konservativen hielten lokal lieber Distanz zur NSDAP, mußten jetzt aber versuchen, in der veränderten Konstellation Chancen zu wahren. Der übermächtige Gegner im eigenen Lager brachte einen Konzentrationsprozeß in Gang, der zu drei nichtsozialistischen Listen führte. Die NSDAP trat an, die DNVP firmierte als ›Kampffront Schwarz-Weiß-Rot‹, um das negative Parteiimage abzulegen. Die DDP und auch die DVP verschwanden völlig. Ferner bewarb sich eine nunmehr einheitliche Mittelstandsliste unter Federführung der ›Gewerbevereinigung‹.[1] Die Streitereien im Mittelstand hörten auf. Die unter dem Einfluß von DDP und DVP stehende und mittelständisch geprägte ›Kommunale Arbeitsgemeinschaft‹ löste sich auf. Der ›Beamtenbund‹ suchte Anschluß an die Mittelstandsliste, ebenso die ›Vereinigung der Kolonialwarenhändler‹. Der ehemalige DVP-Politiker und Abgeordnete der ›Kommunalen Arbeitsgemeinschaft‹, der Druckereibesitzer Emil Panzig, stand nun auf der Liste der NSDAP. Auch das Vorstandsmitglied des Gastwirtevereins, Karl Penz, war dort zu finden. Die ›Kampffront‹ hingegen wurde von der Kaufmanns-Kompanie unterstützt, die Carl Millahn, ebenfalls ehemals bei der DVP und der ›Kommunalen Arbeitsgemeinschaft‹, bei den Konservativen ins Rennen schickte. Der Mittelstand verhielt sich damit politisch wie immer. Er suchte kommunalpolitisch Anschluß an eine Partei, sobald ihm die Erfolgsaussichten einer eigenen Liste zweifelhaft erschienen. Dabei waren die Chancen des eigenen Vertreters wichtiger als die Feinheiten politischer Ideologien. Überdies waren nämlich Mittelstandsliste und NSDAP eine Zählgemeinschaft eingegangen, um ihre Chancen wechselseitig zu verbessern.[2] Daher fiel besonders auf, daß nicht alle Mittelständler zur NSDAP gingen, daß offenbar einige von ihnen die Partei Hitlers ablehnten.

Genaugenommen standen sich im nationalen Wählerlager zwei Richtungen gegenüber. Sie bildeten die Entwicklung des Jahres 1932 ab, die wegen des häufigen Zusammenwirkens von DNVP und NSDAP nur schwer erkennbar wurde. Offenbar lief die Entscheidung immer stärker auf die Frage eines gemäßigten oder eines radikalen Rechtskurses hinaus. Andere Varianten waren nicht denkbar. Genau dieses Teilungsmuster der Gesellschaft bildeten die Wahllisten ab. Der Aufstieg der NSDAP hatte damit zu einer Art politischer Flurbereinigung im nationalen Lager geführt und die Akzente insgesamt weit nach rechts verschoben. Das erklärt das stille Verschwinden

---

[1] Greifswalder Zeitung, 7. 3. 1933.
[2] Hinweis dazu in: StA. Rep. 6 Ia, Nr. 26.

vieler bis dahin prominenter Kommunalpolitiker von den Listen. Sie sahen offenbar auf keiner Seite mehr eine Möglichkeit, sich politisch zu betätigen. Es stand außer Frage, daß es eine Zusammenarbeit der nationalen Listen unter Federführung der stärksten Liste geben würde, also die NSDAP in jedem Fall die Führung übernehmen sollte. Es herrschte auch nach der Machteroberung Hitlers nicht der reine Opportunismus. Der ›Kampffront‹ schlossen sich offensichtlich jene an, die einen Widerspruch zwischen ihrer nationalen Gesinnung und der NSDAP sahen. Die ›Kampffront‹ wurde dadurch aber selbstverständlich nicht zum Sammelbecken liberal-demokratischer Ziele.

Der Wahlkampf war von übergeordneten Themen beherrscht. Innerhalb von zwei Wochen fanden vier Wahlen statt. Kommunale Themen rückten damit in den Hintergrund, und die nationalistische Euphorie der Machtergreifung diktierte die Diskussion. Dann traten die Ereignisse um den Reichstagsbrand mit der beginnenden Hatz auf die kommunistischen und sozialdemokratischen Gegner der NSDAP und der Konservativ-Nationalen in den Vordergrund.[3] Die ›Kampffront‹ hielt mißmutig am Bündnis mit der NSDAP fest[4], die aber mit nur wenig Nachdruck unterstützt wurde. Das gemeinsame Projekt einer nationalen Erneuerung stand nach außen hin im Vordergrund.

Die Wahlergebnisse aller vier Wahlen vom 5. und vom 12. März 1933 zeigten dann die Verfestigung der beiden Wählerblöcke im nationalen Lager und der ebenfalls weitgehend konstanten Werte für die beiden großen politischen Lager. Die bürgerlich-republikanische Mitte war völlig verschwunden. Die NSDAP schwankte zwischen 46 und 50 Prozent der abgegebenen Stimmen, die DNVP hielt sich mit 21 bis 22 Prozent, ebenso wie die SPD, die bei konstant 15 Prozent verharrte. Die KPD schaffte am 5. März noch zwölf Prozent. Eine Woche später – nach dem Einsetzen des Terrors gegen sie – waren es nur noch etwa acht Prozent der Wähler. Mit Blick auf die Kommunalwahl war die Tatsache bedeutsam, daß die politische Option ›Mittelstand‹ nur noch auf wenig Resonanz stieß.[5] Die rund zehn Prozent für die Mittelstandsliste bei der Kommunalwahl zeigten, wieviel Attraktivität das Konzept der unmittelbaren Interessenvertretung eingebüßt hatte, wie weit die Politisierung der Kommunalpolitik fortgeschritten war. In den mittleren zwanziger Jahren hatten über 30 Prozent der Wähler Listen des Mittelstandes gewählt. Es deutete sich bei den verschiedenen nichtsozialistischen Gegnern der NSDAP die Tendenz an, angesichts der übermächtigen Partei Trennendes zurückzustellen. Rund 50 Prozent der Bevölkerung und über zwei Drittel des nationalen Lagers votierten jedoch für die NSDAP und befürworteten damit die radikale nationalistische Veränderung der Gesellschaft, den Umbau zur Volksgemeinschaft. Mit dieser Legitimation aus-

---

[3] K. Schreiner (Hrsg.), 1958, S. 134ff.
[4] K. F. W. Schmidt, Lebenserinnerungen, S. 158f.
[5] Greifswalder Zeitung, 6. u. 13.3.1933.

gestattet, konnte die NSDAP ihre Gleichschaltung beginnen, ohne bedeutenden Widerstand erwarten zu müssen.

Die alten Eliten in der ›Kampffront‹ standen als Offiziere ohne Soldaten da, sie schickten sieben (1929 zwölf) Abgeordnete in das nunmehr 32köpfige Bürgerschaftliche Kollegium, die NSDAP aber 15 (1929 zwei), der Mittelstand erhielt drei Sitze (1929 zwei und sechs), die SPD kam auf fünf (1929 sieben), die KPD auf zwei (1929 drei). NSDAP und Mittelstand verfügten über eine absolute Mehrheit. Die persönlich geknüpfte Querverbindung von der NSDAP und Kropka zu Eggebrecht von der Mittelstandsliste bewährte sich.[6] Bei den Magistratswahlen kamen deswegen nur noch NSDAP, Mittelstand und ›Kampffront‹ zum Zuge. Die Arbeiterparteien wurden ausgegrenzt. Von den zehn Sitzen sicherte sich die NSDAP sieben, einer fiel durch ihre Mithilfe der Mittelstandsliste zu, nur zwei blieben der ›Kampffront‹, dem erfahrenen Levien und dem jungen Rechtsanwalt Walter Graul. Die ›Kampffront‹ war die Verliererin des Machtpokers. Denn auch den Vorstand des Bürgerschaftlichen Kollegiums besetzten die regierenden Listen mit Nationalsozialisten. Der Ehrenbürger und langjährige Vorsitzende Prof. Luther wurde nur dritter Stellvertreter hinter Brüske. Er gab als Universitätslektor und bürgerliche Erscheinung die Galionsfigur des Rates ab. Er konnte vielleicht auch Menschen ansprechen, die dem Nationalsozialismus fernstanden. Neben ihm amtierte Kropka.[7]

Die ›Kampffront‹ war offenbar sehr hart von dieser Niederlage getroffen, denn sie boykottierte die konstituierende Sitzung des Kollegiums, vordergründig, weil der Streit um Schlesiger mit dem Oberbürgermeister noch nicht beigelegt war. De facto spielte aber wohl die Enttäuschung eine große Rolle, denn die zentrale Rolle der ›Kampffront‹ in der Kommunalpolitik war beendet. Sie war jetzt auch offiziell nur noch politische Vertretung einer lokalen Minderheit.

Wäre die Entwicklung unter freieren Bedingungen fortgesetzt worden, dann hätte der DNVP das Potential einer nunmehr sehr viel homogeneren Wählerschaft als vor 1933 nutzen können. Ihr Anhang war tendenziell gegen die NSDAP eingestellt, wenngleich weiterhin national ausgerichtet. Die sehr viel religiösere Orientierung der Basis kann nach den Auseinandersetzungen der Kirchenwahl vom November 1932 angenommen werden. Die DNVP war aber nicht mehr in der Lage, aus dieser veränderten Situation Kapital zu schlagen. Sie resignierte und war bald darauf verboten.

Dem letzten ansatzweise frei gewählten Stadtparlament blieben nur noch rund fünf Monate Zeit, dann vertagte es sich am 28. September 1933, ohne je wieder zusammenzutreten. Ein Oppositionsprofil bildete die DNVP nicht mehr aus, dafür war sie viel zu geschwächt. Ihre Mitglieder und aktiven

---

[6] Schreiben Eggebrecht an Oberstes Parteigericht, 3.7.1936; in: BA. ehem. BDC, Walter Kropka, OPG.
[7] Protokoll der Sitzungen des Bürgerschaftlichen Kollegiums am 30.3.1933, 4.4.1933, in: StA. Rep. 3, Nr. 151, Jg. 1933.

Politiker waren deprimiert. Das hinderliche Bündnis in der Reichsregierung und die mitreißende nationale Euphorie lähmten sie. Die Haltung gegenüber der NSDAP und ihrer Politik blieb von den gemeinsamen Lagermentalitäten geprägt und weiterhin von Taktik und den breiten weltanschaulichen Schnittflächen bestimmt. Die DNVP befürwortete die Säuberungen nach dem ›Gesetz zur Wiederherstellung des Berufsbeamtentums‹ – es traf ja Republikaner und Sozialisten. Sie stimmte für einen Schlageter-Gedenkstein auf dem Platz vor dem Jungengymnasium und erhob den hessischen ›Parvenü‹ Karpenstein gegen jede Sitte und Gewohnheit der Stadt zum Ehrenbürger. Sie mußte hinnehmen, daß der NS-Zeitung und nicht der GZ die Bekanntmachungen der Stadt zugesprochen wurden, ansehnliche Geldbeträge als Zuschüsse an die SA flossen und NS-Politiker sich ihre Schulden von der Stadt streichen ließen.[8] Die beiden Magistratsvertreter der DNVP blieben noch bis Mai 1935 im Amt, ihr Einfluß war indes nicht mehr wahrnehmbar. Als sich die Partei Ende Juni 1933 auflösen mußte, hatten sie bereits alle Lebenskräfte verlassen. Widerstand gegen diese Maßnahme gab es nicht, es war noch nicht einmal Widerspruch zu registrieren. Die DNVP hatte die Auseinandersetzung mit der NSDAP verloren.

Die Abschaffung der Partei zerstörte den Zusammenhalt der konservativ-nationalen Eliten. Die vorpolitisch organisierte Basis der Partei verlor ihren Aktionsausschuß. Damit waren jedoch die einzelnen Vereine, Verbände oder religiösen Gemeinschaften noch nicht angetastet. Entscheidend wurde nunmehr, wie die NSDAP sich diesen einzelnen Elementen des zerbröselten Milieus gegenüber verhielt? Es war offen, ob sie die Konfrontation und Zerstörung suchte oder ihr Vorgehen eher auf komplette Integration in ihre nationale Volksgemeinschaft zielen würde.

2. Machteroberung von unten

So wie die konservativ-nationale Basis in Greifswald konstruiert war, waren die Honoratioren das Haupthindernis auf dem Weg zur nationalsozialistischen Gemeinschaft. Die Honoratioren und ihre Einflußsphären in der Gesellschaft galt es für die NSDAP zu erobern. Auch wenn das Gesamtgefüge der konservativ-nationalen Basis angeschlagen war und die alten Eliten an ihrer Handlungsunfähigkeit und Zerstrittenheit litten, hatte die politische Richtung der DNVP nach ihrer Auflösung Unterstützung und Rückhalt. Vor allem stützte sie sich auf wesentliche Positionen in Ämtern, Behörden, Institutionen und im Vereinswesen der Stadt.

Bei der Machteroberung durch die NSDAP lassen sich zwei Phasen unterscheiden. Die erste Phase einer weitgehend ungeordneten, von lokalen

---

[8] Beschlüsse aus den Sitzungen des Bürgerschaftlichen Kollegiums am 4.4.1933, 11.5.1933, 26.5.1933 u. 29.6.1933, in: StA. Rep. 3, Nr. 151, Jg. 1933.

Faktoren bestimmten ›wilden Machteroberung von unten‹ begann unmittelbar mit dem Reichstagsbrand und endete mit dem 30. Juni 1934, dem Vorgehen nicht nur gegen die SA und Gauleitung in Pommern, sondern auch gegen die noch verbliebenen konservativ-nationalen Eliten. Ihr folgte eine zweite Phase vergleichsweise geordneter Machteroberung, die bis zum Herbst des Jahres 1935 weitgehend abgeschlossen war. Den Abschluß für Greifswald bildete der Tod des Oberbürgermeisters Fleischmann im Mai 1935 und die Einführung seines Nachfolgers Riekels im Oktober des gleichen Jahres. Seitdem herrschte in der Stadt bis in die Kriegswende von 1942/43 hinein die NSDAP unangefochten.

Die Greifswalder NSDAP agierte in der Phase der ›wilden‹ Machteroberung eigentümlich ziellos und unkoordiniert, obwohl auch Greifswald von der aggressiven Dynamik der NSDAP erfaßt wurde. Den etablierten konservativ-nationalen Eliten wurde die Machtfrage nicht ernsthaft gestellt. Die NSDAP sah in den Deutschnationalen nicht den wichtigsten Feind, sie hatte Hemmungen, einen ebenso wie sie nationalistisch ausgerichteten Gegner offen anzugreifen, dessen Hauptfiguren mit dem Nimbus des Fronteinsatzes, der verdienten Kämpfer gegen die Republik ausgestattet waren. Rücksichtnahmen minderten die Tatkraft der NSDAP.

Die örtlichen Nationalsozialisten waren meist mit kleinen Erfolgen zufrieden. Mit dem 30. Januar 1933 eröffnete sich den Mitgliedern der NSDAP die Chance, selbst in Positionen einzurücken. Unverfroren wurde die Forderung gestellt, verdiente Nationalsozialisten nunmehr bevorzugt auf Stellen zu heben, sie zu versorgen.[1] Dieses Ziel stand eindeutig im Mittelpunkt der lokalen NSDAP-Aktivitäten. Mehr politischer Ehrgeiz war nicht zu erkennen. Denn hatten die Nationalsozialisten mit ihren Forderungen Erfolg, waren sie auch mit subalternen Posten zufrieden. Die Konservativen nutzten ihre Möglichkeiten, den Wünschen der Partei entgegenzukommen, ohne wirklich Macht abgeben zu müssen.

Zweiter wesentlicher Aspekt der Machteroberung von unten war das Begleichen ›offener Rechnungen‹ aus der sogenannten ›Kampfzeit‹. Sehr schnell brachen hier die bis dahin unterdrückten Gegensätze zu den konservativ-nationalen Eliten durch. In diesem Feld war die NSDAP weit weniger zu lenken. Politische Leitlinien lassen sich im Vorgehen der NSDAP nur gegenüber Sozialdemokraten und Demokraten erkennen. Zunächst schien es so, als würden die neuen Machthaber ihre deutschnationalen Konkurrenten ungeschoren lassen. Die ganze Dynamik der NSDAP richtete sich gegen die schwachen republikanischen und sozialistischen Kräfte am Ort. Das billigten und förderten die Konservativ-Nationalen durchaus, denn die Beseitigung des gemeinsamen Gegners entsprach alten Forderungen der DNVP

---

[1] Schreiben Karpenstein an die Behördenleiter seines Gaues vom 1.8.1933. Es sei Ziel der NSDAP, bis zum 1. September 1933 verdiente Kämpfer in Lohn und Brot zu bringen, in: VpLA. Rep. 76, Landgericht Greifswald, Nr. 709.

und war auch nach ihrer Meinung Voraussetzung für den erstrebten nationalen Neubeginn.

Es war symptomatisch für das grundsätzliche Liebäugeln der Deutschnationalen mit totalitären Krisenlösungen und den Sog, den die NSDAP mit ihrer Machteroberungspolitik erzeugte, wenn der geachtete Vorkriegskonservative Paul Langemak am 8. März 1933 auf einer DNVP-Versammlung in Greifswald verkündete, die Marxisten dürften nicht mehr in die Parlamente zurückkehren.»In diesem Zusammenhang wandte sich Justizrat Langemak gegen allzugroße Objektivität und Paragraphentreue mancher Leute auch auf der Rechten.«[2] Das war ein politisch-moralischer Offenbarungseid, denn der Rechtsstaat war für die Konservativ-Nationalen bei aller Demokratiefeindschaft und politischen Einäugigkeit unantastbar gewesen. Solange es gegen den gemeinsamen Gegner ging, funktionierte das ›Bündnis der Eliten‹ und überwand selbst tief verankerte moralische Hemmungen.

Schon im Februar und März 1933 kam es in Greifswald zu umfangreichen Hausdurchsuchungen und Verhaftungen bei Sozialdemokraten und Kommunisten. Bald folgten die ersten Entlassungen wichtiger Vertreter der republikanischen Elite wie des DDP-Schulrates Paul Hoffmann, des Arbeitsamtsleiters Paul Pagel, der Professoren Klingmüller und Ziegler und des Landrates Becker. Hoffmann wurde jedoch ›nur‹ das Opfer der Ambitionen des NS-Kreisleiters Hube, der selbst gerne Schulrat werden wollte.[3] Becker und Pagel mußten aus rein politischen Gründen gehen. Besonders im Fall der beiden Professoren war deutlich, daß ihnen ihr Verhalten im Jahr 1931 und im Fall Vahlen heimgezahlt wurde.[4] Solche Rachefeldzüge reichten bis zum Mord. Walter Bendt, der SA-Schläger der ›Kampfzeit‹, ertränkte seinen persönlichen Erzfeind Franz Werstädt von der KPD im Juli 1933 eigenhändig im Ryck und kam anschließend nahezu ungestraft davon.[5]

Wenig später sahen sich die konservativ-nationalen Eliten in der Öffentlichkeit als Reaktionäre, als Hemmschuh des neuen Deutschland und der ›nationalen Erhebung‹ diffamiert. Sie mußten feststellen, daß selbst koordinierter Widerstand gegen Forderungen der NSDAP keinen Erfolg mehr hatte. Immer unmißverständlicher stellte die NSDAP die Forderung, das Alte müsse restlos verschwinden, um dem dynamischen Neuen, der NSDAP und ihrer Variante der Volksgemeinschaft, Platz zu machen. Diese Kampagne stieß in der Bevölkerung auf Widerhall. Fast beschwörend wurde dagegen von konservativ-nationaler Seite der gemeinsame nationale Aufbruch betont. Der vorbereitenden Demontage in der Propaganda folgten bald konkrete Maßnahmen der NSDAP. Der Kreis der bekämpften NS-

---

[2] Greifswalder Zeitung, 19. 3. 1933.
[3] Hoffmann hatte offenbar noch kurz den Gedanken erwogen, in die NSDAP einzutreten, um der Entlassung zu entgehen, sich dann aber anders entschieden. Kropka an Gaugericht Stettin, 12. 7. 1936, in: BA. ehem. BDC, Walter Kropka, OPG.
[4] Zum Gesamtkomplex, M. RAUTENBERG, Die Angehörigen, 1990, S. 40ff.
[5] K. SCHREINER (Hrsg.), 1958, S. 136 u. 141, sowie R. THEVOZ u.a., 1974, Bd. 2, Nr. 70. Ferner mündlicher Hinweis von H. F. Curschmann.

Gegner erweiterte sich auf die DNVP. Um alte Rechnungen ging es auch beim ersten Opfer aus den Reihen der Männer, die dem konservativ-nationalen Führungskreis zuzurechnen waren. Dem Leiter der städtischen Schutzpolizei, Gustav Adolf Mesech, warf die NSDAP unmittelbar nach der Wahl im März 1933 vor, mitverantwortlich für den Tod der drei SA-Leute am ›Blutsonntag‹ zu sein und seinen Dienst immer parteiisch gegen die NSDAP ausgeübt zu haben.⁶ Das entsprach nicht den Tatsachen, denn Mesech fühlte sich der obrigkeitlichen Gleichbehandlung aller verpflichtet und schonte auch die Kommunisten nicht. Obwohl sich Fleischmann und Bürgermeister Schmidt gemeinsam mit Männern wie Major Raettig und Prof. Glawe vom Stahlhelm, Prof. Deißner als Rektor der Universität und Dr. med. Franz als Vertreter der Kriegervereine für ihn einsetzten und sich ausdrücklich auf das positive Votum des nationalen Vereinsnetzwerkes und seiner Führungsspitze beriefen, war er nicht mehr zu halten. Selbst die Tatsache, daß er häufig zu den geladenen Gästen der Honoratiorengesellschaften in der Kaserne gehört hatte, wo auch Jarmer verkehrte, war kein Argument mehr für ihn. Im März 1933 ließ er sich beurlauben und wurde zum Juli 1934 in Pension geschickt. Damit hatte die NSDAP freie Bahn in der Polizei, die mit SS- und SA-Männern sowie Stahlhelm-Mitgliedern aufgefüllt wurde und sich zu einem einsatzfähigen Instrument der NS-Politik wandelte.⁷

Ein frühes Opfer der NSDAP wurde der bis dahin hochgeachtete Friedrich Pels-Leusden, der sich im März 1933 plötzlich mit der Behauptung konfrontiert sah, er sei ›jüdisch versippt‹. Er nahm diese Vorwürfe auf und rechtfertigte sich, er sei stets national gewesen und habe nie wissentlich Juden unterstützt, weder wirtschaftlich noch bei Stellenbesetzungen. »Als anständiger Mensch« habe er sich aber auch nicht an antisemitischer Hetze beteiligt.⁸ Der latente Antisemitismus der Konservativen fiel jetzt auf ihn selbst zurück. Pels-Leusden war Kandidat der DNVP für die Provinziallandtagswahl 1933. Der Angriff der NSDAP machte den Konservativ-Nationalen deutlich, daß niemand sich mehr sicher fühlen durfte, auch der Verbündete nicht. Konkrete Folgen hatte die Attacke für Pels-Leusden vorerst nicht; sein Honoratiorenstatus gab ihm jedoch keine Sicherheit mehr. Da er ohnehin über die Altersgrenze hinaus war, ließ er sich 1934 emeritieren und zog 1935 nach Bonn, wohl um weiteren Gerüchten und einer drohenden gesellschaftlichen Stigmatisierung zu entgehen.

Die Planlosigkeit der NSDAP wird indes deutlich, wenn die übrigen Fälle von Angriffen auf Einzelpersonen mit in den Blick genommen werden. Die

---

⁶ Vorgang mit den Verhandlungsprotokollen, in: StA. Rep. 6 PB, Nr. 306, Personalakte Gustav Mesech. Er wurde 1875 in Crossen geboren, war Kolonialsoldat in Afrika, seit 1910 in Greifswald bei der Polizei, seit 1927 Polizeiobersekretär. Zog 1944 nach Grünberg in Schlesien, 1946 für tot gehalten.
⁷ K. Schreiner (Hrsg.), 1958, S. 135, beginnend mit dem 1.3.1933.
⁸ Rechtfertigungsschrift von Pels-Leusden, 19.4.1933, in UA. Personalakte Pels-Leusden, Nr. 553.

für Greifswald völlig ungewöhnlichen Angriffe auf Honoratioren, auf Position und Status von Professoren, die Rufmordkampagnen, richteten sich nämlich nicht primär gegen Männer, die irgendwie politisch hervorgetreten waren oder im Milieu eine Rolle gespielt hatten. Der Geograph Gustav Braun, wenige Jahre vorher noch Rektor der Universität, und der Leiter der Nervenklinik, Edmund Forster, gerieten wegen persönlicher Ambitionen von Konkurrenten oder alter Streitigkeiten in die Mühlen öffentlicher Verleumdungen. Ähnlich ziellos war das Vorgehen gegen Personen außerhalb der Universität. Das erste bürgerliche Opfer des NS-Terrors war der Inhaber einer kaufmännischen Privatschule, Josef Kreißl, der im Juli 1933 mit einem Pappschild um den Hals durch Greifswald ins Gefängnis geführt wurde, wo man ihn wegen Hochverrats einsperrte. Die Hintergründe sind unklar.[9] Noch mehr Aufsehen erregte die Verhaftung des Rechtsanwalts Aumüller.[10] Er war politisch nicht aktiv gewesen. Ihn verschleppte die NSDAP Anfang Dezember 1933 in das Konzentrationslager Stettin-Bredow, weil er angeblich abfällige Äußerungen über die NSDAP im Zusammenhang mit dem ›Blutsonntag‹ gemacht haben sollte. Betreiber der Aktion war Aumüllers Anwaltskollege Rudolf Rust, der Sozius von Karpenstein geworden war. Diese willkürlichen Verhaftungen und öffentlich inszenierten Erniedrigungen sowie die Tatsache, daß Aumüller bald als gebrochener und gesundheitlich schwer angeschlagener Mann nach Greifswald zurückkehrte, schüchterten die gesamte Stadtbevölkerung ein, vor allem auch die gehobenen gesellschaftlichen Kreise. Es konnte offenbar jedermann treffen, ohne Ansehen der Person.

Eine neue Qualität erreichte das gewaltsame Vorgehen gegen die konservativ-nationale Elite erst mit dem 30. Juni 1934. Erst mit diesem Tag zeigte sich, daß es doch eine gewisse Systematik im Vorgehen gegen Protagonisten des konservativ-nationalen Personennetzwerkes in der Stadt gab. In Greifswald verhaftete Himmlers SS den Rechtsanwalt Dr. Freytag, in Demmin ergriff sie von Forstner. Beide waren als Gegner der Partei und einflußreiche Männer des Stahlhelm bekannt.[11] Sie kamen nach wenigen Tagen wieder frei. Hansjoachim von Rohr-Demmin konnte sich durch Flucht seinen Feinden entziehen. Er tauchte für einige Monate unter.[12] Bei dieser Aktion waren nicht mehr die lokalen Stellen entscheidend, sondern die Maßnahmen

---

[9] Kropka bezeichnete ihn später als verdienten Nationalsozialisten, der Opfer einer Intrige geworden sei. Seine Schule bestand weiter und hatte Schüler aus den höchsten NS-Kreisen der Stadt. Nach 1945 kandidierte er bei der SED. Schreiben W. Kropka, 12.7.1936, in: BA. ehem. BDC, Walter Kropka, OPG.

[10] VpLA. Rep. 76, Landgericht Greifswald, Nr. 1251, Personalakte Aumüller.

[11] Zu Freytag die mündlichen Angaben seiner Tochter, A. B. Freytag. Zu beiden R. Thevoz u. a., 1974. T. Duesterberg, 1949, S. 87. Er irrt sich, wenn er angibt, von Forstner sei kurz nach der Haftentlassung verstorben. Seine Anwesenheit in Greifswald läßt sich bis 1940 nachweisen. Von Forstner war spätestens am 22. Juli 1934 wieder frei.

[12] B. Sobotka/J. Strauss, 1993, S. 123 f.

einer zentralen Geheimpolizei wirkten sich aus. Offenbar sahen sie, daß in Greifswald die Macht der alten Kräfte im Kern noch ungebrochen war und ein massives Vorgehen daher angezeigt schien. Das belegt, wie stark die Reste des Milieus auch nach der Machtübernahme noch in der lokalen Gesellschaft weiterwirkten.

Die Bilanz der Machtergreifung von unten fiel für die Greifswalder NSDAP trotz des Gewinns der Vormacht in der Öffentlichkeit am Ende eher mager aus. Bis zum Sommer 1934 hatte nur Fritz Hube eine einflußreiche Stellung als Schulrat erreicht. Ansonsten war kein weiterer Posten in Staat und Verwaltung der lokalen Parteispitze zugefallen. De facto war die Macht der alten Eliten eingeschränkt, solange die Einschüchterung funktionierte, sie war aber nicht gebrochen.

Auffällig an diesem Verlauf der Machtergreifung von unten war ferner die Tatsache, daß sie gegenüber den republikanischen Eliten gezielt ablief und große Durchschlagskraft erreichte, gegenüber den Konservativ-Nationalen jedoch zufallsbestimmt blieb. Hier war die Machteroberung nicht primär von politischen Leitlinien getragen. Die Entwicklung ist dennoch mit dem Stichwort vom ›Bündnis der Eliten‹ keineswegs zutreffend beschrieben, denn dafür war auch gegenüber den Eliten der ehemaligen DNVP zu viel Gewalt, Druck und Einschüchterung im Spiel. Gleichwohl blieben ihnen bessere Möglichkeiten, sich zu halten, weil sie auf die konservativ-nationalen Machtressourcen in der Gesellschaft zurückgreifen konnten. Das beste Beispiel dafür war Oberbürgermeister Fleischmann, der ständig angegriffen wurde und um seinen Posten gebracht werden sollte, der aber nicht aus dem Amt weichen mußte, weil er genügend Rückhalt in der Provinzialverwaltung hatte. Der Fall Mesech machte deutlich, daß konkrete Maßnahmen der NSDAP auf den koordinierten Widerstand der Konservativ-Nationalen stießen. Erst mit dem 30. Juni 1934 erreichte die Politik gegen die alten Eliten eine neue Qualität. Dennoch ist der Effekt von Aktionen wie im Fall Kreißl oder Aumüller nicht zu unterschätzen. Sie förderten die Bereitschaft, dem Druck der NSDAP nachzugeben und sich anzupassen. Selbst wenn Konservativ-Nationale und Nationalsozialisten eine gemeinsame Überzeugungsgrundlage in der nationalistischen Weltanschauung hatten, beruhte das ›Bündnis der Eliten‹ von vornherein nur höchst bedingt auf Freiwilligkeit. Gleichwohl waren sich Konservativ-Nationale und Nationalsozialisten in ihren weltanschaulichen Haltungen und in ihren grundsätzlichen Zielen in vielen Bereichen so nah, daß eine klare Abgrenzung von der NSDAP nie recht gelingen konnte, selbst wenn es an einer gegnerischen Position keinen Zweifel gab.

Die Einschüchterung und Verunsicherung löste in der ganzen Gesellschaft einen Rückzug des Politischen ins Private aus. Niemand konnte sich noch sicher fühlen, ob eine frei geäußerte Meinung nicht den Vorwand für eine Verhaftung lieferte. Das untergrub auch den deutschnationalen Kommunikationszusammenhang. Eine Verständigung über Politik wurde damit außerhalb geschlossener Zirkel von Gleichgesinnten erschwert, ja unmöglich. Der Zusammenhalt der alten Elite lockerte sich weiter, der Prozeß der Erosion des Milieus schritt voran.

3. Die zweite Phase der Machteroberung

Mit dem 30. Juni 1934 begann die Phase des geplanten und gezielten Vorgehens gegen die verbliebenen konservativ-nationalen Kräfte und die von ihnen beherrschten Machtpositionen in Staat und Gesellschaft. Der Ansatzpunkt der NSDAP war jetzt nicht mehr von Zufällen abhängig, vielmehr wurde die Politik jetzt von den eroberten höheren Ebenen in Polizei, Verwaltung und Regierung aus gelenkt. Die Maßnahmen der NSDAP zielten vor allem auf die Führungsspitzen, um von dort aus einen personellen Umbau und dann die inhaltliche Umgestaltung und Einfügung in das nationalsozialistische Gemeinschaftskonzept voranzutreiben. Die Strukturen des Staates selbst blieben weitgehend unangetastet, sie wurden nur auf die NSDAP ausgerichtet. Die NSDAP teilte den Glauben an die hohe Bedeutung des Staates mit den Konservativen. Es ging hier nicht um eine grundsätzlich neue gesellschaftliche und politische Ordnung.

Die NSDAP machte sich daran, »Horte der Reaktion« auszuheben und auf diese Weise Zugriff auf die gesellschaftlichen Einflußsphären der Honoratioren zu bekommen.[1] Weil diese Honoratioren zu einem guten Teil im Staatsdienst standen, hatte es die NSDAP relativ leicht, die Zusammenhänge der politischen Sozialstruktur aufzubrechen. Wesentliches Mittel war die Personalpolitik, die nunmehr fest in die Hand der NSDAP geriet. Die obrigkeitstreue Mentalität der Konservativen ließ Gedanken an Widerstand gar nicht zu. Andere Abwehrmöglichkeiten waren erheblich eingeschränkt. Die informellen Einflußnahmen und die Aktivierung des konservativ-nationalen Netzwerkes waren nicht mehr wirkungsvoll.

Doch so umfassend Anspruch und Ehrgeiz der NSDAP auch waren, zunächst war sie noch gar nicht in der Lage, alle Positionen mit zuverlässigem Fachpersonal zu besetzen. Sie mußte aufpassen, die Funktionstüchtigkeit des Staates nicht zu beschädigen, denn das hätte die Unruhe in der Bevölkerung steigern können, die mit dem 30. Juni gerade erfolgreich gedämpft worden war. Das ließ Spielraum für die etablierten konservativ-nationalen Kräfte, die den Kompromiß mit den neuen Machthabern suchten.

Der letzte DNVP-Kreisvorsitzende Schmidt war Rektor des Jungengymnasiums und wehrte sich von Beginn an entschieden gegen die Versuche der NSDAP, Einfluß auf seine Schule zu bekommen.[2] Schmidt hatte sich immer wieder Anordnungen der Partei entzogen. Es gab in der Schule keine Hitlerbilder, keine Flaggenparaden und keine NS-Literatur in der Bibliothek.

---

[1] So die Formulierung eines NSDAP-Beamten, zitiert nach G. HAHN, 1965, S. 243.
[2] Grundsätzlich G. HAHN, 1965, S. 229–261.

Unter anderem behinderte er die Überführung des von seinem Kollegen Winter geführten Philologenvereins in den NS-Lehrerbund, obwohl die NS-Behörden Widerstrebenden KZ-Haft angedroht hatten. Der NS-Lehrerbund wurde von den Gymnasiallehrern faktisch boykottiert. Auch der HJ legte Schmidt Steine in den Weg. Der Gymnasialturnverein existierte gegen den Willen der Partei weiter und erfreute sich der gleichen Privilegien wie die HJ. Der NSDAP galt das Gymnasium als Sammelpunkt oppositioneller Bestrebungen, denn der Rektor wußte sich in der Ablehnung der NSDAP mit dem Gros seiner Kollegen einig.[3]

Karpenstein persönlich verfolgte die Umbildung des Kollegiums. Daß die lokale NSDAP stark von Volksschullehrern geprägt war, die sich traditionell gegenüber den universitätsgebildeten Studienräten benachteiligt fühlten, gab diesem Konflikt eine zusätzliche Schärfe. Seine Strafversetzung war bereits beantragt, als Schmidt sich im Rahmen der Kundgebungen zum 1. Mai 1934 erneut öffentlich mit der HJ anlegte. Das hatte im April 1935 zunächst seine Rückstufung und Zwangsversetzung, später dann seine Pensionierung zur Folge.[4] 1936 zog er nach Göttingen. Clemens Thaer von der DVP, der am 7. April 1933 auf eigene Initiative eine Versammlung einberief, in der er sich kritisch mit dem Antisemitismus der NSDAP auseinandersetzte und dem ebenfalls die Zwangsversetzung angedroht worden war, widmete dem scheidenden Rektor eine der morgendlichen Schulandachten, in der er Schmidt dankte und unumwunden gegen die Entlassung protestierte. Das führte auch bei Thaer im Herbst 1935 zur Strafversetzung. Ihn schickte die NSDAP nach Cammin in Hinterpommern.[5] Einige weitere Mitglieder des Kollegiums wurden diszipliniert. Der Nachfolger Schmidts, Dr. Werner, leitete die Schule 1936 und war schon seit 1932 Nationalsozialist. Er avancierte rasch zum Kreisschulungsleiter.[6] In gleicher Funktion war auch sein Nachfolger seit 1942, Dr. Emil Hommer, für die Partei tätig.[7] Beide gehörten der typischen NS-Generation an. Sie waren nach 1900 geboren, hatten den Krieg nicht mehr aktiv mitgemacht und lösten als neue junge Generation die durchweg älteren Deutschnationalen ab.[8]

Sie brachten das angesehene Bildungsinstitut rasch auf NS-Kurs, freilich ohne die Vorbehalte und Reserven vieler Lehrer und Schüler ausräumen zu können. Bald nach Werners Amtsantritt waren alle Lehrer im NS-Lehrerbund organisiert, alle Schüler gehörten der HJ an. Allgemein hütete man sich nun, in irgendeiner Weise politisch angreifbar zu werden, also in der Öffentlichkeit eine abweichende Haltung erkennen zu geben, denn es fehlte

---

[3] Ebd., S. 243 f.
[4] H. F. CURSCHMANN, 1997, S. 5–14; J. BUHROW, 1997. S. 15–37.
[5] Schriftwechsel dazu im Nachlaß C. Thaer, in: Material R. Thaer. Redemanuskript: Wieweit ist das Judentum als Fremdkörper zu behandeln? vom 6. 4. 1933. Thaer war in erster Ehe mit einer Frau jüdischen Glaubens verheiratet gewesen.
[6] Kreisleitung der NSDAP (Hrsg.), Heimatjahrbuch, 1938, S. 107.
[7] G. HAHN, 1965, S. 230 u. 232.
[8] Ulrich Herbert nennt sie die ›sachliche Generation‹.

ein Mann wie Schmidt, der im Konfliktfall Rückhalt gegeben hätte. Rund die Hälfte der 20 bis 30 Lehrer gehörte seit 1936 der Partei an. Besonders die jungen und neueingestellten Lehrer zeigten größere Nähe zur NSDAP als die etablierten älteren. Dennoch blieb die politische Stimmung an der Schule weitgehend sachlich.[9] Die überwiegend aus bildungsbürgerlichen Familien stammenden Schüler wahrten Distanz zum hohlen Antiintellektualismus der NSDAP.

Am Lyceum war die Situation ganz anders, denn der Rektor hielt sich von Beginn treu an die Forderungen der NSDAP. Richard Daven, er legte seinen Namen David wegen der jüdischen Konotation sehr bald ab[10], war immerhin als DNVP-Mann und Stahlhelmer auf seinen Posten berufen worden. Er wechselte einfach die Seite und schloß sich schon 1933 der NSDAP an, deren Schulpolitik er jedoch in seinem eigenen Einflußbereich eher zurückhaltend umsetzte. So konnte sein Stellvertreter Jenssen von 1938 bis Kriegsende die Schule auf Davens Vorschlag hin vertretungsweise leiten, obwohl Jenssen beständig gegen die NSDAP Stellung bezog und nicht Mitglied der Partei war. Außerhalb seiner Schule aber, wie im Fall des Lehrers Winter, exekutierte er die Forderungen der NSDAP, indem er das Vorgehen der Partei gegen den Philologenverein mit denunziatorischen Berichten unterstützte.[11] 1938 leitete Daven im NS-Lehrerbund die ›Fachschaft für Lehrer an höheren Schulen‹. In der Stadt hielt man ihn allgemein für einen überzeugten Nationalsozialisten.[12] Jenssen meinte indes, Daven sei eigentlich zu klug gewesen, als daß er an die NS-Ideologie geglaubt hätte.[13] Wieweit Überzeugung, wieweit Opportunismus reichten, muß offen bleiben. Deutlich ist jedoch, daß es entscheidend auf die Person des Rektors ankam, wenn es um den politischen Geist der jeweiligen Schule ging, und daß eine zentrale Position geeignet war, die Möglichkeiten der NSDAP einzuschränken.

Die Universität stand trotz ihrer herausragenden Bedeutung für die konservativ-nationalen Zusammenhänge in der Stadt nicht im Mittelpunkt der NS-Machteroberungspolitik. Systematische politische Säuberungen gegen konservativ-nationale Professoren gab es zu keinem Zeitpunkt. Dennoch hatten die Veränderungen der politischen Rahmenbedingungen nachhaltigen Einfluß auf die Hochschule und die Honoratiorenstellung ihrer Professoren in der Stadt. Weiter reichten die Folgen indes nicht, denn bei aller Distanz und Ablehnung gegenüber der NSDAP war doch unübersehbar, daß die Konservativ-Nationalen an der Hochschule grundsätzlich bereit waren zu kooperieren. Die weltanschaulichen Gegensätze waren nicht

[9] Friedrich-Ludwig-Jahn-Gymnasium (Hrsg.), 1995, S. 84–88. Ferner Erinnerungsbericht von D. Prost, in: Material des Gymnasiums.
[10] StA. Rep. 5, Nr. 10624, seit 1934.
[11] G. HAHN, 1965, S. 245 f.
[12] Mündlicher Hinweis von Brigitte Remertz-Stumpff.
[13] E. Jenssen, Lebenserinnerungen, S. 56 ff., in: Material H. H. Jenssen.

unüberwindbar, wenngleich die politische Nötigung als schwerer Eingriff empfunden wurde. Die Entwicklung der Greifswalder Universität im Nationalsozialismus wäre eine eigene Untersuchung wert, hier können nur einige besonders wichtige Aspekte herausgegriffen werden.

Anfangs dominierte das Umschlagen des traditionellen Machtgefüges zwischen Studenten und Professoren das Geschehen und sorgte für eine massive Einschüchterung der einstmals unumschränkt bestimmenden Hochschullehrer. Mit dem 30. Januar hatten plötzlich die mehrheitlich der NSDAP zuneigenden Studenten die Oberhand gegenüber dem deutschnationalen Lehrkörper. Tatsächlich beruhten die Angriffe und die folgenden Entlassungen des Jahres 1933 nach dem ›Gesetz zur Wiederherstellung des Berufsbeamtentums‹, soweit sie nicht wie bei Klingmüller und Ziegler eindeutig politisch oder bei wenigen anderen rassisch begründet waren, auf Denunziationen vermeintlich benachteiligter Studenten oder mißgünstiger Assistenten. Sie fanden bei den NS-Machthabern Gehör, weil sie eine Handhabe suchten, gegen ›Reaktionäre‹ vorzugehen. Das war jedoch erneut kein grundsätzlicher Dissens, sondern ein Mittel der Einschüchterung. Es ging um die Macht, nicht um unterschiedliche Weltanschauungen. Eine Art Hexenjagd griff um sich. Die Professoren wurden von ihren Studenten und Assistenten in Schach gehalten, das blieb ein wichtiger Hebel der NSDAP gegen die Professoren.[14] Politische Äußerungen gab es daher öffentlich nur noch in abgewogenen Zwischentönen oder im staatskonformen Sinne. Fand das Vorgehen gegen Ziegler oder Klingmüller durchaus den Beifall der konservativ-nationalen Professoren, so schockierte sie die Art und Weise, wie quasi gegen jedermann vorgegangen werden konnte. Rücksichten auf Ruf und Renommee wurden nicht genommen. Politische Resignation bestimmte daher die Haltung der vormals aktiven DNVP-Professoren. Auch ihr prominentester Vertreter, Wilhelm Kähler, zog sich völlig auf seine wissenschaftliche Arbeit zurück, ehe er Anfang 1934 überraschend starb.[15]

Die Hochschulleitung unter Deißner und zahlreiche Professoren bemühten sich anfangs, der NSDAP durch symbolische Aufwertung und Einbeziehung entgegenzukommen, der Polemik gegen die angeblich verkrustete, reaktionäre Hochschule so die Spitze zu nehmen und Wohlverhalten zu signalisieren, ohne Macht abgeben zu müssen. Bis dahin hatten sich aus dem Lehrkörper nur Lektor Brüske und die Professoren Leick, Linck und Paul öffentlich für die NSDAP erklärt[16], wobei Leick der Partei gar nicht angehörte. Zu diesen symbolischen Maßnahmen gehörte, daß die Universität

---

[14] So vor allem im Fall Stammler; UA. Personalakte Brüske, Nr. 23; Denunziation gegen Stammler vom 29.3.1935. Ablesbar auch bei E. Lohmeyer, der im August 1937 wegen angeblicher Äußerungen gegen Schwede-Coburg verhört wurde. UA. Personalakte Ernst Lohmeyer, Nr. 347.

[15] E. OBERNDÖRFER, Noch 100 Tage, 1993, S. 49f.

[16] M. RAUTENBERG, Die Angehörigen, 1990, S. 43.

1933 auf Vorschlag Glawes den Namen Ernst-Moritz-Arndt annahm[17], eine der wichtigsten nationalistischen und regionalen Integrationsfiguren überhaupt und ein Hinweis auf die Tradition, in welche die deutschnationalen Professoren die Hochschule nunmehr gestellt sehen wollten. Der einstmals schmählich entlassene Vahlen wurde schon im Februar 1933 auf seinen Lehrstuhl zurückgeholt und wenig später zum Ehrensenator erhoben.[18] Vahlen wurde Staatssekretär im Wissenschaftsministerium in Berlin und arbeitete nicht mehr in Greifswald. Anfang November 1933 schlugen die Professoren der Philosophischen Fakultät, darunter Konservative wie Curschmann oder Demokraten wie Fredenhagen, dem Senat vor, den NSDAP-Vorkämpfer Hermann Brüske zum Honorarprofessor mit Lehrauftrag zu ernennen, um ihm zu danken, »daß die Umwälzung an unserer Hochschule ohne wesentliche Störung durchgeführt werden konnte.«[19] Während er zuvor kaum beachtet worden war, lobte man plötzlich seine Lehrerfolge und die Tatsache, daß über ihn immer gute Verbindung zur Studentenschaft habe hergestellt werden können. Nach den peinlichen und beklemmenden Personalquerelen um Braun, die Brüske aktiv mit betrieben hatte, und nach dem Selbstmord Forsters mußte das wie Hohn klingen und unterstrich die Verunsicherung der Professoren.[20] Brüske wurde zur ›Belohnung‹ seines Engagements Gründer und erster Chef eines slawistischen Instituts, das im Zuge der Expansion von Ostforschung 1934 aufgebaut wurde.[21]

Attacken gegen ehemalige konservative Politiker an der Hochschule hatten meist keinen eindeutig politischen Hintergrund. Prominentestes Opfer war Fritz Curschmann, dem man ab Anfang April 1936 das Prüfungsrecht entzog, weil er jüdische Vorfahren hatte. Er lehrte zwar weiter und wies Vorschläge, sich entpflichten zu lassen, brüsk zurück, verlor jedoch seine Studenten, die sich bei ihm nicht mehr prüfen lassen konnten. Seine Versuche, mit Hilfe des Generalfeldmarschall von Mackensen etwas für sich zu erreichen, scheiterten.[22] Er wurde zur öffentlichen Unperson und gesellschaftlich ausgegrenzt. Deißner und von der Goltz gerieten als Gegner der NS-Kirchenpolitik in die Schußlinie der Partei. Dem gesundheitlich schwer angeschlagenen von der Goltz legte man den Rücktritt nahe.[23] Deißner

---

[17] Ernst-Moritz-Arndt-Universität Greifswald (Hrsg.), 1933, mit einer Sammlung durchaus nicht immer niveauvoller nationalpolitischer Äußerungen der Hochschule aus den vorangegangenen Jahren.

[18] Auf einstimmigen Beschluß des Senats; Eingabe Rektor Deißner vom 8.3.1933, in: UA. Personalakte Vahlen, Nr. 270.

[19] Undatiertes Schreiben aus dem Dekanat der Philosophischen Fakultät, in: UA. Personalakte Brüske, Nr. 23.

[20] M. RAUTENBERG, Die Angehörigen, 1990, S. 52 ff.

[21] K. GABKA u. a.,1986, S. 15–19.

[22] Schilderung des Falles durch Fritz Curschmann vom 30.7.1945, in: UA. Personalakte Curschmann, Nr. 274.

[23] Schreiben des Wissenschaftsministeriums vom 3.11.1934; in: UA. Personalakte von der Goltz, Nr. 328.

mußte sich für seine Haltung gegenüber der Partei rechtfertigen.[24] Die übrigen Entlassungen an der Hochschule waren in aller Regel Folge der im kleinstädtischen Greifswald üblichen, aber nunmehr politisch aufgeladenen und in der Konsequenz deswegen bösartigeren internen Intrigen, die besonders auch Brüske spann, bis er 1935 selbst über Nachreden stolperte und seinen Einfluß weitgehend wieder verlor.[25]

Der Wandel an der Hochschule trat allmählich und auf den Wegen der allgemeinen Entwicklung ein. Mit der rechtlichen und organisatorischen Gleichschaltung durch die Hochschulpolitik der Nationalsozialisten, die im Herbst 1933 den Senat entmachteten, den Rektor zum Führer erhoben und dann 1935 Dozentenschaft und Studenten endgültig seiner Führung unterstellten, waren die Weichen auch zu einer inhaltlichen politischen Umgestaltung gestellt.[26] Über den turnusmäßigen Wechsel in den Ämtern kamen Männer zu Amt und Würden, die sich der NSDAP angeschlossen hatten oder ihr zumindest positiv gegenüberstanden. Leick, den seine Kollegen 1933 gerne zum Rektor gemacht hätten, weil er als kollegial und verläßlich galt und außerdem fest in den Greifswalder Universitätsverhältnissen wurzelte, war kein Parteigenosse und kam daher nicht als Rektor in Frage.[27] Nach dem DNVP-Theologen Deißner bestieg im Mai 1933 der Mediziner Meisner den Rektorenstuhl, der gegenüber der NSDAP betont loyal und kooperationsbereit war, der Partei aber auch nicht angehörte.[28] Ihm wiederum folgte 1935 der Chirurg Reschke, erster Parteigenosse auf dem Rektorenstuhl. An der Spitze der Universitätsverwaltung löste man den Kurator Sommer ab, er gehörte der DVP an. Nach seiner Pensionierung im Juli 1934 übernahm NSDAP-Mitglied Friedrich Kolbe den Posten. Er war 1932 von der DNVP zur NSDAP gewechselt.[29] Alle zentralen Positionen waren mithin seit 1935 und bis 1945 mit zuverlässigen Nationalsozialisten besetzt. Das Gewicht ihres Amtes, das Ansehen, das sie als Professor genossen, verstärkte die Bedeutung der NSDAP in der lokalen Gesellschaft und festigte die Stellung der Partei in der Stadt.

Die Ausschaltung der konservativ-nationalen Konkurrenz im universitären Vereins- und Organisationswesen und die Einbindung von Studenten und Dozenten in die NS-Organisationen flankierten diese allmähliche Um-

---

[24] Schreiben Deißner an das Wissenschaftsministerium vom 15.3.1935, in: UA. Personalakte Deißner, Nr. 1764.

[25] UA. Personalakte Brüske, Nr. 23. Er wurde ab Sommer 1935 aus fast allen Positionen wieder verdrängt, verlor die Professur, die Institutsleitung und die NS-Ämter in der Dozentenschaft.

[26] H. Seier, 1964. H. Heiber, 1991.

[27] Schreiben Dekan Hermann, 31.1.1947; in: UA. Personalakte Leick, Nr. 238.

[28] Schreiben Meisner an das Wissenschaftsministerium vom 29.3.1935, in: UA. Personalakte Wiedemann, Nr. 730.

[29] UA. Album der Ehrensenatoren. Geb. 1878 in Anklam, Sohn eines Gutsbesitzers. Finanzbeamter und Zollbeamter in leitender Funktion, trat aus der DNVP aus, weil sie ihm zu »liberalistisch« geworden sei. 1938 nach Berlin verzogen, 1947 in Schleswig.

besetzung der Machtpositionen. Nur hier entwickelte die NSDAP aus den alten Strukturen wirklich etwas Neues. Es genügte offenbar nicht, die Macht zu erobern, auch die übrigen Aspekte akademischen Lebens mußten in die NS-Herrschaft einbezogen werden, um der Volksgemeinschaft näher zu kommen. Auf Studenten und Dozenten wurde 1933 Druck ausgeübt, sich ›freiwillig‹ einer der NS-Organisationen anzuschließen, wobei neben der SA auch noch der ihm angeschlossene Stahlhelm in Betracht kam.[30] Bei den Studenten blieb bis 1935 die Möglichkeit, sich den Verbindungen anzuschließen, erst dann wurden sie völlig vom NS-Studentenbund übernommen, ihre Gebäude wurden in Kameradschaftshäuser umgewandelt, die Traditionspflege unterbunden. Damit fiel ein wesentliches Sozialisationsfeld für den konservativ-nationalen Nachwuchs ersatzlos weg. 1933 wurden alle bestehenden Dozentenzusammenschlüsse in die Dozentenschaft überführt, die alle Lehrenden vereinigte und unter Führung von Parteigenossen stand. Bald kam an der Hochschule der NS-Dozentenbund hinzu; er umfaßte alle NSDAP-Mitglieder unter dem lehrenden Personal. Der Dozentenbund wirkte durch Gutachten bei jeder Personalentscheidung mit. Obwohl es sich um Neuerungen der NSDAP handelte, gingen die Veränderungen gewissermaßen genetisch aus den älteren konservativ-nationalen Verhältnissen hervor. Die NSDAP verschärfte und systematisierte die in Greifswald vorherrschenden Vorstellungen aus der Weimarer Republik. Im Einzelfall wehrten sich die Konservativen gegen die schleichenden inhaltlichen Umdeutungen und die Entmündigung durch die Partei. Grundsätzlich war ihnen der Gedanke straffer und zielgerichteter Organisation im Sinne der nationalen Volksgemeinschaft alles andere als fremd.

Kernbestandteil der Veränderungspolitik gegenüber der deutschnationalen Professorenschaft wurde die langfristige Personalpolitik, die stückweise immer weiter in die Hand der Gauleitung geriet. Sie setzte verstärkt politische Maßstäbe durch und konnte somit eine schleichende nationalsozialistische Durchdringung der Hochschule erreichen. Es wurde zur mißmutig akzeptierten Selbstverständlichkeit, daß die Kultusbehörden bei Karriereschritten nachdrücklich ein politisches Bekenntnis für die NSDAP verlangten, daß ein politisches Gutachten jede weitere Entwicklung begleitete. Wenn der durchaus konservativ-national eingestellte, ehrgeizige, aber politisch unengagierte Leiter der Medizinischen Kliniken seit 1928, Gerhard Katsch, ein renommierter Diabetesforscher, etwas für den Ausbau seiner Forschungseinrichtungen oder für sein Fortkommen erreichen wollte[31], dann blieb ihm als eine Möglichkeit der Beitritt zu einer NS-Organisation

---

[30] Der Aufschwung der Stahlhelm-Studenten ging daher erst Anfang 1933 richtig los. Interview H. F. Curschmann. Zur Auflösung und Gleichschaltung der Greifswalder Burschenschaften, O. HEINEMANN/W. ZIMMERMANN (Hrsg.), 1942, S. 180f.

[31] BA. ehem. BDC, Gerhardt Katsch, PK. Lebenslauf o.D. ca. 1944. Dort auch nähere Angaben zu weiteren Mitgliedschaften u.a. über den Stahlhelm zur SA, förderndes SS-Mitglied seit 1934.

oder der Partei selbst. Wenn er sich 1937 dieser Forderung beugte, verhielt er sich innerhalb des Systems durchaus rational.[32] Viele vermeintliche Hinwendungen politisch an sich indifferenter Männer und Frauen zur NSDAP entsprangen solchen ›Sachzwängen‹ und erfolgten nicht selten im unmittelbaren Zusammenhang mit Stellenbesetzungen oder Beförderungen. Die Nazifizierung der Hochschule war mithin eine eher oberflächliche Angelegenheit. Sie war aber auch nicht besonders schwer zu bewerkstelligen, weil die Widerstände nicht stark waren. Die Konservativ-Nationalen waren bereit, sich mit der NSDAP zu arrangieren. Es fiel ihnen schwer, sich abzugrenzen.

Es gab eine klare Zweiteilung der Situation für Konservativ-Nationale an der Universität. Wenn den Nichtnationalsozialisten auch wenig geschah, so bedeutete ein Festhalten an einer abweichenden Gesinnung in jedem Fall Karriereverzicht. Die älteren, etablierten, mit Stellen versorgten Professoren waren nur in geringer Gefahr, von der NSDAP vereinnahmt zu werden. Sie konnten daher ihrer Überzeugung weiter anhängen, mußten aber auf ein Fortkommen verzichten, was ihnen leicht fiel, denn sie hatten ja vielfach schon erreicht, was sie wollten. Besonders in den ideologieferneren Disziplinen funktionierte das recht gut. Deswegen gelang es auch einer ganzen Reihe von Professoren, sich den Umarmungsversuchen der Partei zu entziehen und Autonomie in ihrem kleinen Bereich zu wahren.

Anders hingegen sah es für die Nachwuchswissenschaftler und Privatdozenten aus. Sofern sie sich politisch wohlverhielten, keine persönlichen Rivalitäten auszufechten hatten, der NSDAP angehörten und an den obligatorischen Dozentenlagern mit politischer Schulung teilnahmen, stand einer Karriere wenig im Wege, wie bei dem Zoologen Seifert.[33] Der Geograph Joachim Blüthgen aber sah sich beispielsweise anläßlich seiner Habilitation permanenten Forderungen nach Arbeit für die Partei und Lagerteilnahme ausgesetzt, obwohl er mit der NSDAP nichts und mit der Politik wenig im Sinn hatte.[34] Der Theologe Fichtner, anfangs in der Bekennenden Kirche aktiv und im Januar 1933 noch in die DNVP und den Stahlhelm eingetreten, hatte das Problem, keine feste Stelle zu haben, die ihm genügend Einkommen sicherte, womit er seine vielköpfige Familie versorgen konnte. Im Zuge eines neuen Versuchs, ihn zum Professor zu befördern, trat er von der SA zur Partei über.[35] Ludwig Rohde, Sohn des bekannten Greifswalder Arztes,

[32] Hinweis seines Sohnes B. Katsch, 15.2.1992, in: Material Knees.
[33] UA. Personalakte R. Seifert, Nr. 259. Geb. 1903, stammte aus Breslau, kath., seit 1931 habilitiert, 1933 Teilnahme an Wehrsportlagern, seit 1937 NSDAP-Mitglied, Ortsgruppenamtsleiter. Seit Dezember 1939 Dozent, 1940 apl. Prof.
[34] UA. Personalakte Blüthgen, Nr. 807. Der Vorwurf lautete Egoismus und mangelnder Gemeinschaftssinn. Erst 1938 und nach erheblichem Druck schloß er sich der NSV an und übernahm dort Aufgaben. Vgl. Gutachten der Dozentenschaft vom 9.10.1940.
[35] UA. Personalakte Fichtner, Nr. 326. Wurde vom Stahlhelm in die SA und dort 1937 in die NSDAP überführt. Sein Fall ist etwas undurchsichtig, denn daß er kein Nationalsozialist war, ist deutlich. Dennoch übernahm er als ein offenbar notorisch aktiver Mensch alle möglichen Funktionen in der Dozentenschaft.

DNVP-Mitglieds und Logenvorsitzenden Ottomar Rohde, war Kunsthistoriker und unternahm gegen seine christliche Überzeugung und die Familientradition 1937 den gleichen Schritt.[36] Der Historiker Ulrich Noack wiederum war notorischer NS-Gegner und wurde über zehn Jahre lang behindert, eine Professur zu übernehmen, weil er Feinde in der NS-Dozentenschaft seiner Heimatuniversität Frankfurt hatte. Um endlich eine feste Stelle zu bekommen, stellte auch er einen Aufnahmeantrag.[37] Über das Vehikel einer möglicherweise verbauten Zukunft waren die Nachwuchswissenschaftler in jedem Fall angreifbar.

Vordergründig nazifizierte sich dadurch die Universität. Für das fachliche, menschliche und politische Miteinander in den Seminaren und Instituten wurde die Frage nach der formalen Mitgliedschaft jedoch immer zweitrangiger, denn politische Integrität wurde immer mehr persönlich und individuell aufgefaßt und immer weniger an Organisationszugehörigkeiten festgemacht. Jeder wußte, daß Weltanschauung und politisches Bekenntnis zwei verschiedene Dinge geworden waren. Daß Katsch kein Nazi war, ließ sich an seinem Verhalten leicht ablesen.[38] Rohde verheimlichte seine Mitgliedschaft sogar. Der organisatorische Erfolg der NSDAP schlug auf diese Weise an der Hochschule ins Gegenteil um. Eine Parteimitgliedschaft, ein Bekenntnis zur NSDAP wurde an der Hochschule belanglos.

Auch die Tradition der Hochschule durchbrach die politischen Forderungen der Machthaber nach einer rassisch und politisch homogenen Volksgemeinschaft. Ein kollegialer Zusammenhalt, ein korporatives Bewußtsein blieben trotz der langsamen Durchdringung aller Positionen mit NS-Leuten bestehen. Das galt auch für überzeugte Nationalsozialisten. So war Leick, der 1937 aus Überzeugung der Partei beigetreten war, unbeirrbar, wenn er jedes Jahr am Neujahrstag dem greisen jüdischen Historiker Ernst Bernheim seine Aufwartung machte[39], den seine ehemaligen Kollegen ansonsten lieber übersahen. Er setzte sich 1935 für den ›nichtarischen‹ Philosophen Günther Jacoby oder seinen nach dem 20. Juli 1944 inhaftierten Kollegen Ulrich Noack ein.[40] Auch Curschmann, dem die Partei öffentliche Würdigungen versagte, blieb in private und wissenschaftliche Gesprächszirkel integriert, die im Umfeld der Universität schon immer in großer Fülle existiert hatten und Gleichgesinnte zusammenführten.[41] Sie waren politisch für die

---

[36] UA. Personalakte Rhode, Nr. 764. Ihm ging es um die Möglichkeit, Beamter zu werden, der einzigen Arbeitsmöglichkeit für ihn. Vgl. Erklärung vom 8. 6. 1946.

[37] Fragebogeneintrag vom 18. 8. 1939, in: UA. Personalakte Noack, Nr. 2445.

[38] Besonders der bereits angeführte Lebenslauf Katschs von 1944 unterstreicht seine primär unpolitische, aber offenkundig nationale Haltung. Die Versuche der DDR-Wissenschaft, ihn im nachhinein zum Antifaschisten und progressiven bürgerlichen Wissenschaftler zu stempeln, werden ihm kaum gerecht; M. DITTRICH, 1984; E. ZUMPF, 1985.

[39] Schreiben Emmi Bernheim vom 12. 3. 1947, in: UA. Personalakte Leick, Nr. 238.

[40] Schreiben Jacoby vom 30. 4. 1947, in: UA. Personalakte Leick, Nr. 238.

[41] Interview mit H. F. Curschmann.

konservativ-nationalen Kräfte nunmehr sehr relevant, denn in diesen Zirkeln war das vertrauliche offene Gespräch über weltanschauliche und politische Fragen nach wie vor möglich und wurde auch praktiziert. Hier trennten sich auch die Kreise von bekennenden Nationalsozialisten und Gegnern der NSDAP, denn es gab keine gemischten Zirkel.

Die NSDAP bekam trotz aller vordergründigen Erfolge die Hochschule nicht richtig in den Griff. Sie war und blieb ein fremdes Terrain für sie. Besonders Gauleiter Schwede-Coburg bekam das mehrfach zu spüren, zum Beispiel als er, der kaiserliche Marineoffizier im Decksdienst und NS-Haudegen, einfach ausgelacht wurde, als er das für ihn schwierige Wort ›Fakultät‹ nicht fehlerfrei über die Lippen brachte.[42] Seine feindliche Haltung gegen die Greifswalder Hochschule war in der Stadt allgemein bekannt. Die gegen Wissenschaft und Intellektualität gerichtete Politik der NSDAP führte in Greifswald zu einem dramatischen Abschwung der Studierendenzahlen. Von 1801 im Sommer 1933 fiel die Zahl bis zum Sommersemester 1939 auf 565. So tief waren sie zuletzt in den 1870er Jahren gewesen. Besonders betroffen war die Fachrichtung Theologie, die von 306 1933 auf 38 1939 verfiel. Ferner spürten die Staats- und Wirtschaftswissenschaften den Wandel. Sie bauten im gleichen Zeitraum von 261 auf 69 ab. Die Medizin als kriegswichtiges Fach konnte sich etwas besser behaupten.[43] Die Bedeutung der Universität ging also nicht nur zurück, weil andere Dienststellen expandierten. Sie mußte generell einen Bedeutungsverlust hinnehmen, der in der lokalen Gesellschaft nachwirkte. Von ihrer beherrschenden Position rutschte sie gegenüber Militär, Partei und Verwaltung deutlich ab.[44] Das schwächte auch den Status der Professoren in der Stadt.[45]

Der Bedeutungsverlust und die Randlage der Greifswalder Hochschule hatte einen wichtigen politischen Effekt, denn das Potential eher NS-gegnerischer Männer trocknete in Greifswald nicht aus, sondern wuchs sogar noch um wichtige Figuren an. Das Berliner Wissenschaftsministerium nutzte Greifswald für Strafversetzungen, wo man politisch nicht ganz einwandfreie, aber qualifizierte Bewerber unterbringen konnte, deren Wirkungskreis eingeschränkt werden sollte. In einer kleinen und übersichtlichen Universität ›auf dem Dorf‹ vermutete man solche Personen unter guter sozialer Kontrolle. Auf diese Weise kam 1935 der bekannte Theologe Ernst Lohmeyer aus Breslau nach Greifswald[46], wurde 1935 der Wirtschaftswis-

---

[42] Die Beispiele ließen sich vermehren, freundliche mündliche Mitteilung von Helmut Tiedemann, Bremervörde, der 1937 in Greifswald Theologie studierte.

[43] H. Titze, 1995, S. 250 u. 255.

[44] Das ist in den Repräsentationsakten der Stadt ablesbar. Die Universität ist gegenüber der Zeit vor 1933 nur noch ein Posten unter mehreren; StA. Rep. 6 Ia, Nr. 161.

[45] H. E. Tenorth, 1992, S. 240–255. Die Zahl der Studenten fiel im Reich von 1931 bis 1939 auf knapp die Hälfte, von 138 000 auf 62 000 Studenten. Greifswald war besonders hart betroffen.

[46] G. Otto, 1981, S. 358–362.

senschaftler Anton Fleck berufen.[47] Ulrich Noack konnte nach langer Karriereblockade noch 1941 eine Professur als Historiker antreten.[48] Alle drei sollten bei Kriegsende und in der Nachkriegsphase eine wichtige politische Rolle spielen.

Die Universität als Korporation büßte ihre Stellung als wesentliche Stütze des konservativ-nationalen Milieus in der Stadt ein, bewahrte jedoch für diese Kreise eine gewisse Schutzfunktion. Die nicht besonders konsequenten Maßnahmen der NSDAP, die Universität in ihre Volksgemeinschaft einzubauen, sie politisch auf sich und die NS-Strukturen umzupolen sowie konkurrierende Gemeinschaftsvorstellungen auszuschalten, hatten nur bedingten Erfolg. Tradition und Selbstverständnis der Hochschule standen dem im Weg. Klare Linien zwischen Freund und Feind konnte die Partei mit ihrem ideologischen Rüstzeug nicht ziehen. Politisch bot die deutschnational beherrschte Universität der NSDAP aber eine offene Flanke. Als national verstanden sich auch die Nationalsozialisten, und so wurden sie auch von den Professoren gesehen. Daher war es zu keinem Zeitpunkt möglich, eine klare Linie zwischen den beiden Richtungen zu ziehen, selbst wenn die Gesinnung vieler deutlich gegen die NSDAP sprach. Letztlich war die Bereitschaft, sich irgendwie auf der weltanschaulichen Grundlage zu arrangieren, sehr ausgeprägt.

Die ideologische Durchdringung und personelle Aufweichung des DNVP-dominierten Lehrkörpers schritt somit voran und schränkte die Handlungsspielräume konservativ-nationaler Kräfte ein. Freilich nicht so weit, daß sie jeder Wirkungsmöglichkeit beraubt gewesen wären. Zwar wurden die alten Eliten schrittweise von der Macht verdrängt; die wissenschaftliche Communitas fühlte sich in vielen Teilen jedoch weiter den bildungsbürgerlichen Idealen von Toleranz, Wahrheit und Objektivität verpflichtet, den tief eingewurzelten akademischen Sitten und Wertmaßstäben. Der Honoratiorenstatus eines Professors wurde auch durch seine politische oder rassische Ausgrenzung nicht vollständig zerstört, er behielt Anspruch auf Kollegialität. All das bot einen gewissen Schutz vor der völligen Nazifizierung der Hochschule und der lokalen Gesellschaft.

Weltanschauung und öffentliches politisches Bekenntnis wurden in ihrer Bedeutung stark entwertet. Die Kommunikation über Politik, die Verständigung untereinander waren stark eingeschränkt und mit Sanktionen belegt. Auch an der Universität zog sich die Politik daher in geschlossene Zirkel zurück, in denen sich jetzt die in der Weimarer Republik noch gültigen Trennlinien verwischten. Es genügte jetzt, wenn jemand gegen die NSDAP eingestellt war und als integer galt, damit er an einem solchen Kreis teilnehmen konnte.

---

[47] UA. Personalakte Fleck, Nr. 394, Lebenslauf o. D. nach 1945.

[48] Der spätere Bundesminister Theodor Oberländer gehörte auch zu diesen Personen, ist jedoch aus seinen zeitgenössischen Äußerungen unschwer mindestens als politischer und weltanschaulicher Konformist zu erkennen, wenngleich er später gerne die Tatsache der Strafversetzung anführte.

In der Justiz war die Bereitschaft zur Selbstgleichschaltung unter den alten Eliten besonders groß, obwohl hier am wenigsten Auseinandersetzungen zwischen NSDAP und alten Kräften zu beobachten waren.[49] Die Justiz in Greifswald war immer konservativ-national gewesen, hier war die Zahl der sogenannten ›Märzgefallenen‹ dennoch ausgesprochen hoch. Interessierten sich vor dem Machtwechsel nur einzelne Justizangestellte oder mittlere und untere Beamte für die NSDAP, traten Ende April 1933 nahezu alle Richter der Partei bei.[50] Landgerichtsrat Karl Hagemann war insofern typisch. Er war schon 1926 aus der DNVP ausgetreten und hatte sich im örtlichen Kriegervereinswesen betätigt. 1933 gehörte er zu den wenigen ehemaligen Konservativen, die sofort den Anschluß an die NSDAP suchten.[51] Die vorher überwiegend parteilosen Richter in Greifswald verhielten sich ganz anders als beispielsweise ihre Kollegen in Stralsund.

Auch in der Justiz tastete niemand die alten konservativ-nationalen Kräfte an[52], solange sie sich politisch zurückhielten. Immerhin war Karpenstein zu einem guten Teil von diesen Männern ausgebildet worden. Ohnehin anstehende personelle Wechsel wurden genutzt, der NSDAP den Weg zu den Machtpositionen frei zu machen. Oberstaatsanwalt Wandesleben von der DVP verließ Greifswald im September 1933. Landgerichtspräsident von Schickfuß und Neudorf[53], der in der Kirche und im konservativ-nationalen Vereinswesen engagiert gewesen war, ging im April 1934 in Pension und zog nach Berlin. Sein Nachfolger, Dr. Hermann Krah, genügte nach Ausbildung und Habitus den bis dahin gewohnten Anforderungen an einen Karrierejuristen, und er war gleichzeitig offen für den Geist der neuen Zeit.[54] Krah war zunächst Stahlhelmer gewesen und trat für die Wiedergewinnung der Kolonien ein. Seine Frau war in der kirchlichen Frauenarbeit aktiv. 1935 wechselte er aber vom Stahlhelm in die SA und schloß sich 1937 der Partei an.[55] Die NS-Justizpolitik setzte er von Anfang an konsequent um.

In enger Verbindung zum Justizapparat standen die Anwälte der Stadt, die eine der wichtigsten lokalen politischen Gruppen bildeten und im konservativ-nationalen Netzwerk große Bedeutung hatten. Nach außen hin paßten sich zunächst alle an und respektierten die Grenzen, die das neue

---

[49] Die Aufstellungen zum Parteibeitritt, in: VpLA. Rep. 76, Landgericht Greifswald, Nr. 548.

[50] Besonders deutlich in den Erhebungen nach der Machtübernahme, in: VpLA. Rep. 76, Landgericht Greifswald, Nr. 548.

[51] BA.-Dahlwitz, Karl Hagemann, StVE K 211, Nr. 2162.

[52] VpLA. Rep. 76, Landgericht Greifswald, Nr. 1068. Jaster (1879–1937), war von 1919–1933 in der DNVP, trat dann aber nur in die eher unpolitischen NS-Organisationen wie NSV oder Luftschutzbund ein.

[53] VpLA. Rep. 76, Landgericht Greifswald, Nr. 813. Moritz von Schickfuß und Neudorf, geb. 1868 in Culm/Weichsel, stammte aus Offiziersfamilie, wie auch seine Frau, geb. von Rittburg; seit 1919 LG-Präsident in Greifswald, ging am 1.4.1934 in Pension.

[54] Verstreute Angaben in den Gerichtsakten und mündliche Hinweise von Hans-Hinrich Jenssen, seinem Schwiegersohn.

[55] MLHA. Rat des Kreises Greifswald, Nr. 305. Liste der Greifswalder NS-Mitglieder.

Regime zog. So weigerten sich die örtlichen Anwälte nach einstimmigem Beschluß, die Vertretung von Juden zu übernehmen. Rechtsanwalt Ewald Rust, Namensvetter des Karpenstein-Sozius und Sohn des Kommunalpolitikers Ewald Rust, bekam als Sozialdemokrat Schwierigkeiten im Kollegenkreis, weil er Kommunisten verteidigte.[56] Einige Anwälte waren an der Verwertung jüdischen Eigentums aktiv beteiligt. Der gesamte Berufsstand litt ökonomisch unter der schleichenden Abwertung der Anwälte. Das brachte Ollmann von der DVP dazu, der schon 1933 der NSDAP beigetreten war, in das Richteramt zu wechseln.[57] Dr. John aus dem Vorstand des Hausbesitzervereins blieb Anwalt, trat aber 1938 in die Partei ein, nur um den Vorsitz behalten zu dürfen, wie er später beteuerte. Hoge, obwohl völkisch orientierter Radikalnationalist, unternahm diesen Schritt erst 1938, verteidigte jedoch Männer wie Rohr-Demmin und kooperierte eng mit Andrich.[58]

Für die drei wichtigen konservativen Kommunalpolitiker Andrich, Freytag oder Graul war es jedoch keine Frage, daß sie sich am nationalsozialistischen Staat keinesfalls aktiv beteiligten. Sie lehnten aus weltanschaulichen Gründen den Nationalsozialismus ab, denn sie verstanden sich als konservative Nationalisten. Kompromisse mit der NSDAP gab es dabei nicht. Freytag war froh, seinen nationalsozialistischen Sozius Jarmer endlich los zu sein[59]; Andrich, Graul und Freytag zogen sich aus der Politik und dem öffentlichen Leben zurück.[60] Nur Freytag trat 1938 für wenige Monate und offenbar gezwungen in die Partei ein. Vom Stahlhelm aus ließ er sich bewußt nicht in die SA überführen.[61]

Eine klare Linie, welche Faktoren politisches Verhalten der konservativnationalen Eliten bestimmten, läßt sich nicht ziehen. Bei den Juristen der Gerichte mag es eine auf die NSDAP übertragene Staatsgesinnung oder nackter Opportunismus gewesen sein. Gleichzeitig überrascht die Gesinnungstreue der drei Männer, die vor 1933 aktive Politiker der Deutschnationalen gewesen waren. Sie nahmen für ihre politische Überzeugung sogar Nachteile in Kauf. Ein simpler Seitenwechsel war für sie undenkbar. Ganz offensichtlich stieß das ›Bündnis der Eliten‹ an moralische und politische Grenzen, sobald der ökonomische Spielraum dies zuließ. Ganz offensicht-

---

[56] Viele Beispiele in den Entnazifizierungsakten VpLA. Rep. 76, Landgericht Greifswald, Nr. 1838 u. 1352.
[57] Lebenslauf R. Ollmann vom 18.10.1945, in: VpLA. Rep. 76, Landgericht Greifswald, Nr. 1352.
[58] Zu diesen Vorgängen, VpLA. Rep. 76, Landgericht Greifswald, Nr. 1838.
[59] Der persönliche Kontakt der beiden hatte sich nach Angaben seiner Tochter in den letzten Jahren nur noch auf unbedingt notwendige Dinge beschränkt; Interview A. B. Freytag.
[60] Graul wurde genötigt, in die NSV einzutreten, weil er sonst kein Notariat erhalten hätte. Er weigerte sich lange Zeit, konnte sich dann aber wohl aus wirtschaftlichen Gründen nicht länger sträuben. Es wurde ihm 1944 wieder aberkannt. Besonders deutlich in den Akten VpLA. Rep. 76, Landgericht Greifswald, Nr. 1622 u. 1641.
[61] Erklärung seiner Frau vom 19.12.1945, in: VpLA. Rep. 76, Landgericht Greifswald, Nr. 1838.

lich verbarg sich bei einer Reihe von ehemaligen DNVP-Mitgliedern eine politische konservative Weltanschauung hinter der nationalistischen Fassade, die im Konflikt mit der NSDAP wieder zur Geltung kam. Auch für die Männer in den Amtsstuben der Stadt gab es keine Wahl: Wollten sie ihren Beruf und damit ihre Existenz behalten, was nach den Erfahrungen der großen Arbeitslosigkeit sehr bedeutsam war, dann mußten sie aushalten. Ein freiwilliger Rückzug kam nicht in Frage. Anpassung an die veränderten Rahmenbedingungen und Ausloten der verbliebenen Handlungsspielräume blieben daher kennzeichnend für das politische Verhalten. Die führenden Beamten der Stadtverwaltung retteten sich weiterhin in die Fiktion der unpolitischen Verwaltung[62], die sie jetzt jedoch flexibel gegen die NSDAP und damit politischer als jemals zuvor handhabten. Oberbürgermeister Fleischmann war das beste Beispiel für eine widerständige Anpassung. Geschickt wie eh und je manövrierte Fleischmann zwischen den politischen Blöcken und Interessen.

Er hielt Kontakt zur NSDAP, in der er mit Kropka einen Fürsprecher hatte, erfüllte die Beitrittsforderung der Partei mit einer Mitgliedschaft in der ›SA-Reserve I‹, dem Stahlhelm, und tat nach außen hin streng ›unpolitisch‹ das, was seine vorgesetzten Behörden von ihm verlangten. Für Theuermann wurde ein völlig überflüssiges und machtfreies, aber annehmbar dotiertes Jugendbetreuungsdezernat gegründet[63]; Fleischmann opferte den sozialistischen Beamten Fritz[64], einige sozialdemokratische Angestellte der Stadtwerke und den demokratischen Friedhofsgärtner Grapentin, die durch NSDAP-Männer ersetzt wurden. Dennoch kam es um Personalfragen zu Reibereien mit Kreisleiter Hube, der seit September 1933 versuchte, Fleischmann aus dem Amt zu drängen.[65] Weil der Oberbürgermeister einen guten Draht zu Jarmer und der wiederum zu Karpenstein hatte, konnte er solche Attacken abfangen.[66]

Seine notdürftig abgesicherte Position nutzte der Oberbürgermeister, um die NSDAP zumindest in seinem Machtbereich aufzuhalten und abzublokken, was auch der Kreisleitung nicht entging. Er entwickelte seine Stadtverwaltung damit immer mehr zum Handlungszentrum der verbliebenen konservativ-nationalen Honoratioren und Machtpositionen in der Stadt, deren lose Enden nur noch hier zusammengeknüpft werden konnten. Er mobilisierte die konservativ-nationalen Gruppen, um Mesech zu halten. Er deckte die Demokraten Remertz und Bürodirektor Ernst Saß und den rechtsliberalen Wölfel in der Stadtverwaltung. Auch der umstrittene Theaterintendant

[62] Rechtfertigung Fleischmanns gegenüber der NSDAP nach dem Boykott der Deutschen Christen im Sommer 1934, in: StA. Rep. 6 Ia PB, Nr. 226.

[63] Begründung Fleischmanns dazu, in: StA. Rep. 6 PB, Nr. 365.

[64] Aktenvermerk Fleischmanns vom 20.6.1933, in: StA. Rep. 6 PB, Nr. 233. Dort auch Liste der 1933 von der Stadt zwangsweise beurlaubten Angestellten und Beamten.

[65] Der Gesamtvorgang verdeutlicht sehr klar den Übergang von der wilden zur geordneten Machtübernahme in Greifswald. StA. Rep. 6 I PB, Nr. 155.

[66] Bericht Fleischmann vom 6.11.1934, in: Rep. 6 I PB, Nr. 155.

Voß konnte trotz der Angriffe der NSDAP bleiben. Fleischmann setzte sich trickreich für den deutschnationalen Bürgermeister Schmidt ein, dessen Wiederwahl 1936 anstand.[67] Er unterstützte als Patronatsherr die Pfarrer der örtlichen Kirchen in ihrem Bemühen, sich dem Einfluß der Deutschen Christen zu entziehen. Er half gemeinsam mit Curschmann und Drucker Emil Panzig Lehrern wie dem Rektor Rubow, die von Versetzung oder Entlassung bedroht waren.[68] Nach dem 30. Juni 1934 nutzte er die Gunst der Stunde, um ungeliebte Nationalsozialisten, die er in die Verwaltung hatte einstellen müssen, gleich wieder los zu werden.

Bei Fleischmann und seiner Verwaltung liefen viele Fäden zusammen. Die Autorität, die sich die Stadtverwaltung durch die Wirtschaftskrise hindurch bewahrte, indem sie sich nicht für oder gegen die Republik festgelegt hatte, zahlte sich jetzt aus. Fleischmann konnte mit allen Seiten verhandeln und auf diese Weise das Gewicht der alten Eliten in den Verwaltungen des Staates und in der Gesellschaft bündeln und wenigstens lokal gegen die NSDAP in Stellung bringen. Damit gelang es ihm, die Machteroberungsdynamik an vielen Stellen abzufangen und zu mildern. Dabei rückte Fleischmann mit Vertretern aller ehemaligen nichtsozialistischen Gruppen außerhalb der NSDAP eng zusammen und grenzte dafür die sozialistischen Richtungen aus. Sogar mit den Männern der DNVP gab es jetzt Gemeinsamkeiten, obwohl sie 1933 die politischen Lieblingsfeinde Fleischmanns geworden waren. Das Beispiel der Stadtverwaltung zeigt, wie groß der Handlungsspielraum der konservativ-nationalen Eliten gegenüber der NSDAP noch war, sofern sie über einen institutionellen Rückhalt verfügten.

Wie schon im Fall des Gymnasiums kam der Einbruch der NSDAP in diese Verhältnisse mit dem Wechsel an der Spitze der Stadt. Die streng hierarchischen, noch im konservativen Obrigkeitsstaat befangenen Behörden waren auf ihre Spitze hin ausgerichtet. Am 12. Mai 1935 starb Fleischmann nach längerer Krankheit. Dieses Datum markiert eine Wende in der gesamten Stadtgeschichte, denn von diesem Punkt an war der letzte Rückhalt des alten Elitennetzwerkes zerstört, und die Machtverhältnisse verschoben sich jetzt rapide zugunsten der Nationalsozialisten. Der Nachfolger Fleischmanns war der Nationalsozialist Dr. Rickels, Träger des Goldenen Parteiabzeichens und am Beginn einer Parteikarriere. Er setzte nationalsozialistische Maßstäbe in jeder Hinsicht durch. Bürgermeister Schmidt wurde nicht wiedergewählt und entlassen. Wölfel mußte gehen und zog nach Süddeutschland. Intendant Voß schickte man in Pension. Er wanderte nach Hamburg ab.[69] Alle freiwerdenden Stellen besetzte die Partei mit Nationalsozialisten. Die Kooperation mit der Kreisleitung funktionierte nunmehr weitgehend reibungslos. Alle Beschäftigten der Stadt sahen sich dem unmittelbaren Druck ausgesetzt, der NSDAP oder einer ihrer Nebenorganisatio-

---

[67] Aktenvorgang dazu, in: StA. Rep. 6 PB, Nr. 351.
[68] Zum Fall Rubow: StA. Rep. 5, Nr. 9892.
[69] Personalakten, StA. Rep. 6 PB, Nr. 351, 389 u. E. Voß, Theater, S. 68 u. 70f.

nen beizutreten.[70] Die Kirchen gerieten in Dauerstreit mit der Stadt, der sie über das Statut aus dem 19. Jahrhundert immer noch rechtlich eng verbunden waren.

4. Zwischenbilanz: NS-Herrschaft und konservativ-nationale Eliten

Der Gedanke, daß Staat, Gesellschaft und politische Führung eine Einheit bilden sollten, war den Konservativen nicht fremd und leitete sie wie auch die Nationalsozialisten. Gleichwohl führte der Aufstieg der NSDAP nicht dazu, daß die Deutschnationalen ohne Zögern der neuen Staatspartei beitraten. Im Gegenteil, sie nahmen zum größten Teil die Unterschiede deutlich wahr und blieben in den meisten Fällen ihrer Gesinnung treu. Die konservativ-nationalen Eliten zeigten gegenüber dem Nationalsozialismus kein einheitliches Verhalten, das sich auf den Nenner einer festen sozialmoralischen Prägung, einer politischen Weltanschauung bringen ließe. Ihr Verhalten verriet viel Verunsicherung. Es gab deswegen unterschiedliche Anpassungsstrategien. Sie reichten vom eher seltenen Übertritt zur NSDAP und der offensiven Anpassung bis hin zum völligen Rückzug aus der Politik und einer Haltung des ›ohne mich‹, die im Kern der DNVP-Elite offenbar bestimmender war als der Opportunismus. Kennzeichnend war eine grundsätzliche Distanz gegenüber der NSDAP.

Doch die Situation war von Beginn an ambivalent. Das Vorgehen der NSDAP gegen KPD, SPD und DDP stärkte die Gemeinsamkeit der beiden Parteirichtungen. Dies und die Tatsache, daß sie nicht unmittelbar und als Gruppe angegriffen wurden, machte es für die etablierten konservativ-nationalen Kräfte schwer, eine eindeutige und widerspruchsfreie Position gegenüber der NSDAP zu entwickeln, die sie ja auch vor 1933 nicht gefunden hatten. Sie selbst sahen durchaus Gemeinsamkeiten mit der Partei Hitlers, die sich in der nationalen Volksgemeinschaft und in der Perspektive des starken Machtstaates bündelten. Man sah sich wechselseitig primär als politischer Gegner, nicht aber als weltanschaulicher Feind. Die Machtübernahme verlief daher in Greifswald vergleichsweise ruhig und ohne schroffe Brüche.

Gleichzeitig stieß die Konservativen jedoch die moralisch verkommene Handlungsweise, die hemmungslose und vom Eigennutz getragene Eroberung des Staates sowie die extreme Brutalität der NSDAP ab. Auch der militante Antisemitismus war abschreckend, obwohl sie selbst nicht frei von diesen Ideen waren. Für mehr als ein moralisierendes ›Das kann man doch nicht tun‹ reichte es indes nicht. Es war das wesentliche Problem der alten Eliten, daß sie gefühlsmäßig wohl durchaus gegen den Nationalsozia-

---

[70] Schilderung eines solchen Falles durch Schlesiger, Lebenslauf vom 3.11.1947, in: BA.-Dahlwitz, Walter Schlesiger, Zentralarchiv, ZE 43873.

lismus waren, jedoch kein eigenes politisches Programm hatten, das sie hätten dagegen setzen können. Zu sehr waren sie den nationalistischen Denkkategorien verhaftet. Als Nichtdemokraten war ihnen ein Ausweg versperrt, der sich deutlich von dem totalitären Gemeinschaftskonzept der NSDAP unterschieden hätte. Unter den Bedingungen des Nationalsozialismus fehlte ihnen dann die Möglichkeit, sich über solche Fragen überhaupt zu verständigen. Die Konservativ-Nationalen wurden zu Gefangenen der Mentalitäten und Ideen des nationalen Lagers. Ihre realen Möglichkeiten, etwas gegen den Vormarsch der NSDAP zu unternehmen, waren von Anfang an äußerst beschränkt. Da sie in der Auseinandersetzung um die Macht zudem verloren, mußten sie sich wie alle anderen auch den Bedingungen des NS-Staates beugen.

Die Unterbrechung der Kommunikation zerstörte den Zusammenhalt der ehemals eng vernetzten Strukturen weiter. So blieb den vereinzelten und damit hilflosen Protagonisten des Milieus letztlich nicht mehr als das defensive Bemühen, Autonomie zu wahren, Netzwerke von Gleichgesinnten zu erhalten und zu nutzen, eigenen moralischen Regeln zur Geltung zu verhelfen, zumindest in den Teilbereichen der Gesellschaft, die sie noch beherrschten. Mit dem Wegbröckeln der Führungsposten in den Behörden und Ämtern endete die wirkungsvolle Kooperations- und Handlungsfähigkeit der alten Eliten. Sie konnten ihre Machtpositionen nicht mehr vernetzen. Die politischen Beziehungen zerrissen daher.

Hinzu kam, daß sich die Führungskräfte aus dem Umfeld der DNVP als die alten Kräfte ansahen, als auslaufende Modelle, die sie ja im Altersvergleich mit der NSDAP de facto auch waren. Auch politisch sahen sich viele so; die Folgen des Niedergangs am Ende der Republik wirkten lange nach. Ihnen fehlte es an politischem Selbstvertrauen. Das nahm Gedanken von Widersetzlichkeit von vornherein die Grundlage. Die Konservativen hatten vielfach das Gefühl, sich einer unaufhaltsamen Entwicklung fügen zu müssen. Eine resignative Grundtendenz war vorherrschend, die Konservativen ließen die Entwicklung einfach laufen, sie mischten sich nur noch dann ein, wenn persönliche Interessen bedroht schienen. Die weltanschaulichen politischen Vorstellungen, die angestammte soziale Basis und auch das Organisationsnetzwerk der DNVP genügten nicht, um die Elite unbeschädigt in der Diktatur beisammen zu halten. Die Integrationskraft der alten Weltanschauung war nicht mehr besonders stark. Statt des konservativ-nationalen Elitenzusammenhangs rückte deswegen immer stärker die Frage des individuellen politischen Verhaltens gegenüber der NSDAP in den Vordergrund. Dabei verblaßten alte Milieugrenzen zu Demokraten und Sozialdemokraten. Entscheidend wurde in der Diktatur die Frage, wie sich jemand gegenüber der NSDAP verhielt, und nicht, was er politisch glaubte.

Die konservativ-nationalen Eliten waren 1933 nicht sofort handlungsunfähig, sie standen auch nicht im Mittelpunkt der NSDAP-Bemühungen, sich Staatsmacht und Gesellschaft zu unterwerfen. Das Netzwerk ihrer Verbindungen und damit ihre lokale Macht wurde bis 1935 dann aber in meh-

reren Stufen zunächst gelähmt und dann ausgeschaltet. Das ›Bündnis der
Eliten‹ funktionierte dort, wo es um tatsächliche Macht ging, nicht besonders lange. Daß die konservativen Eliten und Bündnispartner der NSDAP
in Greifswald erst nach der Jahresmitte 1934 verstärkt unter Druck kamen
und dann sehr schnell unter die Räder der Partei gerieten, war eine Folge der
starken Position dieser Eliten in der Stadt. Sie waren selbst unter den Bedingungen einer Diktatur nur sehr mühsam zu beseitigen. Nach der Durchsetzung ihrer Macht bis Ende 1935 verlegte sich die NSDAP auf einen natür-
lichen Wandlungsprozeß. Sie war selbstbewußt und hatte, sobald sie fest im
Sattel saß, keine Eile mehr, die ›Reaktionäre‹ auszuschalten. Die nationalsozialistische Ideologie bot zudem keine Handhabe, diese Elite weiter anzugreifen.

Die Positionen in den Spitzen der Behörden waren schon seit dem Kaiserreich wesentliches Element konservativ-nationaler Machtpositionen in
der Gesellschaft. Gestützt auf die Autorität ihrer Ämter und abgesichert
durch die obrigkeitlich verfaßten Verwaltungen, liefen alle Fäden bei den
Amtsleitern zusammen. Die Eroberung dieser Positionen durch die
NSDAP war für die Aushöhlung konservativ-nationaler Zusammenhänge
sehr wichtig. Die NSDAP beerbte die Konservativen. Nunmehr stützten
die Amtshierarchien die Macht der Nationalsozialisten, begründeten die Titel den guten Ruf von NSDAP-Mitgliedern. Das trug wesentlich zur Stabilisierung der NSDAP in der Greifswalder Gesellschaft bei.

5. NSDAP und das konservativ-nationale Vorfeld

Das konservativ-nationale Milieu hatte sich aus einem Netzwerk von Vereinen und Verbänden zusammengesetzt. Wollte die NSDAP die Integrationsmechanismen der Konservativ-Nationalen erobern und bei sich neu anbinden, dann konnte sie diese sozialen Zusammenhänge nicht ausklammern.
Da sich die NSDAP mit ihrem organisatorischen Vorfeld ausdrücklich als
konkurrierendes Projekt zum Vorfeld der DNVP verstand, als gemein-
schaftsstiftender Gegenentwurf, waren Konflikte zu erwarten. Gleichwohl
war deutlich, daß die NSDAP von vornherein nicht beabsichtigte, die Vereine und Verbände einfach abzuschaffen. Weil sich die NSDAP als logische
Weiterentwicklung des konservativ-nationalen Netzwerkes begriff, kam es
ihr nur darauf an, die bestehenden Strukturen unter Kontrolle zu bekommen. Wie weit reichte der Umgestaltungswille der Partei unter den konservativ-nationalen Vereinen und Verbänden, welche Grenzen hielt sie ein?

Die sogenannte Gleichschaltung begann Ende März 1933. Sie war nicht
besonders straff organisiert, erfaßte gleichwohl alle wesentlichen Machtressourcen der DNVP, von der Zeitung über die Landwirtschaft bis hin zu den
Vereinen. Zentrale Mittel und Strategien waren im Vereinswesen die Eingliederung in übergeordnete NS-Verbände, ferner die Unterwerfung der

Vereinsaktivitäten unter die Genehmigungspflicht der Kreisleitung, das Verbot, Juden aufzunehmen und der Umbau der Vereinsvorstände nach dem Führerprinzip. Die NSDAP war jedoch meist schon zufrieden, wenn ein Vorstandsmitglied der Partei angehörte und nominell ein Führer für den Verein bestellt wurde.

Die große nationalsozialistische Gemeinschaftsidee duldete keine konkurrierenden Gruppen neben sich. Alle Vereinsstrukturen gerieten daher in den Blick der Gleichschaltungsstrategen. Die Haltung der NSDAP gegenüber den Konservativ-Nationalen war geleitet von Mißtrauen, von der Befürchtung, verbliebene Zusammenhänge könnten Ausgangspunkt einer oppositionellen Gruppenbildung sein. Man befürchtete, sie könnten Kommunikation ermöglichen und Gegnern ein öffentliches Forum bieten. Die bestehenden Strukturen sollten indes nicht radikal zerstört werden, weil das die nationale Bevölkerung, also auch die Wählerschaft der NSDAP, gegen die Partei hätte aufbringen können. Die Integration des Bestehenden versprach ferner einen reibungsfreien Übergang von der alten in eine neue NS-Gesellschaft, die ja eine nationale Volksgemeinschaft sein sollte, mithin auf das freiwillige Wohlwollen der konservativ-nationalen Männer und Frauen rechnen mußte. Die Gleichschaltung der vorpolitischen Strukturen konnte als ein erster Schritt dorthin verstanden werden, denn die Vereine gaben damit ihren oftmals exklusiven Charakter gezwungenermaßen auf. Die NS-Diktatur erwies sich auch in diesem Sektor der Gesellschaft gegenüber den Konservativ-Nationalen als sehr elastisch bei der Durchsetzung ihres Herrschaftsanspruchs.

Die Greifswalder Zeitung war die wichtigste Machtressource der DNVP in der lokalen Gesellschaft, sie hatte das Milieu zusammengefügt. In den ersten Tagen nach dem 30. Januar feierte sie die Machtübernahme der NSDAP und der DNVP als ›nationale Erhebung‹ und vermittelte durchaus ein Bild echter Begeisterung, daß nunmehr endlich die schwarz-weiß-rote Fahne wieder wehte. Über das, was sich tatsächlich in der Stadt ereignete, konnte sie schon bald nicht mehr offen berichten. Das störte die Redaktion offenbar, obwohl sie im Verschweigen politisch unbequemer Vorgänge durchaus kein Problem sah. Sie versuchte daher, auf Berichterstattung zwischen den Zeilen auszuweichen. So forderte sie die Eltern von Schulkindern dazu auf, ihren Sprößlingen doch bitte zu untersagen, Polizistenkinder wegen der Hausdurchsuchungen und Verhaftungen anzupöbeln, weil die Polizei ja auch nur ihre Pflicht tue.[1] Schon seit April 1933 waren solche Spielräume aber kaum mehr vorhanden. Der wichtigste Integrationsfaktor für die Konservativ-Nationalen fiel damit aus. Es gab keine deutschnationale Dominanz in der lokalen Öffentlichkeit mehr. Die Verlagsleitung verlor ihren Einfluß auf die Redaktion. Die NSDAP bestimmte fortan, was in Greifswald öffentlich gesagt und gedacht werden durfte.

---

[1] Greifswalder Zeitung. 11.3.1933.

Die NSDAP vergaß der Greifswalder Zeitung vom ersten Tag an nicht, daß sie ihr vor 1933 das Leben schwer gemacht hatte. Die Angriffe der Gau- und der Kreisleitung zeigten bald Wirkung.[2] Es wurde Druck auf die GZ-Leser ausgeübt, das Blatt abzubestellen. Besonders in den Behörden forderte man die Belegschaft auf, die Zeitung nicht mehr zu halten und zu lesen. Anzeigenkunden wurden bedroht. Das NS-Blatt ›Pommersche Zeitung‹ wurde zur Konkurrenz aufgebaut, bekam eine Greifswalder Lokalbeilage und erhielt die öffentlichen Bekanntmachungen. Die neue Zeitung brachte Seitenhiebe und offene Angriffe gegen das DNVP-Blatt. Zeitung und Druk-kerei der Firma Abel standen unter Boykott, der Verlag rutschte in die roten Zahlen.[3] Dennoch blieb die personelle Besetzung der Verlagsleitung unver-ändert, und auch die Besitzverhältnisse am Verlag waren unangreifbar, denn keine der aufgelösten oder verbotenen deutschnationalen Organisationen hatte Rechte an der Firma Abel, sondern nur Einzelpersonen.[4]

Im April 1935 wurde dem Verlag verboten, eine eigene Zeitung heraus-zugeben. Um die Arbeitsplätze und die Druckerei zu retten, einigten sich die Verlagsleitung unter Max Liedtke und Baron von Lefort mit dem Stetti-ner NS-Presseverlag, zehn Jahre lang eine NS-Zeitung unter gleichem Na-men zu drucken und gaben damit die Verantwortung für das Geschäft und die Redaktion endgültig ab, erhielten jedoch den Verlag und die Druckerei. Die neue Redaktion war fest an die örtliche Kreisleitung gebunden. Schrift-leiter Karl Heinz Lea war auch Chef des NSDAP-Kreispresseamtes in der Kreisleitung. Die Zeitung war ›parteiamtliches‹ Blatt.[5] Weitgehend unbe-merkt von der Öffentlichkeit war somit die NSDAP in die Rolle der DNVP geschlüpft und hatte die eingeführte Lokalzeitung still vereinnahmt. Ober-flächliche Leser werden den Wandel kaum wahrgenommen haben.

Der Lohndruckvertrag war indes nicht lukrativ und brachte der Firma Abel bald Probleme. Die Reibereien mit dem Leiter des NS-Zeitungsver-lages hörten nicht auf. 1936 kehrte Max Liedtke Greifswald deswegen resi-gniert den Rücken und zog nach Berlin.[6] Die NSDAP hatte es weiterhin schwer, in der Belegschaft des Verlages Fuß zu fassen. Nur drei von 50 Mit-arbeitern gehörten 1938 der Partei an. Die immer noch in der Hand von 110 ehemaligen deutschnationalen Anteilseignern befindliche GmbH mit Verlag und Druckerei, so vermutete die Geschäftsleitung, sollte ruiniert werden, damit sie dann der NSDAP leichter in die Hand fiele. Mitarbeiter beobach-teten Männer aus der NS-Verlagsleitung, die nachts Fotoaufnahmen im Ge-

---

[2] Schreiben Fleischmann vom 24.7.1934, in: StA. Rep. 6 I PB, Nr. 155.
[3] Berichte und Darstellungen, in: ACDP. III-036-041. Da sie alle geschrieben wurden, um dem Verlag eine möglichst lupenreine antifaschistische Weste zu verpassen, müssen sie mit der gebotenen Vorsicht behandelt werden.
[4] Zum Folgenden die Darstellungen Grauls und der Verlagsangestellten von 1946 und 1948, in: ACDP. III-036-041.
[5] Kreisleitung der NSDAP (Hrsg.), Heimatjahrbuch, 1938, S. 106 u. 115.
[6] Zu M. Liedtke: Ostsee Zeitung/Greifswalder Zeitung, 18.10.1994.

bäude machten und den Maschinenpark erfaßten. 1937 war die NSDAP fast am Ziel, die Firma Abel stand vor dem Aus.

In dieser Situation trat der Rechtsanwalt und DNVP-Politiker Walter Graul auf den Plan. Er besaß zwei Anteile und begann 1938, heimlich die übrigen Anteile zusammenzukaufen, um den Verlag zu retten. Dabei leitete ihn die völlig zutreffende Prognose, daß die immer gewagter agierende Außenpolitik Hitlers auf den Widerstand der ehemaligen Kriegsgegner stoßen werde und daß daher irgendwann mit dem Ende der NS-Herrschaft zu rechnen sei. Der Verlag und sein Inventar sollten bei einem politischen Neubeginn nicht in der Hand der NSDAP sein. Offenbar gelang es Graul, die Aktion geheim zu halten und das vertraglich vereinbarte Vorkaufsrecht des NS-Verlages zu umgehen. Die Verkäufer, durchweg Männer der konservativ-nationalen Elite, schwiegen offenbar über die Transaktion, der alte Gruppengeist funktionierte. Man war sich einig in der Ablehnung der NSDAP und ihrer Politik. Der letzte Rest konservativ-nationaler Parteistruktur war damit jedoch aufgelöst, das Bindeglied zwischen konservativ-nationalen Stadt- und Landeliten aufgehoben.

Graul gewann zwar keinen Einfluß auf die Zeitung, aber auf den Betrieb, den er über persönliche Beziehungen mit Druckaufträgen und einem neuen Verlagsgeschäft ausstattete. Durch die Herstellung der Lebensmittelkarten für die Provinz Pommern und medizinische Fachliteratur wurde die Druckerei kriegswichtig. Als wenig später eine große Stralsunder Druckerei nach einem Bombenangriff in Trümmern lag, war die Firma Abel gerettet. Sie blieb bis 1945 in der Hand der konservativen NS-Gegner.

War es dem Landbund bis 1933 gelungen, den zunehmenden Einfluß der *Landbund* NSDAP unter seinen Mitgliedern zu absorbieren und die beherrschende Stellung des Großgrundbesitzes einigermaßen zu wahren, brachen mit dem 30. Januar alle Dämme. Im September 1933 wurde der Kreisverband auf Anordnung des Reichsbauernführers mit einem neuen Vorsitzenden versehen und damit im Sinne der NSDAP gleichgeschaltet. Die politische Führung des alten Landbundes unter Ruge-Ranzin mußte abtreten. NS-Kreisbauernführer Heinrich Pehle aus Bömitz wurde sein Nachfolger. Im siebenköpfigen Führerrat saßen von Corswand und Dr. Hans Lange, der weiterhin Geschäftsführer blieb, bis der Kreislandbund am 20. Dezember 1933 in den Reichsnährstand eingegliedert wurde.[7] Die eng an den Landbund geknüpften landwirtschaftlichen Vereine im Kreis lösten sich im Herbst 1933 gezwungenermaßen auf. Der ›Greifswalder Ackerbauverein‹ war der letzte freie Zusammenschluß, wenngleich schon lange unter Führung von NS-Mitgliedern. Ihn kassierte der Landesbauernführer im April 1934 und gliederte ihn in den Reichsnährstand ein.[8] Damit waren alle autonomen Organisationen zerstört, über welche die ländliche Oberschicht

---

[7] VpLA. Rep. 77, Amtsgericht Greifswald, Nr. 5106.
[8] VpLA. Rep. 77, Amtsgericht Greifswald, Nr. 5067 u. Rep. 77, Amtsgericht Greifswald, Nr. 4775, Vereinsregister.

aus dem Großgrundbesitz ihre Macht ausübte. Der agrarpolitische Apparat
der NSDAP hatte freie Bahn. Es war jetzt unmöglich, irgendwelche Boy-
kottaktionen zu organisieren und damit andere politisch zu disziplinieren.
Ökonomische Hebel griffen nicht, denn der Reichsnährstand zentralisierte
alle Teile des verzweigten Landbundes und drang auch in das Genossen-
schaftswesen sein. Der Einfluß der Gutsbesitzer in den Dörfern war jetzt
unter Umständen noch persönlich begründet, reichte jedoch nicht darüber
hinaus, denn eine organisatorische und politische Unterfütterung der ökonomischen Macht fehlte.

Ein Bindeglied zwischen Stadt und Land waren die Jagdvereine gewesen,
wo sich die Eliten zu einem ihrer liebsten Freizeitvergnügen trafen. Sie
lösten sich alle zwischen Herbst 1934 und Frühjahr 1935 auf und wurden
in die neuen zentralisierten NS-Jagdorganisation überführt.[9] Ein Vorstands-
wechsel im Vorfeld war nicht zu beobachten, Kontinuitäten in den Vorständen ebensowenig. Gewagte personalpolitische Konstruktionen wie die um
den Schießleiter Hans Jacoby hörten damit auf. Er übernahm die Leitung
des Reichsluftschutzbundes in der Stadt.[10] Am Charakter der Jagd als einem
exklusiven gemeinsamen Hobby gehobener Kreise änderte sich wenig. Man
ging weiter auf die Jagd; allein die politische Komponente, die milieukon-
stituierende Funktion geriet in den Hintergrund, denn die ›Parvenüs‹ von
der NSDAP saßen nun beim ›Schüsseltreiben‹ stets mit am Tisch. Auch
Kreisleiter Hube beispielsweise war begeisterter Jäger.

Die neue ländliche Elite der Kreisbauernschaft hatte mit der alten kaum
noch etwas zu tun. Die Kreisbauernschaft war fest in der Hand der mittleren
und kleinen Bauern sowie der Pächter etwas größerer Höfe auf den Dörfern.[11] Nur sehr wenige Großagrarier lassen sich als Ortsbauernführer nachweisen. Abel-Wackerow, der seit den zwanziger Jahren bereits im Genos-
senschaftswesen eine bedeutende Rolle gespielt hatte und Bürgermeister
seines Dorfes war, besetzte sogar den Posten eines Bezirksbauernführers in
Neuenkirchen. Unter rund 80 genannten Männern waren nur vier Großgrundbesitzer. Das war eine eher dürftige Vertretung. Von rund 140 später
enteigneten Besitztümern über 100 Hektar im Kreis Greifswald befanden
sich nur 24 in der Hand von Parteimitgliedern. Darunter waren überwiegend Pächter. Allein von Kameke-Wrangelsburg und von Schwerin-Ziethen
waren neben von Corswand und von Malchus-Menzlin adelig.[12] Der ehemals beherrschende Großgrundbesitz hatte in den NS-Organisationen wenig Einfluß, dort regierten die ›Bauern‹, wie sich nur die Inhaber der mittel-
großen ›Erbhöfe‹ nennen durften, und die Landwirte, meist größere Pächter.

Daß die alte ländliche Oberschicht diese Entwicklung mit wenig Freude
sah und die Entmachtung nur zähneknirschend in Kauf nahm, wußte auch

---

[9] VpLA. Rep. 77, Amtsgericht Greifswald, Nr. 5129.
[10] Verlag J. Abel (Hrsg.), Greifswalder Adreßbuch, 1937, S. 154.
[11] Kreisleitung der NSDAP (Hrsg.), Heimatjahrbuch, 1938, S. 116–118.
[12] S. SCHLEWE, Dokumentation, 1965, S. 35.

die NSDAP, in der es traditionell starke Ressentiments gegen die ländlichen
›Reaktionäre‹ gab, von denen bekannt war, daß sie die Nationalsozialisten
verachteten. Die Herkunft der meisten NSDAP-Funktionäre aus den ländlichen Unter- und Mittelschichten bedingte diese Haltung. Die Vorstellungen von der Volksgemeinschaft bei Konservativen und Nationalsozialisten
taten ein übriges, denn von einer schichtenübergreifenden Gleichheit hielten
die alten Eliten wenig. Sie waren nicht nur Elite, sie waren auch elitär. Die
Familien der ländlichen Oberschicht standen daher unter ständiger miß-
trauischer Beobachtung der NSDAP und ihrer Polizei. Adelige waren stets
in der Gefahr, belangt zu werden. Von Rohr-Demmin hatte immer wieder
Probleme mit dem Regime und wurde 1942 und 1944 verhaftet.[13] Genauso
erging es der Witwe des Grafen Behr-Behrenhoff, der 1933 verstorben war.
Mechthild von Behr war als oppositionelle Aristokratin bekannt und geriet
daher im Sommer 1940 für einige Wochen in ›Schutzhaft‹.[14] Die latente Gegnerschaft der NSDAP zu den Familien bekam auch der Nachwuchs zu
spüren. Baron von Leforts Sohn kam in seiner juristischen Karriere nicht
voran, weil er sich keiner Parteigliederung anschloß und weil er von einem
Vorgesetzten nach einem sehr kurzen Gespräch als arrogant abqualifiziert
wurde. Daß Vater und Bruder Lefort nicht der Partei angehörten, war Eh-
rensache und brachte ihnen immer wieder Konflikte mit Parteimitgliedern
ein.[15] Die besonders in der DDR-Forschung immer wieder anzutreffende
Gleichsetzung von NSDAP und ›Junkern‹ ist somit eine Legende. Es gab
sie nicht, im Gegenteil: Wie wenige andere Gesellschaftsteile zeigten sich die
Großgrundbesitzer, ein Kern des konservativ-nationalen Milieus, resistent
gegen die NSDAP.
  Es blieb vor allem im adeligen Teil der ländlichen Oberschicht weit verbreitet, ausdrücklich nicht in die Partei einzutreten[16], sondern sich auf die
persönlichen Geschäfte oder karitative Aufgaben zurückzuziehen, in denen
sie als Gutsbesitzer mit sozialpatriarchalischem Einschlag kaum ernsthaft
behelligt wurden. Gleichwohl blieb die enge Bindung des Standes an den
Staat von großer Bedeutung und sorgte für Ambivalenzen im Verhältnis
zur NSDAP. Es gab trotz eines Teilrückzuges während der Zeit der Weimarer Republik Abkömmlinge der ländlichen Oberschicht in den staatlichen
Verwaltungen, wo sie genauso effizient und loyal arbeiteten wie zuvor.
Wichtiger noch war die Militärtradition. Als die Wiederaufrüstung der Armee einsetzte, traten viele Adelige als Offiziere wieder in den Dienst. Unter
den 140 Großgrundbesitzern des Kreises fanden sich bis 1945 acht höhere
Offiziere, allein sechs davon entstammten adeligen Familien, darunter lokal

---

[13] B. Sobotka/J. Strauss (Hrsg.), 1993, S. 123 f.
[14] H. Neuschäffer, 1993, S. 31.
[15] VpLA. Rep. 76, Landgericht Greifswald, Nr. 915. Personalakte Karl von Lefort.
[16] Das galt auch für die Gräfin Behr-Bandelin und ihren Mann, gleichwohl war sie in der
    Frauenschaft aktiv. Schreiben vom 28.9.1945, in: MLHA. Rat des Kreises Greifswald,
    Nr. 1085.

so prominente konservative Namen wie von Buggenhagen, von Bismarck-Bohlen, von Kameke, von Plötz und von Voss-Wolffradt.[17]

Der Differenzierungsprozeß auf dem Lande aus der zweiten Hälfte der Weimarer Republik verfestigte sich mithin unter der Herrschaft der Nationalsozialisten. Die alte ländliche Oberschicht, vor allem aus dem Adel, war für die NSDAP kaum zu gewinnen, der in Tradition, Religion, Familie und Herkunft gegründete Gruppengeist blieb trotz der unterbrochenen Organisations- und Kommunikationsverbindungen stark, wozu wohl auch verwandtschaftliche Querverbindungen beitrugen. Enge kirchliche Bezüge, auf die noch einzugehen ist, traten hinzu. Diese Reserve führte jedoch nicht zu einer grundsätzlichen Opposition, denn über eine starke Bindung an den Staat waren die alten Eliten doch wieder am NS-Herrschaftssystem beteiligt und für den Staat und seine Armee engagiert.

Aber die Großgrundbesitzer waren nunmehr ›Offiziere ohne Armee‹. Die dörfliche Lebenswelt hatte sich politisch von ihrer traditionellen Führungsgruppe abgewandt. Das Potential einer Führungsschicht im Wartestand trug der alten Elite das ständige Mißtrauen der NSDAP und ihres Sicherheitsapparates ein. Ökonomische Hebel setzte die NSDAP nicht oder mit dem Erbhofgesetz nur als Drohung an. Daher blieb in der Grundstruktur auf dem Land vieles wie es war. Die Oberschicht war abgedrängt und politisch kaltgestellt, sie war jedoch nicht völlig entmachtet und konnte sich weiter auf einen materiellen Reichtum stützen.

Vordergründig herrschte im alten und im neuen Mittelstand weitgehende Anpassungsbereitschaft, ja aktive Unterstützung für den Kurs Hitlers und für die NSDAP. Für den alten Mittelstand blieb aber bestimmend, daß eine politische Ausrichtung sekundär war. Sie trat hinter der Bindung an eine gleiche Lebensweise, der Verwurzelung in lokalen Zusammenhängen zurück. Es gab keine einheitliche, in einer eigenen Weltanschauung eingebundene mittelständische Elite, die auf einer solchen Basis dem Ansturm der NSDAP hätte widerstehen können oder wollen. Im Gegenteil, die NSDAP hatte bereits vor 1933 wichtige Positionen erobert und mußte nun nur noch tiefer vordringen. Für das politisch unengagierte Gros der Mittelständler galt, daß politischer Opportunismus aus geschäftlichen Gründen und aus Rücksicht auf die Kundschaft oder öffentliche Aufträge schon lange weit verbreitet war. Seit der schweren Krise der frühen dreißiger Jahre war Bekennermut nachgerade existenzgefährdend für das Geschäft, dessen Erhalt in jedem Fall Vorrang vor jeder politischen Position hatte.

Die Gleichschaltung des mittelständischen Vereinswesens zeigte auffällige Unregelmäßigkeit und vergleichsweise geringe Konsequenz. Offenbar war sich die NSDAP der grundsätzlichen Unterstützung ihrer Sache in dieser Bevölkerungsschicht ziemlich sicher. Arbeitgeberverband, ›Verein der Lebensmittelhändler‹, Deutschnationale Handlungsgehilfen, Gastwirteverein und Gewerbevereinigung wurden gleichgeschaltet und dann aufgelöst.

---

[17] S. SCHLEWE, Dokumentation 1965, S. 36.

Dabei wurden die Mitglieder einfach in NS-Organisationen übernommen und, wie bei den Gastwirten und den Lebensmittelhändlern, machte der alte Verein unter teilerneuerter Führung als NS-Organisation weiter. Andere Zusammenschlüsse blieben ohne organisatorische Brüche bestehen. Dazu zählten der ›Verein der Kohlenhändler‹, ›Verein der Schuhwarenhändler‹, ›Verband der selbständigen Berufe‹, die Kaufmanns-Kompanie, der Haus- und Grundbesitzerverein und die Innungen.[18] Traditionelle Führungsstrukturen wie die Doppelspitze der Alterleute wurden durch das nunmehr obligatorische Führerprinzip ersetzt. Nationalsozialisten rückten in die Spitzen ein, was jedoch in aller Regel nur eine geringfügige Umstrukturierung brachte und die personelle Besetzung der Vorstandsämter meist nicht antastete. Auch die üblichen informellen Vorstandsabsprachen als Leitungsprinzip blieben unverändert.

Offenbar erfaßte die NSDAP nur die politischen Zusammenschlüsse des Mittelstandes und solche, die sich in die Strukturen der Partei einfügen ließen. Weil bei den Mittelständlern das Organisationswesen traditionell weit ausgefächert war, fielen die stärker auf unmittelbare wirtschaftliche Belange ausgerichteten Zusammenschlüsse und die Traditionsvereine bei der Gleichschaltung unter den Tisch. In Einkaufsgemeinschaften sahen die neuen Machthaber keine politische Gefahr. Ein maßvolles traditionelles Dekor schadete der angestrebten Volksgemeinschaft ebenfalls nicht.[19] Im Gegenteil, solche Vereine unterstrichen das Bemühen der NSDAP, als logische Fortsetzung der Milieuentwicklung zu erscheinen.

Als Zurücksetzung werden die Mittelständler die Gleichschaltung kaum empfunden haben, denn in der lokalen Gesellschaft, vor allem im Haus- und Grundbesitzerverein, nahm ihr Einfluß sogar noch zu.[20] Die Gleichschaltung kratzte nur die Oberfläche der Gesellschaft an. Spektakuläre Veränderungen waren ebensowenig zu beobachten wie widersetzliches Verhalten. Dazu trug wohl auch die Koalition von NSDAP und Mittelstand in der Kommunalpolitik bei. Folglich war die Tendenz unter den Männern des alten Mittelstandes, sich der NSDAP anzuschließen, wenig ausgeprägt. Mit der grundsätzlichen nationalistischen Politikausrichtung der NSDAP waren sie einverstanden, die angeordneten Veränderungen akzeptierten und begrüßten sie als Ende der Stagnation und als notwendige Schritte hin zur Gesundung der allgemeinen wirtschaftlichen Situation. Nur sehr wenige aus der ersten Reihe des Mittelstandes traten daher sofort der NSDAP bei, denn das war gar nicht nötig. Unmittelbarer wirtschaftlicher Druck wie bei

---

[18] Verlag J. Abel (Hrsg.), Greifswalder Adreßbuch, 1934 u. 1937, sowie VpLA. Rep. 77, Amtsgericht Greifswald, Nr. 5074 u. 5108; StA. Rep. 58, M 3, Protokolle des DNHV vom Frühjahr 1933.
[19] Deutlich an der Kaufmanns-Kompanie oder dem ›Kohlenhändlerverein‹; VpLA. Rep. 77, Amtsgericht Greifswald, Nr. 4775–4778.
[20] Vorstandslisten, in: VpLA. Rep. 77, Amtsgericht Greifswald, Nr. 4775.

den Beamten fand nur schwer einen Ansatzpunkt, sieht man einmal vom nackten Terror ab.

Selbst unter den Eliten war das Bild ausgeprägter Kontinuität vorherrschend. Der Malermeister Karl Zilm, Bauunternehmer Otto Eggebrecht und Glasermeister Otto Prahn sowie Bäcker Karl Kasch, die Fleischermeister Johannes Wett, Albert Rathke und der Tischlermeister Max Holz waren in ihren Berufsständen nach wie vor als Obermeister tätig. Kellas von den Handlungsgehilfen rückte bis 1942 sogar zum Ortsgruppenleiter der NSDAP auf.[21] In den kommunalpolitischen Beiräten der Stadt saßen 1939 Robert Druckrey für Betriebe, Otto Prahn als Kreisamtsleiter der NS-Kriegsopferversorgung für Wohlfahrt, Carl Millahn vertrat die Kaufleute im Vorstand der Stadtsparkasse gemeinsam mit Bäcker Kasch; Krethlow und Zilm waren Mitglied des Schulbeirates der Berufsschule.[22] Wenn die Stadtführung 1940 mit den Vertretern der Gewerbetreibenden verhandeln wollte, dann lud sie Kaufmann Krethlow, Gastwirt Wiebusch und Schuhhändler Max Dietrich als Abgeordnete ein. Das waren ausnahmslos Männer, die auch vor 1933 ihre Berufsstände in öffentlichen Angelegenheiten vertreten hatten.[23] Wenngleich eine genaue Quantifizierung nicht möglich ist[24], läßt sich sagen, daß die Führungsgruppe des alten Mittelstandes sich überwiegend erst seit der Aufhebung des Aufnahmestopps 1937 der Partei anschloß. Zu diesem Zeitpunkt war es für die meisten Mittelständler, die politisch aktiv geblieben waren, offenbar kein Problem mehr, diesen Schritt zu vollziehen.[25] Das mittelständische Submilieu der Stadt vertrug sich auch mit dieser politischen Richtung und ihrem System. Daß etablierte Leitfiguren, Honoratioren des Mittelstandes in der Partei und in der Öffentlichkeit weiterhin tätig waren, erleichterte die Integration des Mittelstandes in das neue System. So wie er sich der lokal mächtigen DNVP angeschlossen hatte, ging er jetzt zur NSDAP.[26]

Neben den Hinweisen auf eine starke Kontinuität gab es auch Anzeichen für einen politischen Bruch und eine beginnende Umstrukturierung in zwei großen Gruppen: auf der einen Seite die NS-Befürworter und auf der anderen die NS-Gegner. Einerseits zeigte sich nach den Umgruppierungen der ersten beiden Jahre, daß die in der NSDAP aktiven Mittelständler mit den bisher gemeinsam mit der DNVP beziehungsweise der Wirtschaftspartei

---

[21] Innungslisten, in: Verlag J. Abel (Hrsg.), Greifswalder Adreßbuch 1934, 1937 u. 1942. Ferner Kreisleitung der NSDAP (Hrsg.), Heimatjahrbuch, 1938, S. 119f.

[22] Verzeichnis, in: StA. Rep. 6 Ia, Nr. 22.

[23] Protokoll der Sitzung, in: StA. Rep. 6 Ia, Nr. 64.

[24] Von den rund 50 Personen, die 1929 und 1933 für den Mittelstand kandidierten, waren etwa 10 bis 15 in der Partei und weiterhin politisch aktiv; das Gros davon trat nach 1937 bei; Liste der NSDAP-Mitglieder, in: MLHA. Rat des Kreises Greifswald, Nr. 305.

[25] Angaben aus der Entnazifizierung, in: StA. Rep. 6 Ia, Nr. 120, Protokolle der Entnazifizierungskommission.

[26] Liste des Stadtsparkassenvorstandes von 1935, in: StA. Rep. 6 PB, Nr. 234. Personalakte Gernandt.

agierenden Männern einträchtig die anfallenden Posten teilten, daß die Elite des Mittelstandes weitgehend ihren Frieden mit der NSDAP machte. Es vollzog sich ein Einschmelzungsprozeß. Wer für seinen Berufsstand oder seine Stadt aktiv bleiben wollte, dem blieb nur der von der NSDAP gesteckte Rahmen. Andererseits zog sich ein erheblicher Teil der ehemals politisch tätigen Männer aus der Öffentlichkeit zurück. Libner, Stöckicht junior, Levien, Schumann, Lewerenz oder Wilhelm Luhde verschwanden aus der Politik. Die vier letztgenannten hatten stets starke Affinität zu den Konservativ-Nationalen gezeigt.

Mit der einheitlichen Ausrichtung des alten mittelständischen Vereinswesens und seiner Mitglieder auf die NSDAP wurde der öffentliche Streit über ökonomische oder wirtschaftspolitische Fragen beendet. Der Kleinkrieg hörte auf. Die immer widerborstige und in sich zerstrittene Kaufmanns-Kompanie war entmachtet, ihr Führungspersonal weitgehend in das NS-System eingebunden, die nörgelnden Kleinhändler standen unter Aufsicht. Die Mitgliedschaft in den Innungen war ab 1935 Pflicht für jeden Handwerker, was von den Handwerksfunktionären sehr gerne gesehen wurde und nunmehr nur noch verhaltenen Widerspruch der betroffenen Firmen und Meister hervorrief. Die Konfliktfragen der zwanziger Jahre waren zwar nicht gelöst, sie waren nur stillgelegt. Gleichwohl waren die Mittelständler dankbar für die Ruhe. Die Einbindung in die NS-Kommunalpolitik, die Kontinuität bei den Eliten, die symbolische Aufwertung und die sich bessernde wirtschaftliche Lage kamen hinzu. Wenn eine Gruppe gut in das lokale System der NSDAP integriert war, dann der alte Mittelstand. Selbst ein so einschneidendes Ereignis wie die ›Durchkämmaktion‹ im März 1943, bei der in Greifswald acht Handwerksbetriebe, ein Großhandel und 83 Einzelhandelsgeschäfte als kriegsunwichtig geschlossen wurden, stieß auf keinen Widerspruch, denn sie vollzog nur längst bestehende Verhältnisse oder paßte die Anzahl der Läden der Warenlage an.[27]

Soweit ein Urteil aufgrund der knappen Quellen möglich ist, scheint es jedoch unter dieser gleichgeschalteten Oberfläche ähnlich viele differenzierte Positionen gegenüber dem Nationalsozialismus gegeben zu haben wie in den anderen Berufs- und Sozialgruppen. Sie waren jedoch in der Öffentlichkeit nicht mehr wahrzunehmen und blieben auf private Zirkel beschränkt. Unzufriedene, sei es aus politischen oder wirtschaftlichen Gründen, blieben nämlich weit stärker isoliert als in anderen Teilen der Bevölkerung. Eine Möglichkeit zur Sammlung von NS-Gegnern gab es im Mittelstand nirgends. Wer gegen die Partei eingestellt war, fand keinen Anknüpfungspunkt, keinen verbindenden Verein. Die Fähigkeit zur Sammlung und Organisation war stärker behindert, die Atomisierung ausgeprägter als an der Universität oder auf dem Lande, wo eine weitgehend homogene alte Elite bestehen geblieben war. Das lag an der Arbeitsweise, denn jeder Greifswalder Meister

---

[27] StA. Rep. 6 P, Nr. 174, Stillegung von Betrieben.

arbeitete in seinem Kleinbetrieb für sich. Man kommunizierte im privaten Zirkel oder in den gleichgeschalteten Vereinen miteinander. Politisierende private Gesprächskreise gab es in dieser Gruppe nicht. Die Barriere in Richtung Universität zu überwinden war nicht so leicht, gab es doch traditionell in der Stadt nur wenige Beziehungen über die Schichtgrenzen hinweg. Widerstand oder abweichendes politisches Verhalten war für die Mittelständler daher abhängig von anderen Gruppenloyalitäten wie einer religiösen Bindung, der Zugehörigkeit zur Loge, von Familien oder Freundeskreisen, am Rande auch von der politischen Weltanschauung. Mehr als die Bewahrung einer Privatmeinung ermöglichten sie jedoch in aller Regel nicht.

Schützen-
vereine
Die Bürgerschützen als wichtigster Greifswalder Traditionsverein und als zentraler mittelständischer Zusammenschluß wurden ebenfalls zunächst oberflächlich gleichgeschaltet und in nationalsozialistische Zentralverbände integriert. Ansonsten ließen ihn die neuen Machthaber aber so bestehen, wie er war, mit allen Aktivitäten und symbolischen Bedeutungen und ohne Mitgliederverluste.[28] Der 30. Januar wurde als »Geburtstag des neuen deutschen Reiches« interpretiert und damit lückenlos in die vorherrschende konservativ-nationale Weltsicht des Vereins integriert.[29] Das ›Hoch‹ am Anfang oder Ende der Versammlungen galt jetzt Hindenburg und Hitler. Stolz und zahlreich marschierte der Bürgerschützenverein in Uniform an der Spitze der dritten Marschsäule am 1. Mai 1933. Im Januar 1934 wurde der bisherige Schriftführer Schuhhändler Max Dietrich zum neuen Führer gewählt, sein Stellvertreter wurde Gastwirt Max Pansow. Dietrich berief kurzerhand den alten Vorstand neu und ließ die ehemaligen Altermänner einstimmig zu Ehrenaltermännern wählen. Dabei blieb es bis an das Kriegsende. Ausscheidende Vorstandsmitglieder rückten in den Ältestenrat auf. Karl Penz und Paul Bredner gehörten weiter zum Vorstand. Damit war in diesem Traditionsverein die notwendige Kontinuität gewährleistet. Die Ablösung der alten Führung fiel leicht, weil auch bei den Bürgerschützen Kritik an den etablierten Kräften inzwischen Usus geworden war und die Forderung im Raum stand, es müßten nunmehr die Jungen in die Verantwortung genommen werden.[30]

Sah es zunächst so aus, als würde im neuen Staat die Verbindung zur Stadt abbrechen, weil der Magistrat keine Inspektoren mehr stellen durfte, so konnten doch seit 1935 wieder Vertreter der Stadt am Schützenfest, den Bällen und bei den Versammlungen teilnehmen. Statt der konservativ-nationalen Inspektoren Bürgermeister Schmidt, Freytag, Fleischmann oder auch des Demokraten Remertz traten jetzt Männer der NSDAP, der Bürgermeister Kamradt, der Magistratsbeigeordnete Dr. Haase und Oberbürgermei-

---

[28] Die Jahresberichte 1933–1944, in: StA. Rep. 58, L 8.
[29] Jahresbericht der Bürgerschützen von 1933, in: StA. Rep. 58, L 8.
[30] Protokoll der Sitzung vom 16.6.1933. Der Vorwurf der Bonzen- und Schreckensherrschaft richtete sich gegen Weylandt, der im Januar noch für zwei Jahre wiedergewählt worden war; in: StA. Rep. 58, L 7.

ster Rickels auf. Der NS-Mitbegründer und langjährige Schützenbruder Walter Grünwald kam neu in den Vorstand, womit auch die Verbindung zur Partei und ihrer lokalen Tradition plakativ hergestellt war. Die Integration in die NS-Verbände brachte gewisse Veränderungen in den Schießgewohnheiten, sie wogen jedoch nicht schwer. Auch das militärische Schießen, das damit eingeführt und gefördert wurde, hatte noch nie irgendwelche Gegner im Verein gehabt. Die Militarisierung der Gesellschaft wertete den Verein sogar ein wenig auf.

Die Bürgerschützen stellten wie bisher Querverbindungen in der lokalen Gesellschaft her, indem sie Gesellschaft und Tradition über Feste und Feiern mit der Politik in Verbindung setzten und diesen Zusammenhang immer wieder neu symbolisch bekräftigten. Da nun die Politik von der NSDAP beherrscht wurde, integrierte man eben die braunen Machthaber. Gleichzeitig hob der Verein jedoch auch weiter bei vielen Gelegenheiten die alten Eliten öffentlich hervor, so beim Schützenfest 1939, als man den greisen Kaufmann-Altermann Bärwolff, Ehrenbürger Prof. Luther und den Stahlhelmveteranen von Forstner ausdrücklich als Ehrengäste begrüßte. Auf diese Weise sorgte der Verein für Ausgleich zwischen alt und neu, für eine symbolische Aufwertung der alten Eliten und damit für lokale Gemeinschaft und Harmonie, denn das erleichterte den Konservativ-Nationalen, sich mit ihrer Verdrängung abzufinden.

Trotz der Kontinuität zur Zeit vor 1933 und dem guten Besuch der Schützenfeste verlor der Verein kontinuierlich Mitglieder. Er mußte sich gegen die Partei behaupten. Von 1935 noch 112 sank die Zahl bis 1939 auf 88. Auch die Beteiligung an den Versammlungen ging von durchschnittlich rund 80 Ende der zwanziger Jahre auf nur noch 40 bis 50 Ende der dreißiger zurück. Die Mitglieder wurden insgesamt immer älter, weil kein Nachwuchs in den Verein kam. Die Jungen interessierten sich nicht mehr oder wurden von der NSDAP vereinnahmt. Interne Querelen erschütterten 1938 den Verein und führten zu einer Austrittswelle. ›Kraft durch Freude‹ veranstaltete im gleichen Jahr ein Volksfest, nachdem das traditionelle Schützenfest wegen einer Tierseuche hatte ausfallen müssen. Auffällig waren politische Rückzugstendenzen, eine Entpolitisierung. Seit 1937 stand im Mittelpunkt der üblichen Schlußformel bei Versammlungen nicht mehr der zentrale nationalistische Aspekt in Form von Führer, Volk und Vaterland. Das Fazit der Jahresberichte rückte seit 1937 plötzlich Greifswald in den Mittelpunkt, das allen Städten in Pommern etwas voraus haben müsse. Das Schützenfest 1939 war das letzte seiner Art. Im Krieg übernahm die Organisation der KdF das große Volksfest. Der Verein machte mit der alten Führung und stark eingeschränkt »bescheiden und mühevoll« weiter.[31] Den Schießbetrieb besetzten SA und Wehrmacht, mit denen die Bürgerschützen auf Anordnung Hitlers hin noch enger kooperierten. 1944 schlief das Vereinsleben endgültig ein. Der Verein litt an Auszehrung und wurde langsam von den

---

[31] Aus dem Jahresbericht 1942, in: StA. Rep. 58, L 8.

konkurrierenden Organisationen der NSDAP an den Rand gedrängt. Je fester die NSDAP die Stadt und die Gesellschaft beherrschte, desto weniger
war sie auf den Traditionsverein angewiesen.

Die NSDAP war um Kontinuität mit den konservativ-nationalen Verhältnissen der Zeit vor 1933 und zum alltäglichen Leben der Stadt bemüht.
Sie wollte nur bedingt etwas Neues schaffen, ihr Anliegen war es vielmehr,
das Traditionelle für die neue Volksgemeinschaft nutzbar zu machen. Die
NSDAP trat nicht an, den sozialen Aufbau der Gesellschaft zu verändern,
das zeigte sich besonders an ihrem Umgang mit dem alten Mittelstand, der
nur in seiner politischen Ausrichtung angetastet und auf die Partei ausgerichtet wurde. Die alten Eliten blieben zu einem guten Teil in Amt und
Würden und wurden nur durch Männer der NSDAP ergänzt. Die Nazifizierung der alten Netzwerke drohte zu keinem Zeitpunkt, bestehende gesellschaftliche Zusammenhänge zu zerstören. Vorherrschend war die schleichende organisatorische und ideologische Durchdringung. Die NSDAP
strebte zu keinem Zeitpunkt an, den alten Mittelstand völlig unter Kontrolle
zu bekommen. Er bekam seine symbolische Aufwertung durch die fort-
bestehende Einbindung in die Beratungen der NS-Stadtführung, durch seine
kontinuierliche Beteiligung an der lokalen politischen Kultur, am nationalen
Kult. Daher überwog ganz offenbar die Zufriedenheit mit den politischen
Verhältnissen. An der Lebensweise änderte sich wenig. Freilich zerstörten
am Ende die Anforderungen der Partei und des Krieges die Bürgerschützen.
Die NSDAP entzog sich damit selbst die gerade gewonnene Basis in der
lokalen politischen Kultur.

Dem Stahlhelm kam im konservativ-nationalen Netzwerk eine besondere
Bedeutung zu, bildete er doch eine wesentliche Säule der DNVP-Macht in
der Gesellschaft. An der grundsätzlichen Affinität in Ideologie und politischer Kultur hatten auch die Differenzen seit 1930 nichts geändert. Der
Stahlhelm war noch 1933 wesentlicher Akteur in der lokalen Politik. Er trat
anfangs stets gemeinsam mit der SA auf und unterstützte die Politik der
Regierung Hitler, schließlich lautete die beide Seiten integrierende Formel
ja ›nationale‹ und nicht ›nationalsozialistische Erhebung‹. Ob bei der Ergän-
zung der Polizei, bei den Umzügen zum 1. Mai 1933 oder bei diversen Aufmärschen, beide Organisationen waren stets in Uniform dabei und traten
gemeinsam für das neue Regime und den nationalen Neubeginn auf.[32] Die
Kooperation war von oben verordnet und stand im erkennbaren Widerspruch zu den Abgrenzungsbemühungen beider Seiten.

Der Mitgliederboom, den der Frontsoldatenbund urplötzlich nach dem
30. Januar 1933 erlebte, hatte seine Ursache auch nicht in der Attraktivität
des Stahlhelm oder dem Wunsch, sich im Bündnis mit der NSDAP für die

---

[32] K. Schreiner (Hrsg.), 1958, S. 135. Zu den gegenseitigen Vorbehalten, Bericht des SA-
Truppführers Koschinsky, Wolgast o.D., in: BA. ehem. BDC, Arwed Theuermann,
SA-P. Ferner O. Wobbe, Festschrift Bürgerschützen, 1934, S. 29, zur Kooperation beim
1. Mai 1933. Der Stahlhelm führte die dritte Marschsäule an.

›nationale Erhebung‹ zu engagieren. Er war für die meisten der bis dahin noch organisationsunlustigen Männer des nationalen Lagers schlicht das kleinere Übel, als sie sich mit der Forderung der Hitler-Regierung konfrontiert sahen, ihre Unterstützung für die neue Politik durch einen Beitritt zu belegen. Der Stahlhelm galt als gemäßigte Alternative zu den NS-Organisationen, die ihre Forderung nach Mitmachen und Unterordnung mit Gewalt und Terror durchsetzten und deswegen für viele kaum akzeptabel waren.[33] Besonders an der Universität und im Staatsdienst hatte der Stahlhelm plötzlich großen Zulauf.[34] Wer sich dem Stahlhelm anschloß, der wollte der SA entgehen. In dieser Beitrittswelle bildete sich eine relativ scharfe Grenze innerhalb des nationalen Lagers zwischen den beiden Parteirichtungen. Sie verwischte sich jedoch schon wenige Monate später wieder.

Es war für die resignierende DNVP ein schwerer Schlag, als seit März 1933 die NSDAP immer heftigere Attacken gegen den Stahlhelm richtete und Arbeitsminister Seldte als Stahlhelmführer klar auf NS-Kurs ging. Zunächst wurden die Mitglieder unter 35 Jahren in die SA überführt und der Wehrsport an die SA abgetreten. Dann folgte die Eingliederung des ›Scharnhorstbundes‹ in die Hitlerjugend und am 21. Juni 1933 die Verfügung, Stahlhelmer könnten gleichzeitig nur noch Mitglied der NSDAP sein. Das dürfte das Ende der DNVP wesentlich beschleunigt haben. Folgerichtig gliederte Seldte den Verband gegen den Widerstand seines Führungskollegen Duesterberg in die SA ein, wo der Kernstahlhelm der 35- bis 45jährigen seit Anfang November 1933 mit eigener Uniform als ›SA-Reserve I‹ weiterexistierte. Die über 45jährigen wurden in die ›SA-Reserve II‹ eingegliedert. Es wurden damit zwei sich eher ablehnend gegenüberstehende Verbände des nationalen Lagers aneinander gebunden. Wie verhielten sich die Stahlhelmführer, wie die Mitglieder?

Die lokalen Stahlhelmführer reagierten zunächst ablehnend. Ihr Verhalten war klar von Distanz gegenüber der NSDAP bestimmt. Die Erfahrung der Jahre seit 1930 und die Tatsache, daß sich der Stahlhelm ausdrücklich als eigenständiger, konservativ-nationaler Verband sah, sorgten für diesen Abstand. Wer sich im Stahlhelm organisierte oder dort blieb, hatte seit 1930 eine aktive Entscheidung gegen die SA getroffen, die stets um die Stahlhelmer warb. Von Forstner und Freytag wie auch Raettig und Glawe waren vehement gegen das Bündnis, fügten sich aber in soldatischer Treue ihrer Führung.[35] Daß am 30. Juni 1934 zwei Stahlhelmführer verhaftet wurden, war folglich kein Zufall und deutete das gegenseitige Mißtrauen an, obwohl den Stahlhelmern vorher einige Positionen im SA-Apparat zugestanden

---

[33] B. Mahlke, 1968, S. 664f. u. Interview mit H. F. Curschmann.

[34] Von den wichtigen Honoratioren traten z. B. jetzt Oberbürgermeister Fleischmann und Klinikleiter Prof. Katsch ein, die als konservativ-nationale Männer bis dahin auf ihre Unabhängigkeit Wert gelegt hatten. Vgl. Schreiben B. Katsch, 15. 2. 1992, in: Material Knees. Er sei eingetreten, »weil er hoffte, dadurch einem Zwangseintritt in die SA zu entgehen. Diesem Irrtum unterlagen viele ihm nahestehende Intellektuelle.«

[35] Mündlicher Hinweis von A. B. Freytag.

worden waren. Nach dem 30. Juni 1934 wurden Stahlhelmer überdies wieder aus der Spitze der SA entfernt. Die Integration wurde zurückgenommen.[36] Alle lokalen Stahlhelmführer verweigerten sich der endgültigen Überführung und völligen Auflösung in die SA seit November 1935. Unter den einfachen Mitgliedern war das Bild, soweit es aufgrund der schlechten Quellenlage nachvollziehbar ist, eher zweigeteilt. Es gab einige Männer, die sich überführen ließen und von der SA in die NSDAP gelangten.[37] Dafür waren meist persönliche Motive ausschlaggebend.[38] Sehr groß kann dieser Kreis in Greifswald jedoch nicht gewesen sein. Das Signal der alten Eliten, Distanz zu wahren, war offenbar auch unter den neuen Bedingungen noch von Bedeutung und entsprach der Stimmung an der Basis.

Bei den alten Eliten des Wehrverbandes setzten sich im Verhältnis zum neuen Staat und seinen Angeboten persönliche Interessen durch. Das Gefühl der Feindschaft gegenüber der NSDAP aus der Spätphase der Republik verblaßte, die Verpflichtung gegenüber der alten Organisation hörte auf, und die NS-Regierung eröffnete ganz besonders ihnen Möglichkeiten, sich am Wiederaufstieg des Reiches zu beteiligen. Ihre Staatsgesinnung und ihre Militärbegeisterung führten sie zurück. Die seit 1918 auf Zwischenstation beim Stahlhelm untergekommenen Offiziere gingen wieder in die Armee. Sie fielen als Leitfiguren für widerständiges Verhalten aus. Raettig ließ sich 1934 reaktivieren und wurde Offizier in Magdeburg.[39] DNVP-Geschäftsführer Buck unternahm den gleichen Schritt, Freytag und sein Bürovorsteher Stöhr waren beim NS-Soldatenbund als Reservisten aktiv. Glawe, dem der Nationalsozialismus nicht unsympathisch war, wurde 1937 sogar Parteimitglied, angeblich um die Theologische Fakultät vor einer drohenden NS-Zwangsverwaltung zu schützen.[40] Von Forstner schrieb Kriegserinnerungen und Memoiren aus seinem Kampf und dem der DNVP gegen die Republik. An ihrer eher ablehnenden Grundhaltung gegenüber der NSDAP änderte sich nichts. Die Liebe zum Militär, die Loyalität gegenüber dem Staat und das gemeinsame Ziel der machtvollen Volksgemeinschaft sorgten jedoch für Anpassungsbereitschaft. Vor allem in den außenpolitischen Zielen stimmte man stark überein. Daß der Stahlhelm in Greifswald zu einem guten Teil ein verkappter Truppenteil der Reichswehr gewesen war, wurde nach seinem

---

[36] Schreiben der SA-Greifswald Brigade 10 an den Landgerichtspräsidenten vom 20. 9. 1934, dort bezieht man sich auf einen Befehl der SA-Gruppe Pommern, in: VpLA. Rep. 77, Landgericht Greifswald, Nr. 709.

[37] Deutlich am Fall Julius Kahmann, Inhaber einer Reinigung, der diesen Weg durchlief; StA. Rep. 6 Ia, Nr. 77, Sitzung der Entnazifizierungskommission. Die Justizangestellten Villwock und Roloff traten demgegenüber nach der Überführung aus; vgl. StA. Rep. 6 Ia, Nr. 78, Entnazifizierung.

[38] Lebenslauf von P. Malinowsky vom 9. 2. 1948. Bei ihm war das Motiv ausschlaggebend, als Pächter eines städtischen Ladengeschäfts ansonsten mit einer Kündigung rechnen zu müssen, in: Material Galinsky.

[39] H. Raettig, 1991, S. 19 f. Sein Vater sei mit Leib und Seele Berufssoldat gewesen.

[40] Lebenslauf von Sommer 1948, in: UA. Personalakte Glawe, Nr. 323. Dort auch Angaben zu seiner Stahlhelmkarriere.

Ende durch die Soldatenkarrieren Raettigs, Freytags oder Bucks noch einmal deutlich. Dieses Kernelement des konservativ-nationalen Milieus löste sich vollständig in den neuen Verhältnissen der militarisierten Volksgemeinschaft auf. Noch nicht einmal informell blieben Zusammenhänge bestehen, sieht man vom ›Soldatenbund‹ ab, der die Tradition des verkappten Reichswehrteiles weiterführte, aber primär unpolitisch gewesen sein dürfte.[41]

Die Kriegervereine und die Kriegsopferbetreuung waren ein wesentliches Element im konservativ-nationalen Vereinswesen gewesen. Ihnen begegnete die NSDAP mit viel Toleranz, wohl nicht zuletzt deswegen, weil sie national, aber frei von offizieller parteipolitischer Ausrichtung waren, ihre Zielgruppe bis 1939 der Zahl nach begrenzt blieb und ihre Mitglieder überdies den älteren Alterskohorten angehörten. Ein gewisser Respekt vor dem Frontkämpfernimbus mag hinzugekommen sein. Militärische Traditionspflege war durchaus erwünscht, da störte es auch nicht, daß die Mitglieder dieser Vereine am kaiserlichen Heer hingen und mit dem Nationalsozialismus oft eher wenig im Sinn hatten. Hier änderte sich deswegen nur wenig. Die Vereine wahrten ihren Mitgliederbestand, die Kontinuität in den Vorständen war stark. Gleichwohl wurden alle bestehenden Vereine auf die NSDAP ausgerichtet und in das NS-Organisationswesen integriert.

Gemeinsam mit den älteren Stahlhelmmitgliedern wurden die Kriegervereine mit dem 6. November 1933 in die ›SA-Reserve II‹ eingegliedert, blieben jedoch als selbständige Traditionsverbände unter diesem Dach bestehen. Den Gleichschaltungsbestimmungen wurde insofern Rechnung getragen, als jeweils ein Vorstandsmitglied in die SA eintrat. Das genügte offenbar, denn eine ganze Reihe der Kameradschaftsführer gehörten der Partei nicht an. Die einzelnen Kameradschaften fanden sich überdies im NS-Reichskriegerbund wieder, der weitgehend mit den ehemaligen Kyffhäusern identisch war.[42] Der Kriegerverein und die ›Vereinigten Wehrverbände‹ in Greifswald blieben als lokale Koordinationsinstanzen aber dennoch bestehen. Die Kriegsgräberfürsorge existierte ebenfalls bruchlos fort.

In den Einzelvereinen oder Kameradschaften, wie sie sich jetzt durchgängig nannten, betätigten sich viele ehemalige deutschnationale Politiker. 1937 wurden als Vorstandsmitglieder genannt: Robert Lewerenz und Dr. med. Gerhard Franz, Drogist Wilhelm Levien, Kaufmann Otto Peters, Landgerichtsrat Hagemann, Karl Stolp, Major a. D. von Steuben und Rittmeister a. D. von Müller. Noch 1942 waren Franz, Lewerenz, Levien und Stolp in ihren Ämtern. Die Zahl der Vereine ging zwar bis 1942 von 13 auf elf zurück. Diese Abnahme hatte aber wohl mit Fusionen zu tun, die wegen sin-

---

[41] V. R. BERGHAHN, Das Ende des Stahlhelm, 1965, S. 447ff. Der Soldatenbund, von dem Hitler hier spricht, dürfte die konkrete wehrpolitische Funktion des Stahlhelm übernommen haben.

[42] Verlag J. Abel (Hrsg.), Greifswalder Adreßbuch, 1937, Vereinsverzeichnis, S. 153.

kender Mitgliederzahlen notwendig wurden. Die Arbeit der Kameradschaften wurde jedoch von der Stadtverwaltung auch unter NS-Führung und von
der NSDAP selbst unterstützt. Stiftungsfeste oder die Regimentstage der
›42er‹ unter der Leitung von Drogist Levien fanden weiter in Greifswald
statt. Die Vereine durften mit Hinweis auf die traditionellen und patriotischen Aufgaben um neue Mitglieder werben. Die Formel, unter der sie das
taten, war der Volksgemeinschaftswerbung der NSDAP entlehnt: »Außenstehende gelten nichts im Dritten Reich.«[43]

Krieg die personelle und organisatorische Kontinuität auch groß, die Stellung der alten Honoratioren herausgehoben, so war doch anders betrachtet
das Maß an freiwilliger Integrationsbereitschaft ausgeprägt. Es gab kaum
Reibungspunkte zwischen Kriegervereinen und NSDAP. Daß die SA die
Nummern der alten preußischen Traditionsregimenter trug, war ein Identi-
fikationsangebot an die alten Soldaten. Man begrüßte die Aufwertung des
Militärs, vor allem die Einführung der Wehrpflicht, ebenso die machtvolle
und scheinbar erfolgreiche Außenpolitik. Daß sich der Ehrenvorsitzende
des Kriegervereins, Karl Wiedemann, und von Forstner in leicht angetrun-
kenem Zustand in einer Gastwirtschaft zu verbalen Attacken gegen Kropka
hinreißen ließen, war eher die Ausnahme.[44]

Der Aktionsradius und die Autonomie der Vereine jenseits der einfachen
Traditionspflege wurden jedoch deutlich beschnitten, denn die konkreten
sozialen und politischen Aufgaben übernahm die NSDAP jetzt selbst. Die
Kriegsopferbetreuung wurde von den Kyffhäusern auf die NS-Kriegsopferversorgung (NSKOV) übertragen. Das änderte jedoch an der Mitgliederbasis und den Aufgaben wenig. Der Schriftführer der Kyffhäuser, Paul
Polentzky, der rechtzeitig zur NSDAP gewechselt war und nun als Bürgermeister in Gützkow amtierte[45], stieg zu deren Leiter auf. Hoge wurde auf
den Posten eines Rechtsberaters abgedrängt. 1938 stellte man ihn vor die
Wahl, dieses Amt niederzulegen oder der Partei beizutreten. Er entschied
sich für die Partei und damit für das Amt.[46]

Der nationale Machtstaat, die Liebe zum Militär und seiner Tradition waren zum allgemeinem Leitbegriff der Politik und der Gesellschaft geworden.
Mit Staat und Militär konnten sich alle Konservativ-Nationalen leicht identifizieren. Eine Mitgliedschaft im Kriegerverein verlor damit ihren Bekenntnischarakter. Die Kriegervereine wurden politisch unbedeutend. Sie wurden
zu Allerweltsvereinen in der NS-Gesellschaft. Die NS-Ideologie und die
organisatorischen Vorgaben der NSDAP durchdrangen diesen Zweig des

---

[43] Flugblätter von 1935 und 1937, in: UB-Sammelmappe, Krieger- und Militärvereine,
Bd. 2. Hier Flugblatt zum Regimentstag der ›42er‹ am 7. u. 8. 8. 1937 in Greifswald.
[44] Bericht Kropka vom 11. 2. 1935, in: UA. Personalakte Karl Wiedemann, Nr. 730. Auch
Wiedemann hatte sich nicht vom Stahlhelm in die SA überführen lassen, war 1935 Mitglied des NS-Opferringes geworden, mied aber die Partei.
[45] Kreisleitung der NSDAP (Hrsg.), Heimatjahrbuch, 1938, S. 111 f.
[46] R. MASCHKE, 1935, S. 71 ff.

traditionellen konservativ-nationalen Vereinswesens, selbst wenn er unter der Führung von alten Eliten blieb. Dennoch hielt sich in diesem Bereich der Gesellschaft ein weitgehend unbeschädigtes Element des alten nationalen Lagers mit einer deutschnationalen Honoratiorenstruktur aus ehemaligen Offizieren. Die Nazifizierung gelang nur zum Teil, weil die traditionelle Bindung der Vereinsmitglieder an das Kaiserreich und sein Militär weiter lebte.

Während dem Stahlhelm die Anpassungsbereitschaft wenig nützte, sind die Kriegervereine und auch die Bürgerschützen gute Belege für die Tatsache, wie die NS-Herrschaft und ihre Anforderungen von Teilen des konservativ-nationalen Vereinswesens adaptiert und integriert wurden. Sie sahen in der Herrschaft der NSDAP gute Möglichkeiten, sich selbst und ihre Organisationen in die neue Zeit einzubringen, die sie als logische und naturwüchsige Fortsetzung der alten betrachteten. Es gab hier deshalb auch keine Brüche und keine Resistenz, sondern das Bemühen, Altes und Neues in einen sinnvollen Zusammenhang zu bringen, um die Kontinuität des eigenen Vereins und seines Alltags zu wahren. Der politische Rahmen war zweitrangig, solange er nur national bestimmt war. Über Militär und Staatsgedanken knüpften sich Verbindungen zum neuen Regime. Unter der gleichgeschalteten Oberfläche war daher eine Mentalität verborgen, die sich im Prinzip mit jedem politischen System vertragen konnte. Gleichzeitig war die schleichende ideologische und organisatorische Durchdringung der Vereine von Gewicht, denn damit wurde diese Mentalität in kleinen Schritten und kaum merklich nationalsozialistisch umgepolt. Der NSDAP waren diese traditionellen Strukturen nicht wirklich wichtig, sie bediente sich ihrer, zur Machtsicherung, ließ sie ansonsten aber langsam aussterben.

Im Feld der Kultur-, Freizeit- und Sportvereine hatten nur drei Vereine zu Beginn der NS-Herrschaft wirklich Probleme mit der NSDAP, nämlich die beiden Logen aus weltanschaulichen und der liberale Turnverein von 1860 aus politischen Gründen. Die übrigen Vereine wurden zwar zu Beginn nach dem üblichen Muster gleichgeschaltet, rückten jedoch erst nach 1935 in den Mittelpunkt des Interesses der Partei, die den Sport und Teile der freiwilligen Sozialpflege mit Blick auf die Kriegsvorbereitung zentralisierte. Eine ganze Reihe kultureller Aktivitäten zogen überdies die Aufmerksamkeit der NSDAP auf sich, weil sie der ideologischen Aufsicht und Schulung der Bevölkerung dienstbar gemacht werden konnten.

Die NSDAP war in ihrem Verhalten gegenüber den alten konservativ-nationalen Eliten von Verschwörungstheorien geleitet, in deren Zentrum Logen standen. Rosenberg hatte sie wegen ihres gehobenen sozialen Profils und ihrer Absonderung als gegen die Volksgemeinschaft gerichtet gebrandmarkt. Wie der Antisemitismus gehörte die Logenfeindschaft zum Grundbestand völkischer Ideologie. Der Verfall der Greifswalder Logen hatte schon Ende der zwanziger Jahre eingesetzt, mündete unter den Bedingungen der Machteroberung aber in eine rasche Selbstauflösung, die bei der ›Druidenloge‹ im Konkurs endete und bei der ›Greifenloge‹ in der Übertragung des Vermögens auf die Universität.[47] Wer Logenmitglied gewesen war, stand unter Konspirationsverdacht und wurde in den ersten Jahren nach 1933 von der Partei beruflich benachteiligt und gesellschaftlich ausgegrenzt. Auch die Gestapo interessierte sich für Logenbrüder.[48] Das hatte vor Ort nicht nur ideologische Gründe, sondern auch konkrete. Die NSDAP war als Antielitenbewegung angetreten, und in den Logen saßen diese Eliten konzentriert beisammen. Das zog in den ersten zwei Jahren nach 1933 eine sehr scharfe Grenze zwischen der alten und der neuen Elite. Die Logenbrüder machten die kollektive Erfahrung von Ausgrenzung und Verfolgung. Männer aus der deutschnationalen oder mittelständischen Elite wie Andrich, Eggebrecht, Rohde, Drewitz, Dethloff, Rektor Schmidt, Bauunternehmer Schumann, Stolp, Stöckicht junior oder Spediteur Haß konnten selbst bei politischer Sympathie nicht in die Partei eintreten oder wurden gleich wieder hinausgeworfen wie Schlesiger. Gesellschaftlich waren sie an den Rand gedrängt; das Stigma des Verdachts einer Verschwörung gegen die Volksgemeinschaft blieb an ihnen haften. Die meisten wählten den unfreiwilligen Rückzug ins Private, denn das Engagement für die Gemeinschaft gehörte zum Grundbestandteil der Freimaurerei. Andere betätigten sich verstärkt in Vereinen, die von der NSDAP wenig beachtet wurden, wie Spediteur Hubert Haß im Vorstand der Kaufmanns-Kompanie, Rechtsanwalt Drewitz im ›Club Erholung‹, Eggebrecht in der Bauinnung oder Rohde beim Roten Kreuz.[49]

Das Gros der ehemaligen Mitglieder war auch nach dem Abflauen der Verfolgung und Agitation 1935 nicht bereit, mit den neuen Machthabern zu kooperieren. Die von den Logen vertretenen Werte, Ideen und Glaubenssätze von Toleranz, Freundschaft und Menschenliebe widersprachen fundamental dem Nationalsozialismus. Sie waren für die meisten Männer prägend und verbindlich auch über das Ende der Organisation hinaus. Genauso wenig, wie man einfach einer Loge beitrat, hörte der Zusammenhalt auf. Mit den Logen verschwand ein offizieller und enger, vertraulicher Gesprächszirkel. Weil man sich aber sehr genau kannte und vertraute, funktionierten die Verbindungen zwischen den Logenbrüdern auch informell weiter und stellten den Kern einer politischen Gruppenbildung dar, denn man tauschte sich gewohnheitsgemäß und bei Gelegenheit auch weiterhin über Politik aus. In der Mischung aus informellem Zusammenhalt und bewahrten Positionen in den Vereinen blieb die an die Logen gebundene Honoratiorenstruktur weiter wichtig und in der Gesellschaft wirksam. Das sollte sich bei Kriegsende zeigen und auch politisch auswirken.

---

[47] Zur Selbstauflösung der ›Greifenloge‹, die nur noch 22 Mitglieder und keinerlei Nachwuchs hatte, StA. Rep. 59, J. Für die ›Druidenloge‹ die Protokolle in: VpLA. Rep. 77, Amtsgericht Greifswald, Nr. 5088. Sie hatte noch um 40 Mitglieder.

[48] Mündlicher Hinweis von Peter Lachmund.

[49] Verlag J. Abel (Hrsg.), Greifswalder Adreßbuch, 1937, Vereinsverzeichnis, S. 151–155.

Unter den Sport- und Turnvereinen hatte nur der kleine liberale ›Turnverein‹ nach der Machtübernahme Schwierigkeiten. Er zählte den republikanischen Landrat Becker zu seinen Mitgliedern, und auch der 1932 von der Polizei im Zusammenhang mit politischen Auseinandersetzungen erschossene sozialdemokratische Lehrer Karl Krull hatte ihm angehört.[50] Entsprechend hart trafen den Verein die politischen Vorgaben der Gleichschaltung. Zwar blieb der Vorstand im Amt, die Mitgliederzahl sank jedoch rapide und der Verein mußte sich den umgepolten Zentralverbänden mit ihren Arierparagraphen, Grußvorschriften und Führungsrichtlinien weit stärker unterwerfen als bisher und sich dabei auf eine Ebene mit der lokalen Konkurrenz vom ›Turnerbund‹ begeben. Die Fusion konnte 1933 jedoch noch verhindert werden. Als die HJ dann aber im Sommer 1935 die Jugendturnabteilungen an sich zog, fehlte plötzlich der Nachwuchs. Die Vereinsführung verlor den Mut und kapitulierte. Der Verein schloß sich im Dezember 1936 mit dem alten konservativ-nationalen Rivalen ›Turnerbund‹ zusammen. Auch der arg geschrumpfte ›SV Preußen‹ wurde im April 1937 zu diesem Schritt gezwungen.[51] Allein der ›SC Greifswald von 1912‹, er war mit Malte Delander und Karl Penz schon länger fest in der Hand von NS-Anhängern, und der ›Schwimmverein‹ überstanden den staatlich geförderten Konzentrationsprozeß als selbständige Organisationen. Zusammenschlüsse setzte die Reichssportführung auch bei den Seglern durch, die im Oktober 1935 zum ›Greifswalder Yachtclub‹ fusionierten, in dem Ernst Libner weiterhin eine wichtige Stellung einnahm.[52] Auch er gelangte nach 1945 zu neuer Bedeutung.

Turnerbundführer Ernst Carbow hatte seit 1935 auch die Ortsgruppe des ›Deutschen Reichsbundes für Leibesübungen‹ unter sich, dem sich die übrigen Sportvereine im Zuge der Gleichschaltung anschließen mußten. Auf diese Weise rückte er aus der Position eines normalen Vereinsvorsitzenden im konservativ-nationalen Gesellschaftssegment an eine zentrale Stelle im lokalen NS-Sport vor. Delander wechselte als Angestellter zum HJ-Bann und war dort zuständig für die Leibesertüchtigung der Hitlerjugend.[53] Auf diese Weise verknüpften sich altes und neues Organisationswesen miteinander, wuchsen die neuen Strukturen aus den alten hervor. Der Sport genoß im NS-Staat zwar Förderung, dennoch überstanden die freien Vereine die Veränderungen nicht unbeschadet. Besonders der Entzug des Jugendsports, der vollständig der HJ eingegliedert wurde, untergrub langfristig die Substanz der freien Organisationen. Das war wohl beabsichtigt, denn Sport

[50] Protokoll der Generalversammlung vom 27.1.1934 u. 23.2.1935, in: VpLA. Rep. 77, Amtsgericht Greifswald, Nr. 5064.
[51] Er war auf nur noch 58 Mitglieder zurückgefallen und wurde wohl auch daher zur Fusion gedrängt; VpLA. Rep. 77, Amtsgericht Greifswald, Nr. 5063.
[52] Zu den Seglern, VpLA. Rep. 77, Nr. 5127.
[53] Zu M. Delander und seinen Parteiaktivitäten, StA. Rep. 6 PB, Nr. 213. Er war seit April 1937 fest bei der HJ beschäftigt.

wurde mit Wehrertüchtigung gleichgesetzt. Sie wollte die Partei gerne in eigener Regie durchführen.

Kunst- u. Kulturvereine

Im Bereich der lokalen <u>Kunst</u>- und <u>Kulturvereine</u>, der Domäne des Greifswalder Bildungsbürgertums, war die Entkoppelung von Mitgliedschaft und politisiertem Vorstand besonders auffällig. Wie bei den Sportlern gelang es hier dem zum Nationalsozialisten gewordenen Buchhändler Walter Klein, sich über den Vorsitz im ›Verein für Kunst- und Literatur‹ an eine zentrale Stelle des NS-Kulturwesens zu setzen. Die politische Gleichschaltung des Vorstandes hatte für den Verein keine Bedeutung, denn Klein war 1933 Nachfolger des Staatsanwalts von Wandesleben geworden, der aus Greifswald fortzog. Vorher war er Kassenführer, insofern war diese Veränderung völlig im Rahmen des Gewöhnlichen. Das Neue wuchs aus dem Alten. Der Verein spürte die politischen Umstellungen 1933 nur, weil er sein langfristig geplantes Programm ein wenig einschränken mußte. Organisatorisch blieben der ›Kunstverein‹ wie auch die übrigen Kulturvereine zwar weitgehend frei, ihre Programmgestaltung wurde jedoch immer stärker vom Reichspropagandaministerium gesteuert.[54]

Der Vorsitzende Walter Klein war schon in der Weimarer Republik im Vereinswesen der Stadt eine wichtige Figur gewesen, denn er war zugleich noch Vorsitzender des ›Vereins alter Herren des Akademischen Seglervereins‹ und des ›Greifswalder Verkehrsvereins‹ sowie Schriftführer im Konzertverein. Jetzt rückte er als Hauptstellenleiter für Buchwesen und Schrifttum in den Kreisstab der Parteileitung ein.[55] Klein verhielt sich nicht anders als vor 1933. Er versuchte seine eigenen Interessen als Buchhändler sinnvoll mit denen der Vereine und den herrschenden politischen Verhältnisse in der Stadt zu verknüpfen. Völkische und nationalsozialistische Dichterlesungen und Buchausstellungen traten damit in den Vordergrund.

Die Veränderungen in der Vereinsleitung und Programmgestaltung fanden weitgehend unabhängig von der Mitgliederbasis des ›Kunstvereins‹ statt, der seit 1933 in seiner Kartei keine Zugänge, sondern nur noch Schwund verzeichnete. Im Kern blieb es daher bei der Basis aus dem gehobenen Bildungsbürgertum der Weimarer Republik. Es waren nur wenige Nationalsozialisten unter den Mitgliedern. Viele wandten sich jedoch vom Verein ab, der auch ohne Mitglieder auskam. 1932 hatte der Verein noch 169, 1936/37 dann rund 80, 1942 nur noch 62 Mitglieder. Der Vereinsvorstand steuerte nicht gegen, es fanden offenbar auch keine Versammlungen mehr statt. Der Vorstand unter Klein verordnete ein politisch konformes Programm, das mit Unterstützung der NS-Organisationen durchgeführt wurde.

Bürgerliche Kulturvorstellungen und nationalsozialistische Ideen vertrugen sich offenbar nicht. Die 1929 eingeleitete Wende zur nationalen und dann zur nationalsozialistischen Kultur ließ die Bedürfnisse des Bildungs-

---

[54] Vereinsakten mit Anweisungen der diversen Kulturkammern, in: StA. Rep. 58, C 12.
[55] Kreisleitung der NSDAP (Hrsg.), Heimatjahrbuch, 1938, S. 106 u. Verlag J. Abel (Hrsg.), Greifswalder Adreßbuch, 1937, Vereinsverzeichnis.

bürgertums langfristig unbefriedigt. Man wollte sich offenbar auch gern mit Dingen beschäftigen, die nicht unbedingt der eigenen politischen Linie entsprachen, statt sich an intellektuell völlig berechenbarer völkischer Staatskunst zu berauschen. Die kulturelle Integration der gebildeten Konservativ-Nationalen mißlang ganz offensichtlich. Allerdings gelang es den bildungsbürgerlichen Kreisen der Stadt jedoch auch nicht mehr, über die traditionellen Vereine der Kulturpflege ein Gegengewicht zur nationalsozialistischen Vereinnahmung zu schaffen. Der Gedanke der Besserung und Hebung des Menschen und des Landes durch nationale Kultur, wie er noch in der Republik eine wichtige Rolle bei der Gründung des Vereins gespielt hatte, verblaßte. Kultur wurde durch die einseitige politische Ausrichtung ihres Kampfcharakters entkleidet, sie wurde damit entpolitisiert.

Ein ähnliches Bild ergab die Entwicklung des ›Gemeinnützigen Vereins‹, der Ende 1933 von Jarmer in die Hände von Deißner überging, womit er als gleichgeschaltet galt.[56] Für den im kommunalpolitischen Vorfeld agierenden Bürgerverein gab es im neuen System keinen Platz, denn bürgerliches Engagement für die Gemeinschaft außerhalb der NSDAP war nicht mehr gefragt. Der Verein schlief ein und löste sich im März 1938 freiwillig auf, nachdem die zweimalige öffentliche Einladung der Mitglieder nur die Vorstandsangehörigen zusammengeführt hatte. Mit dem Wegfall des Vereinssinns verloren die Mitglieder auch das Interesse an der organisatorischen Hülle, ähnlich der Entwicklung im ›Kunstverein‹. Die lokale Gesellschaft verlor durch die Einbindung in die nationalsozialistische Herrschaft offenbar ihre Fähigkeit und auch den Willen, eigene Angelegenheiten autonom zu regeln. Solche Impulse wurden unterdrückt oder in die Strukturen der NSDAP umgelenkt.

Frauen hatten im konservativ-nationalen Netzwerk eine wichtige Rolle gespielt. Dennoch interessierte sich die NSDAP anfangs wenig für den weiblichen Teil der Gesellschaft. Im Sektor der politischen Frauenvereine zeichnete sich in der Gleichschaltung deswegen ein wenig einheitliches Bild ab.[57] Zwar hatten traditionell die Männer die politische Führung, gleichwohl boten die Frauen eine gute Möglichkeit, politischen Einfluß auf die Familien zu nehmen. Der Erfolg der NSDAP bei der Vereinnahmung der Konkurrenz war unter den Frauen sehr viel weitreichender als bei den Männern. Während die DNVP-Frauengruppe gleichzeitig mit den Männerorganisationen aufgelöst wurde, schloß sich der Luisenbund im März 1934 freiwillig der NS-Frauenschaft an. Auch der Hausfrauenverein vollzog diesen Schritt.[58] Damit hatte die NSDAP über die Frauen eine breite Bresche in die Ablehnungsfront konservativ-nationaler Familien gebrochen. Die Frauen mußten sich entscheiden. Entweder sie machten weiter in ihrem Verein mit,

[handschriftliche Randnotiz: Frauen- verein]

---

[56] Protokolle vom 1.12.1933 und 3.3.1938, in: VpLA. Rep. 77, Amtsgericht Greifswald, Nr. 5087.
[57] M. KATER, Frauen, 1983; ferner C. KOONZ, 1994.
[58] C. KOONZ, 1994, S. 162 ff. u. 188 ff.

dann hatten sie die neue politische Ausrichtung zu akzeptieren. Oder sie verweigerten sich und waren gesellschaftlich isoliert.

Das seit dem 10. Mai 1933 unter der Oberleitung der DAF entstehende ›Deutsche Frauenwerk‹ bündelte die übrigen, weniger politischen Frauenvereine. Beide Organisationen standen in Greifswald unter der Leitung von Irma Crawack, der jungen Ehefrau des Landwirts Emil Crawack. In diesen Vereinen bildeten konservativ-nationale Frauen weiterhin die Basis. Der ›Vaterländische Frauenverein vom Roten Kreuz‹ blieb gleichgeschaltet und stand noch bis zur Auflösung im Dezember 1937 unter der Leitung Julie von Wolffradts, die auch bei den ›Kleinrentnern‹ und im ›Verein Herberge zur Heimat‹ tätig blieb, bis sie 1938 verstarb.[59] Zu diesen Vereinen zählten auch die ›Evangelischen Frauenhilfen‹, welche die Phase der Gleichschaltung als eigenständige Vereine überstanden, sich aber Einschränkungen der Arbeit durch die Frauenschaft gefallen lassen mußten.[60] Ihre Organisationen wurden durch kirchen- und verbandspolitische Auseinandersetzungen in Mitleidenschaft gezogen. Das 1934 erlassene Verbot, neue Mitglieder zu werben, wog schwer. Gleichwohl hielt die Kirche an ihrer selbständigen Frauenarbeit verbissen und schließlich mit Erfolg fest.

Hier gab es jedoch auch auffällige personelle Überschneidungen. Die Ehefrauen oder Witwen stadtbekannter Männer wie Charlotte Prost (seit 1934), Marianne Fleischmann (seit 1938), Elisabeth Krah (seit 1933), Meta Schmöckel (seit 1934) oder Eva Millahn (seit 1938) gehörten auch der Frauenschaft an. Sie waren in der kirchlichen Frauenarbeit leitend oder als bekannte Mitglieder tätig gewesen. Die Motive dafür waren vielfältig. Offenbar war der Politisierungsgrad der Frauenschaft nicht annähernd so hoch wie in der Partei. Überzeugung war daher sicherlich nur ein Argument unter mehreren, sofern sie überhaupt nötig war. Vor 1933 war die Doppelmitgliedschaft in Luisenbund und ›Evangelischer Frauenhilfe‹ verbreitet.[61] Auf diese Weise führte die Gleichschaltung Frauen aus dem Bereich der Kirche und Frauen, deren Männer ausdrücklich gegen die NSDAP eingestellt waren wie Prost oder Fleischmann, quasi automatisch in die NS-Organisationen. Die NS-Frauenschaft, so muß man folgern, bestand wegen der erfolgreichen Gleichschaltung zu einem guten Teil aus Frauen, die mit der NSDAP und ihrer Politik nicht unbedingt etwas im Sinn hatten.

Das wurde besonders auch außerhalb von Greifswald deutlich. Während in der Stadt die Frauen aus den Vorständen der alten Vereine gar nicht mehr im Kontext der Frauenschaft auftauchten, die von jüngeren Frauen dominiert wurde, war es auf dem Lande anders. Hier übernahm die NS-Organisation offenbar das dörfliche Netzwerk, das traditionell von den Pastorenfrauen oder den Ehefrauen und Schwestern der Großgrundbesitzer geleitet

---

[59] VpLA. Rep. 77, Landgericht Greifswald, Nr. 4775, Vereinsregister.
[60] C. Koonz, 1994, S. 267–324.
[61] Namensnennungen in der Liste der NSDAP-Mitglieder nach 1945, in: MLHA. Rat des Kreises Greifswald, Nr. 305.

worden war. Unter den 46 Ortsgruppen- und Zellenleiterinnen im Kreis Greifswald befanden sich 1939 wenigstens sechs Frauen aus adeligen oder bürgerlichen Großgrundbesitzerfamilien und zwei Frauen von Pastoren, von denen einer sogar dezidiert gegen die NSDAP eingestellt war.[62] Das karitative und soziale Engagement ließ sich nach 1933 offenbar nur unter den Vorzeichen der NS-Organisation weiterführen. Dementsprechend orientierten sich die Frauen um, ohne damit in jedem Fall selbst zu Nationalsozialistinnen zu werden.

Es scheint so, als seien die konservativ-nationalen politischen Frauenvereine der Weimarer Republik durchaus mit der NS-Frauenschaft kompatibel gewesen, die leicht politisierte Geselligkeit bot und viele karitative und soziale Aufgaben weiterführte, die von den traditionellen Vereinen seit jeher betrieben wurden.[63] Bestrebungen, Autonomie und Selbständigkeit zu wahren, scheint es allein bei den stärker kirchlich gebundenen, älteren Frauen gegeben zu haben. Einerseits hatte die NSDAP damit ein Einfallstor in konservativ-nationale Familienzusammenhänge gewonnen; andererseits veränderte die kaum als nazifiziert zu bezeichnende Mitgliedschaft auch die Arbeit der NS-Organisation, die sich ideologische Überspitzungen nicht leisten konnte, wenn sie sich die Loyalität ihrer Mitglieder bewahren wollte.

6. Zwischenbilanz: Milieustrukturen als Grenzen der Macht?

Die NSDAP ging sehr unterschiedlich mit den Vereinen des konservativ-nationalen Parteivorfeldes um. Kennzeichnend war das Bemühen, diese Zusammenhänge nicht einfach aufzulösen, sondern sie in den Dienst der NSDAP zu nehmen. Organisation und Mitglieder sollten auf diese Weise in das neu entstehende NS-Organisationswesen eingefügt werden. Die NSDAP wollte die bestehenden freiwilligen Zusammenschlüsse in das politische Vereinswesen der NSDAP überführen. Der regulären Auflösung verfielen deswegen nur Parteien. Eine Ebene darunter, beim Stahlhelm, dem Luisenbund oder den Kriegervereinen, sah es schon ganz anders aus. Hier gestaltete die vermeintlich totalitäre NSDAP weite Spielräume und lange Übergangsphasen. Sie verzichtete sogar darauf, die alte Elite völlig zu entmachten. Offenbar sah die NSDAP keinen grundlegenden Widerspruch zwischen den Integrationsmechanismen des konservativ-nationalen Netzwerkes und eigenen Vorstellungen.

Eine davon zu unterscheidende Kategorie bildeten jene Organisationen, die auf ökonomischen Interessen fußten. Auch mit ihnen ging die NSDAP relativ schonend um. Nur die Ausrichtung auf die Partei forderte sie ihnen

---

[62] Kreisleitung der NSDAP (Hrsg.), Heimatjahrbuch, 1938, S. 114 f. Z.B. Frau Dr. Völger, Katzow, und auch Frau von Behr-Bandelin waren als NS-Gegnerinnen bekannt.
[63] Kreisleitung der NSDAP (Hrsg.), Heimatjahrbuch, 1938, S. 89–90.

ab. Das hatte wohl auch den Hintergrund, den Unruheherd, der hier seit Jahren brodelte, endlich zu beruhigen. Auch diese Eliten, besonders jene aus dem Mittelstand, wurden geschont, soweit sie sich anpaßten. Auch hier behielten die alten Verhältnisse unter dem neuen Dach angestammte Bedeutung.

Freiräume blieben auch bei den Vereinen, wie den Bürgerschützen oder der Kaufmanns-Kompanie, die aufgrund ihrer Verhaftung in lokalen Zusammenhängen und Interessen nicht in den Mittelpunkt des überregional orientierten Gleichschaltungsinteresses der NSDAP rückten. Besonders diese Vereine, die das lokale Leben prägten, das für die NSDAP nur am Rande ihres Gesichtsfeldes lag, machten wie bisher weiter und adaptierten lediglich Elemente des neuen Systems. Statt der konservativ-nationalen Honoratioren suchte man jetzt Anschluß an die nationalsozialistischen. Auf diese Weise verschmolzen lokale Tradition, etabliertes Organisationswesen und Honoratiorenstruktur unauffällig mit dem Nationalsozialismus. Aktive Umgestaltung und Neuformierung betrieb die NSDAP darüber hinaus nur dort, wo sie selbst politische Interessen verfolgte, in der Wirtschaft, bei der Jugend, im Sport, in allen kriegswichtigen Bereichen, weniger jedoch in der Kultur.

Der NSDAP gelang es weitgehend, die Gesellschaft unter Einschluß eines guten Teiles der alten Eliten für sich zu gewinnen, sie zum festen Punkt ihrer Herrschaft zu machen. Das konservativ-nationale Vereinswesen wurde zu einem Anhängsel der sich neu bildenden und bald die politische Entwicklung beeinflussenden Organisationen im Vorfeld der NSDAP. Das Fortbestehen der Vereine erleichterte der Bevölkerung den Übergang in die neuen politischen Verhältnisse. Sie zeigten an, daß es keinen Bruch gab, sondern daß Kontinuität herrschte.

Das wesentliche Hindernis für die NSDAP waren nicht die Organisationen und der von ihnen gepflegte Geist, sondern die Vorbehalte der alten Eliten. Das Vereins- und Verbandswesen der Konservativ-Nationalen war im Vergleich zur Arbeiterbewegung und dem katholischen Milieu verhältnismäßig wenig widerstandsfähig und geschlossen, weil es so heterogen angelegt war. Es stand nicht unter einer nur hier beheimateten, einheitlichen Idee und folgte nicht eindeutig einer religiösen Orientierung. Nur der Stahlhelm ragte ein wenig heraus. Alle waren zusätzlich durch die vorangegangene Krise schwer angeschlagen, das Renommee ihrer Führung hatte gelitten. Es kam aber auf das Verhalten der Honoratioren an. Sie sahen oftmals keine Schwierigkeiten, mit der NSDAP zu kooperieren. Sie waren trotz konservativer Vorbehalte keine Antifaschisten und hatten keine Veranlassung, sich gegen die NSDAP zu stellen. Die Honoratioren boten der NSDAP indes einen bequemen Ansatzpunkt, den Zusammenhalt zwischen gesellschaftlichem Vorfeld und Politik auseinanderzudividieren. Indem widerstrebende Honoratioren kaltgestellt, verdrängt oder entmachtet wurden, wurde ihre Anhängerschaft leicht an die NSDAP gebunden, denn in Ideologie, Interessen und Mentalität lagen Konservativ-Nationale und Nationalsozialisten grundsätzlich nicht so besonders weit auseinander.

Zur Bündelung ihrer zweifellos weiterhin vorhandenen gesellschaftlichen Macht genügten die eher informellen Verbindungen der konservativ-nationalen Eliten nicht mehr. Die Heterogenität der Basisstrukturen, der Schichten, Organisationen und Interessen, ließ sich unter den Bedingungen der machtgewinnenden Diktatur nicht mehr überbrücken. Die relative Zurückhaltung der Greifswalder NSDAP in der Gleichschaltung deutet an, wie stark dieses Gegengewicht trotz eingeschränkter Handlungsfähigkeit noch war. Mehr als hinhalten konnte die konservative Oberschicht die NSDAP nicht. Ihr blieb schließlich nur die Möglichkeit der Anpassung, der politischen Passivität oder des völligen Rückzugs aus der Gesellschaft. Gleichwohl blieb ein informeller Zusammenhalt bestehen, die Abgrenzung zur NSDAP, das wechselseitige Verständnis und Vertrauen, gegen diese Form der Herrschaft und ihre weltanschaulichen Prinzipien zu sein. Dabei konnten sich diese alten Eliten auch in kritischen Situationen aufeinander verlassen. Das Milieu hinterließ insofern deutliche Spuren, die in der Diktatur weiterwirkten und auch noch nach 1945 Bedeutung behielten.

Von der Warte der NSDAP betrachtet, ist die Schonung kompletter konservativ-national geführter Gesellschaftsteile bemerkenswert. Ganz offensichtlich mochte die NSDAP auf die integrierende Funktion der etablierten Honoratioren nicht völlig verzichten. Es war leichter und besser, sie einzubinden, als ganz neu mit einer Organisation zu beginnen. Das öffnete einzelnen Vereinsfunktionären der Weimarer Republik sogar den Weg zu einer Karriere in der lokalen NS-Führung. Diese Menschen stellten am sinnfälligsten die Kontinuität dar, die unter dem vermeintlichen Bruch von Machteroberung und Gleichschaltung so deutlich Konturen annahm.

Betrachtet man jene Gruppen und Personennetzwerke genauer, die sich dem Zugriff der NSDAP entzogen oder ausgegrenzt wurden, wie vor allem die Großgrundbesitzer, die Logenbrüder oder, mit deutlichen Abstrichen, die Professoren, dann fällt auf, daß es sich ausnahmslos um Menschen handelte, die auf die eine oder andere Art in familiäre oder private Kommunikationsnetzwerke, in spezifische Traditionen, Werte, Normen und Weltanschauungen eingebunden waren und blieben. Sie gehörten zu Gruppierungen, die den groben Rahmen einer allgemeinen konservativ-nationalen Gesinnung in Tiefe, Festigkeit und Bedeutung deutlich überschritten. Die konservative politische Gesinnung war nur eine davon und beileibe nicht die wichtigste. Ihnen fehlte nach der Gleichschaltung jedoch zumeist ein verbindlicher Rahmen, ein Zusammenhang, um politisch wirksam werden zu können.

Insgesamt gesehen blieb das Verhältnis von Konservativen und Nationalsozialisten von Ambivalenzen geprägt. Die beiden wichtigsten betrafen das Verhältnis zum Staat und zum Militär. Die verbreitete und prägende Mentalität einer starken Staatsgesinnung und die militärischen Interessen waren die Schwachstelle im eher distanzwahrenden Verhalten der alten Eliten gegenüber der NSDAP, ja des gesamten konservativ-national vorgeprägten Gesellschaftsteiles überhaupt. Über diese Schienen konnten konservativ-nationale Eliten trotz moralischer und politischer Vorbehalte für das ungeliebte System gewonnen werden. Damit ist das weiterwirkende Problem der Konservativ-Nationalen umrissen, mit der NSDAP die Mentalitäten, Ideen und Positionen des nationalen Lagers zu teilen, sich mithin nicht klar abgrenzen zu können. Die grundsätzliche Offenheit der bürgerlichen Vereine zu allen nationalen politischen Seiten kam hinzu. Die NSDAP saß in allen Vereinen quasi schon von Anfang an mit am Tisch, denn sie war aus diesem gemeinsamen politischen Lager heraus entstanden und hatte dort Wähler und Mitglieder. Die Gesellschaft war somit zu einem guten Teil bereits von innen her erobert, als die NSDAP daran ging, von außen her die Macht zu übernehmen.

Die Gleichschaltung zerstörte nicht das Vereinswesen, jedoch die Freiwilligkeit und die Autonomie, die sich dort zeigten. Neue Vereine wurden nicht mehr gegründet. Die nach Sinn und Zweck bedeutungslos gewordenen Vereine bluteten langsam aus, selbst wenn sie nicht auf Gegenkurs lagen. Das untergrub langfristig die überlebenden Vereine, die in Abhängigkeit von politischen Vorgaben gerieten oder sich konkurrierenden Angeboten der NSDAP gegenübersahen. Die Vereine konnten neue Entwicklungen in der Gesellschaft nicht mehr aufnehmen und die lokale Gesellschaft damit freifließend den Strömungen der Zeit anpassen. Das gesellschaftliche und politische Leben erstarrte, die verbliebenen Vereine und Verbände entpolitisierten sich, denn es gab keinen offiziellen Dissens über Politik mehr. Die Mitgliedschaft in bestimmten Organisationen hatte auch keinen Bekenntnischarakter mehr. Den nationalen Sportlern fehlte die republikanische Konkurrenz, den Kyffhäusern fehlten die Pazifisten, dem Stahlhelm das Reichsbanner. Dem Lager kam der integrierende Gegner abhanden. Über Dinge, die sich von selbst verstanden oder vorgeschrieben waren, gab es keinen Streit und auch keine Verständigung mehr. Die übliche Verneigung vor der NSDAP wurde damit zur normalen und inhaltsleeren Pflichtübung. Das hatte Rückwirkungen auf die NSDAP und ihren Rückhalt in der Gesellschaft.

Elftes Kapitel

Die NSDAP und ihre Organisationen

1. Die NSDAP als neue Elite des nationalen Lagers

In den ersten Wochen und Monaten der NS-Herrschaft war von einem Aufbruch in die nationale Volksgemeinschaft wenig zu spüren. Nur die Propaganda mühte sich, dieses Bild zu vermitteln. Die Realität vor Ort unterschied sich erheblich davon. Doch trotz des vordergründigen Chaos und der bald ausufernden Vetternwirtschaft zeichneten sich rasch Konturen der Neuerungen ab, die der Machtwechsel einleitete. Die NSDAP machte sich daran, die Organisationsweise einer Partei für das nationale Lager neu zu bestimmen. Sie definierte neu, welche Stellung eine Partei für das Lager hatte. Aus der lokal gewachsenen Greifswalder NSDAP, die in ihrer Entwicklung, ihrem Aufbau der Region und in vielem auch der Tradition des nationalen Lagers verpflichtet war, wurde eine Funktionärspartei, die sich auf einen Apparat stützte, zentral vorgegebenen bürokratischen Anforderungen und Anordnungen genügte und sich als Kern einer Massenbewegung verstand. Die konservativ-nationale Bevölkerung machte erstmals Erfahrungen mit einer durchaus modernen, zentralisierten, straffen und leistungsfähigen Parteiorganisation.

Die ersten anderthalb Jahre NS-Herrschaft boten das Bild einer überforderten und chaotischen Partei. Mit der Machtübernahme ging die Greifswalder NS-Spitze nach Stettin und wurde zur Führungsgruppe in der Provinz. Karpenstein baute seine Gauleitung auf und okkupierte die Verwaltungen. Einige Greifswalder, allen voran Jarmer und Rust, rückten nach und besetzten wichtige Positionen.[1] Weil diese wichtigen führenden Männer in der Stadt fehlten, erreichte die Machteroberungspolitik der ersten Wochen und Monate in Greifswald keine rechte Durchschlagskraft, denn es blieben nur die Nationalsozialisten der zweiten und dritten Garnitur aus NSDAP und SA zurück. Figuren wie Kreisleiter Fritz Hube, Brüske oder

---

[1] Jarmer leistete in der Gleichschaltung der Provinzverwaltung als erfahrener Jurist wichtige Dienste, er war Landeshauptmann, Gauwirtschaftsberater, im Sparkassenwesen, im Kommunalverbandswesen und als Leiter des politischen Amtes der Gauleitung aktiv; BA. ehem. BDC, Ernst Jarmer, PK. Ferner BA.-Dahlwitz, Zentralarchiv ZR/699A.–13. 1934 zog er nach Berlin, wo er als Ministerialbeamter in der Regionalplanung tätig war, 1945 soll er sich in Greifswald umgebracht haben.

Theuermann gaben den Ton an. Den etwas versponnenen, aber im Kern offenbar redlichen Kropka, drängten sie gemeinsam zur Seite.[2]

Offensichtlich kam die NSDAP auch deswegen nicht zu grundsätzlichen Änderungen der lokalen Machtverhältnisse, weil die NS-Spitze primär den persönlichen Vorteil einiger Mitglieder anstrebte. Im Mittelpunkt der NS-Aktivitäten stand nämlich die Schaffung von Stellen und Pfründen für die führenden Nationalsozialisten.[3] Die Phase der Machtergreifung von unten sorgte in Greifswald an den Schulen für Unruhe und Unmut, denn Kreisleiter Hube versorgte seine Lehrerkollegen zuerst. Die Verdrängungspolitik gegen angesehene, aber politisch oft gar nicht gegen die NSDAP hervorgetretene Männer verstimmte die Bevölkerung. Der nationale Teil war bereit, der NSDAP zu folgen, solange sich ihre Politik gegen Sozialisten und Republikaner richtete.[4] Die willkürliche Auswahl von Opfern stieß hingegen auf gar kein Verständnis und untergrub die Stellung der Partei.

Die Pfründesicherung spielte für die NSDAP besonders auch beim schnellen Ausbau eines umfangreichen hauptamtlichen Machtapparates in der Stadt eine zentrale Rolle. Doch das war es nicht allein. Die Gesellschaft sollte zur Volksgemeinschaft umgestaltet werden, für deren Organisation die NSDAP eine Allzuständigkeit beanspruchte. Mit der Gleichschaltung von Vereinen und staatlichen Stellen zog die Partei eine Unzahl von Kompetenzen und Zuständigkeiten an sich, die abgestimmt und verwaltet werden mußten. Vor allem die Kompetenz der allgemeinen Personalhoheit in Staat und Gesellschaft spannte die Kräfte der Partei an. Im Aufbau eines eigenen Parteiapparates zeigte sich erstmals deutlich, daß die NSDAP eine konkrete Vorstellung von der NS-geführten Volksgemeinschaft und dem Weg dorthin besaß, anders als die DNVP. Hier zeigte sich auch, daß der Staat, den die Konservativen so hoch schätzten und den auch die NSDAP nicht angriff, nicht im Mittelpunkt der NSDAP-Machtausübung stehen sollte. Erstmals im nationalen Lager würde eine Partei die Führung in die Hand nehmen. Das war fundamental neu. Ihr Organisationswesen und ihr Apparat stellten ein Novum im nationalen Lager dar. Die DNVP war mit einem Geschäftsführer nebst Sekretärin ausgekommen. Stahlhelm und Vereine waren allein ehrenamtlich geführt worden. Die Zentralisierung entsprach zwar dem konservativ-nationalen Ideal von Einheitlichkeit und Organisationsstärke und behob einen der wesentlichsten Mängel deutsch-

---

[2] Vorgang dazu in: BA. ehem. BDC, Walter Kropka, OPG. Ferner StA. Rep. 5, Nr. 10638, Personalakte Albert Höft, zu den Vorgängen in den Schulen. Rücktrittsschreiben aus dem Stadtrat von Kropka, in: StA. Rep. 6 PB, Nr. 277.

[3] Schreiben Höft an Regierungspräsidium vom 24.9.1934, in: StA. Rep. 5, Nr. 10638. Schreiben Hilfsschullehrer Jakubowsky und Erika Hübener an die Stadt vom 26.9.1934, in: StA. Rep. 5, Nr. 9892.

[4] Besonders deutlich in der Personalakte Rubow, der nach Stralsund versetzt wurde, weil Fock seinen Posten als Rektor haben wollte. StA. Rep. 5, Nr. 9892. Auch hier reichte der Kreis der Unterstützer gegen die NSDAP von Curschmann über Bürgermeister Schmidt und Fleischmann bis hin zu seinen Kollegen an der Schule.

nationaler Basisbindung. Gleichwohl ging der Aufbau vielen Konservativen doch zu weit.

Die etablierten staatlichen Stellen wehrten sich gegen die angemaßten Mitspracheforderungen der Partei. Die neuen Stellen für Parteifunktionäre wurden wahllos vergeben. Aufgabenverteilungen waren unklar, die Arbeitsmoral flau und der finanzielle Aufwand hoch.[5] In der Bevölkerung registrierte man negativ, daß hier kaum dem immer wieder ins Feld geführten Ideal sparsamer und unparteiischer preußischer Verwaltung entsprochen wurde, sondern daß eine Zentrale für politischen Terror errichtet wurde, besetzt mit Parasiten.

Die SA schonte die gesamte Einwohnerschaft nämlich nicht und schüchterte sie auf jede erdenkliche Weise mit Gewalt und Willkür ein. Theuermann machte außer bei Sexualdelikten keinerlei Anstalten, seinen SA-Leuten Schranken aufzuerlegen.[6] Die Bevölkerung klagte wegen der immer wiederkehrenden Gewalttaten und der Zügellosigkeit der SA vernehmbar.[7] Mit ihrem planlosen und gewaltsamen Vorgehen machte sich die NSDAP überall Feinde, auch ein Teil der NSDAP selbst war nicht einverstanden. Kropka als Obmann der ›alten Garde‹ und bekanntester lokaler Kämpfer für die NSDAP wandte sich gegen Exzesse wie in den Fällen Kreißl oder Aumüller, weil er wußte, daß sie die durchaus vorhandene Bereitschaft im nationalen Lager, die NSDAP zu unterstützen, gefährdeten. Er stieß sich am selbstherrlichen Auftreten seiner Parteikollegen, ihren Trinkgelagen, ihren Verstößen gegen die Sexualmoral und ihrer gewalttätigen Verkommenheit.[8] Dies sorgte für mehr Distanz zu den an christlicher Sozialmoral orientierten Konservativen als die politischen Streitpunkte.

Kropka hatte Kontakt zu den konservativ-nationalen Eliten und wußte von ihren Vorbehalten. Über ihn oder auch Jarmer und Karpenstein versuchten die zunehmend abgedrängten alten Eliten, Einfluß auf die NSDAP zu nehmen, sie an eigene Verhaltensmaßstäbe heranzuführen und damit zu mäßigen.[9] Sie bemühten sich durch eine Umarmungstaktik, die Nationalsozialisten einzubinden, was jedoch einen weiteren hart umkämpften Streitpunkt innerhalb der NSDAP ergab. Die neuen Machthaber genossen es erkennbar, aus dem Schatten zu treten und Gesprächspartner der etablierten

---

[5] Besonders deutlich in der Untersuchung des Falles Heidemanns, in: StA. Rep. 6 I PB, Nr. 155.

[6] Bericht Rechtsanwalt Bartels von Anfang Juli 1934, in: BA. ehem. BDC, Arwed Theuermann, SA-P.

[7] Pastor Schweckendiek am 2.7.1936 in einem Schreiben für Kropka: »In den üblen Zeiten vor dem 30. Juni 1934, als verkommene Subjekte den Nationalsozialismus diskreditierten.« BA. ehem. BDC, Walter Kropka, OPG.

[8] Kropka an das Gaugericht, 12.7.1936, in: BA. ehem. BDC, Walter Kropka, OPG. Besonders die Alkoholexzesse erbosten Kropka, der immer wieder betonte, er sei Abstinenzler.

[9] Besonders Fleischmann nutzte solche Wege. Schreiben Fleischmann an den Oberpräsidenten vom 6.11.1934, in: StA. Rep. 6 I PB, Nr. 155. Er habe über Jarmer Kontakt zu Karpenstein aufgenommen, mit Erfolg.

Eliten zu werden. Theuermann verkehrte plötzlich bevorzugt in der Domburg, wo der Herrenstammtisch der DNVP konferierte. Er mied jetzt die Männerkumpanei der SA-Sturmlokale.[10] Hube ließ sich vom bekennenden Freimaurer Rechtsanwalt Drewitz in den Honoratiorentreffpunkt ›Club Erholung‹ einladen.[11] In Wolgast registrierte die Kern-SA, daß neu eingerückte Konservativ-Nationale aus dem Stahlhelm bei Stellenvergaben bevorzugt wurden. Dieses Fraternisieren mit den verhaßten ›Reaktionären‹ stieß in der NSDAP und SA auf Ablehnung.[12] Ein weiteres Problem hatte die lokale NSDAP mit jenen Männern, die als ›Märzgefallene‹ frisch in die NSDAP eingetreten waren, jetzt als ›110-Prozentige‹ auftraten und versuchten, für sich etwas herauszuholen. Bestes Beispiel war Karpensteins Sozius, Rechtsanwalt Rust, der bis 1933 als Republikaner gegolten hatte.[13] Auch der Lehrer Fock zählte dazu. Er hatte sich vor 1933 zur DNVP bekannt.[14] Niemand konnte oder wollte den anmaßenden Ehrgeiz dieser Männer bremsen.

Die NSDAP befand sich daher Mitte 1934 in einer schweren inneren Krise. Diese hatte ihren Grund nicht in der Widersetzlichkeit der ehemaligen Deutschnationalen oder der Ablehnung der NSDAP durch die Bevölkerung. Auch der Ausbau der Partei stieß grundsätzlich auf keinen Widerspruch. Die NSDAP und ihre führenden Männer waren mit der neuen Situation völlig überfordert. Die parteiinternen Auseinandersetzungen vor Ort lähmten ihre Machteroberungspolitik. Wegen ihrer offensichtlichen Unfähigkeit, das Versprechen der Volksgemeinschaft einzulösen und geordnete politische Verhältnisse zu schaffen, diese nationale Volksgemeinschaft nicht nur durch Zerstörung ihrer vermeintlichen Gegner, sondern konstruktiv auf den Weg zu bringen, sank das Ansehen der Partei selbst bei den Unterstützern rapide. Der Verlust individueller Sicherheit, die Willkür auch gegen angesehene nationale Bürger[15], die ständigen Verstöße gegen moralische Konventionen und die Gewaltbereitschaft der SA untergruben das 1933 bei den Wahlen gezeigte Vertrauen der nationalen Bevölkerung für die NSDAP.[16] Hinzu kamen die Beschwerden der etablierten Eliten, die

---

[10] Berichte der SA-Brigade 10, Pommern West, vom 14.7.1934 und des SA-Truppführers Koschinsky o.D., Wolgast, in: BA. ehem. BDC, Arwed Theuermann, SA-P.

[11] Schreiben des Obersten Parteigerichts, 28.5.1937, in: BA. ehem. BDC, Walter Kropka, OPG.

[12] Schreiben des SA-Truppführers Koschinsky aus Wolgast o.D., in: BA. ehem. BDC, Arwed Theuermann, SA-P.

[13] Schreiben des Landgerichtspräsidenten i.V. Reinke, 13.9.1934, in: VpLA. Rep. 76, Landgericht Greifswald, Nr. 544.

[14] Hinweis seines Kollegen Jakubowsky in einem Schreiben vom 26.9.1934 an die Stadtverwaltung, in: StA. Rep. 5, Nr. 9892.

[15] Ermittlungen des Landgerichtspräsidenten gegen Aumüller, Bericht vom 16.1.1934, in dem er von »großer Aufregung« in der Bevölkerung und »Bedauern über die Kreise der NSDAP« hinaus, schreibt, in: VpLA. Rep. 76, Landgericht Greifswald, Nr. 1251.

[16] Zu den Zuständen in der Kreisleitung und die Reaktion der Bevölkerung z.B. auf das Verhalten des NSV-Chefs Heidemanns, der während laufender Beerdigungen zu Pferd

Funktion des Staatswesens sei gefährdet, wenn nicht Kompetenzgrenzen zwischen Partei und Verwaltung geschaffen würden. Das machten sie unter anderem an Maßnahmen Jarmers fest, der versucht hatte, die Kosten des aufgeblähten NS-Apparates auf die kommunalen Haushalte abzuwälzen. Gefahren sah die Verwaltung auch, wenn in ihre Personalhoheit eingegriffen wurde und unfähige, aber verdiente Nationalsozialisten eingestellt werden mußten.[17]

Die großangelegte Entmachtung der SA am 30. Juni 1934 bildete eine deutliche Zäsur in diesen Konflikten und für das Verhältnis der NSDAP zur Bevölkerung. Die Entmachtung beendete die wilden Verhältnisse. In Pommern wurden NSDAP und SA stark in die politischen Säuberungen einbezogen, weil die Greifswalder Verhältnisse ihre Entsprechung in der Gauspitze hatten und Karpenstein sich wegen Unbotmäßigkeiten selbst gegenüber Hitler in der NSDAP-Führung Feinde gemacht hatte. Die SA der Region galt als ›radikal‹ und hielt sich eng an Röhm, der noch wenige Tage vor seiner Erschießung in Greifswald war.[18] Das »Idyll Pommern«[19], wie die NSDAP ironisch den braunen Filz in Stettin nannte, wurde beseitigt. Karpenstein wurde abgesetzt und inhaftiert, sein SA-Chef von Heydebreck erschossen. In und vor Greifswald trat die SS an Straßensperren besonders aggressiv auf.[20] Theuermann fiel ihnen in die Hände, wurde nach Berlin gebracht und kehrte nicht mehr nach Greifswald zurück.[21]

Dieser Einschnitt brachte zunächst eine gewisse Klärung zugunsten der alten Eliten in den Verwaltungen und parteiintern zugunsten der ›alten Kämpfer‹, denn es folgte ein umfangreiches Personalrevirement[22], das diese Gruppe wieder in Spitzenpositionen brachte. Landrat Ebhardt und der Kreisleiter von Greifswald-Land, Bahls, mußten gehen, Theuermanns SA-Stab wurde aufgelöst. Von Corswand gelangte auf den Stuhl des Landrates

---

über den Friedhof ritt, dort am Tage Kaninchen schoß und sein Personal im Friedhofsamt schikanierte, in: StA. Rep. 6 Ia PB, Nr. 155. Zur Reaktion der Bevölkerung auf den 30.6.1934, Lagebericht vom 2.7.1934, in: BA. ehem. BDC, Arwed Theuermann, SA-P. »Die Stimmung der Bevölkerung gut, sichtlich befriedigt und voller Hoffnung, daß auch rein örtlich die Elemente (gerade innerhalb der Partei), die zu Excessen neigen, verschwinden […].«

[17] Schreiben Jarmer als Leiter des politischen Amtes der NSDAP-Pommern, 13.6.1934, in: BA.-Dahlwitz, Zentralarchiv, ZR/699/A.–13.

[18] BA.-Dahlwitz, Zentralarchiv ZR/699/A.–13. Schreiben o.D., in dem die Vorwürfe und geplante Maßnahmen aufgeführt werden. Offiziell lautete die Begründung: »Wegen wiederholter Nichtbefolgung von Anordnungen der Parteileitung.«

[19] Formulierungen aus dem Bericht des Sondergerichts vom 6.10.1934, in: BA. ehem. BDC, Arwed Theuermann, SA-P.

[20] Lagebericht vom 2.7.1934, »Das Verhalten der SS vor Greifswald wäre bei seiner Durchreise unglaublich gewesen. Vorspringen von 20 SS-Männern mit vorgehaltenem Karabiner.«, in: BA. ehem. BDC, Arwed Theuermann, SA-P.

[21] R. THEVOZ u. a., 1974, Bd. 2, Nr. 53 u. 54. Ferner Lageberichte in: BA. ehem. BDC, Arwed Theuermann, SA-P.

[22] Liste der geplanten Veränderungen o.D., in: BA.-Dahlwitz, Zentralarchiv ZR/699/A.–13.

und auch Kropka kehrte als Kreisleiter in die Verantwortung für die Stadt Greifswald zurück.[23] Dadurch wurden die Spannungen in der Partei und die Unruhe in der Bevölkerung gedämpft, denn beide waren seit der Aufstiegsphase der Partei in der lokalen Bevölkerung akzeptiert.[24] Hube wechselte in den Landkreis und wurde dort Kreisleiter. Fleischmann gelang es im Zuge dieser Aktion, den ihm aufgezwungenen Friedhofsinspektor und SA-Mann Heidemanns zu entlassen, der einer der Hauptakteure der Ausschreitungen gegen die Bevölkerung gewesen war.

Der aufgeblähte Apparat der Partei wurde reduziert, wenngleich nicht wieder abgeschafft. Kropka baute Personal ab und straffte Strukturen[25], wobei auch das die Position der Mitglieder aus der Kampfzeit stärkte. Sie behielten vorrangig ihre Posten; die neuen Mitglieder aus dem Stahlhelm und die Konjunkturritter aber wurden entlassen. Damit kam die NSDAP den Organisationsgewohnheiten des nationalen Lagers in gewisser Weise entgegen. Ruhe kehrte jedoch nicht ein, denn die persönlichen Animositäten blieben. Kropka verfolgte Hubes Arbeit mit tückischer Kleinlichkeit und ständigen Denunziationen; Brüske und Kropka mochten sich ebenfalls nicht und befehdeten sich mit Intrigen und Verleumdungen.[26]

Seit Juli 1934 wandelte sich die NSDAP rasch von einer Partei, die aus dem regionalen nationalen Lager heraus entstanden war und dementsprechend über eine gewachsene Führungsstruktur und Verbindungen in die Bevölkerung verfügte, zu einer Apparat- und Funktionärspartei. Die NSDAP-Reichsleitung bekam langsam Macht über ihre Bürokratie, die sich konsolidierte und die Leitungs- und Steuerungsfunktion der gleichgeschalteten Gesellschaft immer besser wahrnahm. Die Kompetenzen klärten sich, die parteibezogenen Führungsverhältnisse wurden von der Gauspitze und von Berlin her effizienter geleitet. Das ging voll zu Lasten der alten Greifswalder NS-Spitze, die man noch als eine lokal entstandene und verwurzelte NS-Honoratiorenstruktur begreifen konnte. Die aus den sozialen Gegebenheiten der Stadt gewachsene Partei und ihre Führung wurde im Juni 1935 durch eine planmäßig von außen, zentral aufgebaute und gelenkte Organisation und eine neue Spitze ersetzt, in der nur noch fest umrissene Funktionen zu

---

[23] Von Corswand mußte als ›alter Kämpfer‹ versorgt werden. Immerhin war er ›Gauleiter zur besonderen Verwendung‹. Seine Benachteiligungen durch die Partei hatten nichts mit seinem Adelstitel zu tun, wie bisweilen angenommen wird, sondern waren seiner selbst in NS-Kreisen auffälligen Inkompetenz zu verdanken. Schreiben des OPG vom 11.10.1934, in: BA. ehem. BDC, Walter von Corswand, OPG-RI.

[24] In den Zeiten vor 1934 galt er vielen als »Garant der Bewegung«, Schreiben Pastor Schweckendieck, in: BA. ehem. BDC, Walter Kropka, OPG.

[25] VpLA. Rep. 76, Landgericht Greifswald, Nr. 709. Schreiben der SA-Brigade 10 vom 20.9.1934, besonders die nach dem 30.1.1933 eingetretenen Mitglieder wurden entlassen.

[26] Vor allem der Streitfall vor dem Obersten Parteigericht der NSDAP, in: BA. ehem. BDC, Walter Kropka, OPG; sowie BA. ehem. BDC, Hermann Brüske, OPG.

erfüllen waren.[27] Die Partei löste sich damit von den lokalen Gegebenheiten, emanzipierte sich von der Region und ihren gesellschaftlichen Verhältnissen und entfernte sich auch von den Organisationsformen und üblichen politischen Rekrutierungswegen des konservativ-nationalen Lagers, die noch Kropka oder Corswand in der Politik nach oben getragen hatten.

Der neue Gauleiter Franz Schwede-Coburg legte den Stadt- und Land-Parteikreis zusammen und setzte Richard Delang als Kreisleiter ein, auch er ein ›alter Kämpfer‹, gelernter Verwaltungsangestellter, aber ohne jeden Bezug zu Greifswald.[28] Er stammte aus Sachsen und war in Neustettin und Pyritz bereits als Funktionär tätig gewesen. Man erzählte sich, er sei mit einer nahen Verwandten Schwedes verheiratet. Die Partei schob Kropka auf einen Verwaltungsposten in der Nervenklinik der Universität ab. Hube wechselte auf eine andere Kreisleiterstelle.[29] Die Abdrängung der alten Greifswalder NS-Spitze schritt seitdem stetig voran. Basisverbindung war bei der Funktionärsauswahl völlig gleichgültig. Die erfolgreich durchgesetzte Personalhoheit der Gauleitung in allen Bereichen von Staat und Partei dominierte die Entwicklung. Alle Kreisleiter, die Delang folgten, wie der junge Franz Brüchert (1938–1942)[30] und Otto Schmidt (1943–1945)[31], waren jeweils keine Greifswalder mehr. Neuer Oberbürgermeister wurde im Oktober 1935 Friedrich Rickels, der aus Niedersachsen stammte und in Hannover einer der kommunalpolitischen Vorkämpfer der NSDAP gewesen war.[32] Als neuen Bürgermeister für den nicht wiedergewählten Bürgermeister Richard Schmidt, dessen Vater schon Lehrer in Greifswald gewesen war, holte er 1936 Arthur Kamradt aus Kolberg nach Greifswald, der zwar

---

[27] Schreiben des Obersten Parteigerichts vom 28. 5. 1937 zu den Vorgängen im Kreis, in: BA. ehem. BDC, Walter Kropka, OPG.

[28] BA. ehem. BDC, Mitgliederkartei NSDAP, Richard Delang. Geb. 1906, Verwaltungsangestellter, dann Handelsvertreter, seit 1930 in der NSDAP in Dippoldiswalde (Sachsen), wechselte 1939 in den Warthegau. Verbleib unbekannt.

[29] BA. ehem. BDC, Fritz Hube, PK. Er war von 1935 bis 1938 Kreisleiter in Bütow, dann in Österreich eingesetzt, seit 1939 im ›Volkstumskampf‹ in Schneidemühl, seit 1940 mit Sonderaufgaben in der Gauleitung Stettin. Verbleib unbekannt.

[30] Geb. 1909 in Mellen, Kreis Dramburg, Tischler, seit 1931 in der NSDAP, mehrere Funktionen, seit 1936 hauptamtlicher NS-Funktionär, durchlief Schulungen der Partei, seit 1939 als Kreisleiter in Greifswald, seit 1941 Kriegseinsatz, mehrmals verwundet. Ende 1942 in Rußland getötet. BA. ehem. BDC, Franz Brüchert, PK.

[31] Soll vorher Oberbürgermeister in Hinterpommern gewesen sein. E. J. KRÜGER, Die letzten Monate, 1995. Er war angeblich ein Schwiegersohn Schwede-Coburgs, N. BUSKE, Kampflose Übergabe, 1993, S. 52.

[32] Friedrich Rickels, geb. 1893 in Sande/Oldenburg, Postbeamter, Kriegseinsatz. Abitur und Studium der Volkswirtschaft auf dem zweiten Bildungsweg, 1924 im allgemeinen Beamtenabbau entlassen, seitdem selbständiger Steuerberater in Hannover. 1931 bis 1933 Revisor im Giroverband Hannover. Seit 1925 in der NSDAP, 1924–1930 ehrenamtlicher Senator in Hannover, dann bis 1934 in Rat und Magistrat der Stadt. 1933 und 1934 aktiv bei der Gleichschaltung der Angestelltenverbände durch die DAF in Hamburg und Berlin, seit 3. 10. 1935 in Greifswald. StA. Rep. 6 PB, Nr. 337.

in der Stadt studiert hatte, jedoch sonst über keinerlei Bindungen verfügte.[33] An der Universität wurde 1935/36 Brüske in der Dozentenschaft entmachtet und durch Funktionäre ersetzt, die erst seit kurzer Zeit an der Hochschule tätig waren.[34] Die NSDAP-Führungsschicht am Ort wandelte sich zu einem austauschbaren Funktionärskörper und verfügte daher nur über wenige gewachsene Kontakte zur Bevölkerung. Die wenigsten waren schon vor 1933 am Ort ansässig gewesen. Erst in der zweiten Reihe der Partei fanden sich alteingesessene Greifswalder, die in das soziale Netzwerk der Stadt verwoben waren, wie Rudolf Martens und Otto Lehmann, die als Geschäftsführer der NSDAP amtierten, Irma Crawack von der Frauenschaft, Erich Ebeling, der die DAF leitete, Kurt Griefahn in der ›Wirtschaftsberatung‹ und im ›ständischen Aufbau‹ der Kreisleitung, Walter Grünwald als Propagandaleiter oder Ernst Laß in der Parteikasse.[35] Ihre Macht beruhte zwar auf ihrer Funktion in den neuen NS-Organisationen, sie stellten jedoch den Rest einer Bodenhaftung der Partei dar und waren insofern wichtig für die Partei. Der Wandel zu einer Funktionärspartei betraf die alten Greifswalder Nationalsozialisten auch positiv, denn Ebeling, Kropka und Ferdinand Nagel machten auf diesem Weg in anderen Orten Pommerns beziehungsweise in Prag noch kleine Parteikarrieren.[36]

Diese Verhältnisse waren neu und stellten gegenüber den Vernetzungen zwischen DNVP und Gesellschaft in der Weimarer Republik eine tiefgreifende Veränderung dar. Sie waren ein Bruch mit der Tradition. Das konnte nicht ohne Rückwirkung auf das nationale Lager bleiben, denn eine Honoratiorenpartei funktionierte grundsätzlich anders als eine Funktionärspartei. Während die eine sich auf ein politisches Vorfeld in Form von Vereinen und Verbänden in der Gesellschaft stützen mußte, baute die andere allein auf die Macht der Organisation. Den Honoratiorenstatus erlangte man erst durch erworbenen Verdienst, durch nachgewiesene Führungskraft. Funktionäre dienten einer Parteibürokratie, die nach formalen Regeln bestimmte, wer in leitende Positionen einrücken durfte.

---

[33] Geb. 1902 in Lauenburg/Pommern. Studierte Volkswirtschaft und Jura in Greifswald, Mitglied des Deutschvölkischen Schutz- und Trutzbundes, seit 1931 in der NSDAP, seit 1934 in Kolberg tätig, seit Juli 1936 in Greifswald. In der Kreisleitung zuständig für Kultur. Seit 1. April 1938 Ortsgruppenleiter. Seit 1939 Kriegseinsatz. Kam im Krieg ums Leben. StA. Rep. 6 PB, Nr. 264.

[34] Schreiben der Dozentenschaft an das Wissenschaftsministerium vom 24.6.1935, in: UA. Personalakte Brüske, Nr. 23. Nachfolger wurde Prof. Walter Jacobi, sowie ein Herr Brinck.

[35] Kreisleitung der NSDAP (Hrsg.), Heimatjahrbuch, 1938, S. 106ff. Zu Martens, BA. ehem. BDC, Rudolf Martens, PK. Geb. 1903 in Greifswald, 1942 zur Wehrmacht einberufen, Verbleib unbekannt.

[36] Kropka ging 1943 als ›alter Kämpfer‹ nach Prag und soll 1945 dort ums Leben gekommen sein. MLHA. Rat des Kreises Greifswald, Nr. 305. F. Nagel wechselte 1937 auf einen Schulleiterposten nach Stargard. Ebeling wechselte 1939 nach Kolberg. BA. ehem. BDC, Mitgliederkartei der NSDAP und des NS-Lehrerbundes. Zu Nagel ferner StA. Rep. 6 Ia, Nr. 77. Protokoll der Entnazifizierungskommission vom 9.3.1948.

Die Wege der Mitglieder- und Nachwuchsrekrutierung veränderten sich daher. Ein Aufstieg in der Gesellschaft und in der Politik war nur noch über die NSDAP und ihre Vorfeldorganisationen möglich. Die Wahrung von Karrierechancen innerhalb und außerhalb der Partei wurde deshalb zum zentralen Kriterium für die weitere Entwicklung der NSDAP. In ihrem ehrenamtlichen Teil machte sie das zunehmend zu einer Partei des Staatsdienstes, der Lehrerschaft und der diversen Verwaltungen. Dabei verstärkten sich zwei Prozesse gegenseitig. Die ›alten Kämpfer‹ blieben in der Regel nicht in ihrem ursprünglichen Beruf, sondern wechselten auf Verwaltungs- oder Funktionärsposten, die ihnen bevorzugt zugeteilt wurden. Das galt für Walter Grünwald, für Kropka, Ebeling oder Martens. Wer durch seine Parteizugehörigkeit eine Beamtenstelle erhielt, war der NSDAP besonders verpflichtet und übernahm meist auch eine Aufgabe in der Partei. Der neue Rektor des Jungengymnasiums seit 1936, Dr. Erich Werner, war gleichzeitig in der Kreisleitung Kreisschulungsleiter und Leiter des Amtes für Rassenpolitik. Bürgermeister Kamradt führte die Hauptstelle Kultur in der Kreisleitung und war Ortsgruppenleiter. Dr. Mühlroth von der NSV mußte auch die Hauptstelle Film der Kreisleitung übernehmen. Mittelschulrektor Wilhelm Vogel betreute das Kreisorganisationsamt. Die Verbindung von Partei und öffentlichem Dienst galt auch für die unteren Chargen[37], denn immer häufiger stellten sich kleine Beamte und Angestellte der Kreis- und Stadtverwaltung, der Justiz oder der Bahn der Partei als Zellen- oder Blockleiter, als Sammler von NSV-Beiträgen oder -Spenden für das Winterhilfswerk zur Verfügung.[38] Sie rechneten damit, daß dieses Engagement ihre Karriere förderte. In anderen Berufsgruppen scheint dieses Kalkül keine vergleichbar große Rolle gespielt zu haben, denn die Bäcker oder Fleischer waren eher selten unter den Funktionsträgern, sehr viel seltener jedenfalls als noch vor 1933. Anzumerken ist ferner, daß die Übernahme einer Funktion nicht immer freiwillig erfolgte und daher keinen Rückschluß auf tatsächliche Parteiverbundenheit erlaubte. Die NSDAP gab die Aufgabe vor und wandte durchaus Druck an, um Menschen zum Mitmachen zu bewegen. Mit welchem Geist die Funktion erfüllt wurde, war zweitrangig und der Parteileitung auch ziemlich gleichgültig.[39]

---

[37] StA. Rep. 6 Ia, Nr. 119. Auf einer Einladung der NSDAP von 1942 sind die Mehrzahl der Führer in den vier Ortsgruppen Beamte bei Stadt oder Kreis.

[38] Funktionärslisten der Partei in: Kreisleitung der NSDAP (Hrsg.), Heimatjahrbuch, 1938, S. 106ff. Daneben vgl. StA. Rep. 6 Ia, Nr. 22. Z.B. Emil Lüthen von der Stadtverwaltung als HJ-Funktionär. Das Landgericht ordnete 1935 den Referendar Doese zur Arbeit im HJ-Bann ab, Rep. 76, Landgericht Greifswald, Nr. 569. Zu Ebeling, StA. Rep. 6 PB, Nr. 221. Deutlich auch beim neuen Leiter der Stadtwerke seit 1937, Willy Räthe, StA. Rep. 6 PB, Nr. 330. Er war Blockleiter. Auch beim Leiter des Universitäts-Sportinstituts, Heinz Deckwerth, der von der SS vereinnahmt wurde, BA.-Dahlwitz, Heinz Deckwerth, StVE K 11, Nr. 2143.

[39] UA. Personalakte Blüthgen, Nr. 807. Blüthgen wurde genötigt, als Blockwart der NSV aktiv zu werden, damit er habilitieren konnte.

Diese Tendenzen hatten zur Folge, daß die Rekrutierungsbasis der Parteielite sich verengte. Aufstieg war generell nur durch den Filter der allgemeinen Personalhoheit der Partei möglich und erforderte Schulung an zentralen Parteischulen. Wollte jemand in der Partei aufsteigen, dann begann der Weg in aller Regel nicht in Greifswald, sondern nach einer Stellenzuweisung an einem anderen Ort. Somit wuchs auch durch die Parteiarbeit kaum lokales Führungspersonal, Parteigenossen mit starker Verwurzelung in der Bevölkerung, von unten nach. Die NSDAP wurde dadurch mehr und mehr zu einer abgehobenen Funktionärsoberschicht. In der Wahrnehmung der Bevölkerung entwickelten sich Partei und Staat immer mehr zu einer Einheit, Partei und Bevölkerung aber auseinander.

Die lokale NS-Elite ahmte das konservativ-nationale Verhältnis von Partei und Gesellschaft nach und kombinierte es mit Organisationsweisen der sozialistischen Arbeiterbewegung. Zum einen handelte es sich um eine Art nationalsozialistischer Honoratiorenstruktur, denn die herausgehobene Stellung des einzelnen in den nazifizierten Behörden-, Schul- und Verwaltungsleitungen war ausschlaggebend für die Zugehörigkeit zur lokalen politischen Führungselite. Hier zeichnete sich eine formale Kontinuität zum Organisationswesen der DNVP ab. Zweiter wesentlicher Punkt war jedoch die Bekleidung einer Spitzenfunktion im hauptamtlichen NS-Apparat. Dieser entsprach in seiner Struktur sehr viel mehr dem Vorbild der Arbeiterbewegung und ahmte insofern den organisatorischen Kern einer Milieupartei nach, die sich auf zentrale Massenorganisationen stützte. Die Führer der DAF, der NSV oder der NS-Lehrerschaft gehörten ebenfalls qua Amt zur lokalen Elite. Funktionsträger mit Anbindung in beide Richtungen bildeten den engeren Führungszirkel der Kreisleitung, sie vertraten ihre Parteisektion, Berufsgruppe oder ihre Behörde in den Gremien der Stadt oder bei der Partei.[40] Über ihre Autorität in der Gesellschaft war damit nichts gesagt, denn ihre Macht war allein von der Macht der Partei und des Staates abgeleitet. Für ihre Bindung an die Gesellschaft war jedoch wichtig, wie es ihnen gelang, die Bevölkerung für die Partei zu mobilisieren. Die Voraussetzungen dafür waren nicht besonders gut, denn die Bereitschaft mitzumachen beruhte oft nicht auf einem freiwilligen Bekenntnis zur Partei. Das Parteileben und die Politik der NSDAP wurden deswegen mehr und mehr nur noch verwaltet.

Die NSDAP entwickelte durch ihre Gesellschaftsferne in der lokalen Spitze Tendenzen der unfreiwilligen Abschottung. Hinzu kam nämlich, daß die Funktionäre häufig versetzt wurden und auch privat bevorzugt unter sich blieben.[41] Egal, woher die jeweiligen NS-Funktionäre kamen, es blieb eine weitgehende gesellschaftliche Isolierung und Abschließung der

---

[40] Besonders die Listen in: StA. Rep. 6 Ia Gh, Nr. 18 und Rep. 6 Ia, Nr. 22.
[41] Peter Lachmund spricht ausdrücklich von einem ›Nazi-Milieu‹ in Greifswald. StA. Nachlaß Margarethe u. Hans Lachmund. Erlebnisse als Angehöriger der HJ-Bannspielschar 294 in Greifswald, Manuskript ca. 1985.

neuen Elite als Gruppe deutlich.[42] Es gab nur wenige Kontakte zwischen der neuen und der alten Elite, die sich demonstrativ von den Emporkömmlingen fernhielt.[43] Nur über den Buchhändler Klein gab es Verbindungen von der NSDAP-Spitze in die Reste des alten Vereinswesens. Allein vom Theologen Glawe ist bekannt, daß er sich mit Oberbürgermeister Rickels auch privat traf.[44] Rickels unterhielt ansonsten eher offizielle Beziehungen wie zu Rektor Reschke[45], mit etwas privatem Einschlag auch zu Kamradt oder Brüchert[46]; lockere Verbindungen gab es zu anderen Männern aus der Partei, offenbar aber nur selten darüber hinaus. Die Verkehrskreise der NS-Elite überschnitten sich allein mit den Offizieren der Wehrmacht.[47] Der enge Bereich der überzeugten Nationalsozialisten kapselte sich ab.

2. Die NS-Organisationen als Beginn der Volksgemeinschaft

Nicht nur nach Aufbau und Funktionsweise wandelte die NSDAP das Verhältnis des nationalen Gesellschaftsteiles zu Parteien völlig um. Auch als Mitgliederpartei, der es erstmals gelang, eine Massenpartei im nationalen Lager zu etablieren, führte sie Neuerungen ein. Sie machte den Parteibeitritt zu einer weit verbreiteten Angelegenheit. Durch die NSDAP wurde eine Parteimitgliedschaft für alle Schichten und Gruppen gesellschaftsfähig. Partei hörte endgültig auf, eine Angelegenheit von und für Honoratioren, für die Oberschicht zu sein.

Bis dahin war es ein langer Weg. Die NSDAP stand 1933 vor dem Problem, ihre eigene Aufgabe neu definieren zu müssen, denn sie verstand sich selbst als verschworene Gemeinschaft ›alter Kämpfer‹, als Kampfverband, der nur ein kleines Spektrum wahrer Nationalsozialisten organisierte. In der Auseinandersetzung um die Macht und in Konkurrenz mit der DNVP vor 1933 hatte sie auf den Organisationserfolg Wert legen, die eigenen Reihen also für jedermann offen halten müssen. Ein Beitritt war ein Bekenntnis zur Bewegung gewesen. Als die Macht errungen war, plötzlich Tausende in

---

[42] Z.B. deutlich im Familiennetzwerk Griefahn und Crawack, zu denen Heidemanns als Freund gehörte, vgl. StA. Rep. 6 I PB, Nr. 155. Auch deutlich an den Gutachten im Parteiverfahren von Kropka, BA. ehem. BDC, Walter Kropka, OPG.

[43] Eine Interviewpartnerin, die aus dem Kreis der alten Eliten stammte, hob mit Blick auf Rickels spontan hervor, daß er nur auf dem zweiten Bildungsweg promoviert habe. Gespräch mit A. B. Freytag.

[44] Gespräch mit I. Schehl, geb. Rickels.

[45] Angaben zur Repräsentation der Stadt, in: StA. Rep. 6 Ia, Nr. 161.

[46] Rickels und Kamradt pflegten einen freundschaftlichen Ton auch im Dienst. StA. Rep. 6 Ia, Nr. 125.

[47] Zum gleichzeitig auch ideologisch überhöhten Verhältnis von Partei und Wehrmacht, Kreisleitung der NSDAP (Hrsg.), Heimatjahrbuch, 1938, S. 74–76. Ferner StA. Rep. 6 Ia, Nr. 119. Einladungen Rickels an Wehrmachtsoffiziere der Stadt. Mündlicher Hinweis von A. Petershagen und A. B. Freytag.

die NSDAP strömten und es bald keine parteipolitische Konkurrenz mehr gab, wurden die Aufgaben diffus. Die NSDAP blieb zwar einerseits und nach eigenem Selbstverständnis der auf Hitler eingeschworene Kampfbund, übernahm vor Ort aber auch die Aufgabe, die Bevölkerung zu organisieren und zu mobilisieren. Sie wurde zu einer allgemeinen politischen Massenorganisation, weil sie die Funktion bekam, die Menschen an die neue Führung zu binden, indem sie das alltägliche Leben politisierte und Beteiligungsmöglichkeiten anbot. Der Widerspruch zwischen Massenorganisation und verschworenem Kampfverband wurde zu keinem Zeitpunkt gelöst, denn die Aufgabe der Partei im NS-Staat blieb jederzeit unklar. Wie aber entwickelte sich diese Partei als Basisorganisation in Greifswald?

Bis 1933 hatte die NSDAP in der Stadt um die 600 Mitglieder gehabt, im Landkreis lag die Zahl in etwa ebenso hoch. Die umfangreichen Veränderungen des Frühjahrs 1933 bis zum Beitrittsstopp im Sommer sind aufgrund mangelnder Quellen nicht nachzuvollziehen. Offenbar führte jedoch die allgemeine nationale Aufbruchsstimmung 1933 zu einer Flut von Beitritten.[1] Bis 1937 blieben die Karteien weitgehend geschlossen, dann setzte erneut eine Eintrittswelle ein.[2] Auf dem Höhepunkt ihrer Entwicklung zwischen 1939 und 1941 hatte die NSDAP in Stadt und Kreis zwölf Ortsgruppen, drei davon in Greifswald selbst. Daneben gab es elf sogenannte Stützpunkte. 1941 waren es in Stadt und Kreis 29 Basiseinheiten, davon vier Ortsgruppen in Greifswald, mit insgesamt 4586 Mitgliedern. Rund die Hälfte davon dürfte auf die Stadt entfallen sein. Das entsprach rund 6,5 Prozent der Wohnbevölkerung.[3] In ganz Pommern waren gleichzeitig etwa acht Prozent organisiert.[4] Diese hohe Zahl war ein Novum im nationalen Lager, wo man bis 1933 mit Parteimitgliedschaften eher zurückhaltend gewesen war. Die NSDAP drang auch organisatorisch in viele Schichten der Bevölkerung vor. Sie erschloß ganz neue soziale Schichten für die Mitgliedschaft in einer Partei. Sie wurde in einem Maße nationale Massenpartei, wie es die DNVP nie gewesen war.

Es dauerte allerdings geraume Zeit, bis sich die NSDAP in dieser Qualität durchsetzte und jene Teile der Gesellschaft einschmolz, die vorher die DNVP getragen hatten. Die NSDAP mobilisierte anfangs überwiegend Menschen, die vorher keiner Partei angehört hatten. Viele verstanden sofort, daß die neue Partei Karrieremöglichkeiten eröffnete. Die ›Märzgefallenen‹, wie sie ironisch wegen ihres Beitritts nach den Wahlen im März 1933 ge-

---

[1] E. Jenssen, Lebenserinnerungen, S. 42 f., in: Material H. H. Jenssen.

[2] Offenbar trat die Kreisleitung aktiv an potentielle Kandidaten heran, vor allem Beamte; VpLA. Rep. 76, Landgericht Greifswald, Nr. 1680; Beispiele aus dem Landgericht von 1937 und 1938. Walther Glawe gab 1948 an, man habe ihn seitens der Kreisleitung ›aufgefordert‹. Vgl. Lebenslauf o.D. ca. 1948, in: UA. Personalakte Glawe, Nr. 323. Der Druck zum Beitritt kam oft von zentraler Stelle, z.B. für Justizbeamte aus dem Oberlandesgericht Stettin, VpLA. Rep. 76, Landgericht Greifswald, Nr. 1680.

[3] BA. ehem. BDC, Franz Brüchert, PK.

[4] H. GAEDE, Pommern, 1940, S. 17.

nannt wurden, rekrutierten sich überwiegend aus dem nationalen Lager und auch aus dem Umfeld der Konservativ-Nationalen. Unter ihnen gab es zwar kaum Vorbehalte gegenüber der politischen Linie der NSDAP, eine aktive Beteiligung am Parteileben rückte damit jedoch nicht sofort in das Blickfeld. Übertritte von der DNVP zur NSDAP waren die Ausnahme. Ein öffentlicher Beitritt – immerhin war die Teilnahme an NS-Versammlungen und das Tragen der Parteinadel für die Mitglieder zumindest Ehrenpflicht – kam nicht in Frage und wurde in Greifswald offenbar als Opportunismus verurteilt. Das sahen auch die Mitglieder des Stahlhelm so.

Mit der Konsolidierung der NS-Herrschaft und Hitlers Erfolgen in der Außenpolitik wandelte sich das Bild. Der Druck, sich in irgendeiner Weise loyal zu zeigen und das auch mit aktiven Schritten zu belegen, machte zunächst den Opferring der NSDAP attraktiv, der kein öffentliches Bekenntnis verlangte und so etwas wie eine mindere Stufe der Parteimitgliedschaft darstellte, die man auch verheimlichen konnte.[5] Erst in der zweiten Beitrittswelle 1937 gelangten dann eine ganze Reihe ehemaliger Deutschnationaler und Mittelstandspolitiker in die NSDAP. Wer über den Stahlhelm zur SA gekommen war, wurde mehr oder minder korporativ in die NSDAP eingegliedert.[6] Da als ihr Beitrittstermin der 1. Mai galt, nannte man die neuen Mitglieder boshaft die ›Maihasen‹, so als seien sie besonders naiv und unwissend gewesen. Das bezog sich auch auf die ausscheidenden Jahrgänge von HJ und BDM, die alljährlich bei einer Feierstunde am 9. November in der Stadthalle en bloc in die NSDAP eingegliedert wurden.[7]

Wer sich 1937 der NSDAP anschloß, wußte in der Regel sehr genau, was er tat, und versprach sich konkrete Vorteile oder wollte Nachteile vermeiden. Vor allem viele Beamten widerstanden dem Druck nicht länger.[8] Die Loyalitäten aus der Weimarer Republik waren verblaßt, und die NSDAP war durch die Politik Hitlers, in der besonders die Aufrüstung und die wiedereingeführte Wehrpflicht besonderen Beifall fanden, soweit akzeptabel geworden, daß ein Beitritt denkbar geworden war. Eine ganze Reihe von Konservativ-Nationalen ließ die weltanschaulichen oder moralischen Vorbehalte sinken und schloß sich an. Darin mußte kein politisches Bekenntnis liegen, denn die NSDAP bot die einzige verbliebene Möglichkeit, sich für

---

5 Z.B. bei Karl Wiedemann, seit 1.10.1935 Mitglied des NS-Opferringes, UA. Personalakte Wiedemann, Nr. 730. Erklärung vom 23.11.1938. auch bei Prof. Gerhardt Katsch als förderndes Mitglied der SS, der auf diese Weise einem Beitritt entgehen wollte, ohne seiner Karriere zu schaden, BA. ehem. BDC, Gerhardt Katsch, PK. Eigene Angaben über Zugehörigkeit zu Gliederungen der Partei von ca. 1944.

6 Hinweis Fichtner in Lebenslauf o.D. nach 1945, in: UA. Personalakte Fichtner, Nr. 326.

7 Mündlicher Bericht von Gudrun Otto, geb. Lohmeyer.

8 Präsident des Oberlandesgerichts an Landgerichtspräsidenten, 24.12.1935. »Ich sehe mich nicht in der Lage, es dabei bewenden zu lassen, daß eine Reihe der dortigen Beamten keiner nationalsozialistischen Organisation angehört.« In: VpLA. Rep. 76, Landgericht Greifswald, Nr. 569. Ferner der Vorfall vom 18.7.1936 als Robert Wölfel bei seinem Abschied offen sagte, als NS-Mitglied wäre er wohl kaum entlassen worden, StA. Rep. 6 PB, Nr. 389.

die Stadt und ihre Bewohner zu engagieren. Das war für die Männer und Frauen in der Politik vor 1933 ein wesentlicher Antrieb für ihre Arbeit gewesen. Posten übernahmen die ehemaligen Deutschnationalen in aller Regel nicht, wenngleich ihr Schritt Signalwirkung in der Gesellschaft hatte, denn damit waren die Frontstellungen der Weimarer Zeit zwischen den alten und den neuen Eliten des nationalen Lagers aufgehoben, der Repräsentanzwechsel ehemals konservativ-national integrierter Gesellschaftsteile war auf diese Weise abgesegnet. Somit zeigte sich spätestens 1937, daß es einen grundsätzlichen Dissens zwischen dem Gros der alten Eliten und der NSDAP nicht mehr gab. Festzuhalten ist jedoch ebenfalls, daß nur ein Teil der alten Eliten diesen Schritt vollzog, ein anderer Teil tat ihn ausdrücklich nicht.[9]

Aus der Sicht der NSDAP war die Öffnung der Partei 1937 so etwas wie die Kapitulation, ein Nachgeben vor dem weiterwirkenden Einfluß der alten Honoratiorenelitem in der Gesellschaft. Denn diese Gruppe wurde besonders umworben und mit Beitrittsforderungen konfrontiert.[10] NSDAP-Mitgliedschaft wurde bisweilen sogar angeordnet. Offenbar gelang es der Partei nicht, ihre Funktionärselite zu installieren und volkstümlich zu machen, aus der Isolierung gegenüber der Bevölkerung herauszukommen. Es war schwer für die Partei, freiwillige Unterstützung der Bevölkerung zu bekommen. Die Partei konnte die etablierten Männer in herausgehobenen beruflichen Positionen daher nicht umgehen. Es nützte der Partei und erschien ihr unverzichtbar, daß gesellschaftliche Leitfiguren sich öffentlich zur NSDAP bekannten und ein Bündnis mit der NS-Führungsschicht eingingen. Dafür war die Partei sogar bereit, ihren Exklusivitätsanspruch und die Ressentiments gegen die ›Reaktionäre‹ aufzugeben. Das belegt, wie weit auch die NSDAP sich von den politischen Konfrontationen der frühen dreißiger Jahre entfernt hatte. Die Beitrittsnötigung verriet bei allem Selbstbewußtsein, das in der offensiven Propagierung des Bekenntnisses zur Partei steckte, auch eine Schwäche, denn es gelang der NSDAP offenbar auch durch Einschüchterung und Verwaltungshandeln nicht, das gleiche Maß an freiwilliger Mobilisierung und Loyalität zu erreichen wie die Vereine des Milieus vor 1933.

Der Anspruch der NSDAP, das nationale Lager und auch alle anderen Gruppen der Stadtbevölkerung bei sich selbst zu integrieren, die Gesellschaft zur wehrhaften, nationalen Volksgemeinschaft unter Führung der

---

[9] Prominenteste Beitritte waren Glawe (1937), Freytag (1937), der aber sofort wieder austrat, aber auch Fraude (1941), Fichtner (1941), Malermeister Zilm (1940) oder Bäckermeister Kasch (1937), Hoge (1940), Eggebrecht (1938) Carl Millahn (1937), Bernhard Wasmann (1939). MLHA. Rat des Kreises Greifswald, Nr. 305. Dort weitere Angaben.

[10] Katsch wurde immer wieder angesprochen und schließlich überrascht, indem man den Beitritt öffentlich verkündete, ohne daß er vollzogen war; Angaben von B. Katsch, in: Material Knees. Rechtsanwalt John wurde Parteigenosse als Vorsitzender des Hausbesitzervereins, Hoge als Rechtsbeistand der Kriegsopfer, Schreiben Hoge vom 21. 5. 1946, in: VpLA. Rep. 76, Landgericht Greifswald, Nr. 1838. Schreiben John vom April 1946, o. D., ebd.

NSDAP auszubauen und dauerhaft zu mobilisieren, blieb für die Entwicklung an der gesellschaftlichen Basis bestimmend. Volksgemeinschaft setzte die NSDAP mit Organisation gleich. Gemeinschaft nicht nur zu fordern, sondern konkret herzustellen war das oberste Ziel der Massenarbeit. Dafür hielt die Partei ein ausgefeiltes Angebot an politischen Vorfeldorganisationen am Leben, das die Bedürfnisse der Gesellschaft nach Betätigung weg von den alten Strukturen und hin zur NSDAP kanalisieren sollte. Die NSDAP erhob damit den Anspruch, die Gesellschaft zu einem nationalsozialistischen Gesamtmilieu umzubauen.

Da es grundsätzlich nur geringe Widersprüche zwischen den Mentalitäten des nationalen Lagers und der NSDAP gab, blieben größere Integrationsschwierigkeiten aus. In den Vorfeldorganisationen war die Problematik von Selbstverständnis und Funktion nicht so ausgeprägt wie in der Partei, denn der Anspruch war nicht so hoch. Ihre Aufgabe war die möglichst lückenlose Erfassung der Bevölkerung ohne Ansehen des individuellen politischen Standpunktes oder Vorlebens. Die NSDAP erhob es zur Pflicht eines jeden, sich zumindest passiv irgendwo anzuschließen. Mitgliedschaft war quasi zwingend[11], denn »Außenstehende gelten nichts im Dritten Reich.«[12] Neben der Mobilisierung der Bevölkerung durch Propaganda und den Führerkult sowie durch Einschüchterung – auch durch Terror – bot sich über das NS-Organisationswesen ein dritter Weg, über den die Partei konkret und direkt auf die Gesellschaft einwirkte. Der einzelne war nicht nur passiver Konsument der NS-Botschaft, er mußte sich selbst betätigen und war als Mitglied in die Pflicht zu nehmen. Nach der Gleichschaltung vieler Vereine und der Unterbindung der Gründung neuer war die Bedeutung des NS-Organisationswesens für die Machtausübung hoch zu veranschlagen. Hier bot die NSDAP einen Raum für gesellschaftliche Betätigung an, der bisweilen nur politisch durchwirkt war. Die Hürden für einen Beitritt waren niedrig. Die Ressentiments gegenüber den Vorfeldorganisationen waren in der Bevölkerung nicht so stark entwickelt wie gegenüber der eigentlichen Partei.[13] Weil sich aber bisweilen über die Gleichschaltung oder die Nötigung zum Beitritt Menschen in NS-Organisationen wiederfanden, die sich nie freiwillig dort eingereiht hätten, blieb das Verhältnis der Mitglieder zu ihrer Organisation immer ambivalent. Damit ist auch schon das wesentliche Problem der NSDAP benannt, der Verlust von Freiwilligkeit, der Zwang nötig machte. Die Erfassung, Integration und Mobilisierung der Bevölkerung in das NS-Organisationswesen setzte an drei Stellen an und unterstreicht den

---

11 Zahlreiche Beispiele in: VpLA. Rep. 76, Landgericht Greifswald, Nr. 569.
12 Flugblatt der Wehrkameradschaft vom November 1937, in: UB-Sammelmappe, Politische Vereine.
13 Besonders die NSV galt als akzeptabel, selbst bei Nazigegnern. VpLA. Rep. 76, Landgericht Greifswald, Nr. 1622. Sogar Graul ließ sich zu einer Mitgliedschaft drängen. Auch in der Frauenschaft waren Gegner der NSDAP organisiert. Kreisleitung der NSDAP (Hrsg.), Heimatjahrbuch, 1938, S. 114f.

totalen Anspruch der Partei im Wohnviertel, am Arbeitsplatz und in der Freizeit.

Wohnort Kern der Partei war die Mitgliederorganisation am Wohnort, getreu dem Vorbild der bürgerlichen Parteien, vor allem aber der Sozialdemokratie. Über die Arbeit der NSDAP in den Greifswalder Wohngebieten ist nur wenig bekannt. Die drei, später vier NS-Ortsgruppen hatten eigene Büros.[14] Das Betreuungsnetz von Ortsgruppen-, Zellen- und Blockleitungen der Partei, von NSV, DAF, KdF, Luftschutzbund und Frauenschaft war in den Nachbarschaften eng geknüpft. Die Partei wartete nicht, bis die Menschen sich an sie wandten, sondern suchte sie selbst auf. Besonders eng zog sie das Betreuungsverhältnis durch die regelmäßige Beitragskassierung an der Haustür und durch wiederkehrende Geldsammlungen von Haus zu Haus. Die ständige Präsenz der Partei sorgte zwar für Verbindlichkeit und Basisnähe, wurde indes von vielen Familien als Belästigung empfunden, zumal das Verhalten gegenüber den Abgesandten der Partei zentral kontrolliert wurde und Relevanz beispielsweise bei einer Bewerbung hatte.[15] Wer nicht mitmachen wollte, hatte jedoch immer noch Möglichkeiten, sich der Zumutung zu entziehen, denn hinter der Haustür begann die Privatsphäre. Es war möglich, die Form zu wahren, um sich keine Nachteile einzuhandeln, ansonsten aber im Privaten die eigenen Vorlieben zu pflegen.[16] Das gelang ohne Konflikte noch am ehesten am Wohnort, denn über das Maß der Begeisterung war durch Spenden, Höflichkeit oder ›richtiges‹ Flaggen nichts ausgesagt.

Die NSDAP und ihre Vorfeldorganisationen bemühten sich um ein attraktives Programm, um die Menschen zu sich zu locken. Ganz sicher war sich die Partei jedoch nie, denn ohne leichten Zwang ging es meist nicht ab. Partei und Frauenschaft veranstalteten regelmäßig Zusammenkünfte auf der Ortsgruppenebene, bei denen für die Mitglieder Erscheinen Pflicht war. Es standen immer ideologische und unterhaltende Vorträge auf dem Programm, und es wurde kräftig die Propagandatrommel gerührt. Gemeinschaft herstellen, das wichtigste Ziel der NSDAP, gelang durch Singen, Basteln, Handarbeiten und durch Aktionen im Sinne der Volksgemeinschaft, dazu zählte Wandern.[17] Die Vorgaben der Organisationsleitungen unterdrückten bewußt die Eigeninitiative der Mitglieder, denn das Programm wurde von der Partei geplant und war den großen Zielen der Wehrhaftmachung und ideologischen Festigung untergeordnet. Ein selbsttragendes Organisationsleben war so kaum zu erreichen. Die Mitglieder warteten offenbar stets darauf, was ihnen geboten wurde, sie wurden zu Konsumenten

---

[14] Ebd. S. 106 ff.

[15] Das Formblatt der Partei zur Bewertung von Kandidaten umfaßte Fragen wie: Besucht fleißig Parteiversammlungen? Gibt gerne bei Haussammlungen? Kauft eifrig Plaketten? Flaggt regelmäßig mit folgenden Fahnen? StA. Rep. 5, Nr. 10522, Rektor Wilhelm Vogel.

[16] Interview mit Brigitte Remertz-Stumpff u. A. B. Freytag.

[17] Kreisleitung der NSDAP (Hrsg.), Heimatjahrbuch, 1938, S. 89 f.

und, sofern sie aktiv waren, zu Befehlsempfängern.[18] Der Versuch, eine auf Nötigung beruhende, politische Organisation nach dem Wohnortprinzip zu etablieren, stieß offensichtlich an Grenzen.

Weit wirkungsvoller waren die Organisations- und Mobilisierungsbemühungen der NSDAP am Arbeitsplatz und über die Berufszugehörigkeit der Menschen. In den Behörden und Betrieben gab es keine Parteigliederungen, sondern nur die Deutsche Arbeitsfront (DAF) als allgemeine Vorfeldorganisation der NSDAP. Auch dies war eine Analogie zum sozialdemokratischen Organisationswesen. Dort überließ die Partei der Gewerkschaft diesen Sektor. Die DAF berücksichtigte jedoch auch bürgerliche Gewohnheiten, denn den bürgerlichen Standesorganisationen entsprachen NS-Fachverbände. Eine derart umfängliche und verbindliche Erfassung der Mitarbeiterschaft am Arbeitsplatz war für das nationale Lager neu.

An der ›Verstaatsdienstlichung‹ der NSDAP wird deutlich, daß hier einer der stärksten Hebel lag, Menschen zur aktiven Mitarbeit in der NSDAP zu motivieren. Die weitgehende Übernahme der Personalhoheit in den Verwaltungen sorgte für den Erfolg der NSDAP und festigte ihre Macht. Die Sorgen der Menschen, den nach der Krise gerade frisch erlangten Posten wieder zu verlieren, machte die Gesellschaft gefügig und selbst kleine Nötigungen zu durchschlagenden Mitteln der Politik. Abhängig und staatlich Beschäftigte waren dabei leichter einzubinden als Selbständige.

Am Beispiel der Greifswalder Gerichte, die immer zum Bereich des nationalen Lagers gehört hatten, ist dieses Wechselspiel von Einschüchterung, Opportunismus und Engagement gut nachzuvollziehen. Während der Republik hatte die NSDAP keine Mitglieder unter dem Personal der Gerichte. 1933 fehlte die Bereitschaft, der Partei uneingeschränkt die Kanzleien zu öffnen und sofort ›verdiente‹ alte Kämpfer einzustellen.[19] Erst im Zuge der Amtsübernahme von Landgerichtspräsident Krah drang die NSDAP problemlos in den Justizapparat vor und konnte die Behörde als Ausgangspunkt für die Erfassung der Gesellschaft nutzen.

Ein wesentlicher Unterschied zwischen den Gewerkschafts- und Verbandsstrukturen der Republik und der NS-Zwangsorganisation DAF lag darin, daß die Arbeitsfront nicht unabhängig von der Partei und der Gerichtsleitung agierte. Im Gesamtkontext des NS-Organisationswesens gesehen, lagen die Aufgaben der DAF in erster Linie in der Propaganda und der Mobilisierung ihrer Mitglieder für die Partei. Sie war Transmissionsriemen der NSDAP und nur eingeschränkt eine Organisation, mit der Interessen vertreten werden konnten. Sie hatte zwar eine Struktur von Vertrauensleu-

---

[18] Schilderungen einer Parteiversammlungen im Jahr 1942 durch W. Glawe. Bericht von ca. 1948, o.D., in: UA. Personalakte Glawe, Nr. 323. Weiterhin Schilderungen von Leick, der bei der Partei mehr oder minder wissenschaftliche Vorträge hielt, in: UA. Personalakte Leick Nr. 238.

[19] Antwort auf eine entsprechende Anforderung Karpensteins vom 1.8.1933, in: VpLA. Rep. 76, Landgericht Greifswald, Nr. 709.

ten. Vakante Posten mußten jedoch mit Privilegien attraktiv gemacht werden, damit jemand sie übernehmen mochte.[20] Beliebt war die DAF allenfalls, wenn sie Betriebsausflüge, -feste oder Reisen organisierte. Die ›Gefolgschaft‹ der Gerichte wurde mit anderen Betrieben der Stadt von der DAF regelmäßig zu Veranstaltungen zusammengefaßt, wie zum ›Fest der Betriebe‹, zum ›Frühlingsfest‹, zu Betriebsappellen oder Gemeinschaftsempfängen auf öffentlichen Plätzen.[21] Hauptaufgabe war es, die Mitarbeiter en bloc zu Winterhilfswerksammlungen, Eintragung in goldene Spendenbücher, Umzüge, Parteischulungen und Kundgebungen zu führen. Ähnlich liefen die Veranstaltungen der Berufsfachverbände. Für die juristisch gebildeten Beamten veranstaltete der ›Bund Nationalsozialistischer Deutscher Juristen‹ beispielsweise regelmäßig ›Fachschaftsabende‹, deren Besuch über informellen Druck quasi zur Pflicht wurde.[22] Alle Bediensteten der Justiz wurden am Monatsanfang zu Dienstappellen zusammengerufen, die mit gemeinsamem Gesang und politischen Ansprachen fast den Charakter von nationalsozialistischen Morgenfeiern trugen. Wer sich nicht beteiligte, fiel unangenehm auf und mußte sich vor der DAF, seinen Kollegen und vor seinem Chef rechtfertigen. Die Anordnung zur Teilnahme – meist während der Dienstzeit – kam häufig von Krah persönlich. Er wurde von der Kreisleitung um Unterstützung gebeten, wenn die herkömmlichen Mittel der Propaganda und Werbung nicht griffen und die Freiwilligkeit zu wünschen übrig ließ. Krah versagte sich solchen Bitten nie.[23] Bedeutsam beim Einsatz des Justizapparates für die NS-Mobilisierung war mithin die Tatsache, daß die Gerichtsspitze nazifiziert war, daß die herkömmlichen Dienst- und Disziplinarverhältnisse politisch aufgeladen worden waren.

Das genügte der Partei jedoch nicht. Das Hauptaugenmerk richtete sich deswegen auf die Beitrittsnötigung zu NS-Vereinen, die keine eigene Organisationsstruktur im Betrieb hatten. Hier ergaben sich gute Möglichkeiten der Beeinflussung, denn Krah setzte als treuer preußischer Beamter die Linie um, die ihm das Oberlandesgericht vorgab, daß nämlich jeder Beamte, jeder Festangestellte mindestens in der NSV zu sein habe[24], möglichst auch im Beamten- und Juristenbund, und daß jeder Besoldete eine freiwillige Spende von seinem Lohn an die NSV und das Winterhilfswerk ab-

[20] Erna Küsel erhielt als neue Betriebsobfrau der DAF in den Gerichten 1941 einen Sondereinkaufsausweis. VpLA. Rep. 76, Landgericht Greifswald, Nr. 1620.

[21] Zahlreiche Beispiele in: VpLA. Rep. 76, Landgericht Greifswald, Nr. 1619 u. 1620.

[22] Umlauf vom 19.12.1935. Es solle das NS-Gedankengut vermittelt werden, der Geist der Kameradschaft und die Volksverbundenheit solle gestärkt werden, der Beamte sei dazu berufen, Träger und Mittler der Weltanschauung zu sein. VpLA. Rep. 76, Landgericht Greifswald, Nr. 1619

[23] Besonders deutlich in: VpLA. Rep. 76, Landgericht Greifswald, Nr. 1680, 569, 1619, 1620, Verkehr mit der NSDAP.

[24] Schreiben Präsident des Oberlandesgerichts an Landgerichtspräsidenten, 24.12.1935, in: VpLA. Rep. 76, Landgericht Greifswald, Nr. 569.

trat.[25] Die Spende nahm damit den Charakter einer Sondersteuer an. Anfangs genügte eine NSV-Mitgliedschaft, nach 1937 drang die NSDAP besonders bei den Beamten auf einen Parteibeitritt. Die Kreisleitung oder das Oberlandesgericht wiesen den Landgerichtspräsidenten auch auf Untergebene hin, die sich Aufforderungen verweigerten, und setzten Fristen, bis wann Vollzug zu melden war.[26] Krah setzte diese Anweisungen um. Den Untergebenen hätte es eine gehörige Portion Mut abgefordert, sich dem massiven Einsatz zu widersetzen. Die Macht Krahs reichte bis in die Anwälteschaft. Sogar der Rechtsanwalt Graul, der sich immer standhaft geweigert hatte, auch nur irgendeiner NS-Organisation beizutreten, ging 1937 in die NSV, um endlich ein Notariat zu erhalten.[27] Da als Anwalt immer weniger zu verdienen war, bot sich hier ein Ausweg aus der Misere. Als wirtschaftlich unabhängiger Freiberufler war er nur über diesen Weg zum Mitmachen zu bewegen.

Auch andere zugelassene politische Vereine ohne direkten Draht zur NSDAP wollten sich die Möglichkeit des problemlosen Wachstums erschließen. Ihre Werbekampagnen richteten sich daher meist zuerst an die Behördenleiter und über sie dann an die Mitarbeiter.[28] Das NS-Pflichtprogramm, das Krah umzusetzen hatte, wurde vom Oberlandesgericht Stettin im Zuge der Dienstaufsicht kontrolliert. Daneben hatte der Gerichtspräsident als Ehrenämter die Führung im ›Deutschen Kolonialbund‹ und war Mitglied im ›Bund deutscher Osten‹. Krah unterstützte die Werbeansinnen dieser Vereine selbstverständlich auch und gab entsprechende Umläufe auf den Dienstweg.[29] Mit dem Segen des Chefs versehen und unter seiner ideellen Schirmherrschaft hatten solche Aktionen durchaus Aussicht auf Erfolg. Der Kolonialbund hatte 1939 700 Mitglieder in der Stadt.[30] Auch NS-Verlage oder Zeitungen wandten sich an die Betriebe, um die Abhängigkeitsverhältnisse am Arbeitsplatz für die Gewinnung neuer Abonnenten zu instrumentalisieren. Wer im Staatsdienst beschäftigt war, entging diesem Dauerfeuer kaum. Über die Nötigung am Arbeitsplatz hielt die NSDAP ihr Organisationswesen am Leben und wahrte die Fiktion von der großen, aktiven, begeisterten und freiwilligen Volksbewegung. Wer einmal Mitglied

---

25 Der Beitrag zur NSV war so etwas wie eine ›freiwillige‹ Wohlfahrtssondersteuer, denn de facto konnte sich wohl niemand dem Beitritt entziehen, der gelegentlich sogar per Anordnung durchgesetzt wurde.

26 Fristsetzung für NSV-Beitritt durch das Oberlandesgericht vom 20.1.1936, VpLA. Rep. 76, Landgericht Greifswald, Nr. 569. Zum Teil wurde die Mitgliedschaft als Kriterium für die Einstellung angeordnet.

27 Das Verhalten von Krah und Graul ist sehr deutlich in: VpLA. Rep. 76, Landgericht Greifswald, Nr. 1622 u. 1641.

28 Bitte des Reichskolonialbundes vom 20.9.1939 an Rickels und Kamradt. Viele Behördenleiter seien beigetreten, sie möchten sich doch bitte auch zu diesem Schritt entschließen; vgl. StA. Rep. 6 Ia, Nr. 57.

29 VpLA. Rep. 76, Landgericht Greifswald, Nr. 1680.

30 Umlauf ›Bund deutscher Osten‹ vom 24.9.1938, in: VpLA. Rep. 76, Landgericht Greifswald, Nr. 1680.

geworden war, unterlag nämlich der Betreuung durch die Partei und ihrer Funktionäre an seinem Wohnort.

Der Mißbrauch von Berufsverbänden und gewerkschaftsähnlichen Strukturen als Transmissionsriemen der NSDAP entwertete die Organisationen für die Mitglieder. Eine Interessenvertretung fand nicht statt, die Berufsverbände verloren ihre politische Bedeutung. Der Enthusiasmus der Mitglieder war dementsprechend unterkühlt. Verbunden mit der Organisation war stets die Pflicht zur Teilnahme an Veranstaltungen, wo dann erneut die Propaganda auf die Menschen einregnete. Die ständig erneuerten strengen Kontrollen und drohenden Appelle, sich zu beteiligten, dürften ihre Ursache in dem lauen Interesse der Mitglieder und dem hohen Anspruch der NSDAP gehabt haben.[31] Die positiven Organisationsangebote im Bereich der Arbeitswelt, ob sie Reichsnährstand, DAF, Lehrerbund, Dozentenschaft, Studentenschaft, Innungen, Ärzteschaft oder Rechtswahrerbund hießen, waren de facto keine. Es handelte sich vielmehr um mühsam und durch vielfältige Pressionen am Leben erhaltene Verbandsgliederungen, die nur noch den Sinn hatten, die Bevölkerung über ihren ökonomischen Nerv eng an die NSDAP und ihre Ziele zu fesseln. Sie waren gleichgeschaltet, sinnentleert und ohne Druck und hauptamtliche Administration nicht lebensfähig.

Im Bereich der Freizeit war die Nazifizierung des sozialen Lebens noch am wenigsten ausgeprägt, hier blieben einige alte Vereine in ihrem Recht. Die NSDAP löste sie nicht auf und machte ihnen auch nicht unmittelbar Konkurrenz, sondern war nur bemüht, die alten Aktivitäten neu zu bündeln und auf sich zu beziehen, mithin das autonome Vereinsleben zu politisieren und zu zentralisieren. Gegen die NS-eigenen Freizeitvereine sprach indes wenig, denn man hätte sich auch sonst als Soldat, Sportler oder Kraftfahrer organisiert. Das NS-Organisationsnetzwerk ließ im Freizeitsektor die größten Freiräume. Unter dem Mantel einer politischen Organisation entwickelte sich zum Teil ein Vereinsleben wie in den alten Vereinen auch, gelegentlich unter Einschmelzung und Führung der Vorgängervereine. Das ist besonders bei der Frauenschaft, dem Soldatenbund, den Kameradschaften im Reichskriegerbund, dem Reichsbund für Leibesübungen und sogar bei der SA deutlich. Sie setzten Traditionen des konservativ-nationalen politischen Freizeitvereinswesens fort.

Zwei Komplexe mit ganz verschiedener Bedeutung sind hier zu unterscheiden. Zum einen ging es um das Angebot für Erwachsene, zum anderen ging es um Kinder und Jugendliche. Bei den Erwachsenen lagen die jeweiligen Interessen und Bedürfnisse altersbedingt meist relativ fest. Nur in den ersten Monaten nach dem Januar 1933 bediente sich die NSDAP auch im Bereich der Erwachsenen der Nötigung, um die eigenen Organisationen aufzuwerten und ihre Mitgliederbasis zu stärken. Dann jedoch, nachdem

---

[31] Aufforderung der DAF an die Frauen, nachdem der Besuch der Schulungen regelmäßig zu wünschen übrig ließ, 19.10.1940. VpLA. Rep. 76, Landgericht Greifswald, Nr. 1619.

die bürgerliche und sozialistische Konkurrenz aus- und gleichgeschaltet war, kehrte durchaus so etwas wie Freiwilligkeit ein. Zwangsmaßnahmen erwiesen sich als kontraproduktiv, weil sie zu raschen Austritten führten. Sie waren aufgrund der zum Teil attraktiven Angebote der NSDAP auch nicht nötig. ›Kraft durch Freude‹oder das NS-Kraftfahrerkorps erfreuten sich ohne Druck großer Beliebtheit. Hier wurden Angebote gemacht, die dem Zeitgeist und den Bedürfnissen der Menschen entsprachen. Als besonders politisch empfanden die Mitglieder das nicht. Reisen und Betriebsausflüge machte jeder gerne, gleichgültig ob ein Hakenkreuzwimpel am Wagen baumelte oder nicht. Die Abkürzung NSKK wurde inoffiziell mit dem Spruch ›Nur Säufer, keine Kämpfer‹ aufgelöst. Hier wurde Geselligkeit gepflegt, man schraubte an Motoren herum und fuhr Auto.[32] Die Frauenschaft bastelte, strickte und ließ sich in Hauswirtschaft und Krankenpflege unterweisen – ganz so wie in den Vorgängervereinen auch. Es wurde gesungen, man hörte Lesungen oder auch politische Vorträge. Das war ebenfalls nicht neu und unterschied sich nur in der konsequenten politischen Ausrichtung von dem, was der Luisenbund oder die DNVP-Damen getan hatten.

Ganz anders und in ihrer politischen Auswirkung auf den Zusammenhalt der Gesellschaft nicht zu unterschätzen, war die Situation bei den Kindern und Jugendlichen, denen das besondere Augenmerk der NSDAP galt. Sie sollten für Ziele und Weltanschauung der NSDAP gewonnen werden. Die Mitgliedschaft in Jungvolk, Jungmädel, HJ und BDM wurde daher zur Pflicht erhoben. Alle konkurrierenden Angebote der Kirchen oder der Vereine, selbst die der Turner und Sportler wurden bei der HJ zentralisiert. Die Nachwuchsarbeit der Vereine wurde damit ausgetrocknet, was einige der verbliebenen Organisationen des nationalen Lagers aus der Weimarer Republik das Leben aushauchen ließ.[33]

Zwar war die Mitgliedschaft in der HJ erst seit 1940 Pflicht. Schon seit 1933 wirkte sich jedoch die Tatsache aus, daß es keine anderen Angebote für Jugendliche mehr gab und daß über die Schulen ein erheblicher Gruppendruck ausgeübt werden konnte.[34] Wohl niemand aus konservativ-nationalem oder selbst NS-feindlichem Elternhaus entzog sich der Forderung, denn das hätte die Isolierung der Kinder im Kreis der Gleichaltrigen bedeutet.[35] HJ und BDM waren überdies bei den Zielgruppen attraktiv, denn sie boten ein umfangreiches Freizeitangebot außerhalb des Kontrollbereichs der Eltern und Lehrer. Der Organisationsgrad der Greifswalder Jugendlichen war daher hoch.[36] Wöchentliche Heimabende, Sommerfahrten, Musik in der

---

[32] Mündlicher Hinweis von U. Mielsch.
[33] Kreisleitung der NSDAP (Hrsg.), Heimatjahrbuch, 1938, S. 84.
[34] Zur HJ und ihren Aktivitäten ebd., S. 81–85. Zum Konflikt mit den Schulen K. F. W. Schmidt, Lebenserinnerungen, passim.
[35] Sogar die Söhne des politisch gemaßregelten Polizeileiters Mesech waren in der HJ; Schreiben vom 26. 7. 1933, in: StA. Rep. 6 PB, Nr. 306.
[36] Schon 1935 waren z. B. alle Gymnasiasten in der HJ, der SA oder SS erfaßt, Friedrich-Ludwig-Jahn Oberschule (Hrsg.), 1961, S. 38.

›Spielschar‹ oder im Spielmannszug, Wanderungen, Wehrsport, Turnen und Geländewettkämpfe führten den Nachwuchs spielerisch an die politischen Ideen und Ziele heran. Die weltanschauliche Indoktrination lief unauffällig nebenher.[37] Auch hier gab es deutliche Kontinuitäten zu dem, was die ›Bismarckjugend‹, der Jungstahlhelm, die Turnerjugend, Bündische Gruppen oder die Pfadfinder praktiziert hatten. Allein die einheitliche politische Ausrichtung und die lückenlose Erfassung und Einbeziehung fast aller Kinder waren neu.

Doch in diesen von der Partei besonders beachteten und gepflegten NS-Strukturen bildeten sich erstaunliche Freiräume. Denn die Staatsjugend verzichtete offenbar darauf, ihren politischen Anspruch vollständig durchzusetzen. So gab es die Möglichkeit, sich in der ›Spielschar‹ an der HJ-Arbeit zu beteiligen. Hier versammelten sich auffällig viele Kinder aus bildungsbürgerlichen Haushalten, die eine Musikausbildung hatten und sich wenig für das Kriegspiel der normalen HJ interessierten. Übereinstimmend schilderten Teilnehmer die Atmosphäre als weitgehend politikfrei und in erster Linie auf die Musik konzentriert[38], was jedoch an der Tatsache der HJ-Integration nichts änderte.

Selbst wenn alte Zusammenhänge des Milieus bestanden oder Freiräume blieben, verloren die alten Vereine und die von ihnen getragenen Ideen damit die Möglichkeit, sich im Generationenwechsel zu erneuern. Die Sozialisation des Nachwuchses war ihnen entzogen. Das setzte der Kontinuität von politischen Haltungen und Mentalitäten eine Grenze. Der Grundgedanke der Volksgemeinschaft war die Überwindung aller sozialen Trennlinien in der Gesellschaft. Daher trafen in der Hitlerjugend Kinder aus konservativ-nationalen Haushalten auf Gleichaltrige mit sozialdemokratischem oder kommunistischem Hintergrund. Die sozialen Grenzen, die in der Weimarer Republik in den Vereins- und Verbandsstrukturen sichtbar gewesen waren, verschwammen damit. Das setzte sich in den Anschlußorganisationen der Parteijugend, im Arbeitsdienstes und bei der Wehrmacht fort.

Die NSDAP schuf sich mit der Erfassung der Jugend die Möglichkeit, in die Familien hineinzuwirken, und lockerte auch diese Sozialisationsinstanz auf. Dagegen konnten sich die Eltern kaum wehren, denn die Kinder wollten nicht gerne außerhalb einer Gemeinschaft stehen, an der sich alle beteiligten.[39] Damit drang die NSDAP bis in die Privatsphäre jener Menschen vor, die sich ihr ansonsten entzogen. Abweichende politische Haltungen, die in den Familien ihren Rückhalt fanden, gerieten in Gefahr, entdeckt zu werden, die Weitergabe von der NS-Norm abweichender moralischer Standards konnte unterbrochen werden. Wenn es ein wirksames Mittel gegen die verbliebenen konservativ-nationalen Zusammenhänge gab, dann lag es in der

---

[37] Bericht von I. Schehl, geb. Rickels.
[38] Bericht von Peter Lachmund, Gudrun Otto, geb. Lohmeyer u. Brigitte Remertz-Stumpff.
[39] Von solchen Konflikten berichtete A. B. Freytag.

Tatsache, daß die HJ über ein attraktives Freizeitangebot alle Kinder und Jugendliche erfaßte und beeinflußte. Auch die Macht der Lehrer und der Schule, die vor 1933 unangefochten gewesen war und die 1933 keine Veränderung in Form einer durchgreifenden politischen ›Säuberung‹ erfahren hatte, wurde mit der HJ in Frage gestellt.

3. Der Alltag und seine politische Kultur

Die Integration der konservativ-nationalen Bevölkerung in die Diktatur des Nationalsozialismus' erfolgte wesentlich über die Rituale der politischen Kultur, die allein die utopische Forderung der nationalen Volksgemeinschaft erlebbar machten. Die NSDAP verfügte mit ihren Farben Schwarz-Weiß-Rot, ihrem Fahnenkult, der Uniformierung, der Militarisierung ihres Auftretens und der Politik, der Umrahmung aller Veranstaltungen mit Singen, Märschen und Musik, dem Waffen- und Schießkult, den Totenfeiern und Gedenktagen nahezu über die gleichen Elemente der politischen Kultur wie die Konservativ-Nationalen. Beide politischen Richtungen entstammten der gleichen Tradition, sie gingen in ihren alten und neuen Elementen nach 1933 einen festen Bund ein. Neben diesen Gemeinsamkeiten wies der Nationalsozialismus einige Besonderheiten auf. Ferner veränderte die politische Gesamtkonstellation, in die diese politische Kultur seit dem Januar 1933 gestellt war, die Bedeutung und den Charakter einzelner Elemente dieser Kultur. Die Rituale wurden entwertet, die Teilnahme an ihnen verlor ihren Sinn. In der Funktion der Rituale herrschte jedoch zunächst Kontinuität. Ziel der NSDAP war es, die Massen in einem begeisternden Gemeinschaftserlebnis zueinander zu führen. Der einzelne sollte das Gefühl haben, mit der Masse zu verschmelzen, eins zu sein mit der Volksgemeinschaft. Der Bezugspunkt war jedoch nicht mehr die jeweilige Gruppe oder das Milieu, sondern das ganze Volk, also einschließlich aller rivalisierender Gruppen. Bezugspunkt war sein vermeintlicher Wille. Als Verkörperung dieses Willens trat die NSDAP auf, die damit alle Rituale auf sich bezog. Diesem nunmehr zentral gesteuerten, administrativ gelenkten, organisatorisch forcierten und politisch instrumentalisierten Ziel ordneten sich die einzelnen Elemente von Musik, Singen oder Sport unter.[1]

Dabei erfolgte eine Umprägung und Überlagerung der konservativ-nationalen Tradition. Das läßt sich an einigen Beispielen deutlich machen. Zu Beginn der Betriebsappelle im Landgericht sang die Belegschaft immer ein

---

[1] Ein schönes Beispiel waren die Feiern zum ›Anschluß‹ Österreichs, zu der die Menschen in ihren Heimatorten zusammenkamen. Dann wurden über den Rundfunk die Befehle zum Flaggenhissen etc. gegeben. Jedes Dorf wurde mithin mit dem großen Ganzen in Beziehung gesetzt. Anweisung der DAF von April 1934, in: VpLA. Rep. 76, Landgericht Greifswald, Nr. 1680.

Lied. Gerne nahm man hier das martialische ›Volk ans Gewehr‹, das vor
1933 nur selten gesungen worden war. Daneben schmetterte man alte und
schon seit der Kaiserzeit beliebte Lieder wie ›Oh, Deutschland, hoch in
Ehren‹.[2] Der Gemeinschaftsempfang von Rundfunkreden auf dem Markt,
in der Schulaula oder Stadthalle, zu dem die Bevölkerung in Uniformen
antrat, in Marschkolonnen geführt und militärisch aufgereiht wurde, war
eine neue Idee der NSDAP, die den Gedanken des gemeinsamen Handelns
und Erlebens in den Dienst der nationalsozialistischen Propaganda stellte.
Damit bemühte sie sich, den Tendenzen des Rückzugs ins Private, wie er im
neuen Medium Radio angelegt war, gegenzusteuern.[3]

Im Mittelpunkt des Totenkultes standen nun nicht allein die Opfer des
Weltkrieges, sondern auch die Toten der ›Bewegung‹, des ›nationalen Wider-
standes‹ gegen die Republik und gegen die ehemaligen Feinde des Weltkrie-
ges. Dafür wurden neue Denkmäler gebraucht und auch errichtet. Der
›Schlageterstein‹ stand auf dem Platz vor dem Gymnasium. Für den ›Blutsonntag‹ errichtete die Partei einen Gedenkstein an der Loitzer Landstraße.[4]
Der 17. Juli als Erinnerung an den gewaltsamen Tod der drei SA-Männer
wurde zum wichtigsten lokalen Gedenktag, der mit Kranzniederlegungen,
Ehrenformationen und symbolischen Totenwachen begangen wurde. Der
Begriff stand für sich und wurde als gemeinschaftsstiftendes Schlagwort beständig wiederholt. Er verwies auf den Höhepunkt des örtlichen Kampfes
für den NS-Gedanken vom Wiederaufstieg Deutschlands, der sich damit
tragisch und heroisch überhöhen ließ. Er sollte nach dem Willen der Partei
als Sinnbild nationalsozialistischer Opferbereitschaft dienen. Die Namen
der drei ›Märtyrer der Bewegung‹ rückten als Straßenbezeichnungen oder
Titel von Gebäuden in das Bewußtsein der Menschen. Immer wieder wurde
ihr vermeintliches Vermächtnis beschworen. Die NSDAP schuf sich damit
eine lokale Tradition und Legitimation, die ihr als sehr junger Partei ansonsten fehlte.

Zum höchsten Feiertag der NSDAP rückte aber der 9. November auf.
Ihn beging die Partei alljährlich mit der Überführung der ausscheidenden
BDM und HJ-Mitglieder in die NSDAP. Die Partei verpflichtete sie öffentlich auf die Hakenkreuzfahne. Das entsprach genau dem Vorbild des Stahlhelm, war jedoch inhaltlich neu gefüllt. Der konservative Reichsgedanke
war nicht länger der Bezugspunkt, sondern die Partei mit ihrem gescheiterten Putschversuch. Auch die Universität löste sich langsam vom ›Reich‹. Sie
feierte den Führergeburtstag im gleichen Rahmen wie vorher den Reichsgründungstag mit Ehrensenatoren, Uniformen, Fahneneinmarsch, Festver-
sammlung, Ansprachen und anschließendem Herrenessen der lokalen Füh-

---

[2] Beispiele in: VpLA. Rep. 76, Landgericht Greifswald, Nr. 1619 u.1620.
[3] Z.B. Appelle am 6.10.1939 und 28.9.1938; VpLA. Rep. 76, Landgericht Greifswald,
   Nr. 569, 1680 u. 1619.
[4] Zum Kult um den 17. Juli, StA. Rep. 6 Ia, Nr. 47. Kränze gab es jedes Jahr im Juli und am
   9. November. Das Denkmal war in ›Ehrenpflege‹ der HJ.

rungsschicht im Preußischen Hof. Die alte Hauptfeier trat in den Hintergrund, ohne jedoch ganz zu verschwinden. Bisweilen wurde sie mit dem 30. Januar verschmolzen, dem Gedenktag für die Machtübernahme.[5] Damit wurde auch auf der symbolischen Ebene deutlich, daß die NSDAP etwas Neues sein wollte und keine einfache Fortsetzung des kaiserzeitlichen Patriotismus in seiner Frontgemeinschaftsversion. Sie wollte jedoch auch nicht mit der Tradition brechen, sondern den konservativ-nationalen Bezugspunkt des Reiches zunächst auf die Partei und erst dann auf das Vaterland bezogen wissen.

Vor 1930 hatte der gesellschaftliche Konflikt zwischen den Kräften des nationalen Lagers und denen der Republik die Menschen bewegt. Jeder Aufmarsch, jede politische Versammlung war eine Demonstration der Gegengesellschaft und benötigte den Feind in der eigenen Stadt und in der Regierung in Berlin. Mit der Machtübernahme und der Einführung der Volksgemeinschaft fiel diese Frontstellung weg, denn der Gegner ging verloren. Der Massenaufmarsch wurde zu einer staatstragenden Angelegenheit. Volksgenossen waren schließlich alle, und Konflikte sollten nicht mehr sein. Vom ehemaligen sozialdemokratischen Arbeiter bis zum deutschnationalen Richter marschierten alle mit. Das schmälerte zwar den mitreißenden Charakter der Versammlungen nicht, die weiter gut inszeniert waren. In jedem Fall war aber die freiwillige Mobilisierung der Bevölkerung, wie sie sich aus der politischen Parteinahme für eine der dramatisch gesteigerten politischen Identitäten ergab, nicht annähernd so stark wie vor 1930. Die Begeisterung, einer Parteiobrigkeit immer wieder zeigen zu müssen, daß man für die NSDAP und ihre Politik war, verbrauchte sich sehr schnell. Das Mitmachen hatte keinen Bekenntnischarakter mehr. Deswegen mußte beständig der Organisationsgrad der NS-Vereine hoch gehalten und das Mitmachen zur Pflicht erhoben werden.

Dem nationalen Kult fehlte das konkrete integrierende und mobilisierende Feindbild. Anfangs trugen noch die alten Gegner ›System‹ und ›Republik‹. Auch die sozialistischen und demokratischen Kräfte ließen sich beschwören. In dem Maße aber, wie sie aus dem öffentlichen Leben und dem kollektiven Gedächtnis schwanden, verloren sie an Bedeutung. Überdies konnte die NSDAP sich nicht ständig darauf beziehen, weil diese Gegner ja nun Bestandteil der eigenen Volksgemeinschaft waren. Es mußten neue Gegner her. Die aggressive Judenfeindschaft brachte nur einen mittelmäßigen Ersatz, denn es gab nur sehr wenige Juden in Greifswald. Ihre Ausgrenzung und spätere Verfolgung wurde nur am Rande wahrgenommen und drang wohl auch deswegen kaum in das Bewußtsein der regionalen Bevölkerung.[6] Als Feindbild waren sie nicht geeignet. Dafür waren sie weder im

---

5 Zahlreiche Einladungen und Programmzettel, in: StA. Rep. 6 Ia, Nr. 161, Repräsentation der Stadt.
6 W. WILHELMUS, Juden in Vorpommern, 1996, S. 66 u. 69 ff. 1932 lebten 46 jüdische Bürger in Greifswald. 1939 waren es noch neun. 1933 und 1938 kam es zu Ausschreitun-

Geschäftsleben noch an der Universität präsent genug. Das hatte mit der latent antisemitischen Haltung der Konservativen in Greifswald zu tun, die bereits vor 1933 an der Universität dafür gesorgt hatten, daß jüdische Gelehrte nur selten berufen wurden.[7]

Von den Themen, die seit 1919 die nationalen Massen mobilisiert hatten, blieben nur die außenpolitischen übrig. Sie riefen jedoch in der Tat weiterhin die Begeisterung der Menschen hervor, weil Hitler mit scheinbarer Leichtigkeit die Forderungen erfüllte, die das konservativ-nationale Milieu wesentlich gefestigt hatten. Immer neue Erfolge waren daher zweckdienlich, um dem Regime die Unterstützung zu sichern. Die hohe Beliebtheit dieser Politik drückte sich in den ›Wahlen‹ aus, die von der NSDAP als plebiszitäre Zustimmungskampagnen gerne nach solchen Ereignissen inszeniert wurden, um Gemeinschaftsgefühl zu erzeugen und den verbliebenen Opponenten ihre Isolierung vorzuführen.[8] Die hohe Zustimmung, die sich dabei in Greifswald zeigte, war durchaus ehrlich gemeint und blendete die Unzufriedenheiten mit der NSDAP und ihrer Herrschaft aus.

Die Verwobenheit in die lokale Feier- und Festkultur, in die Vereins- und Familiennetzwerke hatte die DNVP stark gemacht. Die lokale Tradition, das Heimatgefühl hatten einen eindeutigen politischen Anstrich, formten das Lager zum Milieu und verbanden es mit der DNVP. Die NSDAP ging nicht gegen diese Elemente lokaler politischer Kultur vor, sondern bemühte sich, sie für die Bindung der Bevölkerung an das NS-Regime nutzbar zu machen. Der DNVP-Lokalredakteur und Heimatschriftsteller Otto Wobbe beispielsweise blieb geachtet. Die Stadt ehrte ihn zu seinem 75. Geburtstag. Der legendäre Kriegsheld, Stahlhelmer und Kriegervereinsaktivist, Oberstleutnant Baumgardt, bekam ebenfalls Glückwünsche zu seinem 90.[9] Das Schützenfest und der ausrichtende Verein erfreuten sich bis Kriegsbeginn auch des Wohlwollens von Rickels und Kamradt.[10] Das wichtigste lokale Fest blieb unangefochten. Von Forstner oder Glawe traten als Ehrengäste auf, die bei Festen von der Stadt mit Aufmerksamkeit bedacht wurden. Luther war angesehener Ehrenbürger Greifswalds.[11] Damit gelang es der

---

gen und Zerstörungen in den wenigen Geschäften; Erinnerungen daran nur bei H. F. Curschmann. Wilhelmus erwähnt 1938 nicht, ein zeitgenössischer Hinweis in: VpLA. Rep. 76, Landgericht Greifswald, Nr. 1838.

[7] W. WILHELMUS, Juden in Vorpommern, 1996, S. 68, ferner die dort angegebene Literatur.

[8] StA. Rep. 6 Ia L, Nr. 78; Reichstagswahlen, Volksabstimmungen 1933–1938. Das Verfahren war so angelegt, daß jede Manipulation erlaubt war, die den Eindruck von vollzähliger Zustimmung erhöhte. Fast jeder abgegebene Stimmschein war gültig, die Zahl der Wahlberechtigten durfte nicht veröffentlicht werden.

[9] Schriftwechsel dazu in: StA. Rep. 6 Ia, Nr. 50. Daß Baumgardt sich 1941 erschoß, weil er nach dem Beginn der Kämpfe mit den Sowjets meinte, die Russen kämen bald, sei nur angemerkt. Altstadtinitiative (Hrsg.), 1995, S. 34 f.

[10] Jahresberichte der Bürgerschützen ab 1935, in: StA. Rep. 58, L 8.

[11] Jahresbericht der Bürgerschützen 1939, in: StA. Rep. 58, L 8. Deutlich auch in: StA. Rep. 6 Ia, Nr. 50, wo die Repräsentation der Stadt dokumentiert ist.

NSDAP, den lokalen Traditionsbestand des nationalen Lagers für sich in Dienst zu nehmen. Der überwiegende Teil der lokalen Gesellschaft wurde von seinem Selbstverständnis und seiner Vergangenheit nicht abgeschnitten, sondern die Tradition wurde vereinnahmt, nationalsozialistisch umgedeutet und stärkte damit die NS-Herrschaft. Die Nationalsozialisten waren insofern weit intelligenter als die Republikaner der frühen Jahre nach 1918. Der antizentralistische Beigeschmack des Lokalbewußtseins, seine abgrenzende Funktion, wie sie zu Zeiten der Republik hervorgetreten war, verloren sich, denn Gegensätze zwischen der Provinz und dem Zentrum waren im NS-Staat nicht vorgesehen.

Alle Bemühungen der NSDAP in Sachen politischer Kultur liefen darauf hinaus, die Volksgemeinschaft herzustellen und sie stark zu machen. Sie lieferte letztlich den zentralen Gedanken und die Legitimation, über den die NSDAP ihre Herrschaft in der Gesellschaft rechtfertigte. Sie war das positive Ziel, das Bevölkerung und Partei aneinander band. Alles hing daher von der Akzeptanz der Ideologie von der Volksgemeinschaft ab. Im Umgang mit der konservativ-nationalen Tradition zeigten sich die neuen Machthaber flexibel und anpassungsfähig, sie gefährdeten die Zustimmung nicht durch einen radikalen Bruch, sondern verlegten sich auf eine langsame Durchdringung und Umdeutung vorhandener Ideen, auf vorsichtige Erweiterungen entlang der bereits gezogenen Linien. Die öffentlich inszenierte politische Kultur behielt einen zentralen Platz unter den Integrationsangeboten der NSDAP. Es war jedoch deutlich, daß alte Formen neue Inhalte transportierten und daß die Mobilisierungsfähigkeit der Bevölkerung durch den Verlust der gesellschaftlichen Konfrontationslinien abnahm. Mit Hilfe der politischen Kultur ließ sich keine dauerhafte Mobilisierung mehr erreichen. Sie nahm allgemeinen, staatstragenden Charakter an und verlor damit ihren gemeinschaftsstiftenden Reiz ganz erheblich.

4. Zwischenbilanz: Das Integrationsangebot der NSDAP

Das Ziel der NSDAP war die Volksgemeinschaft, eine Art Milieubildung auf der Basis der nationalsozialistischen Weltanschauung, der neuen Organisationen der NSDAP und der verbliebenen Zusammenhänge des nationalen Lagers. Alles war auf die Führung durch die Partei zugeschnitten. Da auch ›Außenstehende‹ integriert werden sollten, war der Grundgedanke expansiv angelegt. Die soziale Basis im nationalen Lager genügte nicht, die gesamte Gesellschaft sollte zu diesem Milieu, zur Volksgemeinschaft umgebaut werden. Wurde die NSDAP ihrem Ziel gerecht?

Auf der Ebene der Parteieliten und ihrer Bindung an die Basis erreichte sie dieses Ziel sicherlich nicht. Zwar entwickelte sich die Partei in ihrer Führungsspitze weg von der Honoratiorenstruktur herkömmlicher Prägung und hin zu einer Mitglieder- und Funktionärspartei, womit sie einen

Trend fortsetzte, der sich schon bei der DNVP abgezeichnet hatte. Populär und eng mit der Bevölkerung verbunden waren diese Funktionäre jedoch nicht. Dafür war der personalpolitische Einfluß übergeordneter Stellen viel zu stark und das autonome Basisleben der NSDAP am Ort zu schwach. Der NSDAP-Elite fehlte eine eigene lokale Legitimation, ein Aufstieg aus der Greifswalder Gesellschaft. Selbst die normalen Versammlungen der Partei-mitglieder erlebten die Männer auf dem Podium als ›Bonzen‹, als die dem normalen Volk entrückten Führer, deren herausgehobene Stellung und Auf-passerrolle auf der Macht der Partei beruhte. Die Massenpartei verlangte von ihren Mitgliedern Unterordnung statt Mitbestimmung. Die NS-Elite entwickelte überdies die Tendenz, sich gegenüber den anderen Bevölke-rungsteilen abzuschließen, wie Diplomaten in einem fremden Land.

Das Organisationswesen der NSDAP enthüllte eine weitere Schwäche der neuen politischen Richtung, die angetreten war, die alte zu beerben und zu verbessern. Es gelang der NSDAP nur in den ersten Monaten ihrer Herr-schaft, tatsächlich freiwillige Mitglieder für sich und ihre Vorfeldorgani-sationen zu gewinnen. Auch die Einführung von Formen, die dem sozia-listischen Lager entlehnt waren und die Defizite des nationalen Lagers ausgleichen sollten, brachten keine dauerhafte Abhilfe. Denn kurz nach 1933 versiegte der Zustrom aus Begeisterung. Die Einbindung der bestehen-den Organisationszusammenhänge, ihre Nutzbarmachung für die NSDAP traten in den Vordergrund. Ohne diese Blutzufuhr aus dem konservativ-na-tional vorgeprägten Vereinswesen wäre die für die NSDAP so entscheidend wichtige organisatorische Erfassung der Gesellschaft kaum gelungen.

Das hatte auch mit der Entpolitisierung der Gesellschaft zu tun, denn auffällig war eine schon kurz nach 1933 einsetzende Tendenz, politische Themen und Meinungen generell zu meiden. Einerseits waren sie nicht mehr nötig, weil dem nationalen Lager das Gegenbild abhanden kam. An-dererseits sorgten der Zwang zu einem Bekenntnis im Sinne der Hitlerpartei und der Terror für ein Verstummen und einen Rückzug in den privaten Zirkel, in die Familie. Unverzichtbar war für die NSDAP daher die Mög-lichkeit, über den Arbeitsplatz in den expandierenden Behörden den Druck besonders wirksam werden zu lassen. Das Element von permanenter Nöti-gung setzte sich durch, was die emotionale Bindung an die Partei – und auf sie kam es der NSDAP an – nicht eben förderte. Die hohe Organisations-fähigkeit der NSDAP, ihre großen Mitgliederzahlen, überdeckte ihre relati-ve Schwäche an der Basis der Gesellschaft. Ihr fehlte eine mobilisierende gesellschaftliche Dynamik. Die Kraft der Partei speiste sich noch aus den Konflikten der Weimarer Republik. Als die Bedeutung der Jahre vor 1933 und ihrer Streitlinien aber schwand, versiegte die Dynamik langsam. Weil die positive Bindung und die Autorität der NS-Elite über das Organisati-onswesen nur schwach ausgeprägt waren, mußte die NSDAP zur Mobilisie-rung Propaganda und Terror anwenden. Die Unfähigkeit, die permanente Mobilisierung der zwanziger und frühen dreißiger Jahre aufrechtzuerhalten, führte zu einer Teilkapitulation vor den bestehenden gesellschaftlichen Verhältnissen. Die NSDAP mußte sich öffnen, um auf diese Weise die Bindungen der Partei zu stärken. Die NSDAP mußte die Erfahrung machen, daß sich die Volksgemeinschaft nicht von allein einstellte und daß sie sich auch nicht dauerhaft ohne weiteres herbeiorganisieren ließ.

Doch die Tatsachen, daß es sowohl organisatorische als auch ideologische Freiräume gab, daß an die konservativ-nationale Tradition flexibel angeknüpft werden konnte, unterstreichen, wie sicher sie sich letztlich in der Stadt fühlte, wie fest bei allen Vorbehalten ihr Fundament in den nationalen Lagermentalitäten war. Es gab für sie keine Notwendigkeit, alle Bereiche der Gesellschaft völlig zu durchdringen, das mittlere Maß an freiwilliger Loyalität genügte offenbar. Der eher lückenhaften organisatorischen Vereinnahmung folgte eine langsame und schleichende ideologische Durchdringung sämtlicher Lebensbereiche der meisten parteifrei verbliebenen Regionen des nationalen Lagers. Das wurde besonders im Freizeitbereich deutlich. Hier, wo der politische Druck am schwächsten war, hatte die NSDAP die größten Erfolge, weil es partiell tatsächlich gelang, alltägliche Bedürfnisse und Aktivitäten politisch im Sinne der Partei aufzuladen und die Gesellschaft damit ideologisch zu unterwandern. Hier gelang ihr der Sprung über die Lagergrenze der Weimarer Republik, die Vereinnahmung der Kinder und Jugendlichen aus den konservativen oder sozialistischen Gesellschaftsteilen. Sie vermied weitgehend Konfrontationen und erreichte daher im Jugendbereich am meisten.

So zeichnen sich drei Tendenzen ab. Erstens läßt sich festhalten, daß die NSDAP die Gesellschaft weder sozialstrukturell noch ökonomisch verändern wollte. Sie wollte sie lediglich bei sich neu unter dem Stichwort der nationalen Volksgemeinschaft integrieren. Deswegen blieben die ausgetretenen Pfade nationalistischer Massenmobilisierung erhalten, sie wurden jetzt nur organisatorisch und weltanschaulich zur NSDAP geführt. Dabei war sich die NSDAP weitgehender Zustimmung sicher, obwohl eigentlich nie ganz klar wurde, was diese Volksgemeinschaft sein sollte. Sie blieb eine Art Phantom. Gemeinschaft unter nationalistischen Vorzeichen galt als grundsätzlich positiv. Sinn und Zweck gerieten auf Dauer jedoch aus dem Blick. Die NS-Volksgemeinschaft gelang der Partei jedoch nicht, weil die Beharrungskräfte der konservativ-national vorgeprägten gesellschaftlichen Verhältnisse nicht so einfach zu beseitigen waren. Alles lief auf einen Kompromiß der alten und der neuen Kräfte hinaus. Am nachhaltigsten wirkte daher drittens die langsame Durchdringung der Gesellschaft, die Tatsache, daß sich die NSDAP auf das nationale Lager bei allen Vorbehalten verlassen konnte und sich somit bei den widerstrebenden Teilen auf langfristige Veränderungen konzentrieren durfte.

In den Jahren zwischen 1933 und 1943 kam in der Summe so etwas wie ein nationalsozialistisches Milieu nicht zustande. Dafür waren die Bindungen zwischen Gesellschaft und Partei zu wenig entwickelt, das Maß an Zwang und Manipulation zu groß. De facto waren dennoch Loyalität und Zustimmung zur Herrschaft der Partei vorhanden, weil die NSDAP die regionale Bevölkerung, so wie sie war, kaum überforderte, sondern sie im Gegenteil geschickt einband. Mit den Defiziten, die sich dabei entwickelten, kam sie gut zurecht.

Zwölftes Kapitel

Neue Trennlinien: Die Greifswalder Kirche und die NSDAP

1. Die Abgrenzung der Kirche von der NSDAP

Die einzige weitgehend intakte Institution des nationalen Lagers bildete auch nach 1933 die evangelische Kirche. Die NSDAP war sehr bemüht, sie machtpolitisch und weltanschaulich unter Kontrolle zu bekommen. Damit hatte sie sich einen sehr starken Gegner ausgesucht, denn 1933 gehörten rund 93 Prozent der Bevölkerung der protestantischen Konfession an, nur rund 0,8 Prozent in Stadt und Kreis waren konfessionslos.[1] Die Position der Kirche im Konflikt mit der NSDAP war mithin recht gut, denn weite Teile der NS-Wähler- und Anhängerschaft waren Kirchenmitglieder, Partei und Kirche durchdrangen sich wechselseitig.

Ausgangspunkt des Streites zwischen Kirche und NSDAP war die offensichtliche Unvereinbarkeit der nationalsozialistischen Ideologie mit dem christlichen Glauben und seinen unverkennbar jüdischen Wurzeln. Der NS-Glaube von Rasse, Volkstum, Judenhaß und Recht des Stärkeren paßten so gar nicht zum Gebot der Nächstenliebe. Dieser Konflikt setzte einen gesellschaftlichen Differenzierungsprozeß in Gang. Er hatte sich bereits 1932 angebahnt.[2] Die konservativen Theologen nahmen den weltanschaulichen Gegensatz schon länger wahr, zogen daraus jedoch zu Beginn der NS-Herrschaft noch keine Schlüsse. Sie setzten zunächst Hoffnungen auf einen volkskirchlichen Neubeginn in der Volksgemeinschaft. In der NSDAP sahen sie die neue staatliche Obrigkeit, der man Gehorsam schuldete. Die Möglichkeiten für protestantische Christen, sich von dieser Obrigkeit zu distanzieren, waren deswegen von vornherein beschränkt. Trotz des vehement vorgetragenen Postulats, eine Weltanschauungspartei zu sein, fehlte es der NSDAP aber an ideologischer Geschlossenheit, denn sie umfaßte ein breiteres weltanschauliches Spektrum als nur die ›SA Jesu Christi‹. Es reichte von den Deutschen Christen bis zu neuheidnischer Verehrung nordischer Götter, auf die die Pfarrer besonders allergisch reagierten. Eine einheitliche Ideologie, die geeignet gewesen wäre, gegen die in der Kirche weithin akzeptierte Theologie in Stellung gebracht zu werden, hatte die NSDAP trotz aller Beschwörungen der nationalsozialistischen Weltanschauung nicht zu

---

[1] Preußisches Statistisches Landesamt (Hrsg.), Jahrbuch, 1934, S. 260.
[2] In diesem Sinne auch W. Pyta, Dorfgemeinschaft, 1996, S. 383 ff.

bieten. Das hinderte sie nicht, den Konflikt nicht nur als Machtkampf, sondern auch als Auseinandersetzung um den Inhalt des Glaubens zu führen. Daß damit zwei weitgehend Absolutheit beanspruchende Loyalitäten des nationalen Lagers in Gegensatz und Konfrontation traten, ging den Pfarrern und Gemeindegliedern erst langsam auf. Über die religiöse Orientierung vermittelt, setzte von hier aus ein Klärungsprozeß ein, in dem sich konservative Christen und Nationalsozialisten voneinander schieden. Weil es um Weltanschauung und Glaube und somit um Grundsätzliches ging, entwickelte sich im Bereich des religiösen Bekenntnisses eine scharfe Trennlinie im nationalen Lager. Die Gleichschaltung der Kirche war damit nicht nur eine Frage von Organisation und Macht, es ging um elementarere religiöse Fragen, die jeder einzelne Christ vor seinem Gewissen beantworten mußte. Es ging für die Nationalsozialisten um die Frage, wie stark sie sich mit dem ideologischen Angebot ihrer Partei identifizieren, wie sehr sie ›gläubige‹ Nationalsozialisten sein wollten, ein Terminus, den Hitler immer wieder gebrauchte. Neben Freizeit, Wohnort, Familie und Arbeit war dies der fünfte Aspekt des totalen Anspruchs der NSDAP auf die Menschen.

Dieser Konflikt zwischen der an sich unpolitischen Religion und einem weltlichen Glauben politisierte ganz zwangsläufig auch die Religion. Dabei kam der konservativ-nationalen Grundeinstellung weiter Teile der Pfarrer und ihrer Kirche erhebliche Bedeutung zu. Die Kirche und die religiösen Kreise der Bevölkerung grenzten sich zunehmend von der NSDAP ab, die wiederum dazu überging, bestimmte Gläubige auszugrenzen. Diese sattsam bekannte Dialektik und die feste religiöse Bindung, gekoppelt an die bewahrte Organisationsautonomie der Kirche, verweist auf Ansätze einer neuen verdichteten, politischen Sozialstruktur, die sich während der Diktatur der NSDAP aus dem nationalen Lager heraus bildete.[3]

Die politische Polarisierung des nationalen Lagers in die beiden Richtungen von NSDAP und DNVP brachte die Kirche schon seit 1930 in Orientierungsschwierigkeiten. In welcher der beiden konkurrierenden Modelle von der Volksgemeinschaft die Volkskirche besser aufgehoben sein würde, war ihr unklar. Da die NSDAP vor 1933 in Pommern weitgehend darauf verzichtet hatte, Religion und Kirche anzugreifen, wirkten die nebulösen Versprechungen der Partei auf einen religiösen Neubeginn der nationalen Volksgemeinschaft auch in den kirchlich orientierten Teilen des nationalen Lagers anziehend. Die ersten Wochen der Herrschaft Hitlers waren seitens der regionalen Kirche noch von einer positiven Stimmung getragen.[4] Kirchenaustritte hörten auf, ja es gab sogar Wiedereintritte. Parteigliederungen nahmen bisweilen geschlossen am kirchlichen Leben teil. Die verhaßte Re-

---

[3] Für K. Scholder ist dieser Konflikt der Abschluß der Auflösung des landesherrlichen Kirchenregiments, das mehr gewesen sei als eine bloße »Rechtsfigur«. In der Differenzierung liege der Endpunkt jener Krise, die 1918 begonnen habe. K. SCHOLDER, Krise der dreißiger Jahre, 1988, S. 114.
[4] H. HEYDEN, 1957, S. 232.

publik war beseitigt, die ›gottlosen‹ Sozialdemokraten traten ab, der Einfluß von Juden, Katholiken und Demokraten auf den Staat und die Kultur wurde beschnitten. Die Maßnahmen zur Vereinheitlichung der Landeskirchen in einer Reichskirche fanden breite Zustimmung, versprachen sie doch Stärke und folgten dem konservativ-nationalen Ideal einer erneuerten, machtvollen und einheitlichen protestantischen Kirche.[5]

Zunächst hatten die Deutschen Christen der NSDAP Zulauf. Die Partei hatte Erfolg in ihren Bemühungen, die Kirche unter Kontrolle zu bekommen und die Menschen für sich zu gewinnen.[6] Greifswald spielte dabei eine besondere Rolle, weil hier wichtige Männer dieser kirchenpolitischen Richtung wirkten. Die Deutschen Christen waren die organisatorische Verkörperung des weltanschaulichen Widerspruchs zwischen Nationalsozialismus und Christentum. Sie wollten die theologische Brücke zwischen der völkischen Ideologie der NSDAP und dem protestantischen Christentum in seiner nationalistisch verengten Sichtweise sein. Sie traten an, diese beiden unvereinbaren Richtungen miteinander zu versöhnen. Die in der Politik erfolgreichen Methoden der NSDAP und der SA sollten auch in der Kirche Anwendung finden. Die Kirche sollte im Sinne der Deutschen Christen vereinheitlicht und von abweichenden Positionen gesäubert werden. Dieser Anspruch widersprach der evangelischen Tradition, eine Vielzahl theologischer Strömungen zu vereinen.[7] In der nationalistischen Euphorie der ersten Monate 1933 hatten sie Zulauf und Unterstützung in breiten Kreisen der lokalen Gemeinden. Die Kirche sollte teilhaben am großen gemeinschaftsstiftenden Werk der NSDAP, sie sollte die wiedergewonnene Einheit von Volk, Staat und Führung mit der Religion krönen. Daß es auch um eine Machtfrage ging, war den Pfarrern klar, denn zum Teil kommandierte die NSDAP ihre Mitglieder ab, sich bei der Kirche zu engagieren, um sie von unten her, zur Not eben auch gegen den Willen der Geistlichen, auf ihren Kurs zu bringen.[8]

Unter Mitwirkung und Förderung der Greifswalder Theologieprofessoren Koepp und Beyer entstand unter den Studenten die ›Kirchliche Kampfschar Pommern‹, die in SA-Manier ›missionierte‹ und bald auch in den Kirchenkampf eingriff.[9] Beyer stellte sich dem Reichsbischof Müller und der nationalsozialistischen Kirchenpolitik zur Verfügung, kurzzeitig wurde er

---

[5] K. Scholder, Die Kirche und das Dritte Reich, 1977.

[6] K. Nowak, Weimarer Republik, 1981, S. 256, zur Vorgeschichte der Deutschen Christen als Glaubensbewegung.

[7] Ebd., S. 13, spricht von »geistiger und organisatorischer Heterogenität« als Grundtatsache evangelischer Kirchlichkeit.

[8] Bei den DC-Kandidaten des Jahres 1932 ist davon auszugehen, daß das Gros sich nicht wirklich für die Kirche interessierte, denn die meisten tauchten nie vorher und nie nachher in religiösen Kontexten auf.

[9] B. Metz, Entstehung, 1993, S. 52. Ferner mündliche Hinweis von I. Garbe. Zum Begriff K. Scholder, Kirche zwischen Republik, 1988, S. 131–170. Dort auch zu den Phasen der Auseinandersetzung.

Kirchenminister des Geistlichen Ministeriums.[10] Der Lehrbeauftragte an der Universität, Heinrich Laag, Superintendent in Garz auf Rügen, nahm ebenfalls zentrale Funktionen für die Deutschen Christen wahr.[11] Im Zuge der zentralisierenden Kirchenreform durchdrangen die Deutschen Christen dann die pommersche Kirchenleitung. Walther Kähler mußte zurücktreten, das Bistum Cammin wurde wiedererrichtet, Laag wurde Probst. Seit September 1933 galt das Führerprinzip auch in der Kirche, was der jahrzehnte-alten synodalen Tradition widersprach, die auch immer eine Möglichkeit geboten hatte, die auseinanderstrebenden theologischen oder religionspoli-tischen Richtungen zu integrieren, mithin die Einheit der Kirche zu wahren. Da sich die Konservativen wie von Scheven bereits im Herbst 1932 gegen die NSDAP ausgesprochen hatten, war der Konflikt absehbar.

Von der Reichskirche her erfolgten zwei schwere Einschnitte in die Or-ganisation der Greifswalder Gemeinden und ihre Arbeit. Gegen Ende des Jahre 1933 löste der Reichsbischof die evangelischen Jugendverbände auf, die auch in Greifswald in die HJ überführt wurden.[12] Die Kirche verlor damit ein wichtiges Standbein und die Möglichkeit, ihren eigenen Nach-wuchs heranzubilden. Das traf sie ferner auch an einem theologischen Nerv, denn Kindertaufe war ja nur sinnvoll, wenn die Unterweisung im Glauben und die Integration in die Gemeinde nachgeholt werden konnten. Hart trafen die Kirche die Einschränkungen der Frauenarbeit, die auf eine Zurückdrängung in den innerkirchlichen Raum hinausliefen, denn es durf-ten keine neuen Mitglieder mehr aufgenommen werden, und die Frauen-schaft der NSDAP beanspruchte Mitbestimmung bei der Programmgestal-tung.[13] Jugend- und Frauenarbeit waren neben Diakonie, Seelsorge und Gottesdienst die beiden bedeutendsten Elemente der Gemeindetätigkeit gewesen.

Die Deutschen Christen der Stadt unter Rektor Schülke und Studienrat Ferdinand Nagel hatten spätestens seit den Kirchenwahlen im Juli 1933, die die Deutschen Christen mit 70 bis 85 Prozent der Stimmen für sich entschie-den[14], wesentlichen Einfluß in den Gemeindegremien und setzten die eher zurückhaltenden Pfarrer und die traditionellen konservativ-nationalen Gruppen von der Gemeindebasis her unter Druck. Sie forderten, sich vor-behaltlos der neuen Regierung und ihrer Weltanschauung unterzuordnen, mithin den Deutschen Christen die Macht in der Kirche zu überlassen. Alle diese Bemühungen der NSDAP griffen tief in die traditionelle Arbeit der Gemeinden ein und lockerten den Zusammenhalt der Gemeindegruppen. Die Aktivitäten der Deutschen Christen richteten sich stark gegen die Macht der konservativen Pfarrer.

---

[10] W. KLÄN, Evangelische Kirche, 1995, S. 150ff., S. 212.
[11] Ebd., S. 229ff.
[12] Ebd., S. 209ff.
[13] H. HEYDEN, 1957, S. 239.
[14] W. KLÄN, Evangelische Kirche, 1995, S. 174.

Erfolgreich waren die NSDAP-Christen jedoch auf Dauer nur im Zugriff auf die Kirchenleitungen in Berlin und Stettin, von wo aus sie auf die Gemeinden einwirkten. Die Gemeinden bekamen sie nicht in den Griff, weil sie die organisatorische Autonomie der Kirche nicht beschneiden und die Pfarrer nicht einfach absetzen konnten. Den Gemeinden gelang es immer wieder, Freiräume zu finden und zu nutzen. Ferner hatte die Gleichschaltung nur im Organisationswesen einen Teilerfolg. An der Basis in den Greifswalder Gemeinden stießen die Bestrebungen früh auf Widerstand, der sich primär aus religiösen Motiven speiste, dem also weder mit Zwang noch mit Umorganisation beizukommen war. Superintendent Karl von Scheven, der aus seiner Ablehnung der völkischen Rassenideologie nie einen Hehl gemacht hatte und auch die Einschränkung von theologischer Pluralität und kirchlicher Arbeit nicht hinnehmen wollte, besaß unangefochtene Autorität in der lokalen Pfarrerschaft. Die Stellung der Pfarrer in ihren Gemeinden war allen Anfeindungen zum Trotz ungebrochen. Von Scheven entwickelte sich zur wichtigsten Person in der Abwehr der Deutschen Christen und beim Aufbau einer Opposition. Schon im Juni 1933, als viele evangelische Christen noch von den vermeintlichen Chancen der Machtübernahme der NSDAP berauscht waren, ergriff er die Initiative, um die Gegner der Deutschen Christen in den Gemeinden der Stadt in einer Gruppe der ›Jungreformatorischen Bewegung‹ zu sammeln. Besonders aus der Theologischen Fakultät war er dazu ermuntert worden, denn dort gingen eine ganze Reihe von Dozenten und Studenten auf Distanz zu Koepp, Beyer, Laag und auch Gläwe, der ebenfalls zu den Deutschen Christen tendierte.[15] Auch innerhalb der lokalen Pfarrerschaft regte sich aus der konservativen Grundhaltung nunmehr Widerspruch gegen die NSDAP. Von Scheven brachte vor allem Männer hinter sich, die vor dem Januar 1933 der DNVP angehört oder nahegestanden hatten. Aus der Fakultät traten von der Goltz, Deißner, der Emeritus Viktor Schultze und der junge Dozent Fichtner für von Schevens Initiative ein. Unter den Stadtpfarrern ragten Otto Koehler und Edmund Koch von Sankt Marien hervor, die beide vor 1933 die Kirchenbeilage der DNVP-Zeitung redigiert hatten. Koehler war überdies noch Mitglied der ›Greifenloge‹ gewesen und verfügte daher über gute Kontakte in die ehemalige Führungsschicht der Stadt. Unter den Laien fiel besonders der ehemalige DNVP-Kreisvorsitzende Wilhelm Kähler auf. Ansonsten gehörten überwiegend Akademiker, Lehrer, höhere Beamte und eine ganze Reihe von Frauen zu dem Kreis um von Scheven, der Urzelle der Bekennenden Gemeinde in Greifswald. Wie schon 1918 bildete die religiöse Orientierung den Ausgangspunkt für eine politische Polarisierung, wobei sich deutlich der christliche Anstrich der alten DNVP-Eliten hervorkehrte. Ihre religiöse Bindung war mithin ausschlaggebend für ihre konservative politische Orientierung. Der Glaube war wichtiger als die Loyalität gegenüber einem einheitlichen nationalen Lager.

---

[15] Insgesamt dazu, B. Metz, Vorgänge in Greifswald, 1991.

Wie groß war aber die Breitenwirkung dieser Sammlung und des weltanschaulichen Konflikts? Das Gewicht der Theologen in dieser sich formierenden Oppositionsbewegung und der Kirchenspitze war stark, das der Laien hingegen zunächst noch unentwickelt.[16] Erst durch die scharfen Auseinandersetzungen nach der fatalen Sportpalastkundgebung der Deutschen Christen am 13. November 1933 erweiterte sich der beschränkte Kreis auf rund 350 Gemeindemitglieder.[17] Spätestens seit diesem Termin fand das Anliegen von Schevens breiten Widerhall in den Gemeinden, denn die Führung der Deutschen Christen hatte unverhohlen und maßlos die politische Reinigung der Bibel gefordert, was für protestantische Christen in ihrer Schriftorientierung undenkbar war. Seitens der NSDAP war nach dem Desaster im Sportpalast ein nachlassendes Interesse am Kampf um die Seelen der Menschen zu beobachten. Die Deutschen Christen hatten sich durch ihre theologischen Parforce-Ritte kirchenintern isoliert. Gegen die gut geschulten konservativen Theologen kamen sie nicht an. In der Partei fehlte nun der Rückhalt. Hitler ließ sie als untaugliches Mittel zur Gleichschaltung der Kirche fallen. Hier stieß die NSDAP ganz offensichtlich an die Grenzen ihrer Macht, ihr totaler Anspruch brach sich an den konservativen religiösen Verhältnissen und an den traditionellen Strukturen der Kirche.[18] Eine weitere Entfremdung der 1934 ohnehin unzufriedenen Bevölkerung wollte die Partei deswegen nicht in Kauf nehmen. Dieses Abflauen der Aggressivität eröffnete den Spielraum, der von Seiten der NSDAP-Gegner gegen die Deutschen Christen genutzt wurde.

Die Medien waren gleichgeschaltet, die Kirche fand jedoch ihre eigenen Wege, den Protest gegen die Positionen der Deutschen Christen zu artikulieren, indem sie auf traditionelle Mittel zurückgriff. Per Kanzelabkündigung bezogen die Pfarrer Stellung, womit die Angelegenheit zum öffentlichen Streitthema geriet und jeden zur Entscheidung nötigte. Das brachte der Bekennergruppe weitere Anhänger. Die NSDAP war gegenüber den Pfarrern hilflos und wagte keinen frontalen Angriff. Die Kirche sicherte der entstehenden Bekenntnisgemeinde Öffentlichkeit und Kommunikation. Man hielt untereinander durch Einladungen und Rundschreiben Kontakt, auch das verbliebene kirchliche Gruppenwesen spielte als Kommunikationsnetz eine Rolle; die personellen Ressourcen der lokalen Kirche wurden für die Auseinandersetzung genutzt. Es gelang der NSDAP nicht, ihren kirchlichen Gegnern diese Form von Öffentlichkeit streitig zu machen und die Opposition damit zu unterbinden.

---

[16] Namen ebd., S. 70.

[17] Ebd., S. 71.

[18] Die zentrale Bedeutung der theologischen Positionen Karl Barths für diesen Differenzierungsprozeß muß unterstrichen werden. Die evangelische Kirche war nach wie vor theologisch bestimmt; K. Nowak, Weimarer Republik, 1981, S. 336f. K. Scholder, Die Kirche und das Dritte Reich, 1977 u. 1984.

Obwohl es an Konfliktpunkten mit den Deutschen Christen nicht fehlte, bemühte sich von Scheven von vornherein um Ausgleich und Mäßigung der Auseinandersetzung. Das diplomatische Lavieren, das Bemühen, zu frühe Festlegungen zu vermeiden, waren starke Charakterzüge des Superintendenten. Noch im November 1933 gab es zum Geburtstag Martin Luthers eine Kundgebung in der Stadthalle, die von Scheven eröffnete, auf der Fleischmann und Kreisleiter Hube sprachen und auf der Laag von den Deutschen Christen den Festvortrag hielt.[19] Die Kirchenleitung behandelte den Dissens wie einen der üblichen theologischen Streitpunkte, den die Kirche gütlich unter Wahrung ihrer Einheit in der Stadt beizulegen hoffte. Vor der Kirchenwahl 1933 verhandelte von Scheven mit den Deutschen Christen sogar um einen einheitlichen Wahlvorschlag.[20] Im Gegensatz zu den kirchlichen Veranstaltungen der späten Weimarer Jahre war aber seit 1933 eine deutliche Abkehr von politischen Themen zu beobachten. Kirchenmusik und rein religiöse Fragen rückten in den Mittelpunkt von Veranstaltungen.[21] Offenbar hofften von Scheven und seine Pfarrer, durch Umgehung von Politik eine Eskalation und damit ein Zerfallen der Gemeinden zu vermeiden. Möglicherweise war das auch eine Rückbesinnung auf den Kern kirchlicher Arbeit, nämlich der einfachen Verkündigung des Wort Gottes.

Im Sommer 1934 kam es dann doch zum offenen Konflikt. Am 5. Juli reiste Reichsbischof Müller an zu einer Kundgebung auf dem Greifswalder Markt. Die örtlichen Pfarrer fühlten sich zu einem demonstrativen Akt provoziert. Sie boykottierten die Veranstaltung. Die Stadtverwaltung unter Bürgermeister Schmidt und der Universitätsrektor Meisner schlossen sich an. Schmidt weigerte sich außerdem, den Bischof offiziell im Rathaus zu empfangen. Das wurde mit den Patronatspflichten der Stadt begründet, die eine Parteinahme gegen die örtlichen Pfarrer nicht zulasse. Kropka und Schülke standen mit den Deutschen Christen alleine auf dem Markt und fühlten sich brüskiert.[22] Am Abend, als die NSDAP-Kreisleitung in der Stadthalle über diese Unverfrorenheit wetterte und der Stadtverwaltung Rache schwor, trafen sich im Lutherhof die Anhänger der Bekennenden Kirche zu einer Gegenveranstaltung. Wenige Tage nach dem Schlag gegen die lokale NS-Führung im Zuge der Röhm-Aktion fanden sich die Kirche, die Universität und die Stadtführung zu dieser religiösen, im Kern aber sehr politischen Demonstration zusammen. Der Protest der örtlichen Kirchenführung gegen die Deutschen Christen konnte ganz offenbar so etwas wie den Kristallisationskern eines breiteren Vorgehens abgeben. Über die politische Färbung

---

[19] Programm für die Veranstaltung am 19.11.1933, in: UB-Sammelmappe, Kirchen, Bd. 2.
[20] Schreiben des Gemeindekirchenrates von Sankt Nikolai an den Magistrat vom 18.7.1933, in: StA. Rep. 5, Nr. 10607.
[21] Programme in: UB-Sammelmappe, Kirchen, Bd. 2.
[22] Darstellung des Vorganges durch Fleischmann vom 24.7.1934, in: StA. Rep. 6 Ia PB, Nr. 226. Zur Veranstaltung mit Fichtner, Lebenslauf o. D. in: UA. Personalakte Fichtner, Nr. 326.

dieser Allianz gab es keinen Zweifel. Die Konservativ-Nationalen gaben den Ton an.

Die seitens der lokalen Kirchenführung mit Nachdruck betriebene Abgrenzung von der NSDAP stieß rasch an Grenzen, die von der NSDAP gezogen wurden. Eine Frontbildung und Konfrontation war auf die Dauer nicht durchzuhalten, weil die Kirche über die enge Verquickung mit dem Staat an die Kandare genommen werden konnte. Das mußte auch von Scheven erkennen, als sich 1935 mit dem Tod Fleischmanns das Machtgefüge in der Stadt zugunsten der NSDAP verschob. Dies leitete einen Wechsel in der Politik des Superintendenten gegenüber der Partei ein. Fleischmann war Patronatsvertreter der Stadt an Sankt Nikolai, so wie Bürgermeister Schmidt Vertreter an Sankt Marien war. Beide hatten eng mit von Scheven zusammengearbeitet. Als der Oberbürgermeister starb, war deutlich, daß die Epoche der selbstverständlichen Gemeinschaft von Kirche und Stadt zu Ende ging. Der Trauergottesdienst für Fleischmann war daher nicht zufällig die letzte große Kundgebung dieser historisch gewachsenen, tief in der Mentalität der örtlichen Bevölkerung verwurzelten Zusammengehörigkeit.[23]

Die Folgen dieser Veränderung für die Kirche werden am Beispiel einer Personalentscheidung deutlich. Die NSDAP versuchte jetzt nämlich, das seit den 1880er Jahren verbriefte Patronatsrecht der Stadt, bei der Personalauswahl der Pfarrer mitzuentscheiden, zugunsten der Deutschen Christen und mit Frontstellung gegen von Scheven durchzusetzen. Als der Pfarrer der Greifswalder Bekenntnisgemeinde, Edmund Koch an Sankt Marien, zum 1. Oktober 1936 seine Position räumte, war der Magistrat turnusgemäß an der Reihe, einen Kandidaten vorzuschlagen. Rickels bemühte sich dennoch, über das Gaupersonalamt, einen NS-Pfarrer zu gewinnen. Glawe und von Scheven verhandelten mit dem Magistrat, und man einigte sich schließlich auf Konrad Kob, der in der Bewerbung seine Weltkriegserfahrung hervorgehoben hatte und betonte, daß er sich in seiner Pfarrstelle in Bütow im Volkstumskampf gegen die ›Polengefahr‹ gewandt habe. Ausschlaggebend war ferner, daß er ursprünglich den Deutschen Christen nahegestanden hatte, dann jedoch in die neutrale Mittelfraktion gewechselt war. Dabei handelte es sich um die wachsende Gruppe von Pfarrern, die keiner der beiden extremen Richtungen angehörten, um die Einheit ihrer Gemeinden bewahren zu können. Er war somit der ideale Kompromißkandidat und bekam vom Gaupersonalamt den Zuschlag. Die politischen Argumente überdeckten alle fachlichen Anforderungen, die vor 1933 von Bedeutung gewesen waren, wenn ein Pfarrer berufen werden sollte. Für die Intellektualität und

---

[23] Programm vom 16.5.1935, in: UB-Sammelmappe, Kirchen, Bd. 2. Feier in Sankt Nikolai. Die Ansprachen hielten von Scheven und der Theologe Baumgärtel von der Bekennenden Kirche in Vertretung des Rektors. Für die Stadt sprach Bürgermeister Schmidt. Die Auflösung des Rahmens eines landesherrlichen Kirchenregiments wird an dieser Stelle sehr deutlich, vgl. K. Scholder, Krise der dreißiger Jahre, 1988, S. 113.

das Können auf der Kanzel interessierte sich niemand mehr.[24] Aus solchen Reibereien mußte von Scheven erfahren, daß die NSDAP zwar die direkte Konfrontation mied und daß sie auch den Kompromiß mit der Kirche suchte, daß sie aber ihre Möglichkeiten zur Blockade der kirchlichen Arbeit einsetzte. Wenn der Superintendent weiterarbeiten wollte, dann mußte auch er einen Mittelkurs steuern.[25]

Von Scheven verließ in dieser Situation Ende 1935 die Bekennende Kirche und wählte den Weg der kirchlichen Mitte, die den pragmatischen Ausgleich mit dem Staat suchte, ohne aber oppositionelle Grundpositionen zu verlassen und Freiräume aufzugeben. Ihm mag die Entscheidung erleichtert worden sein, weil sich auch unter den führenden Theologen der Universität eine Abkehr von der Bekennenden Kirche abzeichnete. Vor allem Professor Hermann orientierte sich neu. Er war in der Fakultät neben Deißner die wichtigste Integrationsfigur.[26] Für einen verantwortlichen Kirchenführer, der sich in den Gegensatz zu seiner Regierung begeben hatte wie von Scheven, war es nur sehr schwer möglich, dem bisweilen heftigen Fundamentalismus der Bekennenden Kirche zu folgen. Die enge und historisch gewachsene Bindung von Stadt und Kirche war nicht einfach aufzuheben, auch wenn sie nicht mehr funktionierte. Die Greifswalder Gemeinden verlegten sich daher auf das Lavieren. Kirche, Stadt und Universität konnten sich jetzt allerdings nicht mehr gegen die NSDAP verbünden. Die kurz aufblitzende politische Möglichkeit des Bündnisses endete mit dem Kurswechsel von Schevens. Gleichwohl eröffnete die neue Position die Chance, weiter auf die Öffentlichkeit der Stadt einzuwirken. Denn von den Pfarrern gab es nach wie vor vielfältige Verbindungen in alle Kreise der Bevölkerung. Die Familien blieben durch den ungebrochenen kirchlichen Ritus im Einflußbereich. Taufe, Konfirmation, Trauung und Beerdigung fanden unter der Leitung der Pfarrer weiter und allgemein verbindlich statt.[27] Die Greifswalder Gemeinden hielten an der Frauen- und Mädchenarbeit fest, bewahrten sich ihre Schwesternstationen und versuchten auch, die Jugendarbeit am Leben zu erhalten.[28] Das war jedoch nur eine Überwinterungsstrategie ohne Fortschritte in Richtung von mehr Handlungsspielraum. Vor allem den Resten des alten Organisationswesens mit seinen Kirchenbindungen wie den Kriegervereinen, den informellen Kreisen der Logen, den Bürgerschützen, dem Militär oder auch den Innungen wurde auf diese Weise ermöglicht, Kontakt zur Kirche zu halten. Der angestrebten Entkonfessionalisierung des öffentlichen Lebens konnte begegnet werden. Mehr war nicht zu machen.

---

[24] Der Vorgang in: StA. Rep. 5, Nr. 23 u. Nr. 9585.

[25] K. SCHOLDER, Die Kirche und das Dritte Reich, 1984, S. 12, spricht von zwei großen Leitlinien im Jahr 1934, der Zerstörung der Organisation und die Entwicklung eines neuen Bekenntnisses. Von Scheven lebte diesen Konflikt.

[26] B. METZ, Entstehung, 1993, S. 52.

[27] Hinweis von I. Schehl, geb. Rickels.

[28] B. METZ, Entstehung, 1993, S. 55.

Der neutrale Mittelkurs blieb bis 1945 bestimmend, auf ihn schwor von Scheven seine Pfarrer in den drei Stadtgemeinden und die wiederum ihre Gläubigen ein. Gleichzeitig wurde nichts mehr für die Bekennende Kirche unternommen. Man kam ihr nicht mehr entgegen und ordnete alles dem Postulat der zu bewahrenden Einheitlichkeit unter.[29] Daß es einen grundsätzlichen Widerspruch zwischen Glauben und Nationalsozialismus, zwischen Kirche und Partei gab, blieb deutlich und unwidersprochen. Der Konflikt wurde jedoch nicht mehr ausgetragen. Damit verlor er an Schärfe und Bedeutung, er forderte seitens der Kirche nicht mehr zu einer unbedingten Stellungnahme auf.

2. Bekennende Kirche und konservative Kerngemeinschaft

Zum Mittelpunkt der nach 1935 weitgehend unabhängig von den Gemeinden und universitären Einrichtungen der Stadt weiter existierenden Bekennenden Kirche wurde die Studentengemeinde, die seit Anfang 1936 von einem eigenen Pfarrer betreut wurde und die seit November 1936 bis 1939 ein Studentenheim in der Stadt unterhielt.[1] Zeitweilig war das Heim im Gebäude der Sängerverbindung ›Gotia‹ untergebracht, bei der der ehemalige Meister der Freimaurer und DNVP-Politiker Ottomar Rhode im Vorstand der vermietenden Altherrenverbindung saß.[2] Die alten Netzwerke funktionierten demnach immer noch. Die örtliche Pfarrerschaft und die Theologen der Fakultät sahen dieses Eindringen in ihren Herrschaftsbereich von außen nicht gern. Grundsätzlich behinderten sie die Arbeit jedoch auch nicht. Allein der strafversetzte Lohmeyer, der Dozent Fichtner und zwei Pfarrer von Sankt Marien hielten aktiv Kontakt. Erster Pfarrer war der spätere Bischof von Berlin und Brandenburg, Albrecht Schönherr. Im Studentenheim fanden vermutlich auch die Gottesdienste der Bekennenden Stadtgemeinde statt. Bonhoeffer, Dibelius, Niemöller und von Thadden waren in der Stadt und hielten Veranstaltungen ab, zum Teil vor einem größeren Kreis Interessierter.[3]

Neben den Nachstellungen durch die Staatsmacht war die materielle Versorgung ihrer Aktiven das wesentliche Problem der Bekennenden Kirche, denn sie wurden von der offiziellen Kirche in Pommern weitgehend aus-

---

[29] Öffentliche Distanzierung von einer Einladung der BK-Gemeinde vom 19. 10. 1936, in: UB-Sammelband, Kirchen, Bd. 2. Interessant ist der Hinweis, die Einladung der Gemeinde sei nicht von der Mehrheit getragen. Sie legitimierte offenbar das kirchliche Handeln immer stärker. Ferner die Erinnerungen von A. SCHÖNHERR, 1993, S. 102–114. Er spricht von einer »eisigen Atmosphäre«.
[1] Hierzu der trotz der außerordentlich schwierigen Quellenlage vorzügliche Aufsatz von B. METZ, Entstehung, 1993, S. 50–56.
[2] Vereinsregister, in: VpLA. Rep. 77, Amtsgericht Greifswald, Nr. 4775.
[3] B. METZ, Entstehung, 1993, S. 53.

gehungert. Daß ein Überleben möglich wurde, hatte wesentlich mit den Milieustrukturen der Konservativ-Nationalen zu tun, mit dem Weiterfunktionieren der Kommunikationsnetze.[4] Ein bekennender Pfarrer konnte nur eine Pfarrstelle erhalten, wenn ein Patron, also meist ein Großgrundbesitzer, ihn einstellte. Das funktionierte recht gut. Schönherr wurde beispielsweise 1937 Pfarrer bei Generalfeldmarschall von Mackensen.[5] Die örtlichen Großgrundbesitzer förderten die Studentengemeinde. Mechthild von Behr, Witwe des letzten kaiserlichen Landrates, lud die Studenten regelmäßig zu Freizeiten auf ihr Gut Behrenhoff bei Greifswald ein. Ihr Pfarrer Wellmann, vor 1930 Führer der dörflichen ›Bismarckjugend‹, beteiligte sich an den Gesprächsrunden im Schloß.[6] Wegen solcher und anderer Aufsässigkeiten gegen die NSDAP geriet die Gräfin 1940 in KZ-Haft.[7] Auch Graf Bismarck-Bohlen, der 1933 alle seine Ehrenämter niedergelegt hatte, stand der Bekennenden Kirche nahe.[8] Daß Frieda Dankert, die ehemalige Vorsitzende des Hausfrauenvereins und Ehefrau eines DNVP-Lokalpolitikers, als Hausdame im Studentenheim der Gemeinde tätig war, unterstreicht noch einmal die grundsätzlich konservativ-nationale Prägung der Bekennenden Kirche in Greifswald[9], ihre Verwobenheit in die traditionelle politische Milieustruktur, deren Angehörige zur Wahrung des Bestandes ihrer politischen Gesinnung und Haltung auch bereit waren, große Opfer zu bringen. Sie stellten sich sogar in Gegensatz zum Staat, dem Angelpunkt konservativer Gesinnung.

3. Ausgrenzung und Verfolgung durch die NSDAP

Die NSDAP führte den Kirchenkampf nach der mißglückten Machtübernahme in den Gemeinden weiter, wenngleich sie den Streit nicht mehr forcierte. Sie orientierte sich nunmehr stärker am antichristlichen Gehalt ihrer Weltanschauung und legte die Rücksichtnahme auf die Kirche ausdrücklich ab. Antikirchliche und antichristliche Propaganda nahm nach dem Abflauen

---

[4] A. Schönherr, 1993, S. 102f. Ferner auch B. Metz, Kirchenkampf, 1987, S. 114–116. Sie weist auf die Patrone und die Rolle örtlicher Honoratioren bei der Entstehung von Bekennenden Gemeinden hin.

[5] Von Mackensen intervenierte in Kirchenfragen bisweilen auch bei Hindenburg. K. Scholder, Die Kirche und das Dritte Reich, 1984, S. 45.

[6] B. Metz, Entstehung, 1993, S. 54.

[7] H. Neuschäffer, 1993, S. 31. Ferner A. Schönherr, 1993, S. 110. Mechthild von Behr hatte nach dem Sieg in Flandern nicht geflaggt, außerdem das letzte Reitpferd ihres Mannes pietätvoll im Park beigesetzt und nicht an die Tierkörperverwertung abgeliefert, damit diese es zu Seife verarbeite.

[8] N. Buske, Kampflose Übergabe, 1993, S. 57.

[9] A. Schönherr attestiert ihr »Mut« und die »natürliche Begabung« des Regierens; vgl. A. Schönherr, 1993, S. 108.

der Konfrontation deutlich zu.[1] Gegen Pfarrer, Kirchgang und Glaube wurde polemisiert. Die NSDAP beschränkte sich in der weltanschaulichen Auseinandersetzung, ging aber gegen die Kirche als Organisation und gegen ihre Aktivitäten weiter vor.

Das äußerte sich in der Verfolgung von Pastoren, die sich weigerten, die Kirchen zu beflaggen.[2] Es gab Verhaftungsaktionen gegen bekannte Gegner auf den Kanzeln wie im März 1935.[3] Die Theologische Fakultät der Universität stand immer wieder im Zentrum von Bemühungen der Gauleitung, den Pfarrernachwuchs auszutrocknen, was auch seit 1936 weitgehend gelang. Die Studentenzahlen in der Theologie brachen dramatisch ein.[4] Stellenbesetzungen wie im Falle Kob wurden grundsätzlich verschleppt oder unterblieben ganz.[5] Die Arbeit der Kirche beispielsweise mit Konfirmanden erschwerte die Partei durch Parallelveranstaltungen der HJ, der Religionsunterricht wurde eingeschränkt. SA-Dienste fanden bevorzugt am Sonntagmorgen statt. In der Diakonie und in der sozialen Arbeit drängte die NSDAP die Kirche zurück, indem sie ihr 1940 die Leitung der großen Odebrecht-Stiftung entzog.[6] Die Partei machte das weitläufige Gebäude zum NS-Jugendheim.[7] Das System der evangelischen Gemeindeschwestern wurde stückweise durch NS-Schwestern ersetzte. Der Kirche wurde ferner durch die Frauenschaft auch die Mütter-, Kinder- und Jugendfürsorge streitig gemacht.[8] Alle Schreckensvisionen, mit denen die Pfarrer vor 1933 ihre treuen Kirchgänger gegen die sozialdemokratischen Freidenker mobilisiert hatten, setzte die NSDAP in die Tat um. Auf diese Weise blieb der politische Druck auf die Gemeinden und die kirchlichen Amtsträger, die unschwer als zentrale Figuren der latenten Opposition auszumachen waren, beständig erhalten. Wer zur Kirche ging, wußte, daß die Partei es nicht gerne sah. Der Wirkungskreis der Kirche verkleinerte sich. Die Angriffe auf die Diakonie betrafen ein wesentliches Band des kirchlichen Netzwerkes in der Bevölkerung.

Die weltanschauliche Auseinandersetzung war ebenfalls nicht beendet.[9] Sie wurde im inneren Raum der Partei fortgesetzt. Den NSDAP-Mitgliedern wurde anfangs ihr religiöses Engagement noch freigestellt. Kurt Griefahn konnte als Patronatsvertreter der Stadt bei Sankt Jacobi amtieren.[10] Kropka hatte guten Kontakt zu Pfarrer Schweckendiek von Sankt Jacobi,

---

[1] H. Heyden, 1957, S. 239, dort ein Beispiel aus Greifswald.
[2] VpLA. Rep. 76, Landgericht Greifswald, Nr. 1747. Hier ging es um den 9.9.1935.
[3] H. Heyden, 1957, S. 235.
[4] Vom Sommersemester 1933 mit 306 Studierenden sank die Zahl bis Sommer 1939 auf 38. H. Titze, 1995, S. 255.
[5] H. Heyden, 1957, S. 241. 1935 waren mehr als ein Viertel aller Pfarrstellen unbesetzt.
[6] J. C. Kaiser/M. Greschat (Hrsg.), Sozialer Protestantismus, 1997.
[7] H. Heyden, 1957, S. 242, ferner W. Klän, Evangelische Kirche, 1995, S. 529ff. u. 587ff.
[8] Kreisleitung der NSDAP (Hrsg.), Heimatjahrbuch, 1938, S. 108f.
[9] K. Scholder, Kirchenkampf, 1988, S. 144–148.
[10] StA. Rep. 5, Nr. 29/10605, Kirchenvertreter an Sankt Jacobi, Griefahn amtierte von Mai 1933 bis Dezember 1943.

der sich in einem Parteistreitverfahren für ihn verwendete.[11] Es war Mitte der dreißiger Jahre noch durchaus üblich, daß sich die Kinder der hohen Parteifunktionäre konfirmieren ließen, wenngleich bisweilen in HJ-Uniform.[12] Seit etwa 1936 forderte die Partei indes von ihren Anhängern ein klares Bekenntnis gegen die Kirche, mithin den Kirchenaustritt. Um nicht mit den religiösen Gefühlen ihrer Anhänger zu kollidieren, durfte sich jeder Nationalsozialist weiterhin als ›gottgläubig‹ bezeichnen. Auch intern, das wird damit deutlich, wurde auf eine harte weltanschauliche Auseinandersetzung verzichtet. Besonders den Amtswaltern der Partei und den SS-Leuten wurde der Kirchenaustritt nahegelegt. Fast die gesamte NS-Spitze der Stadt verließ daraufhin die Kirche. Auch Rickels, als Oberbürgermeister immerhin oberster Patron der örtlichen Gemeinden, trat im Dezember 1937 aus.[13] Gleiches galt für seinen Stellvertreter Kamradt. Die ›Gottgläubigen‹ bildeten folglich den harten Kern der NSDAP. Sie waren keine lose organisierten und völlig unterschiedlich motivierten Parteigenossen, sondern jene, die es ernst meinten mit dem Nationalsozialismus und ihm den Charakter einer Weltanschauung zubilligten. Die NSDAP war bemüht, diesen Kreis beständig größer zu ziehen und machte aggressiv Propaganda für den Kirchenaustritt, der offenbar als bewußter Abschied von alten Loyalitäten betrachtet wurde.[14] Während die Kirche auf das Entweder-Oder seit 1935 verzichtete, beharrte die NSDAP auf genau dieser Grenze.

Doch auch diese Auseinandersetzung verlor die NSDAP, denn nur ihr innerster Zirkel folgte tatsächlich der Aufforderung auszutreten. 1933 lebten in Stadt- und Landkreis Greifswald 642 bekenntnislose Einwohner, das entsprach noch nicht einmal einem Prozent. Seit 1936, als 111 Menschen austraten, forcierte die NSDAP die Propaganda, so daß die Zahl der Austritte sich 1937 noch einmal verdoppelte. Die Gerichte mußten nunmehr über die Mitgliederentwicklung der Kirche Bericht erstatten. Bis Ende 1939 traten 948 Menschen aus der evangelischen Kirche aus. Der Höhepunkt lag im Jahr 1939, als 424 Einwohner die Kirche verließen. Bei der Volkszählung 1939 gaben 1054 Bürger der Stadt an, sie seien ›gottgläubig‹, rund 3,2 Prozent der ständigen Wohnbevölkerung oder etwa die Hälfte der Parteimitglieder, wobei diese Übereinstimmung nicht nachweisbar ist. Damit dürfte der harte Kern der Nationalsozialisten in der Stadt recht präzise erfaßt sein. Besonders durchschlagend war der Erfolg der NSDAP mithin auch in den eigenen Reihen nicht, denn 90,1 Prozent der Bevölkerung gehörte weiterhin der evangelischen Kirche an.[15] Selbst viele normale Parteimitglieder bewahrten sich ihre religiöse Reserve gegen die NS-Weltanschauung trotz

---

[11] Schreiben vom 2.7.1936, in: BA. ehem. BDC, Walter Kropka, OPG.
[12] Interview mit I. Schehl, geb. Rickels.
[13] Aktennotiz in: StA. Rep. 6 PB, Nr. 337.
[14] Ein besonders eklatantes Beispiel aus Barth vom Juni 1941, Schriftwechsel dazu in: VpLA. Rep. 76, Landgericht Greifswald, Nr. 832.
[15] Zahlen nach StA. Rep. 6 VI b, Nr. 51.

massiven Einsatzes der Propaganda, Frauen offenbar noch weit stärker als Männer.[16]

Mit Kriegsbeginn trat zunächst ein gewisser Burgfrieden zwischen Kirche und NSDAP ein, denn die Partei benötigte die Kirche für die Seelsorge. Dennoch ging die Werbung für den Kirchenaustritt weiter. Im Bereich von Kreis und Stadt traten bis einschließlich 1943 noch einmal 563 Menschen aus. Gleichwohl verlangsamte sich die Bewegung deutlich, was wohl mit der Aussicht auf Kriegseinsatz und Tod zu tun haben mochte, die religiöse Gefühle und Bedürfnisse beförderten.

4. Zwischenbilanz: Kirche, Politik und Nationalsozialismus

Der weltanschauliche Konflikt zwischen gläubigen Christen und Nationalsozialisten war ein Streit innerhalb des nationalen Lagers. Er führte zur Ausbildung einer neuen Trennlinie in der Gesellschaft, die vor 1933 nicht vorhanden gewesen war. Das Lager teilte sich in einen bewußt kirchlichchristlichen und einen ebenso bewußten nichtkirchlichen, primär national und nationalsozialistisch integrierten Teil. Bekennende Kirche und ›Gottgläubige‹ stellten die beiden Extrempositionen dar. Dazwischen gab es eine breite, eher indifferente Mitte, der deutlich war, daß es einen grundsätzlichen Widerspruch zwischen ihrem Christentum und dem Nationalsozialismus gab. Sie lebten mit diesem Gegensatz, ohne sich allzusehr belastet zu fühlen.

Innerhalb der Kirche, deren Organisation und Kommunikationsnetze angegriffen, aber nicht zerstört waren, entwickelte sich ein von der üblichen NS-Norm abweichendes Selbstverständnis, das in die Gesellschaft ausstrahlte. Es konnte von der NSDAP nicht mehr unter Kontrolle gebracht werden. Kristallisationspunkte waren die Pfarrer und führende Laien, die von der NSDAP nicht ohne weiteres angegriffen werden konnten und die ihren ungebrochenen Einfluß in den Gemeinden nutzten, um den Kreis der Gegner eines NS-Christentums größer zu ziehen. Abgrenzung, Ausgrenzung, weltanschauliche und kultische Gemeinschaft, kommunikative Vernetzung und Organisationswesen deuten auf Ansätze einer milieuhaften Absonderung von der NS-Gesellschaft hin. Auf der Basis des Glaubens und der kirchlichen Strukturen entwickelte sich diese Gruppe zum wesentlichen Kern konservativer Opposition gegen die NSDAP. Das Zusammenhalten der Reste des konservativ-nationalen Personennetzwerks war Grundvoraussetzung für den Bestand der Bekennenden Kirche. Auf diese Weise verdichtete sich der Restbestand des konservativ-nationalen Milieus in seinem christlichen Kernsegment unter dem Druck der NS-Herrschaft zu

---

[16] Die Meldungen des Amtsgerichts Greifswald, in: VpLA. Rep. 76, Landgericht Greifswald, Nr. 832. 3,9 Prozent der Männer waren ›gottgläubig‹, jedoch nur 2,4 Prozent der Frauen. Die Zahl der Bekenntnislosen fiel von 370 auf 163.

einer festen Gemeinschaft, die sich solidarisch stützte und wechselseitig half.

Auch Christen außerhalb des Netzwerkes fanden im Glauben einen wirkungsvollen Rückhalt gegen den totalen Vereinnahmungsanspruch der NSDAP. Die Bekennende Kirche stellte eine Extremposition dar, die nicht jeder offen beziehen konnte oder mochte. Gleichwohl war diese oppositionelle Haltung in der Greifswalder Gesellschaft vorhanden und bot Orientierung und Halt. Von hier aus war Standhaftigkeit gegen den Nationalsozialismus und seine Gewissensnötigungen möglich. Die Kirche und ihre Pfarrer blieben in der Lage, über die Kirchenöffentlichkeit diese Haltung beständig zu bestärken. Um die Pfarrer sammelten sich daher lose Gruppen von Menschen, deren oppositionelle Position unzweifelhaft war. Hier wurde die fortschreitende Individualisierung und Aufspaltung des NS-gegnerischen Potentials in der Gesellschaft durchbrochen. Das schlug eine Bresche in den Totalitätsanspruch der NSDAP und ermöglichte es NS-Gegnern, aus ihrer Vereinzelung herauszukommen.

Die politische Tendenz, die dieser religiöse Konflikt hatte, war zu jeder Zeit klar erkennbar. Es wurde deutlich, daß die NSDAP über keine geschlossene Weltanschauung verfügte, die es ihr erlaubt hätte, tatsächlich in Konflikt mit den religiösen Positionen der Kirche zu treten. Immer mehr zeigte sich, daß die Deutschen Christen nur eine Spielart von Grundpositionen im Rahmen der NSDAP vertraten, daß sie jedoch nicht verbindlich für die Partei sprechen konnten. Die NSDAP war zwar gegen die Kirche und ihre Macht, sie konnte jedoch nie überzeugend begründen, warum sie es war. Der Nationalsozialismus war zwar kirchen- und christentumsfeindlich, er setzte jedoch keine eigene Lehre dagegen. Die NSDAP war nach ihrer Herkunft und nach ihrer Verwurzelung im nationalen Lager überdies gar nicht in der Lage, einen scharfen Schnitt zu machen. Jede allzu scharfe Distanzierung geriet mit den religiösen Gefühlen der eigenen Anhängerschaft in Konflikt.

Die NS-gegnerische Gruppe der Kirche setzte sich besonders aus jenen Kreisen zusammen, die in der DNVP aktiv gewesen waren. Diese parteipolitische Prägung verlor sich nie ganz. Dafür bürgten schon die Pfarrer, deren Einfluß erhalten blieb. Die Ausgrenzung durch die NSDAP brachte in dieser Gruppe einen Veränderungsprozeß in Gang. Zwei Punkte sind dabei von Bedeutung. Zum einen die erzwungene Abkehr vom Staat als Mitte des protestantischen, kirchlichen Lebens.[1] Zum anderen der Zwang, sich selbst eine neue Ordnung zu geben, die sich von der NSDAP unterschied. Die Bekennende Kirche stellte sich außerhalb des Staates und der postulierten nationalen Volksgemeinschaft. Woher aber sollte die neue unabhängige Kirche nun ihre Legitimation beziehen, wenn nicht aus dem gemeinsamen Willen ihrer Anhänger? Das war offenbar nur durch Rückgriff

---

[1] K. Scholder bezeichnet den Staat als Mitte konservativer Orientierung. Dem ist nicht zu widersprechen. K. SCHOLDER, Die Kirche und das Dritte Reich, 1984, S. 13.

auf eine gemeinschaftliche Leitung, die synodalen Traditionen der Kirche möglich. Sie bekam in der sich selbst regierenden Bekennenden Kirche hohen Stellenwert, denn sie stellten eine eigene, durch Tradition legitimierte Alternative zur NS-Diktatur dar. Gleichzeitig erschien sie als Ausdruck der theologisch eingeforderten christlichen Freiheit. Die Bekennende Kirche mußte sich ferner in ihrer bedrängten Situation sehr viel stärker als die staatlich gestützte auf ihr gesellschaftliches Netzwerk verlassen können. Dadurch erhielten die Laien eine wichtige Funktion. Auf diese Weise baute sich die extreme Pfarrerbezogenheit der Gemeinden ab. Die Verantwortung des einzelnen evangelischen Christen wurde gestärkt.

Auch die Bindung an den Staat wurde in Frage gestellt. Weil nicht mehr alles dem Staat und seiner vermeintlich nationalistischen Räson untergeordnet wurde, war auch ein Blick aus der 1918 selbstgewählten Isolierung möglich. Die Situation der Bedrängung öffnete die Perspektive auf die nicht-nationalistischen Christen. Aus dem konservativen Teil der Gesellschaft entwickelten sich auf diese Weise Ansätze für die Akzeptanz demokratischer Denkweisen, Formen und Verfahren.

Dreizehntes Kapitel

Repolitisierung der Gesellschaft im Krieg

1. Der schleichende Machtverfall der NSDAP seit 1939

Der Krieg kündigte sich bereits 1938 an. Die Zahl der Einberufungen zu Übungen oder zur Teilnahme an den Militäraktionen gegen Österreich und die Tschechoslowakei nahm zu. Immer mehr Männer aus der Führungsschicht der Stadt mußten einrücken. Diese Gruppe bestand dank der einmütigen Personalpolitik zunächst der Konservativ-Nationalen und dann der Nationalsozialisten fast ausnahmslos aus ehemaligen Weltkriegsoffizieren.[1] Loyal stellten sie sich in den Dienst ihres Vaterlandes, dem ihre Unterstützung galt, denn zwischen Partei und Nation wurde nach wie vor unterschieden. Der NSDAP war es noch nicht gelungen, sich in der Wahrnehmung der breiten Bevölkerung mit dem Staat zu verschmelzen. Gehörten der Anschluß Österreichs und des Sudetenlandes noch zu den allgemeinen Zielen des nationalen Lagers und wurden daher begrüßt, überschritt der Einmarsch in die sogenannte ›Rest-Tschechei‹ diese Grenze. Hier wurde ein Land besetzt, das keineswegs zum 1918 verlorenen Gebiet gehörte, dessen Bevölkerung auch kaum zu den irredenten Volksdeutschen zu zählen war, die man gerne ›heim ins Reich‹ führen wollte. Der eigentliche Kriegsbeginn war deswegen vorbereitet. Die Gesellschaft fügte sich mit Unbehagen.

Zwar war es für Parteifunktionäre leicht, dem Kriegseinsatz durch eine ›UK-Stellung‹ zu entgehen – die Abkürzung stand für Unabkömmlichkeit –, von der Rickels und zunächst auch Kreisleiter Brüchert Gebrauch machten.[2] Gleichwohl verwaisten zahlreiche Ämter sofort. So mußte beispielsweise Kamradt sofort in den Krieg. Offiziellen Ersatz gab es in aller Regel nicht. Je länger der Krieg dauerte und je höher die Verluste kletterten, um so problematischer wurde die Situation, denn als Funktionärspartei war die NSDAP auf die Besetzung der Stellen angewiesen, sonst arbeitete das Herrschaftssystem nicht mehr effizient und reibungslos. Die Folge der Ausdünnung war ein sukzessiver organisatorischer Abbau, der seit 1943 rapide Formen annahm. Rickels mußte bald nach 1940 auch die Kreisleitung mitverwalten. Von November 1943 bis Anfang 1944 war der Anklamer Kreis-

---

[1] Unter anderem der Rechtsanwalt Graul. VpLA. Rep. 76, Landgericht Greifswald, Nr. 1622; Rektor Daven, StA. Rep. 5, Nr. 10624, kurz vor Kriegsbeginn auch Lohmeyer, UA. Personalakte Lohmeyer, Nr. 347.

[2] Zu Rickels, Aktenvermerk in: StA. Rep. 6 PB, Nr. 337. Bei Brüchert spricht die Evidenz für diese Vermutung.

leiter mit zuständig. Erst 1944 bekam Brüchert einen Nachfolger. Seit März 1943 war Rickels für ein Jahr zusätzlich noch Landrat im Kreis Dramburg in Hinterpommern. Der nach dem Tod Corswands 1942 verwaiste Landratsposten in Greifswald wurde bis März 1944 vom Anklamer Landrat vertreten.[3] Die Greifswalder Stadtverwaltung war stark reduziert. Der Magistrat arbeitete mit Vertretungen und einem guten Drittel der üblichen Personalstärke.[4] Diese Schwierigkeiten waren keineswegs nur auf die Führung beschränkt, sondern erfaßten auch das organisatorische Vorfeld und die Basis der NSDAP. Die DAF mußte deswegen ebenfalls ihre Strukturen straffen und bekam im Mai 1943 eine regionale Führung in Anklam.[5] Im Mai 1943 stellte der Rechtswahrerbund die Beitragserhebung in Greifswald kriegsbedingt ein.[6] Immer mehr Posten der Partei waren kommissarisch, in Vertretung oder gar nicht mehr besetzt. Da der Gau Pommern das eroberte polnische Grenzgebiet personell mitbetreute, war die Personallage noch angespannter.[7] Diese Situation minderte die Schlagkraft der NSDAP. Die ohnehin heikle Bindung der Gesellschaft an die Partei lockerte sich. Hier dürfte ein Grund dafür zu suchen sein, warum gleich zu Beginn des Krieges der Druck auf die Bevölkerung mit Strafvorschriften und anderen Methoden erheblich verstärkt wurde. Anders wäre der Krieg von der Partei nicht zu führen gewesen.

Gleichzeitig stiegen die Anforderungen an die Partei und ihre Untergliederungen extrem an, denn der Krieg erforderte die emotionale Mobilmachung der gesamten Gesellschaft. Die war in den Vorfeldorganisationen der NSDAP ja nicht zuletzt deswegen weitgehend erfaßt worden, weil die Partei sich im Kriegsfall nicht auf die unzuverlässige Freiwilligkeit wie im Ersten Weltkrieg verlassen mochte. Die Transmissionsriemen der Partei liefen auf Hochtouren. Die Frauenschaft war mit Näh- und Reparaturstuben, Textilsammlungen und Bahnhofsdienst stark beansprucht.[8] Das Rote Kreuz rekrutierte Schwestern und versorgte Verwundete. Die Stadt mit ihren zahlreichen Kliniken wurde zum Lazarettort. Die NSV mühte sich mit allen Mitteln der Werbung und Nötigung, Beiträge und Spenden zu erheben.[9] Die HJ war mit vielfältigen Sammeltätigkeiten beschäftigt. Die älteren Jahrgänge wurden eingezogen, bis Kriegsende sank das Alter der jüngsten Rekruten auf 15 Jahre. Die HJ-Spielschar wurde zur Truppenbetreuung durch die Etappen im Osten geschickt.[10] Die DAF schließlich entwickelte sich mit dem Rückgang der NSDAP-Organisation und dem wachsenden Unwillen

[3] Schreiben dazu in: StA. Rep. 6 PB, Nr. 337.
[4] StA. Rep. 6 Ia, Nr. 33.
[5] Notiz dazu in: VpLA. Rep. 76, Landgericht Greifswald, Nr. 109.
[6] Mitteilung vom 29. 5. 1943, in: VpLA. Rep. 76, Landgericht Greifswald, Nr. 109.
[7] H. Gaede, Pommern, 1940, S. 40–43.
[8] Hinweis der Frauenschaft vom 26. 1. 1943, in: VpLA. Rep. 76, Landgericht Greifswald, Nr. 109.
[9] Diverse Schriftstücke, in: VpLA. Rep. 76, Landgericht Greifswald, Nr. 109.
[10] StA. Nachlaß H. und M. Lachmund, Erinnerungsbericht.

der Bevölkerung zum wesentlichen Instrument, die Menschen unter Druck zu setzen, um sie politisch zu mobilisieren. Sehr bald machten sich indes Ermüdungserscheinungen in der NSDAP und in der Gesellschaft bemerkbar, der Krieg beanspruchte die Organisationen und die Menschen mehr, als sie zu leisten in der Lage waren.[11]

Die Lücken in den staatlichen Verwaltungen, die durch den Krieg entstanden, füllte die lokale Partei mit Männern der alten Elite auf, die bis 1935/36 entlassen oder abgedrängt worden waren. Fast alle aus politischen Gründen versetzten oder zwangspensionierten Beamten kehrten in den Dienst zurück, zum Teil an gleicher Stelle wie ehedem. In die zweite Reihe abgeschobene Männer, die gegen die NSDAP eingestellt waren, kamen jetzt in herausgehobene Funktionen. Kamradt wurde 1939 durch den 1936 entlassenen konservativ-nationalen Bürgermeister Richard Schmidt ersetzt.[12] Sein Magistratskollege Remertz, ehemals bei der DDP, avancierte zum ständigen Vertreter von Rickels, der nur noch selten seine eigentlichen Pflichten erfüllte.[13] Lehrer Rubow kehrte auf Betreiben Schmidts in den Dienst der Stadt zurück.[14] Polizeichef a. D. Gustav Mesech erhielt einen Posten im Steueramt zugewiesen[15], Friedhofsleiter Grapentin machte seit 1942 Aushilfen im Dienst der Stadt.[16] Im Justizdienst arbeitete seit 1940 der Richter Hans Lachmund als Ausbilder, obwohl er Sozialdemokrat und Freimaurer gewesen war und als politisch unzuverlässig galt.[17] Auch alte Querverbindungen entstanden wieder. Von Scheven setzte Ende 1943 erfolgreich durch, daß Remertz für den sechs Jahre zuvor aus der Kirche ausgetretenen Rickels allgemeiner Patronatsvertreter der Stadt wurde.[18] In Kombination mit der Überforderung der NS-Führungsgruppen eröffnete dieses langsame Wiedereinrücken alter Eliten politische Möglichkeiten. Die NS-Gegner protegierten sich gegenseitig. Plötzlich hatten sie wieder eine wenn auch geringe Macht; die alten Eliten konnten die Entwicklung im Herrschaftsapparat wieder von innen her beeinflussen.

Anfangs herrschte durchaus Zuversicht in der Bevölkerung, daß der Krieg glücklich enden würde. Die Kämpfe gegen Polen und vor allem gegen Frankreich stießen auf Zustimmung. Die Erfolge sorgten für Begeisterung, denn damit wurden alte Träume des nationalen Lagers nach territorialer Restitution und Erweiterung im Osten sowie Revanche für 1918 gegen Frankreich endlich erfüllt. Das Landgericht reichte im Winter 1940 als kollektiven Vorschlag zum Wunschkonzert des Winterhilfswerks in der Stadt-

---

[11] Sehr deutlich in: VpLA. Rep. 76, Landgericht Greifswald, Nr. 1620.
[12] StA. Rep. 6 PB, Nr. 351. Dort ist der Vorgang der Entlassung und Wiedereinstellung dokumentiert.
[13] StA. Rep. 6 PB, Nr. 337, passim.
[14] StA. Rep. 5, Nr. 9892. Die Rückgliederung erfolgte seit 1940 in mehreren Etappen.
[15] StA. Rep. 6 PB, Nr. 306. Seit November 1939 bis 1944.
[16] StA. Rep. 6 PB, Nr. 236, Schreiben vom 24.4.1942.
[17] H. SASSIN, 1993, S. 380. Ferner W. WILHELMUS, Margarete und Hans Lachmund, 1990.
[18] Schreiben von Scheven an die Stadt vom 3.12.1943, in: StA. Rep. 5, Nr. 10607.

halle das mit Mehrheit ausgewählte Lied ›Bomben auf Engeland‹ ein.[19] Mit Fortgang des Krieges bröckelte aber diese tönende Siegesgewißheit, denn ein Jahr später im Januar 1941 tauchten weit weniger martialische Lieder auf der gleichen Liste auf, und am Ende siegte das unpolitische ›Hörst Du mein heimliches Rufen‹ knapp vor dem ›Engelandlied‹.[20] Schon nach anderthalb Jahren Krieg wollten die Menschen offenbar keine Propagandamärsche mehr hören. Das Stadttheater reagierte, indem verstärkt leichte Unterhaltung, Operette und Bunte Abende angeboten wurden. 1942 holte Rickels ›Papa Voß‹ als Intendanten zurück, der sich nach seiner unrühmlichen Entlassung schmollend nach Hamburg zurückgezogen hatte. 1943 wurde die beste Spielzeit des Theaters, politische Stücke gab es fast gar nicht mehr.[21]

Mit der Eröffnung des Feldzugs gegen die Sowjetunion brach die Begeisterung ein und wich einer unbestimmbaren Angst. Das Sterben an den Fronten, die Brutalisierung der Kämpfe wirkten auf die Moral in der Heimat zurück, wo sich die Bevölkerung immer stärker von der NSDAP zu distanzieren begann. Die schleichende Abkehr machte sich in sinkender Beteiligungsbereitschaft an NS-Veranstaltungen bemerkbar.[22] Immer häufiger füllte die NSDAP die Stadthalle, indem sie Belegschaften der Betriebe zur Teilnahme abkommandierte. Von Begeisterung oder Freiwilligkeit konnte keine Rede mehr sein. Die Zahl der Appelle an die Betriebsleiter, ihre Angestellten zum Mitmachen aufzufordern und für geschlossene Teilnahme zu sorgen, stieg rapide an. Ihr Ton wurde dringlicher und drohender. Damit versuchte die Partei, den Anschein einer ungebrochenen Kriegsmoral aufrechtzuhalten.

Das war nicht nur ein Rückzug von der NSDAP. Das Ausmaß dieser Abkehr reichte tiefer und betraf das grundsätzliche Verhältnis zum Staat und zum Nationalismus. Das nationale Lager verabschiedete sich vom Nationalismus als integrierender politischer Idee, als Grundlage eines politischen Kultes. Trotz Kriegsmobilisierung wollte sich einfach kein rechtes Gemeinschaftsgefühl mehr einstellen, denn die einseitige Ausrichtung der integrierenden politischen Kultur auf den Krieg und damit auf seine unerwünschten und ungewollten Folgen zerstörte den bisherigen Sinngehalt. Immerhin endete damit eine politische Tradition, die seit dem Kaiserreich bestand, die in der Weimarer Republik einen Höhepunkt erreicht hatte und die auch während der Jahre der NS-Diktatur die Loyalität gegenüber dem Regime zu erhalten vermocht hatte. Angesichts der drohenden Katastrophe genügte der Appell an nationale Gefühle nicht mehr, um die Menschen zu mobilisieren.

---

[19] Sammelliste o. D., in: VpLA. Rep. 76, Landgericht Greifswald, Nr. 1619.
[20] Umlauf des Amtsgerichts Greifswald vom 16.1.1941, in: VpLA. Rep. 76, Landgericht Greifswald, Nr. 1620.
[21] E. Voß, Theater, S. 70f.; ferner StA. Rep. 5, Nr. 9812.
[22] Besonders deutlich in: VpLA. Rep. 76, Landgericht Greifswald, Nr. 1620 u. 109.

Der Rückzug der Bevölkerung war auch eine Folge der sich verschlechternden Versorgungslage, denn die Partei bot ihren Funktionären Privilegien, hatte für alle anderen Menschen aber nur Pflichten zu vergeben.[23] Daß die Abkehr von der NSDAP nicht nur politische Gründe hatte, wird deutlich, wenn man an das gleichzeitige Einschlafen aller Aktivitäten bei den Bürgerschützen denkt. Die Menschen sahen sich auf existentielle Fragen zurückgeworfen. Sie hatten keine Zeit mehr für das öffentliche Leben, für Vereine und ideelle Interessen. Private Netzwerke wurden jetzt wieder wichtig, denn sie allein konnten zusätzliche Lebensmittel herbeischaffen oder boten Hilfe und Trost bei Todesfällen oder Einberufungen. In solchen Zirkeln war die NSDAP indes dann nicht präsent, wenn es sich um NS-Gegner handelte, denn deren private Netzwerke waren frei von überzeugten Nationalsozialisten. Man verkehrte nicht miteinander.[24] Das konterkarierte die Organisationsbemühungen der NSDAP. Gesellschaft und politische Führung entwickelten sich auf diese Weise immer weiter auseinander. Der Gedanke der nationalen und wehrhaften Volksgemeinschaft, die von der NSDAP in die Schlacht geführt wurde, war damit ebenfalls am Ende. Der Rückzug ins Private und die stille Auswanderung des nationalen Lagers aus der NSDAP war kaum anders als ein Mißtrauensvotum gegen eine nationale Solidarität zu verstehen, die es offenbar nicht gab. Das Signal zu ihrem Ende gab die NSDAP selbst, mit ihren Privilegierungen wie beispielsweise kleine Bestechungen, Verschonungen vom Kriegseinsatz, Reisen oder Aufhebungen der Dienstpflicht.[25] Die Bindungen zwischen Partei und Gesellschaft lösten sich auf.

Die Gesellschaft suchte wieder bei traditionellen Einrichtungen Halt. Das wird an der Kirche deutlich, die ihre seelsorgerische Aufgabe staatsloyal erfüllte, aber auch wieder zum wichtigsten Anlaufpunkt wurde, sobald es um das Totengedenken ging. Die Gemeinde von Sankt Marien und nicht die Partei hängte 1942 die erste Tafel mit den Namen der Kriegstoten in die Kirche.

---

[23] Besonders umstritten waren die UK-Stellungen oder Vorrechte beim Einkauf: Vgl. Vergabe eines Sondereinkaufsausweises vom 11.11.1941 für E. Küsel als Funktionärin der DAF, in: VpLA. Rep. 76, Landgericht Greifswald, Nr. 1620.

[24] Man pflegte Kontakte nur soweit, wie es wirklich nötig war. Übereinstimmende Berichte von Gudrun Otto, geb. Lohmeyer, Peter Lachmund, H. F. Curschmann u. Brigitte Remertz-Stumpff.

[25] I. Schehl berichtete, ihr Vater habe alles vermeiden wollen, was den Eindruck von Vorteilen für ihn erweckte. Vor allem Lebensmittelgeschenke habe er immer strikt abgelehnt. Gleichwohl sah die Bevölkerung solche sanften Bestechungen offenbar als gangbaren und erfolgversprechenden Weg, für sich bei der NSDAP Vorteile zu erhalten.

2. Die Kriegswende

Die endgültige Stimmungswende gegen die NSDAP, ihren Krieg, ihren Nationalismus und die Idee von der Volksgemeinschaft kam mit dem militärischen Umschwung im Winter 1943 und der verheerenden Niederlage bei Stalingrad. Dort wurde das Greifswalder Stammregiment vernichtet. Der Wandel war jedoch kein plötzliches Ereignis, sondern hatte sich lange vorbereitet. Die Stimmung schlug in Trauer und tiefe Niedergeschlagenheit um. Die HJ sagte eine lange geplante Kulturwoche ab, weil sie »bei der Bevölkerung z. Zt. nicht die richtige Resonanz finden« würde.[1] Zahlreiche junge Frauen hatten ihre Männer verloren, viele Familien ihre Söhne. Ihr Schicksal war zum Teil unbekannt, es herrschte Angst um sie. Die Offiziere waren in der Stadt bekannt und beliebt gewesen, zumal auch in den Kreisen der Partei.[2] Der Stimmungswandel richtete sich nunmehr gegen die NSDAP, ihre Weltanschauung und ihre Organisationen. Parteibeitritte nach 1941 ließen sich fast gar nicht mehr feststellen, außer bei Jugendlichen. Das manifestierte sich ferner am Einbruch bei der Werbung für den Kirchenaustritt seit dem zweiten Quartal 1943. Verließen seit Kriegsbeginn im Monat stetig rund 13 bis 16 Menschen die Kirche, verringerte sich diese Zahl auf nur noch rund sechs.[3] Die Gesellschaft kündigte der NSDAP die Gefolgschaft, das nationale Lager orientierte sich von der Partei weg, der Nationalismus und seine politische Kultur liefen zunehmend leer. Jeder nüchtern denkende Einwohner wußte, daß der Krieg verloren war. Es war nur noch eine Frage der Zeit und der Art und Weise, wie er zu Ende gehen würde. Auch in der lokalen NSDAP war diese Einsicht durchaus verbreitet[4], wenngleich weiter Optimismus zur Schau getragen wurden. Aggressiv und wohl auch gegen die eigene Angst gerichtet, verbreitete die Partei Durchhalteparolen und zwang die Menschen auf diesen Kurs. Doch sogar der Chemieprofessor Jander, ein ›alter Kämpfer‹ der Partei und gewiß für lange Jahre ein überzeugter Nationalsozialist, gab 1944 sein Parteibuch zurück.[5] Jeder suchte nach einer Möglichkeit, die eigene Haut zu retten. Die Idee nationaler Solidarität, des Zusammenstehens für die gemeinsame Sache war tot. Das große Gemeinschaftsgefühl einer Nation im Kampf, wie

---

[1] Schreiben der HJ, 3. 2. 1943, in: StA. Rep. 6 Ia, Nr. 119.

[2] Die Interviews mit Frauen der entsprechenden Jahrgänge verdeutlichten, wie tief dieser Einschnitt sie in der Regel traf. Mündliche Hinweise von I. Schehl u. A. B. Freytag.

[3] Zahlen aus den Berichten des Amtsgerichts, in: VpLA. Rep. 76, Landgericht Greifswald, Nr. 832.

[4] Allerdings wohl auf eine seltsam gebrochene Art, denn I. Schehl erinnerte sich, die Familie sei bei der Flucht 1945 der Meinung gewesen, man werde bald wieder da sein; andererseits war für Rickels klar, daß nicht um die Stadt gekämpft werden sollte.

[5] Aufstellung der Universität vom 16. 2. 1946, in: MLHA. Ministerium für Volksbildung, Nr. 2559. Ferner Hinweis Prof. Ippen, Göttingen, damals Chemiestudent in Greifswald, daß dieser Fall in der Stadt diskutiert wurde.

es die NS-Propaganda weiter verbreitete, sprach nur noch wenige an. Solidarität galt allenfalls noch der eigenen Familie, dem eigenen Freundeskreis, hier jedoch um so mehr.

Von der Last des NSDAP-Kriegserfolgs befreit, repolitisierte sich die Gesellschaft. Die Frage nach dem ›Wie weiter?‹ drängte sich förmlich auf, nachdem im nationalen Lager allgemein spürbar geworden war, daß eine neue politische Orientierung, eine neue politische Führung her mußten, die das Sterben und die Katastrophe wenigstens eindämmten. Wenn viele inzwischen auch die NSDAP ablehnten, so hatte sich doch am grundsätzlichen Patriotismus nichts geändert. Über solche Probleme wurde vor allem in den abgeschotteten privaten Zirkeln diskutiert. Sie hatten als Gesprächskreise im Umfeld der Universität und unter Einschluß der alten Eliten immer existiert. Seit 1941 waren sie bedeutender geworden, jetzt politisierten sie sich.

Am wichtigsten war eine gegen die NSDAP konspirierende Gruppe um den Justizrat Hans Lachmund, ein ehemaliger Freimaurer, Demokrat und Sozialdemokrat mit zahlreichen Verbindungen zu diversen überregionalen Widerstandszirkeln. Zweite Hauptfigur war der konservative Anwalt Walter Graul.[6] Sie unterhielten Verbindungen zum Pfarrer der Bekennenden Kirche Gottfried Holtz in Wieck, der immer wieder mit Partei und Gestapo aneinander geraten und mehrfach verhaftet worden war.[7] Außerdem gab es Kontakte zum Kommunisten Hugo Pfeiffer, der zu KPD-Zirkeln gehörte.[8] Jeder dieser Männer brachte seine persönlichen Verbindungen in das entstehende Netzwerk ein. Man hörte Auslandssender, gab Nachrichten und Lebensmittel weiter, bemühte sich um Verfolgte und machte sich Gedanken, wie man lokal den Wechsel in eine Nach-NSDAP-Zeit gestalten könnte. Weiter reichte die Vorstellungskraft nicht. Es gab vor allem von bürgerlicher Seite keine Pläne für einen politischen Neubeginn, nur viele Hoffnungen. Die breite Bevölkerung, die als nationales Lager die Herrschaft der NSDAP wesentlich mitgetragen hatte, war noch ratloser, weil nach dem Zusammen-

---

6 Lachmund unterhielt Verbindungen zur Robinsohn-Straßmann Gruppe bis zu deren Auflösung. Warum Horst Sassin diese Gruppe ohne Diskussion in einen ›liberalen‹ Widerstand einsortiert, ist nicht nachvollziehbar. Dahinter sind ähnliche Bemühungen um Identitätsstiftung anzunehmen wie im Versuch der SED-Geschichtsschreibung, die Rolle der Kommunisten und des Nationalkomitees hervorzuheben. Der Widerstand wurde stark auch von Deutschnationalen und Stahlhelmern getragen, die nichts weniger als liberal waren; H. Sassin, 1993, S. 221–223 sowie S. 380 u. 393.

7 Dokument S. 24, in: J. Mai (Hrsg.), Greifswald, 1995. Ferner E. J. Krüger, Die letzten Monate, 1995.

8 Über Pfeiffer gab es Kontakte zu überlokalen Widerstandszirkeln der Saefkow-Gruppe und damit der KPD. W. Wilhelmus, Nationalkomitee, 1964, S. 693–695. Der Text überhöht die Bedeutung der KPD und deren zentrale Leitung. Im Mittelpunkt der Aktivitäten standen eindeutig die lokalen Aspekte, auch bei den beteiligten Arbeitern. Auch die Annahme, die Gruppe habe sich dezidiert zum Nationalkomitee bekannt, ist in der hier angedeuteten Klarheit anzuzweifeln. Dieser Zusammenhang wurde von den Beteiligten ganz offensichtlich erst nach dem April 1945 hergestellt, um den immer mißtrauischen Sowjets zu erklären, warum man konspiriert hatte.

brechen der Idee von der Volksgemeinschaft und der Abkehr von der NSDAP zunächst gar keine Alternative mehr denkbar schien. Diese Perspektivlosigkeit und die fortwirkende Loyalität gegenüber dem Staat, ganz gleich von wem er repräsentiert wurde, raubte dem an sich möglichen breiteren Aufbegehren die Basis. Einen Aufstand in der Wagenburg lehnten die meisten nach wie vor ab.

Zum weiteren Kreis dieser Oppositionsgruppe gehörten, um nur einige wichtige zu nennen, auf bürgerlicher Seite die Familien der Professoren Noack und Lohmeyer, von der Stadtverwaltung beteiligten sich Remertz und Bürgermeister Schmidt. Ferner waren die Lehrer Jenssen und Fritze involviert. Letzterer war als ehemaliger Sozialdemokrat nach Greifswald strafversetzt worden und erst seit 1940 wieder im Schuldienst. Solche Kontakte funktionierten auf einer sehr konkreten lebensweltlichen Ebene: Remertz und Jenssen, die sich lange kannten, pflegten auf Spaziergängen zu politisieren.[9] Als amtierender schwedischer Vizekonsul gab Remertz immer Zeitungen aus dem neutralen Land an Jenssen und seinen Sohn weiter. Jenssen und Bürgermeister Schmidt waren Nachbarn, die über den Gartenzaun miteinander redeten. Zum Kegelclub von Remertz gehörte der katholische Pfarrer Wachsmann. Von Noacks und Lachmunds gab es freundschaftliche Verbindungen zur Familie des alten Konservativen Curschmann, wo sich ebenfalls ein Debattierkreis traf, in dem neben dem Physiker Rudolf Seeliger auch gelegentlich Hansjoachim von Rohr-Demmin verkehrte. Man kannte sich von früher und vertraute einander.[10] In das Umfeld des Pfarrers an Sankt Marien, Prost, gehörten neben Lachmunds, Holtz', Lohmeyers und Noacks auch die Familie des Rechtsanwalts Freytag. Sie wiederum hatte Verbindungen zur örtlichen Wehrmacht, vor allem zum schwerverwundeten Kriegshelden und Ritterkreuzträger Oberst Rudolf Petershagen, mit dem Freytags über das gemeinsame Reithobby gut bekannt waren.[11] Zum Umfeld von Prost gehörte der Oberst Wurmbach mit Frau und Tochter und der Leiter der Medizinischen Kliniken, Prof. Gerhardt Katsch.[12] Die letztgenannten sollten am Kriegsende und kurz danach zu herausragender Bedeutung für die Stadt gelangen. In diesem privaten Netzwerk spielten Milieugrenzen und politische Animositäten der Zeit vor 1933 offensichtlich keine Rolle mehr. Der Deutschnationale Graul ging mit dem Demokraten Remertz genauso um wie mit dem Kommunisten Pfeiffer, der seinerseits keine Berührungsängste mit dem Pfarrer Holtz kannte. Eine formale Mitgliedschaft in der NSDAP war ebenfalls nicht hinderlich. Remertz hatte sie beispielsweise wider Willen und gegen seine politische Einstellung 1941 annehmen müssen, weil Rickels ihn vor seiner Wiederwahl unter Druck

[9] Mündlicher Bericht von H. H. Jenssen, auch E. Jenssen, Lebenserinnerungen, S. 44, in: Material H. H. Jenssen.
[10] Interview mit H. F. Curschmann.
[11] Hinweis von A. B. Freytag.
[12] Erinnerungsbericht D. Prost, 1995.

gesetzt hatte.[13] Allein die persönliche Vertrauenswürdigkeit und die Einstellung gegen die NSDAP waren entscheidend. Die politischen Trennlinien waren nach zwölf Jahren Diktatur nicht verschwunden, sie verloren sich jedoch angesichts der immer härteren Gangart der NSDAP und der herannahenden Katastrophe.

Neben dieser Gemeinsamkeit, die durch die Ab- und Ausgrenzung des Naziregimes entstand, gab es auch eine positive Verbindung innerhalb der Gruppe. Auffällig war nämlich bei einer ganzen Reihe der Beteiligten die starke Orientierung am Glauben, die Religion – bis hin zu eher säkularisierten Formen – und auf die Kirche.[14] Solche vorpolitischen Orientierungen gewannen gegenüber politischen nunmehr vollends die Oberhand. Sie bildeten vor allem im nationalen Lager die verbliebene Grundlage für politisches Handeln.

Daß Wertgebundenheit als Grundlage für politisches Handeln oft bei jenen Menschen, die in konservativ-nationalen Mentalitäten sozialisiert worden waren, intakt blieb und auch zu widerständigem Handeln führte, läßt sich an zwei Beispielen demonstrieren. Der Pfarrerssohn und ehemaliger Verlagsdirektor der Greifswalder Zeitung, Max Liedtke, hatte als Wehrmachtsoffizier im Juni 1942 in Südpolen einen Konflikt mit der SS um den Abtransport der ihm unterstellten jüdischen Bevölkerung. Er wollte den Massenmord nicht dulden. Etwa 100 Menschen konnte er im Keller seiner Kommandantur retten.[15] Berthold Beitz, der am Lyzeum sein Abitur gemacht hatte und dessen Vater bei der Reichsbankfiliale in Greifswald tätig war, bemühte sich in Ostgalizien in gleicher Weise um die von Vernichtung bedrohte jüdische Bevölkerung. Es ist bemerkenswert, daß Greifswald gleich zwei solcher Fälle aufzuweisen hat.[16]

Daß es in Greifswald unter der Oberfläche unruhig zu werden begann, entging auch NSDAP und Gestapo nicht. Sie gingen wieder härter, sogar gegen bekannte Einwohner, vor. Schon im Februar 1943 wurden die Kapläne der katholischen Gemeinde verhaftet. Im Juni 1943 folgte Pfarrer Wachsmann, der als Gegner der Partei bekannt war, gerne politische Witze erzählte und provozierend offen den ›Feindsender‹ BBC hörte.[17] Im Februar 1944 wurde er hingerichtet. Das war eine deutliche Warnung an alle Gegner, schreckte jedoch offenbar niemanden mehr wirklich ab, denn die konspira-

---

[13] Material Brigitte Remertz-Stumpff.
[14] Noack und Holtz als Christlich-Soziale, Lohmeyer als Theologe und Mitglied der Bekennenden Kirche, Lachmund als Pfarrerssohn, seine Frau als Quäkerin. Remertz, Schmidt, Jenssen, Curschmann, etc., alle hatten einen Bezug zur Kirche oder zur Religion.
[15] Dafür wurde er 1994 von der Gedenkstätte ›Yad Vashem‹ posthum als ranghöchster deutscher Offizier mit dem Titel ›Gerechter unter den Völkern‹ geehrt. Er starb 1955 in sowjetischer Gefangenschaft; vgl. Ostsee-Zeitung/Greifswalder Zeitung, 18.10.1994. Ferner G. Liedtke, 1995, S. 131ff.
[16] T. Sandkühler, 1996. Auch Beitz ist ›Gerechter unter den Völkern‹.
[17] F. A. Heberhold, 1963.

tiven Diskussionen, das Radiohören und das Weitergeben von Nachrichten hörten nicht auf.

Auch Widerstandsaktivitäten in den Reihen der Wehrmacht griffen auf die Stadt über. Im Vorfeld des 20. Juli gab es Versuche, den immer noch versehrten Petershagen anzusprechen, der zum ›adeligen‹ Regiment ›Graf‹ 9 in Potsdam gehört hatte, dem viele der Verschwörer entstammten.[18] Da seine Frau eine preußische Generalstochter aus tadellos adeliger Familie war, galt er offenbar zusätzlich als vertrauenswürdig. Ein erfolgreicher 20. Juli hätte in Greifswald auf die Unterstützung einer sich neu formierenden christlich-bürgerlichen Elite zählen können. Die Bereitschaft, das Schlimmste zu verhindern und dafür Verantwortung zu übernehmen, hatte sich in der Stadt bereits früh durchgesetzt. Denn auch als nach dem gescheiterten Attentat am 20. Juli Noack für sechs Wochen verhaftet wurde, Rohr-Demmin ins Gefängnis wanderte, ein naher Verwandter Curschmanns in Berlin als Aufständischer erschossen wurde[19], Graul eingezogen und Lachmund dienstverpflichtet wurden, zahlreiche Greifswalder Arbeiter und einige Pfarrer in Vorpommern ebenfalls in die Hände der Gestapo fielen, brach die oppositionelle Stimmung nicht ein.[20]

Das Regime ging langsam in Agonie über. Darüber konnten auch die Kundgebungen nicht hinwegtäuschen, welche die Partei für den 21. Juli 1944 anordnete und die sie am 28. Juli wiederholen ließ, um Hitler Solidarität zu demonstrieren und wenigstens den Kampfgeist der Partei noch einmal zu mobilisieren. Landgerichtspräsident Krah mußte seiner Belegschaft deutlich machen, daß Teilnahme »unbedingt Pflicht« sei.[21] Für den Aufmarsch am 22. Oktober 1944 am Speicher Marienstraße – wohl eine der letzten Großveranstaltungen der NSDAP in Greifswald – gab die Partei noch nicht einmal mehr Gründe an.[22] Das Volk hatte nur noch zu gehorchen. Der Appell an die nationalen Gefühle, die patriotischen Großkundgebungen im Geist der wehrhaften nationalen Volksgemeinschaft, die einmal Tausende freiwillig mobilisiert und begeistert hatten, reduzierten sich zu Pflichtübungen. Die Partei mußte sie der Bevölkerung mühsam abtrotzen. Die Idee der Volksgemeinschaft war gescheitert. Nach noch halbwegs freiwilligen Ernteeinsätzen, der Aufnahme baltischer Umsiedler 1940[23], den unzähligen

---

[18] Bericht von Angelika Petershagen, geb. von Lindequist. Die Familie war über sie mit der preußisch-deutschen Militäroberschicht eng verwandt. A. PETERSHAGEN, 1988. Ihre Cousine war Libertas Schulze-Boysen, die 1942 als Widerstandskämpferin hingerichtet worden war. E. KLAUSA, 1994, S. 219–234; zum Potsdamer Infanterieregiment 9, ebd., S. 224.

[19] Hinweis von H. F. Curschmann.

[20] E. J. KRÜGER, Die letzten Monate, 1995.

[21] Rundschreiben, in: VpLA. Rep. 76, Landgericht Greifswald, Nr. 109.

[22] Einladungsschreiben vom 19.10.1944, in: VpLA. Rep. 76, Landgericht Greifswald, Nr. 109.

[23] Zur Baltenaktion, StA. Rep. 6 WA, Nr. 21. Die Behelfsheimsiedlung entstand seit 1943 an der Anklamer Straße, die Mitarbeiter der Stadtverwaltung waren dort zur freiwilligen Arbeit abkommandiert.

Sammlungen oder dem Behelfsheimbau in den ersten Kriegsjahren mußte nun offener harter Zwang angewendet werden, um Gemeinschaft herzustellen und Einsatzwillen zu wecken. Die Erfassung und Aufstellung des Volkssturmes begann.[24] Rickels leitete ihn, und jeden Sonntagmorgen war Übung. Selbst Frauen, Kinder und Alte wurden zum Panzergrabenbau nach Hinterpommern abkommandiert.[25] Aber immer unverhohlener mußte die NSDAP mit Sondergerichten, Erschießungen und Zwangsmaßnahmen drohen, weil die Bereitschaft, sich den Strapazen und Zumutungen irgendwie zu entziehen, außerordentlich zugenommen hatte. Noch nicht einmal der Hinweis, es gelte die Heimat zu verteidigen, mobilisierte noch irgendwen. Angstvoll erwartete die Bevölkerung die Soldaten der Roten Armee. Vereinzelt klammerte man sich an irreale Hoffnungen, die Oderfront werde halten oder es gäbe Abmachungen mit den Amerikanern, sie würden bis Stettin vorrückten.[26] Allenfalls aufgehetzte Hitlerjungen fühlten sich noch zum Kampf berufen. Gleichwohl beugte sich die Bevölkerung der Gewaltdrohung durch die NSDAP.

3. Konservativ-Nationale und die kampflose Übergabe

Seit Weihnachten 1944 zeichnete sich der Zusammenbruch in der Stadt unmittelbar ab, und die Ordnung begann sich aufzulösen. Die ersten vereinzelten Flüchtlinge trafen ein.[1] Seit Januar kamen dann ganze Trecks aus Ostpreußen, ab Februar und März mit der schweren Bombardierung Swinemündes, der Räumung Hinterpommerns und Stettins brachen alle Dämme. Zehntausende strömten in die noch unversehrte Stadt und mußten versorgt werden. In kürzester Zeit waren rund 30000 Menschen zusätzlich in Greifswald, weit mehr machten auf der Durchreise halt.[2] Die Stadthalle wurde Transitlager, das Theater und die Marienkirche sowie einige Kasernen wurden zu Materialdepots umfunktioniert. Die Universität Posen verlagerte sich im Januar nach Greifswald. Verwaltungsdienststellen kamen mit Akten und Beamten aus Stettin an und verteilten sich in der Stadt, die sich mit hochrangigen NS-Funktionären und Offizieren diverser Wehrmachtsstäbe füllte. Immer mehr Verwundete waren in den Kliniken, in den Schulen und Notlazaretten unterzubringen, rund 10500 lagen kurz vor Kriegsende in der Stadt. Petershagen war seit dem 1. Januar zum Stadtkommandanten ernannt. Seine vorgesetzten Generäle hatten ihn darauf ein-

---

[24] J. Mai, Zu den Lebensverhältnissen, 1991, S. 253–257.

[25] Aufrufe und öffentliche Bekanntmachungen in der Greifswalder Zeitung, Januar bis April 1945. Ferner J. Mai (Hrsg.), Greifswald, 1995, S. 15 ff.

[26] Interview A. B. Freytag.

[1] E. Lautensach, Wie eine Pfälzerin, S. 2, in StA. Manuskriptsammlung.

[2] Schätzung der Geographin E. Lautensach, ebd., S. 6.

geschworen, die Stadt mit allen Mitteln zu halten. Vor der Stadt hoben die Greifswalder Panzergräben aus, der historische alte Wall um die Innenstadt wurde mit Sperren gesichert.[3]

Weil die Wehrmacht einen alleinverantwortlichen örtlichen Kampfkommandanten einsetzte, gelangte die unmittelbare militärische Macht in die Hand einer lokalen Instanz. Nur der Volkssturm unterstand mit Rickels der NSDAP. Das eröffnete den konspirierenden Greifswaldern neue Möglichkeiten, denn die Kommune war zwar noch in die Befehlswege eingebunden, und die Menschen mußten mit Strafaktionen rechnen. De facto funktionierten die Sanktionsmöglichkeiten aber nur noch eingeschränkt. Die Kommunikation über die Stadt hinaus war weitgehend zum Erliegen gekommen, Partei- und Wehrmachtsdienststellen waren auf dem Rückzug und daher nur eingeschränkt aktionsfähig. Das Handlungszentrum blieb daher in der Stadt zurück.

Die konkrete Gefahr, daß um das völlig überfüllte Greifswald gekämpft werden müßte, delegitimierte die NSDAP vollends. Sie zeigte keine Bereitschaft, die Katastrophe aufzuhalten. In dieser Situation traten die alten Netzwerke wieder in Funktion. Konservativ-nationale Eliten der Zeit vor 1933 nutzten ihre Querverbindungen. Dieses alte Netzwerk erwies sich in der im Nationalsozialismus überformten und nach allen anderen politischen Richtungen geöffneten Weise als immer noch politisch tragfähig. Kämpfen wollte niemand mehr.

Weil er gezielt gestreut wurde, kursierte der naheliegende Gedanke, man könne sich zur neutralen Lazarettstadt erklären und damit die Gefahr der Zerstörung abwenden. Der Leiter der Unikliniken und ranghöchste Wehrmachtsarzt, Prof. Katsch, diskutierte diese Idee bereits seit Ende 1944 offen mit den militärischen Befehlshabern und mit dem Rektor der Universität, Carl Engel.[4] Im Senat der Universität wurde ebenfalls über diese Frage gesprochen.[5] Es war ein rein sachliches Argument und kein politisches. Damit waren sogar die ideologischen Bedenken auszuschalten, auf die eine Kapitulation vor den Sowjets stoßen mußte. Die Idee war so attraktiv, vernünftig und populär, daß sogar die führenden Nationalsozialisten ihr nicht widersprechen mochten. Diese Aussicht auf ein kampfloses Ende lähmte die NSDAP.[6]

Allen Befürwortern eines kampflosen Kriegsendes gab die Idee eine Grundlage für gemeinsames Handeln. Es setzte weitgehend unabhängig voneinander an drei unterschiedlichen Punkten ein. Der Zirkel um Graul, Pfeiffer und Lachmund agierte verdeckt mit Gesprächen, Gerüchten,

---

[3] Skizze, in: J. Mai (Hrsg.), Greifswald, 1995, S. 111.

[4] Darstellung von B. Katsch vom 15.2.1992, in: Material Knees.

[5] Lebenslauf Glawe von ca. Sommer 1948, in den Fakten glaubwürdig, sieht man vom apologetischen Charakter des Schriftstückes ab, in: UA. Personalakte Glawe, Nr. 323.

[6] Bericht von I. Schehl, die der Meinung war, es sei nie ernsthaft beabsichtigt gewesen, um die Stadt zu kämpfen.

unverbindlichen Kontakten. Geschickt wurden dabei alte Verbindungen des konservativ-nationalen Netzwerkes genutzt.[7] Über die Positionen von Remertz und Schmidt in der Stadtverwaltung wurden konkrete Übergabemaßnahmen vorbereitet. Die Konspirateure suchten den Kontakt zu Petershagen, um ihn zu beeinflussen, denn er hatte die Macht über die bewaffneten Verbände. Über Oberst Wurmbach bekam der politisch eher unbedarfte Ritterkreuzträger Ideen zugetragen.

Zweiter Aktivposten war die Universitätsleitung unter Rektor Carl Engel, der ursprünglich ein überzeugter Nationalsozialist gewesen war, inzwischen aber deutlich Distanz zu seinen ehemaligen Gesinnungsgenossen hielt.[8] Bestärkt durch seine Kollegen an der Universität und vor allem auch durch die Situation in den Kliniken, suchte auch er den Kontakt zu Petershagen. Der hatte inzwischen angesichts der militärischen Hoffnungslosigkeit und unterstützt von seinen Adjudanten Wurmbach und Schönfeld selbst die Entscheidung getroffen, nicht zu kämpfen. Dies war die dritte wirksame Kraft. Dabei wird eine Rolle gespielt haben, daß seine Frau und er schon seit einigen Jahren in das lokale gesellschaftliche Netzwerk eingebunden waren und einschätzen konnten, wie die Stimmung in der Stadt war. Besonders auch der schon ältere, international erfahrene Wurmbach drängte zur Entscheidung gegen einen Kampf.[9] Den Kapitulationsplan setzte Petershagen einige Tage vor dem entscheidenden 29. April auch dem Volkssturmkommandanten Rickels auseinander, den er als seinen Nachbarn gut kannte. Der Oberbürgermeister unternahm nichts weiter, sondern resignierte enttäuscht. Er bereitete seine Flucht vor.[10]

Am 27. April, als die Sowjets auf Anklam und Greifswald vorrückten und in der Stadt Angst und Panik um sich griffen[11], fanden sich diese drei Strömungen, die jeweils konspirativ arbeiteten und daher nur mühsam Kontakt zueinander knüpften, endlich zusammen. Sie überspielten die widerstrebende Kreisleitung der NSDAP ganz einfach. Rickels setzte sich mit den meisten noch in der Stadt anwesenden NS-Funktionären am 29. April

---

[7] Graul nutzte z. B. seine Kontakte zur Wehrmacht und zu Bauern der Umgebung, Bericht des NKFD vom 3. 5. 1945, in: Material Knees, Kopie aus Privatbesitz. Dort auch eine zeitnahe und daher relativ authentische Darstellung der Abläufe, die von dem Widerstandszirkel ausgingen und mit zur Kapitulation führten.

[8] Zu Engel, N. BUSKE, Die kampflose Übergabe, 1993; ferner T. MEYER/G. SEILS, 1995. G. MANGELSDORF, Wer war Carl Engel? 1995, u. ders., Ein Leben, 1997.

[9] Das wird bei R. PETERSHAGEN, Gewissen, 1957, passim, deutlich. Ferner Zusammenstellung eines Lebenslaufes für Wurmbach durch seine Stieftochter von 1983, in: Material Knees. Max Otto Wurmbach, geb. 1885 in Frankfurt/M., Ingenieur, einige Jahre im Iran, seit Juni 1944 in Greifswald, seit Januar 1945 ehrenamtlich im Dienst Petershagens. Gest. in sowjetischer Gefangenschaft 1946.

[10] I. Schehl berichtete, sie habe ihren Vater nach einem Gespräch mit Petershagen in der elterlichen Wohnung voller Verzweiflung angetroffen. Er habe sich über die allgemeine Treulosigkeit und den mangelnden Durchhaltewillen beklagt.

[11] Fluchtpläne hegten die meisten. Viele bereiteten sich unauffällig vor. Einige tausend Greifswalder dürften sich tatsächlich auf den Weg gemacht haben.

1945 in Richtung Lübeck ab. Die Feuerwehrautos und den Inhalt zahlreicher Banktresore nahmen die Flüchtlinge mit.[12] Die Resignation zeigte sich
auch bei Kreisleiter Schmidt, der nach der säuberlichen Verbrennung aller
Akten von seinem aufgeräumten Schreibtisch aufstand und im offenen Wagen den bereits abgeschickten Parlamentären hinterher und den Sowjets entgegen fuhr. Die erste sowjetische Streife griff er mit einer Pistole an. Ganz
offensichtlich wollte er im Kampf sterben. Sie erschoß ihn und seine Beglei-
ter. Oberst Wurmbach unterbreitete unterdessen mit Engel und Katsch den
Sowjets die Kapitulation der Stadt. Sie akzeptierten.[13]

Für das Gelingen der Übergabe war indes entscheidend, wie sich die verbliebenen Nationalsozialisten, der Volkssturm und die ›Wehrwölfe‹ sowie
die Zivilisten verhielten. Von Bedeutung war ferner, ob die Vorbereitungen
rechtzeitig griffen. Hier erwies sich das Funktionieren alter gesellschaftlicher Querverbindungen, die sich durch den Nationalsozialismus gerettet
hatten, als wesentlich. Es zeigten sich starke Übereinstimmungen mit konservativ-nationalen Querverbindungen der Zeit vor 1933. In der Stadt und
im zivilen Bereich sorgten die Männer aus dem Widerstandszirkel für den
reibungslosen Ablauf der Kapitulation. Fichtner fuhr mit dem Rad durch
die Straßen und ermunterte zum Aufziehen der weißen Fahne.[14] Bürgermeister Schmidt und Remertz hielten Versorgung, Polizei und Verwaltung aufrecht. In Grauls Druckerei wurden die Plakate der öffentlichen Bekannt-
machung gedruckt[15], die Remertz und Petershagen unterzeichneten. Der
ehemalige Anwalt und DVP-Abgeordnete des Bürgerschaftlichen Kollegiums, Ollmann, beobachtete von seiner Wohnung aus die letzten Aktivitäten
der Kreisleitung und der SA und sorgte für die Sicherstellung von Waffen.[16]
Tischlermeister Lewerenz[17], einige Bedienstete der Stadtwerke und möglicherweise auch Walther Glawe[18] fingen einige kampflustige Hitlerjungen
ein und halfen, Sprengungen zu verhindern. Die Aktion hatte Erfolg, weil

---

[12] Hinweis von H. H. Jenssen, dessen Mutter davon betroffen war; ferner StA. Rep. 6 PB,
Nr. 230. Bericht über die Flucht und die benutzten Fahrzeuge vom 6.12.1945.

[13] Die ›kampflose Übergabe‹ ist in Greifswald ein legendenumrankter und mutwillig ver-
dunkelter Mythos geworden, vgl. vor allem das hunderttausendfach im gesamten Ostblock verbreitete und für das Fernsehen verfilmte, einflußreiche, aber äußerst fragwürdige Buch von Petershagen. Es ist ein Roman, kein Sachbericht; R. Petershagen,
Gewissen, 1957.

[14] D. Prost, 1995.

[15] Die Petershagen-Version von der Druckerei Panzig ist falsch, R. Petershagen, Gewissen, 1957, S. 73, weil der Maschinenmeister von Abel, Oskar Kolbe, am 3.5.1945 als
Kontaktmann angeben wurde und ferner das Zeichen ›Abel‹ auf dem Originalplakat
prangt; Bericht des NKFD von Pfeiffer und Lachmund, in: Material Knees, Kopie aus
Privatbesitz.

[16] Lebenslauf von R. Ollmann vom 18.10.1945, in: VpLA. Rep. 76, Landgericht Greifswald, Nr. 1838.

[17] R. Petershagen, Gewissen, 1957, S. 74.

[18] Mündlicher Hinweis von H. H. Jenssen. Ferner Lebenslauf Glawe, o.D. Sommer 1948,
UA. Personalakte Glawe, Nr. 323.

sie von breiten Teilen der Bevölkerung getragen wurde. Entscheidend war die Tatkraft eines bürgerlichen Widerstands. Gestützt auf ihre Verankerung in den Resten des Milieus, fanden sich unter anderem Teile der alten Honoratioren bereit, der NSDAP die Initiative aus der Hand zu nehmen. Im Kern war damit eine Grundlage geschaffen, an die politischen Strömungen der Zeit vor dem Nationalsozialismus anzuknüpfen. Männer der alten Elite waren durch ihren mutigen Einsatz für die Stadt neu legitimiert, wiederum Verantwortung zu übernehmen.

Vierzehntes Kapitel

Zwischenbilanz: Konservativ-Nationale und NSDAP

Die NSDAP wollte von Anfang an keinen radikalen Wandel der gesellschaftlichen Verhältnisse einleiten. Sie war darum bemüht, als logische und verbesserte Fortsetzung der Deutschnationalen zu erscheinen, als die Partei, die einlöst, was die andere nur versprochen hatte. Das Bemühen der NSDAP richtete sich daher nicht auf die Zerstörung, sondern auf die Eroberung der konkurrierenden Vereine und Verbände. Sie ging nicht daran, den Staat umzubauen oder neu zu gestalten, sondern sie erhielt ihn und nahm ihn in den Dienst. Sie schuf keine neue Weltanschauung, sondern bündelte und radikalisierte, was schon lange bekannt war. Sie orientierte sich nicht an neuen Bezugspunkten, sondern hielt sich an emotional belegte Themen wie Preußen und Pommern, an den Staat und das Reich, den Militarismus und Nationalismus, die Gegnerschaft zu Demokratie und Sozialismus. Eine Veränderung ergab sich nur, weil die NSDAP versuchte, alle diese Dinge auf sich zu beziehen, sich gleichsam als Verbindungsstück zwischen Gesellschaft und Vaterland zu legen. Alle politischen Lebensregungen sollten über sie transportiert und ausgedrückt werden.

Die Konservativen gerieten mit der Machtübernahme der NSDAP in eine wenig komfortable Situation, denn obwohl deutlich war, daß sie in vielen Bereichen etwas anderes wollten als die Nationalsozialisten, daß sie die Begriffe anders füllten, gab es offenkundig breite Schnittstellen in der Ideologie und in den politischen Zielen, ja selbst in der sozialen Basis. Es war für die Konservativen ein mühsamer und auf viele Irrwege führender Prozeß, bis sich die Unterschiede einigermaßen klar herausgeschält hatten. Das Verhältnis zur NSDAP kam daher auch nie aus seinen Ambivalenzen heraus und lief in letzter Konsequenz auf ein Einschmelzen in die NSDAP hinaus, vielleicht als ein gemäßigter Flügel dieser Partei.

Einzig in der Religion ergab sich eine scharfe Trennlinie. Die Verstöße gegen die Sozialmoral des nationalen Lagers schlugen gegen die NSDAP aus. Inhumanität und Machthybris wurden in Maßen jedoch billigend in Kauf genommen. Offenbar herrschte die Meinung vor, die Lösung einer großen Krise bedürfe radikaler Mittel und Methoden.

In vielerlei Hinsicht war die NSDAP tatsächlich, was sie zu sein vorgab, die konsequentere, die erfolgreichere Milieupartei als die DNVP. Was Hugenberg im Bereich der nichtsozialistischen Parteien begonnen hatte, nämlich auf der Grundlage des konservativ-nationalen Milieus populistisch Politik zu machen, setzte die NSDAP fort. Erstmals beeinflußte nicht das Milieu die Partei, sondern eine Partei ging daran, für sich eine milieuhaften

Gesellschaftsteil zu formen. Eine Gemeinschaftsidee sollte zur Grundlage des gesellschaftlichen Handelns werden. Insofern herrschte Kontinuität. Die NSDAP war neu, aber der Mechanismus, der sie trug, war der alte.

Gleichwohl entwickelte sich die NSDAP rasch zu einer neuen Erscheinung für das nationale Lager. Sie kombinierte die bürgerlichen Organisationsformen und -gewohnheiten mit denen eher sozialistischer Prägung: Sie war Massenpartei, sie war Funktionärspartei, und sie war Kaderpartei. Ihr breites und stark aufgefächertes organisatorisches Vorfeld war personell und organisatorisch selbst in den politikferneren Bereichen wie bei den Autofahrern oder in der Krankenpflege ausdrücklich auf die Partei bezogen. Gleichzeitig entsprach sie den militärischen Führungsidealen, bot politische Geselligkeit und Freizeitgestaltung, ließ die Bewahrung von Status- und Standesgrenzen zu und unterdrückte auch das Vereinswesen nicht gänzlich.

Die NSDAP ist in der Kontinuität der Entwicklung seit 1918 zu betrachten. Mit der NSDAP erreichte die Politisierung des nationalen Lagers einen Höhepunkt. Nie vorher und nie nachher war dieser Teil der Gesellschaft so zahlreich und so tief gestaffelt in eine Partei eingebunden wie zwischen 1933 und 1945. Die NSDAP organisierte vor allem Menschen aus dem nationalen Lager, die vorher keiner Partei angehört hatten. Sie löste den Traum eines starken, einheitlich organisierten, nationalen Gegengewichts zur Arbeiterbewegung ein. Sie bildete den Abschluß der heftigen und von zahllosen politischen Unruhen begleiteten Politisierung dieses Gesellschaftsteiles. Dieser Prozeß hatte 1918 eingesetzt und seitdem in immer neuen Wellen Gruppen und Schichten in die Politik gespült. Die NSDAP durchbrach damit Vorbehalte gegen die Organisation in einer Partei, wie sie im nationalen Lager bis dahin immer noch virulent gewesen waren. Das veränderte das Organisationsverhalten nachhaltig und auf Dauer. Die NSDAP verwirklichte auch die außenpolitischen Wünsche und Träume des Lagers, den wehrhaften Machtstaat, die Revanche für die Niederlage von 1918.

Die Diktatur hatte für das zerstrittene nationale Lager einen Effekt, der durchaus positiv vermerkt wurde. Der Streit hörte auf. Zermürbende Konflikte wie die zwischen Mittelständlern und Bildungsbürgern, zwischen Stadt und Land, zwischen Kaufleuten und Handwerkern, zwischen Rechtsliberalen und Konservativ-Nationalen und natürlich zwischen NSDAP und Konservativ-Nationalen endeten. Die lokale Gesellschaft konnte sich wieder beruhigen, weil die gleichgeschalteten Interessenverbände und Parteirichtungen jetzt gehindert waren, ihre Konflikte offen auszutragen. Sie ordneten sich der NSDAP und der Volksgemeinschaftsidee unter. Das gab ihnen das – freilich illusionäre – Gefühl zurück, es gehe voran, man könne sich auf das Lösen der Sachprobleme konzentrieren, alle zögen an einem Strang. Die Unterordnung fiel ihnen relativ leicht, weil sie diesen Vorstellungen schon immer nahe gestanden hatten, es lediglich an einer Ordnung gefehlt hatte, der sie zu gehorchen bereit waren.

Die Zustimmung und Begeisterung der ersten Monate des Jahres 1933 waren Ausdruck einer einmaligen politischen und gesellschaftlichen Konstellation. Mit der Etablierung der Diktatur kam sie schon wieder an ihr Ende. Die NSDAP stand vor dem Problem, der Zustimmung Dauer zu verschaffen, während sie gleichzeitig jene Situation von 1933 hinter sich ließ und zerstörte. Die NS-Diktatur zog einerseits die grundsätzliche politische Trennlinie nicht neu, sie entwertete sie aber. Das Lagerprinzip blieb nicht zuletzt wegen der Verfolgung von Republikanern und Sozialisten zunächst die prägende Struktur der Gesellschaft. Das nationale Lager verlor jetzt aber eine entscheidende Konstitutionsbedingung, nämlich die Möglichkeit, sich abzugrenzen, sich verfolgt und gesellschaftlich ausgegrenzt zu fühlen, sich als subkulturell verfestigte Kampfgemeinschaft zu stilisieren und als Gegengesellschaft einzurichten. Mit der Propagierung der Volksgemeinschaft bestand jedoch keine Möglichkeit mehr, die Trennlinien künstlich zu dramatisieren, den Gegner zur Gemeinschaftsbildung zu gebrauchen, denn er war ja offiziell aus der politischen Landschaft verschwunden, gehörte genauso zur Volksgemeinschaft wie die Nationalen. Ohne diesen Gegner funktionierte jedoch der herkömmliche Mobilisierungsmechanismus nicht mehr. Niemand war mehr gezwungen, Partei zu ergreifen, sich selbst bei einer Gruppe einzuordnen.

Die NSDAP mußte gegensteuern, denn ihre Stärke beruhte auf der Mobilisierung der Massen, die Zustimmung signalisierte. Die NSDAP war schon bald nach 1933 nicht mehr mit der freiwilligen Begeisterung zufrieden. Sie verstärkte daher den Druck auf die Menschen und tat das durch permanente Nötigung, dessen Ausdrucksformen vom Terror über dauernde Präsenz an der Haustür bis hin zur Drohung mit wirtschaftlichen Sanktionen am Arbeitsplatz reichten. Sie übte Zwang aus, um die notwendige Unterstützung zu organisieren und ihr Ideal der NS-Volksgemeinschaft zu verwirklichen. Das führte zu Unmut selbst bei jenen, die ihr positiv gesonnen waren. Die Bevölkerung ging trotz Loyalität innerlich auf Distanz. Auf diese Weise verspielte die NSDAP ihre Stärken als nationale Massenpartei und als lokal verwurzelte Organisation mit einer engagierten Basis wieder.

Die NSDAP übte auf diese Weise eine neue Verhaltensweise in der Gesellschaft ein, nämlich die eigene politische Meinung anderen Interessen unterzuordnen, um nicht mit den Forderungen der Machthaber zu kollidieren. Politische Meinung wurde von politischem Verhalten nach Gesichtspunkten von Opportunität getrennt und in den privaten Bereich verlagert. Der Parteiorganisation gelang es deswegen auf Dauer nur wenig, zur Integration und Mobilisierung der Bevölkerung beizutragen. Die Ausdehnung der Zielgruppe verhinderte die Ausbildung eines NS-Milieus, für das gute Ansätze vorhanden gewesen waren. Die NSDAP blieb insofern tatsächlich ein Oberflächenphänomen. Nur rund 1000 Menschen in der Stadt waren als wirklich überzeugte Nationalsozialisten anzusehen. Allein unter ihnen bildete sich ein relativ geschlossener gesellschaftlicher Zirkel von Menschen, die an die Weltanschauung der NSDAP glaubten und sie zum Mittelpunkt ihres Lebens machten.

Diese Probleme entgingen auch der Partei nicht, ihre wesentliche Strategie zur Veränderung der Gesellschaft und zur Sicherung ihres Anhanges orientierte sich daher an langfristigen Überlegungen. Ihr starkes Interesse an der Jugend und den Sozialisationsinstanzen der konservativ-nationalen Organisationen unterstreicht das.

Bei allem diktatorischen Auftreten zeigte die NSDAP deutliche Schwächen, die ihr den Zugriff auf die Gesellschaft in wesentlichen Bereichen verstellten. Die NSDAP trat als Weltanschauungspartei auf und mußte doch feststellen, daß mit ihrer Weltanschauung keine Politik zu machen war. Die Partei setzte ihre neue Gemeinschaft neben die weiterbestehende alte mit ihren Integrationsmechanismen. Weil sie sich selbst in starker Kontinuität zur bisherigen Entwicklung sah, konnte sie möglicherweise nicht anders handeln. Auf diese Weise ließ sie ein gewisses Maß an Pluralität zu. Das hinderte sie, tatsächlich bis in den letzten Verein hineinzuregieren. Diese Schwäche hatte mit der mangelhaften Weltanschauung der NSDAP zu tun. Sie hatte zwar eine Vision, nämlich die Volksgemeinschaft. Wie dieser Begriff nun aber konkret umzusetzen war, das war ihr gar nicht klar. Sie verstand darunter die organisatorische Erfassung und die Herstellung von Gemeinschaft in militärischer Form. Wer jedoch Gegner der Volksgemeinschaft und damit eine Gefahr für diese Idee war, konnte sie nicht feststellen. Es gab jenseits der rassischen Kategorien keine klaren Regeln, mit denen man gesellschaftliche Gegner hätte identifizieren können. Dem Konzept fehlte Geschlossenheit und eine grundlegende Idee, die weiter reichte als der Appell, sich doch bitte schön zu vertragen. Über die pragmatisch organisierte Mobilisierung der Bevölkerung kam die NSDAP daher nicht hinaus. Der Mangel an einer wirklich tragfähigen Idee von einer anderen Gesellschaft zeigte sich besonders in der Auseinandersetzung mit der Kirche. Die NSDAP scheiterte in diesem Konflikt mit einem ihr eigentlich wohlgesonnenen Gegner, als sie mit Gewalt ihr Ziel nicht erreichen konnte. Die nationale Volksgemeinschaft, so stellte sich immer mehr heraus, war ein Phantom.

Die mangelhafte Totalität der nationalsozialistischen Diktatur ließ konservativ-nationalen Kräften aus der lokalen Elite Raum. Es kristallisierte sich schließlich ein Segment heraus, das als konservativ-nationale Kerngemeinschaft bezeichnet werden kann. Dabei handelte es sich um eine Gruppe überzeugter konservativer Gegner der NSDAP, die trotz der politischen Unterdrückung weiter Kontakt untereinander hielten und ihre Möglichkeiten vernetzten, um der Partei Paroli zu bieten. Sie waren bereit im Dienste der gemeinsamen Sache, materielle Opfer zu bringen, Hilfe zu leisten und Gefahren auf sich zu nehmen. Zu dieser Gruppe zählten große Teile der ländlichen, vor allem der adeligen Oberschicht, Vertreter der Konservativen und der Bekennenden Kirche und eine ganze Reihe von Konservativen aus dem Bildungsbürgertum und dem Mittelstand der Stadt. Das Netzwerk wurde über die Kirche geknüpft und wesentlich von den Agrariern getragen, die sich auf die Mentalitäten und das verwandtschaftlich verstärkte Zusammengehörigkeitsgefühl ihrer sozialen Gruppe stützen konnten. Die Kommunikation wurde ferner über die privaten Zirkel im Umfeld der Universität und über persönliche Kontakte in der Kleinstadt getragen.

Die konservativ-nationale Kerngemeinschaft war Ergebnis eines längeren Abgrenzungs- und Klärungsprozesses im nationalen Lager, der schon 1930 eingesetzt hatte. Es gab einen wesentlichen Teil der konservativ-nationalen Eliten, der aus Motiven der christlichen Sozialmoral die NSDAP grundsätzlich ablehnte. Die taktische Kooperation zur Beseitigung der Republik blieb davon unberührt. Ihr Problem am Ende der Republik war die Zerstörung ihrer Bindungen zum Milieu. Ihre Weltanschauung hielt sie nicht annähernd so stark zusammen wie die Sozialisten. Ihr Vereinswesen war viel zu heterogen, als daß man seine Reste zur Grundlage oppositionellen Handelns hätte machen können. Die breite Basis der Konservativ-Nationalen arrangierte sich ferner mit der NSDAP, nur ein religiös weltanschaulicher Kern blieb zurück.

Die Elite blieb im Land, und sie bewahrte sich ihren Zusammenhang. Es gab vom ersten Tag der Herrschaft Hitlers an ein konservativ-nationales Oppositionspotential unter den alten Eliten, das bis in die Verästelungen der Gesellschaft hinein wirkte. Da aber im Vergleich mit Zentrum oder Sozialisten bei den Konservativ-Nationalen kein einheitlicher Hintergrund vorhanden war, es nicht die eine verbindende Organisation gab, mißlang die Bündelung der politischen Kräfte für lange Zeit. Erst mit dem Aufstieg der Bekennenden Kirche aus dem deutschnationalen Vorfeld ergab sich ein Kristallisationskern, um den sich die konservativ-nationale Kerngemeinschaft ausprägte. Über die Religion und die Kirche kam es zu einer neuen Verknüpfung der alten Netzwerke, freilich in der für die Protestanten typischen vordergründig unpolitischen Art. Man rieb sich an den Übergriffen des Staates in die überlieferten Glaubensinhalte und ignorierte, daß man sich unter lauter ehemaligen Konservativ-Nationalen befand.

Da selbst die Kirche nicht zu einem einheitlichen Verhalten gegenüber der NSDAP zu bewegen war, blieb diese Kerngemeinschaft in ihrer Breitenwirkung eingeschränkt. Sie war sozial zu exklusiv und elitär. Auch daß sie so stark religiös vorgeprägt war, stellte nicht unbedingt einen Vorteil dar, weil eine Orientierung am Glauben im nationalen Lager trotz der ungeschmälerten Kirchenbindung keineswegs uneingeschränkt konsensfähig war. Das unorganisierte Vorfeld, das nationale Wählerlager war weitgehend in der Hand der NSDAP, die hier ihr Hauptrekrutierungsfeld hatte.

Nur die Religion bot aus dem Arsenal konservativ-nationaler Mentalitäten die einzig wirksame Grundlage, sich von der NSDAP abzugrenzen. Eine dauerhaft gegnerische Konstellation zeichnete sich auch bei den Logenbrüdern und ihren christlich inspirierten moralischen Standards von Freundschaft, Toleranz, Vertrauen und Einsatz für die Mitmenschen ab. Auch an der Universität mit ihrem wissenschaftlichen Wertesystem lagen Ansätze konservativen Oppositionsgeistes. Aus Patriotismus allein konnte keine Opposition entstehen, er führte eher zu einer Militärkarriere und in entsprechende Unterstellungsverhältnisse. Auffällig ist bei allen, daß konservative Gesinnung für sich genommen nicht genügte, um den Angeboten der NSDAP zu widerstehen. Eine weitere Komponente von Wertgebundenheit mußte hinzutreten. Gemäß der weltanschaulichen Tradition war das stärkste verbindende Element der Konservativen somit die Religion und die darauf gestützte christliche Sozialmoral.

Mehr als hinhaltender Widerstand und gelegentliche Provokationen gegen die NSDAP waren der konservativ-nationalen Kerngemeinschaft indes nicht möglich. Ihr fehlte eine politische Alternative zur NSDAP und ihrer Diktatur. Daß die Konservativen eine andere Politik wollten, hieß noch lange nicht, daß sie wußten, welche. Sie waren keine Demokraten und hatten für den Parlamentarismus nichts übrig. Daher war es schwierig, einen Neuansatz zu finden. In der Diskussion spielten konkrete Zukunftsideen mangels Masse keine Rolle. Allein in der Bekennenden Kirche entwickelte sich unter dem Schutz der obrigkeitlich geprägten Pfarrherrschaft und ihrer Unterstützer in den Gutshäusern eine Tendenz zu demokratisierter Gesinnung. Es setzte offenbar ein ganz pragmatischer Läuterungsprozeß ein, der Rückwirkungen auf die Politik haben mußte, sobald die NSDAP verschwunden war.

Die konservativ-nationale Oppositionsstruktur und -haltung war im ländlichen Pommern bedeutender als jeder anders motivierte Antifaschismus. Besonders die Sozialisten und Kommunisten standen mit dem Rücken zur Wand und litten stark unter ihren im Vergleich noch eingeschränkteren Möglichkeiten. Die Frage nach der Haltung gegenüber der NSDAP, die sich aus der ständigen Konfrontation mit den Forderungen der Partei ergab, bildete in der Gesellschaft eine neue Trennlinie aus. Man war entweder tendenziell eher dafür oder eher dagegen, was Grauzonen der Übereinstimmung oder die Berücksichtigung individueller Sachzwänge zuließ. Konsequenter Antifaschismus war bei allen politischen Richtungen die Ausnahme und ist eine sinnstiftende Erfindung der Nachkriegszeit. Die Konflikte zwischen den Milieus und Lagern traten in den Hintergrund. Sie waren angesichts der NSDAP nicht mehr relevant. Die Dramatisierung des Trennenden war sinnlos. Man konnte zu unauffälligen Verbindungen zurückkehren, wie man sie schon vor 1929 über Lagergrenzen hinweg pflegte, wenn es um lokale Fragen ging.

Es war für alle Gegner der Partei schwer, vertrauenswürdige Gleichgesinnte zu finden. Das verstärkte die Bedeutung von lokalen Zusammenhängen der NS-Gegner. Über diese zunächst losen Verbindungen zu Liberalen beider Richtungen, zu Sozialdemokraten und Kommunisten lösten sich die Antireflexe der konservativ-nationalen Eliten langsam auf. Es zog eine gewisse Toleranz in die Reihen der Konservativen ein. Die scharfen Grenzen in der Gesellschaft und zwischen den Eliten lösten sich auf. Das bedeutete jedoch noch keinen Konsens über einen künftigen politischen Weg. Zum Ende des Krieges mit dem Machtverfall der NSDAP und dem Wieder-

einrücken der alten Eliten in Positionen wurden – anders als Broszat an-
nimmt – diese Entwicklungen wirksam. Die Konservativ-Nationale wirkten,
gestützt auf ihr Netzwerk, konspirativ und gleichberechtigt mit Männern
eines ganz anderen politischen Hintergrundes zusammen. Weil es das bewahrte konservativ-nationale Netzwerk gab, das über Autorität und Renommee verfügte, konnte in Greifswald der NSDAP die Macht abgenommen werden, bevor der Krieg beendet war.

So zeichnet sich am Ende ein widersprüchliches Bild ab. Die konservativ-
nationalen Kräfte der Weimarer Republik taugten eindeutig für die Zusammenarbeit mit der NSDAP und trugen ihre Herrschaft mit. Ein starker
Kontinuitätsstrang verbindet die Weimarer Republik und den Nationalsozialismus im nationalen Lager. Gleichzeitig waren Konservative hartnäckige
Gegner der NSDAP, lehnten sie politisch, moralisch und als Umstürzler ab.
Der Abschied von traditionellen Politikvorstellungen unter den Konservativen war gegen Ende der NS-Herrschaft offensichtlich. Etwas verbindlich
Neues war indes noch nicht erkennbar. Die Ausgangslage für den anstehen-
den politischen Neubeginn war denkbar schwierig.

Vierter Teil

Das Ende der Hegemonie:
Sowjetische Besatzung und frühe DDR

Abbildung 9

Prof. Dr. Ernst Lohmeyer, erster Rektor der Universität nach Kriegsende; im Februar 1946 verhaftet und im September des Jahres von den Sowjets hingerichtet.

Fünfzehntes Kapitel

Bemerkungen zum Forschungsstand

Nach dem Ende der SED-Herrschaft kehrte der ›deutschnationale‹ Staat nicht zurück. Nationalistische weltanschauliche Positionen blieben entgegen den Erwartungen auf dem Gebiet der ehemaligen DDR ohne Basis in der Bevölkerung.[1] Was hatte sich zwischen 1945 und 1990 in den Hochburgen des preußisch-deutschen und protestantischen Konservatismus, den Aufmarschfeldern des Nationalsozialismus verändert? War dies die »aus allen Traditionen gefallene Gesellschaft«[2], wie Ernst Richert vermutete? War dies die »entdifferenzierte Gesellschaft«, wie Sigrid Meuschel sie postulierte, die entpolitisierte, homogene Gesellschaft der Staatsangestellten, in der die Kontinuitätslinien zurücktraten, wie Detlef Pollack meinte?[3] Auch die Wahlforschung ging offenkundig von einer solchen Situation aus und erklärte die Ergebnisse der Wahlen 1990 ohne Rücksicht auf Mentalitäten und historische politische Kulturtraditionen. Nüchterne Interessenerwägungen hätten 1990 das Wahlverhalten in der DDR bestimmt.[4] Die DDR-Bürger seien für die Einheit und die D-Mark gewesen, daher hätten sie CDU gewählt. Als gäbe es keine Traditionen, keine Personen, keine anderen als materielle Interessen. Der Sozialismus, so schien es manchen Westdeutschen, hatte eine Gesellschaft ohne Eigenschaften hinterlassen.

Doch es gab Entwicklungen, die Zweifel an dieser Analyse weckten. Aus den Blockparteien wuchs rasch ein Parteiensystem nach westlichem Vorbild, orientiert an demokratischen Werten, getragen von Menschen, die in einer Diktatur aufgewachsen waren. Wie vor 1933 die Elite der DNVP, gehörten sie als Universitätsdozenten, Pfarrer, Apotheker und Ärzte gebildeten Schichten an.[5] Bei den Wahlen ergaben sich in der Region Greifswald Ergebnisse für die christlich-konservative CDU in Vorpommern, die an eine Kontinuität zwischen 1933 und 1990 denken ließen. Das legte die Vermutung nahe, daß die Diktatur überkommene Mentalitäten konserviert, So-

---

[1] Dazu P. Alter, Nationalismus, 1993, S. 485. W. Weidenfeld/K. R. Korte, Nation, 1993, S. 476 f.

[2] Zitiert nach S. Meuschel, Überlegungen, 1993, S. 8.

[3] D. Pollack, Organisationsgesellschaft, 1994, S. 12. Die DDR sei der »Fall eines radikalen Traditionsbruches. Die Kontinuitätslinien treten demgegenüber zurück.«

[4] Man sprach von einem »modernen Wahlverhalten«, U. Feist/H.-J. Hoffmann, 1990, S. 256; W. G. Gibowski, 1990, S. 21, D. Roth, Wahlen, 1993 S. 691–708. Dort findet sich weitere Literatur zum Thema. Allgemein zur Übergangsphase 1990, O. Niedermayer, Gesamtdeutsches Parteiensystem, 1997, S. 106–130.

[5] Zum Thema Eliten, A. Bauerkämper, Gesellschaft ohne Eliten? 1997.

zialstrukturen mit politischer Ausrichtung unter der politisch monotonen sozialistischen Oberfläche bewahrt, sie gleichsam stillgestellt und eingefroren hatte.[6]

Damit sind die zwei Fragenkomplexe angedeutet, in die sich die Untersuchung des gesellschaftlichen Wandels in den konservativ-nationalen Gesellschaftsstrukturen nach 1945 einfügen soll. Erstens die Frage nach den Kontinuitäten und Brüchen und zweitens damit verbunden die Frage nach der inneren Struktur der DDR-Gesellschaft und ihrer politischen Verhältnisse jenseits des offiziellen, sichtbaren Bildes, das mehr den Anforderungen der SED und weniger den Realitäten entsprach.

Die Diskussion um die Einordnung der DDR-Gesellschaft und die Geschichte der SBZ und DDR wird auf der Grundlage sehr verschiedener Betrachtungsweisen geführt.[7] Drei davon sollen hier in den Mittelpunkt gestellt werden.[8] Sigrid Meuschels These von der »entdifferenzierten Gesellschaft« betont die unmittelbare politische Begründung aller Strukturen in der DDR-Gesellschaft, von den Institutionen bis hin zu den informellen Bereichen.[9] Für sie ist die DDR-Gesellschaft wesentlich ein Produkt der ideologisch geleiteten Bemühungen der SED, ein klassenloses, politisch harmonisches und ökonomisch stabiles Gemeinwesen herzustellen. Sie habe eine ihrer »strukturierten Vielfalt beraubte Gesellschaft« geschaffen, in der sämtliche Konflikte quasi »stillgestellt« gewesen seien. Die Aufhebung der Grenze zwischen Politik und Ökonomie habe auch Markt- und Konkurrenzmechanismen weitgehend beseitigt.[10] »Es fand ein machtpolitisch durchgesetzter sozialer Entdifferenzierungsprozeß statt, der die ökonomischen, wissenschaftlichen, rechtlichen oder kulturellen Subsysteme ihrer Eigenständigkeit beraubte, ihre spezifischen Rationalitätskriterien außer Kraft setzte oder politisch-ideologisch überlagerte.«[11] Das habe der DDR-Gesellschaft jede Dynamik und Innovationsfähigkeit genommen. Die SED sei mit ihrer selbstbeanspruchten Allzuständigkeit der Probleme am Ende nicht mehr Herr geworden. Die dafür eingesetzte Ideologie habe nicht genügt, eine selbstläufige Entwicklungsdynamik zu wecken.[12] Die einzige Nische, den letzten

---

[6] S. M. Lipset/S. Rokkan, 1967, S. 50.

[7] Wieviele Stellen und Projekte an der Aufarbeitung beteiligt sind, verdeutlicht U. Mählert (Hrsg.), Vademekum, 1997. Zu diesem Problem neuerdings die Übersicht von T. Lindenberger, Diktatur der Grenzen, 1999.

[8] Soziologische Untersuchungen sind nur eingeschränkt mit dem hier gewählten Rahmen zu vereinbaren, H. Solga, 1995. J. Huinink u. a.,1995. Die Diskussionen und dort gewählten Näherungsweisen bleiben daher hier unberücksichtigt. Ferner: R. Geissler, Sozialstruktur, 1992. R. Geissler (Hrsg.), Sozialer Umbruch, 1993. Auch die Arbeiten von M. Vester u. a. Soziale Milieus, 1993 sowie M. Vester u. a.,Soziale Milieus in Ostdeutschland, 1995.

[9] In eine ähnliche Richtung zielt M. R. Lepsius, Institutionenordnung, 1994, S. 17–30.

[10] S. Meuschel, Überlegungen, S. 6f. Ferner S. Meuschel, Legitimation, 1992, S. 9–28.

[11] S. Meuschel, Legitimation, 1992, S. 10.

[12] F. W. Graf, Traditionsbewahrung, 1992, S. 185, sieht hier einen der Gründe für den Zusammenbruch der DDR.

Rest von »Differenz« in dieser gleichförmigen Gesellschaft habe die Kirche dargestellt. Auf den ersten Blick hat ihre Argumentation etwas Zwingendes, weil sie wesentliche Konstruktionsprinzipien und die daraus entstehenden Problemlagen zutreffend beschreibt. Daß diktatorisch herrschende Parteien mit einer klaren Vision von der anzustrebenden guten Gesellschaft, in ihrer notorischen Furcht vor Gegnern und in ihrem Bestreben, die Fäden in der Hand zu haben und alle Vergemeinschaftungsprozesse unter Kontrolle zu behalten, sogar jene Bewegungen stillstellen und entdynamisieren, die sie einmal an die Macht geführt haben, hat schon das Beispiel der NSDAP gezeigt.[13] Auch sie kämpfte mit mangelnder Mobilisierungsfähigkeit und politischer Gleichgültigkeit, nachdem sie in der ›Volksgemeinschaft‹ Konflikte unmöglich gemacht hatte.[14]

Auch der zweite Ansatz zur Beschreibung der DDR-Gesellschaft liegt in der Tradition totalitarismustheoretischer Ansätze, neigt jedoch sehr viel stärker zu einfachen, dichotomischen Erklärungsmustern.[15] Ein Überhang politischen Moralisierens ist unverkennbar. Gesellschaft und Führung werden hier zumeist analytisch getrennt, das ›Volk‹ erscheint somit als reines Objekt, die SED als Unterdrücker. Es gibt nur Herrscher oder Beherrschte, vielleicht noch Kollaborateure. Die Welt scheidet sich in Täter und Opfer. Diese Perspektive verstellt – aus nachvollziehbaren Gründen – den Blick auf die Gesellschaft im Sozialismus, weil Handlungsspielräume innerhalb des Systems kaum wahrgenommen werden.[16] Hinzu kommt eine gewisse Teleologie, die einen reinen und totalen Unterdrückungscharakter der SED-Herrschaft stark betont und der DDR wegen der mangelnden Legitimation der Staatspartei den schrittweisen Zerfall schon von der Gründung her nachsagt.[17] Besonders prägnant wird diese Denkweise in dem Buchtitel »Untergang auf Raten«. Hier wird die DDR von ihrem Ende und aus einer wenig differenzierten Freund-Feind-Sicht verstanden[18], die überdies die

---

[13] J. HUININK u. a.,1995, widerspricht dieser These, S. 373.

[14] Niemand käme allerdings deswegen auf den Gedanken, die Gesellschaft der NS-Zeit analog als politisch entdifferenziert zu beschreiben. Im Gegenteil, die Bemühungen, der Gesellschaft Kontur zu verleihen, herrschen in der Forschung eindeutig vor.

[15] Hinweise zu laufenden Projekten und Ansätzen bei C. KLESSMANN/M. SABROW, Zeitgeschichte, 1996, S. 6–10.

[16] Wissenschaft kann und darf nicht wertfrei sein, und die Frage, ob eine Partei für die Realisierung einer abstrakten Idee Menschen und ganze Bevölkerungsgruppen unterdrücken, inhaftieren, enteignen und vertreiben darf, stellt sich die Historiker- und Politologenzunft mit Blick auf den DDR-Sozialismus viel zu wenig. Hier verhält sie sich eklatant anders als gegenüber der NS-Diktatur, wo dieses moralische Urteil nie vernachlässigt wurde und wird. Das führt dann in der Tat zu einer sozialhistorisch verengten und damit moralisch indifferenten Sicht.

[17] Wichtig war das Buch von A. MITTER/S. WOLLE, Untergang, 1993. Zum Programm solcher Ansätze, K. SCHRÖDER, Einleitung, 1994, S. 11–26.

[18] Ein Vorwurf, den man besonders Gerhard Besier nicht ersparen kann; G. BESIER, SED-Staat und die Kirche, Bd. 1 – 3, 1991–1995.

Wahrnehmungsweise der SED unter Umkehrung der Frontstellungen nur spiegelt.[19]

Ralph Jessen und jetzt Thomas Lindenberger formulieren eine dritte Perspektive auf die DDR-Gesellschaft, die gegenüber den beiden anderen sehr viel besser mit der Frage nach der Existenz politischer Milieus vereinbar ist. Beide haben der These Sigrid Meuschels von der gelungenen »Verstaatlichung der Gesellschaft« widersprochen. Jessens Meinung nach war »die Realität des ›Realsozialismus‹ eine hochkomplexe Mischung aus dem ideologiegeleiteten diktatorischen Konstruktionsversuch auf der einen und dem verbliebenen und neu entstehenden Eigengewicht sozialer Strukturen und Prozesse auf der anderen Seite.«[20] Zu den verbliebenen Strukturen rechnet Jessen die »Beharrungskraft tradierter Strukturen«, wozu die überkommene politische Lagerstruktur der Gesellschaft, Milieus, Organisationsgewohnheiten und Personennetzwerke zu rechnen wären. Gewissen Gruppen sei es auch im Staatssozialismus gelungen, soziale Autonomie zu wahren oder zu gewinnen. Der Hinweis auf »informelle Strukturen und Beziehungsnetzwerke«, die »innerhalb des formalen Sektors angesiedelt« waren[21], ihn gleichsam durchwirkten, ist hier besonders wichtig.[22] Nach dieser Sicht der DDR-Gesellschaft rücken politische Führung und Gesellschaft auseinander.[23] Die Gesellschaft behält ihre Eigenständigkeit, die sich auch gruppenspezifisch differenzieren kann, wobei die Gruppen sich bisweilen durch die Gesellschaftspolitik der SED definierten. Thomas Lindenberger konkretisiert diesen Grundgedanken. Der »lebensweltliche Nahbereich« ist für ihn der eigentliche Ort einer DDR-Gesellschaft. Hier fand »soziale Differenzierung« statt, hier hatten die einfachen Bürger ihre »Machtchance«.[24] Erst darüber begann der Bereich der entdifferenzierten strikten Parteikontrolle. Der Nahbereich der Menschen in Städten und Gemeinden, Familien, Verwandtschaften und Vereinen ist der Ort der Milieus. Lindenbergers Ergebnisse unterstreichen, daß es sinnvoll ist, nach Milieus und nach Kontinuitäten zu suchen.[25]

Das soll hier geschehen. Es geht um soziale Netzwerke, die erstens aus dem konservativ-nationalen Milieu der Weimarer Republik in die DDR hineinragten, die sich zweitens unter den Bedingungen der staatssozialistischen

---

[19] Immerhin hat es für eine große Synthese gereicht, K. Schröder, SED-Staat, 1998.

[20] R. Jessen, Gesellschaft im Staatssozialismus, 1995, hier S. 100.

[21] D. Pollack, Konstitutive Widersprüchlichkeit, 1998, S. 110–131. Er weist auf das widerspruchsreiche Verhältnis von offiziell und informell hin und markiert hier eine wesentliche Spannungslinie in der DDR-Gesellschaft.

[22] R. Jessen, Gesellschaft im Staatssozialismus, 1995, S. 104. Eine präzisere Aufzählung limitierender Faktoren bei R. Bessel/R. Jessen, Einleitung, 1996, S. 9 ff. Zum Diktaturenvergleich, J. Kocka, Geschichte der DDR, 1993, hier S. 15 f.

[23] Daß man als Historiker auch unverkrampft und ohne theoretische Scheuklappen das Thema angehen kann, zeigt S. Wolle, Heile Welt, 1998.

[24] Alle Zitate T. Lindenberger, Diktatur der Grenzen, 1999, S. 32 f.

[25] Dazu vor allem T. Lindenberger, Diktatur der Grenzen, 1999, S. 36–40.

Diktatur veränderten oder neu bildeten und die drittens die Nachfolger der konservativ-nationalen Lagerparteien trugen.[26]

Grundsätzlich gelten für dieses Kapitel die gleichen Maximen wie für die Bearbeitung der NS-Diktatur. Die kritische Historisierung im Sinne Broszats soll Prinzip bleiben.[27] Im Mittelpunkt steht ein diktaturhistorischer, kein totalitarismustheoretischer Ansatz. Er setzt sich mit der Lenkung und Kontrolle sozialer Prozesse auseinander und achtet auf die »Durchherrschung der DDR-Gesellschaft sowie [...] Grenzen dieses Prozesses«. Das ermöglicht es, die Diktaturen in vergleichender Perspektive zu betrachten.[28] Die Frage nach dem »Mischungsverhältnis zwischen Kontinuität und Neubeginn«, die Jürgen Kocka als eine ertragreiche »Fluchtlinie der Interpretation« bezeichnet hat, soll mit Blick auf konservativ-nationale Gesellschaftsstrukturen ausgelotet werden. Ziel ist die Rekonstruktion der Lebensbedingungen und gesellschaftlichen Enwicklungen in ihren politischen Konnotationen aus der »Mitte« der DDR-Gesellschaft heraus.[29]

Auch in der SBZ gab es 1945 keine »Stunde Null«.[30] Jürgen Kocka wie auch Wolfgang J. Mommsen und Sigrid Meuschel weisen darauf hin, daß es in der politischen Kultur der DDR deutliche Kontinuitäten zur Zeit vor 1933, ja vor 1918 gab, deutlicher zum Teil als in der Bundesrepublik.[31] Obrigkeitstreue, Antiparlamentarismus, Antiliberalismus, Militarismus, Antikosmopolitismus, bildungsbürgerliche Weltflucht und Pflege kultureller Innerlichkeit deuten in diese Richtung und weisen auf den Traditionsstrang des »deutschen Sonderweges«.[32] Trifft diese Beobachtung zu, dann wäre dies ein Rückgriff der neuen Machthaber auf eine politische Tradition, die nicht primär in jenen Schichten zu Hause war, die traditionell von der KPD oder SPD vertreten wurden. Das würde bedeuten, konservativ-nationale Mentalitäten, Werthaltungen und Befindlichkeiten hätten die sozialistische DDR geprägt. Die schroffe Trennung der Lager sei in der DDR nicht nur in Form einer Vernichtung konservativ-nationaler Elemente aufgehoben worden, sondern auch durch deren Integration. Machte die SED ihren Gegnern Integrationsangebote, die dann wiederum auf die SED und ihre Herrschaft zurückwirkten?

---

[26] In diese Richtung gehen die beiden Bände T. LINDENBERGER (Hrsg.), Herrschaft und Eigen-Sinn, 1999, und Zentrum für zeithistorische Forschung (Hrsg.), 1999.

[27] C. KLESSMANN/M. SABROW, Zeitgeschichte, 1996, S. 13. Eine Forderung, die auch K. NOWAK, Widerstreit, 1993, S. 236, erhebt.

[28] J. KOCKA, Ein deutscher Sonderweg, 1994, hier S. 35. Der (unschöne) Begriff der »Durchherrschung« wurde von Alf Lüdtke geprägt; A. LÜDTKE, ›Helden der Arbeit‹, 1994, S. 188.

[29] K. JARAUSCH, Die DDR denken, 1995, S. 9–16. Der Hinweis auf die kritische Historisierung findet sich bei C. KLESSMANN/M. SABROW, Zeitgeschichte, 1996, S. 13.

[30] J. KOCKA, Geschichte der DDR, 1993, Einleitung, S. 20ff.

[31] Das gilt auch für die Kirchen, vgl. F. W. GRAF, Traditionsbewahrung, 1992, S. 183.

[32] W. J. MOMMSEN, 1994, S. 26–39. Besonders auch S. MEUSCHEL, Legitimation, 1992, S. 15–22. Ferner J. KOCKA, Ein deutscher Sonderweg, 1994, S. 40f. Kocka wollte damit offenbar die Diskussion eröffnen.

Die Erforschung der politischen Gesellschaftsgeschichte der DDR hat begonnen, die Diskussion ist rege. Studien zum hier behandelten Themenfeld konservativer und nationaler Gruppen liegen bisher noch nicht vor.[33] NDPD und CDU können in Greifswald als die beiden Parteien des verbleibenden konservativ-nationalen Gesellschaftsteiles identifiziert werden.[34] Die Entwicklung der CDU in der SBZ und der DDR ist inzwischen recht gut bearbeitet.[35] Der Schwerpunkt liegt auf den Parteiführungsstrukturen und in ersten Ansätzen bei den Landesverbänden.[36] Es fehlen jedoch Studien zur Basis der Partei, die eine Verbindung zwischen gesellschaftlicher Entwicklung und Politik ermöglichten, sowie Arbeiten über die Partei seit den sechziger Jahren. Diese Frage ist von erheblicher Bedeutung, weil die Blockpartei CDU seit den frühen fünfziger Jahren von der SED dazu ausersehen war, die Kirche und die christliche Bevölkerung in das gesellschaftliche System der DDR zu integrieren. Mit Blick auf 1989 wirft das die Frage auf, ob ihr das gelang? Die NDPD als zweite hier relevante Blockpartei ist von der Forschung bisher wenig berücksichtigt worden.[37] Ihr haftet das Stigma an, von der SED gegründet und geleitet worden zu sein. Ihre Klientel von ehemaligen Wehrmachtssoldaten und Nationalsozialisten ist offenbar wenig sympathisch. Sie gilt als ein toter Ast der DDR-Parteigeschichte. Es gibt nur sehr lückenhafte Literatur über diese Organisation. Sie setzt sich im Schwerpunkt mit den Gründungsjahren auseinander. Sozialhistorische Studien gibt es noch nicht, auch über die Führung, die Landesverbände und Bezirke ist noch kaum gearbeitet worden.

Die Gesellschaftspolitik und der damit einhergehende Elitenaustausch in der SBZ und in der frühen DDR richtete sich vor allem gegen bürgerliche Schichten, gegen Verwaltungsbeamte, Lehrer, Richter, Freiberufler und Gewerbetreibende, zielte also auf die soziale Kernstruktur des nationalen Lagers. Die Bodenreform zerstörte die Großgrundbesitzerschicht.[38] Vor 1989 ging man daher vielfach von einer Tabula rasa-Situation aus. Über bürger-

---

[33] Während Frauen, Landbevölkerung, die Polizei oder Arbeiter gerne bemüht werden, blieb der Bereich der politischen Großgruppen bisher unerschlossen. Dazu die Beiträge in: T. LINDENBERGER (Hrsg.), Herrschaft und Eigen-Sinn, 1999.

[34] Die Bauernpartei bleibt, wie bereits eingangs der Arbeit begründet, ausgeklammert, obwohl sie gewiß einen Blick lohnt. Sie war in der Stadt Greifswald nur von geringer Bedeutung und stellte regional im wesentlichen eine Flüchtlingspartei dar; vgl. C. NEHRING, 1995, S. 2375–2398. T. BAUER, 1999.

[35] Kurzer Überblick bei S. ZEIDLER, 1996.

[36] Zum Forschungsstand CDU, M. RICHTER, Ost-CDU 1948–1952, 1990, S. 19–24. Ferner M. RICHTER/M. RISSMANN (Hrsg.), Ost-CDU, 1995, hier besonders die Literaturhinweise S. 253–256. M. RICHTER, Rolle, 1995, S. 2587–2638. Dort sind die Forschungsdesiderate ebenfalls mit aufgeführt, ferner die neueste Literatur. Richter arbeitet an einer Darstellung der CDU-Gründung in der Sowjetischen Zone.

[37] Zum Forschungsstand und zu weiterführender Literatur der Überblick von J. FRÖLICH, Transmissionsriemen, 1995, S. 1542–1578.

[38] Zur Bodenreform und den Folgen vor allem jetzt die Arbeiten von A. BAUERKÄMPER, Junkerland, 1996, sowie ders., Neubauern, 1996.

lich-protestantische Gruppen liegen jetzt Studien vor, die dieses Bild korrigieren.[39] Besonders die Pfarrerschaft, das Umfeld der Pfarrhäuser, die in Kirchenstrukturen verwurzelten Menschen, Ärzte und bildungsbürgerliche Gruppen an Universitäten sind als beharrende Kräfte innerhalb der DDR-Gesellschaft identifiziert worden.[40] Die Prägekraft der Mentalitäten, Einstellungen und politischen Haltungen in diesen Bevölkerungsgruppen überdauerte die meisten Brüche der DDR-Entwicklung. Besonders die Familien und die Kirchen rückten als Sozialisationsinstanzen und Traditionsschleusen in den Blickpunkt. Die Kirchen und die SED-Politik ihnen gegenüber gehören wohl zu den zwischenzeitlich am besten erforschten Themenfeldern der DDR-Geschichte.[41] Doch auch hier ist der Blick auf die Kirchenleitung und auf die offizielle Kirchenpolitik der SED vorherrschend. Der Vorwurf übertriebener Anpassung an die Vorgaben der SED hat zu einer engagierten Diskussion um die Kontinuitätslinien geführt. Friedrich Wilhelm Graf vertritt die Auffassung, die Anpassung habe ihren Ausgangspunkt in traditionellen antikapitalistischen und gemeinschaftsorientierten theologischen Vorstellungen des deutschen Protestantismus aus dem 19. Jahrhundert.[42] Dem ist widersprochen worden. Im Kern werfen seine Kritiker den Gedanken auf, ob nicht die Anpassung der Kirche eher Ergebnis des Zwanges zur Bestandssicherung war. Dazu sei sie von der SED massiv gedrängt worden.[43] Auch bei dieser Diskussion wird die kirchliche Basis kaum berücksichtigt.[44] Bisher fehlen Arbeiten, die auf die Wechselwirkung zwischen sozialer Verankerung und Kirchenpolitik sowie deren politische Folgen achten. Sie waren nicht unerheblich, denn hier entwickelte sich jene brisante gesellschaftliche Mischung, die zunächst die Kirche zur Anpassung nötigte, am Ende aber der SED zum Verhängnis wurde.[45]

Beim Wirtschaftsbürgertum wird davon ausgegangen, daß es, soweit es die Enteignungen der Entnazifizierungsphase und der frühen DDR über-

---

[39] C. KLESSMANN, Zur Sozialgeschichte, 1993, S. 29–53. Ders., Relikte, 1994, S. 254–270. R. JESSEN, Vom Ordinarius, 1996, S. 76–107. Ders., Professoren, 1994, S. 217–253. A. S. ERNST, Von der bürgerlichen, 1996, S. 25–48. Dies., Beste Prophylaxe, 1997.

[40] J. KOCKA (Hrsg.), Universitäten und Eliten, 1998. A. BAUERKÄMPER, Gesellschaft ohne Elite? 1997.

[41] Deutscher Bundestag (Hrsg.), 1995, Bd. VI. Die Arbeiten von G. BESIER, SED-Staat und die Kirche, 1993–1995, 3 Bde. Forschungsüberblick bei D. POLLACK, Organisationsgesellschaft, 1994, S. 15–37.

[42] F. W. GRAF, Traditionsbewahrung, 1992, S. 175–191. Der Widerspruch, W. HUBER, Traditionserfindung, 1992; D. POLLACK, Sozialismus-Affinität, 1993; C. VOLLNHALS, Antikapitalismus, 1993; K. Nowak, Widerstreit, 1993.

[43] So vor allem C. VOLLNHALS, Antikapitalismus, S. 234.

[44] D. POLLACK, Organisationsgesellschaft, 1994, S. 15, schreibt: »daß die historische, soziologische und politikwissenschaftliche Forschung zu den Kirchen in der DDR vor der Wende nur schwach entwickelt war und auch bis heute nur teilweise in Gang gekommen ist.«

[45] Ohne die These von der ›Protestantischen Revolution‹ aufnehmen zu wollen, T. RENDTORFF (Hrsg.), 1993.

stand, spätestens in den fünfziger Jahren, der Rest dann 1972 verschwunden ist. Auch in diesem Sektor ist bisher wenig geforscht worden.[46] Gleichwohl gab es auch hier sichtbare Kontinuitäten; unterhalb einer bestimmten Größenordnung verschwanden private Bäckereien, Schlachtereien und Handelsgeschäfte, die für Greifswald prägend waren, keineswegs. Auch sie müssen als Sondergruppe der Gesellschaft in den Blick genommen werden.

---

[46] H. F. BUCK, 1995, S. 1070–1213.

Sechzehntes Kapitel

Verhinderte Milieubildung und Zerstörung der konservativen Lebenswelt

1. Die Zusammenbruchgesellschaft

Die Ereignisse des Kriegsendes und der ersten Monate unter sowjetischer Besatzung bis zum Sommer 1946 führten die Ordnung der regionalen Gesellschaft an den Rand der völligen Auflösung. Jede zentrale Macht deutscher Stellen endete, der Staat hörte quasi zu bestehen auf, Anarchie breitete sich aus, die Gesellschaft zerfiel. Diese Situation war wesentliche Voraussetzung für die politische Umgestaltung von Staat, Wirtschaft und Gesellschaft, die mit den Weichenstellungen in der Krisenbewältigung bereits so weit vorangeschritten war, daß kaum mehr an eine Rückkehr zu vorherigen Zuständen zu denken war.

Aus Angst vor den Sowjets hatten tausende Greifswalder die Stadt verlassen und sich entlang der noch unbesetzten Ostseeküste nach Schleswig-Holstein aufgemacht. Nicht nur Nationalsozialisten gingen auf die Landstraße, sondern viele Bürger, die von den unzähligen Flüchtlingen in der Stadt über die Begleiterscheinungen des Einmarsches der Sowjets informiert worden waren.[1] Diesen Berichten glaubte man gerne, war doch das Bild des ›russischen Untermenschen‹ durch die NS-Propaganda bewußt und unbewußt in den Köpfen fest verankert.[2] Man fürchtete sich vor Kämpfen. Als die Truppen einrückten, überzog eine Selbstmordwelle die Region. Grob lassen sich dabei drei Gruppen unterscheiden. Da es, wie beispielsweise in Demmin, zu regelrechten Vergewaltigungs- und Zerstörungsorgien der einrückenden Truppen kam[3], griff unter der Bevölkerung Panik um sich. Besonders Frauen, die ihre Kinder mit in den Tod nahmen, bildeten die erste Opfergruppe. Aus Hinterpommern hatte man gehört, daß die Sowjets

---

[1] Kein Zeitzeuge, der nicht auf individuelle Vorbereitungen hingewiesen hätte. Ferner Tagebuch Lachmund in: Material Lachmund. H. RAETTIG, 1991, passim. Rechtsanwalt John, Prof. Bülck, Leick, Uhrmacher Malinowsky.

[2] Eine Quantifizierung ist schwierig. Da man 1946 allgemein immer von rund 20 000 Einheimischen in der Stadt ausging, dürfte die Zahl irgendwo zwischen 5000 und 10 000 gelegen haben.

[3] N. BUSKE, Kriegsende in Demmin, 1995. Er war Augenzeuge der Vorgänge am 1. 5. 1945. Ferner, E. VENSKY, 1990. Diese Arbeit signalisiert den vorsichtigen und späten Versuch der DDR-Geschichtswissenschaft, sich den Fakten zu stellen und die völlig unglaubwürdige, aber allgemeingültige Darstellung der Besetzung als mehr oder minder humanitären Akt endlich zu revidieren.

Grundbesitzer beim Einmarsch erschossen.[4] In den Dörfern der Umgebung
war die Fluchtbewegung daher vor allem unter den besitzenden Gruppen
sehr stark. Von denen, die blieben, gingen einige Großlandwirte freiwillig in
den Tod. Darunter waren Angehörige der Familie von Behr-Behrenhoff,
von Nathusius-Schlatkow, der Graf von Bismarck-Bohlen auf Karlsburg
oder Runge-Schmanzin.[5] Hier mischten sich die persönlichen und die politischen Motive, denn daß die alten konservativ-nationalen Eliten diesen ersten kriegerischen Einfall fremder Truppen in die Region seit dem Dreißigjährigen Krieg als demütigenden Einschnitt empfanden, daß sie störrisch
ihren Hof nicht verlassen wollten, war deutlich. Selbstmorde aus politischen
Gründen gab es daher nicht nur bei Nationalsozialisten, sondern auch bei
alten Konservativen wie Otto Wobbe, der sich am Tag der Kapitulation das
Leben nahm.[6] Die Verzweiflung über die Niederlage Deutschlands, das
Gefühl, Schande zu erleiden, waren groß.

In den ersten Wochen nach dem Einmarsch herrschte vor allem in den
Dörfern Anarchie. Die alte ländliche Sozialordnung fiel in sich zusammen.
Die Grundherren waren fort, ebenso ihre Verwalter, es gab keine Polizei
und keine Partei mehr, Gemeindebürgermeister gingen vielfach auf die
Flucht. Die geordnete Verbindung zur Außenwelt brach ab, die Besatzungsmacht war noch nicht etabliert. Jetzt brachen die immer unterdrückten sozialen Gegensätze mit großer Wucht auf. Die Landarbeiter stellten postwendend die Arbeit ein, es kam zu unzähligen Plünderungen. Eine ganze
Reihe der Herrenhäuser wurden ausgeräumt, einige dabei völlig zerstört.
Schloß Behrenhoff brannte nieder.[7] Herrschaftliche Kaminuhren, Barock-
möbel und japanische Vasen standen in den Katen der Landarbeiter, Melker
und Kutscher.[8] Daß der Volkszorn im wesentlichen soziale Gründe hatte
und nicht politische, zeigte sich daran, daß die Opfer häufig nichts mit der
NSDAP zu tun gehabt hatten, jedenfalls nicht mehr als die Plünderer. Die
rekrutierten sich auch nicht aus dem Kreis der Flüchtlinge, sondern waren

---

[4] Als ein Beispiel A. Petershagen, 1988, S. 176.
[5] Hinweise in: MLHA. Rat des Kreises Greifswald, Nr. 263 u. 1063.
[6] G. Müller-Waldeck, 1990, S. 92 f.
[7] Typisch ist der Bericht aus Diedrichshagen, wo die Besitzerfamilie geflohen war: »Es ist
     zu bemerken, daß die in den Gutshäusern wohnenden Arbeitskräfte längere Zeit keine
     Arbeit geleistet haben. Von Herrn N. (Verwalter, hms.) wurde das damit begründet, daß
     die weiblichen Arbeitskräfte von Leuten in russischen Soldatenuniformen des nachts
     dauernd belästigt würden. [...] daß die Leute dauernd von Diedrichshagen nach Greifs-
     wald und zurück laufen müßten und somit des Tags nicht arbeitsfähig seien, er könne den
     Leuten auch nichts sagen. Feinde wolle er sich nicht machen.«, Bericht vom 12.6.1945,
     in: MLHA. Rat des Kreises Greifswald, Nr. 1063. Dort auch Hinweise zu anderen
     Dörfern.
[8] Vgl. die Berichte über den Fall B. in Levenhagen, in: MLHA. Rat des Kreises Greifswald,
     Nr. 1117/1, sowie Schreiben J. H. von Corswand vom 1.8.1946, in dem er die Vorgänge
     auf dem Hof seines 1942 verstorbenen Vaters schildert, in: MLHA. Rat des Kreises
     Greifswald, Nr. 1117.

meist Einheimische der unteren, besitzarmen ländlichen Schichten.[9] Dieser Ausbruch der Gewalt war ein Vorgeschmack und eine Voraussetzung der Bodenreform.

An der desolaten Situation auf dem Lande änderte sich nichts, als die Sowjets eine ganze Reihe von Höfen und Herrenhäusern besetzten, die sie als Quartiere, Vieh-, Lebensmittel- und Materialsammelstellen nutzten, um den Nachschub der eigenen Truppen und den Abtransport von Maschinen und Waren nach Rußland sicherzustellen.[10] Sehr schnell brach die Versorgung sogar auf den Dörfern zusammen.[11] An eine Konsolidierung war nicht zu denken, weil die Landbevölkerung, meist Frauen mit Kindern, nachts nicht in ihren Häusern blieb, sondern in großen Scharen allabendlich zu Fuß nach Greifswald zog und morgens zurück, um Drangsalierungen und Vergewaltigungen zu entgehen. Die Dörfer blieben unsicher, weil unbeaufsichtigte sowjetische Soldaten, befreite Fremdarbeiter und böswillige Nachbarn die Gegend durchstreiften. Bisweilen nutzten Dorfbewohner diese Situation zu Plünderungen.[12] Die zum Teil hochspezialisierten Betriebe des Greifswalder Umlandes verfielen, die Felder wurden nicht mehr bearbeitet, sie waren im März und April 1945 vielfach nicht mehr bestellt worden.[13] Nachdem die Gutshöfe ausgeraubt und Inventarstücke fortgeschafft waren, fehlte es an den simpelsten Voraussetzungen, die großen Flächen zu bearbeiten. Auch das war Grundlage der Bodenreform, denn ein wirtschaftlicher Neubeginn auf der Grundlage menschlicher Arbeitskraft war in jedem Fall notwendig. Die fehlenden Maschinen konnten nur so ersetzt werden.

In der Stadt war die Situation ruhiger, weil hier die Disziplin der Besatzungstruppen besser funktionierte und der Einmarsch geordneter vor sich ging. Vergewaltigungen blieben Einzelfälle, auch Plünderungen kamen nicht flächendeckend vor.[14] Die Häuser geflohener oder verhafteter Bürger

---

[9] In den Berichten heißt es oft, die Landarbeiter hätten sich primär mit Plünderungen beschäftigt. Genauer dazu das Schreiben Corswands. Ferner MLHA. Rat des Kreises Greifswald, Nr. 279 u. 303.

[10] Einen groben Überblick bietet die Liste der besetzten Pachtgüter der Stadt und der Universität, in: MLHA. Rat des Kreises Greifswald, Nr. 1085. Die Privatbetriebe sind dort nicht aufgeführt, doch auch sie dienten meist der Roten Armee wie z.B. von Behr-Bandelin, Becker-Eldena, von Bismarck-Bohlen, Wrangelsburg etc.

[11] Berichte vom Herbst 1945, in: MLHA. Rat des Kreises Greifswald, Nr. 1078, z.B. in Moeckow, Wampen, Neuenkirchen, Weitenhagen.

[12] Besonders eindringlich die Schilderung der Frau B. in Levenhagen, wo die eingesetzte deutsche Ortsführung mit den Plünderern kooperierte, vgl. MLHA. Rat des Kreises Greifswald, Nr. 1117/1. Die Bewohner der von der Roten Armee besetzten Höfe zogen ebenfalls meist nach Greifswald. Es gab also eine ständige lokale Bevölkerungsbewegung, die erst im Frühjahr 1946 aufhörte.

[13] »Hier in Boltenhagen herrschen Zustände, die bald nicht mehr tragbar sind.« So oder ähnlich beschreiben die Ortsvorsteher die Situation, wenn es um die Bewirtschaftung der Flächen ging; Bericht aus Boltenhagen adl. vom 5.12.1945, in: MLHA. Rat des Kreises Greifswald, Nr. 1078.

[14] Hinweise zu Prof. Glawe im Tagebuch Lachmund, in: Material Lachmund; H. RAETTIG, 1991, S. 175 ff. E. Lautensach, Wie eine Pfälzerin, S. 3–6, in: StA. Manuskriptsammlung.

bildeten bevorzugte Ziele. Auch ließ sich noch nicht beobachten, daß Nachbarn übereinander herfielen. Gleichwohl sollte der Bruch, den die Fluchtbewegung bei Kriegsende in der Bevölkerung verursacht hatte, nie wieder heilen. Die Lage entwickelte sich nach wenigen Tagen zum Negativen. Zwar waren kurzfristig noch genügend Vorräte aus den großen Beständen der Wehrmachtsdepots vorhanden. Sie gingen jedoch schnell zur Neige. Die mit Verletzten, Verwundeten und völlig erschöpften Flüchtlingen mehr als überbelegte Stadt mußte noch Platz schaffen für die Besatzer. Sie ließen ein ganzes Stadtviertel im Westen rund um den Karlsplatz für sich räumen; Villen, Schulen, Kasernen, die Stadthalle, Tanzsäle oder Einzelzimmer wurden nach Bedarf requiriert. Sehr oft standen Bürger plötzlich auf der Straße, weil ein durchziehender Truppenteil kurzfristig Unterkunft verlangte.[15] Abends fiel zusätzlich die Landbevölkerung ein, um die Nacht im Schutz der Stadt zu verbringen. Häufig waren zurückgegebene Gebäude anschließend nur noch mit Mühe wieder nutzbar zu machen, weil abziehende Soldaten Inventar einfach mitnahmen und den Rest bisweilen zerschlugen.[16] Telefone, Schreibmaschinen, Fotoapparate und Radios mußten abgeliefert werden; die Möglichkeiten der Kommunikation nach außen hörten damit fast vollständig auf, denn der Zugverkehr ruhte, und die Post war eingestellt. In Greifswald wußte man kaum, was sich in Wolgast oder Hanshagen zutrug.[17] In der überbevölkerten Stadt spitzte sich die hygienische und gesundheitliche Situation von Tag zu Tag zu. Innerhalb kurzer Zeit brachen schwere Seuchen aus. Ruhr, Fleckfieber und Bauchtyphus koppelten sich mit den grassierenden Geschlechtskrankheiten, die durch Vergewaltigungen und die Notprostitution rasant um sich griffen.[18] Das Leben der Menschen drehte sich nur noch um existentielle Fragen.

Arbeit wurde zur Voraussetzung für Lebensmittelkarten gemacht.[19] Die befohlenen Arbeitseinsätze richteten sich auf die verzweifelten Versuche, die Ernte zu bergen und die Landwirtschaft in Gang zu halten, und sie dienten den Reparationen der Besatzungsmacht, die rigoros ihre Interessen verfolgte. Schon im Sommer 1945 begann sie mit dem Abbau der Eisenbahn-

---

N. Buske, Kampflose Übergabe, 1993, S. 38 f. Spektakulär war der Fall einer Massenvergewaltigung aller Frauen im Wohnhaus des Leiters der Frauenklinik, der sich mit seiner Frau das Leben nahm.

[15] Bericht einer solchen überfallartigen Räumaktion durch U. Mielsch.

[16] Betroffen waren Großgebäude wie die 1932 eröffnete Arndt-Schule, wo das Marineobservatorium zerschlagen wurde, oder das Luftwaffenlazarett am Pommerndamm.

[17] Notizzettel von Prof. Blohm von Juli 1945. Er wurde über Land geschickt, damit die Stadt wußte, was aus einzelnen Betrieben geworden war; MLHA. Rat des Kreises Greifswald, Nr. 1078.

[18] Bericht von Dr. Braß vom Sommer 1945, in: J. Mai (Hrsg.), Greifswald, 1995, S. 46–48. An den genannten Zahlen wird auch deutlich, daß die Unsicherheit auf dem Land größer war als in der Stadt.

[19] Bericht von 50 Studentinnen, die im Sommer 1945 nach Karlsburg geschickt wurden, in: MLHA. Rat des Kreises Greifswald, Nr. 1063. Dazu auch J. Mai (Hrsg.), Greifswald, 1995, S. 42.

schienen aller Kleinbahnen und des zweiten Gleises der Reichsbahnstrecke Hamburg-Stettin teilweise mitsamt dem Bahnschotter.[20] Das rollende Material wurde eingezogen. Auch die Tierseuchenversuchsanstalt auf der Insel Riems, die bei der Seuchenbekämpfung eigentlich unverzichtbar war, wurde demontiert. Immer wieder sammelte das Arbeitsamt Männer und Frauen, die im Hydrierwerk Pölitz bei Stettin unter härtesten Bedingungen arbeiten sollten.[21] Ständig wurde öffentlich zu Ernteeinsätzen oder Feldentkrautungen aufgerufen. Die Einsätze zog die Besatzungsmacht rücksichtsloser durch, als es die NSDAP jemals gewagt hätte.

Bald machte sich allgemeine Angst breit, weil die Verhaftungen der Sowjets und der neuen deutschen Polizei unter der Leitung eines alten KPD-Genossen immer weiter ausgriffen und nicht nur Nationalsozialisten betrafen. Zunächst räumten die Sowjets schematisch die Spitzen des NS-Apparates, der Verwaltungen, Behörden, Gerichte und der Polizei ab, die tatsächliche Verstrickung in Schuld war dabei zweitrangig, die Auswahl der Opfer erschien willkürlich. Die regionale NS-Führungsgarde war geflüchtet, es blieben nur wenige Männer zurück. Gerichtspräsident Krah, Universitätsrektor Engel, Schulrat Hermann Otto, Landgerichtsrat Karl Hagemann, der Arzt Dr. Heinrich Heinelt, der Gutspächer Abel-Wackerow und Buchhändler Walter Klein waren die prominentesten Inhaftierten. Einige wenige Nationalsozialisten der zweiten und dritten Reihe kamen hinzu wie Kaufmann Pagallies, Milchhändler Rahn, Bademeister Thürk oder Käthe Fixon, die Organisationsleiterin der NS-Frauenschaft gewesen war.

In Greifswald hielten sich auch noch führende Männer der Zeit vor 1945 auf, die subjektiv das Gefühl haben mußten, sie hätten sich nichts zuschulden kommen lassen, oder die durch ihre Konspiration gegen die NSDAP vor Kriegsende meinten, einen legitimen Anspruch auf künftige Mitbestimmung zu haben. Doch auch Lachmund, Remertz und Bürgermeister Richard Schmidt fanden sich überraschend schnell in sowjetischer Haft wieder.[22] Betroffen waren führende Männer des konservativ-nationalen Netzwerkes. Dr. med. Franz vom Kriegerverein geriet in Haft, Hermann Fraude aus dem DNVP-Vorstand oder die Kriminalpolizisten Baer und Borges. Besonders hart traf es den alten Mittelstand, der offenbar zu großen Teilen nicht auf die Flucht gegangen war, sondern als altansässig, hausbesitzend und bodenständig das Geschäft und die Stadt nicht im Stich lassen mochte.

---

[20] J. Mai (Hrsg.), Greifswald, 1995, S. 41f.
[21] Bericht der Bürgermeisterin von Landhagen vom 14.5.1946, in: VpLA. Kreisleitung Greifswald, IV/4/02/46/15. Bericht vom 18.5.1946. Einer Frau, deren Schwester sich weigerte, einen Arbeitseinsatz zu befolgen, sagte ein Mitarbeiter des Arbeitsamts: »Er würde meine Schwester der Roten Armee melden, dann wüßte sie ja, wo sie hinkäme.«
[22] Erinnerungsbericht Brigitte Remertz-Stumpff, in: Material Remertz. Ferner K. Schwabe, Hans Lachmund, 1995. StA. Rep. 6 PB, Nr. 350, Zusatzakte. Dort sind acht Kassiberbriefe von Bürgermeister Schmidt aus Neubrandenburg vorhanden. Schmidt und Remertz wurden am 6.5.1945 verhaftet, Lachmund am 27.5.1945.

Schuhhändler Max Dietrich von den Bürgerschützen, die Bäckermeister
Karl Kasch, Rubarth, Mehlberg und Laszig, Buchdrucker Emil Panzig,
Fleischerobermeister Wett und viele ihrer Berufskollegen saßen in Neu-
brandenburg im Lager ›Fünfeichen‹, wo das Gros der Greifswalder Inhaf-
tierten landete und die meisten verhungerten.[23] Ein politischer Neuanfang
auf der Grundlage der Eliten aus der Zeit vor 1933 oder der bürgerlichen
Opposition war damit schon im Ansatz unterbunden.
   Ziel dieses Vorgehens war die politische Einschüchterung der gesamten
Gesellschaft. Ein grobes Raster ließ sich trotz der starken Elemente von
Willkür erkennen. Zunächst waren die meisten Inhaftierten Männer. Die
Sowjets und ihre deutschen Helfer von der KPD sammelten lückenhaft
und eher planlos ehemalige Nationalsozialisten, die alte Beamtenelite, die
Vereins- und Innungseliten und vermeintliche ›Wehrwölfe‹ ein.[24] Unter
den Festgenommenen befanden sich deswegen auffällig viele Schüler der
höheren Oberschulklassen, darunter die Söhne der Ärzte Dr. Holsten und
Dr. Franz und des inzwischen verstorbenen Juraprofessors Langen, eines
engen Ratgebers Kählers.[25] Die durch Tod, Flucht und NS-Verstrickung
ohnehin dezimierte Zahl der alten Eliten, die eine personelle Grundlage für
den politischen Neubeginn hätte sein können, reduzierte sich durch diese
Kappungen weiter. Wer seinen Sohn ohne Nachricht in sowjetischem Ge-
wahrsam wußte, hielt sich politisch in jedem Fall zurück.
   Es gab noch weitere Haftgründe. Ehemalige Soldaten, das Gros der Männer in der Stadt zählte dazu, waren potentielle Kriegsverbrecher oder
Kriegsgefangene. Seit Weihnachten 1945 gingen die Sowjets beispielsweise
mit gewisser Konsequenz gegen ehemalige Soldaten des Landes-Schützen-
Bataillons 251 vor. Sie sollten an Kriegsgreueln in Bromberg 1939 beteiligt
gewesen sein.[26]
   Doch diese Linien verwischten sich, und der Terrorcharakter der Verhaftungen enthüllte sich immer stärker.[27] In Haft konnte jedermann geraten,
denn nach welchem Schema die deutsche Polizei, die ein Beobachter aus
dem nichtsozialistischen Lager als »übles Gesindel« bezeichnete[28], Soldaten
der Besatzungsmacht oder der sowjetische Geheimdienst zugriffen, war
schon bald nicht mehr deutlich. Oft fanden willkürliche Razzien auf der
Straße statt. Wer aus irgendeinem Grund nicht sofort gehen konnte, geriet
leicht in ein Lager.[29] Menschen verschwanden einfach, auf dem Weg zur
Arbeit, nach dem Einkaufen, bei einem Behördengang, ohne daß je ein

---

[23] Namenliste in: Greifswalder Tageblatt, 5.12.1990.
[24] Ein guter Überblick zum Lager und zur Verhaftungspraxis der Sowjets bei D. KRÜGER/
G. FINN, Lager Fünfeichen, 1991, hier besonders S. 51 ff. T. BAUMANN, 1998. S. MIRO-
NENKO/L. NIETHAMMER, 1997.
[25] Berichte von inhaftierten Schülern, in: J. MAI (Hrsg.), Greifswald, 1995, S. 37 f. u. 58 f.
[26] G. OTTO, 1981.
[27] Zu den Lagern S. MIRONENKO/L. NIETHAMMER, 1997
[28] N. BUSKE, Kampflose Übergabe, 1993, S. 38.
[29] H. RAETTIG, 1991, S. 214 ff. Ferner J. MAI (Hrsg.), Greifswald, 1995, S. 38.

Grund erkennbar wurde. Denunziationen spielten zweifellos eine wichtige Rolle, wenngleich sie in diesem Zusammenhang schwer nachweisbar sind.[30] Die Angehörigen blieben ohne Nachricht, denn die Internierungslager waren sogenannte ›Schweigelager‹. Manchmal erhielten sie zufällig Kassiber, die aus dem Gefängnis oder aus ›Fünfeichen‹ herausgeschmuggelt worden waren.[31] Die Ungewißheit und die Angst lähmten die Bevölkerung.[32] Rund zwei Drittel der Lagerinsassen kehrten nicht zurück, von vielen verlor sich jede Spur.[33]

Neben den Versorgungsmängeln und den Verhaftungen prägten die Flüchtlinge die Situation. Sie lösten die gewachsene Ordnung der regionalen Gesellschaft auf. Ihre soziale Zusammensetzung und ihre Herkunft bestimmten die künftige Entwicklung der Region. Vorpommern war ein Mittelpunkt der Fluchtbewegungen. Greifswald geriet mit Kriegsende in eine besondere geographische Lage. Die Stadt war aus Richtung Osten gesehen im Norden der erste unzerstörte Ort auf deutschem Gebiet. Er zog daher zwangsläufig die Flüchtlinge an, die ungeordnet und ohne zentrale Lenkung per Wagen, Bahn oder zu Fuß ankamen. Da die Männer von östlich der Oder meist tot oder abwesend waren, füllte sich die Stadt mit Frauen, kleinen Kindern und Alten, die nicht mehr weiter konnten und erschöpft in Greifswald strandeten. Am Bahnhof, in der Stadthalle und im ehemaligen Gefangenenlager wurden Notaufnahmen eingerichtet. Die Pfarrer verbrachten ganze Tage auf den Friedhöfen, um die Toten zu bestatten.[34] Die Flüchtlingsgesellschaft war in den ersten Monaten und Jahren in permanenter Bewegung und konsolidierte sich erst sehr allmählich. Noch im Mai 1945 sah es so aus, als ob die Stettiner bald zurückkehren könnten. Die Besatzungsmacht ordnete den Rückmarsch an und in Greifswald formierten sich die ersten Trecks.[35] Dann wiederum befahlen die Sowjets die Räumung ganzer Landstriche oder kompletter Ortschaften von Flüchtlingen.[36] Die weiter westlich von der Front überrollten Trecks machten sich bisweilen auf den Rückweg und kamen vor der Grenze im vorpommerschen Raum zum Stehen. Gleichzeitig erreichten die ersten Transporte ausgesiedelter und vertriebener Ostdeutscher hier die Sowjetische Zone. Wo diese Menschen Auf-

---

[30] E. Lautensach, Wie eine Pfälzerin, S. 7, in: StA. Manuskriptsammlung. Sie spricht von einer »Welle von Denunziationen und Verhaftungen.«

[31] D. Krüger/G. Finn, Lager Fünfeichen, 1991, S. 55.

[32] N. Buske, Kampflose Übergabe, 1993, S. 41 u. passim. Der Sohn der Familie Rehmann gehörte selbst zu den Opfern. Dort die Schilderung eines solchen Falles.

[33] Der Tod des Bürgermeisters Schmidt 1946 z.B. wurde offiziell erst 1995 bekannt. Es gab keine Totenlisten, die Gräber wurden mutwillig eingeebnet. Die Bemühungen, dieses finstere Kapitel aufzuarbeiten, sind in vollem Gange und von heftigen Kontroversen begleitet. Aufschlußreich vor allem die Konflikte um das Denkmal für die Opfer auf dem Wall in Greifswald, das 1997 nach langen Auseinandersetzungen aufgestellt wurde.

[34] D. Prost, 1995. Auf dem Alten Friedhof liegen die z.T. überwucherten Gräber von Kindern und Alten mit den Jahreszahlen 1945 und 1946 in langen Reihen.

[35] J. Mai (Hrsg.), Greifswald, 1995, S. 31.

[36] N. Buske, Kampflose Übergabe, 1993, S. 40.

nahme fanden, war anfangs nicht geregelt. Erst Ende 1945 gelang es, verbindliche Auffang- und Verteilungsstrukturen zu schaffen. Jede Gemeinde war jedoch bestrebt, die Menschen schnell wieder los zu werden. Beständig schwappten daher die Menschenströme zwischen Stadt und Land und von Dorf zu Dorf hin und her. Erst 1946 mit dem Abebben des Stromes aus Hinterpommern und Ostpreußen trat eine gewisse Beruhigung ein.

Schon Ende Mai 1945 war die Zahl der Einwohner in der Stadt auf rund 68 000 gestiegen, fast das Doppelte des Vorkriegsstandes. Rund 60 Prozent der Bewohner Greifswalds waren demnach Flüchtlinge.[37] Je nach Aussiedlungspraxis der Polen in den Gebieten östlich der Oder schwollen die Werte an oder ab; im Herbst 1945 erreichten sie einen Höhepunkt mit an die 70 000 Bewohner[38], zum Frühjahr 1946 gingen die Zahlen dann bereits zurück, weil die mobileren Flüchtlingsgruppen sich weiterverteilten. Die Zahlen schwankten stark, die Verwaltung wußte oft nicht, wieviel Menschen tatsächlich in der Stadt waren. Erst ab Mitte 1946 gingen die Werte tatsächlich etwas zurück. Am grundsätzlichen Stärkeverhältnis von Einheimischen und Migranten änderte sich indes wenig, rund 50 bis 60 Prozent waren erst seit wenigen Wochen und Monaten in der Stadt. Die herkömmliche Sozialstruktur war umgeworfen.

Im Landkreis war die Situation ähnlich dramatisch, die Zahl der Flüchtlinge vielleicht noch ein wenig größer, denn in Scheunen, Ställen und geräumten Herrenhäusern bestanden Wohnraumreserven; ferner glaubten die Behörden, auf dem Lande sei auch die Versorgung mit Lebensmitteln leichter zu organisieren. Im August gab es für den Kreis erste Schätzungen, die von überhöhten Werten, rund 150 000 Menschen, ausgingen und nur widerspiegeln, wie unermeßlich das Problem empfunden wurde. Realistisch waren rund 22 000. Anfang Oktober 1945 standen 36 000 Einheimische 31 000 Flüchtlingen gegenüber. In diesen Wochen verzeichneten Gemeinden von 1000 bis 2000 Einwohnern pro Woche einen Zulauf von bis zu 100 Personen. Im November und Dezember lag die Zahl der Flüchtlinge mit 37 600 erstmals über der Zahl der Einheimischen. In einigen Dörfern wie in Züssow, das an einem Eisenbahnknotenpunkt lag, waren über zwei Drittel der Bevölkerung keine Einheimischen, ein Verhältnis von 40 zu 60 Prozent galt vielfach als normal. Die Kleinstädte nahmen im Vergleich weniger Menschen auf.

Die soziale Zusammensetzung wird am Beispiel des Dorfes Hanshagen deutlich. Von den 834 Flüchtlingen, die dort 1945 lebten, waren 46 Prozent Frauen und 37 Prozent Kinder, nur 16 Prozent waren Männer.[39] Noch 1948 rechnete die SED in der inzwischen auf rund 46 000 Menschen abgeschmolzenen Bevölkerung des Kreises unter den 31 000 Arbeitsfähigen mit 20 000

---

[37] E. J. Krüger, Kampf der KPD, 1966, S. 40.
[38] N. Buske, Kampflose Übergabe, 1993, S. 42. Er nennt eine Zahl von 68 500 im Dezember 1945.
[39] Angaben des Kreises, in: MLHA. Rat des Kreises Greifswald, Nr. 263.

Frauen und nur 11 000 Männern.[40] Die regionale Flüchtlingsgesellschaft war eine Frauengesellschaft. Das sorgte für sehr spezifische politische Startbedingungen, denn unter den Frauen waren die Konservativen stets stark gewesen.

Die Herkunft der Flüchtlinge war von Bedeutung, denn sie brachten Erfahrungen und Traditionen aus ihren Herkunftsgebieten mit in die neue Heimat. Im August 1945 meldete die Stadt rund 30 000 Flüchtlinge. 30 Prozent von ihnen kamen aus Stettin, waren demnach noch vor Kriegsende weitgehend geordnet in die Stadt gelangt und hatten Habseligkeiten mitnehmen können. 42 Prozent stammten aus Hinterpommern, 15,6 Prozent waren Vorpommern aus den zerstörten Kleinstädten Anklam, Pasewalk oder den vernichteten Dörfern an der Oder; 7,3 Prozent waren Evakuierte aus Hamburg, Berlin und Mitteldeutschland. Ostpreußen, Westpreußen, der Warthegau und Oberschlesien stellten jeweils nur kleine Kontingente. Die alle überragenden Gruppen waren die Hinterpommern und Stettiner.[41] Das galt auch für die Dörfer, 80 bis 90 Prozent der Menschen kamen von dort.

Die massive Zuwanderung sollte die Strukturen der Region verändern, auch wenn sich Kontinuitäten zeigten. Die ländliche Bevölkerung Hinterpommerns unterschied sich nicht so sehr von der Vorpommerns; hier wie dort handelte es sich um eine dörflich und kleinstädtisch geprägte Lebenswelt, in der Großgrundbesitz wichtig gewesen war. Vielleicht waren die Hinterpommern etwas stärker kirchlich orientiert; sozial und mental waren die Unterschiede jedoch eher gering. Die kulturelle Homogenität der Bevölkerung wurde durch die Flüchtlingswelle nur am Rande berührt. Es handelte sich überwiegend um Norddeutsche und um Protestanten. Ganz anders war es indes mit den Stettinern, die aus einer Großstadt kamen und jetzt auf dem ›Dorf‹ saßen. Darunter faßten sie auch Greifswald, wo im täglichen Leben das Plattdeutsche noch Umgangssprache war.[42] Als Fremde und als Großstädter hatten sie keinen oder wenig Respekt vor gewachsenen Strukturen, vor angesehenen Vereinsführern oder Professoren. Sie verlangten Wohnung und Versorgung und beanspruchten schon bald einen Platz in der Gesellschaft. Das war von zentraler Bedeutung. Da es sich überwiegend um Frauen handelte, die gemäß landläufiger Auffassung in der Region wenig mit Politik zu schaffen hatten, war hier eine politische Neuorientierung der Bevölkerung gut zu erreichen. Die Flüchtlinge zerbrachen trotz der Momente von Kontinuität die gewohnten Verhältnisse. Hier kam eine riesige Menge in der engeren Region unverwurzelter, eigentumsloser Menschen, die neu beginnen mußten. Sie waren politisch zum Teil unerfahren. Sie wa-

---

[40] VpLA. Kreisleitung Greifswald, IV/4/02/70. Bericht des Rates der Stadt über die gewerbliche Wirtschaft.

[41] Meldung der Stadt vom 2.8.1945, in: MLHA. Rat des Kreises Greifswald, Nr. 263. Dort auch die Werte für den Landkreis.

[42] Hinweis von E. N., Greifswald, die als junge Frau im März 1945 aus Stettin gekommen war und sich noch 50 Jahre später über die etwas ›tumben‹ Greifswalder erhob.

ren es zu einem guten Teil gewohnt, sich in sozial komplizierteren Gemeinwesen, als es Greifswald war, ohne viele Rücksichten auf religiöse, soziale, kulturelle oder materielle Bindungen zu behaupten. Sie bildeten den Treibsatz, mit dem die gewachsenen gesellschaftlichen Strukturen der Stadt aufgebrochen werden konnten. Gemeinsam mit den besitzarmen ländlichen Unterschichten Vorpommerns bildeten sie das Potential und die Manövriermasse für die tiefgreifenden gesellschaftlichen Veränderungen, wie sie die SED und die Besatzungsmacht zusammen einleiteten.

Die Konstellation des Sommers 1945 sprach für eine Wiederbelebung milieuhafter Strukturen, für einen erneuten Rückzug des nichtsozialistischen Teiles der Gesellschaft in eine Gegengesellschaft. Weder die Sowjets noch die KPD erfreuten sich außerhalb ihres engeren Anhangs besonderer Beliebtheit in der Region. Die Begleiterscheinungen des Kriegsendes waren geeignet, die Gegner der Sowjets zusammenzuführen. Ihre kompromißlos harte Machtübernahme und die der Kommunisten in ihrem Windschatten reaktivierten alte Abwehrreflexe. Im Grunde war für das nichtsozialistische Lager eine ähnliche Situation gegeben wie nach der Niederlage 1918, nur diesmal hatte der Feind tatsächlich gesiegt, hatte Macht und Gewalt im Staat übernommen. Die Situation ließ eine Abschließung und Milieubildung erwarten; doch die weitere Entwicklung kanalisierte die entsprechenden Impulse ganz anders als in den vorhergegangenen Gesellschaftsordnungen. Für ein geschlossenes Milieu reichte es nicht mehr. Die Gründe dieser verhinderten Milieubildung sollen im Mittelpunkt der folgenden Kapitel stehen.

Mit dem Ende der NSDAP und ihrem politischen Vorfeld stellte sich sehr rasch heraus, daß sich an den Grundkonflikten der Gesellschaft wenig verändert hatte. Die politische Entwicklung der ersten Nachkriegsmonate zeigte, daß die nationale Volksgemeinschaft die grundsätzlichen Lagermentalitäten der Gesellschaft nur wenig angetastet hatte; unter der gleichgeschalteten Oberfläche bestanden die antisozialistischen und antidemokratischen Ressentiments der eher bürgerlichen Konservativ-Nationalen weiter. Die NSDAP hatte sie gepflegt und sie zur Grundlage der Loyalität weiter Bevölkerungskreise gemacht. Man wußte in diesem Teil der Gesellschaft nach wie vor, daß man kulturell und politisch zusammengehörte und daß man einen Gegner hatte, ganz gleich wie tief die politischen Zwistigkeiten gegangen waren. Indes waren nahezu alle wichtigen Organisationen und Ideen zerstört, diskreditiert oder verboten. Auf der Seite der Arbeiterbewegung war der Nationalsozialismus ein Oberflächenphänomen geblieben. Als er zusammenbrach, kehrte sich die alte politische Grundorientierung sofort wieder hervor.[43] Auch auf dieser Seite hatte man die Polarisierungen der zwanziger und dreißiger Jahre keineswegs vergessen. Mit dem Sieg der Roten Armee, der Machtübernahme der kommunistischen Besatzungsmacht und ihrer deutschen Helfer aus den Reihen der KPD und SPD lebten die alten Konflikte und Ressentiments zwischen den Lagern

---

[43] Allgemein dazu, P. Lösche/F. Walter, Organisationskultur, 1989.

daher wieder auf. Die Grundlage ihrer Austragung war jedoch fundamental
verändert. Das nationalistische Konzept der Volksgemeinschaft war kata-
strophal gescheitert, die noch unverbrauchten Gemeinschaftsideen der Sozialisten traten nunmehr an, die Gesellschaft zu erobern. Dabei hatten die
überzeugten Sozialisten rasch sämtliche Machtmittel des Staates in der
Hand. Sie waren bereit, diese Mittel einzusetzen, moralische Bedenken beiseite zu stellen und diesmal zu siegen. Eine weitere Niederlage wie 1918
sollte es nicht geben.

Das vorherrschende politische Gefühl der nichtsozialistischen Greifswalder Bevölkerung war die Erschöpfung und Depression. Ganz gleich, wie
man zum Nationalsozialismus gestanden hatte[44], die Anspannungen des
Krieges, der katastrophale Untergang des Reiches und seines Militärs, die
völlige Hilflosigkeit gegenüber Hunger, Elend und Not sowie der absehbare
Verlust weiter Gebiete im Osten betrafen alle. Darauf setzte sich jedoch
erneut das politische Ressentiment gegen die ›Roten‹, die jetzt gestützt auf
die Besatzungsmacht in der Stadt so unverhohlen triumphierten. Obwohl
sie nie eine bestimmende Rolle gespielt hatten, sieht man von wenigen Tagen
der Revolution 1918 einmal ab, beanspruchten sie mit dem Hinweis auf ihre
angeblich nie gebrochene antifaschistische Gesinnung einfach die Macht für
sich. Schon am 6. Mai setzten die Sowjets Wilhelm Bieg als Oberbürgermeister ein. Er war in der Gefangenschaft durch das Nationalkomitee Freies
Deutschland (NKFD) vom Wehrmachtsfeldwebel zum linientreuen Kommunisten erzogen worden war.[45] Der Mann war jung und unerfahren, legitimiert nur durch die Besatzungsmacht und seinen demonstrativen Antifaschismus. Kurz nach seiner Ankunft hielt er vor nur rund 500 Menschen
eine Ansprache auf dem Markt, wo er das allgemeine Programm der ›Gruppe Sobottka‹ verkündete[46]: Politische Umerziehung, Kampf gegen die Resignation und Lösung der Versorgungsprobleme.[47] Schon die geringe Zahl
seiner Zuhörer verdeutlicht die Stimmung in der Stadt.

Vom 15. bis 18. Mai 1945 waren Gottfried Grünberg und Anton Switalla
als Instrukteure der ›Gruppe Sobottka‹ in Greifswald und veranstalteten 18
Versammlungen, unterteilt nach Berufen und Funktionen. Rund 6000 Menschen seien erreicht worden, etwa ein Zehntel der Stadtbevölkerung, behaupteten sie.[48] Grünberg bemühte sich, die Abkehr vom Nationalsozialis-

---

[44] Schilderung bei G. Grünberg, 1980, S. 218 ff.
[45] Zu Bieg, E. J. Krüger, Kampf der KPD, 1966, S. 44 f. Bieg gehörte zur ›Gruppe Sobottka‹, die am 6. Mai von Stargard in Hinterpommern über Stettin nach Mecklenburg reiste.
Die neuen Bürgermeister wurden meist so verteilt, daß sie mehr zufällig von einem Last-
wagen, der über Land fuhr, abstiegen und das Amt übernahmen. D. Krüger/G. Finn,
Lager Fünfeichen, 1991, S. 27. Bieg wurde noch im Mai 1945 stellvertretender Landrat,
führte die Bodenreform durch und wurde dann im Frühjahr 1946 wegen angeblicher
Sabotage von den Sowjets abgesetzt und verurteilt. Später Mitglieder der NDPD.
[46] E. J. Krüger, Gruppe Sobottka, 1965.
[47] Ebd., S. 112.
[48] Ebd., S. 110f., ferner G. Grünberg, 1980, S. 213–223.

mus zu popularisieren und ein Bewußtsein für die Verbrechen der alten
Machthaber zu schaffen, um damit Verständnis für die Besatzungsmacht zu
wecken. Sein Ziel war es, die Lethargie zu überwinden und die Menschen
für einen radikalen Neuanfang von ideellen Grundlagen der Gesellschaft her
zu motivieren. Doch nur zwölf ehemalige bürgerliche Politiker fühlten sich
aufgerufen, der Einladung zu einem Gespräch zu folgen. Bedenkt man, daß
rund 600 bis 700 Menschen vor 1933 in den bürgerlichen Parteien organisiert gewesen waren, war das mehr als mager. Die herrschende Stimmung
waren offenbar Skepsis und Mißtrauen, ja offene Ablehnung. Grünberg berichtete von laut geäußerten Ressentiments und Anfeindungen gegen die
Sowjets und die KPD besonders unter den Jugendlichen.[49] Die Alten hätten
sich einfach verweigert. Die Unterschiede in der Gesellschaft zwischen links
und rechts, die Gegensätze der beiden Lager, waren in jedem Fall sofort
wieder deutlich.

Daß die KPD künftig das Sagen haben würde, daran zweifelte in Greifswald ernstlich niemand. Die wichtigsten Schaltstellen in der Stadtverwaltung und in der Polizei besetzten die Sowjets mit Männern der Greifswalder
KPD, weit weniger mit SPD-Genossen.[50] An der Spitze standen in der Regel Männer von außerhalb, die die Landes- oder Zonenleitung der KPD
einsetzte. Erst in der zweiten Reihe befanden sich die einheimischen Kommunalpolitiker der Zeit vor 1933. An diesem Grundschema der Stellenbeset-
zung sollte sich in den kommenden Monaten wenig ändern. Kreissekretär
der KPD wurde im August 1945 Otto Sepke aus Stettin (geb. 1910)[51], er
hatte sieben Jahre im KZ zugebracht und war von der Berlin KPD-Leitung
in die Provinz beordert worden. Ihm zur Seite stand Franz Wohlgemuth
(geb. 1915), der einen stark totalitär geprägten Bildungsweg hinter sich hatte. Ein Studium der katholischen Theologie hatte er abgebrochen, dann war
er Soldat geworden und als junger Leutnant bei Stalingrad in Gefangenschaft geraten.[52] Anschließend hatte er sich vom Nationalkomitee Freies
Deutschland zum Antifaschisten schulen lassen und war als Instrukteur
und Mann hinter der deutschen Front tätig geworden. Er hatte gelernt, Lehren zu verinnerlichen und bedingungslos zu exekutieren. Nunmehr ging er
daran, die neue politische Linie zu etablieren.[53] Die nicht in den Greifswalder Verhältnissen wurzelnden Männer hatten bei der Umgestaltung der regionalen Verhältnissen ganz offensichtlich weniger Skrupel als ihre einheimischen Genossen. Sie nahmen kaum Rücksichten, wie sich zeigen sollte.[54]

---

[49] Ebd., S. 219f.
[50] J. Mai (Hrsg.), Greifswald, 1995, S. 29, S. 39 u. 44ff. Ferner StA. Rep. 7.2., Nr. 1.
[51] Die Zusammensetzung der Kreisleitung, hier noch ohne F. Wohlgemuth bei E. J. Krüger,
    Kampf der KPD, 1966, S. 97.
[52] Die ›literarische‹ Gestaltung dieser Erfahrung, F. Wohlgemuth, 1948.
[53] Verlag für internationalen Kulturaustausch (Hrsg.), 1958. Ferner mündliche Hinweise
    von Jörg Morré.
[54] E. J. Krüger, Kampf der KPD, 1966, S. 97. Wohlgemuth fehlt in dieser Arbeit, weil er
    nach einer glanzvollen Karriere 1958 in den Westen ging.

Die Sozialdemokraten hatten es demgegenüber schwer, denn wie die bürgerlichen Politiker auch waren sie von allen zentralen Stellen abgeschnitten und mußten in den ersten Tagen beobachten, wie die KPD ihre Leute unterbrachte. Auch die tiefen Vorbehalte gegen die Kommunisten aus der Krise 1932 wirkten nach.[55] Erstaunlich war indes, wie leicht die beiden Arbeiterparteien nach der Freigabe der Parteigründung Mitte Juni 1945 zu Mitgliedern kamen. Die KPD hatte in Stadt und Kreis Ende Juni 22, im Juli um die 70, Ende September 803 Mitglieder. Mitte November waren es bereits 1563, davon etwa die Hälfte in der Stadt. Die SPD blieb auch nach 1945 stärker als die KPD. Der Abstand war jedoch kleiner geworden. Sie soll bei der Vereinigung Ende März 1946 in Stadt und Kreis zusammengerechnet 3113 Mitglieder gehabt haben. Doch die Angaben sind widersprüchlich und vermutlich auf allen Seiten überhöht. Im allgemeinen Chaos der Flüchtlingsströme ist es unwahrscheinlich, daß irgendeine Partei festen Boden gewann und verläßliche Zahlen vorweisen konnte. Von April 1946 liegt eine Zahl von 1522 SED-Genossen in der Stadt vor. Im Juli 1946 wurden 3475 in Stadt und Kreis genannt, deutlich weniger als KPD und SPD zusammengerechnet hätten haben müssen.[56] Auch wenn die Werte nicht korrekt sind, geben sie doch die Tendenz an. Der massive Zustrom von Stettinern, die zu einem guten Teil im sozialistischen Milieu anzusiedeln waren, bildete offenbar eine Basis für den Aufschwung der Arbeiterparteien in der Region. Zweiter Faktor war jedoch die Hoffnung vieler Menschen, über den Weg einer Parteimitgliedschaft rasch die eigene materielle Situation verbessern zu können und politischen Schutz zu erlangen. Idealistische Vorstellungen von Neuanfang und Antifaschismus kamen hinzu. In jedem Fall mußte der Zusammenschluß der beiden Parteien KPD und SPD in Greifswald bereits Ende März 1946 alle Nichtsozialisten beunruhigen.

Die sich von Anfang an abzeichnende Vorherrschaft der SED und in ihr der KPD-Kader leitete sich von den unumschränkten Befugnissen der Sowjets in der Stadt ab. Sie machten Greifswald seit etwa August 1945 zu ihrem Hauptverwaltungsort in der Region, zum Sitz von Militärverwaltung, Justiz und Geheimpolizei.[57] Die KPD/SED genoß Privilegien und wurde mit Fahrzeugen, Benzin und Papier versorgt. Die Genossen bekamen leich-

---

[55] G. Grünberg, 1980, S. 217. E. J. Krüger, Kampf der KPD, 1966, unterschlägt die tiefen Konflikte zwischen den beiden Arbeiterparteien völlig. Besonders aufschlußreich sind die Hinweise im Vorfeld der Wahlen 1946, als der SED eine freiwillige Mobilisierung ihrer Basis nicht gelang, weil ständig Streit herrschte. Konflikte gab es zwischen KPD und SPD und zwischen Einheimischen und Vertriebenen; vgl. VpLA. Kreisleitung Greifswald, IV/4/02/46/16. Vor allem Bericht von einer außerordentlichen Generalversammlung der SED vom 25.8.1946.

[56] E. J. Krüger, Kampf der KPD, 1966, S. 95f. D. Krüger/G. Finn, Lager Fünfeichen, 1991, S. 34f. Ferner VpLA. Kreisleitung Greifswald, IV/4/02/46/15 u. IV/4/02/46/16.

[57] J. Mai (Hrsg.), Greifswald, S. 11. D. Krüger/G. Finn, Lager Fünfeichen, 1991, S. 18f.

ter Zugang und Gehör bei den Sowjets.[58] Konfliktfrei war ihr Verhältnis zur Besatzungsmacht jedoch ganz und gar nicht, die Sowjets agierten keinesfalls immer als verlängerter Arm der deutschen Kommunisten.[59] Gleichwohl baute sich in der Wahrnehmung der nichtsozialistischen Gruppen hier ein Machtblock auf, dem nur wenig entgegenzusetzen war und den man als bedrohlich empfand.

Doch die Entwicklung eröffnete im Chaos auch ganz andere Perspektiven, die bei den Nichtsozialisten wiederum geeignet waren, an einen guten Ausgang der Konfrontation zu glauben. Nach dem Besuch Grünbergs und Switallas in Greifswald besetzten die Sowjets das Amt des Oberbürgermeisters um, weil sie mit den beiden Instrukteuren zu der Ansicht gelangt waren, daß »ein angesehener Bürger der Stadt, der auch auf die Universität Einfluß nehmen« könnte, an der Spitze stehen sollte.[60] Offensichtlich erschien sogar den beiden Instrukteuren das Personal der KPD und auch der SPD als zu dürftig. Die Schwäche der Arbeiterparteien aus der Zeit vor 1933 zog hier ihre Spur. Nur eine bürgerliche Honoratiorenfigur verfügte über genügend Autorität, um Apathie und Ablehnung zu überwinden und die mehrheitlich nichtsozialistische und bildungsbürgerliche Bevölkerung für einen Neuanfang zu gewinnen. Die Greifswalder Arbeiter, die nie eine Universität von innen gesehen hatten und Professoren, Anwälte oder Beamte immer nur als ihre Arbeitgeber, Chefs und Vorgesetzte erlebt hatten, verfügten offenbar noch nicht über genügend Format.

Hinzu kam, daß nach dem Zusammenbruch der Kommunikations- und Machtstrukturen nur regional und lokal aus der Kommunalverwaltung heraus eine Konsolidierung der Verhältnisse erfolgen konnte. Ein fähiger Oberbürgermeister war wichtig. Der Wiederaufbau staatlicher Strukturen begann von unten. Das Funktionieren der Kommunalverwaltung war überlebenswichtig, denn der Arm der Zentralstellen in Schwerin reichte noch nicht weit. Symptomatisch war die Tatsache, daß bis Januar 1946 in Greifswald eine verlagerte Dienststelle des Stettiner Reichsnährstandes, die »Abwicklungsstelle der Landesbauernschaft«, unter ihrem alten Leiter arbeitete. Sie zahlte Renten aus und erhob Beiträge, obwohl die Landesregierung schon seit August immer wieder darauf hinwies, die Dienststelle sei eigentlich seit dem 2. Mai nicht mehr existent und müsse sofort geschlossen werden.[61] Auf dem Posten des Oberbürgermeisters wurde ein erfahrener und

---

[58] Die SED hatte seit 1945 ständig ein Auto zur Verfügung, ferner Fahr- und Motorräder; VpLA. Kreisleitung Greifswald, IV/4/02/46/15. Es gab immer wieder materielle Zusagen der Sowjets.

[59] Abzulesen an dem Sabotageverfahren gegen Bieg im Mai 1946 oder an Verhaftungen von SED-Genossen. Dazu ein Vermerk vom 26.6.1946: »Befindet sich in der Haft des NKWD. Ein Einspruch ist zwecklos.« VpLA. Kreisleitung Greifswald, IV/4/02/46/15.

[60] G. GRÜNBERG, 1980, S. 221.

[61] MLHA. Rat des Kreises Greifswald, Nr. 731. Ein schöner Beleg für die Beharrungskraft der Bürokratie und ein Argument gegen den Gedanken, die Herrschaft in der frühen SBZ

gewichtiger, aber nicht allzu selbständiger Politiker benötigt, der vor Ort Respekt besaß.

Ihn glaubte man in dem Anwalt Dr. Ewald Rust gefunden zu haben, dessen Vater seit 1920 als Flüchtling aus dem Elsaß in der Stadt lebte, Gerichtsvollzieher, aktiver Christ und in der Weimarer Republik Kommunalpolitiker der ›Unpolitischen‹ und der ›Kommunalen Arbeitsgemeinschaft‹ gewesen war. Auch Lachmund war in der Diskussion. Ihn verhafteten die Sowjets aber am 27. Mai, wohl weil man ihm wegen seines Freimaurertums, seiner Auslandskontakte und der häufigen Verhöre bei der Gestapo mißtraute.[62] Rust hatte in der NS-Zeit Sozialdemokraten und Kommunisten in politischen Prozessen verteidigt und war deswegen mit Sanktionen belegt worden.[63] Er kam auf Vorschlag der SPD auf den Spitzenplatz der Verwaltung, blieb jedoch nur zwei Monate im Amt. Dann folgte am 17. Juli Paul Hoffmann, der 1933 abgesetzte DDP-Schulrat, entschiedene Schulreformer und nachmalige Versicherungsvertreter, der seit Mitte Juni die neue Demokratische Partei leitete. Das war die Partei des nichtsozialistischen Greifswald. Bis Ende Juni 1947 blieb er im Amt.[64] Sein Stellvertreter, der Bürgermeister, war Hugo Pfeiffer, Vertreter der Kommunisten. Nach dem gleichen Schema wurde an der Spitze der Kreisverwaltung verfahren, wo der parteilose bürgerliche Anwalt Dr. Johannes Conrad die Führung übernahm und Wilhelm Bieg als Vertrauensmann der KPD an die zweite Stelle gesetzt wurde.

Angesichts der großen Probleme und der Unerreichbarkeit zentraler Instanzen zog die Stadtverwaltung alle möglichen Kompetenzen an sich.[65] Sie war weitgehend unbeschädigt. Sogar das Wiedervorlagesystem funktionierte sinnlos, aber effektiv über den Bruch vom 30. April 1945 hinweg, denn der Bürodirektor unter Fleischmann und Rickels, Ernst Saß, der der DDP angehört hatte, blieb als Organisationsleiter der Verwaltung weiter im Amt. Schon bald gab es ein Stadtgericht, das als Abteilung der Verwaltung den Fortgang der Rechtspflege im Sprengel des Amtsgerichts gewährleistete. Alle Schulen, auch das staatliche Gymnasium, unterstanden nun der lokalen Verwaltung, ebenso die Rudimente der Finanzverwaltung. Die Stadt zahlte Zuschüsse an alle möglichen Stellen, nur damit sie weiterarbeiten konnten, entließ Personal und stellte neues ein, zahlte Heilbehandlungen für vergewaltigte Frauen und für Vertriebene oder bestritt den Unterhalt für die

---

sei effizient und total von Anfang an gewesen. Es dauerte im Gegenteil sehr lange, bis es überhaupt funktionierende Kommunikationswege und Anweisungsstrukturen gab.

[62] K. Schwabe, Hans Lachmund, 1995; ferner W. Wilhelmus, Margarethe und Hans Lachmund, 1990.

[63] Schreiben Andrich an Rust, 16.8.1945, in: VpLA. Rep. 76, Landgericht Greifswald, Nr. 1352. Er erhielt als Kompensation bevorzugt ein Notariat.

[64] Lebenslauf Hoffmann von ca. 1953, in: UA. Personalakte Hoffmann, Nr. 283.

[65] E. J. Krüger, Kampf der KPD, 1966, S. 66 ff. Gute Beschreibung vom Kulturdezernenten der Stadt, M. Burwitz, 1959.

Familien verhafteter Beamter.[66] Erst sehr langsam gelang es der Verwaltung, ihren Aktionsradius über die Stadtgrenze hinaus auszudehnen. Was sich auf den Dörfern abspielte, wußte man meist nicht. Das Schicksal des umfangreichen und wertvollen städtischen Grundbesitzes, den man für die sozialen Aufgaben gut nutzen konnte, war weitgehend unbekannt.

Die beiden Oberbürgermeister Rust und Hoffmann versuchten sich in dem Kunststück, einerseits alle politisch NS-belasteten Männer und Frauen aus ihren Ämtern zu entfernen, wie es die Besatzungsmacht forderte, und andererseits die Funktionsfähigkeit der Verwaltung nicht zu gefährden, sie sogar noch auszubauen. Das notwendige Fachwissen, um die komplizierten Aufgaben zu regeln, besaßen nahezu allein die nichtsozialistischen Einwohner der Stadt. Sie wurden daher bevorzugte Ansprechpartner der Verwaltungschefs. So wurde Paul Andrich Leiter des Stadtgerichts. Otto Eggebrecht fungierte als Schöffe und Vertreter von Handwerksinteressen. Rechtsanwalt Rudolf Ollmann baute die Dienststelle zur Erfassung des NS-Vermögens mit auf.[67] Eine besondere Position mit viel informellem Einfluß nahm Walter Graul ein, der als Beigeordneter zum kollektiven Leitungsgremium der Stadt gehörte und an den wöchentlichen Blocksitzungen teilnahm. Er hatte die Zuständigkeit für alle Wirtschafts- und Versorgungsfragen.[68]

In diesen ersten Monaten ergaben sich mithin zwei gegenläufige Entwicklungstendenzen. Während die noch unstrukturierte politische Macht, der Einfluß bei der Besatzungsmacht und in der Polizei ganz eindeutig bei den Kommunisten lag und auch die Sozialdemokraten gewisse Möglichkeiten hatten, waren andererseits die bürgerlichen Eliten als Fachleute unverzichtbar und organisierten daher die Verwaltung. Dort wuchs ihr Einfluß rapide an und konstituierte ein Gegengewicht. Hier hatten die 1933 meist kaltgestellten, aber nicht beseitigten alten Eliten der Konservativ-Nationalen hervorragende Möglichkeiten, soweit sie sich politisch nicht diskreditiert hatten. Fast wie von selbst stellte sich daher ein wesentlicher Teil der alten politischen Machtverhältnisse im Ort wieder her. Von Bedeutung war ferner, daß auf allen Ebenen von Verwaltung und Politik gleichzeitig lokal verwurzelte Kräfte durch Auswärtige, durch Vertriebene oder Abgesandte der Parteileitungen ersetzt wurden. Es rückten Männer in Positionen ein, die mit Greifswald nichts oder wenig zu tun hatten, die dementsprechend bedenkenlos mit gewachsenen Verhältnissen umgingen.

---

[66] Die Allzuständigkeit der Stadt wird deutlich in den Ratsprotokollen 1945 u. 1946. StA. Rep. 7.2., Nr. 1 ff.
[67] Lebenslauf Ollmann, 18. 10. 1945, in: VpLA. Rep. 76, Landgericht Greifswald, Nr. 1352. Zur Tätigkeit des Stadtgerichts, Schreiben Andrich an Minister Grünberg, 29. 8. 1945, in: VpLA. Rep. 76, Landgericht Greifswald, Nr. 1838.
[68] Schreiben Graul vom 28. 4. 1948, wo er auf diese Verbindung hinweist, in: ACDP. III-036-041.

Prof. Ernst Jenssen, Gründungsmitglied und Vorsitzender der Greifswalder CDU 1946 bis 1952
Prof. Paul Hoffmann, Gründungsvorsitzender der Greifswalder CDU und von 1945 bis 1947 Oberbürgermeister

2. Politischer Neubeginn: Demokratische Partei und CDU

War auch der gesellschaftliche Grundkonflikt aus den Jahren vor 1933 mit dem Kriegsende wieder entstanden und knüpften besonders die Arbeiterparteien an ihr Partei- und Milieuleben in der Republik deutlich und diskussionslos an, so stellte sich auf Seiten der nichtsozialistischen Kräfte heraus, daß es zwar die alten Eliten durchaus noch gab, daß sie aber politisch keineswegs dort anfangen konnten, wo sie 1933 aufgehört hatten. Daher gab es keine Renaissance eines konservativ-nationalen Milieus, keine Neuauflage von der DNVP oder DVP und auch keinen politisch selbständigen Mittelstand. Es gab keine feste und unumstrittene weltanschauliche Basis für einen Neubeginn. Konservatismus oder Liberalismus strukturierten das politische Leben nicht mehr. Die Zerklüftungen des nationalen Lagers hatten offenbar ein vorläufiges Ende gefunden, der erneuerte und bedrohliche Grundkonflikt mit den Arbeiterparteien führte nunmehr zu einer gesamtbürgerlichen Partei. Besonders entschlossen waren die Parteigründer angesichts der allgemeinen Stimmung in der Bevölkerung jedoch nicht, denn sie warteten nach der örtlichen Etablierung von SPD und KPD noch gut 14 Tage, bis sie zur Tat schritten. Schulrat Hoffmann mußte von den Sowjets beauftragt werden, ein Programm zu schreiben und Mitglieder zu werben.[1]

Greifswald war ein eigenständiges Gründungszentrum, was die relative politische Vitalität der nichtsozialistischen Kreise in der Stadt unterstreicht. Die Partei entstand hier ohne Verbindung nach außen, allein aus den lokalen Gegebenheiten, zwei Tage vor der CDU-Gründung in Berlin. Schon bei der konspirativen Vorbereitung der kampflosen Übergabe und in der Bereitschaft, Verwaltungsverantwortung zu übernehmen, hatte sich das gezeigt. Doch wie das Zögern ebenfalls verdeutlicht, war der Anfang stark von Schwierigkeiten überschattet und leitete einen Sammlungsprozeß und eine Rückkehr zu politischem Selbstvertrauen erst langsam ein. Die Probleme der Parteigründung verdeutlichen, warum sich kein geschlossenes Milieu wie noch in den zwanziger Jahren etablieren konnte.

Die ›Greifswalder Demokratische Partei‹ wurde zum politischen Sammelbecken der bürgerlichen Kreise.[2] Schon die Zusammensetzung der 27 Männer und Frauen, die am 24. Juni 1945, einem Sonntag, in der Schule an der Knopfstraße zusammenkamen, zeigte Auffälligkeiten.[3] Es ließen sich im

---

[1] E. Jenssen, Geschichte, o. S., in: Material H. H. Jenssen.

[2] Überblicksdarstellungen bei M. RICHTER, Entstehung und Transformation, 1995, S. 2509–2586; ders., Rolle, 1995, S. 2587–2638; ders., Die Ost-CDU 1948–1952, 1990. Zur weiterführenden Literatur seine jeweils in den Texten enthaltenen Forschungsübersichten.

[3] Es gibt zwei Listen mit unterschiedlichen Namen. Auf der Abschrift der Liste im Stadtarchiv fehlen die Namen von Prof. Lohmeyer und Prof. Fleck; auf der authentischen Unterschriftenliste, die die CDU in Greifswald selbst verwahrt, fehlt der Schlossermeister Fritz Gruel. Man kann davon ausgehen, daß Lohmeyers Name aus politischen

Kern vier lose miteinander verbundene Gründergruppen ausmachen. Zum einen und auffällig stark vertreten, ehemalige Linksliberale der DDP aus der Weimarer Republik, dann konservative Deutschnationale der DNVP und zum dritten der bürgerliche Flügel jener Gruppe, die die kampflose Übergabe der Stadt mit ins Werk gesetzt hatte – und noch nicht verhaftet worden war. Hinzu kamen einige Einzelpersonen, die sich vor 1933 nicht politisch betätigt hatten, die jedoch durch ihre negative Erfahrung in der NS-Zeit politisiert worden waren. Das waren offenbar Gruppen, die sich moralisch unbelastet fühlten und den Mut hatten, neu zu beginnen. Allen gemeinsam war ihre bürgerliche Herkunft und Lebensweise, ihre Zugehörigkeit zum nichtsozialistischen Lager.

Treibende Kraft der Parteineugründung war Paul Hoffmann, er wurde zum Gründungsvorsitzenden. In seinem Vorstand befanden sich eine Reihe bekannter Greifswalder Politiker der Zeit vor 1933. Der Lehrer August Bendt war als Vorstandsmitglied des lokalen Beamtenbundes in der Kommunalpolitik für Beamteninteressen aktiv gewesen, war DDP-Mann und Mitglied des Reichsbanners gewesen. Ulrich Noack war parteipolitisch ein unbeschriebenes Blatt. Ernst Lohmeyer, Ende Mai 1945 von den Sowjets eingesetzter Rektor der Universität, war vor 1933 ebenfalls parteilos gewesen. Walter Graul hingegen kam von der DNVP.

Unter den Gründungsmitgliedern fallen einige weitere Namen auf. Ernst Jenssen und seine Frau waren Liberale, er hatte der DVP angehört. Der bekannte Strafverteidiger Paul Andrich war bis 1933 Fraktionschef der DNVP im Bürgerschaftlichen Kollegium Greifswalds gewesen. Seine stramm nationale Haltung hatte ihn nicht zur NSDAP geführt, dafür war er zu sehr christlich und idealistisch eingestellt und zu sehr Freimaurer gewesen. Freimaurer und Christ war auch Emil Villain, Grundschullehrer, DNVP-Mitglied und alter Stahlhelmer. Eine ganze Reihe von Handwerkern und Kaufleuten kamen hinzu, wie der Fahrradhändler Kurt Wickleder, der Schlossermeister Fritz Gruel oder der Schlachter Stefan Härtinger. Kurz nach der Gründung der Demokratischen Partei stieß der Kaplan Förster dazu. Als enger Mitarbeiter und Leidensgenosse des legendären Pfarrers Wachsmann, dessen Hinrichtung 1943 die katholische Gemeinde und die ganze Stadt schwer getroffen hatte, genoß er hohes Ansehen. Er führte die katholische Minderheit der Stadt in die Partei, die auf eine Wiedergründung des Zentrums ausdrücklich verzichtete.[4] Es war damit deutlich, wie eng sich der Zusammenhang zwischen den informellen Zirkeln der Kriegszeit und dem politischen Neubeginn gestaltete. Die Strukturen des politischen Wiederbeginns waren ganz offenkundig schon vor Kriegsende entstanden und wurden nunmehr nur in eine Parteiform gegossen.

Gründen bei der Abschrift getilgt wurde, bei den beiden anderen sind die Gründe unklar; StA. Rep. 6 Ia, Nr. 98 u. Akten der CDU-Greifswald.

[4] Schreiben des Zentrums vom 27.6.1945, in: StA. Rep. 6 Ia, Nr. 98.

Nahezu niemand der Parteigründer von 1945 war nicht schon vor 1933 politisch aktiv oder zumindest interessiert gewesen. Dementsprechend war das Alter der meisten sehr hoch. Graul und Noack zählten mit etwa 45 Jahren noch zu den jüngeren. Die übrigen hatten die 60 längst überschritten. Die meisten hatten ihre politische Erfahrung bereits im Kaiserreich gesammelt. Justizrat Karl Löding beispielsweise, der von der DVP kam, hatte als Liberaler sogar schon vor dem Ersten Weltkrieg im Bürgerschaftlichen Kollegium gesessen. Auch Turnlehrer Reinhold Ziemer war vor 1914 als liberaler Turner aktiv gewesen. Beide gingen auf ihren 80. Geburtstag zu. Die meisten waren Greifswalder. Die Flüchtlinge blieben in dieser Partei vorläufig ohne Einfluß.[5]

Die weltanschauliche Legitimation für politisches Handeln entstammte offenbar vier Strömungen. Stark vertreten waren die überzeugten Christen, wichtig waren die Gesinnungsliberalen und -konservativen. Legitimierend wirkte der aktive und passive Widerstand gegen die NSDAP oder erlittene Benachteiligungen durch das Regime. Daraus ließ sich ein bürgerlicher Antifaschismus begründen. Zu dieser Gruppe gehörte Lotte Aumüller, die Witwe des Rechtsanwalts, oder Friedhofsgärtner Heinrich Grapentin, auch Hoffmann selbst. Politisch umfaßt die neue Partei offensichtlich alle bürgerlichen politischen Gruppierungen der Weimarer Republik, von der linksliberalen DDP bis hin zur konservativ-nationalen DNVP. Es war bemerkenswert, daß ehemalige konservativ-nationale Heißsporne wie Andrich mit ihren erklärten Feinden von den Demokraten wie Hoffmann, Grapentin oder dem Reichsbannerführer Bendt kooperierten. Das gesamte deutschnationale Gesellschaftsspektrum zeichnete sich vor 1933 überdies durch eine betonte Katholikenfeindschaft aus.[6] Es war folglich eine tiefe historische Zäsur für das politische Leben, als es 1945 gelang, die Gegensätze von vor 1933 in einer einheitlichen bürgerlichen Partei zu überwinden.

Doch diese Bündelungstendenz reflektierte durchaus Weimarer Verhältnisse und hatte ihre Wurzeln in der Polarisierung der zwanziger und dreißiger Jahre, wie sie sich 1945 bereits wieder deutlich abzeichneten.[7] Zunächst steckte hinter dieser Gründung eine simple historische Analogie. Schon einmal nach einem verlorenen Krieg, nämlich 1918, war in Greifswald eine ›Demokratische Partei‹ als bürgerliche Sammelpartei gegen eine übermächtig erscheinende sozialistische Arbeiterbewegung ins Feld geführt worden. Wenigstens drei Neugründer des Jahres 1945 waren aktiv dabei gewesen. Die mit Pathos vorgetragene Forderung nach Einheitlichkeit bürgerlicher Interessenvertretung hatte nach dem glücklosen Ende der DDP die DNVP

---

[5] E. Lautensach, Wie eine Pfälzerin, S. 6, in: StA. Manuskriptsammlung.

[6] W. KLÄN, Evangelische Kirche, 1995, S. 89f. u. 100ff.

[7] Besonders deutlich an den Konflikten um den sogenannten ›Franzosenmontag‹ und das Volksbegehren gegen den Youngplan; VpLA. Rep. 76, Landgericht Greifswald, Nr. 2252, UA. Personalakte Vahlen, Nr. 270. Zum Volksbegehren 1929, VpLA. Rep. 65c, Nr. 82 u. 83.

getragen. Der Einheitswille hatte der DNVP viel Kraft verliehen. Dann war die neue Einigkeit ein Reflex auf die vorangegangene Diktatur, in der man gemeinsam die Erfahrung von Gewissenskonflikten, Verstrickung[8], Verfolgung oder Zurücksetzung gemacht hatte. Eine weitere Voraussetzung lag noch eine Schicht tiefer. Alle traditionellen bürgerlichen politischen Weltanschauungen wie der Liberalismus oder auch der Konservatismus galten in ihrer doktrinären Ausprägung spätestens seit 1930 als abgewirtschaftet und untauglich für die politische Praxis. Der Nationalismus hatte die entstandene Lücke gefüllt. Doch auch er war jetzt obsolet. Als Orientierungsrahmen blieb nur das diffuse Gefühl der Zusammengehörigkeit, das sich aus der sozialen und kulturellen Prägung ergab, und die Tatsache, eben nicht zu den Arbeiterparteien zu gehören, von einer sozialistischen Ordnung nichts erwarten zu dürfen. Das war ein durch und durch konservativer Reflex, sieht man einmal über die gewiß unterschiedlichen politischen Grundhaltungen der Parteigründer hinweg. Man war sich einig in der Ablehnung. Über die Ziele war noch zu sprechen.

Die alten Konflikte konnten zwölf Jahre lang nicht offen ausgetragen werden, sie waren gleichsam stillgelegt gewesen. Daher mochte sich 1945 kaum noch jemand an die endlosen und weltanschaulich aufgeladenen Streitereien erinnern. Ihr außenpolitischer Gehalt hatte nach dem verlorenen Krieg ohnehin keine Grundlage mehr. Auch über Volksgemeinschaft, Monarchie, Preußentum und autoritäre Krisenlösungsstrategien mußte man nicht mehr reden. Wie sich bald herausstellen sollte, waren die grundsätzlichen weltanschaulichen Konflikte damit aber nicht verschwunden.

Entscheidender als jene, die sich an der Gründung beteiligten, waren aber diejenigen, die fehlten. Das waren die Jungen und Jüngeren sowie das Gros der politisch Aktiven von vor 1933. Die Jungen waren gefangen, verletzt oder tot. Politisch hatten sie eine komplette NS-Sozialisation von der Hitlerjugend über den Arbeitsdienst bis in die Wehrmacht hinter sich gebracht. Die Generation der um 40jährigen aus den protestantischen und nichtsozialistischen Gruppen der Stadt war zu einem guten Teil die Trägerschicht der frühen NSDAP gewesen. Die alten politischen Eliten aus der Zeit vor 1933 hingegen hatten sich in den harten Krisenkonflikten der späten zwanziger und frühen dreißiger Jahren derartig verbraucht, daß ihre politische Resignation eine wichtige Voraussetzung für den Aufstieg der NSDAP gewesen war. Sämtliche konservativ-nationalen und mittelständischen Gruppierungen hatten einen großen Teil ihres politischen Führungspersonals einfach verschlissen. Es kehrte auch 1945 nicht in die Politik zurück, allenfalls als

---

[8] Die Neugründer waren alle nicht in der NSDAP gewesen, aber Noack hatte in Oslo ein Beitrittsformular ausgefüllt, um seiner aus politischen Gründen behinderten Karriere einen Anstoß zu geben. Hoffmann hatte offenbar 1933 kurzzeitig mit dem Gedanken gespielt, der Partei beizutreten, um seine Stellung zu retten. Vgl. Schreiben des ehemaligen Kreisleiters Kropka vom 12.7.1936 und Schreiben Parteigericht vom 28.5.1937, in: BA. ehem. BDC, Walter Kropka, OPG. Zu Noack, Bescheinigung o.D., in: UA. Personalakte Noack, Nr. 2445.

einfache Parteimitglieder.[9] Politisch waren die konservativ-nationalen Lager- und Milieustrukturen zu Beginn der dreißiger Jahre schwer angeschlagen und fragmentiert worden. Ihr innerer Zusammenhalt war durch den Aufstieg der radikalen, antielitären NSDAP besonders unter den Jungen bis in die Familien hinein gestört worden.[10] Wichtig war überdies, daß ein nicht unerheblicher Teil des politischen Personals der Weimarer Republik aus allen bürgerlichen Parteien nach 1937 in die NSDAP eingetreten war, mithin als belastet galt und nicht für eine Parteigründung zur Verfügung stand. Der Neubeginn begann deshalb mit der schweren Hypothek einer untergrabenen, untergründig zerklüfteten und mit dem Faschismusvorwurf belasteten Basis. Das zweifellos weiterhin vorhandene politische Lager konnte sich nicht ohne weiteres in die Politik begeben. Seine Möglichkeiten waren durch die historischen Belastungen gebrochen und geschwächt. Der verbliebene Rest handlungsbereiter Politiker war klein, die politische Situation überwältigend und übermächtig bedrohlich. Das Pathos vom gemeinsamen Zusammenstehen für den Wiederaufbau wurde so stark, daß sich eine Gründung mehrerer Parteien zunächst wohl verbot.

Der Wiederaufbaugedanke und der Wunsch, die Schmach der Vergangenheit zu tilgen, überbrückte zeitweise auch die tiefe Lagergrenze zwischen den Arbeiterparteien und den bürgerlichen ›Demokraten‹. Angesichts der starken Schutzmacht für die Arbeiterparteien war das auch vernünftig, wollten die nichtsozialistischen Kräfte Einfluß wahren. Die Austragung des Lagerkonflikts war daher zunächst ausgeschaltet. Der Gedanke der Zusammenarbeit war populär. Daß die ›Demokraten‹ bei der Gründung genötigt wurden, sich auf die »zehn Leitsätze der KPD« zu verpflichten[11], was die Integration in den Parteienblock bedeutete, war aus diesem Blickwinkel weder ein Kniefall noch abwegig. Die Regie der Besatzungsmacht und der KPD, die den lokalen Gründungsprozeß der ›Demokraten‹ anschoben, zeigte sich auch in der Anwesenheit des Berliner KPD-Instrukteurs Wilhelm Keller. Gleichwohl funktionierte der alte Abgrenzungsmechanismus, denn die Blockintegration mit der Forderung nach Einstimmigkeit von Beschlüssen, die in Greifswald schon am 26. Juni 1945 wirksam werden sollte[12], erkannten die ›Demokraten‹ als politische Falle. Ausdrücklich behielten sie sich in einer Protokollnotiz, die später nie wieder erwähnt wurde, vor, daß sie ein Recht auf abweichende Standpunkte, besonders auf dem

---

[9] In den Teilnehmerlisten der frühen CDU-Versammlungen sind wenige verzeichnet, wie Otto Eggebrecht (DNVP, dann Wirtschaftspartei), Wilhelm Levien (DNVP) oder Franz Stöckicht (Mittelstand). ACDP. I-587-001/1, Protokollbuch der CDU-Greifswald 1945–1947.

[10] Z.B. Druckerfamilie Panzig: Vater Emil war DVP-Politiker, einer seiner Söhne war als SA-Aktivist bekannt. Oder Prof. Ferdinand Heuckenkamp, dessen Sohn Rudolf zeitweilig die SA führte.

[11] Vermerk auf dem Original des Gründungsprotokolls, in: Akten der CDU-Greifswald.

[12] E. J. Krüger, Kampf der KPD, 1966, S. 133 f.

»Gebiet der Agrarreform« hätten.[13] Trotz des Pathos von Kooperation und Neuanfang nahm die ›Demokratische Partei‹ den absehbaren Konflikt mit den Sozialisten wahr.

Wichtig für die neue Einigkeit der bürgerlichen Parteirichtungen und die künftige Entwicklung in der Stadt war jedoch noch ein weiterer Punkt, der in dieser Zuspitzung als Greifswalder Besonderheit gelten muß. Es war die ausgeprägt christliche Haltung vieler Parteigründer, die oft auch individueller Grund für die Distanz zur NSDAP gewesen war. Der weltanschauliche Konflikt mit der NSDAP, wie ihn die Bekennende Kirche ausgetragen hatte, fand hier seinen Nachhall, denn wie Lohmeyer hatten sich einige der Gründer der Bekenntnisfront zugerechnet. Am 2. September 1945 benannte sich die neue Partei nach längeren Orientierungsschwierigkeiten und umfassender Diskussion, die in den ersten Mitgliederversammlungen viel Raum einnahm, in CDU um, nahm also das Wort ›christlich‹ programmatisch in ihren Parteinamen auf. Damit fand das lokale Projekt der ›Demokratischen Partei‹ wieder Anschluß an eine nationale Entwicklung. Der Greifswalder Sonderweg einer bürgerlichen Gesamtpartei war damit beendet.

Auf unzweideutig religiöser Basis hatte es in protestantischen Gebieten vor 1933 nirgendwo dauerhaft eine Partei gegeben. Das war ein weiterer Bruch mit der Tradition und gleichzeitig ein Anknüpfen an die ideellen Grundlagen der DNVP, die viel stärker als DVP oder DDP auf diesem Fundament geruht hatte. Die Gründer suchten offenbar nach gültigen vorpolitischen Maximen, die politisches Handeln erst ermöglichten, jenseits der herkömmlichen Weltanschauungen, jenseits des Nationalismus und über das diffuse Gefühl sozialer und kultureller Zusammengehörigkeit hinaus. Es mußte eine konsensfähige Grundlage sein, die sich mit den Lagermentalitäten vereinbaren ließ, jedoch durch den Nationalsozialismus nicht kompromittiert war. Hier im Christlichen lag ein Punkt, wo man neu beginnen konnte, eine unzerstörte, moralisch intakte, ethische Grundlage für Politik. Die Religion war mithin so etwas wie die innere Notverfassung des nichtsozialistischen Lagers. Christlich umschrieb einen Minimalkonsens. Sehr deutlich knüpfte die neue Partei damit an die Grundlagen der konservativen Parteien an, dezidierter als es die DNVP oder die Deutschkonservativen je getan hatten.

Gleichzeitig deutete sich damit aber auch die erste Bruchlinie der neuen Partei an, denn ein wesentlicher Teil der Parteimitglieder und hier besonders eine große Gruppe der tonangebenden Kräfte des Jahres 1945 fühlte sich demokratischen und liberalen Traditionen verpflichtet.[14] Nur widerwillig akzeptierten sie die Akzentverschiebung, die wesentlich auf die Beredsamkeit von Ulrich Noack und seiner Austrittsdrohung zurückzuführen war.

---

[13] Handschriftlicher Vermerk von Hoffmann auf dem Original des Gründungsprotokolls, in: Akten der CDU-Greifswald.

[14] E. Jenssen, Geschichte, o. S., in: Material H. H. Jenssen.

Vorläufig hielt der starke Druck von außen und die Nachwirkungen der Diktatur die Partei noch zusammen. Hinweise auf die erheblichen Schwierigkeiten der neuen Partei, festen weltanschaulichen und politischen Boden zu gewinnen, liefert auch das Programm, das die ›Demokraten‹ mit der Gründung formulierten. Es handelte sich um ein offenbar von der Besatzungsmacht bestelltes und von Hoffmann verfaßtes Papier, das im Kern allein die radikale Abkehr vom Nationalsozialismus unterstrich.[15] Es war dort viel von religiöser und politischer Toleranz die Rede und von Wiedergutmachung, von Völkerverständigung und von unveräußerlichen Grundrechten, die der Staat zu gewährleisten habe, vor allen die Freiheit des Gewissens. Es war untergründig immer noch stark nationalistisch gefärbt, denn ein wesentliches Ziel war es, den Namen Deutschlands von Schuld reinzuwaschen. Im Ergebnis blieb eine stark ethisch argumentierende, dezidierte Absage an jede Form der Diktatur übrig.[16] Über eine Verfassungsordnung war bezeichnenderweise nichts gesagt. Allgemein war vom »Volksstaat« die Rede, von der »Volksherrschaft«, und auch die »Volksgemeinschaft« tauchte noch einmal als Synonym für eine gerechte Gesellschaft auf. Ob hier mit Rücksicht auf die Besatzungsmacht auf konkretere Aussagen verzichtet werden mußte, bleibt offen. Wahrscheinlicher ist indes, daß innerhalb der ›Demokratischen Partei‹ kaum Klarheit, geschweige denn Einigkeit herrschte, wie es konkret weitergehen könnte, welches politische System anzustreben sei.

Die Partei diskutierte zunächst viel über weltanschauliche Grundlagen und Grenzziehungen und suchte intern eine Verständigung.[17] Im nichtsozialistischen Teil der Bevölkerung herrschte alles andere als Einigkeit, nachdem man sich in der Weimarer Republik zerstritten hatte und ein freier Meinungsaustausch unterdrückt worden war. In der chaotischen Zusammenbruchgesellschaft war so etwas wie ein politikfreier Raum entstanden, weil niemand wußte, welchen Einfluß die neue Partei überhaupt haben würde. Die Klärung solcher Fragen war mithin für die ersten Monate eine der wenigen politischen Tätigkeitsbereiche, welche die Partei als Mitgliederorganisation tatsächlich hatte. Der Klärungsbedarf war groß. Daß Mitglieder der ›Demokratischen Partei‹ in der Stadtverwaltung und der Universität zu Position und Einfluß gelangten, hatte mit der Partei zunächst noch nichts zu tun. Es gab trotz der starken liberalen Wurzel keine direkte Rückkehr zur parlamentarischen Demokratie. Sie spielte in der Diskussion über politische Zukunftsperspektiven keine Rolle. Es war symptomatisch, daß sich Ulrich Noack mit Ideen von Berufsständevertretung beschäftigte.

---

[15] Abschrift in: StA. Rep. 6 Ia, Nr. 93. Autor ist vermutlich Hoffmann.

[16] Das Programm ist in deutlich wertenden Auszügen abgedruckt bei: J. MAI (Hrsg.), Greifswald, 1995, S. 42 f. Dort ist auch die Vorstandsliste verzeichnet, aus der der Name Lohmeyer aus politischen Gründen getilgt worden war. Vorlage war nicht das Original, sondern eine spätere Abschrift.

[17] Protokolle von Sommer und Herbst 1945, in: ACDP. I-587-100/1. Sowie E. Jenssen, Geschichte, o. S., in: Material H. H. Jenssen.

Sie waren auch zwischen 1930 und 1933 modern gewesen, um der Krise Herr zu werden.[18] Das waren Ideen, wie sie in Deutschland traditionell eher bei den konservativen Parteien zu Hause waren. Das Greifswalder Bildungsbürgertum und der Mittelstand der Stadt hatten entsprechend ihrer starken deutschnationalen Prägung kein Verhältnis zu einem demokratischen System. Eine vitale liberale Tradition in der Stadt hatte es vielleicht bis 1920 noch gegeben, seitdem war sie verschwunden. Kontinuierlich war Greifswald obrigkeitsstaatlich durchdrungen gewesen und gewiß kein Hort politischer Partizipationsforderungen. Parlamentarismus galt nach den Erfahrungen der Weimarer Republik überdies als altmodisch und untauglich, als gescheitert und überlebt. Zu einer eindeutig demokratischen Haltung, zur Befürwortung des Parlamentarismus mit seinen Spielregeln gelangte die Partei daher erst schrittweise und in der Auseinandersetzung mit der SED.

Es gab jedoch eine Art demokratischen Reflex, der sich auf die Gestaltung der eigenen Verhältnisse bezog. Die CDU wählte ihren Vorstand im April 1946 nämlich in einer aufwendigen Urwahl aller Mitglieder.[19] Wenn man politisch bei Null begann, und dieses Gefühl herrschte offenbar vor, und wenn man das Führerprinzip der NSDAP ablehnte, dann war dies offenbar die einzige allgemein akzeptierte Möglichkeit, eine Legitimation für politische Führung zu gewinnen. Das hatten die Vereine immer so gehalten, so war es unbestritten immer im Bürgerschaftlichen Kollegium gewesen, das war auch das Prinzip der Kirchensynoden – hier knüpfte man wieder an.

Die Gründungsgeschichte der bürgerlichen Partei spiegelt die Zerrüttung der Politik in der Schlußphase der Weimarer Republik wider. Sie verdeutlicht ein hohes Maß an Orientierungsbedarf, ein starkes Übergewicht weltanschaulicher Fragen und wohl deswegen auch einen Mangel an politischer Pragmatik. Politik und Parteien waren in Deutschland seit jeher eine Frage der Weltanschauung, und die war nach der NS-Diktatur im nichtsozialistischen Lager alles andere als klar. Gleichzeitig zeigte die Gründung, daß ein waches Bewußtsein für die Grenzen der Kooperation über politische und gesellschaftliche Lagergrenzen hinweg vorhanden war. Die Schieflage der Machtverhältnisse und die drohende neue Diktatur witterten die erfahrenen bürgerlichen Politiker von Anfang an. Möglichkeiten, sie von Beginn an zu verhindern, sahen sie freilich nicht.

Entgegen der Diskussionsfreude über Fragen der Weltanschauung, sie entsprang der Orientierungslosigkeit, und der anfänglich vorherrschenden Skepsis in der Bevölkerung gegenüber politischen Aktivitäten erlangten Mitglieder der Partei rasch Einfluß und Selbstbewußtsein. Schließlich hatte das lokale Bürgertum die städtische Gesellschaft schon immer beherrscht. Die CDU zählte führungsgewohnte und kompetente Fachleute, die schon vor 1933 Verantwortung getragen hatten, zu ihren Mitgliedern. Die Besat-

---

18 Diesen Hinweis verdanke ich Michael Richter, Dresden.
19 Protokollnotizen, April 1946, in: ACDP. I-587-100/1.

zungsmacht ging in diesen ersten Monaten nach Kriegsende offenbar noch
nicht von einem Durchmarsch der KPD zur Macht aus; das eröffnete den
bürgerlichen Kräften Möglichkeiten.[20] Paul Hoffmann als Bürgermeister
und Andrich als Richter wurden bereits erwähnt. Daneben war das Rektorat
der Universität mit Lohmeyer und Rudolf Seeliger durch zwei CDU-Leute
besetzt. Lohmeyer stand außerdem seit Oktober 1945 noch dem Kulturbund vor, der sich personell und inhaltlich stark auf das bildungsbürgerliche
Potential der Stadt stützte. Luise Siegmund, sie kam aus Stettin, führte den
Frauenbund. Ihr Mann war Chef des Postamts. Ernst Jenssen war Rektor
der Mädchenoberschule. Gustav Braatz leitete das Finanzamt, Leopold Osthoff die Sparkasse, Otto Eggebrecht zog im Handwerk Fäden, Walter Graul
gehörte die einzige intakte Zeitungsdruckerei der Region. Überall sprachen
Mitglieder der CDU entscheidend mit.

In der von Organisationen entkleideten und politisch orientierungslosen
Gesellschaft hatten bekannte und angesehene Persönlichkeiten, die ener-
gisch die Politik in die Hand nahmen, beste Voraussetzungen, das politische
Leben aufzubauen und wiederzubeleben. Sie hatten Leuchtturmfunktion.
Die ›Demokraten‹ knüpften damit an die Honoratioren früherer bürgerlicher Parteien an. Der politischen Elite von Einheimischen, die sich hier
zusammenfand, gelang es rasch, die Lethargie in der Bevölkerung zu überwinden. Sie vermittelte den Menschen offenbar den Mut, daß es sich lohnte,
die eigenen Interessen in die Hand zu nehmen, für die Bewältigung des
Chaos aktiv zu werden. Die Elite zog die Parteibasis quasi hinter sich her.

Das mentale Vakuum, welches der völlige und katastrophale Verlust des
herkömmlichen politischen Orientierungsrahmens hinterlassen hatte, füllte
sich langsam, dann aber fast sogartig mit dem Willen zum Wiederaufbau,
zur Tilgung von Schmach und Schuld, zum Neubeginn. Indiz für diese Entwicklung war der rasante Mitgliederanstieg der Partei, die das oben umrissene Profil der CDU als Sammelpartei des nichtsozialistischen Lagers verstärkte. Von Juni bis August blieb die Partei weitgehend unter sich und legte
Wert auf die Qualität ihrer Mitglieder, auf Diskussion im kleinen Kreis,
nicht auf die Quantität und große Zahl.[21] Seit August 1945 kam die Partei
mit der Mitgliederwerbung voran. Sie sah sich genötigt, Massenpartei zu
werden, weil sie fürchtete, daß Wahlen ausgeschrieben werden könnten
oder die Stellen in den Verwaltungen nach Mitgliederzahlen vergeben
würden. Der massive Zulauf zu SPD und KPD setzte die Partei unter
Druck, den Charakter eines bildungsbürgerlichen Debattenzirkels hinter
sich zu lassen und konkret in die Politik einzusteigen, wie es eine ganze
Reihe ihrer Mitglieder ja bereits getan hatten und wie es auch die Besatzungsmacht nachdrücklich forderte.[22] Die Teilnehmerzahlen an den monatlichen Versammlungen stiegen nunmehr rasch von 40 (12. August) über 63

---

[20] Weitere Namen bei E. Jenssen, Geschichte, o. S., in: Material H. H. Jenssen.
[21] Protokoll vom 12. 8. 1945, in: ACDP. I-587-100/1.
[22] Protokoll Mitgliederversammlung, 2. 9. 1945, in: ACDP. I-587-100/1.

(2. September) auf 138 (4. Oktober), rund 400 (6. Dezember) und einen vorläufigen Höhepunkt mit rund 500 (6. Januar). Im Oktober und im Januar besuchten 750 Teilnehmer Kundgebungen mit Ernst Lemmer. In sehr kurzer Zeit bis zum Februar 1946 stieg die Zahl der Mitglieder in der CDU auf über 1200 in Stadt und Kreis Greifswald. So viele Menschen hatten bürgerliche Parteien vor 1933 nicht mobilisiert. So viele Teilnehmer hatten sich freiwillig schon lange nicht mehr zu Parteiversammlungen begeben.[23] Die CDU wurde demokratische Massenpartei.

Der Erfolg erklärte sich aus mehreren Umständen. Es gab sehr unterschiedliche Motive, in die Partei zu gehen. Eine Mitgliedschaft war Ausweis des Willens zum politischen Neuanfang, zum Wiederaufbau, selbst bei eigener Belastung. Getrennt davon ist der bürgerliche und christliche Antifaschismus zu sehen, der auch eine starke Triebfeder war. Die SED und die Besatzungsmacht entfachten überdies Mobilisierungswellen und verlangten von allen neuen Staatsbediensteten ein Bekenntnis zu einer antifaschistischen Partei.[24] Das nützte, getreu der pommerschen Politiktradition, anfangs stark der CDU. Ferner war der politische Opportunismus spätestens seit der NS-Zeit weit verbreitet. Man hatte gelernt, daß es schlauer war, im Zweifelsfalle die Fahne in den Wind zu hängen, um in Lohn und Brot zu bleiben. Die SED registrierte dieses Verhalten sehr genau und mußte beobachten, daß selbst in der von der Militärverwaltung kontrollierten Verwaltung die CDU eine starke Basis gewann, weil sie dort Abteilungsleiterposten besaß und das Angestelltenpersonal deswegen für die Partei rekrutierte. Schon vor 1933 hatten die Männer und Frauen in den Büros wenig mit den Arbeiterparteien im Sinn gehabt.[25] Besonders dort, wo im Sommer 1946 CDU-Abteilungsleiter in der Stadtverwaltung saßen, hatte die CDU mehr Mitglieder als die SED.[26] Von 109 Angestellten in diesen Abteilungen waren 26 in der CDU, 24 in der SED und nur einer in der LDPD. Es gab unter den persönlichen Interessen auch materielle, die für einen Beitritt sprachen. Es erschien manchem vorteilhaft, in der CDU zu sein, um bei der Verteilung sequestrierter NS-Betriebe mitmischen zu können.[27] Daß auch künftig der Weg individueller Interessendurchsetzung über eine Partei laufen würde, wurde den meisten Greifswaldern sehr schnell klar. Noch konnten sie frei wählen, der Weg über die CDU galt als ebenso erfolgversprechend wie der über die Arbeiterparteien.

Im Mitgliederprofil nahm die CDU ebenfalls deutlich die Tradition der DNVP wieder auf. Es traten nämlich auffällig viele Frauen in die CDU ein.

---

[23] Die DNVP hatte zu Spitzenzeiten 1925 rund 500 Mitglieder, auch die NSDAP kam vor 1933 nur unwesentlich über 600 hinaus, StA. Rep. 6 P, Nr. 221.

[24] Hinweis von G. S., CDU-Mitglied in Greifswald seit 1945, sie kam als Junglehrerin in die Partei. Ferner zu den Begleitumständen solcher ›Werbungen‹ Bericht bei H. RAETTIG, 1991, S. 178.

[25] Notizzettel o. D., in: VpLA. Kreisleitung Greifswald, IV/4/02/46/15.

[26] Erhebung vom Juni 1946, in: VpLA. Kreisleitung Greifswald, IV/4/02/46/15.

[27] Einige Bewerbungsschreiben, in: StA. Rep. 6 Ia, Nr. 120.

Die im folgenden über Jahrzehnte hin stark frauenlastige Mitgliederschaft der Partei prägte sich bereits in diesen ersten Wochen aus. Unter ihnen waren eine ganze Reihe, deren Männer Nationalsozialisten gewesen waren, die sich ein wenig Schutz in der allgemeinen Rechtlosigkeit erhofften, wie die Ehefrau von Kaufmann Pagallies, einem der ältesten Nationalsozialisten der Stadt. Es entsprach bürgerlicher Verhaltensgewohnheit, daß innerhalb der Familien nur der Mann in eine Partei eintrat. Die NSDAP war an Frauen als Mitgliedern auch nicht besonders interessiert gewesen.[28] Bei den Frauen des nichtsozialistischen Lagers lag das wesentliche Mitgliederpotential für neue Parteien. Neu war indes, daß die Männer mit ihren Ehefrauen zur CDU kamen. Frauen in der Politik, in der Partei selbst, das hatte es vor 1933 nicht und nach 1933 nur sehr beschränkt gegeben. Es gab einen weiteren Traditionsbezug. Es kamen auch einige Adelige, die ihre Güter verloren hatten und nicht aussiedeln mußten. Dazu gehörten Frau von Behr-Bandelin, die Baronin von Nolde. Hinzu kamen einige Hinterpommern wie Baron von Zettelmann oder Emil von Pock.[29]

Insgesamt hielten sich politisch-kulturelle Prägung, Engagement und Eigennutz unter den Beitrittsmotiven wohl die Waage. Dieses Bündel zeigt jedoch, wie die Partei als erste relativ freie bürgerliche Organisation nach 1945 noch sehr viel mehr als nur politische Aufgaben übernahm. Viele Impulse des gesellschaftlichen Lebens liefen in der Partei zusammen und stärkten sie auf diese Weise. Das wurde auch am Verlauf zahlreicher Mitgliederversammlungen deutlich, die bis 1946 eher Tanz- und Festveranstaltungen mit vorhergehender politischer Erbauung waren. Sie lockten mehrere hundert Teilnehmer an.[30] Die Frauen der Partei waren karitativ in der sogenannten ›Notgemeinschaft‹ engagiert, die offenbar fortsetzte, was NS-Frauenschaft und Volkswohlfahrt hatten liegenlassen.[31]

Daß die Partei genau die gleichen Sozialgruppen anzog, die vor 1933 die DNVP, die liberalen Parteien und die Mittelstandslisten getragen hatten, zeigte sich auf den Versammlungen.[32] Es tauchten sehr viele Beamte, Lehrer, selbständige Handwerker und Kaufleute dort auf. Über engagierte Laien wie die Lehrerin Susanne Graul und Abgesandte der Pastorenfamilien Holtz und von Scheven entstanden Verbindungen in den kirchlich orientierten Teil der Gesellschaft. Hier blieb aber eine deutliche Reserve feststellbar. Die engeren kirchlichen Kreise hielten sich zurück.[33] Auch das war eine Erneuerung traditioneller Verhältnisse: wohlwollende Kooperation, aber kein unmittelbares Engagement. Die Professoren Lohmeyer, Fleck, Markwardt, Magon und Seeliger repräsentierten die Universität. Der neue Ge-

---

[28] Interview mit G. S., Parteimitglied seit 1945.
[29] Romanhaft dazu, A. PETERSHAGEN, 1988, S. 177–181.
[30] Protokolle der Mitgliederversammlungen am 4. 10. 1945 u. 1. 11. 1945 im ›Café Corso‹, in: ACDP. I-587-001/1.
[31] Protokoll der Mitgliederversammlung, 1. 11. 1945, in: ACDP. I-587-001/1.
[32] Die Unterschriftenlisten befinden sich in: ACDP. I-587-001/1.
[33] E. Jenssen, Geschichte, o. S., in: Material H. H. Jenssen.

schäftsführer Otto Klein aus Berlin, der dort die christlich-sozialen Ansätze kannte und offenbar um die christliche Gewerkschaftsbewegung wußte, war entsetzt, als er feststellte, daß in Greifswald kaum ein Arbeiter zur CDU gehörte. Es gelang auch nicht, sie zu rekrutieren.[34] In der Ausweitung der Basis prägte sich das bildungsbürgerliche und mittelständische Sozialprofil der CDU nur noch schärfer aus und verbreiterte sich.

Neben der Mitarbeit im Parteienblock und in den diversen Kommissionen auf der Stadt- und Kreisebene bestand die Arbeit der Partei vor allem in Schulung und Propaganda für ihre Mitglieder. Die Parteiführung sah die CDU – im Einklang mit den Sowjets – offenbar auch als eine Art Umerziehungs- und Läuterungsagentur. Daß es unverkennbare Zusammenhänge zwischen den Mentalitäten des nichtsozialistischen Lagers und dem Nationalsozialismus gab, war deutlich. Den Lehrern und Professoren war daran gelegen, besonders die Jugendlichen politisch zu bilden. Die seit September 1945 an jedem Donnerstag abgehaltenen Schulungsabende mobilisierten immer 20 bis 40 Mitglieder, meist Studenten.[35] Das waren, gemessen an den Mitgliederzahlen, nicht besonders viele Teilnehmer. Ganz offensichtlich herrschte hinter dem vordergründig neu erwachten Interesse eine große Müdigkeit, sich allzusehr mit den Tiefen politischer Fragen auseinanderzusetzen. Viele waren die Politik leid. In diesen Veranstaltungen der CDU mischten sich die alten und die neuen politischen Töne, denn das Pathos von Neubeginn und Antifaschismus war mit eigentümlich traditionellen und nationalen Tönen durchsetzt. An den Schulungsabenden hörten die Teilnehmer Vorträge über »Lessing«, über die »Britische Arbeiterbewegung«, das Thema »Preußentum und Demokratie«, die »Schulreform«, den »Preußischen Militarismus« oder »Sozialismus und Persönlichkeit«.[36] Deutlich überschnitten sich Vergangenheitsbewältigung, Traditionssuche und Neuorientierung. So ging es am 10. Januar 1946 auf der Mitgliederversammlung um die Themen »Die Jugend und der Zusammenbruch des Dritten Reiches« sowie um den »Prozeß in Nürnberg«. Im Monat zuvor hatte es einen Vortragszyklus über die Erziehung des »Neuen Menschen« gegeben. Die festlich und erbaulich mit Rezitationen, unter anderem Fichtes »Du sollst an Deutschlands Zukunft glauben«[37], und Musikdarbietungen unterlegten Mitgliederversammlungen zogen dagegen weit mehr Zuhörer an. Nach einer Veranstaltung im März 1946 notierte der Protokollant, die Rede sei durchdrungen gewesen von den Gedanken »christlich – demokratisch – sozial«.[38] Tauschte man den mittleren Begriff gegen das inzwischen unpraktikable ›national‹ aus, dann war dies die verblichene Werbeformel der DNVP.

---

[34] Vorstandssitzung, 20. 2. 1946, in: ACDP. I-587-001/1.

[35] E. Jenssen, Geschichte, o. S., in: Material H. H. Jenssen.

[36] Die Themen sind aus Vermerken im Protokollbuch zusammengestellt, in: ACDP. I-587-001/1.

[37] Typisch ist das Protokoll vom 10. 1. 1946, in: ACDP. I-587-001/1.

[38] Protokoll vom 14. 3. 1946, in: ACDP. I-587-001/1. Dort auch in verstreuten Notizen die Themen der übrigen genannten Veranstaltungen.

Nicht nur die Tradition, auch das Restvermögen der einst einflußreichen, mächtigen und wohlhabenden konservativen DNVP ging in der CDU auf. Das wurde beim Aufbau der Partei deutlich[39], der in den ersten Wochen noch ganz unabhängig von zentralen Vorgaben vor sich ging und Greifswald rasch zu einem eigenständigen Zentrum machte. Bis September 1945 genügten ehrenamtliche Kommissionen, die sich mit programmatischen Fragen, der Jugend, der Kultur, Werbung, Organisation und Kultur beschäftigten. Im September wählte die Partei Emil Villain zum Parteigeschäftsführer und begann, Beiträge einzuziehen. Mitte September 1945 bezog die Partei ihre Geschäftsstelle im Gebäude der Greifswalder Zeitung, fast genau dort, wo bis 1933 die DNVP residiert hatte. Dafür hatte offenbar Graul gesorgt, dem die naheliegende Neuauflage der Verbindung von Partei und Zeitung vorschwebte. Graul betrieb mit Engagement den Plan, seinen Verlag und die Druckerei zurückzubekommen, um eine CDU-Zeitung zu gründen.[40] Das Bemühen um den Rückgriff auf die regionalen politischen Erfahrungsbestände war mehr als deutlich.

Die Greifswalder CDU wurde immer häufiger aus benachbarten Orten angesprochen, Redner zu stellen und die CDU-Gründung in den vorpommerschen Kleinstädten und Dörfern voranzutreiben.[41] Die schlechten Kommunikationsmöglichkeiten ließen den Plan reifen, in Greifswald eine unabhängige Landesleitung zu etablieren. Ein hauptamtlicher Geschäftsführer löste Villain ab. Immanuel Becker, Jahrgang 1917, der aus einer hinterpommerschen Missionarsfamilie stammte und Offizier gewesen war, erhielt von Hoffmann den Auftrag, in den Kreisen Greifswald und Stralsund die Organisation aufzubauen.[42] Wie 1918 verließ man sich gerne auf die Führungsfähigkeiten ehemaliger Soldaten. Im November begann die Arbeit auf den Dörfern.[43] In der Geschäftsstelle arbeiteten bereits vier Angestellte, darunter zwei Schreibkräfte. Anfang 1946 wurden es mit Hans Müller fünf. Er war zuständig für die Landgemeinden. Ein weiterer Mitarbeiter kümmerte sich um die Stadt. Otto Klein, der aus Berlin für den Weihnachten 1945 geflohenen Becker nachgerückt war, wurde Geschäftsführer für Vorpommern.

Die Partei gründete eine Studentengruppe mit rund 50 Mitgliedern und diskutierte die Aufteilung in Stadtbezirksverbände. Ein System von Straßen- und Bezirksobleuten knüpfte die Parteistruktur enger. Vertrauensfrauen hielten Verbindung zu den zahlreichen weiblichen Mitgliedern in den Stadtabteilungen der Partei. Daß bei diesen Organisations- und Betreuungs-

---

[39] Wesentliche Quelle ist das Protokollbuch der frühen CDU, ACDP. I-587-001/1.
[40] E. J. KRÜGER, Kampf der KPD, 1966, S. 125. Krügers Darstellung der CDU-Gründung ist eine Schrift zur historischen Festigung des DDR-Gründungsmythos. Wegen der Unterschlagung vieler Fakten ist sie mit Vorbehalten zu sehen.
[41] Protokolle vom 4.11.1945, 7.11.1945 und nach der Reise Hoffmanns nach Schwerin, Protokoll vom 23.1.1946, in: ACDP. I-587-001/1.
[42] Politischer Lebenslauf Immanuel Becker, Siegen 1991, in: Akten der CDU-Greifswald.
[43] Mündlicher Hinweis von H. H. Jenssen, der von nächtlichen Reisen seines Vaters auf Güterzügen berichtete, und die Versuche beschrieb, die Sperrstundenregeln zu umgehen.

formen die Erfahrung der NS-Zeit Pate standen, war leicht zu erkennen, denn herkömmlicher bürgerlicher Tradition entsprach diese Parteiform nicht. Ganz eindeutig orientierte sich die CDU in der äußeren Form in Greifswald am Vorbild der NSDAP.

Im Januar und Februar 1946 erreichte die Partei unbezweifelbar den Höhepunkt ihrer Nachkriegsentwicklung sowohl was Mitgliederzahlen und Organisationsstärke als auch was die Machtmöglichkeiten betraf. Die CDU besetzte wesentliche Schlüsselstellungen in den entstehenden neuen Verwaltungs-, Bildungs- und Justizeinrichtungen. Der Februar 1946 markiert dann jedoch bereits den Wendepunkt von einer selbständigen und relativ freien Entwicklung hin zur Gleichschaltung der Partei. Der Erfolg der CDU täuschte über die wachsende Macht der KPD hinweg, die sich etablierte, Selbstbewußtsein gewann und immer weniger bereit war, Macht zu teilen.

In diesen frühen Monaten zeigte die Partei noch ein eigenartiges Nebeneinander von alt und neu. Die traditionelle Honoratiorenstruktur der ersten Wochen füllte sich rasch mit Elementen einer Massenpartei auf. Elemente der DNVP wurden mit Erfahrungen der NSDAP-Herrschaft verschmolzen, Zusammenhänge des politischen Lebens der Weimarer Republik in ihrer NS-überformten Gestalt belebten sich auf demokratische Weise. Im Neuen blieb das Alte und Vertraute jederzeit erkennbar, daher hatte die Partei bei den national und christlich vorgeprägten Menschen so viel Erfolg. Diese Situation spiegelt die Diskrepanz zwischen der Parteiführung und der Parteibasis wieder. Während die Parteibasis sich stark aus dem ehemaligen nationalen Lager rekrutierte und dementsprechend in diesen Mentalitäten befangen war, handelte es sich bei der Parteiführung um eine Gruppe, die diese Bindungen hinter sich gelassen oder nie besessen hatte, bei der liberale und christliche Orientierungen im Vordergrund standen. Hier deuteten sich Konflikte an, jedoch auch die Chance einer demokratischen Entwicklung.

3. Politisch beeinflußte Kontinuitätsbrüche

Die ersten Monate nach dem Kriegsende brachten entscheidende gesellschaftliche Veränderungen. Die Besatzungsmacht und ihre deutschen Helfer leiteten Entwicklungen ein[1], die das Jahr 1945 zu einem säkularen Bruch in der gesellschaftlichen Kontinuität konservativ-nationaler Zusammenhänge machten. Vier Bereiche sind dabei von zentraler Bedeutung. Mit der Entnazifizierung, der Enteignung von Wirtschaftsbetrieben, der Bodenreform und der unterdrückten Entwicklung im Vereinssektor wurden Fakten ge-

---

[1] Zur zentralen Rolle der Besatzungsmacht in diesem Prozeß, S. CREUZBERGER, 1996, S. 177–189.

schaffen, an denen die CDU als Erbin der konservativen politischen Strömung und Lagerpartei nie mehr vorbeikommen sollte. Die Besatzungsmacht und die KPD schufen Strukturen, die der CDU die gesellschaftlichen Grundlagen entzogen. Schon im Herbst 1945 erschienen die Veränderungen unumkehrbar, und nicht erst 1948.[2] Schon im Winter 1945/46 war klar, daß es ein Zurück zu den gesellschaftlichen Verhältnissen der Weimarer Republik nicht geben würde, daß die Basis der nichtsozialistischen Partei angeschlagen war und bleiben würde.

Die Veränderungen liefen unter dem Deckmantel der Zerschlagung des Faschismus und seiner Voraussetzungen und waren somit vom grundsätzlichen Konsens aller bestehenden neuen politischen Parteien getragen. De facto verbarg sich dahinter eine Umverteilung materieller Güter und gesellschaftlicher Machtpositionen in bis dahin unbekanntem Ausmaß. Daß dies dem Aufbau der gesellschaftlichen Grundlagen einer neuen Diktatur diente, war nicht ohne weiteres zu erkennen und erwies sich erst in der fortschreitenden Hegemonisierung der Entwicklung durch die SED. Eine weitere Legitimation holte sich die SED mit dem Argument, es gelte, die sozialen Lasten des Krieges gerecht zu verteilen. Jede Maßnahme, die in der Zusammenbruchgesellschaft geeignet war, dringende Probleme zu lösen, brachte den Verantwortlichen Dankbarkeit und führte zur Ausbildung und Neubildung politischer Loyalitäten, zur Klientelbildung.[3] Den positiven Nutzen solcher Gestaltungsmöglichkeiten erlebte kurzfristig auch die CDU. Dann jedoch kehrte sich die Entwicklung um, denn die Politik polarisierte die Gesellschaft in Gewinner und Verlierer der Reformen, in jene, denen genommen wurde, und jene, die etwas bekamen. Die CDU aber war eindeutig die Partei der Opfer, die Partei der Verlierer. Sie wurde zur Organisation derjenigen, die Schutz erwarteten, den die Christdemokraten jedoch gar nicht bieten konnten.

a) Entnazifizierung und ›Bereinigung‹ der Wirtschaft

Die Mitte der Umwälzungen bildete das politische ›Säuberungsverfahren‹ der Entnazifizierung. Sie war eines der Hauptanliegen der Alliierten nach ihrem Sieg. Unabhängig davon hatte die Katastrophe seit 1943 die Nationalsozialisten als politische Elite auch in der deutschen Gesellschaft bereits weitgehend diskreditiert. Es blieb deswegen zunächst unwidersprochene, und auch von deutscher Seite akzeptierte Leitlinie, daß aktive Mitglieder der NSDAP keine Verantwortung in Staat und Politik tragen sollten. Das mehrstufige Verfahren, mit dem gegen ehemalige Mitglieder und Funktionäre der NSDAP vorgegangen wurde, entpuppte sich in der Sowjetischen Zone zunehmend als wesentliche »Kontinuitätsschleuse« zwischen den po-

---

[2] D. VAN MELIS, Entnazifizierung, 1995, S. 423 ff.
[3] These von J. C. KAISER, Klientelbildung, 1996, S. 119–132.

litischen Verhältnissen der alten und denen einer neuen Gesellschaftsordnung.[4] Die Ziele des rein politischen Verfahrens waren unterschiedlich gesteckt. Während in der Öffentlichkeit der Konsens über die Bestrafung der NSDAP-Mitglieder herrschte, war deutlich zu erkennen, daß es der SED um das weiterreichende Ziel einer veränderten Gesellschaftsordnung ging. An die ›Bereinigung‹ der politischen Verhältnisse waren massive wirtschaftliche Umverteilungen gekoppelt. Nahezu die gesamte bisherige Elite wurde ausgetauscht oder degradiert – einschließlich der Reste konservativ-nationaler Eliten.

Neben diesem übergeordneten politischen Interesse gab es in der lokalen Gesellschaft ein Bedürfnis, das durch die Diktatur und ihre Gewaltmaßnahmen gestörte Gleichgewicht der Kommune wieder ins Lot zu bringen. Die lokale Bürgerkriegsvergangenheit der frühen dreißiger Jahre war im Interesse eines künftigen Zusammenlebens zu bereinigen. Die Verhältnisse vor Ort, die tatsächlichen Konflikte der örtlichen Gesellschaft besonders der Jahre vor 1933, spielten in den Verhandlungen der Kommissionen immer wieder eine Rolle. Dieser zweite Aspekt trat indes im Laufe der Zeit deutlich hinter den ersten zurück.

Die Entnazifizierung war eine neue Etappe in der Auseinandersetzung der beiden politischen Großlager der Stadt. Das sozialistische Lager, ergänzt durch die Führung der linksliberal geprägten CDU-Führung, saß über das nationale Lager zu Gericht. Die über gut drei Jahre andauernden politischen Säuberungen zogen den alten Graben noch einmal neu und tiefer. Die ›Bewältigung‹ der lokalen Konfliktvergangenheit seit 1918 war für den bis 1945 unterlegenen sozialistischen und linksliberalen Teil der Gesellschaft von erheblicher Bedeutung. Die Entnazifizierung als Verlängerung dieser Auseinandersetzung wird an mehreren Erscheinungen deutlich. Thema der Kommissionssitzungen war immer wieder der ›Blutsonntag‹, jener tödliche Vorfall vom Juli 1932, der zum Zentralmythos der lokalen NSDAP geronnen war. Einige Kommunisten hatten hart für ihn gebüßt. Er wurde vom sozialistischen Teil der Gesellschaft offenbar immer noch als ungerecht abgeurteilte Niederlage empfunden.[5] Diese lokalen Ereignisse beschäftigten die Menschen stärker als beispielsweise die Judenverfolgung oder die Wirklichkeit der Konzentrationslager. Sie waren kaum in das Bewußtsein eingedrungen.[6] Für das Fortbestehen der lokalistischen Konfliktlinie sprach auch, daß man bei der harten Verurteilung eines Einzelhändlers anführte, er habe 1936 das Gewerkschaftshaus gekauft. Dieser Kauf war an sich belanglos, weil es die Gewerkschaften ja schon drei Jahre nicht mehr gab. Es

---

4 Der Begriff ist von Lutz Niethammer, zitiert nach C. KLESSMANN, Relikte, 1994, S. 257.
5 Besonders anschaulich an den Fällen Walter K. und Otto S.; Protokoll der Entnazifizierungskommission, 13. 11. 1947 u. 30. 1. 1948, in: StA. Rep. 6 Ia, Nr. 77.
6 Den Bautruppführer eines KZ-Außenlagers stufte die Kommission als »belastet« ein, Schlesiger hingegen als »hauptschuldig«. StA. Rep. 6 Ia, Nr. 77.

ging um das Symbol.[7] Daß die politischen ›Säuberungen‹ von den konservativ-nationalen Kreisen ebenfalls als Fortsetzung alter Konfrontationen
empfunden wurde, zeigte sich am Verhalten der Rechtsanwälte, die Tätig-
keitsverbote und Schließungsverfügungen mit einem ausgefeilten Stroh-
männersystem konterten, das lange nicht entdeckt wurde, weil es offenbar
immer noch zwei große Lager in der Stadt gab, die kaum miteinander kom-
munizierten.[8] Ähnliches zeigte sich in der Anwälteschaft der Stadt Stralsund, wo es nicht gelang, unter den Berufskollegen Zeugen gegen den alten
konservativen Politiker Paul Langemak zu finden. Gegen den politischen
Gegner hielten die Konservativ-Nationalen auch weiterhin zusammen.

Sehr grob lassen sich zwei Phasen der Entnazifizierung unterscheiden.
Von Mai 1945 bis Januar 1946 ging die Stadt gemäß der eingeschränkten
Funktionsfähigkeit zentraler Instanzen überwiegend in Eigenregie der
Stadtverwaltung vor. Die Maßnahmen waren unsystematisch und liefen
nach selbstgemachten Kriterien und Strafvorstellungen ab. Da die Verwaltungen und Schulen funktionsfähig gemacht werden sollten, standen sie im
Vordergrund der Bemühungen. Meist wurden Entlassungen aus dem Dienst
verfügt.[9] Auch Führungspositionen in Wirtschaftsunternehmen gerieten bereits ins Fadenkreuz. Schon diese erste Phase brachte wesentliche Weichenstellungen.

Im Januar 1946 begann die zentrale Anleitung und damit das stärker von
außen geleitete politische Verfahren. Mit der ›Direktive 24‹ des Kontrollrats
entstand eine von den Sowjets installierte lokale Kommission, die sehr grob
nach aktiven und nominellen Mitgliedern unterschied und anhand von
detaillierten Regelwerken versuchte, moralische Schuld zuzumessen.[10] Sie
verhängte Entlassungen, Degradierungen, Geldstrafen, Sühnearbeiten und
Enteignungen. Seit Dezember 1946 gab es differenziertere Regeln der Alliierten. Damit wurde der Katalog der Beschuldigungskriterien, die sich im
wesentlichen an formalen Mitgliedschaften und Funktionen orientierten,
erweitert und überarbeitet. Die Einstufung und Bestrafung erfolgte nunmehr nach den Kategorien von ›entlastet‹, ›Mitläufer‹, ›minder belastet‹, ›belastet‹ und ›hauptschuldig‹. Daß mit diesen Regeln kaum Gerechtigkeit zu
erreichen sein würde, war offensichtlich, denn Motive kamen nur im Be-
darfsfall zur Sprache. Es ging vornehmlich um andere Ziele. Das zeigte sich
um Umgang mit den gewonnenen Informationen, denn die Entnazifizierung war eine gigantische politische Bestandsaufnahme, eine Inventur der

---

[7] Verhandlungen des Ausschusses zur Bereinigung der Wirtschaft am 7.11.1945, in: StA.
Rep. 6 Ia, Nr. 120.

[8] Zentrale Figur war der Rechtsanwalt Drewitz, dem man erhebliche Bauernschläue nach-
sagte. VpLA. Rep. 76, Landgericht Greifswald, Nr. 1838. Von Herbst 1945 bis Mai 1946
hielt die Fassade.

[9] Besonders deutlich bei den Lehrern, die seit Mitte Juni 1945 entlassen wurden. StA. Rep.
6 Ia, Nr. 116.

[10] Kurzer Überblick über das Verfahren in der Stadt im Manuskript von S. Arndt, 1985/86,
StA. Manuskriptsammlung.

Gesellschaft. Die Listen und Fragebogenmappen, die bei den Meldetermi-
nen für Mitglieder der Partei[11], der Frauenschaft, der SA, SS, dem NSFK
oder NSKK entstanden, waren nicht nur Grundlage für die Entnazifizierung. Sie dienten auch dem Aufbau von geheimdienstlichen Personendaten-
archiven und den Anfängen der Kaderpolitik.[12] Weil die Betroffenen auch
ihre Vermögensverhältnisse offenlegen mußten, war die Erfassung auch der
Beginn einer großen Umverteilung materieller Güter.[13] Im März 1948 mußte die Entnazifizierung angesichts der veränderten politischen Großwetterlage auf Befehl der Sowjets überstürzt abgebrochen werden und mündete in
die Gründung der NDPD, die allen Entnazifizierten einen politischen Neuanfang und die Wiedereingliederung in der Gesellschaft versprach. Unmittelbar nach der Gründung der DDR wurden die Zwangsmaßnahmen weitgehend aufgehoben.

Die Entnazifizierung war ein politisches Verfahren mit juristischem
Außenanstrich. Die Kommissionen besetzten die Parteien und die neuen
Massenorganisationen. In ihnen hatte die SED jeweils die Mehrheit.[14] Die
Entscheidungen dort fielen, soweit nachweisbar, einstimmig. Sie wurden
durch die Landeskommission in Schwerin kontrolliert, die auf die Umsetzung zentraler Politikziele achtete und zum Teil sehr stark lenkend eingriff.[15] Durchbrochen wurde dieses deutsche System von der Aufsicht und
den Interessen der Sowjets. Ihre Internierungspraxis kümmerte sich nicht
um die Voten deutscher Kommissionen, formelle Fragen oder tatsächliche
Verstrickung. Durchbrochen wurde dieses System ferner, wenn die Sowjets
den Ausschluß von der Entnazifizierung anordneten, weil sie den Betreffen-
den aus irgendwelchen Gründen schützen wollten.[16]

Für die ehemaligen Konservativ-Nationalen, die nicht zur NSDAP abgewandert waren, wurde entscheidend, daß sie seit Januar 1946 ausdrücklich
zu den Zielgruppen der Entnazifizierungspolitik gehörten. Sie konnten bei

---

[11] Die Erfassung begann im August 1945 mit öffentlichen Aufrufen. Neben Parteimitgliedern waren auch Offiziere aufgefordert. Solche Durchkämmaktionen fanden dann immer wieder statt, häufig auf Befehl der Sowjets. Sanktionsmittel war immer der Verlust
der Lebensmittelkarte. Manuskript S. Arndt, 1985/86, S. 4, StA. Manuskriptsammlung.

[12] Besonders deutlich bei den Anwälten, über die nach und nach immer mehr Informationen erhoben und gesammelt wurden. Ging es zunächst nur um NS-Mitgliedschaften,
folgten dann Angaben zu Parteizugehörigkeit vor 1933, soziale Herkunft, Stand des Vaters – mithin so etwas wie, polemisch gesagt, der sozialistische ›Ariernachweis‹. Die Verschärfung erfolgte im März 1946, VpLA. Rep. 76, Landgericht Greifswald, Nr. 1838.

[13] Aufruf der Stadt vom 2.8.1945, in: StA. Rep. 7.2.2.1, Nr. 7.

[14] Die Zusammensetzung der Kommissionen ist ablesbar vor allem in: StA. Rep. 6 Ia,
Nr. 75.

[15] Sofern kein übergeordnetes Interesse vorlag, verschärfend, sonst mildernd; allgemein
jedoch eher zur Rigorosität mahnend. StA. Rep. 6 Ia, Nr. 75.

[16] Besonders deutlich am Fall Dust, der für die Sowjets Autos reparieren mußte. Die Stadt
wollte das Gebäude am 9.10.1945 übernehmen, Dust intervenierte über die Sowjets, die
das unterbanden. Ministerpräsident Höcker schrieb dazu am 19.10.1945: »Unter diesen
Umständen rate ich Ihnen dringend, dem Wunsch der SMA nachzugeben.« StA. Rep. 6
Ia, Nr. 120.

Bedarf in die politischen ›Bereinigungen‹ einbezogen werden. Dafür waren Kriterien geschaffen worden.[17] Der Konflikt zwischen Konservativ-Nationalen und Sozialisten war vielfach durch die NS-Zeit überlagert worden. Ehemalige Mitglieder der DNVP oder des Stahlhelm gerieten deswegen nur ausnahmsweise als Angehörige dieser Organisationen in das Verfahren. Die überlebten politischen Bindungen spielten aber sekundär eine große Rolle, weil sie ergänzend herangezogen wurden, wenn es um belastende Faktoren ging. So erging es Glawe und Schlesiger, Malermeister Karl Zilm, Mittelschullehrer Klingberg, Wäschereibesitzer Hans Abs und Färbermeister Julius Kahmann.[18] Ganz offensichtlich standen die Ereignisse und politischen Auseinandersetzungen der NS-Zeit jedoch im Vordergrund. Theoretisch eröffnete das unbelasteten Konservativ-Nationalen gute Möglichkeiten für weitere politische Aktivität. De facto war dem jedoch nicht so.[19] Es war kein Zufall, daß der einzige ›Hauptschuldige‹, den die Greifswalder Kommission dingfest machte, der DNVP-Mann, Stahlhelmer und deutschnationale Arbeiterfunktionär Walter Schlesiger war, den man bestenfalls einen Mitläufer nennen konnte. Auch ein Gegner der NSDAP wie Walter Graul geriet durch seine alten politischen Loyalitäten in das Mahlwerk. Er wurde zwar als ›entlastet‹ eingestuft. Für die Dauer des Verfahrens war er jedoch politisch lahmgelegt.[20] Davon erholte er sich nicht wieder.

Wie viele potentielle Kandidaten der Entnazifizierung in Greifswald lebten, war zu keinem Zeitpunkt wirklich bekannt. Die Grenzen der Zielgruppe waren bewußt unscharf gezogen. Flüchtlinge pflegten ihre Mitgliedschaften und Funktionen nicht ehrlich anzugeben, mögliche Zeugen tauchten allenfalls zufällig auf.[21] Die Einheimischen, soweit sie nicht geflohen waren, konnten sich der Meldepflicht, die seit Mitte August 1945 galt, weit schwerer entziehen.[22] Im September 1947 ging die Stadtverwaltung von insgesamt

---

[17] Direktive 24 des Alliierten Kontrollrats vom 12.1.1946, Paragraph 11, a u. b, sowie 12 k; in: K. Schwabe, Entnazifzierung, 1994.

[18] Die Fälle sind dokumentiert in: StA. Rep. 6 Ia, Nr. 77.

[19] Rundschreiben des Innenministers in Schwerin vom 27.1.1946. »Aber ein großer Teil von ihnen befand sich vor 1933 im Stahlhelm sowie anderen nationalen Organisationen, wie DNVP usw. Allen demokratischen Regungen haben diese Leute in der früheren Zeit bisher stets ferngestanden. [...] Gerade diese Kräfte sind zum Teil mitschuld daran, dass unsere Jugend zum ersten und zweiten Weltkrieg erzogen wurde.« StA. Rep. 6 Ia, Nr. 75.

[20] Liste der Entnazifizierungsfälle, in: StA. Rep. 6 Ia, Nr. 78.

[21] Das Problem war bekannt. In Wolgast meldete die Stadtverwaltung im September 1945 unter den 7800 Einheimischen befänden sich 583 ›Faschisten‹. Unter den 3186 Flüchtlingen seien es nur 25. MLHA. Rat des Kreises Greifswald, Nr. 263. Anregung des VVN vom 11.12.1947, die Namen der Kandidaten vor der Verhandlung öffentlich zu machen, damit Zeugen sich melden könnten, in: StA. Rep. 6 Ia, Nr. 75.

[22] Der Rest einer solchen Erfassungsliste ist erhalten in: VpLA. Kreisleitung Greifswald, IV/4/02/469. Dort sind bei den Beschuldigungen viele Angaben zusammengetragen, die offenbar von Nachbarn, Bekannten oder anderen Beschuldigten stammten, weil die Betroffenen selbst offensichtlich gar nicht mehr am Ort waren.

2930 betroffenen Personen aus, im Februar 1948 nur noch von 2408.[23] Das entsprach fünf bis sechs Prozent der Stadtbevölkerung, was gemessen an der tatsächlichen organisatorischen Durchdringung der pommerschen Gesellschaft durch die NSDAP offensichtlich zu wenig war. 1941 hatte die NSDAP in Stadt und Kreis bei rund 70 000 Einwohnern etwa 4 500 Mitglieder gehabt. Inzwischen hatten sich die Einwohnerzahlen um gut 40 Prozent erhöht, die Zahl der ehemaligen Parteigenossen aber offenbar nicht. Einheimische waren stärker in die Entnazifizierung einbezogen und stärker von den Folgen betroffen. Sie standen sehr viel stärker unter dem Druck, aus politischen Gründen abzuwandern, als die Flüchtlinge. Das setzte zusätzliche Migrationsströme in Gang. Daß die Vertriebenen nicht die Wahrheit sagten, war bekannt und wurde geduldet. Sie waren das Menschenreservoir, aus dem die freiwerdenden Stellen und Posten besetzt wurden. Die tatsächliche Belastung mit einer NS-Vergangenheit war mithin eigentlich gleichgültig, denn die neuen Machthaber verzichteten hier bewußt auf die Wahrheit, um die es vordergründig ja stets ging. Sie benötigten loyale Fachleute, die sie bei den Flüchtlingen rekrutieren konnten, die dank der SED-Politik eine neue Chance erhielten.[24] Der Status als Einheimischer oder als Flüchtling war mithin ein wesentliches Kriterium für den Start in die neue Gesellschaft. Flüchtlinge hatten es leichter, das Verfahren unbehelligt zu durchlaufen.

In den konkreten Maßnahmen gegen die ehemaligen Parteimitglieder ging es von Mai 1945 bis Januar 1946 um die Brechung ihres Einflusses, ohne die Funktionsfähigkeit von wichtigen Einrichtungen noch weiter zu beschädigen. Es standen ferner tatsächliche Verfehlungen bekannter lokaler Nationalsozialisten im Vordergrund. Soweit nicht durch Flucht und Verhaftung ohnehin schon erledigt, entließen oder degradierten die neuen Machthaber alle Mitglieder der Partei in führenden Positionen aus Stadtverwaltung, Kreisverwaltung, Justiz, Behörden und Schulen.[25] Diese erste Phase erreichte im Juli und August 1945 ihren Höhepunkt, vorher waren noch zahlreiche ehemalige Nationalsozialisten beschäftigt. Ollmann beispielsweise baute die Dienststelle zur Erfassung des Parteivermögens und die Dolmetscherstelle der Stadtverwaltung auf, ehe er im Juli gehen mußte.[26] Auch die Leiter der ›Landwirtschaftlichen Versicherung‹ oder der Brauerei waren noch über das Kriegsende hinaus im Amt. Bei diesen Entlassungen wurden Ausnahmen gemacht, sofern das Personal aus fachlichen Gründen benötigt wurde, was besonders bei Lehrern oft der Fall war, bei denen eine lokale Kommission

---

[23] Der Zahlen- und Statistikfetischismus der sowjetischen Dienststellen verführte die deutschen Verwaltungen zu fehlerhaften Angaben. Es gibt viele Zahlen, diese sind jedoch völlig widersprüchlich und daher nur als Näherungswerte zu gebrauchen; StA. Rep. 12, Nr. 22.

[24] D. VAN MELIS, Entnazifizierung, 1995, S. 82 ff.

[25] Listen der Behörden, in: StA. Rep. 6 Ia, Nr. 78.

[26] Lebenslauf R. Ollmann, 13.10.1945, in: VpLA. Rep. 76, Landgericht Greifswald, Nr. 1352.

unter dem Vorsitz von Paul Hoffmann über die Kollegen befand und keineswegs schematisch vorging, sondern sich um eine individuelle Würdigung persönlichen Verhaltens bemühte.[27] Hier gab es auf Seiten der neuen politischen Kräfte einen breiten Konsens, der von der KPD bis zur CDU reichte. Andrich als Leiter des Stadtgerichts ging beispielsweise besonders rücksichtslos gegen einige seiner ehemaligen Anwaltskollegen vor.[28] Keinerlei Ausnahmen gab es in den machtrelevanten Bereichen, wie in der Verwaltung oder Justiz.[29] Damit ist der zweite Faktor umrissen, der die Kontinuität beeinflußte. Beamte und Angestellte im öffentlichen Dienst, in Greifswald und im konservativ-nationalen Teil der Gesellschaft eine große Gruppe, hatten geringe Chancen, an alter Stelle in Lohn und Brot zu bleiben. Sie fanden sich oft in Hilfsarbeiterstellen wieder.[30] Viele wählten daher die Flucht und wechselten in die Westzonen, wo sie ihrerseits Vertriebene waren und deswegen weniger leicht zu belangen waren.

Als rechtlich geordnetes Verfahren mit dem angeblichen Ziel der Bestrafung und nachfolgenden Wiedereingliederung begann die Entnazifizierung erst im Januar 1946. Jetzt waren alle Angehörigen des nichtsozialistischen Lagers potentielle Betroffene. Der Formalismus nahm zu, lokale Verhältnisse, das tatsächliche Verhalten oder die individuellen politischen Handlungsmotive in den Jahren vor 1945 rückten bei der Bewertung der Eintrittsdaten, Mitgliedschaften und Funktionen in den Hintergrund. Die Umbesetzung der ›Kommandohöhen‹ war indes bereits abgeschlossen, die meisten Nationalsozialisten entlassen. Obwohl es kaum noch Macht zu erobern gab, ging das Verfahren als »permanente politische Säuberung« weiter.[31] Charakteristikum des Verfahrens war in der Sowjetischen Zone das Vorgehen nach Betrieben, nicht die Aburteilung individueller Fälle.[32] Es konnte folglich nur entnazifiziert werden, wer in fester Arbeit stand, alle Entlassenen oder Degradierten des Jahres 1945 mithin nicht, vor allem dann nicht, wenn sie eine Arbeit in einem bereits entnazifizierten Betrieb gefunden hatten. Es gab bis Ende 1947 keine individuellen Bescheide und kein

---

[27] Protokolle der Sitzungen, in: StA. Rep. 6 Ia, Nr. 116.

[28] Schreiben Andrich an Minister Grünberg in Schwerin vom 29.8.1945, in: VpLA. Rep. 76, Landgericht Greifswald, Nr. 1838. Interessant ist, daß Andrich sich hier nicht nur vom Justizwesen in der NS-Zeit distanziert, sondern auch die Gerichtspraxis der Weimarer Republik verurteilt. Er forderte, daß nur die »allerzuverlässigsten Antifaschisten« in der Justiz tätig werden sollten.

[29] Namenlisten und Zahlenangaben zum Stand der Entlassungen in den Behörden, in: StA. Rep. 6 Ia, Nr. 78. Bei der Stadt z.B. 205 Entlassungen, darunter alle Abteilungsleiter, und 27 interne Umbesetzungen; bei der Justiz die gesamte Spitze; beim Arbeitsamt 30 Entlassungen, die gesamte Leitung, beim Finanzamt 39 Entlassungen, die gesamte Leitung.

[30] Schreiben des Hilfsarbeiters R., eines ehemaligen Volksschullehrers, 7.1.1948, in: StA. Rep. 6 Ia, Nr. 121. Glawe z.B. als Hilfsarbeiter in der Ruine Eldena. Weitere Angaben in: StA. Rep. 6 Ia, Nr. 75 u. 78.

[31] D. van Melis, Entnazifizierung, 1995, S. 255 ff.

[32] Schreiben des Innenministeriums in Schwerin, 13.12.1946, in: StA. Rep. 6 Ia, Nr. 75. Zur Praxis vorher, Manuskript S. Arndt, 1985/86, S. 6 f., StA. Manuskriptsammlung.

Schriftstück über eine erfolgte Entnazifizierung[33], was den Betroffenen einen Wiedereinstieg in die Berufstätigkeit erschwerte und die Rückkehr in öffentliche Positionen unmöglich machte. Wer also, aus welchen Gründen auch immer, einmal in die Mühlen des bürokratischen Verfahrens geraten war, hatte nahezu keine Chance mehr, ohne Nachteile daraus hervorzugehen. Wichtig an dieser zweiten Etappe waren mithin nicht mehr die ›Säuberungen‹, sondern daß es dieses Verfahren überhaupt gab. Das Verfahren selbst sorgte für die gewünschte Benachteiligung der zur SED in einem Gegensatz stehenden Bevölkerungsgruppen. Da sie an einer Berufstätigkeit gehindert wurden, von Verhaftung und Enteignung bedroht waren, dem Stigma des Faschismusvorwurfs unterlagen und sich politisch nicht betätigen durften, war die Bereitschaft, das Feld zu räumen, sehr hoch.

In dem Verfahren wurden die Weichen für die künftige politische Entwicklung der Gesellschaft gestellt, denn bestimmte Gruppen genossen Vorteile und standen daher nicht unter einem vergleichbaren Abwanderungsdruck. Neben den Vertriebenen gab es darunter auch Teile der einheimischen Bevölkerung. Von den ehemals konservativ-national oder mittelständisch gebundenen Sozialgruppen des nichtsozialistischen Lagers hatten vor allem die Ärzte und andere Berufe des Gesundheitswesens Privilegien, ferner Mitarbeiter der Universität, vor allem Professoren, die Mitarbeiter der Kirche sowie bestimmte Teile des mittelständischen Handwerks und des Einzelhandels. Sie steuerten vergleichsweise sicherer durch die ›Kontinuitätsschleuse‹, überlebten jedoch nicht als komplette Gruppen. Allenfalls sind sie als nennenswerte Reste zu beschreiben.

Wenige Berufsgruppen der Stadt waren derart stark NS-belastet wie die Ärzte.[34] Die niedergelassenen Ärzte und die Mediziner der Universität gehörten fast ausnahmslos der NSDAP an. Um den Zusammenbruch der medizinischen Versorgung im seuchengeplagten Land zu vermeiden, behielt sich die Landeskommission die Behandlung dieser Fälle vor und zog sie an sich, sobald sie verhandlungsreif vorbereitet waren.[35] Sie war gezwungenermaßen großzügig. Von vornherein hatten die Ärzte damit ein Sonderrecht. Im Chaos der ersten Monate und Jahre konnte auf ihr Fachwissen einfach nicht verzichtet werden, wollte man die Bevölkerung nicht dem Massentod ausliefern. Ärzte hatten eine berufliche Rückstufung zu gewärtigen, ihre Absetzung aus Leitungspositionen, den Einsatz in der Seuchenbekämpfung, mehr jedoch nicht.[36] Ähnliches galt für medizinisches Fachpersonal wie Apotheker, Laboranten, Schwestern oder Pfleger. Auch sie kamen schneller wieder zurück in ihre Berufe, einfach weil sie benötigt wurden.

---

[33] Bericht über den Abschluß der Entnazifizierung vom 1.3.1948, in: StA. Rep. 6 Ia, Nr. 121.

[34] Die recht beeindruckende Liste der Ärzte und ihrer NS-Karrieren, in: StA. Rep. 6 Ia, Nr. 121.

[35] Innenministerium Schwerin an Oberbürgermeister, 27.1.1946, in: StA. Rep. 6 Ia, Nr. 75.

[36] Reichlich Anschauungsmaterial bei H. RAETTIG, 1991, besonders S. 177 ff., 188 ff.

Die Universität stand unter Landesvorbehalt.[37] Auch hier sahen die Verantwortlichen in Schwerin die Gefahr, daß eine allzu rigorose ›Säuberung‹ die Einrichtung zerstören könnte, und bremsten den Elan der lokalen KPD, die eine günstige Gelegenheit gekommen sah, den ›Hort der Reaktion‹ aufzubrechen. Dementsprechend behutsam ging man zunächst vor. Die Hochschule war bei Kriegsende ohnehin auf ein kritisches Maß zusammengefallen, denn zahlreiche Professoren und Dozenten waren gar nicht mehr am Ort und machten wenig Anstalten, zurückzukehren.[38] Zwar hatte sie noch bis Ende Mai 1945 weitergearbeitet, dann hatten die Sowjets sie jedoch vorläufig geschlossen. Nur rund 60 Professoren und 30 Dozenten von einstmals etwa 220 befanden sich noch in der Stadt.[39] Einige waren verhaftet wie Carl Engel, der Anatom Dragendorff, der Jurist Köttgen oder der Physiker Reinkober. Gut die Hälfte der Anwesenden galt als NS-belastet.[40] Die Entnazifizierung verlief anfangs vollkommen unsystematisch. Rektor Lohmeyer handelte im Einvernehmen mit Minister Grünberg, indem sie gemeinsam Namenlisten Punkt für Punkt durchgingen und Einzelentscheidungen fällten. Grünberg war dabei oft großzügiger, als Lohmeyer erwartet hatte.[41] Einer weitgehenden Kontinuität unter Rektor Lohmeyer, der als Zeuge der Entwicklung in Greifswald sehr genau um die Pressionen wußte, denen seine Kollegen ausgesetzt gewesen waren, folgten nach seiner Verhaftung im Februar 1946 drakonische Entlassungsmaßnahmen aller irgendwie Belasteten. Franz Wohlgemuth wechselte aus der KPD-Kreisleitung in das Büro des Universitätskurators und bestimmte hier ab sofort die Personalpolitik. Er war in der Stadt als intrigante Hauptfigur des politisch motivierten und gewaltsamen Gesellschaftsumbaus sehr bald als der ›Rote Teufel‹ verhaßt.

Die radikalen Entlassungen führten die Universität an den Rand des Zusammenbruchs, denn niemand wollte nun noch freiwillig nach Greifswald, das nie eine besonders beliebte Universität gewesen war.[42] Mit nur 20 Professoren, einem Dozenten und 16 Lehrbeauftragten begann der Betrieb im Frühjahr 1946 wieder.[43] Dann bestimmten jedoch sehr viel mehr das jeweilige Fach und die Verfügbarkeit anderer Professoren als individuelle Schuld

---

[37] Zu diesem Themenkomplex ist eine Dissertation von Matthias Rautenberg, Rostock, in Arbeit. Ferner M. SEILS, 1996.

[38] Greifswald galt wegen seiner Abgelegenheit und Provinzialität als ›Strafuniversität‹. Einige nutzten daher die Gelegenheit, die Stadt endlich zu verlassen wie z.B. der Jurist Molitor, der nach Mainz wechselte, oder der Theologe Bülck. Er fing in Hamburg neu an. Aber auch der Historiker Noack. Er wechselte nach Frankfurt.

[39] E. J. KRÜGER, Kampf der KPD, 1966, S. 139f.

[40] Eine detaillierte Liste vom Februar 1946, in: MLHA. Ministerium für Volksbildung, Nr. 2559.

[41] Mündlicher Bericht von Gudrun Otto.

[42] Kurator Franz Wohlgemuth beschwerte sich öffentlich, daß man ihm berechtigte Vorwürfe mache, weil es schier unmöglich sei, die Berufung von Nazis und Reaktionären zu vermeiden. Notiz in einem Schreiben aus Greifswald vom 18.5.1946, in: MLHA. Ministerium für Volksbildung, Nr. 2559.

[43] M. SEILS, 1996, S. 26.

den Verlauf der anhängigen Verfahren. Die Geographie galt wegen ihrer Nähe zur Geopolitik als entbehrlich.[44] Die Staats- und Wirtschaftswissenschaften baute die Landesregierung ganz ab.[45] Auch die Theologie stand kurzfristig zur Disposition. Wieder traf es die Nachwuchskräfte härter als die Etablierten. Ein Mann wie Blüthgen, der ständig politische Probleme mit der NSDAP gehabt hatte, kam als Geograph nicht wieder zum Zuge. Genauso ging es seinem Kollegen Fichtner von der Theologie oder Ludwig Rohde aus der Kunstgeschichte, die nicht prominent genug waren, daß man über ihre bedeutungslosen NS-Mitgliedschaften einfach hinweggegangen wäre.[46] Der Biologe Leick oder der Geograph Lautensach waren ebenfalls entbehrlich.

Ganz anders sah es indes bei den Naturwissenschaften und in der Medizin aus. Der Chemiker Jander, einer der prominentesten NS-Mitglieder der Universität, oder auch Katsch, immerhin Inhaber hoher Wehrmachtsränge und Parteimitglied, konnten ohne Brüche weiterarbeiten. Selbst Stahlhelmgauführer Walther Glawe unterrichtete nach einer längeren Pause wieder. Bekannte Deutsche Christen wie Koepp blieben unbehelligt. Da die bürgerlichen Fachleute besonders in den Naturwissenschaften vielfach nicht zu ersetzen waren, ja hofiert werden mußten, weil andere Universitäten attraktiver waren[47], blieb hier ein breiter Durchlaß für einen Strom eher konservativ-national geprägter Männer. Die Universität war in den dreißiger und vierziger Jahren schließlich so etwas wie ein Refugium für sie gewesen. Ihnen blieb die alte Ordinarienuniversität als stützende Einrichtung erhalten, denn an der Macht der Professoren änderte sich vorläufig noch nichts. Im Gegenteil, sie mußten privilegiert werden, damit sie die Stadt und die DDR nicht verließen.

Die Zuständigkeit der Landeskommission erstreckte sich auch auf das Personal der Kirchen in beiden Landesteilen Mecklenburg und Vorpommern.[48] Im Verlauf des Verfahrens erhielt die Greifswalder Kommission die

---

[44] E. Lautensach, Wie eine Pfälzerin, S. 8, in: StA. Manuskriptsammlung.

[45] Der Aderlaß Greifswalds nützte in erster Linie der neuen Universität Mainz, wo eine ganze Reihe von Professoren und Bibliothekaren eine neue Anstellung fanden.

[46] UA. Personalakte Blüthgen, Nr. 807; Rohde, Nr. 764 u. Fichtner, Nr. 326. Besonders übel wurde Blüthgen mitgespielt, dessen erzwungener NSV-Beitritt klar belegbar war, der aber gleichwohl von Kurator Wohlgemuth systematisch demontiert wurde, z. T. mit Argumenten, die aus dem Vorgehen der NSDAP gegen die Dozenten stammten.

[47] »Würde eine weitere Verzögerung der Entscheidung eintreten, besteht die Gefahr, daß mehrere der vorerwähnten Herren einem Rufe an Universitäten der Westzone folgen würden, während sie zur Zeit noch Wert darauf legen, in der Ostzone zu verbleiben.« Schreiben des Innenministeriums an die Landesentnazifizierungskommission vom 27.2.1948, in: MLHA. Ministerium für Volksbildung, Nr. 2559.

[48] Zur Pommerschen Kirche in der Nachkriegszeit liegen leider noch keine umfassenderen Arbeiten vor, bisher: C. M. RADDATZ, 1995, S. 659. Sie erklärt den restaurativen Charakter der innerkirchlichen Politik aus dem allgemeinen Chaos und der Notwendigkeit, in der Kirche schnell wieder handlungsfähig zu werden.

Kompetenz für die Mitarbeiter der pommerschen Restkirche.[49] Warum für Kirchenmitarbeiter ein Schutzraum bestand, ist nicht bekannt. Möglicherweise wirkte das moralische Renommee nach, das die Kirche bei den Sowjets trotz ihrer politischen Ausrichtung genoß.[50] Vielleicht sollten auch die vielfältigen karitativen Aktivitäten nicht gestört werden, denn die Kirche war lange Zeit die einzige funktionsfähige überregionale deutsche Verwaltung, über die verläßlich Hilfsgüter verteilt werden konnten. Sofern Personal der Kirche vor den Kommissionen erscheinen mußte, war es ausnehmend gut vorbereitet. Es gab zumeist Gutachten, die eine frühe Abwendung von der NS-Ideologie bescheinigten, es gab namhafte Zeugen, die ›Persilscheine‹ schrieben. Oft war ein Vertreter der Kirche anwesend und unterstützte die Verteidigung.[51] Auch nach dem Verfahren bot die Kirche Betroffenen Schutz. Sie durften an anderer Stelle, aber im Rahmen der Kirche weiterarbeiten. So beschäftigte sie eine ganze Reihe entlassener Lehrer für den Religionsunterricht.[52]

Betrachtet man die drei Bereiche der Kirche, der Medizin und der Universität gleichzeitig, dann zeichnete sich damit in den ruhigen Gewässern hinter der Entnazifizierungsschleuse erneut eine relativ geschlossene gesellschaftliche Gruppe ab, die mit einem Kernbereich der Milieustrukturen aus den zwanziger Jahren Verwandtschaft zeigte. Die drei Bereiche stützten sich gegenseitig und formten geschlossene Gesellschaftsteile, wo sich religiöse und weltanschauliche mit konkret institutionellen, sozialen oder beruflichen Merkmale koppelten. In solchen Zusammenhängen verbarg sich die Möglichkeit, die politischen ›Säuberungen‹ zu überstehen, die Gesinnung zu wahren sowie im Lande zu bleiben. Für diese bildungsbürgerlichen Gruppen gab es noch genügend Bindungen und Rückzugsräume, die Druck auffangen konnten. Die politische Ausrichtung dieses zumeist christlichen Gesellschaftsteiles tendierte eindeutig in Richtung der CDU.

Erstaunlicherweise funktionierte auch nach 1945 die lokale Gewohnheit, Konflikte ortsintern zu regeln, damit man trotz der Gegensätze friedlich in einer Stadt leben konnte. Sozialisten unterstützten nämlich des öfteren Nichtsozialisten gegen den politischen Rigorismus der zentral eingesetzten Obrigkeit. Walter Schlesiger beispielsweise als stadtbekannter Stahlhelmer, Deutschnationaler und späteren Nationalsozialist kehrte nach seiner Entlassung aus der Kriegsgefangenschaft für über zwei Jahre völlig unbehelligt auf seinen alten Arbeitsplatz bei den Stadtwerken zurück, weil ihn der Sozialdemokrat Freese, er war der neue Chef, ihn deckte.[53] Er wurde in den Betriebsrat gewählt, seine Kollegen, darunter eine ganze Reihe Kommunisten, nahmen keinen Anstoß, obgleich sie wußten, daß er ein ›Nationaler‹ war.

---

[49] Spätestens seit Februar 1948, StA. Rep. 6 Ia, Nr. 73; vermutlich aber schon früher.
[50] Als entlastendes Moment führten die Entnazifizierungsbeschlüsse oft auf: »Ist nicht aus der Kirche ausgetreten.« StA. Rep. 6 Ia, Nr. 77.
[51] Einige Beispiele, in: StA. Rep. 6 Ia, Nr. 77, vor allem zu Superintendent S.
[52] Liste vom 31.12.1947, in: StA. Rep. 6 Ia, Nr. 121.
[53] BA.-Dahlwitz, Walter Schlesiger, Zentralarchiv, ZE 43873.

Die Entnazifizierungskommission hatte große Probleme, den Chemiker Moser von seinem Arbeitsplatz zu entfernen, weil seine Betriebsleitung und die Kollegen ihn unbedingt behalten wollten.[54] Ähnlich entwickelte sich die Enteignung der Zimmerei Lass, bei der die Belegschaft heftig protestierte und für ihren Chef eintrat, weil sie von einer Denunziation ausging.[55] Auch Graul und Hoge hatten solche Fürsprecher. Hoge, der einer der ganz frühen völkischen Nationalisten gewesen war, machte die Rechtsarbeiten des neuen FDGB.[56]

Immer kamen die Beschützer aus dem sozialistischen Lager. Offenbar wurde die rigorose Politik gegen die nichtsozialistischen Teile der Gesellschaft auch bei Anhängern von SPD und KPD nicht kritiklos mitgetragen. Der alte Mechanismus, daß man sich kannte und jenseits politischer Meinungsunterschiede schätzte, funktionierte. Er bildete aber gegenüber den übergeordneten politischen Interessen, die sehr konsequent exekutiert wurden, allenfalls ein retardierendes Moment. Der Lokalismus der Nachkriegsgesellschaft hatte gegen die aufkommende zentralistische Diktatur keine Chance mehr. Grauzonen der Macht wie in der Republik der zwanziger Jahre sollte es nicht mehr geben. In Kombination mit den Lücken des Entnazifizierungsverfahrens entstanden so jedoch Nischen selbstbestimmbaren alltäglichen Lebens. Es blieben Möglichkeiten, politischen Zumutungen und der Konformitätsforderung auszuweichen und sich zu arrangieren. Es gab Bereiche, in denen man auch den politischen Gegner am Leben ließ.

Die Entnazifizierung als wichtigster Faktor des Kontinuitätsbruches hinterließ keine Tabula-rasa-Situation. Obwohl viele Konservativ-Nationale von dem Verfahren betroffen waren, zeichnete sich doch deutlich ab, daß bestimmte Gruppen sich hielten. Das nichtsozialistische Lager wurde weiter ausgezehrt, es war jedoch nicht völlig zerstört. Eine geschlossene Reststruktur des alten Milieus blieb in der Stadt zurück. Die von allen geteilte Erfahrung der politischen Verfolgung und Ausgrenzung knüpfte ein neues Band um einen Bevölkerungsteil, der sich ohnehin als besondere Gruppe in der Gesellschaft verstehen mußte. Die Entnazifizierung war somit Anfang einer neuen Ausgrenzung. Entscheidend war, ob sich diese ausgegrenzte Gruppe würde organisieren und formieren können.

Daß sich die neuen Machthaber nicht mit einer politischen Bereinigung zufrieden geben würden, sondern auf die tiefgreifende Veränderung der Gesellschaft durch massive Vermögens- und Besitzumschichtungen hinsteuer-

---

[54] Vorgang geschildert in: StA. Rep. 6 Ia, Nr. 121. Erst im März 1948, nach über einem halben Jahr, gelang es, ihn von seinem Posten zu verdrängen.

[55] StA. Rep. 6 Ia, Nr. 120. Schreiben der Belegschaft an die SED, ca. 1.9.1946, in: VpLA. Kreisleitung Greifswald, IV/4/02/46/16.

[56] Zu Hoge, Vorgang vom Oktober 1947, in: StA. Rep. 6 Ia, Nr. 121. Seine Entnazifizierungsunterlagen in: StA. Rep. 7.15, Nr. 115. Hoge kam entgegen, daß er als Rechtsberater der Kyffhäuser auch Arbeitern geholfen hatte. Er hatte in der NS-Zeit auch KPD-Mitglieder in politischen Streitsachen verteidigt.

ten, war ebenfalls bis zur Jahreswende 1945/46 bereits deutlich.[57] Besitz als Basis politischer Interessen und Macht sollte ausgeschaltet werden. Die politische ›Säuberung‹ war daher von Beginn an untrennbar mit einer Enteignung gekoppelt. Die Begleiterscheinungen dieses Vorgangs, der vor Ort von blanker Habgier angetrieben wurde, waren besonders unerfreulich. Die alte Lagertrennlinie in der Greifswalder Gesellschaft prägte sich auch hier scharf aus, und zwar in Form der Scheidung zwischen Besitzenden und Nichtbesitzenden, zwischen Arbeitern, Bediensteten und Flüchtlingen als Profiteuren sowie selbständigen Handwerkern, Kaufleuten und leitenden Angestellten als Opfern.

Auch hier gab es zwei Stufen: Einer ersten Phase in lokaler Regie und ›problemnah‹ folgte das gezielte und zentral angeleitete Vorgehen mit der Perspektive, die materielle Grundlage für den volkseigenen Wirtschaftssektor zu schaffen und propagandarelevante Branchen wie das Zeitungs- und Druckereiwesen, die Kinos und den Buchhandel unter politische Kontrolle zu bekommen. Objekt der Maßnahmen waren allein die Klein- und Mittelbetriebe, die schon 1943 erheblich reduziert worden waren. Der alte Mittelstand, um den es hier ging, war 1945 nach Zahl und Präsens vor Ort bereits geschwächt. Das gefährdete die Lebensmittelversorgung und -verteilung. Die Stadtverwaltung stand vor der Aufgabe, die Versorgung schnell wieder in Gang zu bringen. Gleichzeitig sollten die auffälligsten Nationalsozialisten ihre Geschäfte und Posten verlieren, denn daß Faschismus und Kapitalismus zusammenhingen, war für die Kommunisten ein zentrales Dogma. Mit dieser Legitimation wurde die Zerstörung des privatwirtschaftlichen Sektors eingeleitet.[58] Ein wesentlicher Faktor für die Unabhängigkeit der konservativen und mittelständischen Honoratioren fiel damit weg.

Bevor im September 1945 die Stadtverwaltung einen »Ausschuß zur Bereinigung der Wirtschaft« installierte, der bis Anfang 1946 arbeitete, waren bereits wichtige Vorentscheidungen gefallen. Es gab zahlreiche herrenlose Betriebe und ungesetzliche Aneignungen.[59] In den chaotischen ersten Nachkriegswochen war es zu ›wilden‹ Entnazifizierungen und zu Plünderungen in verlassenen Firmen gekommen. Einige Geschäfte von Nationalsozialisten waren vorsorglich versiegelt worden. Die Stadtverwaltung hatte dann aus den Reihen der Arbeiterparteien willkürlich und meist ohne Prüfung des Fachwissens Verwalter, Nachfolger oder Geschäftsführer eingesetzt. Nach welchen Kriterien die Betriebe ausgewählt wurden und welchen Einflüssen der Ausgang des Verfahrens unterlag, blieb undurchsichtig. Eine ganze Reihe bekennender Nationalsozialisten wurden nicht behelligt. Weit weniger

---

[57] »Nur durch eine konsequente politische Bereinigung der Verwaltung sowie der Industrie- und Handelsbetriebe können wir den Nachweis erbringen, daß wir die Gewähr für den demokratischen Neuaufbau Deutschlands geben.« Schreiben des Innenministeriums an den Oberbürgermeister, 2.1.1947, in: StA. Rep. 6 Ia, Nr. 75.

[58] Grundsätzlich die Zusammenfassung bei H. F. Buck, 1995, S. 1070–1213.

[59] Protokoll der ersten Sitzung des Bereinigungsausschusses, in: StA. Rep. 6 Ia, Nr. 120.

Belastete hingegen waren schwer betroffen. Es wurden auch nicht alle Fälle aktenkundig. Wichtiger als alles Politische war die Frage, ob der Inhaber in den ersten Nachkriegswochen ab- oder anwesend war. So waren besonders die Betriebe geflüchteter Mittelständler und der Internierten von Zwangsmaßnahmen und Plünderungen betroffen. Auch der rechtliche Status der umgewandelten Betriebe war unklar, denn einige neue Inhaber traten als Pachtnachfolger auf, andere fungierten als Sequester, der häufigsten Form, wieder andere quasi als neue Besitzer, die sich auch gleich die Immobilie aneigneten. Wichtig war ferner, ob es sich um eine große oder eine kleine Firma handelte, ob sie für die Versorgung relevant oder unbedeutend war. Große Firmen wurden gerne eingezogen, Versorgungsbetriebe eher nicht. Betroffen waren in jedem Fall die Banken, Versicherungen, die Abelsche Großdruckerei und die Brauerei als Kapitalgesellschaften, deren verbliebene Leiter alle amtsenthoben wurden.[60] Betroffen waren eine ganze Reihe der Greifswalder Mittelstandspolitiker aus den zwanziger Jahren, so die Familien des Schlachters Wett, Buchhändler Klein, Optiker Krause, Schlachter Rathke, Bäcker Kasch oder die Kolonialwarenhändler Krethlow und Tews. Oft genügte ein vager, bösartiger Hinweis, der die Mühlen in Bewegung setzte. Was lag da näher, als der Fluktuation des Vermögens mit Denunziationen nachzuhelfen?[61] Einen Sonderstatus hatten wiederum jene Betriebe, die für die Sowjets arbeiten mußten, wie die Sägewerke oder Autowerkstätten. Sie waren unantastbar.[62] Wie viele Betriebe insgesamt betroffen waren, wird sich vermutlich nicht mehr klären lassen. Eine Zahl von 50 bis 70 erscheint realistisch.

Eine zentrale Rolle bei der Identifizierung vermeintlich enteignungsreifer Betriebe spielte der FDGB, der einen eigenen Bereinigungsausschuß hatte und dessen Vorstand mit der Kommission der Stadt verbunden war. Daß er fest in der Hand der KPD und der SPD war, lag auf der Hand.[63] Auf diese Weise wurden einige sozialistische Kellner zu Gastwirten, ein Kutscher und ein Oberbuchhalter avancierten zu Generaldirektoren der Brauerei.[64] Eine Reihe von Flüchtlingen kamen zum Zuge, und Mittelständler mit guten Beziehungen zu den Arbeiterparteien konnten ihre Konkurrenz übernehmen. Daß in aller Regel nach politischen Gesichtspunkten entschieden wurde, war offensichtlich. ›Verdiente Antifaschisten‹ machten das Rennen. Auch

---

[60] Maßnahmen gegen die Direktoren der Landwirtschaftlichen Versicherungsgesellschaft, Ernst von Vegesack, Theodor Gernandt, und die Leiter der Brauerei Kurt Lüdtke und Seliger, in: StA. Rep. 6 Ia, Nr. 120.

[61] Zahllose Denunziationen, die zu einem guten Teil von Erfolg gekrönt waren, in: StA. Rep. 6 Ia, Nr. 120.

[62] Einige Beispiele in: StA. Rep. 7.9, Nr. 143.

[63] J. MAI (Hrsg.), Greifswald, 1995, S. 77.

[64] Verfügung des Ausschusses vom 8.9.1945 u. Liste vom 2.2.1946, in: StA. Rep. 6 Ia, Nr. 120. Die Namenangaben wurden jeweils mit den Daten des Adreßbuches von 1942 abgeglichen, Verlag J. Abel (Hrsg.), Greifswalder Adreßbuch, 1942.

CDU-Mitglieder hatten anfangs noch reelle Chancen. Greifswalder wurden meist bevorzugt.[65]

Die Folgen für die Betroffenen und ihre Familien waren fatal. Oft waren nur die Frauen der Besitzer anwesend. Von einem Tag auf den anderen waren sie quasi besitzlos, rechtlos und ohne Einkommen.[66] Sie waren gezwungen, sich Arbeit zu suchen, denn sonst gab es keine Lebensmittelkarte. Auf ihre gesperrten Rücklagen konnten sie nicht zugreifen. Die Polizei und die Justiz funktionierten nicht oder verweigerten Hilfe. Beschwerdestelle war die sowjetische Militärverwaltung, der man sich jedoch wegen des damit verbundenen Risikos nur ungern näherte. Für einen Teil ihrer Mitbürger galten sie als vogelfrei. Die Wohnungen und Häuser der Opfer wurden mit Flüchtlingen vollgestopft.[67] Ihr Hab und Gut stand zur Disposition; wer Möbel benötigte, ›holte‹ sie sich einfach ab. Es waren üble Plünderer unter den neuen Machthabern. Die kriminellen Erscheinungen wurden von den lokalen Machthabern bisweilen gedeckt und gefördert. Es breitete sich eine Art Plünder- und Raubmentalität gegen die Betroffenen aus. Sie gehörten meist der besitzenden Ober- und Mittelschicht an. Die neuen Machthaber stützten sich auf die unteren Schichten und Flüchtlinge und instrumentalisierten die sozialen Gegensätze und den Neid für politische Zwecke. Sie öffneten ein Ventil für die Existenzängste, politischen Beklemmungen und sozialen Unterlegenheitsgefühle.[68] Die Chance, schnell zu Eigentum zu kommen, Ersatz für die Verluste im Osten zu erlangen, setzte eine alle moralischen Standards umwälzende Dynamik in Gang.

Besonders deutlich wird die politisch begründete und auf Zerstörung der Gesellschaftsordnung zielende Plündermentalität am Fall der Stadtrandsiedlung, wo die Wohnstellen seit 1932 nach politischen Kriterien zunächst an Frontkämpfer, dann an verdiente Nationalsozialisten vergeben worden waren. Die eigene Siedlerstelle mit Garten und Ziegenstall war in den zwanziger und dreißiger Jahren der Traum aller Arbeiter der Region gewesen. Nachdem sich die Machtverhältnisse umgekehrt hatten, waren unter den ehemals benachteiligten Sozialisten die Begehrlichkeiten groß.[69] Anfang November 1945 enteignete die Stadt »auf Beschluß der antifaschistischen Parteien« eine ganze Reihe von Häusern »entschädigungslos« und vertrieb die Bewohner daraus.[70] Das Verfahren sprach jeder Rechtstaatlichkeit hohn,

---

[65] Schreiben des vorbereitenden Ausschusses vom 22.12.1945, in dem die Gesinnung der ›Bereiniger‹ sehr deutlich ist, in: StA. Rep. 6 Ia, Nr. 120. Dort auch weitere Fälle.

[66] Diese Entrechtungssituation schilderten mehrere Zeitzeugen, z.B. G. Otto, B. Remertz-Stumpff sowie G. S.

[67] Ein schönes Beispiel in: VpLA. Rep. 76, Landgericht Greifswald, Nr. 1838. Nachdem der Landgerichtspräsident die Schließung des Anwaltsbüros von Freytag verfügt hatte, wies er die Stadt postwendend auf die leerwerdenden Räume hin, 3.9.1946.

[68] Mündlicher Hinweis von G. S., Interview A. B. Freytag, UA. Personalakte Leick, Nr. 238.

[69] Typisches Bewerbungsschreiben für eine Stelle von W. B., der sich auf einen Sekretär der Kreisleitung der KPD beruft, 12.1.1946, in: StA. Rep. 6 Ia, Nr. 120.

[70] In einem Rechtfertigungssschreiben der Stadt vom 27.3.1946, in: StA. Rep. 6 Ia, Nr. 120.

von Gerechtigkeit war gar nicht zu reden. Die Stellen seien für Bedienstete der neuen Polizei und andere Funktionäre freigemacht worden, behauptete die Stadt[71], der es wohl auch darum ging, das geschlossene nationale Wohngebiet aufzubrechen.

Einige enteignete Familien, meist handelte es sich um Kriegsinvaliden, Frauen und Kinder, wehrten sich durch Eingaben an die Landesregierung. Sie fanden, was selten der Fall war, Gehör, und die Regierung in Schwerin wies die Stadtverwaltung darauf hin, rudimentäre rechtliche Regeln seien einzuhalten. Der Ausschuß dürfe nicht enteignen, er müsse den Betroffenen Gelegenheit geben, sich zu äußern, nur bei erwiesener Schuld sei zu handeln, die Bereicherung unter dem Deckmantel der Politik müsse aufhören, und auch alte persönliche Differenzen dürften keine Rolle spielen.[72] In diesem Fall hatte der Ausschuß offensichtlich seine Kompetenzen überschritten. Die Stadt mußte schließlich nachgeben und den Enteigneten ihre Stellen mindestens als Eigentum wieder einräumen. Der Leiter der städtischen Treuhandstelle wurde schließlich wegen Kompetenzüberschreitungen gerügt.[73]

Dieser Fall stellte eine Ausnahme dar, denn Folgen für die Betroffenen hatte das Einschreiten der zentralen Instanzen meist nicht, weil in der Regel Fakten geschaffen wurden, die eine Restitution unmöglich machten. Ihr Eigentum blieb meist verloren. Nur einige der vertriebenen Stellenbesitzer in der Stadtrandsiedlung kehrten später zurück. Auch einigen Mittelständlern gelang es, gegen Bußgeldzahlungen ihre Betriebe zurückzuerhalten. Eine ganze Reihe von Firmen wechselten für immer den Besitzer oder standen so lange unter einem Eigentumsvorbehalt, der jederzeit wirksam werden konnte, daß keine Investitionen mehr erfolgten und die Firma schließlich einschlief. Die meisten Unternehmen überlebten diese Unsicherheiten nicht. Die Sequester richteten ihre Firmen bisweilen zugrunde oder verkauften das Inventar, denn die Aufsicht über ihre Tätigkeit war äußerst lasch.[74] Eine ganze Reihe von Familien ehemaliger Besitzer wanderten ausgeplündert und resigniert ab, weil sie die Existenzbasis verloren hatten und die Hoffnung aufgeben mußten, jemals wieder das eigene Geschäft betreiben zu können. Auch im geordneten Entnazifizierungsverfahren blieb der Zusammenhang zwischen politischer ›Säuberung‹ und Besitzumverteilung bestehen.

---

[71] Betroffen waren 16 Stellen, E. J. Krüger, Kampf der KPD, 1966, S. 71. Wesentliche Akten und Schreiben, in: StA. Rep. 6 Ia, Nr. 120. Vor allem Rechtfertigungsschreiben der Stadt vom 27.3.1946. Ferner Manuskript S. Arndt, 1985/86, S. 5, StA. Manuskriptsammlung.

[72] Rundschreiben vom 17.12.1945, in: StA. Rep. 6 Ia, Nr. 120. Der Rückpfiff für die Stadt vom 19.3.1946, ebd.

[73] Protokoll der Sitzung des Bereinigungsausschusses vom 20.2.1946, in: StA. Rep. 6 Ia, Nr. 120.

[74] So die Uhrmacherei von Malinowsky, in: Material Galinsky. Der Sequester K. in der Likörfabrik Fielitz wurde nach fortgesetzten Schiebereien sogar abgesetzt und verhaftet, 7.3.1946, in: StA. Rep. 6 Ia, Nr. 120.

Selbst die Absolvierung des Verfahrens brachte den Betroffenen ihren Betrieb nicht zurück. Der Zustand vom Herbst 1945 war deswegen Ausgangspunkt der nachfolgenden rechtlichen Zementierung dieser Besitzumverteilungen. Regelrechte Besitzverluste im engeren Sinne gab es bis Mitte 1947 offenbar nicht. Am 8. Juli 1947 kam es zu den ersten Enteignungen von Firmen, deren Status in der Entnazifizierung unklar geworden war, darunter die Brauerei und die Druckerei Abel. Am 19. Juli wurde den meisten sequestrierten Betrieben die Gewerbegenehmigung entzogen, was einer Enteignung gleichkam.[75] Betroffen waren die Firmen Buchhandlung Bamberg, Kinobetrieb Heinze, das Sägewerk von Kaufmann Kümmel und Bäcker Laszig. Auch hier war keine Systematik zu erkennen, die mit der politischen Belastung zu tun hatte. Darum ging es offenbar auch nicht. Daß Zeitungsverlag, Druckerei, Kino und Buchhandel betroffen waren, deutet auf die grundsätzlich politische Stoßrichtung, die auf die Gleichschaltung der Öffentlichkeit zielte.

Mitte 1947 löste sich der Zusammenhang zwischen angeblicher Entnazifizierung und Umverteilung langsam auf, denn die SED ging nun dazu über, den Tatbestand echter oder fiktiver Wirtschaftsvergehen in den Mittelpunkt ihrer Umgestaltungspolitik zu rücken. Das Argument NS-Mitgliedschaft hatte sich offenbar verbraucht.

Die lokale CDU durchschaute offenbar nicht, welche Probleme ihr entstanden. Ihrer Basis wurde die wirtschaftliche Grundlage entzogen, und sie mischte auch noch mit. Sie war in den Kommissionen mit vertreten, im ›Ausschuß zur Bereinigung der Wirtschaft‹ stellte sie mit dem Sparkassenchef Leopold Osthoff sogar die Geschäftsführung. Die Tätigkeit ihrer Vertreter blieb allerdings auffällig blaß. Aktiv waren in erster Linie KPD und FDGB mit ihren Leuten. Alle Entscheidungen wurden von der CDU jedoch mitgetragen. Auch die verantwortlichen Christdemokraten waren offensichtlich der Ansicht, daß ein Nationalsozialist keine Firma führen sollte, weil ihm die Macht, über andere zu gebieten, nicht mehr zukam. Die Sequestrierung war daher durchaus vom Konsens getragen. Die Begleiterscheinungen jedoch ganz offenbar nicht, denn Walter Graul entwickelte sich zum wichtigsten Ansprechpartner für die Opfer des Verfahrens.[76] Hinzu kam, daß es in der Anfangsphase der Sequestrierungen durchaus nützlich und von Erfolg gekrönt war, sich mit dem Hinweis auf das CDU-Parteibuch und den damit nachgewiesenen Antifaschismus um eine herrenlose Firma zu bewerben.[77] Das taten vor allem Flüchtlinge.[78] Die anschwellende Mitgliederbasis der CDU bestand jedoch überwiegend aus Einheimischen und vielfach aus den

---

[75] Listen vom 8.7.1947 u. 19.7.1947, in: StA. Rep. 7.9, Nr. 520.
[76] Wer Schwierigkeiten hatte, ging zu Graul; Hinweis von A. B. Freytag, sowie G. Otto.
[77] Eine Vielzahl solcher Schreiben, in: StA. Rep. 6 Ia, Nr. 120. Zum Teil gaben die Antragsteller ihre niedrige Parteimitgliedsnummer an, um sich Vorteile zu verschaffen. Das hatte man vor 1945 so gelernt.
[78] In wenigstens zwei Fällen ist ein solcher Zusammenhang nachweisbar, StA. Rep. 6 Ia, Nr. 120.

Gewerbetreibenden, die in die Partei kamen, um sich abzusichern. Diese beiden Interessenrichtungen von Alt- und Neu-Greifswaldern waren auf Dauer nicht miteinander zu vereinbaren. Da die Parteimitglieder in den Ausschüssen und Kommissionen letztlich wenig ausrichteten, war die Enttäuschung für Einheimische wie für Flüchtlinge vorprogrammiert. Hier lag einer der Gründe für das Zerbrechen der Partei nach 1948, als sich besonders die Mittelständler von ihr abwandten.

Die politischen Auswirkungen der Sequestrierungen und Enteignungen zeigten sich in der Auflösung der alten Vertretungsverhältnisse des Mittelstandes. Die Kontinuität des Führungspersonals dieser Bevölkerungsgruppe zwischen Weimarer Republik und Nationalsozialismus war ausgesprochen stark gewesen. Auch 1945 bildete zunächst keinen Bruch, denn der alte Maurermeister Otto Eggebrecht nahm die Wiederbesetzung der Innungsmeisterstellen selbst in die Hand und scheiterte erst am Veto der neuen Machthaber.[79] Zwar wurden Eggebrecht und auch Robert Lewerenz später wieder zu Obermeistern. Beide Männer gehörten nunmehr der CDU an.[80] Die Tradition der Selbstorganisation und der eigenständigen Elitenrekrutierung wurde aber in der Entnazifizierung und Enteignung beendet. Eine ganze Anzahl der Obermeister wanderte 1945 in die Internierungslager oder war von der Zwangsverwaltung betroffen.[81] Ein Anknüpfen an die Repräsentation durch die alte Elite war hier erst möglich, nachdem die ökonomische Macht des alten Mittelstandes zerstört und den Innungen ein beaufsichtigter Platz im neuen sozialistischen Staat zugewiesen worden war. Eggebrecht und Lewerenz mutierten auf diese Weise zu sozialistischen Honoratioren des Mittelstandes. Obwohl die mittelständische Wirtschaft wichtige Gruppe der Stadtbevölkerung blieb, wurde ihr damit politisch das Genick gebrochen. Die alte Elite, die mit wenig Veränderungen seit den zwanziger Jahren Repräsentanz und Führung übernommen hatte, mußte abtreten. Die Männer kehrten nur als machtlose Galionsfiguren zurück.

Weit schwerer wog jedoch die existentielle Verunsicherung des alten Mittelstandes.[82] Er fühlte sich in seiner Lebensweise bedroht. Eigentum war oft altes Familienerbe, Basis der Existenz sowie Mittelpunkt des Lebens und dementsprechend materiell hoch bewertet und mit vielen Gefühlen belegt. Haus und Firma zu verlieren, war eine Katastrophe, denn es war nahezu

---

[79] E. J. KRÜGER, Kampf der KPD, 1966, S. 138.

[80] Hinweise von 1949, in: StA. Rep. 7.9, Nr. 520.

[81] Am 21. 11. 1947 begann die Entnazifizierung der »aufgegebenen Obermeister«, betroffen waren Glasermeister Otto Prahn, früher einmal DNVP, Bäcker Hans W. und Uhrmacher Paul T. Damit waren nur jene gemeint, die sich noch in Freiheit befanden; vgl. StA. Rep. 6 Ia, Nr. 121. Am 13. 2. 1948 auch der ehemalige Kreishandwerksmeister Berthold Fischer, vgl. StA. Rep. 6 Ia, Nr. 77.

[82] Gastwirt K. vom Preußenhof wandte sich im September 1946 voller Angst an den Oberbürgermeister. Er fürchtete, man wolle ihn enteignen, ein naher Freund des Ministers Warnke logiere in seinem Haus. Es heiße, der werde sein Hotel bekommen, in: VpLA. Kreisleitung Greifswald, IV/4/02/46/16.

aussichtslos, in einem anderen Ort neu zu beginnen, da der immobile Besitz und die langjährige Kundschaft Grundlage der Berufstätigkeit waren. Der Schock über die anfänglichen Sequestrierungen und die dann folgenden Enteignungen, die wilden und rechtlosen Zustände saß daher tief in den altansässigen Greifswalder Familien. Von diesem Schlag erholte sich der alte Mittelstand nie wieder. Gleichzeitig stärkte es jedoch das Bewußtsein, einer gefährdeten, ausgegrenzten und benachteiligten Gruppe anzugehören, die gegen die sozialistischen Zumutungen zusammenhalten mußte. Das hatte erhebliche Auswirkungen für die Stellung des Mittelstandes in der späteren DDR. Der Mittelstand blieb eine dezimierte, verunsicherte Sondergruppe, seine politische Heimat war jedoch nicht mehr die CDU. Die politische Grundhaltung wurde durch den Konflikt um die Enteignungen neu belebt.

b) Bodenreform

Die Bodenreform des Herbstes 1945 war der tiefste und nachhaltigste Einschnitt in die traditionellen Gesellschafts- und Machtstrukturen der Region. Mit ihr wurde der Kernbereich des ländlichen konservativen Milieus aufgelöst, die bedeutende Stütze der konservativ-nationalen Gesellschaftsteile weggerissen. Daß die Großgrundbesitzer wesentliche Träger des Militarismus und Nationalismus gewesen waren, daß ihre Macht den Aufstieg des Nationalsozialismus gefördert hatte, gehörte zu den Grundüberzeugungen der Alliierten und auch von KPD und SPD. Die furchtbaren Begleiterscheinungen des Kriegsendes im Greifswalder Umland hatten mit diesen Meinungen zu tun. Die tatsächlichen Verhältnisse in der Region sahen anders aus, spielten aber keine Rolle. Ideologisch geprägte Vorurteile bestimmten die Politik. Die ›Junker‹ waren daher ausdrücklich in die politische ›Säuberung‹ einbezogen, weil man ihnen unterstellte »voraussichtlich undemokratische Traditionen« oder auch den »Militarismus« zu verewigen.[83] Die völlige Zerschlagung ihres Besitzes und ihre nachgerade fanatisch betriebene Zerstreuung in alle Winde war davon jedoch kaum gedeckt. Wie kaum ein anderes Umgestaltungsprojekt war die Bodenreform eine Angelegenheit der Sowjets.[84]

Die Bodenreform war aus mehreren Gründen weit über die Grenzen des sozialistischen Lagers hinaus populär, bis hinein in die Großgrundbesitzerkreise selbst.[85] Das Stichwort ›Siedlung‹ war seit dem Ende des 19. Jahrhunderts im gesamten deutschen Nordosten als Strategie gegen soziale Probleme akzeptiert und vielfach umgesetzt worden, zuletzt von den Nationalsozialisten. In der Region Greifswald hatte es Ende der zwanziger

---

[83] Direktive 24 des Alliierten Kontrollrats, Paragraph 11, abgedruckt bei K. Schwabe, Entnazifizierung, 1994.
[84] In allen Phasen waren sie als Initiatoren, Antreiber und Kontrolleure zu beobachten, die sich um jedes Detail kümmerten. Z.B. MLHA. Rat des Kreises Greifswald, Nr. 1073.
[85] Schreiben von A. W. Becker, Pächter in Eldena, an den Landrat, 5. 10. 1945, in: MLHA. Rat des Kreises Greifswald, Nr. 1129a.

Jahre größere Vorhaben auf verkauften Gütern gegeben. Auch 1918, 1923 und 1932 war Bodenreform eine regional von allen Parteien und der Kirche getragene Idee, die Dauerkrisen zu lösen, aus armen nichtseßhaften Landarbeitern bodenständige Kleinbesitzer zu machen. Die ländlichen Unterschichten träumten davon, endlich in die Besitzhierarchie aufzusteigen. 1945 war das Problem einer rasch anwachsenden, entwurzelten, verarmten Landbevölkerung viel größer als jemals zuvor. Bodenreform erschien als Gebot der Vernunft. Die Flüchtlinge stammten zumeist aus den ähnlich wie Vorpommern strukturierten Landgebieten Hinterpommerns, West- oder Ostpreußens und brachten dementsprechend Landhunger mit. Sie forderten eine Perspektive, denn mit dem anwachsenden Strom der Vertriebenen war klar, daß in den ehemaligen Siedlungsgebieten Fakten geschaffen wurden, die kaum auf baldige Rückkehr hoffen ließen. Die Widerstände in ihrer neuen Heimat waren zudem gering, denn die Großgrundbesitzerschicht war durch den Krieg, ganz traditionell waren viele Offizier gewesen und getötet worden, durch Flucht oder Selbstmord stark geschwächt, sie verfügte über keinerlei Machtmittel mehr. Vielfach waren nur Kriegsversehrte, alte Leute, Frauen und Kinder anwesend.

Innerhalb weniger Wochen im Herbst 1945 wurden die Pachtländereien und Güter im Kreis enteignet und in kleine Einheiten aufgeteilt.[86] Der Universität gelang es noch, sechs stadtnahe Betriebe mit einer Fläche von rund 1000 Hektar für die Landwirtschaftliche Fakultät zu retten. Die Stadt hatte weniger Erfolg und verlor das Gros ihres Besitzes. Universität und Stadt wahrten ansonsten nur Streubesitz von Kleinbetrieben. Die ökonomische Macht der beiden Körperschaften über das Umland war damit zu Ende. Die alte Verbindung von ländlicher und städtischer Elite verlor ihre Grundlage.[87] Allein die Kirche konnte Boden retten. Sie besaß vor allem in den Kirchdörfern rund um Greifswald größere Höfe, die zur Ausstattung der Predigerstellen gehörten. Sie wie auch die kircheneigenen Güter, von denen es einige wenige gab, verblieben der Kirche.

Im Kreis Greifswald fielen etwa 145 Betriebe unter die Reform, 109 weil sie über 100 Hektar groß waren, elf wurden als Nazibesitz enteignet. Rund 48 000 Hektar kamen in den Bodenfonds und wurden seit dem 1. Oktober 1945 an rund 2300 vorwiegend einheimische Landarbeiter und landarme Bauern, die klare Sieger in dem Verfahren waren, aufgeteilt. Nur 1700 Vertriebene erhielten Land. Es entstanden rund 4000 neue Kleinbetriebe mit fünf bis zwanzig Hektar Land. Das entsprach 74 Prozent der regionalen Betriebe und war eine Umkehrung der vorher herrschenden extremen Großflächigkeit.[88] Mit durchschnittlich sieben bis neun Hektar war die Ausstattung gar nicht so schlecht, wenngleich die meisten Siedler weder

---

[86] Zum Ablauf, MLHA. Rat des Kreises Greifswald, Nr. 1117 u. 1085. Ferner – wenngleich ein Werk sozialistischer Sinnstiftung – S. SCHLEWE, Dokumentation, 1965, S. 3–6.

[87] Aufstellung der Restflächen, in: MLHA. Rat des Kreises Greifswald, Nr. 1120.

[88] S. SCHLEWE, Dokumentation, 1965, S. 88 u. 97. Die Angaben sind nirgends ganz präzise.

über Wohnung oder Gebäude, geschweige denn über Zugtiere, Vieh, Geräte oder Maschinen verfügten.[89] Das gesamte Verfahren sowohl in der Kreisverwaltung als auch in den Bodenkommissionen auf den Dörfern war fest in der Hand von KPD und SPD.[90] Es war ferner fest in der Hand der Altansässigen; Flüchtlinge waren dort selten zu finden. Meist präsidierte ein landwirtschaftlicher Facharbeiter, ein Melker oder Kutscher.[91] Das erklärt die auffällige Bevorzugung der Einheimischen.

Daß hier den einen entschädigungslos genommen, den anderen aber ohne Gegenleistung gegeben wurde, bedurfte einer einleuchtenden Rechtfertigung, denn das war ein eindeutiger Verstoß gegen jedes moralische Recht. Der Beginn und der Abschluß der Landverteilung und die Überreichung der Besitzurkunden am ›Bauerntag‹, dem 30. Dezember 1945, wurden daher aufwendig inszeniert. Ein Höhepunkt war der angeordnete Gemeinschaftsempfang einer Radiorede von Ministerpräsident Höcker und Innenminister Hans Warnke aus Schwerin.[92] Arbeiterlieder wie »Brüder, zur Sonne, zur Freiheit« wurden am Anfang oder Ende dieser Feierstunden gesungen. Auch Schweigeminuten für die Opfer des Faschismus kamen vor. Die sowjetischen Kommandanten bestanden in einigen Fällen ausdrücklich auf einem Segen der Kirche. Mehr als einmal trat ein Pfarrer auf und hielt eine Ansprache.[93] Der Übergaberitus sollte mit seiner sakralen Note offenbar das schlechte Gewissen verringern. Doch genauso wichtig war die politische Legitimation durch KPD- oder SPD-Redner, die Übergabefeiern noch weit stärker prägten. Bodenreform war demnach ein historischer Neuanfang des Landes, der Schritt aus der Rückständigkeit in die Zukunft, das Ende der Junkerherrschaft. Auffällig war ein weiteres häufig gewähltes Argumentationsmuster, das die Bodenreform als einen Akt kollektiver Entnazifizierung hinstellte, als politisch und historisch gerechte Umverteilung von oben nach unten. Nach der simplen Logik der KPD waren die vertriebenen Herren Nazis oder Militaristen gewesen, die unteren Schichten wegen ihrer Unterdrückung jedoch die Opfer dieser Herren, also Naziopfer, die nunmehr die Chance zu einem antifaschistischen Neubeginn erhielten.[94] Daß auch ehemalige Parteigenossen eine Siedlerstelle bekamen und gerade unter den Flüchtlingen viele ehemalige NSDAP-Mitglieder zu vermuten waren, spiel-

---

[89] Die Angaben waren widersprüchlich und erlangten keine Festigkeit, weil viele Siedler gleich wieder aufgaben. Sie sind hier zusammengestellt nach S. SCHLEWE, Dokumentation, 1965, S. 96 ff.

[90] Ebd., S. 87.

[91] MLHA. Rat des Kreises Greifswald, Nr. 64a.

[92] Eine ganze Reihe von Berichten aus dem Kreis, in: MLHA. Rat des Kreises Greifswald, Nr. 64a u. 64b.

[93] Zum Teil spiegeln sie eher Hilflosigkeit, wie die Rede des Pfarrers in Pinnow am 5. 10. 1945, der von einem Zukunftsdorf redete und sich bei der Roten Armee bedankte, gleichzeitig aber auch seine Zuhörer ermahnte, als neue Eigentümer den Staat nicht zu vergessen. MLHA. Rat des Kreises Greifswald, Nr. 64a.

[94] Bericht aus Vorwerk bei Lassan vom 22. 10. 1945, in: MLHA. Rat des Kreises Greifswald, Nr. 64b.

te keine Rolle.[95] Auf dem Lande entstand per Dekret eine Gesellschaft von Profiteuren, die eine Rückkehr der alten Besitzer fürchten mußten und sich deswegen eng an die SED anlehnten. Bei der Behandlung der Besitzer war an ein geordnetes Verfahren gedacht. Die ehemaligen Gutsinhaber, die Gruppe umfaßte im Kreis Greifswald etwa 90 Familien, 47 Höfe galten als verwaist, sollten vor der Verteilung ihre Heimat verlassen, sie durften zehn Zentner Hausrat und persönliche Dinge mitnehmen und wurden aufgefordert, sich an Sammelpunkten einzufinden, damit sie an einem anderen Ort ihrerseits eine neue Stelle zugewiesen bekamen.[96] Es war von Thüringen die Rede. Greifswald war Sammelpunkt aller Betroffenen aus dem Kreis Grimmen und von der Insel Usedom.[97] Die Menschen sollten einen Mindestabstand zu ihrem verlorenen Besitz von 20 Kilometern einhalten. De facto war die Behandlung und die Möglichkeit, Hab und Gut zu retten, abhängig von der Stimmung vor Ort. Eine ganze Reihe von Familien konnten nicht mehr retten als die Menschen am Leibe trugen, bevor die Plünderung ihrer Häuser begann.[98] Man jagte sie buchstäblich davon, bisweilen nach einer offenen Abstimmung, bei der meist niemand den aggressiven KPD-Aktivisten widersprechen mochte. Die Schicksale der Familien sind daher sehr unterschiedlich. Baron von Lefort fand Asyl im Pfarrhaus seines Dorfes, Gräfin Behr-Bandelin zog in ihr Greifswalder Haus, Gräfin Behr-Behrenhoff zu Freunden nach Greifswald – der Familie des Obersten Petershagen. Dr. Wiltfang in Nonnendorf blieb als Fachmann auf ausdrücklichen Wunsch seines Dorfes, um die Frühgemüseproduktion weiter zu leiten.[99] Viele verließen für immer die Region und gingen in den Westen, weil bekannt war, daß widerspenstige Großgrundbesitzer nach Neubrandenburg ins Lager kamen.[100]

Der gesamte Organisations- und Wirtschaftsapparat der regionalen Landwirtschaft, die wichtige Korsettstange des alten konservativ-nationalen Milieus wurde seit Sommer 1945 ebenfalls von der KPD/SED übernommen. Die ökonomische und politische Macht, die sich in den Ein- und Verkaufs-

---

[95] Nominelle Nationalsozialisten durften offiziell eine Stelle übernehmen; bei der Verteilung überprüfte indes offenbar nur selten jemand; Bericht aus Hohensee, in: MLHA. Rat des Kreises Greifswald, Nr. 64a.

[96] Eine erste härtere Anweisung des Innenministeriums vom 29.9.1945, in: MLHA. Rat des Kreises Greifswald, Nr. 1085. Ferner Anweisung aus Schwerin vom 11.11.1945, in: MLHA. Rat des Kreises Greifswald, Nr. 64b.

[97] Funkspruch an das Landratsamt Greifswald, 27.12.1945, in: MLHA. Rat des Kreises Greifswald, Nr. 1120.

[98] Mehrere Berichte in: MLHA. Rat des Kreises Greifswald, Nr. 1117. Den Inhabern des Gutes Lippnow ließ man zehn Minuten Zeit, ihre Wohnung zu verlassen; Brief von Dr. H. vom 5.10.1945, in: MLHA. Rat des Kreises Greifswald, Nr. 1085. W. aus Sanz hatte immerhin 24 Stunden Frist, wenngleich ihm alle Möbel enteignet wurden; Schreiben vom 1.3.1946, in: MLHA. Rat des Kreises Greifswald, Nr. 64b.

[99] Bericht aus Nonnendorf vom 9.10.1945, in: MLHA. Rat des Kreises Greifswald, Nr. 64a. Zu Abstimmungen z.B. Bericht aus Seckeritz, 30.9.1945, ebd.

[100] D. KRÜGER/G. FINN, Lager Fünfeichen, 1991, S. 29 ff.

genossenschaften, Vieh- und Pferdezuchtverbänden, Jagd- und Reitvereinen, Molkereien und Brennereien konzentriert hatte und die mehr als einmal zugunsten konservativer politischer Interessen eingesetzt worden war, fiel an die neuen Machthaber.[101] Sie übernahmen die kollektiv verfaßten Selbsthilfebetriebe und besetzten die Schlüsselstellungen. Das gab ihnen die alten Druckmittel gegen die vielen neuen armen und mangelhaft ausgerüsteten Kleinsiedler in die Hand. Mit den zentral in Ausleihstationen gesammelten Maschinen, die vor dem Abtransport in die Sowjetunion gerettet werden konnten, schufen sie sich gleich noch ein neues Handwerkszeug zur Disziplinierung.

Es gab im Winter 1945/46 kein ländliches konservatives Milieu mehr, es war völlig zerstört. Die ländliche Oberschicht, die die Geschichte der Region so stark geprägt hatte und nach 1945 eine durch ihr politisches Verhalten während der NS-Zeit neu legitimierte Elite hätte werden können, wurde aufgerieben. Die ländliche Lebenswelt des Dorfes als eine politische Ressource der Konservativen war entkernt. Das alte Elitengefüge aus der Zeit des Kaiserreichs brach ein. Die regionale Kirche verlor eine wesentliche Stütze ihres Einflusses auf dem Land. Auch materiell schadete ihr die Vertreibung der Patrone. Die Pfarrer blieben allein zurück und mußten sich nun mit einer neuen Obrigkeit auseinandersetzen. Nicht einmal die Lehrer leisteten ihnen noch Gesellschaft. Auf den Dörfern waren sie oft NS-belastet gewesen, sie wurden durch junge, schnell ausgebildete und möglichst linientreue Neulehrer ersetzt.

Das weitere Vorgehen vor allem der Sowjets gegen die Grundbesitzer trägt paranoide Züge. Anscheinend sahen sie in den Großgrundbesitzern so etwas wie eine Führungsschicht mit fast übersinnlichen Qualitäten. Schon ihre physische Anwesenheit war ein Problem.[102] Die Sowjets glaubten offenbar, daß sie die Fähigkeit besaßen, jederzeit die Dorfbevölkerung wieder hinter sich zu bringen. Im November 1947 stellten die deutschen Stellen auf Wunsch der Militärverwaltung fest, daß noch 22 Familien ehemaliger Landbesitzer im Kreis wohnten. Vier weitere hatten als Pächter oder in der Bodenreform wieder einen Hof erlangt. Dabei handelte es sich ausnahmslos um ehemalige Besitzer. Die Pächter waren leer ausgegangen und zumeist fortgezogen. Auch die Verwalter waren alle abgewandert. Am 6. Dezember 1947 ordneten die Sowjets an, daß die ehemaligen Landwirte in einer Entfernung von mindestens 50 Kilometern von ihren bisherigen Höfen anzusiedeln seien. Am 5. beziehungsweise 8. April 1948 verfügte der Rat des Kreises die Ausweisung von 14 Familien nach Wismar, Schwerin und Neubrandenburg. Diese Verfügung, innerhalb von drei Tagen die Wohnung zu räumen, hatte offenbar keinen Erfolg, denn bei einer weiteren Durchkämmaktion im August 1949 waren immer noch 19 Namen auf der Liste. Es tauchten auch angeblich Ausgewiesene von 1947 wieder auf. Die

---

[101] S. SCHLEWE, Dokumentation, 1965, S. 44 f. u. 46 f.
[102] Zum Folgenden die Akte MLHA. Rat des Kreises Greifswald, Nr. 1120.

Liste zeigt, daß auch die verbliebenen Landwirte in den Westen abwanderten, nachdem sie die Hoffnung aufgegeben hatten. Hinter einigen noch aufgeführten Namen fand sich ein entsprechender Vermerk der Volkspolizei. Die Landesbehörden interessierten sich, ob diese Leute Kontakte in den Westen unterhielten, was offenbar als Gefahr gesehen wurde. 1947 und 1949 waren fast nur noch Alte und Frauen mit Kindern in der Gegend; vor ihnen fürchteten sich die Sowjets und die SED und verfolgten sie.

Mit der ökonomischen Revolution gingen schwere kulturelle Verluste einher. Sie erwiesen sich als gravierend und irreparabel, weil es den neuen Machthabern nicht gelang, etwas gleichwertig Neues an die Stelle des Alten zu setzen. Die Zerstörung der Kulturgüter und der Kultur, die mit den Großgrundbesitzen verbunden war, nahm der Gegend einen wesentlichen Teil ihrer Identität. Die Träger der Kultur waren nicht mehr da. Ihre Häuser wurden geplündert, antike Möbel zerstört, verheizt oder verschoben, Parks wandelte man in Siedlerstellen um, die alten Bäume kamen in den Ofen oder ins Sägewerk. Eine ganze Reihe von Gütern wurde völlig beseitigt, angeblich um Baumaterial zu gewinnen. Bibliotheken und Archive zerstreute man, Kunstsammlungen verschwanden.[103] Der Fortschritt und die Not erfordere es, wurde den Menschen eingeredet. Doch im Kern ging es wohl auch darum, das Alte völlig aus der Wahrnehmung zu tilgen, um Platz zu machen für die Vorstellungen der SED.

So vollendeten KPD, SED und Sowjets, was sich schon seit dem Kaiserreich mit der schwindenden wirtschaftlichen und seit den zwanziger Jahren mit dem Verfall der politischen Macht der alten Führungsschicht angekündigt hatte. Nachdem die Grundbesitzer von den Nationalsozialisten politisch abgedrängt worden waren, lösten ihre Nachfolger an den Schalthebeln der Macht die ökonomische und kulturelle Vorrangstellung auf und eliminierten den Großgrundbesitz als soziale Gruppe. Zurück blieb eine entkernte und konturlose Gesellschaft von Flüchtlingen und schnell aufgestiegenen ländlichen Unterschichten, die jetzt alle Kleinbesitzer waren und erst wieder zu einer neuen Ordnung und Festigkeit gelangen mußten. Die besitzhierarchische Gesellschaft gab es nicht mehr. Die alten Orientierungsmerkmale waren mit Ausnahme der Kirche und einiger mittlerer Besitzer verschwunden. Diese offene Situation war Ausgangspunkt für den Erfolg der SED auf dem Lande, denn sie gab hier jetzt den Ton an. Sie war erfolgreich in die Organisationen und Mechanismen des ländlichen konservativen Milieus eingedrungen und hatte sie besetzt. Das Macht- und Sinnvakuum füllte die SED mit ihrem politischen Anspruch von der guten sozialistischen Gemeinschaft. Die alte enge Verbindung von Stadt und Land, die das Leben in Greifswald nachhaltig geprägt hatte, endete mit den Eliten, die sich in ihren politischen und kulturellen Vorlieben nah gewesen waren.

---

[103] Berichte über das Schicksal einiger Häuser von Ludwig Rohde von April und Mai 1948, in: StA. Rep. 7.15, Nr. 106.

Das Verhältnis von Stadt und Land reduzierte sich auf ökonomische Austauschprozesse, die noch nicht einmal vernünftig funktionierten.

c) Die Unterdrückung der Vereine

Ein Spezifikum des konservativ-nationalen Soziallebens der Stadt vor 1933 war die große Bedeutung des vordergründig unpolitischen Vereins- und Verbandswesens für die Politik gewesen. Bei den Hausbesitzern, Kriegervereinen, Innungen, den Bürgerschützen, Hausfrauen, Turnern oder christlichen Vereinen organisierten sich die Bürger freiwillig in großer Zahl. Die Vereinsführer waren oft auch die Politiker. Ihr Honoratiorenstatus definierte sich über ihr Vereinsengagement. Otto Eggebrecht, Paul Andrich oder Ernst Libner sind gute Beispiele dafür, wie dieser Zusammenhang auch nach 1945 bei der CDU weiterwirkte. Die Stärke der DNVP beruhte auf diesen vorpolitischen Strukturen und nicht so sehr auf der Parteiorganisation selbst, wie bei den Arbeiterparteien. Dieses politische Vorfeld, in der Bedeutung ist es vielleicht mit den Gewerkschaften für die SPD zu vergleichen, hatte seine eigenständige politische Bedeutung schon vor 1945 stark eingebüßt. Bis in den Krieg hinein hatte dieses Vereinswesen indes existiert und auch Gegnern der Nationalsozialisten Raum für Betätigung gelassen. Sie waren dadurch nicht völlig aus der Öffentlichkeit verschwunden. Auch von hier aus war eine politische Erneuerung der Gesellschaft denkbar. Das ist am Spediteur Hubert Haß zu erkennen, der bis 1945 die Kaufmanns-Kompanie geleitet hatte und sich der CDU anschloß, oder an Lehrer Hans Below, der im Musikwesen der Stadt eine wichtige Stellung einnahm und ebenfalls bei der CDU war.[104] Dieses Vereinswesen entstand aber nach 1945 nicht wieder, es wurde unterdrückt. Dem Milieu wurde damit jede Möglichkeit genommen, sich zu formieren und zu organisieren.

Die Besatzungsmächte legten 1945 alle Versammlungsaktivitäten still, lösten die Vereine jedoch nicht auf. Das geschah dann in mehreren Etappen. Die Kriegervereine und die Bürgerschützen fielen mit der Auflösung der Wehrmacht weg, weil sie als Bestandteil des militaristischen Vereinswesens galten. Ihr Vermögen fiel an das Land.[105] Im Sommer 1946 gab es eine Reihe Verfügungen gegen Organisationen, die an die NSDAP angelehnt gewesen waren. Von August bis Oktober 1950 schließlich räumte die neue sozialistische Gerichtsbarkeit das Vereinswesen endgültig beiseite. Nahezu alle alten Vereine, die den Nationalsozialismus überstanden hatten, wurden aufgelöst oder von Amts wegen die Rechtsfähigkeit entzogen, was der Auflösung entsprach. Das Gericht drängte die noch in der Stadt wohnenden ehemaligen Vorstandsmitglieder, die Vereine zu liquidieren, was auch stets wider-

---

104 Mitgliederlisten im Protokollbuch: ACDP. I-587-001/1.
105 MLHA. Rat des Kreises Greifswald, Nr. 320.

spruchslos geschah[106], sofern der Vorstand überhaupt aufzutreiben war. Das Gericht vollzog juristisch, was offenkundig war, das Ende der Vereine. Die übriggebliebenen Vereine waren karitativer Natur, keine Massenvereine, sondern Träger von sozialen Einrichtungen, nämlich der ›Herberge zur Heimat‹ und eines Lehrerinnen-Altenheims.

Das Bedürfnis nach und die Notwendigkeit von Vereinen und freiwilligen Aktivitäten war in der Gesellschaft aber ungebrochen. Die Vorherrschaft des Politischen wurde jetzt jedoch von Beginn an festgelegt. Autonome Vergemeinschaftungen durften nicht mehr sein, weil sie dem Konzept von der großen sozialistischen Gemeinschaft widersprachen. Ein gutes Beispiel ist die Fürsorge und Sozialarbeit, die bis Mai 1945 Volkswohlfahrt, Frauenschaft und Rotes Kreuz organisiert hatten. Da diese Organisationen aufgelöst wurden, übernahmen die Parteien und die Kirchen in Form der ›Notgemeinschaft‹ die Leitung dieser Arbeit.[107] Daraus wurde später die ›Volkssolidarität‹. Die CDU selbst trug starke Züge eines Vereins. Sie wirkte ein wenig wie ein bürgerlicher Geselligkeitsklub. Echte Vereinsneugründungen außerhalb des politischen Bereichs gab es jedoch nur in zwei Bereichen und nur für eine Übergangszeit. Um die Mensa und die soziale Betreuung der Studenten zu erhalten, gründete die Universität einen neuen Mensaverein. Daneben entstanden noch vier neue Kleingartenvereine. Sie und die Kleintierzüchter waren die einzigen ›Massenvereine‹, die das politische ›Großreinemachen‹ überlebten und sogar so etwas wie eine eigene Entnazifizierung durchführen durften.[108] Sie wurden später in sozialistische Verbände inkorporiert.

Die Impulse aus der nichtsozialistischen Stadtbevölkerung, sich freiwillig unter Gleichgesinnten zu versammeln, materielle und ideelle Interessen zu vertreten und sich öffentlich zu betätigen, kanalisierte die SED in die von ihr dominierten Einheitsorganisationen wie den Kulturbund, den Frauenbund (DFD) oder die Freie Deutsche Jugend (FDJ). Besonders der bereits im Oktober 1945 unter dem Vorsitz von Ernst Lohmeyer mit einer Kulturwoche ins Leben gerufene Kulturbund entwickelte sich anfangs zu einer Auffangorganisation für das Bildungsbürgertum.[109] Schon in der frühen Weimarer Republik war der Gedanke eines Neubeginns aus der Kultur – damals der nationalen Kultur – sehr stark gewesen. Nachdem die Nazis einige Jahre mit ihrem platten völkischen Geschmack die kunstsinnige Bevölkerung unterfordert und den Verein für Kunst- und Kultur damit zugrunde gerichtet hatten, schien es so, als bräche ein neuer Frühling an. Von Scheven eröffnete die Festwoche mit einem feierlichen Gottesdienst. Das

106 Verfügungen im Vereinsregister, VpLA. Rep. 77, Amtsgericht Greifswald, Nr. 4775, 4776, 4777 u. 4778 sowie in den Vereinsakten Nr. 5069, 4755, 5094, 5071, 5102.
107 E. Jenssen, Geschichte, o. S., in: Material H. H. Jenssen. Ein Zusammenschluß auch unter Beteiligung der Kirche, J. Mai (Hrsg.), Greifswald, 1995, S. 70 f.
108 Protokoll vom 6.4.1946, in: VpLA. Kreisleitung Greifswald, IV/4/02/46/15.
109 J. Mai (Hrsg.), Greifswald, 1995, S. 64 f.

Theater spielte unter Emanuel Voß und unter Rückgriff auf die vielen musischen Talente unter den Jugendlichen der Stadt.[110] Es traten die Hausmusikzirkel wieder öffentlich auf, es gab eine Kunstausstellung mit Werken verbotener Maler und Schriftsteller aus Greifswalder Privatbesitz. Das Heimatmuseum öffnete seine Pforten. Professor Magon und Studienrat Below standen wie vor 1945 im Mittelpunkt der Aktivitäten.

Doch der Kulturbund wie auch die übrigen neuen Massenorganisationen waren gruppen- und schichtenübergreifende Angebote, in denen sich der neuentfachte Lagerkonflikt nicht manifestieren oder verfestigen konnte. Sie spiegelten nur gebrochen die tatsächlichen gesellschaftlichen Organisationsbedürfnisse wieder. Die Massenorganisationen wie der Kulturbund waren quasi unveränderbar. Mit ihnen zementierte die SED ihre Vorstellung von dem, was sein sollte, nicht von dem, was war. Zudem gerieten die neuen Organisationen mit der schrittweisen Konsolidierung der SED-Macht seit Frühjahr 1946 verstärkt in das sozialistische Fahrwasser. CDU-Mitglieder und Anhänger blieben weiter organisiert. Über das neue Organisationswesen konnte sich kein autonomes politisches Vorfeld mehr verfestigen. Hinzu kam, daß jeder unabhängig von seiner politischen Einstellung an seinem Arbeitsplatz über die Gewerkschaften an die Arbeiterpartei gebunden wurde. Die CDU warb in den eigenen Reihen nachdrücklich für einen Beitritt zum Kulturbund oder zur DSF.[111] Die Vereinnahmung der Menschen funktionierte über die gleichen Mechanismen wie vor 1945. Allein die Fassade einer christlich-demokratischen Partei blieb im Unterschied zur Zeit der NS-Herrschaft bestehen.

Die Mitgliederzahlen lagen jetzt deutlich über dem, was die Vereine einst durch Freiwilligkeit erreicht hatten. Im Oktober 1949 hatte der Frauenbund 704, die Gesellschaft für Deutsch-Sowjetische-Freundschaft 3641, der Kulturbund 555, die Jungen Pioniere 1132 und die FDJ in Stadt und Kreis 6384 Mitglieder.[112] Von einem vorpolitischen Raum oder freiwilligen Aktivitäten konnte jedoch nur noch bedingt die Rede sein. Denn genauso wie vor 1945 waren diese Organisationen nach einer kurzen Übergangszeit Transmissionsriemen und boten nur geringe Möglichkeiten für selbstbestimmte Aktivitäten. Es ist daher gewiß kein Zufall, daß in der Erinnerung älterer DDR-Bürger das Organisationswesen der NSDAP und die neuen Massenorganisationen oft gleichgesetzt werden.[113]

Anders als im Nationalsozialismus war die Ausschaltung gesellschaftlicher Freiräume weit konsequenter und effizienter gelungen, denn es gab noch nicht einmal mehr die Reste von eigenständigen Vereinen. Die Gesell-

---

[110] Mündlicher Bericht von Peter Lachmund; u.a. war der später prominente Dieter Waldmann hier aktiv. G. MÜLLER-WALDECK, 1990, S. 136ff. Dort wird Waldmann unfair als reaktionärer Bürgersproß abgehandelt.

[111] Hoffmann auf einem Schulungsabend der Partei am 18.4.1946, Protokoll in: ACDP. I-587-001/1.

[112] Zahlen vom 31.10.1949, in: VpLA. Kreisleitung Greifswald, IV/4/02/43.

[113] P. HÜBNER, Rolle der Massenorganisationen, 1995, S. 1723–1770.

schaft war hier tatsächlich ihrer Strukturen beraubt und völlig ›durchherrscht‹. Den nichtsozialistischen Parteien ging damit ihr organisatorischer
Unterbau, ihr Feld für Nachwuchsrekrutierung und gesellschaftliche Unterstützung verloren. Es gab die Möglichkeit eines Aufstiegs in der lokalen
Politik über eine Vereinskarriere nicht mehr. Selbstverständlich sicherte die
SED für sich selbst oder über renommierte bürgerliche parteilose Strohmän-
ner die Führung. Ein Prinzip, das bald bei allen nicht eindeutig an die SED
gebundenen Organisationen vorherrschte und als sozialitische Honoratiorenherrschaft beschrieben werden kann, in der die Geschäftsführer das Sagen hatten. Als Parteiorganisation allein mußte die CDU jedoch hilflos bleiben. Die CDU verlor die Bindung an die Gesellschaft.

4. Die planmäßige Gleichschaltung der Gesellschaft

Bereits die Richtungsentscheidungen während der unmittelbaren Nachkriegszeit machten deutlich, daß die neue Herrschaft auf eine sehr viel nach-
haltigere Umgestaltung der Gesellschaft hinauslief als die eher planlosen
Versuche der NSDAP. Das Ziel war ein abstraktes sozialistisches Gemeinwesen. Mit dem Kriegsende begann die Umformung der bestehenden
Gesellschaft zur sozialistischen Vergemeinschaftung. Sie bildete nach einer
gewissen Übergangsfrist das absolute, gegen jeden Widerstand durchzuset-
zende Ziel. Die Vorstellungen der Kommunisten, wie diese Gesellschaft
auszusehen habe, waren im Vergleich mit der Volksgemeinschaftsutopie
der NSDAP sehr konkret. Die Analyse der gesellschaftlichen Grundlagen
war präzise. Daher hatten die Kommunisten Vorstellungen, wer und was
dem Projekt im Wege stand. Andere Formen der Gemeinschaft, unter welcher Idee oder Weltanschauung auch immer, galten als gefährliche Konkurrenz.

Aus der Absolutheit der Idee erklärte sich der Rigorismus der Durchsetzung. Die SED kämpfte angeblich nicht für sich, sondern für die gute Sache.
Um die Vorstellung von der gerechten Gesellschaft umzusetzen, mußte die
materielle Grundlage der individuellen Existenzen vereinheitlicht werden.
Die Kommunisten mußten das notwendige ›Bewußtsein‹ für die unabän-
derliche Richtigkeit dieser Maßnahmen schaffen. Sie mußten nachgerade
alles ändern, von der weltanschaulichen Ausrichtung bis hin zum Organi-
sationsgefüge. Das war in einer regionalen Gesellschaft, die sich vor 1933 zu
annähernd 70 Prozent für politische Richtungen entschieden hatte, die dem
Sozialismus dezidiert feindlich gegenüberstanden, gewiß keine leichte Aufgabe. Die politische ›Durchherrschung‹ der Gesellschaft, die im Herbst
1945 ihren Anfang nahm, schaffte indes die Gesellschaft als selbständigen
Faktor des politischen Lebens keineswegs ab. Die Realität ließ sich durch
die Theorie nicht bändigen. Die SED schaffte auch die Parteien nicht ab, in
denen sich gesellschaftliche Prozesse ausdrücken und umsetzen konnten.

Es blieb mithin eine Basis für Gruppenbildung, und es blieb die Möglichkeit von gesellschaftlichen Gruppen, sich eine Partei als Aktionsausschuß zu wählen.

Während einerseits der Wille, die Gesellschaft völlig zu beherrschen, weiter reichte und nachhaltiger war als der Ehrgeiz der NSDAP, war die SED andererseits weniger radikal bei der Zerstörung der organisatorischen Hüllen. Was die NSDAP beseitigte, ließ die SED stehen, um es neu und in ihrem Sinne mit Inhalt und Funktionen zu füllen. Die NSDAP beschränkte sich auf die reinen Machtfragen. Das fraglos vorhandene Umbaupotential der Volksgemeinschaftsideologie kam nicht zum Tragen, blieb in Propaganda und kosmetischen Maßnahmen stecken. Vermutlich fehlte es der NSDAP auch an politischer Intelligenz, so perfide vorzugehen, wie es dann die SED tat. Sie hatte das aber auch nicht nötig, denn ihre historische Ausgangssituation war günstiger. Die NSDAP hatte ihre Konkurrenten im freien Wettbewerb nach deren eigenen Spielregeln besiegt und hatte damit Plausibilität für die Abschaffung der konkurrierenden Parteien geschaffen. Die NSDAP war ferner viel eher eine Partei der offenen Gewalt. Die SED setzte stärker auf subtilere Mittel, die indes nicht weniger gewaltsam waren. Ihren moralisch hochtönenden Anspruch von der gerechten, antifaschistischen Gesellschaft und Humanität mochte sie nicht offen mit ihren höchst unmoralischen und inhumanen Methoden und Mitteln in Verbindung bringen. Der SED ging es auch nicht um Krieg nach außen, sondern stärker um die neue Gesellschaft und den neuen Menschen. Der Anspruch richtete sich nach innen. Es war in diesem Sinne durchaus klug, Fassaden des demokratischen Alten zu belassen, dahinter aber völlig neu zu bauen, um jene Mehrheit zu täuschen und zu beruhigen, die eine kommunistische Diktatur nicht wollte.

Die Voraussetzungen für die neue Gesellschaft schuf die SED in der zweiten Hälfte der vierziger Jahre. Indem sie diktierte, was politisch mach- und sagbar war, entpolitisierte sie die Gesellschaft weiter und drängte abweichende politische Haltungen aus der Öffentlichkeit erneut ins Private ab. Wie auch im Nationalsozialismus war bald zwischen der wahren und der öffentlich zur Schau gestellten politischen Meinung zu unterscheiden. Die verbliebenen Organisationen wurden gleichgeschaltet und in ein abstrakt konstruiertes Gesellschaftssystem eingefügt, das nach dem Plan, der Anleitung und Vorstellung der SED zu funktionieren hatte. Jede Organisation hatte eine Aufgabe im gesellschaftlichen Räderwerk, die ihrem ursprünglichen Zweck und Sinn manchmal diametral gegenüberstand.

Das Jahr 1950 markiert in dieser Hinsicht eine Wende. Es ist das Jahr der inneren DDR-Gründung. In diesem Jahr trat der Abriß der alten Verhältnisse gegenüber dem Ziel, die Gesellschaft und ihre Strukturen neu zu vermessen, zurück. Die SED wies den verbliebenen Organisationen Funktion und Einflußrahmen bis ins Detail zu. Viele Positionen im Bereich der Politik wurden neu aufgeteilt, Aufgaben noch einmal formuliert. Die in diesem Jahr geschaffenen Verhältnisse der Politik und ihres gesellschaftlichen Vorfeldes blieben verändert nur in Nuancen bis an das Ende der DDR bestehen. Seitdem waren die Grenzen für politisches Handeln klar gezogen, die Determinanten für die Entwicklung des nichtsozialistischen Teiles der Gesellschaft lagen fest. Die SED ließ es sich nicht nehmen, die Grenzen immer mal wieder willkürlich neu zu definieren, um echte oder vermeintliche Gegner ausschalten zu können. Seitdem gab es jedoch nur noch sporadisch politische Gegenstimmen aus den gleichgeschalteten Parteien und Verbänden, die mehr schlecht als recht im Sinne der SED agierten und deswegen der ständigen Anleitung und Unterstützung durch die führende Partei bedurften. Obwohl sie neue Aufgaben wahrnehmen mußten, konnten sie doch ihren ursprünglichen Sinn nicht ganz verleugnen, behielten die alten weltanschaulichen Wurzeln Bedeutung. Aus den verbliebenen gesellschaftlichen Gruppen kamen immer wieder Impulse, die bürgerlichen Blockparteien beispielsweise als Interessenvertretungen zu reaktivieren. De facto nahmen vor allem CDU, NDPD und LDPD in einer Brechung durch die SED-Politik genau solche Funktionen wahr.

Diskriminierende Maßnahmen, wie gegen bürgerliche Gruppen, den alten Mittelstand oder Christen und die Kirche, sorgten nämlich für gruppenspezifische Interessenlagen in der sozialistischen Diktatur, die dem Bild einer entdifferenzierten Gesellschaft widersprachen. Auch wenn die SED in jeder Hinsicht den Rahmen setzte und vom Personal bis zu den Verhaltensmaßstäben im Detail regelte, wie sich Interessen in einer Partei umsetzen konnten, blieb das Faktum einer Bindung an bestimmte Bevölkerungsgruppen bestehen. Auch eine erzwungene Gemeinsamkeit bestimmter Gruppen mit einer Partei war eine Gemeinsamkeit und hatte mit der Dauer ihres Bestehens konkrete politikprägende Auswirkungen.

Mit Blick auf die CDU bekam die Gesellschaftspolitik der SED eine besondere Komponente, denn Klientel dieser Blockpartei waren die Christen und ihre Kirche, die sich am erfolgreichsten den Zumutungen der SED widersetzten, weil sie über ein eigenständiges, im Glauben abgesichertes konservatives weltanschauliches Fundament verfügten. Die Bemühungen der SED stießen offenbar auf Grenzen, die mit traditionellen politischen Haltungen, Weltanschauungen, kulturellen Prägungen und moralischen Wertmaßstäben, den unterschiedlichen ökonomischen Interessen oder der jeweiligen Betroffenheit durch die Umgestaltungspolitik der SED zu tun hatten. Es stellte sich heraus, daß das Bewußtsein durch sehr viel mehr Faktoren bestimmt war als nur durch das Sein.

a) Demontage und Zerstörung der CDU

Die Demontage der CDU, die als stärkste Partei des nichtsozialistischen Lagers gute Möglichkeiten hatte, bei Wahlen in Greifswald die Mehrheit zu erringen, begann bereits zu einem Zeitpunkt, als noch kaum jemand eine Verbindung zwischen den Maßnahmen gegen die Partei und langfristigen Zielen der SED vermutete. Die an sich einen Milieuabschluß begünstigende Konstellation des Jahres 1945 wurde nicht wirksam, weil die SED zunächst die potentielle Milieupartei und dann auch die sozialen Schichten zerstörte, die ein solches Milieu hätten bilden können. Die SED betrieb eine Anti-Milieu-, eine ausdrücklich gegen alle konkurrierenden Vergemeinschaftungen gerichtete Politik. Ausgangspunkt war der Herbst 1945. Seit dem Februar 1946 und im Vorfeld der für den Herbst des gleichen Jahres vorgesehenen Landtags- und Kommunalwahlen wurde der Konflikt verschärft, um dann von 1947 bis 1950 in immer neuen Aktionswellen einen Abschluß zu finden.

Zunächst kämpfte die CDU indes mit sich selbst und dem politischen Erbe, das sie als bürgerliche Partei übernommen hatte. Die weltanschauliche und organisatorische Zerklüftung des nichtsozialistischen Lagers kehrte als Problem zurück. Die christlich-demokratische Orientierung war in der ›Demokratischen Partei‹ umstritten, denn ein wesentlicher Traditionsstrang, den sie als bürgerliche Gesamtpartei aufgenommen hatte, war der Liberalismus.[1] Die Parteibasis machte am 2. September 1945 zum Teil murrend, aber zunächst noch geschlossen die Umbenennung und Richtungsentscheidung hin zur CDU mit. Am 21. November 1945 gründete sich dann jedoch eine Ortsgruppe der Liberaldemokratischen Partei (LDPD).[2] Sie zog Mitglieder von der CDU ab, auffälligerweise aber nicht die Gegner einer christlich-konservativen Richtungsentscheidung aus dem CDU-Vorstand.[3] Von einer Spaltung konnte nur sehr bedingt die Rede sein. Offenbar verlor sich in der noch relativ offenen Situation des Herbstes 1945 der Gegensätze überbrückende Eindruck der NS-Zeit sehr schnell. Auch die Sowjets und die KPD erschienen nicht mehr ganz so furchtbar. Man glaubte im nichtsozialistischen Lager, sich jetzt wieder eine abweichende Weltanschauung leisten zu können und nicht mehr unbedingt zusammenstehen zu müssen.

Entscheidend war indes nicht die Weltanschauung, sondern die soziale Basis der neuen Partei. Der Gründungsvorsitzende der LDPD, Ritter, war Flüchtling. Als stellvertretender Vorsitzender trat zwar der Greifswalder Eisenwarenhändler und Mittelstandspolitiker der Jahre vor 1933, Gustav Adolf Wulff, auf, der schon beim ›Franzosenmontag‹ 1924 eine Rolle als nationalistischer Demonstrant gespielt hatte. Er blieb aber nur kurze Zeit in der Parteiführung, und er blieb die Ausnahme, denn Greifswalder waren in dieser Partei kaum vertreten. Hier organisierten sich in erster Linie Flüchtlinge, vor allem aus Stettin. Ganz offensichtlich war die lokale Basis des Liberalismus so stark verschüttet, daß Greifswalder Liberale lieber bei der CDU blieben, als sich diesem Import aus der Großstadt anzuschließen. Hier zeichnete sich mithin in der alten Trennlinie eine neue ab, nämlich die zwischen Einheimischen und Neubürgern, die wiederum auf ein alte bezo-

---

[1] E. Jenssen, Geschichte, o. S., in: Material H. H. Jenssen.
[2] Protokoll in: StA. Rep. 6 Ia, Nr. 93. Dort auch die Namen der Vorstandsmitglieder.
[3] Text von E. Jenssen, Chronik der CDU-Greifswald, o. S. in: Akten der CDU-Greifswald. Man sei übereingekommen, eine Teilung der Partei zu vermeiden. Ferner Teilnehmerlisten der CDU-Versammlungen und Meldungen zum Mitgliederstand, in: Protokollbuch, ACDP. I-587-100/1. Zur LDPD verstreute Angaben in: StA. Rep. 6 Ia, Nr. 93; vor allem Kandidatenliste zur Wahl im Oktober 1946, in: StA. Rep. 7.1.2.1, Nr. 1.

gen war, nämlich auf den Konflikt zwischen der Provinz und der Metropole. Bezeichnend war, daß die Besatzungsmacht diese Spaltung förderte[4], nachdem sie anfangs auf eine einheitliche bürgerliche Partei gesetzt hatte. Eine starke CDU konnte Forderungen durchaus machtvoll vorbringen.

Sofern sich die Flüchtlinge organisierten, bildeten sie offenbar einen Sprengsatz für die politischen Verhältnisse auf Seiten der Bürgerlichen. Die unterschiedlichen Interessen von Einheimischen und Neubürgern waren somit ein wesentliches Moment der gesellschaftlichen Nachkriegsentwicklung. Sie standen einer Milieubildung im Wege. Der LDPD als Flüchtlingspartei gelang es nicht, in Greifswald auf Dauer Fuß zu fassen und nennenswert in den einheimischen Mittelstand auszugreifen. Nur für eine relativ kurze Phase, bevor die Trägergruppen aus Hinterpommern und Stettin nach Westdeutschland weitergewandert waren, hatte die Partei regional einen gewissen Erfolg.[5] Dann verschwand ihre Basis aus der Stadt, und der Aufstieg der Konkurrenzpartei NDPD nahm ihr die letzten Anhänger.

Einen Dämpfer erhielt die Greifswalder CDU durch die eigene Parteizentrale in Schwerin, der es seit dem Herbst 1945 immer besser gelang, in der Provinz durchzugreifen. Der Plan, Greifswald mit Vorpommern zu einem eigenen Landesverband zu erheben, scheiterte am Veto der Schweriner Zentrale.[6] Es reichte dann nur noch für eine Bezirkszentrale, die Anfang März 1946 eingerichtet wurde.[7] Sehr wahrscheinlich kollidierte die Idee vom eigenen Landesverband mit der Absicht der Besatzungsmacht, jede Erinnerung an Pommern und seine eigene Identität möglichst bald zu tilgen, wie es seit 1947 dann geschah. In der CDU Mecklenburg-Vorpommerns hatte sich damit jedoch der Ansatz von Zentralismus schon früh durchgesetzt. Er war für die Greifswalder Partei auf Dauer äußerst schädlich, weil auf dem Weg der Parteiadministration oppositionelle Bestrebungen in der Provinz unterdrückt werden konnten.

Einen weiteren Mißerfolg erlitt die CDU mit dem Projekt einer eigenen Tageszeitung für die Region. Schon seit Kriegsende wartete Walter Graul darauf, sein für die konservative Partei gerettetes und intaktes Unternehmen wieder in Gang zu bringen und erneut zum Dreh- und Angelpunkt der regionalen öffentlichen Meinung zu machen.[8] Doch schon kurz nach der

---

[4] H. Weber, Geschichte der DDR, 1989, S. 79.

[5] Den Höhepunkt bildeten eindeutig die Wahlen 1946. Danach war die LDPD entgegen ihrem Status in der Stadt stets schwächlich mit wenigen Mitgliedern. Hinweise zum Herkunftsort der Mitglieder, StA. Rep. 7.1.2.1, Nr. 12. Wahlvorschläge 1950 und die Listen der Wahlvorstände, die jeweils mit dem Adreßbuch 1942 abgeglichen wurden. Verlag J. Abel (Hrsg.), Greifswalder Adreßbuch, 1942.

[6] Protokoll der Vorstandssitzung am 23.1.1946, in: ACDP. I-587-001/1.

[7] Ein ähnliches Vorhaben der Verselbständigung Vorpommerns hatte es offenbar auch seitens der SED gegeben, die möglicherweise kurzfristig eine Aufwertung des Landesteiles plante. Dafür gibt es einige Hinweise. J. Mai (Hrsg.), Greifswald, 1995, S. 74, hier in einer Rede Höckers.

[8] Protokoll der Vorstandssitzung der CDU am 20.2.1946, in: ACDP. I-587-001/1.

Jahreswende 1945/46 zeichnete sich ab, daß aus dieser Idee nichts werden würde, weil die Sowjets die Druckkapazitäten beanspruchten. Wenig später begannen sie ihrerseits, Regionalzeitungen zu gründen. Die neu erscheinende Landeszeitung, Vorläuferin der späteren Ostsee-Zeitung, grub der traditionellen Lokalzeitung das Wasser ab, bevor sie überhaupt wieder ins Leben treten konnte. Anfang 1948 wurde der Verlag Abel endgültig enteignet, daran änderte auch Grauls Status als anerkannter Verfolgter des Naziregimes und VVN-Mitglied nichts.[9] Gut zwei Jahre später setzte er sich in den Westen ab. Damit verlor die Partei ihren wohl fähigsten praktischen Politiker. Die Möglichkeit, an das Milieu anzuknüpfen und die Herrschaft über die öffentliche Meinung wiederzugewinnen, entglitt der CDU. Ein wesentlicher milieuintegrierender Faktor, der einer CDU-Basis in der Gesellschaft dauerhaft Struktur und Halt hätte geben können, fiel weg. Als die CDU im Frühjahr 1946 den Höhepunkt ihrer Mitgliederentwicklung mit über 1200 in Kreis und Stadt Greifswald erreichte[10], war sie in der Konkurrenz mit der SED bereits deutlich ins Hintertreffen geraten.

Der existentielle Konflikt mit der KPD/SED – und damit jener Prozeß, der als Gleichschaltung der CDU zu beschreiben ist – war schon bei der Entstehung der Partei angelegt.[11] Die CDU-Gründer ahnten offenbar, daß die Bindung an den Parteienblock Schwierigkeiten bringen würde.[12] Der erste Versuch, die Zusage der KPD einzulösen, abweichende Positionen vertreten zu dürfen, verdeutlichte der Partei die schiefe Ebene, die das Prinzip der Einstimmigkeit darstellte. Bei der Bodenreform war nicht die Sache, sondern das Verfahren und seine Auswüchse umstritten. Die CDU forderte für die Betroffenen Entschädigungen und einen humaneren Umgang.[13] Der Geschäftsführer der CDU, Immanuel Becker, und Kaplan Förster waren im Herbst 1945 zu Fuß über die Dörfer gezogen und hatten unter den verunsicherten Bauern den CDU-Standpunkt vorgestellt und für die Partei geworben.[14] Plötzlich tauchte das Gerücht auf, die CDU sei von ehemaligen Nazis und Reaktionären unterwandert, ›faschistische Partei‹ lautete der Vorwurf.[15] Gleichzeitig herrschte in den Blocksitzungen schönste Harmonie. Becker sah sich dennoch Mitte Dezember vom KPD-Kreisleiter Sepke persönlich gewarnt, man habe ihn wegen seiner Ansichten bei den Sowjets angezeigt, es sei besser zu fliehen. Erfahrungsgemäß waren solche Warnungen zu beach-

---

[9] Der Vorgang ist enthalten in: ACDP. III-036-041.

[10] Die Zahlen sind ablesbar an den Prüfnummern der Aufnahmekommission, sie erreichten am 11.3.1947 die Nr. 1242, Notiz, in: ACDP. I-587-001/1.

[11] So die Formulierung bei E. Jenssen, Geschichte, o. S., in: Material H. H. Jenssen.

[12] Zur Plausibilität der Blockpolitik für CDU-Mitglieder, M. RICHTER, Ost-CDU 1948–1952, 1990, S. 70f.

[13] H. WEBER, Geschichte der DDR, 1989, S. 111.

[14] Erinnerungsbericht Immanuel Becker, Vortrag in Siegen am 6.1.1996, in: Akten der CDU-Greifswald.

[15] Protokoll der CDU-Vorstandssitzung vom 29.11.1945, in: ACDP. I-587-100/1. Ferner N. BUSKE, Kampflose Übergabe, 1993, S. 42.

ten. Becker machte sich daher auf den Weg nach Westen. Hartnäckig und bösartig hielt sich das Gerücht von der NS-Unterwanderung der CDU. Da die SED selbst in dieser Hinsicht bei der politischen Vergangenheit nicht besonders pingelig war, sofern ein Beitrittswilliger nur die richtige soziale Herkunft nachweisen konnte[16], war der Vorwurf gegen die CDU reichlich ungerecht. Im Februar 1946 forderten SPD und KPD sogar die Herausgabe von Mitgliederlisten.[17] Als in der Nacht vor der Wiedereröffnung der Universität Mitte Februar 1946 Rektor Lohmeyer überraschend verhaftet wurde, war jedermann klar, worauf KPD und SMA hinarbeiteten.[18] Die Aktion gegen Lohmeyer schüchterte alle in Verantwortung stehenden Christdemokraten ein, denn wer sollte sich jetzt noch sicher fühlen, wenn ein mutiger und verdienstvoller Nazigegner, ein exponierter Mann des demokratischen Neubeginns, ein angesehener Professor wie Lohmeyer angreifbar war?[19] Der Fall Lohmeyer markierte eine Wende in der lokalen Politik. Mit seinem Verschwinden war die Aufstiegsphase der CDU beendet.

Das waren die ersten Fälle einer ganzen Reihe gezielter Aktionen gegen CDU-Politiker. Die SED und die Besatzungsmacht gingen offensichtlich planvoll daran, der Konkurrenzpartei die Elite zu nehmen. Die Attacken liefen immer nach einem ähnlichen Schema ab. Am Anfang stand die Verleumdung, der Rufmord, das Gerücht gegen die Organisation oder gegen einzelne. Das sorgte innerhalb der CDU für Mißtrauen und bereitete in der Öffentlichkeit den Boden für eine Eskalation. Sie bestand dann in einer gezielten Aktionen gegen Politiker oder gegen die Organisation selbst. Das war gekoppelt an die gleichzeitige Beschwörung der guten Zusammenarbeit und des ehrlichen Wollens zum antifaschistischen Neubeginn. Dies wurde zur typischen Verfahrensweise der SED und der sowjetischen Stellen gegen die CDU. Nie waren konkrete Urheber solcher Kampagnen faßbar, nie waren kursierende Vorwürfe zu überprüfen, nie gab es Beweise oder Belege. Das machte jede Gegenwehr unmöglich. Die SED bekannte sich nie zu ihrer Urheberschaft, die auf der Hand lag und sich in einigen Fällen nachträglich zweifelsfrei nachweisen läßt.[20] Anfangs war den alten und wohlmeinenden und mit Ausnahme von Graul ziemlich unerfahrenen bürgerlichen Politikern gar nicht klar, was gespielt wurde. Erst sehr langsam begriffen sie Zusammenhänge. Den in der Sowjetunion oder in den Bürgerkriegskämpfen

---

[16] Im Juni 1946 registrierte die Greifswalder SED bei ca. 1500 Mitgliedern immerhin 50 ehemalige NSDAP-Mitglieder in den eigenen Reihen; VpLA. Kreisleitung Greifswald, IV/4/02/46/15.

[17] Protokollnotizen vom 19.12.1945 u. 6.2.1946, in: ACDP. I-587-001/1.

[18] H. MATTHIESEN, Eine tödliche Intrige, 1995.

[19] Mündlicher Bericht von G. Otto.

[20] Eindrücklich z.B. am Beispiel Ernst Jenssen, in dessen Fall das Protokoll einer Besprechung erhalten ist, bei der das Vorgehen der SED im Senat der Universität abgestimmt wurde; Protokoll vom 29.6.1949, in: VpLA. Kreisleitung Greifswald, IV/4/02/117.

der frühen dreißiger Jahre geschulten Kommunisten waren die Christdemokraten in jedem Fall hoffnungslos unterlegen. Auffälligerweise resignierte Graul als erfahrenster Politiker der CDU besonders früh und zog sich aus dem aktiven Geschäft zurück.

Beim Vorgehen gegen Lohmeyer war unter den Motiven der SED eine starke lokale Komponente zu erkennen, die sich auch an anderer Stelle im Vorfeld der Herbstwahlen 1946 feststellen ließ. Die wichtige Position der CDU – sie und nicht die SED besetzte die meisten zentralen Machtpositionen – mobilisierte offenbar die Kampfbereitschaft der örtlichen Arbeiterpartei. Sie war seit Ende März 1946 zusammengeschlossen. Ihren neuen Machtanspruch hatte sie unterstrichen, indem sie demonstrativ den ›Club Erholung‹ an der Bahnhofstraße, das größte alte Adelspalais der Stadt und Treffpunkt des exklusivsten bürgerlichen Honoratiorenclubs, mit ihrer Parteizentrale besetzte.[21] Die SED fürchtete aber offenbar, daß ihr die Macht entgleiten könnte, daher griff sie einzelne herausragende Politiker der CDU an, um die übrigen einzuschüchtern.

Unter der Hand erforschte die SED auch ihre Basis in der Gesellschaft. Sie kam dabei zu wenig günstigen Ergebnissen. Auch das Personal der Verwaltungen tendierte nämlich gegen die Sozialisten. Bei der Wahl zum Betriebsrat im Landratsamt im Juni 1946 erlitt die SED eine empfindliche Niederlage. 254 Mitarbeiter zählte das Amt, 102 Mitglieder hatte die SED, 52 die CDU. Nach der Wahl gehörten von den fünf Betriebsräten drei der CDU an, nur zwei der SED.[22] In diesem Zusammenhang unterzog die Kreisleitung der SED die Stadtverwaltung einer detaillierten Untersuchung und stellte dort ebenfalls einen hohen Anteil von CDU-Mitgliedern fest.[23] Das Wahldebakel im Landratsamt hatte den Effekt, daß die Wahl in der Stadtverwaltung besser ›vorbereitet‹ war und dementsprechend erfolgreich für die SED verlief. Diese Erfassungen von politischen Loyalitäten in der Bevölkerung verdeutlichen, daß die SED die Entwicklung der Stärkeverhältnisse in der Gesellschaft als potentielle Gefahr und relevant für die Machtfrage begriff. Daher versuchte sie schon früh, diese Dinge in ihrem Sinne zu beeinflussen. Gleichwohl war die SED der Wirklichkeit noch nicht so weit entrückt, daß sie nicht gesehen hätte, wie weit solche Siege wie der in der Stadtverwaltung ihrer eigenen Einflußnahme zu verdanken war, wie stark mithin der Gegner CDU blieb.

---

[21] Dem Rechtsanwalt Drewitz, der Vorsitzender des Clubs war und sich gegen die Enteignung wehrte, schrieb die SED am 15.6.1946 unverhohlen drohend, er brauche nicht mit Recht und Gesetz kommen, es sei eine neue Zeit angebrochen: »Sollten Sie jedoch durch dieses Schreiben immer noch nicht davon überzeugt sein, daß wir heute in anderen Zeiten leben, sind wir gerne bereit, Ihnen das in anderer Form begreiflich zu machen.« VpLA. Kreisleitung Greifswald, IV/4/02/46/15.

[22] Notizzettel o. D., ca. Juni 1946, in: VpLA. Kreisleitung Greifswald, IV/4/02/46/15.

[23] Erfassungslisten von ca. Juni 1946, in: VpLA. Kreisleitung Greifswald, IV/4/02/46/15.

War es verhältnismäßig leicht, eine Betriebsratswahl zu manipulieren, stellte eine allgemeine Wahl doch eine größere Herausforderung dar.[24] Bis zu den ersten und letzten einigermaßen freien Wahlen in der Sowjetischen Zone im September und Oktober 1946 ging deswegen die Schlammschlacht gegen die CDU weiter. Kaplan Förster, der besonders in der Jugendarbeit Erfolg hatte, mußte flüchten.[25] Geschäftsleute bekamen Verfahren wegen angeblicher Wirtschaftsvergehen wie Kaufmann Franz Stöckicht.[26] CDU-Kreissekretär Hans Müller wechselte die Front, ging zur SED, erhielt ein Motorrad und wurde gezielt gegen die CDU eingesetzt, indem er auf den schwer zu erreichenden Dörfern unter ihren Mitgliedern Werbung für die Einheitspartei betrieb und als Diskussionsredner in Wahlversammlungen der CDU auftrat.[27] Sie pflegte er als Zusammenkunft »verkalkter Köpfe«, von »Murmelgreisen« und »alten Frauen« zu beschreiben.[28] Seine Berichte über die CDU an die SED-Kreisleitung waren mit Denunziationen und Halbwahrheiten gespickt. Umstiegswillige CDU-Mitglieder bekamen auch schon einmal kleine Gegenleistungen versprochen.[29] Aus solchen Einzelfällen materieller Korrumpierung entwickelte sich mit der Zeit ein ganzes System; denn neben Gewalt und Einschüchterung waren Privilegien das zweite Mittel, widerspenstige gesellschaftliche Gruppen oder Einzelpersonen gefügig zu machen.

Den Höhepunkt der Demontage der Christdemokraten bildete freilich die gelungene Abwerbung des CDU-Chefs Paul Höffmann durch die SED. Folge davon war eine erneute Spaltung der Partei, die sich auf eine scharfe Trennlinie aus der Gesellschaft der Weimarer Republik bezog. Die Motive Hoffmanns liegen im dunkeln. Anfang Juni 1946 trat er ohne Begründung, aber im Streit mit dem Landesvorsitzenden Reinhold Lobedanz aus der Partei aus und wechselte unmittelbar nach der Kommunalwahl 1946 zur SED, auf deren Liste er als Parteiloser kandidierte und die ihn auch nach der Wahl wieder Oberbürgermeister werden ließ.[30] Hoffmann begann damit eine glanzvolle sozialistische Karriere als Ministerialbeamter und Professor für Pädagogik. Mit ihm zogen die meisten Linksliberalen in der CDU, viele

---

[24] S. Creuzberger, 1996, S. 60–68. Die CDU galt als Hauptgegner. Dort auch zu den zentralen Anleitungen dieser Behinderungen durch die Sowjets.

[25] Man warf ihm vor, in der Gestapofolter Aussagen gegen Wachsmann gemacht zu haben, die zur Hinrichtung des Pfarrers geführt hätten. F. A. Heberhold, 1963.

[26] Der Vorwurf lautete Hortung von Ware. Er und seine Frau erhielten zwei Jahre Zuchthaus und fünf Jahre Ehrverlust. Den Laden bekam ein Genosse von der SED. VpLA. Kreisleitung Greifswald, IV/4/02/46/16. Ferner Protokollnotizen, 12.6.1946 u. 26.6.1946, in: ACDP. I-587-001/1.

[27] Müller war von Ende 1945 bis Juli 1946 bei der CDU. Dazu seine 14tägigen Berichte, in: VpLA. Kreisleitung Greifswald, IV/4/02/46/16.

[28] Aus dem Austrittsschreiben von Hans Müller vom 6.6.1946, in: VpLA. Kreisleitung Greifswald, IV/4/02/46/16.

[29] Bericht Müller vom 26.8.1946, in: VpLA. Kreisleitung Greifswald, IV/4/02/46/16.

[30] Lobedanz war in Greifswald, um die Konflikte auszuräumen. Protokolle vom 7. u. 8.6.1946, in: ACDP. I-587-001/1.

Lehrer und Stadtbedienstete, die es klüger fanden, sich den Machtverhältnissen rechtzeitig anzupassen, nachdem gut zu erkennen war, daß sich die politische Stimmung gegen die CDU entwickelte.[31] Hoffmanns Nachfolger als Parteivorsitzender wurde der Rektor der Mädchenoberschule Ernst Jenssen.

Doch die Gründe dieser neuerlichen Spaltung lagen tiefer, denn ihr waren innerhalb der CDU wieder weltanschauliche Diskussionen vorangegangen, bei denen Förster und Jenssen eine stärkere christliche Ausrichtung der Partei gefordert hatten.[32] Die Linksliberalen in der CDU waren indes nicht so christlich orientiert, daß sie dies zur Leitlinie ihrer Politik hätte machen wollen. So sehr im Fall Hoffmann eine vermutlich gesteuerte politische Intrige ablief, gelang sie doch nur, weil die SED eine Verwerfung in der politischen Struktur der CDU geschickt nutzte. Schon seit dem Kaiserreich hatten die Linksliberalen in der Region immer eng mit der SPD kooperiert, ihre Distanz zu den nationalen bürgerlichen Parteien hatte das gesamte politische Leben der Weimarer Republik mitbestimmt. Die Linksliberalen hatten in der Nachkriegskrise 1945 für eine gesamtbürgerliche Partei optiert, was einen Bruch mit ihrer Tradition bedeutete. Die linksliberale Parteiführung der CDU betrieb eine Politik, die mit den Wünschen und Interessen eines großen Teiles der Parteibasis nicht zu vereinbaren war. Beispielsweise hatte die widerspruchslose Kooperation der CDU mit der SED in Fragen der Enteignungen und bei der Entnazifizierung mit dieser Konstellation zu tun. Für die meisten CDU-Anhänger war eine so enge auch inhaltliche Anlehnung an die SED unmöglich. Nachdem im Herbst 1945 Gruppen des mittelständisch liberalen Spektrums der Partei den Rücken gekehrt hatten und mit den Stettinern gingen, verließ im Sommer 1946 das weltanschaulich geprägte linksliberale Segment die CDU in Richtung SED.[33] Den Linksliberalen erschien es attraktiver, mit der SED Macht auszuüben, als von einer Kleinpartei zur anderen zu wechseln. Die LDPD kam daher für sie nicht in Frage. Die alte Trennlinie der nichtsozialistischen Kräfte aus der Weimarer Republik zwischen dem konservativ-nationalen Spektrum und den Linksliberalen zeichnete sich erneut deutlich ab.

Die Liberalen erlagen der Fortschrittspropaganda, dem auch für sie attraktiven Ziel der SED, eine moderne und zukunftsweisende Gesellschaft aufzubauen, den neuen Menschen zu schaffen, alte Spaltungen und soziale Ungerechtigkeiten zu überwinden. Für solche Botschaften waren Männer wie Hoffmann oder Grapentin empfänglich. Die CDU hatte hier wenig Pathos und Programm zu bieten. Sie erschien demgegenüber konservativ

[31] E. Jenssen, Geschichte, o.S., in: Material H. H. Jenssen. »Doch traten nicht wenige Lehrer und vor allem zahlreiche Stadtangestellte mit dem Oberbürgermeister zur SED über.«
[32] Protokoll der Vorstandssitzung am 20.3.1946, in: ACDP. I-587-100/1.
[33] U.a. traten Friedhofsgärtner Heinrich Grapentin und die Rektoren Kammerhoff, Dwars, Skerswetat und Dr. Krehl zur SED über. Politische Beurteilung der Greifswalder Rektoren, 20.7.1946, in: VpLA. Kreisleitung Greifswald, IV/4/02/113.

und rückständig, an den gescheiterten Weimarer Verhältnissen orientiert. Sie wollte die Republik und die Demokratie bewahren, von denen die SED nun behauptete, sie hätten zum Faschismus geführt. Damit war die CDU in der Konstellation der Nachkriegspolitik vollends zu einer konservativen Partei geworden. Die gesamtbürgerliche Partei war zerfallen. Es war ein Kern geblieben, der in seiner sozialen Verankerung der DNVP in der Mitte der zwanziger Jahre ähnelte, wenngleich die Basis der Christdemokraten breiter war. Ihre politische Ausrichtung war indes neu, denn damit trat sie als Verteidigerin der Demokratie auf.

Die Hoffnungen der CDU richteten sich nach diesen Tiefschlägen auf die für den Herbst 1946 anberaumten Wahlen, von denen sie sich einen Aufschwung versprach. Er war notwendig, denn die gegen die CDU gerichtete Politik der SED zeigte bereits Wirkung. Das Engagement ging erkennbar zurück. Sie wurde im Wahlkampf behindert. Die CDU hatte keinen Fuhrpark wie die SED, sie konnte auf den Dörfern nur sehr eingeschränkt auftreten und baute bis zum Spätsommer 1946 nur wenige Ortsgruppen auf.[34] Sehr viel stärker als in der Stadt traten dabei Pfarrer als Parteigründer und -vorstände der CDU auf.[35] Lokale Präsens bis zum 1. August 1946 war jedoch Voraussetzung für die Teilnahme an der Kommunalwahl. Auf vielen Dörfern gab es deswegen keine CDU-Listen.[36] Administrative Behinderungen, fehlende Papierzuteilungen, Plakatverbote und der Mangel an eigenen Medien kamen hinzu.[37] Die Nachteile versuchte die CDU zu kompensieren, indem sie ihre Stärke als Partei der einheimischen Mehrheit ausspielte. Mit dem Kaufmann Ernst Libner konnte ein neuer designierter Fraktionsführer und Wahlkampfleiter präsentiert werden[38], der schon seit den zwanziger Jahren als Mittelstandspolitiker und Vorsitzender eines Segel- und eines Kriegervereins ein bekannter Mann mit starker Bindung im nichtsozialistischen Lager der Stadt war.

Die SED hingegen nutzte alle Mittel, die ihr zur Verfügung standen, um die Stimmung zu heben. Die Sowjets stellten Gefangenenentlassungen in Aussicht. Die SED vermittelte sie. Die Berliner Stellen versprachen außer-

---

[34] E. Jenssen, Geschichte, o. S., in: Material H. H. Jenssen.

[35] Z.B. Pastor Schröder in Schlatkow; Bericht Müller vom 6.8.1946, in: VpLA. Kreisleitung Greifswald, IV/4/02/46/16.

[36] Dieses Datum war offenbar nur der SED bekannt. Alle nach diesem Stichtag gegründeten Ortsgruppen wurden von den Sowjets nicht mehr überprüft und konnten daher nicht antreten. Hinweise zum Wahlverfahren, ca. September 1946, in: VpLA. Kreisleitung Greifswald, IV/4/02/46/16.

[37] Protokollangaben, in: ACDP. I-587-100/1. Beispielsweise mußte eine für den 10. 10. geplante Veranstaltung mit Jakob Kaiser abgesagt werden, weil die Sowjets nur Plakate mit dem ursprünglich geplanten 8. 10. genehmigen wollten. Zur materiellen Situation, E. Jenssen, Geschichte, o. S., in: Material H. H. Jenssen u. I. Becker, Erinnerungsbericht, in: Akten der CDU-Greifswald.

[38] Protokoll vom 4.9.1946, in: ACDP. I-587-001/1. Ferner zu Libner, E. Jenssen, Geschichte, o. S., in: Material H. H. Jenssen.

dem eine Sonderzuteilung Lebensmittel.[39] Da störte es nicht so sehr, daß die Mobilisierung der SED-Basis für den Wahlkampf eher zäh verlief, weil die Mitglieder unzufrieden waren und der Streit zwischen Kommunisten und Sozialdemokraten schwelte.[40] Die staatlichen Machtmittel und die Sowjets im Rücken, benötigte die SED keine engagierte Basis mehr. Die Manipulation der Wahl hatte Erfolg.[41]

Von gleicher, freier und geheimer Wahl konnte daher weder am 15. September bei den Kommunalwahlen noch am 20. Oktober bei den Landtagswahlen die Rede sein. Dennoch brachten die Wahlen eine gewisse Klärung. Im Wahlergebnis vom Herbst 1946 waren auf den ersten Blick die alten Mehrheitsverhältnisse der Zeit vor 1933 nicht ohne weiteres wiederzufinden.[42] In den Zahlen spiegelten sich sowohl die überkommenen politischen Konfrontationslinien als auch die Folgen der umstürzenden Ereignisse. Besonders die Bodenreform und der Flüchtlingszustrom erwiesen sich als Faktoren, welche die politischen Strukturen der Region vollkommen veränderten.[43]

Herausragendes Ergebnis war der Erfolg der SED auf dem Lande. Dort wirkten sich die Manipulation im Vorfeld und die Bodenreform zugunsten der Einheitspartei aus. Im Landkreis und vor allem in den ehemaligen Gutsdörfern war die SED besonders stark. Auch in der Stadt zeigte sich, daß die Hoffnung auf einen Neuanfang oder die Dankbarkeit für die Umverteilung von Besitz zugunsten der SED ausschlug. Ihr gelang es offenbar, viele Flüchtlinge für sich zu gewinnen. Die neue Trennlinie in der Gesellschaft zwischen Einheimischen und Flüchtlingen war von der Einheitspartei erfolgreich politisiert worden. Sie war die Partei der Flüchtlinge geworden, indem sie massiv umverteilte. Ferner wirkte sich beim städtischen Ergebnis vermutlich die Anwesenheit von Stettinern mit Bindungen an das Arbeitermilieu aus.

Bei der Kommunalwahl am 15. September erreichte die SED in der Stadt 11 992 Stimmen (48,3 Prozent, entspricht zwanzig Sitzen), die LDPD 4910 (19,8 Prozent, entspricht acht Sitzen) und die CDU kam auf für sie enttäuschende 7003 Stimmen (28,2 Prozent, entspricht zwölf Sitzen). Bei der

---

[39] Schreiben vom 14. 10. 1946, in dem es um Öfen geht, in: VpLA. Kreisleitung Greifswald, IV/4/02/43. Zur Unterstützung durch Molkerei, Theaterorchester und Stadtwerke, Berichte in: VpLA. Kreisleitung Greifswald, IV/4/02/46/16.

[40] Vortrag von Otto Sepke, lt. Protokoll der SED-Mitgliederversammlung am 25. 8. 1946; in: VpLA. Kreisleitung Greifswald, IV/4/02/46/16. Interessant ist, daß Sepke in seinem Vortrag dezidiert darauf hinwies, von einer Mobilisierung der Partei für die Wahl wie vor 1933 könne keine Rede sein. Man möge zwischen Kommunisten und Sozialdemokraten aufhören zu streiten.

[41] S. CREUZBERGER, 1996, S. 68–76, zum SED-Wahlkampf und die Unterstützung durch die Sowjets.

[42] Die Zahlen und Angaben dieses Abschnitts sind zusammengetragen aus: VpLA. Kreisleitung Greifswald, IV/4/02/46/17, MLHA. Rat des Kreises Greifswald, Nr. 253 u. 253/1; ferner StA. Rep. 7.1.2.1, Nr. 3 u. 4.

[43] S. CREUZBERGER, 1996, S. 92–98

Landtagswahl am 20. Oktober 1946 kam die SED bei gestiegener Zahl der Wahlberechtigten in Greifswald auf nur noch 11 706 (45 Prozent), die LDPD sank auf 4277 (16,4 Prozent), die CDU legte auf 9103 Stimmen zu (35 Prozent).

Im Landkreis kam die SED bei den Gemeindewahlen auf 25 419 Stimmen (82,5 Prozent), die CDU auf nur 4665 (16 Prozent). Die Zahl der ungültigen Stimmen lag mit 4119 (11,5 Prozent der Wahlberechtigten) fast so hoch wie die Zahl der CDU-Wähler. In einem Dorf verweigerten über 50 Prozent der Wahlteilnehmer ein gültiges Votum.[44] Das ist als Protest jener Wähler zu werten, die nicht für ihre Partei stimmen konnten, weil sie in ihrem Dorf wegen der Behinderungen durch die Sowjets nicht antrat.[45] Von 95 Bürgermeistern gehörten nur vier der CDU an, acht waren parteilos, 83 folglich bei der SED. Eklatant war der Unterschied zur gleichzeitig stattfindenden Kreistagswahl, wo die CDU gewählt werden konnte. Von 41 208 Wahlberechtigten wählten 17 448 SED (48,7 Prozent), 16 867 hingegen CDU (47,1 Prozent). Die Beteiligung lag bei knapp 93 Prozent. Wer bei den Gemeindewahlen für die SED stimmte, gab gleichzeitig auch der CDU die Stimme im Kreis. Die SED hatte im Kreistag eine knappe Mehrheit von einer Stimme gegen die CDU. Die LDPD spielte keine Rolle. 2521 Wähler stimmten im Kreis ungültig – auch das waren Proteststimmen. Die Landtagswahl bestätigte das Ergebnis der Kreistagswahl. 17 296 (48 Prozent) für die SED, 15 880 (44,1 Prozent) für die CDU und 1470 (4,1 Prozent) für die LDPD.

Das Wahlverhalten auf dem Lande war weit entfernt von milieuhafter Verfestigung.[46] Auf dem Lande waren von 37 227 Stimmberechtigten bei der Gemeindewahl 23 225 Frauen. Der Wahlsieg der SED stützte sich folglich stark auf Frauenstimmen. Frauen waren indes das traditionelle Potential der Konservativen. Ferner stützte sich die SED auf Wähler, die gleichzeitig für den Kreistag CDU wählten. Die alten Frontlinien waren mit der Katastrophe 1945 und der Bodenreform offensichtlich zusammengebrochen und nur noch in Resten erkennbar. Selbst bei einer christlich-konservativen Grundorientierung war es für das Gros der Wähler nicht ausgeschlossen, SED zu wählen. Dieser Partei verdankten viele einen neuen Anfang und Besitz. Daß die Bodenreform für den Wahlerfolg der Einheitspartei verantwortlich war, unterstreicht die Verteilung der Stimmen in den Orten des Kreises.[47] Verhältnismäßig schwach war die SED nämlich in den Kleinstädten Gützkow (40,9 Prozent CDU), Wolgast (43,7 Prozent CDU), Lubmin

[44] Aufstellung, in: VpLA. Kreisleitung Greifswald, IV/4/02/46/17. Abgesehen von 53 Prozent in Steinfurth und 36 Prozent in Groß Brünzow, lag der Wert in den meisten ehemaligen Gutsgemeinden zwischen 10 und 20 Prozent.

[45] VpLA. Kreisleitung Greifswald, IV/4/02/46/16; StA. Rep. 7.1.2.1, Nr. 3 u. Nr. 4.

[46] Vgl. Aufstellung für den Landkreis, in: VpLA. Kreisleitung Greifswald, IV/4/02/46/16, dort auch Liste der Ergebnisse in den einzelnen Dörfern. MLHA. Rat des Kreises Greifswald, Nr. 253 u. Nr. 253/1.

[47] Aufstellung in: VpLA. Kreisleitung Greifswald, IV/4/02/46/17.

(47 Prozent CDU) und in einigen Dörfern zwischen Greifswald und Wolgast, die offenbar bereits rechtzeitig eigene CDU-Ortsgruppen hatten, dort vor allem in Züssow (39 Prozent CDU) und Wusterhusen (57,4 Prozent CDU). Überwiegend handelte es sich um Gemeinden, die nicht besonders stark von der Bodenreform betroffen waren. Dort gelang es der CDU wenigstens in Ansätzen, einen Wahlkampf auf die Beine zu stellen. Auf dem stadtfernen flachen Land und in den ehemaligen Gutssiedlungen hingegen siegte die SED unangefochten. Hierher kamen die Christdemokraten nicht, weil es ihnen an Autos und Benzin fehlte. Auch die Zahl der ungültigen Stimmen war hier nicht signifikant. Die SED beherrschte das Feld allein. Deutlich ist der Erfolg der Manipulation im Vorfeld.

In der Stadt Greifswald herrschten offenbar andere Bedingungen. Da in der Stadt nicht die gleiche große materielle Verfügungsmasse für Umverteilungen vorhanden war, blieben die Auswirkungen von Bodenreform, Entnazifizierung und Sequestrierungen gering, obgleich sie spürbar waren. Zunächst fiel die stärkere grundsätzliche Stabilität der Wählergruppen bei den Wahlen auf. Da die Mitglieder der CDU sich stark aus den ehemals konservativ-nationalen Kreisen rekrutierten, kann hier starke Kontinuität auch bei den Wählern vermutet werden. Einige Beobachtungen stützen diese These. Eine nach Geschlechtern getrennte Auszählung der Kommunalwahl ergab, daß die CDU in der Stadt zu etwa 70 Prozent von Frauen gewählt wurde, was über dem Frauenanteil an den Wahlberechtigten lag.[48] Die SED hatte einen geringeren Anteil Frauenstimmen, der 59,4 Prozent entsprach und sich damit unter dem Durchschnitt bewegte. Das knüpfte an die Verhältnisse der Jahre vor 1933 an. Kontinuität zeigte sich auch bei der Analyse der einzelnen Wahlbezirke der Stadt. Die bürgerlichen Wohnviertel im Osten zwischen Anklamer- und Wolgaster Straße hatten die besten Ergebnisse vor allem für die CDU, aber auch für die LDPD. Bei der Gemeindewahl kam die CDU im Wahlbezirk 1 auf 653 Stimmen (41,3 Prozent), die LDPD auf 342 (21,6 Prozent), die SED nur auf 560 (35,4 Prozent) von 1581 gültigen Stimmen. Die Werte im benachbarten Wahlbezirk 2 unterschieden sich davon wenig. Auch bei der folgenden Wahl im Oktober blieb es im großen und ganzen bei der Verteilung. Es waren die einzigen Stimmbezirke, in denen die CDU die SED übertraf und stärkste Partei war. Das Universitätsviertel wählte auch 1946 weiter nichtsozialistisch sowie im Schwerpunkt christlich und konservativ. Das war seit dem Kaiserreich so.

---

[48] Hierzu besonders: StA. Rep. 7.1.2.1, Nr. 3 u. 4.

Tabelle 16: Wahlen in der Stadt Greifswald 1946

Wahl	Datum	Wahl-berech.	Wähler	SED	LDPD	CDU	VdgB	FA	ungült.
Kommu-nalwahl	15.9.1946	27735	24858	11992	4910	7003		452	501
			89,6%	43,2%	17,7%	25,3%		1,6%	1,8%
				48,3%	*19,8%*	*28,2%*		*1,8%*	
Männer			9893	8580	4874	1628	2044		
			36%	35,2%	40,6%	33,2%	29,1%		
Frauen			17842	15777	7118	3282	4959		
			64%	64,8%	59,4%	66,8%	70,8%		
40 Sitze				20	8	12			
Landtags-wahl	20.10.1946	29426	26018	11706	4277	9103	155	—	777
			88,4%	39,8%	14,5%	30,9%	0,5%		2,6%
				45,0%	*16,4%*	*35,0%*	*0,6%*		

Tabelle 17: Wahlen im Landkreis Greifswald 1946

Wahl	Datum	Wahlber.	Wähler	SED	CDU	LDPD	VdgB	FA	ungül.
Gemeinden	15.9.1946	37227	34757	25419	4665	–	314	240	4119
		14002 M.	93,4%	68,3%	12,5%		0,8%	0,6%	11,1%
		23225 F.		*82,9%*	*15,2%*		*1,0%*	*0,8%*	
Kreistag	15.9.1946	41208	38321	17448	16867	–	1485	–	2521
		15640 M.	92,9%	42,4%	40,9%		3,6%		6,1%
		25568 F.		*48,7%*	*47,1%*		*4,2%*		
Landtag	20.10.1946	41212	38307	17296	15880	1470	1254	–	2407
		15684 M.	92,9%	41,9%	38,5%	3,6%	3,1%		5,8%
		25528 F.		*48,6%*	*44,2%*	*4,1%*	*3,5%*		

kursiv   bezogen auf die abgegebenen gültigen Stimmen = *Machtverhältnis.*
recte   bezogen auf die Zahl der Wahlberechtigten = Ausschöpfung.

Nach den Wahlen war zwar eine vordergründig demokratisch legitimierte gemeinsame Grundlage für die Kommunalpolitik vorhanden, denn alle Seiten akzeptierten das Wahlergebnis. Die CDU sah jedoch deutlich, daß sie gewaltsam unter ihren Möglichkeiten gehalten wurde. Gleichzeitig ging das Bemühen der SED weiter, die CDU zurückzudrängen, ihr eine eigenständige politische Rolle zu nehmen, sie als konkurrierende Elite auszuschalten. Unverkennbar bemühte sich die SED, den politischen Zustand der regionalen Gesellschaft zu verändern. Es entbrannte eine Auseinandersetzung um organisatorische Positionen.

Als bürgerliche Partei war die CDU auf die freiwillige Organisation der Menschen in ihrer Lebensumwelt nach dem Wohnortprinzip festgelegt. Dementsprechend war sie aufgebaut worden. Es gab neben den allgemeinen Ortsgruppen nur noch gelegentliche Frauenversammlungen und Studentenzirkel. Im Vorstand saßen Vertreter für diese beiden Gruppen. Regelrechte eigene Gruppen gab es in der Greifswalder CDU jedoch weder für Frauen noch für Jugendliche. Hier durchbrachen die neuen SED-gelenkten Massenorganisationen die politische Organisationsform der Partei, denn die jungen

Parteimitglieder waren gleichzeitig in der angeblich überparteilichen FDJ, die Frauen im DFD organisiert. Der Einfluß der CDU-Mitglieder war zwar in den Massenorganisationen anfangs durchaus vorhanden. Es war beispielsweise ein CDU-Mitglied als Gründungsvorsitzender der FDJ im Gespräch, und die Partei besetzte dort auch Vorstandsämter. Im Frauenbund stellten die Christdemokraten die Gründungsvorsitzende.[49] Durch diese Doppelmitgliedschaften in Massenorganisationen hatte die SED jedoch ein breites Einfallstor in die Anhänger- und Mitgliederschaft der anderen Blockparteien gewonnen. Nach nur kurzer Zeit der Koexistenz monopolisierte die SED Frauen- und Jugendarbeit in den Massenorganisationen und verbat der CDU Anfang Februar 1948 einen eigenen Parteinachwuchs.[50]

Am wichtigsten war daher für die CDU die Organisation am Wohnort. Die SED verlagerte ihr politisches Leben jedoch in die Betriebe[51], wo sie Druck auf die Arbeitnehmer ausüben konnte, sich der SED anzuschließen – ein Mechanismus, der auch von der NSDAP eingesetzt worden war, wenngleich nicht mit ähnlicher Konsequenz. Dort hielt die Einheitspartei ihre Versammlungen ab, bald durchweg während der Arbeitszeit, dort rekrutierte sie neue Mitglieder, denen die Alternativen im Falle einer Beitrittsverweigerung unumwunden deutlich gemacht wurden. Die CDU mußte sich dieser Entwicklung anpassen, wenn sie Anschluß halten wollte, und bildete daher 1948 Betriebsgruppen für Lehrer, Kreisverwaltung, Stadtverwaltung, Justiz, Universität und Reichsbahn, zum Teil gegen erhebliche Widerstände der SED-dominierten Betriebsleitungen.[52] Auch wenn es die Erfahrungen mit der DAF in der Bevölkerung gab, waren dies ungewohnte Formen für eine demokratische Partei. Bedenkt man die Heterogenität bürgerlicher Lebens- und Arbeitsformen, war die CDU damit gegenüber der SED hoffnungslos im Nachteil. Das Gros der CDU-Mitglieder war als Rentner, Handwerker oder Hausfrau auf diese Weise gar nicht zu erfassen. Die Parteimitglieder wurden damit außerdem gezwungen, ihre der SED unerwünschte politische Haltung an ihrem Arbeitsplatz offenzulegen. Damit lieferten sie sich der Willkür ihrer Chefs aus. Das behinderte die Arbeit der CDU-Betriebsgruppen nachhaltig. Doch auch auf der Wohngebietsebene

---

[49] Am 5.2.1947 bildete die CDU einen besonderen Jugendausschuß und delegierte am 19.3. H. H. Jenssen, den Sohn des Jura-Professors Köttgen und Klattkowsky in die Stadtleitung der FDJ. ACDP. I-587-001/1. Bis 1947 war Luise Siegmund beim Vorläufer des späteren DFD, dann gehörte Elisabeth Krah zum Stadtvorstand, im Kreisvorstand war die CDU seitdem nicht mehr vertreten; VpLA. Kreisleitung Greifswald, IV/4/02/134. Auf dem Wahlvorschlag des ›Frauenausschusses‹ zur Kommunalwahl 1946 war L. Siegmund Spitzenkandidatin, sechs von 32 Frauen gehörten der CDU an, acht waren parteilos.

[50] M. RICHTER, Ost-CDU 1948–1952, 1990, S. 77.

[51] Bericht von Prabel vom 1.12.1948 zu Vorfällen bei der Reichsbahn, in: ACDP. III-036-042.

[52] Rundschreiben vom 28.8.1948. Bei der Justiz und der Reichsbahn hintertrieb die SED diese Bemühungen nach Kräften. Schreiben an den Landesvorstand, 5.1.1949. Weitere Gründungen ab September 1949. Alle Dokumente in: ACDP. III-036-042.

geriet die CDU ins Hintertreffen. Da es im nichtsozialistischen Lager auch keine Tradition einer straffen freiwilligen Parteiorganisation gab, keine etablierte Versammlungskultur, keine regelmäßigen politischen Diskussionszusammenhänge, keine Überlieferung einer verbindlichen Organisationsloyalität – alles Dinge, mit denen die SED operieren konnte – fiel die CDU immer weiter zurück.

Auch die Kommunalpolitik entwickelte sich nicht zu einem unabhängigen Handlungsfeld. Die Sitzungen des Parteienblocks sorgten für die Vorklärung strittiger Fragen.[53] Je länger je mehr entwickelte sich der Mechanismus, daß die SED hier rechtzeitig ausloten konnte, was CDU und LDPD planten, um diese Vorstellungen dann auszuhebeln.[54] Im Kreis und in den meisten Gemeinden funktionierte der Block gar nicht, die SED machte die Politik weitgehend allein.[55] Getreu bürgerlicher Politikvorstellungen gab es in Greifswald die Abmachung, keine politischen Schaukämpfe zu veranstalten, sondern sachorientiert zu arbeiten. Das nahm vielen Konflikten die Spannung, weil die Blockparteien schon im Vorfeld von Entscheidungen Kompromisse schlossen. Obwohl die SED große Probleme hatte, ihre Fraktion immer vollzählig in die Stadtverordnetensitzungen zu bringen[56], wo die Mehrheit durch die Stimmengleichheit prekär war, wurde ihr das Regieren doch leichtgemacht, denn die LDPD verweigerte sich einer Zusammenarbeit mit der CDU. Die liberale Partei war immer mehr zur Flüchtlingspartei geworden und verlor durch die Weiterwanderung ihrer sozialen Trägergruppen offenbar rapide an Boden. Der starke Mann der Partei war der Stadtrat Johannes Wiedöft, der sich Konflikte ersparen wollte und daher seine Fraktion auf die Linie der SED brachte.[57] Auf seine ohnehin schwindende Parteibasis nahm er keine Rücksicht. Er suchte auch nicht den Ausgleich mit der Einheimischenpartei CDU. Selbst wenn die CDU gegen die SED stimmen wollte, blieb sie in der Minderheit. Ein Bündnis der nicht-

---

[53] »Hierbei (Blocksitzung, hms) werden auf unsere Initiative zurückführend äußerst geschickt die bürgerlichen Parteien ihre Aufgaben bekommen. Z.B. die CDU-Referenten werden sprechen über Antisowjethetze, die LDP-Referenten über die Wirtschaftsprobleme und die SED-Referenten zusammenfassend auf das eingehen, was eventuell die Vorredner nicht klar genug brachten.« Bericht der SED vom 19.5.1949. »Der Block stand bisher unter unserem Einfluß, jedoch hat man den Eindruck, daß die anderen Parteien die Blockarbeit als das kleinere Übel sehen.« Bericht der SED an die SMA-Kommandantur von ca. 3.1.1948, in: VpLA. Kreisleitung Greifswald, IV/4/02/43.

[54] VpLA. Kreisleitung Greifswald, IV/4/02/55 u. IV/2/15/1366. Protokolle aus einer späteren Phase der Blockarbeit. Das Bemühen der SED, herauszufinden, was die anderen Blockparteien bewegte, ist eindeutig.

[55] Zur Kommunalpolitik der Bericht von Jenssen an den Landesvorstand vom 30.3.1948, in: ACDP. III-036-041.

[56] Die SED war in Greifswald von 1946 bis 1948 in ihrer Mitgliedschaft weit davon entfernt, eine schlagkräftige Kaderpartei zu sein. Deutlich an den immer wiederkehrenden, oft erfolglosen Ermahnungen, doch zu den Sitzungen auch zu erscheinen, in: VpLA. Kreisleitung Greifswald, IV/4/02/117.

[57] Bericht E. Jenssen vom 30.3.1948, in: ACDP. III-036-041.

sozialistischen Parteien entstand nicht. Der Zustrom der Flüchtlinge stärkte somit die SED, schwächte aber die christdemokratische Partei. Resignative Tendenzen in der CDU waren seit 1947 unübersehbar. Finanznot kehrte ein, die Sitzungen der Partei wurden nicht mehr protokolliert, wohl um keine Belege für abweichende Meinungen zu hinterlassen. Die Beteiligung an Versammlungen nahm ab, die Mitgliederzahlen stagnierten. Immer wieder wurde in die Parteigeschäftsstelle eingebrochen. Jenssen wußte sich von den Sowjets bespitzelt.[58] Aus den Reihen der Gründer blieb nur noch er in der lokalen Parteiführung übrig.[59] Gleichwohl machte sich die Partei aufgrund der politischen Großwetterlage Hoffnungen. Zuversichtlich stimmte sie die von der SED verlorene Studentenratswahl 1947.[60] Als sich im März 1948 allgemeine Neuwahlen für den Herbst abzeichneten, wußte sie die Stimmung der Bevölkerung durchaus auf ihrer Seite.[61]

Statt der Wahlen kam es jedoch nun zur endgültigen Gleichschaltung der CDU durch die SED. Die verbliebenen CDU-Positionen in den neuen Einheitsorganisationen und in den Verwaltungen wurden abgeräumt.[62] Luise Siegmund aus dem Frauenbund floh im August 1947. Kreisrat Pentz kehrte im Juni 1948 nicht von einer Besprechung bei der Militärverwaltung zurück. Kreisrat Gustav Braatz setzte sich fast gleichzeitig in den Westen ab. Die Volkssolidarität wurde im März 1949 ›gesäubert‹. Nora von Kleist vertrieb man mit der Behauptung, sie verteile religiöse Traktate bei den Bedürftigen. Jenssen selbst geriet Anfang 1949 in die Schußlinie, weil er das schlechte Ausbildungsniveau der Junglehrer kritisiert hatte.[63] Sein Sohn Hans-Hinrich, der an der Universität und in der FDJ für die CDU aktiv war und die SED mit seinem selbstbewußten Auftreten und seinen Forderungen nach politischen und wissenschaftlichen Freiheiten herausforderte, mußte sogar nach Westberlin fliehen. Er hatte am 2. Juni 1949 in Wolgast vor Oberschülern eine Rede gehalten, die zum Vorwand genommen wurde, einen Teil der Schüler zu verhaften, nachdem sie der CDU beigetreten waren. Einige von ihnen kamen in Workuta ums Leben.[64]

---

[58] Die wiederholten Berichte dazu im Schriftwechsel mit dem Landesvorstand, in: ACDP. III-036-042. Ferner mündlicher Bericht H. H. Jenssen. Da die mit in seinem Haus wohnenden Flüchtlingslehrerinnen, die auf E. Jenssen angesetzt waren, sich ihm offenbarten, konnte Jenssen gezielt Informationen an die Sowjets geben.

[59] Andrich starb im Februar 1946, Noack hatte im Oktober 1945 Greifswald verlassen und eine Stelle in der hessischen Landesregierung angetreten.

[60] Die Wahl fand im April 1947 statt und brachte der SED fünf, der CDU fünf, der LDPD einen und den Parteilosen vier Sitze. Vorsitzender wurde der LDPD-Vertreter. Die CDU hatte bei den Parteilosen starken Einfluß und mithin eine Mehrheit; E. Jenssen, Geschichte, o. S., in: Material H. H. Jenssen.

[61] Bericht E. Jenssen vom 30. 3. 1948, in: ACDP. III-036-041.

[62] Die sämtlichen Fälle sind dokumentiert, in: ACDP. III-036-041 u. 042.

[63] Die SED drohte ihm mit Entzug seiner Professur für Theologie. Schriftwechsel dazu in: Material H. H. Jenssen.

[64] Aktennotiz vom 22.6.1949 und erläuternde Bemerkungen von H. H. Jenssen vom 22.7.1990, in: Material H. H. Jenssen. Daß die Spur auch hier wieder zur SED führte,

Nicht nur die Parteiführung, auch ihre Basis geriet jetzt in das Fadenkreuz. Christdemokraten wurden aus der Öffentlichkeit und aus allen macht- oder sicherheitsrelevanten Arbeitsstellen verdrängt.[65] Die Maßnahmen der SED richteten sich jetzt auch gegen einfache Feuerwehrleute, Reichsbahnbeamte, die Stenotypistin bei der Stadtverwaltung, die Bürokraft bei der Polizei und wiederholt gegen Lehrer. Alle für die SED bedeutsamen Dienststellen wurden seit 1948 konsequent ›gesäubert‹. Wer in der CDU war, mußte damit rechnen, einen gewünschten Arbeitsplatz nicht zu bekommen, zurückgestuft zu werden, Schikanen zu erleiden oder die Arbeit ganz zu verlieren. Die verbliebenen Selbständigen in der CDU waren von den Umgestaltungsmaßnahmen in der Wirtschaft schwer betroffen. Plötzlich durften sie keine Textilien mehr verkaufen[66], mußten sich der Handels-Organisation (HO) unterordnen, erhielten keine Ware oder keine Aufträge mehr, ihnen wurde der Betrieb gänzlich geschlossen wie Libner und dem späteren Parteisekretär Alois Pokeuske oder sie sahen sich mit der endgültigen Enteignung konfrontiert wie Walter Graul.[67] Die Mitglieder wandten sich erfolglos an Gerichte und Verwaltungen, als letztes Mittel blieb ihnen eine Eingabe mit der Bitte um Hilfe an die CDU. Eine Chance hatten die Opfer der Willkür nicht. Besonders die von der SED initiierten Rufmordkampagnen der Landeszeitung waren ein kaum aufzuhaltendes Druckmittel quasi gegen jedermann. Die CDU bemühte sich, informell zu wirken, schrieb Bittbriefe und intervenierte über den Parteivorstand in Schwerin oder Berlin. Weder politisch noch in den persönlichen Angelegenheiten der Mitglieder erreichte die Partei etwas. In der Geschäftsstelle häuften sich die Austrittserklärungen.[68] Die Partei rutschte in immer neue Finanzkrisen, die Beitragseinnahmen sanken. Sie war gezwungen, Personal abzubauen.[69] Jenssen wies den Landesvorstand immer wieder auf die schwindende Basis und die substanzgefährdende politische Resignation hin.[70]

Die Partei blutete aus. Niemand wollte mehr Verantwortung übernehmen. Die personellen Ressourcen der CDU in Greifswald erschöpften sich langsam, es bildete sich keine Elite mehr nach. Der neuen Diktatur entzogen sich Ende der vierziger Jahre immer mehr Menschen durch Flucht und Abwanderung. Sie gaben die Hoffnung auf, daß es in Greifswald je wieder zu

---

überrascht kaum. Sie verschickte am 10.6.1949 Berichte über die Rede. VpLA. Kreisleitung Greifswald, IV/4/02/43.

[65] Zahlreiche Fälle sind dokumentiert, in: ACDP. III-036-041 u. III-036-042.

[66] Besonders eindrucksvoll das Schreiben von E. Jenssen an den Landesvorstand, 2.1.1949, in: ACDP. III-035-042.

[67] Zu Libner, StA. Rep. 7.9, Nr. 523. Seine Auskunftei war im Juni 1947 von der Schließung betroffen. Pokeuske war Mitinhaber einer Wachfirma, sie wurde im April 1949 geschlossen, in: ACDP. III-036-042.

[68] Grundsätzlicher Bericht von Prabel vom 3.10.1948, in: ACDP. III-036-041.

[69] Z.B. Jahresbericht der CDU-Greifswald an den Landesverband vom 20.12.1948, in: ACDP. III-036-041.

[70] Bericht Prabel vom 3.1.1950 an Landesvorstand; ferner Schreiben E. Jenssen an Landesvorstand vom 26.1.1950, in: ACDP. III-036-042.

politisch erträglichen Lebensverhältnissen kommen würde, und ließen oft all ihren Besitz einfach zurück. Vielfach zogen die noch in Greifswald verbliebenen Frauen und Kinder jetzt in den Westen, wo ihre Männer nach Entlassung aus der Kriegsgefangenschaft und Entnazifizierung wieder Fuß zu fassen begannen. Eine gewisse Zäsur bildete das Ende der Oberbürgermeisterschaft Hoffmanns im Juli 1947, mit dem ein in der nichtsozialistischen Stadtbevölkerung bekannter Ansprechpartner verloren ging.[71] Die allgemeine Absetzbewegung aus Greifswald in den Westen wurde so stark, daß die Bevölkerungssubstanz, auf welcher die CDU ruhte, ausgezehrt wurde.

b) 1950 als Jahr der inneren DDR-Gründung

Den Höhepunkt und Abschluß der Kampagne zur Zerstörung und Gleichschaltung der schon arg dezimierten CDU bildete das Jahr zwischen der Gründung der DDR und der ersten Volkskammerwahl nach Einheitslisten ein Jahr später im Oktober 1950. Pessimismus setzte sich durch. Es ging das Gerücht um, die CDU werde demnächst ihre Unabhängigkeit gänzlich verlieren.[72] Wieder standen die prominenten Parteiführer im Mittelpunkt der destruktiven Bemühungen von SED und Militäradministration.[73] CDU Kreisrat Gerhard Wiedemann, bis September 1948 Geschäftsführer der Greifswalder CDU, wurde Anfang 1950 mit einem in der Zeitung verbreiteten Unterschlagungsvorwurf aus der Stadt und in den Westen vertrieben. Finanzbeamter Erich Lüdtke, den die SED verdächtigte, im September 1949 eine erfolgreiche Abwahl der SED-Betriebsgewerkschaftsleitung im Finanzamt in die Wege geleitet zu haben[74], wanderte bis Februar 1950 aus fadenscheinigen Gründen ins Gefängnis. Der Student Klaus Peter Sogalla verschwand im März 1950 für einige Jahre in sowjetischen Lagern, der Student Paul Friedrich Förster im Juni des gleichen Jahres. Der CDU-Landtagsabgeordnete für die Region, Bäcker Walter Kolberg aus Wolgast, trat im September 1950 gezwungenermaßen von seinem Mandat zurück, wurde verhaftet und verstarb an den Folgen der Haft.[75] Sogar der stellvertretende Kreisvorsitzende, der Studienrat Dr. Franz Gomolka aus Lubmin, trat im Herbst 1950 zurück und setzte sich in den Westen ab. Kreissekretär Günther Prabel, seit Oktober 1948 im Amt, ein Sohn des Greifswalder Möbelfabrikanten und DNVP-Politikers der zwanziger Jahre, ergriff die Gelegenheit, aus der politischen Schußlinie zu kommen und wurde Volksrichter in Thüringen. Jenssen selbst blieb trotz der Angriffe gegen sich und seinen

---

[71] Mündliche Hinweise von Brigitte Remertz-Stumpff, Peter Lachmund, Gudrun Otto, Alix B. Freytag.
[72] Schreiben E. Jenssen an den Landesvorstand vom 26.1.1950, in: ACDP. III-036-042.
[73] Die Fälle sind dokumentiert, in: ACDP. III-036-041 u. 042.
[74] Dazu auch der Vorgang »Putsch im Steueramt«, in: VpLA. Kreisleitung Greifswald, IV/4/02/43.
[75] Dazu auch M. Richter, Ost-CDU 1948–1952, 1990, S. 309.

Sohn im Amt. Er rechnete sich als Erfolg an, wenigstens die seiner Meinung nach drohende völlige Auflösung der Partei verhindert zu haben.[76] Die Parteielite löste sich aber auf. Die lokale CDU opponierte dennoch lange gegen die Politik der SED. Mehrfach wehrten sich Behördenmitarbeiter gegen politische Anmaßungen der SED.[77] Protestnoten und Beschwerden wurden mit Hinweis auf die Verletzung der politischen Freiheitsrechte legitimiert. Die CDU transportierte diese Meinungen als die ihren. Sie sprach der SED das Recht ab, alle Bereiche der Gesellschaft politisch zu durchdringen, alle nichtsozialistischen Gruppen und Vereinigungen zu unterdrücken. Besonders das Recht auf demokratische Mitbestimmung stand immer wieder im Mittelpunkt der Argumentation. Offenbar erreichte die SED mit ihrer Politik, daß sich das traditionell eher indifferente Verhältnis des nichtsozialistischen Lagers zu Demokratie und Parlamentarismus klärte und einer eindeutigeren Orientierung an demokratischen Politikvorstellungen Platz machte. Höhepunkt war zweifellos eine Resolution, mit der die CDU die DDR-Gründung kommentierte. Dort monierte die Partei die mangelnde demokratische Legitimation der Regierung. Im Januar 1950 – auf dem Höhepunkt der Verfolgungen gegen sie – forderte sie überdies eine eindeutige Stellungnahme der CDU-Führung in Berlin gegen die Einheitslistenwahl, andernfalls drohe die Partei in Greifswald zu zerfallen.[78]

Doch all diese mutigen Aktionen der Parteibasis strandeten in den Akten des Landesverbandes, denn dort leitete niemand mehr Kritisches weiter. Die Durchdringung des CDU-Apparates mit SED-konformen Männern und Frauen von der Parteispitze her bildete für Greifswald den Schlußpunkt in der Gleichschaltung der Partei. Bis dahin hatte sich zwischen zunehmend SED-orientierter Parteiführung und Staat auf der einen und ausblutender gesellschaftlicher Basis auf der anderen Seite zumindest lokal eine kleine Gruppe kampfesmutiger Christdemokraten halten können. Mit dem Verlust des Rückhalts in der Partei selbst war der letzte Widerstand gebrochen. Jenssen hatte im Landesvorstand keinen Ansprechpartner mehr. Die Parteimitarbeiter der CDU in Schwerin kommentierten seine Briefe intern mit höhnischen Randglossen.[79]

Diese Entwicklung nahm auch die Basis in Vorpommern wahr. Die Greifswalder Resolution gegen die Einheitslistenwahl war bereits verbunden mit einer Kritik an der fehlenden Demokratie innerhalb der CDU selbst. Schon seit Februar 1949 wandte sich die Greifswalder CDU gegen

---

[76] E. Jenssen, Geschichte, o. S., in: Material H. H. Jenssen.
[77] Protest wurde z. B. gegen politische Klausurarbeiten laut, die von der SED für alle Mitarbeiter der Kreisverwaltung angesetzt wurden, um deren Einstellungen zu testen; Darstellung o. D., in: ACDP. III-036-042, ferner Schreiben E. Jenssen an den Landrat vom 28.11.1949, in: Material H. H. Jenssen.
[78] Beide Resolutionen in: ACDP. III-036-042.
[79] Bemerkungen auf einem angeforderten Resolutionsentwurf, 3.11.1950, in: ACDP. III-036-42.

die Zentralisierungs- und Gleichschaltungstendenzen der Parteiführung und die Einschränkung der Wahlrechte von Mitgliedern.[80] Mehrfach hatte man seit 1947 Umstrukturierungen über sich ergehen lassen, die die Position der Sekretäre aufwerteten, die gewählten Gremien jedoch degradierten. Ohne die Funktionäre ging gar nichts mehr.[81] Sie übernahmen immer mehr Aufgaben im politischen Tagesgeschäft. Sie zentral anzuleiten, war für die SED vergleichsweise einfach, denn sie waren ökonomisch von der Parteispitze abhängig. Langsam strukturierte sich die CDU von der ehrenamtlich geführten Mitgliederpartei mit einer Honoratiorenstruktur zu einer Funktionärspartei um. Als Vorbild diente jetzt die SED und ihr Demokratischer Zentralismus. Daß ein Sekretariat den gewählten und demokratisch legitimierten Vorstand ersetzte, war neu für eine bürgerliche Partei. Jenssen sah mit diesem Zwang seitens der Parteileitung, zur ›Partei neuen Typs‹ zu werden, seine Arbeit als beendet an. Nach der Volkskammerwahl 1950 resignierte auch er. Im Mai 1952 ließ er sich abwählen, nachdem er bereits anderthalb Jahre weitgehend inaktiv gewesen war.[82]

Damit war der letzte Widerstand gebrochen, die CDU war in der Stadt erfolgreich zurückgedrängt. Die alte Elite hatte resigniert, sie ließ die Mitgliederschaft führungslos zurück. Obwohl viele Mitglieder es erwarteten, löste die SED die nunmehr zur gefügigen Blockpartei gewordene CDU nicht auf, sondern baute sie 1950 in ihr wie am soziologischen Reißbrett entworfenes Gesellschaftssystem ein. Einflußsphären, zu besetzende Posten und Aufgaben waren genau umrissen und detailliert festgelegt.[83] Konkret erhielt die Partei jeweils ein bis zwei Stadt- beziehungsweise Kreisräte, je einen ehrenamtlichen und einen hauptamtlichen.[84] Im Kreis durfte sie zwei bis drei Bürgermeister stellen, einen davon stets in Züssow, wo sich 1945 eine große Diakonische Anstalt gegründet hatte. Die SED war offenbar der Meinung, christliche Diakonie habe etwas mit CDU zu tun. In den wenigen als Hülle fortbestehenden alten Vorfeldorganisationen erhielt die Partei führende Posten wie bei der Handwerkskammer und in einigen Innungen.[85] Personalien mußten jedoch immer mit der SED abgestimmt werden, die sich alle Entscheidungen vorbehielt. Ein weiteres Betätigungsfeld hatte die CDU vor Ort im Gesundheitswesen. Vertreter ohne weiteren Einfluß hatte die

---

[80] Resolution gegen die Änderung der Wahlordnung zum Parteivorstand auf dem Erfurter Parteitag im Herbst 1948, 4.2.1949, in: ACDP. III-036-042.

[81] M. Richter, Ost-CDU 1948–1952, 1990, S. 313. Abschluß der Entwicklung im Januar 1951.

[82] E. Jenssen, Geschichte, o.S., in: Material H. H. Jenssen. Hier ist interessant, daß seine ausführlichen Darlegungen zum planmäßigen Niedergang der CDU, die in dem Manuskript enthalten sind, in die offizielle CDU-Chronik, in die der Text übertragen wurde, keine oder nur sehr abgeschwächt Aufnahme fanden. Eine solche Chronik mußte jeder Kreisverband zur Pflege der eigenen Tradition führen. Akten der CDU-Greifswald.

[83] Die Strukturpläne der Stadt werden deutlich in: StA. Rep. 7.1.2.1, Nr. 8.

[84] Allgemein dazu H. D. Schröder, Stadtparlament, 1963, S. 78 ff.

[85] 1962 hatte die CDU den Vorsitzenden der Bezirkshandwerkskammer, Aktennotiz, in: VpLA. Bezirksleitung Rostock, IV/2/15/1371.

Union ferner in der Nationalen Front und in der DSF, im Frauenbund, im Kulturbund und zunächst auch noch in der FDJ und der Volkssolidarität.[86] Die Funktion der CDU-Mitglieder auf Positionen in der sozialistischen Gesellschaft bestand nicht darin, an der Stelle, wo sie eingesetzt waren, Interessen zu vertreten, sondern sie hatten dort die Anweisungen der SED entgegenzunehmen. Sie hatten die Politik der SED bei ihren Anhängern zu popularisieren. Sie waren als Transmissionsriemen vorgesehen.

Von seiten der CDU gab es nach den Resolutionen gegen die Einheitslistenwahlen 1950 nur verhaltenen Widerstand. Sie beschwerte sich, weil ihr zunächst sechs Sitze im Stadtparlament in Aussicht gestellt worden waren.[87] Damit hatte es sich aber auch schon. Die Resignation war mehr als deutlich. Die Stadtverordneten beschickte die CDU dann folgsam mit fünf Abgeordneten, was etwa 15 Prozent entsprach. Unter den neuen Kommunalvertretern waren keine Kommunalpolitiker der Zeit vor 1933 mehr und auch kein Abgeordneter der Zeit von 1946 bis 1950.[88] Libner gab den Fraktionsvorsitz ab. Seine Nachfolgerin wurde Elisbeth Krah.[89] Im Kreistag lagen die Zahlenverhältnisse ähnlich, hier hatte die CDU sechs bis sieben Sitze. Die CDU war der LDPD weitgehend gleichgestellt, obwohl sie weit mehr Mitglieder hatte. Nirgends hatte die Partei wirklich etwas zu sagen, überall dominierte die SED in Kooperation mit den Massenorganisationen, denen ausdrücklich verwehrt wurde, Mitglieder von bürgerlichen Blockparteien zu nominieren.[90] In der Stadtverordnetenversammlung hatte die SED nominell acht Sitze, de facto jedoch 23 von 40. Über die Kontrolle der Kaderfragen, also die Personalpolitik, gelang der SED, wie auch zuvor der NSDAP, die »Durchherrschung« der Gesellschaft am wirkungsvollsten. Machtzentrum war nunmehr unverkennbar die Kreisleitung der SED, ihr Erster Sekretär bestimmte maßgeblich die Politik. Hier fielen unter Anleitung der zentraleren Ebenen der Einheitspartei alle relevanten Entscheidungen, hier liefen die Fäden der Massenorganisationen und Behörden zusammen. Die Kreisleitung war schlicht für alles zuständig. An diesen grundsätzlichen Festlegungen änderte sich bis 1989 wenig.

Der Einschnitt, den das Jahr 1950 brachte und der das Ende der unmittelbaren Nachkriegszeit in Vorpommern markiert, wird noch an anderer Stelle faßbar. Die großen Pläne[91], die seit dem starken Zustrom der Bevölkerung

---

[86] Strukturplan des Kreisvorstandes von November 1950, in: ACDP. III-036-042.
[87] Protokoll der Sitzung des Greifswalder Ortsblockes am 9.8.1950, in: ACDP. II-230-008/3.
[88] Das Bedürfnis der gewählten Männer und Frauen, diese Posten wieder loszuwerden, war bereits vor 1950 sehr ausgeprägt. StA. Rep. 7.1.2.1, Nr. 6. Dort sind eine ganze Reihe von Amtsniederlegungen dokumentiert.
[89] Aktennotiz von ca. Mitte 1950, in: VpLA. Kreisleitung Greifswald, IV/4/02/117.
[90] Instruktion für die Volkswahlen o.D., in: VpLA. Kreisleitung Greifswald, IV/4/02/126. Dort auch Angaben zu Strukturüberlegungen im Kreis.
[91] Auch die SED hatte 1946 große Ideen. Sie wollte den Hafen ausbauen, ein Möbelwerk ansiedeln, eine Ölmühle schaffen und eine Schuhfabrik errichten; Rede Otto Sepke am 25.8.1946, in: VpLA. Kreisleitung Greifswald, IV/4/02/46/16.

aus Hinterpommern und Stettin entstanden waren, verloren an Überzeugungskraft. Eine wirtschaftliche Gesundung wollte sich von selbst nicht einstellen. Die DDR mußte ihre knappen Ressourcen konzentrieren. Die SED bevorzugte Rostock und Stralsund als neue Zentren und baute sie aus. Nur noch rund 45 000 Einwohner lebten Ende der vierziger Jahre in der Stadt. Die Folgen der neuen Grenze im Osten wirkten sich nunmehr aus. Der Region war das alte Zentrum Stettin verlorengegangen, einen Ersatz gab es nicht. Die Landwirtschaft hatte eine nachteilige großagrarische Organisationsform gegen eine kleinflächige, ökonomisch defizitäre eingetauscht. Pommern lag nunmehr völlig am Rand des Landes, weitab von den Verkehrswegen. Die Strukturpolitik des Staates reagierte und entzog 1950 der Stadt die Kreisfreiheit[92], womit sie wie vor 1913 wieder dem Landkreis unterstellt war. Das war ein schwerer Verlust an Bedeutung auch unter sozialistischen Bedingungen. Hinzu kam, daß die Universität die 1946 neu gegründete Landwirtschaftliche Fakultät schließen mußte. Die Einrichtung wurde nach Rostock verlagert, der neuen Bezirkshauptstadt ab 1952. Die Kreis- und Bezirksreform vom Sommer dieses Jahres bildete den Schlußstein des gesellschaftlichen Umbaus, der 1950 auf der kommunalen Ebene begonnen hatte. Eine lange Stagnationsphase begann.

5. Zwischenbilanz: Das Ende alter Lagerhegemonien

Zwischen 1945 und 1950 brach der konservativen Partei in Stadt und Land die Basis in der Bevölkerung weg. Jene Gesellschaftsteile, die nichtsozialistische Parteien getragen hatten, wurden nicht mehr nur ausgegrenzt, sie wurden so stark dezimiert, daß die alte Hegemonie in der lokalen Gesellschaft für immer zerstört war. Ende der zwanziger Jahre hatte die Erosion des konservativ-nationalen Milieus als kommunikativer Zusammenhang eingesetzt. Jetzt aber war auch die verbliebene, lockere Lagerstruktur auf allen Ebenen so angegriffen, daß sie als stark ausgezehrt, weitgehend erodiert und partiell zerstört angesehen werden mußte. Seit 1945 fehlte fast jede Organisation, jede freie Kommunikationsmöglichkeit, das Lager definierte sich fast nur noch über die gemeinsame Ablehnung der SED, über die Ausgrenzungserfahrung und zunehmend positiv auch über eine demokratische Haltung. Die positiven Gemeinsamkeiten innerhalb des Lagers, wie die Religion, die gemeinsame Lebensweise des alten Mittelstandes, nationale Einstellungen oder bildungsbürgerliche Konventionen traten angesichts der existentiellen Bedrohungen in den Hintergrund. Sie waren nicht mehr öffentlich zu leben. Sie waren zum Teil Anlaß der Verfolgungen und somit kaum positiv besetzt.

---

[92] Angaben zu den Umstrukturierungen, in: StA. Rep. 7.1.2.1, Nr. 6.

Diese Zerstörung von Partei und tragenden sozialen Gruppen war nicht nur die Folge eines politischen Konflikts. Die Gegensätze waren viel weiter gespannt. Die Maßnahmen der SED erreichten daher hohe Durchschlagskraft. Die Betroffenen wurden nicht nur als Anhänger einer konkurrierenden Partei angegriffen, obwohl hier sicherlich das Zentrum der Auseinandersetzung lag. Vielmehr gerieten sie nach verschiedenen Kriterien in das Visier der SED, der es um die Verwirklichung des sozialistischen Gesellschaftsmodells ging. Dabei waren jene Gruppen im Wege, die die CDU trugen. Sie bildeten die alten Eliten, sie hatten die Verfügungsmacht über Häuser, Betriebe und Geldvermögen. Sie besaßen das Kapital, das für den Aufbau des Neuen dringend gebraucht wurde und das die SED sich einfach aneignete. Sie besetzten die Schlüsselstellungen in Verwaltungen und Hochschule. Sie standen für das Alte, Überlebte, Reaktionäre, ja Faschistische – ganz gleich wie sie sich tatsächlich verhielten und verhalten hatten.

Die Situation der Flüchtlinge im Land wurde zum Ausgangspunkt einer geglückten Klientelbildung der SED. Die absehbare Konfliktlinie zwischen Einheimischen und Zuwanderern wurde von der SED erfolgreich politisiert. Die Vertriebenen verfestigten sich auf diese Weise nicht als ein ausgegrenzter Bevölkerungsteil, wie es im Westen Deutschlands zeitweise den Eindruck machte, sondern als ein integriertes Element der DDR-Gesellschaft, das seinen Status auf Kosten der vertriebenen und enteigneten Einheimischen gewann.

Die SED handelte selbsternannt im Namen des Fortschritts, der besseren Zukunft, der Gerechtigkeit. Die Menschen des nichtsozialistischen Lagers hätten die Einschränkung der politischen Freiheitsrechte möglicherweise noch toleriert, denn es gab durchaus Berührungspunkte zwischen den Zielen der neuen Staatspartei und den eher skeptischen Teilen der Bevölkerung. Der Gleichheits- und Gerechtigkeitsgedanke des Sozialismus war ihnen nach der Volksgemeinschaftsideologie nicht fremd. Selbst ein Antikapitalismus war nach dem Krieg plausibel und dank der propagandistischen Vorarbeit der NSDAP den nichtsozialistischen Teilen der Gesellschaft durchaus geläufig. Die SED hatte demnach sehr konkrete Anknüpfungspunkte. Daß die nichtsozialistische Bevölkerung aber jede existentielle Sicherheit verlor, rechtlos wurde und sich nicht in ihren Berufen betätigen durfte, wog in der Summe stärker. So weit war die NSDAP nie gegangen. Das waren eigentlich beste Voraussetzungen für eine Milieuneubildung. Da jedoch jeder konkurrierende organisatorische Ansatz zur Vergemeinschaftung unterbunden wurde, gab es wohl Ausgrenzung und Abgrenzung, jedoch keine Formierung mehr, jedenfalls nicht in irgendwelchen Vereinen oder Gruppen. Die Reste von Lager und Milieu wurden unsichtbar und informell.

Viele Menschen des nichtsozialistischen Lagers resignierten und gingen. Besonders die Unabhängigen, Fähigen, Jungen und Ehrgeizigen wanderten ab. Das stets und bewußt geöffnete Ventil nach Westen ließ den Druck in der Region nie so ansteigen, daß sich die SED um ihre Macht ernstlich hätte sorgen müssen. Zurück blieben die Alten, jene, die nicht gehen konnten, weil sie Kinder hatten, alte Leute betreuten oder eine Existenz in einem eigenen Haus hatten. Viele kleine und mittlere Eigentümer blieben daher in Greifswald, vor allem Handwerker. Es blieb jedoch auch, wem es in der DDR nicht gar so schlecht ging, weil man ihm trotz erwiesener politischer Ressentiments gegen die SED Privilegien einräumte. Man sprach von den bürgerlichen Fachleuten, wozu Professoren, Ärzte, Apotheker und auch Handwerker zu zählen sind. Der nichtsozialistische Teil der Gesellschaft bestand aus den Zurückgebliebenen, die eher an den Rand der sozialistischen Gesellschaft geraten waren, sieht man einmal von den privilegierten Gruppen ab.

Nach dem ersten tiefen Einschnitt der Fluchtwelle 1945 war das Jahr 1950 ein weiteres wichtiges Datum im Verfall jener Gesellschaftsteile, die einmal das konservativ-nationale Milieu getragen hatten. Die Erosion wurde nunmehr deutlich zur Auflösung, auch in der Stadt. Die Auflösungs- und Abwanderungstendenzen wirkten sich bei der CDU stark aus. Die Kappung ihrer Verbindung zu einem gesellschaftlichen Vorfeld, ja zu ihren eigenen Mitgliedern nahm der Partei die Möglichkeit, die Reihen ihrer Aktiven aufzufüllen. Es wuchs keine Elite mehr nach, die bereit gewesen wäre, Verantwortung zu übernehmen. Das individuelle Risiko erschien zu hoch. Wer aber wirklich etwas erreichen wollte, ging lieber gleich zur SED. Besonders fatal wirkte sich die abgeschnittene Verbindung zur Jugend aus, die durchaus vorhanden gewesen war. Die lokalen Parteiführer wurden von allen Seiten isoliert und blieben am Ende allein.

Auffällig war ein Entwicklungsprozeß in der Partei. Sie war anfangs keineswegs eindeutig und einhellig für demokratische Freiheitsrechte eingetreten, wenngleich nach 1945 wenig andere Alternativen zwischen den gescheiterten totalitären Ideen des Nationalsozialismus und der beginnenden kommunistischen Diktatur geblieben waren. Die CDU war zu Beginn an der ethischen Begründung demokratischer Politik interessiert, nicht aber an konkreten Fragen ihrer Gestaltung. Ihre Basis in der Bevölkerung hatte zu solchen Ideen traditionsbedingt ein ambivalentes Verhältnis. Was als antidiktatorische Einstellung begann und somit bereits Wurzeln vor 1945 hatte, entwickelte sich weiter zu einer tatsächlich mit inhaltlichen Vorstellungen gefüllten gesamtgesellschaftlichen Ordnungsidee. Je stärker der Druck der SED auf der Partei und ihren Anhängern lastete, je mehr sich auch die Spitze der CDU in Schwerin und Berlin von Freiheit und Demokratie verabschiedete, desto lauter und kompromißloser trat die Basis in Greifswald für diese Rechte ein. Die Forderung nach freien Wahlen, nach parlamentarisch geordneter Regierung war neu für die Konservativen. Am vernehmbarsten wurden diese Ideen 1950, genau in jenem Moment, als die SED jede weitere freie Meinungsäußerung in dieser Frage für die kommenden 40 Jahre unterband.

Siebzehntes Kapitel

Die Lagerparteien in der frühen DDR 1950–1960

1. Reste von Identitäten und Netzwerken

War das politische Lager und die es zusammenhaltenden Mentalitäten und Strukturen damit am Ende? Keineswegs, denn nicht die gesamte nichtsozialistische Bevölkerung wanderte ab. Es blieben Gruppen zurück, und die Politik der SED sorgte dafür, daß sich diese Teile des Lagers neu formierten, *e/i, e/uc(* sogar schärfer ausprägten und abgrenzten als zuvor. Denn die Politik der Ausgrenzung und Verdrängung gegen Besitzende, kirchlich und religiös Gebundene oder politisch Abweichende korrespondierte mit den traditionellen Trennlinien in der Gesellschaft, die damit neu und oft deutlicher gezogen wurden, als sie in den Jahren der NS-Diktatur existiert hatten. Es kam zu milieuhaften Verdichtungen in gebrochener Form, denn während es an der Ab- und Ausgrenzung eines bestimmten Bevölkerungsteiles keinen Zweifel gab, blieben Möglichkeiten der Kommunikation, der Sammlung und Organisierung auf den informellen Bereich beschränkt.

Während die SED und besonders die FDJ noch politische Lieder sangen, sich uniformierten, marschierten und Rituale pflegten, die ihre gemeinsame Herkunft mit den nationalen Riten aus der christlichen und militärischen deutschen Tradition nicht verleugnen konnten, entritualisierte sich das politische Leben der bürgerlichen Blockparteien vollständig. Weder bei der CDU noch bei der NDPD wurden Lieder gesungen, Sinnsprüche rezitiert, Fahnen geschwenkt oder Uniformen getragen. All die Dinge, die bis in den Krieg hinein das politische Leben geprägt hatten, fielen nach 1945 ersatzlos weg. Die tägliche Arbeit in der Politik war von staubiger Sachlichkeit geprägt. Zaghafte Ansätze bei der CDU, wie die Rezitationsabende 1946, wurden nicht fortgeführt. Die Emotion als integrierender Faktor sollte bei allen nichtsozialistischen Strömungen, so weit es ging, ausgeschaltet werden: So könnte man das Kalkül der SED umreißen.

Die SED mußte aber feststellten, daß sich unterhalb der mühevoll geglätteten sozialistischen Oberfläche der Gesellschaft immer wieder Elemente jener politischen Kultur abzeichneten, die sie eigentlich verdrängt zu haben glaubte. Im angetrunkenen Zustand verhehlten manche Bürger nicht, daß sie an ›Schwarz-Weiß-Rot‹ und Hindenburg hingen. Dann sangen sie auch alte Lieder.[1] Im Januar 1953 bemerkte die SED, daß zwei CDU-Ortsgrup-

---

[1] Bericht über den Töpfermeister P., vom 13.9.1949, in: VpLA. Kreisleitung Greifswald, IV/4/02/43. Er wurde daraufhin von seinem Posten als Obermeister abgelöst.

pen im nahen Grimmen die Wimpel ihrer Partei vom örtlichen Pfarrer hatten ›weihen‹ lassen.[2] Das wurde untersucht und geahndet. Doch mehr als
Restbestände und Erinnerungen waren von den großen integrierenden nationalen Ritualen, Gedanken und Mythen nicht geblieben. Sie waren nicht
mehr reaktivierbar und hielten auch die gesellschaftlichen Gruppen nicht
mehr zusammen. Überdies war das Bekenntnis zu ihnen mit Sanktionen
belegt. Die Lieder, Texte und Helden waren verboten. Offenbar waren jedoch in den Kreisen von Kirche, CDU und NDPD bis weit in die fünfziger
Jahre Reste der politischen Kultur lebendig, die das nationale Lager einmal
zusammengefügt hatte.

1945 waren das Reich und auch der Staat mit seiner Armee als zentrale
Bezugspunkte für Konservative und Nationale verlorengegangen. Der Nationalismus in jeder Form galt als Vorstufe des Faschismus und schrumpfte
jetzt zur ›Deutschen Frage‹, womit das Thema der deutschen Einheit gemeint war und die Frage der Grenzen im Osten. Beide Themen und ihre
Interpretation durch die SED waren alles andere als akzeptiert[3], obwohl
die SED die Oder-Neiße-Linie für endgültig erklärt hatte und eine öffentliche Diskussion nicht wünschte. Der Verlust beschäftigte die Bevölkerung
sehr. Es blieb daher ein ständiges Thema der Berichteschreiber aus CDU
und NDPD, was in welcher Intensität und mit welchen Argumenten zu
diesen Fragen hinter vorgehaltener Hand gesagt wurde. Erst Ende der sechziger Jahre nahm die Bedeutung dieser Themen erkennbar ab.[4]

Als möglichen Ersatz für die verlorene Nation gab es seit Juli 1945 das
Land mit der Zusatzbezeichnung Vorpommern, wo sich zumindest die
einstmals starke regionale Identität wiederfinden konnte. Mit der Auflösung
Preußens und der Verfemung seiner Geschichte 1947 wurde dann jedoch
auch Pommern ›abgeschafft‹.[5] Ein weiterer Identifikationspunkt der politi-
schen Kultur, die einmal die Konservativ-Nationalen und auch noch die
NSDAP zusammengehalten und gestärkt hatte, war damit weggefallen.[6]
Die Fundierung als Regionalpartei war ohne Region undenkbar. Es war
künftig nicht mehr von Pommern, sondern vom ›Territorium‹ die Rede.
Mit einem solchen abstrakten und bewußt inhaltsleeren technokratischen
Begriff vermochte sich niemand zu identifizieren. Das alte kräftige Regionalbewußtsein, das in den zwanziger Jahren die Provinz gegen die städt-

---

[2] Bericht vom Januar 1953, in: VpLA. Bezirksleitung Rostock, IV/2/15/1370.
[3] Dieses Thema beschäftigte die Parteien und staatlichen Stellen fortwährend. Aus Sicht
der CDU z.B. ACDP. II-230-007/2, besonders die Berichte von Bruhn. Bei der NDPD
das herausragende Thema, SAPMO. DY 16, vorl. Nr. 1110.
[4] Besonders bei den Wahlen schrieben unzufriedene Bürger gerne Kritik zur Grenze auf
die Wahlzettel. Berichte der Nationalen Front von 1953–1961, in: VpLA. Kreisleitung
Greifswald, IV/4/02/375.
[5] N. BUSKE, Kurzer Abriß, 1994, S. 20f.
[6] Besonders eindrücklich formuliert bei N. BUSKE, Kampflose Übergabe, S. 43: »Wir sollen keine Pommern mehr sein – unser ›Pommernland ist abgebrannt‹.«

ischen Metropolen mobilisiert und zur Festigkeit der regionalen Gegenwelt beigetragen hatte, blieb verwaist. Die SED setzte nichts an seine Stelle. Die Möglichkeit, sich auf Tradition, Herkommen und lokale Geschichte zu berufen, hatte die nichtsozialistischen Gruppen in Greifswald stets stark gemacht. Ihnen gehörte die Stadtgeschichte gewissermaßen. Die SED bemühte sich daher schon früh, ihre Traditionslosigkeit in Stadt und Region zu beseitigen. Der permanente negative Bezug auf die überwundenen ›junkerlichen‹ Verhältnisse bot zunächst noch zu wenig Substanz und taugte nicht für eine starke positive Verbindung zwischen Lokalstolz und SED. Schon im lokalen Programm des ›Nationalen Aufbauwerkes‹ von 1952 ging es deswegen um die Schaffung von Gedenkstätten der Revolution, um den Beginn der Erforschung der lokalen Arbeiterbewegung, und es wurde ausdrücklich darauf hingewiesen, daß man die gesamte Stadtgeschichte für sich in Dienst nehmen müsse.[7] Das Defizit einer fehlenden lokalen und regionalen historischen Identität der SED wog offenbar schwer. Die Besetzung dieses Themenfeldes erschien erfolgversprechend bei dem Versuch, die Menschen für die Partei und den Sozialismus zu gewinnen. Nur sehr langsam trat der gewünschte Wandel ein, ohne sich bis 1989 zur Gänze zu vollziehen.

Die Erinnerung an die nationale und konservative Vergangenheit sollte getilgt werden. Mit viel Aufwand hatte die SED 1946 deswegen die Denkmäler des Krieges 1914–1918 aus dem Stadtbild entfernt, sie zu neuen Denkmälern umgebaut oder ihre Inschriften unkenntlich gemacht.[8] Dennoch ließ sich das Bedürfnis nach der Ehrung der Toten nicht einfach verbieten und unterdrücken. Besonders aus den Reihen der CDU und der NDPD kamen solche Forderungen immer wieder. Jetzt ging es aber um die Toten des Zweiten Weltkrieges, die nun einmal für das ›falsche‹ politische System gestorben waren.[9] Die Bevölkerung wollte nicht einsehen, warum man die toten Sowjetsoldaten jahrein, jahraus feierte, den Deutschen aber jedes Gedenken verweigerte. Die SED wollte indes schon den Ansatz einer Erinnerung an eine andere Geschichte als die von ihr behauptete von vornherein unterbinden.[10] Die CDU in Göhren auf Rügen plante, zum Totensonntag 1957 Kränze an einem Kriegerdenkmal niederzulegen, was die SED vereitelte.[11] In Greifswald stellte man fest, daß regelmäßig die Kränze vom Ehrenmal der Antifaschisten auf dem Wall zur wenige Meter entfernt stehenden zerstörten Denkmalsäule für die kriegstoten Studenten getragen

---

[7] Programm von ca. Ende 1952, in: VpLA. Kreisleitung Greifswald, IV/4/02/374. Daß der ehemalige Deutschnationale Emil Villain von der CDU führend an der Herausgabe eines neuen Buches zur Heimatkunde beteiligt war, zeigt die Schwierigkeiten der SED, hier argumentativ Boden zu gewinnen. E. Villain, 1955.

[8] StA. Rep. 7.15, Nr. 106. Die SED rechnete bei der Beseitigung der Denkmäler mit Widerspruch der Bevölkerung, er blieb indes aus.

[9] Bericht der NDPD vom 13. 5. 1955, in: SAPMO. DY 16, vorl. Nr. 1529.

[10] Bericht einer Beratung in der Bezirksleitung vom 17.7.1953, in: VpLA. Kreisleitung Greifswald, IV/4/02/470.

[11] Bericht der SED vom Januar 1957, in: VpLA. Bezirksleitung Rostock, IV/2/15/1370.

wurden.[12] Die Kirche nahm sich des Problems an und gestaltete Denkmäler für Kriegsopfer auf ihren Kirchhöfen.[13]

An einigen Punkten bemühte sich die SED darum, die früher einmal starke politische Kultur der nationalen politischen Kräfte zu beerben. Sie war sehr daran interessiert, mit ähnlichen Zeichen, Symbolen und Inszenierungen Emotionen zu wecken, um die Bevölkerung für sich einzunehmen. Ganz eindeutig setzte sie auf Wiedererkennungseffekte.[14] Sie unternahm den Versuch, die milieukonstituierenden Faktoren bewußt einzusetzen, quasi von oben Indentität zu stiften. Bewußt kalkulierte die SED dabei ein, mit der NSDAP ›verwechselt‹ zu werden, denn im Gebrauch der Fahnen, Reden, Uniformen, Marschsäulen, Fackeln und Musik, dem Kommando zur Teilnahme an Schüler, Studenten und Angestellte der Verwaltung, den Nötigungen, in die Massenorganisationen einzutreten, unterschied man sich ganz offensichtlich nicht.[15] Auch die Uniformen der NVA erinnerten fatal an das Vorbild der Wehrmacht, womit die SED hoffte, etwas von der alten Militärbegeisterung der Bevölkerung für die unbeliebte neue Armee zu retten.[16] Doch außerhalb der SED mochte sich niemand an solchem faulen Zauber erfreuen. Durch den Versuch der Umdeutung trat das Manipulative nur noch deutlicher hervor. Die Bevölkerung reagierte stets zurückhaltend. Besonders der Militarismus der SED stieß auf heftige Kritik in der Bevölkerung, die nach den Erfahrungen des Weltkrieges weniger von Waffen und Militär hielt als die regierenden Kommunisten.[17] Hier zeichnete sich ein deutlicher Bruch in den konservativ-nationalen Mentalitäten ab.

---

[12] Bericht über die NDPD vom 5.5.1955, in: VpLA. Bezirksleitung Rostock, IV/2/ 15/1373.

[13] N. BUSKE, Kreuz auf dem Golm, 1995, berichtet von den jahrzehntelangen Kämpfen mit der SED um eine Gestaltung des Friedhofes für die Opfer der Bombardierung von Swinemünde auf Usedom.

[14] D. VORSTEHER (Hrsg.), 1996.

[15] Schüler wurden geschlossen zu den Kundgebungen geführt. Den Studenten war es bisweilen unmöglich, sich für den 1. Mai eine Fahrkarte zu kaufen, um die Stadt zu verlassen. Besonders eklatant ist die Ähnlichkeit am Fackelzug festzumachen, der am Vorabend der Wahl im Oktober 1950 stattfand. Die SED organisierte einen Sternmarsch in drei Säulen zum Markt, jeweils mit Musikzug und 150 Fackelträgern. Schlußkundgebung auf dem dunklen Platz, wo am Ende die Fackeln zu einem Lagerfeuer zusammengeworfen wurden und niederbrannten. Die Inszenierung war mit der des Sonnenwendfestes der Konservativ-Nationalen oder den Marschordnungen der NSDAP fast identisch. Planung des Fackelzuges am 14.10.1950, in: VpLA. Kreisleitung Greifswald, IV/4/02/55.

[16] »Sie (die Uniform, hms) wird sich in Farbe und Schnitt den nationalen Traditionen des deutschen Volkes anpassen. Man muß den Menschen erklären, daß der Faschismus die nationalen Traditionen des deutschen Volkes mißbraucht hat.« Zitat aus der Sitzung des Kreisblockes Greifswald am 1.2.1956, in: VpLA. Kreisleitung Greifswald, IV/4/02/465.

[17] Z.B. Wochenmeldung der NDPD vom 15.5.1957. Bericht von einer NDPD-Mittelstandsversammlung. Am 1. Mai waren erstmals bewaffnete NVA-Einheiten marschiert. Die Kritik war mehr als deutlich: »Wer aufrüsten hat man ja am 1. Mai gesehen; sagt uns lieber, was ihr für die Rüstung ausgebt!« VpLA. Bezirksleitung Rostock, IV/2/ 15/1373.

Es gab offenbar ein Restpotential nichtsozialistischer, bürgerlicher Bevölkerungsgruppen, das sich durch den politischen und wirtschaftlichen Druck nicht beirren ließ und in der Stadt blieb. Man unterschied sich von dem, was die SED immer mehr zum Leitbild der gesellschaftlichen Entwicklung erhob, vom klassenbewußten, atheistischen, parteitreuen Proletarier. Man unterschied sich bewußt, denn man hatte Besitz, man war selbständig, man pflegte bürgerliche Bildungsvorlieben, man schickte die Kinder zur Christenlehre und zur Konfirmation und ging auch selbst in die Kirche. Daß es diese Gruppe in Greifswald noch gab, hatte wesentlich mit der Universität zu tun, die sich lange den Eroberungsversuchen der SED widersetzte und erst Ende der fünfziger Jahre mit dem Auslaufen des Rektorats von Gerhardt Katsch und seiner Emeritierung 1957 endgültig aufgebrochen werden konnte. Wiederum halfen traditionelle Machtstrukturen, Honoratiorenstatus und altes Renommee gegen die Herrschaftsforderungen einer diktatorischen Partei.[18]

Die Durchsetzung ihres Anspruchs, eine wissenschaftliche Lehre zu besitzen, die jede andere Disziplin anzuleiten imstande sei, mußte die SED zunächst zurückstellen. Dieser Glaube an die wissenschaftliche Wahrheit und den Wert des eigenen philosophischen Lehrgebäudes gab der Umgestaltungspolitik jedoch langfristig Durchschlagskraft auf alle Fächer bis hin zu den Naturwissenschaften. Die Weltanschauung war einigermaßen geschlossen und klang durchaus logisch. Sie wirkte auf junge und vor allem karriereorientierte Intellektuelle bisweilen sogar attraktiv. In der Durchdringung der Wissenschaft und ihrer Themen hatte die SED daher weit mehr Erfolg als die NSDAP, nicht nur, weil sie mehr Zeit hatte, ihre Ziele umzusetzen. Hier unterschieden sich SED und NSDAP sehr stark. Die Weltanschauung der NSDAP hatte ihre mangelhafte Geschlossenheit in der Auseinandersetzung mit Gegnern vor 1945 auch in der Praxis bewiesen. Sie war als Kampfmittel völlig ungeeignet.

Die SED befand sich in einem Dilemma, denn einerseits hatte sie seit 1946 ganz klar das Sagen an der Universität und bestimmte, wer einen Lehrstuhl erhalten konnte und wer nicht. Andererseits nützte ihr das wenig, denn ihr fehlte das politisch zuverlässige Personal, um diesen Vorteil auch wahrzunehmen. Die ›bürgerlichen‹ Wissenschaftler waren den regimetreuen fachlich meist weit überlegen. Greifswald war keine attraktive Universität, weder in der Bundesrepublik noch in der DDR. Als Gegenleistung für ihr Bleiben forderten die bürgerlichen Fachleute daher erfolgreich Privilegien. Dabei handelte es sich zunächst um die klassischen akademischen Freiheiten, die während der zwanziger Jahre unter ganz anderen Bedingungen

---

Zahlreiche pazifistische Stimmen nach 1962, in: VpLA. Bezirksleitung Rostock, IV/2/15/1375.

[18] W. WILHELMUS/A. SCHÖNROCK, 40 Jahre DDR, 1989, S. 3–10. Ferner W. ROTHMALER (Hrsg.), 1956.

schon einmal gegen eine als Zumutung empfundene Regierung eingesetzt worden waren. Im Kern ging es um personalpolitische Freiräume. Die Professoren wollten ihre Assistenten und Mitarbeiter selbst bestimmen. Es ging außerdem um wissenschaftliche Standards. Die sozialistische Doktrin sollte keinen Einfluß bekommen. Die von der SED immer wieder behauptete führende Bedeutung der Sowjetunion in allen Wissenschaften oder vermeintlich ›moderne‹ Themen bei der Auswahl von Forschungsfeldern und Literatur wurden zurückgewiesen. Weiterhin forderten die Ordinarien Selbstbestimmung in den Gremien der Hochschule und praktizierten sie, denn es wurde weiter geheim abgestimmt.

Ärgerlich für die gesamte Bevölkerung waren die materiellen Privilegien, denn die bessere Lebensmittelversorgung der ›Intelligenz‹, besser als für Arbeiter oder Bauern, wurde häufig moniert. Wissenschaftler durften sich in eigens dafür eingerichteten Läden mit billigeren Nahrungsmitteln eindekken. Herausragend waren auch ihre Reisemöglichkeiten zu Kongressen und Kollegen in den Westen. Dafür verliehen die bürgerlichen Professoren dem Land ein wenig akademischen Glanz und internationale Anerkennung, die ansonsten gänzlich fehlten.[19] Die Wissenschaftler waren ganz offensichtlich käuflich. Die Zugehörigkeit zu einer sich abgrenzenden sozialen Gruppe war zweitrangig gegenüber materiellen Interessen. Die Weltanschauung stand eindeutig dahinter zurück. Trotz des Verlustes der politischen Geschlossenheit unter den nichtsozialistischen Professoren wurde die SED das Gefühl nicht los, sich in der Universität einem feindseligen Gegner gegenüber zu sehen. Die Verstöße gegen das selbstgesteckte Gleichheitsprinzip gegenüber ihren schärfsten Gegnern mußten die Genossen zähneknirschend dulden.

Die SED war seit 1946 auf einen langfristigen Veränderungsprozeß festgelegt, denn anpassungsbereite bürgerliche Wissenschaftler waren unverzichtbar. Wer sonst sollte die neuen sozialistischen Eliten ausbilden? Relativ schnellen Erfolg hatte die SED anfangs nur in den beiden neuen Einrichtungen, der 1946 geschaffenen Pädagogischen und der 1949 gegründeten Arbeiter- und Bauernfakultät (ABF), die in der Vorstudienanstalt einen Vorläufer hatte. Hier gelang es mit einem Kunstgriff, die konservative, nationale und nationalsozialistische Phalanx der Hochschullehrer und des akademischen Nachwuchses zu durchbrechen, indem ehemalige sozialistisch oder demokratisch orientierte Gymnasiallehrer zu Professoren erhoben wurden.[20] Diese Dozenten wurden von den ›echten‹ Professoren wissenschaft-

---

[19] Allgemein dazu R. Jessen, Professoren im Sozialismus, 1994, u. ders., Vom Ordinarius, 1996. Für Greifswald besonders deutlich in den Protokollen und Berichten, VpLA. Kreisleitung Greifswald, IV/4/02/444 u. IV/4/02/93.

[20] 1949 in der Vorstudienanstalt von zwölf Lehrkräften zehn in der SED, darunter der Gymnasiallehrer Fritz O., der seinen Weg von der DDP über die NSDAP und weiter zur SED gemacht hatte. Soweit trieben den politischen Opportunismus meist nur die ehemaligen

lich nicht wirklich ernstgenommen und kämpften in den Gremien der Hochschule permanent um Einfluß. Gleichwohl bot die Expansion der Universität, die schon 1949 wieder 1244 Beschäftigte hatte – mehr als in den zwanziger Jahren, 1958 1495 Mitarbeiter zählte und bis 1962 auf 2040 wuchs, die beste Möglichkeit, neue eigene Leute neben die immer noch unverzichtbaren bürgerlichen Professoren zu stellen, sie quasi einzurahmen. Genau diese Aufgabe erfüllten die beiden neuen Fakultäten.

Auch die Zahl der Studenten wuchs. 1946 waren insgesamt 1110 eingeschrieben, 1949 1630, 1957 2800 und 1962 3045. Rund die Hälfte galten als Arbeiter- und Bauernkinder. Über die Studenten der ABF, denen die SED einmalige Aufstiegschancen einräumte, hoffte die Partei, die im ganzen eher reservierte Studentenschaft in ihrem Sinne politisch zu durchdringen. An der ABF waren die diszipliniertesten und aktivsten FDJ-Gruppen beheimatet, die bei Bedarf von der SED abkommandiert und eingesetzt werden konnten.[21] Die Einheitspartei trieb die Dankesschuld der Aufsteiger mit Nachdruck ein. Aber auch die Erfolge dieser Politik blieben inselhaft. Sogar die Arbeiter- und Bauernstudenten entwickelten nämlich rasch die Tendenz zur politischen Vorsicht und interessierten sich für bürgerliche Kultur, westliche Bücher und freie Wissenschaft, sobald sie in die normalen Fakultäten der Hochschule hineingewachsen waren. Die privilegierten Kinder der eigenen Klasse zeigten sich undankbar. Der SED-Glaube an die bestimmende Macht der sozialen Herkunft wurde von der Wirklichkeit widerlegt.[22] 1947 verlor die SED die Studentenratswahlen, noch 1949 war ihr Sieg alles andere als glanzvoll und eindeutig.[23] Danach ließ sie sich auf solche demokratischen Experimente nicht mehr ein und führte die Einheitslistenwahl ein, in der sie jedoch mit 68 Prozent (DDR-Durchschnitt waren 73 Prozent) auch nur mittelmäßige Erfolge erzielte. Nur in Berlin wählten weniger Studenten die Liste.[24] 1951 schließlich etablierte sie das System der Studiengruppen und FDJ-Zwangsintegration, band die Studenten in eine straffe Disziplin ein und eliminierte Spielräume in der Freizeitgestaltung oder Wahl des Studieninhalts. 1956 wurde der letzte Widerstand gegen das Monopol der FDJ in

---

DDP-Lehrer der Weimarer Republik, z.B. auch Adolf K. Notiz vom 14.7.1949, in: VpLA. Kreisleitung Greifswald, IV/4/02/93. Zur Pädagogischen Fakultät, Protokoll einer Besprechung in der Bezirksleitung vom 11.2.1953, in: VpLA. Kreisleitung Greifswald, IV/4/02/444. Dort auch Bemerkungen zum geringen Ansehen dieser Professoren.

21 R. BITTNER u.a.,1958/59. Darauf wies sogar die SED selbst hin, H. SCHACHT u.a.,1974, S. 128. Deutlich auch in der Agitation zur Studentenratswahl 1950. Dazu Bericht vom 19.4.1950, in: VpLA. Grundorganisation Universität, IV/7/007/65.

22 SED-Bezirkschef Karl Mewis klagte 1953: »Wir geben der Jugend alles, was kriegt diese Jugend von der anderen Seite? Warum geht sogar ein Prozentsatz der ABF-Studenten in die feindlichen Organisationen?« Zitat aus Protokoll einer Besprechung in der SED-Bezirksleitung, 11.2.1953, in: VpLA. Kreisleitung Greifswald, IV/4/02/444.

23 Die Zahlen in: VpLA. Grundorganisation Universität, IV/7/007/56.

24 Aktennotiz vom 19.4.1950, in: VpLA. Grundorganisation Universität, IV/7/007/65.

der Studentenschaft erstickt. Es kam zu spektakulären Republikfluchten, sogar von Studenten der ABF.[25]

Im wissenschaftlichen Apparat wiederholte sich ein Vorgang aus der NS-Zeit. Die Hochschulleitung und viele Gremien waren früh politisch gleichgeschaltet oder eingebunden. Das eigentliche Oppositionspotential hielt sich jedoch in den Fakultäten und Instituten, wo einzelne Hochschullehrer auf Unabhängigkeit pochten und die Ansprüche der SED abwehrten.[26] Besondere Schwierigkeiten machten der SED die Medizinische Fakultät, einige philologische und historische Fächer und besonders die Theologie. In der Medizin waren die personellen Kontinuitäten über den Bruch 1945 am stärksten gewesen, denn Gerhardt Katsch leitete die großen Kliniken ohne Unterbrechung und schirmte seine Mitarbeiter und Studenten erfolgreich gegen die Einflußversuche der SED ab. Die traditionell stark hierarchisch gegliederte Struktur der Kliniken sicherte den Personalunterbau gegen Beeinflussungsversuche. Einige weitere Klinikleiter waren eindeutig gegen die SED eingestellt. In Fakultätssitzungen und Besprechungen beherrschten die ›Chefs‹ die Diskussion. Die wenigen und meist jüngeren Genossen trauten sich meist nicht, gegen sie zu opponieren.[27] Gleichzeitig stellte die SED fest, daß besonders in der Medizin viele Kinder aus bürgerlichen Familien studierten und daß der Einfluß der evangelischen Studentengemeinde unter ihnen stark war.[28]

Ein wesentlicher Schritt gegen die geschlossene Gesellschaft der Greifswalder Universität war daher die überraschende Einrichtung der Militärmedizinischen Sektion im Frühjahr 1955.[29] Von einem Tag auf den nächsten bildete die Volksarmee hier ihre Mediziner aus. Es kam zu Tumulten in der Hochschule, zu Streiks der Studenten und Professoren und zu einer gewaltsamen Polizeiaktion mit Massenverhaftung von rund 200 Studenten. Aus ungeklärten Gründen brannte der Turm der Jacobikirche noch am gleichen Tag ab. Katsch drohte mit Rücktritt von seinem Rektorat, blieb aber nach

---

[25] Im Zusammenhang mit den Unruhen in Ungarn und den Lockerungen nach dem 20. Parteitag der KPDSU, H. Schacht u. a., 1974, S. 131. Ferner S. Mitter/A. Wolle, Untergang auf Raten, 1993, S. 197.

[26] Besonders das Protokoll einer Besprechung in der Bezirksleitung vom 11.2.1953, in: VpLA. Kreisleitung Greifswald, IV/4/02/444. Sowie Vorlage für das Büro der Bezirksleitung o.D. ca. 1957, ebd.

[27] Bemerkung Prof. T. in einer Aussprache bei der Kreisleitung, Protokoll vom 11.10.1955, in: VpLA. Kreisleitung Greifswald, IV/4/02/444.

[28] Analyse der Lage an der Medizinischen Fakultät, o.D., ca. 1956, in: VpLA. Kreisleitung Greifswald, IV/4/02/446. Besonders in der Zahnmedizin sah die SED zu diesem Zeitpunkt eine ›ungünstige‹ soziale Zusammensetzung. ›Günstig‹ war dagegen, wenn viele Absolventen der Arbeiter- und Bauernfakultät studierten. Angestrebt war ein Satz von 60 Prozent.

[29] W. Krönig, 1994, W. Krönig/K.-D. Müller, 1994.

Zureden der SED auf seinem Posten.[30] Es gelang ihm trotz erheblichen persönlichen Einsatzes nicht, die Verurteilung von ›Rädelsführern‹ zu verhindern.[31] Die Folgen waren die von der SED erwünschten. Die Zahl der zivilen Studenten fiel rapide von etwa 600 auf rund 30, statt dessen waren rund 580 Militärmediziner in der Universität. Die Fakultät geriet in die Gefahr, gänzlich von der Armee geschluckt zu werden. Die Auswahl von Assistenten und Oberärzten lag nicht mehr allein in der Hand der bürgerlichen Professoren, die sich mit hinhaltender Opposition wehrten.[32] Am Ende waren die Hochschullehrer erfolglos, denn die SED hatte den längeren Atem.

In der Theologie waren die Konflikte wegen der weltanschaulichen Differenzen noch ausgeprägter. Eine staatliche Hochschule sollte für die Kirche den Nachwuchs ausbilden! Das kollidierte mit dem SED-Dogma der Trennung von Staat und Kirche und dem atheistischen Staatsverständnis der Einheitspartei. 1946 erwog die Landesregierung die Schließung der Fakultät. Hier waren viele Pfarrerskinder unter den Studenten. Ihr Engagment für die FDJ ging gegen Null, in der Studentengemeinde waren hingegen viele aktiv.[33] Mit Männern wie Ernst Jenssen, dem aus Halle strafversetzten CDU-Politiker Erich Fascher[34], Ernst Kähler, dem Neffen des Greifswalder DNVP-Polikers Wilhelm und Sohn des Generalsuperintendenten Walther Kähler oder dem seit 1950 reaktivierten Kirchenhistoriker und Stahlhelmer Walther Glawe war hier das bürgerliche und deutschnationale Erbe in den fünfziger Jahren mehr als deutlich. Erst Mitte der fünfziger Jahre wurde, wie überall in der DDR[35], gegen Widerstände beispielsweise Kählers das marxistische Grundstudium verbindlich eingeführt.[36]

Doch mehr als Beharren auf Qualität und akademische Freiheit war am Ende nicht mehr möglich, selbst an der Theologischen Fakultät nicht. Die Universität war kaum mehr als das Refugium einer auslaufenden Wissenschaftlergeneration, deren Werte und Ideen nur in gebrochener Form an die Studenten weitergegeben wurden. Was ihre sozialistischen Schüler sehr

---

[30] Protokoll einer Aussprache von SED-Kreissekretär Krolikowski und Katsch vom 2.4.1955, in: VpLA. Kreisleitung Greifswald, IV/4/02/444. Ferner der Generalbericht vom 1.4.1955, in: VpLA. Kreisleitung Greifswald, IV/4/02/446.

[31] Daß es sich um eine gezielte Aktion handelte, die Universität politisch aufzubrechen, kann angenommen werden, ist jedoch nicht erwiesen. M. SCHAGEN, 1996, S. 270f. Sowie W. KRÖNIG/K.-D. MÜLLER, 1994, S. 518.

[32] Protokoll einer Aussprache in der Kreisleitung vom 11.10.1955. Dort werden die Ausgrenzungs- und Blockademaßnahmen der Mediziner sehr deutlich, wie auch ihre Motive, in: VpLA. Kreisleitung Greifswald, IV/4/02/444.

[33] Zahlenangaben für die vierziger Jahre, die das eklatante Desinteresse belegen, in: VpLA. Grundorganisation Universität, IV/07/007/56.

[34] Zu Fascher und seine Zwangsversetzung, M. RICHTER, Ost-CDU 1948–1952, 1990, S. 233 f.

[35] Bericht vom 13.4.1956, in: VpLA. Bezirksleitung Rostock, IV/2/15/1370. E. Jenssen empfahl dagegen, die Anweisungen zu befolgen, offenbar in der Erkenntnis, daß Widerstand zwecklos sei.

[36] H. SCHACHT u.a., 1974, S. 173 f.

viel stärker übernahmen als ihre Werte oder Überzeugungen, war der elitäre, bildungsbürgerliche Habitus, der langsam politisch umgeprägt wurde und seine exklusive Heimat in nur einer bestimmten Sozialgruppe verlor. Über kulturelle Distinktionen ließ sich künftig zwischen Sozialisten und Nichtsozialisten keine klare Grenze mehr ziehen.

Die nichtsozialistischen Wissenschaftler nutzten zwar ihre Position, um mit der SED Klartext zu reden. Des öfteren wurde die Einheitspartei offen mit der NSDAP verglichen.[37] Kritik wurde jedoch mit den üblichen Methoden des Privilegienentzuges, gezielter fachlicher oder moralischer Demontagen[38], des inszenierten Volkszorns durch FDJ- und ABF-Rollkommandos, Umorganisationen, Amtsenthebungen oder zermürbender Dauergespräche Punkt für Punkt zersplittert und unterdrückt. Das 1951 gegründete Institut für Marxismus-Leninismus stellte so etwas wie die ideologische Einsatztruppe. Sobald sich irgendwo Widerstand regte, echt oder auch nur vermeintlich, schwärmten seine Mitarbeiter aus, um die ›Unklarheiten‹ zu beseitigen. Das Institut unterstand direkt der Kreisleitung der SED sowie der Universitätsparteileitung. Es war ein »Hauptfaktor bei der sozialistischen Umgestaltung der ganzen Universität.«[39]

Insgesamt bemühten sich SED und bürgerliche Ordinarien um ein Arrangement. Den Professoren war klar, daß nachfolgende Stellenbesetzungen den gewünschten Wandel für die SED einleiten würden. Die Republikflucht nahm daher teilweise erheblichen Umfang an, selbst in Instituten, die die SED für ihr Territorium hielt.[40] Immer ausgeprägter war unter den Assistenten und Doktoranden die Bereitschaft, sich zum Schutz der eigenen Position der SED oder einer anderen Blockpartei anzuschließen, sofern man sich zum Bleiben entschloß. Besonders bei den Theologen war dies zu beobachten. Wer hier nicht in die CDU ging, verzichtete auf eine Karriere und war leichter angreifbar.[41]

Politisch büßten die bürgerlichen Ordinarien am Ende jeden Einfluß ein, denn organisieren ließ sich ihre Opposition nicht. Dafür waren sie wohl auch zu sehr Individualisten. Die konservativ-nationale Einheitlichkeit der Professorenschaft löste sich auf. Die Privilegierung der Wissenschaftler

---

[37] Der für die SED häßliche Vergleich mit der NSDAP fiel, als es der Partei 1957 und 1958 gelang, Vertreter der SED als obligatorische Teilnehmer in den Senat und die Fakultätsräte zu entsenden; H. SCHACHT u.a., 1974, S. 132f. Ferner Protokoll von einer Aussprache mit Professoren, o.D., in: VpLA. Kreisleitung Greifswald, IV/4/02/445. Bezeichnenderweise kamen solche Töne aus der Medizin.

[38] Angewandt gegen die Professoren H. Emmel, Tschirch und Rosenfeld. H. EMMEL, 1991.

[39] Bericht vom Januar 1959, in: VpLA. Kreisleitung Greifswald, IV/4/02/444.

[40] 1956 z.B. zwei spektakuläre Fälle in der Arbeiter- und Bauernfakultät. Vorlage für das Büro der Bezirksleitung, o.D., ca. 1957, in: VpLA. Kreisleitung Greifswald, IV/4/02/444. Besonders das Chemische Institut von NDPD-Chef und Rektor Hans Beyer war mit 34 Fällen führend, Folge der boomenden Wirtschaft in Westdeutschland. Protokoll von einer Aussprache mit Beyer, o.D., ca. 1955, in: VpLA. Kreisleitung Greifswald, IV/4/02/445.

[41] So Leder, Zobel und Kehnscherper jun., die sich der Partei anschlossen.

wirkte überdies korrumpierend, denn in der Mangelgesellschaft der frühen DDR schaute man neidisch auf das, was die anderen hatten. Die Wissenschaftler waren dadurch gesellschaftlich in der Stadt isoliert, sie blieben eine Kaste für sich.[42] Die Hochschule war damit kein Refugium des Milieus, hier hielt sich eine bürgerliche Bildungselite ohne Rückhalt in der Bevölkerung. Ein Konsens der nichtsozialistischen Kräfte bewahrte sich indes noch lange. Bis Ende der fünfziger Jahre gab es so etwas wie einen informellen Zusammenhalt der SED-Gegner. Die Einheitspartei mußte immer noch damit rechnen, bei geheimen Abstimmungen in der Universität zu unterliegen, die Regie hinter den Kulissen klappte noch nicht perfekt. Sie wußte, daß man sie an der Universität gezwungenermaßen duldete, aber nicht liebte.[43] Dann trat jedoch mit dem Ende der Ära Katsch ein auffälliger Wandel ein. Der Widerstand lief aus, weil offenbar der Rückhalt in der Universitätsspitze fehlte und die Position der bürgerlichen Professoren insgesamt zu schwach geworden war.[44] Nach der Verschärfung des Konfliktes zwischen SED und Studenten im Herbst 1956, der Ablösung einiger mißliebiger Professoren und einer forcierten Umgestaltungspropaganda nach der dritten SED-Hochschulkonferenz im März 1958 knickte die Oppositionshaltung ein.[45] Die SED registrierte überrascht, daß selbst kritische Professoren der Partei jetzt entgegenkamen. Die SED stieß mit ihren politischen Vorhaben nur noch auf verhaltene Widerrede, Konflikte kamen allenfalls sporadisch vor.[46] Der Mauerbau festigte diese Situation, weil es danach keine Möglichkeit mehr gab, die Karriere im Westen fortzusetzen, wie die Wissenschaftler das bis dahin als völlig normal angesehen hatten.[47]

In diesem Umfeld und ausgestattet mit Privilegien, konnte sich in der Stadt ein Rest des alten Bildungsbürgertums halten. Das Professoren- und

---

[42] Gespräche mit E. N., ferner Bericht vom 6.7.1953 von der Insel Riems, in: VpLA. Kreisleitung Greifswald, IV/4/02/362.

[43] Nach dem Mauerbau konstatierte die SED: »Wir schätzen ein, daß wir nicht die wahre Meinung der Assistenten und Oberassistenten erfahren.« Gespräche seien meist verstummt, sobald ein Genosse hinzugetreten sei; Zitat aus Bericht der Parteiorganisation vom 17.8.1961, in: VpLA. Kreisleitung Greifswald, IV/4/02/443.

[44] Der 1957 installierte Senat entsprach erstmals den Vorstellungen der SED, er umfaßte sechs Genossen, zwei ›Positive‹ und acht Bürgerliche. Dazu Vorlage für das Büro der Bezirksleitung, o.D., ca. 1957, in: VpLA. Kreisleitung Greifswald, IV/4/02/444.

[45] H. SCHACHT u.a., 1974, S. 132. Die Attacken richteten sich gegen Prof. Emmel und Prof Rosenfeld. Die Drahtzieher saßen im Institut für Marxismus-Leninismus. Vorlage für das Büro der Bezirksleitung, o.D., ca. 1957, in: VpLA. Kreisleitung Greifswald, IV/4/02/444.

[46] Die Aktion gegen Emmel und Rosenfeld und die plötzliche Anpassungsbereitschaft von bürgerlichen Professoren werden in einem Bericht erwähnt. Einschätzung der Parteiarbeit an der Universität vom 4.7.1958, in: VpLA. Grundorganisation Universität, IV/7/007/65.

[47] »Dr. L. [SED hms.] berichtete weiter, er habe beobachtet, daß einige Kollegen Ärzte ihn jetzt auf einmal in einer Art begrüßen, die man nur als devot bezeichnen kann.« Zitat und weitere Einschätzungen dazu, in: Informationsbericht der Parteiorganisation vom 17.8.1961, in: VpLA. Kreisleitung Greifswald, IV/4/02/443.

Beamtenviertel im Osten der Stadt wurde nur zum ›Intelligenzviertel‹ um-
getauft. Die dort Zurückgebliebenen entwickelten zunehmend das Bewußtsein, in der DDR-Gesellschaft eine besondere Gruppe zu sein, denn die
SED setzte die Politik der Ausgrenzung und Diskriminierung fort. Besonders hart trafen die Menschen die ideologisch begründeten Einschränkungen für die eigene Karriere, vor allem aber die Benachteiligung ihrer Kinder
in der Schule.[48] Arbeiter- und Bauernkinder wurden von der Schule bis hin
zur Universitätslaufbahn bevorzugt. Schon daß viele diese Erfahrung teilten, sorgte für Gemeinsamkeiten.[49] In der Öffentlichkeit mußte man sich
freilich anpassen. Das galt für alle. Die meisten wählten daher den Weg der
Privatisierung der politischen Haltung, ganz so, wie sich diese Bevölkerungsteile schon vor 1945 verhalten hatten. Die Selbstabgrenzung vom
Herrschaftsbereich der SED verlagerte sich in Teekränzchen, Gesprächszirkel und Freundeskreise, in den dort gepflegten vertraulichen Ton, den
kulturellen Stil mit seinen Vorlieben, Mentalitäten, Werten, Themen und
Meinungen. Das nahm durchaus Züge eines Milieus an, denn der hohe Außendruck der SED drängte diese Bevölkerung an den Rand der Gesellschaft,
ihre Position war stets gefährdet. Es war kulturelle Konformität im Abweichen, eine Überbetonung von Bildungsbürgerlichkeit in Habitus und Lebensweise feststellbar.[50] Gleichzeitig waren diese Gruppen rein informell.
Eine nach außen abschließende Vernetzung oder Organisierung blieb unmöglich und war auch nicht angestrebt. Wer den entsprechenden Hintergrund mitbrachte, wählte jedoch bewußt den Kontakt zu solchen Gruppen,
die offenkundig nicht den Anforderungen der SED entsprachen. Greifswald
war eine kleine Stadt, man lernte sich daher schnell kennen.

 Man erkannte sich vor allem am Verhältnis zur Religion. Denn hier lag
das stärkste positiv bindende Element dieses Restbürgertums. In aller Regel
waren diese Gruppen der Kirche gegenüber positiv eingestellt, allenfalls religiöse Indifferenz kam vor. Das gab diesen Gruppierungen eine ganz neue
Bedeutung, denn im Spektrum der über alle Brüche existenten Organisationen hielt allein die Kirche ihren Anspruch auf Öffentlichkeit aufrecht. Wer
sich zur Kirche bekannte, machte sein Anderssein am stärksten deutlich,
denn der Staat war dezidiert atheistisch und kirchenfeindlich. Mit dem
Rückzug in eine innere Emigration verlagerte sich der Schwerpunkt institutioneller Anbindung folglich zur Kirche, wo sich schon seit 1934 politisch
abweichende Haltungen aus konservativer und christlicher Überzeugung
sammelten. Sie blieb die letzte intakte Großorganisation im traditionellen
Vorfeld der christlich-konservativen Parteien. Denn Bindungen an die bür-

---

[48] Als Beispiel für viele: Bericht von einer Aussprache mit Prof. B., in: VpLA. Kreisleitung
  Greifswald, IV/4/02/445. B. meinte, hier läge der Hauptgrund für die Republikfluchten
  vieler Wissenschaftler.
[49] Gespräch mit I. G.
[50] Solche Vernetzungen in den fünfziger Jahren ließen sich immer wieder feststellen.
  Mündliche Hinweise von H. H. Jenssen u. U. Mielsch.

gerlichen Blockparteien waren im Restbürgertum allenfalls punktuell vorhanden. Zu diesen restbürgerlichen Zirkeln gehörte mit Abstrichen jedoch auch die CDU-Organisation selbst.

Die SED stand hier vor vielfältigen Problemen. Sie wußte um die latente Gegnerschaft dieses Restbürgertums, konnte aber aus ökonomischen und politischen Gründen nicht auf diese Gruppen verzichten. Die Einheitspartei wußte, daß ihr politischer Druck immer wieder zum Ausweichen ganzer Familien in den Westen führen mußte. Einen weiterern Aderlaß an Fachpersonal und den fortschreitenden Gesichtsverlust durch die Abstimmung mit den Füßen mochte sich die SED nicht erlauben. Sie mußte folglich einen Mittelkurs einschlagen, der für den Fortschritt im SED-Sinne sorgte, die Zumutungen jedoch dosierte und gleichzeitig die anvisierten Gruppen, zu denen auch der selbständige Mittelstand gehörte, im Land hielt.

Die SED machte ein politisches Angebot, indem sie Parteien weiter zuließ oder neu gründete, die vordergründig den Eindruck erweckten, sie seien die Interessenvertretung der jeweiligen Bevölkerungsgruppe. Weltanschaulich richtete sich diese Maßnahme auf die christlich-konservative Strömung und auf die nationale, die sich seit den späten zwanziger Jahren auch in Richtung eines nationalistischen Atheismus entwickelt hatte. Wie sich diese Strömungen in Parteien umsetzten, ordnete die SED an. Auch die Transmissionsaufgaben wurden klar umrissen. Was sich tatsächlich an der Basis der Parteien tat, wie sich die Organisationen entwickelten, war dann jedoch etwas ganz anderes. Die Greifswalder CDU, ohnehin seit 1945 in einem ausgeprägt christlichen Fahrwasser, erhielt wie die gesamte Ost-CDU die Aufgabe, sich um die christliche Bevölkerung und um die Kirche zu bemühen. Die 1948 neugegründete NDPD war die Partei der Ehemaligen, der Nationalsozialisten, Soldaten und Beamten sowie des alten Mittelstandes.

2. Zuständig für die Christen: Die CDU

a) Die Funktion der CDU und die SED

Die gesellschaftlichen Repräsentationsmechanismen, die 1950 von der SED verbindlich eingeführt worden waren, entsprachen der zeitgenössischen Realität kaum. Sie waren eher Ausdruck sozialistischer Theorie sowohl in der historischen und soziologischen Analyse als auch und vor allem in der damit angedeuteten Perspektive. Der CDU war im neuen politischen Parteienssystem die Betreuung der ›Abteilung‹ Christen zugedacht. Die Partei sollte in die evangelischen und katholischen Bevölkerungsteile, deren Religiosität der SED selbst weitgehend fremd, unmodern und irrational erschien, hineinwirken. Sie sollte Transmissionsriemen zu den ›parteilosen Christen‹ sein und den Kontakt zu den Kirchen herstellen, um sie im Sinne der SED zu beeinflussen. Ganz wie bei einer richtigen Partei billigte die

SED der CDU Mitglieder, ein eigenständiges Leben in der Organisation, eine Parteiverwaltung, repräsentative Vorstände, Abgeordnete und programmatische Ziele zu. Dieses Parteikonstrukt blieb unter der stetigen Kontrolle und Anleitung der SED. Wie sich die Arbeit der CDU inhaltlich füllte, bestimmte die SED von Fall zu Fall und nach ihren jeweils aktuellen politischen Zielen neu. Die Möglichkeiten der Blockpartei richteten sich daher in jedem Fall nach den Bedürfnissen der SED. Doch was verbarg sich hinter äußerlicher Funktionsfähigkeit und Gehorsam?

Die SED entzog der CDU weiterhin soviel Kraft, daß sich der 1946 begonnene Auszehrungsprozeß bis 1970 fortsetzte, obwohl äußerlich das Bild einer funktionierenden Blockpartei zu sehen war. Die erste Hälfte der fünfziger Jahre war noch von den Nachwehen der Verfolgungen gekennzeichnet. Zwar hörten nach den massiven Aktionen des ersten Halbjahres 1950 die Attacken gegen die CDU und ihre Mitglieder langsam auf, gleichwohl blieben die Christdemokraten im Fadenkreuz der SED. Die CDU registrierte, daß die Einheitspartei statt der früher üblichen Entlassungen von ›Unionsfreunden‹ Anfang der fünfziger Jahre eher Degradierungen und Zurücksetzungen in der beruflichen Laufbahn bevorzugte.[1] Die CDU erlaubte sich im Gegenzug nur noch wenige Freiheiten, beispielsweise, indem sie in den Blocksitzungen unangenehme Diskussionen anzettelte.[2] Die CDU war so weit gleichgeschaltet, daß offen geäußerte abweichende Positionen nur Einzelfälle blieben. Immerhin stolperten in der ersten Hälfte der fünfziger Jahre noch zwei Kreissekretäre über die Beschwerden der Einheitspartei.[3] Ende 1953 blies die SED ein letztes Mal zur Jagd auf Politiker der bürgerlichen Blockparteien.[4] Der Schlachter Erich Oder aus Gützkow wurde zum Rücktritt aus dem Kreistag gezwungen, und der Bürgermeister Brebach aus Züssow mußte von seinem Posten zurückgezogen werden. Damit war jedoch das Ende der Verfolgungen für die CDU erreicht.

Bei den Maßnahmen zur Eindämmung der Organisationsmöglichkeiten bildete bereits die Verfügung vom Frühjahr 1953 den Abschluß. Die CDU wurde angewiesen, ihre verbliebenen, aber schon weitgehend inaktiven Betriebsgruppen aufzulösen.[5] War es der CDU verwehrt worden, in den pro-

---

[1] Bericht CDU-Kreissekretariat an Landesvorstand, 26. 1. 1952, in: ACDP. III-036-133.

[2] Z. B. indem sie die SED zu einer Rechtfertigung nötigte, warum der Kulturbund bei der Wahl 1950 kein parteiloses Mitglied nominieren dürfe; Schreiben in: ACDP. II-230-008/3.

[3] Gottfried Plath und Walter Jansky. VpLA. Bezirksleitung Rostock, IV/4/02/470, dort auch Angaben zu Erich Oder. Zum Fall Brebach vom Februar 1954, vgl. ACDP. II-230-003/2.

[4] »Negative Elemente sollen durch konkretes Material im Block entlarvt werden [...] vor allem in der CDU, damit wir [...] erreichen, daß durch Veränderungen im Vorstand der CDU, die positiven Kräfte das Übergewicht gewinnen.« Zitat in: VpLA. Bezirksleitung Rostock, IV/2/15/1366.

[5] Sie hatten Frist bis 30. 6. 1953. VpLA. Bezirksleitung Rostock, IV/2/15/1366.

duzierenden Betrieben überhaupt welche zu gründen, spielte vor allem die Gruppe an der Universität bis zu diesem Zeitpunkt eine nicht unerhebliche Rolle, weil die CDU hier noch auf legalem Wege an interessierte Jugendliche herantreten konnte und auch die Verbindung zu einer relativ geschlossenen bürgerlichen Klientel hielt.[6] Auch in den Verwaltungen und Schulen nahm die CDU bis dahin eine Reservatfunktion für die angefeindeten nichtsozialistischen Angestellten und Lehrer wahr.[7] Während die SED begann, die DDR-Gesellschaft immer stärker auf das Arbeitsleben und die Betriebe zu zentrieren, drängte sie die Konkurrenz weiter auf das politisch bedeutungslose und schwer organisierbare Wohnortprinzip ab.

Ein permanentes Mißtrauen gegen die nunmehr abgerichtete ehemalige Konkurrenz blieb indes bestehen. Die SED tat alles, damit in keiner Abteilung einer Verwaltung, in keiner der seit 1953 geschaffenen Hausgemeinschaften, in keinem Betrieb eine Ballung von Mitgliedern der übrigen Blockparteien eintrat.[8] Paranoid wie sie war, löste sie solche Ansätze von Gemeinschaftsbildung unauffällig auf. Sie betrieb eine Anti-Milieupolitik. Es sollte keine konkurrierende Gemeinschaftsbildung geben, keine organisatorische oder auch nur informelle Verfestigung abweichender politischer Haltungen. Die SED selbst wollte bestimmen, was eine gesellschaftliche Gruppe sein konnte und wie sie sich politisch zu verhalten hatte. Immer wieder machte sie intern und gegenüber den bürgerlichen Blockparteien deutlich, daß sie keinerlei Interesse an deren weiterer Ausbreitung hatte.[9] Sofern ihr die Menge der Mitglieder zu hoch erschien, setzte sie Kontrollkommissionen ein, die rasch für Austritte sorgten.[10] Werbemaßnahmen und Beitrittskandidaten waren von der SED abzusegnen. Wer das falsche Alter, die falsche Sozialgruppe, Herkunft oder den unpassenden Beruf hatte, kam nicht in die CDU oder NDPD.[11] Unter das Verbot fielen vor allem Jugendliche, potentielle Führungskader, Arbeiter und Bauern, Mitarbeiter aller sicherheitsrelevanten Bereiche, ihre Kinder und Familienangehörigen. Die

---

6 Text Lehmann, in: Chronik der CDU-Greifswald, o.S, in: Akten der CDU-Greifswald.

7 Protokoll einer Besprechung in Rostock vom 23.1.1953. Dort war die Auflösung noch nicht verfügt, lediglich die beabsichtigte Zurückdämmung eindeutig formuliert, in: VpLA. Bezirksleitung Rostock, IV/4/02/470.

8 Stimmungsbericht Blockarbeit vom 24.6.1953, in: VpLA. Bezirksleitung Rostock, IV/2/15/1366. »Man muß ferner darauf achten, daß es keine Konzentration der befreundeten Organisation in den Verwaltungen [...] gibt.« Zitat aus Bericht Arbeitsbesprechung Rostock, 23.1.1953, in: VpLA. Kreisleitung Greifswald, IV/4/02/470.

9 »Die Vertreter der befreundeten Organisationen erscheinen in Zeitabständen im Sekretariat, um sich über einige Fragen und Probleme Auskunft zu holen.« Zitat aus Bericht über die Überprüfung der Kreisleitung, 6.1.1953 u. 7.1.1953, in: VpLA. Kreisleitung Greifswald, IV/4/02/270. Dort auch deutliche Instruktionen für die NDPD, sich nicht weiter auszubreiten.

10 Hinweise in: VpLA. Bezirksleitung Rostock, IV/2/15/1366.

11 Arbeitsbesprechung in Rostock, 12.4.1953, in: VpLA. Kreisleitung Greifswald, IV/4/02/270. Die DBD wurde heftig kritisiert, weil sie es gewagt hatte, um Jugendliche zu werben.

Auslegung der Regeln erfolgte rigide. Die CDU war damit vornehmlich auf bürgerliche, ältere und christliche Gruppen festgelegt, den Rand der sozialistischen Gesellschaft. Auf dem Lande faßte sie nur dort Wurzeln, wo die Landbevölkerung sich christlich orientierte. Ansonsten war die ehemalige Domäne der Konservativen nunmehr Einflußbereich der Bauernpartei. Erst seit Mitte der sechziger Jahre trat erkennbar eine Lockerung ein, und die CDU konnte sich wieder um Mitglieder bemühen.

b) Mitglieder und Programm der CDU

Daß die CDU eine Mitgliederpartei blieb, überrascht ein wenig, denn welchen Sinn hatte es, in einer Partei zu sein, wenn doch diese Partei offensichtlich nichts mehr zu bestellen hatte? Welche Folgen hatte die Festlegung der Partei auf ausgegrenzte Bevölkerungsteile der DDR-Gesellschaft?

Tabelle 18: Mitglieder der CDU in Kreis und Stadt 1946–1970[1]

Datum	Feb.	Dez.	Juni	Dez.	Aug.	Dez.	Juli	Jan.	Dez.	Jan.	Dez.
	1946	1951	1952	1953	1954	1954	1955	1956	1956	1960	1964
Kreis	ca. 1200	1033	1026	632	617	607	605	589	549	512	525
Stadt	–	544	540	401	390	382	386	372	344	–	240

Datum	Juni	Dez.	Juni	Dez.	Juni	Dez.	Juni	Dez.	Juni	Dez.	Juni	Dez.
	1965	1965	1966	1966	1967	1967	1968	1968	1969	1969	1970	1970
Kreis	526	523	501	502	504	503	511	511	512	489	477	471
Stadt	241	236	229	230	230	232	216	222	223	210	205	199

[1] Zahlenangaben sind aus den Akten der CDU zusammengestellt, besonders ACDP. II-230-003/2. Sowie aus den statistischen Monatsberichten, die seit ca. 1964 regelmäßig gefertigt wurden oder als Anlagen bei den Stimmungsberichten lagen, vor allem ACDP. II-230-003/3 u. III-043-026/3.

Offenkundig lebte die CDU seit 1946 von ihrer Mitgliedersubstanz. Obwohl sich die Zahl der Flüchtlinge 1946 und 1947 in der Partei gesteigert hatte, war sie im Schwerpunkt ein Zusammenschluß von Greifswaldern geblieben.[12] Die Partei behielt auf diese Weise bis in die sechziger Jahre hinein ihre Bindung an die Reste des konservativ-nationalen Milieus. Es gab im Kreisverband, zu dem Stadt und Landkreis zusammengeschlossen waren, keine oder nur noch sehr wenige Beitritte. Auf dem Land, wo in der neuen, zusammengewürfelten Kleinbesitzergesellschaft der Dörfer erst soziale Verbindungen geschaffen werden mußten, lief es beständig relativ besser als in der Stadt, wo der hohe Sockel von 1946 der Ausgangspunkt war. Die Zahl der Abgänge war hier stets höher als die der Zugänge. Sprünge in der Entwicklung sind nur 1953 zu erkennen.[13] Die starke Abnahme über das Jahr

---

[12] Eine grobe Schätzung könnte 40 bis 60 Prozent ergeben, die Namenlisten in: StA., Rep. 7.1.2.1, Nr. 12.

[13] Die Tätigkeit der Überprüfungskommission ist erwähnt im Bericht der SED-Kreisleitung an die Bezirksleitung vom 6. 10. 1953, in: VpLA. Kreisleitung Greifswald, IV/4/02/470.

1953 hatte mit einer Karteibereinigung zu tun und war Ergebnis der Fluchtbewegung im Vorfeld und im Nachgang des 17. Juni.[14] Der leichte Anstieg
im Kreis zwischen Dezember 1967 und Juni 1968 erklärt sich aus der Um-
gliederung von Lubmin zurück zum Kreis Greifswald im Zusammenhang
mit der Ansiedlung des Kernkraftwerkes.

Die allmähliche Abnahme hat mit der großen Anhänglichkeit zu tun, die
eine Reihe von Mitgliedern seit der Nachkriegszeit entwickelt hatte. Man
blieb der Partei treu. Vielen gab die CDU das Gefühl, mit der Partei viel
erlebt und erlitten zu haben und daher nicht einfach desertieren zu wollen.
Das spricht für die Stärke der weltanschaulichen christlich-konservativen
Prägung in der Region, für die sogar persönliche Nachteile in Kauf genommen wurden.[15] Rein praktische Gründe kamen hinzu, denn ein Austritt war
nicht so einfach. Wer gehen wollte, mußte seinen Schritt begründen und
wurde vom Kreissekretär bearbeitet, ihn doch zu unterlassen.[16]

Das soziale Substrat, auf dem die CDU ruhte, blieb folglich in seinem
Kern seit 1946 unverändert. Noch im Oktober 1955 war die konservativ-
nationale Ausgangsbasis durch bestimmte Familien nachzuvollziehen. Von
der DNVP waren Susanne Graul, Robert Lewerenz, Otto Eggebrecht, Ro-
salie Prabel und Emil Villain vertreten. Auf die Kirche deuteten Katharina
und Johanna von Scheven, die Schwester und die Witwe des Bischofs. Männer von der Universität, aus dem Mittelstand und aus der Lehrerschaft kamen hinzu.[17]

Diese Situation des langsamen Verfalls einer an einem bestimmten historischen Punkt gewonnenen Mitgliederschaft hatte Folgen für die Partei. Sie
litt an Auszehrung, Überalterung und Marginalisierung. Das wird an der
detaillierten Statistik deutlich, die zwar keinen exakten Vergleich zwischen
den Zeitpunkten 1955 und 1965 ermöglicht, aber die Tendenz der Entwicklung beleuchtet.[18] Die Statistik weist nach, daß dieses bis 1946 gewonnene
Mitgliederpotential in den fünfziger Jahren bereits starke Züge sozialistischer Überformung zeigte und sich mit der Gesellschaft wandelte. Zunächst
nahm die Überalterung beständig zu.[19] Auf Kreisebene waren im Oktober
1955 von rund 600 Mitgliedern 107 über 65 (17,8 Prozent) und 250 über 56
(41,6 Prozent). Nur 13 waren unter 25 (2,2 Prozent), immerhin 103 aber

---

[14] Zahlreiche Hinweise in: ACDP. II-230-003/2 u. VpLA. Bezirksleitung Rostock,
IV/2/15/1370.
[15] Interviews mit M. W. u. G. S. Beide waren seit 1945 Mitglied und beschrieben die Entscheidung für die CDU als eher aus dem Gefühl heraus gefaßt.
[16] Einige Beispiele, in: ACDP. II-230-003/2.
[17] Monatsbericht des CDU-Kreissekretariats vom Dezember 1956, in: ACDP. II-230-
003/2.
[18] Zum einen fehlt es an kompletten Zahlenreihen, zum anderen waren die Eingriffe in die
Grundlagen der Statistik über die Jahre nicht unerheblich. Die Statistik wurde vor allem
in den sechziger Jahren geschönt, als die Abnahme durch das Wegsterben der Gründergeneration spürbar wurde. Manchmal dauerte es einige Jahre, bis verstorbene Mitglieder
auch aus der Kartei entlassen wurden.
[19] Berichte von Mitte der fünfziger Jahre, in: ACDP. II-230-003/2.

unter 35 Jahre alt (17,2 Prozent). Es gab zwar beständig Schüler und Studenten in der Partei, Mitte der fünfziger Jahre stets um 20. Sie mußten aber von selbst zur Partei kommen, weil sie nicht geworben werden durften, und stammten dementsprechend in aller Regel aus Familien mit einem starken christdemokratischen Hintergrund. Der nennenswerte Anteil der 25- bis 35jährigen deutet darauf hin, daß die CDU, wie vor allem die SED, von der Neupolitisierung der HJ-Generation profitiert hatte, die 1945 besonders für einen antifaschistischen Neubeginn begeistert worden war. Bedeutsam war der relativ geringe Anteil von politisch aktiven Männern im Erwachsenenalter und der hohe Anteil von Hausfrauen und Rentnern. 1955 waren im CDU-Kreisverband 52 Prozent der Mitglieder Männer und 48 Prozent Frauen. 13,3 Prozent waren Hausfrauen. Gemeinsam mit den Rentnern betrug der Anteil der nicht in die sozialistische Arbeitsgesellschaft integrierten Mitglieder schon 1955 rund 38 Prozent. Damit stand die CDU deutlich neben dem gesellschaftlich besonders relevanten Arbeitsleben.

Trotz Verfolgung durch die SED gab es in der Partei einen erheblichen Anteil von Staatsangestellten. Die Expansion dieses Beschäftigtenzweiges war Folge der Enteignungen, die Selbständige zu Angestellten machte. Die CDU zählte im Herbst 1955 103 Angestellte, zwölf Wissenschaftler und 41 Lehrer in ihren Reihen. Das entsprach einem Anteil von 26 Prozent an der Mitgliederschaft. Diese Zahl hatte seit Anfang der fünfziger Jahre zugenommen. Das spiegelte die Veränderung der Gesellschaft, war aber auch ein Hinweis, daß die CDU offenbar eine bestimmte Interessenlage dieser Angestelltengruppe vertrat. Sie fanden es persönlich nützlich, Parteimitglied zu sein. Bis 1950 lag darin ein Risiko, seither offenbar nicht mehr.

Bei den rund 600 Mitgliedern war das insgesamt nicht besonders hohe Bildungsniveau auffällig. Obwohl 93 Mitglieder zur >Intelligenz< gezählt wurden, hatten nur elf eine Mittelschule, 54 eine höhere Schule und 14 eine Universität besucht. 520 hingegen hatten lediglich einen Volksschulabschluß. Hier unterschied sich die CDU deutlich von der DNVP der zwanziger Jahre. Die CDU war kein Oberschichtphänomen mehr. Die bildungsbürgerlichen Mitglieder der frühen CDU, deren intellektueller Debattenstil so kennzeichnend gewesen war, hatten offenbar zu einem guten Teil Greifswald verlassen. Wenn Anfang der fünfziger Jahre die CDU-Lehrer tagten, dann wurde anderthalb Stunden lang aus der CDU-Zeitung >Der Demokrat< vorgelesen.[20] Im Vergleich mit ihren Vorläufern verkleinbürgerlichte und degenerierte die CDU.

Der Aufstiegsschub für die schlechter ausgebildeten Schichten durch die Vertreibung der alten Eliten brachte offenbar auch Mitgliedern der CDU Vorteile. Im Vergleich mit der SED war der Faktor >Aufstieg< eher in geringeren Maße kennzeichnend. Für die Mitglieder war es wichtig, in der CDU zu sein, um individuelle Positionen abzusichern. Es ging um die Wahrung eines Freiraumes für eine abweichende religiöse oder auch politische Hal-

---

[20] Bericht der SED vom 27.11.1952, in: VpLA. Kreisleitung Greifswald, IV/4/02/470.

tung. Hier lag auch das Interesse der Staatsangestellten, ihre Mitgliedschaft in der CDU fortzusetzen. Nach dem Ende der ›Säuberungen‹ war es Ausweis von Loyalität und das Versprechen von Wohlverhalten, wenn man sich als Christ, also nomineller Abweichler, in der Blockpartei CDU engagierte. Daneben war sie bürgerliche Restpartei treuer alter Mitglieder mit weiter schwindendem Anteil.

Ende der sechziger Jahre, als die Partei auf dem Tiefpunkt ihrer Entwicklung angekommen war, hatte sie in Stadt und Umland nur noch um 500 Mitglieder. Stadt und Land unterschieden sich nunmehr signifikant. Die Überalterung hatte erheblich zugenommen, denn von diesen 500 waren 31,3 Prozent im Rentenalter und nur noch 12,3 Prozent, 63 Personen, unter 35, 14 davon unter 25. Auf dem Lande hatte die CDU mehr männliche Mitglieder als in der Stadt. Der Anteil von Männern lag insgesamt bei 53,2 Prozent.[21] Die Verhältnisse in der Stadt selbst sahen bereits Ende 1965 dramatisch viel schlechter aus. 236 Mitglieder zählte die Partei noch gegenüber 386 zehn Jahre zuvor. 133, also 56 Prozent, waren Frauen, 108 waren über 65 Jahre alt, was 45,7 Prozent entsprach. Nur noch 14 waren unter 35 Jahre alt (5,9 Prozent), nur noch 49 unter 45 (20,8 Prozent). Bei den Berufen waren die Rentner mit 27,5 Prozent die größte Gruppe, gefolgt von den staatlichen Angestellten mit 22,4 und den Hausfrauen mit 18 Prozent. In Greifswald selbst entwickelte sich die Partei immer mehr zu einer Versammlung von alten Frauen und Parteiveteranen. Ein Verbindung in die aktiven und lebendigen Teile der DDR-Gesellschaft hatte die Partei offenkundig nicht. Das unterstreicht ihren Charakter als Partei eines wegsterbenden, gleichwohl noch fest umrissenen historischen Gesellschaftsteiles mit konservativer Weltsicht.

Die von der SED selten erlaubten Beitritte waren ein Grund für diese Entwicklung. Das Argument der individuellen Absicherung spielte in dem Maße eine geringere Rolle, wie junge, durch kein politisches oder religiöses ›Vorleben‹ belastete Menschen nachwuchsen. Sie konnten ihr Leben von vornherein so einrichten, daß sie sich nirgends bekennen mußten. Für sie war eine Parteimitgliedschaft in der CDU nicht attraktiv, weil sich damit in der DDR offensichtlich nur wenig erreichen ließ. Karrieremöglichkeiten eröffnete die Partei so gut wie gar nicht. Die Auszehrungspolitik der SED ließ überdies die Zahl von Lehrern in der Partei deutlich fallen, die seit der Gründung eine erhebliche Rolle gespielt hatten. Von 52 (unter etwa 600) im November 1954 (Kreisebene) fiel die Zahl ständig ab. In der Stadt, dem größten Schulstandort im Kreis, waren es Mitte 1965 nur noch acht Pädagogen.[22]

---

[21] Angaben aus den statistischen Berichten der Kreis-CDU an die CDU-Bezirksleitung, in: ACDP. III-043-026/3.

[22] Hier ist auch eine der statistischen Taschenspielereien der CDU zu erkennen. Da die Zahl der Lehrer offenbar hoch war und das Mißfallen der SED zu erregen drohte, buchte man kurzerhand einige Lehrer zu Wissenschaftlern um und brachte die Welt damit wie-

Zum Jahreswechsel 1948/49 schrieb Ernst Jenssen: »Es sind ja 2 Kräfte, die unsere Union bis jetzt getragen haben: der Gegensatz zum Marxismus als wirtschaftliches Ziel und der christliche Glaube.«[23] Damit waren die beiden weltanschaulichen Säulen der CDU treffend benannt. Aber auch die Reduzierung konservativer Weltanschauung wird damit deutlich. Über Nationalismus war nach 1945 nicht mehr zu reden, er war entwertet und stigmatisiert. Mit dem Desaster des Kriegsendes waren auch die übrigen Werte konservativer Gesinnung in Frage gestellt, war doch der Zusammenhang zwischen Konservatismus und Nationalsozialismus auch nach 1945 nicht mehr zu entwirren. Die traditionelle Verwurzelung in der ländlichen Lebenswelt und den Interessen der Landwirtschaft war weggefallen. Eine Neuorientierung war unter den politischen Rahmenbedingungen schwierig. Die CDU machte ein eher dürftiges Angebot.

Die angeordnete Verknüpfung der Partei mit der Kirche und der Religion enthüllte einen fundamentalen Irrtum der SED und der in ihr tonangebenden Atheisten. Sie dachten bei dem ›C‹ der CDU sofort an Kirche und übersahen einfach die bedeutsameren säkularen Formen christlich geprägter politischer Ethik. Indifferente Christen waren jedoch weit stärker in der CDU vertreten als bekennende Gläubige, Kirchenvertreter oder gar Pfarrer. Zwar standen sich die CDU und die Kirchen anfangs durchaus nah. Eine simple Identität war jedoch selbst in Greifswald, wo das christliche Profil ausgeprägter war als in der übrigen DDR, eine Fiktion. Die Protestanten trennten die Bereiche von Glaube und Politik. Die CDU war damit von der SED auf ein politisches und ideologisches Feld festgelegt, das es im engeren Sinne gar nicht gab, das sie sich erst schaffen mußte. Gleichwohl erhielt sie damit ein weltanschauliches Gebiet zugewiesen, auf dem ihr niemand Konkurrenz machte. Damit war der Grundstein für eine religiöse Durchtränkung der konservativen Partei gelegt, wie sie bis dahin unbekannt gewesen war.

Irgendwelche bedeutenden weltanschaulichen Angebote konnte und durfte die CDU selbst im christlichen Bereich nicht mehr machen.[24] Die früher einmal mobilisierende Idee vom bürgerlichen und christlichen Antifaschismus, der Gedanke eines freien demokratischen Neubeginns auf einer christlich-ethischen Grundlage, die christlich-sozialen Ideen Noacks, all das durfte nicht mehr offen vertreten werden und rückte in den deaktivierten Fundus von Überzeugungen. Die CDU war nunmehr von der SED darauf fixiert, christliche Überzeugungen und religiöse Traditionen DDR-staatssozialistisch zu übersetzen, was ein Widerspruch in sich war. »Die kirchlichen Kreise wenden sich hier völlig von uns ab«, schrieb Jenssen Ende

---

der in Ordnung. Bericht vom November 1954 u. Bericht vom Oktober 1955, in: ACDP. II-230-003/2.

[23] Zitat aus einem Schreiben an den Landesvorstand, 2.1.1949, in: ACDP. III-035-042.

[24] M. RICHTER, Ost-CDU 1948–1952, 1990, S. 318ff. Ausgangspunkt waren die »Meißener Thesen« zum »Christlichen Realismus«.

1950, »weil die Artikel, die unsere Presse über das Verhältnis zwischen Kirche und Staat bringt, [...] wegen ihrer Form scharf kritisiert werden. Der ›wohlwollend herablassende Ton‹ dieser Aufsätze wird sehr mißbilligt.«[25]

In ihren weltanschaulichen Diskussionen versuchte die CDU, ganz im Gegensatz zur politischen Tradition der konservativen Parteien, theologische und religiöse Gedanken für die Politik nutzbar zu machen. Die Ergebnisse der programmatischen Bemühungen waren oft so dürftig, so durchsichtige Umdeutungen gültiger Überzeugungen, so gewaltsam aus Ideensplittern zusammengestoppelt, daß freiwilliger Beifall für weltanschauliche Äußerungen der CDU meist ausblieb.[26] Es lohnte nicht, sie näher zur Kenntnis zu nehmen. Die Zielgruppe Pfarrer und Christen war mit polittheologischen Klimmzügen allenfalls in Teilen zu gewinnen. Die meisten Pfarrer fühlten sich schlicht unterfordert und durchschauten die Spielchen der SED. Allenfalls engagierte Laien griffen nach den vorformulierten Phrasen, die wohlfeile Argumentationsmuster lieferten, um sie bei Bedarf herzusagen.[27] Das weltanschauliche Angebot spielte daher je länger je weniger eine Rolle für die CDU. Es blieb in der Partei aber das Bewußtsein übrig, ein Zusammenschluß von Menschen eher christlicher Einstellung in einer atheistischen Gesellschaft zu sein. Daß dies nicht in Vergessenheit geriet, dafür sorgte die SED vor allem mit ihrer Schulpolitik. Sie ging schon Ende der vierziger Jahre dazu über, christliche und bürgerliche Kinder konsequent zu diskriminieren. Jenssen bemerkte gegenüber dem Landesvorstand, die »entschieden christlich gesinnten Mitglieder sind entsetzt über die Entwicklung des Schulwesens.«[28]

Eine CDU-Mitgliedschaft war daher in zwei Richtungen interpretierbar, sie war aus Sicht der Mitglieder bewußt ambivalent angelegt. Einmal galt die Parteizugehörigkeit als Bekenntnis von Christen für die DDR und den Sozialismus, denn man war ja in einer Blockpartei. Zum anderen jedoch beinhaltete es auch die Möglichkeit einer organisierten Distanz. Je nach Bedarf und Situation war für die Mitglieder das eine oder das andere wichtiger.

c) Das Versagen der Partei, Parteileben und Parteielite

In der Frage der Machtverhältnisse im christlichen Teil der Gesellschaft war das Gespür der SED sehr viel besser als bei den weltanschaulichen Fragen. Die CDU wurde nämlich weniger auf die christlichen Massen angesetzt, sie sollte sich vielmehr um die Pfarrer und die engagierten Laien kümmern, die immer noch die entscheidende Schnittstelle zwischen Kirchenleitung und

---

25 Schreiben E. Jenssen an den Landesvorstand vom 13.12.1950, in: ACDP. III-036-042.
26 M. RICHTER, Ost-CDU, 1995, S. 2569ff.
27 Geglückt z.B. waren Sprüche wie »Vom Ich zum Wir«, um die Kollektivierungen christlich zu verbrämen. Positiv verfingen auch die Appelle an protestantisches Arbeitsethos, um die Produktivität zu steigern, oder die ständigen Friedens- und Antiatombeschwörungen, die bei den Protestanten hervorragend griffen.
28 Schreiben E. Jenssen vom 2.1.1949, in: ACDP. III-036-042.

Kirchenvolk besetzten. Mit dieser Forderung scheiterte die SED indes, weil sich die Kirche der CDU lange Zeit einfach verweigerte. Der Niedergang der CDU hatte seinen Grund folglich auch in der Tatsache, daß eine Anbindung an die kirchlichen Kreise weitgehend mißlang. Die wirklich kirchentreuen Christen distanzierten sich von der CDU. Es entwickelte sich folglich das alte doppelte Vertretungsmuster neu. CDU und kirchliche Kreise gehörten zwar durchaus zusammen, es gab jedoch zwei Bereiche, über die sich christliche Haltung in die Politik verlängerte. Das war einmal die CDU, dann aber die Kirche selbst.

Die CDU versagte in den fünfziger und sechziger Jahren als Transmissionsriemen zur Kirche, weil die SED sie verpflichtete, die antikirchliche Politik offensiv zu propagieren und zu popularisieren. Gleichzeitig legte sie die Partei jedoch darauf fest, gute Verbindungen zu jenen zu pflegen, die Opfer dieser Politik waren. Das war ein unmöglicher Spagat. Schon seit Anfang der fünfziger Jahre, sowohl 1955 als auch Mitte der sechziger Jahre waren fast keine Pfarrer mehr in der CDU. Nur jene Geistlichen blieben, die bereits 1945/46 beigetreten waren, wie der Züssower Superintendent und Leiter der Diakonischen Anstalten, Walter Liessenhoff. Auch Kirchenmitarbeiter waren kaum vertreten, obwohl sie in Greifswald ein nennenswertes Potential bildeten.[29] Die ohnehin beschränkte Kraft der CDU richtete sich damit auf eine Gruppe, die in den fünfziger und frühen sechziger Jahren lieber Abstand hielt.[30] Der eklatante Mißerfolg der Blockpartei in der ihr zugedachten Transmissionsfunktion zehrte sie aus[31], denn in andere Bereiche der Gesellschaft, wie zum Handwerk oder zur Bauernschaft, durfte sie nicht ausweichen. Die SED registrierte die Erfolglosigkeit der CDU gegenüber der Kirche und führte das auf die ›schwankende Haltung‹ der CDU-Politiker zurück, die wegen ihrer ideologischen ›Unklarheiten‹ nicht den Mut hätten, auf Kirchenvertreter zuzugehen.[32] Selbstkritisches fiel der Einheitspartei nie ein.

Das Sinndefizit der Blockpartei manifestierte sich in den fünfziger und sechziger Jahren im Dasein der Ortsgruppen. Ihre Mitglieder hatten vielfach noch die zwanziger Jahre erlebt und hegten somit andere Vorstellungen von Parteileben, als die SED einzuräumen bereit war. Der Alltag der Ortsgruppen war im Vergleich mit den zwanziger Jahren unpolitisch, er folgte aber auch nicht dem Ideal der SED. Die Interessen der christlich-konservativen

---

[29] Bericht Kreisleitung an Bezirksleitung der SED vom 14.7.1955, in: VpLA. Kreisleitung Greifswald, IV/4/02/470.
[30] Die Statistik im Oktober 1955 verzeichnete einen Pfarrer und drei Angestellte kirchlicher Einrichtungen. ACDP. II-230-003/2.
[31] Bericht der SED von der Bezirksdelegiertenkonferenz der CDU 1962. Man war eifrig bemüht, Theologen zu erreichen. Von den eingeladenen Superintendenten erschien indes niemand, zum Teil protestierten sie sogar gegen die CDU oder schickten belanglose Grußworte. Es waren 20 Theologen anwesend, meist einfache Pfarrer oder Universitätsmitarbeiter, in: VpLA. Bezirksleitung Rostock, IV/2/15/1371.
[32] Bericht über die Arbeit der Blockparteien vom 4.8.1955, in: VpLA. Bezirksleitung Rostock, IV/2/15/1367.

Bevölkerung vereinigten sich gleichwohl in der Partei, die trotz Bevormundung zum Sammelpunkt bestimmter Interessen wurde. Die CDU bot einen Rückzugsraum, die Möglichkeit, sich im Kreise Gleichgesinnter zu treffen und auszutauschen. Daher konnten hier Mentalitäten und politische Haltungen überleben, die außerhalb der Partei keinen Rückhalt mehr fanden. Die Folge waren zwei gegenläufige Tendenzen. Einerseits ein stetiger Verfall, andererseits eine partielle Neubelebung auf der Grundlage jener Möglichkeiten, die in der DDR-Gesellschaft für nichtsozialistische und christliche Menschen von der SED mit der CDU eröffnet wurden.

Nicht nur die Zahl der Mitglieder, auch die der Ortsgruppen im Kreis nahm beständig ab. Der Kreisverband in seiner notorisch angeschlagenen Finanzlage war schon zufrieden[33], wenn die Kassierung der Beiträge überhaupt funktionierte. Daß die SED beständig darauf drang, die Ortsgruppen am Leben zu erhalten, damit alle Positionen in ihrem ›Gesellschaftsspiel‹ auch besetzt blieben, sorgte bei der CDU für erheblichen Druck, zumal immer das Verdikt der bewußten ›Sabotage‹ im Raum stand, sofern die CDU ihren Verpflichtungen nicht nachkam. Der Vorwurf war nicht abwegig, denn verschiedentlich lösten sich Anfang der fünfziger Jahre Ortsgruppen von CDU und LDPD auf, um damit gegen die SED zu protestieren.[34] In Züssow stellte die CDU 1954 die Arbeit ein, als Bürgermeister Brebach abgesetzt wurde.

Die Klagen in den CDU-Berichten der fünfziger Jahre hörten nie auf: Desinteresse, Gleichgültigkeit, mangelhafter Versammlungsbesuch, niveauloses Gerede, langweilige Sitzungen, öde Diskussionen. Auch die der SED so wichtige Aufgabe der Mitgliedererziehung und -leitung erfüllte die Partei mehr schlecht als recht. Immer wieder beschwerte sich die SED über fehlende Vorbereitung, nicht gehaltene Versprechen und Inkompetenz der CDU-Politiker. Damit war im Regelfall kein widerborstiges Verhalten gemeint. Die SED konnte phasenweise trotz Bemühen kaum noch eine Tätigkeit der CDU wahrnehmen. Sie stellte fest, daß die CDU nur introvertiert arbeitete und keinerlei Ausstrahlung in die Gesellschaft mehr hatte.[35]

Das Kreissekretariat nahm nach der Entmachtung der gewählten Gremien und der Kreisreform von 1952 in der CDU die zentrale Position ein. Der hauptamtliche Kreissekretär sollte nunmehr allein für das Funktionieren der Partei sorgen und das Organisationsleben am Laufen halten. Er war die Speerspitze des von der SED zentral angeleiteten Apparates in der Mit-

[33] Die immer wiederkehrenden Klagen über schlechte Beitragsmoral und sinkende Einnahmen, in: ACDP. II-230-003/3.
[34] Im August 1950 CDU in Wusterhusen. Protokoll der Kreisblocksitzung vom 14.8.1950, in: ACDP. II-230-008/3. Oder auch um die Jahreswende 1953/54 in Züssow und in Kemnitz. Bericht des CDU-Kreissekretariats an den Bezirksvorstand, Januar 1954, in: ACDP. II-230-003/2. 1950 die LDPD in Gützkow, nachdem ihr Chef vom sowjetischen Geheimdienst verhaftet worden war; ferner Bürovorlage von ca. Ende 1954, in: VpLA. Kreisleitung Greifswald, IV/4/02/470.
[35] Bericht der SED vom 6.10.1953, in: VpLA. Kreisleitung Greifswald, IV/4/02/470.

gliederbasis. Mit dem Weggang Scheunemanns übernahm die Bezirksspitze der CDU die Hoheit über die Besetzung dieses Postens. Seit 1950 war es der Partei nicht mehr gelungen, einen Greifswalder Kandidaten für dieses zentrale Amt zu gewinnen.[36] Prabel stammte noch aus einer alten konservativen Familie der Stadt. Sein Nachfolger Willi Scheunemann war bis November 1951 bei der Partei und floh im März 1952 in den Westen. Karl-Heinz Erichson verstand sich mit dem Vorsitzenden Lehmann nicht; der Vikar Gottfried Plath äußerte sich 1953 kritisch zur Kirchenpolitik gegen die ›Junge Gemeinde‹ und wurde daher rasch von der SED abserviert.[37] Sein Nachfolger Walter Jansky, der kaum in der Lage war, verständliches Deutsch zu schreiben, hielt es nur anderthalb Jahre aus. Ein weiterer Nachfolger war offenbar ein politischer Wirrkopf, der mit Intrigen, Phantastereien und Frauengeschichten unangenehm auffiel.[38] Erst mit dem dreißigjährigen Ulrich Bruhn, der im April 1958 kam und rund zehn Jahre blieb, konsolidierten sich das Sekretariat und die Partei wieder. Deutlich war jedoch, daß der CDU in Greifswald kompetenter Nachwuchs fehlte. Die Fluktuation auf dem Posten war hoch, das Niveau der Kandidaten sank beständig. Niemand wurde gerne CDU-Kreissekretär, denn er arbeitete fortwährend im Fadenkreuz der SED, die ihn für alles verantwortlich machte, was die CDU im Kreis tat oder ließ.

Die Arbeit der Kreispartei brach mehrfach fast zusammen. Ohne Anleitung des Kreissekretariats taten die Ortsgruppen gar nichts, schon aus Sicherheitsgründen nicht. Allzu leicht war die Parteilinie verlassen, schnell hatte man die SED am Hals, da ließ man es lieber gleich ganz bleiben. Die SED hielt das Sekretariat der CDU zusätzlich am kurzen Zügel. Die CDU konnte ihre Beiträge nicht anheben[39], war also auf staatliche Alimentierung angewiesen. Die jedoch tröpfelte nur in den Kreis und genügte nie, um eine intensive hauptamtliche Betreuung der Ortsgruppen zu gewährleisten. Erst seit 1960 gab es ständig ein eigenes Fahrzeug[40], über das die SED schon seit

---

[36] Charakteristik Prabels durch E. Jenssen vom 22.2.1950, in: ACDP. III-036-042.

[37] Einschätzung Plaths durch die SED vom 29.12.1953, in: VpLA. Bezirksleitung Rostock, IV/2/15/1370. Hier ist der Mechanismus schön zu beobachten. Plath hatte im Mai 1953 öffentlich gegen die Politik der SED in Sachen ›Junge Gemeinde‹ Stellung genommen, daraufhin wurde das Gerücht verbreitet, er halte Predigten im Rahmen seiner politischen Tätigkeit. Dann wurde über den Kreisblock und den Bezirksvorstand Druck auf die CDU ausgeübt, ihn zurückzuziehen. Das geschah dann auch. Bericht der Kreisleitung an die Bezirksleitung der SED vom 20.5.1953, in: VpLA. Kreisleitung Greifswald, IV/4/02/470.

[38] Schreiben CDU-Bezirkschef Sadler an SED-Bezirksleitung vom 1.6.1962, in: VpLA. Bezirksleitung Rostock, IV/2/15/1371.

[39] Stellungnahme der Greifswalder CDU gegen solche Erhöhungen vom 26.1.1952, in: ACDP. III-036-133. Man befürchtete Austritte, weil man genau wußte, wie wenig attraktiv es noch war, in der CDU zu sein.

[40] Bericht der SED vom 13.6.1955, in: VpLA. Kreisleitung Greifswald, IV/4/02/466. Text Kehnscherper, in: Chronik der CDU-Greifswald, o.S., nennt das Jahr 1960, in: Akten der CDU-Greifswald.

1945 verfügte. Die Zentrale in Greifswald verkehrte auf dem Postweg mit den Ortsgruppen, seltene Besuche des Kreissekretärs oder eines Betreuers aus dem Kreisvorstand kamen hinzu. Sofern Mitglieder vom Dorf in der Stadt waren, schauten sie im Sekretariat vorbei. Letztlich wußte man in Greifswald selten, was sich in der Partei des Kreises abspielte oder was einzelne Mitglieder in den Gremien anrichteten, in die sie die CDU entsandt hatte.[41]

Ganz Vorpommern war in den fünfziger und sechziger Jahren eine Region, in der die CDU nur schwach verankert war und die Organisation mäßig funktionierte. Das Engagement der Mitglieder in den drei Kreisen Wolgast, Greifswald und Grimmen war im Bezirksvergleich der CDU, den die SED anstellte, beständig besonders schlecht.[42] Die strukturellen Ursachen waren leicht auszumachen. Die CDU wurde im wesentlichen von den Resten der christlich-konservativen Bevölkerung getragen. Diese Reste waren jedoch nicht mehr milieuhaft verdichtet. Es fehlte an verbindenden positiven Zielen und an der Möglichkeit zur freien Organisation. Die Lage für die CDU war schwierig, weil in Vorpommern die ländliche Gesellschaft so tief umgemodelt worden war. Auf dem Land gab es keine gewachsene Tradition, auf welche die CDU offenbar aufbaute. Die Dörfer konnten daher erst sehr allmählich von der CDU aktiviert werden. Die Schwäche war mithin eine langfristige Folge der Bodenreform. Die Städte aber waren mit Ausnahme von Greifswald klein und unbedeutend, sie fingen diese Defizite nicht auf. Die ohnehin geringe und dann noch weiter reduzierte soziale Differenzierung der lokalen Stadtbewohnerschaften bot wenig Raum für die CDU. In der kleinstädtischen Lebenswelt war es nicht ratsam, sich allzusehr gegen die Mehrheit zu stellen. Eine öffentlich gezeigte christliche Haltung war indes ein Abweichen vom Weg der Mehrheit. Gleichzeitig hatte die CDU potentiellen Mitgliedern kaum etwas zu bieten. Die Blockade durch die in Pommern einflußreiche Kirche verschärfte die Situation.

Um die an sich überflüssige Parteibasis zu beschäftigen und zu mobilisieren, führte die CDU nach dem Vorbild der SED mit ihrer Satzung einen permanenten Wettbewerb ein. Er sah die Erfüllung bestimmter Aufgaben vor, mit denen ein lebendiges Parteileben normalerweise einherging. Dazu gehörten pünktliche Beitragskassierung, vollzähliges Erscheinen zu Vorstandssitzungen, regelmäßige Monatsversammlungen, Jahreshauptversammlungen, Mitgliederwerbung für sich oder die Gesellschaft für Deutsch-Sowjetische-Freundschaft (DSF) und die Nachwuchsentwicklung. Damit wurden die anfangs im Kreisblock von der SED eher sporadisch an die übrigen Blockparteien vergebenen Aufträge systematisiert und zur Dauereinrichtung gemacht. Die Ortsgruppen mußten Teilnehmerzahlen abrechnen, Kandidaten benennen, freiwillige Arbeitsstunden im ›Nationalen Aufbauwerk‹ leisten, Planübererfüllungen versprechen und abrechnen, Ver-

---

41 Bericht der CDU-Greifswald vom 26.1.1952, in: ACDP. III-036-133.
42 Dazu die ständigen Klagen, in: VpLA. Bezirksleitung Rostock, IV/2/15/1371.

besserungsvorschläge machen und vor allem Protokolle einsenden, in denen behauptet wurde, all das sei geschehen. Erst Anfang der sechziger Jahre funktionierte dieses System permanenter Produktion von Fiktion, 1964 konnte es als wirklich etabliert gelten.[43] Am Ende des Jahres gab es für die aktivsten Gruppen Preise. Da jedoch konkret Politisches nicht verhandelbar war und die meisten der geforderten Leistungen auch vom Betrieb oder der Brigade verlangt und abgerechnet wurden, glitt das auf diese Weise administrativ belebte Parteidasein rasch in Vereinsmeierei mit leicht politisierter Unterhaltung ab.[44] Man hörte sich einen Vortrag an oder schaute Filme über die Sowjetunion. Der Vorsitzende sagte noch einen passenden und politisch konformen Satz, dann kam der gemütliche Teil bei Kaffee und Kuchen. Parteichef Lehmann registrierte, daß die Besucherzahlen der Versammlungen immer dann hochschnellten, wenn ein Diavortrag geboten wurde.[45]

Ohne daß dies beabsichtigt gewesen wäre, eröffnete sich damit eine Chance für die Partei, denn sie war eine weitgehend inhaltsleere organisatorische Hülle, die man mit den Funktionen eines Geselligkeitsvereins füllen konnte. Das entdeckte der Fleischbeschauer Emil Buschkowski, der vor 1945 Beamter gewesen war und aus Stettin stammte, als erster.[46] An seinem Wohnort Neuenkirchen baute er seit Anfang der fünfziger Jahre die Ortsgruppe rasch zur zweitgrößten im Kreis Greifswald auf, indem er auf Geselligkeit im Kreise Gleichgesinnter setzte. Die SED maulte, weil er nur Menschen warb, die sie für wenig ›progressiv‹ hielt.[47] Sie konnte ihm aber nicht das Handwerk legen, weil er schlauerweise stets gleichzeitig die Mitgliedschaft für die DSF antrug, wo er wegen seiner ungewöhnlichen Aktivität rasch in den Kreisvorstand aufstieg.[48] Das Organisationsangebot der bürgerlichen Blockpartei wurde somit einfach umgedeutet. Es wurde seiner eigentlichen politischen Funktion entkleidet und auf dem Umweg über die Geselligkeit und den Kompromiß einer DSF-Mitgliedschaft wieder zu einer Gemeinschaftsbildung nichtsozialistischer Gruppen genutzt. Auf diese

---

[43] Text Kehnscherper, in: Chronik der CDU-Greifswald, o. S., in: Akten der CDU-Greifswald. Ferner Rundschreiben an die Ortsgruppen vom 17. 3. 1964 u. Aufforderung zum Wettbewerb zum 15. Jahrestag der DDR vom 9. 1. 1964, in: ACDP. II-230-007/3.

[44] Der Schriftwechsel der Partei enthält zahlreiche solcher Berichte von Veranstaltungen, in: ACDP. II-230-007/3. Ferner auch Texte Lehmann und Kehnscherper, in: Chronik der CDU-Greifswald, o. S., in: Akten der CDU-Greifswald.

[45] Text Lehmann, in: Chronik der CDU-Greifswald, o. S., in: Akten der CDU-Greifswald.

[46] E. Buschkowski, Mein Leben, in: Akten der CDU-Greifswald. Im ersten Teil schildert er sein Leben systemkonform; im Nachtrag rückt er dann mit der Sprache heraus. Er war in der NSDAP, schwärmte schon vor 1933 für von Mackensen und machte in Kriegervereinen mit. Buschkowski war 1946 Mitgründer der CDU in Neuenkirchen, 1956–1958 Bezirkstagsabgeordneter, Mitglied im Gemeinderat, Schöffe und im Kreisvorstand der Nationalen Front.

[47] Bericht der SED von der Bezirksdelegiertentagung der CDU am 23. u. 24.6.1958, in: VpLA. Bezirksleitung Rostock, IV/2/15/1370.

[48] Berichte des CDU-Kreissekretariats an den Bezirksvorstand vom Juli u. August 1954, in: ACDP. II-230-003/2.

Weise hielten sich nichtsozialistische Gesellschaftsteile in organisierter Form auch in der CDU. Nach der Machtübernahme durch das Sekretariat blieben nur die repräsentativen Aufgaben in der Hand des gewählten Vorstandes. Seit 1950 kam niemand mehr in die Leitung der Blockpartei, den die SED nicht abgesegnet hatte. Die SED hatte recht klare Vorstellungen von Kandidaten. Ständig war sie auf der Suche nach den ›progressiven Elementen‹ in der CDU, mit denen sie zusammenarbeiten und die sie fördern wollte, um die Mitglieder der CDU zu einem ›guten Staatsbewußtsein‹ zu erziehen.[49] Das wesentliche Instrument der Anleitung war bis weit in die fünfziger Jahre der Kreisblock. Sofern die CDU nicht sofort spurte, mobilisierte die SED Einsatzbrigaden, die ganze Kreisverbände nach oppositionellem Geist durchpflügten und auch mit Verhaftungen für Disziplin sorgten.[50] Erst seit Ende der fünfziger Jahre funktionierte die Einflußnahme unauffälliger, weil die bürgerlichen Blockparteien dazu übergingen, Personalfragen schon im Vorfeld mit den Kreisleitungen der SED abzuklären.

Es war die Aufgabe der Vorstände, in der Öffentlichkeit die Existenz der CDU zu belegen und ihre positive Mitarbeit im Sozialismus zu demonstrieren. Damit sollten sie verdeutlichen, daß man auch als Christ in der DDR im Einvernehmen mit Staat und Partei leben konnte. Den Vorständen kam in den Augen der SED folglich eine wichtige Leitfunktion zu. Mit der Haltung der Menschen, die von der CDU erreicht werden sollten, hatte das wenig zu tun. Die Vorstandsmitglieder der CDU waren sozialistische Honoratioren. Sie wurden abkömmlich durch das Wohlwollen der SED. Die gelenkte sozialistische Öffentlichkeit versah sie mit dem Nimbus von Ansehen, Wissen und Meinungsführerschaft. Großzügig verteilte Orden und Ehrenpreise hoben sie als Musterbürger hervor. Die SED achtete bei CDU, LDPD und NDPD darauf, daß die Vorstandskandidaten von Hause aus ein Renommee mitbrachten, das sie für eine repräsentative Aufgabe prädestinierte.[51] Sie konnten und sollten sich ja gerade nicht auf eine Parteiorganisation stützen und Interessen vertreten, daher benötigten sie fast zwingend eine vorpolitische gesellschaftliche Qualifikation. Zunächst schöpften die Vorstandsmitglieder noch aus dem Ansehen, das aus einer Gesellschaft stammte, die von der SED zum Untergang verurteilt worden war. Bei Jenssen, Libner, Krah oder auch Sparkassenleiter Walter Lehmann war das sehr deutlich. Als diese Ressource Ende der fünfziger Jahre versiegte, versuchte die Einheitspartei,

---

[49] Z.B. Auswertung einer Arbeitsbesprechung in Rostock vom 26.11.1953, in: VpLA. Bezirksleitung Rostock, IV/2/15/1366.

[50] Ein Beispiel aus dem Kreis Grimmen vom 5.2.1954, wo »im Zuge dieser Auseinandersetzungen« vier CDU-Funktionäre verhaftet wurden, Bericht dazu in: VpLA. Bezirksleitung Rostock, IV/2/15/1366.

[51] Professoren waren grundsätzlich bevorzugt. Deutlich bei der Auswahl des NDPD-Vorsitzenden 1948; Rechenschaftsbericht 25.8.1948, in: SAPMO. DY 16, vorl. Nr. 1761. Dort wird deutlich, daß eine Gründung in Greifswald erst erfolgversprechend erschien, als »namhafte Interessenten« gewonnen waren, womit Prof. Hans Beyer gemeint war.

die Qualifikationsmerkmale in ihrem Sinne in Richtung auf die Rahmenbedingungen der sozialistischen Gesellschaftsordnung zu verschieben.

Das gelang ihr nur sehr bedingt, denn die DDR-Gesellschaft brachte wegen der rigiden Politik der SED im bürgerlichen und christlichen Bereich
ganz offensichtlich keine oder nicht ausreichend qualifizierte systemkonfor-
me Eliten hervor. Zentrales Kriterium für das Honoratiorentum war nach
wie vor das Engagement für die Gemeinschaft, jedoch nunmehr im sozialistischen Sinne. Wer bekennender Christ, aber in der DSF oder bei der Nationalen Front aktiv war, wer bei Sammlungen gerne gab, der SED nicht
widersprach, wenig Eigenständigkeit, aber Initiative zeigte und willig die
geforderten Diskussionsbeiträge lieferte sowie gleichzeitig repräsentieren
konnte, der war geeignet. In diesem Katalog waren die Widersprüche mehr
als deutlich, denn als aktiver Christ geriet man in den fünfziger Jahren un-
weigerlich in einen Loyalitätskonflikt zwischen SED-Religionspolitik und
den Forderungen der Kirche. Auch daß sehr viel Initiative gefordert wurde,
jedoch keinesfalls Selbständigkeit, war schwer miteinander vereinbar. Die
Mitarbeit in den neuen Massenorganisationen vermittelte überdies wenig
Ansehen und war kein in der Bevölkerung akzeptierter Ausweis von Engagement. Die SED ließ dort überdies auch keine eigenständigen Führungen
entstehen. Auf diese Weise filterte die SED einen bestimmten Politikertyp
heraus, der entweder dem kaum repräsentativen Format des beflissenen
Fleischbeschauers Emil Buschkowski entsprach oder dessen nach außen getragene Loyalität zum herrschenden Regime zu einem guten Teil auf Verstellung beruhte. Überzeugte Aktivisten in einer bürgerlichen Blockpartei
waren selten, auch wenn es sie gab.[52] Repräsentatives Personal konnte sich
dort nicht entwickeln.

Die CDU kam deswegen nicht mehr zu einer eigenen Parteielite. Darin
war auch die mangelhafte Stabilität des Vorstandes im Kreis begründet, der
den Niedergang der Partei begleitete. Zum Nachfolger Jenssens war 1952
der Sparkassenleiter Walter Lehmann gewählt worden, der schon seit 1945
die Finanzen der CDU betreute. Jenssen charakterisierte ihn als einen
freundlichen, gewinnenden Mann, der wegen seines ausgleichenden Wesens
gut geeignet erschien, die Partei in die von der SED gewünschte Richtung zu
führen.[53] Von Lehmanns achtköpfigem Kreisvorstand waren zwei Jahre später nur noch drei Personen übrig. Der zweite und der dritte Vorsitzende
waren krankheitshalber ausgeschieden, die Schatzmeisterin hatte ihr Amt
wegen Überlastung niedergelegt, der Vorsitzende der Ortsgruppe Greifswald, Alfred Giermann, war wie sein Stellvertreter Bernhard Gahrmann
1953 in den Westen aufgebrochen.[54]

---

[52] Ein Dauerbrenner in den Berichten der fünfziger Jahre, ACDP. II-230-003/2.
[53] E. Jenssen, Geschichte, o. S., in: Material H. H. Jenssen.
[54] Dazu Text Lehmann, in: Chronik der CDU-Greifswald, o. S., in: Akten der CDU-
Greifswald. Ferner Bericht der SED-Kreisleitung an die Bezirksleitung, 27.2.1953, in:
VpLA. Kreisleitung Greifswald, IV/4/02/470.

Lehmann selbst war in seiner Partei nicht unumstritten. 1956 hatte er bei seiner zweiten Wiederwahl eine Gegenkandidatin, die er in geheimer Abstimmung nur knapp schlagen konnte. Dies war offenbar die letzte demokratische Vorstandswahl in der Kreis-CDU.[55] Der Tiefpunkt der Partei war 1958 erreicht, als Lehmann nach sechs Jahren Dauerkampf gegen den Verfall nicht wieder antrat. Ein Nachfolger fand sich in Emil Buschkowski, der kaum in der Lage war, Versammlungen ohne Havarien zu leiten[56] und nichts weniger war als repräsentativ. Er rückte vor, weil er überhaupt noch etwas tat, nicht weil er besonders befähigt gewesen wäre. Die verbliebenen Männer und Frauen, die nach Ausbildung und Ansehen in die Parteispitze hätten eintreten können, waren alt und mit Posten auf höheren Ebenen des DDR-Apparates belastet, die ja ebenfalls von der CDU zu besetzen waren und für die Mitglieder gesucht wurden. Die Christdemokraten waren bemüht, in den höherrangigen Gremien mit repräsentativen Figuren besonders zu glänzen, um gegenüber der SED ihren Rang zu behaupten. Die SED duldete das, weil repräsentative Abgeordnete ihr mehr bedeuteten als schwächelnde Parteiorganisationen. Die Basis der Partei war als Rückhalt für eine politische Karriere jedoch gleichgültig geworden. Basisarbeit war überflüssig in der Konkurrenz um gesellschaftliches Ansehen. Kein CDU-Politiker benötigte sie noch, um aufzusteigen. Parteiführung und SED wählten aus. Buschkowski stand für den Verfall und Niedergang der lokalen Partei in den fünfziger Jahren zum kleinbürgerlichen, eher unpolitischen Geselligkeitsverein mit christlich-konservativer Grundtendenz.

Auch der SED fiel der Niedergang der Blockpartei CDU am Ende der fünfziger Jahre auf. Daß man mit Buschkowski als Kreisvorsitzendem kaum einen präsentablen Gesprächspartner für Bischof oder Pfarrer hatte, war offenkundig. Die SED kompensierte das durch eine repräsentative Figur. 1960 gelang es ihr, den Theologieprofessor Gerhard Kehnscherper (1903 bis 1988) für den Vorsitz zu gewinnen. Er war erheblich NS-belastet.[57] Kehnscherper trat 1958 der CDU bei, als er Professor in Greifswald geworden war. Er machte dann aber sofort eine rasante Karriere. Man machte ihn nicht nur zum neuen Kreisvorsitzenden. Schon vorher war er Mitglied des Bezirksvorstandes der CDU und des Bezirkstages, Mitglied im Nationalrat der Nationalen Front und im Deutschen Friedensrat. Die SED überhäufte ihn mit Auszeichnungen.[58] Die CDU in Greifswald erreichte damit die höchste repräsentative Höhe, die sich die SED für sie vorstellen konnte.

---

[55] Einschätzung der CDU-Kreisdelegiertenkonferenz am 26.5.1956 bei Gastwirt Schmöckel in der ›Traube‹, dem Verkehrslokal der Deutschnationalen in Greifswald, in: VpLA. Kreisleitung Greifswald, IV/4/02/470.

[56] Der SED-Bericht vermittelt das Bild eines etwas chaotischen Verlaufs der oben genannten Versammlung, weil Buschkowski das Verfahren nicht in der Hand hatte.

[57] Im Westen hielt man ihn für würdig, in die Schrift ›Ehemalige Nationalsozialisten in Pankows Diensten‹ aufgenommen zu werden. Untersuchungsausschuß Freiheitlicher Juristen (Hrsg.), 1965.

[58] Aufstellung von 1962, in: VpLA. Bezirksleitung Rostock, IV/2/15/1371.

Die traditionelle Wertschätzung eines Professors hatte sich in der Partei und in der DDR-Gesellschaft erhalten, auch und besonders im Restbürgertum. Ein Theologe war gegenüber der Kirche hervorragend präsentabel. Zusammen mit der geglückten Neubesetzung des Sekretariats war die Krise der Greifswalder CDU damit einigermaßen behoben. Die Fassade blieb gewahrt. Kehnscherper selbst resümierte Ende der sechziger Jahre allerdings zutreffend, die Stagnation in der Greifswalder Ortsgruppe sei de facto weitergegangen.[59] Er war dafür sehr prominent in den staatsnahen Gremien der DDR vertreten, die sich gegen die Verweigerungshaltung der Evangelischen Kirche engagierten. Kehnscherper funktionierte im Sinne der SED. Selten blitzte bei dem neuen Vorsitzenden Kritik am SED-Staat auf, die er in seiner herausgehobenen Position leichter hätte üben können als Lehmann oder Buschkowski.[60] Mit Kehnscherpers Eintritt in den Vorstand war ein Keil in die ansonsten geschlossene Kirchenfront der Stadt geschlagen, denn wer konnte nach außen hin glaubwürdiger die SED-Kirchenpolitik legitimieren als ein willfähriger Theologe?[61] Die CDU bekam Zugang zu den kirchlichen Kreisen, deren Pfarrernachwuchs durch die Schule Kehnscherpers ging.

In den Vorständen der CDU herrschten die Staatsbediensteten vor. Unter dem Druck der SED entwickelte sich damit eine Analogie zu den Verhältnissen in der NS-Zeit. Das freiwillige Engagement für die Politik hörte auf, die Parteien existierten und ›lebten‹ als Anhängsel der staatlichen Stellen, die in der Lage waren, politische Sachzwänge zu schaffen, denen sich ihre Mitarbeiter nicht entziehen konnten. Deswegen wurden Staatsbedienstete Parteimitglied und traten öffentlich für die DDR ein. Einerseits band die CDU damit das möglicherweise kritische Bevölkerungspotential christlicher Bürger ein und stellte Kritik still. Andererseits schirmten diese wenigen aktiven CDU-Politiker die Christen auch gegen die Anforderungen der SED ab. Einige ›Unionsfreunde‹ verinnerlichten dabei völlig, was die SED von ihnen forderte, und funktionierten besser, als es notwendig gewesen wäre. Bei den meisten herrschten hingegen reine Nützlichkeitserwägungen vor, bis hin zur simplen Verstellung. Anpassen mußten sich freilich alle. Je länger die DDR existierte, desto perfekter funktionierte dieses System der persönlichen Kompromisse.

Mustert man die Reihen der Parteihonoratioren und ihr Verhalten einmal durch, dann fallen zwei Punkte auf. Zum einen ist es das Hineinragen einer älteren politischen Kultur in die DDR. Die CDU der fünfziger Jahre war in ihrem Führungspersonal eng an die konservativ-nationalen Netzwerke der zwanziger Jahre gebunden. Zum anderen sticht die Tatsache hervor, daß die

---

[59] Text Kehnscherper, in: Chronik der CDU-Greifswald, o. S., in: Akten der CDU-Greifswald.
[60] Bericht Kehnscherper von einer Parteischulung in Lubmin am 10. 1. 1971, in: ACDP. II-230-003/3.
[61] Stellungnahme Kehnscherpers vom September 1960, in: VpLA. Kreisleitung Greifswald, IV/4/02/375.

Partei eine Art Rückversicherung für Leute war, die irgendetwas zu verteidigen hatten.[62] Ein uneigennütziges, nur weltanschaulich angeleitetes Engagement für die Partei gab es offenkundig nicht.
Hans Mühlenbeck hielt über alle Turbulenzen hinweg die Ratsapotheke
am Markt in Familienbesitz.[63] Dabei half ihm sein Parteiengagement. Getreu der langen Tradition seiner Familie, sich für die Stadt einzusetzen, trat
er als ehrenamtlicher Stadtrat auf, kümmerte sich im Greifswalder Ortsvorstand um das Gesundheitswesen und stellte der Partei sein Auto zur Verfügung.[64] Die Familie gehörte zum Restbürgertum der Stadt, man unterhielt
gesellige Kränzchen mit den Damen der leitenden Herren von Kirche und
Konsistorium. Seine Tochter übernahm Anfang der siebziger Jahre bis 1990
den Parteivorsitz in der Stadt.
Prof. Heinz Röhrer war ebenfalls ein prominentes Mitglied der CDU.
Seit 1948 leitete er die Seuchenforschung auf der Insel Riems. Durch seine
CDU-Mitgliedschaft seit 1951 und sein Renommee als Wissenschaftler
konnte er die nur schwer zugängliche Insel von politischen Einflüssen der
SED lange Zeit weitgehend freihalten. Als Nationalpreisträger war er politisch unantastbar. Die SED stattete ihn mit so viel Ehrungen aus, um ihn im
Land zu halten, daß sie am Ende selbst nicht mehr an seinem Einfluß vor-
beikam.[65] Sogar einzelne SED-Mitglieder in seiner Umgebung verführte
diese Situation zum Übertritt in die CDU.[66] Er repräsentierte gelegentlich
für die Partei, zahlte namhafte Spendenbeträge, interessierte sich jedoch offensichtlich nur mäßig für Politik. 1954 trat er in den Hauptvorstand der
Partei und in die Volkskammer ein, der er bis 1962 angehörte.[67]
Elisabeth Krah machte die ungewöhnlichste Karriere in der CDU. Als
ehemalige NS-Frauenschaftlerin und Aktive der evangelischen Frauenarbeit
sowie als Ehefrau des bis 1945 amtierenden Landgerichtspräsidenten hatte
sie nach 1945 einige schlimme Jahre erlebt. Ihre Söhne waren im Krieg

---

[62] Vgl. die immer wieder vorgenommenen ›Einschätzungen‹ jedes Vorstandsmitgliedes
durch die SED, stets mit dem Zusatz versehen, ob jemand seine Funktion behalten könne
oder nicht, z.B. vom 7.1.1955, in: VpLA. Kreisleitung Greifswald, IV/4/02/470 oder
vom 16.12.1953, ebd.

[63] Er hatte sie von seinem Großonkel Nitzelnadel geerbt, der am konservativ-nationalen
Stammtisch in der ›Domburg‹ verkehrt hatte. Die SED charakterisierte ihn als »Typ des
biederen Bürgers«, in: VpLA. Kreisleitung Greifswald, IV/4/02/470. Ferner mündliche
Auskunft U. Mielsch, seiner Tochter.

[64] Schreiben E. Jenssen an den Landesvorstand vom 21.12.1950, in: ACDP. III-036-041.

[65] Riems war wegen seuchenpolizeilicher Bestimmungen nicht frei zugänglich. Die Insel
vor Greifswald war der SED in den fünfziger Jahren beständig ein Dorn im Auge. Besonders deutlich im Zusammenhang mit dem 17. Juni 1953. Dazu Bericht über die am
6.7.1953 durchgeführte Belegschaftsversammlung, in: VpLA. Kreisleitung Greifswald,
IV/4/02/362.

[66] Der hochgeachtete Wissenschaftler P. trat zum Ärger der SED 1952 zur CDU über. Die
SED verargte ihm seinen Opportunismus: »Er sieht nur seine wissenschaftliche Arbeit
und seinen Vorteil.« Einschätzung vom 7.1.1955, in: VpLA. Kreisleitung Greifswald,
IV/4/02/470.

[67] J. CERNY (Hrsg.), Wer war wer?, 1992, S. 375.

getötet worden, ihr Mann kam als gesundheitliches Wrack aus der Internie-
rung in Neubrandenburg zurück und starb wenig später. Sie selbst hatte
Sühnearbeiten auferlegt bekommen.[68] 1947 war sie der CDU beigetreten
mit dem persönlichen Ziel, neu zu beginnen und für ein neues Deutschland
zu streiten. Sie war nach den Erfahrungen der Nachkriegszeit der DDR und
vor allem der CDU dankbar, daß ihr ein neuer Anfang möglich geworden
war, und engagierte sich für ein vermeintlich ›besseres‹ Deutschland. Das tat
sie mit dem gleichen Nachdruck und im gleichen Stil, mit dem sie vor 1945
für nationale Ziele eingetreten war. Seit 1950 bis Anfang der sechziger Jahre
war sie in der Stadtverordnetenversammlung, zeitweise als Fraktionschefin.
Sie stieg in den Bezirkstag und Bezirksvorstand ihrer Partei auf und hielt
Kontakt zum Demokratischen Frauenbund, bei dem sie seit 1949 im Kreisvorstand saß. Zeitweilig gehörte sie dem Deutschen Frauenrat an.[69] Obwohl
ein kleines Erbe im Westen ihr ein Leben dort ermöglicht hätte, blieb sie
bewußt in der DDR und kehrte in ihren Beruf als Lehrerin für alte Sprachen
zurück.

Bei ihr ist die gelungene Umprägung der tief verinnerlichten obrigkeitsstaatlichen Gehorsamsbereitschaft und des Patriotismus durch die SED am
deutlichsten. Mit dem gleichen autoritären Stil und der gleichen leicht her-
ablassenden Haltung gegenüber den ›grundsätzlich gutartigen, aber leider
etwas ungebildeten einfachen Menschen‹ vermittelte sie die neuen Inhalte.
Bei ihren regelmäßigen CDU-Frauentreffen belehrte sie die »älteren Freundinnen«, die in »mancherlei Unkenntnis« verharrten, über die Vorzüge der
DDR gegenüber der Bundesrepublik und konnte erfreuliche Lernbereit-
schaft feststellen.[70] Ermahnungen, die Pflicht gegenüber dem DDR-Staat
zu erfüllen und die graue Wirklichkeit doch bitte positiv darzustellen, sofern
Westbesuch komme, gehörten dazu. Beim Frauennachmittag der CDU las
sie Geschichten vor, präsentierte ein ›gutes‹ Buch und sammelte Spenden für
ein Kinderheim.[71] Dieses Programm lag vollständig in der Kontinuität dessen, was bürgerliche Frauenvereine der Stadt seit Jahrzehnten praktizierten.
Der Staat war der Staat geblieben, die Pflicht war ein Wert an sich und soziales Engagement war Aufgabe eines jeden guten Bürgers. Die konservativen Wertbezüge schimmerten unter der Oberfläche deutlich hervor.

---

[68] Mündlicher Hinweise von H. H. Jenssen.
[69] Aufstellung ihrer Funktionen von 1962, in: VpLA. Bezirksleitung Rostock, IV/2/15/
     1371.
[70] Bericht E. Krah von einem Treffen christlicher Frauen am 3. 3. 1967, in: ACDP. II-230-
     008/2.
[71] Berichte von E. Krah von 1964 o. D. u. vom 12.6.1964, in: ACDP. II-230-007/3.

d) Zwischenbilanz: Die CDU als gleichgeschaltete Partei

Die CDU in Greifswald trug zweifelsohne bis in die sechziger Jahre die Tradition der christlich-konservativen Strömung im nationalen Lager weiter. Die strukturellen Merkmale ihrer Mitgliederbasis, die sichtbaren personellen Kontinuitäten und auch die gebrochene und vieldeutige Bindung an die Religion standen in deutlicher Kontinuität. Auf ein geschlossenes Milieu konnte sie sich allerdings nicht mehr stützen, dafür waren die Einbrüche der SED in das politische Vorfeld zu offensichtlich, autonome Organisationsmöglichkeiten nicht vorhanden und die Ablehnung durch die Kirche und aktive Christen zu stark. Die CDU sammelte dennoch Menschen, die durch ihre Parteimitgliedschaft verdeutlichen mußten, daß sie Christen, aber dennoch loyale Staatsbürger waren. Bei aller weltanschaulichen Distanz zur SED und ihrem Atheismus hatte die Partei keine Möglichkeit der ideologischen oder politisch-kulturellen Abgrenzung. Die Bindung der Basis aneinander und an ein politisches Vorfeld war dadurch wenig konturenscharf. Die Partei bildete keinen geschützten Rückzugsraum.

Die Entwicklung der CDU-Basis in den fünfziger und sechziger Jahren war nicht das voraussehbare Ergebnis der SED-Planung. Die anvisierte »Durchherrschung« der christlich-konservativen Gesellschaftsteile brach sich an den Bedingungen in diesem Bevölkerungssegment. Die Gesellschaft war keineswegs entdifferenziert. Ihre Veränderungen spiegelten sich in der Partei wider und beeinflußten sie. Interessen bestimmter Gruppen, von der Gestaltung eines SED-freien Raumes für Geselligkeit bis hin zu Gruppenforderungen in religiösen oder beruflichen Fragen ließen sich als konstitutive Faktoren der Partei nachweisen. Die Anforderungen der SED an die CDU erfüllten sich eher nicht, denn die eigendynamischen Prozesse der Gesellschaft wirkten weiter. Die CDU blieb von der Gesellschaft abhängig, sie blieb weiterhin Ausdruck gesellschaftlicher Entwicklungen, obwohl sie die Probleme ihrer Klientel nicht so vertreten konnte, wie das notwendig gewesen wäre.

Wesentlich für die Partei war die Bindung an die Kirche und an die Religion, auch wenn ihr das in den fünfziger und sechziger Jahren zunächst eher schadete als nützte. Ein Verhältnis zur Partei behielten nur jene Menschen, die mit dem christlichen Anspruch der CDU und der verbindlichen Interpretation dieses Anspruchs durch die SED etwas anfangen konnten. Durch diese Verknüpfung gab es für die meisten Mitglieder ein Motiv, Mitglied zu bleiben oder zu werden, das über die persönlichen Interessen oder Geselligkeitsbedürfnisse hinausging. Da die SED die Auseinandersetzung mit der Religion als weltanschauliche Angelegenheit sah und keinen anderen Konflikt mit derart penetranter Beständigkeit pflegte, war die Basis der Partei durch den immer spürbaren Außendruck gut integriert. Als bekennender Christ, und der war man in gewisser Weise, wenn man sich der CDU anschloß, stand der Unionsfreund von vornherein im Verdacht mangelhafter Loyalität zum herrschenden Regime, wenn nicht der Gegnerschaft. Daraus erklärt sich die Festigkeit der Basis bei allem Verfall und trotz aller Untätigkeit und Marginalität der Partei.

In der CDU ist die Verwobenheit alter und neuer Strukturen auffällig. Bis weit in die sechziger Jahre hinein war die CDU stark ein Überhangphänomen politischer und gesellschaftlicher Verhältnisse der Weimarer Republik, durchsetzt mit Entwicklungen der vierziger und fünfziger Jahre. Sie wiederum waren vielfach biographisch oder familiär an diese älteren Zusammenhänge gebunden. Das Nebeneinander von alt und neu war auch in der Partei sichtbar. Einige wenige Honoratioren standen für die ganze Partei, womit die CDU an bürgerliche Politiktraditionen anknüpfte. Dieses Verhältnis förderte die SED, denn einzelne prominente Figuren waren leichter zu steuern als anonyme Versammlungen. Den Honoratiorenstatus der bürgerlichen Blockparteipolitiker bestimmte allein die SED, weil sie den Zugang zu Medien ermöglichte, Posten oder Ehrungen vergab. Der politische Orientierungswert von Professoren oder stadtbekannten Bürgern war in Greifswald ungebrochen. Was die Mitgliederschaft machte, war für die SED zweitrangig, solange sie nicht aufbegehrte, wofür die Honoratioren zu sorgen hatten. Das schuf gewisse kleine Freiräume für die Basis. Das ließ aber auch die Partei in sich zerfallen, denn es gab nur noch administrative und repräsentative Verpflichtungen der Vorstände. Das Sekretariat war ein eigenständiger Faktor. Die Basis und die Elite konnten gut ohneeinander leben.

Ein zunehmendes Auseinanderfallen von eher systemgegnerischer Basis und systemkonformen Parteiführungen von der Kreisebene aufwärts ist gleichwohl nicht zu erkennen, denn auch in der CDU hielten sich nach dem Abflauen der Verfolgungsmaßnahmen spätestens seit 1954 jene Kräfte, die ein persönliches Interesse mit einer Parteimitgliedschaft verknüpften. Allein das Maß und die Motive der Anpassung von lokaler Parteispitze und Basis unterschieden sich, denn auch die bürgerliche Blockpartei gehörte zum Bereich der SED-kontrollierten politischen Öffentlichkeit. Dabei blieb die CDU an jenen Teil der Gesellschaft gebunden, der 1946 mobilisiert worden war. Sie blieb die Partei des christlich-konservativen, des absterbenden Restes des alten Lagers in der Gesellschaft. Sie blieb eine besondere und abgesonderte Gemeinschaft mit einer eigenen Geselligkeit. Dennoch gab es keine explizite Abgrenzung oder organisatorische Verdichtung, keine Milieubildung. Die CDU und ihr Vorfeld waren integrierte Bestandteile der DDR-Gesellschaft. Weil die störungsfreie Bindung an ein Milieu oder ein ausgeprägtes eigenes Vorfeld fehlte, zerfiel die Partei. Ihr war die Möglichkeit der Nachwuchsrekrutierung genommen, sie war nicht mehr attraktiv.

3. Ein Spielfeld für die Nationalisten: Die NDPD

a) *Gründung, Aufschwung und Mitgliederentwicklung*

Wohl selten hat die SED mit ihrer Analyse der gesellschaftlichen Grundlagen ihrer Gegner so genau den Punkt getroffen wie im Fall der Nationaldemokratischen Partei (NDPD). Sie wurde 1948 ins Leben gerufen. Mit dieser Parteibildung gelang es der Einheitspartei, gleich mehrere anstehende Schwierigkeiten zu lösen. Die Geschichte der NDPD-Gründung belegt, daß die SED zu Beginn ihrer Herrschaft in der Lage war, Probleme richtig zu analysieren und sie in ihrem Sinne erfolgreich anzugehen. Die Partei füllte eine Lücke im nichtsozialistischen Lager, sie entsprach einem gesellschaftlichen Bedürfnis, und sie nutzte sehr geschickt strukturelle Verwerfungen der bestehenden Blockparteien. Sie fußte auf jenen Trennlinien in der Gesellschaft, die sich mit dem allmählichen Zerfall des konservativ-nationalen Milieus seit 1929 ergeben hatten.[1] Der Erfolg dieser Retortenpartei belegt, wie sehr die SED in ihrer Gesellschaftsanalyse den zwanziger Jahren verhaftet war, denn die Entwicklungen ihrer Gegner seitdem erfaßte die Partei völlig zutreffend. Das sollte ihr später mit der sich wandelnden Gesellschaft nie wieder so exakt gelingen.

Die NDPD war in Greifswald ein außerordentlicher Erfolg. Mehrere Überlegungen standen offenbar Pate bei ihrer Geburt. Daß es ein erhebliches, unterdrücktes nationalistisches Potential nicht nur in der regionalen Gesellschaft gab, war nach dem Krieg jedermann bewußt.[2] Immerhin hatte diese Strömung bis etwa 1943 die NSDAP wesentlich mitgetragen und somit den Krieg ermöglicht. Es war unrealistisch anzunehmen, der Nationalismus sei 1945 einfach verschwunden, denn fast die gesamte jüngere Generation der seit 1895 Geborenen war in dieser Tradition herangewachsen. Dieses Potential drohte zum Problem zu werden, weil 1947/48 eine Reihe von Veränderungen anstand, die sich aus der neuen Situation des Kalten Krieges ergaben. Eine Konsolidierung der Sowjetischen Zone und der Verhältnisse an der Ostgrenze erschien notwendig. Es gab jedoch drei große Gruppen in der Gesellschaft, die aufgrund des Krieges und seines Ausganges in der Gefahr standen, empfängliche Ansprechpartner einer nationalen Agitation zu werden: die Heimkehrer aus der sowjetischen Gefangenschaft[3], darunter viele Offiziere, die das Führen und Befehlen gewohnt wa-

---

[1] Die NDPD wird in der bisherigen Forschung zur DDR vernachlässigt, wohl auch, weil sie kein Pendant im Westen hatte und 1989/90 untergegangen ist. Neuere Arbeiten dazu: für den Forschungsstand bis 1989: J. Haas, 1987; P. J. Lapp, Befreundete Parteien, 1988; J. Frölich, Transmissionsriemen, 1995; G. Gottberg, 1995, fassen erste Ergebnisse der Forschung kurz vor und nach dem Umbruch in der DDR zusammen.
[2] Zu den Hintergründen, D. Staritz, Geschichte der DDR, 1996, S. 14 ff., bes. S. 15.
[3] Die SED engagierte sich hier erheblich, um Unruhen vorzubeugen. Berichte von Heimkehrerkonferenzen der DSF, in: VpLA. Kreisleitung Greifswald, IV/4/02/56. Das Problem war eigentümlicherweise zu einem guten Teil an die DSF delegiert. »Wenn es der

ren, die noch nicht integrierten Flüchtlinge, denen man den endgültigen Verlust ihrer Heimat zumuten mußte, und die von der Entnazifizierung, von den ›Säuberungen‹ in Schulen, Behörden und Verwaltungen Betroffenen ›Ehemaligen‹. Es erschien klug, dieses Unruhepotential, dessen Stärke in die Millionen gehen konnte[4], rechtzeitig einzubinden, um es zu neutralisieren. Gleichzeitig waren diese zu einem großen Teil gut ausgebildeten Menschen für den Wiederaufbau von Verwaltung und Wirtschaft hervorragend einsetzbar, denn der Aderlaß der alten Eliten sorgte für erhebliche Schwierigkeiten. Der Gedanke, hier sei ein Potential zu gewinnen, das sich Dank der Wehrmachts-, Verwaltungs- und Parteierfahrung in Kommandostrukturen gut einfügen würde, war naheliegend. Faßte man diese Gruppen auch noch in einer eigenen Partei zusammen, dann konnte man sie ferner als gesamtdeutschen Trumpf in der absehbaren Auseinandersetzung um die Einheit der Zonen einsetzen. Im Westen gab es eine solche Partei nicht. Außerdem sammelte diese neue Organisation Männer mit einer Militärvergangenheit, auf die eine neue Armee gegebenenfalls zurückgreifen konnte.

Hinzu trat eine machtpolitische Überlegung. Das nationalistisch vorgeprägte Bevölkerungspotential war, soweit es bereit war, sich politisch neu zu binden, seit 1945 zu einem guten Teil in die bürgerlichen Blockparteien eingetreten. Eine neue Partei im nichtsozialistischen Lager spaltete deren Basis weiter auf und schwächte damit die Gegner der SED. Ansatzpunkt dieser Spaltung war der alte Mittelstand aus Handel und Gewerbe, der in Greifswald traditionell nur in seiner Lagerpräferenz, nicht aber parteipolitisch eindeutig festgelegt war. Überdies neigte der Mittelstand dazu, keiner Partei angehören zu wollen, um eine eigenständige politische Interessenvertretung zu versuchen. Er war von den 1948 verstärkt anlaufenden Maßnahmen zur Gleichschaltung der Wirtschaft besonders betroffen und wegen der Hilflosigkeit von LDPD und CDU höchst unzufrieden mit seiner politischen Vertretung. Diese Gruppe war daher leicht aus den bestehenden Parteien herauszubrechen.

Das Kalkül der SED und der Besatzungsmacht lief darauf hinaus, allen diesen Gruppen ein Angebot in Form einer neuen Partei zu machen, die von Anfang an fest in der Hand der SED war. Die Gruppen wurden quasi vorbeugend unter Kuratel gestellt und dann umerzogen, denn die SED errichtete eine pädagogische Diktatur. Sie wollte die Gesellschaft durch Erziehung verändern. Weil die SED das Gründungsverfahren von der Eliten-

---

Partei nicht gelingt, entscheidend in die Lenkung der zurückkehrenden Kriegsgefangenen einzugreifen, werden wir eine nicht wieder gutzumachende Schlappe erleiden.« Zitat aus Schreiben der SED-Landesleitung an die Kreisleitung vom 20.4.1948, in: VpLA. Kreisleitung Greifswald, IV/4/02/107. Dort mehrere Hinweise auf die Arbeit mit Heimkehrern.

[4] Allein bei den entlassenen Kriegsgefangenen rechnete die SED 1948 in Mecklenburg mit 50 000 Personen, vgl. ebd.

rekrutierung bis zur Schaffung und Forcierung eines Mitgliederzulaufs diri-
gierte, eröffneten sich der neuen Partei in der Propaganda ungeahnte
Möglichkeiten.

Die Keimzelle der NDPD in Greifswald war wie überall das Nationalkomitee Freies Deutschland (NKFD), das offenbar auch drei Jahre nach
Kriegsende noch in der Lage war, die einst in der Sowjetunion rekrutierten
und geschulten Männer zu mobilisieren. An der später zum Gründungsakt
erhobenen Konferenz in Potsdam am 25. Mai 1948 nahmen der Univer-
sitätskurator Franz Wohlgemuth von der SED[5], einstmals Dozent in einem
Lager des NKFD und ›Mann hinter den deutschen Linien‹, sowie Prof.
Hans Beyer teil.[6] Auch er war ein in sowjetischer Gefangenschaft umgepol-
ter Wehrmachtsoffizier und dann Assistent in der Schulungsarbeit des
NKFD gewesen.[7] Beide waren Stalingradkämpfer und kannten sich aus
dem Lager Krasnogorsk.[8] Der Stalingradmythos, die Niederlage hatte lokal
tiefe Spuren hinterlassen, stand Pate bei der Gründung der Greifswalder
Partei. Während Wohlgemuth sich wieder zurückzog, wurde Beyer Ende
1948 zum ehrenamtlichen Kreisvorsitzenden erhoben. Der lokale Grün-
dungsausschuß, einer von zu diesem Zeitpunkt vieren im Lande Mecklenburg, erhielt den Status eines Kreisvorstandes, eine eigene Geschäftsstelle
fast genau dort, wo bis 1945 die Kreisleitung der NSDAP residiert hatte[9],
und einen Geschäftsführer. Eine Basisbewegung zur Gründung gab es
nicht.[10] Der Landesvorstand in Schwerin unter dem verdienten Altkom-
munisten Jonny Löhr administrierte und verteilte eine Anschubfinanzie-
rung.[11]

Beyer war lokal der geeignete Gründungsvorsitzende, weil er als Professor genügend Ausstrahlung auch über die engere Zielgruppe hinaus besaß.[12]
Um sein Ansehen zu heben, machte ihn die SED 1949 zum Dekan seiner
Fakultät und 1950 gar zum Rektor der Universität. De facto, so stellte sich
wenig später heraus, interessierte er sich sehr wenig für seine Partei; sehr

---

5   G. Gottberg, 1995, S. 75. Sowie J. Frölich, Transmissionsriemen, 1995, S. 1545 ff.
6   Die Hinweise zu Wohlgemuth und seiner Rolle im NKFD verdanke ich Jörg Morré.
7   Zu Beyer und seiner NKFD-Vergangenheit, UA. Personalakte Beyer, Nr. 2243.
8   Rechenschaftsbericht über die Parteigründung bis zum 25. 8. 1948, in: SAPMO. DY 16,
    vorl. Nr. 1761.
9   Am nunmehr ›Platz der Freiheit‹ getauften ›Platz der SA‹, dem ursprünglichen ›Hohen-
    zollernplatz‹ Nr. 3a. Auch in Gotha residierte die NDPD vier Häuser neben der ehema-
    ligen Geschäftsstelle der NSDAP.
10 Sehr deutlich sind die Bemühungen in: SAPMO. DY 16, vorl. Nr. 1761 dokumentiert.
11 Löhr, Jonny, 1899–1967, in den zwanziger Jahren Mitarbeiter der Komintern, Studium in
    Moskau, seit 1941 Arbeit unter deutschen Kriegsgefangenen, 1945 KPD-Funktionär in
    der SBZ, bis 1948 in der SED. Seit 1948 in der NDPD. Funktionen in der IHK, Vorstand
    der NDPD, Botschafter in Rumänien.
12 Bis zum 25. 10. 1948 war die Partei noch nicht aufgetreten, in der Stadt berichtete man
    aber schon, ein Professor werde Vorsitzender werden. Schreiben CDU-Kreissekretär an
    Landesvorstand vom 25. 10. 1948, in: ACDP. III-036-041.

deutlich nutzte er sie als Karrierevehikel.[13] Auch die ersten Mitglieder kamen aus der SED. Die CDU beobachtete, daß besonders jene, die im Zuge des ›verschärften Klassenkampfes‹ aus der SED ausscheiden mußten, mit Wissen der Einheitspartei in die NDPD gingen.[14] Auch einer der ersten Geschäftsführer, der Abkömmling einer Greifswalder Gastwirtsfamilie, Heinz Trotzki, kam von der SED, der er im Januar 1948 beigetreten war.[15]

Daß die Partei eine Mogelpackung war, konnte niemand übersehen. Der Zulauf hielt sich daher zunächst in Grenzen. Doch der Geschäftsführer der Greifswalder CDU merkte sehr richtig an, die Partei sei für die gleichen Personengruppen interessant, die auch in die CDU eintreten könnten. In bürgerlichen Kreisen werde so etwas sehr nüchtern kalkuliert. Die CDU-Mitgliedschaft habe den Nachteil, unbequem für ihre Mitglieder zu sein, weil die SED sie verfolge; sie sei mit der Aura der ›Reaktion‹ behaftet, von der man sich leicht befreien könne, wenn man jetzt in die NDPD eintrete.[16] Daß diese Einschätzung zutraf, zeigte sich als erstes bei den Studenten, unter denen sich schon im Januar 1949 eine NDPD-Gruppe bildete. Sie gewann drei parteilose Studentenratsmitglieder, die vorher mit der CDU zusammengearbeitet hatten.[17]

Am 7. Februar 1949 hielt die NDPD ihre erste Kundgebung in der Stadthalle ab, 450 Zuhörer kamen.[18] Die SED-Medien berichteten und förderten somit das Projekt. Das setzte eine gewisse Dynamik in Gang, denn plötzlich begann sich die zugewiesene Klientel für die Partei zu interessieren. Der legendäre Oberst a. D. Rudolf Petershagen, auch er Stalingradkämpfer, sogar Ritterkreuzträger und ebenfalls NKFD-geschult, 1948 aus der Gefangenschaft entlassen, sowie sein Adjutant in den letzten Kriegstagen, Johannes Schönfeld, ehemaliger Finanzbeamter und NSDAP-Mitglied aus Stettin[19], traten der Partei bei. Beide leitete ganz eindeutig die Aussicht auf Reintegration in das Berufsleben. Die Partei half ihnen mit Posten, wofür sich die bei-

---

[13] Als Beispiel für immer wiederkehrende Kritik, Schreiben des Landesverbandes an den Berliner Vorstand, 15. 11. 1950, in: SAPMO. DY 16, vorl. Nr. 1410. Er kümmere sich um nichts, lasse sich seine Referate vom Geschäftsführer schreiben und lese sie dann auch noch schlecht vor. Man habe ihn gegen zehn Uhr morgens erst aus dem Bett holen müssen.

[14] Schreiben des CDU-Kreissekretariats vom 1. 12. 1948, in: ACDP. III-036-042.

[15] Trotzki stammte aus Greifswald, geb. 1914, hatte von 1933 bis 1936 dem SA-Spielmannszug angehört und war bis 1939 NSDAP-Parteianwärter gewesen. 1948 kam er aus französischer Gefangenschaft zurück. Schreiben SED-Kreisleitung an Landesleitung vom 12. 1. 1948, in: VpLA. Kreisleitung Greifswald, IV/4/02/107.

[16] Schreiben der CDU-Geschäftsstelle an den Landesvorstand vom 1. 12. 1948, in: ACDP. III-036-042.

[17] Protokoll des ersten Landesparteitages in Schwerin am 2. u. 3. 6. 1949, in: SAPMO. DY 16, vorl. Nr. 1761.

[18] Notiz in: SAPMO. DY 16, vorl. Nr. 1761.

[19] Geboren 1907, lt. Mitgliederkartei der NSDAP im November 1937 der NSDAP in Stettin beigetreten, was er in späteren Fragebögen nie angab, vgl. BA. ehem. BDC, NS-Mitgliederkartei.

den lebenslang dankbar erwiesen.[20] Petershagen war bis 1950 stellvertretender Kreisvorsitzender, danach Verwaltungsbeamter auf Usedom.[21] Schönfeld agierte von 1952 bis 1956 als Parteigeschäftsführer sowie von 1950 bis 1952 und ab 1956 als Stadtrat in der Greifswalder Kommunalverwaltung.[22]

Angezogen fühlte sich auch Erich Hoge, jener Strafverteidiger, der einer der frühen völkischen Radikalnationalisten in der Stadt gewesen war. Als Chef der Kyffhäuser hatte er zu den wichtigen Figuren im konservativ-nationalen Netzwerk der Stadt während der zwanziger Jahre gehört. Mit der NDPD und ihren unverhohlen nationalistischen Tönen sah er offenbar eine neue patriotische Kraft am Werk und schloß sich daher der Partei an, in der er offenbar schon 1949 in den Ortsvorstand aufrückte.[23] Als Mitglied tauchte auch der abgesetzte Studienrat Ferdinand Nagel auf, der im Vorstand des ›Evangelischen Bundes‹ gesessen hatte und 1932 einer der Wegbereiter der Deutschen Christen und der NSDAP gewesen war.[24] Das waren alles Männer, die einen hohen Bekanntheitsgrad in der lokalen Gesellschaft besaßen und prominente Figuren des Militärs oder des extremen Nationalismus gewesen waren. Wenn sie sich der Partei anschlossen, dann hatte das Signalcharakter für viele andere. Diesen Effekt nutzte die SED, indem sie diese Männer prominent in der ersten Reihe der NDPD plazierte.

Die Diskrepanz zwischen der Organisationswirkung nach außen und der -wirklichkeit nach innen war in der NDPD anfangs außerordentlich groß. Nach außen hin durfte die NDPD sagen und machen, was den etablierten Blockparteien längst verboten war. Ihr waren aggressive nationalistische Töne erlaubt, sie durfte die SED und in Nebentönen sogar die weithin verhaßte Besatzungsmacht angreifen. Der Wahlkampf 1950 entwickelte sich zu einem Höhepunkt dieser Propagandastrategie. Der Ton ihrer Reden, Wortwahl und Tenor erinnerten stark an die NSDAP und ihr Protestgebaren. In der bereits eintönig gewordenen politischen Landschaft mit ihren immer gleichen Parolen und Sprachregelungen war das eine Sensation. Politik in Versammlungen wurde plötzlich wieder zu einem Ereignis, die Menschen strömten herbei, weil es zu öffentlichem Streit kam. Zweifellos der Höhepunkt in Greifswald war die NDPD-Kundgebung am 21. April 1950, für die mit Lautsprecherwagen und im Kino geworben wurde. 750 Zuhörer füllten

---

[20] Petershagen bekam von Löhr eine Stelle in der Universitätskasse zugewiesen, woraufhin er sich der NDPD anschloß; Schreiben Petershagen an Löhr vom 16.1.1949, in: SAPMO. DY 16, vorl. Nr. 1761. Ferner Ansprache Petershagen vor dem Landesparteitag der NDPD am 3.6.1949 in Schwerin, ebd.

[21] Petershagens eigene Darstellung ist falsch; R. Petershagen, Gewissen, 1957, S. 138f. Dort wird der politische und vor allem persönlich vorteilhafte Hintergrund seiner Wiedereingliederung unterschlagen und die Reihenfolge der Ereignisse vertauscht.

[22] Petershagens Klage auf dem Parteitag der NDPD am 2. u. 3.6.1949 in Schwerin, Protokoll, in: SAPMO. DY 16, vorl. Nr. 1761.

[23] Entschließung der erweiterten Landesvorstandssitzung vom 24.9.1949, in: SAPMO. DY 16, vorl. Nr. 2276.

[24] Namenliste von 1955, in: StA. Rep. 7.1.2.1, Nr. 12.

die annähernd vollbesetzte Stadthalle. Der Redner Heinrich Neukirchen vom Landesvorstand in Schwerin schimpfte auf die bürgerlichen Blockparteien und die SED[25], woraufhin die »lebhaften Beifallsäußerungen [...] einen sehr intensiven Charakter annahmen.«[26] Unverhohlen wurde um die Mittelständler, sie waren unter den Zuhörern stark vertreten, und ehemalige Parteigenossen der NSDAP geworben – ein absolutes Tabu für die anderen Parteien. Die CDU wurde als reaktionäre, adenauerhörige Partei ›entlarvt‹, woraufhin es zum Wortwechsel zwischen dem Geschäftsführer der Christdemokraten, Willi Scheunemann, und dem Redner kam.[27] Die SED, die ebenfalls im Saale vertreten war, verhielt sich ruhig, sie wußte was gespielt wurde. Nur einige niedere Funktionäre machten bisweilen Schwierigkeiten, indem sie vor allem nach den Wahlen im Oktober 1950 versuchten, Mitglieder der NDPD in ihren beruflichen Positionen »auszuschalten«.[28] Nach außen hin entstand daher der Eindruck, hier entwickele sich eine Partei, die der SED Paroli biete, die kompromißlos für die deutsche Einheit auftrete, die Perspektiven auch in Sachen Ostgrenze entwickle.[29]

Der Wiedererkennungseffekt ihrer politischen Kultur war so groß, daß man davon sprach, sie sei »wie NSDAP nur ohne SA«.[30] Überdeckt wurde die völlige politische Abhängigkeit von der SED durch die betonte Pflege deutschnationaler Kulturauffassungen. Die NDPD durfte das »nationale Kulturerbe« in der DDR beschwören, um im gleichen Atemzug die »amerikanische Unkultur« zu geißeln, der das verkommene »westdeutsche Bürgertum« erliege.[31] Das bediente eine tiefsitzende Mentalität deutscher kultureller Überlegenheit im ehemaligen nationalen Lager und seinen bildungsbürgerlichen Gruppen. Es war eines der typischen Zugeständnisse, die der SED nichts kosteten. Die daneben nur unauffällig plazierten Aussagen vom hohen Nutzen der Blockpolitik beim Aufbau demokratischer Verhältnisse, der unverbrüchlichen Treue zur SED, zur Arbeiterklasse und ihrer fortschrittlichen Politik, zur Sowjetunion und vor allem der Hinweis,

---

[25] Neukirchen, Heinrich: Geb. 1915, seit 1936 in der Kriegsmarine, Oberleutnant, in sowjetischer Gefangenschaft vom NKFD geschult, 1949 NDPD bis 1959 als Geschäftsführer, 1951 Eintritt in die Streitkräfte, Aufstieg in die Leitung der DDR-Marine, 1959 SED-Beitritt.

[26] Bericht der NDPD-Greifswald vom 5.5.1950, in: SAPMO. DY 16, vorl. Nr. 1410.

[27] Schriftwechsel zwischen CDU und NDPD sowie die dazugehörenden Berichte, in: SAPMO. DY 16, vorl. Nr. 1410.

[28] Zitat aus einem Bericht über den Kreisverband Greifswald vom 10.12.1950, in: SAPMO. DY 16, vorl. Nr. 1017. Das Problem war eher die auffällig große Nähe zur SED. Daher beschwerte sich die NDPD anfangs über zu viel Lob von seiten der SED-Funktionäre. Dazu Rechenschaftsbericht zum Thema Parteigründung in Mecklenburg, 25.8.1948, in: SAPMO. DY 16, vorl. Nr. 1761.

[29] Die Parole lautete ›Nationaler Widerstand‹ gegen die Spaltung; verschiedene Notizen von 1950, in: SAPMO. DY 16, vorl. Nr. 1410. Dort auch die folgende Aussage.

[30] Zitat im Bericht von Mitte 1950 aus Mecklenburg, in: SAPMO. DY 16, vorl. Nr. 1458.

[31] Bericht der SED-Kreisleitung an die Bezirksleitung vom 21.5.1955, in: VpLA. Kreisleitung Greifswald, IV/4/02/470.

daß die am 6. Juli 1950 verbindlich anerkannte Oder-Neiße-Grenze endgültig sei, gingen im Feuerwerk der nationalistischen Parolen unter. Daß
die NDPD de facto stark auf die Arbeit in der DSF und der Deutsch-Pol-
nischen-Gesellschaft festgelegt wurde, also das Gegenteil von dem tat, was
sie an Eindrücken erzeugte, wurde den meisten Menschen wohl erst allmählich deutlich.[32]

Gleichzeitig mit der nationalistischen Werbeinitiative lief eine äußerst
scharfe parteiinterne Kontrolle und Anleitung sowohl was die Arbeit als
auch was die Personalpolitik betraf. Ständig überprüften Kommissionen,
die aus Berlin nach Schwerin oder Greifswald oder vom Landesvorstand in
die Kreise entsandt wurden, wie dort gearbeitet wurde, welche Haltung die
NDPD-Mitglieder vor Ort einnahmen, wie engagiert und fleißig sie waren.[33]
Der SED war bewußt, daß sie mit politisch gefährlichen Fragen hantierte,
daß im Nationalismus eine Dynamik steckte, die ihre Macht gefährden
konnte. Daher fühlte sie sich offenbar bemüßigt, eine strenge Vormundschaft einzurichten. Die NDPD war daher von vornherein zentralistisch aufgebaut und mußte nicht mehr mühsam gleichgeschaltet und unterwandert
werden. Als Hoge im Herbst 1949 in einer Versammlung die positiven Aussagen der Partei zur Endgültigkeit der Ostgrenze scharf kritisierte, ordnete
der Landesvorstand am 24. September 1949 den sofortigen Ausschluß Hoges
und eine ›Säuberung‹ der noch kaum etablierten Greifswalder Partei, vor
allem seines Ortsvorstandes, an, wo Hoge offenbar Mitstreiter hatte.[34] Die
echten Nationalisten waren ganz offensichtlich unerwünscht, sie sollten keinen Freiraum erhalten.

Nach dieser Aktion beobachtete der Landesvorstand weiterhin die lau-
fende Tätigkeit des Kreisverbandes und griff immer wieder direkt mit
detaillierten Anweisungen in die Arbeit und die Zusammensetzung des Personals ein. Im Herbst und Dezember 1950 folgten Besuche durch Kommissionen, zum Teil ohne Voranmeldung. Sie zeichneten ein insgesamt desola-
tes Bild von der Partei. Schmutz und Unordnung in der Geschäftsstelle,
desorientierte und liebedienerische Vorstandsmitglieder sowie jede Menge
kleinlicher Zank. Der nach außen hin so gefeierte Kreisvorsitzende Prof.

---

[32] Zu DSF und Deutsch-Polnischer Gesellschaft, VpLA. Kreisleitung Greifswald,
IV/4/02/56. Zur Festlegung der NDPD auf diese Themen, Protokolle von Landes-
arbeitskonferenzen von 1950, in: SAPMO. DY 16, vorl. Nr. 1333. Ob die Berichte die
Realität widerspiegeln, muß zum Teil doch eher bezweifelt werden.
[33] Beliebt waren z. B. unangekündigte Kontrollen und heimlich entsandte Beobachter. Bericht von der Kreiskonferenz 1950, in: SAPMO. DY 16, vorl. Nr. 1762. Die Zentrale griff
ständig in die Personalpolitik ein; Beispiele dazu in: SAPMO. DY 16, vorl. Nr. 1421.
Hier waren die Kreise weder bei der Besetzung der Wahlämter noch der Funktionen zu
irgendeinem Zeitpunkt autonom.
[34] Entschließung des erweiterten Landesvorstandes vom 24. 9. 1949, in: SAPMO. DY 16,
vorl. Nr. 2276. Dort ist ungeschminkt von »nationalistischen«, »revanchelüsternen« und
»sowjetfeindlichen« Einstellungen die Rede.

Beyer wurde wegen seines demonstrativen Desinteresses an der Parteiarbeit hart kritisiert.[35]

Die Arbeit wurde von zwei Gruppen getragen. Einmal waren es Männer und Frauen, die der Ehrgeiz trieb, wieder in das Berufsleben zurückzukehren, die ihre Rückkehr mit einem Parteibeitritt abgesichert hatten. Ihr Engagement war gering oder auf die Produktion von Schein gerichtet.[36] Als zweite Gruppe traten die von der SED abgeordneten Leute auf.[37] Zwischen diesen Gruppen herrschten intrigenhafte Auseinandersetzungen, die besonders Petershagen und Trotzki ausfochten. Petershagen, der als Galionsfigur bestens geeignet war, fiel durch seinen Opportunismus gegenüber jeder Autorität sogar den Instrukteuren aus Berlin unangenehm auf.[38] Mehr als Dienst nach Anweisung machte man in Greifswald in jedem Fall nicht. Es herrschte im Gegensatz zur Dynamik und Aufbruch suggerierenden Propaganda Egoismus, Desinteresse, Unfähigkeit und Apathie. Auch mit der gewünschten sozialistischen Moral war es in der Parteileitung nicht weit her, denn Liebesaffären, Republikfluchten und Griffe in die Kasse unterhöhlten die Leistungsfähigkeit der Geschäftsstelle.[39] Erst ab 1951, nachdem Petershagen wegen seiner permanenten Störungen nach Ahlbeck weggelobt worden war und Trotzki nach Berlin wechselte, konsolidierte sich die Partei.

Der Zyklus der Zu- und Abwanderung von Mitgliedern hing nicht mit den Zahlen der CDU zusammen. In den ersten anderthalb Jahren ihres Bestehens bis zum Frühjahr 1950 mobilisierte die NDPD in Kreis und Stadt Greifswald rasch 627 Mitglieder, im Juli 1952 waren es 904, 1953 wußte die SED von rund 1200 Nationaldemokraten, im April 1954 war die Zahl auf 812 gefallen.[40] Deutlich übertraf die NDPD in Greifswald die CDU schon Anfang der fünfziger Jahre als stärkste der bürgerlichen Blockparteien. Seit dem 17. Juni 1953 ging es indes kontinuierlich bergab. Ende 1960 hatte die Partei 788 Mitglieder und Ende 1961 765. Dann erholte sie sich wieder und kletterte bis April 1965 auf 911. Gegenüber der SED gab sie immer höhere

---

[35] Bericht von der Kreiskonferenz der NDPD in Greifswald am 24.1.1950, in: SAPMO. DY 16, vorl. Nr. 1762.

[36] Klagen über das Desinteresse der Mitglieder gehörten zum Standardrepertoire fast jeden Kontrollberichts, hier Ergebnis der Parteiüberprüfung vom Herbst 1950 im Lande Mecklenburg, in: SAPMO. DY 16, vorl. Nr. 1410. Zu Greifswald, Berichtsbogen des Kreisverbandes vom 31.3.1951, in: SAPMO. DY 16, vorl. Nr. 1390.

[37] Wie hoch die Zahl ehemaliger SED-Mitglieder war, ist ungewiß, da die Angaben in der Parteistatistik schwanken. Ende 1950 war von 556 bei ca. 8000 Mitgliedern im Land die Rede; Notiz in: SAPMO. DY 16, vorl. Nr. 1025. Bis 1953 war diese Zahl auf 187 gefallen, dazu Zahlenbericht aus dem Bezirk Rostock, in: SAPMO. DY 16, vorl. Nr. 2436.

[38] Vor allem der Bericht vom 10.12.1950, in: SAPMO. DY 16, vorl. Nr. 1017. Der Streit im Kreisverband war eindeutig der Grund, weswegen man Petershagen 1950 nach Usedom versetzte und ihn nicht als Stadtrat in Greifswald beließ, wo er vier Wochen amtierte.

[39] Schreiben des Landesvorstandes an den Hauptvorstand vom 15.11.1950, in: SAPMO. DY 16, vorl. Nr. 1410.

[40] Die Zahlen sind verstreuten Angaben in den Akten der Berliner NDPD-Zentrale entnommen, u. a. SAPMO. DY 16, vorl. Nr. 1458, 2436, vor allem auch 2448.

Mitgliederzahlen an, als sie tatsächlich hatte.[41] Die SED reagierte auf dieses Geflunker und räumte ihr 1957 acht statt vorher drei Sitze in der Greifswalder Stadtverordnetenversammlung ein, drei mehr, als die CDU hatte.[42]

Besonders kennzeichnend war, daß die NDPD fast ausschließlich Mitglieder in der Stadt mobilisierte. 1960 gehörte Greifswald zu den größten zwölf Kreisverbänden der DDR, im Bezirk Rostock stand die Stadt hinter Rostock an zweiter Stelle.[43] Auf dem Lande durfte sie nicht unumschränkt tätig werden, hier war das Feld der Bauernpartei, die dafür im Gegenzug nicht in die Stadt ausgreifen durfte. Ende 1960 waren von den rund 800 Mitgliedern des Kreises 85,4 Prozent in Greifswald oder Gützkow beheimatet, was 15 Prozentpunkte über dem Bezirksschnitt der Kreisverbände lag.[44] 1950 vor der Wahl baute sie zwar 34 Ortsgruppen im Landkreis auf, die meisten hatten jedoch nur zwei bis drei Mitglieder.[45] In den Dörfern bestanden 1960 nur noch je neun Ortsgruppen und Stützpunkte, bei denen die Zahl der Mitglieder unter drei lag. Anfangs hatte die NDPD auch noch einen nennenswerten Arbeiteranteil, der 1950 in Greifswald bei 12,3 Prozent lag.[46] Auf diesem Feld untersagte ihr die SED sehr bald jede Werbearbeit.

Während die CDU beständig verfiel, hatte die NDPD gewisse Zyklen. Anfang der fünfziger Jahre stieg die Mitgliederzahl der NDPD, seit dem 17. Juni 1953 sank sie bis in die erste Hälfte der sechziger Jahre ab, um dann wieder anzusteigen. Die Gründe für dieses Auf und Ab haben mit dem Charakter der NDPD als Ehemaligenpartei und als Mittelstandspartei zu tun. Denn zumindest regional erreichte die NDPD diese beiden Ziele ihres Daseins. Die Mitgliederentwicklung wurde durch die Politik der SED gegenüber diesen Gruppen gesteuert. Dritter wesentlicher Punkt war ihr Charakter als gefahrlose und nichtchristliche Blockpartei für alle nichtsozialistischen Bevölkerungsgruppen. Sie war die neutralste und daher wichtigste Nischenpartei für die städtische Bevölkerung.

b) Die Ehemaligenpartei

Der anfängliche Erfolg der NDPD in der Bevölkerung ergab sich aus der Resonanz auf die nationalistische Propaganda und aus dem kalten Kalkül auf Seiten der Zielgruppen. Die NDPD war ein Angebot an alle Gruppen der DDR-Gesellschaft, die noch nicht mit ihrer Situation zufrieden waren. Mit Blick auf die Basis der Partei läßt sich daher sehr wohl sagen, daß sie eine Ehemaligenpartei war. Bisher hat man diese Charakterisierung zurück-

[41] Verschiedene Angaben von 1952 u. 1953, in: VpLA. Bezirksleitung Greifswald, IV/2/ 15/1366.
[42] H. D. Schröder, Stadtparlament, 1963, S. 87.
[43] Zahlenangaben in: SAPMO. DY 16, vorl. Nr. 2449.
[44] Ebd.
[45] Notiz von November 1950 in: SAPMO. DY 16, vorl. Nr. 1025.
[46] Bericht von der Kreisparteikonferenz 1950, in: SAPMO. DY 16, vorl. Nr. 1762.

gewiesen, den Begriff aber zu eng an Mitgliedern der NSDAP und Soldaten orientiert.[47] Das gesamte nichtsozialistische Lager in der Stadt, die Zielgruppe der NDPD, bestand zu einem guten Teil aus ›Ehemaligen‹. Denn nimmt man all jene hinzu, die neu beginnen mußten, weil die SED die Grundlagen ihrer Erwerbstätigkeit abgeschafft hatte, wie die Beamten, Anwälte, Steuerberater, Bediensteten der Verwaltung, der Polizei, der Justiz oder Wehrmacht, von denen viele hatten gehen müssen, auch ohne in der NSDAP gewesen zu sein, die herabgestuft und unterhalb ihrer Ausbildung neu eingesetzt worden waren, dann bekommt der Begriff erst das richtige Gewicht. Auch die Ehefrauen derart Betroffener waren unmittelbar in die Folgen der Umwälzungen einbezogen gewesen und somit Zielgruppe der NDPD.[48] Es ging bei der Gründung der NDPD nicht nur um ehemalige Soldaten und Nationalsozialisten.

Die Zielgruppe war in Greifswald mit seiner vergangenen Ballung von Ämtern und Behörden, mit seinen zahlreichen Kasernen und Parteidienststellen ziemlich groß. All diesen Menschen eröffnete die NDPD ganz konkrete Möglichkeiten. Diese Botschaft wurde gut verstanden, denn auffällig häufig fanden sich in der frühen Phase der NDPD Hinweise auf Arbeitslosigkeit von oft gut qualifizierten Mitgliedern.[49] Während es gleichzeitig Nachteile brachte, in der CDU zu sein, hatte es nunmehr erhebliche Vorteile, sich der NDPD anzuschließen, denn die Partei vermittelte Arbeit. So lag beispielsweise die Wiedereingliederung ehemaliger Lehrer in den Schuldienst des Landes Mecklenburg Ende 1949 allein in der Zuständigkeit der NDPD.[50] Die SED spielte der neuen Blockpartei hier eine Aufgabe zu, die ihr Mitglieder brachte. Ähnlich war es in den Fällen Petershagen oder Schönfeld, die nach einer ideologischen und fachlichen Schulung durch ihre Partei für Posten in der Verwaltung vorgesehen wurden.[51] Auch an der Universität half die Mitgliedschaft zurück in das bürgerliche Erwerbsleben. Der Zoologe Prof. Seifert konnte in die Universität zurückkehren. Seine Frau übernahm die politische Arbeit mit den weiblichen Mitgliedern der NDPD,

---

[47] Sowohl J. Frölich, Transmissionsriemen, 1995, S. 1559, als auch G. Gottberg, 1995, S. 79 ff., weisen diesen Begriff zurück.

[48] Eine Namenliste von 1951 mit 31 Mitgliedern der Partei ergab, daß rund ein Drittel nachweisbar in diese erweiterte Ehemaligenkategorie gehörten; StA. Rep. 7.1.2.1, Nr. 1.

[49] Schönfeld (Ende 1949), Borgemeister (Januar 1950), Ritz, Gustav Michael, Alfred Voß (1951). Das war insofern auffällig, weil es sie bei anderen Parteien ansonsten nicht gab; vor allem StA. Rep. 7.1.2.1, Nr. 12 u. SAPMO. DY 16, vorl. Nr. 1762. Im April 1950 lag ihr Anteil in der Mitgliederschaft der Landes-NDPD bei etwa 630 (ca. sieben Prozent). Dazu Mitgliederstatistik, in: SAPMO. DY 16, vorl. Nr. 1410.

[50] Bericht aus dem Landesvorstand vom 29.12.1949, in: SAPMO. DY 16, vorl. Nr. 1762. Hier ist von 30 Fällen die Rede, von denen nur drei durch die SED abgelehnt worden seien.

[51] Schulung war obligatorisch, Petershagen und Schönfeld waren in der Parteischule Forst-Zinna; zu den Funktionen der beiden: VpLA. Kreisleitung Greifswald, IV/4/02/126. Sowie zu den Rochaden in der frühen NDPD, StA. Rep. 7.1.2.1, Nr. 4. Außerdem zu den Plänen der NDPD im Herbst 1950, VpLA. Kreisleitung Greifswald, IV/4/02/55.

er selbst 1951 den Vorsitz der Kreispartei und der Nationalen Front.[52] Da es sich durchweg um bekannte Greifswalder handelte, hatte ihr Engagement, das propagandistisch ausgeschlachtet wurde, erhebliche Wirkung auf die Bevölkerung. Wenn ein Ritterkreuzträger und Offizier aus dem 100 000-Mann-Heer wie Petershagen, der seine Frau in die Partei mitbrachte, die immerhin preußische Generalstochter aus hohenzollernschen Hofadelskreisen war, hier neu beginnen konnte, dann mußte das auch für einfache kleine Angestellte ein Signal sein.[53] So wie die NDPD beschaffen war, konnten alle ihre weltanschauliche Einstellung behalten, sofern sie sich der Vorherrschaft der SED unterwarfen. Außerdem konnten sie gleichzeitig ihre persönlichen Interessen vertreten. Allein diese Kombination machte die NDPD so erfolgreich.

Daß sie eine Ehemaligenpartei war, wird auch an der Struktur der Mitgliederschaft deutlich. Die umworbene Zielgruppe war in erster Linie männlich. Der Männeranteil in der Mitgliederschaft war beständig höher als der Frauenanteil.[54] 1950 waren 73,5 Prozent der Nationaldemokraten auf Landesebene Männer, weitaus mehr als in der CDU. Auch die NSDAP war vorwiegend eine Männerpartei gewesen. 79 Prozent der Nationaldemokraten gehörten den Jahrgängen seit 1900 an, waren also Teil jener Generation, die in den Zeiten des national-konservativen Milieus, dem Aufstieg der NSDAP und ihrer Herrschaft herangewachsen waren. Rund 33 Prozent waren jünger als 30 Jahre, also vollständig NS-sozialisiert. Auch das war ein Indiz für den Charakter als Ehemaligenpartei, denn es waren die jungen Menschen aus dem konservativ-nationalen Milieu gewesen, die sich der neuen Partei NSDAP angeschlossen hatten, während die älteren DNVP und DVP die Treue hielten. Die NDPD war daher insgesamt deutlich jünger als die CDU, sie umfaßte eine weit größere Gruppe aktiv im Berufsleben stehender Menschen. Der Hausfrauenanteil lag bei nur sieben Prozent, im Kreisverband Greifswald sogar nur bei fünf Prozent.[55]

Eine weitere Gruppe mit Problemen in der DDR-Gesellschaft waren die Vertriebenen, die nur zu einem Teil von der Bodenreform profitiert hatten und von der SED aufgesogen worden waren. Die Partei diskutierte daher ganz zu Beginn ihrer Entwicklung, ob man hier nicht gezielt ein Angebot machen könne.[56] Es blieb bei der Diskussion. Die SED wünschte offensichtlich nicht, daß diese Konfliktlinie von einer konkurrierenden Partei zusätzlich politisiert würde. Es sollte keine eigene Vertriebenenpartei geben. Gleichwohl war die NDPD attraktiv für diese Gruppe in der Region Greifswald. In Lubmin, das seit der Bahndemontage 1945 geographisch weit abge-

---

[52] Zu Seifert UA. Personalakte Seifert, Nr. 259.

[53] A. PETERSHAGEN, 1988.

[54] Statistische Angaben für das Land von 1950, in: SAPMO. DY 16, vorl. Nr. 2276.

[55] Bericht von der Kreiskonferenz 1950, in: SAPMO. DY 16, vorl. Nr. 1762.

[56] Bericht von einem Treffen der Initiativgruppe in Schwerin am 3.7.1949, in: SAPMO. DY 16, vorl. 1761.

legen war und dem die Urlauber aus den vermögenden Greifswalder
Bürgerkreisen fehlten, wurde die NDPD allein von Flüchtlingen gegründet.
Ihr Anteil an der Bevölkerung lag hier bei 65 Prozent. »Wohnungsnot und
Arbeitslosigkeit« herrschten in »unverhältnismäßig großem Ausmaße«. Die
Vertriebenen waren von der SED enttäuscht und erwarteten von der NDPD
ganz konkrete Hilfe.[57] Die Partei machte hier jedoch auch unterhalb der
öffentlich sichtbaren Oberfläche kein besonderes Angebot. Der Flücht-
lingsanteil unter den Mitgliedern lag 1950 im Land Mecklenburg-Vorpommern bei nur 34 Prozent, also deutlich unter ihrem Anteil an der Bevölkerung, der sich bei rund 50 Prozent bewegte.[58] Auch das unterstreicht die
Vorherrschaft der Ehemaligen.

Daß sich die NDPD klar zu einer Ehemaligenpartei entwickelte, die sehr
deutlich die Tradition der NSDAP fortsetzte, ergab sich aus der latent antikirchlichen Haltung, die neben der immer virulenten antiliberalen Ausrichtung stand. Die NDPD setzte ganz offenkundig erfolgreich bei jener Trennlinie in der lokalen Gesellschaft an, die sich im nationalen Lager während
der NS-Zeit zwischen kirchlichen und antikirchlichen Nationalisten ergeben hatte. Zwar gab es kein Junktim zwischen NDPD-Mitgliedschaft und
Kirchenaustritt, die NDPD hatte sogar vereinzelt Pfarrer als Mitglieder.
Kennzeichnend war jedoch die völlige Passivität der Partei gegenüber Fragen der Religion, die von einer grundsätzlichen Unterstützung der reli-
gionsfeindlichen SED-Kirchenpolitik begleitet wurde.[59] Religion war Pri-
vatsache. Sichtbar war an vielen Stellen indes die Distanz mindestens der
lokalen NDPD-Führungsspitze zur Kirche. Sie galt für die ehemaligen
SED-Leute ohnehin. Aber auch Beyer war aus der Kirche ausgetreten[60],
Petershagen unterstützte seit 1958 aktiv die Jugendweihe[61], seine Frau hielt
ebenfalls auf Distanz – angeblich, weil sie den Bischof Krummacher nicht
mochte. NDPD-Lehrer warben besonders erfolgreich für den neuen Wei-
heritus.

Das wäre nicht weiter bemerkenswert, wenn nicht gleichzeitig die CDU
in das extrem kirchlich-christliche Fahrwasser gedrängt worden wäre. Wer
eher nichtsozialistisch eingestellt war und einfach nur eine gefahrlose Anbindung an eine Partei jenseits der SED suchte, der war bei der NDPD
richtig. Bei der CDU bedurfte es zusätzlich noch einer tendenziell religiösen
Haltung. Auf diese Weise reproduzierte sich die alte Trennlinie, die schon
den konservativ-christlichen Kernbereich der DNVP von den Anhängern
der NSDAP geschieden hatte. Bis 1989 blieb die CDU auf die parteilosen
Christen festgelegt. Daher verschwand diese Trennlinie nicht mehr, obwohl

---

[57] Zitat aus einem Bericht von der Kreiskonferenz Greifswald am 24.1.1950, in: SAPMO.
    DY 16, vorl. Nr. 1762.
[58] Mitgliederstatistik des Landes, 29.4.1950, in: SAPMO. DY 16, vorl. Nr. 1410.
[59] Bericht der NDPD, Bezirk Rostock vom 24. bis 29.1.1955. Es seien deswegen sogar
    Mitglieder zur CDU gewechselt, in: SAPMO. DY 16, vorl. Nr. 1529.
[60] UA. Personalakte Beyer, Nr. 2243.
[61] Angaben zu Petershagen, Interview mit Angelika Petershagen.

ihre Bedeutung abnahm. Weil beide Blockparteien miteinander konkurrierten und man sich daher voneinander abgrenzen mußte, blieb der Unterschied immer sichtbar.

Im Parteileben der NDPD in den fünfziger Jahren ließen sich viele Erscheinungen auf die Ehemaligen zurückführen. Die NDPD war eine Zusammenfassung von quasi auf Bewährung in die Gesellschaft reintegrierter DDR-Bürger unter der Kuratel von SED-Anhängern. Keine Partei war so folgsam gegenüber der SED wie die NDPD. Bisweilen meinte die führende politische Partei, sie müsse den speichelleckerischen Ehrgeiz der Nationaldemokraten, die durch ihren Erfolg beflügelt waren, ein wenig bremsen. 1953 war das nötig, um die weitere Expansion in Betriebsgruppen und allzu erfolgversprechende kommunale Aktionspläne zu unterbinden.[62] Dann wiederum meinte die SED den Werbeehrgeiz in den ›falschen‹ Bevölkerungsteilen wie bei Arbeitern oder Schiffsoffizieren stoppen zu müssen. 1960 war es für die NDPD besonders peinlich, als der höchst ambitionierte Kreisgeschäftsführer Günther Ruddigkeit sehr viel aggressiver im Mittelstand auf die Einführung der Produktionsgenossenschaft drängte[63], als die SED das wünschte.[64] Ansonsten war die Einheitspartei sehr zufrieden[65], denn die NDPD stimmte auf allen Ebenen alle ihre Schritte mit der SED im Vorfeld ab. Alle Personalentscheidungen, alle Neuaufnahmen liefen über die Schreibtische der SED-Kreis- und Bezirksleitung. Die NDPD pflegte von Beginn an einen nachgerade devoten, untertänigen Stil im Umgang mit der SED, ein Prinzip des vorauseilenden Gehorsams, wie es die CDU erst seit den sechziger Jahren entwickelte.[66]

Geschützt vom Wohlwollen der SED, war die NDPD in der Stadt während der fünfziger Jahre eindeutig die aktivste bürgerliche Blockpartei. Politische Fragen waren auch in ihren Versammlungen nur im konformen Sinne diskutierbar. Aber die Partei ›machte‹ etwas – im Gegensatz zu LDPD

---

[62] Bericht über die Überprüfung der SED-Kreisleitung vom 6. u. 7.1.1953, in: VpLA. Kreisleitung Greifswald, IV/4/02/470. Besonders dreist war es, daß die SED der NDPD ihren Aktionsplan untersagte, sich selbst aber ungehemmt aus dem Ideenfundus bediente.

[63] Geb. 1931, stammte aus Hinterpommern, gelernter Bankkaufmann, machte einen raschen Aufstieg in der NDPD, Bezirkstagsabgeordneter, Funktionär im Rostocker Bezirksvorstand, von 1972 bis 1989 Vorsitzender des Bezirksverbandes Gera und von 1977 bis 1990 Mitglied des Hauptvorstandes der NDPD. A. Herbst u. a. (Hrsg.), Lexikon der Funktionäre, 1994, S. 283.

[64] Schriftwechsel vom Frühjahr 1960, in: SAPMO. DY 16, vorl. Nr. 676.

[65] Während die Einschätzung der CDU auch in den fünfziger Jahren noch kritisch und mißtrauisch ausfiel, fanden die NDPD und ihre Kader meist das Wohlwollen der Einheitspartei, z.B. Bericht vom 7.1.1955, in: VpLA. Kreisleitung Greifswald, IV/4/02/466. Die Führung der Partei sei dem Fortschritt – also der SED – ergeben, Bericht vom 21.12.1954, in: VpLA. Kreisleitung Greifswald, IV/4/02/470. Dort zahlreiche weitere Belege.

[66] Dieser vorauseilende Gehorsam wird deutlich in den Protokollen des Kreisblockes. VpLA. Kreisleitung Greifswald, IV/4/02/465. Die NDPD erledigte beflissen jede Aufgabe, wie die SED es forderte.

oder CDU. Selbst als die CDU schon resigniert hatte und kaum noch in
Erscheinung trat, arbeiteten die Studenten- und Betriebsgruppen der
NDPD weiter[67], bis die SED ihnen Anfang 1953 einen Riegel vorschob.[68]
Die Partei war wie die SED nach dem Prinzip von Zehnergruppen organisiert, die in Wohngruppen und dann in Ortsverbänden zusammengefaßt
waren. Die Zehnergruppenleiter waren wesentliche Schnittstelle zwischen
Parteibasis und Parteileitung.[69] Sie besuchten ihre Mitglieder und horchten
herum, was es für Sorgen und Beschwerden gab, sie kassierten die Beiträge.
Alle Wohngruppen mußten sich einmal im Monat zu Mitgliederschulungen
treffen. Die Wohngruppenleiter sollten möglichst ausgebildet sein. Durch
diese ständigen Sitzungen und Treffen rückte die Partei offenbar eng zusammen. Das Betreuungsnetz und die straffe Führung waren der Zielgruppe
nach der Erfahrung der NS-Zeit nicht fremd. Während es bei der CDU
kaum Wirkung zeigte, war es bei der Mobilisierung der NDPD-Mitglieder
sehr effektiv. Niemand leistete zahlreicher freiwillige Aufbaustunden im
Wohnungsbau des ›Nationalen Aufbauwerks‹.[70] Niemand stellte mehr ehrenamtliche Mitarbeiter in der Nationalen Front oder bei Wahlen.[71] Keine
Partei beteiligte sich stärker an der Propagandaarbeit nach Westdeutschland.[72] In keiner Partei wurde die Schulung so ernstgenommen, wohl auch
eine Folge des Umerziehungsanspruchs der SED. Seit 1954 hatte die Partei
sogar für eine kurze Zeit eine eigene Kreisparteischule in Greifswald.[73] Daß
dies ungewöhnlich starke Engagement vorhanden war, hatte vermutlich
auch damit zu tun, daß der größte Teil der Mitglieder aktiv im Berufsleben
stand. Die meisten waren Angestellte im Staatsdienst. Ihr Anteil lag bei rund
52 Prozent. Wohlverhalten in der NDPD konnte folglich positive Auswirkungen auf die eigene Karriere haben. Fast hatte man den Eindruck, die
NDPD begriffe sich als große Resozialisierungsbewegung ehemaliger Nationalsozialisten, welche die Folgen von NS-Herrschaft und Krieg durch

---

[67] Z.B. Bericht der SED-Kreisleitung an die Bezirksleitung vom 27.11.1952, in: VpLA.
Kreisleitung Greifswald, IV/4/02/470.

[68] Bericht von der Überprüfung der SED-Kreisleitung vom 6. u. 7.1.1953, in: VpLA. Kreisleitung Greifswald, IV/4/02/470. Die NDPD reagierte verschnupft und brach für geraume Zeit die Kontakte zur SED ab, was die sich auch gefallen ließ.

[69] Zu Satzungsfragen, Gliederung und Entwicklung der NDPD, SAPMO. DY 16, vorl.
Nr. 2449.

[70] Objekte waren das Strandbad Ludwigsburg und der freiwillige Wohnungsbau im alten
Ostseeviertel. VpLA. Kreisleitung Greifswald, IV/4/02/374.

[71] Bei der Volksbefragung gegen die Europäische Verteidigungsgemeinschaft (EVG) 1954
stellte sie 35 Wahlhelfer, die CDU 25, die LDP 15; Listen in: StA. Rep. 7.1.2.1, Nr. 13.

[72] Die Westarbeit in Form von Korrespondenzzirkeln oder der Betreuung von Westbesu-
chern war eine sehr wichtige Aufgabe der Partei und einer ihrer zahlreichen völlig
Fehlschläge. Sie diente der Propaganda der SED. SAPMO. DY 16, vorl. Nr. 1421. Zielpunkt des Greifswalder NDPD-Schriftwechsels war Kiel.

[73] Notiz in: VpLA. Kreisleitung Greifswald, IV/4/02/470. Schulung aller Kader war in der
NDPD von Beginn an weit wichtiger als in der CDU. Auch das bestätigt den Umerzie-
hungsanspruch der SED und die Tatsache, daß die NDPD hier gezielt eingesetzt wurde.

vermehrtes Engagement unter Leitung der SED abarbeitete. In jedem Fall war deutlich, daß es sich um eine lenkbare, aktivierbare und gehorsame Mitgliederschaft handelte. Das war die Schauseite der NDPD, ihre Fassade gegenüber der Öffentlichkeit und vor allem der SED.

Das Durcharbeiten der zentral herausgegebenen Schulungsunterlagen oder die Besprechung von Artikeln aus der ›Nationalzeitung‹ waren wichtiger Teil des Parteilebens. Daneben entwickelte sich die NDPD in eine von der SED unerwünschte Richtung. Die NDPD war ein Veteranenverband und verhielt sich in Teilen auch so. Daß eine gemeinsame Kriegserfahrung Gemeinschaft stiftet, war sattsam bekannt, und da es in der DDR keine Kriegervereine mehr gab, traf man sich eben in der NDPD. 1953 bemerkte die SED, daß sich in Katzow bei Greifswald ehemalige Berufssoldaten, der ehemalige Ortsbauernführer und jetzige NDPD-Mitglieder lokal die Bälle zuspielten und alle wichtigen Posten im Dorf an ehemalige Kameraden verteilten.[74] Dabei handelte es sich um Männer, die sich aus dem Afrikacorps kannten. Auch die ›Aussprachen mit ehemaligen Offizieren‹, auf welche die NDPD erheblichen Wert legte, erwiesen sich nicht als die gewünschten Propagandaveranstaltungen, sondern als gemütliche Veteranentreffen, bei denen die NDPD die Getränke zahlte. Der Spitzel der SED stellte fest, daß es sich in den Gesprächen, »nach Angaben des Kellners […] zum größten Teil um Kriegserlebnisse« drehte.[75] Das Thema Ehrung der deutschen Kriegstoten nahm immer wieder viel Raum ein.

c) Die Mythospartei

Von herausragender Bedeutung für die NDPD und die gesamte nichtsozialistische Bevölkerung war indes der Mythos, den die SED seit 1956 um Rudolf Petershagen und die entlang der Fakten neu erfundene Geschichte der kampflosen Übergabe Greifswalds an die Rote Armee inszenierte. Dieser Mythos war das wohl wichtigste Angebot der SED an das nichtsozialistische Lager der Stadt, sich mit der DDR und der Herrschaft der Kommunisten trotz allem zu arrangieren und zu identifizieren. Die Pflege dieser gereinigten und politisch auf Linie gebrachten Legende war ein Signal an alle Ehemaligen, daß sie in der DDR willkommen waren, daß sich Anpassung lohnte. Die SED kam diesem Bevölkerungsteil symbolisch entgegen. Der Sozialismus brauchte Vorbilder und Helden, Petershagen wurde zu einem solchen Helden gemacht, obwohl er sich als ehemaliger Hitlersympathisant, Freikorpssoldat und Wehrmachtsoffizier nur sehr bedingt dazu eignete.[76]

---

[74] Bericht der SED-Kreisleitung an die Bezirksleitung vom 20. 5. 1953, in: VpLA. Kreisleitung Greifswald, IV/4/02/470.

[75] Bericht an die Bezirksleitung vom 5. 5. 1955, in: VpLA. Bezirksleitung Rostock, IV/2/15/1373.

[76] Petershagens Biographie wurde nach 1956 weitgehend von dunklen Flecken gereinigt; in einem ausführlichen Lebenslauf vom Januar 1949 klingen die Angaben zu seiner Entwicklung in der Weimarer Republik noch ganz anders als nach seiner Haft im Westen.

Sein Entschluß, die Stadt kampflos an die Sowjets zu übergeben, der im Vergleich mit der Entwicklung in anderen Universitätsstädten so besonders nicht war[77], paßte hervorragend in die Propaganda der SED. Ohne es gewollt zu haben, wurde Petershagen zu einem Vorkämpfer der Freundschaft zur Sowjetunion. Die Geschichte seiner angeblichen politischen Läuterung und die Behauptung, er habe in der sozialistischen Gesellschaft nunmehr seinen Platz gefunden, wirkten nachhaltig.

Sein Meisterstück in gewendetem Bewußtsein machte Petershagen jedoch erst später, denn der Mythos entstand nach 1956, nicht schon 1948. Als der Oberst 1951 unter etwas dubiosen Umständen in den Westen reiste, wo er offenbar unter ehemaligen Kameraden Propaganda gegen die Wiederaufrüstung und ihre Beteiligung am Aufbau der Bundeswehr machen sollte, wurde er in München verhaftet und im Herbst 1951 von einem US-amerikanischen Militärgericht zu sechs Jahren Haft wegen Spionage verurteilt.[78] Der Oberst wurde indes im Kriegsverbrechergefängnis Landsberg nicht weich, wo er einen Teil der Strafe verbüßte, sondern behielt seine neue, in der Gefangenschaft gewonnene politische Linie bei, die ihm einen Halt gab, weil sie so unabänderlich richtig erschien.[79] Er verhielt sich ganz so wie früher, als das Militär und das Vaterland seinem Leben Sinn und Richtung vermittelt hatten. Er sah wohl kein Zurück mehr, denn in den nunmehr im Kalten Krieg in der Bundesrepublik engagierten Wehrmachtskreisen, denen er zuvor 25 Jahre lang angehört hatte und denen er über seine Frau verwandtschaftlich eng verbunden war, galt er wegen der kampflosen Übergabe an die Sowjets als Verräter.[80] Als er 1956 in die DDR zurückkehrte, hatte er den Test auf politische Zuverlässigkeit bestanden und war verehrungsfähig.

Zurück in Greifswald baute man ihn zum Helden auf. Petershagen und vor allem seiner geltungsbedürftigen Frau wurde diese offensichtliche Instrumentalisierung mit Geld, Ehre und Reisen versüßt.[81] 1957 erschien ein

2   SAPMO. DY 16, vorl. Nr. 1761. Dort schreibt er u. a., er habe sich von der NS-Bewegung zurückgezogen, was wohl soviel besagt wie, anfangs habe er durchaus sympathisiert.
[77] Die Entwicklung in Göttingen oder Tübingen unterschied sich nicht wesentlich von der in Greifswald. Sogar die Positionen der Akteure und die zentralen Ideen waren die gleichen. Einzig die Tatsache, daß es sich um die Sowjets handelte, bleibt bemerkenswert und spricht für Petershagens Mut und Fähigkeit zur Vernunft.
[78] Zu diesen Vorgängen, die den Eindruck einer schlecht vorbereiteten Geheimdienstaktion vermitteln, gibt es leider nur die zwangsläufig extrem gefärbte Schilderung von Petershagen selbst, R. Petershagen, Gewissen, 1957, S. 153 ff. Die Geschichte, die er dort von sich als der verfolgten Unschuld erzählt, ist jedoch in sich schon widersprüchlich.
[79] Im Interview wich seine inzwischen verstorbene Witwe, Angelika Petershagen, jeder Frage nach politischen Meinungen und Einstellungen vor 1945 erfolgreich aus.
[80] Bericht Alfred Schmolke, in: Greifswalder Tageblatt 21.12.1992. Petershagen bekam im Lager Prügel von seinen Offizierskollegen, man schlug ihm das Essen weg und sprach nicht mit ihm.
[81] Frau Petershagen ließ sich bisweilen als die eigentliche Retterin Greifswalds verehren. Bericht des NDPD-Bezirks Neubrandenburg, 11.3.1983, in: SAPMO. DY 16, vorl. Nr. 588. Sie durfte sogar 1965 in den Westen reisen, als sonst kaum jemand fahren konn-

Roman[82], den der professionelle Autor Börner in Zusammenarbeit mit Petershagen verfaßt hatte und in dem eine widersprüchliche, von unliebsamen Fakten gereinigte und rührselige Variante der Ereignisse um die kampflose Übergabe und die Haft im alliierten Kriegsverbrechergefängnis entworfen wurde.[83] Das Buch wurde im Ostblock ein großer Erfolg, erlebte über 20 Auflagen mit mehr als 750 000 Exemplaren. Es wurde in alle wichtigen osteuropäischen Sprachen übersetzt und Anfang der sechziger Jahre sogar für das DDR-Fernsehen verfilmt. Petershagen war ein Star geworden, er wurde Ehrenbürger der Stadt, Ehrensenator der Universität, bekam Orden, Medaillen, Titel, Buchantiemen, eine Ehrenrente und die Namenspatronage über eine Brigade der Interflug.[84] Er mußte nicht auf seinen Kreisratsposten in das abgelegene Ahlbeck zurück, sondern war die wandelnde Propaganda für die Segnungen des Sozialismus in den Kreisen der ehemaligen ›Feinde des Fortschritts‹. Daß seine Frau seit 1957 auch der Stadtverordnetenversammlung Greifswalds angehörte, festigte den Eindruck nur und sorgte für eine Verbindung zwischen der nichtsozialistischen Bevölkerung und dem System. Es fehlte nicht an Stimmen, die diesen platten Heldenkult kritisierten. Solche Anmerkungen fanden kein Gehör, weil sie politisch unerwünscht waren. Zaghafte Hinweise von Zeitzeugen schon lange vor 1989, ganz so allein und einsam sei der Entschluß zur Übergabe wohl nicht gefallen, wischte das Ehepaar aggressiv beiseite.[85] Besonders Frau Petershagen pflegte den Mythos auch nach dem Tod ihres Mannes weiter. Angelika Petershagen, geborene von Lindequist, schob 1981 noch ihre Version der Geschichte in Buchform nach. Auch dieses Werk erlebte vier Auflagen und kam bis 1989 auf über 100 000 Exemplare.[86] Rudolf Petershagen, noch mehr aber seine Frau, die immer dabei war, ließen sich feiern und spielten die Rolle der Helden bis an ihr Lebensende mit beeindruckender Disziplin.

---

te. Beschwerde in einem Bericht vom 21.1.1965, in: VpLA. Kreisleitung Greifswald, IV/A/4/02/145.

[82] R. PETERSHAGEN, Gewissen, 1957.

[83] Schriftwechsel vom Verlag der Nation mit Petershagens, in: SAPMO. DY 16, vorl. Nr. 1053.

[84] Einen guten Überblick über die Wirkung vermittelt die Sammlung von Reden, Zeitungsausschnitten und Notizen, in: SAPMO. DY 16, vorl. Nr. 586.

[85] Der Disput von 1973/74 um die Rolle Petershagens flammte 1995 noch einmal auf. Sie wurde 1965 und Anfang der siebziger Jahre von dem inzwischen bei der NDPD gelandeten ersten Nachkriegsoberbürgermeister Willi Bieg geführt, der als unmittelbarer Zeitzeuge die Ansicht vertrat, die Bevölkerung und auch die Kommunisten hätten Petershagen 1945 zu dem Schritt gedrängt. Damit meinte er den Oppositionszirkel um Graul, Lachmund, Lohmeyer, Holtz und Pfeiffer; Schriftwechsel zwischen dem Rostocker NDPD-Bezirkschef Pommerenke und dem Parteivorsitzenden Homann, in: SAPMO. DY 16, vorl. Nr. 648.

[86] Schon in den sechziger Jahren stritten sich der Verlag und Petershagen um ein Manuskript, das er gerne unter dem Namen seiner Frau veröffentlicht sehen wollte. Es wurde bis zu seinem Tode 1969 jedoch nicht mehr fertig. Angelika Petershagens Co-Autor Gunnar Müller-Waldeck ist in ihrem Buch genannt worden. Schriftwechsel in: SAPMO. DY 16, vorl. Nr. 1053. Frau Petershagen verstarb 1996.

Der Effekt dieses Propagandacoups war enorm. Die kampflose Übergabe entwickelte sich zum zentralen Mythos der neueren Stadtgeschichte.[87] Wenigstens alle zehn Jahre wurde groß gefeiert und der Ereignisse gedacht.[88] Das Institut für Marxismus-Leninismus und die Historiker der Universität wandten viel Mühe auf, den Mythos wissenschaftlich zu begleiten und die Propaganda mit Fakten zu untermauern.[89] Seit Anfang der achtziger Jahre ergriff sogar die Kirche die Gelegenheit, den legendären 30. April zum regelmäßigen Anlaß für Friedensgottesdienste zu nehmen.

Daß der Wehrmachtsoberst nach 1945 die richtige Seite gewählt hatte, versöhnte die Greifswalder mit der eigenen militaristischen und konservativ-nationalen Vergangenheit. War man selbst nicht ein wenig wie Petershagen, konnte man selbst nicht auch einen Platz in der neuen Gesellschaft finden? Petershagen wies den Weg. Obwohl in Greifswald die Kritik an der Egozentrik des Paares nie verstummte, blieb doch das Faktum, daß seine, die vermeintlich einzige, ›antifaschistische‹ Heldentat, die den konservativ-nationalen Kreisen der Stadt zuzurechnen war und nach 1945 Bestand hatte, permanent und prominent in der öffentlich inszenierten Politik präsent blieb. Das stimmte die nichtsozialistischen Kreise etwas versöhnlicher gegenüber der Unterdrückungspolitik der SED.

d) Die Mittelstandspartei

Die NDPD war nicht nur Ehemaligenpartei, die unausgesprochen, aber bewußt in der Tradition der NSDAP und der Wehrmacht stand[90], sie war auch Mittelstandspartei. Auch das wird bisher übersehen.[91] Die Entwicklung der Mitgliederzahlen in der NDPD war nämlich sehr stark Ausdruck des Verhältnisses zwischen altem Mittelstand und NDPD. Sie spiegeln in Greifswald relativ genau die Etappen der staatlichen Politik gegenüber dieser Gruppe wider. Zwar waren in der Frühphase in Greifswald nur rund 21 Prozent der etwa 630 Mitglieder Handwerker oder Gewerbetreibende und rund 52 Prozent gehörten zu den Angestellten oder zur Intelligenz[92], dennoch prägte sich das Profil einer sozialistischen Interessenpartei des alten Mittelstandes im DDR-Sozialismus deutlich aus. Nachdem das Problem

---

[87] J. von Altenbockum, 1995.

[88] Als Hintergrundinformation, wie eine solche heikle historische Angelegenheit politisch auf Linie gebracht wurde, die Akte der Kreisleitung zur Vorbereitung des 20. Jahrestages der kampflosen Übergabe, in: VpLA. Kreisleitung Greifswald, IV/A/4/02/123.

[89] Historisches Institut (Hrsg.), 1966; zuletzt J. Mai (Hrsg.), Greifswald, 1995, ferner die Arbeiten von E. J. Krüger, Die letzten Monate, 1995.

[90] Auch Gottbergs Annahme, die NDPD sei eine Partei ohne Geschichte und Tradition gewesen, muß zurückgewiesen werden. Sie hatte eine Tradition und griff auch hemmungslos darauf zurück. Es durfte nur nicht öffentlich darüber gesprochen werden. G. Gottberg, 1995, S. 74.

[91] G. Gottberg, 1995, S. 81 u. J. Frölich, Transmissionsriemen, 1995, S. 1553 f.

[92] Statistik von 1950, in: SAPMO. DY 16, vorl. Nr. 1762.

der Ehemaligen durch ihre fortschreitende Integration oder ihr langsames Aussterben seit Ende der fünfziger Jahre gelöst war, die gesamtdeutsche Arbeit und Option der NDPD nur Mißerfolge produzierte und der Aufbau der NVA erfolgreich begonnen hatte[93], behielt die nun überflüssig gewordene Partei hier ihre einzige eigene Aufgabe.

Die Interessen von Staatsbediensteten, welche die NDPD als Schutzraum nutzten und das Gros der Mitglieder stellten, waren in der DDR außerhalb der SED nicht thematisierbar. Anders war es beim produzierenden Kleingewerbe, das die Partei integrieren und leiten durfte. Dessen ökonomische Erfolge waren für die Planerfüllung unbedingt notwendig. Sofern sie ihre Vorgaben erfüllten, fiel auch ein wenig Glanz auf die Führungstätigkeit der NDPD. Das Zusammenwirken von altem Mittelstand und NDPD war jedoch kein einseitiges Transmissionsverhältnis. Umgekehrt nutzten Handwerk und Einzelhandel die Partei durchaus in ihrem Sinne zur Interessenvertretung, obwohl die SED bemüht war, das zu verhindern.[94] Auch hier griff ihre Anti-Milieupolitik, das stete Mißtrauen der SED gegen jede Form der Gemeinschaftsbildung. Das Verhältnis war dabei ebenso spannungsreich wie jenes von Kirche und CDU. Denn wie die Christen gehörten wirtschaftlich Selbständige zu den Ausgegrenzten der DDR-Gesellschaft. Das war in Greifswald im wesentlichen der alte Mittelstand, der sich in der Stadt seit jeher als besondere Gruppe begriff.[95]

Zunächst war das Angebot einer neuen Partei für den Mittelstand der Versuch, die Greifswalder CDU zu spalten, die als nichtsozialistische Gesamtpartei begonnen hatte und daher auch die mittelständischen Strömungen aufgenommen hatte.[96] Der NDPD gelangen einige spektakuläre Erfolge gegen die Konkurrenz, wie die Abwerbung des ehemaligen mecklenburgischen Landwirtschaftsministers Otto Möller aus Rostock.[97] Direkte Über-

---

[93] J. FRÖLICH, Transmissionsriemen, 1995, S. 1567. Offiziell schloß die Partei 1956 dieses Kapitel ab.

[94] Einschätzung der Arbeit der Blockparteien vom 16.4.1953, in: VpLA. Bezirksleitung Rostock, IV/2/15/1366. Die SED ordnete an, daß bei den kommenden Vorstandswahlen der NDPD darauf zu achten sei, eine Konzentration von Handwerksmeistern zu verhindern, weil sie sonst in die Lage kämen, dort ihre Sonderinteressen zu vertreten. Auch dies ist ein Hinweis auf die Anti-Milieupolitik der SED.

[95] Noch im März 1957 analysierte der NDPD-Kreisgeschäftsführer, der kleine und mittlere Einzelhandel in Greifswald habe sich gut über die Weltwirtschaftskrise retten können, weil es anders als in Stralsund keine Warenhäuser gegeben habe. Entsprechend sei das Selbstbewußtsein. »Es wäre zu untersuchen, inwieweit sich diese wirtschaftliche Tatsache als Überlieferung heute noch unbewußt auf die Meinungsbildung einiger Kreise des Mittelstandes in Greifswald entsprechend auswirkt.« Zitat aus Bericht vom 5.3.1957, in: SAPMO. DY 16, vorl. Nr. 1110.

[96] In anderen Orten richtete sich die Initiative stärker gegen die LDPD.

[97] Möller, Otto: 1892–1978, Stahlhelmmitglied, Leutnant d. Res. im Ersten Weltkrieg, Mitarbeiter von Landwirtschaftskammern, nach 1945 CDU, 1948 NDPD. 1946–1948 Landwirtschaftsminister in Schwerin, 1949–1978 Mitglied Hauptausschuß der NDPD, zahlreiche weitere Funktionen. A. HERBST u.a. (Hrsg.), Lexikon der Funktionäre, 1994, S. 231.

tritte blieben jedoch eher die Ausnahme. 1950 zählte die NDPD im Land 1,7 Prozent, 1953 im Bezirk nur 0,9 Prozent ihrer Mitglieder als ehemalige Christdemokraten.[98] Ernst Jenssens Hinweis von Januar 1949, der Mittelstand werfe der CDU vor, zu wenig gegen die landeseigenen Betriebe und die Konsumvereine zu unternehmen, er wandere zur NDPD ab, war demnach nicht ganz zutreffend.[99] Tatsächlich handelte es sich wohl nur um Austritte aus der CDU. Der Mobilisierungserfolg der NDPD stammte nämlich vorwiegend aus den Reihen der Parteilosen. Aber immerhin 17 bis 18 Prozent der Mitglieder auf Landes- und später auf Bezirksebene gehörten Gruppen des alten Mittelstandes an.

Es ergab sich in Greifswald dennoch eine Überschneidung mit der CDU in der Generationenfolge. Die Söhne jener Handwerker, die noch bei den Christdemokraten gewesen waren, traten in die NDPD ein. Oft geschah das zu dem Zeitpunkt, wenn sie das Geschäft vom Vater übernehmen wollten oder als Rückversicherung, falls es wegen der CDU-Mitgliedschaft des Seniors Probleme geben würde.[100] Daß der Druck auf die privatwirtschaftlich organisierten Betriebe Ende der vierziger Jahre mit dem neuen Organisationsangebot der NDPD zusammenhing, war jedoch deutlich.

Der alte Mittelstand war eine Sondergruppe in der Gesellschaft. Die Klassenkampfparolen, in denen sich die SED gefiel, sahen die Mittelständler eindeutig gegen sich gerichtet. Wenn von Ausbeutern, Kapitalisten und schlechten Arbeitgebern die Rede war, dann wußten sie, daß sie selbst gemeint waren.[101] Diese Ausgrenzung sorgte für ein Sonderbewußtsein. Der alte Mittelstand sah sich von 1948 bis 1950, 1952 und 1953 und nach einer kurzen ruhigen Phase von 1958 bis 1960 einem starken Druck ausgesetzt, den eigenen Betrieb aufzugeben, den Staat als Komplementär aufzunehmen[102], an die staatliche Handelsorganisation (HO) zu übertragen oder in eine Produktionsgenossenschaft einzutreten. Die SED setzte die Hebel der nötigenden Überredung, des ökonomischen Zwanges, der einfachen Enteignung, des Steuer- und Wirtschaftsrechts und der Handwerksordnung an, um den Mittelstand aufzulösen und an seine Betriebe zu kommen. Immer wieder erschütterten Verfolgungsaktionen die Stadt. 1948 traf es alle Holz-

---

[98] Zahlenbericht aus dem Bezirk Rostock, in: SAPMO. DY 16, vorl. Nr. 2436.

[99] Schreiben E. Jenssen an den CDU-Landesvorstand vom 2.1.1949, in: ACDP. III-036-042.

[100] Dieses Verhalten läßt sich bei den Familien Witt, Rückert, Härtinger und Wickleder beobachten. Erich Röhl (CDU), Parteimitglied in Greifswald seit den frühen siebziger Jahren, wies in einem Gespräch darauf hin, daß es ständig solche Doppelmitgliedschaften in SED und CDU, sowie CDU und NDPD innerhalb von Familien gegeben habe. Damit habe man sich rückversichern wollen.

[101] Protokoll einer Handwerkersitzung im Parteihaus der SED am 2.9.1950, in: VpLA. Kreisleitung Greifswald, IV/4/02/70: »Daß die Handwerker sich schärfstens dagegen verwahren, als Ausbeuter ihrer Belegschaft und Krauter hingestellt und angesprochen zu werden.«

[102] Allgemein dazu, H. F. BUCK, 1995, S. 1118f., S. 1124f., S. 1129f., S. 1130f. sowie S. 1163ff.

schuhmacher, denen insgesamt eine hohe Buße auferlegt wurde, weil ihnen pauschal Preisverstöße vorgeworfen wurden.[103] Der Inhaber der großen Autofirma Dust wanderte wegen angeblicher Wirtschaftsvergehen ins Gefängnis.[104] Er war nur das prominenteste Opfer. Im Frühjahr 1953 erlebte die Verfolgungswelle einen gewissen Höhepunkt, als einer ganzen Reihe von Gastwirten und Geschäftsleuten ihr Betrieb einfach weggenommen wurde.[105] 1958 kämpften die Einzelhändler gegen Strafbescheide, weil sie nicht schnell genug eine Preisänderung ausgezeichnet hatten.[106]

Doch es ging nicht nur um materielle Dinge. Der alte Mittelstand konstituierte sich durch eine besondere Lebensweise. Das hatte Folgen für den Zusammenhalt. Die Unsicherheit, ob man den Betrieb an die Kinder weitergeben könne, sorgte für viel Verdruß. Sobald die SED den Eintritt in die Genossenschaft anordnete, fiel den Handwerkern der geforderte Bruch mit der Familien- oder Handwerkstradition, der Berufsehre sehr schwer.[107] Nachrangige Belieferung mit Ware und Material, Verbote, Lehrlinge oder Angestellte einzustellen, schlechtere Löhne oder Verbote, Familienmitglieder zu beschäftigen, kamen hinzu. Viele gaben daher auf, vor allem der Nachwuchs wanderte ab. Republikflucht war ein erhebliches Problem. Ende der fünfziger Jahre registrierte die Stadtverwaltung eine starke Überalterung der Meister.[108]

Immerhin akzeptierte die SED es, daß die Mittelständler sich laut und öffentlich über die Politik der Einheitspartei beschwerten. Das unterschied den ökonomischen Bereich von allen anderen Politikfeldern in der DDR-Gesellschaft, denn letztlich war die wirtschaftliche Potenz dieses Gesellschaftsteiles in der Dauerkrise der sozialistischen Ökonomie unverzichtbar. Daß sich ein Sonderbewußtsein dieser Gruppe hielt, hatte auch mit der Propaganda und Politik der SED zu tun, die in den Jahren bis 1958 ganz bewußt auf jene Mittelstandsrhetorik setzte, die seit den zwanziger Jahren so popu-

---

[103] Monatsbericht der SED vom 8.12.1948, in: VpLA. Kreisleitung Greifswald, IV/4/02/70.

[104] Notiz, in: StA. Rep. 7.9, Nr. 519. In dieser Akte und in Nr. 511, Nr. 520 u. Nr. 523 zahlreiche weitere Fälle. Wer in die Mühlen der Polizei geriet – oft wegen Lappalien – wurde drakonisch bestraft. Sofern das Vermögen nicht eingezogen wurde, stellte die Gewerbepolizei in das Schaufenster des betroffenen Betriebes ein Schild mit einem Hinweis auf das ›Verbrechen‹. Von solchen geschäftsschädigenden Demütigungen erholten sich die Betroffenen oft nicht mehr, weder wirtschaftlich noch psychisch.

[105] Betroffen u.a. Stoffhändler Kraudzun von der CDU und Gastwirt Trotzki von der NDPD.

[106] Protokoll einer Versammlung in der Hansa-Halle vom 17.11.1958, in: VpLA. Kreisleitung Greifswald, IV/4/02/391.

[107] Bericht des Rates der Stadt über Gespräche mit Handwerksmeistern vom Herbst 1958, o.D., in: VpLA. Kreisleitung Greifswald, IV/4/02/394. Das war offenbar kein unerhebliches Gegenargument, denn es tauchte mehrfach auf.

[108] Bericht über die Lage des Handwerks im Kreis vom 19.4.1958, in: VpLA. Kreisleitung Greifswald, IV/4/02/394.

lär gewesen war.[109] Das nannte sich Bündnistaktik. Sie erfüllte vordergründig alte Forderungen wie den Konkurrenzschutz, den Meisterbrief und das gesicherte Einkommen, Urlaub oder soziale Absicherung.[110] Gleichzeitig räumte sie den Mittelstand ab. Die gesamte Politik der SED gegenüber Handwerkern und Kaufleuten war inkonsequent und widersprüchlich.

Tabelle 19: Zahl der Betriebe ausgewählter Mittelstandsbranchen 1925–1956[1]

Branche/Jahr	1925	1939	1956
Einzelhandel	287	337	185
Gaststätten	103	92	34
Großhandel	84	55	0
Bäckereien	48	52	38
Fleischereien	53	37	21
Buchhandel	–	10	5
Lebensmittel	105	–	37

[1] Angaben aus: VpLA. Kreisleitung Greifswald, IV/2/04/392 u. 394, verglichen jeweils mit den Werten der Volkszählungen 1925 und 1939.

Diese zahlenmäßige Abnahme und die einseitige Bevorzugung der staatlichen Konkurrenz schwächte auf Dauer die Stellung des Mittelstandes. Die Artikulation seiner Interessen war unterbunden, wenngleich keine Gruppe so offensiv wie er seine Beschwerden vorbrachte.[111] Seit 1946 gab es keine Innungen mehr, auch das übrige Vereinswesen des Mittelstandes war komplett zerstört. Die Obermeister waren machtlose Marionetten und politisch ausgewählte Honoratioren.[112] Die Handwerkskammer stand unter der Leitung der SED und war Instrument zur Anleitung der Mittelständler und zur Durchsetzung der SED-Politik. Daß sich einige bekannte alte Obermeister wie Eggebrecht oder Lewerenz hier zur Verfügung stellten, änderte nichts, half nur bei der Integration von Widerspenstigen. Dennoch behielt der Mittelstand eine Kontur in seiner Lebensweise, denn er war nicht in die sozialistische Arbeitsgesellschaft der großen Betriebe mit seinen Brigaden integriert. Er blieb über ökonomische Interessen verbunden. Der Zu-

---

[109] Besonders deutlich bei der Popularisierung des Handwerkergesetzes von 1950, das alles andere als mittelstandsfreundlich war, jedoch mit den Floskeln der herkömmlichen Mittelstandsideologie erläutert wurde; Berichte in: VpLA. Kreisleitung Greifswald, IV/4/02/70.

[110] Der Musikalienhändler Bruno Grapentin (SED) z. B. betrieb unter dem Deckmantel der Erneuerung von Wirtschaft und Handel harte Interessenpolitik für den Mittelstand in seiner Branche. Er setzte mit dem politischen Argument der ›Säuberung‹ den Konkurrenzschutz, den Sachkundenachweis und Beschränkungen von Neueröffnungen durch; StA. Rep. 7.15, Nr. 102.

[111] Ein Katalog von Forderungen, die zum Teil ungewöhnlich aggressiv vorgebracht wurden, in: Bericht von einem Treffen von Handwerkern und Vertretern des Rates des Kreises vom 20.4.1954, in: VpLA. Kreisleitung Greifswald, IV/4/02/394.

[112] Bericht des Rates der Stadt über gewerbliche Wirtschaft 1948, in: VpLA. Kreisleitung Greifswald, IV/4/02/70. Dort heißt es, im kommenden Jahr seien zunächst die Obermeister in politischer Hinsicht auszurichten.

sammenhalt der Gruppe blieb deswegen trotz der Zersetzungspolitik der
SED erstaunlich stark.

Im Verhalten des alten Mittelstandes gegenüber den Herrschenden fanden
sich auffällige Parallelen zu vorangegangenen politischen Ordnungen. Man
erfüllte brav die Pflicht und schimpfte viel, versuchte jedoch, die eigenen
Interessen auf den Wegen durchzusetzen, die der Staat eröffnete und die
die existentielle Basis möglichst wenig gefährdeten. Zunächst ging es darum,
die Geschlossenheit gegenüber der SED zu wahren, um handlungsfähig zu
bleiben. Ein wirksames Mittel war die soziale Kontrolle. Wer sich als Handwerker zu nachgiebig gegenüber der SED zeigte, der mußte mit Sanktionen
seiner Berufskollegen rechnen; er wurde gesellschaftlich geschnitten und
von den Kunden boykottiert. Bis 1958 funktionierte dieser Gruppendruck.[113] Private Einzelhandelsgeschäfte machten trotz der Nachteile in Belieferung und Personal bessere Umsätze als Konsum und HO, weil die Kunden die Mittelständler unterstützten. In den nichtsozialistischen Kreisen
ging ›man‹ nicht zur HO, genauso wie man vor 1933 nicht beim Konsum
kaufte.[114]

Daß Handwerk und Einzelhandel nach außen politisches Wohlverhalten
demonstrierten, de facto sich aber nur für die Gruppeninteressen engagierten und Solidarität mit Kollegen übten, entging auch der SED nicht. Als sie
1958 Kommissionen bildete, die kollektivierungsreife Betriebe herausfiltern
sollten, verzichtete sie auf die Dienste von Mittelständlern: »Denn die ganzen privaten Handwerksmeister werden immer bestrebt sein, ihre eigenen
Berufskollegen möglichst vor einer derartigen Angliederung zu schützen.«[115] Daß auf Versammlungen immer die gleichen Männer erschienen
und positiv im Sinne der SED diskutierten, die meisten jedoch wegblieben,
wenn die SED oder die Nationale Front einluden, waren deutliche Zeichen.
Die SED sah sich einem stillen Boykott gegenüber, obwohl sie wichtige
Positionen wie die des Kreisobermeisters besetzte, einige prominente
Handwerker gewinnen konnte und 1950 rund 110 Handwerksmeister in
den eigenen Reihen zählte.[116] Doch die hohe Zahl täuschte, denn der Zustand dieser Parteigruppen war außerordentlich schlecht.[117] Obermeister

---

113 »Auch kommt es nicht mehr vor, daß diejenigen, die zu einer sozialistischen Wirt-
schaftsform übergehen wollen oder übergegangen sind, diffamiert und boykottiert werden.« Zitat aus einem Bericht der Nationalen Front von einer Versammlung mit Mittelständlern am 25. 4. 1958, in: VpLA. Kreisleitung Greifswald, IV/4/02/375.
114 Schreiben Rat des Kreises o. D. ca. 1955, in: VpLA. Kreisleitung Greifswald,
IV/4/02/391. Dort heißt es: »Die bessere Verkaufskultur in Verein mit der ablehnenden
Haltung vieler Bürger gegenüber dem staatlichen Handel brachte dem privaten Einzelhandel höhere Umsätze.«
115 Schreiben der SED, 13. 5. 1958, in: VpLA. Kreisleitung Greifswald, IV/4/02/394.
116 Bericht von 1950, o. D., dort sind die Positionen der SED im Handwerk aufgezählt, u. a.
der Kreisobermeister Conrad, in: VpLA. Kreisleitung Greifswald, IV/4/02/70.
117 Die SED schilderte ihren Mittelstandszweig folgendermaßen: »Unsere Grundorganisation ist 30 Mitglieder stark. Von diesen Genossen sind 4 taubstumm, 5 an 70 Jahre alt
und die Hälfte indifferent. Mit dem Rest müssen wir arbeiten. Das sind praktisch immer

Conrad von der SED machte sich Mitte der fünfziger Jahre auf den Weg nach Westen.

Die Solidarität und das bewahrte Selbstbewußtsein der alten Mittelständler zeigte sich vor den Kommunalwahlen 1957 ein letztes Mal in einer spektakulären, aber eher hilflosen Aktion. Unter den privaten Bäckern der Stadt gärte die Unzufriedenheit, weil ständige Kohleknappheit und Rohstoffmangel sie in der Konkurrenz zur HO behinderten.[118] Als die SED und die NDPD ihre Kandidaten vorstellen wollten und wie immer die Vorzüge des Sozialismus und der SED-Herrschaft in den höchsten Tönen priesen, kam es zum Eklat. Einige Bäcker hatten sich vorher Mut angetrunken und pöbelten den SED-Referenten schon während seines Vortrages an. Besonnenere kritisierten immerhin die militärische Aufrüstung, die Benachteiligungen der privaten Handwerker, die verhinderten Nachfolgeregelungen der Bäckersöhne, den Kohlemangel und Auftragsboykott staatlicher Stellen. Offenbar fühlten sie sich im Kreise ihrer Berufskollegen stark. Als der Referent sich schließlich zu den üblichen Ausfällen gegen Adenauer verstieg – es war ihm offenbar unmöglich, sich von seinem Redetext zu lösen –, forderte der Bäkker Friedrich Witt ihn demonstrativ auf, die Vorwürfe zurückzunehmen. Ein Wort gab das andere, bis Witt laut sagte, in der Stadt erzähle man sich, der SED-Referent sei homosexuell. Soetwas hatte noch niemand gewagt. Witt wurde wenige Tage später verhaftet und verurteilt. Er ging nach seiner Entlassung aus dem Gefängnis etwa ein Jahr später in den Westen. Die Folge des Eklats war ein Verstummen der Bevölkerung jetzt auch, wenn es um ökonomische Themen ging. Über politische Fragen redete man schon lange nicht mehr offen. Daß Witt nicht wegen der angeblichen Homosexualität ausfallend geworden war, sondern wegen der SED-Politik, wurde allgemein angenommen.[119] Die SED wunderte sich in ihren Berichten sogar noch darüber. Doch das war ein letztes Aufflammen, denn die Fähigkeit, mit Boykott und informeller Meinungsbildung Geschlossenheit zu erzielen und Druck auf Kollegen und die SED zu erzeugen, erlosch Ende der fünfziger Jahre. Eine deutliche Zäsur bildete die Durchsetzung der Produktionsgenossenschaften gegen den erheblichen passiven Widerstand der Hand-

---

dieselben Genossen.« Zitat in: Bericht über die Lage im Mittelstand, o. D., ca. 1959, in: VpLA. Kreisleitung Greifswald, IV/4/02/391.

[118] Von dieser spektakulären Aktion gibt es mehrere Berichte. Der von J. Schönfeld (NDPD) verfaßte Bericht verschweigt die Attacke, weist nur darauf hin, daß die Unzufriedenheit groß sei und die reaktionärsten Bäcker als Wählervertreter gewählt worden seien. Wochenmeldung der NDPD vom 15. Mai 1957, in: VpLA. Kreisleitung Greifswald, IV/2/15/1373. Am ausführlichsten der Bericht der Stadt vom 3. 5. 1957, in: StA. Rep. 7.1.2.1, Nr. 26.

[119] Bericht vom 24. 5. 1957 über eine Wahlversammlung in einem Betrieb, in: StA. Rep. 7.1.2.1, Nr. 28: »Sie sagte, daß die Diskussion nicht so wäre, wie man erwartet hätte. Das liege daran, daß eine gewisse Angst vorhanden wäre durch das Einsperren des Bäckermeisters Witt.«

werker in den Jahren 1958 bis 1960.[120] Anfang 1958 gab es drei dieser ungeliebten Zusammenschlüsse, 1960 waren es zehn. Die letzten größeren eigenständigen Einzelhandelsgeschäfte wurden in das System staatlicher Lieferung und Beteiligung integriert.

Obwohl sie nach ihrer Zahl in Greifswald nie die Mehrheit der Parteimitglieder stellte, war doch die Gruppe des alten Mittelstandes seit Mitte der
fünfziger Jahre prägend für die NDPD.[121] Die Kontinuität zu den zwanziger und dreißiger Jahren blieb gewahrt, die verwandtschaftliche Verbindung
zu den ehemals führenden Mittelstandsfamilien war vorhanden.[122] Die mittelständischen ökonomischen Themen dominierten die Parteiarbeit nach
dem Ende der nationalistischen Phase eindeutig. Daß ihr Mitgliederzulauf
ausgerechnet seit dem 17. Juni 1953 stark einbrach, unterstreicht die Bedeutung als Mittelstandspartei. In der ersten Jahreshälfte 1953 ging die SED
nämlich drakonisch gegen den Mittelstand vor. Mit dem Aufstand endete
diese Politik, und die Enttäuschung über die Untätigkeit der NDPD brach
sich in der anschließenden Verweigerungshaltung Bahn. Zwar erhielten in
Greifswald neun Einzelhändler ihre Läden zurück[123], doch der Ärger über
die NDPD, die die Politik der SED unterstützt hatte, war deutlich. Es war
von »Verrat«, »Verbitterung« und »Vertrauenskrise« die Rede, man kritisierte die Liebedienerei der NDPD gegenüber der SED und die Bevormundung
der Mitglieder.[124] Es kam zu einer Austrittswelle.[125] Daß die NDPD stets
und weiterhin die Politik der SED unterstützte und 1960 aggressiver die
Durchsetzung der Vollgenossenschaftlichkeit propagierte und durchsetzte,
diskreditierte sie erneut, was sich in fortwährendem Mitgliederschwund bis
in die erste Hälfte der sechziger Jahre zeigte.[126] Eine Parteibeitritt blieb für
Einzelhändler und Handwerker immer ein Kompromiß. Trotz der Orientierung an der SED hatte der Besitz einer Mitgliedskarte immer noch gewisse Vorteile, und sei es nur, um Sanktionen zu vermeiden. Am Ende setzte

---

[120] Die Berichte der SED, der Handwerkskammer, der IHK, Rat der Stadt, Rat des Kreises,
die alle in die Bearbeitung der Handwerker und Einzelhändler eingebunden waren, sind
dokumentiert in: VpLA. Kreisleitung Greifswald, IV/4/02/394 u. 391. Dort geht es
primär um den Einzelhandel.

[121] Auf einer Mitgliederliste von 1951 mit 30 Namen fallen neun unter die Kategorie Mittelstand, StA. Rep. 7.1.2.1, Nr. 12.

[122] 1954 taucht ein Mitglied der Malerfamilie Weylandt auf. Der Kohlenhändler Blunck
war ebenfalls in der Partei. Männer wie Schuhhändler Max Dietrich oder Gastwirt Karl
Penz waren nicht aktiv in der Partei, obwohl sie sich noch in Greifswald aufhielten;
mehrere Namenlisten, in: StA. Rep. 7.1.2.1, Nr. 12.

[123] Bericht von 1955 o.D., in: VpLA. Kreisleitung Greifswald, IV/4/02/391.

[124] Besonders deutlich in einem Bericht aus Hagenow vom 29.6.1953, in: SAPMO. DY 16,
vorl. Nr. 1156. Von kollektiven Austritten war auch in Greifswald die Rede.

[125] 1953 gab es einen schlagartigen Einbruch der Zahlen. Mitgliederstatistik, in: SAPMO.
DY 16, vorl. Nr. 2448.

[126] Wer sich der NDPD angeschlossen hatte, wurde von seiner Partei mehr oder minder
verpflichtet, mindestens aber bearbeitet, sich einer Produktionsgenossenschaft anzuschließen; Bericht über Probleme im Wandlungsprozeß der Angehörigen des Mittelstandes im Bezirk Rostock vom 26.3.1960, in: SAPMO. DY 16, vorl. Nr. 676.

sich im alten Mittelstand jedoch genau dieses Kalkül durch. Gegen die SED waren fast alle Handwerker, für die CDU aber nur einige. Die LDPD war eine Alternative, die sich regional aufgrund historischer Gegebenheiten nicht hatte etablieren können. So blieb die NDPD am Ende allein übrig.

Die Partei eröffnete Möglichkeiten der Interessenvertretung, denn die NDPD beherrschte seit den sechziger Jahren zunehmend die Vorstände und Aufsichtsräte der Produktionsgenossenschaften Handwerk (PGH).[127] Es war leichter, dort einen Posten zu erhalten, sofern man das Wohlwollen der NDPD hatte, die unter den PGH-Leitern bevorzugt warb. Der Vorstand oder die Geschäftsführung der lokalen Partei waren seit den späten fünfziger Jahren immer mit einem Handwerksmeister oder Einzelhändler besetzt.[128] Die NDPD verteilte Posten bei den Obermeistern und in der Handwerkskammer. Die 1958 gebildete ›Kommission zur Arbeit mit dem Mittelstand‹ in der Nationalen Front der Stadt gehörte in ihren Einflußbereich.[129] Wenn man im sozialistischen System Interessen transportieren wollte, dann ging das nur über diese Gremien. Man kam beispielsweise leichter an Kredite und Material. Wichtig war das interne Netzwerk, denn über die Partei hielt der Schlachter Kontakt zum Schlosser, der auch mal außer der Reihe die Schneidemaschinen reparierte, wofür er mit guter Wurst beliefert wurde. Überdies hatte die NDPD weitere Posten nach den üblichen Quoten zu verteilen. Sie konnte auch an der Universität Karrierewege öffnen.[130] Das wurde in den Mittelstandsfamilien nicht ungern gesehen, denn auch die zweiten und dritten Kinder brauchten einen guten Arbeitsplatz. Politische Verbindungen halfen, und eine Versicherung gegen die Werbeversuche der SED war ebenfalls nicht unattraktiv.[131]

Auch die NDPD war folglich eine Partei, die wie die CDU an eine abgrenzbare gesellschaftliche Gruppe der DDR-Gesellschaft gebunden war. Daß sie nicht aktiv die Interessen der Handwerker und Einzelhändler ver

---

[127] In den 1959 bestehenden zehn PGH der Stadt waren von den 40 Positionen in Vorständen und Aufsichtsräten fünf von der SED, fünf von der NDPD und einer von der CDU besetzt; Liste vom April 1959, in: VpLA. Kreisleitung Greifswald, IV/4/02/391.

[128] Solche Mittelständler waren der Händler Rudolf Meyer, der Stoffhändler Günter Teichmann, der Steinmetz Heinz Schapat und der Innenausstatter Heinz Metrophan.

[129] In Greifswald wurde die Kommission im April 1958 gebildet. Bericht für das Jahr 1958, in: VpLA. Kreisleitung Greifswald, IV/4/02/394.

[130] Neben weiteren spielte der Physiker Prof. Dr. Herbert Wulfhekel eine wichtige Rolle in der Partei. Geb. 1905, 1930–1937 Assistent an der Universität Greifswald, Schüler von R. Seeliger, seit 1961 Professor, seit Ende der fünfziger Jahre mit zahlreichen Funktionen für die Partei. Sein Vater war Postbeamter und in den zwanziger Jahren in der Greifswalder Kommunalpolitik aktiv. Vgl. seine Vita in: SAPMO. DY 16, vorl. Nr. 2488.

[131] Das wußte auch die SED: »[Ein Verhalten], das darauf gerichtet ist, dem Eintritt in die SED auszuweichen, und die Mitgliedschaft einer anderen demokratischen Partei zu suchen, um, wie sie es ausdrücken, in Frieden gelassen zu werden.« Zitat aus einem Schreiben von Pommerenke (NDPD) an Harry Tisch (SED) vom 12.9.1968, in: VpLA. Bezirksleitung Rostock, IV/B/2.15/597.

treten konnte, war nicht unbedingt ein Nachteil, denn das wurde offenbar von ihr auch gar nicht erwartet. Die NDPD war das maßgeschneiderte Angebot für den Mittelstand, denn sie war weltanschaulich unverbindlich national, sie war politisch risikolos und versprach durch ihre anfängliche Protestrhetorik eine gewisse Dynamik in der Interessenvertretung. Das genügte schon, um eine Partei in der DDR am Leben zu erhalten.

e) Zwischenbilanz: Reintegration durch eine Blockpartei

Auch die NDPD setzte somit eine politische Strömung fort, die sich aus dem konservativ-nationalen Milieu in der regionalen Gesellschaft der zwanziger und dreißiger Jahre entwickelt hatte. In der NDPD lebten zwei Traditionen. Sie baute auf der Trennung zwischen Christen und Nichtchristen im nationalen Lager auf, die sich seit den späten zwanziger Jahren als politisch relevant erwiesen hatte. Ihr Rekrutierungsfeld war folglich in erster Linie das relativ spät politisch mobilisierte Kleinbürgertum, die kleineren Beamten, Angestellten und ehemaligen Soldaten, welche die politischen ›Säuberungen‹ leichter überstanden hatten als die Eliten. Sie waren nicht mehr in den alten ideologischen Strömungen der Konservativen oder der Liberalen integriert worden und behielten als politische Leitlinien eine nationalistische und antisozialistische Orientierung über alle Brüche hinweg bei.

Die zweite Gruppe hatte tiefere Wurzeln in der Stadtgesellschaft und war nach ihrer Lebensweise von allen anderen Schichten der Stadt zu unterscheiden: der alte Mittelstand. Beide Charakterisierungen der NDPD als Ehemaligenpartei im weiteren Sinne und als Mittelstandspartei trafen mit Blick auf die Greifswalder Basis eindeutig zu. Da es sich bei der kleinbürgerlichen Gruppe tendenziell um eine jüngere Klientel handelte als bei der CDU, war das Bedürfnis, sich im eigenen existentiellen Interesse den gesellschaftlichen Zwängen der SED anzupassen, in der NDPD größer als bei den Christdemokraten. Gleiches galt für den Mittelstand, der berufsbedingt weit immobiler war als bildungsbürgerliche Schichten oder Angestellte. Auch beim Mittelstand war daher die Anpassungsbereitschaft vorhanden. Die NDPD war daher die einzige Alternative zur Flucht in den Westen. Das führte jedoch dazu, daß alle tragenden Gruppen ein eher instrumentelles Verhältnis zur Partei hatten. Das Parteibuch war zwar Ausdruck einer politischen Tendenz, diente letztlich jedoch den persönlichen Interessen. Die Partei stand erkennbar in der Tradition des nationalen Lagers, der mittelständischen Gruppen sowie der Radikalnationalen und Nationalsozialisten, erreichte jedoch nicht ansatzweise deren Festigkeit, weil es offensichtlich an Freiwilligkeit und integrierender Ideologie mangelte.

Die NDPD wurde gegründet, als die Männer aus der Kriegsgefangenschaft zurückkehrten und als die Verfolgung der CDU einen Höhepunkt erreichte. Sie wurde daher von Personen getragen, die unmittelbar nach dem Krieg in Greifswald noch nicht anwesend gewesen waren. Die Teilung des nationalen Lagers in eine eher weiblich bestimmte, ältere CDU und eine eher männlich dominierte, jüngere NDPD dürfte auch darin eine Ursache haben. Als Ehemaligenpartei brachte die NDPD ein höchst fragwürdiges politisches Erbe in die DDR der fünfziger Jahre ein. Sie war die jüngere, die agilere und aktivere Lagerpartei. Ihre Mitglieder waren leichter zu motivieren als die Christdemokraten. Sie knüpfte an die militärische Traditionen und die damit verbundene politische Kultur von Befehl und Gehorsam an. Sie hatte symbolisch und ganz konkret Verbindung besonders in jene Kreise der regionalen Gesellschaft, die einst NSDAP und Wehrmacht getragen hatten. Diese Gruppen starben jedoch langsam aus.

Jene Themen, die die NDPD-Anhängerschaft einst weltanschaulich integriert hatten, trugen nicht mehr weit. Sie standen im offensichtlichen Widerspruch zur ungeklärten Frage der deutschen Einheit, zur weithin abgelehnten Grenze im Osten und zur verordneten Freundschaft mit der Sowjetunion, deren Kriegstoten die NDPD ehren sollte, nicht jedoch die eigenen Kameraden. Da eindeutig die SED für diese schlecht verhüllten Umdeutungen Verantwortung trug, waren die nationalistischen Parolen sehr bald unglaubwürdig. Überdies konnte die Partei die seit 1943 verlorene Bedeutung der nationalistischen politischen Gedankenwelt nicht wieder herstellen. Interessant bleibt das Faktum, daß die SED einen sehr offensiven Weg wählte, das Ehemaligenproblem zu lösen. Im Westen Deutschlands setzte man gleichzeitig auf stille Integration und Einschmelzung.

Mit dem Mythos Petershagen eröffnete sie der konservativ-nationalen und nationalsozialistischen Bevölkerung eine Möglichkeit, sich mit der neuen Situation anzufreunden, sich weiter mit Stadt und Land zu identifizieren. Als Mittelstandspartei war die NDPD mit dem alten Mittelstand der Stadt und seinen Traditionen verbunden. Hier lebten die alten Gegensätze zwischen Handwerk und Handel auf der einen und Obrigkeit auf der anderen Seite im neuen Gewand wieder auf. Der Antisozialismus des Mittelstandes, seine Mentalitäten von Tradition, Besitz und Unternehmertum prallten hart auf die klassenkämpferische Attitüde und Politik der SED. Der alte Mittelstand wurde ausgegrenzt und grenzte sich ab. Er blieb eine beständig bedrohte und schrumpfende Sondergruppe in der DDR-Gesellschaft, die fest zusammenhielt. Auch hier setzte die SED anfangs auf eine Instrumentalisierung der alten Parolen aus der Weimarer Republik, sie kam an einigen Stellen Forderungen wie denen nach Schutz und Sicherheit entgegen, freilich ohne sich verbindlich festzulegen. Auch das festigte das Bewußtsein des alten Mittelstandes, eine Gruppe mit Sonderstatus in der DDR-Gesellschaft zu sein. Als ökonomisch unverzichtbarer Gesellschaftsteil hatte der Mittelstand je nach politischer Großwetterlage relativ gute Aussichten, vermittelt über die NDPD, Gehör zu finden, Überspitzungen der SED-Politik zu mildern, Folgen abzufangen. Die Probleme des Mittelstandes rührten stets an den sensiblen ökonomischen Nerv der Gesellschaft. Über Mangelversorgung und organisatorische Schlampereien sowie die Frage, wie man sie beheben könnte, durfte zumeist gesprochen werden, solange die SED und ihre

Politik nicht angegriffen wurden. Auf diese Weise hielten sich die Themen des Mittelstandes in der Öffentlichkeit. Das Bemühen dieser Gruppe, die Partei für sich zu funktionalisieren, war sehr deutlich. Letztlich interessierten sich die Mittelständler aber nicht für die NDPD, sondern nur für die Möglichkeiten, die sich ihnen mit der Partei eröffneten. Ende der fünfziger Jahre hörte die Pflege der Mittelstandsideologie auf, die Zusammenfassung in Produktionsgenossenschaften löste die überkommenen Mentalitäten langsam ab, auch der alte Mittelstand als altes Lagersegment erodierte jetzt.

Daß die NDPD daneben noch die gefahrlose bürgerliche Blockpartei, der wichtigste Rückzugsraum städtischer Bevölkerungsgruppen vor der SED, die bevorzugte Partei für alle eher nichtchristlichen Nichtsozialisten war, bestimmte den Charakter und die Politik der Partei nicht. Das machte sie für Lehrer, Dozenten oder Angestellte der Verwaltungen attraktiv. Diese Menschen bildeten zwar den größten Teil der Mitgliederschaft, verhielten sich jedoch meist still, weil ihre Themen und Probleme nicht in die Zuständigkeit der NDPD fielen. Sie suchten und fanden hier ihre Nische, welche die SED offenbar im Interesse des gesellschaftlichen Friedens einräumte. Denn auch diese Leute standen damit unter der Aufsicht der SED-gelenkten Parteieliten und waren kontrollierbar.

Die Kirche und die Gesellschaft

1. Die gewahrte Kontinuität

Die evangelische Kirche war die einzige gesellschaftliche Großinstitution in der Region, die NS-Zeit und Krieg einigermaßen intakt überstanden hatte und die 1945 funktionsfähig existierte.[1] Sie blieb in der entstehenden SED-Gesellschaft das letzte bedeutende Element des konservativ-nationalen Milieus. Von den zwanziger Jahren her betrachtet, war dies nur noch ein Rest. Von den integrierenden Faktoren des alten Milieus war sie aber nur eingeschränkt konsensfähig. Auf eine politische Richtung war die Kirche seit dem Kirchenkampf der dreißiger Jahre nicht mehr ohne weiteres festzulegen, auch theologisch war sie sich uneins. Die Auseinandersetzung hatte die Bindekraft der Kirche als Mitte einer Vergemeinschaftung angeschlagen. Die Entwicklungen einer allgemeinen Säkularisierung der Gesellschaft kamen hinzu. Eine Ausstrahlung in die Gesellschaft war vorhanden, aber nicht mehr unangefochten. Die Entwicklung der vierziger und fünfziger Jahre setzte hier gleichwohl einen Prozeß in Gang, der die Kirche zum Sammelpunkt aller übriggebliebenen Milieuelemente machte, die sich innerhalb des nichtsozialistischen Lagers durch die NS-Zeit hindurch erhalten hatten. Hatte sich die Kirche in den dreißiger Jahren von ihrer ursprünglichen Geschlossenheit eher entfernt, sich pluralisiert und auch politisch geöffnet, war seit 1945 ein umgekehrter Prozeß zu beobachten. Die Kirche und ihre sich ausdünnende Anhängerschaft marschierten zurück in Richtung eines Milieus. Das stand im Gegensatz zu dem Anspruch, Volkskirche zu sein und bleiben zu wollen. Es war eine defensive Maßnahme. Der SED gelang es nämlich bis zum Ende der fünfziger Jahre, der Kirche große Teile ihrer Basis zu entfremden, ihr die Funktion einer Sammel- und Leitinstitution des nichtsozialistischen Lagers weitgehend abzunehmen. Sie verhinderte die Ausbildung einer breiteren kirchlichen Vergemeinschaftung, freilich um den Preis, daß sie Kerngemeinden schuf, die stark dem Ideal eines religiös gebundenen Minderheitenmilieus entsprachen. Außerdem hob die SED den grundsätzlichen ideologischen Konflikt nicht auf. Damit verlängerte sie die bis Ende der fünfziger Jahre an sich unbedeutend gewordene gesellschaftli-

---

[1] Allgemein zum Thema C. VOLLNHALS, Hypothek, 1992; ders., Zwischen Kooperation, 1994; J. THIERFELDER, 1992. Zur Situation in der Ostzone, J. SEIDEL, ›Neubeginn‹, 1989 u. ders., Aus den Trümmern, 1996. M. ONNASCH, Situation, 1989; ders., Rolle, 1997. Ferner für die Grundlagen der anderen Seite, H. WUNDERER, 1993.

che Trennlinie zwischen christlichem Bereich und säkularisierter Gesellschaft bis weit in die siebziger und achtziger Jahre.
Dennoch herrschte nach Kriegsende eine gewisse Erleichterung in der Kirche, denn die Sowjets erwiesen sich als nicht besonders kirchenfeindlich. Sie ließen Gottesdienste zu, räumten die als Lager zweckentfremdeten Kirchen der Stadt und erlaubten ein normales kirchliches Leben.[2] Auch die KPD/SED zeigte sich vordergründig tolerant.[3] Die Kirche behielt in der Bodenreform ihren Grundbesitz in der Region. Nahezu 2000 Hektar Land blieben als materieller Grundstock erhalten und ließen ein wenig von den alten agrarischen Verhältnissen in die neue Zeit hineinragen.[4] Die Pommersche Kirche war der größte nichtstaatliche Landbesitzer der Region. Das sicherte ihr eine gewisse Unabhängigkeit. Nicht wenige Anhänger der SED waren zunächst auch aktive Kirchenmitglieder. Prominent war der Pfarrer Völger aus Katzow, der in der Bekennenden Kirche eine Rolle gespielt hatte und über die SPD zur SED kam.[5] Auch die Neulehrer, die auf dem Lande die alten Lehrer ersetzten, waren noch keine ausgesprochenen Religionsgegner; kein SED-Mitglied hatte wegen seiner Kirchenmitgliedschaft Probleme. Gerade auf dem Lande, wo die religiös geprägten Flüchtlinge aus Hinterpommern über die Bodenreform von der SED angeworben wurden, war eine klare Scheidung in Christen und Sozialisten gar nicht denkbar. Sogar die Funktionäre achteten auf die traditionellen Fragen der Konfession. Der Greifswalder Kulturstadtrat Burwitz beispielsweise verhinderte, daß die größte Buchhandlung am Ort im Zuge der Entnazifizierung in die Hand einer katholischen Buchhändlerin kam, ausdrücklich unter Hinweis auf ihre Konfession.[6] Die traditionelle symbolische Gemeinsamkeit von Stadt und Kirche wurde gewahrt. Oberbürgermeister Bieg nahm am Pfingstgottesdienst 1945 teil, Paul Hoffmann und Minister Gottfried Grünberg waren bei der feierlichen Einsetzung des Greifswalder Bischofs von Scheven 1947 anwesend.[7]
Die äußere Unversehrtheit und die vermeintliche Kontinuität der Kirche täuscht über den tiefen Bruch hinweg, den das Jahr 1945 auch für die gläubigen Protestanten und ihre Pfarrer bedeutete. Wesentliche Orientierungspunkte der Vergangenheit gingen verloren. Das Reich, der alte Staat als zentrale Bezüge protestantischer Kirchlichkeit und evangelischen politischen Denkens waren verloren. Preußen als äußeres Gehäuse der Landeskirche

---

[2] J. Mai (Hrsg.), Greifswald, 1995, S. 37.
[3] M. Onnasch, Rolle, 1997, S. 18. Dieser Text ist eine gute allgemeine Übersicht zur Kirchengeschichte der SBZ/DDR in Mecklenburg und Vorpommern.
[4] M. Onnasch, Rolle, 1997, S. 91 ff.
[5] Notiz in: VpLA. Kreisleitung Greifswald, IV/4/02/373. Völger war für den Sozialismus, aber gegen den Kommunismus, ca. 1957.
[6] »Frau S. ist Katholikin, und ich würde es ungern sehen, wenn die wichtigste wissenschaftliche Buchhandlung Greifswalds in katholische Hände übergeht.« Burwitz bat um Vernichtung des Briefes vom 17.12.1945, in: StA. Rep. 7.15, Nr. 102.
[7] Bericht über die Amtseinführung durch Dibelius, in: Die Kirche, 19.1.1947.

gab es nicht mehr. Die Kirchenaustritte radikaler Nationalisten der NSDAP hatten der Kirche deutlich gemacht, daß zwischen Religion und Vaterlandsliebe kein natürlicher Zusammenhang bestand. Das Militär, dem die Pfarrer loyal und diszipliniert als Offiziere oder Feldprediger gedient hatten, war geschlagen und vernichtet. Der Staat aber, jene Instanz, der die Kirche in Deutschland so eng verbunden war, fiel nunmehr in die Hände der Sowjets und ihrer deutschen Verbündeten, der KPD. Das waren die ›Gottlosen‹, die ›Bolschewisten‹, die geschworenen Gegner der Kirche und der Religion aus den zwanziger Jahren.[8] Das Unbehagen der Weimarer Republik, als sich die Kirche mit der liberalen und religiös neutralen Staatsführung nicht anfreunden wollte, erfuhr eine Wiederbelebung und gleichzeitige Steigerung. Für die Kirche ähnelte die grundsätzliche Konstellation des Jahres 1945 der von 1918 sehr stark; 1945 war es nur noch schlimmer. Daß ihr kein Staat mehr helfen würde, der in der Hand dieser Kräfte lag, war einhellige und, wie sich herausstellen sollte, zutreffende Meinung der Kirchenführer. Die Kirche war auf sich selbst zurückgeworfen, auf ihre Kraft in der immer noch zu etwa 87 Prozent kirchengebundenen evangelischen Einwohnerschaft der Region.[9]

Die Loslösung vom Staat war für die Kirche indes kein erschütterndes Problem mehr. Sie nahm diesen Vorgang hin. Er entsprach den Erfahrungen der NS-Zeit, die den Kirchenverantwortlichen die Einsicht vermittelt hatte, daß zu große Staatsnähe die Gefahr der völligen Vereinnahmung und politischen Instrumentalisierung mit sich brachte. Insofern hatte die Trennung von Staat und Kirche, wie sie sich nach 1945 rasch ankündigte, durchaus Befürworter. Daß schon 1946 der Religionsunterricht aus den Schulen verschwand und in die Eigenregie der Kirche überging, war schmerzlich, aber nicht zu ändern. Immerhin blieb die Unterweisung erhalten. Auch die Übernahme der Kirchensteuer in kirchliche Hand 1949 war akzeptabel.[10] Erst 1956 endete der Steuereinzug durch das Finanzamt.[11] In jedem Fall wußten sich die Kirche und die auf sie orientierte evangelische Bevölkerung einem altbekannten Gegner gegenüber. Die Religion konstituierte somit gleich nach 1945 wiederum eine Trennlinie in der Gesellschaft. Die zaghaften Veränderungen der NS-Zeit zugunsten einer Öffnung der kirchlichen Kreise gegenüber anderen politischen Strömungen blieben nur Ansätze. Ob sich die neu ausgeprägte Lagergrenze als Grundlage einer Milieubildung erweisen würde, lag in der Hand der SED und ihrer Politik gegenüber der Kirche. Sofern sie auf Konfrontation ging, bestand die Möglichkeit, daß die Kirche sich wehrte, den Gegensatz politisierte und organisierte, ganz so wie es seit

---

[8] Hierzu vor allem H. WUNDERER, 1993.
[9] Die Zahl ist eine Schätzung, exakte Werte liegen aufgrund der starken Wanderungsbewegungen nicht vor; allgemein D. POLLACK, Von der Volkskirche, 1994, S. 272.
[10] Die Kirche, 22. 5. 1949. Die Greifswalder Gemeinden richteten eigene Kirchensteuerstellen ein. Das grundsätzliche Recht auf Steuererhebung blieb.
[11] D. POLLACK, Organisationsgesellschaft, 1994, S. 136.

Abbildung 12 599

Der Volkswagen des Bischofs von Scheven (an der Tür) war in Pommern überall bekannt. Der Fahrer, Walter Stolpe (rechts), ist der Vater von Manfred Stolpe. Das Foto entstand im August 1954.

den zwanziger Jahren bei den Konservativ-Nationalen üblich geworden war.

Schon die erste große politische Aktion der Sowjets und der Kommunisten betraf einen Kern der regionalen Kirchlichkeit. Die Bodenreform zerstörte eine der wichtigsten Stützen der Kirche in der Region, den Großgrundbesitz. Das Ende der Patronate stellte die Gemeinden vor erhebliche Probleme. Die alte selbstverständliche Verbindung zwischen Pfarrern und ländlicher Elite war zerbrochen. Die kirchliche Kerngemeinschaft der dreißiger und vierziger Jahre hatte keine wirtschaftliche Basis mehr. Ein wesentlicher Bestandteil des konservativen Milieus war vernichtet. Die neuen Dorfherren waren nicht kirchlich gesonnen. Das auf den Großgrundbesitz gestützte hohe Gewicht der Kirche in der Region endete, die Verbindung zwischen ländlicher Lebenswelt und Religion war nicht mehr selbstverständlich. Es mußte neu aufgebaut werden. Immerhin blieben die Pfarrer in allen Dörfern präsent. Ihr Einfluß konnte sich im Dorf aber nur noch auf die Religiosität der Gemeinde stützen. Auch die Lehrerschaft, ohnehin stark NS-infiziert und nur noch bedingt eine Stütze der Kirche, wurde Opfer der ersten politischen ›Säuberungen‹.

Gegenläufig war die Entwicklung in der Stadt. Greifswald erlebte durch die umstürzenden Ereignisse eine Aufwertung zum wichtigsten kirchlichen Zentrum der Region. Die Pommersche Kirche war zum größten Teil eine vertriebene Kirche. 34 von 51 Kirchenkreisen, das Konsistorium in Stettin mit der Kirchenleitung und rund 1,1 Millionen Kirchenangehörige waren der Pommerschen evangelischen Kirche zwischen 1940 und 1948 abhanden gekommen.[12] Greifswald wurde zum Auffangpunkt der kirchlichen Einrichtungen und erhielt auf diese Weise eine neue, viel stärkere kirchliche Prägung als vorher. Seit Spätsommer 1945 sammelte sich das Konsistorium in der Stadt. In Züssow unweit der Stadt richtete sich die Nachfolgerin der großen Diakonischen Anstalten aus Stettin ein. Stadtsuperintendent Karl von Scheven, ein enger Freund von Otto Dibelius, wurde 1946 von der provisorischen Kirchenleitung zum Präses erhoben und im Oktober 1946 von der ersten regionalen Synode seit 13 Jahren zum Bischof gewählt.[13] Wegen seiner eindeutigen Position gegen die NSDAP, aber seiner vermittelnden innerkirchlichen Haltung schon seit 1935 hielten die Synodalen ihn für den richtigen Mann, die notwendige innere Befriedung der Pommerschen Kirche herbeizuführen. Seine distanzierte Haltung zur Bekennenden Kirche, die er im Zuge seines Neutralitätskurses eingenommen hatte, war nicht unumstritten.

Diese Entscheidung orientierte sich an den vergangenen Konflikten. Prägender wurde jedoch von Schevens Haltung zu den neuen Machthabern. Hier hielt er sich ganz an seine Erfahrungen und Einstellungen aus den zwanziger Jahren. Angesichts des Gegners und der erwarteten Auseinander-

---

[12] C. M. Raddatz, 1995, S. 623 f. Ihr Aufsatz bietet den momentan besten Überblick über die Reorganisationsmaßnahmen der Pommerschen Kirche nach 1945.

[13] Die Kirche, 3. 3. 1946, zur Bischofswahl, C. M. Raddatz, 1993, S. 653 ff.

setzungen mit der SED wurden seine klare Haltung gegen die Sozialisten und seine ungebrochene und kompromißlos ausgeübte Autorität wichtiger als die Haltung unter der NS-Kirchenpolitik. Der christlich-konservative von Scheven bürgte dafür, daß in der Kirche vieles so blieb, wie es war. Die straffen Autoritätsverhältnisse bestanden fort.[14] Die Gemeinden waren auf den Pfarrer zentriert. Die Pfarrer forderten von ihren Gemeindeangehörigen Gehorsam in allen Glaubensdingen, aber auch in Fragen der alltäglichen Moral von Ehe, Familie, Kindererziehung und Zusammenleben. Die Kirche wollte dezidiert Volkskirche sein und bleiben. Sie bestimmte die konservative Sozialmoral.

Das Kirchenvolk zog auch nach 1945 mehrheitlich mit und entfremdete sich der Kirche trotz der erschwerten politischen Bedingungen zunächst nicht.[15] Religion gab nach dem Zusammenbruch anderer Leitlinien eine Orientierung. Das steigerte die Bedeutung der Kirche sogar noch. Die Autorität der Pfarrer funktionierte. Das kirchliche Leben, gemessen an der Inanspruchnahme ihrer sakralen Dienste, erlebte einen normalen Fortgang, ja zum Teil eine Ausweitung.[16] Die Pfarrer der Sankt Marien Gemeinde, Prost und Kob, waren nunmehr für mehr als doppelt so viele Gemeindeglieder zuständig wie vor 1945; 1956 waren das etwa 22 000 gegenüber 12 000 20 Jahre zuvor. Die Zahl der Taufen stieg von 1946 bis 1955 beständig an. Ähnlich verhielt es sich mit den Trauungen, deren Zahl 1948 und 1952 einen Höhepunkt erreichte. Auch bei den Konfirmationen stiegen die Zahlen bis 1954 auf 405. Besonders christliche Bestattungen wurden in Anspruch genommen. Die Zahl der Kirchenaustritte hielt sich in Grenzen. Es war weiterhin allgemein üblich, in der Kirche zu sein, die Kinder taufen zu lassen und die Jugendlichen zur Konfirmation zu schicken.[17] Die Volkskirche schien nach Krieg und Krise lebendig und kräftig zu sein, auch wenn sie starke Einschnitte hatte hinnehmen müssen. Die Missionsgruppen arbeiteten, die Frauenkreise kamen zusammen, die Kirchenmusik erlebte eine Blüte, die Chöre übten, Kinder- und Jugendgruppen waren besucht, die Diakonie arbeitete mit Alten, Behinderten und Kranken. Selbst Relikte des Konfessionsstreites wie das ›Gustav-Adolf-Werk‹ und das regional bedeutsame Gedenken an den ›Retter des Protestantismus‹ fanden Pflege und Unterstützung.[18] Die Stoßrichtung gegen die sozialistische Bedrängung der

---

[14] Pastor Braun, Behrenhoff sprach 1957 prägnant vom »Kadavergehorsam«, den er der Kirchenleitung schuldig sei. Bericht vom 21.6.1957, in: VpLA. Kreisleitung Greifswald, IV/4/02/468.

[15] Grundlage des kirchlichen Selbstbewußtseins, D. POLLACK, Organisationsgesellschaft, 1994, S. 111.

[16] Ein ähnliches Bild für die gesamte DDR zeichnet D. POLLACK, Von der Volkskirche, 1994, S. 275 ff. u. 280 ff.

[17] Zahlen nach mündlicher Mitteilung von Martin Onnasch auf einem Kolloquium zur Stadtgeschichte, Greifswald, 29.11.1997.

[18] Im Juli 1955 hielt Krummacher am Gedenkstein auf dem Friedhof Peenemünde vor 150 Zuhörern eine Ansprache. Das war auch symbolisch zu verstehen, denn der Kirchen-

Protestanten verlieh diesem Thema neue Bedeutung. Die Kirche lebte so weiter, wie sie es immer getan hatte, sogar ein wenig freier als vor 1945. Die neuen Machthaber mischten sich in die innerkirchlichen Belange nicht ein; die Spaltungen der Gemeinden waren Geschichte. Auch die kirchliche Hierarchie war intakt und vital. Die Pfarrer unterstanden dem Superintendenten. Über allem wachte der Bischof.

Gestützt auf dieses Gemeindeleben, die reinen Zahlen und die Macht von Glaube und Tradition war die Kirche in Pommern, waren ihre Pfarrer selbstbewußt. Sie zeichneten sich durch ein sehr eindeutiges Profil aus. Durch Befehl und Gehorsam erzogene ehemalige Offiziere überwogen. Die jüngere durch die Bekennende Kirche und den Kirchenkampf geprägte Generation war als Folge des Krieges ausgedünnt. Die Mentalitäten der zwanziger Jahre bestimmten daher die Pommersche Kirche in den fünfziger Jahren weit stärker als die Ideen der dreißiger, vor allem an der Basis, in den Gemeinden.

Der Versuch, den Status als Volkskirche auch unter den schwierigen Bedingungen einer entstehenden atheistischen Diktatur zu bewahren, stützte sich auf die traditionelle gesellschaftliche Basis. Was sich im späten 19. Jahrhundert in der ›Milieuverengung‹ der Kirche auf mittelständische Sozialschichten verfestigt hatte[19], erwies sich dabei als solides Fundament. In Greifswald war es primär die ›Intelligenz‹, also das Bildungsbürgertum, sowie der alte Mittelstand, die das Gemeindeleben trugen.[20] Die Frauen gingen in die Gruppen und den Gottesdienst, die Männer saßen als Kirchenälteste in den Gemeinderäten und Synoden. Die Basis der Kirche und ihr religiöses Verhalten zeigte insgesamt eine starke Kontinuität zur Vorkriegszeit.

Damit bezog sich die Kirche auf die gleichen Sozialgruppen wie die CDU und mit Abstrichen die NDPD. Hier deutete sich eine Vernetzung an, denn besonders der alte Mittelstand und Reste des Bildungsbürgertums in der Stadt zeigten auch jenseits ihrer religiösen Bindung deutliche Tendenzen zur Absonderung und Gruppenbildung, die zwar nur noch informell sein

---

kampf hatte sich seit Frühjahr merklich verschärft; Bericht der Volkspolizei, in: VpLA. Bezirksleitung Rostock, IV/2/14/1365.

[19] J. FLEMMING, Unter der Bürde, 1986, S. 245, mit Bezug auf Reinold von Thadden-Trieglaff.

[20] Sogar 1965 noch waren von den 72 leitenden aktiven Christen im Kreis Greifswald 18 Professoren, Assistenten oder Dozenten, neun Lehrer oder Erzieher, fünf aus der technischen Intelligenz, sieben Ärzte oder Apotheker, 19 waren als Geschäftsleute oder Handwerker tätig. Aufstellung vom 3.8.1965, in: VpLA. Bezirksleitung Rostock, IV/A/14/947. Die starke Rolle der Frauen gerade unter den Katechetinnen und Erzieherinnen ist hervorzuheben, dazu Bericht über die evangelische Kirche vom 16.7.1959, in: VpLA. Kreisleitung Greifswald, IV/4/02/106. Krummacher schrieb 1957: »Wo es an Männern fehlt [für die Kirchenräte, hms.] sollte man sich nun wirklich nicht scheuen, auch die Frauen heranzuziehen, die ohnehin so starke Stützen unseres kirchlichen Lebens sind.« Zitat aus Schreiben des Bischofs an die Pfarrer von Pfingsten 1957, in: VpLA. Bezirksleitung Rostock, IV/2/14/1360.

konnte oder unter SED-Kuratel stand, wie im Handwerk oder den bürgerlichen Blockparteien, gleichwohl aber erkennbar blieb. Sie sahen sich ausgegrenzt und mußten sich in jeder Hinsicht als Sondergruppe in der sozialistischen Gesellschaft verstehen. Die Kirche stützte sich folglich auf jene Teile der Gesellschaft, die gleich mehrfach unter dem Druck der SED-Politik standen. Für diese Gruppen war sie die einzige intakte und weitgehend autonome Organisation, die sich überdies auf eine transzendente Grundlage berief, den Glauben. Er war durch atheistische Propaganda der SED in seinem Kern kaum anfechtbar. Zusammengenommen zeigte sich darin die Grundlage einer neuen, auf den überkommen Fundamenten aufbauenden Gemeinschaftsbildung im Bereich der Kirche. Sie sammelte sich um eine Pfarrerschaft, die sich zu einem guten Teil seit über 25 Jahren im volkskirchlichen Ausnahmezustand wähnte und bereits eine Diktatur mit atheistischer Tendenz überstanden hatte. Die heraufdämmernde zweite Diktatur entsprach indes besser dem alten Freund-Feind-Schema der Kirche und ihrer Basis als die erste und integrierte somit auch die Gegensätze zwischen NS-orientierten Christen und Nazigegnern wieder. Der neue alte Gegner schmiedete zusammen.

Politik hatte offiziell in der Kirche immer noch keinen Platz. Von dieser Fiktion mochte die Kirche nicht abrücken. Offenbar wollten die Kirchenverantwortlichen nicht noch einmal einen inneren Kirchenkampf gleich welcher Frontstellung riskieren. Stärker als je zuvor propagierte die Kirche daher parteipolitische Neutralität, ihre Integrationsfähigkeit wollte sie allein auf dem Glauben beruhen lassen.[21] De facto blieb sie damit jedoch dort stehen, wo sie sich auch vor 1933 befunden hatte, denn ob der Glaube politisch war, bestimmte sie nicht allein. Der Wahlaufruf 1946 klang daher ganz so wie 18 Jahre zuvor. »Die evangelische Kirche bildet keine Partei und empfiehlt keine Partei.«[22] Aber wichtige Entscheidungen in Fragen der christlichen Erziehung stünden an, die Glieder der Kirche seien aufgerufen, sich an der politischen Gestaltung der Zukunft zu beteiligen. Wie die SED hierbei aus Sicht der Kirche zu beurteilen war, dürfte den meisten Menschen ohne weiteres klar gewesen sein. Neu war nur der an den Aufruf geknüpfte Hinweis, daß eine Diktatur nicht mehr in Frage komme. In der schroffen Ablehnung der Diktatur deutete sich eine Veränderung in der politischen Haltung der Kirche an.[23]

Vergangenheitsbewältigung gab es jedoch nicht. Mit dem Wort der ersten Pommerschen Synode vom 11. Oktober 1946 zum ersten Gebot war eine

---

[21] Z.B. die Äußerungen des Superintendenten Wilner vom 11.10.1950, mit einer Politisierung der Kirche werde nichts erreicht, Folge wäre allein die Entfremdung vieler Gläubigen. Bericht des Kreisinstrukteurs Pank von der SED, 11.10.1950, in: StA. Rep. 7.1.2.1, Nr. 9.

[22] Die Kirche, 25.8.1946.

[23] C. VOLLNHALS, Hypothek, 1992, S 68; er geht von einer weit späteren Hinwendung zur Demokratie aus, weit nach 1945. Das ist mit Blick auf die Praxis der Kirche und die frühen Äußerungen in der SBZ in Frage zu stellen.

Formel gefunden, auf die sich alle berufen konnten: Man habe sich von Gott abgewandt.[24] Eine mehr als beiläufige Diskussion über die internen politischen Probleme der verflossenen zwölf Jahre unterblieb. Die Frage, wie zum Beispiel eine Brücke zu schlagen sei zwischen der ehemaligen deutschnationalen Richtung, wie von Scheven sie verkörperte[25], und Männern einer eher sozialdemokratischen Tendenz aus der Bekennenden Kirche wie Völger, wurde nicht geklärt. Sie wurden von der Beschwörung des brüderlichen Miteinanders der Pfarrer, dem gemeinsamen Bekenntnis, versagt zu haben, und der ungebrochenen Autorität der Kirchenleitung überdeckt. Der Zwang, das Chaos zu beherrschen und rasch zu einer Konsolidierung der Strukturen zu kommen[26], war der wohl wichtigste Hinderungsgrund für einen innerkirchlichen Neuanfang.[27] Die Geschlossenheit der Kirche angesichts des Gegners war wichtiger. Stellungnahmen zur politischen Vergangenheit delegierte die Pommersche Kirche an die zentralen Instanzen. Die seit Anfang 1946 in Greifswald verbreitete Zeitung ›Die Kirche‹ druckte prominent das ›Darmstädter Wort‹ des Bruderrates der Evangelischen Kirche Deutschlands vom 8. August 1947, in dem kritisch mit der deutschnationalen, staatsfrommen und nationalistischen Vergangenheit der Kirche, ihrer politischen und sozialen Einseitigkeit abgerechnet wurde.[28] Dabei blieb es.

Die Kirche war in ihren Mentalitäten und Haltungen nach 1945 dem konservativ-nationalen Milieu der zwanziger Jahre verpflichtet.[29] Daß die CDU die neue Partei der evangelischen Kirche war, daß beide sich seit den ersten Monaten nach Kriegsende auf die gleichen Sozialgruppen stützten, war deutlich. Auf den Dörfern gründeten Pfarrer CDU-Ortsgruppen.[30] Die Öffnungen und Änderungen der dreißiger Jahre, die Ideen der Bekennenden Kirche spielten in der Region in der Kirche nur insofern eine Rolle, als sich jetzt einige Pfarrer unmittelbar in die Politik begaben. Damit war jedoch sehr schnell wieder Schluß. Reflexhaft zogen sich Pfarrerschaft und Kirchenführung wieder auf die abwehrenden Mentalitäten und Haltungen der

---

[24] D. POLLACK, Organisationsgesellschaft, 1994, S. 86.

[25] Daß von Scheven Mitglied der CDU war, wie M. ONNASCH, Rolle, 1997, S. 19, schreibt, halte ich für eine Fehlinformation. Seine Frau und seine Schwester waren in der Partei, er selbst taucht in den Akten der Partei nirgends auf. Dazu auch mündlicher Hinweis H. H. Jenssen, der berichtete, von Scheven sei meist nachts durch den Garten und die Hintertür zu seinem Vater gekommen, um politische Dinge zu regeln.

[26] Auch die Tatsache, daß die Kirche als Ersatz für nicht vorhandene staatliche Einrichtungen mit diakonischen Aufgaben völlig überlastet war, mag eine Rolle gespielt haben. D. POLLACK, Organisationsgesellschaft, 1994, S. 85.

[27] So der Tenor bei C. M. RADDATZ, 1995, S. 658 f.

[28] Die Kirche, 31.8.1947, sowie G. BESIER, SED-Staat und die Kirche, 1993, S. 38 ff.

[29] Der Lehrer D. kolportierte von Pfarrer Braun aus Behrenhoff die Aussage: »Ich bin preußischer Beamter und habe nach wie vor einen Schwur geleistet.« Zitat aus einem Situationsbericht der Kreisleitung vom 6.9.1953, in: VpLA. Kreisleitung Greifswald, IV/4/02/362.

[30] So in Schlatkow, Neuenkirchen und Spantekow bei Anklam sowie Weitenhagen.

zwanziger Jahre zurück, als sie die Vereinnahmung der CDU durch die SED wahrnahmen.

Die Verbundenheit mit der konservativ-nationalen Tradition der Region, die gewahrte Kontinuität zeigte sich vor allem auch im Führungspersonal der Kirche und ihren symbolischen Handlungen. Von Scheven war das beste Beispiel. Er war gebürtiger Pommer, seit 1907 Pfarrer und seit 1928 als Superintendent in Greifswald. Auch sein Nachfolger Friedrich Wilhelm Krummacher verdeutlichte die Verbindung zur Tradition.

Das große Gewicht der Tradition und das regionale Verständnis von akzeptablen neuen Strömungen in der Kirche zeigte sich paradigmatisch in der Inszenierung der Festlichkeiten zum 500jährigen Bestehen der Universität 1956. Krummacher[31], 1955 zum Bischof gewählt, schritt beim Konzert am 17. Oktober 1956 gemeinsam mit Reinold von Thadden-Trieglaff zur Eröffnung demonstrativ den Mittelgang der vollbesetzten Nikolaikirche entlang.[32] Von Thadden, geboren 1891, stand für die Bekennende Kirche aus konservativer Wurzel[33], für den Widerstand gegen die NSDAP, für einen geläuterten Protestantismus. In ihm verkörperten sich die Tradition und die Veränderung. Den Greifswaldern war er als DNVP-Kandidat in Erinnerung; er symbolisierte für sie ein Stück des alten, ›heilen‹, großagrarisch-protestantischen Pommern.

Krummacher, geboren 1901, stand kaum weniger deutlich für Kontinuität und Tradition, aber für einen anderen Entwicklungsstrang der regionalen Kirche. Er war Sohn eines Hofpredigers der Hohenzollern und war in Potsdam aufgewachsen. Er war kein Pommer, hatte aber in Greifswald studiert. Politisch war er zweifellos konservativ gewesen, hatte aber ein starkes Interesse an sozialen Fragen. 1933 trat er der NSDAP bei. 1939 wurde er entsprechend der militärischen Tradition der evangelischen Kirche Divisionspfarrer. 1943 geriet er in sowjetische Gefangenschaft und schloß sich dem Nationalkomitee Freies Deutschland an, nachdem er an der Öffnung von Massengräbern in rückeroberten Gebieten teilgenommen hatte.

Seine Läuterung angesichts der Verbrechen war offenkundig. Konsequent arbeitete er seitdem mit den Sowjets zusammen und unterstützte die Planung ihrer Kirchenpolitik in der Sowjetischen Zone.[34] Vor wie nach dem Krieg galt er als enger Vertrauter von Otto Dibelius. Krummacher verkörperte die ostdeutsche Variante protestantischer Umbrüche in einer

---

[31] Ganz im Gegensatz zu von Scheven ein in kirchenpolitischen Dingen sehr aktiver Mann, G. Besier, Rolle des MfS, 1995, S. 509 ff., ferner J. Cerny (Hrsg.), Wer war wer?, 1992, S. 258.

[32] Diese Inszenierung muß den SED-Beobachter sehr beeindruckt haben, denn er erwähnte eigens, daß der Beginn des Konzerts auf 20 Uhr festgelegt war, Krummacher und Thadden aber erst um 20.15 Uhr durch die Kirche schritten. Bericht vom 17.10.1956, in: VpLA. Kreisleitung Greifswald, IV/4/02/468.

[33] W. Klän, Kirchenkampf, 1995; sowie W. Hühne, 1959.

[34] Er soll für den sowjetischen Geheimdienst gearbeitet haben, G. Besier, Rolle des MfS, 1995, S. 509 ff.

jüngeren Theologengeneration. Von der preußischen Kirche zur NSDAP, von dort zum NKFD. Er war mehr zum Antinationalsozialisten als zum Demokraten geworden. An seiner antisozialistischen Haltung gab es indes keinen Zweifel. Die emotionale Bindung an die preußische und nationalistische Vergangenheit einer selbstbewußten Staatskirche, an die strenge Autorität der Kirchenführung machten ihn stark. Von politischer Neutralität in der Kirchenleitung konnte daher genausowenig die Rede sein wie 1928. Hier war die alte Kirche in einer nur mäßig gewandelten Form und mit leichten demokratischen und pluralistischen Veränderungen am Werk. Hier lag auch der Ansatzpunkt für die wachsende und weit über ihren Bereich hinausweisende Leitfunktion der Kirche in der zunehmend von der SED unter Druck gesetzten nichtsozialistischen Bevölkerung.

2. Die Konfrontation mit der SED seit 1950

Prägend für die Entwicklung und die Funktion der Kirche wurde das Verhältnis zum Staat und zur SED und das Verhältnis von SED und Gesellschaft. Fünf Konfliktfelder lassen sich ausmachen: Die Deutschlandpolitik, die rechtswidrige politische Praxis, die Beschränkung der Wirkungsmöglichkeiten der Kirche, die Vereinnahmungsversuche und der ideologische Totalitätsanspruch.[1] Der Kampf zwischen Kirche und SED-Staat war immer auch ein »Kampf um die Bevölkerung«.[2] Die Staatspartei ging gegen den eindeutig als ›Feind‹ der eigenen Gemeinschaftsidee identifizierten Gegner Kirche anfangs eher zaghaft vor.[3] Obwohl die Pfarrer einen sehr viel stärkeren und eindeutigeren Einfluß auf die Menschen und ihr Verhalten hatten als die gerade neu gegründeten bürgerlichen Blockparteien, suchte die SED bis 1950 in der Region keine direkte Konfrontation mit der Kirche. 1953 erst wurde die Kirche mit gewaltsamen Maßnahmen überzogen. Die weltanschaulichen Fragen wurden im Interesse der sozialen Probleme zurückgestellt, denn der karitative Dienst der Kirche wurde dringend benötigt. Sie war als einzige intakte Großstruktur in der Lage, Hilfe im größeren, flächendeckenden Maßstab zu sammeln und zu verteilen.[4] Kirchliche und staatliche Organisationen arbeiteten gemeinsam in der Schulspeisung; die Volkssolidarität residierte im Gebäude des kirchlichen Herbergsvereins an der Weißgerberstraße.[5] Bischof von Scheven war Mitglied in vielen Gremien

---

[1] D. POLLACK, Organisationsgesellschaft, 1994, S. 97.

[2] D. POLLACK, Organisationsgesellschaft, 1994, S. 79.

[3] D. POLLACK, Organisationsgesellschaft, 1994, S. 93, sieht bis 1949 keinen Versuch der SED, die Kirche unter Kontrolle zu bringen.

[4] Z.B. der gemeinsamen Aufruf von Oktober 1945, in: J. MAI (Hrsg.), Greifswald, 1995, S. 71.

[5] Hinweise zu personellen Überschneidungen und Kooperation, in: VpLA. Kreisleitung Greifswald, IV/4/02/138. Seit 1949 mahnte die Kirche, die Volkssolidarität möge das

und Ausschüssen der Stadt, die sich um die Betreuung von Armen, Waisen, Obdachlosen oder Flüchtlingen kümmerten. Der soziale Dienst nahm die Kirche anfangs stark in Anspruch und begrenzte die Konfliktmöglichkeiten der SED.[6]

Die schleichende Verschärfung des Tones konnte den Verantwortlichen der Kirche kaum entgehen. Von Scheven mahnte die SED bereits 1946, sich nicht wie die NSDAP zu verhalten und der Kirche mit Konkurrenzveranstaltungen am Sonntagvormittag ins Gehege zu kommen.[7] Die Kooperation in karitativen Fragen wich seit 1947 einem latenten Gegeneinander, weil die SED erkannte, daß die Kirche ihren Einfluß durch die Mobilisierung von Ressourcen aus Amerika oder Schweden ausweiten konnte. Solche Möglichkeiten nutzte die SED gerne selbst. Die Kirche sollte sich hier nicht betätigen. Denn damit jagte sie der Partei, die in ihrer angemaßten Allzuständigkeit für den Mangel im Land verantwortlich gemacht wurde, Sympathien ab.[8]

Die weltanschaulichen Gegensätze zwischen den sich überlegen dünkenden Marxisten, die in der Religion eine Art Aberglauben sahen, der sich bald von selbst erledigen würde, und den religiösen Menschen traten immer stärker hervor. Besonders der erst entkirchlichte und dann langsam atheistisch durchdrungene Schulunterricht zeigte immer eindeutiger die Richtung der Entwicklung. Alles lief darauf hinaus, die Kirche zu verdrängen. In der Öffentlichkeit wurde Stimmung gegen die Religion und die Kirche erzeugt. Die SED stellte sie als unmodern, reaktionär und rückständig heraus, als Restphänomen einer absterbenden Gesellschaftsformation. Die Möglichkeiten der Kirche, sich dagegen zu wehren, waren beschränkt, wenngleich die Tatsache, daß sich bekannte Greifswalder Naturwissenschaftler wie die Professoren Seeliger, von Bubnoff oder Bommer zur Kirche hielten, die Überheblichkeit der SED ein wenig dämpfte.[9] Daß die Wandlungsansätze der Bekennenden Kirche nicht aufgenommen wurden, sondern einer starren Abschottungstendenz wichen, hatte mit diesem seit 1946 spürbaren Druck von außen zu tun. Die Kirche fühlte sich bedroht und sammelte daher ihre

---

Gebäude für die Kirche freigeben. Hintergrund war die ›Säuberung‹ des staatlichen Hilfswerks von christlichen und christdemokratischen Mitarbeitern wie Nora von Kleist oder Margarethe Lachmund.

[6] D. POLLACK, Organisationsgesellschaft, 1994, S. 85.

[7] Schreiben von Schevens an die SED-Kreisleitung von August 1946, in: VpLA. Kreisleitung Greifswald, IV/4/02/46/16.

[8] Bemerkungen der SED im Arbeitsplan für die Frauenarbeit von 1949. Dort wurde der Zusammenhang zwischen Religion und Westpaketen hergestellt, in: VpLA. Kreisleitung Greifswald, IV/4/02/134. Umgekehrt achtete die SED-Stadtverwaltung darauf, daß die Kirche keine Sonderzuteilungen an Lebensmitteln erhielt; Schreiben vom 14.12.1948, in: VpLA. Kreisleitung Greifswald, IV/4/02/138.

[9] Text E. Jenssen, Chronik der CDU, in: Akten der CDU-Greifswald. »Die Tatsache, daß die damals bedeutendsten Naturwissenschaftler Greifswalds in unserer Partei standen, machte die so oft vorgetragene Behauptung, ein Naturwissenschaftler müsse Atheist sein, sehr unglaubwürdig. Wir haben uns damals oft auf diese berufen müssen.«

Kräfte. Selbstkritische Diskussionen waren kein Mittel, Einheitlichkeit und Schlagkraft zu erhalten. Auch hier zeigten sich deutliche Anklänge an Mentalität und Verhaltensweise der zwanziger Jahre. Die SED blieb nicht bei der Trennung von Staat und Kirche stehen, ihr ging es jetzt um die Trennung von Gesellschaft und Kirche.[10] Für die SED hatten in den ersten Nachkriegsjahren die politischen Auseinandersetzungen mit der CDU und der LDPD Priorität. Die politische Vergemeinschaftung hielt sie offenbar hinsichtlich der Machtfrage für bedeutsamer als die religiöse.[11] Gezielte SED-Kampagnen gegen Kirchenvertreter der Laien- oder Pfarrerschaft gab es in der Region zunächst nicht. Indirekt waren die Gemeinden von der rapiden Umgestaltungspolitik jedoch erheblich betroffen, denn die SED vertrieb durch die permanente ›Säuberungs-‹, Kollektivierungs- und Enteignungspolitik genau jene Gruppen in den Westen, die traditionell die Kirchenarbeit getragen und auch finanziert hatten, die eine Verbindung zwischen den Kirchengemeinden und dem politischen Vorfeld hergestellt hatten.[12] Mehr als stillen Protest und Unterstützung der Opfer konnte die Kirche nicht leisten. Die massive Fluchtbewegung ihrer Klientel seit 1947 verhinderte sie nicht. Die Kirche sah sich mit dem Verlust eines guten Teiles ihrer Laieneliten, der Erosion ihres gesellschaftlichen Vorfeldes konfrontiert.

Legitimiert durch den Glauben, waren die Pfarrer jedoch nicht verlegen, für die Opfer der Entwicklung Partei zu ergreifen, vernehmlich Presse- und Meinungsfreiheit einzufordern und auf die Unterdrückung politischer und wirtschaftlicher Freiheiten hinzuweisen.[13] Diese Parteinahme für demokratische Rechte fiel ihnen um so leichter, da es sich ja um die angestammte Klientel handelte, die betroffen war. Interessant ist jedoch, daß die Kirche und ihre Pfarrer sich nach 1945 offenbar ohne Schwierigkeiten für liberaldemokratische politische Forderungen einsetzten. Das wäre ihnen vor 1933 keinesfalls eingefallen. Da die Kirche in der zunehmend gleichgeschalteten Öffentlichkeit die letzte Institution war, die solche abweichenden Positionen laut äußerte, entwickelte sie sich zum Auffangbecken oppositioneller Stimmungen und Strömungen. Religion wurde politischer, als sie jemals zu-

---

[10] M. Onnasch, Rolle, 1997, S. 24.
[11] D. Pollack, Organisationsgesellschaft, 1994, S. 79, sieht das so ähnlich. Er stellt den Bezug zu den bürgerlichen Blockparteien nicht her, sondern sagt nur, solange sich die SED ihrer Sache nicht sicher gewesen sei, habe sie Rücksicht genommen. Entscheidend ist m. E. die Abfolge.
[12] Der Bäckermeister Langhoff z.B. war ebenfalls Handwerksvertreter, gehörte 1955 zum Kirchenrat von Sankt Nikolai, Notiz, in: VpLA. Kreisleitung Greifswald, IV/4/02/468. Ansonsten eine immer wiederkehrende Beobachtung der SED; Bericht über die Aktivitäten der Kirche im Bezirk o.D., ca. 1959, in: VpLA. Bezirksleitung Rostock, IV/A/2/14/940.
[13] Da die SED notorisch ängstlich immer vor Wahlen zu den Pfarrern ging, um die Stimmungslage zu testen, bekam sie besonders immer dann von solchen Dingen zu hören; z.B. die Sammlung von Gesprächsberichten von 1950, in: StA. Rep. 7.1.2.1, Nr. 9. Von 1957, in: VpLA. Kreisleitung Greifswald, IV/4/02/468.

vor gewesen war, politischer, als die Kirche selbst wollte, und sie wurde demokratisch. Daß die Beerdigung des Bischofs von Scheven im Oktober 1954 zu einer Art Massendemonstration wurde, hatte mit solchen Stimmungen zu tun.[14] Tausende säumten den Weg des Trauerzuges von Sankt Nikolai hinaus zum Alten Friedhof an der Wolgaster Landstraße. Die seit 1946 regelmäßig stattfindende Bachwoche des Kirchenmusikdirektors Pflugbeil erreichte ähnliche Qualitäten und wurde mit der Zeit zum regelmäßigen Streitfall mit der SED um die kulturelle Hegemonie in der Greifswalder Öffentlichkeit.[15] Als Krummacher 1961 harten Angriffen der SED ausgesetzt war, strömten ungewöhnlich viele Menschen in seine Gottesdienste. Die Bevölkerung ging zu solchen Veranstaltungen, um Solidarität mit der Kirche und gegen die SED zu demonstrieren.[16] Die Präsenz der Kirche selbst widersprach der allgemeinen Konformitätsforderung der SED und war damit schon politisch. Weiter als bis zum Protest gegen die SED reichte die politische Orientierung jedoch nicht. Die Kirche konnte und wollte sich auf keine Ideologie oder Partei mehr festlegen. Als letzter intakter Großinstitution aus dem Bereich des nationalen Lagers wuchsen der Kirche damit Funktionen zu, die sie eigentlich gar nicht haben wollte. Die Kirche übernahm die Funktion der integrierenden Mitte des nichtsozialistischen Lagers. Die religiösen Menschen, die sich unter dem Druck der SED enger an die Kirche und die Pfarrer banden und ihre Welt nach außen gegen die SED abschotteten, blieben an die Reste der konservativ-nationalen Strömung aus den zwanziger Jahren gebunden.

Obwohl von Scheven sich in der Kirchenpolitik stark zurückhielt, brachen 1950 die Konflikte mit der SED auch in Vorpommern aus. Die SED ging in der Region erstmals dazu über, die administrativen Maßnahmen und die Propaganda hinter sich zu lassen und offensiv Politik gegen die Kirche zu betreiben. Äußerer Anlaß waren Konflikte der SED mit der Berliner und der Magdeburger Kirchenleitung. Da die Bischöfe immer weniger bereit waren, zu den Diktatur- und Unterdrückungsmethoden der SED zu schweigen, kam es zur Auseinandersetzung.[17] Das Vorfeld der Wahlen 1950 bildete den Hintergrund der ersten SED-Versuche, Uneinigkeiten in der Pommerschen Kirche zu ergründen, um sie gezielt für die Zersetzung des Gegners zu nutzen.[18] Offenbar war die Einheitspartei 1950 verunsichert und befürchtete eine negative Stellungnahme zur umstrittenen Einheitslistenwahl. Nur die Kirche hatte noch die Autorität, die SED zu bremsen. Die unter dem Stichwort ›Differenzierungspolitik‹ bekannten Maßnahmen, Gläubige, Pfarrer und Kirchenleitungen zunächst auszuhorchen und dann

---

14 Mündlicher Bericht von E. N.
15 M. Schneider (Hrsg.), 1996.
16 Normal waren 200 Besucher, am 23. 7. 1961 waren es nach Bericht der Volkspolizei mitten im Hochsommer 900, sehr viele Ältere, sehr viele Frauen. Bericht in: VpLA. Kreisleitung Greifswald, IV/4/02/469.
17 M. G. Goerner/M. Kubina, Phasen der Kirchenpolitik, 1995, S. 633 f.
18 Berichte in: StA. Rep. 7.1.2.1, Nr. 9.

gegeneinander auszuspielen, blieben bis 1989 wichtiges Mittel der SED-Kirchenpolitik.[19] Wenige Tage vor der Wahl zogen Abgesandte der Nationalen
Front erstmals durch die Gemeinden des Kreises, um sogenannte Aussprachen mit allen Pfarrern zu führen. Ziel war es, sie zu überreden, einen
Presseaufruf zugunsten der Wahlen zu unterzeichnen. Ferner sollten sie be-
wogen werden, in der Predigt am Wahlsonntag zur Stimmabgabe aufzuru-
fen und am Wahltag morgens um 7 Uhr die Glocken zu läuten. Doch die
Geschlossenheit hielt. Sämtliche Pfarrer verweigerten sich dem Vorschlag.
Einige Geistliche nutzten die Gelegenheit, um ihrerseits Kritik zu üben. Sie
wiesen auf willkürliche Verhaftungen hin, auf die existenzzerstörende Wirt-
schaftspolitik, die Einschränkung der Meinungsfreiheit, die Bespitzelungen
und das undemokratische Wahlverfahren. Die Pfarrer wußten genau, daß
ihre Botschaften die SED erreichten, denn daß Berichte geschrieben wurden, war ihnen völlig klar. Nirgends erreichte die SED ihr Ziel, die Kirche
zu spalten, einzelne Pfarrer zu sich herüber zu ziehen und die geschlossene
Front der Ablehnung aufzubrechen.[20] Hier zeigte sich die offensive Betonung demokratischer Rechte und Menschenrechte durch Vertreter der Kirche besonders deutlich. Demokratie, Rechtstaatlichkeit und Meinungsfreiheit waren inzwischen jederzeit erstrebenswerte Güter. Das lernte die
Kirche aus der Unterdrückungspolitik zunächst der NSDAP, besonders
aber durch die SED.

An von Schevens Autorität und straffer Leitung war trotz seiner kirchenpolitischen Unauffälligkeit und dem Zugewinn an Verständnis für die Demokratie nicht zu zweifeln. Wiederum und weiterhin waren es konservative
Teile der Gesellschaft, die sich vehement und hartnäckig gegen totalitäre
Vereinnahmungen sperrten, womit sie Raum für demokratische Entwicklungen schufen. Der Bischof hatte vor den Besuchen klar geregelt, wer welche Gesprächsbefugnisse hatte, was von wem zugestanden werden konnte.
Daß Kirchenglocken nur noch zu kirchlichen Anlässen läuteten, war unmißverständlich angeordnet. Die Linie gegenüber dem Staat und der Partei
war klar gesteckt. Sie lautete, strikte Neutralität und Ablehnung jeder politischen Vereinnahmung, in welcher Form sie auch daherkam.[21] Beteiligung
an Friedenskomitees, für die die SED gerne von Scheven und den Stadt-

---

[19] Hinzu kamen atheistische Propaganda, Mobilisierung für die DDR, administrative Maß-
    nahmen und Kaderpolitik. M. G. GOERNER/M. KUBINA, Phasen der Kirchenpolitik,
    1995, S. 619.
[20] Der Pastor Schröder aus Gristow sprach von Staatskapitalismus der Sowjetunion, der
    dem Monopolkapitalismus des Westens gleiche; der bürgerliche Mittelstand werde aus-
    geschaltet. Wittenberg, Schlatkow, bemängelte fehlende Meinungsfreiheit und die Mani-
    pulationen der öffentlichen Dorfmeinung durch die SED. Der katholische Priester Lo-
    renz beklagte die allgemeine Rechtsunsicherheit und die Verhaftungen; Berichte in: StA.
    Rep. 7.1.2.1, Nr. 9.
[21] Das war der Tenor aller Antworten auf die Frage der SED nach der Haltung der Pastoren
    zur Nationalen Front; Berichte, in: StA. Rep. 7.1.2.1, Nr. 9.

superintendenten Wilm gewonnen hätte[22], Teilnahme an der Nationalen Front, an Gemeinde- oder Stadträten war nicht erwünscht. Einladungen waren abzulehnen, Gespräche und Diskussion strittiger Themen unter Verweis auf die kompetente höhere Instanz in der Kirchenhierarchie abzubrechen. Die Aufgabenverteilung und der Gehorsam erinnerten an militärische Strukturen und liefen auf die weitgehende Vermeidung von Kontakten hinaus. Die individuelle politische Überzeugung der Pfarrer blieb davon unberührt; ob sie zur Wahl gingen oder nicht, war ihnen freigestellt.[23] Auch eine Parteimitgliedschaft war davon ausgenommen. Die absehbaren Loyalitätskonflikte mußten die Pfarrer selbst verantworten.[24]

Diese klare Linie hielt in den fünfziger Jahren. Krummacher differenzierte und schärfte sie offenbar noch.[25] Die Kirche verweigerte sich selbstbewußt. Die SED hatte immer wieder bittere Demütigungen hinzunehmen, die sie sich nur noch von der Kirche gefallen lassen mußte und die ihr die Grenzen ihrer Macht demonstrierten. Die Pfarrer kamen nicht zum Kreisfriedensrat[26], sie boykottierten auch die CDU und ließen in ihrer kritischen Haltung keinen Zweifel an ihrer negativen Meinung zur SED und ihrer DDR. Dennoch blieben sie in der DDR. Nur ein Pfarrer aus dem Bereich Greifswald wechselte Ende der fünfziger Jahre nach heftigen Auseinandersetzungen mit der lokalen SED in den Westen, begleitet von herber öffentlicher Kritik des Bischofs.[27] Selbst käuflich war die lokale Kirche nicht. Niemand meldete sich für die in korrumpierender Absicht von der SED angebotenen staatlichen Ferienheimplätze in Tabarz im Thüringer Wald. Der Kernbereich der Kirche hielt gegen die SED zusammen. Die Trennung von Staat und Kirche interpretierte die Kirche auf ihre Weise, indem sie sich

---

[22] Die Vorschlagsliste o.D. von ca. 1949 enthält für das Ortsfriedenskommitee zwölf Namen, sechs Kandidaten stellte die SED, einen die Kirche, die übrigen fünf waren ohne Ausnahme ehemalige NSDAP-Mitglieder. Liste in: VpLA. Kreisleitung Greifswald, IV/4/02/113.

[23] Die SED registrierte z.B., daß der Pfarrer S. in Dersekow seine Kinder in der Pionier- und FDJ-Organisation mitmachen ließ; Bericht vom 3.10.1950, in: StA. Rep. 7.1.2.1, Nr. 9.

[24] Abweichende Haltung, also zu starke Staatsnähe, wurde von Krummacher geahndet. Bericht über den Pfarrer W. in Bergen vom 2.2.1955, in: VpLA. Bezirksleitung Rostock, IV/2/14/1365.

[25] Die SED berichtete von einer Andacht Krummachers im Juni 1955 auf Rügen: »Er machte die Anwesenden darauf aufmerksam, sich nicht politisch zu betätigen und von Gott [nicht] abzulassen.« Bericht vom 26.6.1955, in: VpLA. Bezirksleitung Rostock, IV/2/14/1365.

[26] Eine vom Kreisfriedensrat im September 1956 zum »christlichen Thema« organisierte Ausstellung in der Stadthalle fand ganze drei Interessenten aus dem Bereich der Kirche. Bericht vom 10.10.1956, in: VpLA. Bezirksleitung Greifswald, IV/2/14/1365. Auch scheinheilige Einladungen der SED zu gemütlichen Sitzungen bei Kuchen und Kaffee ignorierte die Kirche souverän.

[27] Bericht der Kirchenleitung für die Synode 1959, in: VpLA. Kreisleitung Greifswald, IV/4/02/469.

in die Wagenburg ihres Glaubens, ihrer Organisationen und Institutionen zurückzog.

Doch die SED war nicht gewillt, den Zustand eines abgeschotteten kirchlichen Bereichs und ihren weiterhin starken Einfluß auf die Gesellschaft zu dulden. Jede konkurrierende Gemeinschaft in der Gesellschaft – ihre Ausbildung und gleichzeitige Abschottung zeichnete sich rund um die Kirche ab – hielt sie für machtrelevant und potentiell gefährlich. Die SED bezog seit Anfang 1953 daher verstärkt die kirchliche Basis in die Differenzierungspolitik mit ein. Zunächst versuchte sie es mit einem radikalen Schlag.[28] Er deutet auf die Absicht hin, die Kirche gewaltsam zu zerstören, und stand in der Tradition des Vorgehens gegen CDU und LDPD. Sie machte gegen die ›Junge Gemeinde‹ mobil und sorgte beim Nachwuchs der Kirche für erhebliche persönliche Nachteile. Die Jugendlichen und jungen Erwachsenen standen plötzlich im Verdacht der staatsfeindlichen Aktion, sie wurden diffamiert und kriminalisiert. An der Greifswalder Universität wurde von der SED zum Kampf gegen den Einfluß der Theologischen Fakultät aufgerufen.[29] Namen wurden genannt. Verweise von der Schule und Universität, Prozesse und Haftstrafen folgten.[30] Die Mitgliedschaft in der FDJ und die Aktivität bei der ›Jungen Gemeinde‹ wurden für unvereinbar erklärt. Die SED verdeutlichte jedermann, daß es im sozialistischen Staat gefährlich war, sich allzu offen zur Kirche und zum Glauben zu bekennen. Wer Sympathie mit den Opfern signalisierte wie der CDU-Kreissekretär Plath, verlor seinen Posten.[31] Wer seine private Lebens- und Karriereplanung nicht gefährden wollte, der konnte sich nur gegen die Kirche entscheiden.

Schon nach wenigen Monaten endete dieser Versuch, die Kirche zu zerstören, am Widerspruch der Sowjets. Der ›Neue Kurs‹ der SED leitete eine Entspannung ein. Obwohl die Entscheidung dafür in Moskau getroffen wurde, war doch deutlich geworden, daß die SED einen Gegner herausgefordert hatte, der noch relativ fest im Sattel saß, fester jedenfalls als die bürgerlichen Blockparteien. Die Kehrtwendung unterstreicht, daß die Einheitspartei die Stärke der volkskirchlichen Basis unterschätzt hatte und sich daher nach dem 17. Juni 1953 vor dem Einfluß der Kirche und der Pfarrer zu fürchten schien. Dieser Sieg gegen die SED stärkte die Pfarrer in ihrem Selbstbewußtsein.[32] Die Hinweise der Kirche auf die zweitausendjährige Tradition, auf die Tatsache, daß noch keine Regierung und kein Staat es

---

[28] D. Pollack, Organisationsgesellschaft, 1994, S. 115 ff., spricht vom »massivsten Schlag«.

[29] Protokoll einer Besprechung zwischen Bezirksleitung und SED-Grundorganisation an der Universität vom 11.2.1953, in: VpLA. Kreisleitung Greifswald, IV/4/02/444.

[30] An der Universität sind zwei Verhaftungen für den Mai 1953 dokumentiert; Verband Deutscher Studentenschaften (Hrsg.), 1962, S. 37 u. S. 52. Der genaue Zusammenhang wird dort nicht genannt.

[31] Plath hatte sich von Scheven angeschlossen, der sich gegen die Vorwürfe per Kanzelabkündigung am 17.5.1953 verwahrte. Bericht der SED-Kreisleitung an die Bezirksleitung vom 20.5.1953, in: VpLA. Kreisleitung Greifswald, IV/4/02/470.

[32] D. Pollack, Organisationsgesellschaft, 1994, S. 111.

geschafft hätten, die Religion kleinzukriegen, klangen triumphierend.[33] Die SED wird sich über die Arroganz, die in dem provozierend gelassen formulierten Ewigkeitsanspruch steckte, sehr geärgert haben. Der Superintendent von Wolgast, Brutschke, zeigte seinen Hochmut unmißverständlich. Er sagte einem Vertreter der SED: »Wir haben für den König gebetet, für den Führer und wollen jetzt auch für den Präsidenten beten.«[34] Die Selbstsicherheit der Pfarrerschaft war jedoch trügerisch gegründet, denn die Aktion gegen die ›Junge Gemeinde‹ hatte eine tiefe Verunsicherung in der Kirchenbasis hinterlassen. Die Austritte nahmen zu, die Bereitschaft, Kinder taufen zu lassen, ging spürbar zurück.[35]

Die Kirchenbasis hatte Fragen. Wie sollte man sich in einem Konflikt entscheiden? Welche Opfer war man bereit, für den Glauben, für die Kirchenzugehörigkeit zu bringen? Die Kirchenführung und die meisten Pfarrer antworteten darauf nicht, sie hatten sich in ihrem Rückzugsgebiet eingerichtet und nahmen die Welt nur noch aus der Perspektive der Wagenburg wahr. Sie verließen sich einfach auf die Unterstützung ihrer Gläubigen. Ausgestattet mit der großen Schwerkraft ihres Glaubens und der christlichen Tradition, verlegten sie sich auf das Überwintern, auf das konservierende Bewahren der alten Volkskirche, bis eine bessere Zeit beginnen würde. Sie warteten auf die Wiedervereinigung. Diese Haltung verlangten sie auch von ihren Gemeindegliedern. Sie hofften auf bessere Zeiten und verweigerten sich der Wirklichkeit. Die Kirche bemühte sich, gestützt auf ihre verbliebenen materiellen Ressourcen, so etwas wie einen Rückzugsraum zu schaffen, eine christliche Gegenwelt.

Die Abschottung der Pfarrer und der aktiven Christen in der nur noch scheinbar heilen Welt der Kirche und ihre neue Leitfunktion für die nichtsozialistischen Gruppen erwiesen sich indes als problematische Angelegenheiten. Obwohl viele Voraussetzungen erfüllt waren, gelang es der Kirche nämlich nicht mehr, ihre Basis gegen die SED zu sammeln und abzuschließen. Dafür war die Einheitspartei zu aggressiv gegen alle konkurrierenden Vergemeinschaftungen[36], dafür ging der Einfluß der Kirche auf die Gesellschaft jetzt immer spürbarer zurück. Der volkskirchliche Anspruch und der Wunsch nach Abschottung in einem kirchlichen Milieu gegen die SED waren schlicht unvereinbar. Die SED zerstörte die Basis der Kirche, indem sie seit 1953 jedermann für eine christliche Haltung Nachteile in Aussicht stell-

[33] Mit Hinweis auf Bismarck und Hitler sagte Pastor Kob von Sankt Marien: »Wer es auch immer versuchen sollte, sich gegen die Kirche zu vergehen, die Kirche wird den Sieg davontragen.« Zitat aus Bericht vom 4.1.1955 zu einer Elternversammlung in der Marienkirche, in: VpLA. Kreisleitung Greifswald, IV/4/02/468.

[34] Volkspolizeibericht vom 23.10.1956, in: VpLA. Bezirksleitung Rostock, IV/2/14/1365.

[35] D. POLLACK, Von der Volkskirche, 1994, S. 275 f.

[36] D. POLLACK, Organisationsgesellschaft, 1994, S. 133. Er umreißt die Strategie der Einheitspartei ähnlich: »[...], daß die SED in ihrem Kampf gegen die Kirche tatsächlich von unten her ansetzte und daß sie sich vorgenommen hatte, die Masse der Gläubigen zu gewinnen.«

te. Das Gewicht dieser Nachteile erhöhte sie beständig. Der Mechanismus, der schon die bürgerlichen Blockparteien zugrunde gerichtet hatte, wurde nunmehr auch zu einem Problem der Kirche mit ihrer ungleich stärker integrierten Basis.

3. Der Konflikt um die Jugendweihe

Der entscheidende Ansatzpunkt, mit dem es der SED in der Region gelang, die Abwehrfront der Kirche aufzubrechen, ihre Basis zu spalten, eine breite Vergemeinschaftung gegen sich zu unterbinden und die Pfarrerschaft somit zu Kompromissen zu zwingen, war der 1954 vom Zaun gebrochene Konflikt um die Jugendweihe.[1] Er traf die Kirche an einem Lebensnerv, bei ihrem Gemeindenachwuchs.[2] Der SED gelang es, Kirchenvolk und Kirchenleitung gegeneinander in Stellung zu bringen, zum dauerhaften Schaden der Kirche. Das ungeschickte, starre Verhalten des Bischofs und seiner Pfarrer entfremdete der Kirche einen großen Teil ihrer Mitglieder. Die SED sorgte aktiv für den Niedergang der Kirche, die ihre volkskirchliche Verankerung in der Bevölkerung verlor – wohl für immer.

Nur langsam hatte es der SED gedämmert, daß Religion kein Aberglaube war, keine kulturelle Folklore, die man mit Rationalität und konkurrierenden Unterhaltungs-, Erbauungs- und Bildungsangeboten abschaffen konnte.[3] Hier ging es um eine tiefere Schicht menschlichen Seins, um emotional verankerte haltgebende Rituale, metaphysische Bedürfnisse, um Lebenssinn. All das konnten der Sozialismus und eine kalte Rationalität offenbar nicht jedermann vermitteln. Die Jugendweihe war ein Ansatz, solche Bedürfnisse frühzeitig auf die politischen Ziele der SED und den Staat DDR umzupolen. Sie bot einen guten Einstieg, weil die Konfirmation theologisch nicht so stark verankert war wie beispielsweise die Taufe. Deswegen trat die SED an, der Kirche den Übergangsritus zwischen Kindheit und Erwachsensein abzunehmen.

Seit 1954 versuchte die SED es mit Freiwilligkeit unter den Schulabgängern. Ihnen wurde ein lebenskundlicher Unterricht angeboten. In einer von klassischer Musik und wohlgesetzten Worten begleiteten Feier verpflichteten Pädagogen der SED die Kinder auf die DDR und den Sozialismus, ganz

---

[1] J. OHLEMACHER/R. BLÜHM, 1997, S. 118 f. Der Beschluß war Bestandteil eines ganzen Bündels von Maßnahmen, jedoch für den Status als Volkskirche die wesentlichste. M. G. GOERNER/M. KUBINA, Phasen der Kirchenpolitik, 1995, S. 644 ff.

[2] D. POLLACK, Organisationsgesellschaft, 1994, S. 130 ff. Pollack weist auf erhebliche regionale Unterschiede in der Werbung hin.

[3] Z. B. wurden die SED-Funktionäre bei ihrer Differenzierungspolitik immer wieder mit dem Argument konfrontiert, die Kirche sei letztlich gleichgültig, es gehe ja um den Glauben. Dafür hatte die Partei gar kein Verständnis. Information über einen Lehrer in Klein Zastrow, o. D., in: VpLA. Kreisleitung Greifswald, IV/4/02/468.

offenkundig aber mehr nebenbei auch auf den Atheismus.[4] Der Freiwilligkeit wurde in gewohnter SED-Manier mit der Aussicht auf Vorteile bei der
Lehrstellen- oder Studienplatzvergabe auf die Sprünge geholfen.[5] Die Partei
selbst trat nicht in Erscheinung, sondern delegierte die Aufgabe an unabhängige Komitees, die in Greifswald unter der Leitung des Schulrates standen,
der als Privatmann auftrat.[6] Die Fäden zog jedoch die SED-Kreisleitung. Im
Dezember 1954 trat das Komitee in Greifswald an die Öffentlichkeit. Der
Erfolg war mager. Für 1955 meldeten sich nur 5,5 Prozent der Schulabgänger, 1956 waren es 16,8 und 1957 18 Prozent. Für 1958 zeichnete sich im
Frühjahr ein ähnlicher Wert in Höhe von 17 Prozent ab.[7] Greifswald lag
damit auf dem letzten Platz im Bezirk Rostock. Mit 17 bis 18 Prozent hatte
die SED offenbar ihr Potential in der Bevölkerung ausgeschöpft.

Die Kirche reagierte auf die Einführung der Jugendweihe nachgerade allergisch. Das theologische und volkskirchliche Fundament war berührt, die
Kirche fühlte sich zum weltanschaulichen Kampf herausgefordert. ›Weihe‹,
das klang heidnisch, völkisch und entsprach der Diktion der NS-Zeit, als es
ähnliche Feiern gegeben hatte. Die Kirche fragte nachdrücklich, wem oder
welchen höheren Mächten hier etwas geweiht werde.[8] Ferner hatten die
alten Pfarrer die zwanziger Jahre noch vor Augen, als die Freidenkerbewe-
gung aus dem Umfeld von KPD und SPD eine Jugendweihe ausdrücklich
gegen die Kirche und den christlichen Glauben praktiziert hatte. Bischof
Krummacher erließ daher postwendend am 17. Dezember 1954 einen Unvereinbarkeitsbeschluß: Wer sein Kind zur Jugendweihe schickte, der konnte es nicht konfirmieren lassen. Den Pfarrern war klar, daß damit die Auseinandersetzung um die Stellung der Kirche in der Gesellschaft eröffnet war:
»Die Jugendweihe ist weiter nichts als ein geistiger Kampf zwischen Kirche
und Staat.«[9] Dies sei nunmehr der »ideologische Kampf zwischen Materia-
lismus und Idealismus.« Die Kirche sei bereit, »diesen Kampf mit allen
Konsequenzen aufzunehmen und weiterzuführen.«[10]

---

[4] U. JEREMIAS, 1958.
[5] Protokoll einer Besprechung in der Kreisleitung am 9. 5. 1958. Werbern für die Jugendweihe wurde eingeschärft, nicht allzu deutlich auf die Privilegien hinzuweisen, in: VpLA.
Kreisleitung Greifswald, IV/4/02/453.
[6] Bericht über eine Elternversammlung der Domgemeinde am 4. 1. 1955 und am 17. 1. 1955,
in: VpLA. Kreisleitung Greifswald, IV/4/02/468.
[7] Zwischenbericht des Jugendweiheausschusses vom 18. 12. 1958 u. Bericht vom
22. 5. 1958, in: VpLA. Kreisleitung Greifswald, IV/4/02/453.
[8] Die Beschwerden der Kirche sind zusammengefaßt in einer Stellungnahme der Kirche
vom 17. 1. 1955, in: VpLA. Kreisleitung Greifswald, IV/4/02/453.
[9] Zitat Pfarrer Moderow, Sankt Nikolai, am 17. 1. 1958, in: Bericht von einer Elternversammlung, verfaßt von der Ehefrau des Schulrates, der den Kreisjugendweiheausschuß
leitete, in: VpLA. Kreisleitung Greifswald, IV/4/02/468. Die Verantwortlichen der SED
gingen einer direkten Konfrontation aus dem Weg.
[10] Stellungnahme der Kirche, übermittelt von Probst Völger, vom 17. 1. 1955, in: VpLA.
Kreisleitung Greifswald, IV/4/02/468.

In mehreren Elternversammlungen, die alle sehr gut, auch von Spitzeln, besucht waren, versuchte die Kirche den Konfirmandeneltern ihren Standpunkt zu erläutern. Zu einer öffentlichen Auseinandersetzung mit der SED kam es dabei nicht. Sie schickte Beobachter, die jedoch einer Diskussion auswichen. Der Gegner bot der Kirche keine Angriffsfläche. Dafür machte die Einheitspartei Stimmung für die Jugendweihe vor allem in der Schule, wo die Kirche über keinerlei Einfluß mehr verfügte. Die Lehrer und die Jugendorganisationen traten massiv für den neuen Ritus ein. Daß es Eltern und Kindern schwerfiel, einem solchen Druck zumal in der Abgangsklasse, wo es um Lebenschancen ging, standzuhalten, daß somit der Druck auf die Eltern zunahm, das Lebensglück ihrer Kinder nicht aufs Spiel zu setzen, war deutlich. Vorläufig hielt sich die SED jedoch weitgehend an das Gebot der Freiwilligkeit.

Die Zahl von rund 18 Prozent Zustimmung für die SED bei der Jugendweihe kann folglich sehr weitreichend gedeutet werden. Sie umreißt vermutlich das Maß an freiwilliger Zustimmung zur DDR und zum SED-Regime in der zweiten Hälfte der fünfziger Jahre in Vorpommern. Daß der Wert über drei Jahre annähernd immer wieder erreicht wurde, unterstreicht diese Tatsache. Die Entscheidung für oder gegen Jugendweihe war extrem stark polarisiert. Das heißt, wer sich zur Jugendweihe entschloß, richtete seine Entscheidung bewußt gegen die Kirche und gegen eine Mehrheitstendenz in der Gesellschaft, die sich der SED-Politik verweigerte. Wer die Konfirmation beibehielt, entschied sich gegen den offensichtlichen Willen der SED und gegen materielle Vorteile. Die Zahl markiert somit die Stärke der Lager.

Die Fronten verhärteten sich rasch, denn die Kirche hielt starr am Unvereinbarkeitsbeschluß fest.[11] In dieser Frage wollte sie keinen Kompromiß machen. Die schweren Folgen trugen jedoch die Eltern und Kinder allein.[12] Sehr schnell wurde daher in den Kreisen der Kirche die Forderung laut, doch die Konfirmation für ›geweihte‹ Jugendliche zuzulassen, um den Konflikten in den Familien die Schärfe zu nehmen.[13] Besonders die gewählten Laien der Gemeinderäte trugen solche Forderungen an die Pfarrer heran. Der komplizierte theologische Hintergrund der kirchlichen Starrheit war offensichtlich kaum noch zu vermitteln. Doch die Kirchenführung blieb

---

[11] Bericht der Volkspolizei von einer Predigt Krummachers vom 17. 10. 1955. »Es gibt nur eins, entweder Jugendweihe oder Konfirmation; beides zusammen verträgt sich nicht.« VpLA. Kreisleitung Greifswald, IV/4/02/468.

[12] Interessant ist der Fall des Pastors R. aus Gützkow, der 1955 die Auseinandersetzung mit einem Schulrektor aufnahm, der besonders aggressiv um die Schüler warb. R. war bald gezwungen, seinen Sohn in Westdeutschland zur Schule zu schicken, hatte mit ständigen Schikanen zu kämpfen und wich dem Druck schließlich durch Republikflucht aus. Berichte der Volkspolizei seit 17. 10. 1955, in: VpLA. Kreisleitung Greifswald, IV/4/02/468.

[13] Bericht über die evangelische Kirche, 16.7.1959, in: VpLA. Kreisleitung Greifswald, IV/4/02/106. Hier war der Konflikt schon pragmatisch von einigen Pfarrern gelöst worden.

unzugänglich und verprellte damit einen guten Teil ihrer Anhänger. Die SED machte dagegen weiter Druck, indem sie über die Schulen den Konflikt verschärfte. Eine Lösung war nicht in Sicht, und die Kirche erschien als Blockierer eines Kompromisses.

Die Kirche und ihre Pfarrer waren unter den evangelischen Christen nie unumstritten gewesen. Jetzt wurden ihre Fehler jedoch sehr viel kritischer betrachtet. Viele Kirchenangehörige erinnerten sich daran, daß sie auch jenseits von kirchenfeindlicher Propaganda Grund hatten, mit dem autoritären Auftreten der Pfarrer, ihrer bisweilen anmaßenden moralischen Rigidität und Herrschsucht, ihrem Starrsinn unzufrieden zu sein. Wenn Pfarrer sich weigerten, gemischtkonfessionelle Paare zu trauen oder uneheliche Kinder zu taufen, forderten sie eine Moral ein, die kaum noch den veränderten gesellschaftlichen Gegebenheiten der Nachkriegszeit entsprach. Wenn sie im Konfirmandenunterricht herumbrüllten, endlose Choräle auswendig lernen ließen und Kinder schlugen, dann förderte das die Distanz der Menschen zum Glauben. Die Selbstherrlichkeit mancher Pfarrer blieb nicht mehr ohne Kritik, sie büßten ihre unantastbare Position ein, an der man sich in jeder Hinsicht orientieren konnte.[14]

Parallel zur Jugendweihekampagne verschärfte der Staat andere Maßnahmen gegen die Kirche. Wie schon einmal in den dreißiger Jahren ging die große diakonische Einrichtung vor der Stadt, die Odebrecht-Stiftung, 1957 an den Staat verloren. Die SED wollte die Konkurrenz im sozialen Sektor ausschalten. Wer Diakonie nicht mehr erlebte, der verknüpfte soziale Fürsorge mit dem Staat und war ihm dankbar, aber nicht der Kirche. Die Stadt Greifswald zog die Gebäude ein, gab sie jedoch 1958 an die Diakonie zurück. Der Kirche wurde verboten, Schulräume für Religionsunterricht oder Gottesdienste zu nutzen, was besonders auf dem Lande zu großen Problemen führte. Jugendfahrten und Bibelrüstzeiten wurden verboten und verhindert, Baumaßnahmen wie für das Katechetenseminar erhielten keine Genehmigung. 1956 wurde die Bahnhofsmission geschlossen, die seit 1945 von der Mariengemeinde betreut worden war; sie galt der SED als Agentenzentrale.[15] Der Pfarrer der Jacobikirche erhielt eine Gefängnisstrafe, weil er angeblich für den Brand der Kirche in den Tagen des Medizinerstreiks 1955 durch einen fehlerhaften Ofeneinbau die Verantwortung trug. Die Kirche ging in ihrer Verteidigung von Brandstiftung aus.[16] Bis heute hält sich das Gerücht, die Staatssicherheit habe die Kirche angezündet, um die Unruhen in der Stadt auf die üblichen Agententheorien abzuleiten und ei-

---

[14] Beispiele aus den Berichten der Volkspolizei, die in dieser Hinsicht durchaus glaubwürdig sind, in: VpLA. Bezirksleitung Rostock, IV/2/14/1365.

[15] Ein Katalog dieser Beschwerden in: Bericht der Kirchenleitung für die 3. Tagung der 2. Landessynode, o.D., ca. Frühjahr 1954, in: VpLA. Kreisleitung Greifswald, IV/4/02/469. Ferner mündlicher Hinweis von M. Onnasch, Kolloquium zur Stadtgeschichte, Greifswald 29.11.1997.

[16] Bericht vom Prozeß am 29.6.1955, in: VpLA. Kreisleitung Greifswald, IV/4/02/468. Pastor W. erhielt neun, der mitangeklagte Baumeister S. zwölf Monate Gefängnis.

nen Schlag gegen die Kirche führen zu können. Die SED forderte von ihren eigenen Mitgliedern nunmehr nachdrücklich den Kirchenaustritt und die Abkehr von den Riten der Religion.[17] Sozialistische Namensweihen, Ehefeiern und Bestattungen traten neben die Jugendweihe und unterstrichen den Anspruch der SED auf den ›ganzen‹ Menschen. Es sollte nur eine Gemeinschaft geben und nur einen alles erklärenden politischen Glauben. Die neue sozialistische Gesellschaft wurde gegen die alte religiöse in Stellung gebracht. Betriebe, Massenorganisationen und Beerdigungsunternehmen wurden von der Partei eingespannt, ›weltliche‹ Feiern zu fördern und der Kirche damit zu schaden.

Nach einigen Jahren der Konfrontation begann die Politik der SED Wirkung zu zeigen. Die Austrittszahlen erreichten um 1958 dramatische Werte. Von 1949 bis 1964 verlor die Kirche etwa 20 Prozent der evangelischen Bevölkerung, rund ein Viertel ihrer Mitglieder.[18] Der Höhepunkt der Austrittswelle war in Greifswald 1958 erreicht, als im Kreis 1111 Mitglieder der Kirche den Rücken kehrten[19]; 1959 waren es 657, 1960 543 und 1961 390. Nach dem Mauerbau beruhigte sich das Austrittsgeschehen, nur noch 273 verließen 1962 die Kirche.[20] Der Zusammenhang zwischen der Kampagne der SED und den Kirchenaustritten war jedoch deutlich. Die zersetzende Vorarbeit der SED führte zum Ziel.

Zwar steigerte die Politik der Nadelstiche gegen die Kirche nur den Widerstandsgeist der Pfarrer und der Kirchenleitung, doch das Abbröckeln der Gehorsamsbereitschaft in den Gemeinden äußerte sich nicht nur in Kirchenaustritten.[21] Die Wagenburg öffnete sich zaghaft, weil die Verteidiger sich nicht mehr länger halten konnten. Die Überzeugung, eine von den Gottlosen bedrohte religiöse Gemeinschaft zu sein, verlor an Bedeutung.[22] Bischof Krummacher hob 1957 das Umgangsverbot mit der SED auf[23], denn

---

[17] M. ONNASCH, Rolle, 1997, S. 26. Seit 1959 forderten demnach die Bezirksleitungen Berichte über die Förderung des Kirchenaustritts an.

[18] Zahlen für die Region lagen leider nicht vor, D. POLLACK, Von der Volkskirche, 1994, S. 272.

[19] Geht man von 90000 Einwohnern und 85 Prozent Kirchenangehörigen im Kreis aus, dann waren das etwa 1,5 Prozent der Mitglieder; gegenüber 2,5 Prozent auf DDR-Ebene ein eher geringer Wert. D. POLLACK, Von der Volkskirche, 1994, S. 25.

[20] Genauere Zahlen für die Zeit vorher lagen nicht vor. Aufstellung in: VpLA. Bezirksleitung Rostock, IV/A/2/14/940. Daß 1958 der Höhepunkt war, deckt sich mit der allgemeinen Statistik. Ferner mündlicher Hinweis von M. Onnasch, Vortrag Kolloquium zur Stadtgeschichte, Greifswald, 29.11.1997.

[21] Zum Generationenwechsel, Bericht von einem Gespräch mit Pfarrer B. in Kemnitz. »Er sagte, daß bei den alten Pastoren noch die alten Vorstellungen in den Köpfen sind, aber daß sie als junge Pastoren [...] versuchen, die Politik unseres Staates zu akzeptieren.« VpLA. Kreisleitung Greifswald, IV/4/02/468.

[22] »Wir wollen uns hüten, uns auch von unserer Kirche zu lösen, damit wir nicht von den Gottlosen überrannt werden.« Zitat Krummacher am 26.6.1955 bei einer Ansprache auf Rügen, in: Bericht der SED, in: VpLA. Bezirksleitung Rostock, IV/2/14/1365.

[23] Einschätzung Krummachers o.D., ca. 1959 u. Schreiben des Bischofs an die Pfarrer, Pfingsten 1957, in: VpLA. Bezirksleitung Rostock, IV/2/14/1360.

die Expansion der Einheitspartei in allen Bereichen drohte die Kirche ansonsten völlig ins Abseits zu drängen. Die Kirche hatte nicht genügend materielle Möglichkeiten, den Opfern des SED-Kirchenkampfes Alternativen zu bieten, sie konnte keine neuen Arbeitsplätze bereitstellen und hatte keinen Ausgleich für zerstörte Aufstiegshoffnungen oder erzwungene Republikfluchten. Es gab keine Gerichte, die man hätte anrufen können, und keine Parteien, die halfen.[24]

Der abgeschlossene kirchliche Gesellschaftsblock lockerte sich, die Front bröckelte. Die Kirchenferneren, die bei kirchlichen Riten nur mitgemacht hatten, weil alle es taten, wandten sich zuerst ab. Sie folgten den neuen staatlichen Angeboten, die zum akzeptierten Normalfall wurden. Besonders jüngere Pfarrer reagierten jetzt nicht mehr abweisend, wenn die Instrukteure der SED oder der Nationalen Front vor der Tür standen und das Gespräch über Politik suchten. Einige Pfarrer gingen auch ohne den Segen des Bischofs dazu über, ›geweihten‹ Kindern die Konfirmation anzubieten. Ihrer Meinung nach wertete die Stilisierung des Konflikts zum entscheidenden Gefecht die Jugendweihe nur unnötig auf. Sie sahen in der Weihe kein Bekenntnis zum Atheismus und hielten die Haltung der Kirche zur Konfirmation für dringend reformbedürftig. Aber noch die Synode im April 1958 bekräftigte die Unvereinbarkeit und bat Pfarrer, Eltern und Konfirmanden, vom garantierten Recht der Gewissensfreiheit Gebrauch zu machen. Sie forderte zum Durchhalten auf.[25]

Doch es war zu spät. 1958 wurde zum Jahr des Umbruchs in Greifswald. Ihn führte die SED in einem einzigen Kraftakt herbei. Die Kirche hatte die Kraft ihrer Gemeindeglieder überspannt. Die Frontstellung gegen die SED, die Bildung einer festen kirchlichen und religiösen Gemeinschaft scheiterten. 1958 wendete sich das Blatt in wenigen Wochen; der Kirchenkampf der SED erreichte in der Region einen Höhepunkt und sein Ziel. Es gelang der Partei, in einer konzentrierten Aktion die Jugendweihe als verbindliche gesellschaftliche Norm für alle Schulabgänger im Kreis durchzusetzen.[26]

Die SED-Kreisleitung ging im Mai 1958 erneut in die Offensive, um das magere Werbeergebnis von 17 Prozent auf wenigstens die Hälfte der Schulabgänger im Kreis zu heben. Ein umfangreicher Personalstab und Geld standen zur Verfügung. Vor der geballten Propaganda- und Sanktionsmacht der SED knickte die Opposition nun ein. Die Klassenlehrer wurden genötigt, zu werben, und bei ihren eigenen Kindern mit gutem Beispiel voranzugehen. Ehemalige Teilnehmer der Jugendweihe gingen als Propagandi-

---

[24] D. POLLACK, Organisationsgesellschaft, 1994, S. 119, unterstreicht die hohe Abhängigkeit der Kirche vom Verhalten ihrer Mitglieder, weil sie in der DDR-Gesellschaft weitgehend isoliert worden war.

[25] Notiz aus einem internen Kirchenpapier, in: VpLA. Kreisleitung Greifswald, IV/4/02/469. Es handelt sich hier um die Handakte des Ersten Sekretärs der Kreisleitung, sie war mit kircheninternen Schriftstücken gut gefüllt.

[26] Der gesamte Vorgang ist aus Sicht der SED dokumentiert in: VpLA. Kreisleitung Greifswald, IV/4/02/453.

sten in den Unterricht; widerstrebende Eltern bearbeitete die SED in Ein-
zelgesprächen zu Hause, am Arbeitsplatz, durch die Partei, die Lehrer,
durch Betriebsleitungen oder die Gewerkschaft. Jede Opposition wurde
zerredet. Die Elternbeiräte, deren SED-Lastigkeit der Kreisleitung eigene
›Operativstäbe‹ wert war, um ihre Wahlen zu manipulieren[27], agitierten auf
Versammlungen, und die Jungen Pioniere sorgten für Gruppendruck in der
Klasse. Lehrer, die sich weigerten, die gebotene Neutralität der Schule zu
verletzten und die auf ihre Gewissensfreiheit verwiesen, wurden mit Druckmitteln zur Räson gebracht, konfliktbereite Elternbeiräte oder Pionierlei-
tungen abgelöst. Drohungen, aber auch die Aussicht auf Vorteile begleiteten
wie üblich diese Aktion. Oberst a. D. Petershagen diente als positive Galionsfigur. Er repräsentierte im Jugendweiheausschuß des Kreises.
    In nur zwei Wochen bis Ende Mai 1958 gelang es, von bis dahin 485
erfaßten Schulabgängern 210 zu werben, das waren 43 Prozent. Auf dem
Lande war die Arbeit für die SED weit schwieriger. Das Szenario aus Nötigung und Propaganda mobilisierte hier nur 20 bis 22 Prozent der jungen
Leute. Am Ende des Jahres waren insgesamt 75 Prozent der Schulabgänger
erfaßt, in der Stadt 82, in den Dörfern aber nur rund 60 Prozent.
    Die Widersetzlichkeit auf dem Land war offensichtlich erheblich stärker.
In Neuenkirchen bei Greifswald hatte die SED gar keinen Erfolg. Hier war
die Kirche und die von ihr verkörperte antisozialistische politische Ausrichtung der Menschen eng mit der Dorfgemeinschaft verknüpft. Pfarrer Gerhard Masphul, ein Polizistensohn aus Greifswald, hatte seine Gemeinde im
Griff. Wer sich gegen die Kirche stellte, verließ die Dorfgemeinschaft.
Masphul konfirmierte grundsätzlich keine Jugendweiheteilnehmer. Wenn
die SED zur Wahlversammlung einlud, dann setzte er eine Kirchenver-
anstaltung an. Sogar SED-Mitglieder konnten sich diesem Gemeinschafts-
druck nicht entziehen. Über einen Genossen, der sich weigerte, sein Kind
zur Jugendweihe zu schicken, berichtete die SED. »Mit ihm wurden schon
von verschiedenen Seiten über 20 Aussprachen geführt [...]. In einem persönlichen Gespräch sagte er sinngemäß: ›Wenn ich mein Kind zur Jugendweihe gebe, dann muß ich in Neuenkirchen mein Bier allein ohne Gesellschaft trinken.‹«[28] In Kemnitz gelang es der SED dagegen auf einer
Elternversammlung, die dörflichen Meinungsführer zum Einlenken zu bewegen, womit der Widerstand des Pfarrers und der Kirche einbrach. Der
Einfluß des Pfarrers in der dörflichen Lebenswelt war hier nicht mehr stark
genug.
    Während auf dem Land solche informellen Bindungen noch existierten
und auch noch funktionierten, hatten sie in der Stadt ihre Kraft verloren.

---

[27] Bericht von 1958, o. D., in: VpLA. Kreisleitung Greifswald, IV/4/02/453. Ein Operativ-
    stab, »der dafür zu sorgen hat, daß bei der Aufstellung der Kandidaten die führende
    Rolle der Arbeiterklasse und der Partei gesichert war.« Besonders wenn Schulen viele
    ›bürgerliche Kinder‹ hatten, trat die SED in Aktion.
[28] Zwischenbericht vom 18. 12. 1958, in: VpLA. Kreisleitung Greifswald, IV/4/02/453.

Die deutliche Zäsur des Jahres 1958 im Zusammenhalt traditioneller Sozial-gefüge wie der Universität, den Resten des Bildungsbürgertums und des Mittelstandes wirkte sich offenkundig bei der Kirche aus. Die bindende Kraft des nichtsozialistischen Lagers, die Fähigkeit der unterschiedlichen Gruppen, politisches oder soziales Verhalten verbindlich zu machen – und sei es auch nur in Form bewahrter religiöser Riten – war endgültig er-schöpft, verfügte offensichtlich noch nicht einmal mehr über defensive Möglichkeiten wie den Boykott. Die Kirche als institutioneller Rest und Kern der traditionellen Milieustruktur verlor ihre Kraft, dieses Verhalten über ihren eigenen engeren Bereich hinaus zu stützen, antisozialistische Üb-erzeugungen zu tragen und Ausgangspunkt oppositioneller Verhaltenswei-sen zu sein. Die Kirche ihrerseits büßte die Stütze in den Resten dieses poli-tischen Lagers ein. Der Rest des Milieus, wie es sich unter dem antireligiösen Druck der SED noch einmal gesammelt hatte, erodierte. Die Einheitspartei hatte die Religion damit bezwungen. Sie bestimmte dominant, was als aner-kannte Sozialmoral zu gelten hatte und was nicht. Die defensive Gemein-schaftsbildung der Kirche gegen die SED war gescheitert.

4. Geordneter Rückzug und beginnender Wandel

Die Mariengemeinde verzeichnete 1959 einen tiefen Einbruch in der Zahl der Konfirmanden. Statt 215 im Jahr zuvor, waren es nur noch 129. Die Zahl fiel rasch weiter. 1962 meldeten sich hingegen nach der ersten Aufforderung rund 90 Prozent der Kinder zur Jugendweihe an, nur zwei Prozent galten der SED als Problemfälle[1], Werte von 96 und 97 Prozent Teilnahme wurden zur Normalität.[2] Der Kirche brachen damit die Fundamente weg. Gab sich die Synode im April 1958 noch kämpferisch, herrschte ein Jahr später Kri-senstimmung. Viel zu spät revidierte die Kirche ihre starre Haltung und stimmte einer Reform der Konfirmation zu.[3] Das Zusammenschmelzen der Gemeinden und der Nachwuchsmangel in der Pfarrerschaft stellten schwierige Aufgaben. Erstmals mußten Kirchenkreise neu zugeschnitten werden, weil die Pastoren die Betreuung mehrerer Gemeinden nicht mehr bewältigen konnten.

Im Juni 1959 ging die regionale Kirche deswegen zu neuen Formen über, um ihre Präsenz in der Gesellschaft wieder herzustellen. Es fand ein erster Landeskirchentag in Greifswald mit rund 6000 Teilnehmern statt.[4] Die Kir-

---

[1] Aufstellung vom 21.11.1962, in: VpLA. Kreisleitung Greifswald, IV/4/02/453. 1962 wurden dann sogar Pfarrer aufgesucht, um ihre Kinder für die Jugendweihe zu werben.
[2] M. ONNASCH, Rolle, 1997, S. 83.
[3] Berichte von der Synode 1959 und Materialien der Kirche dazu, in: VpLA. Kreisleitung Greifswald, IV/4/02/469.
[4] Bericht vom 8.6.1959, in: VpLA. Kreisleitung Greifswald, IV/4/02/469.

chen waren endlich einmal wieder voll, aber die Pfarrer klagten in den Veranstaltungen über Nachwuchssorgen, Probleme in der Jugendarbeit und allgemeine Behinderungen durch die SED. Sie stellten fest, daß nur noch die
Kinder besonders kirchlich eingestellter Eltern in den Kindergottesdienst
kamen. Alle übrigen blieben weg. Die Teilnehmer des Kirchentages sagten,
die Kirchen seien so leer[5], weil Mut dazu gehöre, mit dem Gesangbuch unter
dem Arm am Sonntagmorgen durch das Dorf in die Kirche zu gehen. Die
Pfarrer appellierten an die Christen, der Kirche die Treue zu halten. Offensichtlich begann die Kirche, sich auf den harten Kern ihrer Gläubigen
zurückzuentwickeln. Die besonders Kirchentreuen erreichte die SED nicht,
da ihre Priorität eindeutig bei der Religion lag, nicht bei Karrieremöglichkeiten. Die Kirche zog sich somit in eine Nische zurück, ob sie wollte oder
nicht, freilich ohne den Anspruch aufzugeben, auf die gesamte Gesellschaft
wirken zu wollen. Kein Wort fiel mehr vom trotzigen Durchhalten, zu dem
die Pfarrer noch wenige Monate zuvor aufgerufen hatten.[6]

Damit hatte der Wandel der Kirche begonnen. Der Generationenwechsel
in der Pfarrerschaft setzte sich fort, die alten noch im Kaiserreich und in der
Weimarer Republik aufgewachsenen Männer traten ab[7], die Jungen brachten die Erfahrung von zwei Diktaturen mit und hatten wenig Berührungsängste mit weltanschaulichen Gegnern. Sie waren toleranter auch gegen
Nichtgläubige und Atheisten. Der Glanz der Hoffnung auf den Westen, eine
stete Stütze der kirchlichen Opposition bis 1958, verblaßte überdies zunehmend, denn die Friedens- und Antiatompropaganda der SED gegen Adenauer und die Beteiligung der Kirche an der Militärseelsorge trafen genau
den Geschmack des starken pazifistischen Flügels der evangelischen Christen.[8] Besonders jene Pfarrergeneration, die seit 1955 in Amt und Würden
kam, hatte unter dem Krieg stark gelitten. Hier hatten sie ein Thema, bei
dem Konsens mit dem Staat herrschte, obwohl beide Parteien ganz Ver-
schiedenes meinten, wenn sie von Frieden redeten.

Der Wandel zeigte sich auch in der Politik. Der Kreisfriedensrat hatte sich
schon fast mit seiner Marginalität abgefunden, als im Juli 1959 plötzlich eine
ganze Reihe vor allem von jüngeren Pfarrern dort auftauchten. Studentenpfarrer Dr. Winter sagte: »Wir sind müde vom vielen Neinsagen. Wir kön-

---

[5] In Greifswald gingen 1959 pro Sonntag nach Zählung der SED 500 Menschen zur Kirche. Bericht über die evangelische Kirche vom 16.7.1959, in: VpLA. Kreisleitung Greifswald, IV/4/02/106.

[6] D. POLLACK, Organisationsgesellschaft, 1994, setzt die entscheidende Zäsur 1961 an. Damit täuscht er sich m. E. Vgl. auch H. DÄHN, Konfrontation, 1982, der ebenfalls 1958 als
entscheidendes Jahr ansieht.

[7] Pfarrer Prost und Kob, der ja einmal als verdienter Kämpfer gegen die aufständischen
Arbeiter nach dem Kapp-Putsch eingestellt worden war, blieben bis Anfang der sechziger Jahre auf ihren Posten in der Mariengemeinde.

[8] Berichte des Kreisfriedensrates von ca. März 1958 über Aussprachen mit Pastoren. Der
von Erfolgen in der Kirchenarbeit nicht gerade verwöhnte Rat meldete fast euphorisch,
wie dieses Thema verfing, in: VpLA. Kreisleitung Greifswald, IV/4/02/468.

nen aber auch nicht zu allem ja sagen, was der Sozialismus will, weil es ein atheistischer Sozialismus ist.« Damit war die neue flexible Haltung umrissen. Der Berichterstatter resümierte zutreffend: »Die Pastoren sehen in der letzten Zeit ein, daß sie sich nicht mehr vom politischen Leben abkapseln können, weil sie sich sonst selbst von ihren eigenen Gläubigen lösen.«[9] Seit 1958 pflegte auch Krummacher regelmäßige Gespräche auf höchster Ebene mit dem Bezirkschef der SED, Harry Tisch. Als 1960 die Kollektivierungspolitik über die ländliche Bevölkerung hereinbrach, blockte die Kirche nicht einfach ab. Sie verdammte die Politik der SED nicht, wie zwei Jahre zuvor zu erwarten gewesen wäre, sondern bemühte sich, die Folgen für die Menschen erträglich zu gestalten, Konflikte zu regeln und ihnen das Bleiben in der DDR trotz der Bedrängnis zu ermöglichen.[10]

5. Zwischenbilanz: Kirche und Gesellschaft

Die Kirche fand sich nur sehr schwer in der veränderten Situation zurecht. Sie sammelte 1945 den dezimierten Rest des alten konservativen Milieus, der traditionellen lutherischen Mentalitäten und Ansprüche. Die organisatorische und auch theologische Einheitlichkeit war jedoch durch Kirchenkampf und NS-Verstrickung verlorengegangen. Die Kirche war 1945 bemüht, die Spaltung des Kirchenkampfes und den Konflikt mit dem antichristlichen Staat hinter sich zu lassen und an ihr volkskirchliches Erbe anzuknüpfen, wie es sich im Zweiten Weltkrieg bereits wieder erholt hatte. Prägend für die weitere Entwicklung war jedoch die Rückkehr der traditionellen gesellschaftlichen Lagertrennlinie zwischen Sozialisten und Nichtsozialisten, den die Kirche als Konflikt zwischen Christen und Atheisten begriff. Der Dynamik dieser schweren weltanschaulichen Auseinandersetzung konnte die Kirche sich nicht entziehen. Sie entwickelte deswegen in der Situation der SED-Herrschaft Tendenzen der abschottenden Vergemeinschaftung, die sich eindeutig an den zwanziger Jahren orientierten und Momente einer Milieubildung annahmen. Restauration in der Kirche hieß Rückbesinnung auf die Kampftradition der zwanziger Jahre, hieß Sammlung der Kräfte und Abwehr. Die in eine ganz andere Richtung weisende Erfahrung der NS-Zeit fiel deswegen unter den Tisch. Wie sollte sich die Kirche auch gegenüber der Arbeiterbewegung öffnen, wenn deren Partei zu harter antikirchlicher Poli-

---

[9] Bericht des Kreisfriedensrates von der Arbeit mit Pastoren vom 29.7.1959, in: VpLA. Kreisleitung Greifswald, IV/4/02/469.

[10] Berichte der SED von diesen Gesprächen, die auch Harry Tisch nutzte, um sich über renitente Pastoren zu beschweren, in: VpLA. Bezirksleitung Rostock, IV/2/14/1360. Dort auch ein Protokoll vom 9.3.1960 vom Gespräch Krummacher, K. Mewis (Bezirksleitung), Krolikowski (Kreisleitung) zum Thema Kollektivierung. Ferner Bericht der Nationalen Front vom 4.10.1960, in der die »positive Haltung« der Kirche und der Pfarrer hervorgehoben wurde. VpLA. Kreisleitung Greifswald, IV/4/02/374.

*Kein Bild herzlicher Eintracht: Der alte Bischof Friedrich Wilhelm Krumma-
cher und sein Nachfolger Horst Gienke vor der Nikolaikirche*

tik schritt? Der Aufbruch zurück in ein Milieu stand jedoch in eindeutigem Widerspruch zum volkskirchlichen Anspruch, Kirche für alle, auch für alle politischen Richtungen zu sein. Die Kirchenführung verhielt sich in der zweiten Nachkriegszeit in Ostdeutschland kaum anders als nach 1918, als es ihr genauso schwerfiel, die veränderten Realitäten zur Kenntnis zu nehmen und sich auf sie einzurichten. Ausgestattet mit einem religiösen Sendungsbewußtsein, das gegen unwillkommene weltliche Entwicklungen imprägnierte, kapselte sich die Kirche ab und bemühte sich, quasi Staat im Staate zu sein. Veränderungen nahm sie nicht vor. Sogar die Ansätze der Bekennenden Kirche für ein gewandeltes Kirchenverständnis, für mehr Gemeinderechte und Offenheit auch gegenüber Sozialisten gingen in der nachgerade militärisch anmutenden Disziplin der konservativen Pfarrer in Pommern unter. Der Kirchenkampf der dreißiger Jahre stattete die Kirche und ihre Angehörigen zwar mit einem neuen Verständnis für Demokratie und Pluralismus in der Politik aus; Auswirkungen auf innerkirchliche Verhältnisse hatte das jedoch nur wenig. Demokratie war der Schutzschild gegen den undemokratischen Staat. Es galt weiter die Fiktion von der unpolitischen Kirche, von der Neutralität bei unveränderter Frontstellung.

Die Haltung der Pfarrer gegen die SED und die Veränderungen in der Gesellschaft, ihre Bereitschaft, dennoch zu bleiben und zu opponieren, hatten für die Kirchenmitglieder einen hohen Orientierungswert. Von hier kam moralische Unterstützung für alle Nichtsozialisten. Vergleicht man die Handlungsspielräume von Kirche und bürgerlichen Blockparteien, dann stellt man fest, daß die Kirche weit mehr Möglichkeiten behielt als CDU und LDPD. Die Kirche stabilisierte indes die DDR-Gründung, denn mit ihrer Existenz blieb für die Betroffenen der Umgestaltungen ein Ausweg, ein Ventil innerhalb der DDR. Es mußten nicht alle in den Westen fliehen. Es ist daher sicherlich kein Zufall, daß der konzentrierte Angriff auf die Kirche, nach dem abgebrochenen Versuch 1953, erst einsetzte, als die SED sich schon relativ sicher fühlen konnte, als die wesentlichen politischen und gesellschaftlichen Veränderungen durchgesetzt worden waren und die Kirche als Gegner allein stand.

Die Kirche befand sich im Belagerungszustand, und sie verhielt sich entsprechend. Dafür sorgte schon die personelle Kontinuität in Pfarrerschaft und Kirchenleitung, die bis Ende der fünfziger Jahre weitgehend aus Männern bestand, die im Kaiserreich oder der frühen Republik erwachsen geworden waren und die alle Auseinandersetzungen nach 1918 bewußt erlebt hatten. Im geschlossenen Corpus der Geistlichkeit bewahrte sich bis in die Mitte der fünfziger Jahre dominant ein Überhang traditioneller konservativ-nationaler Mentalitäten: nationales Denken, preußische Staatsgesinnung, militärische Haltung und Regionalbewußtsein. Die evangelische Kirche war das schwerfälligste und beharrlichste Element der regionalen Gesellschaft. Ihre Bedeutung übertraf die anderer konservativer Instanzen bei weitem. Die evangelische Kirche war in den fünfziger Jahren die Verkörperung von Konservatismus und Tradition schlechthin. Wieder erwies sich ein besonders traditionell verfaßtes Element der Gesellschaft als besonders widerstandsfähig gegen totalitäre Vereinnahmungsversuche.

Mit Nachdruck wiederholte sie wohl auch deswegen die Fehler der Kirche in der Republik. Sie versuchte, ganz wie in den zwanziger Jahren, ihre Anhänger gegen die gesellschaftliche Entwicklung hinter sich zu scharen. Die Kirche wollte sie vom staatlichen Atheismus fernhalten, sie in jeder Hinsicht nur auf sich beziehen, bis eine glückliche Fügung ein neues harmonisches Leben mit und in einem Staatswesen nach Kirchengeschmack herbeiführen würde. Das lief auf eine neue Milieubildung hinaus. Weil hier eine SED-freie Enklave blieb, ein autonomer Bereich, in dem Stellen zu verteilen waren, materielle Ressourcen für Notfälle bereitstanden, eine beschränkte Öffentlichkeit wirkte, Gemeinschaft sich organisieren ließ und Solidarität geübt wurde, baute sich, unter dem Druck der SED und abgekoppelt vom Staat, eine komplette kirchliche Gegenwelt auf. Wer sich zur Kirche hielt, wahrte Distanz zum atheistischen Staat. Es war jederzeit eindeutig zwischen den Kirchenfremden und den Kirchentreuen zu unterscheiden. Sie gehörten unterschiedlichen Verkehrskreisen an.

Selbst ein betont unpolitischer Glaube wurde auf diese Weise politisch, denn die Konfrontation mit der SED ergab sich von selbst. Der Glaube wurde damit zu einem Ersatz für die entwerteten politischen Ideologien. Nur die Religion bildete noch einen eigenständigen Orientierungsrahmen, dem die SED ein Lebensrecht zubilligen mußte. Die Kirche war daher die letzte Organisation aus dem nichtsozialistischen Lager, der es gelang, die Menschen gegen die SED zu sammeln, Gesellschaftsgruppen zu vernetzen, ihrem Protest Stimme und damit Rückhalt zu geben. Die SED setzte jedoch eine Verengung und Beschränkung der Kirche auf die Religion durch. Das nahm ihr Integrationsfähigkeit, die Möglichkeit zum informellen Rückhalt, denn wirklich religiös motiviert war Protest gegen die SED nur zum Teil. Politischer Protest bedurfte einer Anbindung an die Religion, sonst war er nicht mehr artikulierbar. Das behinderte sich wechselseitig.

Die erhoffte glückliche Fügung eines neuen Staates blieb indes aus. Antworten auf die Frage, wie den Menschen ein Leben zwischen den expansiven Unterordnungsforderungen des Staates und den traditionell ausgelegten autoritären Gehorsamsregeln der Religion ermöglicht werden konnte, formulierte die Kirche aber in den fünfziger Jahren nicht. Sie war allein damit beschäftigt, ihre Substanz zu wahren. Die Konflikte der Kirchenglieder nahmen die Pfarrer und Kirchenführer wohl wahr. Sie waren aber nicht bereit, ihre Haltung zu ändern. Zwischen Christentum und Atheismus gab es nur ein Entweder-Oder, keine lauen Mittelwege. Sie forderten zum Durchhalten auf, ohne durch mehr als Appelle helfen zu können.

Es gab wohl noch den festen Zusammenhalt der Christen in und um die Kirche; ein organisatorisch tiefgestaffeltes, alle Mitglieder einbeziehendes, schwer angreifbares Netzwerk in der Gesellschaft wie vor 1933 hatte die Kirche jedoch nicht mehr. Die Kirche wich nicht mehr in eine breite gesellschaftliche Milieubildung aus. Sie konnte nicht, weil ihr die SED im Wege stand, die gegen jede konkurrierende Gemeinschaftsbildung vorging. Und sie wollte nicht, weil sie sich als Volkskirche sah. Sie war auf ihre eigenen materiellen Möglichkeiten, ihre Öffentlichkeit und ihr Gruppenleben zurückgeworfen. Die Maßnahmen der SED drängten den Kern der kirchentreuen Anhänger jedoch immer stärker bei der Kirche selbst zusammen, so daß am Ende des Versuchs, die Volkskirche zu bewahren, in der Tat ein kleines belagertes kirchlich-christliches Milieu stand, das sich um die Religion und die Pfarrer scharte. Es hatte mit dem sozialmoralischen Milieu alter Prägung nur die Verdichtung und Abschottung gemeinsam.

Die Schwierigkeit, sich nicht mehr als belagerter christlicher Vorposten in einer feindlichen sozialistischen Gesellschaft, sondern als Kirche in dieser Gesellschaft mit all ihren Lebensäußerungen, politischen Meinungen, aber auch Problemen zu verstehen, sollte die Kirche noch bis 1989 und darüber hinaus beschäftigen. Seit 1958 gab sie sich Mühe, auch den Alltag ihrer Gemeindeglieder zu berücksichtigen, sie verlangte jetzt keinen unbedingten Gehorsam mehr und keine Entscheidung zwischen einem Leben in der Kirche und mit der Religion oder in der Gesellschaft. Sie nahm die Verbindlichkeit und Ausschließlichkeit ihrer Positionen weit zurück; sie löste sich von dem traditionellen Anspruch, die Sozialmoral der evangelischen Christen abschließend zu definieren und ihre Einhaltung zu überwachen. Nur als Kirche und nur gestützt auf Pfarrer, engagierte Laien und den Glauben ihrer Mitglieder war die Kirche zu schwach, ein breites gesellschaftliches Milieu in einer feindlichen Umwelt zu tragen und zu führen. Ihr fehlte der gesellschaftliche Unterbau, die Möglichkeit, sich frei in der Gesellschaft zu bewegen und zu artikulieren. Doch schon die schiere Existenz der Kirche als Organisation, als alternatives Angebot der Welt- und Lebensdeutung war in der immer stärker gleichgeschalteten Gesellschaft ein Politikum. Selbst wenn sie es nicht wollte, fiel der Kirche durch die Ausgrenzungspolitik der SED eine politische Rolle zu. Sie war von Beginn der sowjetischen Besetzung an und in der DDR der Ansprechpartner für alle Bedrängten und Opfer.

Hoher Außendruck fügte die Kirche und ihre Gläubigen zunächst zusammen, spaltete dann jedoch zunehmend jene ab, die dem Druck auf die eigenen Kinder und Lebenschancen nicht mehr standhielten, denen die Religion wenig bedeutete und die sich dem unumgänglichen Faktum, in der Realität der DDR leben zu müssen, fügten. Die Differenzierungspolitik wirkte erst erfolgreich auf die Kirche ein, als es der SED gelang, Kirchenvolk und Kirchenführung zu spalten, als sie selbst so weit gefestigt war, den Menschen ein tragfähiges und halbwegs glaubwürdiges eigenes Angebot zu machen. Die Verschärfungen und Durchbrüche der SED-Kirchenpolitik am Ende der fünfziger Jahre sind demnach Abschluß einer Entwicklung. Die SED führte der Kirche vor, daß sie auch in einer sozialistischen Gesellschaftsordnung nicht ohne eine lebendige Verbindung mit der Kirchenbasis existieren konnte, daß die Lebensbedingungen in der Gesellschaft jedoch von der Politik bestimmt wurden und nicht von der Religion.[1] Eine Kirche, die existentielle Fragen ihrer Gläubigen einfach ignorierte, war zum Untergang bestimmt, so sehr sie sich auch bemühte, sich abzugrenzen und ihre Basis gegen die Zerstörungspolitik zu sammeln. Die Kirche konnte nur in, nicht aber neben oder über den politischen Verhältnissen existieren. Von einem »gebrochenen Rückgrat« der Kirche kann daher keine Rede sein, eher von einem Zuwachs an Realitätssinn.[2] Erst Ende der fünfziger Jahre nahm die Kirche wirklich zu Kenntnis, daß das Kaiserreich untergegangen war.

---

[1] Die eingangs skizzierte Debatte um Grafs Herleitung der Anpassungsleistung in den Kirchen der ehemaligen DDR fixiert sich zu stark auf theologische Aspekte. Theologen bevorzugen theologische Erklärungen, das liegt in der Natur der Sache, ist hier jedoch etwas zu eng. In diesem Prozeß entwickelt sich die Theologie gedoch eindeutig im Gefolge der Entwicklungen an der Kirchenbasis. Die Theologie rechtfertigt längst bestehende Verhältnisse, sie marschiert nicht vorneweg. Theologisch bewegte man sich vor 1958 an der Kirchenbasis vielfach auf dem Stand der zwanziger Jahre.

[2] So der pathetische Vorspruch zu G. BESIER, SED-Staat und die Kirche, 1993, S. 9. Besier übersieht das grundlegende Problem der Kirche, Volkskirche in einem kirchenfeindlichen Staat bleiben zu wollen. Daher bewertet er viele taktische Äußerungen der Kirchenleitungen einseitig und bisweilen ungerecht.

Neunzehntes Kapitel

Zwischenbilanz: Das nichtsozialistische Lager in SBZ und DDR

Die Konstellation der gesellschaftlichen Kräfte in der Sowjetischen Besatzungszone und der frühen DDR hätten einen Rückmarsch der Konservativ-Nationalen und mit ihnen der Nationalsozialisten in ein Milieu erwarten lassen. Die Konfrontationslinien ähnelten denen von 1918, sie waren sogar noch ein wenig schärfer und schroffer ausgeprägt als nach dem ersten großen Krieg. Die Milieubildung unterblieb, was nicht nur mit der Politik der SED zu tun hatte. Es reichte gerade noch für den vagen Konsens, daß man zu einem nichtsozialistischen Lager gehörte und die Neuerungen der SED und ihre gesellschaftliche Utopie ablehnte. Innerhalb dieser nur negativ definierten Übereinkunft fanden sich noch zwei Bereiche milieuhafter Verdichtung, die lose miteinander verbunden waren, der alte Mittelstand und die Kirche mit ihrem Umfeld, folglich jene zwei Bereiche der Gesellschaft, die sich schon im Kaiserreich und in der Weimarer Republik als besondere Gruppen im konservativen Spektrum abgezeichnet hatten. Zu einem sozialmoralischen Milieu verbanden sie sich aber nicht mehr. Das hatte mehrere Gründe. Sie lassen sich unter drei Stichworten zusammenfassen: Sie lauten Entideologisierung, Entorganisierung und Entritualisierung.

Entideologisierung faßt den Mangel an einer politisch integrierenden Gesinnung und Weltanschauung. Nach dem Desaster des Nationalsozialismus gab es im nichtsozialistischen Gesellschaftsteil keine weltanschauliche Richtung mehr, die wirklich Gemeingut gewesen wäre, die Gefühle bewegte und Gemeinschaft stiftete. Von den in Frage kommenden Ideologien und Versatzstücken waren nur die praktische Demokratie aus dem Bereich der Liberalen und die Religion aus dem Bereich der Konservativen noch einigermaßen konsensfähig für einen politischen Neuanfang. Nur sie boten noch Orientierung. Alles andere, vor allem der seit den zwanziger Jahren alles überragende Nationalismus, war entwertet, unbrauchbar, am Ende sogar kriminalisiert. Die ehemaligen Konservativen, Nationalen und Nationalsozialisten definierten sich nur noch über ihre Gegnerschaft; positiv war ihre Gemeinschaft nicht mehr gefüllt. Es muß daher von einem Lager gesprochen werden, es ist nur noch als nichtsozialistisch zu kennzeichnen. Die politischen Ideologien schafften nach 1945 in jedem Fall keine Integration mehr, sie bildeten keinen festen Anhängerstamm mehr aus. Ihre Kraft war Ende der zwanziger Jahre erlahmt. Die bindende Macht der Gedanken kehrte nach 1945 nicht mehr zurück, selbst wenn sie vor 1945 Widerstand und eine konservative Kerngemeinschaft getragen hatten.

Gleichwohl war die Grundhaltung eines wesentlichen Teiles des nichtsozialistischen Lagers in der Ablehnung des utopischen Sozialismus konservativ, jedoch unter Wegfall jeder konkreten politischen Bindung. Dafür war
diese Form von Konservatismus um so religiöser geprägt; die Religion blieb
also nach wie vor die komplementäre Weltanschauung des Konservatismus.
Die Situation für diesen Konservatismus war indes fatal, denn er hatte keinen festen Bezugspunkt mehr in der Vergangenheit. Daß die Konservativen
den Umsturz der gesellschaftlichen Verhältnisse durch die Sozialisten ablehnten und die alte Gesellschaft bewahren wollten, war deutlich. Was aus
dieser alten Gesellschaft jedoch zu bewahren war, blieb nebulös. Die konservative Gesinnung schrumpfte auf diese Weise zu einer Geisteshaltung des
›So nicht‹. Es blieben freilich die Wertbezüge und Mentalitäten bestehen. Sie
lieferten weiterhin Orientierung, auch wenn sie politisch nicht mehr relevant waren. Die weitgehende Entpolitisierung der Öffentlichkeit in der
DDR ermöglichte solchen Gedanken ein langes Überleben und begünstigte
konservative Grundhaltungen. Sie wurden nicht mehr in Frage gestellt, weil
sie durch die Feindschaft der SED legitimiert waren. Es gab kein einfaches
Zurück, und es gab keine politische Perspektive mehr.

Entorganisierung war im wesentlichen ein passiver Vorgang für die verbliebenen nichtsozialistischen Kräfte in der Stadt. Es konnte sich außerhalb
der Parteien kein politisches Vorfeld in selbständigen Vereinen oder Verbänden gründen. Impulse in diese Richtung wurden umgeleitet oder unterdrückt. Gesinnung oder Weltanschauung, sofern sie sich bewahrt hatte,
blieb auf diese Weise auf den Bereich privater Zirkel und informeller Gruppen beschränkt. Es gab nur wenige Möglichkeiten der Kommunikation und
Verständigung über Fragen der Politik. Die ablehnende Haltung gegenüber
der SED blieb daher unbehaust. In diesen Bereich der Zerstörung organisatorischer Basen gehört auch die Vertreibung und Vernichtung der potentiellen Eliten durch die SED wie in der Bodenreform.

Entritualisierung umreißt die Tatsache, daß der Politik im nichtsozialistischen Segment der Gesellschaft seit 1945 jede emotionale Bindung fehlte.
Gefühle waren traditionell sehr wichtig und konstitutiv für die Konservativ-
Nationalen und alle übrigen Nichtsozialisten. Jenseits christlicher Riten gab
es aber keine Möglichkeiten mehr, auf Lieder, Feierformen, Darstellungen
und Symbole zurückzugreifen. Die Politik magerte ab. Politische Rituale
wurden zu einem exklusiv von der SED beanspruchten Integrationsangebot.
Nur in manipulativer Absicht gab es Zugeständnisse. Das zeigte sich am
Beispiel der NDPD.

Daß die SED dem ihr oppositionell gesonnenen Gesellschaftsteil jede
Möglichkeit nahm, sich zu sammeln und zu konstituieren, bestimmte die
Entwicklung. Mit der SED trat eine politische Kraft an, die sich durch ein
absolutes Gemeinschaftskonzept auszeichnete. Jede andere Vergemeinschaftung sah sie als potentielle Gefahr. Ihre Vorstellung von der guten Gesellschaft war in wesentlichen Zügen eine Gemeinschaftsutopie. Nach Ansicht der SED sollte es ein Abweichen davon nicht geben. Jeder Ansatz dazu

wurde unterdrückt, jede gruppenbildende Ideenwelt mußte bekämpft werden. Die Träger und Verfechter solcher politischen Gedanken hatten zu weichen. Da sich die Utopie nicht allein auf die Gesellschaft, sondern auf den ganzen Menschen richtete und sich mit dem Atheismus verbunden hatte, war der Konflikt mit den konkurrierenden politischen Strömungen und dann mit der Kirche und der Religion unvermeidbar.

Es ist daher zutreffend, daß die gesamte DDR-Gesellschaft politisch strukturiert war und sich die Situation der einzelnen Gruppen allein aus ihrer Stellung gegenüber der SED und ihrer Politik ergab. Dennoch ist der Begriff der ›Entdifferenzierung‹ zurückzuweisen, denn unterhalb der Ebene übergeordneter Vergemeinschaftung fanden sich viele traditionelle Mentalitäten, Glaubensüberzeugungen, soziale Lagen, Lebensweisen und Restbestände von Gesinnungs- oder Erfahrungsgemeinschaften, die zwar nur lose miteinander verbunden waren, sich jedoch in der Konfrontation mit der SED neu formierten. Sie rückten zum Teil enger zusammen als zu jenen Zeiten, in denen sie sich konstituiert hatten. Der Zusammenhalt war jetzt eher informell bestimmt und definierte sich über das Verhältnis gegenüber der SED-Politik. Die Gemeinschaften verbanden sich im Rahmen der Möglichkeiten, die die SED einräumte, mit den bürgerlichen Blockparteien. Das ist am Beispiel der CDU und der Kirche deutlich. Das zeigte sich jedoch auch am Beispiel der ›Ehemaligen‹ und des alten Mittelstandes mit der NDPD. Fest steht jedoch, daß die Verbindung von Partei und gesellschaftlichem Vorfeld nie abriß und auch nie die Kontinuität zu den vorherigen Verhältnissen einbüßte.[1]

Sowohl bei NDPD als auch bei der CDU war deutlich, daß es Kontinuitäten zu den politischen Verhältnissen der Vorkriegszeit gab, daß die Trennlinien in der Gesellschaft der Region die Expansionsmöglichkeiten der Parteien auch nach 1945 definierten. Die Parteien der DDR sind daher nicht losgelöst von der deutschen historisch-politischen Entwicklung zu sehen. Sie waren der sozialistisch gebrochene Ausdruck gesellschaftlicher Hauptspannungslinien. Ohne diese Konflikte wären sie nicht lebensfähig gewesen. Die Beispiele zeigen auch, daß diese Trennlinien in der Gesellschaft keinesfalls fest lagen, sondern sich auch unter den Bedingungen der SED-Herrschaft dynamisch weiterentwickelten und das kaum immer im Sinne der SED. Die lenkende Politik der SED hatte mitnichten immer die gewünschten Ergebnisse. Sie produzierte bisweilen das komplette Gegenteil des anvisierten Zieles. Im Falle der NDPD verschwanden die Konflikte mit der Zeit,

---

[1] J. HUININK u.a., 1995, Die Autoren wählen bei ihrer Studie zur Frage nach dem Spannungsverhältnis von Kollektiv und Eigensinn in der DDR-Gesellschaft soziologische Kategorien, die nur bedingt zum hier gewählten sozialhistorischen Rahmen passen. S. 10–23. Aufschlußreich ist ihr Ergebnis, daß die Bürger der DDR keine beherrschten passiven Objekte waren. S. 373. Sie bezeichnen die DDR-Gesellschaft als nivelliert, aber deutlich vertikal differenziert. Die Sozialstruktur sei politisch konstituiert und stark reguliert gewesen, aber nur partiell unmittelbar diktatorisch »durchherrscht« und gegängelt. Das unterstützt im Kern die hier formulierten Thesen.

die Partei lebte allein noch durch die SED. Im Fall der CDU wandelte sich
die Linie und überlebte sich in Teilen, blieb jedoch grundsätzlich und bis
1989 relevant.

Die Hauptspannungslinie zwischen Christen und Atheisten war somit die
beständigste der DDR-Gesellschaft. Die Kirche in der Region und die bekennenden Christen zeigten, je länger die Konfrontation dauerte und je
schärfer sie geführt wurde, desto mehr Anzeichen einer milieuhaften Verdichtung. Sie gruppierten sich jedoch allein noch um den Glauben und
büßten ihre konservative politische Grundhaltung ein. Erscheinungen gesellschaftlicher Verdichtung und politische Orientierungen gingen offensichtlich nicht mehr Hand in Hand. Die politische Weltanschauung hatte
im christlichen Teil der Gesellschaft ihre strukturierende Kraft eingebüßt.
Der Konflikt mit der SED überlagerte die inneren Gegensätze, ohne sie
ganz zu verwischen.

Die Kontinuitäten betrafen auch die politische Kultur und die individuellen Verhaltensweisen der Menschen. Es zeigte sich deutlich, daß die politische Kultur des konservativ-nationalen Milieus durchaus mit den Anforderungen der SED-Herrschaft zusammenpaßte. Was Wolfgang J. Mommsen
oder Jürgen Kocka als allgemeine Verhaltenskontinuitäten im Rahmen der
Sonderwegsthese beschrieben[2], läßt sich auf das generelle Verhältnis von
Gesellschaft und Staat in der DDR zurückführen. Die DDR-Gesellschaft
wechselte von einer Diktatur fast nahtlos in eine zweite. Jede Diktatur
setzte Gehorsam mit bisweilen drakonischen Mitteln durch. Die Mentalitäten und Prägungen aus den vorangegangenen politischen Systemen legten
somit ein tragfähiges Fundament für die SED-Herrschaft. Kaiserreich, Weimarer Republik und Nationalsozialismus hinterließen willige, obrigkeitstreue Untertanen, denen autoritäre, antidemokratische, gemeinschaftsorientierte Erfahrungen zur Verfügung standen, um sich in den neuen politischen
Verhältnissen zurechtzufinden. Es bedurfte oft nur kleiner Umdeutungen,
um Führungsmuster aus konservativ-nationalen Zusammenhängen für den
Sozialismus zu aktivieren. Da die SED nur Erscheinungen bekämpfte, von
denen sie glaubte, daß sie ihr schaden könnten, anders herum aber bedenkenlos nutzte, was ihre Herrschaft festigte, gab es keinerlei Berührungsängste mit eher aus der nationalistischen deutschen Vergangenheit stammenden
Prägungen. Der Sozialismus der SED war an den zwanziger Jahren geeicht
und gewachsen, er war keine Bewegung, die die Menschen freier machen
wollte. Es ging um die Einfügung der Individuen in eine Gemeinschaft, ganz
so wie im konservativ-nationalen Milieu oder in der nationalsozialistischen
Volksgemeinschaft. Aus welchen Gründen sich die Menschen unterord-
neten, war der SED letztlich gleichgültig. Es gab daher keinen Grund, die
erlernten obrigkeitsstaatlichen Verhaltensweisen zu ändern, sie wurden
nicht in Frage gestellt, im Gegenteil.

---

[2] Literaturhinweise in der Einleitung dieses Kapitels.

Den einzigen Wandel machte hier ein wesentlicher Teil der Kirche durch, die vom lutherischen Gehorsamspostulat gegenüber der von Gott gesetzten Obrigkeit immer stärker abrückte, individuelle Freiheits- und Menschenrechte schätzen lernte und gegenüber der SED auch einforderte. Ein mindestens ebenso großer Teil der Kirche hielt sich jedoch auch an das Gebot der Staatstreue. Die fest in der Sozialmoral des konservativ-nationalen Milieus verankerte protestantische Mentalität änderte sich durch die historische Erfahrung. Obwohl sich hier die stärksten äußeren und organisatorischen Kontinuitäten von den zwanziger bis in die fünfziger Jahre fanden, war der Wandel besonders ausgeprägt. Die milieuhaften Netzwerke waren keinesfalls starr, sie paßten sich an, um sich treu zu bleiben.

Das Verhalten der gesellschaftlichen Großgruppen geriet 1945 in einen neuen Kontext. Die Interessenlagen wurden durch das neue politische System neu definiert. Das schweißte einige Teile der Gesellschaft fester zusammen wie die Christen, löste andere Sammelpunkte jedoch auf wie die Weltanschauungsparteien. Auflösungstendenzen für Milieu und Lager brachte vor allem die Mobilisierung der Gesellschaft. Damit sind alle Flüchtlingsströme zusammengefaßt. Die Abwanderung eines wesentlichen Teiles der altansässigen Bevölkerung 1945, der Zustrom der Stettiner und Hinterpommern, ihre Weiterwanderung, die Fluchtbewegung aufgrund der SED-Politik und der Besatzungsmacht. Die Gesellschaft war in permanenter Bewegung. Sie konsolidierte sich bis zum Mauerbau nicht mehr. Selbst danach hörte die starke Mobilität nie mehr auf und ließ gewachsene Verhältnisse nicht mehr entstehen. Von der alten Einwohnerschaft, die einmal die Lager und Milieus getragen hatte, blieb auf diese Weise nicht sehr viel übrig. Die neue Gesellschaft war zusammengewürfelt aus Gruppen, die aus verschiedenen sozialen Zusammenhängen stammten und neu beginnen mußten. Zu den bestehenden Hauptspannungslinien trat besonders bedeutsam der Unterschied zwischen Einheimischen und Flüchtlingen hinzu, die sich in gleichstarken Anteilen gegenüberstanden. Die Politisierung der hier schwelenden Konflikte zu eigenen Gunsten gelang der SED mittels der Bodenreform. Die materiellen Umverteilungen in der Zeit der sowjetischen Besetzung bauten die Klientel der SED auf. Die SED machte die neue Trennlinie zur Basis ihres Erfolges, sie schuf sich eine feste Unterstützergruppe in der Gesellschaft. Genau gegenteilig wirkte der Konflikt bei den einheimischen nichtsozialistischen Kräften. Sie waren von Gestaltungsmöglichkeiten abgeschnitten und erlebten die Migration als Sprengsatz, als Ansatzpunkt ihrer Aufsplitterung und Entmachtung. Sie konnten ihre Klientel, die an sich in großer Zahl vorhanden war, nicht ansiedeln oder mit Posten versorgen. Sie konnte sich auch die Bodenreform nicht auf die Fahnen schreiben, weil sie sich damit in unauflösbare Konflikte begeben hätte.

Die Akzeptanz von demokratischen Verfahren und Gesinnungen entwikkelte sich im nichtsozialistischen Lager erst sehr allmählich seit 1945. Sie festigten sich in der Auseinandersetzung mit der Diktatur der SED. Selbständig entwickelte Ansätze dazu kamen aus der Kirche, aus dem Vereins-

wesen und der Kommunalpolitik. Bei dieser Wandlung half auch die Tatsache, daß nach 1945 die Reste der liberalen Strömung über die gemeinsame
christliche Haltung mit den übrigen nichtsozialistischen Richtungen, die
keine demokratische Tradition hatten, verschmolzen. Nach der Diskreditie-
rung nationalistischer Gemeinschaftskonzepte und in der Konfrontation
mit der SED war es jedoch keine Frage mehr, daß in der Demokratie die
einzige Möglichkeit lag, in Zukunft legitimierte Politik zu machen. Die
nichtsozialistischen Teile der Gesellschaft wollten bald nach 1945 wieder
mit dem politischen System der Weimarer Republik beginnen. Parlamentarische Demokratie erschien durch die aufeinanderfolgende diktatorische
Herrschaft der beiden Extremparteien der Republik als mögliche Alternative. Daß sich diese positive Haltung zum einst verpönten ›System‹ durchsetzte und Demokratie als erstrebenswertes Ziel nicht mehr in Frage stand,
ergab sich aus der Erfahrung der zwei Diktaturen.

Die Etappen der Entwicklung in Vorpommern zwischen 1945 und 1958
sind deutlich und unterscheiden sich von anderen Periodisierungen der
DDR-Geschichte.[3] Bis zum Jahreswechsel 1945/46 waren bereits entscheidende Fakten geschaffen. Ein wesentlicher Teil der alten Eliten war geflohen, die Bodenreform zerstörte jeden Ansatz konkurrierender Politik im
Keim. Nur auf der Grundlage des Großgrundbesitzes hätte der SED in der
Region wirklich Konkurrenz gemacht werden können. Andere politisch
nicht kompromittierte und ökonomisch leistungsfähige Eliten waren kaum
mehr vorhanden oder wurden in den Verhaftungen der folgenden Monate
ausgeschaltet. Die Bekämpfung des politischen Gegners in den bürgerlichen
Blockparteien setzte ebenfalls bereits im Dezember 1945 ein. Zunächst wurde die Elite, dann die Basis zerstört und abgedrängt. Bis 1950 war die ökonomische und soziale Grundlage der SED-Gegner so weit geschwächt, daß
die Machtfrage als entschieden gelten konnte. Die Hegemonie des nichtsozialistischen Lagers war gebrochen. Selbst die eindeutige Mehrheit in der
Bevölkerung – man kann von rund 80 zu 20 Prozent ausgehen – war nicht
mehr in der Lage, Interessen gegen die SED durchzusetzen. Mit der inneren
DDR-Gründung im Jahr 1950 war diese Phase beendet. Es fehlten Eliten. Es
gab in der Region auch keine nennenswerte Arbeiterschaft mit starken sozialdemokratischen Organisationstraditionen. Es gab auf dem Land keine gewachsenen Dörfer mit einer altansässigen selbstbewußten Bauernschaft. Es
fehlte mithin jede gesellschaftliche Basis für eine Opposition. Der 17. Juni
1953 ist deshalb kein Datum der Stadtgeschichte, er fand in Greifswald nicht
statt.

1958 markiert das Jahr der Niederringung jener politischen Gesellschaftsstrukturen, die ihren Ausgangspunkt in den Jahren vor 1914 hatten, ihre
Ausprägung im Ersten Weltkrieg und in den Nachkriegskonflikten erlebten,
sich in der Weimarer Republik zum konservativ-nationalen Milieu verdichteten und sich Anfang der dreißiger Jahre zur nationalsozialistischen Mas-

---

[3] H. WEBER, Geschichte der DDR, 1989.

senbewegung formierten. Erst Ende der fünfziger Jahre war die mobilisierende Kraft weitgehend verbraucht. Die kommunikativen Netzwerke und defensiven informellen Verbindungen zogen sich aus der Öffentlichkeit zurück. Sie gerieten in die Minderheit. Der Mauerbau markiert nicht die Wendemarke in der gesellschaftlichen Entwicklung. Die SED hatte ihren Sieg über das nichtsozialistische Lager schon vorher errungen.

War der Konflikt der beiden Lager damit bedeutungslos geworden? Keineswegs, denn die ideologische Verfaßtheit der DDR-Gesellschaft hielt bestimmte Streitlinien am Leben, obwohl ihre Bedeutung stark zurückgegangen war. Die Politik der SED fußte auf einer Analyse der deutschen Gesellschaft, wie sie in den zwanziger und dreißiger Jahre gewesen war. Die daraus abgeleitete Politik hatte bis 1958 großen Erfolg. Die Schwierigkeiten ergaben sich aus den Ergebnissen dieser Politik. Die DDR-Gesellschaft in der Sicht der SED war ein theoretisches Kunstgebilde. Ihre Realität entsprach in ihren Halbheiten und ihrer mangelhaften Funktionstüchtigkeit nicht den Erwartungen der Theorie. Es gab weiter nichtsozialistische Kräfte, sie waren jedoch mit den eher simplen Ideen der SED nicht mehr zu begreifen. Die Unvollkommenheit des sozialistischen Experiments ließ Lücken im angestrebten einheitlichen und geschlossenen sozialistischen Gemeinwesen. So wie die DDR-Gesellschaft von der SED gebaut worden war, blieb sie auf den Fortbestand der alten Trennlinien angewiesen. Sozialistische Mobilisierung und Gemeinschaftsbildung war ohne die angestammten Gegner nicht zu haben. Ihr Zerfall und Rückzug aus der Öffentlichkeit untergrub daher die Stabilität des Staates. Für solche Phänomene hatte die SED in ihrem Werkzeugkasten für theoretisch hergeleitete Gesellschaftsplanung kein neues Instrumentarium. Deswegen wurden die historischen Trennlinien zwischen Christen und Atheisten einseitig am Leben erhalten, deswegen ging der Kampf gegen die Bürgerlichkeit auch ohne Bürgertum weiter. Der SED englitten die Verhältnisse, denn die Führung der DDR blieb an ein Gesellschaftsgerüst der zwanziger Jahre wie festgenagelt.

Gesellschaftspolitik in der DDR war historisch und irreal. Die Folge waren Spiegelfechtereien, aber mit sehr konkreten politischen Folgen. Was 1989 geschah, hatte mit diesen überkommenen Konfliktvorstellungen aus der Weimarer Republik zu tun. Zwei alte Organisationskerne des Konflikts, die SED und die Kirchen, blieben in einer Konfrontation stecken. Die Ereignisse von Sommer und Herbst 1989 hatten deswegen ihren Ausgangspunkt in der alten Streitlinie zwischen den beiden Großlagern.

SED-Generalsekretär Erich Honecker und Bischof Horst Gienke vor dem Greifswalder Dom am Morgen des 11. Juni 1989

Auf Einladung des Bischofs nahm Honecker an der Wiedereinweihung des Gotteshauses teil. Er traf mit einer Wagenkolonne aus Berlin ein, die vor dem Rathaus stoppte. Nach der Begrüßung ging Honecker von dort Hände schüttelnd zur Dompforte, wo ihn der Greifswalder Bischof, von der Stasi geführt als IM »Orion«, empfing. Entlang der kurzen Wegstrecke vom Rathaus zum Dom war eine Ruine vor dem Besuch abgerissen worden; Bauzäune täuschten in der vom Verfall gezeichneten Innenstadt Renovierungsarbeiten vor; ein neugotischer Giebel war vorsorglich bis zu Honeckers Blickhöhe geweißt worden.

Fünfter Teil

Regionale Gesellschaft unter Ulbricht und Honecker

*11. Juni 1989: Bischof Horst Gienke und der Vorsitzende des Gemeindekir-
chenrates, Eckhard Zunker, schreiten die Reihe der Ehrengäste ab; hinter
E. Honecker ist der ehemalige Bundespräsident Karl Carstens zu erkennen.*

Zwanzigstes Kapitel

Honecker im Dom und die Wahlen 1990 und 1994

Als Honecker im Juni 1989 durch das Gustav-Adolf-Portal den Dom betrat, um dem Gottesdienst des Bischofs Gienke beizuwohnen, da war dies ein Gipfeltreffen von zwei führenden Vertretern jener gesellschaftlichen Kräfte, deren Auseinandersetzung seit über 70 Jahren den Gang der regionalen Politikgeschichte wesentlich bestimmt hatte. Krummacher wäre eine solche Begegnung kaum eingefallen, auch Ulbricht dürfte an symbolträchtige Treffen in Kirchen nicht gedacht habe. Honecker selbst hielt in der ersten Hälfte seiner Amtszeit ebenfalls mehr von Abgrenzung. Doch 1989 hatten sich zwar nicht die weltanschaulichen Fronten, aber der Umgang miteinander gelockert. Die beiden Antipoden im Dom standen für den großen gesellschaftlichen Konflikt; sie taten so, als bewege sich dieser Streit immer noch in Bahnen, die sie beide bestimmten. Der eine gestützt auf die staatliche Gewalt, die Tradition der Arbeiterbewegung und das ideologische Rüstzeug des angeblich wissenschaftlichen atheistischen Marxismus-Leninismus; der andere ausgerüstet mit dem Glauben, der zweitausendjährigen christlichen Tradition, den immer noch rund 25 Prozent Kirchenmitgliedern in der Einwohnerschaft und der bewahrten Autorität seiner Kirche und seines Amtes. Beide erhoben den Anspruch auf das ganze Volk oder stammten doch zumindest aus einer solchen Tradition. Doch beide täuschten sich, denn nur wenige Wochen später hatten sie keine Macht mehr, und den Konflikt, für den sie standen, vermochten nur wenige noch für aktuell und wichtig zu halten. Er beeinflußte die Politik nicht mehr unmittelbar, wie er es über 70 Jahre getan hatte. In ihre unzeitgemäße Auseinandersetzung verbissen, hatten beide nicht bemerkt, daß die gesellschaftliche Entwicklung über beide hinweggehen würde.

Der Umsturz der SED-Herrschaft, die Machtübernahme durch Pfarrer und andere Christen und das Ergebnis der Wahlen vom Frühjahr und Herbst 1990 hatten gleichwohl viel mit diesem Konflikt zu tun. Die jahrzehntelange Konservierung einer gesellschaftlichen Trennlinie, so anachronistisch sie geworden sein mochte, verband das Ende der SED-Herrschaft mit dem Ausgangspunkt dieser Studie, dem konservativ-nationalen Milieu, das stark über die Religion und die Kirche integriert gewesen war. Die Verbindung war sehr viel konkreter, als allein in Ideen oder Glaubensüberzeugungen tradiert. Eine dünne Kontinuitätslinie selbst im sozialen Substrat spannte sich zwischen dem Kaiserreich und der neuen Bundesrepublik in Vorpommern. Die Brüche in der Entwicklung, die dafür sorgten, daß die bis 1958 fast einseitige Verbindung zwischen der evangelischen Religion

*11. Juni 1989: Gebet während des Gottesdienstes; E. Honecker eingerahmt
von Oberbürgermeister Wellner und Synodalpräses Dietrich Affeld (rechts),
hinter Affeld der damalige Ministerpräsident Björn Engholm.*

Abbildung 17 641

*11. Juni 1989: Das DDR-Fernsehen überträgt den Gottesdienst zur Wieder-
eröffnung des Domes.*

Tabelle 20: Wahlen in der DDR nach 1989 und in der Bundesrepublik nach 1990 in der Stadt Greifswald[1]

Wahl u. Datum	Wahlb.	Wähler		Ungültig	Linke Part.	PDS	KB	Volkssoli.	DFD	UFV
Volkskammer	46 976	42 921		250	234	10 459	–	–	205	
18.3.1990		91,4%		0,5%	0,5%	22,3%			0,4%	
				0,6%	*0,6%*	*24,4%*			*0,5%*	
Kommunalwahl	47 118	29 389		874	–	17 982	421	1632	1337	1118
6.5.1990[2]		62,4%		0,6%		12,7%	0,3%	1,2%	0,9%	0,8%
				1,0%		*20,4%*	*0,4%*	*1,9%*	*1,5%*	*1,3%*
Landtag	46 770	28 880	1[3]	661		4757				
14.10.1990		61,8%		1,4%		10,2%				
				2,3%		*16,9%*				
			2	738		4715				
				1,6%		10,0%				
				2,6%		*16,8%*				
Bundestag	47 212	31 305	1	711		4992				
2.12.1990		66,3%		1,5%		10,6%				
				2,3%		*16,3%*				
			2	474	14	4764				
				1,0%		10,1%				
				1,5%		*15,5%*				
Europawahl	46 431	29 162		1551	298	8154				
12.6.1994		62,8%		3,3%	0,6%	17,6%				
				5,3%	*1,1%*	*29,5%*				
Kommunalwahl	46 169	29 066		1315		23 468				
12.6.1994		62,9%		0,9%		16,9%				
43 Sitze				*1,5%*		*27,3%*				
						13				
Landtag	46 204	33 217	1	772		8653				
16.10.1994		71,9%		1,6%		18,7%				
				2,3%		*26,7%*				
			2	798		8459				
				1,7%		18,3%				
				2,4%		*26,7%*				
Bundestag	46 293	33 300	1	679		8025				
16.10.1994		71,9%		1,5%		17,3%				
				2,1%		*24,6%*				
			2	671	7	8732				
				1,4%		18,9%				
				2,0%		*26,8%*				

[1] Ostsee Zeitung/Greifswalder Zeitung, 24. u. 25.3.1990; 12.5.1990; 16.10.1990; 4.12.1990; Wahlbekanntmachung der Hansestadt Greifswald, 16.6.1994, Zusammenstellung Kreiswahlausssschuß vom 24.10.1994.

[2] Bei den Kommunalwahlen 1990 und 1994 galt ein Personenwahlrecht, bei dem jeder Wähler drei Stimmen hatte, die er auch auf Kandidaten unterschiedlicher Parteien verteilen durfte. Alle absoluten Zahlen müssen daher durch drei dividiert werden. Dazu M. JUNG, 1990.

[3] Die Zeile 1 kennzeichnet die Erststimme, die Zeile 2 die Zweitstimme.

Grüne	Bündn. '90	Forum	SPD	Liber. FDP	NDPD	DBD	DA	CDU	DSU	REP	Sonst.
644	1248		9393	1411	206	1059	230	15597	1838		147
1,4%	2,7%		20,0%	3,0%	0,4%	2,3%	0,5%	33,2%	3,9%		0,3%
1,5%	2,8%		21,9%	3,3%	0,5%	2,5%	0,6%	36,3%	4,3%		0,4%
2056		6744	15846	2827	−	1275	−	30794	2167	−	710
1,5%		4,8%	11,2%	2,0%		0,9%		21,8%	1,5%		0,5%
2,3%		7,6%	18,0%	3,2%		1,4%		34,9%	2,5%		0,8%
709	863	1163	4845	985				14190	209	−	498
1,5%	1,9%	2,5%	10,4%	2,1%				30,3%	0,4%		1,1%
2,5%	3,1%	4,1%	17,2%	3,5%				50,3%	0,7%		1,8%
820	772	1134	5360	1143				12924	201	194	879
1,8%	1,7%	2,4%	11,5%	2,5%				27,6%	0,4%	0,4%	1,9%
2,9%	2,7%	4,0%	19,0%	4,1%				45,9%	0,7%	0,7%	3,1%
−	−		7672	3199				14731	−	−	−
			16,5%	6,8%				31,2%			
			25,1%	10,5%				48,1%			
2047	−		5923	2748				14544	74	295	422
4,3%			12,5%	5,8%				30,8%	0,2%	0,6%	0,9%
6,6%			19,2%	8,9%				47,2%	0,3%	1,6%	1,4%
	1561	240	4081	398				10723	43	758	1355
	3,4%	0,5%	8,8%	0,9%				23,1%	0,1%	1,6%	2,9%
	5,7%	0,9%	14,8%	1,0%				38,8%	0,2%	2,7%	4,9%
	5990		12905	1071				33567		2341	4564
	4,3%		9,3%	0,7%				24,2%		1,7%	3,3%
	7,0%		15,0%	1,2%				29,1%		2,7%	5,3%
	3		7	−				19		−	1
	1591		7193	626				13868			514
	3,4%		15,6%	1,4%				30,0%			1,1%
	4,9%		22,2%	1,9%				42,7%			1,6%
	1515		7275	1344				12730		329	767
	3,3%		15,7%	2,9%				27,5%		0,7%	1,7%
	4,7%		22,4%	4,1%				39,5%		1,0%	2,4%
	1271		8218	625				13641		331	506
	2,7%		19,0%	1,4%				29,5%		0,7%	1,1%
	3,9%		25,2%	1,9%				41,8%		1,0%	1,5%
	1436		7287	1112				13197		371	473
	3,1%		15,7%	2,4%				28,5%		0,8%	1,0%
	4,4%		22,3%	3,4%				40,4%		1,1%	1,4%

und der konservativen politischen Richtung aufhörte, sind jedoch letztlich bedeutsamer.

Die Wahlen 1990 (siehe Tabelle 20) zeigten die Aufsplitterung der religiös motivierten und unterstützten Opposition gegen die SED.[1] Sie fand sich nicht mehr in einer, sondern in drei Parteirichtungen wieder. Hätte es ein

---

[1] W. DONNER u. a., 1990.

politisch geschlossenes religiöses Oppositionsmilieu gegeben, dann wäre nur eine dominante Parteiorientierung zu erwarten gewesen. Das war jedoch offenkundig nicht der Fall. Schon ein Blick auf das Engagement von Pfarrern belegt die Aufteilung. Bei der SPD agierten der Mitgründer von Schwante, der Studentenpfarrer Arndt Noack und der Pfarrer Hinrich Kuessener.[2] Im Neuen Forum, das später zu einem wesentlichen Teil zu den Grünen überging, war der Hochschulassistent der Sektion Theologie, Christoph Poldrack, führend beteiligt. Bei der CDU schließlich traten der Pfarrer von Sankt Marien Reinhard Glöckner, Johannes Görlich und Norbert Buske an. Die Beteiligung von Pfarrern an der CDU ist ein erster Hinweis auf Kontinuität zu den alten Lager- und Milieuverhältnissen.

Die Ergebnisse der Wahl deuten auf erhebliche Verfestigungen politischer Haltungen in der nach 44 Jahren erstmals wieder frei wahlberechtigten Bevölkerung hin.[3] Am wechselhaftesten war der Wahlerfolg bei der PDS. Bei den neuen Parteien der linken Mitte waren ebenfalls starke Umschichtungen auffällig. Die CDU hingegen erreichte stets 29 bis 33 Prozent der Wahlberechtigten und war damit die beständigste Partei, die offensichtlich auch nach der Volkskammerwahl auf einen immer wieder mobilisierbaren Wählerstamm zurückgreifen konnte. Kontinuität zeigte das Wahlergebnis bei den Zahlen für die Liberalen. Sie spielten in Greifswald nach wie vor keine Rolle. Ihr Untergang nach 1918 blieb ein unumkehrbares Faktum. Sie hatte auch 1945 nicht wieder Fuß fassen können. Völlig zerstört war überraschenderweise auch die Basis der NDPD. Sie erreichte noch nicht einmal alle ihre Mitglieder als Wähler.

Warum aber konnte sich die CDU trotz ihrer Blockparteivergangenheit in der lokalen Gesellschaft behaupten? Warum gelang das der NDPD ganz und gar nicht? Und warum hatte sich der auf die Kirche gestützte Teil des nichtsozialistischen Lagers trotz des fortgesetzten Außendrucks der SED politisch so ausdifferenziert? Immerhin deutete 1958 alles auf eine kleine, geschlossene und konservative kirchlich-christliche Gemeinschaft hin. Sie war aber offensichtlich nicht entstanden.

---

[2] D. Dowe (Hrsg.), 1993, W. Herzberg/P. von zur Mühlen (Hrsg.), 1993.
[3] Die westdeutsche Wahlforschung war sich hingegen völlig sicher, daß die DDR-Bevölkerung sich traditionslos entschied und somit CDU wählte, weil sie sich davon eine schnelle Vereinigung und wirtschaftlichen Aufschwung erhoffte. H. Norpoth, 1994, S. 470. Dieses Argument ist mit Blick auf die SPD oder die Grünen sicherlich zutreffend. Anders sieht es hingegen bei der CDU aus, bei der ganz deutlich ein historischer Bezug festzustellen ist.

Stillstand und unauffälliger Wandel

1. Die konservierten Grundkonflikte

Die Grundkonflikte in der Gesellschaft, die für die Konservierung überkommener Loyalitäten sorgten und deswegen das Wahlergebnis 1990 beeinflußten, blieben auch über das Jahr 1958 hinaus bestehen. Von Milieu konnte
zwar nicht mehr die Rede sein, denn die politischen Verwerfungen, der
Wandel in den sozialen Schichtungen und Gruppierungen sowie die Orga-
nisationswirklichkeit sprachen dagegen. Die Konflikte aber blieben. Allein
die Austragung versachlichte sich seit dem Sieg der SED Ende der fünfziger
Jahre und dem Mauerbau 1961.[1] Sie durchlief Phasen unterschiedlicher Intensität.[2] Die SED hatte dabei zunehmend das Problem, jene Gegner, die ihr
selbst die Daseinsberechtigung verschafft hatten, nämlich die sogenannte
politische Reaktion, die Kapitalisten und auch die Religion abgeschafft oder
verdrängt zu haben. Ohne Feinde in der Gesellschaft war die Idee vom
kämpferischen Sozialismus aber kaum als sinnvoll zu erleben und reizte
niemanden zum Engagement. Der Feind geriet immer mehr zur Abstraktion
und lebte jenseits der zugemauerten Grenze im Westen. Die SED kultivierte
daher die wenigen verbliebenen gesellschaftlichen Kampffelder.

Die Kirche und die Religion waren an sich kein Problem mehr, ihre Macht
war gebrochen. Dennoch behielt die SED Furcht vor der Kirche. Die Einheitspartei erkannte, daß die Religion nicht einfach abstarb, wie sie wohl
eigentlich erwartet hatte, sondern sich an Stellen zeigte und aus sich heraus
neu bildete, wo es kaum zu erwarten gewesen war. Die SED war weiterhin
nicht bereit, Christen gleiche Rechte einzuräumen, ihnen den ungehinderten
Zugang zu Positionen auf allen Ebenen von Staat und Gesellschaft zu erlauben. Sie betrachtete die Kirche und jeden einzelnen ihrer Gläubigen als potentielle Gefahr der eigenen Macht. Ihr Einfluß, so marginal er geworden
war, sollte weiter zurückgedrängt werden. Versachlichung der Auseinandersetzung hieß in diesem Zusammenhang Ausweichen auf den Zeitfaktor. Die
Kirche wurde nicht mehr offen und frontal angegangen wie im zerstörenden
Jugendweihekonflikt, sondern die SED verlegte sich auf eine langsame Auszehrung. Es war ihr gelungen, die Reproduktionsfähigkeit der Gemeinden
zu stören; das ›Restproblem‹ würde sich mit der Zeit lösen. Weiterhin un-

---

[1] D. POLLACK, Organisationsgesellschaft, 1994, S. 184 ff. Die Zurückdrängungs- und
Zerstörungsstrategie der SED blieb, aber der offene Kampf der Jahre zuvor hörte auf.
[2] A. NOACK, 1995. Ferner G. BESIER, SED-Staat und die Kirchen, Bd. 2 u. 3, 1995.

terband sie daher den Zugang der Kirche zur Öffentlichkeit, behinderte die
Arbeit mit Jugendlichen und die Pflege religiöser Kultur, setzte Polizei, Ge-
nehmigungswesen und Geheimdienst ein und beobachtete bekennende
Christen, wo immer sie sich in der Gesellschaft betätigten. Die SED hatte
die Kirche gut im Griff und konnte ihre Macht weitgehend durchsetzen.[3]

Die Familien, die weiterhin am Glauben festhielten, und die Kirche mit
ihrer Verkündigung selbst waren ihrem unmittelbaren Zugriff jedoch entzogen. Hauptaustragungsort des Konflikts zwischen SED und Kirche wurde
daher die Schule und das Bildungswesen. Hier hatte der weltanschauliche
Kampf gegen die Tradierung von Glauben und Kirche seinen wesentlichen
Ansatzpunkt.[4] Daß Kinder, die aus religiösen Gründen die Jugendweihe
verweigerten, die freiwillig zur Kirche gingen und sich für Fragen des Glaubens interessierten, Nachteile beim Übergang ins Gymnasium, bei der Vergabe von Studienplätzen oder Lehrstellen oder bei der Arbeitsplatzsuche
hatten, war feststehendes Faktum der DDR-Lebenswirklichkeit.[5] Es gab
Schwankungen in der Intensität der Verfolgungspolitik. Das hatte seine Ursache oft im Verhalten einzelner Lehrer, der nachlässigen Aufsicht mittlerer
und unterer SED-Chargen oder lag an kurzfristigen kirchenpolitischen
Überlegungen der Einheitspartei. Am Grundsatz gab es jedoch keinen
Zweifel. Dafür bürgte schon eine Gestalt wie die in Kirchenkreisen regelrecht verhaßte Bildungsministerin Margot Honecker.[6]

Glaube und öffentliches Bekenntnis waren bewußt gewählte Lebensent-
scheidungen, denn sie waren für jeden einzelnen Betroffenen mit Demütigungen, Nötigungen, Erpressungen und Gewissenskonflikten besetzt, die
irgendwann vor die Alternative Glauben und Kirche oder Karriere zwangen. Christliche Eltern traf diese Politik an einem ihrer empfindlichsten
Nerven, denn es ging um die Zukunftschancen ihrer Kinder. Auch nach
1958 sorgte die SED dafür, daß Familien solche Schwierigkeiten austragen
mußten. Vor 1961 war dies ein wichtiger Fluchtgrund gewesen. Da der Ausweg nach Westen versperrt war, blieb die Bevölkerung, die diese Erfahrung

---

[3] Auf die Kirche und ihre Pfarrer waren alle Instanzen des SED-Staates als Berichteliefe-
ranten angesetzt. In den Akten fanden sich kontinuierliche Berichte von SED, CDU,
Nationaler Front, Polizei, Rat des Kreises, Rat der Stadt, Rat des Bezirks und der Staatssicherheit.
[4] Schilderung eines Falles durch den CDU-Politiker L. vom 20.9.1971, in: ACDP. II-230-
008/2. Oder Bericht vom 4.4.1968 über eine öffentliche Demütigung von christlichen
Schulkindern. VpLA. Bezirksleitung Rostock, IV/B/4/02/176. Die Beispiele lassen sich
beliebig vermehren. Erst 1988 führte die CDU erstmals regelmäßige Gespräche mit dem
Kreisschulrat ein, um zu einer dauerhaften Entspannung zu gelangen, Bericht vom
18.11.1988, in: ACDP. II-230-010/1.
[5] Besonders eklatant der Bericht der Volkspolizei vom Herbst 1963 über eine Konzentration christlicher Kinder, vor allem Pfarrers- und Arztkinder an der Jahn-Oberschule am
Thälmannplatz. Bericht in: VpLA. Bezirksleitung Rostock, IV/A/2/14/939.
[6] Wenige Politiker der SED stießen auf eine derartige Ablehnung in Kirchenkreisen und
weit darüber hinaus wie sie. Ihr Beitrag zum Untergang der DDR ist erheblich; Gespräch
mit M. W., R. Glöckner.

mit der SED machen mußte, jetzt im Land. Obwohl es weniger aktive Aktionen und kaum Öffentlichkeit für diese Diskriminierung gegen die Kirchen gab, teilte sich die Gesellschaft ganz von selbst in zwei große Lager. Es war jederzeit klar und für beide Seiten ein wesentliches Bewertungskriterium von Menschen, ob sie sich zur Kirche bekannten oder nicht. Die Kirche sah sich genötigt, die Benachteiligungen durch eigene Bildungseinrichtungen und Schulen, durch Arbeitsplätze und eine bescheidene Gegenöffentlichkeit von den Kanzeln und in der kirchlichen Publizistik auszugleichen.[7] Das verhinderte jedoch nicht ihr beständiges und immer schnelleres Schrumpfen, das in den siebziger Jahren die Marke von 50 Prozent der Bevölkerung passierte und Ende der achtziger Jahre bei rund 25 Prozent anlangte.[8] Die SED ging in ihren sorgsamen Analysen von einer künftigen Reproduktionsrate von zehn Prozent der Bevölkerung aus.

Sondergruppe blieben auch die Familien des Bildungsbürgertums der Stadt. Politisch oder gesellschaftlich artikulierte sich das jedoch nicht mehr selbständig, weil Habitus und Vorlieben dieser Familien nicht mehr zur Abgrenzung taugten. Die Gruppe verschmolz zusehends mit der neuen sozialistisch sozialisierten Professorenschaft, die bisweilen einen überspannten Bildungsdünkel und Lebensformen kultivierte, wie es noch nicht einmal deutschnationale Professoren getan hatten. Sehr oft gingen aber religiöse Grundorientierung und überkommener bürgerlicher Lebensstil Hand in Hand und stützten sich wechselseitig. Die SED stellte immer wieder fest, daß besonders ›Intelligenzkinder‹ sich für Religion interessierten und darin von ihren Eltern unterstützt wurden.[9] Aus Kreisen der Ärzte und Apotheker sowie der in Greifswald verbliebenen alten Professoren- und Beamtenfamilien gab es immer wieder Tendenzen, sich von den Forderungen der SED abzugrenzen.

Eine Sondergruppe mit einer eigenen Lebensweise blieb der alte Mittelstand. Er wurde durch den stets virulenten Klassenkampfgedanken der SED am Leben erhalten. Mangels präsenter Großunternehmer dienten Bäcker und Fleischer bisweilen zur Illustration kapitalistischer Erscheinungen, die es in den Sozialismus zu überführen galt. Langfristige Ausdünnung war

---

[7] Bemerkenswert ist der Fall des leitenden Verwaltungsangestellten W., der bei der SED auffällig wurde, weil er auf Kirchenveranstaltungen auftrat. Es folgten die üblichen Intrigen und Vorwürfe, die zu seiner Entlassung führten. Anschließend stellte die Kirche ihn in ähnlicher Funktion ein. Quelle?

[8] Ende 1969 gehörten nach Angaben der SED noch 69 Prozent der Bevölkerung im Raum Greifswald der Kirche an, bei Selbständigen und altem Mittelstand lag der Wert bei 82 bis 90 Prozent, hatte sich also wenig verändert. Bericht vom 7.12.1970, in: VpLA. Kreisleitung Greifswald, IV/B/4/02/176. Zu 1985 Bericht der SED o.D., in: VpLA. Bezirksleitung Rostock, IV/E/2.14/616.

[9] Z.B. Bericht der Kriminalpolizei vom 1.3.1964. Dort wird den Mitgliedern der Jungen Gemeinde bescheinigt, meist gut ausgebildet, fleißig und intelligent zu sein. Hier auch Hinweis auf die jeweilige Herkunft, in: VpLA. Bezirksleitung Rostock, IV/A/2/14/943, auch in 942, dort konkret zur Jahn-Oberschule.

auch hier das offensichtliche Ziel. Materielle Benachteiligungen und Schikanen gab es nach wie vor, soweit die ökonomische Gesamtlage das zuließ.

2. Die ›guten Jahre‹ der SED-Herrschaft

Daß die SED sich einen Teil ihrer Legitimität raubte, indem sie ihre Gegner
beseitigte und unterdrückte, war in den sechziger und frühen siebziger Jahren noch nicht deutlich, denn die Einheitspartei nutzte die gewonnene
Handlungsfreiheit, um in der Region gestaltend tätig zu werden. Nachdem
sie im ersten Schritt die politischen und ökonomischen Gegner und im
zweiten die weltanschaulichen besiegt hatte, folgte jetzt ihr Aufbau.[1] Der
Fortschrittsoptimismus trieb seltsame Blüten und stürzte die sozialistisch
überformte, aber immer noch agrarisch und mittelständisch geprägte Gesellschaft der Region in wenigen Jahren völlig um. Greifswald wurde indu-
strialisiert, rund 100 Jahre später als die meisten anderen Regionen Deutschlands. Das Land war seit 1945 nicht mehr großagrarisch, Greifswald war
spätestens seit 1968 keine von Staatsdienst und Mittelstand dominierte Stadt
mehr. Die späten sechziger Jahre bildeten eine wesentliche Zäsur in der Region. Die Partei befand sich auf dem Höhepunkt ihrer Macht und nach den
Anfangserfolgen der Entwicklungspolitik in Vorpommern in den frühen
siebziger Jahren auch auf dem Höhepunkt ihrer Beliebtheit.

Der seit der ersten Hälfte der sechziger Jahre verfolgte Plan, Greifswald
zum zweiten Zentrum im Bezirk Rostock zu machen, um den zurückgebliebenen Raum Vorpommern zu stärken, hatte mit der konservativen politischen Vergangenheit der Region nichts zu tun. Der Bau des Kernkraftwerks
Nord in Lubmin, die Errichtung einer Fabrik für nachrichtenelektronische
Geräte zielten nicht darauf ab, durch den Zustrom neuer Arbeitskräfte ein
verfestigtes Milieu aufzubrechen.[2] Es ging um die Wirtschaft und die Situation eines Raumes, der durch die Grenzziehung im Osten 1945 in eine Ab-
seitslage geraten war. Eine Entwicklung war dringend erforderlich, denn die
1945 erhaltene Altstadt stand vor dem völligen Verfall. Sie wurde unbe-
wohnbar.[3] Es herrschte Wohnungsnot trotz der permanenten Anstrengungen, Wohnblocks und Häuser fertigzustellen. Das behinderte besonders
auch die Universität.

---

[1] D. POLLACK, Organisationsgesellschaft, 1994, S. 252 ff. Die Anfangsphase der Ära Honecker sei die wohl erfolgreichste Phase der DDR gewesen. Wachsende Loyalität der
Bevölkerung durch steigendes Wohlstandsniveau.
[2] Pläne und konkrete Durchführung des Projekts, in: VpLA. Bezirksleitung Rostock,
IV/A/2.3/336 u. IV/B/2.6/353.
[3] Hinweise schon seit Mitte der fünfziger Jahre, verstärkt seit Anfang der sechziger. Der
Superintendent bezeichnete die Altstadt schon im Februar 1964 als »überwiegend unbe-
wohnbar«, Bericht vom 25.2.1964, in: VpLA. Bezirksleitung Rostock, IV/A/2/14/942.

Abbildung 18 649

Bau der Siedlung Schönwalde (1969)

Abbildung 19

»*Umgestaltungsgebiet*« *in der Innenstadt (1979), im Vordergrund eine sowjetische Delegation*

Greifswald sollte extrem wachsen. Bei 45 000 Einwohnern war an eine annähernde Verdoppelung bis 1980 und an eine spätere Verdreifachung gedacht.[4] Die Menschen würden im Kernkraftwerk und im Elektronikwerk arbeiten. Die Universität sollte in die Fachrichtungen Kernphysik und Elektrotechnik ausgebaut werden und ein dreißigstöckiges Hochhaus in der neuen Stadtmitte beim Theater erhalten. Die Silhouette der Stadt sollte endlich anders werden als auf den Bildern Caspar David Friedrichs. Ausdrücklich war der Hochhausturm höher geplant als die Kirchen. Angesichts des sandigen und moorigen Untergrunds der Stadt blieb er ein Luftschloß des Fortschrittsglaubens. Ökonomische Verwertbarkeit der Forschung, Mathematik, Physik und Ingenieurwissenschaften sollten den Schwerpunkt der eher geisteswissenschaftlich und medizinisch ausgerichteten Hochschule bilden. Eine neue Mensa, Studentenwohnheime und ein Großklinikum standen in Aussicht. Es war an zahlreiche neue Arbeitsplätze für junge Menschen, vor allem Männer gedacht. Ein weiteres Ziel war jedoch auch, die Beschäftigungsmöglichkeiten für Frauen zu verbessern, die in den ländlichen Gebieten nur schwer Arbeit fanden.

Die alte Stadt sollte mehr oder weniger abgerissen werden. Quer durch alte Baukörper waren breite Straßen projektiert, moderne Blocks faßten einige erhaltenswerte Gebäude ein, darunter immerhin die Kirchen. Vor der Stadt errichtete die Regierung ein Betonplattenwerk, das in Schönwalde die neue Südstadt als genormte Großsiedlung aus dem Boden stampfte. Eine ausgebaute Straßenverbindung nach Stralsund, eine Umgehung der Innenstadt und eine Eisenbahntrasse nach Lubmin mit Haltepunkt in der neuen Trabantenstadt ergänzten die verschlissene und beengte, immer noch auf Stettin ausgerichtete Infrastruktur. Die SED selbst genehmigte sich gleich noch eine neue Parteizentrale, die den bescheidenen Vorstellungen vom realsozialistischen Luxus entsprach.

Der Wandel für die Region und die Menschen war grundlegend. Zunächst gelang der SED die Umsetzung der ehrgeizigen Pläne noch. Die Bahn- und Straßenverbindungen wurden rechtzeitig 1969 fertig, das Kernkraftwerk wuchs in einer gigantischen Baustelle, und neue Stadtviertel schossen aus dem Boden. Die Arbeitskräfte für den Bau kamen zunächst überwiegend aus der Region. Je weiter die Projekte gediehen, desto mehr Spezialisten waren erforderlich. Sie wurden von den federführenden Betrieben überall in der DDR angeworben.[5] Die auch nach 1945 überwiegend pommersch und norddeutsch geprägte Bevölkerung durchsetzte sich jetzt stark mit Menschen aus Berlin, Sachsen und Brandenburg, die neue Mentalitäten

---

[4] K. Tiedemann, 1970. H.-U. Lehmann, 1970. C. Weichert, 1970.
[5] Das Nachrichtenelektronikwerk war ein Ableger des Funkwerkes Köpenick. Zur Inbetriebnahme, Eröffnung und zur Werbung von Mitarbeitern, VpLA. Bezirksleitung Rostock, IV/B/4/02/119. 43,3 Prozent der 1969 dort tätigen Arbeiter kamen aus dem Bezirk Rostock, 21 Prozent aus dem Kreis Greifswald.

und andere regionale Prägungen mitbrachten. Besonders aus den Bezirken Cottbus und Dresden kamen viele Arbeiter.

Auch wenn es nicht das erklärte Ziel der Industrialisierungspolitik in Vorpommern war, geschlossene Bevölkerungsteile aufzubrechen, am Ende kam genau das dabei heraus. In wenigen Jahren krempelte sich die städtische Gesellschaft völlig um. Seit 1969 begann Greifswald stark zu wachsen. Je mehr Neubauwohnungen fertig wurden, desto schneller verließen die Menschen die verfallende Altstadt. Das Leben verlagerte sich in die Vorstädte, die vom Zentrum her nicht mehr zu Fuß zu erreichen waren. Die Reste alter Nachbarschaften brachen auseinander.[6] Schichtwechsel und Produktionszyklen der Fabriken bestimmten ab sofort den Lebensrhythmus der Menschen. Sie fuhren frühmorgens in den Betrieb, am Tag waren die Stadtviertel und Dörfer leer. Die Familien kamen erst abends wieder zusammen, sofern der Schichtdienst das zuließ. Der Staat übernahm die Erziehung, die Kinder kamen in den Hort, den Kindergarten und dann in die Schule. Die Freizeit war knapp und vom Kampf gegen Versorgungsmängel in Anspruch genommen. Der Raum für eine freie Betätigung nahm deutlich ab und wich einem allumfassenden Eingespanntsein, einer Verplanung, deren Inhalt unauffällig die SED bestimmte.

Die letzten Jahre der Ära Ulbricht und die ersten unter Honecker waren von einer starken Zufriedenheit in der regionalen Gesellschaft geprägt.[7] Eine neue junge Generation wuchs heran, die nur die DDR kannte und daher bereiter war als die alte, sich zu arrangieren. Die politischen Kämpfe und Verwerfungen der fünfziger Jahre gerieten langsam in Vergessenheit, die Entpolitisierung der Gesellschaft schritt voran, denn worüber sollte man streiten, wenn der Sieger von vornherein feststand. Nach den heftigen weltanschaulichen Kämpfen bis 1958 kehrte Desinteresse an Grundsatzfragen ein. Die Menschen wollten gut leben, das genügte ihnen. Freiheitsrechte, die man nur vom Hörensagen oder aus den Medien kannte, blieben zu abstrakt. Viele Menschen nahmen gar nicht mehr wahr, was ihnen fehlte, weil die SED eine Normalität schuf, deren Unnormalität nicht mehr auf den ersten Blick auffiel. Sogar die widerborstigen Pfarrer, die solche Unterschiede immer noch machten, zeigten sich kooperativ und beteiligten sich beispielsweise am Ritual der Wahlen. Entscheidend für Ruhe und Zufriedenheit war jedoch unzweifelhaft das kleine Wirtschaftswunder. Es ging für alle sichtbar aufwärts. Es gab begründete Hoffnungen auf eine Verbesserung der individuellen materiellen Situation. Neue Fabriken entstanden, überall wurde gebaut und intensiv am Fortschritt gearbeitet. Ein bescheidener Wohlstand

---

[6] Ansprache Bischof Krummacher vor der Landessynode in Züssow am 15.11.1968, in: ACDP. III-043-059/3.

[7] Die SED sammelte vor Wahlen immer besonders intensiv Stimmungsbilder ein. Die von Anfang der siebziger Jahre unterscheiden sich deutlich von den vorherigen und den nachfolgenden; VpLA. Kreisleitung Greifswald, IV/C/4/02/176, vor der Kommunalwahl 1974.

kehrte in viele Familien ein, mit Auto, zentralbeheizter Wohnung, Kleingarten, Grundversorgung, Urlaubsreisen und gelegentlichen Westpaketen. Seit der Mitte der siebziger Jahre verdüsterte sich der Horizont allerdings wieder, denn der sozialistische Wohlstands- und Fortschrittsstaat konnte sein Entwicklungstempo nicht halten. Er schaffte es nicht, die immer neuen Wünsche der Bevölkerung vollständig zu befriedigen und sie damit ruhigzustellen. Nach den raschen Erfolgen, die in wiederkehrenden feierlichen Grundsteinlegungen, Wohnungsübergaben oder der Mensaeröffnung kulminierten, ebbte die Bautätigkeit ab. Auch wenn immer wieder Pläne entstanden, die einen neuen Aufschwung versprachen und mit Wachstumszahlen von zehn bis fünfzehn Prozent in wenigen Jahren operierten[8], sanken doch die Hoffnungen vieler Menschen, daß auch sie vom Erfolg des Sozialismus profitieren würden. Ende der siebziger Jahre hörte die Stadt auf zu wachsen. Statt bei geplanten 80000 lagen die Einwohnerzahlen bei nur rund 65000 ständigen Bewohnern, die vielen Montagearbeiter nicht mitgerechnet. Die unerledigten, aber dringend notwendigen Projekte wie das Klinikum kamen nicht mehr zügig voran, das Betonplattenwerk experimentierte mit Magerbeton, weil Zement fehlte; das Bautempo an den neuen Reaktoren in Lubmin stagnierte, an das Hochhaus und das neue Zentrum am Theaterplatz dachte niemand mehr.[9] Der Verfall der alten Substanz ging gleichwohl sichtbar und immer schneller weiter. Seit 1978 wurde die Altstadt flächenhaft abgebrochen, um Platz für Plattenbauten zu schaffen.

Die SED reagierte gereizt auf ihre offenkundige Unfähigkeit und den daraus folgenden Stimmungswandel. Sie bemühte sich mit großen Anstrengungen, den Glauben an den wachsenden Wohlstand am Leben zu erhalten, und schichtete immer mehr Mittel, die eigentlich investiert werden mußten, in den Konsumbereich um. Sie lebte über ihre Verhältnisse.[10] Die kurze Phase einer freiwilligen Zustimmung der Bevölkerung hatte die DDR-Führung verändert. Sie mochte nicht zur Gewalt der fünfziger Jahre zurückkehren. Gleichzeitig wollte sie auf die willige Loyalität ihrer Bürger nicht mehr verzichten. In gewohnter Manier suchte sie die Schuld für ihr Versagen bei anderen, bei Feinden, die es in der Gesellschaft sichtbar kaum noch gab. Zunächst legte sie sich 1976 mit den Intellektuellen an und setzte eine Verschärfung in der Disziplin durch. 1978 folgte eine Kampfansage an die wohl auch wegen ihrer Staatsferne immer pazifistischer gewordene evangelische Kirche. Der Wehrkundeunterricht in den letzten Klassen der Grundschule wurde obligatorisch, Studenten erhielten einen Grundkurs im Wehrsportlager.[11] Ende der zwanziger Jahre hatte das Engagement für den Wehrsport nahtlos in den Nationalsozialismus geführt. Jetzt sollte per Sportbegeiste-

---

[8] Bericht von 1978, o. D., in: VpLA. Kreisleitung Greifswald, IV/D/4/02/122.

[9] Bericht vom 11.4.1983, in dem die Mängel zusammengefaßt werden, in: VpLA. Kreisleitung Greifswald, IV/F./4/02/186.

[10] D. STARITZ, Geschichte der DDR, 1996, S. 282ff. u. 304ff.

[11] Zur Einführung in Greifswald, VpLA. Bezirksleitung Rostock, IV/D/2.11/596. Ab 1.9.1978 obligatorisch. Dort auch zahlreiche Hinweise auf Konflikte mit Kirchenleuten.

rung die Kampfkraft für den Sozialismus gestärkt werden. Doch das Volk
war widerwillig. Da die SED in der Wehrkunde auf ein konkretes Feindbild
nicht verzichten wollte und den Haß auf Klassenfeinde predigte, wurde ein
neues Konfliktfeld eröffnet. Die Denkweise der Partei stieß auf den hart-
näckigen Widerstand christlicher Eltern, die sich grundsätzlich gegen die
Pflege von Feindbildern wandten, weil das den Fundamenten des christlichen Glaubens widersprach, wie sie in den siebziger Jahren verstanden wurden.[12] Auch pazifistische Studenten gerieten darüber immer wieder in Konflikt mit der Staatsmacht.

3. Die Kirche unter Krummacher und Gienke

Seit 1958 war die Kirche dem Zwang zur Einheitlichkeit enthoben, weil sich
offensichtlich niemand mehr Erfolg von einem Festhalten an überkommenen Positionen und einer Abschottung versprach. Die weltanschauliche
Konfrontation war nicht aufgehoben, aber die politische Dimension rückte
jetzt in den Hintergrund. Der Konflikt war auf Dauer nicht durchzuhalten,
wenn man in einem Staat miteinander leben mußte. Es war keine Frage
mehr, daß Pfarrer und Christen auch mit Atheisten Umgang pflegten. Zwar
sorgte der weiter spürbare Außendruck für eine starke Gemeinsamkeit in
der Kirche und ihrem Umfeld, zur einheitlichen politischen Ausrichtung
gegen die ›Gottlosen‹ reichte es aber nicht mehr. Fast wirkte die Kirche ein
wenig orientierungslos, denn mit dem Mauerbau war auch die Hoffnung auf
die Wiedervereinigung und den Westen endgültig erledigt und reduzierte
sich auf ideelle und materielle Überlebenshilfe. Da Bischof Krummacher in
den fortbestehenden gesamtdeutschen Kirchengremien immer noch eine
wichtige Rolle spielte, wurden Aktionen seiner Landeskirche besonders behindert und unterdrückt.[1] Mehrere Kirchentage litten unter den administrativen und politischen Störungen der SED, die mit Zuckerbrot und Peitsche
der Kirche Gehorsam aufzwang. Etwas kampfesmüde, gab Krummacher
schließlich in einigen Punkten nach. 1968 fiel dann der symbolträchtige Name ›Pommersche Evangelische Kirche‹ offiziell weg. Statt nach Pommern
benannte sich die Kirche nach ihrem Sitz Greifswald.[2] 1972 trat der Bischof
aus Altersgründen zurück.

Eine Unterschriftensammlung von Mitarbeitern des Konsistoriums gegen die Einführung
ist aus Greifswald dokumentiert, in: VpLA. Bezirksleitung Rostock, IV/C/2.15/611.
[12] D. POLLACK, Organisationsgesellschaft, 1994, S. 297ff.
[1] Sehr deutlich in: VpLA. Bezirksleitung Rostock, IV/A/2.14/949, dort ging es um den
Kirchentag in Stralsund, der massiv behindert wurde, unter anderem durch den Einsatz
von CDU-Mitgliedern.
[2] Zur Umbenennung, VpLA. Bezirksleitung Rostock, IV/B/2.14/590. Berichte von Aussprachen Krummachers mit Harry Tisch von Januar und Februar 1968. Zu Aktionen
gegen Krummacher, VpLA. Bezirksleitung Rostock, IV/B/2.14/591.

Krummacher verzichtete in den sechziger Jahren weitgehend darauf, seinen Pfarrern politische Linien im Umgang mit der SED vorzugeben. Auch sein Nachfolger Horst Gienke kehrte nicht zu einer straffen Führung zurück, er ließ die Sache laufen. Auch ohne Vorgaben wahrten die Pfarrer meist Distanz bei Vereinnahmungsversuchen der CDU oder der Nationalen Front. Einigkeit war je länger, je stärker nicht mehr zu erzielen, denn die Kirche erlebte eine Vervielfältigung von Meinungen und Ansichten, wie sie bis 1958 undenkbar gewesen wäre.[3] Die Differenzierungspolitik der SED zeigte Wirkung. Die Förderung von der Linie abweichender Positionen durch den Staat pluralisierte die Kirche entlang vielfältiger Fragen und Probleme. Einfache Schemata wie die Unterscheidung nach Christen und Atheisten strukturierte die Gesellschaft und das Verhalten der Pfarrer nicht mehr. Vor allem aber waren das die Fernwirkungen der theologischen Diskussionen aus den dreißiger und vierziger Jahren, die jetzt in die Gemeindearbeit vordrangen und autoritäre, lutherische Ansichten und ›Pfarrherrlichkeit‹ ersetzten. Eine tiefgründige theologische Abstützung war für diesen Wandel nicht nötig, denn die Pfarrer kamen gar nicht darum herum, mit den Sozialisten zusammenzuleben und sie in die Seelsorge einzubeziehen.[4] Daß sie dabei wegen ihrer zunehmenden Schwäche flexibler sein mußten als ihre reichlich borniertes Gegenüber[5], lockerte die Verkrampfungen der Kirche zusätzlich. Ende der sechziger Jahre wurden auch die immer noch nationalistisch unterlegten Aversionen der Kirche gegen die Sozialdemokraten fragwürdig, denn Bundeskanzler Brandt betrieb eine Politik, die man durchaus als national interpretieren konnte. Sie entsprach überdies der protestantischen Gedankenwelt von Buße und Aussöhnung und bediente den Wunsch nach symbolhaftem Handeln. Da die Hoffnung auf eine Wiedervereinigung besonders in der Kirche gepflegt wurde, stieß diese Politik auf starke Resonanz und verschaffte der SPD Sympathien bis tief in ehemals deutschnationale Familien hinein.[6] Ein guter Teil der Kirchenanhänger wandte sich sozialdemokratischen Ideen zu.

---

[3] Der Generationswechsel erfaßte 1964 auch die Synode. Bericht der SED vom 21.3.1963, in: VpLA. Kreisleitung Greifswald, IV/A/4/02/144. Dort ist die starke Beschäftigung mit sich selbst und das sich wandelnde Meinungsgefüge gut nachvollziehbar.

[4] Das Primat einiger weniger theologischer Ideen, wie von Graf und anderen behauptet, läßt sich nicht erkennen. Die Kirche reagierte pragmatisch auf ihre schwindende Basis in der Gesellschaft. F. W. GRAF, Traditionsbewahrung, 1992.

[5] In den sechziger Jahren vollzog sich die endgültige Abkehr des größten Teiles der Bevölkerung von den kirchlichen Kulthandlungen. Berichte zum Stand der atheistischen Propaganda aus den sechziger Jahren, in: VpLA. Kreisleitung Greifswald, IV/A/4/02/130, IV/A/4/02/144. Aus anderer Position die Zusammenfassung Krummachers vor der Synode vom 7.11.1966, in: VpLA. Bezirksleitung Rostock, IV/A/2.14/948.

[6] Besonders in den Äußerungen des Theologen Ernst Kähler wird diese Mischung aus Relikten nationalen Denkens und Sympathie für Brandt sehr deutlich. Analyse über die politische Stimmung, o.D., ca. 1972, in: VpLA. Kreisleitung Greifswald, IV/C/4/02/49. Zur Stimmung in der CDU, VpLA. Bezirksleitung Rostock, IV/C/2.15/610. Dazu auch Gespräch mit U. Mielsch.

In den Kanon möglicher politischer Orientierungen rückte jetzt auch die Blockpartei CDU ein. Obwohl die Partei wegen ihrer dubiosen Aufpasser-rolle[7], ihrer immer etwas zu plakativ propagierten Christlichkeit und ihrer Subalternität gegenüber der SED in Kirchenkreisen weiterhin wenig Sympathien hatte und weitgehend unglaubwürdig blieb, hatte es aber für Christen in der DDR bestimmte Vorteile, sich der Partei anzuschließen. Eine Mitgliedschaft zeigte nicht nur Loyalität gegenüber der DDR. Denn kam es trotz der abgeflauten Konfrontation doch einmal zum Konflikt, dann konnte die CDU Fürsprecherin sein. Sie bot im bescheidenen Rahmen Möglichkeiten, politisch mitzureden, sich in der Kommunalpolitik, wo es unideologisch um Gehwege, Wasserleitungen und Bushaltestellen ging, für die Gemeinschaft zu betätigen. Auf die große Linie kam es diesen Mitgliedern nicht mehr an. Sie nahm man in Kauf, weil man vor Ort aus christlicher Verantwortung für das Gemeinwesen etwas für die Mitbürger bewegen wollte.[8]

Die Pluralisierung war letztlich ein Indiz dafür, daß die Kirche Teil der Gesellschaft sein wollte und auf eine politische Sonderrolle von sich aus verzichtete. Damit kam sie bei der Einheitspartei jedoch nicht durch. Die SED beharrte auf dem Gegensatz, weil sie ihn benötigte. Die Vielfalt von Positionen deutete auf den allgemeinen Zustand des nichtsozialistischen Teiles der Gesellschaft hin, der sich politisch nicht frei äußern konnte. Die Bedeutung der traditionellen Konfrontationslinien nahm erkennbar ab, politische oder religiöse Gegensätze waren kein Grund mehr, zum letzten Gefecht zu rufen, wie beide Seiten es seit Jahrzehnten getan hatten. Es trat eine Entideologisierung ein. Es blieb eine eher künstlich am Leben erhaltene Lagergrenze bestehen, die in vielen Bereichen schon überschritten war. In der Bewertung sozialer Fragen beispielsweise waren sich konservative Christen, sozialdemokratische Christen und gemäßigte Sozialisten meist einig.

Der Verzicht auf eine eindeutige Linie und der eher unbewußt eingeschlagene Weg in die Vielfalt führte auch im kirchlichen Leben zu Veränderungen. Seit Mitte der sechziger Jahre wurden nicht mehr nur Choräle gesungen, lutherische Gebete gesprochen und christliche Moral gepredigt.[9] Das genügte nicht, um Kinder und Jugendliche anzusprechen, deren christliche Erziehung im Elternhaus zur Ausnahme geworden war. Die Kirche bot Freizeitleben an, machte Beat- und Twistabende, öffnete sich für neue Lie-

---

[7] Der Kirchentag in Stralsund 1978 stellte hier einen gewissen Höhepunkt dar. Die handverlesenen CDU-Freunde waren generalstabsmäßig eingeteilt, kritische Diskussionen zu überwachen, zu lenken und möglichst zu sabotieren; u.a. war der Greifswalder Kreissekretär Bertling dabei; vgl. ACDP. III-043-059/1.

[8] Mündliche Hinweise von N. Buske und R. Glöckner. Erst seit Mitte der sechziger Jahre kandidierten Pfarrer für die Kommunalparlamente. Einschätzung der Wahl in christlichen Kreisen vom 20.10.1965, in: VpLA. Bezirksleitung Rostock, IV/A/2.14/945.

[9] Ein Höhepunkt stellte der Kirchentag 1970 in Greifswald dar. Einschätzung vom Juni 1970, in: VpLA. Kreisleitung Greifswald IV/B/4/02/176. Der Wandel führte auch zu Konflikten in der Kirche selbst.

der und Rituale, spielte Theater, förderte Begegnungen und diskutierte über alle möglichen Fragen, wie sie die Menschen in der sich rasch wandelnden Gesellschaft beschäftigten. Die Palette reichte von ›Armut in der Dritten Welt‹ bis zu Fragen der Menschenrechte oder ›Liebe und Sexualität‹.

Das war nicht mehr die Kirche, auf die das Reaktionsverdikt der SED gemünzt war. Die Kirche stellte der SED indirekt die Frage, wer denn reaktionär und rückständig sei, wenn gegen Beatmusik gewettert wurde und Jeanshosen verboten waren. Kirche mußte interessant, offen und flexibel sein, wenn sie Bestand haben sollte und den immer noch von Staats wegen geförderten Verfall der Mitgliederzahlen, den Geldmangel und die Abdrängung an den Rand der Gesellschaft auffangen wollte. Unauffällig tauschten Staatspartei und Kirche ihre konservativen Grundhaltungen.

Daneben tat die Kirche das, was sie schon immer getan hatte, was aber durch die Zeitläufe zur oppositionellen Tat geworden war. Sie schlug eine Bresche in die nun fast ausschließlich anzutreffende sozialistische Sicht der Dinge.[10] Sie bewahrte einen anderen Zugang zur regionalen Geschichte und Tradition und beugte sich den Vorgaben marxistischer Geschichtsdeutung nicht. Sie war das lebendige Indiz, daß es einmal eine Provinz Pommern gegeben hatte, denn ihre Grenzen blieben unverändert. Sie bewahrte in ihrer Pfarrerschaft und in ihrem Umfeld regionale Identität und Heimatbewußtsein. Sie behielt die Möglichkeit, solche Ideen in die Öffentlichkeit zu tragen.[11] Ihre christliche Kultur und ihr Ritus waren nicht einfach mit der Formel von den gemeinsamen humanistischen Wurzeln bürgerlicher, christlicher und proletarischer Kultur in den Kanon SED-akzeptierter Richtungen einzupassen. Die Unterschiede ließen sich nicht verkleistern. Zu deutlich war in der geistlichen Musik von ›Gott‹, ›Glauben‹ und ›Himmel‹ die Rede. Daß Kirchenmusik gepflegt und gespielt wurde, war daher ein Politikum.[12] Die Kirchengebäude beherrschten das Stadtbild unverändert. Ihre reine Existenz verdeutlichte jederzeit, daß die Geschichte nicht erst mit der Gründung der Arbeiterbewegung oder dem kommunistischen Manifest begonnen hatte. Da die hypertrophen Hochhauspläne scheiterten, das Gebäude sollte die neuen gesellschaftlichen Verhältnisse symbolisieren, die Erhaltung der Kirchen aber seit 1975 gelang, galt das mehr denn je. Die Religion und ihre organisierte Form blieben ein Fremdkörper, ein Störfaktor in der SED-Gesellschaft und ihrer vom Anspruch her ausschließlichen Weltdeutung und Gemeinschaft. Die Kirche sah sich nicht mehr in dieser Rolle. Die SED aber ließ von ihrem Feindbild nicht ab.

---

[10] N. Buske, 20 Jahre Arbeitsgemeinschaft, 1995.
[11] So z.B. über das Amtsblatt der Kirche, in dem normalerweise nur Verordnungen und organisatorische Meldungen abgedruckt wurden.
[12] Die alljährliche Bachwoche war Treffpunkt und Demonstrationsort. In Greifswald sagte man, es hätte auch auf dem Kamm geblasen werden können, die Menschen wären gekommen. M. Schneider (Hrsg.), 1996.

Der Stadtverfall und die industrielle Modernisierung stellten die Kirche vor erhebliche Probleme. Die Kirche war mit den Folgen der Industrialisierung für die Menschen nicht einverstanden. Sie registrierte, noch in konservativen Werten befangen, den Verfall der Familien und den Verlust von Zeit, die ursprünglich einmal für die religiösen Bedürfnisse der Menschen zur Verfügung gestanden hatte.[13] Aber ihr Protest blieb eine zaghafte Einzelstimme. Die SED berauschte sich an den Zuwachszahlen und achtete nicht auf mögliche unerwünschte Folgen.

Hinzu kamen praktische Probleme, denn die Gemeindeglieder wohnten jetzt weit von Sankt Marien und Sankt Nikolai entfernt. Solange Krummacher im Amt war, bewegte sich wenig in Sachen Planung kirchlicher Gebäude oder Pfarrhäuser in den neuen Siedlungen[14], denn die SED honorierte allein Wohlverhalten. Bischof Horst Gienke, der 1972 gewählt wurde, stammte aus der mecklenburgischen Kirchentradition, nicht aus der preußischen. Er warf das Ruder in der Pommerschen Kirche herum. Die von Krummacher betonte Tradition der selbstbewußten Staatskirche verschwamm nun in einer Politik des Lavierens, der fragwürdigen Kompromisse und des konzilianten Entgegenkommens. Gienke war 1930 geboren[15], in der NS-Zeit aufgewachsen und in der frühen DDR zum Pfarrer geworden. Ihn hatte die CDU schon 1963 als entwicklungsfähig im Sinne der SED eingestuft[16], als er noch Pfarrer in Rostock gewesen war. Jetzt erwies sich diese Beobachtung als zutreffend, denn Gienke kooperierte mit der Staatsmacht – weit stärker wohl, als er eigentlich gemußt hätte. Dafür kam ihm die SED besonders in Fragen des Baugeschehens außerordentlich stark entgegen.[17] Es gab plötzlich Möglichkeiten, mit Pfarrämtern näher an die Neubaugebiete heranzurücken. Mit Geld aus der Bundesrepublik und SED-Hilfe entstanden aufwendige kirchliche Ferienheime und Gemeindezentren; die Kirche bekam ein Urlaubsdomizil auf Hiddensee, das der Bischof auch privat nutzen konnte. Unter solchen Bedingungen war nur schwer öffentlich über die Benachteiligung christlicher Kinder in der Schule oder die schäbige Verhinderungspolitik gegen Kirchenveranstaltungen zu diskutieren. Gienke vertrat zwar durchaus seine Meinung und machte immer wieder deutlich, er würde seine Glaubwürdigkeit verlieren,

---

[13] Z.B. SED-Bericht vom 14. 5. 1973, in: VpLA. Bezirksleitung Rostock, IV/C/2.3/65.

[14] »Unser Standpunkt dazu ist, der Kirche keine Möglichkeit der Ausbreitung zu geben [...]« Zitat aus einer Einschätzung zur Wahl, 20. 10. 1965, in: VpLA. Bezirksleitung Rostock, IV/A/2.14/945.

[15] Die Erinnerungen von H. Gienke, 1996.

[16] Bericht der CDU-Rostock vom 5.2.1963, in: VpLA. Bezirksleitung Rostock, IV/A/2.14/939.

[17] Zahlreiche Belege in: VpLA. Bezirksleitung Rostock, IV/C/2.15/611. Vom 2.2.1978 datiert die Anweisung Honeckers, das Bauprogramm der Kirche im Bezirk mit Ausnahme von Kindergärten zu genehmigen. 1978 fand die demonstrative Einweihung eines neuen Gemeindezentrums in einer Vorstadt von Stralsund statt, worüber sogar das Fernsehen berichtete.

wenn er staatlichen Forderungen bedingungslos nachkäme. Sein Bestreben war es, hinter den Kulissen Regelungen zu erreichen. Dabei vergaß er ganz offensichtlich, mit wem er es zu tun hatte, nämlich mit dem Unterdrücker selbst. Man traf sich auf höherer Ebene zu informellen Gesprächen in Rostock, oft im privaten Rahmen[18]; man besprach sich und tauschte Meinungen aus. Gienke nutzte solche Kontakte, um seine Anliegen zu transportieren, die er damit auch durchsetzen konnte . Anders betrachtet, konnte man Gienke Erfolge nicht absprechen, die seiner Kirche erheblich nützten. Daß die Bachwochen nunmehr einigermaßen geregelt weiterliefen, daß die Renovierung der Nikolaikirche 1977 mitten in einer in Trümmer fallenden Altstadt begann, daß im Vorort Schönwalde seit 1978 die Christuskirche gebaut wurde und öffentlichkeitswirksam Feierlichkeiten zur Ehrung des Reformators Bugenhagen stattfanden, war nicht zuletzt seiner Konzilianz gegenüber dem Staat zu verdanken.[19] Die Folgen seiner Politik waren zwiespältig, er war in seiner Kirche umstritten wie vor ihm kein anderer Bischof.[20] Die immer weiter aufgefächerte Kirchenbasis war keinesfalls mehr bedingungslos gehorsamsbereit.

Das Verhältnis der Kirchenleitung zum Staat wurde in jedem Fall wieder enger, denn die Beziehung von Geben und Nehmen schuf Abhängigkeiten. Gienkes Politik lief auf so etwas wie eine sozialistische Staatskirche hinaus: Wohlverhalten und Eintreten für den Sozialismus und die DDR im Tausch gegen materielle und ideelle Unterstützung. War ein partielles Entgegenkommen der Kirche in den siebziger Jahren durchaus erwägenswert, um zu einem normalen Verhältnis zum Staat zu gelangen und die Substanzverluste der Ära Krummacher auszugleichen, wandelten sich seit 1978 die Rahmenbedingungen deutlich. Einerseits kam es 1978 zur historischen Vereinbarung der Kirchen mit Honecker. Andererseits kam es zum Konflikt um den Wehrkundeunterricht, der nahtlos in die Diskussionen um Atompolitik, Frieden und Abrüstung überging[21], die seit Anfang der achtziger Jahre ganz oben auf der Tagesordnung kirchlicher Gruppen standen. Die Rüstungspolitik nicht zuletzt der Sowjets provozierte eine massive nichtstaatliche Friedensbewegung. Die bis dahin übliche schnelle Beruhigung der kirchlichen Basis nach einer solchen Zumutung trat in diesem Fall nicht ein. Hier setzte der Hebel an, der 1989, elf Jahre später, die SED aus dem Machtzen-

---

[18] Berichte der SED und CDU von solchen Treffen, manchmal auch mit der Spitze des Konsistoriums, liegen zahlreich in den SED-Akten vor.

[19] Für den Bau der Kirche in Schönwalde war ein eigener Politbürobeschluß nötig; VpLA. Bezirksleitung Rostock, IV/D/2.13/612. Dort auch der Hinweis auf das Hiddenseer Gästehaus, das mit staatlicher Unterstützung errichtet wurde.

[20] Ein erster Höhepunkt war die Synode 1979, während der das Bischofswahlgesetz geändert wurde, um eine Abwahl möglich zu machen. Gienke mußte sich erhebliche Kritik gefallen lassen. Bericht der SED vom 16. 11. 1979, in: VpLA. Bezirksleitung Rostock, IV/D/2.13/612/1.

[21] Zum Konflikt um die Wehrkunde, den besonders die Pfarrer führten, Berichte vom September 1978, in: VpLA. Kreisleitung Greifswald, IV/D/4/02/193.

trum drücken sollte. Darin lag eine gewisse Ironie, denn die Stichworte ›Frieden‹ und ›Antiatom‹ waren jene Begriffe, mit denen die SED in den fünfziger Jahren in den Kirchen erfolgreich für Gemeinsamkeiten geworben hatte. Mancher junge Pfarrer, der mit der Distanz zwischen Staat und alter Staatskirche haderte, hatte diese Brücke zum Staat DDR betreten, da Christentum und Sozialismus nach dieser Lesart im Pazifismus eine Gemeinsamkeit fanden. Die Zirkel um Pfarrer und engagierte Laien politisierten sich jetzt an diesen Fragen, denn der Dissens mit der staatlichen Sicherheitspolitik war überdeutlich. Die völlig unterentwickelte Fähigkeit der SED zum Kompromiß prallte in der Gewissensfrage der atomaren Vernichtung der Menschheit hart auf protestantische Prinzipienfestigkeit. Die Theologen hatten die Friedenspropaganda ernstgenommen, während die SED es mit solchen Grundsätzen nicht so genau nahm. Der alte Gegensatz hatte ein neues Thema gefunden. Seit 1981 veranstaltete Pfarrer Glöckner in jedem Jahr am 30. April einen Friedensgottesdienst.[22] Ganz zwanglos hängte sich die Kirche mit einem neuen Anliegen an den Stadtmythos der kampflosen Übergabe. Die Studentengemeinde griff diese Themen ebenfalls auf.

Die SED getraute sich nicht mehr, die Gruppen und Grüppchen, die auch das Umweltthema und die Forderung nach Gerechtigkeit, nach allgemeinen Menschen- und Freiheitsrechten aufnahmen, einfach zu zerstören und zu verhaften, wie sie es in den fünfziger Jahren zweifellos noch getan hätte. Stattdessen agierten die Geheimdienste, Einflußagenten und stillen Beobachter. Von Gienke forderte die SED, getreu dem Bild, das sie selbst von der Kirche hatte, die Einheitlichkeit der politischen Linie in der Landeskirche herzustellen, sofern es weitere Kooperation mit dem Staat geben sollte.[23] Diese Vorstellung von der zentralistischen Kirche entsprach nun ganz und gar nicht mehr der Realität, denn die Autorität des Bischofs und der Kirchenleitung mußte sich auf Synoden demokratisch durchsetzen, wurde kontrovers diskutiert oder einfach ignoriert. Gienke mühte sich redlich, seine Kirche auf einem einheitlichen Kurs zu halten. Er, dessen vertrauliche Äußerungen von der Staatssicherheit unter dem Stichwort ›Orion‹ gesammelt wurden[24], oder seine Konsistoriumsleitung, die mit informellen Mitarbeitern der Staatssicherheit gut durchsetzt war[25], kamen den Forderungen

---

[22] R. Glöckner, 1994, S. 3 f. Dazu gibt es mehrere Berichte, z. B. vom 6. 5. 1985, in: VpLA. Bezirksleitung Rostock, IV/E/2.14/616.

[23] Einer der ersten Höhepunkt der Aktivitäten in der Stadt ergab sich im Jahr 1982, als beim Pfingsttreffen der Jugend einige Theologen eigene Plakate in einem Marschblock präsentierten. Berichte der SED vom 17. 5. 1982 u. 23. 6. 1982, in: VpLA. Kreisleitung Greifswald, IV/E/4/02/186.

[24] H. Gundlach, 1995. Einer der in der ehemaligen DDR beliebten und für westdeutsche Lesegewohnheiten wegen ihrer gewollten Unklarheit eher schwer konsumierbaren Versuche über die Untiefen menschlichen Verhaltens in der Diktatur. Gundlach war einer der engsten staatlichen Kooperationspartner des Bischofs bei den Renovierungsarbeiten am Dom.

[25] H. G. Haberecht, 1995.

der SED oft bereitwillig nach. Das galt für Personalentscheidungen, für Veranstaltungen, die sie im SED Sinne beeinflußten, beaufsichtigten oder verhinderten.[26] Vieles, was nicht staatskonform war, ließen sie jedoch einfach laufen, um sich nicht den Zorn der Kirchenbasis und eines wesentlichen Teiles der Pfarrerschaft zuzuziehen. Damit deckten sie abweichendes Verhalten gegen die SED. Den Gruppen und ihren Anliegen brachten sie insgesamt sehr wenig Verständnis entgegen. Daß die Gesellschaft und seine Kirche sich wandelten, begriff Gienke offensichtlich genauso wenig, wie er die politischen Fallstricke seiner Kooperation mit der SED und ihrem Staatsapparat überblickte.[27]

4. Der bescheidene Aufschwung der CDU

Die Pluralisierung der Kirche und die partielle Annäherung zwischen Staat und Kirche nutzten ganz offenkundig der Greifswalder CDU. Nach dem Mauerbau kam nämlich seit Mitte der sechziger Jahre die Entwicklung der Partei wieder in Gang, ein Strukturwandel setzte ein, wenngleich sich der zahlenmäßige Niedergang noch bis Anfang der siebziger Jahre fortsetzte. Die SED lockerte die rigiden Werberegeln, nachdem die CDU sich dem Primat der Einheitspartei vollständig untergeordnet hatte. Das noch in den fünfziger Jahren mehr als deutliche Mißtrauen schwand offenbar, denn die CDU stimmte nun alle Personalentscheidungen mit der SED ab, ließ sich Mitgliederwerbungen genehmigen und zeichnete sich durch öffentliche Liebedienerei aus.[1] Die ursprünglich als verschleiernde Propagandaformel eingesetzte These vom guten Miteinander und der Gleichberechtigung von Christen und Marxisten wandelte sich zu einer falschen, gleichwohl feststehenden Gewißheit. Sie wurde im Konfliktfall de facto, wenn auch nicht de jure einforderbar. Die SED mußte sogar Pfarrer in den gewählten Volksvertretungen dulden, um nicht unglaubwürdig zu werden.

Der Bezirksvorstand der CDU machte nach Jahrzehnten erstmals Druck, die Mitgliederzahlen in Greifswald wieder in Ordnung zu bringen und auf die statistischen Spielereien zur Hebung der Werte zu verzichten.[2] Einerseits starb jetzt dramatisch die Gründergeneration aus, die zumeist zwischen

---

[26] Im Konflikt 1988 wurde diese Sicht der SED und der immer wieder angestrebte Einsatz der Kirchenleitung gegen die Gruppen deutlich. Einschätzung über die kirchenpolitische Lage im Territorium vom 15.3.1988, in: VpLA. Kreisleitung Greifswald, IV/E/4/02/129.

[27] D. POLLACK, Organisationsgesellschaft, 1994, S. 310.

[1] Besonders deutlich im Schriftwechsel zwischen CDU und SED-Bezirksleitung, in dem alle wesentlichen Dinge abgestimmt wurden, VpLA. Bezirksleitung Rostock, IV/2/15/1371.

[2] Die ermahnenden Schreiben des Bezirksvorstandes an die CDU-Greifswald vom 2.2.1966 und 10.10.1966, in: ACDP. III-043-026/3.

1880 und 1900 geboren war.[3] Andererseits hatte die CDU nunmehr Werbeerfolge, vorerst nicht nach der Zahl, aber nach der Qualität und späteren Bedeutung dieser Mitglieder. Zwei Gruppen waren dabei besonders auffällig und deuten auf die grundlegende Veränderung im politischen Vorfeld der CDU hin. Es kamen jetzt Menschen aus dem Vor- und Umfeld der Kirche zur CDU, die in irgendeiner Weise an der Schnittstelle von Staatsapparat und Kirche tätig waren. Prominent war das Kirchenmusikerehepaar Pflugbeil, das in Greifswald die alljährlichen Musikveranstaltungen der ›Bachwoche‹ organisierte und leitete und deswegen in ständiger Auseinandersetzung mit der SED um Räume, Musiker und Genehmigungen lag.[4] Die Pflugbeils erhofften sich offenbar Erleichterungen durch die politische Anbindung. Der Universitätstheologe Prof. Hans-Günter Leder, ein pommerscher Pfarrerssohn, trat 1969 der Partei bei und übernahm sehr bald Posten auf Bezirksebene. Sein Kollege Hans-Jürgen Zobel war bereits seit 1952 Mitglied, jedoch weitgehend inaktiv. Der Pfarrer Norbert Buske war ebenfalls schon seit den fünfziger Jahren bei der CDU und wuchs nunmehr langsam in die aktive kommunalpolitische Arbeit im Landkreis hinein.[5] Er stammte ebenfalls aus einer pommerschen Pfarrerfamilie. Seine Frau war die Enkeltochter des führenden DNVP-Politikers Friedrich Pels-Leusden.[6] Sie trat Anfang der siebziger Jahre in die CDU ein. Der engagierte Laie, spätere Präses der Synode und enge Mitarbeiter Gienkes, der Lehrer Dietrich Affeld kam 1960 in die Partei. Daß die Leiter der Diakonischen Anstalten in Züssow mit ihren vielfältigen Kontakten zum Staat bei der CDU waren, galt als ausgemacht.

Eine zweite Gruppe waren junge Leute, die einem meist bürgerlich-christlichen Familienhintergrund entstammten, in der DDR aufgewachsen waren, die politische Situation akzeptierten und gerne für ihr Dorf oder ihre Stadt tätig werden wollten. Für sie bot die Blockpartei eine Möglichkeit des Engagements, weil sie etablierter Bestandteil der DDR-Gesellschaft war, einen christlichen Grundanstrich hatte, jedoch nach außen hin nicht in die unmittelbare Einflußsphäre der SED gehörte. Sie schien so etwas wie ein Freiraum zu sein, eine Möglichkeit für gesellschaftliches Engagement außerhalb der allmächtigen Staatspartei und ohne ihre Zwänge.[7] Besonders in den späten sechziger Jahren verzeichnete die Partei hier eine Reihe von Zugängen. Offenbar gab es auch in der DDR so etwas wie eine politisierte ›68er-Generation‹, die in der Kriegs- und Nachkriegszeit geboren worden war

[3] Es verstarben Villain 1967, Drees 1969, Jenssen 1971, K. von Scheven 1969, O. Stöckicht 1969, R. Seeliger 1965, H. Mühlenbeck 1967, H. Haß 1968, H. Götz 1968, H. Below 1965. Angaben zu Sterbefällen, Ein- und Austritten, in: ACDP. III-043-026/3.
[4] M. Schneider (Hrsg.), 1996.
[5] Der SED fiel er erstmals 1962 als Vikar auf. Bericht von der CDU-Bezirksdelegierten-konferenz, in: VpLA. Bezirksleitung Rostock, IV/2/15/1371.
[6] Gespräch mit N. Buske.
[7] Ein immer wiederkehrendes Motiv zum Beitritt oder zum Engagement, deutlich in den Gesprächen mit U. Mielsch, N. Buske, R. Glöckner u. E. Röhl.

und Ende der sechziger Jahre in die Verantwortung drängte. Besonders prominent in der Partei wurden später Alfred Gomolka (seit 1965 in Greifswald), der zur katholischen Gemeinde gehörte, Ursula Mielsch und der 1973 nach Greifswald versetzte Pfarrer Reinhard Glöckner. Frau Mielsch war die Tochter des verstorbenen Apothekenbesitzers Mühlenbeck. In dieser Gruppe war ein Sohn des Zahnarztes Peters vertreten, der in den dreißiger Jahren am Stammtisch in der Domburg verkehrt hatte.[8] Auffällig viele der jungen Unionsmitglieder kamen aus dem Gesundheitswesen, waren Ärzte oder Apotheker. Die meisten waren kirchlich orientiert oder sogar engagiert. Die Partei bewegte sich somit durchaus noch in jenen Bevölkerungsgruppen und -schichten, die mit der angestammten Greifswalder Basis zu tun hatten. In der Parteielite gab es eine deutliche familiäre Kontinuität aus Kaiserreich und Republik.[9] Besonders die Ausrichtung auf die Kirche und ihr Umfeld nahm erstaunliche Qualitäten an und knüpfte sich enger als das Verhältnis zwischen einer Partei und religiöser Gemeinschaft jemals gewesen war. Diese Tendenz setzte sich in den siebziger und achtziger Jahren fort. Schließlich gehörten rund 20 Prozent der Mitglieder der Landessynode zur CDU, unter anderem ihr Vorsitzender. Rund zehn Prozent der CDU-Mitglieder waren 1982 in Gemeinderäten der Kirche aktiv.[10]

Zu einem regelrechten Bruch, der nur mit dem Einströmen der Flüchtlinge 1945 vergleichbar ist, führte jedoch die Ansiedlung des Kernkraftwerkes. Für die Partei begann eine neue Phase, denn die Aktivitäten der CDU nahmen nunmehr zu. Die Mitgliederwerbung hatte plötzlich Erfolg.[11] Es kamen zahlreiche jüngere Ingenieure, Baufacharbeiter und qualifizierte Angestellte in die Stadt, die bereits im Süden der DDR der CDU angehört hatten. Sie brachten neues Leben in die vergreisenden Ortsgruppen mit ihrer vereinsmeierischen Gemütlichkeit.[12] Vom Tiefpunkt 1970 und 1971, wo nur noch 470 Mitglieder der Partei im Kreis angehörten, stieg die Zahl der Greifswalder ›Unionsfreunde‹ kontinuierlich bis 1989 an. 1977 waren es 630, 1986 685, im Herbst 1987 dann 700, im Mai 1989 war der Höchststand von 727 erreicht.

Seit 1972 war Ursula Mielsch Kreisvorsitzende. Sie war gerade erst 30 Jahre alt und blieb bis 1990 auf diesem Posten. Ihre Aufgabe war in erster

---

[8] Der Demokrat, 30. 11. 1987. Peters engagierte sich für Heimatpflege und Denkmalschutz in Greifswald und setzte damit eine bürgerliche Tradition fort.

[9] D. POLLACK, Organisationsgesellschaft, 1994, S. 428. Zur Bedeutung der Familie, S. 433 spricht Pollack von »regionalen Resten traditioneller Milieus«. Damit scheint dieses Greifswalder Phänomen als Besonderheit umrissen zu sein.

[10] Gedanken zur Arbeit der CDU, 19. 3. 1984, in: VpLA. Kreisleitung Greifswald, IV/E/4/02/208. Sowie Bericht o. D. vom November 1982, in: ACDP. II-230-005/3.

[11] Das Beitrittsgeschehen läßt sich verfolgen an den statistischen Monatsberichten, ACDP. II-230-003/3 u. III-043-026/3.

[12] Der Wandel ist ablesbar an den Mitgliederlisten der CDU-Greifswald von 1979, in denen auch die Beitrittsdaten angegeben sind, in: ACDP. II-230-002/2.

Linie repräsentativ. Bei Paraden oder Kundgebungen saß sie mit auf dem Podium und zeigte die Präsens der CDU, das gute Verhältnis von Staatsmacht und bürgerlicher Blockpartei, die gelungene Integration der Christen und selbständiger, stadtbekannter Bürgerfamilien in den marxistischen Staat. Die eigentliche Arbeit erledigte der agile Kreissekretär Manfred Bertling, dessen Kooperationsbereitschaft mit der SED und anderen staatlichen Stellen vielen Mitgliedern unheimlich war.[13] Er brachte die lokale Partei jedoch schnell in die geforderte Ordnung und machte sie im Sinne der SED arbeitsfähig. Seine Berichte vermittelten das zweifellos geschönte Bild einer emsigen und disziplinierten Partei, die keine kritischen Diskussionen führte. De facto war die Organisierung der kommunalpolitischen Aufgaben die einzige konkrete Aufgabe der CDU. Gestaltungsmöglichkeiten gab es dabei fast nicht. Vorherrschend war deswegen für viele Mitglieder die Funktion der Partei als Geselligkeitsverein. Man strich Brückengeländer, jätete Unkraut in den öffentlichen Anlagen, reinigte den Stadtgraben, machte Weihnachtsfeiern und half altgewordenen Mitgliedern. Die Ortsgruppen trafen sich zu gemütlichen und informativen Treffen, die als Mitgliederversammlungen die Statistik der Monats- und Jahresberichte bereicherten.[14] Dort wurde auch das Engagement der Unionsfreunde im sozialistischen Wettbewerb, beim Sammeln von Altpapier, Lumpen, Schrott und leeren Flaschen sowie im permanenten Verschönerungswettbewerb der Städte und Gemeinden ›abgerechnet‹. Dennoch empfanden sich viele als bewußt außerhalb des allumfassenden Anspruchs der SED organisiert. Schon diese geringfügige Tatsache war für das Selbstverständnis vieler Parteimitglieder erheblich. Das ist nur im Kontext der SED-Diktatur verständlich.

Hinter dieser staatstragenden Fassade verbargen sich einige Ansätze für langsame Veränderungen. Sofern Mitglieder wegen ihrer religiösen Haltung Ärger mit der SED hatten, mischte sich die Partei immer vorsichtig ein.[15] Sie

---

[13] Gespräch H. G. Kittel, zeitweise sein Stellvertreter, sowie E. Röhl u. U. Mielsch. Aus den Akten ist ersichtlich, daß Bertling in den sechziger Jahren als Diakon in Rostock tätig war und dort von der SED gegen den Widerstand seiner kirchlichen Chefs in der Kommunalpolitik eingesetzt wurde. Nach seiner Entlassung durch die Mecklenburgische Kirche kümmerte sich die SED um ihn und unterstützte ihn finanziell. 1971 tauchte er dann als Kreisgeschäftsführer der CDU in Greifswald auf. Als Beruf gab er stets ›Lehrer‹ an. Zur Kooperation mit der SED, VpLA. Kreisleitung Greifswald, IV/C/4/02/180. Zur Vorgeschichte, Einschätzung der Wahl in den christlichen Kreisen vom 20. 10. 1965, in: VpLA. Bezirksleitung Rostock, IV/A/2.14/945 und Aktenvermerk vom 9. 2. 1966 in: VpLA. Bezirksleitung Rostock, IV/A/2/14/948. Dort ist auch angegeben, daß er die SED mit Kircheninterna versorgte.

[14] Da in den Berichten nur das wiedergegeben werden konnte, was die Zentrale wissen wollte und durfte, fehlt zwangsläufig ein guter Teil des realen Parteilebens. Auch aus den Interviews mit Mitgliedern ließ sich jedoch ein nur in Nuancen anderes Bild gewinnen. Berichte in: ACDP. II-230-002/2.

[15] Bericht vom Januar 1982, in: ACDP. II-230-005/3. Oder Intervention von L. vom 30. 9. 1971, in: ACDP. II-230-008/2. Meist ging es um Probleme der Benachteiligung von christlichen Kindern in der Schule.

hielt Gesprächskontakte zur Kirche, die ihre Anliegen bisweilen über die CDU an die SED vermittelte.[16] Die CDU betreute seit 1957 die Arbeitsgruppe ›Christliche Kreise‹ der Nationalen Front, wo sich Pfarrer und Politiker aller Parteien trafen. Sie war manchmal eine Art Vermittlungsstelle für Konflikte. In den an sich mit genügend langweiligen und belanglosen Themen versorgten Runden sagten sich die Beteiligten gelegentlich offen die Meinung.[17] Am wichtigsten für die künftige Entwicklung wurde jedoch die Tatsache, daß die CDU zur Basis des Engagements von Pfarrern in den kommunalpolitischen Gremien der Region wurde. Da SED und CDU dauernd und wider besseres Wissen das gute und kooperative Verhältnis von Christen und Marxisten in der DDR beschworen, konnte die SED engagierte Pfarrer als CDU-Mitglieder nur schwer von solchen Ämtern fernhalten. Die Einheitspartei rief die notorisch zurückhaltende Bevölkerung ständig zur Beteiligung auf. Die CDU präsentierte gerne solche Kandidaten, weil sie einerseits nachweisen mußte, wie gut sie Christen in den Staat integrierte, und andererseits wußte, daß sich die SED darüber ärgerte.[18] Auf diese Weise war unter den Bedingungen der SED-Diktatur die unmittelbare Verknüpfung von Kirche und Politik auf der Ebene der Städte und Gemeinden enger, als sie jemals unter demokratischen Vorzeichen gewesen war.

Pfarrer Glöckner, den die SED wegen seiner Unberechenbarkeit und der Gewohnheit, keiner vorgegebenen Linie zu folgen, aber wegen seines offensichtlichen Engagements für das Gemeinwesen nie korrekt in ihr simples Schema von Freund oder Feind einzuordnen verstand, saß zwei Perioden für die CDU in der Stadtverordnetenversammlung. Pfarrer Buske gehörte dem Kreistag an, der Theologe Leder dem Bezirkstag. Besonders Glöckner verstand es immer wieder, in seinen Redebeiträgen unerwünschte Untertöne in die Öffentlichkeit zu tragen.[19] Auch die CDU bekam auf diese Weise zu spüren, daß sich die Gesellschaft differenzierte und pluralisierte, denn einer der auffälligsten Vertreter abweichender Positionen in der Stadt und in der Kirche gehörte ihr an. Die Partei deckte das, wenngleich nicht immer freudig, denn sie zog sich den Zorn der SED zu und war in Teilen eben auch vom Ungeist der Einheitspartei durchdrungen.

---

[16] Bericht von Union-Bezirkschef Sadler über ein Treffen mit Gienke vom 22.4.1975, in: VpLA. Bezirksleitung Rostock, IV/C/2.15/611.

[17] Aktenvermerk zur Sitzung am 24.5.1971, in: VpLA. Kreisleitung Greifswald, IV/B/4/02/176. Freundlich, aber bestimmt warf man sich gegenseitig Intoleranz vor.

[18] Mündlicher Hinweis von U. Mielsch.

[19] Hinweis von R. Glöckner. Sein Verhalten läßt sich auch anhand der Akten gut belegen; auf eine Frage der CDU von 1976, was er sich für die künftige Arbeit der Partei wünsche, antwortete er nicht mit den ansonsten üblichen Floskeln, sondern monierte die unzureichende Information durch die Parteimedien. ACDP. II-230-002/2. Der Redebeitrag vom 19.3.1987 vor den Stadtverordneten bildete den heftigsten Angriff in der Öffentlichkeit, den sich die SED seit 1950 jemals gefallen lassen mußte. Streitpunkt war die Wehrerziehung in den Schulen, die nötigende Werbung der Volksarmee unter 13- und 14jährigen und die ideologische Verbrämung dieser Praxis. VpLA. Bezirksleitung Rostock, IV/E/2.14/616.

Schon seit den sechziger Jahren bemühte sich die Partei unauffällig, verlorenes Terrain zurückzugewinnen. Sie gründete 1966 einen ›Arbeitskreis Universität‹, in der Mitglieder aus der Dozenten- und Studentenschaft zusammengefaßt wurden.[20] Damit war zwar die schmerzhaft fehlende Organisationsmöglichkeit an der Hochschule nicht zu ersetzen, es wurde aber ein besonderes Angebot für die weniger an der Pflege des Stadtgrabens interessierten Intellektuellen aufgebaut. Damit war auch die Möglichkeit geschaffen, Studenten für die Partei zu interessieren. Seit Anfang der siebziger Jahre hatte die Partei sogenannte ›Beratergruppen‹.[21] Zunächst gab es nur eine für ›Wissenschaft‹, dann folgten Mitte der achtziger eine Gruppe für ›Umwelt‹ und eine für ›Jugend‹.[22] Diese Gruppen waren lockere Gesprächskreise. Sie deuteten an, wie sich das starre Regiment der SED lockerte. Das für die CDU leidige Thema des Einflusses in der FDJ, die eifersüchtig von der SED verteidigt wurde, konnte so ein wenig entschärft werden.[23] Es gab wieder so etwas wie eine CDU-Jugend.[24] An der Spitze stand der Sohn des ehemaligen Kreissekretärs Bertling, ein Theologiestudent. Daß die SED der CDU das Umweltthema zubilligte, sollte sich als grober Fehler erweisen. Unglücklicherweise war nämlich der ehrenamtliche Stadtrat der Partei, der Geographiedozent Alfred Gomolka, für die Themen der Wasserwirtschaft zuständig, also auch für Probleme wie wilde Gülleverklappungen, stinkende Abflußgräben oder desolate Kläranlagen. Die CDU wartete daher mit interessanten Veranstaltungen auf und besetzte damit genau jene Themen, die in der Auseinandersetzung zwischen der SED und der Gesellschaft immer mehr an Gewicht gewannen. Fachleute der Universität präsentierten Wasserproben verseuchter Bäche, ungewöhnlich offen nannten Versammlungsteilnehmer die Defizite der SED-Umweltpolitik in der Region.[25]

Als die Wende herannahte, hatte die CDU dank der SED-Politik eine enge Verbindung zur Kirche, in der sich jene Potentiale, die auf Veränderung drängten, zu bündeln begonnen. In der Kirche wurde offen diskutiert; aufgrund der engen Verflechtung wirkte sich die Pluralisierung der Kirche auch bei der CDU aus. Zwar änderte sich am Unterordnungsverhältnis zur SED nichts, gleichwohl belebten sich die Diskussionen des Sekretariats der Partei. Es wurden seit der Mitte der achtziger Jahre Probleme offen

---

[20] Hinweise auf die Gruppe, in: ACDP. II-230-007/3.

[21] Strukturplan des CDU-Kreissekretariats von Juli 1974, in: ACDP. II-230-005/1.

[22] Bericht des CDU-Kreissekretariats vom Herbst 1986, in: ACDP. II-230-005/3. Dort wird die Gründung für den Oktober 1986 angekündigt. Bis 1989 waren es sechs Gruppen, darunter ›Jugend‹, ›Kultur‹, ›Handel und Gewerbe‹, Hinweise in: ACDP. II-230-010/1.

[23] Im Sommer 1987 gelang es der CDU nach zähen Verhandlungen, bei der SED durchzusetzen, daß auch hauptamtliche Mitarbeiter der FDJ bei der CDU sein durften. Im Kreis wurde diese Möglichkeit aber nicht umgesetzt. Bericht des CDU-Kreissekretariats vom 22.6.1987, in: ACDP. II-230-005/3.

[24] Protokoll über die Beratung mit der CDU-Jugend vom 23.4.1987, in: ACDP. III-043-045/6.

[25] Bericht von einer Ortsgruppenversammlung vom 4.3.1987, in: ACDP. II-230-005/3.

besprochen, die bis dahin nicht formulierbar waren. Die CDU verfügte über feste familiäre Bindungen in die Reste der gewachsenen Stadtbevölkerung. Über die Kirche war sie an regionale Traditionen und Identitäten gebunden. Sie hatte sich durch Männer wie Glöckner, aber auch Gomolka eine glaubwürdige Elite bewahrt. Die Partei erfüllte die auferlegten Pflichten der bürgerlichen Blockpartei, begann daneben aber Themen zu behandeln, die über die eng gesteckten Grenzen hinauswiesen. Ferner unternahm die CDU seit Mitte der achtziger Jahre Versuche, die extreme Vormundschaft der SED abzustreifen, mehr Einfluß und Mitsprache zu gewinnen, ein höheres Maß an Autonomie zu erreichen. Dabei waren Parteigruppen entstanden, die in eine neue Richtung wiesen, in jedem Fall nicht zurück in die sterile, langweilige und abgetötete Partei der fünfziger und sechziger Jahre. Die CDU hatte vor der Wende Ansatzpunkte entwickelt, die bei der Überwindung dieser Vergangenheit helfen konnten, ganz gleich unter welchen politischen Rahmenbedingungen.

Der NDPD kam seit dem Ende der fünfziger Jahre ihr Lebenssinn abhanden.[26] Die SED verzichtete weitgehend auf nationalistische Rhetorik; mit dem Mauerbau war Wiedervereinigung kein Thema mehr. Je weiter die Themen Krieg, Nationalsozialismus und Entnazifizierung in der Vergangenheit verschwanden und durch einen inhaltslosen Antifaschismus ersetzt wurden, desto weniger war Nationalismus oder nationales Denken von Bedeutung.[27] Die von diesem Thema geprägte Generation der 1890 bis 1920 Geborenen wurde alt und starb. Die informelle Identität der Ehemaligenpartei verblaßte; selbst Petershagen und der Kult um ihn konnten diesen Sinnverlust nicht aufhalten. Aus der Konkurrenz zur CDU und ihrer überbetonten Christlichkeit ließ sich ebenfalls kein Kapital mehr schlagen, denn die CDU nahm diesen Konflikt nicht auf. Das Interesse der SED an solchen Konkurrenzkämpfen war überdies gering, denn auch CDU und LDPD waren nunmehr folgsam und erfüllten brav ihre Transmissionsaufgaben. Nach nur zwölf Jahren Existenz hatte sich die Partei überlebt. Sie hatte ihre wesentliche Aufgabe verfehlt, Trumpfkarte in der Wiedervereinigungspolitik zu sein, blieb aber am Leben, denn der strukturelle Immobilismus der SED hielt auch Relikte am Leben. Die NDPD durfte nicht sterben.

In der Stadt blieb sie dennoch erfolgreicher als die CDU. Vom Mitgliederhöchststand 911 im Jahr 1965 sank die Partei im Kreis aber bis Anfang der siebziger Jahre auf 812 ab. Etwa 630 davon lebten in Greifswald. Bis 1976 blieb sie auf diesem Niveau. Sie profitierte offenbar wenig vom Boom der Industrialisierung. 1977 verzeichnete die Kreispartei dann wieder einen

---

[26] Das thematisierte die NDPD auch selbst. »Hat unsere Partei noch eine Perspektive?« Die Frage stand als Leitthema über der Konzeption des Kreisparteitages 1977. Konzept vom 7.12.1976, in: VpLA. Kreisleitung Greifswald, IV/D/4/02/122.

[27] Materialien für Referate auf Bezirksparteitagen von 1969, in: SAPMO. DY 16, vorl. Nr. 639. Dort ist ausschließlich noch von Fragen rund um Handwerk und Gewerbe die Rede.

Zuwachs, die Mitgliederzahl lag bei 850 und stieg bis 1987 auf 924. Ende 1989 lag die Zahl bei 907. Ein kontinuierlicher Aufwärtstrend, der mit dem Bevölkerungszuwachs korrespondierte, wie bei der CDU, war nicht zu beobachten.[28] Die Partei behielt in der DDR-Gesellschaft zwei wichtige Aufgaben, die ihr Überleben sicherten. Sie war Interessenpartei des Mittelstandes, und sie war regional die Nischenpartei für alle, die sich der SED-Mitgliedschaft entziehen wollten, die Christlichkeit der CDU aber nicht mochten. Ihre Wachstumszyklen hatten daher nichts mit der Industrie zu tun, sondern mit Staatsbediensteten und dem Mittelstand. Da der Druck der SED auf die Bevölkerung eher nachließ, war die Bereitschaft, Mitglied zu werden, offenbar nicht mehr ausgeprägt und erfaßte die zuziehenden Bevölkerungsteile nicht. Das Erscheinungsbild der Partei in der Öffentlichkeit war überdies einseitig. Im Zentrum aller ihrer Bemühungen und Äußerungen stand beständig und allein der alte Mittelstand. Über Lehrer, Ärzte, Verwaltungsangestellte oder Hochschullehrer und ihre Schwierigkeiten war öffentlich nicht zu sprechen, denn die Nischenfunktion der NDPD war unerwünscht und führte bisweilen zu peinlichen Disputen mit der SED, die es nicht gerne sah, wenn potentielle Genossen in letzter Minute bei der NDPD abtauchten.[29]

Handel und Handwerk waren weitgehend in die Genossenschaften integriert oder anders in die staatliche Wirtschaft eingebunden. Eine Sondergruppe blieben sie trotzdem. Nachdem die Mittelständler per Zwang von der Notwendigkeit befreit waren, den Betrieb für die Familie zu erhalten, versiegte lediglich der Widerspruchsgeist rasch. Ein guter Teil der alten Handwerker- und Ladenbesitzermentalitäten verschwanden mit der Entkoppelung von Besitz, Familientradition und Existenzgrundlage. PGH-Wahlen wurden aber bisweilen dazu genutzt, Handwerksmeister, deren negatives Ansehen bei der SED bekannt war, auf wichtige Posten zu wählen.[30] Auch wenn jetzt in Genossenschaften gearbeitet wurde, so kamen viele Mitglieder doch aus Handwerkerfamilien und brachten die Mentalität dieser Familien in den neuen Betrieb mit. Das verbliebene private Kleinhandwerk und unbedeutendere Einzelhandelsgeschäfte rückten in Nischen ab, die bei Bäckern und Fleischern etwas komfortabler, bei Bauhandwerkern, Tischlern oder Schmieden sehr viel schmaler waren. Mit dem Ausbau der Stadt an der Peripherie und dem Verfall des Zentrums schrumpften die Möglichkeiten der verbliebenen Läden weiter.

Die Unfähigkeit der SED, die Ökonomie entsprechend den Bedürfnissen der Menschen zu organisieren, zwang die Einheitspartei immer weiter, in der Wirtschaft Lücken für private Initiativen zu lassen. Auf diese Weise

---

[28] Zahlen aus den Akten der NDPD und der SED zusammengestellt.
[29] Schriftwechsel um solche Probleme zwischen dem Parteichef Homann und Bezirksvorsitzendem Pommerenke mit der SED, in: SAPMO. DY 16, vorl. Nr. 584 u. 588.
[30] Bericht der NDPD vom 22.2.1963, in: VpLA. Kreisleitung Greifswald, IV/A/4/02/145.

überlebten alte Firmen. Kleine Firmen existierten leichter selbständig weiter als leistungsfähige, gut organisierte Gewerbe, die immer wieder von Enteignung bedroht waren und enteignet wurden.[31] 1972 endete die offizielle Zersetzungspolitik mit der Integration der letzten verbliebenen größeren Betriebe der Stadt in den staatlichen Wirtschaftssektor.[32] Freilich sicherte sich die SED, daß die Leitung dieser Betriebe in den Händen der bisherigen Inhaber blieb. Es durfte sich nichts verschlechtern.

Da die Kunden gerne zu den ›Privaten‹ gingen, war deren wirtschaftliche Situation oft gar nicht schlecht. Besonders im Lebensmittelhandwerk prägte die Lebensweise einer Familie, die um den eigenen Betrieb zentriert war, das Verhalten aller Angehörigen. Die Weitergabe des Betriebes in der Familie blieb verbreitet. Da der individuelle Lebensweg der Kinder nicht auf eine staatliche Karriere fixiert war, blieb in diesen Familien auch Raum für religiöse Überzeugungen. Eine christliche Einstellung führte nicht zum Karriereverzicht. Das Denken in Kategorien von Gewinn, Verlust und Risiko, das Leben in patriarchalischen Strukturen, die Verantwortung für Angestellte und Familienbesitz, das Gefühl, Teil einer langen Tradition zu sein, erhielten sich hier. Mit solchen wertgebundenen, Arbeitsmoral und -ethos stärkenden Mentalitäten konnten die staatlichen Betriebe nicht konkurrieren.[33] Die Gesellschaft der Staatsangestellten lebte in einem ganz anderen Rhythmus und nach ganz anderen Regeln.

Die Mitgliedschaft in der NDPD war für die meisten Mittelständler eine reine Vorsichtsmaßnahme geworden oder diente allein der individuellen Karrieregestaltung; besonders die Leitungen der PGH brauchten ein Parteibuch.[34] Eine Herzenssache, eine Frage der Überzeugung war die Partei für die meisten nicht, denn der NDPD fehlte inzwischen jeder integrierende Gedanke. Die Idee von der Sonderrolle des Mittelstands in der Gesellschaft, die von der SED noch bis Ende der fünfziger Jahre eingesetzt worden war, trug nicht mehr. Sie war von den Fakten der zerstörerischen SED-Politik längst überholt und nicht mehr zeitgemäß. Als Motiv für einen Beitritt waren nur die besonderen Interessen der Privatwirtschaft und des Handwerks in einer sozialistischen Gesellschaft geblieben. In den späten siebziger und den achtziger Jahren waren sogar sie nicht mehr wirklich umstritten, denn

---

[31] Ein Gang durch die Lange Straße in Greifswald und in die überlebenden Geschäfte bot reichlich Anschauungsmaterial.

[32] Diese letzte Enteignungswelle betraf acht halbstaatliche Firmen, einen Privatbetrieb und zwei PGH. 1972 gab es noch 26 Handwerksbetriebe mit mehr als fünf Beschäftigten, insgesamt 230 Handwerksbetriebe mit 121 Alleinmeistern und 323 Beschäftigten. 80 Betriebe beschäftigten einen bis fünf Mitarbeiter; Aufstellungen o.D., in: VpLA. Kreisleitung Greifswald, IV/C/4/02/162.

[33] Eine Beobachtung aus Gesprächen mit Handwerkern und ihren Kunden in Greifswald.

[34] Analyse der NDPD über ihre eigene Arbeit vom 9.1.1979, in: VpLA. Kreisleitung Greifswald, IV/D/4/02/122. Unter den Mitgliedern waren sieben PGH-Vorsitzende, die seit Mitte der siebziger Jahre den Vorsitzenden stellten. Es handelte sich um Heinz Metrophan, am Ende der NDPD um Werner Lanz.

daß PGH, private Handwerker und auch Läden gebraucht wurden, konnte die SED jede Woche in ihren Mängelberichten lesen.

Der wirtschaftliche Niedergang der DDR und das Bestreben der NDPD, sich bei der SED anzubiedern, führten in der Blockpartei zu einer verengten Sichtweise auf die Realitäten. Bei ihr drehte sich alles nur noch um die Ökonomie und die Leistungen ihrer Mitglieder für die sozialistische Wirtschaft. Neue Fragen gab es für die NDPD nicht, auch organisatorische Veränderungen nahm sie nicht vor. Sie verwaltete ihren Auftrag. Der lautete, die Mitglieder zu motivieren, wirtschaftliche Höchstleistungen zum Wohle des Sozialismus zu erbringen. Die Leistungen der Handwerker im sozialistischen Wettbewerb waren im Umkehrschluß nämlich dann von selbst das Verdienst der Partei. Daß sie damit nichts zu tun hatte, war vermutlich auch den NDPD-Funktionären klar. Gleichwohl überbot sie sich ständig selbst mit Erfolgsmeldungen. Sogar wenn der Bäcker M. sich eine neue Hörnchenwickelmaschine kaufte oder Einzelhändler F. eine neue Kasse aufstellte, war das der NDPD einen Erfolgsbericht wert.[35] Die SED lobte dann das Engagement der Partei beim Kampf um den Sieg des Sozialismus, allein das zählte für die NDPD. Die tatsächlichen Interessen ihrer Mitglieder waren für sie kein Thema.

Obwohl es selbst Ende der achtziger Jahre noch Reste mittelständischer Bevölkerung und Mentalitäten gab und obwohl diese Gruppen fest per Mitgliedschaft an die NDPD gebunden waren, blieb die NDPD ein Oberflächenphänomen. Gemessen an der tieferen Fundierung der CDU, die durch Religion und Kirchenbindung, durch neue Themen und Strukturen zu einer gewissen Lösung aus dem sterilen Dasein kam, hatten die Nationaldemokraten auch im Vergleich mit der anderen Blockpartei nicht eben viel zu bieten. Die Fixierung auf die Ökonomie und auf die SED ließen einen Wandel oder eine Neuorientierung unmöglich werden. Sie war auf Bevölkerungsteile festgelegt, die für Veränderungen in ihrer Partei auch offensichtlich gar kein Bedürfnis verspürten. Ihr sang- und klangloser Tod war in den gesellschaftlichen Grundlagen der NDPD in der DDR angelegt.

---

[35] Bericht über die Planabrechnung der NDPD vom 15.4.1986, in: VpLA. Kreisleitung Greifswald, IV/E/4/02/208.

Der Sturz der SED

Seit Mitte der achtziger Jahre wurde die Dauerkrise der Wirtschaft zu einem Problem für die SED, denn die Versprechungen der Partei und die ›Abrechnung‹ erfüllter Zusagen fielen immer offenkundiger auseinander. Selbst die schlecht informierten Bürger konnten leicht erkennen, daß gelogen wurde und die Partei sich übernahm. Da ›Fehlerdiskussionen‹ in der Einheitspartei weiterhin nicht möglich waren und die Alternativen und Ressourcen aufgebraucht waren, blieb der SED nur das Weitermachen. Damit wurde eine dringend notwendige Reform verschleppt, und selbst jene, die den realen Sozialismus vertreten mußten, verloren von Jahr zu Jahr mehr das Zutrauen in seine Praktikabilität. Die Krisenzeichen waren auffällig und betrafen alle Bereiche des Alltags, von der materiellen Versorgung über das Gesundheitswesen bis hin zu Kultur und Unterhaltung. Schwer wog die wachsende Gefährdung der regionalen Identität und Eigenart, jener Dinge, auf die die Menschen jenseits von politischen Vorgaben stolz waren. Allein die Politik schien eine Ausnahme zu machen, denn die SED und der Sozialismus siegten immer weiter.

Das Prestigeprojekt Kernkraftwerk mit seinen inzwischen acht Blöcken wurde und wurde nicht fertig.[1] Das Spezialmaterial kam aus der Sowjetunion, die unzuverlässig lieferte. Instandsetzungen der laufenden Blöcke eins bis vier dauerten meist länger als geplant, was die stets heikle Energieversorgung des Landes vor Probleme stellte. Das Nachrichtenelektronikwerk hatte Schwierigkeiten mit der Qualität seiner Produkte, die zum Teil für den Export in den Westen gebaut wurden. Erhebliche Planrückstände liefen auf, weil Teile fehlten, Zulieferer versagten oder Ersatzmaterialien nicht genügten. Die Arbeiterschaft war unzufrieden und frustriert. Sie konnten sich nicht vorstellen, daß der Sozialismus siegte und die Pläne erfüllt wurden, obwohl sie oft tagelang untätig auf Material warteten.

Das Klinikum war ebenfalls seit Jahren Baustelle und kam nicht voran. Unverhohlen munkelte man von der »Investruine«. Da die Gebäude der Universität zum größten Teil vor der Jahrhundertwende gebaut worden und völlig zerschlissen waren, entwickelten sich die hygienischen Bedingungen so, daß einzelne Bereiche der renommierten Kliniken sich am Rande

---

[1] Eine reichliche Auswahl an Problembeschreibungen, die auch in den internen Berichten oft in Siegesmeldungen verpackt waren, in: VpLA. Kreisleitung Greifswald, IV/E/4/ 02/186.

1989: Nordseite des Greifswalder Marktes mit der Marienkirche im Hinter-grund

der Schließung bewegten.[2] Das wäre für die Hochschule und die Stadt eine Katastrophe gewesen, denn die Universität bedeutete den Greifswaldern nach wie vor sehr viel. Die Versorgung der Bevölkerung vor allem mit Fleisch und Wurst war eine der täglichen Hauptsorgen. Der Schlachthof mußte wegen gravierender hygienischer Mängel geschlossen werden[3]; Maden und Gestank waren dauerhafte Probleme. Im agrarischen Vorpommern wurde daraufhin das Fleisch knapp. Gleichzeitig konnten die Landwirte ihr Mastvieh nicht mehr loswerden. Der Wohnungsbau stockte erkennbar; es wurden Wohnblocks fertiggestellt, die wegen fehlender Wasserver- und -entsorgung nicht benutzbar waren.[4] Um Erschließungsmaßnahmen einzusparen, verfielen die Parteiökonomen auf den Gedanken, die ohnehin deprimierenden Grünflächen und die knappen Sportplätze in den Trabantenstädten mit Plattenbauten aufzusiedeln.

In der Innenstadt kamen Flächenabriß und Neubau dem Verfall nicht mehr nach. Ganze Quartiere waren entweder sterile Betonwüsten oder Trümmerfelder mit aufgelassenen Ruinen geworden. Sogar den Markt, die ›gute Stube‹ der Stadt und einer der schönsten Plätze Norddeutschlands, erreichten die leeren, schwarzen Fensterhöhlen schon. Der Mythos vom unzerstörten Greifswald zerbröselte einfach. Angelika Petershagen richtete eine Eingabe an Erich Honecker, in der sie sich über den Niedergang beklagte und die Frage stellte, was denn die Rettungstat ihres Mannes wert sei, wenn man so mit der Stadt verfahre.[5] Über allem schwebte das Versprechen der SED, bis 1990 alle Wohnungsprobleme zu lösen und die Dächer alter Häuser repariert zu haben.

Verschärfend kam hinzu, daß die Möglichkeit der Machthaber, wenigstens durch Unterhaltung und Zerstreuung Zufriedenheit zu schaffen, keine materielle Grundlage mehr hatte. Das Theater war defekt und seit Jahren im Umbau, die Stadthalle nicht mehr problemlos nutzbar. Die Schauspieler meuterten wegen unzumutbarer Bedingungen und politischer Gängeleien.[6] Alle alten Gastwirtschaften der Stadt lagen im Verfallsgebiet, neue waren kaum gebaut worden. Tanz- oder Discoveranstaltungen gab es nur selten. Sportanlagen waren knapp und baufällig. Von einmal drei großen Kinos war nur noch ein einziges in Betrieb, mehr schlecht als recht. Die Stadt war auf ein Versorgungs- und Infrastrukturniveau gefallen, das noch unter dem der frühen Kaiserzeit lag. Der Verfall der Altstadt und die Bedrohung der Uni-

---

[2] Besonders drastisch geschildert im Bericht an die Bezirksleitung vom 31.8.1988, in: VpLA. Kreisleitung Greifswald, IV/E/4/02/187.

[3] Bericht an die Bezirksleitung vom 14.10.1988, in: VpLA. Kreisleitung Greifswald, IV/E/4/02/187.

[4] Bericht an die Bezirksleitung vom 9.6.1988, in: VpLA. Kreisleitung Greifswald, IV/E/4/02/187.

[5] Die SED-Zeitung war bemüht, ein Dementi von Frau Petershagen zu bekommen, nachdem der Fall in westlichen Blättern erörtert worden war. Ostsee-Zeitung 29./30.7.1989. Der Brief an Honecker war vom November 1985.

[6] Bericht vom 8.9.1988, in: VpLA. Kreisleitung Greifswald, IV/E/4/02/187.

versität machten den Menschen klar, daß es um weit mehr ging als um das Wurst- und Fleischangebot.

Daß die Fäden dieser Entwicklung auf den Herbst 1989 zusammenliefen, hatte mit dem vierzigjährigen Gründungsjubiläum der DDR zu tun. Alle Versprechungen der SED besagten, zu diesem Jubiläum seien die meisten Einschränkungen beendet. Aber sie schaffte erkennbar nicht mehr, was sie sich selbst vornahm. Die SED versagte auf allen Gebieten, sogar Genossen der Partei drohten immer unverblümter mit Austritt.[7] Die Akzeptanz der SED-Herrschaft in der Bevölkerung gründete sich jedoch seit den frühen siebziger Jahren auf dem Glauben, die SED werde eine angemessene Versorgung herstellen und einen gewissen Wohlstand garantieren. Die Ideologie war den Bürgern gleichgültig geworden, sofern sie überhaupt jemals von ihr erreicht worden waren. Der Glaube an dieses Wohlstandsversprechen nahm ab, die Menschen murrten, und die SED-Genossen wußten, daß sie das mit Grund taten.

Seit Mitte der achtziger Jahre sprachen die Menschen in der Öffentlichkeit deutlich über die Probleme. Zunächst noch vorsichtig und in Frageform wurden Zweifel an der SED geäußert und auf die Diskrepanzen zwischen Anspruch und Wirklichkeit hingewiesen.[8] Da ideologische Formeln gegen den Stadtverfall nicht halfen und die Partei durch den Kampf an vielen Fronten überfordert war, fiel auch ihr Widerspruch verhalten aus und beschränkte sich auf Eindämmungsmaßnahmen. Sie fielen in Einzelfällen drakonisch aus, ließen aber keine Systematik erkennen und erreichten deswegen keine Durchschlagskraft mehr.[9]

Die Gruppen in der und um die Kirche, die aufmüpfigen Pfarrer bearbeitete die SED mit den gewohnten Mitteln der Bespitzelung, ›Durchdringung‹ und ›Zersetzung‹, der harten Bestrafung einzelner, um alle anderen einzuschüchtern.[10] Das verfing jedoch nicht mehr, weil das Selbstbewußtsein der Partei angeschlagen war und immer mehr Menschen offen gegen die SED auftraten. Das über Jahrzehnte angewandte Druckmittel, den Men-

---

[7] Bericht zu den Parteiwahlen vom 14.10.1988, in: VpLA. Kreisleitung Greifswald, IV/E/4/02/187.

[8] Dieser innere Machtverfall der SED seit etwa 1985 zeigt sich deutlich in den Berichten der CDU, in denen plötzlich Dinge niedergeschrieben wurden, die vorher allenfalls mündlich geäußert werden konnten; Informationsberichte, in: ACDP. II-230-005/3 u. Protokolle Kreisvorstands- und Kreissekretariatssitzungen, in: ACDP. II-230-010/1. Sie waren jetzt mindestens in Teilen ein Spiegel dessen, was in der Stadt an Gerüchten diskutiert wurde.

[9] Die Nervosität der SED wird deutlich bei Personalentscheidungen, z.B. mußte der langjährige CDU-Kreisarzt M. 1988 gehen, obwohl er vermutlich am wenigsten für die desolate Situation im Gesundheitswesen konnte. Am Theater gab es Streit um die politischen Tendenzen einer Inszenierung. Berichte der Kreisleitung an die Bezirksleitung, in: VpLA. Kreisleitung Greifswald, IV/E/4/02/187.

[10] Gienke und sein Konsistorium z.B. erhielten regelrecht Anweisungen, wie gegenüber einzelnen Personen und Vorkommnissen zu reagieren sei. Z.B. Einschätzung über die kirchenpolitische Lage im Territorium vom 15.3.1988, in: VpLA. Kreisleitung Greifswald, IV/E/4/02/129.

schen Zukunftsmöglichkeiten und Karriereträume zu nehmen, lief leer, wenn keine Karriere mehr angestrebt wurde, da die Aussichten düster waren und niemand mehr etwas von diesem Staat erwartete. Die SED bekam die Gesellschaft einfach nicht mehr in den Griff, sie entzog sich ihr. Auf diesen Zug sprang die bürgerliche Blockpartei CDU. Ihre vorsichtigen Emanzipationsbemühungen hatten mit dem fortschreitenden Machtzerfall der SED zu tun.

Das völlige Debakel der SED in der Region leitete eine Eingabe der ›Schicht A‹ des Kernkraftwerkes an das Politbüro im Herbst 1988 ein.[11] Offen klagten die gut ausgebildeten, teilweise in der Sowjetunion geschulten, privilegierten Arbeiter über das unfähige Regiment der SED. Die politische Avantgarde der Arbeiterklasse sah sich von ihrer eigenen Klientel verraten, von ihren eigenen Geschöpfen im Stich gelassen. Die Kreisleitung mußte erkennen, daß sie noch nicht einmal mehr dort Verbindung zur Basis hatte, wo sie sich eigentlich zu Hause wähnte. Die Härte des Vorgehens gegen die Urheber der Eingabe und gegen die Kreisleitung selbst, der schlechte Arbeit vorgeworfen wurde, spiegelten die Enttäuschung der Partei.[12] Als trotz der Maßnahmen wenige Wochen später im Frühjahr 1989 eine Lehrlingsgruppe des Kernkraftwerkes sich ebenfalls mit einer kritischen Eingabe befaßte, mußte die SED spätestens einsehen, daß sie verloren hatte.

Die Greifswalder Kirchenleitung erlebte einen ähnlichen rapiden Machtverfall.[13] In Greifswald existierten eine ganze Reihe informeller Gesprächszirkel bei Pfarrern, Dozenten und in der Studentengemeinde. Schwerpunkte waren die Mariengemeinde und die neue Christusgemeinde in Schönwalde. Die Gruppen wiederum waren zum Teil mit überregionalen Kreisen vernetzt, die zu immer konkreteren, organisierten Formen der politischen Einmischung drängten. Im Februar 1989 tagten die Gruppen von ›Frieden konkret‹ in der Jacobikirche in Greifswald.[14] Gienke und sein Konsistorium waren sehr darauf bedacht, daß es zu keinen Störungen des guten Verhältnisses zur Staatsmacht kam und griffen in diesem Sinne lenkend ein. Schon 1987 hatte die SED Gienke instruiert, gegen einen zugezogenen Dresdener vorzugehen, der nicht in der Kirche war, aber unter ihrem Dach Gegner der DDR-Ordnung sammeln wollte.[15] Auch der Stadtjugendpfarrer Schröder, der Studentenpfarrer Noack und der Pfarrer Springborn galten der SED als

---

[11] Die Vorgänge sind nur indirekt rekonstruierbar, weil es für diese Periode eine Lücke in der Aktenüberlieferung der Kreisleitung gibt. Dazu aber Bericht des Staatssicherheitsdienstes vom 18.1.1989, in: VpLA. Kreisleitung Greifswald, IV/E/4/02/187.

[12] Untersuchungsausschuß (Hrsg.), 1990, S. 154 ff., besonders S. 160 ff.

[13] Zum Umsturz, R. GLÖCKNER, 1994. Zu den Zirkeln im Umfeld der Kirche, Gespräche mit A. König, L. Kühne, R. Glöckner, E. Röhl.

[14] P. BUSCH, 1997.

[15] Einschätzung der Kirchenaktivitäten vom 15.3.1988, in: VpLA. Kreisleitung Greifswald, IV/E/4/02/129. Sowie Bericht der SED-Kreisleitung an die Bezirksleitung vom 20.6.1989, in: VpLA. Kreisleitung Greifswald, IV/E/4/02/187.

besonders verdächtig, als Gegner des Bischofs, den sie ganz selbstverständlich für ihren Mann hielten. Er war ihr Vorposten im unübersichtlichen Feld der Gruppen und Zirkel mit ihren kaum noch auf einen Nenner zu bringenden Ideen und Forderungen. Sie überschritten den Horizont der SED bei weitem, die nur Gegner, Indifferente und Freunde unterscheiden konnte. Besonders Pfarrer Glöckner, obwohl nur einer unter mehreren Aktiven, war den Genossen ein Dorn im Auge, weil er nicht mehr nur im Rahmen der Kirche, sondern auch in der Stadtverordnetenversammlung offen gegen den Wehrkundeunterricht eintrat. Daß er wesentlich die Sammlung der Daten koordinierte, die die Fälschung der Kommunalwahl im Mai 1989 nachwiesen, entging auch der SED nicht.

Die Renovierungsarbeiten der Greifswalder Kirchen waren auffällige Demonstrationen der ungebrochenen Präsenz von Christentum und Glauben mitten im Trümmerfeld der Altstadt, für das die atheistischen Sozialisten verantwortlich zeichneten. Die hochaufragenden, massigen Gebäude symbolisierten den fortbestehenden Anspruch der Kirche auf Identitäts- und Sinnstiftung. Das Problem ihrer Erhaltung wurde zum Auslöser des lange schwelenden Streites in der Kirche. Daß Glöckner mit seiner Gemeinde in jahrelanger Feierabendtätigkeit die Renovierung der gewaltigen Marienkirche bewerkstelligt hatte, ohne die Gelder und Staatsmittel der Domgemeinde zu haben, sorgte für konkrete Vergleichsmöglichkeiten zwischen privilegierten und ungeliebten Kirchenmännern.

Als Gienke aber im Alleingang zur Krönung des Gemeinschaftsprojekts von Staat und Kirche Honecker zur Domwiedereröffnung einlud und seine Kirchenleitung vor vollendete Tatsachen stellte, formierte sich der Protest.[16] Einige Pfarrer sagten laut, was sie von dem engen Verhältnis zur SED hielten. Die SED war für sie der Unterdrücker der Bevölkerung, anmaßender Feind von Freiheit und Demokratie, verantwortlich für Umweltzerstörung und Aufrüstung sowie guter Freund von blutigen Diktatoren. Daß sie eine atheistische Partei war, trat dagegen zurück. Doch das kleinstädtische Harmoniestreben obsiegte zunächst. Erst als Gienke nach der peinlichen Propagandashow im Fernsehen in einem Briefwechsel mit Honecker seinen Dank abstattete und die Kirchenpresse schalt, weil sie nicht freundlich genug mit der SED umging, lief das Faß über. In völliger Verkennung der Situation hatte Gienke die Briefe auch noch zur Veröffentlichung freigegeben. Diese Gelegenheit ließ sich die SED natürlich nicht entgehen. Der peinliche Affront des Bischofs gegen seine eigene Kirche stand im ›Neuen Deutschland‹.

Es gab zwei Strömungen in der regionalen Gesellschaft, die in die Wende mündeten und noch bis in den Sommer 1989 unverbunden nebeneinander

---

[16] Die Rechtfertigung Gienkes, in: Greifswalder Informationsdienst, hg. von der Pressestelle der evangelischen Kirche Greifswald, Nr. 3/1989. Sowie die Berichte und Protokolle von der Synode in Züssow vom 2.–5. November 1989, auf der Gienke das Vertrauen entzogen wurde. Beides in: VpLA. Bezirksleitung Rostock, IV/E/2.14/633.

herliefen.[17] Die eine Strömung bündelte die allgemeine Unzufriedenheit in der Bevölkerung aufgrund des Versagens der SED in allen gesellschaftlichen Bereichen von der Kultur bis zur Wirtschaft. Die fehlende Bereitschaft der SED, Macht zu teilen, um zu einer Verbesserung zu gelangen, mobilisierte das Gros der Menschen. Daß auch Genossen dazu übergingen, der Partei offen den Gehorsam zu kündigen, untergrub die Abwehrbereitschaft der SED. Das hatte mit den kirchlichen Widerstandskreisen, der anderen Strömung, noch nichts zu tun, denn sie waren in einer Minderheit der Bevölkerung angesiedelt, bei den 25 Prozent Kirchenmitgliedern. Selbst dort gehörten sie nicht zu den anerkannten Führungskräften.[18] Die SED wußte sie in den bewährten Händen der Staatssicherheit. Erst in den Herbstmonaten 1989 vereinigten sich diese beiden Strömungen, und die führenden Frauen und Männer der Oppositionszirkel rückten an die Spitze der Bewegung. Sie wurden allgemein und über den Bereich unzufriedener Christen hinaus als eine glaubwürdige Gegenelite akzeptiert. Die Hoffnungen der Bevölkerung auf eine Besserung richteten sich auf sie, weil andere Alternativen einfach nicht vorhanden waren. Dieses Zusammenlaufen zweier Entwicklungen war die notwendige Voraussetzung für den Umsturz.

Im Norden der DDR entwickelte sich der Protest nur langsam. Die auf Veränderung drängenden Kräfte waren so schwach wie schon immer in der vorpommerschen Geschichte. Zwar formierten sich Neues Forum und SPD[19], erst am 18. Oktober 1989 aber begannen regelmäßige Friedensgottesdienste jeweils am Mittwochabend mit Pfarrer Glöckner in der Nikolaikirche. Sie gingen nach Leipziger Vorbild in Demonstrationen über. Die Verspätung hatte strukturelle Gründe. In der Region Greifswald hatte die SED sehr stark in die Bevölkerung eingegriffen und große Menschengruppen geschaffen, die ihr etwas verdankten, sei es durch die Bodenreform, den Elitenaustausch oder die späte Industrialisierung. Der Schritt vom Meckern zur aktiven Veränderung war daher groß. Greifswald war eine neue, eine junge Stadt, deren Sozialgefüge kaum als konsolidiert angesehen werden konnte. Informelle Kommunikation hatte es schwer. Die Kirchen waren in den großen Neubausiedlungen nur wenig verankert. Allein die Hochschule kam als Impulsgeber außerhalb der Kirche in Betracht. Das stets unruhige und mobilisierbare Potential der Studenten war vorhanden. Die Universität aber war vorwiegend mit karriereorientierten Menschen besetzt. Trotz ihrer ungebrochenen Stellung in der Stadt war sie zu klein, um ein nennenswertes Potential von abweichenden Intellektuellen hervorzubringen und zu halten.

---

[17] D. POLLACK, Organisationsgesellschaft, 1994, S. 449. Pollack unterteilt noch feiner. Das mag für größere Orte sinnvoll sein. Auch nach seiner Meinung kam der Impuls für den Umschwung nicht aus den Gruppen, sondern von der Straße. Dort demonstrierten auch Genossen.

[18] D. POLLACK, Organisationsgesellschaft, 1994, S. 346.

[19] Zum Ablauf der Ereignisse die Schilderungen bei R. GLÖCKNER, 1994. Das Buch ist bei anderen Beteiligten nicht unumstritten. Sowie vor allem die Berichte und Protokolle in: VpLA. Kreisleitung Greifswald, IV/E/4/02/197.

Die Stadt war zu überschaubar, die soziale Kontrolle so stark, als daß Abweichungen über eine längere Zeit leicht durchzuhalten gewesen wären. Der Kreis potentieller Opponenten reduzierte sich daher auf wenige Männer und Frauen. Die Loslösung von der SED nahm aus diesen Gründen erst dann Fahrt auf, als die Stimmung im ganzen Land bereits gekippt war und von einer Niederlage der Einheitspartei sicher ausgegangen werden konnte. Erst in diesem Moment gingen die gleichwohl vorhandenen Gegeneliten in die Offensive und fegten die SED-Herrschaft beiseite. Erst in diesem Moment verstärkten die Studenten die Protestzüge, die durch das herbstlich ungemütliche Greifswald von der Altstadt hinaus nach Schönwalde und von dort zurück marschierten.

Die SED war wie gelähmt.[20] Die Kreisleitung war auf Order von oben angewiesen, denn Eigeninitiative hatte man den verantwortlichen Genossen an der Basis konsequent aberzogen, zuletzt im Zuge der Eingabeaffäre. Ohne direkte Eingriffsmöglichkeiten – es handelte sich schließlich um eine innerkirchliche Angelegenheit – mußte sie zusehen, wie ihre Bundesgenossen in der Kirche rapide an Einfluß verloren und schließlich entmachtet wurden. Zwar mobilisierte sie die Kampfgruppen, richtete Befehlsketten und Alarmbereitschaft rund um die Uhr ein. Argumente bekam sie von oben jedoch keine mehr, auch keine Hinweise, wie sie sich konkret gegen das freche Volk verhalten sollte. Hilflos und voller Angst standen die leitenden Genossen hinter den Gardinen der Kreisleitung, wenn die bis zu 7000 meist jungen Leute, Studenten vorwiegend, mit brennenden Kerzen in der Hand, Parolen skandierend, vorbeizogen.[21] Widerwillig empfingen sie eine Delegation des Neuen Forum, angewidert trafen sie Verabredungen mit Leuten der Kirche. Einige Genossen sahen sich schon an der Laterne hängen. Ihre Auftritte in den Diskussionsforen waren kläglich; nur wenige konnten die Menschen überhaupt noch erreichen; viele stammelten herum oder agitierten im üblichen Funktionärsdeutsch, dessen Realitätsferne ihnen gar nicht auffiel. Gnadenlos wurden ihnen Versäumnisse, Anmaßung und Privilegienwirtschaft vorgerechnet. Die leitenden Kader der Partei hatten schon resigniert, bevor die Auseinandersetzung wirklich begann. Ihr großes Ziel, die gerechte kommunistische Gemeinschaft, war verloren, sie war auf den Wegen der SED offensichtlich nicht erreichbar. Die Glaubwürdigkeit der Utopie war zerstört, der Überlegenheitsanspruch gescheitert. Es gab keinen Grund mehr, in der sozialistischen Gesellschaft zu verharren, wie sie die SED gegen alle konkurrierenden Gemeinschaftsformen durchgesetzt hatte.

---

[20] Weiteres Material zum Umsturz, in: VpLA. Kreisleitung Greifswald, IV/E/4/02/196 u. 198.

[21] Protokolle von Tonbandmitschnitten der letzten Sitzungen in der SED-Kreisleitung. Die Diskussionen sind getragen von Selbstmitleid, Weinerlichkeit, Verantwortungsscheu, Schuldzuweisungen und völligem Unverständnis für die Ereignisse und ihre Gründe, in: VpLA. Kreisleitung Greifswald, IV/E/4/02/31.

Nachdem die SED entmachtet war und die Stimmung eindeutig in Richtung demokratischer Reformen wies, zeigte sich rasch die Stärke der untergründig vorhandenen oppositionellen Strömung in der Stadt. Die Kirche war einflußreich und mächtig, sie verfügte über viele gutausgebildete, leitungserfahrene und in demokratischen Verfahren geübte Mitglieder. Sie griffen jetzt, oft entgegen ihrem eigentlichen Willen, nach der Macht, die die SED nicht mehr haben wollte. Die SED floh aus der Verantwortung. Anfang Dezember übernahmen die Bürgerrechtler endgültig das Kommando, versiegelten am 4. Dezember 1989 bereits die Schränke der Staatssicherheit an der Domstraße, gingen in die Kreisleitung der SED und sichteten Akten, übernahmen bei der Stadt das Kommando und inspizierten die Kreisverwaltung.[22] Runde Tische beteiligten sich an der Macht; Pfarrer, Theologen und kirchliche Laien bestimmten mit.

Die CDU beobachtete die Ereignisse. Sie hatte sie nicht gemacht.[23] Gleichwohl war sie zu einem guten Teil ein Zusammenschluß von Menschen, die sich bewußt gegen die SED entschieden hatten. Das wirkte sich nunmehr aus. Eine ganze Reihe von CDU-Mitgliedern beteiligte sich an den Demonstrationen, an Arbeitskreisen und Diskussionen, an den Gruppen, die sich um die Aufhellung der SED-Machtnetzwerke kümmerten. Die CDU nahm Kontakt zum Neuen Forum auf und bat zu offiziellen Gesprächen.[24] Sie trat wie selbstverständlich aus dem Parteienblock aus, die Abgeordneten im Stadtparlament bildeten Fraktionen, was sich bereits kurz nach der Kommunalwahl im Mai 1989 angedeutet hatte. Die Nationale Front zerfiel. Die Emanzipation von der SED gelang rasch und ohne erkennbare Probleme. Nach der Übergangszeit im Winter 1989/90 waren wichtige Ämter in der Hand von Parteimitgliedern. Glöckner als Protagonist des Herbstes 1989 wurde fast selbstverständlich zum Oberbürgermeister gewählt, Zobel zum Rektor der Universität, Gomolka war neuer Ministerpräsident des Landes Mecklenburg-Vorpommern, Buske Landtagsabgeordneter. Eine ganze Reihe von Greifswaldern aus der CDU übernahm Funktionen in der Landesregierung und in den neuen Verwaltungen. Der Aufbau neuer staatlicher Apparate in Stadt und Land lief unter der Leitung der Christdemokraten.

Daß die Glaubwürdigkeit einer ganzen Reihe von CDU-Mitgliedern jedoch eher das Verdienst der Kirche und ihres Umfeldes war und nicht der Blockpartei CDU, wird an jenen deutlich, die ebenfalls aus dem christlichen Umfeld stammten, politisch aber ganz andere Wege gingen als die ›Unionsfreunde‹. Ein gutes Beispiel ist Sebastian Pflugbeil. Der Sohn des Greifswalder Kirchenmusikdirektors war in der Stadt aufgewachsen und ausgebildet,

---

[22] Das Ergebnis liegt vor, Untersuchungsausschuß (Hrsg.), 1990. Ferner die Darstellung bei R. GLÖCKNER, 1994.

[23] Glöckner rückte in eine sehr zentrale Funktion am Runden Tisch. Im Untersuchungsausschuß der Stadt gehörten am 20. 12. 1989 von 85 Mitgliedern sieben der CDU an. Neben SPD und Neuem Forum bildete sie die stärkste Gruppe.

[24] Dazu die Niederschriften der CDU, in: ACDP. II-230-005/3 u. -010/1.

er wurde zum Umweltminister des Neuen Forums in einer der letzten DDR-Regierungen. Er regte die Abschaltung des Greifswalder Kernkraftwerkes an. Hinrich Kuessener, Vorsteher der Odebrecht-Stiftung und Gründungsmitglied des Neuen Forums, saß für die SPD in der Volkskammer, später im Landtag und wurde Sozialminister. Beide stammten aus religiös orientierten Familien, die durch die Bewahrung von bestimmten Mentalitäten den Grundstein für geistige und persönliche Unabhängigkeit gelegt hatten. In der CDU sammelte sich nur eine mögliche Ausdrucksform solcher Haltungen, sie existierten dort auch nicht in Reinkultur.

Die CDU bestand in Vorpommern daher nicht allein aus korrumpierten ›Blockflöten‹. Die von der SED verordnete Bindung an die Kirche und an die Religion hatte ihr das Schicksal der NDPD erspart, die wie ein Waisenkind von der SED zurückgelassen wurde und zerstob.[25] Die Christdemokraten hatten ihre Substanz bewahrt. Ihr ganz eigenes und durch 40 Jahre DDR unbestrittenes politisches Vorfeld der oft gezwungenermaßen organisierten Christen trug sie durch den Umsturz der politischen Verhältnisse wie die Hilfe aus Bonn, Kohls Rede auf dem Greifswalder Markt, die Aussicht auf die Vereinigung und die D-Mark.

Der dünne Faden vom Kaiserreich zur Bundesrepublik, vom konservativen Milieu zur sich wandelnden CDU der sterbenden DDR wird an der wiederbelebten Pommernidentität deutlich.[26] Plötzlich wehten überall auf Demonstrationen oder in Kleingärten selbstgenähte blau-weiße Fahnen mit dem Greifenwappen. Viele wollten jetzt lieber unverbindlich Pommern sein und nicht mehr Marxisten, Klassenkämpfer oder Proletarier. Sie wollten sich mit ihrer Heimat, ihrer Geschichte und den Traditionen identifizieren dürfen. In der Kirche hatte dieses Regionalbewußtsein überlebt, über die CDU wurde es jetzt aufgenommen und in die Politik zurücktransportiert.[27] Die CDU forderte, daß es ein eigenständiges Land Pommern geben sollte oder einen Anschluß an das gleichfalls ehemals preußische Brandenburg. Die Kirche und in ihrem Gefolge die regionale CDU hatten nie aufgehört, in solchen Kategorien zu denken. Hier knüpften sie wieder an.

---

[25] Protokoll einer Besprechung mit acht PGH-Vorsitzenden bei der NDPD vom 27.10.1989. Außer einer Forderung nach mehr wirtschaftlicher Vernunft fiel der NDPD nichts ein, sogar die Planwirtschaft sollte bleiben, in: VpLA. Kreisleitung Greifswald, IV/E/4/02/208.

[26] Die Provinz fühlte sich in der DDR stets gegenüber Berlin benachteiligt. Die Belebung der Pommernidentität hatte hier ihre Wurzeln. Auch im neuen Land fühlen sich die Pommern an den Rand gedrängt, denn Zentrum sind Schwerin und Mecklenburg. Besonders die Gebiets- und Verwaltungsreform brachte diese Mentalitäten noch einmal stark in Bewegung.

[27] R. GLÖCKNER, 1994, S. 64 ff.

Honeckers Kirchgang verdeutlicht das Spannungsverhältnis von Kontinuität und Wandel im Bereich konservativer Parteien und Gesellschaft. Der Staatsratsvorsitzende vertrat einen ›konservativ‹ gewordenen Fortschrittsglauben und machte den auf Veränderung drängenden religiösen Kräften, Vertreter einer einstmals konservativen Kirche, seine Aufwartung. Wohl wenige politische Strömungen, welche die Zeiten überdauerten, können mit so vielen Brüchen und Positionswechseln aufwarten wie die Konservativen.[1]

Ein konservatives Milieu im engeren Sinne, ein soziales Gebilde, welches allein durch eine konservative Sozialmoral zusammengehalten worden wäre, hat es in der hier näher untersuchten Phase nicht gegeben. In den zwanziger Jahren gab es ein konservativ-nationales Milieu mit konservativ bestimmten Kernen im Bereich der ländlichen Lebenswelt, der Kirche, in Teilen des universitär gebundenen Bildungsbürgertums und der übrigen Beamtenschaft. Legt man einen hohen qualitativen Maßstab an, der sich an der Dichte von Organisations- und Kommunikationsbezügen und an der Geschlossenheit der Weltanschauung mißt, kann nur für die Phase von etwa 1923 bis 1929 von einem hoch verdichteten, politisch wirksamen Milieu gesprochen werden. Einzelne Gesellschaftssegmente behielten jedoch nach dem Auseinanderfallen des Milieus Bestand und wiesen milieuhafte Strukturen, verbunden mit konservativen Orientierungen, auf. Sie blieben bis etwa 1958 wirksam und darüber hinaus prägend. Schließlich war von den konservativen Milieuelementen nur noch die Kirche mit ihrem Vorfeld übrig. Sie gelangte unter veränderten, nur noch bedingt mit den konservativen Werthaltungen der zwanziger oder dreißiger Jahre in Verbindung zu bringenden Orientierungen, seit den achtziger Jahren zurück in das Zentrum des politischen Geschehens. Gleichwohl lag hier, bei der Kirche, die stärkste Kontinuitätslinie.

Die deutsche Gesellschaft der ersten Hälfte dieses Jahrhunderts war fasziniert von großen Gemeinschaftsidealen. Sie beschäftigte sich fortwährend mit der Frage, wie die Probleme, die in der Industrialisierung und mit dem Aufstieg der Massengesellschaft entstanden waren, in neuen Gemeinwesen zu lösen wären. Mit der Niederlage im Ersten Weltkrieg wurde diese Suche intensiver, das Bemühen, zu einer Lösung zu kommen, engagierter. Offen-

---

[1] Über das wechselseitige Verhältnis von gesellschaftlicher Basis und Partei ist in den bisherigen Zusammenfassungen genug gesagt worden. Auch die sozialhistorische Füllung des Begriffs und die Bezüge zu den beiden Milieus der Katholiken und der Sozialisten wurden bereits eingehend erörtert. Die Aussagen beanspruchen eine Reichweite für die Region Greifswald in Vorpommern. Über ihre jeweilige Verallgemeinerungsfähigkeit kann erst nach einem Vergleich mit anderen konservativen Regionen und Bevölkerungsteilen abschließend entschieden werden.

bar genügten den Menschen die Möglichkeiten der kaiserzeitlichen Gesellschaft nicht mehr, um mit den neuen Krisenerfahrungen zurechtzukommen. Der Mensch sollte in jedem Fall nicht aus den Bindungen befreit werden, sondern im Gegenteil, er sollte eingebunden bleiben, Teil eines großen Ganzen werden, das auf das Wohl aller oder doch der Mehrheit verpflichtet blieb. Diese Fixierung auf die Gemeinschaft war es, die den Keim des Totalitären in sich trug, denn die Rechte des einzelnen gegenüber der Gemeinschaft waren nirgends klar abgegrenzt. Was Mehrheit und was Minderheit war, blieb ebenso offen. Individuelle Menschenrechte waren getreu der deutschen obrigkeitsstaatlichen Tradition eher unterentwickelt. Zwei große Konzepte traten gegeneinander an. Eines war sozial egalisierend und politisch auf die Herrschaft einer Partei der Arbeiterklasse zugeschnitten, das andere war nationalistisch integrierend, wollte die sozialen Unterschiede bewahren und war mit Vorstellungen autoritärer Herrschaft verbunden. Waren sie auch inhaltlich und in ihrer Zielsetzung sehr unterschiedlich gefaßt, befruchteten und inspirierten sich diese Konzepte doch wechselseitig. Beide ließen keinen Raum für konkurrierende Ideen oder Vergemeinschaftungen. Beide gerieten daher in Konflikt mit der Religion. Die Auseinandersetzung um die Richtigkeit und die Vorherrschaft dieser beiden Entwicklungsperspektiven, die den Charakter von politischen und gesellschaftlichen Utopien annahmen, beschäftigte die Menschen und beherrschte die Entwicklung bis Anfang der 1960er Jahre. Seitdem verblaßte der Glanz der großen Gemeinschaftsideen und machte einer mehr individualistisch aufgefaßten Perspektive Platz.

Schon dieser grundsätzliche Gedankengang einer geplanten Neufassung gesellschaftlicher Verhältnisse war mit der konservativen Vorstellung von genetischer Entwicklung, von Wachsen und Werden nicht vereinbar. Das nationalistische Gemeinschaftskonzept überlagerte ganz eindeutig und schon sehr früh alle anderen politischen Ideen, die älter waren und weit weniger totalitär dachten. Das noch stark konservativ inspirierte Vorläufermodell der Volksgemeinschaft, wie es in den zwanziger Jahren populär wurde und Grundlage der nachholenden Bildung eines konservativ-nationalen Milieus wurde, hob sich bereits deutlich von den traditionellen Vorstellungen der Konservativen ab. Es blieb ein Gegensatz zwischen Konservativen und Nationalisten bestehen. Dieser Gegensatz war vor allem religiös unterlegt, denn Grundlage aller konservativer Sozialmoral war stets die Religion. Sie aber war im nationalistischen Gemeinschaftskonzept, in der radikal zugespitzten Utopie der Volksgemeinschaft an den Rand gestellt und durch die Interessen der nationalen Gemeinschaft ersetzt. Die Religion kollidierte dann vollends mit den Vorstellungen des Nationalsozialismus. Gleichwohl blieben die Affinitäten groß, und es finden sich in dem nationalistischen Konzept ein ganze Menge Gedankensplitter und Vorstellungen, deren Herkunft aus dem konservativen Denken deutlich ist, auch wenn sie aus diesen Zusammenhängen gelöst worden waren.

Besonders auffällig war darunter die Vorstellung, daß die Gesellschaft prinzipiell aus Ungleichen bestehe, daß mithin nicht die soziale Grundordnung, sondern nur die Form des Zusammenlebens und der Mobilisierung für politische Ziele verändert werden müsse. Konservativ waren eine ganze Reihe von fortbestehenden Wertorientierungen wie die Vaterlandsliebe, die Betonung von Staat und Reich, der Hang zum Militärischen und Kriegerischen, die Vorliebe für ländliches Leben. Konservativ inspiriert waren auch die nationalsozialistischen Vorstellungen des Wandels, die eher auf allmähliche Prozesse, auf Einschmelzen und Hineinwachsen zielten und weniger nach radikalem Umbau strebten. Jeder sollte an seinem Platz bleiben dürfen; zumindest rhetorisch ging es stets darum, einen guten alten Zustand wiederherzustellen.

Strenggenommen ist damit die Phase eines politisch verbindlich wirksamen Konservatismus bereits 1918 abgeschlossen. Die zwanziger, dreißiger und frühen vierziger Jahre sind ein Einschmelzungsprozeß, in dem es den Konservativen regional zunächst noch gelang, in dem Prozeß der nationalistischen Vergemeinschaftung die Führung zu übernehmen, die sie dann aber an die Nationalsozialisten verloren. Offenbar waren die Grundlagen für ein erneuertes und nur konservativ bestimmtes Gemeinwesen seit 1918 nicht mehr vorhanden, die Konservativen zogen daraus den Schluß, daß es klüger sei, in einer ihnen genehmen großen Gemeinschaft aufzugehen. In jedem Fall ist aber die Phase von 1918 bis 1945 als eine Einheit zu betrachten. Das Jahr 1933 markiert einen Wendepunkt in der Machtfrage, nicht aber in der grundsätzlichen politischen Entwicklung. Der NS-Staat war keine Angelegenheit der Konservativen, er war aber auch in vielen Punkten kein politisches System, dem sie fundamental ablehnend gegenüberstanden. Nur die alten konservativen gesellschaftlichen Kernbereiche in Kirche und ländlicher Oberschicht verweigerten sich dem Nationalsozialismus mit Nachdruck.

Der Begriff Konservatismus ist immer nur Kennzeichen einer Grundorientierung geblieben, entwickelte sich nie zur ausgefeilten Lehre oder geschlossenen Ideologie. Der Konservatismus als Gedankengebäude spielte keine politikbestimmende Rolle. Man redete nicht darüber, er wurde nicht diskutiert. Offenbar hielten jene, die sich selbst zu seiner Partei bekannten, den Konservatismus als politische Lehre für eher bedeutungslos, obwohl Fragen der Weltanschauung bis in die sechziger Jahre eine wesentliche Rolle in der Politik spielten. Die beiden Gemeinschaftskonzepte, von denen eingangs gesprochen wurde, waren schließlich weltanschaulich inspiriert. Die konservative Orientierung trat indes dabei zurück. Die Phase von 1918 bis 1945 stand unter dem Vorzeichen eines ausklingenden Konservatismus und eines aufsteigenden Nationalismus. Seit 1945 war weder von Konservatismus noch von Nationalismus, sondern nur noch von Religion die Rede. In ihr waren wesentliche Bestandteile konservativen Denkens und politischen Handelns aufgehoben, von hier aus konnte diese Ideenwelt, konnten konservative Wertbezüge neu belebt, verändert und wirksam gemacht werden.

Der Befund einer insgesamt abnehmenden Bedeutung von Ideologie nach der Hochphase in den zwanziger Jahren und einem kurzen Aufflammen in den späten Vierzigern gilt nicht nur für die Konservativen, sondern für die gesamte Gesellschaft. Die totalitären Regime entpolitisierten die Gesellschaft. Weltanschauungen wurden vom freigewählten Orientierungsrahmen zur pflichtgemäß übernommenen Doktrin. Damit war keine Begeisterung zu wecken. Überdies mußte eine regierende Weltanschauungspartei ihre utopischen Ziele zwangsläufig ablegen, sie mußte im Interesse der Machterhaltung nach ihrer eigenen Couleur ›konservativ‹ werden. Auch das entwertete den Glanz weltanschaulicher Entwürfe. Die seit 1930 mit dem totalitären Umschwung der Volksgemeinschaftsideologie einsetzende schleichende Entideologisierung der Politik zersetzte am Ende die gesellschaftliche Basis der SED. Die Einheitspartei fand sich in der von den meisten ideologischen Vorbehalten und Trennlinien befreiten Gesellschaft nicht mehr zurecht und fiel daher den wendigeren und wandlungsfähigeren Kräften im Umfeld der Kirche zum Opfer. Die SED war unzeitgemäß geworden. Politik benötigte keine der altertümlichen Weltanschauungen als Krücken. Die Probleme der industrialisierten Massengesellschaft, auf die die SED eine Antwort zu sein versuchte, waren nicht mehr die Probleme der achtziger Jahre. Die politische Kontinuität ergab sich bei den Konservativen somit gerade nicht aus der andauernden Bedeutung einer ideologischen Position. Allenfalls in der Grundhaltung war eine konsolidierte Einstellung auszumachen. Die Konservativen gingen politisch immer von dem aus, was vorhanden war. Sie ließen sich durch eine Lehre nicht die Realität verstellen. Daß sie gleichwohl für irreale politische Grundauffassungen, für Träume anfällig waren und sich der Realität verweigerten, zeigt indes ihr Verhalten in den zwanziger Jahren.

Das wirft die Frage nach der weltanschaulichen oder politisch-pragmatischen Kernsubstanz konservativer Parteien im protestantischen Deutschland auf, nach dem ideellen Inneren des Konservatismus. Die Wähler der CDU 1990 verband eine Gemeinsamkeit mit den Wählern der DNVP 1919 und auch mit den Konservativen der Wahlen von 1912. Selbstverständlich wollten und dachten sie politisch in allen drei Fällen an etwas ganz Unterschiedliches, aber allen gemeinsam war, daß sie sich von den Sozialisten, genauer noch, von einer theoretischen Grundlage der Politik abgrenzten und daß sie ein grundsätzlich nicht negatives Verhältnis zur Religion hatten. Alles andere ordnete sich dem unter. Konservativ ist mithin weder per se antidemokratisch, autoritär, etatistisch, obrigkeitlich, agrarisch, preußisch oder adelig.

Eine konservative Haltung ist im Verhältnis zum großen Gegenüber Sozialismus nicht grundsätzlich die beharrende und bewahrende Kraft. Es hieße den Sozialismus überschätzen, wenn man glaubt, er dränge fortwährend auf Fortschritt und Veränderung. Auch er ist wie der Konservatismus immer im Verhältnis zur Zeit und zur Machtkonstellation zu bewerten. Seit Ende der fünfziger Jahre kehrten sich die Vorzeichen um, und jene Kräfte, die auf einen Wandel drängten, waren nach ihrer Tradition, ihren Wertbezügen, ihrer historischen Verwurzelung und gemäß ihrer grundsätzlichen politischen Disposition konservativ gebunden. Es erscheint daher sinnvoll, die politischen Strömungen nicht mehr so stark aufeinander zu beziehen. Die konservative Grundhaltung muß den Sozialismus zur Kenntnis nehmen wie umgekehrt genauso. Hinter dem Begriff konservativ verbirgt sich eine Denkhaltung, die es ablehnt, ein geschlossenes Weltbild zur Grundlage politischen Handelns zu machen, die grundsätzlich skeptisch gegenüber jeder Form vermeintlichen Fortschritts ist, die sich letztlich als wertgebunden betrachtet, ohne daß diese Werte ein für allemal definiert wären.

Hier kommt die Religion ins Spiel, denn in erster Linie sie liefert jene Werte, auf die sich Konservative jederzeit berufen konnten, die durch keine konkurrierende oder gar feindliche Weltanschauung anfechtbar war. Die religiös gebundenen Werte bildeten den einzigen dauerhaften, positiven Kern weltanschaulicher Orientierung, ohne daß Religion und Kirche zu irgendeinem Zeitpunkt im Konservatismus aufgingen. Es waren auch immer ganz andere politische Folgerungen aus einem religiösen Bekenntnis möglich. Gleichwohl waren es die protestantisch inspirierten Denkhaltungen, die jederzeit hinter den Konservativen zu erkennen waren. Aus dem Glauben und seiner Verankerung in bestimmten Sozialgruppen ergab sich die Bedeutung der Religion für die Konservativen. Die Religion bildete den eigentlichen Kern des regionalen Konservatismus, der konservativen Sozialmoral. Sie glaubt an die Fehlbarkeit des Menschen und an Vergebung, an die zweite Chance. Sie schätzt Familie und Bindung, Heimat und Region, gewachsene Ordnung. Sie akzeptiert eine geschichtete Gesellschaft und unterschiedliche Talente der Menschen. Sie beruht auf Erfahrung und ist kein Dogma. Der Rest blieb temporäres Versatzstück. Preußen, Monarchie, Nation, Staat, Geschichte, Militär oder Tradition ordneten sich dem unter.

Wichtig für die Geschichte der Konservativen waren die Eliten, Träger und Bewahrer dieser politischen Richtung. Ein wesentlicher Punkt war die Verankerung der konservativen, religiös inspirierten politischen Grundhaltung in der ländlichen Oberschicht und in Teilen der Landbevölkerung. Hier verband sich der Kern konservativer Gesinnung fest mit der Lebensweise der kulturell abgesonderten sozialen Gruppe der Großgrundbesitzer. In dieser Verbindung erreichte der Zusammenhang von konservativer Gesinnung und sozialer Gruppe seine stärkste und festeste Ausprägung. Hier lag die Kernsubstanz der konservativen Basis, ein Milieukern, der freilich nur geringe Verbindung zur breiten Masse der Bevölkerung hatte und deswegen wenig wirksam war. Er wurde überdies 1945 zerstört.

Die konservativen Eliten hielten über die Brüche der historischen Entwicklung die konservative Partei zusammen. Auf den ersten Blick war diese Gruppe beständig höchst uneinheitlich. Großgrundbesitzer, Großpächter, Verwaltungsbeamte, Professoren, Anwälte, Pfarrer oder Lehrer hielten die Partei am Leben und sammelten sich unter den Stichworten konservativer Weltanschauung. Mit den Bezeichnungen agrarische und bildungsbürgerliche Elite sind sie nur sehr grob beschrieben. Sehr viel wichtiger für den Zusammenhalt der Partei war ihre gemeinsame Erfahrung und Schulung als Offizier des kaiserlichen Heeres und der Marine, später – wenngleich mit Abstrichen – der Wehrmacht. Ihre dort gewonnenen politischen Haltungen und Mentalitäten, die Organisationsfähigkeit, Verantwortungsbereitschaft und Führungskraft bestimmten den Geist und den Charakter der Konservativen bis weit in die fünfziger Jahre. Die Eliten der Kirche, die Pfarrer, waren die letzte weitgehend geschlossene Offiziersgruppe, die nach 1945 bei den Konservativen eine wichtige Rolle spielte. Über den Status des Offiziers oder Unteroffiziers verknüpften sich die mittelständischen mit den bildungsbürgerlichen Eliten. Auf diese Weise erhielten die Konservativen eine einheitliche Führungsschicht. Das Militär war somit nicht nur als mentalitätsprägende Instanz, sondern ganz konkret als organisatorischer Rückhalt der konservativen Partei von hoher Bedeutung. Das Militär war die Kaderschule der Partei. Auch die Anfänge von breiten Mitgliederorganisationen in DNVP und Stahlhelm stützten sich auf ehemalige Offiziere. Die Funktionäre, die ›Milieumanager‹ in den zwanziger und frühen dreißiger Jahre kamen aus den Streitkräften. Ihr einheitlicher ›Corpsgeist‹ verknüpfte die Gruppen in der Partei und gab den heterogenen Konservativen eine einheitliche Linie. Die nachlassende Bindekraft einer konservativen Partei nach 1945, ihr Zerfallen in verschiedene Gruppen, auch die Pluralisierung der Kirche, hatten möglicherweise mit der Entwertung dieser Elite und der Grundlage ihrer Erfahrung zu tun. Sie durfte in der DDR nicht mehr Elite sein, und es wuchsen keine konservativen Offiziere mehr nach. Der Niedergang der NDPD ist dafür ein gutes Beispiel. Sie war auf diese Elite angewiesen, bekam sie jedoch nicht mehr.

Das Verhältnis von Eliten und Parteianhang bildet eines der wesentlichen Probleme konservativer Milieuwirklichkeit. Beide Gruppen fielen nämlich beständig weit auseinander. Es gab die von Lepsius geforderte ›schichtspezifische‹ Zusammensetzung der Partei nicht, sie war immer eine Angelegenheit der Oberschicht. Das galt aber nicht für die Mitglieder der DNVP oder des Stahlhelm. Hier lag einer der wesentlichsten Gründe für die mangelhafte Kohärenz des konservativen Milieus.

Die zwanziger Jahre waren eine Phase sehr starker gesellschaftlicher Dynamik mit immer neuen Ideen und Vorstellungen über die gute Zukunft der Gesellschaft, die eine Gemeinschaft sein wollte. Dies war die große Wetterküche des zwanzigsten Jahrhunderts. Hier hatten die meisten Konflikte und Prozesse ihren Ursprung, die noch bis 1990 die Entwicklung bestimmen sollten. Durch die Krisen und die permanenten Strömungswechsel war der Verschleiß nicht nur an Ideen, sondern ganz konkret an konservativen Eliten sehr groß. Das konservative Parteienspektrum blutete daher aus. Erst mit dem Sieg des Nationalsozialismus beruhigte sich die politische Landschaft. Das Scheitern der nationalistischen Gemeinschaftsidee im Zweiten Weltkrieg ließ 1945 noch einmal die Kräfte der zwanziger Jahre aufleben. Da der äußere Druck auf die konservativen Kräfte durch den Aufstieg des zweiten großen und absoluten Gemeinschaftskonzepts des Sozialismus immer stärker wurde, brach der begonnene Findungsprozeß indes ab. In ihm steckte die Möglichkeit einer Konsolidierung konservativer politischer Restbestände, eines Neuaufbaus auf den Trümmern. Eine Rückorientierung selbst zu jenen Konservativen, die sich dem Nationalsozialismus verweigert hatten, war nicht mehr möglich, weil diese politische Strömung durch ihre Symbiose mit dem radikalen Nationalismus entwertet schien. Nur über die Religion waren Reste konservativer Werthaltungen zu bewahren. Das Jahr 1945 markiert insofern die schärfste Zäsur in der politischen Entwicklung des zwanzigsten Jahrhunderts in Deutschland. Erst 1958 verloren die Reste des konservativ-nationalen Milieus ihre gesellschaftsprägende Wirksamkeit. Diese Dauerhaftigkeit unterstreicht die Bedeutung, die Stärke, die Tiefe der Verankerung der nachholenden Milieubildung in den frühen zwanziger Jahren.

Die breiten Schnittstellen des deutschen Konservatismus mit der totalitären Gedankenwelt der NSDAP in den zwanziger und dreißiger Jahren lagen in den nichtreligiösen Bereichen konservativer Überzeugungen. Mit den Sozialisten verband die Konservativen allenfalls eine Vorliebe für eine autoritäre und straffe Staatsführung und ein grundsätzlicher Vorbehalt gegen demokratische Verfahren. Eine politische Sozialmoral, so kann man auch mit Blick auf die Entwicklung bei den Sozialisten schließen, bietet folglich keinen Schutz gegen totalitäre Versuchungen. Sie taugt als demokratische Leitlinie für politisches Handeln nur sehr bedingt, solange sie nicht an vorpolitischen, ethischen, religiösen oder philosophischen Werten orientiert ist, welche die Rechte des Individuums verbürgen. Die antitotalitäre Substanz des Konservatismus ist eindeutig religiös gespeist. Von hier aus konnte sie sich auch demokratisch läutern.

Es war somit im Sinne der SED nur logisch, wenn sie sich bemühte, die Religion auszutrocknen. Nur auf diesem Wege konnte sie die wesentlichste Ressource ihrer Gegner zerstören. Doch solange es das Angebot der christlichen Gemeinden gab, solange es die Religion gab, fanden sich immer wieder Menschen, die sich vom Glauben ansprechen ließen und daraus auch politische Konsequenzen zogen. Dem war weder mit Sanktionen noch mit Überzeugungsarbeit beizukommen. Auf diese Weise gelang es weder der SED noch der NSDAP, ihre Gemeinschaftsbildung als die einzig existierende durchzusetzen. Es blieb immer eine alternative, eine abweichende Wahrnehmung von Realität vorhanden, die aus dem Glauben erwuchs und sich an Werten orientierte, die wiederum auf die Politik verwiesen. Es blieb gestützt auf die Religion immer eine Organisation vorhanden, die den offiziellen Vereinen und Verbänden gegenüberstanden. Welche Politik damit von der Kirche gemacht wurde, war offen. Sie war indes traditionell in der Region Vorpommern mit den Konservativen verbunden.

Daß gerade Vorpommern bis 1990 eine Hochburg der Konservativen blieb, hatte mit dieser alten und traditionellen Bindung zu tun. Hier war die ländliche Lebenswelt bis weit in die dreißiger und vierziger Jahre bestimmend. Ihre Probleme prägten die Entwicklung bis 1945. Das Land mit seinem Adel, den Patronaten und Pfarrern war die stärkste Basis der Kirche und der Religion. Ländliche Lebenswelt und Religion waren untrennbar miteinander verbunden. Daher ergab sich auch mit der Bekennenden Kirche eine konservative Kerngemeinschaft auf dem Lande und nicht in der Stadt. Trotz der fundamentalen Zerstörung dieser Welt 1945/46 kam der starke religiöse und somit konservativ geprägte Schwung des politischen Neubeginns von hier. Weil die ländliche Lebenswelt und in ihr der religiös bestimmte Konservatismus vor 1945 so stark gewesen waren, war auch die religiöse Prägung für konservative Politik nach 1945 immer noch wirksam. Sie war die vitalste regionale politische Tradition, die über die Kirche, ihre Eliten und Angehörigen weitergegeben wurde. Allein die nationalistisch-atheistische Umprägung konservativer Haltungen seit der Mitte der zwanziger Jahre durchbrach diese Position. Die Religion war stark, war konservativ und hatte eine breite soziale Basis. Der Sozialismus war demgegenüber schwach, ohne umfassende soziale Verankerung und regional weitgehend traditionslos. Mit dem Abklingen des Nationalismus blieb als letzte nichtsozialistische Position der christliche Konservatismus übrig. Er speiste sich mithin aus der historischen Quelle des ländlichen großagrarischen Pommern.

Die wichtigste gesellschaftliche Hauptspannungslinie war letztlich die zwischen Christen und Atheisten. Dies war am Ende nur die letzte Dimension einer sehr viel komplexeren Konfliktlinie. Ursprünglich bestand sie auch in einem Gegensatz zwischen Arbeitern und Bürgern sowie Agrariern, zwischen Eigentümern und Besitzlosen, zwischen Sozialisten und Nichtsozialisten. Andere Spannungslinien traten im Laufe der Zeit an Bedeutung deutlich zurück. Der Stadt-Land-Gegensatz war seit 1918 in der Region politisch nicht mehr relevant, die Frontstellung der Provinz gegen das Zentrum schleifte sich in den frühen dreißiger Jahren ab, ohne je ganz zu verschwinden, die konfessionelle Trennlinie war seit 1945 obsolet.

Beiden Diktaturen gemeinsam war ein sicherer Instinkt für Bedeutung, Konstruktion und Funktionsweise von Milieus. Sowohl NSDAP als auch SED hatten ihre Wurzeln in der Weimarer Republik. Ihre politische Handlungsweise war an der Analyse der Gesellschaft vor 1933 geschult und blieb diesen Verhältnissen bis an das jeweilige Ende beider Parteien verbunden. Das Milieu wurde auf diese Weise zu einem Faktor, mit dem Politik gemacht wurde. Das drehte die Verhältnisse einfach um, denn von einer mehr oder weniger von allein entstehenden sozialen Erscheinung, die Parteien und Politik beeinflußte, also von unten nach oben wirkte, wurden sie zu einem Faktor, mit dem in der Politik gerechnet wurde. Das Milieu wechselte von einer aktiven zu einer passiven Position über. ›Erfinder‹ dieser Milieupolitik war Hugenberg, der 1929 mit dem Youngplan-Referendum begann, das konservativ-nationale Milieu als Faktor der Politik gezielt einzusetzen. Die NSDAP folgte ihm und richtete ihre Politik auf dieses Milieu und seine Eroberung aus, nahm auch Rücksichten, griff aber dort an, wo am leichtesten Erfolge möglich waren. Sie bemühte sich, es für die eigenen Zwecke nutzbar zu machen, es einzubinden, um es dann in der Volksgemeinschaft aufzulösen.

Der SED stand für ihr Gemeinschaftsprojekt nur die marxistisch geprägte Gesellschaftsanalyse mit ihrem begrifflichen Instrumentarium zur Verfügung. Dies setzte sie rücksichtslos ein. Immerhin handelte es sich beim Milieu der Konservativen nunmehr um einen Feind, dem man nur dort Zugeständnisse machen mußte, wo es aus wirtschaftlichen Gründen unumgänglich war. Die SED betrieb aktive Anti-Milieupolitik. Sie verhinderte jede Form von konkurrierender Gemeinschaftsbildung und ließ keinerlei Lücken mehr zu. Selbst die Kirche wollte sie durchdringen. Den nichtsozialistischen Gruppen wurde nicht allein die Möglichkeit genommen, sich politisch oder kulturell zu artikulieren, ihnen wurden sogar Repräsentanten zugeordnet, die im Sinne der SED funktionierten. Die Politik der Einheitspartei gegenüber bestimmten Gesellschaftsgruppen war phasenweise so angelegt, daß sich bestimmte milieuhafte Verdichtungen bildeten, die dann um so leichter unter Kontrolle gebracht werden konnten, um sie auszutrocknen, lahmzulegen und politisch zu beruhigen. Mit gewissen Abstrichen war diese Politik durchaus erfolgreich, denn es gelang ihr weitgehend, die konkurrierenden Gemeinschaften kaltzustellen und aufzulösen.

Die beiden aufeinanderfolgenden Diktaturen in Deutschland verfolgten zwei unterschiedlichen, absoluten Gemeinschaftskonzepten. Beide leitete ein stark volkspädagogischer Antrieb. Nationalsozialisten und Sozialisten war klar, daß ihre jeweilige Vorstellung von der guten Gesellschaft sich nicht von selbst ergab, sondern gegen Widerstände durchgesetzt werden mußte. Mit diesem Problem hatte die SED noch weit stärker zu kämpfen als die NSDAP, die sich wenigstens auf die freiwillige Zustimmung von rund 50 Prozent der Bevölkerung stützen konnte. Die Umerziehung und Besserung des unvollkommenen Menschen mit dem Ziel einer guten Gesellschaft, einer nationalen oder sozialistischen Gemeinschaft, standen im Vordergrund ihrer Bemühungen. Dieser Ansatz widersprach dem ursprünglichen konservativen Menschenbild und widersprach konservativen Vorstellungen von den sich selbst regelnden Verhältnissen. Das Verhalten der Konservativen gegenüber den Diktaturen kam gleichwohl nur wenig über die hinnehmende Verweigerung hinaus. Ihre weitgehende Utopieunfähigkeit machte es ihnen schwer, über das Ende des Bestehenden hinauszudenken, aus der Ablehnung der Verhältnisse zu deren Neugestaltung zu gelangen. Es fiel ihnen schwer, für ein quasi nicht erkennbares Ziel aktiv zu werden. Nur 1944 und 1945, als der zentrale Rahmen konservativ-nationaler Gesinnung in höchster Gefahr war, gelang ihnen das. Erst mit der demokratischen Läuterung nach 1945 entwickelte sich eine Perspektive, aus der heraus sich auf konservativer Grundlage an die Überwindung einer Diktatur denken ließ. Erst in dieser Kombination, nach der Auseinandersetzung mit einem diktatorisch herrschenden Gegner, gelang es den Konservativen, Anschluß an die gesellschaftliche Entwicklung zu finden.

Das Verhältnis zur Regierung und zum Staat ist für die Konstituierung von sozialmoralischen Milieus der entscheidende Punkt. Sie bildeten sich immer in Abgrenzung zur Staatsmacht, zum herrschenden politischen System aus. Eine soziale Gruppe mußte, aus welchen Gründen auch immer, sich selbst unter dem Druck sehen, der offiziellen Gesellschaft eine eigene Organisation entgegenzustellen. Grundlage dieses Mechanismus, der sowohl für Sozialisten und Katholiken als auch für die Konservativ-Nationalen nach 1918 galt, war der Absolutheitsanspruch, mit dem alle politischen Gruppierungen des Kaiserreichs ihre Positionen vertraten und durchsetzten. Es gab keinen Mittelweg, keine Kompromisse. Der obrigkeitliche Staat hatte auch die Republikaner der Weimarer Republik in dieser Hinsicht schwer geschädigt. Der Absolutheitsanspruch fußte auf einer weltanschaulichen und politischen Gruppendisposition, denn nur über sie war die Abgrenzung möglich. Diese Disposition konnte aber auch in der Lebensweise einer bestimmten sozialen Schicht liegen, die eine Gemeinschaft konstituierte und – das ist unter der Herrschaft der beiden Gemeinschaftsideologien ganz wichtig – die von den genormten und durchgesetzten Gesellschaftsvorstellungen der Herrschenden abwich. Das galt zwischen 1933 und 1945 für den Adel, der mit seinem elitären Lebensstil und Familienverhalten nicht in die Volksgemeinschaft der NSDAP passen wollte. Das galt nach 1945 für den alten Mittelstand, der unter das Kapitalismusverdikt fiel, oder für das Restbürgertum, das kulturell nicht in die proletarische Gesellschaft gehörte.

Die Basis der Konservativen, zumal ihre zum konservativ-nationalen Milieu verdichtete Form, bestand folglich jederzeit aus ganz unterschiedlich gebundenen und miteinander verklammerten Zusammenhängen, die neben der übergreifenden politischen Logik auch noch den Regeln der jeweils untergeordneten Gruppe unterworfen blieben. Konservatives Milieu konstituierte sich mithin nie allein über einen Faktor. Es war ein Bündnis verschiedener Gruppen. Weder Rohes Ansatz, die Milieus über die Lebensweise zu definieren, noch Lepsius' Betonung der Gesinnung führten bei den Konservativen zum Ziel. Das konservativ-nationale Milieu der zwanziger Jahre war eine gelungene Verbindung von Lebensweisen und Weltanschauung. Das sollte sich so nicht wieder ergeben. Über die Festigkeit des Milieus ist damit nichts gesagt, denn die jeweilige Konstellation definierte die Gruppen. Der historische Prozeß fügte zusammen und ließ erodieren. Die Gruppenidentität des alten Mittelstandes beispielsweise war im Nationalsozialismus eher irrelevant, nach 1945 war sie hochpolitisch. Milieus, die sich anhand einer Lebensweise konstituierten, fallen im Verhältnis zu Gesinnungsmilieus keineswegs zurück. Die Ökonomie oder die Familientradition setzten bisweilen härtere Fakten als eine Ideologie.

Lebensweise-Milieus orientierten sich nur bedingt an der Politik. Solange sich an der Lebensweise grundlegend nichts änderte, blieben sie stabil. Sie haben jedoch nicht die gleiche Verbindlichkeit wie die sozialmoralischen Milieus, zu denen sie gehören können. Die Reproduktionsfähigkeit von Lebensweise-Milieus ist eingeschränkt. Die Weitergabe von Kultur, Ideen oder Mentalitäten funktioniert nur über die Familien, nicht über allgemeine gesellschaftliche Instanzen, wie Vereine und Verbände. Gleichwohl war es die Verknüpfung von Lebensweise und Gesinnung, die dafür sorgte, daß es

Kontinuitäten im Rahmen von Familien im konservativen Bereich der regionalen Gesellschaft zwischen 1918 und 1990 gab. Es war die Lebensweise von Pfarrerfamilien, die sich an religiös unterlegten politischen Haltungen orientierten, und es war die Lebensweise von Arzt- und Apothekerfamilien, in denen man an traditionellen Politikvorstellungen festhielt. Hier lebten Mentalitäten fort.

Die hohe Bedeutung des Vereins- und Verbandswesens und seiner Vernetzung mit der Politik für die Konservativen ist deutlich geworden. Aus diesen gesellschaftlichen Netzwerken rekrutierte sich die kommunale Politikerschaft. Zwischen DNVP und gesellschaftlichem Vorfeld bestand eine Art Arbeits- und Aufgabenteilung. Ohne den Unterbau war vor 1933 politische Arbeit in der Region undenkbar. Die Bedeutung für die Partei ist hoch zu veranschlagen. Vor allem in den zwanziger Jahren hatte das Vorfeld für die Partei eine Bedeutung wie die Gewerkschaften für die SPD. Damit ein solches Milieu entsteht, bedarf es bestimmter Rahmenbedingungen im politischen System und in der staatlichen Ordnung. Politischer Druck allein genügt nicht. Der Druck darf nicht zu stark werden, denn das Milieu muß sich organisieren können. Ideale Voraussetzungen bot der Obrigkeitsstaat des Kaiserreichs und seine Verlängerung in der Weimarer Republik. Ein latenter Konformitätsdruck lastete auf der Gesellschaft, die sich aber verhältnismäßig frei entfalten durfte. Die Vereinsbildung war eingeschränkt, aber möglich. Kommunikation und Organisation sind Grundvoraussetzungen einer Verfestigung gesellschaftlicher Vernetzungen. Ein Gleichgewicht von staatlicher Repression und Entfaltungsfreiheit ist somit notwendig.

In den Diktaturen waren diese Voraussetzungen nicht gegeben oder nur in einigen kleinen Teilbereichen des ursprünglichen Milieus. Die beiden Diktaturen verhielten sich überdies auch unterschiedlich gegenüber dem Milieu. Die Nationalsozialisten sahen in den Konservativ-Nationalen trotz aller Vorbehalte einen Teil ihrer Basis. Dementsprechend vorsichtig wurden sie behandelt. Während die Kommunikation innerhalb des Milieus unterbunden wurde und der Zerfall des Zusammenhangs damit weiterging, blieben weite Teile des Organisationsnetzwerkes unangetastet. Die NSDAP beschränkte sich darauf, Vereine und Verbände umzupolen und bei sich selbst neu anzubinden. Das funktionierte, weil die weltanschaulichen Schnittstellen so stark ausgeprägt waren und es keinen grundlegenden Dissens zwischen den beiden politischen Strömungen gab, sieht man einmal von der Frage der Religion ab. Der Einfluß konservativ-nationaler Kräfte blieb auf diese Weise gewahrt. Unter der Oberfläche der Volksgemeinschaft konnten sich Reste des Milieus erhalten.

Die SED ging mehrere Schritte weiter und zerstörte nicht nur die kommunikativen Zusammenhänge, sondern auch die Organisationen und die tragenden Sozialschichten. Damit war das langsame Ende des Milieus besiegelt, denn ohne die Abstützung in einem eigenen Vereinsnetzwerk konnte es kein Milieu mehr geben, ohne ökonomische Autonomie war politisches Handeln für die bürgerlich geprägten Konservativen nicht denkbar. Der

Herrschaftsanspruch der SED reichte insofern viel tiefer in die Gesellschaft hinein. Ihre Politik war gegenüber den nichtsozialistischen Kräften aggressiv auf deren völlige Durchdringung und Zerschlagung, auf Umdeutung ihrer Weltanschauung und Entzug der religiösen Grundlagen, auf Okkupation ihrer Sinnstiftung angelegt. Nach 1945 zerfielen daher die Milieus endgültig. Nur einzelne Elemente überlebten, weil sie sich vorpolitisch verklammerten wie in der Lebensweise oder über die Religion. In diesen beiden Bereichen ergaben sich die Kontinuitätslinien über das Jahr 1958 hinaus.

Mit dem Milieubegriff ist in dieser Studie auf zwei Weisen gearbeitet worden. Zum einen ging es darum, das Theorem vom ›konservativen Milieu‹ mit Leben zu füllen. Das Milieu an sich war somit Gegenstand der Untersuchung. Da damit vorausgesetzt wurde, was es erst zu finden galt, wurde zum anderen der Blickwinkel verschoben, indem der Milieubegriff als heuristisches Mittel eingesetzt wurde. Mit seiner Hilfe wurden Prozesse an der Basis konservativer Parteien untersucht und erklärt. Diese Studie hat sehr schnell ergeben, daß es kaum möglich ist, im Sinne des ursprünglichen Gedankengebäudes vom ›dem‹ konservativen Milieu zu sprechen, weil es sich um eine sozial viel zu heterogene, weltanschaulich genauso wie lebensweltlich höchst unterschiedlich gebundene politische Sozialstruktur handelte. Sie ging in Teilen nur kurzfristige Bündnisse mit einer Partei ein, verhielt sich in anderen Segmenten völlig parteifeindlich und war in wieder anderen Zusammenhängen erklärter Gegner einer Weltanschauung. Eine einheitliche Weltanschauung gab es nicht. Der enge Zusammenhang von Sozialstruktur, Organisation, Eliten, Kultur und politischer Vertretung, wie er für Sozialisten und Katholiken so augenfällig ist, stellte sich hier nur sehr bedingt und in kurzen Phasen ein. Den Begriff ›des‹ konservativen Milieus sollte man daher fallenlassen. Zwar gab es konservative Gesellschaftsformationen, die sich milieuhaft verdichteten und phasenweise Bündnisse miteinander eingingen. ›Das‹ konservative Milieu, von dem man soziale Gruppen oder bestimmte Sozialstrukturen subtrahieren und zu dem man sie addieren kann, gab es jedoch nicht.

Hier setzt die zweite Überlegung an, denn bei der Identifizierung dieser milieuhaften Strukturen, seien es jene der Kirche und der Religion, jene der ländlichen Lebenswelt, des städtischen alten Mittelstandes oder des nationalistischen Bildungsbürgertums, erweist sich die Stärke des Begriffs. Denn es zeigte sich, daß milieuhafte Verbindungen eine Ebene unterhalb der Vernetzung mit der Partei angesiedelt waren, daß die Milieus eine Art organisatorischer und weltanschaulicher Koalition eingingen, daß die Heterogenität der sozialen Lagen und Weltsichten zu immer wieder neuen Verklammerungen, aber auch Brüchen führten. Betrachtet man das Milieu als Idealtyp, als höchstes Maß der Verknüpfung von Sozialstruktur, kommunikativer Verdichtung, Organisation und politischer Vertretung, dann hat dieser Begriff einen großen Wert. Nach den Kriterien, mit deren Hilfe der Milieubegriff gebildet wird, lassen sich gesellschaftliche Subsysteme gut erfassen und in einen politischen Gesamtrahmen einordnen. Selbst die zerklüftete und sprunghafte Basis der Konservativen ließ Kontinuitäten im politischen Verhalten, in den weltanschaulichen Leitlinien, den Wertbezügen und in der Sozialmoral erkennen. Es gab einzelne Milieukerne. Unterhalb des hoch angesiedelten Begriffs ›konservatives Milieu‹ findet sich ein Zusammenhang von Sozialstruktur und Politik.

Doch ist es angesichts der eklatanten Unterschiede noch angemessen, von ›Milieu‹ zu sprechen und die Konservativen einfach neben die beiden hoch verdichteten Milieus der Sozialisten und Katholiken zu stellen?

So ohne weiteres sollte man das nicht tun, denn der Erklärungswert des Begriffs bleibt zweifelhaft, ganz gleich, wie scharf sich in der jeweiligen historischen Phase die gesamt-konservativen Leitlinien ziehen lassen. Weit bedeutender waren mitunter die Prozesse in den gesellschaftlichen Subsystemen des konservativen Spektrums. Ein Blick auf die Entwicklung in der Kirche erklärt unter Umständen weit mehr als das Rekurrieren auf ein konservatives Milieu, das sich gar nicht auf den einen Begriff bringen läßt. Für einen Verband konservativer Gruppen und Schichten existiert noch keine eingeführte Begrifflichkeit, die eine Abstufung der Bündelungs- und Erosionsprozesse klar beschreiben würde.

In Anlehnung an Rohe könnte man neben den beiden klassischen Milieus von Sozialisten und Katholiken daher von einem konservativen Lager sprechen. Es faßt die unterschiedlichen Milieus zusammen und ist seinerseits wiederum Bestandteil des nationalen Lagers, wie Rohe es versteht. Besser wäre es indes, zu einer neuen Begrifflichkeit zu gelangen, weil die immer wieder veränderte Prägung des Milieubegriffs nur immer neue Verwirrung stiftet.

Statt des konservativen Milieus sollte der Begriff des konservativen Milieuverbandes Verwendung finden. Er umfaßt die einzelnen gesellschaftlichen Subsysteme der konservativen Basis, die milieuhaft verdichteten Segmente. Diese stellen die eigentliche feste Milieustruktur in diesem Teil der Gesellschaft dar, sind also eine Ebene unterhalb der politisch gebundenen Weltanschauung zu finden. Dieser Verband wiederum ist eingebunden in das nationale Lager, das einen weiteren Bezugsrahmen steckt und einen noch lockereren Zusammenhang darstellt. Sowohl Lager als auch Milieuverband können sich kommunikativ verdichten und organisatorisch vernetzen und somit den Charakter eines Milieus annehmen, sich dem Lepsius'schen Idealtyp annähern. Genau das geschah in den zwanziger Jahren, als diese gesamten Strukturen ineinanderflossen. In der historischen Entwicklung ist jedoch deutlich geworden, daß dies immer nur Koalitionen auf Zeit waren, daß Umgruppierungen, partieller Verfall und Neukonstituierung Kennzeichen des konservativen Teiles der Gesellschaft waren und blieben. Die Konstellationsabhängigkeit sowohl des Milieubegriffs als auch der Vorstellungen von Konservatismus kann nicht stark genug betont werden.

ABF	Arbeiter- und Bauernfakultät
ACDP	Archiv für Christlich Demokratische Politik der Konrad-Adenauer Stiftung, St. Augustin
AfS	Archiv für Sozialgeschichte
APuZ	Aus Politik und Zeitgeschichte
Ast.	Außenstelle
BA	Bundesarchiv
BDC	Berlin-Document-Center
BdL	Bund der Landwirte
BDM	Bund deutscher Mädel
BK	Bekennende Kirche
BL	Bezirksleitung
BV	Bezirksverband
CDU	Christlich Demokratische Union
DA	Demokratischer Aufbruch
DA	Deutschland Archiv
DAF	Deutsche Arbeitsfront
DBD	Demokratische Bauernpartei Deutschlands
DC	Deutsche Christen
DDP	Deutsche Demokratische Partei
DDR	Deutsche Demokratische Republik
DFD	Demokratischer Frauenbund Deutschlands
DLV	Deutscher Landarbeiterverband
DNHV	Deutschnationaler Handlungsgehilfenverband
DNVP	Deutschnationale Volkspartei
DSF	Gesellschaft für deutsch-sowjetische Freundschaft
DSU	Deutsche Soziale Union
DVP	Deutsche Volkspartei
EK I	Eisernes Kreuz 1. Klasse
EK II	Eisernes Kreuz 2. Klasse
FA	Frauenausschuß
FAZ	Frankfurter Allgemeine Zeitung
FDGB	Freier Deutscher Gewerkschaftsbund
FDJ	Freie Deutsche Jugend
FDP	Freie Demokratische Partei
GdA	Gewerkschaft der Angestellten
GG	Geschichte und Gesellschaft
GO	Grundorganisation
GST	Gesellschaft für Sport und Technik
GWU	Geschichte in Wissenschaft und Unterricht
GZ	Greifswalder Zeitung
H	Heft
HJ	Hitlerjugend
hms	Helge Matthiesen
HO	Handelsorganisation der DDR

HZ	Historische Zeitschrift
IHK	Industrie- und Handelskammer
IM	Informeller Mitarbeiter der Staatssicherheit
IWK	Internationale wissenschaftliche Korrespondenz zur Geschichte der deutschen Arbeiterbewegung
KB	Kommunistischer Bund
KchZ	Kirchliche Zeitgeschichte
KdF	Kraft durch Freude
KL	Kreisleitung
KPD	Kommunistische Partei Deutschlands
KZ	Konzentrationslager
LDPD	Liberaldemokratische Partei Deutschlands
LG	Landgericht
MdL	Mitglied des Landtages
MdR	Mitglied des Reichstages
MfS	Ministerium für Staatssicherheit
MLHA	Mecklenburgisches Landeshauptarchiv, Schwerin
NDPD	Nationaldemokratische Partei Deutschlands
NF	Neue Folge
NKFD	Nationalkomitee Freies Deutschland
NPL	Neue Politische Literatur
NSDAP	Nationalsozialistische Deutsche Arbeiterpartei
NSDStB	Nationalsozialistischer Deutscher Studentenbund
NSFK	Nationalsozialistisches Fliegerkorps
NSKK	Nationalsozialistisches Kraftfahrerkorps
NSLB	Nationalsozialistischer Lehrerbund
NSV	Nationalsozialistische Volkswohlfahrt
NVA	Nationale Volksarmee
OB	Oberbürgermeister
OLG	Oberlandesgericht
PDS	Partei des Demokratischen Sozialismus
PG	Parteigenosse
PGH	Produktionsgenossenschaft Handwerk
PVS	Politische Vierteljahresschrift
RAD	Reichsarbeitsdienst
REP	Die Republikaner
RP	Reichspräsident
RT	Reichstag
SA	Sturmabteilung der NSDAP
SAPMO	Stiftung der Parteien und Massenorganisationen der ehemaligen DDR im Bundesarchiv, Berlin
SBZ	Sowjetisch besetzte Zone
SED	Sozialistische Einheitspartei Deutschlands
SPD	Sozialdemokratische Partei Deutschlands
SS	Schutzstaffel der NSDAP
StA	Stadtarchiv Greifswald
UA	Universitätsarchiv Greifswald
UB	Universitätsbibliothek Greifswald
UFV	Unabhängiger Frauenverband
Unpol.	Unpolitische Liste

USPD	Unabhängige Sozialdemokratische Partei Deutschlands
VdgB	Vereinigung der gegenseitigen Bauernhilfe
VfZ	Vierteljahrshefte für Zeitgeschichte
Völk.	Völkische Parteien
VpLA	Vorpommersches Landesarchiv Greifswald
VVN	Verband der Verfolgten des Naziregimes
WirtVer.	Wirtschaftliche Vereinigung
WP	Wirtschaftspartei, Reichspartei des Deutschen Mittelstandes
WZ	Wissenschaftliche Zeitschrift
WZ-Greifswald	Wissenschaftliche Zeitschrift der Ernst-Moritz-Arndt-Universität Greifswald, geisteswissenschaftliche Reihe
Zent.	Zentrumspartei
ZfG	Zeitschrift für Geschichte
ZfU	Zeitschrift für Unternehmensgeschichte
ZParl	Zeitschrift für Parlamentsfragen

Verzeichnis der Abbildungen und Tabellen

b) Tabellen:

A. Ungedruckte Quellen

1. Vorpommersches Landesarchiv Greifswald

Rep. 65c	Regierung Stralsund
Rep. 79	Polizeipräsidium Stettin
Rep. 76	Landgericht Greifswald
Rep. 77	Amtsgericht Greifswald
IV/4/	SED-Kreisleitung Greifswald, 1946–1989
IV/A/4/	
IV/B/4/	
IV/C/4/	
IV/D/4/	
IV/E/4/	
IV/7/12/	SED-Grundorganisation, Universität
IV/2/14/	SED-Bezirksleitung Rostock
IV/2/15/	
IV/A/2/14/	
IV/B/2.	
IV/C/2.	
IV/D/2.	
IV/E/2.	

2. Stadtarchiv Greifswald

Rep. 3	Parlamentsprotokolle
Rep. 5	Kultur und Schule
Rep. 6	Allgemeine Verwaltung bis ca. 1945
Rep. 7	Allgemeine Verwaltung ab ca. 1945
Rep. 55	Kommunalbeamtenverein
Rep. 59	Nachlässe
Vereine	
Innungen	
Manuskriptsammlung	

3. Universitätsarchiv Greifswald

Personalakten
Rektorat
Kurator

4. Universitätsbibliothek Greifswald

Sammelbände
Manuskriptsammlung

5. Mecklenburgisches Landeshauptarchiv Schwerin

Landratsamt, Rat des Kreises Greifswald 1945–1952
Ministerium für Volksbildung 1945–1952

6. Archiv für Christlich Demokratische Politik, Sankt Augustin

II-230	Kreisverband Greifswald
III-043	Bezirksverband Rostock der CDU
III-036	Landesverband Mecklenburg 1945–1952
I-587	Nachlaß Hans Hinrich Jenssen

7. Stiftung Archiv der Parteien und Massenorganisationen der ehemaligen DDR, Berlin

DY 16   Akten der NDPD

8. Bundesarchiv Berlin, ehem. Berlin Document Center

9. Bundesarchiv Berlin, Außenstelle Dahlwitz-Hoppegarten

10. Akten und Unterlagen in Privatbesitz

Prof. Dr. Hans Hinrich Jenssen, Berlin
Heinz Galinsky, Elmshorn
Friedrich-Ludwig-Jahn Gymnasium, Greifswald
Brigitte Remertz-Stumpff, Greifswald
Dr. Rudolf Thaer, Braunschweig
Dr. Klaus Tiedemann, Hamburg
Wilfried Knees, Itzehoe
Peter Lachmund, Köln
CDU-Greifswald

11. Manuskripte

Arndt, Stefan: Die Entnazifizierung in der Stadt Greifswald. Jahresarbeit im Marxismus-Leninismus-Grundstudium der Universität Greifswald; (maschs.), Greifswald 1985/86. (Stadtarchiv Greifswald)
Buschkowski, Emil: Mein Leben 1895 bis 1975 (Nachträge bis 1983); Manuskript, Neuenkirchen/Lubmin o.J. (CDU-Greifswald)
Hagemann, Otto: Mitglieder des Greifswalder Lehrervereins. Stand 1.9.1930; (maschs.), Greifswald 1930. (Universitätsbibliothek Greifswald)

Jenssen, Ernst: Geschichte der Greifswalder Christlich Demokratischen Union (C.D.U.); Greifswald 1965. (Hans Hinrich Jenssen, Berlin)
Jenssen, Ernst: Lebenserinnerungen von Prof. Dr. Ernst Jenssen (1886–1971); (maschs.), Greifswald o. J. (Hans Hinrich Jenssen, Berlin)
Lautensach, Eugenie: Wie eine Pfälzerin das Kriegsende 1945 an der Ostseeküste er lebte; (maschs.), Stuttgart, ca. 1985. (Stadtarchiv Greifswald)
Schmidt, Karl Friedrich Wilhelm: Lebenserinnerungen von Honorarprofessor Dr. phil. h. c. Karl Friedrich Wilhelm Schmidt, Oberstudiendirektor a. D. zu Göttingen; Manuskript, Göttingen ca. 1939, Nachträge 1946 u. 1948. (Klaus Tiedemann, Hamburg)
Thaer, Clemens: Rechenschaft; (maschs.) Greifswald/Cammin/Detmold 1927–1930. (Rudolf Thaer, Braunschweig)
Voß, Emanuel: Das Theater in der Universitätsstadt Greifswald in alter und neuer Zeit. Aus den Erinnerungen des ersten Intendanten des neuen Theaters; (maschs.), Greifswald 1956. (Universitätsbibliothek Greifswald)
Wichmann, Lieselotte: Erinnerungen aus meinem Leben. Aufgezeichnet 1986–1988; (maschs.), Greifswald o. J. (Stadtarchiv Greifswald)

12. Periodika

Landeszeitung
Greifswalder Tageblatt
Greifswalder Zeitung
Greifswalder Zeitung/Kirche und Schule
Ostsee Zeitung/Greifswalder Zeitung
Der Demokrat
Die Kirche

13. Interviews und Gespräche

Dr. Norbert Buske, Levenhagen
Dr. Heinrich F. Curschmann, Hamburg
Alix B. Freytag, Göttingen
I. G., Greifswald
Dr. Reinhard Glöckner, Greifswald
Prof. Dr. Hans Hinrich Jenssen, Berlin
Hans Gerd Kittel, Greifswald
Dr. Arthur König, Greifswald
Dr. Lüer Kühne, Greifswald
Peter Lachmund, Köln
E. N., Greifswald
Gudrun Otto, Berlin
Angelika Petershagen, Greifswald
Brigitte Remertz-Stumpff, Greifswald
Erich Röhl, Greifswald
G. S., Greifswald
Irma Schehl, Hildesheim
Dr. Rudolf Thaer, Braunschweig
M. W., Greifswald

B. Gedruckte Quellen und Literatur

Abendroth, Wolfgang: Aufgaben und Methoden einer deutschen historischen Wahlsoziologie; in: VfZ 5 (1957), S. 300–306.

Abraham, David: Der Zusammenbruch der Weimarer Republik, Münster 1997.

Adamski, Birgit: Zur Geschichte der Ernst-Moritz-Arndt-Universität in den Jahren 1925 bis 1929. Diplomarbeit, Greifswald 1982.

Agethen, Manfred: Die CDU in der SBZ/DDR 1945–1953; in: J. Frölich (Hrsg.), Bürgerliche Parteien in der SBZ/ DDR, 1995, S. 47–72.

Akademie Schwerin (Hrsg.): Mecklenburg-Vorpommern. Land am Rand – für immer?, Schwerin 1996.

Allen, William Sheridan: ›Das haben wir nicht gewollt!‹ Die nationalsozialistische Machtergreifung in einer Kleinstadt 1930–1935, Gütersloh 1965.

Allen, William Sheridan: The Nazi Seizure of Power. The Experience of a single German Town 1922–1945, New York 1984.

Altenbockum, Jasper von: Die Greifswalder kennen die Geschichten, die Geschichte kannten sie lange Zeit nicht; in: Frankfurter Allgemeine Zeitung, 29. April 1995.

Alter, Peter: Nationalismus, in: W. Weidenfeld/K.-R. Korte (Hrsg.), Handbuch zur deutschen Einheit, 1993, S. 479–485.

Altermatt, Urs: Katholische Subgesellschaft. Thesen zum Konzept der ›katholischen Subgesellschaft‹ am Beispiel des Schweizer Katholizismus; in: K. Gabriel/F. X. Kaufmann (Hrsg.), Zur Soziologie des Katholizismus, 1980, S. 145–165.

Altstadtinitiative Greifswald (Hrsg.): Fischstraße 24. Greifswald Haus für Haus, Heft 2, Greifswald 1995.

Ammer, Thomas/Memmler, Hans-Joachim (Hrsg.): Staatssicherheit in Rostock. Zielgruppen, Methoden, Auflösung, Köln 1991.

Amos, Heike: Justizverwaltung in der SBZ/DDR. Kommunistische Personalpolitik 1945 bis Anfang der fünfziger Jahre, Köln u. a. 1996.

Angermund, Ralph: ›Recht ist, was dem Volke nutzt.‹ Zum Niedergang von Recht und Justiz im Dritten Reich; in: K. D. Bracher u. a. (Hrsg.), Deutschland 1933–1945, 1992, S. 57–75.

Ansorg, Leonore: ›Für Frieden und Sozialismus – seid bereit!‹ Zur politischen Instrumentalisierung der Jungen Pioniere von Beginn ihrer Gründung bis Ende der 1950er Jahre; in: J. Kocka (Hrsg.), Historische DDR-Forschung, 1993, S. 169–189.

Arendt, Hannah: Elemente und Ursprünge totaler Herrschaft, Frankfurt/M. 1955.

Arendt, Hans Jürgen: Die Gleichschaltung der bürgerlichen Frauenorganisationen in Deutschland 1933/34; in: ZfG 27 (1979), S. 615–627.

Auerbach, Hellmuth: Regionale Wurzeln und Differenzen der NSDAP 1919–1923; in: H. Möller u. a. (Hrsg.), Nationalsozialismus in der Region, 1996, S. 65–85.

Baar, Lothar/Karlsch, Rainer/Matschke, Werner: Kriegsschäden, Demontagen und Reparationen; in: Deutscher Bundestag (Hrsg.), Materialien der Enquete-Kommission, Bd. 2, Macht, Entscheidung, Verantwortung; Teilbd. 2, 1995, S. 868–988.

Badstübner, Rolf: Die Anfänge der DDR. Gesellschaftsgeschichtliche Deutungsmuster. Ein Beitrag zum Thema Aufarbeitung und Bewertung von DDR-Geschichte; in: Beiträge zur Geschichte der Arbeiterbewegung 35 (1993), S. 3–18.

Badstübner, Rolf: Gesellschaftlich Altes und Neues im Entstehungsprozeß der beiden deutschen Staaten. Ein Vergleich; in: Tel Aviver Jahrbuch für deutsche Geschichte 19 (1990), S. 179–191.

Bajohr, Frank (Hrsg.): Norddeutschland im Nationalsozialismus, Hamburg 1993.

Bald, Detlef (Hrsg.): Die Nationale Volksarmee. Beiträge zu Selbstverständnis und Geschichte des deutschen Militärs von 1945–1990, Baden-Baden 1992.

Baranowski, Shelley: Continuity and Contingency. Agrarian Elites, Conservative Institutions and East Elbia in modern German History; in: Social History 12 (1987), S. 283–308.

Baranowski, Shelley: The Confessing Church. Conservative Elites and the Nazi-State, Lewiston/New York 1986.

Baranowski, Shelley: The Sanctity of rural Life. Nobility, Protestantism and Nazism in Weimar Prussia, New York 1995.

Barthel, Horst: Bemerkungen zur wirtschaftlichen Entwicklung der Nordbezirke nach der Zerschlagung des Faschismus; in: Historisches Institut (Hrsg.), Befreiung und Neubeginn, 1966, S. 204–208.

Bauer, Theresia: Die Gründung der Demokratischen Bauernpartei Deutschlands 1948 in Mecklenburg und die Entwicklung des Landesverbandes bis 1952; in: Melis, Damian van (Hrsg.): Sozialismus auf dem platten Land. Mecklenburg und Vorpommern 1945–1952, Schwerin 1999, S. 281–319.

Bauerkämper, Arnd (Hrsg.): Gesellschaft ohne Eliten? Führungsgruppen in der DDR, Berlin 1997.

Bauerkämper, Arnd (Hrsg.): Junkerland in Bauernhand? Durchführung, Auswirkung und Stellenwert der Bodenreform in der SBZ, Stuttgart 1996.

Bauerkämper, Arnd: Agrarwirtschaft und ländliche Gesellschaft in der Bundesrepublik Deutschland und DDR. Eine Bilanz der Jahre 1945–1965; in: APuZ (1997), Nr. B 38, S. 25–37.

Bauerkämper, Arnd: Die Neubauern in der SBZ/DDR 1945–1952. Bodenreform und politisch induzierter Wandel der ländlichen Gesellschaft; in: R. Bessel/R. Jessen (Hrsg.), Die Grenzen der Diktatur, 1996, S. 108–136.

Bauerkämper, Arnd: Von der Bodenreform zur Kollektivierung. Zum Wandel der ländlichen Gesellschaft in der Sowjetischen Besatzungszone Deutschlands und DDR 1945–1952; in: H. Kaelble u. a. (Hrsg.), Sozialgeschichte der DDR, 1994, S. 119–143.

Baumann, Tobias: Das Speziallager Nr. 9 Fünfeichen, Berlin 1998.

Baumgärtel, Friedrich: Die Kirche ist Eine. Die alttestamentarisch-jüdische Kirche und die Kirche Jesu Christi. Eine Verwahrung gegen die Preisgabe des Alten Testaments, Greifswald 1936.

Baumgärtel, Friedrich: Wider die Kirchenkampf-Legenden, Neuendettelsau 1958.

Bechler, Bernhard: Aus der Arbeit des Nationalkomitees ›Freies Deutschland‹ bei der 2. Belorussischen Front im Jahre 1945; in: Historisches Institut (Hrsg.), Befreiung und Neubeginn, 1966, S. 122–139.

Bechthold, Hartmut: Konservativer Antikapitalismus und -modernismus in der Weimarer Republik; in: T. Kreuder/H. Loewy (Hrsg.), Konservatismus in der Strukturkrise, 1987, S. 79–99.

Bedürftig, Friedemann: Lexikon Drittes Reich, Hamburg 1994.

Behrenbeck, Sabine: Der Kult um die toten Helden. Nationalsozialistische Mythen, Riten und Symbole, Vierow bei Greifswald 1996.

Behrens, Reinhard: Die Deutschnationale Volkspartei in Hamburg 1918 bis 1933. Diss., Hamburg 1973.

Beintker, Horst Eduard: ›Es fiel ein Reif in der Frühlingsnacht.‹ Erinnerung und Bemerkung zur Rede bei der Wiedereröffnung der Universität Greifswald am 15. Februar 1946; in: Zeitgeschichte Regional 1 (1997), H. 2, S. 21–28.

Benthien, Bruno: Greifswald und seine Umgebung. Ergebnisse der heimatkundlichen Bestandsaufnahme im Gebiet südlich des Greifswalder Boddens, Berlin (Ost) 1968.

Benz, Wolfgang/Graml, Hermann/Weiß, Hermann (Hrsg.): Enzyklopädie des Nationalsozialismus, Stuttgart 1997.

Benz, Wolfgang/Pehle, Walter H. (Hrsg.): Lexikon des deutschen Widerstandes; Frankfurt/M. 1994.

Bergem, Wolfgang: Tradition und Transformation. Eine vergleichende Untersuchung zur politischen Kultur in Deutschland, Opladen 1993.

Berghahn, Volker R.: Das Ende des ›Stahlhelm‹; in: VfZ 13 (1965), S. 446–451.

Berghahn, Volker R.: Die Harzburger Front und die Kandidatur Hindenburgs für die Präsidentschaftswahlen 1932; in: VfZ 13 (1965), S. 64–82.

Berghahn, Volker, R.: Der Stahlhelm, Bund der Frontsoldaten 1918–1935, Düsseldorf 1966.

Bergmann, Jürgen/Megerle, Klaus: Protest und Aufruhr der Landwirtschaft in der Weimarer Republik (1924–1933). Formen und Typen der politischen Agrarbewegung im regionalen Vergleich; in: J. Bergmann u. a.,Regionen im historischen Vergleich, 1989, S. 200–287.

Bergmann, Jürgen: ›Das Land steht rechts‹ – Das ›agrarische Milieu‹; in: D. Lehnert/ K. Megerle (Hrsg.), Politische Identität und nationale Gedenktage, 1989, S. 181–206.

Bergmann, Werner (Hrsg.): Schwieriges Erbe. Der Umgang mit Nationalsozialismus und Antisemitismus in Österreich, der DDR und der Bundesrepublik Deutschland, Frankfurt/M. 1995.

Berg-Schlosser, Dirk/Müller-Rommel, Ferdinand (Hrsg.): Vergleichende Politikwissenschaft, Opladen 1987.

Bericht der Enquete-Kommission ›Aufarbeitung von Geschichte und Folgen der SED-Diktatur in Deutschland‹ gemäß Beschluß des Deutschen Bundestages vom 12. März 1992 und 20. Mai 1992; in: Deutscher Bundestag (Hrsg.), Materialien der Enquete-Kommission, Bd. 1, Anträge, Debatten, Berichte, 1995, S. 181–754.

Berlekamp, Brigitte/Röhr, Werner (Hrsg.): Terror, Herrschaft und Alltag im Nationalsozialismus. Probleme einer Sozialgeschichte des deutschen Faschismus, Münster 1995.

Bernhardt, Heike: Anstaltspsychiatrie und ›Euthanasie‹ in Pommern 1939 bis 1945. Die Krankenmorde an Kindern und Erwachsenen am Beispiel der Landesheilanstalt Ueckermünde, Frankfurt/M. 1994.

Besier, Gerhard/Wolf, Stephan (Hrsg.): Pfarrer, Christen und Katholiken. Das Ministerium für Staatssicherheit der ehemaligen DDR und die Kirchen, Neukirchen/ Vluyn 1991.

Besier, Gerhard: Der SED-Staat und die Kirche. Bd. 1, Der Weg in die Anpassung, 1945–1968; München 1993. Bd. 2, Die Vision vom ›Dritten Weg‹, 1969–1990, Berlin 1995. Bd. 3, Höhenflug und Absturz, 1983–1991, Berlin 1995.

Besier, Gerhard: Die Rolle des MfS bei der Durchsetzung der Kirchenpolitik der SED und die Durchdringung der Kirchen mit geheimdienstlichen Mitteln; in: Deutscher Bundestag (Hrsg.), Materialien der Enquete-Kommission, Bd. 6, Kirchen in der SED-Diktatur, Teilbd. 1, 1995, S. 509–558.

Bessel, Richard/Jessen, Ralph (Hrsg.): Die Grenzen der Diktatur. Staat und Gesellschaft in der DDR, Göttingen 1996.

Bessel, Richard/Jessen, Ralph: Einleitung; in: Dies. (Hrsg.), Die Grenzen der Diktatur, 1996, S. 7–24.

Bessel, Richard: Grenzen des Polizeistaates. Polizei und Gesellschaft in der SBZ und frühen DDR, 1945–1953; in: R. Bessel/J. Jessen (Hrsg.), Die Grenzen der Diktatur, 1996, S. 224–252.

Bessel, Richard: Political Violence and the Rise of Nazism. The Storm Troopers in Eastern Germany 1925–1934, New Haven u. a. 1984.

Bessel, Richard: Violence and Propaganda. The Role of the Storm Troppers in the Rise of National Socialism; in: T. Childers (Hrsg.), Formation of the Nazi Constituency, 1986, S. 131–146.

Best, Heinrich (Hrsg.): Diskussion 20 Jahre nach ›Party Systems and Voter Alignments‹. Begriffe, Konzepte und Perspektiven der historisch-sozialwissenschaftlichen Wahl- und Elitenforschung; in: H. Best (Hrsg.), Politik und Milieu, 1989, S. 338–352.

Best, Heinrich (Hrsg.): Politik und Milieu. Wahl- und Elitenforschung im historischen und interkulturellen Vergleich, St. Katharinen 1989.

Best, Heinrich: Elite Structure and Regime (Dis)Continuity in Germany 1867–1933. The Case of Parliamentary Leadership Groups; in: German History 8 (1990), S. 1–27.

Best, Heinrich: Mandat ohne Macht. Strukturprobleme des deutschen Parlamentarismus 1867–1933; in: H. Best (Hrsg.), Politik und Milieu, 1989, S. 175–222.

Best, Heinrich: Politische Eliten, Wahlverhalten und Sozialstruktur. Theoretische Aspekte historisch und interkulturell vergleichender Analysen; in: H. Best (Hrsg.), Politik und Milieu, 1989, S. 3–18.

Best, Heinrich: Politische Regionen in Deutschland. Historische (Dis)Kontinuitäten, in: D. Oberndörfer/K. Schmitt (Hrsg.), Parteien und regionale politische Traditionen, 1991, S. 39–64.

Bieber, Hans Joachim: Bürgertum in der Revolution. Bürgerräte und Bürgerstreiks, 1918–1920, Hamburg 1992.

Biederstedt, Rudolf u. a: Greifswald. Geschichte und Gesicht einer Stadt, Berlin (Ost) 1966.

Biederstedt, Rudolf u. a: Greifswald, Rostock 1973.

Biederstedt, Rudolf: Das Stadtarchiv Greifswald und seine Bestände, Greifswald 1966.

Biederstedt, Rudolf: Untersuchungen zur Besiedlungsgeschichte der Greifswalder Vorstädte und Ortsteile; in: Baltische Studien, NF 77 (1991), S. 54–83.

Biefang, Andreas: Die Wiederentstehung politischer Parteien in Deutschland nach 1945; in: APuZ (1995), Nr. B 18/19, S. 34–46.

Bittner, Rudolf u. a: Zu einigen Aufgaben an der Arbeiter- und Bauernfakultät Martin-Andersen-Nexö; in: WZ-Greifswald 8 (1958/59), H. 4, S. 285–293.

Blackbourn, David/Evans, Richard J. (Hrsg.): The German Bourgeoisie. Essays on the Social History of the German Middle Class from the late 18th to the early 20th Century, London 1991.

Blaschke, Olaf/Kuhlemann, Frank Michael (Hrsg.): Religion im Kaiserreich. Milieus, Mentalitäten, Krisen; Religiöse Kulturen der Moderne, Bd. 2, Gütersloh 1996.

Blechschmidt, Herbert: Die Deutschnationale Volkspartei 1918–1920. Diss., Berlin (Ost) 1970.

Bloch, Charles: Die SA und die Krise des NS-Regimes 1934, Frankfurt/M. 1970.

Bloth, Hugo Gotthard: Die Kirche in Pommern. Auftrag und Dienst der evangelischen Bischöfe und Generalsuperintendenten der Pommerschen Kirche, Köln u. a. 1979.

Boberach, Heinz u.a. (Bearb.): Ämter, Abkürzungen, Aktionen des NS-Staates. Handbuch für die Benutzung von Quellen der nationalsozialistischen Zeit, München 1997.

Bochow, Martin: Männer unter dem Stahlhelm. Vom Werden, Wollen und Wirken des Stahlhelm, Bund der Frontsoldaten, Stuttgart u.a. 1933.

Bögeholz, Hartwig: Die Deutschen nach dem Krieg. Eine Chronik. Befreit, geteilt, vereint: Deutschland 1945 bis 1995, Reinbek 1995.

Böhnke, Wilfried: Die NSDAP im Ruhrgebiet 1920–1933, Bonn u.a. 1974.

Boockmann, Hartmut: Ostpreußen und Westpreußen. Deutsche Geschichte im Osten Europas, Berlin 1992.

Booms, Hans: Die deutschkonservative Partei. Preussischer Charakter, Reichsauffassung, Nationalbegriff, Düsseldorf 1954.

Börner, Marina: Historische und sozialpolitische Aspekte in der Entwicklung der Stadtrandsiedlung in Greifswald. Diplomarbeit, Greifswald 1982.

Borstschew, Sergeij N.: Begegnung mit Greifswald vor 20 Jahren; in: Historisches Institut (Hrsg.), Befreiung und Neubeginn, 1966, S. 193–197.

Boyens, Armin: Widerstand der Evangelischen Kirche im Dritten Reich; in: K. D. Bracher u.a. (Hrsg.), Nationalsozialistische Diktatur, 1986, S. 669–686.

Bracher, Karl Dietrich/Funke, Manfred/Jacobsen, Hans-Adolf (Hrsg.): Deutschland 1933–1945. Neue Studien zur nationalsozialistischen Herrschaft, Bonn 1993.

Bracher, Karl Dietrich/Funke, Manfred/Jacobsen, Hans-Adolf (Hrsg.): Die Weimarer Republik 1918–1933. Politik, Wirtschaft, Gesellschaft, Bonn 1988.

Bracher, Karl Dietrich/Funke, Manfred/Jacobsen, Hans-Adolf (Hrsg.): Nationalsozialistische Diktatur 1933–1945. Eine Bilanz, Bonn 1986.

Bracher, Karl Dietrich: Die Auflösung der Weimarer Republik. Eine Studie zum Problem des Machtverfalls in der Demokratie, Stuttgart 1955.

Bracher, Karl Dietrich: Die deutsche Diktatur. Entstehung, Struktur, Folgen des Nationalsozialismus, Köln 1969.

Bracher, Karl Dietrich: Nationalsozialismus; in: W. Mickel (Hrsg.), Handlexikon zur Politikwissenschaft, 1986, S. 309–313.

Brakelmann, Günter/Greschat, Martin/Jochmann, Werner: Protestantismus und Politik. Werk und Wirkung Adolf Stoeckers, Hamburg 1982.

Braun, Christina u.a. (Hrsg.): Der ewige Judenhaß. Christlicher Antijudaismus, deutschnationale Judenfeindlichkeit, rassistischer Antisemitismus, Stuttgart 1990.

Breuer, Stefan: Anatomie der konservativen Revolution, Darmstadt 1993.

Breuilly, John (Hrsg.): The State of Germany. The National Idea in the Making, Unmaking and Remaking of an Modern Nation State, London u.a. 1992.

Breuilly, John: Nationalism and the State, Chicago 1985.

Bridenthal, Renate: Die Rolle der organisierten Landfrauen in der konservativen Mobilmachung in der Weimarer Republik; in: Feministische Studien 12 (1994), S. 110–121.

Broszat, Martin (Hrsg.): Zäsuren nach 1945. Essays zur Periodisierung der deutschen Nachkriegsgeschichte, München 1990.

Broszat, Martin/Henke, Klaus-Dietmar/Woller, Hans (Hrsg.): Von Stalingrad zur Währungsreform. Zur Sozialgeschichte des Umbruchs in Deutschland, München 1990.

Broszat, Martin/Schwabe, Klaus (Hrsg.): Die deutschen Eliten und der Weg in den Zweiten Weltkrieg, München 1989.

Broszat, Martin/Weber, Hermann (Hrsg.): SBZ-Handbuch. Staatliche Verwaltungen, Parteien, gesellschaftliche Organisationen und ihre Führungskräfte in der Sowjetischen Besatzungszone 1945–1949, München 1990.

Broszat, Martin: Der Staat Hitlers. Grundlegung und Entwicklung seiner inneren Verfassung, München 1992.

Broszat, Martin: Der Zweite Weltkrieg. Ein Krieg der ›alten‹ Eliten, der Nationalsozialisten oder der Krieg Hitlers? in: M. Broszat/K. Schwabe (Hrsg.), Deutsche Eliten, 1989, S. 25–71.

Broszat, Martin: Eine Insel in der Geschichte? Der Historiker in der Spannung zwischen Verstehen und Bewerten der Hitler-Zeit; in: Ders., Nach Hitler, 1988, S. 114–120.

Broszat, Martin: Grenzen der Wertneutralität in der Zeitgeschichtsforschung. Der Historiker und der Nationalsozialismus; in: Ders., Nach Hitler, 1988, S. 92–113.

Broszat, Martin: Nach Hitler. Der schwierige Umgang mit unserer Geschichte, München 1988.

Broszat, Martin: Plädoyer für eine Historisierung des Nationalsozialismus; in: Ders., Nach Hitler, München 1988, S. 159–173.

Broszat, Martin: Resistenz und Widerstand. Eine Zwischenbilanz des Forschungsprojekts; in: Ders. u. a. (Hrsg.), Bayern in der NS-Zeit, Bd. 3, 1981, S. 691–709.

Broszat, Martin: Zur Struktur der NS-Massenbewegung; in: VfZ 31 (1983), S. 52–76.

Brunner, Georg: Staatsapparat und Parteiherrschaft in der DDR; in: Deutscher Bundestag (Hrsg.), Materialien der Enquete-Kommission, Bd. 2, Macht, Entscheidung, Verantwortung; Teilbd. 2, 1995, S. 989–1029.

Brunner, Otto/Conze, Werner/ Koselleck, Reinhart (Hrsg.): Geschichtliche Grundbegriffe. Historisches Lexikon zur politisch-sozialen Sprache in Deutschland, Stuttgart 1972–1997.

Brusniak, Friedhelm/Klenke, Dietmar (Hrsg.): ›Heil deutschem Wort und Sang!‹ Nationalidentität und Gesangskultur in der deutschen Geschichte. Tagungsbericht Feuchtwangen 1994, Augsburg 1995.

Buch, Günther: Namen und Daten wichtiger Personen in der DDR, Berlin (West) u. a. 1982.

Buchheim, Christoph: Wirtschaftliche Hintergründe des Arbeiteraufstandes vom 17. Juni in der DDR; in: VfZ 38 (1990), S. 415–433.

Buchholz, Werner/Mangelsdorf, Günter (Hrsg.): Land am Meer. Pommern im Spiegel seiner Geschichte. Roderich Schmidt zum 70. Geburtstag, Köln u. a. 1995.

Buchholz, Werner: Stand, Probleme und Aufgaben der Landesgeschichte in Pommern; in: Pommern, 33 (1995), H. 1, S. 1–8.

Buchstab, Günter (Hrsg.): ›Verfolgt und entrechtet‹. Die Ausschaltung Christlicher Demokraten unter sowjetischer Besatzung und SED-Herrschaft 1945–1961, Düsseldorf 1997.

Buchstab, Günter/Kaff, Brigitte/Kleinmann, Hans-Otto: Keine Stimme dem Radikalimus. Christliche, liberale und konservative Parteien in den Wahlen 1930–1933, Berlin 1984.

Buchstab, Günter: Widerspruch und widerständiges Verhalten der CDU in der SBZ/DDR; in: Deutscher Bundestag (Hrsg.), Materialien der Enquete-Kommission, Bd. 7, Widerstand, Opposition, Revolution, Teilbd. 1, 1995, S. 504–539.

Buchsteiner, Ilona: Adeliger Großgrundbesitz und politische Macht in Pommern zwischen 1881 und 1918; in: H. J. Zobel (Hrsg.), Pommern, Bd. 1, 1991, S. 179–186.

Buchsteiner, Ilona: Besitzkontinuität, Besitzwechsel und Besitzverlust in den Gutswirtschaften Pommerns 1879–1910; in: H. Reif, Ostelbische Agrargesellschaft, 1994, S. 123–140.

Buchsteiner, Ilona: Bodenreform und Agrarwirtschaft der DDR; in: Landtag Mecklenburg-Vorpommern (Hrsg.), Aufarbeitung und Versöhnung, Bd. 5, 1997, S. 9–62.

Buchsteiner, Ilona: Großgrundbesitz in Pommern 1871–1914. Ökonomische, soziale und politische Transformation der Großgrundbesitzer, Berlin 1993.

Buck, Hannsjörg F.: Formen, Instrumente und Methoden zur Verdrängung, Einbeziehung und Liquidierung der Privatwirtschaft in der SBZ/DDR; in: Deutscher Bundestag (Hrsg.), Materialien der Enquete-Kommission, Bd. 2, Macht, Entscheidung, Verantwortung; Teilbd. 2, 1995, S. 1070–1213.

Buhrow, Joachim: Professor Dr. phil. habil. Clemens Thaer (1883–1974) Studienrat am Greifswalder Gymnasium (1921–1935) Professor an der Universität in Greifswald (1913–1935); in: Biographien von hervorragenden Lehrern und Schülern am staatlichen Gymnasium in Greifswald (1997), H. 1, S. 15–34.

Bülow, K. von.: Heimatkunde von Pommern, 2 Bde., Greifswald 1924/25.

Burkhardt, Bernd: Eine Stadt wird braun. Die nationalsozialistische Machtergreifung in der Provinz, Hamburg 1980.

Bürklin, Wilhelm/Roth, Dieter (Hrsg.): Das Superwahljahr. Deutschland vor unkalkulierbaren Regierungsmehrheiten, Köln 1994.

Burnham, Walter Dean: Political Immunization and Political Confessionalism. The United States and Weimar Germany; in: Journal of Interdisciplinary History 3 (1972), S. 1–30.

Burwitz, Max: Vor vierzehn Jahren in Greifswald; in: Wir sind die Kraft. Der Weg zur Deutschen Demokratischen Republik. Erinnerungen, Berlin (Ost) 1959, S. 527–546.

Busch, Herold: Greifswalds Studentenschaft in Apologie der Herrlichkeit der Monarchie. Ihre politische Haltung als ›Akademische Schutztruppe‹ gegen den bürgerlich-parlamentarischen Staat der Weimarer Republik. Greifswalds Studenten im Sog des Nationalsozialistischen Studentenbundes, (maschs.) Greifswald 1990.

Büsch, Otto (Hrsg.): Wählerbewegungen in der europäischen Geschichte. Ergebnisse einer Konferenz, Berlin (West) 1980.

Büsch, Otto/Feldman Gerald D. (Hrsg.): Historische Prozesse der deutschen Inflation 1914–1924. Ein Tagungsbericht, Berlin (West) 1978.

Büsch, Otto/Wölk, Monika/Wölk, Wolfgang (Hrsg.): Wählerbewegungen in der deutschen Geschichte. Analysen und Berichte zu den Reichstagswahlen 1871–1933, Berlin (West) 1978.

Busch, Philipp: Die Treffen ›Konkret für den Frieden‹ in Schwerin (1985) und Greifswald (1989); in: Landtag Mecklenburg-Vorpommern (Hrsg.), Aufarbeitung und Versöhnung, Bd. 7, 1997, S. 233–307.

Buske, Norbert/Helms, Thomas: Greifswald. Innenansichten, Rostock 1991.

Buske, Norbert: 20 Jahre Arbeitsgemeinschaft Kirchengeschichte der Pommerschen Evangelischen Kirche, Schwerin 1995.

Buske, Norbert: Das Kreuz auf dem Golm. Kriegsgräber in politischem Besitz, Schwerin 1995.

Buske, Norbert: Das Kriegsende in Demmin 1945. Berichte, Erinnerungen, Dokumente, Schwerin 1995.

Buske, Norbert: Die kampflose Übergabe der Stadt Greifswald im April 1945. Das Tagebuch des Rektors der Greifswalder Universität Professor Carl Engel und

Auszüge aus der ›Chronik des Grundstückes Anklamer Straße 60/61 in Greifswald‹. Eine Dokumentation, Schwerin 1993.

Buske, Norbert: Die kampflose Übergabe Greifswalds und ihre Darstellung in der Geschichtsschreibung der SED; in: Pommersche Zeitung 25. März 1995.

Buske, Norbert: Kurzer Abriß der vorpommerschen Verfassungsgeschichte. Die Landtage, Schwerin 1994.

Buske, Norbert: Mecklenburg und Vorpommern. Konkurrenten, Nachbarn, Partner; in: Erichsen, Johannes: 1000 Jahre Mecklenburg, Rostock 1995, S. 121–129.

Buske, Norbert: Pommern. Territorialstaat und Landesteil von Preußen. Ein Überblick über die politische Entwicklung. Die Rolle Vorpommerns seit 1945, Schwerin 1997.

Buske, Norbert: Zur Arbeit und zu den Aufgaben der Arbeitsgemeinschaft Kirchengeschichte der Pommerschen Evangelischen Kirche; in: H. J. Zobel (Hrsg.), Pommern, Bd. 1, 1991, S. 36–42.

Büttner, Ursula: Hamburg in der Staats- und Wirtschaftskrise 1918–1931, Hamburg 1982.

Carsten, Francis L.: Der preußische Adel und seine Stellung in Staat und Gesellschaft bis 1945; in: H. U. Wehler (Hrsg.), Europäischer Adel 1750–1950, GG-Sonderheft 13, 1990.

Carsten, Francis L.: Geschichte der preußischen Junker, Frankfurt/M. 1988.

Cerny, Jochen (Hrsg.): Wer war wer – DDR. Ein biographisches Lexikon, Berlin 1992.

Chanady, A.: The Desintegration of the German National Peoples Party 1934–1930; in: Journal of Modern History 39 (1967), S. 65–90.

Childers, Thomas (Hrsg.): The Formation of the Nazi Constituency 1919–1933, Totowa/New Jersey 1986.

Childers, Thomas: The Limits of National Socialist Mobilisation. The Elections of 6th November and the Fragmentation of the Nazi Constituency; in: Ders. (Hrsg.), Formation of the Nazi Constituency, 1986, S. 232–259.

Childers, Thomas: The Middle Classes and National Socialism; in: D. Blackbourn/ R. Evans (Hrsg.), The German Bourgeoisie, 1991, S. 318–337.

Childers, Thomas: The Nazi Voter. The Social Foundations of Fascism in Germany 1919–1933, Chapel Hill/North Carolina 1983.

Christ, Herbert: Der politische Protestantismus in der Weimarer Republik. Diss., Bonn 1967.

Claggett, William/Loesch, Jeffrey/Shively, W. Phillipp/Snell, Robert (Hrsg.): Political Leadership and the Development of Political Cleavages. Imperial Germany 1871–1912; in: American Journal of Political Sciences 26 (1982), S. 643–663.

Conze, Werner/Lepsius, M. Rainer (Hrsg.): Sozialgeschichte der Bundesrepublik Deutschland. Beiträge zum Kontinuitätsproblem, Stuttgart 1983.

Conze, Werner/Raupach, Hans (Hrsg.): Die Staats- und Wirtschaftskrise des Deutschen Reiches 1929/33, Stuttgart 1967.

Copius, Joachim u. a: Der revolutionäre Kampf der Greifswalder Werktätigen in Stadt und Land gegen den Kapp-Putsch im März 1920; in: WZ-Greifswald 5 (1955/56), H. 2/3, S. 193–208.

Copius, Joachim: Die Auswirkungen der ökonomischen und politischen Krise des deutschen Imperialismus auf Vorpommern und der Kampf der Werktätigen unter Führung der KPD gegen den drohenden Hitlerfaschismus 1932. Diss. (maschs.), Greifswald 1966.

Copius, Joachim: Die Novemberrevolution in Greifswald. Die wirtschaftliche und politische Lage vor Ausbruch der Revolution; in: WZ-Greifswald 8 (1958/59), H. 1/2, S. 11–18.

Copius, Joachim: Zur Rolle pommerscher Junker und Großgrundbesitzer bei der Vorbereitung der faschistischen Diktatur und der imperialistischen Aggressionspolitik (ein Beitrag zur Auseinandersetzung mit der Junkerapologetik des westdeutschen Publizisten Walter Görlitz.); in: WZ-Greifswald 20 (1971), H. 3, S. 113–116.

Corino, Karl (Hrsg.): Die Akte Kant. IM ›Martin‹, die Stasi und die Literatur in Ost und West, Reinbek 1995.

Corni, Gustavo: Hitler and the Peasants. Agrarian Policy in the Third Reich 1930–1939, New York 1990.

Corswand, Walther von: Die Not der schaffenden deutschen Wirtschaft und die Zinsknechtschaft des Leihkapitals, Greifswald 1925.

Creuzberger, Stefan: Die sowjetische Besatzungsmacht und das politische System der SBZ, Weimar u. a. 1996.

Crew, David F. (Hrsg.): Nazism and German Society 1933–1945, London u. a. 1994.

Curschmann, Heinrich F.: Prof. Dr. h. c. Karl Friedrich Wilhelm Schmidt (1873–1951) Direktor des Gymnasiums zu Greifswald (1928–1935); in: Biographien von hervorragenden Lehrern und Schülern am staatlichen Gymnasium in Greifswald (1997), H. 1, S. 5–14.

Dähn, Horst: Die LDPD. Schein und Wirklichkeit einer Partei in den sechziger Jahren. Empirische Befunde zur Mitgliederstruktur und zu parteiinternen Konflikten; in: K. Schönhoven/D. Staritz (Hrsg.), Sozialismus und Kommunismus im Wandel, 1993, S. 436–450.

Dähn, Horst: Konfrontation oder Kooperation? Das Verhältnis von Staat und Kirche in der SBZ/DDR 1945–1980, Opladen 1982.

Dann, Otto (Hrsg.): Die deutsche Nation. Geschichte, Probleme und Perspektiven, Vierow bei Greifswald 1994.

Danyel, Jürgen u. a: Antifaschismus und Verdrängung. Zum Umgang mit der NS-Vergangenheit in der DDR; in: J. Kocka/M. Sabrow (Hrsg.), Die DDR als Geschichte, 1994, S. 148–152.

Danyel, Jürgen: Vom schwierigen Umgang mit der Schuld. Die Deutschen in der DDR und der Nationalsozialismus; in: ZfG 40 (1992), S. 915–928.

Degener, Hermann A. L.: Wer ist's?, Leipzig 1922.

Deist, Wilhelm/Messerschmidt, Manfred u. a: Ursachen und Voraussetzungen des Zweiten Weltkrieges, Frankfurt/M. 1989.

Demokratische Bauernpartei Deutschlands (Hrsg.): 40 Jahre DBD. Chronik, Bilddokumente, Erlebnisberichte, Berlin (Ost) 1988.

Dethloff, Friedjoff u. a: Stadt- und Landkreis Greifswald. Territoriale Aspekte ihrer Entwicklung; in: WZ-Greifswald, naturw. Reihe 38 (1989), Nr. 3, S. 12–18.

Deutsch, Josef: Zum 90. Geburtstag von Bibliotheksdirektor Prof. D. Dr. Johannes Luther; in: Nachrichten für wissenschaftliche Bibliotheken 4 (1951), S. 248–251.

Deutscher Bundestag (Hrsg.): Materialien der Enquete-Kommission ›Aufarbeitung von Geschichte und Folgen der SED-Diktatur in Deutschland‹. 12. Wahlperiode des Deutschen Bundestages, 9 Bde., Frankfurt/M. 1995.

Deutscher Wirtschaftsverlag (Hrsg.): Reichshandbuch der Deutschen Gesellschaft, 2 Bde., Berlin 1930.

Diederich, Georg/Schäfer, Bernd: Religiöses Brauchtum und kirchliches Leben im Alltag der DDR. Zwischen Anfechtung und Behauptung; in: Landtag Mecklenburg-Vorpommern (Hrsg.), Aufarbeitung und Versöhnung, Bd. 6, 1997, S. 155–294.

Diehl, James M.: Paramilitary Politics in the Weimar Republic; Bloomington/Indiana 1977.

Diehl-Thiele, Peter: Partei und Staat im Dritten Reich. Untersuchungen zum Verhältnis von NSDAP und allgemeiner innerer Staatsverwaltung 1933–1945, München 1969.

Dietrich, Hans Georg: Die evangelische Kirchengemeinde Freiburg 1933–1945 in der Begegnung mit dem Nationalsozialismus. Aspekte eines schwierigen Jahrzwölfts; in: Zeitschrift des Breisgau-Geschichtsvereins 110 (1991), S. 213–255.

Dietze, Frank: Entscheidungsstrukturen und -prozesse in der Ost-CDU 1945–1952; in: M. Richter/M. Rißmann (Hrsg.), Die Ost-CDU, 1995, S. 47–62.

Dittmann, Markus: Die Universität Greifswald am Vorabend des Ersten Weltkrieges. Studien zur institutionellen, sozialen und politischen Struktur. Diss. (maschs.), Greifswald 1993.

Dittmann, Markus: Frequenz und Struktur der Greifswalder Studentenschaft am Vorabend des Ersten Weltkrieges; in: H. J. Zobel (Hrsg.), Pommern, Bd. 1, 1991, S. 276–284.

Dittrich, Hans Michael: Die Rolle der wissenschaftlichen Schule von Gerhardt Katsch (1887–1961) für die Entwicklung der Diabetisforschung. Ein Beitrag zur Geschichte der Diabetologie. Diss. (maschs.), Greifswald 1984.

DNVP Greifswald (Hrsg.): Deutschnationaler Parteitag für Vorpommern am 6. und 7. November 1920 in Greifswald, Greifswald 1920.

Döhn, Lothar: Politik und Interesse. Die Innenstruktur der Deutschen Volkspartei, Meisenheim am Glan 1970.

Donner, Wolfgang u. a: Die ersten freien Wahlen in Mecklenburg-Vorpommern 1990, Kiel 1990.

Dörr, Manfred: Die Deutschnationale Volkspartei 1925–1928. Diss., Marburg 1965.

Dowe, Dieter (Hrsg.): Von der Bürgerbewegung zur Partei. Die Gründung der Sozialdemokratie in der DDR. Diskussionsforum im Berliner Reichstag am 7. Oktober 1992, Bonn 1993.

Dralle, Lothar: Organisierte Freundschaft. Zur Funktion der Gesellschaft für Deutsch-Sowjetische Freundschaft und ihrer Vorläufer; in: A. Fischer (Hrsg.), Studien zur Geschichte der SBZ/DDR, 1993, S. 81–96.

Duesterberg, Theodor: Der Stahlhelm und Hitler, Wolfenbüttel u. a. 1949.

Dunk, Hermann W. von der/Lademacher, Horst (Hrsg.): Auf dem Weg zum modernen Parteienstaat. Zur Entstehung, Organisation und Struktur politischer Parteien in Deutschland und den Niederlanden, Melsungen 1986.

Düwell, Kurt: Gauleiter und Kreisleiter als regionale Gewalten des NS-Staates; in: H. Möller u. a. (Hrsg.), Nationalsozialismus in der Region, 1996, S. 161–174.

Ebbinghaus, Frank: Erzwungene Freiwilligkeit. Die Zerschlagung des Mittelstandes in der DDR Anfang der siebziger Jahre; in: Frankfurter Allgemeine Zeitung 26.2.1997.

Eckert, Rainer: Die revolutionäre Krise am Ende der achtziger Jahre und die Formierung der Opposition; in: Deutscher Bundestag (Hrsg.), Materialien der Enquete-Kommission, Bd. 7, Widerstand, Opposition, Revolution, Teilbd. 1, 1995, S. 667–757.

Eckert, Rainer: Zur Rolle der Massenorganisationen im Alltag der DDR-Bevölkerung; in: Deutscher Bundestag (Hrsg.), Materialien der Enquete-Kommission, 1995, Bd. 2, Macht, Entscheidung, Verantwortung; Teilbd. 2, 1995, S. 1243–1300.

Eggert, Otto: Geschichte Pommerns, Hamburg 1959.

Eitner, Hans J.: Hitlers Deutsche. Das Ende eines Tabus, Gernsbach 1990.

Eley, Geoff: Konservative und radikale Nationalisten in Deutschland. Die Schaffung faschistischer Potentiale 1912–1928; in: Ders., Wilhelminismus, Nationalismus, Faschismus, 1991, S. 209–247.

Eley, Geoff: Reshaping the German Right. Radical Nationalism and Political Change after Bismarck, New Haven u. a. 1980.

Eley, Geoff: The Wilhelmine Right. How it changed; in: R. J. Evans (Hrsg.), Society and Politics in Wilhelmine Germany, 1978, S. 112–133.

Eley, Geoff: Wilhelminismus, Nationalismus, Faschismus. Zur historischen Kontinuität in Deutschland, Münster 1991.

Elm, Ludwig: Konservatismus im ›Realen Sozialismus‹. Fortschrittshemmende Wesenszüge und Wirkungen des stalinistisch geprägten Sozialismusmodells; in: DA 23 (1990), Nr. 55, S. 673–680.

Emmel, Hildegard: Die Freiheit hat noch nicht begonnen. Zeitgeschichtliche Erfahrungen seit 1933, Rostock 1991.

Engel, Andreas: Regionale politische Traditionen und die Entwicklung der CDU/CSU; in: D. Oberndörfer/K. Schmitt (Hrsg.), Parteien und regionale politische Traditionen, 1991, S. 89–124.

Engel, Andreas: Wahlen und Parteien im lokalen Kontext. Eine vergleichende Untersuchung des Basisbezuges lokaler Parteiakteure in 24 nordhessischen Kreisparteiorganisationen von CDU, FDP und SPD, Frankfurt/M. 1988.

Erdmann, Karl Dietrich/Schulze, Hagen (Hrsg.): Weimar. Selbstpreisgabe einer Demokratie. Eine Bilanz heute, Düsseldorf 1980.

Erdmann, Roman: Die Enteignung der Kriegsverbrecher und aktiven Faschisten in Mecklenburg-Vorpommern 1945/46; in: WZ-Greifswald 18 (1969), H. 3/4, S. 297–306.

Erger, Johannes: Der Kapp-Lüttwitz-Putsch. Ein Beitrag zur deutschen Innenpolitik 1919/20, Düsseldorf 1967.

Erker, Paul: Zeitgeschichte als Sozialgeschichte. Forschungsstand und Forschungsdefizite; in: GG 19 (1993), S. 202–238.

Ernst, Anna Sabine: ›Die beste Prophylaxe ist der Sozialismus!‹ Ärzte und medizinische Hochschullehrer in der SBZ/DDR 1945–1961, Münster 1997.

Ernst, Anna Sabine: Von der bürgerlichen zur sozialistischen Profession? Ärzte in der DDR 1945–1961; in: R. Bessel/R. Jessen (Hrsg.), Die Grenzen der Diktatur, 1996, S. 25–48.

Ernst-Moritz-Arndt-Universität (Hrsg.): Der Geist der Ernst-Moritz-Arndt-Universität Greifswald, Greifswald 1933.

Eschebach, Erika: Volkskirche im Zwiespalt. Die Generalsynode der Evangelischen Kirche der altpreußischen Union in der Weimarer Republik, Frankfurt/M. 1991.

Etue, George E.: The German Fatherland Party 1917–1918. Diss., Berkeley 1959.

Exner, Peter: Ländliche Gesellschaft und Landwirtschaft in Westfalen 1919–1969, Paderborn 1997.

Faber, Richard (Hrsg.): Konservatismus in Geschichte und Gegenwart, Würzburg 1991.

Falter, Jürgen W. u. a: Wahlen und Abstimmungen in der Weimarer Republik. Materialien zum Wahlverhalten 1919–1933, München 1986.

Falter, Jürgen W./Bömermann, Hartmut: Die Entwicklung der Weimarer Parteien in ihren Hochburgen und die Wahlerfolge der NSDAP; in: H. Best (Hrsg.), Politik und Milieu, 1989, S. 92–118.

Falter, Jürgen W.: Alte und neue Parteiorientierungen. Die Bundestagswahlen 1949 zwischen Kontinuität und Neubeginn; in: Holtmann, Everhard (Hrsg.): Wie neu war der Neubeginn? Zum Kontinuitätsproblem nach 1945, Erlangen 1989, S. 50–69.

Falter, Jürgen W.: Arbeiter haben erheblich häufiger, Angestellte dagegen sehr viel seltener NSDAP gewählt, als wir lange Zeit angenommen haben – ein Rückblick auf das Projekt ›Die Wähler der NSDAP 1928–1933‹; in: GG 16 (1990), S. 536–552.

Falter, Jürgen W.: Der Aufstieg der NSDAP in Franken bei den Reichstagswahlen 1924–1933. Ein Vergleich mit dem Reich unter besonderer Berücksichtigung landwirtschaftlicher Einflußfaktoren; in: German Studies Review 11 (1986), S. 319–359.

Falter, Jürgen W.: Hitlers Wähler, München 1991.

Falter, Jürgen W.: Kontinuität und Neubeginn. Die Bundestagswahl 1949 zwischen Weimar und Bonn; in: PVS 22 (1981), S. 236–263.

Falter, Jürgen W.: Wahlen 1990. Die demokratische Legitimation für die deutsche Einheit mit großen Überraschungen; in: E. Jesse/A. Mitter (Hrsg.), Die Gestaltung der deutschen Einheit, 1992, S. 163–188.

Falter, Jürgen W.: Wahlen und Wählerverhalten unter besonderer Berücksichtigung des Aufstiegs der NSDAP nach 1928; in: K. D. Bracher u. a. (Hrsg.), Die Weimarer Republik, 1988, S. 484–504.

Falter, Jürgen W.: Wählerbewegungen zur NSDAP 1924–1933. Methodische Probleme, empirisch abgesicherte Erkenntnisse, offene Fragen; in: O. Büsch (Hrsg.), Wählerbewegungen in der europäischen Geschichte, 1980, S. 159–202.

Fandel, Thomas: Konfession und Nationalsozialismus. Evangelische und katholische Pfarrer in der Pfalz 1930–1939, Paderborn 1997.

Feist, Ursula/Hoffmann, Hans-Jürgen: Wahlen in der DDR 1990, Referendum für die Einheit und Exempel für ein modernes Wahlverhalten; in: Journal für Sozialforschung, 30 (1990), S. 239–265.

Feldman, Gerald D.: Der 30. Januar 1933 und die politische Kultur von Weimar; in: H. A. Winkler (Hrsg.), Staatskrise 1930–1933, 1992, S. 263–276.

Feldman, Gerald D.: Die Nachwirkungen der Inflation auf die deutsche Geschichte 1924–1933, München 1985.

Feldman, Gerald D.: The Great Disorder. Politics, Economics, and Society in the German Inflation 1914–1924, New York u. a. 1993.

Feltkamp, Kurt: Ideologisch-erzieherische Aspekte der städtebaulich-künstlerischen Konzipierung des Wohnkomplexes Greifswald-Südstadt II; in: WZ-Greifswald 19 (1970), H. 1/2, S. 79–82.

Fenske, Hans: Konservatismus und Rechtsradikalismus in Bayern nach 1918; Bad Homburg 1969.

Fenske, Hans: Strukturprobleme der deutschen Parteiengeschichte. Wahlrecht und Parteiensystem vom Vormärz bis heute, Frankfurt/M. 1974.

Fest, Joachim: Staatsstreich. Der lange Weg zum 20. Juli, Berlin 1994.

Fetscher, Iring/Münkler, Herfried (Hrsg.): Pipers Handbuch der Politischen Ideen, München 1986.

Fiedler, Birgit: Die Greifswalder Juristische Fakultät; in: Mitteilungen der Arbeitsgemeinschaft für juristisches Bibliotheks- und Dokumentationswesen 22 (1992), Nr. 3, S. 82–88.

Fischer, Alexander (Hrsg.): Studien zur Geschichte der SBZ/DDR, Berlin 1993.

Fischer, Bernd Reiner: Das Bildungs- und Erziehungssystem der DDR. Funktion, Inhalte, Instrumentalisierung, Freiräume; in: Deutscher Bundestag (Hrsg.), Materialien der Enquete-Kommission, Bd. 3, Ideologie, Integration und Disziplinierung, Teilbd. 2, 1995, S. 852–875.

Fischer, Fritz: Bündnis der Eliten. Zur Kontinuität der Machtstrukturen in Deutschland 1871–1945, Düsseldorf 1985.

Fischer, Hans Gerhard: Evangelische Kirche und Demokratie nach 1945. Ein Beitrag zum Problem der politischen Theologie, Lübeck u. a. 1970.

Fischer, Klaus A.: Wahlhandbuch für die Bundesrepublik Deutschland. Daten zu Bundes-, Landtags- und Europawahlen in der Bundesrepublik Deutschland in den Ländern und Kreisen, Paderborn 1990.

Flemming, Jens: Die Bewaffnung des ›Landvolks‹. Ländliche Schutzwehren und agrarischer Konservatismus in der Anfangsphase der Weimarer Republik; in: Militärgeschichtliche Mitteilungen 2 (1979), S. 7–36.

Flemming, Jens: Konservatismus als ›nationalrevolutionäre Bewegung‹. Konservative Kritik an der Deutschnationalen Volkspartei 1918–1933; in: D. Stegmann u. a. (Hrsg.), Deutscher Konservatismus im 19. und 20. Jahrhundert, 1983, S. 295–331.

Flemming, Jens: Landwirtschaftliche Interessen und Demokratie. Ländliche Gesellschaft, Agrarverbände und Staat 1890–1925, Bonn 1978.

Flemming, Jens: Unter der Bürde der Tradition. Thesen zum gesellschaftlichen Ort des deutschen Protestantismus vor 1945; in: H. v. d. Dunk/H. Lademacher (Hrsg.), Auf dem Weg zum modernen Parteienstaat, 1986, S. 239–249.

Foitzik, Jan: Die sowjetische Militäradministration in Deutschland. Organisation und Wirkungsfelder in der SBZ 1945–1949; in: APuZ (1990), Nr. B 11, S. 43–51.

Förster, Gabriele: Die Ernst-Moritz-Arndt-Universität während des Zweiten Weltkrieges 1939 bis 1945. Diplomarbeit (maschs.), Greifswald 1984.

Forstner, Georg Günter von: November-Spuk. Erlebnisse 1918–1920, Berlin 1938.

Forstner, Georg Günter von: U-Boot-Kommandanten und Kriegsverbrecher. Unbekanntes von unseren U-Booten, Berlin 1936.

Frank, Max: Pommerns Zeitungen unter nationalsozialistischem Zugriff; in: Ost- und Mitteldeutscher Heimatbote 11 (1963).

Franke, Jochen: Zur Reaktion der CDU-Führung und CDU-Basis (Ost) auf den Mauerbau am 13. August 1961; in: DA 23 (1990), S. 1242–1251.

Frankiewicz, Bogdan: Zur Lage der ausländischen Zwangsarbeiter während des Zweiten Weltkrieges in Pommern und ihre Teilnahme am antifaschistischen Widerstandskampf; in: Historisches Institut (Hrsg.), Befreiung und Neubeginn, 1966, S. 176–184.

Frei, Norbert: Der Führerstaat. Nationalsozialistische Herrschaft 1933–1945, München 1996.

Freitag, Werner: Nationale Mythen und kirchliches Heil, Der ›Tag von Potsdam‹; in: Westfälische Forschungen 41 (1991), S. 379–430.

Freytag-Loringhoven, Axel von: Die Deutschnationale Volkspartei, Berlin 1931.

Fricke, Dieter u. a. (Hrsg.): Lexikon zur Parteiengeschichte. Die bürgerlichen und kleinbürgerlichen Parteien und Verbände in Deutschland 1789–1945, 4 Bde., Köln u. a. 1984.

Fricke, Dieter/Finker, Kurt: Kyffhäuser Bund der deutschen Landeskriegerverbände (KB); in: D. Fricke u. a. (Hrsg.), Die bürgerlichen Parteien in Deutschland, Bd. 2, 1968, S. 296–312.

Fricke, Karl Wilhelm: ›Kampf dem Klassenfeind‹. Politische Verfolgung in der SBZ; in: A. Fischer (Hrsg.), Studien zur Geschichte der SBZ/DDR, 1993, S. 179–193.

Fricke, Karl Wilhelm: Politik und Justiz in der DDR. Zur Geschichte der politischen Verfolgung 1945–1948. Bericht und Dokumentation, Köln 1979.

Frie, Ewald: Vorbild oder Spiegelbild? Kriegsbeschädigtenfürsorge in Deutschland 1914–1919; in: W. Michalka (Hrsg.), Der Erste Weltkrieg, 1994, S. 563–580.

Friedenthal, Elisabeth: Volksbegehren und Volksentscheid über den Young-Plan und die deutschnationale Sezession. Diss., Tübingen 1957.

Friedrich, Norbert: ›National, Sozial, Christlich‹. Der Evangelische Reichsausschuß der Deutschnationalen Volkspartei in der Weimarer Republik; in: KchZ 6 (1993), S. 290–311.

Friedrich-Ludwig-Jahn-Oberschule (Hrsg.): Festschrift zur 400-Jahrfeier der Friedrich-Ludwig-Jahn-Schule, Erweiterte Oberschule, Greifswald 1561–1961, Greifswald 1961.

Friedrich-Ludwig-Jahn-Gymnasium (Hrsg.): Gymnasium Friedrich Ludwig Jahn, Greifswald 1995.

Fritzsche, Klaus: Konservatismus im gesellschaftlich-geschichtlichen Prozeß; in: NPL 24 (1979), S. 295–317.

Fritzsche, Klaus: Konservatismus; in: F. Neumann, Handbuch Politischer Theorien und Ideologien, 1977, S. 65–105.

Fritzsche, Peter: Presidential Victory and Popular Festivity in Weimar Germany. Hindenburgs 1925 Election; in: Central European History 23 (1990), S. 205–224.

Fritzsche, Peter: Rehearsals for Fascism. Populism and Political Mobilization in Weimar Germany, New York u. a. 1990.

Frölich, Jürgen (Hrsg.): Bürgerliche Parteien in der SBZ/DDR. Zur Geschichte von CDU, LDPD, DBD und NDPD 1945 bis 1953, Köln 1995.

Frölich, Jürgen (Hrsg.): Bürgerliche Parteien in der SBZ/DDR, Köln 1995.

Frölich, Jürgen: Transmissionsriemen, Interessenvertretung des Handwerks oder Nischenpartei? Zur Rolle, Bedeutung und Wirkungsmöglichkeit der NDPD; in: Deutscher Bundestag (Hrsg.), Materialien der Enquete-Kommission, Bd. 2, Macht, Entscheidung, Verantwortung, Teilbd. 2, 1995, S. 1542–1578.

Fuchs, Werner/Klima, Rolf u. a. (Hrsg.): Lexikon zur Soziologie, Opladen 1978.

Fulbrook, Mary: Anatomy of a Dictatorship. Inside the GDR 1949–1989, Oxford 1995.

Fulbrook, Mary: Herrschaft, Gehorsam und Verweigerung. Die DDR als Diktatur; in: J. Kocka/M. Sabrow (Hrsg.), Die DDR als Geschichte, 1994, S. 77–85.

Fulbrook, Mary: Methodische Überlegungen zu einer Gesellschaftsgeschichte der DDR; in: R. Bessel/R. Jessen (Hrsg.), Die Grenzen der Diktatur, 1996, S. 274–297.

Fulbrook, Mary: The Divided Nation. A History of Germany 1918–1990, New York 1992.

Gabka, Kurt u. a: Zur Geschichte der slawistischen Lehre und Forschung an der Universität Greifswald; in: WZ-Greifswald 35 (1986), H. 1/2, S. 15–19.

Gabriel, Karl/Kaufmann, Franz Xaver (Hrsg.): Zur Soziologie des Katholizismus, Mainz 1980.

Gabriel, Oscar W./Niedermayer, Oskar/Stöss, Richard (Hrsg.), Parteiendemokratie in Deutschland, Bonn 1997.

Gaede, Herbert: Pommern. Die deutschen Gaue seit der Machtergreifung, Berlin 1940.

Gaede, Herbert: Schwede-Coburg. Ein Lebensbild des Gauleiters und Oberpräsidenten von Pommern, Berlin 1939.

Gallo, Max: Der Schwarze Freitag der SA. Die Vernichtung des revolutionären Flügels der NSDAP durch Hitlers SS im Juni 1934, Wien 1972.

Garbe, Irmfried: Der Krieg auf Greifswalds Kanzeln. Voraussetzungen und Praxis der Kriegspredigt 1914–1918. Examensarbeit (maschs.), Greifswald 1995.

Garbe, Irmfried: Die Greifswalder Kirchengemeinden im Oktober und November 1918; in: Geschichtswerkstatt (Hrsg.), Geschichte Mecklenburg-Vorpommerns, 1996, o. S.

Garbe, Irmfried: Friede am Ende. Beobachtungen zum kirchlichen Beitrag an der mentalen Mobilmachung in Greifswald vor dem Ersten Weltkrieg; in: Zeitgeschichte Regional 1 (1997), H. 2, S. 9–16.

Gauck, Joachim: Die Stasi-Akten. Das unheimliche Erbe der DDR, Reinbek 1991.

Gauleitung Pommern (Hrsg.): Gau Pommern im Aufbau, Stettin 1935.

Gebhardt, Winfried/Kamphausen, Georg: Mentalitätsunterschiede im wiedervereinigten Deutschland. Das Beispiel zweier ländlicher Gemeinden; in: APuZ (1994), B 16, S. 9–39.

Geiger, Theodor: Die soziale Schichtung des deutschen Volkes. Soziographischer Versuch auf statistischer Grundlage, Berlin 1932.

Geiger, Theodor: Gemeinschaft; in: A. Vierkandt (Hrsg.), Handwörterbuch der Soziologie, 1931, S. 173–180.

Geiger, Theodor: Gesellschaft; in: A. Vierkandt (Hrsg.), Handwörterbuch der Soziologie, 1931, S. 201–211.

Geissler, Rainer (Hrsg.): Sozialer Umbruch in Ostdeutschland, Opladen 1992.

Geissler, Rainer: Die Sozialstruktur Deutschlands. Ein Studienbuch zur Entwicklung im geteilten und vereinten Deutschland, Opladen 1992.

Geissler, Rainer: Sozialer Wandel, in: W. Weidenfeld/K.-R. Korte (Hrsg.), Handbuch zur deutschen Einheit, 1993, S. 581–593.

Geschichtswerkstatt Rostock (Hrsg.): Geschichte Mecklenburg-Vorpommerns von 1918 bis 1989/90 und ihre Umsetzung in der zeitgeschichtlichen Bildungsarbeit. Reader der Konferenzbeiträge der Konferenz am 11. April 1996 in Rostock; o. O. (Rostock) o. J. (1996).

Geyer, Martin H.: Teuerungsprotest, Konsumentenpolitik und soziale Gerechtigkeit während der Inflation. München 1920–1923; in: AfS 30 (1990), S. 181–215.

Gibowski, Wolfgang G.: Demokratischer (Neu)Beginn in der DDR. Dokumentation und Analyse der Wahl vom 18. März 1990; in: ZParl 21 (1990), S. 19–29.

Gienke, Horst: Dome, Dörfer, Dornenwege. Lebensbericht eines Altbischofs, Rostock 1996.

Gies, Horst: NSDAP und landwirtschaftliche Organisation in der Endphase der Weimarer Republik; in: VfZ 15 (1967), S. 341–376.

Girvin, Brian: The Right in the 20th Century. Conservatism and Democracy, London 1994.

Glaser, Hermann: Bildungsbürgertum und Nationalismus. Politik und Kultur im wilhelminischen Deutschland, München 1993.

Glawe, Walther: Vom Zweiten und vom Dritten Reich. Greifswalder Universitätsreden Nr. 40, Greifswald 1934.

Glöckner, Reinhard: Die Wende in Greifswald aus meinem Erleben und in meiner Sicht Frühjahr 1993, Greifswald 1994.

Gloeckner, Eduard: Politische Soziologie der DDR-Gesellschaft. Orientierung zwischen Systemimmanenz und Reformpolitik der Sowjetunion; in: H. Timmermann (Hrsg.), DDR-Forschung, 1995, S. 183–191.

Glück, Horst: Parteien, Wahlen und politische Kultur in einer württembergischen Industrieregion. Die Stadt Esslingen und der Mittlere Neckarraum, Esslingen 1991.

Goeckel, Robert F.: The Lutheran Church and the East German State. Political Conflict and Change under Ulbricht and Honecker, Ithaca 1990.

Goerner, Martin G./Kubina, Michael: Die Phasen der Kirchenpolitik der SED und die sich darauf beziehenden Grundlagenbeschlüsse der Partei- und Staatsführung in der Zeit von 1945/46 bis 1971/72; in: Deutscher Bundestag (Hrsg.), Materialien der Enquete-Kommission, Bd. 6, Kirchen in der SED-Diktatur, Teilbd. 1, 1995, S. 615–874.

Goerner, Martin G.: Die Kirche als Problem der SED. Strukturen kommunistischer Herrschaftsausübung gegenüber der evangelischen Kirche 1945–1958, Berlin 1997.

Goerner, Martin G.: Zu den Strukturen und Methoden der SED-Kirchenpolitik in den fünfziger Jahren; in: K. Schröder/J. Staadt (Hrsg.), Geschichte und Transformation, 1994, S. 112–119.

Gohl, Dietmar: Deutsche Demokratische Republik. Eine aktuelle Landeskunde, Frankfurt/M. 1986.

Goltz, Eduard Freiherr von der: Kirche und Volksgemeinschaft. Greifswalder Universitätsreden Nr. 17, Greifswald 1927.

Görlitz, Axel/Prätorius, Reiner: Handbuch Politikwissenschaft. Grundlagen, Forschungsstand, Perspektiven, Reinbek 1987.

Görlitz, Walter: Die Junker. Adel und Bauern im deutschen Osten, Glücksburg 1956.

Görlitz, Walter: Widerstand gegen den Nationalsozialismus in Pommern. Ein Versuch; in: Baltische Studien, NF 48 (1961), S. 63–74.

Gottberg, Bernd: Die Gründung und die ersten Jahre der NDPD 1948–1954; in: J. Frölich (Hrsg.), Bürgerliche Parteien in der SBZ/DDR, 1995, S. 73–87.

Götz von Olenhusen, Irmtraud: Vom Jungstahlhelm zur SA. Die jungen Nachwuchsorganisationen in den paramilitärischen Verbänden der Weimarer Republik; in: W. R. Krabbe (Hrsg.), Jugend in der Weimarer Republik, 1993, S. 146–182.

Grabbe, Jörg: Parteien und Nation. Zur Rolle des Nationalbewußtseins für die politische Grundorientierung der Parteien in der Anfangsphase der Bundesrepublik, Meisenheim am Glan 1976.

Gradl, Johann Baptist: Anfang unter dem Sowjetstern. Die CDU 1945–1948 in der SBZ, Köln 1981.

Graf, Friedrich Wilhelm: Eine Ordnungsmacht eigener Art. Theologie und Kirchenpolitik im DDR-Protestantismus; in: H. Kaelble u. a. (Hrsg.), Sozialgeschichte der DDR, 1994, S. 295–321.

Graf, Friedrich Wilhelm: Traditionsbewahrung in der sozialistischen Provinz. Zur Kontinuität antikapitalistischer Leitvorstellungen im neueren deutschen Protestantismus; in: Zeitschrift für Evangelische Ethik 36 (1992), S. 175–191.

Graf, Friedrich Wilhelm: Widerstand im SED-Staat, Eine Westperspektive; in: Evangelisch lutherische Kirchenzeitung 33 (1994), H. 11, S. 2–4.

Graml, Hermann: Militärischer Widerstand; in: W. Benz/W. H. Pehle (Hrsg.), Lexikon des deutschen Widerstandes, 1994, S. 83–97.

Graml, Hermann: Widerstand im Dritten Reich. Probleme, Ereignisse, Gestalten, Frankfurt/M. 1984.

Grebing, Helga/Greiffenhagen, Martin u. a: Konservatismus. Eine deutsche Bilanz, München 1971.

Grebing, Helga: Der ›deutsche Sonderweg‹ in Europa 1806–1945. Eine Kritik, Stuttgart 1986.

Grebing, Helga: Konservative gegen die Demokratie. Konservative Kritik an der Demokratie in der Bundesrepublik nach 1945, Frankfurt/M. 1971.

Grebing, Helga: Positionen des Konservatismus in der Bundesrepublik; in: H.-G. Schumann (Hrsg.), Konservativismus, 1984, S. 290–314.

Greiffenhagen, Martin: Das Dilemma des Konservatismus; in: H.-G. Schumann: Konservativismus, 1984, S. 156–198.

Greiffenhagen, Martin: Konservatismus; in: A. Görlitz/R. Prätorius (Hrsg.): Handbuch Politikwissenschaft, 1987, S. 233–238.

Greifswalder Brauerei (Hrsg.): Das Braugewerbe in Greifswald. Anläßlich des 75jährigen Bestehens gewidmet von der Greifswalder Brauerei, Greifswald 1940.

Greifswalder Turnerbund (Hrsg.): Festveranstaltung zur 75 Jahrfeier des Greifswalder Turnerbundes, Greifswald 1935.

Greven-Aschoff, Barbara: Die bürgerliche Frauenbewegung in Deutschland 1894–1933, Göttingen 1981.

Groh, Dieter: Negative Integration und revolutionärer Attentismus. Die deutsche Sozialdemokratie am Vorabend des Ersten Weltkrieges, Frankfurt/M. u. a. 1973.

Grünberg, Gottfried: Kumpel, Kämpfer, Kommunist, Berlin (Ost) 1980.

Grünzinger, Gertraud/Walter, Felix: Fürbitte. Die Liste der Bekennenden Kirche 1935–1944, Göttingen 1994.

Grüttner, Michael: Studenten im Dritten Reich, Paderborn 1995.

Gundlach, Heinz: Orion, Schwerin 1995.

Haas, Josef: Die Nationaldemokratische Partei Deutschlands (NDPD). Geschichte, Struktur, Funktion einer DDR Blockpartei. Diss., Erlangen 1987.

Haberecht, Hans Georg: Abschlußbericht des Gremiums zur Aufarbeitung der Vergangenheit; in: Amtsblatt der Pommerschen Evangelischen Kirche (1996), H. 4, S. 71–73.

Hagenlücke, Heinz: Deutsche Vaterlandspartei. Die deutsche Rechte am Ende des Kaiserreichs, Düsseldorf 1997.

Hahn, Gerhard: Bibliographie zur Geschichte der CDU und CSU 1945–1980, Stuttgart 1982.

Hahn, Gerhard: Schulpolitisch-pädagogisch progressive Traditionen der Friedrich-Ludwig-Jahn-Schule (Erweiterte Oberschule) zu Greifswald dargestellt an der Entwicklung der Bildungsstätte von 1561–1945. Diss. (maschs.), Greifswald 1965.

Hamilton, Richard F.: Who voted for Hitler?, Princeton/New Jersey 1982.

Hammermeister, Michael: Irritationen in der Universitätsstadt; in: Pommersche Zeitung 25.3.1995.

Hanke, Irma: Sozialstruktur und Gesellschaftspolitik im SED-Staat und ihre geistig-seelischen Folgen; in: Deutscher Bundestag (Hrsg.), Materialien der Enquete-Kommission, Bd. 3, Ideologie, Integration und Disziplinierung, Teilbd. 2, 1995, S. 1144–1206.

Hansestadt Greifswald (Hrsg.): Revitalisierung der Innenstadt Greifswald. Pilotprojekt der Landesplanung des Landes Mecklenburg-Vorpommern und der Hansestadt Greifswald, Greifswald 1995.

Hartung, Werner: Konservative Zivilisationskritik und regionale Identität am Beispiel der niedersächsischen Heimatbewegung 1895–1919, Hannover 1991.

Hartweg, Frederic: Die Kirchenpolitik der SED. Von den Anfängen bis zu den sechziger Jahren; in: J. Kocka/M. Sabrow (Hrsg.), Die DDR als Geschichte, 1994, S. 143–147.

Hartwig, Edgar: Der Alldeutsche Verband; in: D. Fricke u. a.,Lexikon zur Parteiengeschichte, 1984, Bd. 1, S. 13–47.

Haufe, Günter: Gedenkvortrag zum 100. Geburtstag Ernst Lohmeyers; in: Greifswalder Universitätsreden, NF 59 (1991), S. 6–16.

Haupt, Heinz Gerhard/Kocka, Jürgen (Hrsg.): Geschichte und Vergleich. Ansätze und Ergebnisse international vergleichender Geschichtsschreibung, Frankfurt/M. 1996.

Haupt, Heinz Gerhard/Niermann, Charlotte: Between Solidarity and Splintering. Bremen Shopkeepers in the Weimar Republic; in: R. Koshar (Hrsg.), Splintered Classes, 1990, S. 55–69.

Haupt, Heinz Gerhard: Mittelstand und Kleinbürgertum in der Weimarer Republik. Zu Problemen und Perspektiven ihrer Erforschung; in: AfS 26 (1986), S. 217–238.

Haupts, Leo: Die Blockparteien in der DDR und der 17. Juni 1953; in: VfZ 40 (1992), S. 383–412.

Haushofer, Heinz: Die deutsche Landwirtschaft im technischen Zeitalter, Stuttgart 1972.

Heberhold, Franz A.: Alfons Maria Wachsmann. Ein Opfer des Faschismus. Leben und Tod des Greifswalder Pfarrers Dr. Alfons Maria Wachsmann, Leipzig 1963.

Heberle, Rudolf: From Democracy to Nazism. A Regional Case Study on Political Parties in Germany, New York 1970.

Heberle, Rudolf: Landbevölkerung und Nationalsozialismus. Eine soziologische Untersuchung der politischen Willensbildung in Schleswig-Holstein 1918–1932, Stuttgart 1963.

Heckmann, Hermann (Hrsg.): Mecklenburg-Vorpommern. Historische Landeskunde Mitteldeutschlands, Würzburg 1991.

Hehl, Ulrich von: Die Kirchen in der NS-Diktatur. Zwischen Anpassung, Selbstbehauptung und Widerstand; in: K. D. Bracher u. a. (Hrsg.), Deutschland 1933–1945, 1992, S. 153–181.

Heiber, Helmut: Universität unterm Hakenkreuz, München 1991.

Heilbronner, Oded: Der verlassene Stammtisch. Vom Verfall der bürgerlichen Infrastruktur und dem Aufstieg der NSDAP am Beispiel der Region Schwarzwald; in: GG 19 (1993), S. 178–201.

Heinemann, Otto/Zimmermann, Wilhelm: Die Greifswalder Burschenschaft 1818–1936, Görlitz 1942.

Heinemann, Ulrich: Die Last der Vergangenheit. Zur politischen Bedeutung der Kriegsschuld- und Dolchstoßdiskussion; in: K. D. Bracher u. a. (Hrsg.), Die Weimarer Republik, 1988, S. 371–386.

Heinemann, Ulrich: Die verdrängte Niederlage. Politische Öffentlichkeit und Kriegsschuldfrage in der Weimarer Republik, Göttingen 1983.

Heinrich, Gerd: Staatsdienst und Rittergut. Die Geschichte der Familie von Dewitz in Brandenburg und Pommern, Bonn 1990.

Henkel, Rüdiger: Im Dienste der Staatspartei. Über Parteien und Organisationen in der DDR, Baden-Baden 1994.

Henning, Eike. Die Wahlentwicklung im Landkreis Kassel 1928–1933. Ein Hinweis zur Diskussion der politischen Kultur im ›roten Landkreis‹; in: Zeitschrift des Vereins für hessische Geschichte und Landeskunde 92 (1987), S. 205–245.

Henning, Eike/Saage, Richard (Hrsg.): Konservatismus. Eine Gefahr für die Freiheit?, München 1983.

Henning, Eike: Das sozialmoralische Milieu und seine Ausgestaltung vor Ort. Die historische Wahlanalyse kleiner Gemeinden und Stimmbezirke; in: H. Best (Hrsg.), Politik und Milieu, 1989, S. 119–154.

Henning, Eike: Regionale Unterschiede bei der Entstehung des deutschen Faschismus: Ein Plädoyer für ›mikroanalytische Studien‹ zur Erforschung der NSDAP; in: PVS 21 (1980), S. 152–173.

Herbst, Andreas/Ranke, Winfried/Winkler, Jürgen: So funktionierte die DDR; Bd. 1, Lexikon der Organisationen und Institutionen A-L; Bd. 2, Lexikon der Organisationen und Institutionen M-Z; Bd. 3, Lexikon der Funktionäre, Reinbek 1994.

Herbst, Ludolf: Das nationalsozialistische Deutschland 1933–1945. Die Entfesselung der Gewalt, Rassismus und Krieg, Frankfurt/M. 1996.

Herbstritt, Georg (Bearb.): Vierzig Jahre DDR. Kleiner Archivführer für Mecklenburg-Vorpommern, Schwerin 1994.

Herdmann, Ute/Köhler, Jan/Laurien, Hanna Renate (Hrsg.): Der preußische Landtag, Berlin 1993.

Hermand, Jost: Der alte Traum vom neuen Reich. Völkische Utopien und Nationalsozialismus, Frankfurt/M. 1988.

Herrmann, Volker u.a: Bibliographie zur Geschichte der deutschen evangelischen Diakonie im 19. und 20. Jahrhundert, Stuttgart 1997.

Herrmann-Winter, Renate: Robert Holsten 1862–1954; in: W. Buchholz/G. Mangelsdorf (Hrsg.), Land am Meer, 1995, S. 787–799.

Hertzman, Lewis: DNVP. Right-Wing Opposition in the Weimar-Republic 1918–1924, Lincoln/Nebraska 1963.

Herzberg, Guntolf: Die frühesten Positionen der Staatssicherheit in der Evangelischen Kirche der DDR; in: KchZ 7 (1994), S. 365–381.

Herzberg, Wolfgang/Von zur Mühlen, Patrick (Hrsg.): Auf den Anfang kommt es an. Sozialdemokratischer Neubeginn in der DDR 1989. Interviews und Analysen, Bonn 1993.

Herzfeld, Hans: Demokratie und Selbstverwaltung in der Weimarer Epoche, Stuttgart 1957.

Herzog, Roman u.a. (Hrsg.): Evangelisches Staatslexikon. 2 Bde., Stuttgart 1987.

Hess, Klaus: Junker und bürgerliche Großgrundbesitzer im Kaiserreich. Landwirtschaftliche Großbetriebe, Großgrundbesitz und Familienfideikommisse in Preußen 1867/71–1914, Stuttgart 1990.

Hess, Klaus: Zur wirtschaftlichen Lage der Großagrarier im ostelbischen Preußen 1867/71 bis 1914; in: H. Reif (Hrsg.), Ostelbische Agrargesellschaft, 1994, S. 157–172.

Hettling, Manfred/Nolte, Paul (Hrsg.): Bürgerliche Feste. Symbolische Formen politischen Handelns im 19. Jahrhundert, Göttingen 1993.

Hettling, Manfred/Nolte, Paul (Hrsg.): Nation und Gesellschaft in Deutschland, München 1996.

Heydemann, Günther/Kettenacker, Lothar (Hrsg.): Kirchen in der Diktatur. Drittes Reich und SED-Staat, Göttingen 1993.

Heyden, Hellmuth: Kirchengeschichte Pommerns, Bd. 2. Die evangelischen Kirchen von der Annahme der Reformation bis zur Gegenwart, Köln 1957.

Hildebrandt, Heinrich/Kettner, Walter (Hrsg.): Stahlhelm-Handbuch, Berlin 1931.

Hiller von Gaertringen, Friedrich Freiherr: Die Deutschnationale Volkspartei; in: E. Matthias/R. Morsey (Hrsg.), Das Ende der Parteien 1933, 1960, S. 543–652.

Hiller von Gaertringen, Friedrich Freiherr: Die Deutschnationale Volkspartei in der Weimarer Republik; in: Historische Mitteilungen 9 (1996), S. 169–188.

Hiller von Gaertringen, Friedrich Freiherr: Monarchismus in der deutschen Republik; in: M. Stürmer (Hrsg.), Die Weimarer Republik, 1980, S. 254–271.

Hiller von Gaertringen, Friedrich Freiherr: Zur Beurteilung des ›Monarchismus‹ in der Weimarer Republik; in: Jasper, Gotthard (Hrsg.): Tradition und Reform in der deutschen Politik. Gedenkschrift für Waldemar Besson, Frankfurt/M. 1976, S. 138–186.

Hinze, Helga: Der Kampf gegen den Faschismus in Greifswald in den Jahren 1930 bis 1945. Examensarbeit (maschs.), Greifswald 1959.

Hirschfeld, Gerhard u. a. (Hrsg.): ›Keiner fühlt sich hier mehr als Mensch.‹ Erlebnis und Wirkung des Ersten Weltkrieges, Essen 1993.

Historisches Institut der Ernst-Moritz-Arndt-Universität (Hrsg.): Befreiung und Neubeginn, Berlin (Ost) 1966.

Hobsbawm, Eric J.: Das Zeitalter der Extreme. Weltgeschichte des 20. Jahrhunderts, Darmstadt 1997.

Hockerts, Hans Günter: Grundlinien und soziale Folgen der Sozialpolitik in der DDR; in: H. Kaelble u. a. (Hrsg.), Sozialgeschichte der DDR, 1994, S. 519–546.

Hofmann, Wolfgang: Zwischen Rathaus und Reichskanzlei. Die Oberbürgermeister in der Kommunal- und Staatspolitik des Deutschen Reiches von 1890 bis 1933, Stuttgart 1974.

Hohlfeld, Brigitte: Die Neulehrer in der SBZ/DDR 1945–1953. Ihre Rolle bei der Umgestaltung von Gesellschaft und Staat, Weinheim 1991.

Hohorst, Gerd/Kocka, Jürgen/Ritter, Gerhard A.: Materialien zur Statistik des Kaiserreiches 1870–1914, München 1974.

Hollenberg, Günter: Bürgerliche Sammlung oder sozialliberale Koalition? Sozialstruktur, Interessenlage und politisches Verhalten der bürgerlichen Schichten 1918/19 am Beispiel der Stadt Frankfurt a. M.; in: VfZ 27 (1979), S. 392–430.

Holmes, Kim R.: The Forsaken Past. Agrarian Conservatism and National Socialism; in: Journal of Contemporary History 17 (1982), S. 671–688.

Holzbach, Heidrun: Das System Hugenberg. Die Organisation bürgerlicher Sammlungspolitik vor dem Aufstieg der NSDAP, Stuttgart 1981.

Homann, Werner/Machel, Wolf-Dietger: Greifswalder Kleinbahnen, Rostock 1982.

Honderich, Ted: Das Elend des Konservativismus, Hamburg 1995.

Hopwood, Robert F.: Mobilization of a Nationalist Community 1919–1923; in: German History 10 (1992), S. 149–176.

Hoyningen-Huene, Iris von: Adel in der Weimarer Republik. Die rechtliche und soziale Situation des reichsdeutschen Adels 1918–1933, Limburg 1992.

Hubatsch, Walther (Hrsg.): Grundriß zur deutschen Verwaltungsgeschichte 1815–1945; Reihe A, Bd. 3, Pommern, bearbeitet von Dieter Stüttgen, Marburg 1975.

Huber, Ernst Rudolf: Deutsche Verfassungsgeschichte seit 1789; Bd. 6, Die Weimarer Reichsverfassung; Bd. 7, Ausbau, Schutz und Untergang der Weimarer Republik, Stuttgart u. a. 1981.

Huber, Wolfgang: Traditionserfindung. Zur Bildung einer neuen Legende durch Friedrich Wilhelm Graf; in: Zeitschrift für Evangelische Ethik 36 (1992), S. 303–305.

Hübner, Peter: Konsens, Konflikt und Kompromiß. Soziale Arbeiterinteressen und Sozialpolitik in der SBZ/DDR 1945–1970, Berlin 1995.

Hübner, Peter: Zur Rolle der ›Massenorganisationen‹ im Alltag des DDR-Bürgers; in: Deutscher Bundestag (Hrsg.), Materialien der Enquete-Kommission, Bd. 2, Macht, Entscheidung, Verantwortung, Teilbd. 3, 1995, S. 1723–1769.

Hühne, Werner: Thadden-Trieglaff. Ein Leben unter uns, Stuttgart 1959.

Huinink, Johannes/Mayer, Karl-Ulrich u. a: Kollektiv und Eigensinn, Lebensverläufe in der DDR und danach, Berlin 1995.

Huntington, Samuel: Konservatismus als Ideologie; in: H.-G. Schumann (Hrsg.), Konservativismus, 1984, S. 89–111.

Hürten, Heinz: Bürgerkriege in der Republik. Die Kämpfe um die innere Ordnung von Weimar 1918–1920; in: K. D. Bracher u. a.(Hrsg.), Die Weimarer Republik, 1988, S. 81–94.

Jacke, Jochen: Kirche zwischen Monarchie und Republik. Der preußische Protestantismus nach dem Zusammenbruch von 1918, Hamburg 1976.

Jäckel, Eberhard: Hitlers Weltanschauung. Entwurf einer Herrschaft, Stuttgart 1986.

Jacobsen, Hans-Adolf: Krieg in Weltanschauung und Praxis des Nationalsozialismus 1919–1945; in: K. D. Bracher u. a. (Hrsg.), Nationalsozialistische Diktatur, 1986, S. 427–439.

Jacobsen, Hans-Adolf: Militär, Staat und Gesellschaft in der Weimarer Republik; in: K. D. Bracher u. a. (Hrsg.), Die Weimarer Republik, 1988, S. 343–367.

Jahnke, Karl-Heinz: Zum antifaschistischen Widerstandskampf in Mecklenburg und Vorpommern während des Zweiten Weltkrieges (1939–1945); in: Historisches Institut (Hrsg.), Befreiung und Neubeginn, 1966, S. 65–82.

Jander, Martin u. a: DDR-Opposition in den siebziger und achtziger Jahren. Ein Beitrag zu Geschichte und Forschungsstand; in: K. Schröder/J. Staadt (Hrsg.), Geschichte und Transformation des SED-Staates, 1994, S. 233–250.

Jansen, Christian: Professoren und Politik. Politisches Denken und Handeln der Heidelberger Hochschullehrer 1914–1935, Göttingen 1992.

Jarausch, Konrad (Hrsg.): Zwischen Parteilichkeit und Professionalität. Bilanz der Geschichtswissenschaft in der DDR, Berlin 1991.

Jarausch, Konrad: Die DDR denken. Narrative Strukturen und analytische Strategien; in: Berliner Debatte Initial 6 (1995), H. 4/5.

Jasper, Gotthard: Die gescheiterte Zähmung. Wege zur Machtergreifung Hitlers 1930–1934, Frankfurt/M. 1986.

Jeremias, U.: Die Jugendweihe in der Sowjetzone, Bonn 1958.

Jesse, Eckhard/Mitter, Armin (Hrsg.): Die Gestaltung der deutschen Einheit. Geschichte, Politik, Gesellschaft, Bonn 1992.

Jesse, Eckhard: Artikulationsformen und Zielsetzungen von widerständigem Verhalten in der Deutschen Demokratischen Republik; in: Deutscher Bundestag (Hrsg.), Materialien der Enquete-Kommission, Bd. 7, Widerstand, Opposition, Revolution, Teilbd. 1, 1995, S. 987–1030.

Jesse, Eckhard: Die politikwissenschaftliche DDR-Forschung in der Bundesrepublik Deutschland; in: H. Timmermann (Hrsg.), DDR-Forschung, 1995, S. 315–357.

Jesse, Eckhard: Die Weimarer Republik – eine Demokratie auf Zeit? in: NPL 33 (1988), S. 52–71.

Jessen, Ralph: Die Gesellschaft im Staatssozialismus. Probleme einer Sozialgeschichte der DDR; in: GG 21 (1995), S. 96–110.

Jessen, Ralph: Professoren im Sozialismus. Aspekte des Strukturwandels der Hochschullehrerschaft in der Ulbricht-Ära; in: H. Kaelble u. a. (Hrsg.), Sozialgeschichte der DDR, 1994, S. 217–253.

Jessen, Ralph: Vom Ordinarius zum sozialistischen Professor. Die Neukonstruktion des Hochschullehrerberufs in der SBZ/DDR 1945–1969; in: R. Bessel/R. Jessen (Hrsg.), Die Grenzen der Diktatur, 1996, S. 76–107.

Jonas, Erasmus: Die Volkskonservativen 1928–1933. Entwicklung, Struktur, Standort und staatspolitische Zielsetzung, Düsseldorf 1965.

Jones, Larry E.: German Liberalism and the Dissolution of the Weimar Party System 1918–1933, Chapel Hill/North Carolina 1988.

Jones, Larry E.: The Dying Middle. The Fragmentation of the Bourgeois Parties; in: Central European History 5 (1972), S. 23–54.

Jones, Larry, E./Retallack, James N. (Hrsg.): Between Reform, Reaction and Resistance. Studies in the History of German Conservatism from 1789–1945, Providence 1993.

Jülich, Marianne: Studien zur Geschichte der Stadt Greifswald während der Weltwirtschaftskrise 1929–1932. Diplomarbeit (maschs.), Greifswald 1982.

Jung, Matthias: Parteiensystem und Wahlen in der DDR. Eine Analyse der Volkskammerwahlen vom 18. März 1990 und der Kommunalwahlen vom 6. Mai 1990; in: APuZ (1990), Nr. B 27, S. 12–21.

Kaelble, Hartmut/Kocka, Jürgen/Zwahr, Hartmut (Hrsg.): Sozialgeschichte der DDR, Stuttgart 1994.

Kahlenberg, Friedrich: Anmerkungen zur Problematik der Quellen zur Geschichte der DDR; in: J. Kocka/M. Sabrow (Hrsg.), Die DDR als Geschichte, 1994, S. 67–73.

Kaiser, Gerd: Christen, Staat und Gesellschaft in der DDR, Frankfurt/M. 1996.

Kaiser, Jochen Christoph/Greschat, Martin (Hrsg.): Sozialer Protestantismus und Sozialstaat. Diakonie und Wohlfahrtspflege in Deutschland 1890 bis 1938, Stuttgart u. a. 1997.

Kaiser, Jochen Christoph: Die Formierung des protestantischen Milieus. Konfessionelle Vergesellschaftung im 19. Jahrhundert; in: O. Blaschke/F. M. Kuhlemann (Hrsg.), Religion im Kaiserreich, 1996, S. 257–289.

Kaiser, Jochen Christoph: Klientelbildung und Formierung einer neuen politischen Kultur. Überlegungen zur Geschichte der Bodenreform in Thüringen; in: A. Bauerkämper, Junkerland in Bauernhand?, 1996, S. 119–132.

Kaiser, Karl (Hrsg.): Beiträge zur Volkskunde Pommerns. Zehn Jahre volkskundliches Archiv für Pommern, Greifswald 1939.

Kaiser, Monika (Hrsg.): Knockout für den Mittelstand. Zum Wirken von SED, CDU, LDPD und NDPD für die Verstaatlichung der Klein- und Mittelbetriebe, Berlin 1990.

Kaiser, Monika: Herrschaftsinstrumente und Funktionsmechanismen der SED in Bezirk, Kreis und Kommune; in: Deutscher Bundestag (Hrsg.), Materialien der Enquete-Kommission, Bd. 2, Macht, Entscheidung, Verantwortung, Teilbd. 3, 1995, S. 1791–1834.

Kaminiski, Uta: Die antifaschistisch-demokratische Umgestaltung der Ernst-Moritz-Arndt-Universität Greifswald 1946–1949/50. Diplomarbeit (maschs.), Greifswald 1973.

Kant, Hermann: Die Aula, Berlin (Ost) 1966.

Kater, Michael: Doctors under Hitler, Chapel Hill/North Carolina 1989.

Kater, Michael: Frauen in der NS-Bewegung; in: VfZ 31 (1983), S. 202–241.

Kater, Michael: Generationskonflikt als Entwicklungsfaktor in der NS-Bewegung vor 1933; in: GG 11 (1985), S. 217–243.

Kater, Michael: Studentenschaft und Rechtsradikalismus in Deutschland 1918–1933. Eine sozialgeschichtliche Studie zur Bildungskrise der Weimarer Republik, Hamburg 1975.

Kater, Michael: The Nazi-Party. A Social Profile of its Members and Leaders 1919–1945, Cambridge/Massachusetts 1988.

Katsch, Gerhardt (Hrsg.): Das 500jährige Jubiläum der Universität Greifswald 1956, Greifswald o.J (1959).

Kaufmann, Doris: Katholisches Milieu in Münster 1928–1933. Politische Aktionsformen und geschlechtsspezifische Verhaltensräume, Düsseldorf 1984.

Kaufmann, Walter H.: Monarchism in the Weimar Republic, New York 1953.

Keding, Dietrich: Die Entwicklung der Gewerkschaft Wissenschaft an der Ernst-Moritz-Arndt-Universität Greifswald. Examensarbeit (maschs.), Greifswald 1959.

Kernig, Claus Dieter (Hrsg.): Sowjetsystem und Demokratische Gesellschaft. Eine vergleichende Enzyklopädie, Freiburg 1966.

Kershaw, Ian (Hrsg.): Weimar. Why did German Democracy Fail?, London 1990.
Kershaw, Ian: Der NS-Staat. Geschichtsinterpretationen und Kontroversen im Überblick, Reinbek 1994.
Kershaw, Ian: The ›Hitler Myth‹. Image and Reality in the Third Reich; in: D. F. Crew (Hrsg.), Nazism and German Society, 1994, S. 197–215.
Kersting, Andreas: Kirchenordnung und Widerstand. Der Kampf um den Aufbau der Bekennenden Kirche der altpreußischen Union aufgrund des Dahlemer Notrechts von 1934 bis 1937, Gütersloh 1994.
Kettenacker, Lothar: Sozialpsychologische Aspekte der Führer-Herrschaft; in: K. D. Bracher u. a. (Hrsg.), Nationalsozialistische Diktatur, 1986, S. 97–131.
Kiefer, Markus: Innerparteiliche Lenkungs- und Kontrollstrukturen der CDU und deren Wirksamkeit von 1952 bis 1989; in: M. Richter/M. Rißmann (Hrsg.), Die Ost-CDU, 1995, S. 139–158.
Klaeden, Eckart von: Die Christlich-Demokratische Jugend (CDJ) in der DDR; in: Die Sonde 23 (1990), H. 1, S. 15–20.
Klän, Werner: Die evangelische Kirche Pommerns in Republik und Diktatur. Geschichte und Gestaltung einer preußischen Kirchenprovinz 1914–1945, Köln 1995.
Klän, Werner: Kirchliche Reaktionen um das Ende des Ersten Weltkrieges in Pommern 1916–1921; in: H. J. Zobel (Hrsg.), Pommern, Bd. 1, 1991, S. 193–203.
Klän, Werner: Vom Kirchenkampf zum Kirchentag. Reinold von Thadden und die evangelische Laienbewegung 1932–1950; in: W. Buchholz/G. Mangelsdorf (Hrsg.), Land am Meer, 1995, S. 593–619.
Klausa, Ekkehard: Politischer Konservatismus und Widerstand; in: P. Steinbach/ J. Tuchel (Hrsg.), Widerstand gegen den Nationalsozialismus, 1994, S. 219–234.
Klein, Angelika: Die Überprüfung der Mitglieder und Kandidaten der SED in Sachsen-Anhalt 1951; in: Beiträge zur Geschichte der Arbeiterbewegung 34 (1992), S. 14–27.
Klemperer, Klemens von: Konservatismus; in: C. D. Kernig (Hrsg.), Sowjetsystem und Demokratische Gesellschaft, Bd. 3, 1966, Spalte 847–858.
Klemperer, Klemens von: Konservative Bewegungen zwischen Kaiserreich und Nationalsozialismus, München 1957.
Klenke, Dietmar: Nationalkriegerisches Gemeinschaftsideal als politische Religion. Zum Vereinsnationalismus der Sänger, Schützen und Turner am Vorabend der Einigungskriege; in: HZ 260 (1994), S. 395–448.
Klenke, Dietmar: Zwischen nationalkriegerischem Gemeinschaftsideal und bürgerlich-ziviler Modernität. Zum Vereinsnationalismus der Sänger, Schützen und Turner im deutschen Kaiserreich; in: GWU 45 (1994) S. 207–223.
Kleßmann, Christoph/Sabrow, Martin: Zeitgeschichte in Deutschland nach 1989; in: APuZ (1996), Nr. B 39, S. 3–14.
Kleßmann, Christoph: Die doppelte Staatsgründung. Deutsche Geschichte 1945–1955, Bonn 1991.
Kleßmann, Christoph: Kontinuitäten und Veränderungen im protestantischen Milieu; in: A. Schildt/A. Sywottek (Hrsg.), Modernisierung im Wiederaufbau, 1993, S. 403–417.
Kleßmann, Christoph: Opposition und Resistenz in zwei Diktaturen in Deutschland; in: HZ 262 (1996), S. 453–479.
Kleßmann, Christoph: Relikte des Bildungsbürgertums in der DDR; in: H. Kaelble u. a. (Hrsg.), Sozialgeschichte der DDR, 1994, S. 254–270.
Kleßmann, Christoph: Zur Sozialgeschichte des protestantischen Milieus in der DDR; in: GG 19 (1993), S. 29–53.

Kleßmann, Christoph: Zwei Staaten, eine Nation. Deutsche Geschichte 1955–1970, Bonn 1988.

Kluge, Ulrich: Die deutsche Revolution 1918/19. Staat, Politik und Gesellschaft zwischen Weltkrieg und Kapp-Putsch, Frankfurt/M. 1985.

Kneip, Rudolf (Hrsg.): Jugend in der Weimarer Zeit. Handbuch der Jugendverbände 1919–1938, Frankfurt/M. 1974.

Kocka, Jürgen (Hrsg.): Bürgertum im 19. Jahrhundert. Deutschland im europäischen Vergleich; 3 Bde., München 1988.

Kocka, Jürgen (Hrsg.): Historische DDR-Forschung. Aufsätze und Studien, Berlin 1993.

Kocka, Jürgen (Hrsg.): Universitäten und Eliten im Osten nach 1945; GG 24 (1998), H. 1.

Kocka, Jürgen/Sabrow, Martin (Hrsg.): Die DDR als Geschichte. Fragen, Hypothesen, Perspektiven, Berlin 1994.

Kocka, Jürgen: Bürgertum und bürgerliche Gesellschaft im 19. Jahrhundert. Europäische Entwicklung und deutsche Eigenarten; in: Ders. (Hrsg.), Bürgertum im 19. Jahrhundert, Bd. 1, 1988, S. 11–78.

Kocka, Jürgen: Die Angestellten in der deutschen Geschichte 1850–1980. Vom Privatbeamten zum angestellten Arbeitnehmer, Göttingen 1981.

Kocka, Jürgen: Ein deutscher Sonderweg. Überlegungen zur Sozialgeschichte der DDR; in: APuZ (1994), Nr. B 40, S. 34–45.

Kocka, Jürgen: Eine durchherrschte Gesellschaft; in: H. Kaelble u.a. (Hrsg.), Sozialgeschichte der DDR, 1994, S. 547–553.

Kocka, Jürgen: Einleitung. Die Geschichte der DDR als Forschungsproblem; in: Ders. (Hrsg.), Historische DDR-Forschung, 1993, S. 9–26.

Kocka, Jürgen: Perspektiven für die Sozialgeschichte der neunziger Jahre; in W. Schulze (Hrsg.), Sozialgeschichte, Alltagsgeschichte, 1994, S. 33–39.

Kocka, Jürgen: Sozialgeschichte zwischen Strukturgeschichte und Erfahrungsgeschichte, in: W. Schieder/V. Sellin (Hrsg.), Sozialgeschichte in Deutschland, Bd. 1, 1986, S. 67–88.

Kocka, Jürgen: Sozialgeschichte. Begriff, Entwicklung, Probleme, Göttingen 1977.

Kocka, Jürgen: Ursachen des Nationalsozialismus; in: APuZ (1980), Nr. B. 25, S. 3–15.

Kocka, Jürgen: Zur Problematik der Angestellten 1914–1933; in: H. Mommsen u.a. (Hrsg.), Industrielles System und politische Entwicklung in der Weimarer Republik, 1974, S. 792–811.

Koeppen, Wolfgang: Jugend, Frankfurt/M. 1976.

Kohler, Eric D.: Revolutionary Pommerania 1919–1920. A Study in Socialist Agricultural Politics and Civil-Military Relations; in: Central European History 9 (1976), S. 250–293.

Kolb, Eberhard: Die Maschinerie des Terrors. Zum Funktionieren des Unterdrückungs- und Verfolgungsapparates im NS-System; in: K. D. Bracher u.a. (Hrsg.), Nationalsozialistische Diktatur, 1986, S. 270–284.

Kolb, Eberhard: Die Weimarer Republik, München 1988.

Kolb, Eberhard: Literaturbericht Weimarer Republik; in: GWU 43 (1992), H. 5, S. 311–321; H. 10, S. 636–651; H. 11, S. 699–721. 45 (1994), H. 1, S. 49–64. H. 8, S. 523–543.

Kölling, Bernd: Familienwirtschaft und Klassenbildung. Landarbeiter im Arbeitskonflikt. Das ostelbische Pommern und die norditalienische Lomellina 1901–1921, Vierow bei Greifswald 1996.

Koonz, Claudia: Mütter im Vaterland. Frauen im Dritten Reich, Reinbek 1994.

Kornow, Johannes: Zur führenden Rolle der Arbeiterklasse und ihrer Parteien bei der Entwicklung der Organe der Volksmacht in Mecklenburg 1945–1952; in: Greifswald-Stralsunder Jahrbuch 11 (1977), S. 183–202 u. 13/14 (1982), S. 287–311.

Koshar, Rudy (Hrsg.): Splintered Classes. Politics and the Lower Middle Classes in interwar Europe, New York u. a. 1990.

Koshar, Rudy: ›Two Nazisms‹. The social Context of Nazi Mobilisation in Marburg and Tübingen; in: Social History 7 (1982), S. 27–42.

Koshar, Rudy: Contentious Citadel. Bourgeois Crisis and Nazism in Marburg/Lahn 1880–1933; in: T. Childers (Hrsg.), Formation of the Nazi Constituency, 1986, S. 11–36.

Koshar, Rudy: Cult of Associations? The Lower Middle Classes in Weimar Germany; in: Ders. (Hrsg.), Splintered Classes, 1990, S. 31–54.

Koshar, Rudy: Social Life, Local Politics and Nazism. Marburg 1880–1935, Chapel Hill/North Carolina 1986.

Kosselleck, Reinhart: Volk, Nation, Nationalismus und Masse 1914–1945; in: O. Brunner u. a. (Hrsg.), Geschichtliche Grundbegriffe, Bd. 7, 1992, S. 389–424.

Köstler, Wolfgang: Die ›Ostarbeit‹ an der Universität Greifswald 1919–1945; in: WZ-Greifswald 18 (1969), H. 3/4, S. 273–287.

Koszuszeck, Paul A.: Militärische Traditionspflege in der Nationalen Volksarmee der DDR. Eine Studie zur historischen Legitimation und politisch-ideologischen Erziehung und Bildung der Streitkräfte der DDR, Frankfurt/M. 1991.

Kowalczuk, Ilko Sascha: Artikulationsformen und Zielsetzungen von widerständigem Verhalten in verschiedenen Bereichen der Gesellschaft; in: Deutscher Bundestag (Hrsg.), Materialien der Enquete-Kommission, Bd. 7, Widerstand, Opposition, Revolution, Teilbd. 2, 1995, S. 1203–1284.

Krabbe, Wolfgang R. (Hrsg.): Jugend in der Weimarer Republik, Bochum, 1993.

Krabbe, Wolfgang R.: Die Bismarckjugend der Deutschnationalen Volkspartei; in: German Studies Review 17 (1994), S. 9–32.

Krabbe, Wolfgang R.: Die gescheiterte Zukunft der ersten Republik. Jugendorganisationen bürgerlicher Parteien im Weimarer Staat 1918–1933, Opladen 1995.

Kraus, Hans Christof (Hrsg.): Konservative Politiker in Deutschland. Eine Auswahl biographischer Porträts aus zwei Jahrhunderten, Berlin 1995.

Kreisleitung der NSDAP (Hrsg.): Heimatjahrbuch, Greifswald 1938 u. 1939.

Kreuder, Thomas/Loewy, Hanno (Hrsg.): Konservatismus in der Strukturkrise, Frankfurt/M. 1987.

Kreutzberger Wolfgang: Studenten und Politik 1918–1933. Der Fall Freiburg im Breisgau, Göttingen 1972.

Krieg, Harald: LDPD und NDPD in der DDR. Ein Beitrag zur Geschichte der nichtsozialistischen Parteien und ihrer Gleichschaltung mit der SED, Köln 1965.

Krockow, Christian Graf von: Der fehlende Konservatismus. Eine Gegenbilanz; in: H. Grebing u. a. (Hrsg.), Konservatismus, 1971, S. 98–121.

Krockow, Christian Graf von: Die Reise nach Pommern. Bericht aus einem verschwiegenen Land, Stuttgart 1985.

Krockow, Christian Graf von: Die Stunde der Frauen. Bericht aus Pommern, Stuttgart 1988.

Krohn, Klaus Dieter/Stegmann, Dirk: Kleingewerbe und Nationalsozialismus in einer agrarisch-mittelständischen Region. Das Beispiel Lüneburg; in: AfS 17 (1977), S. 41–98.

Krönig, Waldemar/Müller, Klaus-Dieter: Anpassung, Widerstand und Verfolgung. Hochschulen und Studenten in der SBZ und DDR 1945–1961, Köln 1994.

Krönig, Waldemar: Der Greifswalder Studentenstreik 1955; in: DA 27 (1994), S. 517–525.

Kruck, Alfred: Geschichte des Alldeutschen Verbandes 1890–1939, Wiesbaden 1954.

Krüger, Dieter/Finn, Gerhard: Mecklenburg-Vorpommern 1945–1948 und das Lager Fünfeichen, Berlin 1991.

Krüger, Dieter: Fünfeichen 1945–1948. Briefe Betroffener und Hinterbliebener, Neubrandenburg 1990.

Krüger, Ernst Joachim: Der Kampf der KPD um die Aktionseinheit mit der SPD in Greifswald und im Kreis Greifswald von Mai bis Dezember 1945. Diss. (maschs.), Greifswald 1966.

Krüger, Ernst Joachim: Die letzten Monate des Krieges. Greifswald im April 1945; Serie in der Ostsee-Zeitung/Greifswalder Zeitung, 22 Folgen vom 8.4. bis 13.5.1995.

Krüger, Ernst Joachim: Zur Arbeit der Initiativgruppe Sobottka in Mecklenburg unter besonderer Berücksichtigung ihrer Hilfe für die Kommunisten und andere Antifaschisten in Greifswald in den ersten Wochen nach der Befreiung vom faschistischen Joch (Mai 1945); in: WZ-Greifswald 13 (1964), H. 1/2, S. 105–114.

Krüger, Hans Peter: Das strukturelle Rätsel DDR und die protestantische Mentalität der ostdeutschen Mehrheit; in: Jahrbuch des Wissenschaftskollegs zu Berlin 1991; S. 269–293.

Krumwiede, Hans-Walter: Geschichte des Christentums. Bd. 3, Neuzeit 17. bis 20. Jahrhundert, Stuttgart 1987.

Kubina, Michael: Massenorganisation und Kaderpolitik. Denkmuster der Kirchenpolitik der SED in den siebziger Jahren; in: K. Schröder/J. Staadt (Hrsg.), Geschichte und Transformation des SED-Staates, 1994, S. 130–148.

Kühne, Hagen: Zum Selbstbild der evangelischen Kirche in der DDR; in: Geschichtswerkstatt (Hrsg.), Geschichte Mecklenburg-Vorpommerns, 1996, o.S.

Kühne, Thomas: Dreiklassenwahlrecht und Wahlkultur in Preußen 1867–1914. Landtagswahlen zwischen korporativer Tradition und politischem Massenmarkt, Düsseldorf 1994.

Kühne, Thomas: Handbuch der Wahlen zum preußischen Abgeordnetenhaus 1867–1918. Wahlergebnisse, Wahlbündnisse und Wahlkandidaten, Düsseldorf 1994.

Kühne, Thomas: Wahlrecht, Wahlverhalten, Wahlkultur; in: AfS 33 (1993), S. 481–547.

Kühnhardt, Ludger: Die doppelte deutsche Diktaturerfahrung. Drittes Reich und DDR. Ein historisch-politikwissenschaftlicher Vergleich, Frankfurt/M. 1994.

Kühnhardt, Ludger: Umbruch – Wende – Revolution. Deutungsmuster des deutschen Herbstes 1989; in: APuZ (1997), Nr. B 40/41, S. 12–18.

Kühr, Herbert (Hrsg.): Vom Milieu zur Volkspartei. Funktionen und Wandlungen der Parteien im kommunalen und regionalen Bereich, Königstein/Taunus 1979.

Kühr, Herbert/Simon, Klaus: Lokalpartei und vorpolitischer Raum, Melle 1982.

Kühr, Herbert: Katholisches und evangelisches Milieu. Vermittlungsinstanzen und Wirkungsmuster; in: D. Oberndörfer u.a. (Hrsg.), Wirtschaftlicher Wandel, religiöser Wandel, 1985, S. 245–261.

Kühr, Herbert: Parteien und Wahlen im Stadt- und Landkreis Essen in der Zeit der Weimarer Republik, Düsseldorf 1973.

Kulbach, Roderich/Weber, Helmut (Hrsg.): Parteien im Blocksystem der DDR. Funktion und Aufbau der LDPD und der NDPD, Köln 1969.

Kuppe, Johannes L.: Zur Funktion des Marxismus-Leninismus; in: Deutscher Bundestag (Hrsg.), Materialien der Enquete-Kommission,Bd. 3, Ideologie, Integration und Disziplinierung, Teilbd. 2, 1995, S. 1372–1400.

Lademacher, Horst: Frühe Versuche zur Änderung der Parteienlandschaft nach 1945; in: H. v. d. Dunk/H. Lademacher (Hrsg.), Auf dem Weg zum modernen Parteienstaat, 1986, S. 303–318.

Lamprecht, Werner/Lewandowski, Fritz: Chronik der Kreisparteiorganisation Greifswald der SED 1945–1952, Greifswald 1978.

Landtag Mecklenburg-Vorpommern (Hrsg.): Aufarbeitung und Versöhnung. Zur Arbeit der Enquete-Kommission ›Leben in der DDR, Leben nach 1989 – Aufarbeitung und Versöhnung‹, 9 Bde., Schwerin 1996 u. 1997.

Landtag Mecklenburg-Vorpommern: Überarbeitetes Wortprotokoll der öffentlichen Veranstaltung zum Thema ›Eigenstaatlichkeit der DDR in der Herausbildung von 1945–1949 im damaligen Mecklenburg-Vorpommern‹; in: Landtag Mecklenburg-Vorpommern (Hrsg.), Aufarbeitung und Versöhnung, Bd. 1, 1996, S. 169–258.

Langenhan, Dagmar: Ländliche Gesellschaft in den fünfziger Jahren; in: T. Lindenberger (Hrsg.), Herrschaft und Eigen-Sinn, 1999, S. 119–166.

Langer, Kai: Vorgeschichte und Geschichte der ›Wende‹ in den drei Nordbezirken der DDR; in: Landtag Mecklenburg-Vorpommern (Hrsg.), Aufarbeitung und Versöhnung, Bd. 9, 1997, S. 9–196.

Langewiesche, Dieter: Nation, Nationalismus, Nationalstaat. Forschungsstand und Forschungsperspektiven; in: NPL 40 (1995), S. 190–236.

Langewiesche, Dieter: Sozialgeschichte und politische Geschichte; in: W. Schieder/V. Sellin (Hrsg.), Sozialgeschichte in Deutschland, Bd. 1, 1986, S. 9–32.

Langguth, Gerd (Hrsg.): In Verantwortung für Deutschland. 50 Jahre CDU, Köln u. a. 1996.

Lapp, Peter Joachim: Die ›befreundeten Parteien‹ der SED. DDR-Blockparteien heute, Köln 1988.

Lapp, Peter Joachim: Die ehemalige DDR-CDU. Die ›Abteilung Christen‹ der SED? in: Neue Gesellschaft/Frankfurter Hefte 38 (1991), S. 147–152.

Lau, Dirk: Wahlkämpfe der Weimarer Republik. Propaganda und Programm der politischen Parteien bei den Wahlen zum Deutschen Reichstag von 1924 bis 1930, Marburg 1995.

Laufer, Jochen: Das Ministerium für Staatssicherheit und die Wahlfälschungen bei den ersten Wahlen in der DDR; in: APuZ (1991), Nr. B. 55, S. 17–30.

Ledder, Ute: Studien zur Geschichte der Stadt Greifswald 1933 bis 1939. Diplomarbeit (maschs.), Greifswald 1982.

Leder, Hans-Günter: Evangelische Theologie im Wandel der Geschichte. Stationen der 450jährigen Geschichte der evangelisch-theologischen Fakultät in Greifswald; in: Baltische Studien, NF 76 (1990), S. 21–47.

Leggewie, Claus: CDU – Integrationsmodell auf Widerruf. Die zwei Modernisierungen der deutschen Rechten nach 1945; in: Blätter für deutsche und internationale Politik 34 (1989), S. 294–308.

Lehmann, Hans-Ulrich: Einige Bemerkungen zur ›städtebaulichen Direktive zur Umgestaltung des Stadtzentrums‹ und den neun eingereichten Entwürfen; in: WZ-Greifswald 19 (1970), H. 1/2, S. 69–72.

Lehmann, Hartmut u. a. (Hrsg.): Culture and Politics in Nineteenth and Twentieth Century Germany, Washington/DC 1992.

Lehnert, Detlef/Megerle, Klaus (Hrsg.): Politische Identität und nationale Gedenktage. Zur politischen Kultur in der Weimarer Republik, Opladen 1989.

Lehnert, Detlef/Megerle, Klaus (Hrsg.): Politische Teilkulturen zwischen Integration und Polarisierung. Zur politischen Kultur in der Weimarer Republik, Opladen 1990.

Lemberg, Eugen/Edding Friedrich (Hrsg.): Die Vertriebenen in Westdeutschland. Ihre Eingliederung und ihr Einfluß auf Gesellschaft, Wirtschaft, Politik und Geistesleben; 3 Bde., Kiel 1959.

Lenger, Friedrich: Mittelstand und Nationalsozialismus. Zur politischen Orientierung von Handwerkern und Angestellten in der Endphase der Weimarer Republik; in: AfS 29 (1989), S. 173–198.

Lenk, Kurt: Deutscher Konservatismus, Frankfurt/M. u. a. 1989.

Leonhard, Wolfgang: Die Etablierung des Marxismus-Leninismus in der SBZ/DDR (1945-1955); in: APuZ (1994), Nr. B 40, S. 3–11.

Leopold, John A.: Alfred Hugenberg. The Radical Nationalist Campaign against the Weimar Republic, New Haven 1977.

Lepsius, M. Rainer: Bürgertum als Gegenstand der Sozialgeschichte; in: W. Schieder/ V. Sellin (Hrsg.), Sozialgeschichte in Deutschland, Bd. 4, 1987, S. 61–80.

Lepsius, M. Rainer: Die Institutionenordnung als Rahmenbedingung der Sozialgeschichte der DDR; in: H. Kaelble u. a. (Hrsg.), Sozialgeschichte der DDR, 1994, S. 17–30.

Lepsius, M. Rainer: Extremer Nationalismus. Strukturprobleme vor der nationalsozialistischen Machtergreifung, Stuttgart 1966.

Lepsius, M. Rainer: Parteiensystem und Sozialstruktur. Zum Problem der Demokratisierung der deutschen Gesellschaft; in: Abel, Wilhelm u. a. (Hrsg.): Wirtschaft, Geschichte und Wirtschaftsgeschichte. Festschrift zum 65. Geburtstag von Friedrich Lütge, Stuttgart 1966, S. 371–393.

Lepsius, M. Rainer: Sozialhistorische Probleme der Diktaturforschung; in: J. Kocka/ M. Sabrow (Hrsg.), Die DDR als Geschichte, 1994, S. 97–100.

Liebe, Werner: Die Deutschnationale Volkspartei 1918–1924, Düsseldorf 1956.

Liebermann, Ben: Turning against the Weimar Right: Landlords, the Economic Party and the DNVP; in: German History 15 (1997), S. 56–79.

Liedtke, Götz: Vatermax. Eine dokumentarische Erzählung, Aachen 1995.

Lietz, Heiko: Die Entwicklung der Opposition; in: Landtag Mecklenburg-Vorpommern (Hrsg.), Aufarbeitung und Versöhnung, Bd. 9, 1997, S. 197–228.

Lindenberger, Thomas (Hrsg.): Herrschaft und Eigen-Sinn in der Diktatur. Zur Gesellschaftsgeschichte der DDR, Köln 1999.

Lindenberger, Thomas: Alltagsgeschichte und ihr möglicher Beitrag zu einer Gesellschaftsgeschichte der DDR; in: R. Bessel/R. Jessen (Hrsg.), Die Grenzen der Diktatur, 1996, S. 298–325.

Lindenblatt, Helmut: Pommern 1945. Eines der letzten Kapitel in der Geschichte vom Untergang des Dritten Reiches, Leer 1984.

Lipset, Seymor M./Rokkan, Stein: Cleavage Structures, Party Systems and Voter Alignments. An Introduction; in: Dies. (Hrsg.): Party Systems and Voter Alignments. Cross-National Perspectivs, New York 1967, S. 1–64.

Lohmann, Heinz: SA räumt auf! Aus der Kampfzeit der Bewegung. Aufzeichnungen, Hamburg 1933.

Longerich, Peter: Nationalsozialistische Propaganda; in: K. D. Bracher u. a. (Hrsg.), Deutschland 1933–1945, 1992, S. 291–314.

Lösche, Peter/Walter, Franz: Zur Organisationskultur der sozialdemokratischen Arbeiterbewegung in der Weimarer Republik. Niedergang der Klassenkultur oder solidargemeinschaftlicher Höhepunkt? in: GG 15 (1989), S. 511–536.

Lösche, Peter: Kleine Geschichte der deutschen Parteien, Stuttgart 1993.

Lotz, Martin: Evangelische Kirche 1945–1952. Die Deutschlandfrage, Tendenzen und Positionen, Stuttgart 1992.

Löw, Konrad: Zur Funktion des Marxismus-Leninismus im SED-Staat; in: Deutscher Bundestag (Hrsg.), Materialien der Enquete-Kommission, Bd. 3, Ideologie, Integration und Disziplinierung, Teilbd. 2, 1995, S. 1401–1441.

Löwenthal, Richard/Schwarz, Hans Peter (Hrsg.): Die Zweite Republik. 25 Jahre Bundesrepublik Deutschland, eine Bilanz, Stuttgart 1974.

Lucht, Dietmar: Pommern. Geschichte, Kultur und Wirtschaft bis zum Beginn des Zweiten Weltkrieges, Köln 1996.

Lüdtke, Alf: ›Helden der Arbeit‹ – Mühen beim Arbeiten. Zur mißmutigen Loyalität von Industriearbeitern in der DDR; in: H. Kaelble u. a. (Hrsg.), Sozialgeschichte der DDR, 1994, S. 188–216.

Lüdtke, Alf: Die Praxis von Herrschaft. Zur Analyse von Hinnehmen und Mitmachen im deutschen Faschismus; in: B. Berlekamp/W. Röhr (Hrsg.), Terror, Herrschaft und Alltag im Nationalsozialismus, 1995, S. 226–245.

Maahs, Fritz: Geschichte einer Siedlung; in: Neue Greifswalder Zeitung, 5 (1964), Nr. 38 vom 19. 10. 1964.

Mackensen, Lutz: Pommersche Volkskunde, Kitzingen/Main o. J.

Magistrat der Stadt Greifswald (Hrsg.): Festschrift zur Einweihung der Greifswalder Kampfbahn am 29. Mai 1927, Greifswald 1927.

Mählert, Ulrich: Jugendpolitik und Jugendleben 1945—1961; in: Deutscher Bundestag (Hrsg.), Materialien der Enquete-Kommission, Bd. 3, Ideologie, Integration und Disziplinierung, Teilbd. 2, 1995, S. 1442–1488.

Mählert, Ulrich (Hrsg.): Vademekum DDR-Forschung. Ein Leitfaden, Opladen 1997.

Mählert, Ulrich/Stephan, Gerd Rüdiger: Blaue Hemden – Rote Fahnen. Die Geschichte der Freien Deutschen Jugend, Opladen 1996.

Mahlke, Artur: Die Stellung der Deutschnationalen Volkspartei zur Weimarer Republik. Der Kampf der DNVP gegen das parlamentarische und republikanische System in der Zeit von 1918 bis 1930. Diss., Berlin (Ost) 1972.

Mahlke, Bernhard: Stahlhelm, Bund der Frontsoldaten 1918–1935; in: D. Fricke u. a. (Hrsg.), Die bürgerlichen Parteien in Deutschland, Bd. 2, 1968, S. 654–667.

Mai, Gunther: ›Verteidigungskrieg‹ und ›Volksgemeinschaft‹. Staatliche Selbstbehauptung, nationale Solidarität und soziale Befreiung in Deutschland in der Zeit des Ersten Weltkrieges; in: W. Michalka (Hrsg.), Der Erste Weltkrieg, 1994, S. 583–602.

Mai, Gunther: Das Ende des Kaiserreichs. Politik und Kriegführung im Ersten Weltkrieg, München 1987.

Mai, Joachim (Hrsg.): Greifswald 1945. Neue Dokumente und Materialien, Berlin 1995.

Mai, Joachim: Die Befreiung Nordpolens und Norddeutschlands durch die 2. Belorussische Front und die Fronttätigkeit des Nationalkomitees ›Freies Deutschland‹; in: Historisches Institut (Hrsg.), Befreiung und Neubeginn, 1966, S. 53–64.

Mai, Joachim: Sowjetische Quellen zur kampflosen Übergabe an die Rote Armee im Jahre 1945; in: WZ-Greifswald 9 (1959/60), H. 1, S. 17–22.

Mai, Joachim: Zu den Lebensverhältnissen in Pommern 1945 vor der Besetzung durch die Rote Armee; in: H. J. Zobel (Hrsg.), Pommern, Bd. 1, 1991, S. 253–257.

Mallmann, Klaus Michael/Paul, Gerhard: Milieus und Widerstand. Eine Verhaltensgeschichte der Gesellschaft im Nationalsozialismus, Bonn 1995.

Mallmann, Klaus Michael/Paul, Gerhard: Omniscient, Omnirepresent? Gestapo, Society and Resistance; in: D. Crew (Hrsg.), Nazism and German Society, 1994, S. 166–196.

Mallmann, Klaus Michael/Paul, Gerhard: Resistenz oder loyale Widerwilligkeit. Anmerkungen zu einem umstrittenen Begriff; in: ZfG 41 (1993), S. 99–116.

Malycha, Andreas: Auf dem Weg zur SED. Die Sozialdemokratie und die Bildung einer Einheitspartei in den Ländern der SBZ. Eine Quellenedition, Bonn 1995.

Mangelsdorf, Günter: Ein Leben zwischen Wissenschaft und Politik. Zum 50. Todestag von Prof. Dr. Carl Engel; in: Ders. (Hrsg.): Tradition und Fortschritt archäologischer Forschung in Greifswald, Frankfurt/M. 1997, S. 9–24.

Mannheim, Karl: Das konservative Denken. Soziologische Beiträge zum Werden des politisch-historischen Denkens in Deutschland; in: H.-G. Schumann (Hrsg.), Konservativismus, 1984, S. 24–75.

Mannheim, Karl: Konservatismus. Ein Beitrag zur Soziologie des Wissens, Frankfurt/M. 1984.

Manstein, Peter: Die Mitglieder und Wähler der NSDAP 1919–1933. Untersuchungen zu ihrer schichtungsmäßigen Zusammensetzung, Frankfurt/M. 1990.

Margedant, Udo: Das Bildungs- und Erziehungssystem der DDR. Funktion, Inhalte, Instrumentalisierung, Freiräume; in: Deutscher Bundestag (Hrsg.), Materialien der Enquete-Kommission, Bd. 3, Ideologie, Integration und Disziplinierung, Teilbd. 3, 1995, S. 1489–1529.

Maschke, Robert: Werden und Wirken des Vereins ehemaliger Jäger und Schützen der Stadt Greifswald und Umgebung 1883–1933, Greifswald 1935.

Matthias, Erich/Morsey, Rudolf (Hrsg.): Das Ende der Parteien 1933. Darstellungen und Dokumente, Düsseldorf 1960.

Matthiesen, Helge: Bürgertum und Nationalsozialismus in Thüringen. Das bürgerliche Gotha 1918–1930, Jena 1994.

Matthiesen, Helge: Die Schuld auf sich genommen. Zum 40. Todestag von Erich Leick; in: Journal der Ernst-Moritz-Arndt-Universität Greifswald 7 (1996), Nr. 6.

Matthiesen, Helge: Eine tödliche Intrige. Die Wiedereröffnung der Universität Greifswald und der Fall Lohmeyer; in: Frankfurter Allgemeine Zeitung 15.3.1995.

Matthiesen, Helge: Kontinuität und Wandel des konservativen Milieus in Greifswald von den 1920er Jahren bis in die Gegenwart; in: Geschichtswerkstatt (Hrsg.), Geschichte Mecklenburg-Vorpommerns, 1996, o. S.

Matthiesen, Helge: Von der Massenbewegung zur Partei. Der Nationalismus in der deutschen Gesellschaft der Zwischenkriegszeit; in: GWU 48 (1997), H. 5/6, S. 316–329.

Matthiesen, Helge: Zwei Radikalisierungen. Bürgertum und Arbeiterschaft in Gotha 1918 bis 1923; in: GG 21 (1995), S. 32–62.

Matzerath, Horst: Nationalsozialismus und kommunale Selbstverwaltung, Stuttgart 1970.

Mau, Rudolf: Eingebunden in den Realsozialismus? Die evangelische Kirche als Problem der SED, Göttingen 1994.

Maur, Hans: Beiträge zur Geschichte der Stadt Greifswald im Sommer 1919; in: Greifswald-Stralsunder Jahrbuch 3 (1963), S. 91–100.

Maur, Hans: Konterrevolutionäre Umtriebe in der Universitätsstadt Greifswald im Sommer 1919; in: WZ-Greifswald 8 (1957/58), H. 1/2, S. 61–66.

Meier, Kurt: Der evangelische Kirchenkampf. Bd. 1, Der Kampf um die Reichskirche, Göttingen 1976. Bd. 2, Gescheiterte Neuordnungsversuche im Zeichen staatlicher

Rechtshilfe, Göttingen 1976. Bd. 3, Im Zeichen des Zweiten Weltkrieges, Göttingen 1984.

Meier, Kurt: Evangelische Kirche in Gesellschaft, Staat und Politik 1918–1945. Aufsätze zur kirchlichen Zeitgeschichte, Berlin (Ost) 1987.

Meier, Kurt: Evangelische Kirche und Erster Weltkrieg; in: W. Michalka (Hrsg.), Der Erste Weltkrieg, 1994, S. 691–724.

Meier, Kurt: Kreuz und Hakenkreuz. Die evangelische Kirche im Dritten Reich, München 1992.

Meinecke, Friedrich: Die Deutsche Katastrophe. Betrachtungen und Erinnerungen, Wiesbaden 1946.

Meinecke, Friedrich: Weltbürgertum und Nationalstaat. Studien zur Genese des deutschen Nationalstaates, München 1908.

Meissner, Boris: Die politischen Parteien und Vereinigungen in der DDR. Ein zusammenfassender Rückblick; in: Beiträge zur Konfliktforschung 20 (1990), S. 81–94.

Melis, Damian van: Denazification in Mecklenburg-Vorpommern; in: German History 13 (1995), S. 355–370.

Melis, Damian van: Herrschaft, Verwaltung und Entnazifizierung in Mecklenburg-Vorpommern 1945–1948. Diss. (maschs.), Münster 1995.

Melis, Damian van: Herrschaft, Verwaltung und Entnazifizierung in Mecklenburg-Vorpommern; in: Geschichtswerkstatt (Hrsg.), Geschichte Mecklenburg-Vorpommerns, 1996, o.S.

Menn, Walter: Johannes Luther zum 90. Geburtstag am 12. Oktober 1951, in: Zentralblatt für Bibliothekswesen 65 (1951), S. 327–333.

Menn, Walter: Zum Gedenken an D. Dr. Johannes Luther, gestorben Greifswald 1. Mai 1954; in: Libri 5 (1954), S. 190–194.

Merkatz, Hans Joachim von: Konservatismus; in: R. Herzog u.a. (Hrsg.), Evangelisches Staatslexikon, Bd. 1, 1987, Spalte 1853–1858.

Messerschmidt, Manfred: Die Wehrmacht im NS-Staat; in: K. D. Bracher u.a. (Hrsg.), Nationalsozialistische Diktatur, 1986, S. 465–479.

Metz, Brigitte: D. Hellmuth Heyden. Sein Leben und Wirken; in: Baltische Studien, NF 81 (1995), S. 94–105.

Metz, Brigitte: Entstehung und Wirksamkeit des Studentenheimes der Bekennenden Kirche in Greifswald; in: Amtsblatt der Pommerschen Evangelischen Kirche 1993, S. 51–56.

Metz, Brigitte: Kirchenkampf in Pommern 1933–1945. Forschungsbericht; in: Amtsblatt der Evangelischen Landeskirche Greifswald 1987, S. 114–116.

Metz, Brigitte: Vorgänge in Greifswald in den Jahren 1933 und 1934; in: Amtsblatt der Pommerschen Evangelischen Kirche 1991, S. 67–72.

Meuschel, Sigrid: Legitimation und Parteiherrschaft. Zum Paradox von Stabilität und Revolution in der DDR 1945–1989, Frankfurt/M. 1992.

Meuschel, Sigrid: Überlegungen zu einer Herrschafts- und Gesellschaftsgeschichte der DDR; in: GG 19 (1993), S. 5–14.

Meyer, Thomas/Seils, Gustav: Das Original-Tagebuch von Rektor Carl Engel; in: Ostsee-Zeitung/Greifswalder Zeitung 26.4.1995.

Michalka, Wolfgang (Hrsg.): Der Erste Weltkrieg. Wirkungen, Wahrnehmungen, Analysen, München 1994.

Michalka, Wolfgang (Hrsg.): Die nationalsozialistische Machtergreifung, Paderborn u.a. 1984.

Mickel, Wolfgang (Hrsg.): Handlexikon zur Politikwissenschaft, Bonn 1986.

Milatz, Alfred: Wähler und Wahlen in der Weimarer Republik, Bonn 1968.

Ministerium des Inneren (Hrsg.): Spezialinventar des Mecklenburger Landeshaupt-archivs Schwerin und des Landesarchivs Greifswald zur Geschichte der deutschen Arbeiterbewegung, Berlin (Ost) 1962.

Mintzel, Alf: Die CSU. Anatomie einer konservativen Partei 1945–1972, Opladen 1978.

Mintzel, Alf: Die Volkspartei. Typus und Wirklichkeit. Ein Lehrbuch, Opladen 1984.

Mintzel, Alf: Geschichte der CSU. Ein Überblick, Opladen 1977.

Mironenko, Sergej/Niethammer, Lutz/Plato, Alexander von (Hrsg.): Sowjetische Speziallager in Deutschland 1945–1950; Bd. 1, Studien und Berichte; Bd. 2, Sowje-tische Dokumente zur Lagerpolitik, Berlin 1997.

Mitter, Armin/Wolle, Stefan: Untergang auf Raten. Unbekannte Kapitel der DDR-Geschichte, München 1993.

Mohler, Armin: Die Konservative Revolution in Deutschland 1918–1932. Ein Hand-buch; 2 Bde., Darmstadt 1994.

Möller, Horst/Wirsching, Andreas/Ziegler, Walter (Hrsg.): Nationalsozialismus in der Region. Beiträge zur regionalen und lokalen Forschung und zum internationa-len Vergleich, München 1996.

Möller, Horst: Die Relativität historischer Epochen. Das Jahr 1945 in der Perspektive des Jahres 1989; in: APuZ (1995), Nr. B 18/19, S. 3–9.

Möller, Horst: Regionalismus und Zentralismus in der neueren Geschichte. Bemer-kungen zur historischen Dimension einer aktuellen Diskussion; in: Ders. u. a. (Hrsg.), Nationalsozialismus in der Region, 1996, S. 9–22.

Mommsen, Hans/Petzina, Dietmar/Weisbrod, Bernd (Hrsg.): Industrielles System und politische Entwicklung in der Weimarer Republik, Düsseldorf 1974.

Mommsen, Hans/Willems, Susanne: Herrschaftsalltag im Dritten Reich. Studien und Texte, Düsseldorf 1988.

Mommsen, Hans: Bürgerlicher (nationalkonservativer) Widerstand; in: W. Benz/ W. H. Pehle (Hrsg.), Lexikon des deutschen Widerstandes, 1994, S. 55–67.

Mommsen, Hans: Der Widerstand gegen Hitler und die deutsche Gesellschaft; in: L. Niethammer/B. Weisbrod (Hrsg.), Der Nationalsozialismus und die deutsche Gesellschaft, 1991, S. 338–361.

Mommsen, Hans: Die Auflösung des Bürgertums seit dem späten 19. Jahrhundert; in: L. Niethammer/B. Weisbrod (Hrsg.), Der Nationalsozialismus und die deutsche Gesellschaft, 1991, S. 11–38.

Mommsen, Hans: Die verspielte Freiheit. Der Weg der Republik von Weimar in den Untergang 1918–1933, Berlin (West) 1989.

Mommsen, Hans: Gesellschaftsbild und Verfassungspläne des deutschen Widerstan-des; in: L. Niethammer/B. Weisbrod (Hrsg.), Der Nationalsozialismus und die deutsche Gesellschaft, 1991, S. 233–337.

Mommsen, Hans: Zur Verschränkung traditioneller und faschistischer Führungs-gruppen in Deutschland beim Übergang von der Bewegungs- zur Systemphase; in: L. Niethammer/B. Weisbrod (Hrsg.), Der Nationalsozialismus und die deutsche Gesellschaft, 1991, S. 39–66.

Mommsen, Wolfgang J.: Der Ort der DDR in der deutschen Geschichte; in: J. Kocka/M. Sabrow (Hrsg.), Die DDR als Geschichte, 1994, S. 26–39.

Mosse, George L.: Die Nationalisierung der Massen. Von den Befreiungskriegen bis zum Dritten Reich, Frankfurt/M. 1993.

Mühlberger, Detlef: Hitlers Followers. Studies in the Sociology of the Nazi-Move-ment, London 1991.

Mühlfriedel, Wolfgang: Herausbildung und Entwicklungsphasen des ›Volkseigentums‹; in: Deutscher Bundestag (Hrsg.), Materialien der Enquete-Kommission, Bd. 2, Macht, Entscheidung, Verantwortung, Teilbd. 3, 1995, S. 2218–2286.

Müller, Johann Baptist: Formen des Konservatismus; in: Die politische Meinung 40 (1995), Nr. 305, S. 51–59.

Müller, Ralf: Wählerbewegungen und Gestaltung der Beziehungen zwischen DNVP und Landbund in den Jahren der Weimarer Republik im Regierungsbezirk Frankfurt (Oder). Diss. (maschs.), Berlin 1992.

Müller, Werner: Mecklenburg-Vorpommern zwischen sowjetischer Besatzung und Gründung der DDR; in: Landtag Mecklenburg-Vorpommern (Hrsg.), Aufarbeitung und Versöhnung, Bd. 1, 1996, S. 259–274.

Müller, Werner: Vorgeschichte und Geschichte der ›Wende‹ in den Nordbezirken der DDR; in: Landtag Mecklenburg-Vorpommern (Hrsg.), Aufarbeitung und Versöhnung, Bd. 3, 1996, S. 192–203.

Müller-Waldeck, Gunnar: Literarische Spuren in Greifswald. Wissenschaftliche Beiträge der Ernst-Moritz-Arndt-Universität Greifswald, Greifswald 1990.

Münkel, Daniela: Bauern und Nationalsozialismus. Der Landkreis Celle im Dritten Reich, Bielefeld 1991.

Nabert, Thomas: Die Großgrundbesitzer in der preußischen Provinz Sachsen 1913–1933. Soziale Struktur, ökonomische Position und politische Rolle. Diss., Köln 1992.

Naßmacher, Hiltrud: Vergleichende Politikforschung. Eine Einführung in Probleme und Methoden, Opladen 1991.

Naßmacher, Karl-Heinz: Die FDP als Regionalpartei; in: D. Oberndörfer/K. Schmitt (Hrsg.), Parteien und regionale politische Traditionen, 1991, S. 207–230.

Naßmacher, Karl-Heinz: Zerfall einer liberalen Subkultur. Kontinuität und Wandel des Parteiensystems in der Region Oldenburg; in: H. Kühr (Hrsg.), Vom Milieu zur Volkspartei, 1979, S. 29–134.

Nehring, Christel: Rolle, Bedeutung und Wirkungsmöglichkeiten der Blockparteien. Die DBD; in: Deutscher Bundestag (Hrsg.), Materialien der Enquete-Kommission, Bd. 2, Macht, Entscheidung, Verantwortung, Teilbd. 4, 1995, S. 2375–2398.

Neliba, Günter: Wilhelm Frick. Der Legalist des Unrechtsstaates. Eine politische Biographie, Paderborn 1992.

Nereé, Donata von: Die Revolution in Pommern. Forschungsstand im Überblick; in: H. J. Zobel (Hrsg.), Pommern, Bd. 1, 1991, S. 204–211.

Neubert, Ehrhart: Die Rolle des MfS bei der Durchsetzung der Kirchenpolitik der SED und die Durchdringung der Kirchen mit geheimdienstlichen Mitteln; in: Deutscher Bundestag (Hrsg.), Materialien der Enquete-Kommission, Bd. 6, Kirchen in der SED-Diktatur, Teilbd. 2, 1995, S. 1026–1047.

Neue Gesellschaft für bildende Kunst (Hrsg.): Wunderwirtschaft. DDR-Konsumkultur in den sechziger Jahren, Köln 1996.

Neugebauer, Gero: SED und Blockparteien als Gegenstand und Problem der empirischen Parteienforschung in der DDR-Forschung; in: H. Timmermann (Hrsg.), DDR-Forschung, 1995, S. 167–182.

Neugebauer-Wölk, Monika: Wählergenerationen in Preußen zwischen Kaiserreich und Republik. Versuch zu einem Kontinuitätsproblem des protestantischen Preußens in seinen Kernprovinzen, Berlin 1987.

Neumann, Franz (Hrsg.): Handbuch politischer Theorien und Ideologien, Opladen 1995.

Neumann, Sigmund: Die Parteien der Weimarer Republik, Stuttgart u. a. 1965.

Neuschäffer, Hubertus: Vorpommerns Schlösser und Herrenhäuser, Husum 1993.

Niedermayer, Oskar/Stöss, Richard (Hrsg.): Stand und Perspektiven der Parteienforschung in Deutschland, Opladen 1993.

Niedermayer, Oskar: Das gesamtdeutsche Parteiensystem, in: O. W. Gabriel u. a. (Hrsg.), Parteiendemokratie, 1997, S. 106–130.

Niedhart, Gottfried/Riesenberger Dieter (Hrsg.): Lernen aus dem Krieg? Deutsche Nachkriegszeiten 1918 und 1945, München 1992.

Niedhart, Gottfried: Deutsche Geschichte 1918–1933. Politik in der Weimarer Republik und der Sieg der Rechten, Stuttgart 1994.

Niemann, Heinz: Meinungsforschung in der DDR. Die geheimen Berichte des Instituts für Meinungsforschung an das Politbüro der SED, Köln 1993.

Niethammer, Lutz u. a: Bürgerliche Gesellschaft in Deutschland, Frankfurt/M. 1990.

Niethammer, Lutz/Weisbrod, Bernd (Hrsg.): Der Nationalsozialismus und die deutsche Gesellschaft. Ausgewählte Aufsätze. Hans Mommsen zum 60. Geburtstag, Reinbek 1991.

Niethammer, Lutz: Die volkseigene Erfahrung. Eine Archäologie des Lebens in der Industrieprovinz der DDR, Berlin 1991.

Niethammer, Lutz: Erfahrungen und Strukturen. Prolegomena zu einer Geschichte der Gesellschaft der DDR; in: H. Kaelble u. a. (Hrsg.), Sozialgeschichte der DDR, 1994, S. 95–118.

Nipperdey, Thomas: 1933 und die Kontinuität der deutschen Geschichte; in: M. Stürmer (Hrsg.), Die Weimarer Republik, 1980, S. 374–392.

Nipperdey, Thomas: Deutsche Geschichte 1866 bis 1914. Bd. 1, Arbeitswelt und Bürgergeist, München 1990.

Nipperdey, Thomas: Deutsche Geschichte 1866 bis 1914. Bd. 2, Machtstaat vor der Demokratie, München 1992.

Nipperdey, Thomas: Die Organisation der deutschen Parteien vor 1918, Düsseldorf 1961.

Noack, Axel: Die Phasen der Kirchenpolitik der SED und die sich darauf beziehenden Grundlagenbeschlüsse der Partei- und Staatsführung in der Zeit von 1972–1989; in: Deutscher Bundestag (Hrsg.), Materialien der Enquete-Kommission, Bd. 6, Kirchen in der SED-Diktatur, Teilbd. 2, 1995, S. 1048–1133.

Noakes, Jeremy: Nationalsozialismus in der Provinz. Kleine und mittlere Städte im Dritten Reich 1933–1945; in: H. Möller u. a. (Hrsg.), Nationalsozialismus in der Region, 1996, S. 238–251.

Nohlen, Dieter (Hrsg.): Wörterbuch Staat und Politik, Bonn 1991.

Nolte, Ernst: Der Europäische Bürgerkrieg 1917–1945. Nationalsozialismus und Bolschewismus, Berlin 1987.

Nolte, Ernst: Was ist bürgerlich? Und andere Artikel, Abhandlungen, Auseinandersetzungen, Stuttgart 1979.

Norden, Günther van: Die Barmer Theologische Erklärung und ihr historischer Ort in der Widerstandsgeschichte; in: P. Steinbach/J. Tuchel (Hrsg.), Widerstand gegen den Nationalsozialismus, 1994, S. 170–181.

Norden, Günther van: Widersetzlichkeit von Kirchen und Christen; in: W. Benz/W. H. Pehle (Hrsg.), Lexikon des deutschen Widerstandes, 1994, S. 68–82.

Norpoth, Helmut: Wiedervereinigung und Wahlentscheidung; in: Klingemann, Hans-Dieter/Kaase, Max (Hrsg.): Wahlen und Wähler. Analysen aus Anlaß der Bundestagswahl 1990, Opladen 1994, S. 452–471.

Nowak, Kurt: Evangelische Kirche in der DDR. Etappen ihrer Geschichte 1949–1989; in: GWU 40 (1995), S. 142–153.

Nowak, Kurt: Evangelische Kirche in Deutschland 1945–1995. Beiträge zu einer historischen Bilanz, in: Zeitschrift für Evangelische Ethik 40 (1996), H. 4, S. 266–276.

Nowak, Kurt: Evangelische Kirche und Weimarer Republik. Zum politischen Weg des deutschen Protestantismus zwischen 1918 und 1932, Göttingen 1981.

Nowak, Kurt: Evangelische Kirche und Widerstand im Dritten Reich. Kirchenhistorische und gesellschaftsgeschichtliche Perspektiven; in: GWU 32 (1987), S. 352–364.

Nowak, Kurt: Protestantismus in der Weimarer Republik. Politische Wegmarken in der evangelischen Kirche 1918–1932; in: K. D. Bracher u. a. (Hrsg.), Die Weimarer Republik, 1988, S. 218–237.

Nowak, Kurt: Zum Widerstreit um die ›Kirche im Sozialismus‹; in: Zeitschrift für Evangelische Ethik 37 (1993), S. 235–238.

Oberndörfer, Dieter/Rattinger, Hans/Schmitt, Karl (Hrsg.): Wirtschaftlicher Wandel, religiöser Wandel und Wertewandel. Folgen für das politische Verhalten in der Bundesrepublik Deutschland, Berlin (West) 1985.

Oberndörfer, Dieter/Rattinger, Hans/Schmitt, Karl: Wirtschaftlicher Wandel, religiöser Wandel und Wertewandel. Eine Einführung; in: Dies. (Hrsg.), Wirtschaftlicher Wandel, religiöser Wandel, 1985, S. 9–41.

Oberndörfer, Dieter/Schmitt, Karl (Hrsg.): Parteien und regionale politische Traditionen in der Bundesrepublik Deutschland, Berlin 1991.

Oberndörfer, Eckhard (Hrsg.): Noch 100 Tage bis Hitler. Die Erinnerungen des Reichskommissars Wilhelm Kähler, Schernfeld 1993.

Oberndörfer, Eckhard: Der Greifswalder Nationalökonom Wilhelm Kähler. Reichskommissar für das preußische Kultusministerium unter Papen und Schleicher; in: H. J. Zobel (Hrsg.), Pommern, Bd. 1, 1991, S. 220–227.

Oberndörfer, Eckhard: Kurt Deißner. Der Rektor der 475-Jahrfeier der Universität Greifswald; in: Baltische Studien, NF 81 (1995), S. 84–93.

Obstbausiedlung Genossenschaft (Hrsg.): Zehn Jahre Obstbausiedlung Greifswald 1920 bis 1930, Greifswald 1930.

Oeckel, Fritz (Hrsg.): Festschrift zur Feier des 375jährigen Bestehens des Gymnasiums zu Greifswald 1561–1936, Greifswald 1936.

Ohlemacher, Jörg/Blüm, Reimund: Repression gegen die christliche Jugend im Bildungs- und Erziehungsbereich; in: Landtag Mecklenburg-Vorpommern (Hrsg.), Aufarbeitung und Versöhnung, Bd. 7, 1997, S. 101–232.

Onnasch, Martin: Die Rolle der Kirche im politischen System der DDR; in: Landtag Mecklenburg-Vorpommern (Hrsg.), Aufarbeitung und Versöhnung, Bd. 7, 1997, S. 9–100.

Onnasch, Martin: Die Situation der Kirchen in der Sowjetischen Besatzungszone 1945–1949; in: KchZ 2 (1989), S. 210–220.

Orlow, Dietrich: The History of the Nazi Party; Bd. 1, 1919–1933, Pittsburgh 1969; Bd. 2, 1933–1945, Pittsburgh 1972.

Otto, Gudrun: Erinnerung an Ernst Lohmeyer; in: Deutsches Pfarrerblatt 81 (1981), S. 358–362.

Pache, Alexander: Der Stahlhelm, Bund der Frontsoldaten, Zwickau 1929.

Pappi, Franz Urban: Die konfessionell-religiöse Konfliktlinie in der deutschen Wählerschaft. Entstehung, Stabilität und Wandel; in: D. Oberndörfer u. a. (Hrsg.), Wirtschaftlicher Wandel, religiöser Wandel, 1985, S. 263–289.

Pappi, Franz Urban: Parteiensystem und Sozialstruktur in der Bundesrepublik Deutschland; in: PVS 14 (1973), S. 191–213.

Pappi, Franz Urban: Sozialstruktur, gesellschaftliche Wertorientierung und Wahlabsicht; in: PVS 18 (1977), S. 195–229.

Parr, Rudolf: ›Zwei Seelen wohnen, ach! in meiner Brust.‹ Strukturen und Funktionen der Mythisierung Bismarcks 1860–1918, München 1992.

Paschke, Julius: 50 Jahre Greifswalder Sol- und Moorbad, Greifswald 1932.

Paul, Gerhard: Aufstand der Bilder. NS-Propaganda vor 1933, Bonn 1990.

Paul, Gerhard: Die widerspenstige ›Volksgemeinschaft‹. Dissens und Verweigerung im Dritten Reich; in: J. Steinbach/P. Tuchel (Hrsg.), Widerstand gegen den Nationalsozialismus, 1994, S. 395–410.

Peck, Abraham J.: Radicals and Reactionaries. The Crisis of Conservatism in Wilhelmine Germany, Washington/DC. 1978.

Peters, Michael: Der Alldeutsche Verband am Vorabend des Ersten Weltkrieges (1908–1914). Ein Beitrag zur Geschichte des völkischen Nationalismus im spätwilhelminischen Deutschland, Frankfurt/M. u. a. 1991.

Petershagen, Angelika: Entscheidung für Greifswald, Berlin (Ost) 1988.

Petershagen, Rudolf: Die kampflose Übergabe Greifswalds und die Wirkung von ›Gewissen in Aufruhr‹; in: Historisches Institut (Hrsg.), Befreiung und Neubeginn, 1966, S. 47–52.

Petershagen, Rudolf: Gewissen in Aufruhr, Berlin (Ost) 1957.

Petter, Wolfgang: SA und SS als Instrumente nationalsozialistischer Herrschaft; in: K. D. Bracher u. a. (Hrsg.), Deutschland 1933–1945, 1992, S. 76–94.

Petzina, Dietmar/Abelshauser, Werner/Faust, Anselm: Materialien zur Statistik des Deutschen Reiches 1914–1945. Sozialgeschichtliches Arbeitsbuch III, München 1978.

Petzina, Dietmar: Grundriß der deutschen Wirtschaftsgeschichte 1918–1945, Stuttgart 1973.

Peukert, Detlev J. K.: Die Weimarer Republik. Krisenjahre der klassischen Moderne, Frankfurt/M. 1987.

Peukert, Detlev J. K.: Volksgenossen und Gemeinschaftsfremde. Anpassung, Ausmerze und Aufbegehren unter dem Nationalsozialismus, Köln 1982.

Pfüller, Matthias: Trauriger Norden – negative Identität? Bemerkungen und Vermutungen zu Regionen, Mentalitäten und Identitäten in Mecklenburg-Vorpommern; in: Akademie Schwerin (Hrsg.), Mecklenburg-Vorpommern, 1996, S. 84–95.

Phayer, Michael: Protestant and Catholic Women in Nazi-Germany, Detroit 1990.

Pistohlkors, Gerd von u. a: Deutsche Geschichte im Osten Europas. Baltische Länder, Berlin 1994

Plato, Alexander von/Meinicke, Wolfgang: Alte Heimat – neue Zeit. Flüchtlinge, Umgesiedelte, Vertriebene in der Sowjetischen Besatzungszone und in der DDR, Berlin 1991.

Poggendorf, R.: 50 Jahre Freiwillige Feuerwehr, Greifswald 1925.

Pollack, Detlef: Die konstitutive Widersprüchlichkeit der DDR. Oder: War die DDR-Gesellschaft homogen? in: GG 24 (1998), S. 110–131.

Pollack, Detlef: Kirche in der Organisationsgesellschaft. Zum Wandel der gesellschaftlichen Lage der evangelischen Kirchen in der DDR, Stuttgart 1994.

Pollack, Detlef: Sozialismus-Affinität im deutschen Protestantismus? Sozialistische Leitvorstellungen des Kirchenbundes in der DDR; in: Zeitschrift für Evangelische Ethik 37 (1993), S. 226–230.

Pollack, Detlef: Von der Volkskirche zur Minderheitenkirche. Zur Entwicklung von Religiosität und Kirchlichkeit in der DDR; in: H. Kaelble u. a. (Hrsg.), Sozialgeschichte der DDR, 1994, S. 271–294.

Pommerenke, Artur: Zeitzeugenbericht; in: J. Frölich (Hrsg.), Bürgerliche Parteien in der SBZ/DDR, 1995, S. 139–141.

Pommersche Evangelische Kirche (Hrsg.): Kirchenordnung der Pommerschen Evangelischen Kirche vom 2. Juni 1950; in: Kirchliches Amtsblatt des Evangelischen Konsistoriums Greifswald 4 (1950), Nr. 3, S. 30–47.

Pommersche Landsmannschaft (Hrsg.): Fünfhundert Jahre Universität Greifswald, Hamburg 1956.

Poppe, Ulrike/Eckert, Rainer/Kowalczuk, Ilko Sascha (Hrsg.): Zwischen Selbstbehauptung und Anpassung. Formen des Widerstandes der Opposition in der DDR, Berlin 1996.

Pressestelle der Universität Greifswald (Hrsg.): Verleihung der Ehrensenatorwürde an Dr. Reinhard Glöckner am 26. April 1993. Die Wende in Greifswald; Greifswalder Universitätsreden, NF 68, Greifswald 1993.

Preußisches Staatsministerium (Hrsg.): Handbuch über den Preußischen Staat, Berlin Nr. 128 (1922) – Nr. 141 (1939).

Preußisches Statistisches Landesamt (Hrsg.): Statistisches Jahrbuch für den Freistaat Preußen 19 (1933), S. 216–231.

Prieß, Lutz: Die Kreisleitungen der SED im politischen Herrschaftssystem der DDR – ihre Strukturen und Aufgaben. Ein Überlick; in: Deutscher Bundestag (Hrsg.), Materialien der Enquete-Kommission, Bd. 2, Macht, Entscheidung, Verantwortung, Teilbd. 4, 1995, S. 2464–2508.

Probst, Lothar: Die Rolle von kirchlichen Basisgruppen und Netzwerken vor und in der Wende in Mecklenburg-Vorpommern; in: Landtag Mecklenburg-Vorpommern (Hrsg.), Aufarbeitung und Versöhnung, Bd. 9, 1997, S. 275–314.

Pross, Harry E.: Jugend, Eros, Politik. Die Geschichte der deutschen Jugendverbände, Bern u. a. 1964.

Prost, Dietrich W.: Am 26. April fielen die ersten Bomben. Ein bewegtes Kapitel von Sankt Marien; in: Die Kirche 16.4. u. 30.4. 1995.

Prümm, Karl: Die Literatur des soldatischen Nationalismus der zwanziger Jahre 1918–1933; 2 Bde., Kronberg/Taunus 1974.

Puhle, Hans Jürgen/Münkler, Herfried/Kettenacker, Lothar/Waszek, Norbert: Konservatismus; in: I. Fetscher/H. Münkler (Hrsg.), Pipers Handbuch der politischen Ideen, Bd. 4, 1986, S. 255–322.

Puhle, Hans Jürgen: Agrarische Interessenpolitik und preußischer Konservatismus im wilhelminischen Reich 1893–1914. Ein Beitrag zur Analyse des Nationalismus in Deutschland am Beispiel des Bundes der Landwirte und der Deutsch-Konservativen Partei, Bonn 1975.

Puhle, Hans Jürgen: Conservatism in Modern German History; in: Journal of Contemporary History 13 (1978), S. 689–720.

Puhle, Hans Jürgen: Radikalisierung und Wandel des deutschen Konservatismus vor dem Ersten Weltkrieg; in: G. A. Ritter (Hrsg.), Deutsche Parteien vor 1918, 1973, S. 165–186.

Puhle, Hans Jürgen: Repräsentation und Organisation. Bürgerliche Parteien und Interessenverbände im wilhelminischen Deutschland; in: H. v. d. Dunk/H. Lademacher (Hrsg.), Auf dem Weg zum modernen Parteienstaat, 1986, S. 209–227.

Pyl, Gottfried: Die Genealogie der Greifswalder Rathsmitglieder von 1382–1647 nach der Rathsmatrikel von 1382 bis 1654 und anderen Stadtbüchern, Greifswald 1896.

Pyta, Wolfram: Dorfgemeinschaft und Parteipolitik 1918–1933. Die Verschränkung von Milieu und Parteien in den protestantischen Landgebieten Deutschlands in der Weimarer Republik, Düsseldorf 1996.

Pyta, Wolfram: Ländlich-evangelisches Milieu und Nationalsozialismus bis 1933; in: H. Möller u. a. (Hrsg.), Nationalsozialismus in der Region, 1996, S. 199–212.

Raddatz, Carlies Maria: ›Eine Aktentasche voll Kartoffeln.‹ Die Flüchtlingsproblematik aus der Perspektive der Evangelischen Kirche Pommerns 1945–1947; in: W. Buchholz/G. Mangelsdorf (Hrsg.), Land am Meer, 1995, S. 621–659.

Raettig, Hansjürgen: Zeit aus den Fugen. Als Seuchenarzt in Kriegs- und Nachkriegsjahren, Frankfurt/M. 1991.

Rat der Stadt Greifswald (Hrsg.): 700 Jahre Stadt Greifswald. Programmheft, Greifswald 1950.

Rat der Stadt Greifswald (Hrsg.): Festschrift zur 700-Jahrfeier der Stadt Greifswald 14. bis 20. Mai 1950, Greifswald 1950.

Rat des Kreises Greifswald (Hrsg.): Kreis Greifswald 1950 und heute, Greifswald 1957.

Rauh-Kühne, Cornelia/Ruck, Michael (Hrsg.): Regionale Eliten zwischen Diktatur und Demokratie. Baden und Württemberg 1930–1952, München 1993.

Rauh-Kühne, Cornelia: Katholisches Milieu und Kleinstadtgesellschaft. Ettlingen 1918–1939, Sigmaringen 1991.

Rautenberg, Mathias: Die Angehörigen der Universität Greifswald in der faschistischen ›Gleichschaltung‹ (1933 bis 1936). Diplomarbeit (maschs.), Leipzig 1990.

Rautenberg, Mathias: Die Angehörigen der Universität Greifswald während der nationalsozialistischen ›Gleichschaltung‹; in: Geschichte und Gegenwart 11 (1992), S. 44–61.

Rautenberg, Mathias: Die Greifswalder akademischen Lehrer und die politische Zäsur von 1945; in: Geschichtswerkstatt (Hrsg.), Geschichte Mecklenburg-Vorpommerns, 1996, o. S.

Reeken, Dietmar von: Emden und Aurich 1928–1948. Zum Verhältnis von Bruch und Kontinuität sozialmoralischer Milieus; in: F. Bajohr (Hrsg.), Norddeutschland im Nationalsozialismus, 1993, S. 53–66.

Reeken, Dietmar von: Ostfriesland zwischen Weimar und Bonn. Eine Fallstudie zum Problem der historischen Kontinuität am Beispiel der Städte Aurich und Emden, Hildesheim 1991.

Reeken, Dietmar von: Protestantisches Milieu und ›liberale‹ Landeskirche? Milieubildungsprozesse in Oldenburg 1849–1914; in: O. Blaschke/F. M. Kuhlemann (Hrsg.), Religion im Kaiserreich, 1996, S. 290–315.

Reiche, Frida: Greifswald. Eine Stadtmonographie auf geographischer Grundlage, Greifswald 1925.

Reichel, Peter: Der schöne Schein des Dritten Reiches. Faszination und Gewalt des Faschismus, Frankfurt/M. 1993.

Reichelt, Hans: Blockflöte, oder was? Zur Geschichte der Demokratischen Bauernpartei Deutschlands DBD 1948–1990, Berlin 1997.

Reif, Heinz (Hrsg.): Ostelbische Agrargesellschaft im Kaiserreich und in der Weimarer Republik. Agrarkrise – junkerliche Interessenpolitik – Modernisierungsstrategien, Berlin 1994.

Reiher, Dieter (Hrsg.): Kirchlicher Unterricht in der DDR. Dokumentation eines Weges, Göttingen 1992.

Reimus, Klaus: ›Das Reich muß uns doch bleiben!‹ Die nationale Rechte; in: D. Lehnert/K. Megerle (Hrsg.), Politische Identität und nationale Gedenktage, 1989, S. 231–254

Rendtorff, Trutz (Hrsg.): Protestantische Revolution? Kirche und Theologie in der DDR. Ekklesiologische Voraussetzungen, politischer Kontext und historische Kriterien, Göttingen 1993.

Retallack, James N.: Notables of the Right. The Conservative Party and Political Mobilization in Germany 1876–1918, Boston 1988.

Ribhegge, Wilhelm: Konservatismus. Versuch zu einer kritisch-historischen Theorie; in: H.-G. Schumann (Hrsg.), Konservativismus, 1984, S. 112–136.

Ribhegge, Wilhelm: Konservative Politik in Deutschland. Von der Französischen Revolution bis zur Gegenwart, Darmstadt 1989.

Richter, Michael/Rißmann, Martin (Hrsg.): Die Ost-CDU. Beiträge zu ihrer Entstehung und Entwicklung, Weimar u. a. 1995.

Richter, Michael: Defizite bei der Erforschung des politischen Systems und der Parteien der SBZ/DDR. Ein Diskussionsbeitrag; in: H. Timmermann (Hrsg.), DDR-Forschung, 1995, S. 161–166.

Richter, Michael: Die Ost-CDU 1948–1952. Zwischen Widerstand und Gleichschaltung, Düsseldorf 1990.

Richter, Michael: Die Ost-CDU. Zur Geschichte der Partei unter der SED-Herrschaft; in: Die politische Meinung 36 (1991), H. 254, S. 76–81.

Richter, Michael: Entstehung und Transformation des Parteiensystems in der SBZ und Berlin 1945–1950; in: Deutscher Bundestag (Hrsg.), Materialien der Enquete-Kommission, Bd. 2, Macht, Entscheidung, Verantwortung, Teilb. 4, 1995, S. 2509–2586.

Richter, Michael: Rolle, Bedeutung und Wirkungsmöglichkeiten der Blockparteien – die CDU; in: Deutscher Bundestag (Hrsg.), Materialien der Enquete-Kommission, Bd. 2, Macht, Entscheidung, Verantwortung, Teilb. 4, 1995, S. 2587–2638.

Riedel, Manfred: Bürger, Staatsbürger, Bürgertum; in: O. Brunner u. a. (Hrsg.), Geschichtliche Grundbegriffe, Bd. 1, 1972, S. 672–725.

Riedel, Manfred: Gesellschaft, Gemeinschaft; in: O. Brunner u. a. (Hrsg.), Geschichtliche Grundbegriffe; Bd. 2, 1975, S. 801–862.

Rietzler, Rudolf: Kampf in der Nordmark. Das Aufkommen des Nationalsozialismus in Schleswig-Holstein 1918–1928, Neumünster 1982.

Rißmann, Martin: Kaderschulung in der Ost-CDU 1949–1971. Zur geistigen Formierung einer Blockpartei, Düsseldorf 1995.

Ritter, Anneliese: Die Demokratisierung der Schule im Kreis Greifswald. Examensarbeit (maschs.), Greifswald 1959.

Ritter, Gerhard A. (Hrsg.): Die deutschen Parteien vor 1918, Köln 1973.

Ritter, Gerhard A. (Hrsg.): Wahlen und Wahlkämpfe in Deutschland. Von den Anfängen im 19. Jahrhundert bis zur Bundesrepublik, Düsseldorf 1997.

Ritter, Gerhard A.: Die deutschen Parteien 1830–1914, Göttingen 1985.

Ritter, Gerhard A.: Kontinuität und Umformung des deutschen Parteiensystems 1918–1920; in: Ders. (Hrsg.), Entstehung und Wandel der modernen Gesellschaft. Festschrift für Hans Rosenberg zum 65. Geburtstag, Berlin (West) 1970, S. 342–384.

Roeske, Ulrich: Zum Verhältnis zwischen DNVP und NSDAP. Dokumente aus den Jahren 1931–1933; in: Wissenschaftliche Zeitschrift der Humboldt-Universität Berlin 22 (1973), H. 1/2.

Roesler, Jörg: Probleme des Brigadealltags. Arbeitsverhältnisse und Arbeitsklima in volkseigenen Betrieben 1950–1989; in: APuZ (1997), Nr. B 38, S. 3–17.

Rohe, Karl (Hrsg.): Elections, Parties and Political Tradition. Social Foundations of German Parties and Party Systems 1867–1987, New York 1990.

Rohe, Karl: Regionale (politische) Kultur. Ein sinnvolles Konzept für die Wahl und Parteienforschung? in: D. Oberndörfer/K. Schmitt (Hrsg.), Parteien und regionale politische Traditionen, 1991, S. 17–38.

Rohe, Karl: Wahlanalysen im historischen Kontext. Zu Kontinuität und Wandel von Wahlverhalten; in: HZ 234 (1982), S. 337–357.

Rohe, Karl: Wahlen und Wählertraditionen in Deutschland. Kulturelle Grundlagen deutscher Parteien und Parteiensysteme im 19. und 20. Jahrhundert, Frankfurt/M. 1992.

Rohkrämer, Thomas: Der Militarismus der ›kleinen Leute‹. Die Kriegervereine im deutschen Kaiserreich, München 1990.

Rohr, Hans Joachim von: Haus Demmin in Vorpommern; in: B. Sobotka/J. Strauss (Hrsg.), Burgen, Schlösser und Gutshäuser, 1993, S. 123–127.

Roloff, Ernst August: Bürgertum und Nationalsozialismus. Braunschweigs Weg ins Dritte Reich, Hannover 1961.

Rönsch, S.: Die kampflose Übergabe Greifswalds an die Rote Armee – ein Schritt auf dem Wege zur deutsch-sowjetischen Freundschaft; in: WZ-Greifswald 9 (1959/60), H. 1, S. 23–27.

Rosenberg, Arthur: Entstehung und Geschichte der Weimarer Republik, Frankfurt/M. 1983.

Roth, Dieter: Wahlen, in: W. Weidenfeld/K.-R. Korte (Hrsg.), Handbuch zur deutschen Einheit, 1993, S. 691–708.

Rothmaler, Werner (Hrsg.): Festschrift zur 500-Jahrfeier der Universität Greifswald am 17. Oktober 1956, 2 Bde., Greifswald 1956.

Ruck, Michael: Zentralismus und Regionalgewalten im Herrschaftsgefüge des NS-Staates; in: H. Möller u.a. (Hrsg.), Nationalsozialismus in der Region, 1996, S. 99–122.

Rudolph, Silvia: Stadtgeschichte Greifswalds von 1927 bis 1929 unter besonderer Berücksichtigung der revolutionären Arbeiterbewegung. Diplomarbeit (maschs.), Greifswald 1986.

Ruge, Wolfgang: Deutsche Volkspartei 1918–1933; in: D. Fricke u. a.,Lexikon zur Parteiengeschichte, Bd. 1, 1984, S. 645–666.

Ruge, Wolfgang: Die Rolle der Deutschen Volkspartei und der Deutschnationalen Volkspartei in der Weimarer Republik; in: Drechsler, Karl (Red.): 1917–1945, Neue Probleme der Geschichte der deutschen Arbeiterbewegung in Forschung und Lehre, Berlin (Ost) 1965, S. 95–104.

Rüther, Günther (Hrsg.): Geschichte der christlich-demokratischen und christlich-sozialen Bewegungen in Deutschland, Bonn 1989.

Rutscher, Alfred: Rudolf Seeliger. Ein Pionier der Plasma- und Gasentladungsphysik; in: WZ-Greifswald 31 (1982), H. 4, S. 37–43.

Sahrhage, Norbert: Pastorengezänk oder kirchlicher Widerstand? Die evangelische Kirchengemeinde Buende zwischen Anpassung und Opposition; in: Jahresbericht des historischen Vereins für die Grafschaft Ravensberg 77 (1988/89), S. 173–190.

Saldern, Adelheid von: ›Alter Mittelstand‹ und ›Drittes Reich‹. Anmerkungen zu einer Kontroverse; in: GG 12 (1986), S. 235–243.

Saldern, Adelheid von: Mittelstand im Dritten Reich. Handwerker, Einzelhändler, Bauern, Frankfurt/M. 1979.

Saldern, Adelheid von: Sozialmilieus und der Aufstieg des Nationalsozialismus in Norddeutschland (1930–1933); in: F. Bajohr (Hrsg.), Norddeutschland im Nationalsozialismus, 1993, S. 20–51.

Saltzwedel, Johannes von: Zum 5ojährigen Bestehen der evangelischen Diakonissen-anstalt ›Bethanien‹ in Stettin-Neutorney 1869–1919. 50 Jahre weibliche Diakonie in Pommern, Stettin 1919.

Sandkühler, Thomas: ›Endlösung‹ in Galizien. Der Judenmord in Ostpolen und die Rettungsinitiativen von Berthold Beitz 1941–1944, Bonn 1996.

Sassin, Horst R.: Liberale im Widerstand. Die Robinsohn-Strassmann-Gruppe 1934–1942, Hamburg 1993.

Sattler, Friederike: Die Funktion der Massenorganisationen; in: Deutscher Bundestag (Hrsg.), Materialien der Enquete-Kommission, Bd. 2, Macht, Entscheidung, Verantwortung, Teilbd. 4, 1995, S. 2639–2691.

Schaap, Klaus: Die Endphase der Weimarer Republik im Freistaat Oldenburg 1928–1933, Düsseldorf 1978.

Schacht, Hildegard u.a. (Red.): Aus Geschichte und Gegenwart der Ernst-Moritz-Arndt-Universität Greifswald; WZ-Greifswald 23 (1974), H. 3/4.

Schagen, Manfred: Was ist ein Ministerratsbeschluß? in: DA 29 (1996), S. 270–271.

Schalück, Andreas: Kirchenpolitische Strukturen in der Ost-CDU der frühen fünfziger Jahre; in: M. Richter/M. Rißmann (Hrsg.), Die Ost-CDU, 1995, S. 63–90.

Schanbacher, Eberhard: Parlamentarische Wahlen und Wahlsystem in der Weimarer Republik. Wahlgesetzgebung und Wahlreform im Reich und in den Ländern, Düsseldorf 1982.

Scheck, Raffael: German Conservatism and Female Political Activism in the Early Weimar Republic; in: German History 15 (1997), S. 34–55.

Schieder, Theodor: Nationalismus und Nationalstaat. Studien zum nationalen Problem im modernen Europa, Göttingen 1991.

Schieder, Wolfgang/Kater, Michael: Faschismus als soziale Bewegung. Deutschland und Italien im Vergleich, Göttingen 1983.

Schieder, Wolfgang/Sellin, Volker (Hrsg.): Sozialgeschichte in Deutschland. Entwicklungen und Perspektiven im internationalen Zusammenhang, 4 Bde., Göttingen 1986/1987.

Schildhauer, Johannes: 100 Jahre Historisches Institut Greifswald, in: WZ-Greifswald 14 (1965), S. 181–192.

Schildhauer, Johannes: Forschungen zur pommerschen Geschichte. Literaturbericht über die wichtigsten in der DDR publizierten bzw. noch unveröffentlichten Arbeiten; in: WZ-Greifswald 16 (1967), H. 1, S. 1–14.

Schildt, Axel/Sywottek, Arnold (Hrsg.): Modernisierung im Wiederaufbau. Die westdeutsche Gesellschaft der fünfziger Jahre, Bonn 1993.

Schildt, Axel: Konservatismus in Deutschland. Von den Anfängen im 18. Jahrhundert bis zur Gegenwart, München 1998.

Schiller, Theo/Winter, Thomas von (Hrsg.): Politische Kultur im nördlichen Hessen, Marburg 1993.

Schiller, Theo: Konservatismus; in: D. Nohlen (Hrsg.), Wörterbuch Staat und Politik, 1991, S. 317–322.

Schimanke, Margit: Zum Umgang mit Kriegerdenkmalen des Ersten Weltkrieges in Mecklenburg und Vorpommern; in: Geschichtswerkstatt (Hrsg.), Geschichte Mecklenburg-Vorpommerns, 1996, o.S.

Schirmer, Dietmar: Mythos – Heilshoffnung – Modernität. Politisch-kulturelle Deutungscodes in der Weimarer Republik, Opladen 1992.

Schlange-Schöningen, Hans: Am Tage danach, Hamburg 1946.

Schlewe, Siegfried (Hrsg.): Dokumentation zur demokratischen Bodenreform im Kreis Greifswald, Greifswald 1965.

Schlewe, Siegfried: Der Kampf der demokratischen Kräfte unter Führung der Arbeiterklasse für die demokratische Umgestaltung des Dorfes im Kreis Greifswald seit 1945. Examensarbeit (maschs.), Leipzig 1957.

Schlösser, Karl: Die Deutschnationale Volkspartei und die Annäherung Deutschlands an Sowjetrußland 1918–1922. Diss., Mainz 1956.

Schmekel, Ruth: ›Nun ging ich Greifswald zu.‹ Das Bild einer Stadt in fünf Jahrhunderten, Hamburg 1991.

Schmid, Josef: Die CDU in Ostdeutschland; in: DA 27 (1994), S. 793–801.

Schmidt, Hermann/Blohm, Georg: Die Landwirtschaft von Ostpreußen und Pommern. Geschichte, Leistung und Eigenart der Landwirtschaft in den ehemals ostdeutschen Landesteilen seit dem Kriege 1914/18 und bis Ende der dreißiger Jahre, Marburg 1978.

Schmidt, Roderich: Achtzig Jahre Historische Kommission für Pommern 1910–1990; Verzeichnis ihrer Veröffentlichungen, Elsdorfergrund 1990.

Schmidt, Roderich: Pommern und seine Kirche im Wandel der Geschichte, Leer 1977.

Schmidt, Ute: Von der Blockpartei zur Volkspartei. Die Ost-CDU im Umbruch 1989–1994, Opladen 1996.

Schmit, Veit: Die Stellungnahme der Deutschnationalen Volkspartei, des Zentrums und der Sozialdemokratischen Partei zur Steuerreform von 1925. Diss., München 1952.

Schmitt, Karl: Im Osten nichts Neues? Das Kernland der deutschen Arbeiterbewegung und die Zukunft der politischen Linken; in: W. Bürklin/D. Roth (Hrsg.), Das Superwahljahr, 1994, S. 185–218.

Schmitt, Karl: Konfession und Wahlverhalten in der Bundesrepublik Deutschland, Berlin 1989.

Schmitt, Karl: Konfessionelle Konflikte und politisches Verhalten in Deutschland. Vom Kaiserreich zur Bundesrepublik; in: H. Best (Hrsg.), Politik und Milieu, 1989, S. 155–174.

Schmitt, Karl: Politische Landschaften im Umbruch. Das Gebiet der ehemaligen DDR 1928–1990; in: Gabriel, Oscar W./Troitzsch, Klaus G. (Hrsg.): Wahlen in Zeiten des Umbruchs, Frankfurt/M. u. a. 1993, S. 403–441.

Schneemelcher, Wilhelm: Der Liberalismus in Theologie und Kirche; in: R. Herzog u. a. (Hrsg.), Evangelisches Staatslexikon, Bd. 2, 1987, Spalte 2023–2026.

Schneider, Eberhard: Karriereangebote, Karrieremuster und Elitenrekrutierung; in: Deutscher Bundestag (Hrsg.), Materialien der Enquete-Kommission, Bd. 3, Ideologie, Integration und Disziplinierung, Teilbd. 3, 1995, S. 1703–1772.

Schneider, Matthias (Hrsg.): Bach in Greifswald. Zur Geschichte der Greifswalder Bachwoche 1946–1996, Frankfurt/M. 1996.

Schneider, Michael: Selbstpreisgabe oder Zerstörung? Neuere Arbeiten zur Geschichte der Weimarer Republik; in: AfS 31 (1991), S. 502–505.

Schneider, Thomas Martin: Reichsbischof Ludwig Müller. Eine Untersuchung zu Leben, Werk und Persönlichkeit, Göttingen 1993.

Schneider, Ulrich: Die Bekennende Kirche zwischen ›freudigem Ja‹ und antifaschistischem Widerstand. Diss., Marburg 1985.

Scholder, Klaus: Die Kirche und das Dritte Reich. Bd. 1 Vorgeschichte und Zeit der Illusionen 1918–1934, Frankfurt/M. 1977. Bd. 2, Das Jahr der Ernüchterung 1934, Barmen und Rom, Berlin 1985.

Scholder, Klaus: Die Kirche zwischen Republik und Gewaltherrschaft. Gesammelte Aufsätze, hrsg. von Karl Otmar von Aretin und Gerhard Besier, Berlin 1991.

Schönherr, Albrecht: ›... aber die Zeit war nicht verloren.‹ Erinnerungen eines Alt-bischofs, Berlin 1993.

Schönhoven, Klaus/Staritz, Dietrich (Hrsg.): Sozialismus und Kommunismus im Wandel. Hermann Weber zum 65. Geburtstag, Köln 1993.

Schönrock, Agneta: Zur antifaschistisch-demokratischen Umgestaltung der Univer-sität Greifswald Mai 1945 bis Ende 1946. Diss. (maschs.), Greifswald 1981.

Schreiner, Klaus (Hrsg.): Dokumente berichten aus der Geschichte der Greifswalder Arbeiterbewegung, Greifswald 1958.

Schröder, Hans: Die Angehörigen der Ernst-Moritz-Arndt-Universität in der Zeit vom 9. November 1918 bis zu den Wahlen zur Nationalversammlung; in: WZ-Greifswald 8 (1958/59), H. 1/2, S. 17–18.

Schröder, Hans: Zur politischen Geschichte der Ernst-Moritz-Arndt-Universität; in: W. Rothmaler (Hrsg.), Festschrift zur 500 Jahrfeier, Bd. 1, 1956, S. 53–155.

Schröder, Horst Diether: Zur Geschichte des Greifswalder Stadtparlaments. Teil 2: Vom Übergang Schwedisch-Pommerns an Preußen bis zum Ersten Weltkrieg; in: Greifswald-Stralsunder Jahrbuch 2 (1962), S. 103–125. Teil 3: Von der November-revolution bis zur Gegenwart; in: Ebd. 3 (1963), S. 67–90.

Schröder, Jürgen: Der III. Parteitag der SED in der Arbeit der Kreisparteiorganisation Greifswald; in: Beiträge zur Geschichte der deutschen Arbeiterbewegung 27 (1985), S. 385–394.

Schröder, Klaus/Staadt, Jochen (Hrsg.): Geschichte und Transformation des SED-Staates. Beiträge und Analysen, Berlin 1994.

Schröder, Klaus/Staadt, Jochen: Zeitgeschichte in Deutschland vor und nach 1989; in: APuZ (1997), Nr. B 26, S. 15–29.

Schröder, Klaus: Einleitung. Die DDR als politische Gesellschaft; in: K. Schröder/J. Staadt (Hrsg.), Geschichte und Transformation des SED-Staates, 1994, S. 11–26.

Schröder, Richard: Der Versuch einer eigenständigen Standortbestimmung der Evan-gelischen Kirchen in der DDR am Beispiel der ›Kirche im Sozialimus‹; in: Deut-scher Bundestag (Hrsg.), Materialien der Enquete-Kommission, Bd. 6, Kirchen in der SED-Diktatur, Teilbd. 2, 1995, S. 1164–1429.

Schröder, Uwe: Auf dem Weg zur Massenpartei. Zur Entwicklung der Hitlerbewe-gung in Pommern 1922–1929; in: H. J. Zobel (Hrsg.), Pommern, Bd. 1, 1991, S. 212–219.

Schröder, Uwe: Zur Entwicklung der Hitlerbewegung in Pommern 1922–1929; in: Jahrbuch für die Geschichte Mittel- und Ostdeutschlands 41 (1993), S. 197–216.

Schröder, Uwe: Zur Entwicklung der pommerschen Wirtschaft in der Zeit des Natio-nalsozialismus (1933–1939); in: Baltische Studien, NF 78 (1992), S. 82–94.

Schröder, Uwe: Zur faschistischen Kriegsvorbereitung im Regierungsbezirk Stettin 1935 bis 1939. Diss. (maschs.), Greifswald 1985.

Schröter, Lothar: Zwischen Wirklichkeit und Klischee. Bedrohungsvorstellungen in der DDR-Führung in den fünfziger Jahren; in: Beiträge zur Geschichte der Arbei-terbewegung 34 (1992), S. 3–13.

Schubel, Friedrich: Universität Greifswald, Frankfurt/M. 1960.

Schulz, Dirk: Dietrich Bonhoeffers Jahre in Pommern. Stationen auf einem außer-gewöhnlichen Lebensweg, Düsseldorf 1995.

Schulz, Gerhard (Hrsg.): Die Große Krise der dreißiger Jahre. Vom Niedergang der Weltwirtschaft zum Zweiten Weltkrieg, Göttingen 1985.

Schulz, Gerhard: Permanente Gleichschaltung des öffentlichen Lebens und Entste-hung des nationalsozialistischen Führerstaates in Deutschland; in: Ders. (Hrsg.), Die Große Krise der dreißiger Jahre, 1985, S. 72–100.

Schulze, Hagen: Weimar. Deutschland 1917–1933, Berlin 1982.

Schulze, Winfried (Hrsg.): Sozialgeschichte, Alltagsgeschichte, Mikro-Historie. Eine Diskussion, Göttingen 1994.

Schumacher, Martin (Hrsg.): MdL. Das Ende der Parlamente 1933 und die Abgeordneten der Landtage und Bürgerschaften in der Zeit des Nationalsozialismus. Politische Verfolgung, Emigration und Ausbürgerung 1933–1944. Ein biographischer Index, Düsseldorf 1995.

Schumacher, Martin (Hrsg.): MdR. Die Reichstagsabgeordneten der Weimarer Republik in der Zeit des Nationalsozialismus. Politische Verfolgung, Emigration, Ausbürgerung 1933–1945, Düsseldorf 1991 (³1994).

Schumacher, Martin: Land und Politik. Eine Untersuchung über politische Parteien und agrarische Interessen 1914–1923, Düsseldorf 1978.

Schumacher, Martin: Mittelstandsfront und Republik. Die Wirtschaftspartei – Reichspartei des deutschen Mittelstandes 1919–1933, Düsseldorf 1972.

Schumacher, Martin: Wahlen und Abstimmungen 1918–1933. Eine Bibliographie zur Statistik und Analyse der politischen Wahlen in der Weimarer Republik, Düsseldorf 1976.

Schumann, Hans-Gerd (Hrsg.): Konservativismus, Köln 1984.

Schumann, Hans-Gerd: Die Formierung konservativer Gruppen zur Partei; in: H. v. d. Dunk/H. Lademacher (Hrsg.), Auf dem Weg zum modernen Parteienstaat, 1986, S. 59–67.

Schwabe, Klaus: Der 17. Juni 1953 in Mecklenburg und Vorpommern, Schwerin 1995.

Schwabe, Klaus: Deutsche Hochschullehrer und Hitlers Krieg (1936–1940); in: M. Broszat/K. Schwabe (Hrsg.), Deutsche Eliten, 1989, S. 291–333.

Schwabe, Klaus: Die Zwangsvereinigung von KPD und SPD in Mecklenburg-Vorpommern, Schwerin 1996.

Schwabe, Klaus: Entnazifizierung in Mecklenburg-Vorpommern 1947–1949. Anmerkungen zur Geschichte einer Region, Schwerin 1994.

Schwabe, Klaus: Hans Lachmund. Lebensbild eines Demokraten; in: Stier und Greif, Blätter zur Kultur- und Landesgeschichte in Mecklenburg-Vorpommern 5 (1995), S. 50–53.

Schwarz, Erika: Rivalität und Bündnis in den Beziehungen der DNVP zur NSDAP. Sommer 1929 bis 1933. Diss., Berlin (Ost) 1977.

Schwarz, Hans Peter: Die Ära Adenauer. Epochenwechsel, 1957–1963. Geschichte der Bundesrepublik Deutschland Bd. 3, Stuttgart u. a. 1983.

Schwarz, Hans Peter: Die Ära Adenauer. Gründerjahre der Republik, 1949–1957. Geschichte der Bundesrepublik Deutschland, Bd. 2, Stuttgart u. a. 1981.

Schwarzmüller, Theo: Zwischen Kaiser und Führer. Generalfeldmarschall August von Mackensen. Eine politische Biographie, Paderborn 1995.

Seidel, Bruno/Jenkner, Siegfried (Hrsg.): Wege der Totalitarismus-Forschung, Darmstadt 1968.

Seidel, Jürgen: ›Neubeginn‹ in der Kirche? Die evangelischen Landes- und Provinzialkirchen in der SBZ/DDR im gesellschaftlichen Kontext der Nachkriegszeit (1945–1953), Göttingen 1989.

Seidel, Jürgen: Aus den Trümmern 1945. Personeller Wiederaufbau und Entnazifizierung in der evangelischen Kirche der Sowjetischen Besatzungszone Deutschlands. Einführung und Dokumente, Göttingen 1996.

Seier, Hellmut: Der Rektor als Führer. Zur Hochschulpolitik des Reichserziehungsministeriums 1934–1945; in: VfZ 12 (1964), S. 105–146.

Seils, Markus: ›Auftrag: Die planmäßige ideologische Umgestaltung der Universitäten‹. Staatliche Hochschulpolitik im Land Mecklenburg-Vorpommern 1945–1950, Schwerin 1996.

Sektion Geschichtswissenschaft und Theologie (Hrsg.): Der faschistische Pogrom vom 9./10. November 1938. Zur Geschichte der Juden in Pommern. Kolloquium der Sektion Geschichtswissenschaft und Theologie der Ernst-Moritz-Arndt-Universität Greifswald am 2. November 1988, Greifswald 1989.

Sellin, Volker: Mentalitäten in der Sozialgeschichte, in: W. Schieder/V. Sellin (Hrsg.), Sozialgeschichte in Deutschland, Bd. 3, 1987, S. 101–121.

Sheehan, James J.: Deutscher Liberalismus. Von den Anfängen im 18. Jahrhundert bis zum Ersten Weltkrieg 1789–1914, München 1983.

Sheehan, James J.: Liberalism and the City in Nineteenth-Century Germany; in: Past and Present 51 (1971), S. 116–137.

Siegel, A.: Dreihundert Jahre Fleischerinnung Greifswald, Greifswald 1931.

Siegele-Wenschkewitz, Leonore (Hrsg.): Die evangelischen Kirchen und der SED-Staat. Ein Thema kirchlicher Zeitgeschichte, Frankfurt/M. 1993.

Siegele-Wenschkewitz, Leonore/Nicolaisen, Carsten (Hrsg.): Theologische Fakultäten im Nationalsozialismus, Göttingen 1993.

Siemon, Gustav: Demokratischer Neubeginn auf kulturellem Gebiet; in: Historisches Institut (Hrsg.), Befreiung und Neubeginn, 1966, S. 239–245.

Skocpol, Theda/Somers Margaret: The Uses of Comparative History in Macrosocial Inquiry; in: Comparative Studies in Society and History 22 (1980), S. 174–197.

Smula, Hans-Jürgen: Milieus und Parteien. Eine regionale Analyse der Interdependenz von politisch-sozialen Milieus, Parteiensystem und Wahlverhalten am Beispiel des Landkreises Lüdinghausen 1919–1933, Münster 1987.

Sobotka, Bruno/Strauss, Jürgen (Hrsg.): Burgen, Schlösser und Gutshäuser in Mecklenburg-Vorpommern, Witten 1993.

Solga, Heike: Auf dem Weg in die klassenlose Gesellschaft? Klassenlagen und Mobilitäten zwischen Generationen in der DDR, Berlin 1995.

Sommer, Karl Ludwig: Bekenntnisgemeinde und nationalsozialistische Herrschaft auf lokaler Ebene in Oldenburg; in: F. Bajohr (Hrsg.), Norddeutschland im Nationalsozialismus, 1993, S. 148–165.

Sontheimer, Kurt: Antidemokratisches Denken in der Weimarer Republik. Die politischen Ideen des deutschen Nationalismus zwischen 1918 und 1933, München 1992.

Speitkamp, Winfried: Denkmalsturz. Zur Konfliktgeschichte politischer Symbolik, Göttingen 1997.

Stachura, Peter D.: Das Dritte Reich und die Jugenderziehung. Die Rolle der Hitlerjugend 1933–1939; in: K. D. Bracher u. a. (Hrsg.), Nationalsozialistische Diktatur, 1986, S. 224–244.

Stachura, Peter D.: The Weimar Era and Hitler 1918–1933. A critical Bibliography, Oxford 1977.

Stammen, Theo: Regierungssystem; in: W. Mickel (Hrsg.), Handlexikon zur Politikwissenschaft, 1986, S. 436–441.

Stammler, Eberhard: Politische Strömungen im deutschen Protestantismus; in: D. Oberndörfer u. a. (Hrsg.), Wirtschaftlicher Wandel, religiöser Wandel, 1985, S. 237–244.

Staritz, Dietrich: Die Nationaldemokratische Partei Deutschlands 1948 bis 1953. Ein Beitrag zur Untersuchung des Parteiensystems der DDR. Diss., Berlin (West) 1968.

Staritz, Dietrich: Geschichte der DDR, Frankfurt/M. 1996.

Statistisches Reichsamt (Hrsg.): Volks-, Berufs-, und Betriebszählung am 17. Mai 1939; in: Statistik des Deutschen Reiches, NF Bd. 552–560, Berlin 1939–1944.

Statistisches Reichsamt (Hrsg.): Volks-, Berufs-, und Betriebszählung am 16. Juni 1933; in: Statistik des Deutschen Reiches, NF Bd. 451–461, Berlin 1937–1938

Statistisches Reichsamt (Hrsg.): Volks-, Berufs-, und Betriebszählung am 16. Juni 1925; in: Statistik des Deutschen Reiches, NF Bd. 402, 403, 415, Berlin 1929.

Stegemann, Wolfgang (Hrsg.): Kirche und Nationalsozialismus, Stuttgart 1990.

Stegmann, Dirk u. a. (Hrsg.): Deutscher Konservatismus im 19. und 20. Jahrhundert. Festschrift für Fritz Fischer, Bonn 1983.

Stegmann, Dirk: Die Erben Bismarcks. Parteien und Verbände in der Spätphase des wilhelminischen Deutschlands. Sammlungspolitik 1897–1918, Köln u. a. 1970.

Stegmann, Dirk: Konservative und nationale Verbände im Kaiserreich; Bemerkungen zu einigen neueren Veröffentlichungen; in: GG 10 (1984), S. 409–420.

Stegmann, Dirk: Vom Neokonservatismus zum Proto-Faschismus. Konservative Partei, Vereine und Verbände 1893–1920; in: D. Stegmann u. a. (Hrsg.), Deutscher Konservatismus im 19. und 20. Jahrhundert, 1983, S. 199–231.

Stegmann, Dirk: Zwischen Repression und Manipulation. Konservative Machteliten und Arbeiter- und Angestelltenbewegung 1910 bis 1918. Ein Beitrag zur Vorgeschichte der NSDAP; in: AfS 12 (1972), S. 351–432.

Steinbach, Peter/Tuchel, Johannes (Hrsg.): Widerstand gegen den Nationalsozialismus, Bonn 1994.

Steinbach, Peter: Die fünfziger Jahre. Eine Herausforderung an Staat und Kirche; in: KchZ 3 (1990), S. 413–439.

Steinbach, Peter: Wahlverhalten im Kaiserreich. Perspektiven und Interpretationsmöglichkeiten; in: H. Best (Hrsg.), Politik und Milieu, 1989, S. 19–33.

Steinert, Marlies G.: Deutsche im Krieg. Kollektivmeinungen, Verhaltensmuster, Mentalitäten; in: K. D. Bracher u. a. (Hrsg.), Deutschland 1933–1945, 1992, S. 474–490.

Steinmüller, Frank: 50 Jahre Theater Greifswald, Merseburg 1965.

Sterner, Siegfried: Untersuchungen zur Stellungnahme der Deutschnationalen Volkspartei zur Sozialpolitik. Diss., Freiburg 1952.

Stillich, Oskar: Die Konservativen. Die politischen Parteien in Deutschland, Bd. 1, Leipzig 1908.

Stockhorst, Erich: 5000 Köpfe. Wer war was im Dritten Reich; Kiel 1985.

Stollberg-Wernigerode, Otto Graf zu: Die unentschiedene Generation. Deutschlands konservative Führungsschicht am Vorabend des Ersten Weltkrieges, München 1968.

Stoltenberg, Gerhard: Politische Strömungen im schleswig-holsteinischen Landvolk 1918–1933. Ein Beitrag zur politischen Meinungsbildung in der Weimarer Republik, Düsseldorf 1962.

Striesow, Jan: Die Deutschnationale Volkspartei und die Völkischen Radikalen 1918–1922; 2 Bde., Frankfurt/M. 1981.

Struve, Walter: Aufstieg und Herrschaft des Nationalsozialismus in einer industriellen Kleinstadt. Osterode am Harz 1918–1945, Essen 1992.

Struve, Walter: Elites against Democracy. Leadership Ideals in Bourgeois Political Thought in Germany 1890–1933, Princeton/New Jersey 1973.

Stupperich, Robert: Otto Dibelius. Ein evangelischer Bischof im Umbruch der Zeiten, Göttingen 1989.

Stürmer, Michael (Hrsg.): Die Weimarer Republik. Belagerte Civitas, Königstein/Taunus 1980.

Suckut, Siegfried: Die frühere westdeutsche Forschung zur Geschichte der Blockparteien. Leistungen und Defizite; in: H. Timmermann (Hrsg.), DDR-Forschung,
1995, S. 11–15.

Suckut, Siegfried: In Erwartung besserer Zeiten. DDR-CDU und LDPD zwischen
Halbstaats-Raison und gesamtdeutschen Hoffnungen (1949–1961); in: K. Schön-
hoven/D. Staritz (Hrsg.), Sozialismus und Kommunismus im Wandel, 1993,
S. 415–435.

Suckut, Siegfried: Innenpolitische Aspekte der DDR-Gründung. Konzeptionelle Differenzen, Legitimations- und Akzeptanzprobleme; in: DA 25 (1992), S. 370–384.

Suckut, Siegfried: Ost-CDU und LDPD aus der internen Sicht von SED und MfS; in:
J. Frölich (Hrsg.), Bürgerliche Parteien in der SBZ/DDR, 1995, S. 103–120.

Suval, Stanley: Electoral Politics in Wilhelmine Germany, Chapel Hill/North Carolina 1985.

Tempel, Karl G.: Die Parteien in der Bundesrepublik Deutschland und die Rolle der
Parteien in der DDR. Grundlagen, Funktionen, Geschichte, Programmatik, Organisation, Opladen 1987.

Tenfelde, Klaus/Wehler, Hans Ulrich (Hrsg.): Neue Wege der Bürgertumsforschung,
Göttingen 1994.

Tenfelde, Klaus: Historische Milieus – Erblichkeit und Konkurrenz, in: M. Hettling/
P. Nolte (Hrsg.), Nation und Gesellschaft, 1996, S. 247–268.

Tenfelde, Klaus: Stadt und Bürgertum im 20. Jahrhundert, in: Tenfelde, Klaus/Wehler,
Hans Ulrich (Hrsg.): Wege zur Geschichte des Bürgertums, Göttingen 1994,
S. 317–353.

Tenorth, H. Elmar: Bildung und Wissenschaft im Dritten Reich; in: K. D. Bracher
u. a. (Hrsg.), Deutschland 1933–1945, 1992, S. 240–255.

Thadden, Rudolf von: Kirchengeschichte als Gesellschaftsgeschichte; in: GG 9 (1983),
S. 598–614.

Thevoz, Robert u. a: Pommern 1934/35 im Spiegel von Gestapo-Lageberichten und
Sachakten; Bd. 1, Darstellung; Bd. 2, Dokumente, Köln 1974.

Thierfelder, Jörg: Die Kirchenpolitik der vier Besatzungsmächte und die evangelische
Kirche nach der Kapitulation 1945; in GG 18 (1992), S. 5–21.

Thimme, Anneliese: Flucht in den Mythos. Die DNVP und die Niederlage von 1918,
Göttingen 1969.

Thomas, Rüdiger: Ursachen und Folgen der Gesellschaftspolitik im SED-Staat; in:
Deutscher Bundestag (Hrsg.), Materialien der Enquete-Kommission, Bd. 3, Ideologie, Integration und Disziplinierung, Teilbd. 3, 1995, S. 1844–1900.

Thompson, E. P.: The Making of the English Working Class, London 1965.

Thoß, Bruno: Der Erste Weltkrieg als Ereignis und Erlebnis. Paradigmenwechsel in
der westdeutschen Weltkriegsforschung seit der Fischer-Kontroverse; in: W. Michalka (Hrsg.), Der Erste Weltkrieg, 1994, S. 1012–1044.

Thränhardt, Dietrich: Regionale historische Wahlanalysen. Erkenntnisinteresse und
Validität; in: O. Büsch (Hrsg.), Wählerbewegungen in der europäischen Geschichte, 1980, S. 485–507.

Tiedemann, Klaus: Die künstlerische Gestaltung des Industriekomplexes Greifswald.
Zu einigen Problemen der Konzipierung und Leitung der Synthese von Architektur und bildender Kunst; in: WZ-Greifswald 19 (1970), H. 1/2, S. 63–68.

Timmermann, Heiner (Hrsg.): DDR-Forschung. Bilanz und Perspektiven, Berlin
1995.

Titze, Hartmut: Datenhandbuch zur deutschen Bildungsgeschichte. Bd. 1, Hochschulen; Teil 1, Das Hochschulstudium in Preußen und Deutschland 1820–1944,

Göttingen 1987. Teil 2, Wachstum und Differenzierung der deutschen Universitäten 1830–1944, Göttingen 1995.

Tödt, Ilse: Tun, was an der Zeit ist. Dietrich Bonhoeffers Wirken in Pommern 1935–1940; in: Theologische Zeitschrift 52 (1996), S. 164–180.

Tönnies, Ferdinand: Gemeinschaft und Gesellschaft; in: A. Vierkandt (Hrsg.), Handwörterbuch der Soziologie; 1931; S. 180–191.

Treude, Burkhard: Konservative Presse und Nationalsozialismus. Inhaltsanalyse der Neuen Preußischen (Kreuz) Zeitung am Ende der Weimarer Republik, Bochum 1975.

Trippe, Christian: Konservative Verfassungspolitik 1918–1923. Die DNVP als Opposition in Reich und Ländern, Düsseldorf 1995.

Trittel, Günter J.: Hans Schlange-Schöningen. Ein vergessener Politiker der ersten Stunde; in: VfZ 35 (1987), S. 25–66.

Tyrell, Albrecht: Voraussetzungen und Strukturelemente des nationalsozialistischen Herrschaftssystems; in: K. D. Bracher u. a. (Hrsg.), Nationalsozialistische Diktatur, 1986, S. 37–72.

Unterstell, Rembert: Klio in Pommern. Die Geschichte der pommerschen Historiographie 1815–1945, Köln u. a. 1996.

Unterstell, Rembert: Mittelstand in der Weimarer Republik. Die soziale Entwicklung und politische Orientierung von Handwerk, Kleinhandel und Hausbesitz 1919–1953. Ein Überblick, Frankfurt/M. u. a. 1989.

Untersuchungsausschuß der Stadt Greifswald (Hrsg.): Abschlußbericht des Untersuchungsausschusses der Stadt Greifswald, Greifswald 1990.

Untersuchungsausschuß Freiheitlicher Juristen (Hrsg.): Ehemalige Nationalsozialisten in Pankows Diensten, Berlin (West) 1965.

Urschat, K.: Die Arbeiterbewegung in Mecklenburg im Kampf gegen die Errichtung einer faschistischen Diktatur in Deutschland 1931/32. Diss. (maschs.), Rostock 1990.

Veen, Hans Joachim: Die Anhängerschaften der Parteien vor und nach der Einheit. Eine Langfristbetrachtung von 1953–1993; in: ZParl 25 (1994), H. 2, S. 165–185.

Vensky, Erla: Zur antifaschistisch-demokratischen Umgestaltung in der Stadt und im Kreis Demmin 1945–1946. Diss. (maschs.), Greifswald 1990.

Verband Deutscher Studentenschaften (Hrsg.): Dokumentation des Terrors. Namen und Schicksale der seit 1945 in der sowjetisch besetzten Zone Deutschlands verhafteten und verschleppten Professoren und Studenten, Berlin (West) 1962.

Verlag für internationalen Kulturaustausch (Hrsg.): Wer ist wer in der SBZ. Ein biographisches Handbuch, Berlin (West) 1958.

Verlag Julius Abel (Hrsg.): Geschäftsberichte, Greifswald 1924–1938.

Verlag Julius Abel (Hrsg.): Greifswalder Adreßbuch, Greifswald 1925–1942.

Vester, Michael/Hofmann, Michael u. a. (Hrsg.): Soziale Milieus in Ostdeutschland. Gesellschaftliche Strukturen zwischen Zerfall und Neubildung, Köln 1995.

Vester, Michael/ Oertzen, Peter von u. a. (Hrsg.): Soziale Milieus im gesellschaftlichen Strukturwandel. Zwischen Integration und Ausgrenzung, Köln 1993.

Vierhaus, Rudolf: Konservativ, Konservatismus; in: O. Brunner u. a. (Hrsg.), Geschichtliche Grundbegriffe, Bd. 3, 1981, S. 531–565.

Vierkandt, Alfred (Hrsg.): Handwörterbuch der Soziologie, Stuttgart 1931.

Villain, Emil u. a: Stoffliche und methodische Hinweise für das Fach Heimatkunde, Greifswald 1955.

Vogt, Martin: ›Illusion als Tugend und kühle Beurteilung als Laster‹. Deutschlands ›gute Gesellschaft‹ im Ersten Weltkrieg; in: W. Michalka (Hrsg.), Der Erste Weltkrieg, 1994, S. 622–648.

Vogt, Martin: Parteien in der Weimarer Republik; in: K. D. Bracher u. a. (Hrsg.), Die Weimarer Republik, 1988, S. 134–157.

Voigt, Dieter/Gries, Sabine: Karriereangebote, Karrieremuster und Elitenrekrutierung; in: Deutscher Bundestag (Hrsg.), Materialien der Enquete-Kommission, Bd. 3, Ideologie, Integration und Disziplinierung, Teilbd. 3, 1995, S. 1901–2033.

Volkmann, Hans Erich: Deutsche Agrareliten auf Revisions- und Expansionskurs; in: M. Broszat/K. Schwabe (Hrsg.), Deutsche Eliten, 1989, S. 334–388.

Vollnhals, Clemens: Antikapitalismus oder Illiberalismus? Zur Debatte über die Traditionsbewahrung in der sozialistischen Provinz; in: Zeitschrift für Evangelische Ethik 37 (1993), S. 231–234.

Vollnhals, Clemens: Die Hypothek des Nationalprotestantismus. Entnazifizierung und Strafverfolgung von NS-Verbrechen nach 1945; in: GG 18 (1992), S. 51–69.

Vollnhals, Clemens: Zwischen Kooperation und Konfrontation. Zur Kirchenpolitik von KPD/SED und SMAD in der Sowjetischen Besatzungszone 1945–1949; in: DA 27 (1994), S. 478–490.

Vorsteher, Dieter (Hrsg.): Parteiauftrag: Ein neues Deutschland. Bilder, Rituale und Symbole der frühen DDR. Katalog zur Ausstellung des Deutschen Historischen Museums vom 13. Dezember 1996 bis 11. März 1997, Berlin 1996.

Wagner, Dieter (Hrsg.): Aus der Theatergeschichte der Hanse- und Universitätsstadt Greifswald, Greifswald 1994.

Waite, Robert G. L.: Vanguard of Nazism. The Free Corps Movement in Postwar Germany 1918–1923, Cambridge/Massachusetts 1952.

Wallmann, Johannes: Kirchengeschichte in Deutschland seit der Reformation, Tübingen 1988.

Walter Franz/Dürr, Tobias/Schmidtke, Klaus: Die SPD in Sachsen und Thüringen zwischen Hochburg und Diaspora, Bonn 1993.

Walter, Franz/Matthiesen, Helge: Milieus in der modernen deutschen Gesellschaftsgeschichte. Ergebnisse und Perspektiven der Forschung; in: Schmiechen-Ackermann, Detlef (Hrsg.): Anpassung, Verweigerung, Widerstand. Soziale Milieus, Politische Kultur und der Widerstand gegen den Nationalsozialismus in Deutschland im regionalen Vergleich, Berlin 1997, S. 46–74.

Walter, Franz: Die SPD in Sachsen und Thüringen zwischen Hochburg und Diaspora, in: IWK 30 (1994), S. 475–476.

Walter, Franz: Milieus und Parteien in der deutschen Gesellschaft. Zwischen Persistenz und Erosion; in: GWU 46 (1995), S. 479–493.

Walter, Franz: Sachsen. Ein Stammland der Sozialdemokratie? in: PVS 22 (1991), S. 207–231.

Walter, Franz: Thüringen. Einst Hochburg der sozialistischen Arbeiterbewegung? in: IWK 28 (1992), S. 21–39.

Warnke, Hans: Vom Neubeginn des demokratischen Aufbaus in Mecklenburg-Vorpommern; in: Historisches Institut (Hrsg.), Befreiung und Neubeginn, 1966, S. 92–106.

Watermann, Karl Friedrich: Politischer Konservatismus und Antisemitismus in Minden-Ravensberg 1879–1914; in: Mitteilungen des Mindener Geschichtsvereins 52 (1980), S. 11–64.

Weber, Hermann (Hrsg.): Parteiensystem zwischen Demokratie und Volksdemokratie. Dokumente und Materialien zum Funktionswandel der Parteien und Massenorganisationen in der SBZ/DDR 1945–1950, Köln 1982.

Weber, Hermann/Lange, Lydia: Zur Funktion des Marxismus-Leninismus; in: Deutscher Bundestag (Hrsg.), Materialien der Enquete-Kommission, Bd. 3, Ideologie, Integration und Disziplinierung, Teilbd. 3, 1995, S. 2034–2061.

Weber, Hermann: ›Asymetrie‹ bei der Erforschung des Kommunismus und der DDR-Geschichte? Probleme mit Archivalien, dem Forschungsstand und bei den Wertungen; in: APuZ (1997), Nr. B 26, S. 3–14.

Weber, Hermann: Geschichte der DDR, München 1989.

Weber, Hermann: Herausbildung und Entwicklung des Parteiensystems der SBZ/DDR; in: APuZ (1996), Nr. B 16/17, S. 3–11.

Wegner, Bernd: Hitlers politische Soldaten. Die Waffen-SS 1933–1945. Leitbild, Struktur und Funktion einer nationalsozialistischen Elite, Paderborn 1988.

Wehler, Hans Ulrich: Alltagsgeschichte. Königsweg zu neuen Ufern oder Irrgarten der Illusion? in: Ders.: Aus der Geschichte lernen?, München 1988, S. 130–151.

Wehler, Hans Ulrich: Das Deutsche Kaiserreich 1871–1918, Göttingen 1988.

Wehler, Hans Ulrich: Deutsche Gesellschaftsgeschichte, Bd. 3, München 1995.

Wehler, Hans Ulrich: Sozialgeschichte und Gesellschaftsgeschichte; in: W. Schieder/V. Sellin (Hrsg.), Sozialgeschichte in Deutschland, Bd. 1, 1986, S. 33–52.

Wehling, Hans Georg (Hrsg.): Eliten in der Bundesrepublik Deutschland. Bürger im Staat, Stuttgart 1990.

Wehling, Hans Georg (Red.): Politische Kultur in der DDR, Stuttgart u. a. 1989.

Wehling, Hans Georg (Red.): Regionale politische Kultur, Stuttgart u. a. 1985.

Wehrli, Hans: Die Falle. Die Geschichte eines Studentenlokals; in: W. Rothmaler (Hrsg.): Festschrift zur 500 Jahrfeier, Bd. 1, 1956, S. 293–295.

Wehrmann, Martin: Die pommerschen Zeitungen und Zeitschriften in alter und neuer Zeit, Pyritz 1936.

Wehrmann, Martin: Geschichte von Pommern, Würzburg 1982.

Weichert, Christine: Verbindung von historischer und neuer Bausubstanz bei der sozialistischen Umgestaltung; in: WZ-Greifswald 19 (1970), H. 1/2, S. 73–74.

Weichlein, Siegfried: Sozialmilieus und politische Kultur in der Weimarer Republik. Lebenswelt, Vereinskultur, Politik in Hessen, Göttingen 1996.

Weidenfeld, Werner/Korte, Karl-Rudolf (Hrsg.): Handbuch zur deutschen Einheit, Bonn 1993.

Weisbrod Bernd: Das Neue und das Alte. Eine Einleitung; in: L. Niethammer u. a., Bürgerliche Gesellschaft, 1990, S. 323–331.

Weisbrod, Bernd: Die Krise der Mitte oder ›Der Bauer stund auf im Lande‹; in: L. Niethammer u. a., Bürgerliche Gesellschaft, 1990, S. 396–410.

Weisbrod, Bernd: Gewalt in der Politik. Zur politischen Kultur in Deutschland zwischen den beiden Weltkriegen; in: GWU 43 (1992), S. 391–404.

Weiß, Hermann/Hoser, Paul (Hrsg.): Die Deutschnationalen und die Zerstörung der Weimarer Republik. Aus dem Tagebuch von Reinhold Quaatz 1928–1933, München 1989.

Weiß, Max (Hrsg.): Der nationale Wille. Werden und Wirken der Deutschnationalen Volkspartei 1918–1928, Berlin 1928.

Weißmann, Karlheinz: Ein preußischer Frondeur. Ewald von Kleist-Schmenzin (1890–1945); in: H. C. Kraus (Hrsg.), Konservative Politiker in Deutschland, 1995, S. 273–289.

Weissmann, Karlheinz: Schwarze Fahnen, Runenzeichen. Die Entwicklung der politischen Symbolik der deutschen Rechten zwischen 1890 und 1945, Düsseldorf 1991.

Wengst, Udo: Der Aufstand am 17. Juni 1953 in der DDR. Aus den Stimmungsberichten der Kreis- und Bezirksverbände der Ost-CDU im Juni und Juli 1953; in: VfZ 41 (1993), S. 277–324.

Wentker, Hermann: Ost-CDU und Protestantismus 1949–1958. Die Partei der ›fortschrittlichen Christen‹ zwischen Repräsentationsanspruch und Transmissionsaufgabe; in: KchZ 6 (1993), S. 349–378.

Wentker, Hermann: Von der Kooperation zum Konflikt. Das Verhältnis der Ost-CDU zur Jungen Gemeinde 1950–1953; in: M. Richter/M. Rißmann (Hrsg.), Die Ost-CDU, 1995, S. 91–110.

Wenzel, Georg: Deutsche Wirtschaftsführer, Hamburg u. a. 1929.

Werkentin, Falco: Politische Strafjustiz in der Ära Ulbricht, Berlin 1995.

Wernecke, Klaus/Heller, Peter: Der vergessene Führer. Alfred Hugenberg. Pressemacht und Nationalsozialismus, Hamburg 1982.

Wernicke, Horst/Werlich, Ralf Gunnar (Hrsg.): Pommern. Geschichte, Kultur, Wissenschaft. Pommern im Reich und in Europa. Drittes Kolloquium zur pommerschen Geschichte, 13. bis 14. Oktober 1993, Greifswald 1996.

Wette, Wolfram: Ideologien, Propaganda und Innenpolitik als Voraussetzungen der Kriegspolitik des Dritten Reiches; in: W. Deist u. a.,Ursachen und Voraussetzungen des Zweiten Weltkrieges, 1989, S. 25–208.

Wiebel, Arnold: Der Fall L. in Greifswald, Schwerin und Berlin. Was wurde zur Rettung Ernst Lohmeyers unternommen? in: Zeitgeschichte Regional 1 (1997), H. 2, S. 29–34.

Wielenga, Friso: Schatten deutscher Geschichte. Der Umgang mit dem Nationalsozialismus und der DDR-Vergangenheit in der Bundesrepublik Deutschland, Vierow bei Greifswald 1995.

Wielgohs, Jan/Schulz, Marianne: Die revolutionäre Krise am Ende der achtziger Jahre und die Formierung der Opposition; in: Deutscher Bundestag (Hrsg.), Materialien der Enquete-Kommission, Bd. 7, Widerstand, Opposition, Revolution, Teilb. 2, 1995, S. 1950–1994.

Wierling, Dorothee: Die Jugend als innerer Feind. Konflikte in der Erziehungsdiktatur der sechziger Jahre; in: H. Kaelble u. a. (Hrsg.), Sozialgeschichte der DDR, 1994, S. 404–425.

Wildenhain, Günther: Analyse zur Hochschulpolitik in Mecklenburg-Vorpommern vor dem Hintergrund der Ausgangslage in den drei Nordbezirken der DDR; in: Landtag Mecklenburg-Vorpommern (Hrsg.), Aufarbeitung und Versöhnung, Bd. 8, 1997, S. 242–330.

Wilhelmus, Wolfgang u. a: Universität Greifswald 525 Jahre, Berlin (Ost) 1982.

Wilhelmus, Wolfgang/Leddin, Gabriele: Geschichte der FDJ-Hochschulgruppe ›Hans Beimler‹ der Ernst-Moritz-Arndt-Universität Greifswald, Greifswald 1979.

Wilhelmus, Wolfgang/Schönrock Agneta: 40 Jahre DDR – 40 Jahre Pflege progressiver Traditionen an der Ernst-Moritz-Arndt-Universität Greifswald; in: WZ-Greifswald 38 (1989), H. 1, S. 3–10.

Wilhelmus, Wolfgang: Das Nationalkomitee ›Freies Deutschland‹ wirkte auch in Greifswald; in: Beiträge zur Geschichte der deutschen Arbeiterbewegung 5 (1964), S. 693–695.

Wilhelmus, Wolfgang: Greifswalder Juden unterm Faschismus; in: Ostsee-Zeitung/ Greifswalder Zeitung, Serie in elf Folgen vom 15.9.1988 bis 10.11.1988.

Wilhelmus, Wolfgang: Greifswalder Juden während der NS-Zeit; in: Menora, Jahrbuch für deutsch-jüdische Geschichte 6 (1995), S. 391–413.

Wilhelmus, Wolfgang: Juden in Vorpommern, Schwerin 1996.

Wilhelmus, Wolfgang: Margarethe und Hans Lachmund. Zwei mutige Menschen in Mecklenburg und Pommern, in: Ostsee-Zeitung/Greifswalder Zeitung, Serie in neun Folgen vom 11.9.1990 bis 27.11.1990.

Winkler, Heinrich August (Hrsg.): Die deutsche Staatskrise 1930–1933. Handlungsspielräume und Alternativen, München 1992.

Winkler, Heinrich August (Hrsg.): Nationalismus – Nationalitäten – Supranationalität, Stuttgart 1993.

Winkler, Heinrich August: Ein neuer Mythos vom alten Mittelstand. Antworten auf eine Antikritik; in: GG 12 (1986), S. 548–557.

Winkler, Heinrich August: Extremismus der Mitte. Sozialgeschichtliche Aspekte der nationalsozialistischen Machtergreifung; in: VfZ 20 (1972), S. 175–191.

Winkler, Heinrich August: Mittelstand, Demokratie und Nationalsozialismus. Die politische Entwicklung von Handwerk und Kleinhandel in der Weimarer Republik, Köln 1972.

Winkler, Heinrich August: Weimar 1918–1933. Die Geschichte der ersten deutschen Demokratie, München 1993.

Winkler, Heinrich August: Zwischen Marx und Monopolen. Der deutsche Mittelstand vom Kaiserreich zur Bundesrepublik Deutschland, Frankfurt/M. 1991.

Winkler, Jürgen R.: Sozialstruktur und Parteiensystem in Deutschland 1912–1924; in: Historical Social Research 17 (1992), S. 53–103.

Winkler, Jürgen R.: Sozialstruktur, politische Traditionen und Liberalismus. Eine empirische Längsschnittstudie zur Wahlentwicklung in Deutschland 1871–1933, Opladen 1995.

Wippermann, Wolfgang: ›Triumpf des Willens‹ oder ›kapitalistische Manipulation‹? Das Ideologieproblem im Faschismus; in: K. D. Bracher u. a. (Hrsg.), Nationalsozialistische Diktatur, 1986, S. 735–759.

Wirsching, Andreas: Bäuerliches Arbeitsethos und antiliberales Denken. Ein Modell ländlicher Mentalität zur Zeit der Weimarer Republik; in: Revue d'Allemagne 22 (1990), S. 415–425.

Wirsching, Andreas: Nationalsozialismus in der Region. Tendenzen der Forschung und methodische Probleme; in: H. Möller u. a. (Hrsg.), Nationalsozialismus in der Region, 1996, S. 25–46.

Wirth, Günter: Die Beteiligung der CDU an der Umgestaltung der DDR in den fünfziger Jahren; in: KchZ 3 (1990), S. 125–151.

Witte, Hermann: Die pommerschen Konservativen. Männer und Ideen 1810–1860, Berlin/Leipzig 1936.

Wittich, Dietmar: Alltagsleben und soziale Situation in der DDR und in der Wendezeit in Mecklenburg-Vorpommern; in: Landtag Mecklenburg-Vorpommern (Hrsg.), Aufarbeitung und Versöhnung, Bd. 5, 1996, S. 233–305.

Wobbe, Otto: Aus einem bescheidenen Leben. Erinnerungen eines 50jährigen Greifswalders, Greifswald 1919.

Wobbe, Otto: Festschrift zur 300-Jahrfeier der Bürger-Schützen-Kompagnie 1634–1934, Greifswald 1934.

Wohlgemuth, Franz: Gnadenlos, Schwerin 1948.

Wolff, Willi: An der Seite der Roten Armee, Berlin (Ost) 1973.

Wolle, Stefan: Der Weg in den Zusammenbruch. Die DDR vom Januar bis zum Oktober 1989; in: E. Jesse/A. Mitter (Hrsg.), Die Gestaltung der deutschen Einheit, 1992, S. 73–110.

Wolle, Stefan: Die heile Welt der Diktatur. Alltag und Herrschaft in der DDR 1971–1989, Bonn 1998.

Wolle, Stefan: Herrschaft und Alltag. Die Zeitgeschichtsforschung auf der Suche nach der wahren DDR; in: APuZ (1997), Nr. B 26, S. 30–38.

Wortmann, Karl: Geschichte der deutschen Vaterlands-Partei 1917–1918, Halle/Saale 1926.

Wright, Jonathan R. C.: ›Above Parties‹. The Political Attitudes of the German Protestant Church Leadership 1918–1933, London 1974.

Wulf, Peter: Die politische Haltung des schleswig-holsteinischen Handwerks 1928–1932, Köln u. a. 1969.

Wunderer, Hartmann: Zwischen Konfrontation und taktischer Kooperation. Die Religionspolitik der KPD 1919–1948; in: KchZ 6 (1993), S. 331–348.

Zastrow, Hildegard von (Hrsg.): Bibliographie zum Staatssicherheitsdienst der DDR, Berlin 1996.

Zeidler, Stephan: Entstehung und Entwicklung der Ost-CDU 1945–1989. Zum Wandlungs- und Gleichschaltungsprozeß einer Blockpartei; in: APuZ (1996), Nr. B 16/17, S. 22–30.

Zentrum für Zeithistorische Forschung (Hrsg.): Herrschaftsstrukturen und Erfahrungsdimensionen der DDR-Geschichte, Köln 1999.

Ziegler, Walter: Gaue und Gauleiter im Dritten Reich; in: H. Möller u. a. (Hrsg.), Nationalsozialismus in der Region, 1996, S. 139–159.

Zilleßen, Horst (Hrsg.): Volk – Nation – Vaterland. Der deutsche Protestantismus und der Nationalismus, Gütersloh 1970.

Zobel, Hans Jürgen (Hrsg.): Pommern. Geschichte – Kultur – Wissenschaft. Erstes Kolloquium zur pommerschen Geschichte 13. bis 15. November 1990 und zweites Kolloquium zur pommerschen Geschichte 13. bis 14. September 1991; 2. Bde, Greifswald 1991.

Zobel, Hans Jürgen: Zur Erneuerung der ostdeutschen Universitäten. Das Beispiel Greifswald; in: Die Sonde 25 (1992), H. 2/3, S. 76–82.

Zofka, Zdenek: Die Ausbreitung des Nationalsozialismus auf dem Lande. Eine regionale Fallstudie zur politischen Einstellung der Landbevölkerung in der Zeit des Aufstiegs und der Machtergreifung der NSDAP 1928–1936. Diss., München 1979.

Zollitsch, Wolfgang: Adel und adelige Machteliten in der Endphase der Weimarer Republik. Standespolitik und agrarische Interessen; in: H. A. Winkler (Hrsg.), Die deutsche Staatskrise, 1992, S. 239–256.

Zumpf, Ernst: Gesellschaftliche und wissenschaftliche Leistungen von Gerhardt Katsch. Eine Analyse aus der Sicht der marxistisch-leninistischen Philosophie. Diss. (maschs.), Greifswald 1985.

Zunker, Ernst: Johannes Luther zum 90. Geburtstag am 12. Oktober 1951; in: Theologische Literaturzeitung 76 (1951), S. 623–628.

Zwahr, Hartmut: Kontinuitätsbruch und mangelnde Lebensfähigkeit. Das Scheitern der DDR; in: H. Kaelble u. a. (Hrsg.), Sozialgeschichte der DDR, 1994, S. 554–558.

Zwahr, Hartmut: Umbruch durch Ausbruch und Aufbruch. Die DDR auf dem Höhepunkt der Staatskrise 1989. Mit Exkursen zu Ausreise und Flucht sowie einer ostdeutschen Generationenübersicht; in: H. Kaelble u. a. (Hrsg.), Sozialgeschichte der DDR, 1994, S. 426–468.

Die Deutsche Bibliothek – CIP-Einheitsaufnahme

Matthiesen, Helge:
Greifswald in Vorpommern : konservatives Milieu im Kaiserreich,
in Demokratie und Diktatur 1900–1990 / Helge Matthiesen. –
Düsseldorf : Droste, 2000
     (Beiträge zur Geschichte des Parlamentarismus
     und der politischen Parteien ; Bd. 122)
     ISBN 3-7700-5225-0

 EX OFFICINA
2000

Satz
Linotype Stempel Garamond
SatzWeise Föhren

Papier ⊗
Geese Hamburg

Gewebe
Bamberger Kaliko

Druck
Verlagsdruckerei Schmidt
Neustadt/Aisch

Printed in Germany